für
meine Schülerinnen und Schüler
und
meine Studentinnen und Studenten

Öğrencilerime

Deutsch-Türkisches Wörterbuch der Idiomatik

2. erweiterte Auflage

Almanca-Türkçe Deyimler Sözlüğü

Genişletilmiş 2. baskı

OSMAN NAZIM KIYGI, M.A.

Bibliografische Information der Deutschen Nationalbibliothek: Die
Deutsche Nationalbibliothek verzeichnet diese Publikation in der Deutschen
Nationalbibliografie. Detaillierte bibliografische Daten sind im Internet über
dnb.dnb.de abrufbar.

© 2025 Nazim Kiygi

Verlag: BoD · Books on Demand GmbH, Überseering 33,

22297 Hamburg, bod@bod.de

Druck: Libri Plureos GmbH, Friedensallee 273, 22763 Hamburg

ISBN: 978-3-8192-7674-3

Vorwort zur ersten Auflage

War die Idee zu diesem Wörterbuch mir in die Wiege gelegt worden oder ist sie die logische Konsequenz meiner jahrelangen Wörterbucharbeit? Wenn man sich Tag ein Tag aus mit Worten und Wörtern beschäftigt, wird dies, ehe man sich's versieht, erst zu einer Obsession und schließlich zur Gewohnheit.

Die Katze lässt das Mausen nicht.

Die Idee von einem Wörterbuch der Redewendungen in die Tat umzusetzen, war relativ einfach. Ich saß vor dem Fernseher und sah mir irgendeine Sendung an, und siehe da, in fast jedem zweiten Satz wurde eine Redewendung benutzt. Ich notierte die Wendungen, ging zu meinem Computer und trug sie in eine Datei ein. Während ich die Definitionen bzw. die Bedeutungen der eingetragenen Wendungen aus den vorhandenen Lexika, den Wörterbüchern und dem Internet heraussuchte, merkte ich schnell, dass die Eintragungen mit Vorsicht zu genießen sind.

Vorsicht ist die Mutter der Weisheit.

Der nächste Schritt war es, die Entsprechungen für die Wendungen in der Zielsprache zu finden. Einiges war schon in den zweisprachigen Wörterbüchern, auch in meinen Wörterbüchern, vorhanden. Ich merkte schnell, dass ich eine ganze Menge Vorarbeit geleistet hatte. Ich fand sogar Karteikarten aus den 60er/70er Jahren und wunderte mich über das, was ich schon damals in mühseliger Arbeit herausgefunden hatte.

Was für eine Sisyphusarbeit! Aber so ist es eben.

Wer ernten will, muss säen.

Nun ist das folgende Wörterbuch der Redewendungen entstanden. Es ist noch lange nicht abgeschlossen, aber ich bin an einem Punkt angekommen, an dem ich eine Veröffentlichung wage und hoffe, dass es den Benutzerinnen und Benutzern gute Dienste leisten wird.

Birinci Baskının Önsözü

Bu sözlüğü yazma fikri, doğuştan mı vardı, yoksa yıllarca süregelen sözlük çalışmalarımın mantıksal bir sonucu mudur? Her gün söz ve kelimelerle uğraşınca farkına varmadan bu önce bir tutku sonra da alışkanlık oluyor.

Alışmış kudurmuştan beterdir.

Bir deyimler sözlüğü fikrini uygulamaya geçirmek oldukça kolaydı. Tivinin önüne geçip oturdum ve, hele bak, herhangı bir programı izlediğimde hemen hemen her iki cümlede en aşağı bir deyim kullanılıyordu. Deyimleri not edip bilgisayarıma giderek onları bir dosyaya kaydettim. Kaydettğim deyimlerin tanımlarını, yani anlamlarını eldeki sözlüklerden ve genel ağdan ararken buradaki kayıtlara körü körüne güvenemeyeceğimi hemen anladım.

Korkulu düş görmektense uyanık yatmak yeğdir.

Bundan sonraki adım, deyimlerin hedef dildeki karşılıklarını bulmaktı. Bunların birçoğu iki dildeki sözlüklerde ve benim sözlüklerimde de vardı. Sözlüklerimle epeyce bir önçalışma yapmış olduğumun farkına vardım. Hatta 60'lı 70'li yıllardan kalma kartotek fişlerimi de bulduğumda o zamanlar ne kadar çaba göstererek neler bulmuş olduğuma şaştım.

Ekmeden biçilmez.

Böylece elinizdeki Deyimler Sözlüğü ortaya çıktı. Sözlük bitmiş sayılmaz, bitmesine daha çok var, ama öyle bir noktaya geldim ki, artık yayınlanmasını göze alıyorum ve kullanıcılara iyi hizmet vermesini dilerim.

Vorwort zur zweiten Auflage

Nach nunmehr zweijähriger Arbeit wurde das Wörterbuch so erweitert, dass eine neue Auflage angeboten werden kann. Ich hoffe, dass auch diese aktualisierte und erweiterte Auflage den Nutzerinnen und Nutzern weitere gute Dienste leisten wird.

Essen, den 26.03.2025

İkinci Baskının Önsözü

Son iki yılın çalışmaları sonunda sözlük genişletilerek yeni bir baskı öngörülmüştür. Bu güncelleştirilmiş ve genişletilmiş baskının da kullanıcılara iyi hizmet vermesini dilerim.

Essen, 26 Mart 2025

Hinweise zur Benutzung des Wörterbuchs

Die Benutzung dieses Wörterbuchs ist relativ einfach. Die Redewendungen sind jeweils unter einem Stichwort alphabetisch gegliedert, z.B.:

Adresse adres

an die falsche Adresse geraten *(wörtl: yanlış adrese uğramak)* ***fig*** yanlış kapı çalmak *(wörtl: an der falschen Tür klingeln)*
[**Bedeutung**: ein Anliegen an eine Person richten, die dafür nicht zuständig ist; **Anlamı**: isteğinin yapılamayacağı bir yere başvurmak]

In diesem Fall ist „**Adresse**" das Stichwort, das fettgeschrieben ist.

Die Redewendung „**an die falsche Adresse geraten**" befindet sich unter dem Stichwort „**Adresse**" in alphabetischer Reihenfolge

Nach der Redewendung folgt die wörtliche Übersetzung in die Zielsprache. Die Übersetzung steht in Klammern und ist in kursiv geschrieben:

(wörtl: yanlış adrese uğramak)

Die Abkürzung „*wörtl*" steht für „wörtlich".

Nach der Abkürzung „***fig***" für figurativ, die in Fett- und Kursivschrift steht, folgt die Entsprechung bzw. die sinngemäße Übersetzung der Redewendung, in diesem Fall:

„yanlış kapı çalmak".

Es folgt dann die wörtliche Übersetzung in die Ausgangssprache:

(wörtl: an der falschen Tür klingeln)

An letzter Stelle wird die Bedeutung der Redewendung erklärt. Diese steht in eckigen Klammern. Nach „**Anlamı**" und Doppelpunkt steht die Bedeutung der Redewendung in der Ausgangssprache, nach „**Bedeutung**" und Doppelpunkt steht die Bedeutung der Redewendung in der Zielsprache.:

[**Bedeutung**: ein Anliegen an eine Person richten, die dafür nicht zuständig ist; **Anlamı**: isteğinin yapılamayacağı bir yere başvurmak]

Wenn eine Redewendung mehr als eine Komponente hat, die zu ihrer Bedeutung beiträgt, kann diese Redewendung unter mehreren Stichwörtern stehen. Bei der Redewendung „an die falsche Adresse geraten" wird man sie unter den Stichwörtern „falsch" und "Adresse" finden.

Manchmal haben Redewendungen mehr als nur eine Bedeutung. In diesem Fall werden die Stichwörter mit Exponenten unterschieden:

Ende[1] son

Ende[2] uç

Die Redewendungen sind dann unter den jeweiligen Bedeutungen zu finden.

Redewendungen können unterschiedliche Bedeutungen haben. Diese werden genauso wie die Stichwörter, s.o. mit Exponenten versehen:

---

jemandem Beine machen[1] *(wörtl: birine bacak yaptırmak)* *fig* birinin pabucunu eline vermek *(wörtl: jemandem die Schuhe auf die Hand geben)* [**Bedeutung**: jemanden fortjagen; **Anlamı**: birini kovmak]

jemandem Beine machen[2] *(wörtl: birine bacak yaptırmak)* *fig* iki ayağını bir pabuca sokmak *(wörtl: beide Füße in einen Schuh stecken)* [**Bedeutung**: jemanden zur Eile antreiben; **Anlamı**: birini bir işi yapması için çok sıkıştırmak]

Sözlüğün Kullanımı Hakkında Bilgiler

Bu sözlüğün kullanımı oldukça kolaydır. İlgili deyimler, madde başı altında, deyimi oluşturan en önemli öğelerine göre alfabetik olarak sıralanmıştır, Örneğin:

Adresse adres

an die falsche Adresse geraten *(wörtl: yanlış adrese uğramak)* ***fig*** yanlış kapı çalmak *(wörtl: an der falschen Tür klingeln)*
[**Bedeutung**: ein Anliegen an eine Person richten, die dafür nicht zuständig ist; **Anlamı**: isteğinin yapılamayacağı bir yere başvurmak]

Burada madde başı siyah yazılmış „**Adresse**" kelimesidir.

„**an die falsche Adresse geraten**" deyimi, madde başı „**Adresse**" kelimesinin altında alfabetik olarak dizilmiştir.

Deyimden hemen sonra deyimin hedef dile kelimenin tam anlamıyla çevirisi yer alır. Çeviri, parantez içinde ve italik yazı ile yazılmıştır:

(wörtl: yanlış adrese uğramak)

„*wörtl*" kısaltması, Almanca'da „wörtlich" kelimesinin kısaltması olup Türkçe'de kelimenin tam anlamıyla ya da motamot demektir.

Siyah ve italik harflerle yazılmış olan „*fig*" kısaltması, Almanca'da figurativ demek olup Türkçesi mecazidir. *fig* kısaltmasından sonra deyimin anlamca çevirisi, yani hedef dildeki karşılığı yer alır:

„yanlış kapı çalmak".

Bunun arkasından hedef dile kelimenin tam anlamıyla çevirisi gelir:

(wörtl: an der falschen Tür klingeln)

Son olarak deyimin anlamı köşeli ayraçlar içinde yer alır. „**Bedeutung**" ve iki nokta üstüsteden sonra deyimin kaynak dildeki anlamı, „**Anlamı**" ve iki nokta üstüsteden sonra deyimin hedef dildeki anlamı açıklanır:

[**Bedeutung**: ein Anliegen an eine Person richten, die dafür nicht zuständig ist; **Anlamı**: isteğinin yapılamayacağı bir yere başvurmak]

Duruma göre bir deyimin birden çok öğesi olabilir. Böyle bir durumda deyimi birden çok madde başı altında bulabilirsiniz. Örneğin, „an die falsche Adresse geraten" deyimini hem „falsch" madde başı hem "Adresse" madde başı altında bulursunuz.

Bazen bir deyimin birden çok anlamı vardır. Bu durumda madde başı, bir üs yazılarak fark gösterilmiştir:

Ende[1] son

Ende[2] uç

Bu durumda deyim, anlamına uyan madde başı altında bulunur.

Deyimler de birden çok anlama gelebilir. O zaman bunlar da madde başında olduğu gibi bir üs ile yazılarak uygulama görürler. Örneğin:

---

jemandem Beine machen[1] *(wörtl: birine bacak yaptırmak)* *fig* birinin pabucunu eline vermek *(wörtl: jemandem die Schuhe auf die Hand geben)* [**Bedeutung**: jemanden fortjagen; **Anlamı**: birini kovmak]

jemandem Beine machen[2] *(wörtl: birine bacak yaptırmak)* *fig* iki ayağını bir pabuca sokmak *(wörtl: beide Füße in einen Schuh stecken)* [**Bedeutung**: jemanden zur Eile antreiben; **Anlamı**: birini bir işi yapması için çok sıkıştırmak]

Abkürzungen und Zeichen

Kısaltmalar ve İşaretler

fig	bedeutet	figurativ/mecazi
wörtl	bedeutet	wörtlich/kelimenin tam anlamıyla
/	bedeutet	oder/ya da
↑	bedeutet	gehe zu/bak

Quellenverzeichnis - Kaynakça

Türkçe Sözlük,
Türk Dil Kurumu
[1]1. Baskı, Ankara, 2011
ISBN 975-16-0070-7

Türkçe Sözlük,
Ali Püsküllüoğlu,
5. Baskı, İstanbul, 2004
ISBN 975-6770-38-4

Türkisch-Deutsches Wörterbuch,
Karl Steuerwald
2. Auflage, Wiesbaden, 1988
ISBN 3-447-02804-1

Duden
Deutsches Universalwörterbuch,
9. Auflage, Berlin, 2019
ISBN 978-3-411-05509-8

Kompaktwörterbuch Türkisch
Verlag PONS GmbH, Stuttgart 2015
ISBN 978-3-12-517974-5

DUDEN BAND 11
Redewendungen
Wörterbuch der deutschen Idiomatik
5. Auflage, Berlin, 2020
ISBN 978-3-411-04115-2

Atasözleri ve Deyimler Sözlüğü
Ömer Asım Aksoy
İnkilap Kitabevi Yayın Sanayi ve Tic. A.Ş., 1988
ISBN 975-10-0128-5

A

von **A** bis **Z** *fig* A'dan Z'ye kadar
[**Bedeutung**: vom Anfang bis zum
Ende; vollständig; **Anlamı**: baştan
sona kadar; tamamiyle]

Aal yılanbalığı

sich winden wie ein Aal[1] *(wörtl:
yılan balığı gibi kıvrınmak üzerinden
gitmek) fig* hık mık etmek *fig* ipe un
sermek *(wörtl: Mehl auf das Seil
streuen)*
[**Bedeutung**: unwillig sein;
ausweichen; sich vor etwas drücken;
Anlamı: bir işten kaçınmak için
bahaneler ileri sürmeye çalışmak]

sich winden wie ein Aal[2] *(wörtl:
yılan balığı gibi kıvrınmak) fig* mırın
kırın etmek *(wörtl: Ziererei machen)*
[**Bedeutung**: sich aus einer
unangenehmen Lage zu befreien
suchen; sich vor Verlegenheit
winden; **Anlamı**: bir isteği yerine
getirmemek için çeşitli sebepler ileri
sürmek; nazlanmak]

sich winden wie ein Aal[3] *(wörtl:
yılan balığı gibi kıvrınmak) fig*
utancından yerin dibine
geçmek*(wörtl: sich vor Scham in die
Erde verkriechen)*
[**Bedeutung**: sich vor Verlegenheit
winden; peinlich berührt sein;
Anlamı: istenilen biçimde olmama
karşısında üzüntü duymak; aşırı
utanmak; nazlanmak]

aalglatt sein *(wörtl: yılanbalığı gibi
pürüzsüz olmak) fig* zeytinyağı gibi
üste çıkmak *(wörtl: wie Olivenöl auf
die Oberfläche steigen)*

[**Bedeutung**: für alles eine Ausrede
haben; **Anlamı**: ustalıkla kendini
haklı çıkarmak; her şeye bir bahane
bulmak]

---

glatt wie ein Aal sein ↑ **aalglatt sein**

---

abbrechen koparmak, kesmek

**alle Brücken hinter sich
abbrechen/abreißen** *(wörtl:
arkasındaki bütün köprüleri kesmek)
fig* köprüleri atmak *(wörtl: die
Brücken abwerfen)*
[**Bedeutung**: sich endgültig lösen;
Anlamı: geri dönmek, vazgeçmek
olanağı bulunmayacak biçimde kesin
bir davranışta bulunmak]

---

abbürsten fırçalamak

jemanden abbürsten *fig* birine fırça
çekmek
[**Bedeutung**: jemanden tadeln, rügen;
Anlamı: azarlamak; uzun uzun
paylamak]

Abend akşam

**am Abend werden die Hühner
gezählt** *(wörtl: akşam olduğunda
tavuklar sayılır) fig* akşam olmadan
gün övünmez *(wörtl: man lobt den
Tag nicht, bevor es abends wird)*
[**Bedeutung**: man sollte nicht
voreilig etwas bewerten, denn am
Ende kann sich vieles ändern;
Anlamı: iş bitmeden sevinmemeli]

**man soll den Tag nicht vor den
Abend loben** *fig* akşam olmadan gün
övünmez *(wörtl: man lobt den Tag
nicht, bevor es abends wird) fig* ayı
görmeden bayram etme *(wörtl: feiere
nicht bevor du den Mond siehst)*
[**Bedeutung**: man sollte sich nicht zu
früh freuen; **Anlamı**: iş bitmeden
sevinmemeli]

es ist noch nicht aller Tage Abend *(wörtl: henüz günler akşam olmadı)* *fig* gün doğmadan neler doğar *(wörtl: was alles passieren kann bevor der Tag beginnt)* [**Bedeutung:** die Sache ist noch nicht entschieden; **Anlamı:** beklenmedik bir sırada umut verici durumlarla da karşılaşma imkânı vardır]

abfahren kalkmak

der Zug ist abgefahren *(wörtl: tren kalktı)* *fig* iş işten geçti *fig* atı alan Üsküdar'ı geçti *(wörtl: wer sich ein Pferd geschnappt hat, hat Üsküdar hinter sich)* *fig* av avlanmış, tav tavlanmış *(wörtl: die Beute wurde gejagt, der Sache wurde auf die nötige Temperatur gesetzt)* [**Bedeutung:** es ist zu spät; die Gelegenheit wurde verpasst; man kann nichts mehr ändern; **Anlamı:** olan olmuş; iş işten geçmiş; işi gerçekleştirme olanağı kalmadı; artık yapılacak bir şey kalmadı]

abfüllen doldurmak

jemanden abfüllen *(wörtl: birini doldurmak)* *fig* kafasını tütsülemek *(wörtl: den Kopf beräuchern)* [**Bedeutung:** betrunken machen; **Anlamı:** sarhoş etmek]

abgeben teslim etmek

den Löffel abgeben *(wörtl: kaşığı teslim etmek)* *fig* nalları dikmek *(die Hufeisen aufrichten)* [**Bedeutung:** sterben; **Anlamı:** ölmek]

abgebrannt yanmış
abgebrannt sein *(wörtl: yanmış olmak)* *fig* meteliğe kurşun atmak *(wörtl: auf die 10-Para-Münze schießen)*

[**Bedeutung:** kein Geld mehr haben; **Anlamı:** parası kalmamak; hiç parası olmamak]

abholen gelip almak

dastehen wie bestellt und nicht abgeholt *(wörtl: ısmarlanmış gibi durakalıp gelip alınmamak)* *fig* bekleye bekleye ağaç olmak *(wörtl: wartend zum Baum werden)* [**Bedeutung:** lange stehen und warten müssen; **Anlamı:** bir yerde ayakta durarak uzun süre beklemek]

abkaufen satın almak

jemandem den Schneid abkaufen *(wörtl: birinin cesaretini satın almak)* *fig* birinin cesaretini kırmak *(wörtl: jemandem den Mut brechen)* *fig* birine gözdağı vermek *(wörtl: jemandem Augenberg geben)* [**Bedeutung:** jemanden entmutigen, einschüchtern; **Anlamı:** yürekliliğini gidermek; korkutmak]

sich jedes Wort abkaufen lassen *(wörtl: her sözünü satın aldırmak)* *fig* söz ağzından dirhemle çıkmak *(wörtl: das Wort verlässt seinen Mund gegen eine Silbermünze)* [**Bedeutung:** schweigsam, wortkarg sein; **Anlamı:** çok az konuşmak]

abkratzen *fig/derb* mortoyu çekmek [**Anlamı:** sterben; **Bedeutung:** ölmek]

abperlen inci gibi dökülmek

etwas an sich abperlen lassen *(wörtl: üstünden inci gibi dökülmek)* *fig* gülüp geçmek *(wörtl: lachen und vorbeigehen)* *fig* oralı olmamak *(wörtl: kein Dortiger sein)* [**Bedeutung:** sich unbeeindruckt zeigen; ıgnorıeren; **Anlamı:** umursamamak]

abreißen koparmak

---

alle Brücken hinter sich abbrechen/abreißen *(wörtl: arkasındaki bütün köprüleri kesmek)* **fig** köprüleri atmak *(wörtl: die Brücken abwerfen)* [**Bedeutung**: sich endgültig lösen; **Anlamı**: geri dönmek, vazgeçmek olanağı bulunmayacak biçimde kesin bir davranışta bulunmak]

---

absägen testereyle kesmek

---

den Ast absägen, auf dem man sitzt *(wörtl: üzerinde oturduğu dalı testereyle kesmek)* **fig** bindiği dalı kesmek [**Bedeutung**: sich selbst schaden; **Anlamı**: kendisine gerekli ve yararlı olan şeyleri kendi eliyle yok etmek]

---

abschießen vurmak

---

den Vogel abschießen[1] *(wörtl: kuşu vurmak)* **fig** turnayı gözünden vurmak *(wörtl: dem Kranich in das Auge schießen/treffen)* [**Bedeutung**: erfolgreich sein; bei etwas Erfolg haben; **Anlamı**: çok değerli bir şeyi kazanmayı başarmak]

den Vogel abschießen[2] *(wörtl: kuşu vurmak)* **fig** çam devirmek *(wörtl: einen Kiefer stürzen/den Kiefer umhauen)* [**Bedeutung**: etwas Peinliches/Unpassendes tun; einen Fehler machen; Anstoß erregen; **Anlamı**: birine dokunacak veya kötü bir sonuç doğuracak söz söylemek]

---

abschminken makyajı silmek

---

das kannst du dir abschminken! *(wörtl: bunun makyajını silebilirsin)* **fig** havada bulut, sen bunu unut! *(wörtl: Wolken im Himmel, vergiss es!)* [**Bedeutung**: daraus wird nichts! das ist ausgeschlossen; das ist außer Frage; **Anlamı**: bu söz konusu olamaz; bunu aklından çıkar]

deine Hilfe kann ich abschminken *(wörtl: senin yardımını aklımdan çıkarabilirim!)* **fig** senden gelen çıraya püf! *(wörtl: „puff" sage ich zu dem Zündholz von dir!)* [**Bedeutung**: von dir ist keine Hilfe zu erwarten; **Anlamı**: senden umduğum yardımdan umdumu kestim]

sich etwas abschminken *(wörtl: makyajı silmek)* **fig** bir şeyi kafasından çıkarmak/atmak *(wörtl: aus dem Kopf herausnehmen/werfen)* [**Bedeutung**: ein Vorhaben fallenlassen; einen Plan aufgeben; **Anlamı**: bir şeyden vazgeçmek]

---

abschnallen **fig** aklı durmak [**Bedeutung**: nicht mehr geistig folgen können; **Anlamı**: şaşkınlıktan ne diyeceğini bilememek]

da schnallst du ab! **fig** aklın durur! *(wörtl: dein Verstand bleibt stehen)* [**Bedeutung**: da bist du fassungslos vor Staunen; Ausdruck von Überraschung, Erstaunen; **Anlamı**: şaşkınlıktan ne diyeceğini bilemezsin; şaşırmak durumunda söylenen söz]

---

abschneiden kesmek

---

alte Zöpfe abschneiden *(wörtl: eski saç örgülerini kesmek)* **fig** gemileri yakmak[2] *(wörtl: die Schiffe verbrennen)* [**Bedeutung**: veraltete Einrichtungen, Ideen aufgeben; **Anlamı**: geri dönüşü olmayan kararlar vermek]

jemandem den Lebensfaden abschneiden *(wörtl: birinin can* *ipliğini kesmek) fig* birinin canını almak *(wörtl: jemandem das Leben nehmen)* [**Bedeutung**: jemanden töten; **Anlamı**: birini öldürmek]

Abstellgleis yan hat

jemanden aufs Abstellgleis schieben *(wörtl: birini yan hatta itmek) fig* pabucunu dama atmak *(wörtl: jemandes Schuh aufs Dach werfen)* [**Bedeutung**: jemanden seines Einflusses, seines Wirkungsbereiches berauben; **Anlamı**: kendinden üstün birini gözden düşürmek]

---

abwarten beklemek

abwarten und Tee trinken *(wörtl: çay içerek beklemek) fig* akarına bırakmak *(wörtl: seinem Fluss überlassen) fig/Sivas* bekleyelim, görelim, bakalım ne olacak *(wörtl: lasst uns abwarten, mal sehen, was passieren wird)* [**Bedeutung**: geduldig abwarten; **Anlamı**: işin sonucunu sabırla beklemek]

Abwesenheit bulunmama

durch Abwesenheit glänzen *(wörtl: bulunmama yoluyla parlamak) fig* yerinde yeller esmek *(wörtl: an dessen Stelle wehen Winde)* [**Bedeutung**: abwesend sein; nicht anwesend sein; **Anlamı**: artık bulunmamak; yok olmak]

Ach ay, aman

mit Ach und Krach *(wörtl: aman ve gürültüyle) fig* zar zor *(wörtl: der Würfel ist schwierig) fig* ıkına sıkına *(wörtl: mit pressen und quetschen)* [**Bedeutung**: mit größter Mühe; mit Mühe und Not; **Anlamı**: güçlükle; büyük güç harcayarak]

Achse dingil

ständig auf Achse sein *(wörtl: sürekli dingilde olmak) fig* leyleği havada görmek *(wörtl: den Storch in der Luft sehen)* [**Bedeutung**: immer unterwegs sein; **Anlamı**: çok gezmek

---

Achsel koltuk

mit den Achseln zucken *(wörtl: koltuklarıyla kıpırdamak) fig* omuz silkmek *(wörtl: Schulter schütteln)* [**Bedeutung**: durch Hochziehen der Schultern gibt man zu verstehen, dass einem etwas gleichgültig ist; **Anlamı**: aldırmamak; önem vermemek]

Achtung saygı

alle Achtung! *(wörtl: her türlü saygı) fig* helal olsun! *(wörtl: es soll halal sein)* [**Bedeutung**: Ausdruck der Anerkennung; Ausdruck von Respekt; **Anlamı**: bravo; doğrusu, işini çok iyi yapıyor; Fransızca'da: chapeau]

---

achtzig seksen

auf achtzig bringen *(wörtl: seksene getirmek) fig* afyonunu patlatmak *(wörtl: das Opium zum Explodieren bringen)* [**Bedeutung**: jemanden sehr wütend machen, ihn erzürnen; **Anlamı**: birinin keyfini bozup onu öfkelendirmek]

Acker tarla

18

sich vom Acker machen *(wörtl: tarladan ayrılmak)* **fig** tabanları yağlamak *(wörtl: die Sohlen schmieren)* [**Bedeutung**: verschwinden; **Anlamı**: kaçıp gitmek]

man kann aus einem Ackergaul/Esel kein Rennpferd machen *(wörtl: tarla beygirinden/eşekten yarış atı olmaz)* **fig** eşek kulağı kesilmekle küheylan olmaz *(wörtl: wenn man die Ohren schneidet, wird aus einem Esel kein Vollblutaraber)* [**Bedeutung**: ein Mensch, dem bestimmte Merkmale fehlen, ist nicht geeignet für eine Tätigkeit, bei der diese benötigt werden; **Anlamı**: aslında niteliksiz olan bir şeye ne yapılsa değişmez]

Adam Adem

von Adam und Eva stammen *(wörtl: Adem ve Havva'dan kalmak)* **fig** Nuh Nebi'den kalmak *(wörtl: von Noah stammen)* [**Bedeutung**: sehr alt sein; **Anlamı**: çok eski olmak]

Adamskostüm yokini

im Adamskostüm *(wörtl: Adem Baba'nın kıyafetinde)* **fig** anadan doğma *(wörtl: von der Mutter geboren)* [**Bedeutung**: völlig nackt; splitterfasernackt; **Anlamı**: çırılçıplak]

Adler kartal

unrecht Gut hat Adlersfedern (wörtl: haksız elde edilen malın kartal tüyleri vardır) **fig** haramın temeli olmaz *(wörtl: es gibt keine Grundlage fürs Verbotenes)* [**Bedeutung**: die unrechtmäßige Aneignung von Dingen zahlen sich nicht aus; **Anlamı**: haram kazanç, bir işe yaramadan telef olur gider]

Adresse adres

an die falsche Adresse geraten *(wörtl: yanlış adrese uğramak)* **fig** yanlış kapı çalmak *(wörtl: an der falschen Tür klingeln)* [**Bedeutung**: ein Anliegen an eine Person richten, die dafür nicht zuständig ist; **Anlamı**: isteğinin yapılamayacağı bir yere başvurmak]

(bei jemandem) an die falsche/verkehrte Adresse geraten **fig** tam adamına çatmak *(wörtl: genau an den Mann geraten)* [**Bedeutung**: bei jemandem auf eine den positiven Erwartungen entgegengesetzte Reaktion stoßen; schaf abgewiesen werden; **Anlamı**: olumsuz bir davranış ve tutum içinde bulunan kimseyle karşı karşıya gelmek]

Affäre

sich aus der Affäre ziehen *(wörtl: olaydan çekilmek)* **fig** işin içinden sıyrılmak *(wörtl: sich von der Sache absetzen)* **fig** yakayı kurtarmak *(wörtl: den Kragen retten)* [**Bedeutung**: sich aus einer schwierigen Situation befreien; sich der Verantwortung entziehen; **Anlamı**: karışık bir işten kendini kurtarmak; istemeyerek bulunduğu bir işten kurtulmak]

Affe maymun

immer bleibt der Affe ein Affe, werd' er selbst König oder Pfaffe *(wörtl: maymun, kral veya papaz olsa bile, her zaman maymun kalır)* **fig** eşeğe altın semer vursalar yine eşektir *(wörtl: auch wenn sie den Esel mit einem goldenen Sattel bestücken, bleibt er ein Esel)* [**Bedeutung**: Äußerlichkeiten ändern nichts am Wesen eines Menschen; ein schlechter Charakter lässt sich nich hinter teurer Kleidung verbergen; **Anlamı**: insanlık değerinden yoksun kişi, kılık kıyafetle, makam ve mevkiyle değer kazanmaz]

Klappe zu, Affe tot *(wörtl: kapak kapalı, maymun öldü)* ***fig*** harç bitti, yapı paydos *(wörtl: der Mörtel ist alle, es ist Feierabend mit dem Bau)* [**Bedeutung**: die Sache ist erledigt; ironische Bemerkung zu einer Beendigung eines Vorgangs; **Anlamı**: bir işin devam edemeyeceğini şaka yollu söyleme]

mit affenartiger Geschwindigkeit *(wörtl: maymunumsu bir hızla)* ***fig*** kelle götürür gibi *(wörtl: wie einer, der einen Schädel hinbringt)* [**Bedeutung**: sehr schnell; mit hoher Geschwindigkeit **Anlamı**: çok hızlı bir şekilde; acele olarak]

mit einem Affenzahn *(wörtl: maymun dişi ile)* ***fig*** kelle götürür gibi *(wörtl: wie einer, der einen Schädel hinbringt)* [**Bedeutung**: sehr schnell sein; rasen; **Anlamı**: çok hızlı gitmek; acele etmek]
sich zum Affen machen *(wörtl: kendini maymun yapmak)* ***fig*** maskara olmak *(wörtl: zum Gespött werden)* [**Bedeutung**: sich lächerlich machen, sich blamieren; **Anlamı**: gülünç bir duruma düşmek]

Ahnung

von Tuten und Blasen keine Ahnung haben *(wörtl: boru çalmak*

ve üflemekten anlamamak) ***fig*** Hanya'yı Konya'yı anlamamak [**Bedeutung**: keine Ahnung von etwas haben; **Anlamı**: işin gerçek yönünü anlamamak]

Akku akü

bei jemandem ist der Akku leer *(wörtl: bir kimsede akü boş)* ***fig*** pili bitmek *(wörtl: jemandem ist die Batterie leer)* [**Bedeutung**: jemand ist entkräftet; jemand ist erschöpft; **Anlamı**: gücü kuvveti kalmamak]

jemandes Akku ist leer *(wörtl: birinin aküsü boş)* ***fig*** pili bitmek *(wörtl: jemandem ist die Batterie leer)* [**Bedeutung**: jemand ist entkräftet; jemand ist erschöpft; **Anlamı**: gücü kuvveti kalmamak]

---

all hep, her, bütün

alle Eier in einen Korb legen *(wörtl: yumurtaların hepsini bir sepete koymak)* ***fig*** rest çekmek *(wörtl: "all in" gehen)* ***fig*** varını yoğunu aynı işe yatırmak *(wörtl: sein ganzes Hab und Gut in dieselbe Sache investieren)* [**Bedeutung**: alles wagen; alles riskieren; es geht ums Ganze; **Anlamı**: öyle bir iş ki kişi sonunda ya imrenilecek bir duruma yükselir ya da batar; ya batarız, ya çıkarız]

alle Flüsse fließen ins Meer *(wörtl: bütün ırmaklar denize akar)* ***fig*** ayvaz, kasap hep bir hesap *(wörtl: ob Begleiter oder Metzger, die Rechnung ist dieselbe)* [**Bedeutung**: es gibt nicht nur einen Weg zur Lösung einer Aufgabe; **Anlamı**: hangi yol yeğlenirse yeğlensin, aynı sonuca varıyor; ha öyle ha böyle, ikisi de bir]

alle heiligen Zeiten einmal *(wörtl: her kutsal zamanda bir kez)* *fig* kırk yılda bir *(wörtl: alle vierzig Jahre einmal)* [**Bedeutung**: sehr selten; **Anlamı**: çok seyrek olarak]

alle Minen springen lassen *(wörtl: bütün mayınları patlatmak)* *fig* allem etmek, kallem etmek *fig* her çareye başvurmak *(wörtl: jede Lösung bestreiten)* [**Bedeutung**: alle verfügbaren Mittel einsetzen; alles Mögliche tun; tun, was man kann; **Anlamı**: her yolu denemek; elindeki bütün imkânları kullanmak; elinden geleni yapmak]

alle Register ziehen *(wörtl: (orgda) her boru takımını çekmek)* *fig* allem etmek, kallem etmek *fig* her çareye başvurmak *(wörtl: jede Lösung bestreiten)* [**Bedeutung**: alle verfügbaren Mittel einsetzen; alles Mögliche tun; tun, was man kann; **Anlamı**: her yolu denemek; elindeki bütün imkânları kullanmak; elinden geleni yapmak]

alle Tage ist nicht Sonntag ↑ **es ist nicht alle Tage Sonntag**

alle Wege führen nach Rom *(wörtl: bütün yollar Romaya gider)* *fig* ikisi bir kapıya çıkar *(wörtl: beide führen zu einer Tür)* *fig* ayvaz, kasap hep bir hesap *(wörtl: ob Begleiter oder Metzger, die Rechnung ist dieselbe)* [**Bedeutung**: es gibt nicht nur einen Weg zur Lösung einer Aufgabe; **Anlamı**: o da bu da aynı şeydir; aynı sonuca varır; hangi yol yeğlenirse yeğlensin, aynı sonuca varıyor; ha öyle ha böyle, ikisi de bir]

aller guten Dinge sind drei *(wörtl: her iyi şey üçtür)* *fig* er oyunu üçe kadar *(wörtl: das Spiel eines Mannes*

ist bis drei) *fig* Allah'ın hakkı üçtür *(wörtl: Gottes Rechte sind drei)* [**Bedeutung**: Rechtfertigung dafür, dass etwas zum dritten Mal versucht wird; **Anlamı**: bir iki kez deneyip başaramadığımız zaman üçüncü bir kez denemeden önce kullanılan söz]

allzu viel ist ungesund *(wörtl: fazlası sağlığa zararlı)* *fig* çoğu zarar, azı karar *(wörtl: das Meiste ist schädlich, das Wenige ist maßvoll)* [**Bedeutung**: man soll nichts übertreiben; **Anlamı**: hiçbir zaman aşırıya kaçılmamalıdır]

ein für alle Mal *fig* ilk ve son defa *(wörtl: das erste und das letzte Mal)* [**Bedeutung**: für alle zukünftigen Male geltend; endgültig; **Anlamı**: kesinlikle]

in aller Herrgottsfrühe *(wörtl: Allah'ın erken saatlerinde)* *fig* sabahın köründe *(wörtl: in der Blindheit des Morgens)* *fig* karga bok yemeden *(wörtl: ehe der Rabe Kot frisst)* *fig* kargalar bok yemeden *(wörtl: ehe die Raben Kot fressen)* [**Bedeutung**: sehr früh am Morgen; **Anlamı**: sabahın çok erken saatlerinde]

in aller Munde sein *(wörtl: herkesin ağzında olmak)* *fig* ağızlara sakız olmak *(wörtl: Kaugummi in aller Munde sein)* *fig* dillere destan olmak *(wörtl: für die Zungen eine Legende sein)* [**Bedeutung**: aktuelles Thema sein; etwas sein, über das viel geredet wird; **Anlamı**: herkes tarafından konuşulur olmak; dedikodu konusu olmak]

es ist noch nicht aller Tage Abend *(wörtl: henüz günler akşam olmadı)* *fig* gün doğmadan neler doğar *(wörtl: was alles passieren kann bevor der Tag beginnt)*

21

[**Bedeutung**: die Sache ist noch nicht entschieden; **Anlamı**: beklenmedik bir sırada umut verici durumlarla da karşılaşma imkânı vardır]

vor aller Augen *(wörtl: herkesin gözleri önünde)* **fig** göz göre göre *(wörtl: sehenden Auges)* [**Bedeutung**: in der Öffentlichkeit; so dass es jeder sehen kann; **Anlamı**: herkesin gözleri önünde]

allein tek başına

allein ist man stark, gemeinsam unschlagbar *(wörtl: tek başına güçlüdür, birlikte yenilemezdir)* **fig** bir elin nesi var, iki elin sesi var *(wörtl: eine Hand hat was, zwei Hände haben eine Stimme)* **fig** ağaç, yaprağı ile gürler *(wörtl: der Baum brüllt mit seinen Blättern)* [**Bedeutung**: in der Einheit liegt die Kraft; **Anlamı**: başarıya ulaşmak için birlik olmak gerekir]

trautes Heim, Glück allein *(wörtl: güvendiğin ev sırf mutluluk)* **fig** evceğizim evceğizim, sen bilirsin halceğizim *(wörtl: mein Häuschen, mein Häuschen, du weißt, wie mein Befinden ist)* [**Bedeutung**: zu Hause ist es am schönsten; **Anlamı**: insan kendi evindeki rahatı, huzuru hiçbir yerde bulamaz]

alles her şey

alles auf eine Karte setzen *(wörtl: her şeyi bir kâğıda koymak)* **fig** rest çekmek *(wörtl: "all in" gehen)* **fig** varını yoğunu aynı işe yatırmak *(wörtl: sein ganzes Hab und Gut in dieselbe Sache investieren)* [**Bedeutung**: alles wagen; alles riskieren; es geht ums Ganze; **Anlamı**: öyle bir iş ki kişi sonunda ya imrenilecek bir duruma yükselir ya da batar; ya batarız, ya çıkarız]

alles beim Alten *(wörtl: herşey eskisi gibi)* **fig** eski hamam eski tas *(wörtl: der alte Hammam, die alte Schale)* **fig** bayağı Mehmet bayağı börkü *(wörtl: gewöhnlicher Mehmet, seine gewöhliche Kopfbedeckung)* [**Bedeutung**: nichts verändert sich; **Anlamı**: durumda hiçbir değişme yok; her şey eskisi gibi]

alles bis aufs Hemd verlieren *(wörtl: son gömleğini kaybetmek)* **fig** Arafat'ta soyulmuş hacıya dönmek *(wörtl: zu einem ausgeraubten Pilger in Arafat werden)* [**Bedeutung**: nur das Nötigste retten können; **Anlamı**: her şeyini kaybedip çırılçıplak veya çaresiz kalmak]

alles für die Katz *(wörtl: her şey kedi için)* **fig** sıfıra sıfır, elde var sıfır *(wörtl: Null zu Null, ergibt eine Null)* [**Bedeutung**: die Mühe ist vergeblich; **Anlamı**: bütün çabalar boşa gitti; istenilen sonuç elde edilemedi]

alles geben *(wörtl: her şeyi vermek)* **fig** canını dişine takmak *(wörtl: seine Seele an seinen Zahn hängen)* [**Bedeutung**: sich mit aller Kraft einsetzen; **Anlamı**: bütün gücünü harcayarak yapmak]

alles hat ein Ende, nur die Wurst hat zwei *(wörtl: her şeyin bir sonu vardır, ancak sucuğun/sosisin iki sonu vardır)* **fig** her işin bir sonu vardır *(wörtl: eine Sache hat ein Ende)* [**Bedeutung**: alles muss einmal aufhören; **Anlamı**: başlanan iş başlandığı yerde kalmaz, öyle ya da böyle sonuçlanmak zorundadır]

alles im allem *(wörtl: her şey içinde her şey)* *fig* topu topu *(wörtl: sein Ganzes, sein Ganzes)* [**Bedeutung**: insgesamt; im Ganzen gesehen; **Anlamı**: toplam olarak]

alles im grünen Bereich *(wörtl: herşey yeşil alanda)* *fig* her şey tıkırında [**Bedeutung**: alles in Ordnung; **Anlamı**: her şey yolunda]

alles im Lack *fig* her şey tıkırında [**Bedeutung**: alles in Ordnung; **Anlamı**: her şey yolunda]

alles in den Schatten stellen *(wörtl: her şeyi gölgeye koymak)* üstüne yok *(wörtl: es ist nichts drauf)* [**Bedeutung**: jemand oder etwas ist unschlagbar; **Anlamı**: ondan üstünü yok]

alles in einen Topf werfen *(wörtl: herşeyi bir tencereye atmak)* *fig* aynı potada eritmek *(wörtl: im selben Schmelztiegel schmelzen)* *fig* aynı kefeye koymak *(wörtl: auf dieselbe Waagschale setzen)* [**Bedeutung**: alles gleichbehandeln und dabei wichtige Unterschiede nicht beachten; **Anlamı**: herkesi veya herşeyi ayırt etmeden birbiriyle karıştırarak bir saymak; önemli fark gözetmeksizin herkese veya herşeye aynı davranmak]

alles oder nichts *fig* ya hep ya hiç *fig* ya devlet başa, ya kuzgun leşe *(wörtl: entweder kommt der Staat an die Macht oder der Kolkrabe zum Kadaver)* [**Bedeutung**: alles wagen; alles riskieren; **Anlamı**: öyle bir iş ki kişi sonunda ya imrenilecek bir duruma yükselir ya da batar]

alles paletti *fig* her şey tıkırında [**Bedeutung**: alles in Ordnung; **Anlamı**: her şey yolunda]

alles Schlechte hat auch etwas Gutes *(wörtl: her kötülükte iyilik de vardır)* *fig* her işte bir hayır vardır *(wörtl: bei jeder Sache gibt es etwas Gutes)* [**Bedeutung**: in jedem Unglück gibt es etwas Positives; **Anlamı**: kişi, kötümserliğe kapılmamak için olup biten her işi hayra yormalıdır]

alles Scheiße, Tante Elli *(wörtl: her şey boktan, Elli teyze)* *fig* düşün düşün boktur işin *(wörtl: denke dauernd nach, deine Sache ist Kacke)* [**Bedeutung**: die Lage ist schlecht; **Anlamı**: kötü bir durum için bir çözüm yolu bulunamadığını anlatmak için kullanılan söz]

alles über einen Kamm scheren *(wörtl: herşeyi bır tarağın üzerinde kırkmak)* *fig* aynı kefeye koymak *(wörtl: in dieselbe Waagschale stellen)* *fig* herkesi aynı potada eritmek *(wörtl: alle in einem Schmelztiegel schmelzen)* [**Bedeutung**: alles gleich behandeln und dabei wichtige Unterschiede nicht beachten; **Anlamı**: önemli fark gözetmeksizin herkese veya herşeye aynı davranmak]

alles, was schiefgehen kann, wird auch schiefgehen *fig* ters gidebilecek her şey ters gidecektir [**Bedeutung**: Murphys Gesetz; **Anlamı**: Murphy'nin yasası]

alles zu seiner Zeit *(wörtl: her şeyin vakti var)* *fig* al gününde al; ver gününde ver *(wörtl: Nimm am Nimmtag; gib am Gibtag)* *fig* her şeyin vakti var, horoz bile vaktinde öter *(wörtl: alles zu seiner Zeit, sogar der Hahn kräht zu seiner Zeit)* *fig* aba vakti yaba, yaba vakti aba *(wörtl: zur Aba-Zeit wird geworfelt, geworfelt wird zur Aba-Zeit)* *fig* gün ola harman ola *(wörtl: es wird Tag, es wird Dreschzeit) fig* akşama doğru gitme, tana karşı yatma *(wörtl: geh nicht gegen abends, leg dich nicht hin gegen morgens) fig* karpuz kabuğunu görmeden denize girme *(wörtl: geh nicht ins Meer solange du keine Wassermelonenschale siehst)* [**Bedeutung**: das wird gemacht, wenn die Gelegenheit da ist; **Anlamı**: her şey zamanında yapılmalıdır]

es bleibt alles beim Alten *(wörtl: herşey eskisi gibi kalır) fig* eşek kuyruğu gibi, ne uzar, ne kısalır *(wörtl: wie der Schwanz eines Esels, der weder länger noch kürzer wird)* [**Bedeutung**: nichts ändert sich; **Anlamı**: hiçbir gelişme, ilerleme göstermez, olduğu gibi sürer gider]

es hilft alles nichts *(wörtl: hiç bir şey çare olmaz) fig* boşa koysan dolmaz, doluya koysan almaz *(wörtl: wenn du ihn auf leer stellst, füllt er sich nicht auf, wenn du ihn auf vollstellst, nimmt er nichts an)* [**Bedeutung**: jede Mühe ist vergeblich; es gibt keinen anderen Weg; **Anlamı**: güç bir işi yoluna koymak için bir çözüm yolu bulamamak]

es ist nicht alles Gold, was glänzt *(wörtl: her parlayan şey altın değildir) fig* her gördüğü sakallıyı babası sanmak *(wörtl: jeden Bärtigen, den er sieht für seinen Vater halten) fig* her yüze güleni dost sanmak *(wörtl: denken, dass jeder, der einen anlacht, ein Freund ist)* [**Bedeutung**: was nach außen kostbar, wertvoll, großartig und vielversprechend zu sein scheint, ist in Wirklichkeit wertlos und unbedeutend; **Anlamı**: görünüşe aldanmak]

in alles seine Nase stecken *(wörtl: her şeye burnunu sokmak) fig* her

aşın kaşığı olmak *(wörtl: der Löffel in jedem Essen sein) fig* her köfteye maydanoz olmak *(wörtl: seine Petersilie in jeder Boulette haben)* [**Bedeutung**: sich überall einmischen; **Anlamı**: her şeye burnunu sokmak]

jemandes Ein und Alles sein *(wörtl: biri için bir tanem olmak) fig* birinin gözbebeği olmak *(wörtl: jemandes Augapfel sein)* [**Bedeutung**: jemandes ganzes Glück sein; für jemanden das Kostbarste, Wertvollste und Liebste sein; **Anlamı**: biri için, çok önem ve değer verdiği ve sevdiği kimse olmak]

mein Ein und Alles *fig* bir tanem

nicht um alles in der Welt *(wörtl: dünyada hiçbir şey için) fig* dünyada *(wörtl: in der Welt)* [**Bedeutung**: auf keinen Fall; nie; niemals; **Anlamı**: hiçbir zaman]

---

alt eski

alte Bäume lassen sich nicht biegen *(wörtl: eski ağaçlar eğilmez) fig* ağaç yaşken eğilir *(wörtl: wenn der Baum feucht ist, biegt er sich)* [**Bedeutung**: ältere Leute ändern sich nur schwer; **Anlamı**: insanlar küçük yaşta kolay eğitilir]

alte Leier *(wörtl: eski dırdır/lir) fig* eski nakarat *(wörtl: alter Refrain/Kehrreim) fig* temcit pilavı *(wörtl: Reisgericht, das in den Monaten der Müezzin das Morgengebet immer wieder hält)* [**Bedeutung**: etwas, das sich immer wiederholt; alte, langweilige Geschichten, die immer wieder erzählt werden; **Anlamı**: çok tekrarlanan, bıkkınlık vererek önemini kaybeden söz; bıktırırcasına tekrarlanan söz]

24

alte Liebe rostet nicht *(wörtl: eski sevda paslanmaz) fig* ilk göz ağrısı unutulmaz *(wörtl: den ersten Augenschmerz vergisst man nicht)* [**Bedeutung**: eine große Zuneigung, die man schon seit Langem empfindet, ist von Bestand; eine frühere Liebe bleibt für immer; **Anlamı**: ilk sevilen, ömür boyu unutulmaz]

alte **Wunden (wieder) aufreißen** *(wörtl: eski yaraları (tekrar) deşmek) fig* yarasını deşmek *fig* yarasını/ yarayı tazelemek *(wörtl: jemandem die Wunde auffrischen)* [**Bedeutung**: jemanden an ein leidvolles Ereignis erinnern und damit wehtun; von weit zurückliegenden und vergessenen, sehr unangenehmen oder schmerzhaften Angelegenheiten wieder sprechen und damit erneut Schmerz verursachenn; **Anlamı**: acısını anımsatarak yeniden üzülmesine yol açmak; acıyı, üzüntüyü hatırlatmak, tazelemek]

alte **Zöpfe abschneiden** *(wörtl: eski saç örgülerini kesmek) fig* gemileri yakmak[2] *(wörtl: die Schiffe verbrennen) fig* köprüleri atmak *(wörtl: die Brücken werfen)* [**Bedeutung**: veraltete Einrichtungen, Ideen aufgeben; **Anlamı**: geri dönüşü olmayan kararlar vermek]

alten **Kohl aufwärmen** *(wörtl: eski lahanayı ısıtmak) fig* eski defterleri karıştırmak/yoklamak *(wörtl: alte Hefte durchwühlen /untersuchen) fig* temcit pilavı gibi ısıtıp ısıtıp öne sürmek *(wörtl: wie das Reisgericht, das in den Monaten der Müezzin das Morgengebet immer wieder hält, aufwärmen und vorservieren)* [**Bedeutung**: Vergessenes erneut zur Sprache bringen; eine alte Geschichte aufwärmen; **Anlamı**: eski olayları yeniden ele almak]

alter **Hase** *(wörtl: eski tavşan) fig* eski kurt *(wörtl: alter Wolf) fig* kaçın kurası [**Bedeutung**: ein erfahrener, kundiger Mensch; eine Person mit langjähriger Erfahrung; **Anlamı**: çok deneyimli, çok görmüş geçirmiş kimse]

alles **beim Alten** *(wörtl: herşey eskisi gibi) fig* eski hamam eski tas *(wörtl: der alte Hammam, die alte Schale) fig* bayağı Mehmet bayağı börkü *(wörtl: gewöhnlicher Mehmet, seine gewöhliche Kopfbedeckung)* [**Bedeutung**: nichts verändert sich; **Anlamı**: durumda hiçbir değişme yok; her şey eskisi gibi]

es **bleibt alles beim Alten** *(wörtl: herşey eskisi gibi kalır) fig* eşek kuyruğu gibi, ne uzar, ne kısalır *(wörtl: wie der Schwanz eines Esels, der weder länger noch kürzer wird)* [**Bedeutung**: nichts ändert sich; **Anlamı**: hiçbir gelişme, ilerleme göstermez, olduğu gibi sürer gider]

man **wird alt wie (ei)ne Kuh und lernt immer noch dazu** *(wörtl: insan inek kadar yaşlanır ve hâlâ bir şeyler öğrenir) fig* öğrenmenin yaşı yoktur *(wörtl: das Lernen hat kein Alter)* [**Bedeutung**: man kann im Alter immer noch etwas dazu lernen; **Anlamı**: insan her yaşta bir şeyler öğrenebilir]

werde **du erstmal so alt wie ich** *(wörtl: ilkönce bir benim yaşıma gel de) fig* sen giderken ben geliyordum *(wörtl: als du weggingst, war ich auf dem Rückweg)* [**Bedeutung**: ich habe mehr Erfahrung als du; **Anlamı**: bu oyunları senden iyi biliyorum]

zum alten Eisen gehören[1] *(wörtl: eski demirden olmak) fig* demirbaş olmak *(wörtl: Inventar sein)* [**Bedeutung**: ausgedient haben; **Anlamı**: bir yerin eskisi, emektarı olmak]

zum alten Eisen gehören[2] *(wörtl: eski demirden olmak) fig* pabucu dama atılmak *(wörtl: jemandes Schuh wird aufs Dach geworfen)* [**Bedeutung**: nicht mehr gebraucht werden; **Anlamı**: kendinden üstün birinin çıkmasıyla gözden düşmek]

zum Lernen ist man nie zu alt *fig* öğrenmenin yaşı yoktur *(wörtl: das Lernen hat kein Alter)* [**Bedeutung**: man kann im Alter immer noch etwas dazu lernen; **Anlamı**: insan her yaşta bir şeyler öğrenebilir]

Alter yaş

Alter schützt vor Torheit nicht *(wörtl: yaş, (insanı) budalalıktan korumaz) fig* akıl yaşta değil, baştadır *(wörtl: der Verstand liegt nicht im Alter, sondern im Kopf; die Klugheit ist nicht im Alter sondern in der Vernunft begründet) fig* eşek kocamakla tavla başı olmaz *(wörtl: nur weil er älter wird, wird der Esel nicht zum Haupt einer Backgammon-Partie)* [**Bedeutung**: auch ältere Menschen begehen Fehler; **Anlamı**: akıllı olmanın yaşla ilgisi yoktur]

ein biblisches Alter erreichen *(wörtl: incillik bir yaşa varmak) fig* dokuz yorgan eskitmek *(wörtl: neun Decken abnutzen)* [**Bedeutung**: sehr alt werden; **Anlamı**: çok yaşamak]

altklug *(wörtl: yaşlı akıllı) fig* büyümüş de küçülmüş *(wörtl: erst gewachsen dann klein geworden)*

[**Bedeutung**: in seinen Äußerungen nicht kindgemäß, nicht seinem Alter, sondern eher Erwachsenen entsprechend; **Anlamı**: konuşması ve davranışları yaşına uymayan, büyüklerinki gibi olan]

Amen amin

zu allem Ja und Amen sagen *fig* herşeye amenna demek *fig* Ahfeş'in keçisi gibi başını sallamak *(wörtl: den Kopf schütteln wie die Ziege von Ahfesch)* [**Bedeutung**: allem kritiklos zustimmen; sich mit allem abfinden; **Anlamı**: her şeye öyledir, doğru, diyecek yok demek]

andere başka

andere Länder andere Sitten *(wörtl: başka ülkeler, başka gelenekler) fig* her evin soğan soyması ayrı olur *(wörtl: in jedem Haushalt schält man Zwiebel anders)* [**Bedeutung**: in einem anderen Land muss man mit anderen Lebensgewohnheiten und Anschauungen rechnen; **Anlamı**: yerine göre değişik alışkanlıklar ve görüşler geçerlidir]

ändern değiştirmek

die Zeiten ändern sich *(wörtl: zamanlar değişiyor) fig* köprünün altından çok su aktı *(wörtl: unter der Brücke ist viel Wasser geflossen) fig* eski cam bir bardak oldu *(wörtl: das alte Glas wurde zu einem Trinkglas) fig* eski camlar bardak oldu *(wörtl: die alten Gläser wurden zu Trinkgläsern)* [**Bedeutung**: alles verändert sich; früher war alles anders als heute; **Anlamı**: zamanla şartlar çok değişti; eski tutumların değeri kalmadı]

die Zeiten haben sich geändert
(wörtl: zamanlar değişti) fig
köprünün altından çok su aktı *(wörtl:
unter der Brücke ist viel Wasser
geflossen) fig* eski cam bir bardak
oldu *(wörtl: das alte Glas wurde zu
einem Trinkglas) fig* eski camlar
bardak oldu *(wörtl: die alten Gläser
wurden zu Trinkgläsern)*
[**Bedeutung**: alles verändert sich;
früher war alles anders als heute;
Anlamı: zamanla şartlar çok değişti;
eski durum kalmadı]

---

aneinandergeraten *fig* birbirine
girmek [**Bedeutung**: Streit
bekommen; eine Schlägerei
beginnen; **Anlamı**: aralarında kavga
çıkıp birbirlerine şiddetle saldırmak]

Anfang başlangıç

aller Anfang ist schwer *(wörtl: her
şeyin başı zordur) fig* ilk attığı taş
uzak düşer *(wörtl: der erste Stein,
den er wirft, fällt fern ab)*

Müßiggang ist aller Laster Anfang
*(wörtl: avarelik, tüm kötü
alışkanlıkların başlangıcıdır) fig* boş
durana şeytan iş bulur *(wörtl: der
Teufel findet Beschäftigung für den,
der müßig herumsteht)*
[**Bedeutung**: wer nicht arbeitet,
seinen Lebensunterhalt nicht selbst
verdient, ist anfällig für schlechte
Einflüsse; **Anlamı**: tembelliği seven
kimseleri kandırıp kötü işler
yaptırmak çok kolay olur]

Anfänger acemi

blutiger Anfänger *(wörtl: kanlı
acemi) fig* acemi çaylak *(wörtl:
unerfahrener Milan)*
[**Anlamı**: henüz eli işe alışmamış,
deneyimsiz, toy kimse; **Bedeutung**:
ein vorlauter Neuling; ein absoluter
Anfänger]

Angefangene başlanılan

das Angefangene zu Ende bringen
(wörtl: başlanılan şeyi bitirmek) fig
ağzındaki kozu kırmak *(wörtl: die
Nuss in seinem Mund knacken)*
[**Bedeutung**: etwas glücklich zum
Abschluss bringen; **Anlamı**: üzerinde
çalıştığı işi başarmak]

Angel menteşe

zwischen Tür und Angel *(wörtl:
kapı ile menteşe arasında) fig* kaşla
göz arasında *(wörtl: zwischen den
Augenbrauen und den Augen)*
[**Bedeutung**: eilig; nur flüchtig;
Anlamı: çok çabuk]

---

angenehm hoş

**das Angenehme mit dem
Nützlichen verbinden** *(wörtl: hoş
olan şeyleri yararlı olanlarla bir
araya getirmek) fig* hem ziyaret hem
ticaret *(wörtl: sowohl Besuch als
auch Handel)*
[**Bedeutung**: einen Ort so auswählen,
dass man gleichzeitig Geschäfte
machen kann; **Anlamı**: bir kimseyle
görüşmeye gelen kimsenin orada
kendisine yararlı başka bir iş de
yapması]

Angesicht yüz

**im Schweiße meines/seines /ihres
Angesichts** *(wörtl: benim/onun
yüzünün teriyle) fig* alın teri ile
(wörtl: mit Stirnschweiß)
[**Bedeutung**: mit hohem
Arbeitseinsatz; mit Mühe; **Anlamı**:
emek vererek, çaba göstererek]

Angriff saldırı

Angriff ist die beste Verteidigung
(wörtl: saldırı en iyi savunmadır) *fig*
baskın basanındır *(wörtl: der
unerwartete Angriff gehört dem
Angreifer)* *fig* en iyi savunma
saldırıdır
[**Bedeutung**: offensives Verhalten
führt zu erfolgreicher Abwehr als
defensives; **Anlamı**: düşmanı gafil
avlayıp saldıran, savaşı kazanır]

Angst korku

Angst essen Seele auf *(wörtl: korku
(insanın) içini yer)* *fig* korku ruhu
kemirir *fig* insan gamdan çürür
*(wörtl: der Mensch verfault durch
Gram/Kummer)*
[**Bedeutung**: findet Verwendung,
wenn die zerstörerische Macht von
Angst ausgedrückt werden soll;
Anlamı: üzüntü, kaygı, tasa insanı
mahveder]

Angst verleiht Flügel *(wörtl: korku
(insanı) kanatlandırır)* *fig* korku
dağları bekler *(wörtl: Angst passt auf
die Berge)* *fig* korku dağları aşırır
(wörtl: Angst steigt über die Berge)
[**Bedeutung**: Angst kann einen
antreiben; bei Angst entwickelt man
ungeahnte Fähigkeiten; **Anlamı**:
insan, korktuğu şeye uğramamak için
dağlar aşar]

Anklang rağbet

Anklang finden *(wörtl: rağbet
görmek)* *fig* yüz bulmak *(wörtl:
Gesicht finden)*
[**Bedeutung**: mit Zustimmung
aufgenommen werden; **Anlamı**: ilgi
ve yakınlık görmek]

Annahme kabul

Schweigen gilt als Annahme *fig*
sükut ikrardan gelir

[**Bedeutung**: nichts sagen oder keine
Äußerung wırd als Zustimmung
gesehen; **Anlamı**: susma kabul
addolunur; itiraz edilmedikçe
yapılmış olan bir açıklama kabul
edilmiş sayılır]

anno yılında

anno dazumal *fig* fi tarihinde
[**Bedeutung**: in früheren Zeiten;
früher; **Anlamı**: belli olmayan epey
eski bir zamanda]

anno dunnemals ↑ **anno dazumal**

Anschein görünüş

den Schein/Anschein wahren
(wörtl: görünüşü korumak) *fig*
görünüşü/zevahiri kurtarmak *(wörtl:
den Schein/Anschein retten)*
[**Bedeutung**: vorgeben, dass alles in
Ordnung ist; **Anlamı**: bir işi
gereğince değil, yapılıyor dedirtmek
için üstünkörü bir biçimde yapmak,
yapıyor görünmek]

ansehen bakmak

schief ansehen *fig* yan bakmak
[**Bedeutung**: jemandes Verhalten,
Äußerung missbilligen und ihm das
(durch Blicke) zu verstehen geben;
Anlamı: beğenmeyerek veya
düşmanca bakmak]

**jemanden über Eck ansehen
/anschauen** *(wörtl: birine köşeden
bakmak)* *fig* birine yan bakmak
[**Bedeutung**: jemandes Verhalten,
Äußerung missbilligen und ihm das
(durch Blicke) zu verstehen geben;
Anlamı: beğenmeyerek veya
düşmanca bakmak]

Ansehen itibar; saygınlık

ohne Ansehen der Person *(wörtl:*
kişinin saygınlığı göz önüne
alınmaksızın) *fig* kim olursa olsun
(wörtl: wer auch ımmer)
[**Bedeutung**: ganz gleich, um wen es
sich handelt; **Anlamı**: herhangi biri]

Antwort cevap

keine Antwort ist auch eine
Antwort *fig* cevap vermemek de bir
cevaptır *fig* sükut ikrardır *(wörtl:*
Schweigen ist Annahme)
[**Bedeutung**: auch wenn auf eine
Frage nicht geantwortet wird, so sagt
das etwas aus; **Anlamı**: cevap
verilmese de belli bir anlama gelir]

keine Antwort schuldig bleiben
(wörtl: hiçbir yanıta borçlu
kalmamak) *fig* her lafın altından
kalkmak *(wörtl: unter jedem Wort*
aufstehen) *fig* jemandem nichts
schuldig bleiben
[**Bedeutung**: schlagfertig sein; die
passende Antwort parat haben;
Anlamı: genellikle yerme veya
hakaret sözlerinin altında kalmayıp
cevap verebilmek]

Anwalt avukat

niemand ist gut Anwalt in eigener
Sache *(wörtl: hiç kimse kendi*
davasında iyi davalı olarak iyi bir
avukat olamaz) *fig* terzi kendi
söküğünü dikemez *(wörtl: ein*
Schneider kann seine aufgegangene
Naht nicht nähen)
[**Bedeutung**: im emotionalen Stress
handeln Menschen nicht rational;
Anlamı: insanlar başkalarına
yaptıkları hizmetleri kendilerine
yapamazlar]

---

anziehen çekmek

Gegensätze ziehen sich an *(wörtl:*
zıtlıklar birbirini çeker) *fig* zıt

kutuplar birbirini çeker *(wörtl:*
gegensäzliche Pole ziehen sich an)
[**Bedeutung**: wir suchen nach einem
Partner, der all das hat, was uns fehlt;
Anlamı: kendimizde eksik olan
özellikleri olan birini ararız]

Apfel elma

Äpfel mit Birnen vergleichen
(wörtl: elmaları armutlarla
karşılaştırmak) *fig* taban tabana zıt
şeyleri birbiriyle karşılaştırmak
(wörtl: Dinge, die Sohle gegen die
Sohle sind, miteinander vergleichen)
fig cin başka, şeytan başka olmak
(wörtl: der Kobold ist anders und der
Teufel ist anders; der Kobold und der
Satan sind zweierlei)
[**Bedeutung**: völlig verschiedene
Dinge miteinander vergleichen;
Unvereinbares zusammenbringen;
Anlamı: tamamen değişik, bambaşka
iki şeyi kıyaslamak]

Äpfel und Birnen zusammenzählen
↑ **Äpfel mit Birnen vergleichen**

der Apfel fällt nicht weit vom
Stamm *(wörtl: elma gövdeden fazla*
öteye düşmez) *fig* armut dalının
dibine düşer *(wörtl: die Birne fällt*
unter ihren Ast) *fig* meyve,
ağacından uzak düşmez *(wörtl: die*
Frucht fällt nicht weit vom Baum) *fig*
kurdun oğlu akıbet kurt olur *(wörtl:*
der Sohn des Wolfes wird am Ende
zum Wolf)
[**Bedeutung**: Kinder geraten nach
den Eltern; **Anlamı**: çocuk soyuna
çeker]

für einen Apfel und ein Ei *(wörtl:*
bir elma ve bir yumurta için) *fig* yok
pahasına *(wörtl: für Nichts)* *fig* ölü
fiyatına *(wörtl: zum Preis*
einesToten)
[**Bedeutung**: sehr billig; **Anlamı**:
çok ucuz bir biçimde]

29

in den sauren Apfel beißen *(wörtl: ekşi elmayı ısırmak)* **fig** musibeti sineye çekmek *(wörtl: das Unheil zum Herz ziehen)* [**Bedeutung**: etwas unangenehmes notgedrungen tun; **Anlamı**: sıkıntı veren bir duruma ister istemez katlanmak]

man soll die Äpfel erst zählen, bevor man sie aufteilt *(wörtl: elmalar, paylaşılmadan önce sayılmalıdır)* **fig** ek tohumun hasını, çekme yiyecek yasını *(wörtl: säe die beste Sorte Saat, leide nicht an der Trauer der Nahrung)* [**Bedeutung**: man sollte nicht voreilig handeln; erst Fakten sammeln; **Anlamı**: bir girişimden iyi sonuç almak isteyen, o işin temelini sağlam kurmalıdır]

Arbeit iş

bis über beide Ohren in Arbeit stecken *(wörtl: her iki kulağı ile işin içinde olmak)* **fig** işi başından aşkın olmak *(wörtl: jemandem ist die Arbeit über den Kopf gestiegen)* [**Bedeutung**: viel Arbeit haben; viel zu tun haben; **Anlamı**: pek çok işi olmak]

die eigene Arbeit ist Liebe *(wörtl: kendi işi sevgi)* **fig** hamala semeri yük değildir *(wörtl: dem Lastenträger ist der Sattel keine Last)* [**Bedeutung**: die eigene Arbeit ist keine Belastung; **Anlamı**: insana kendi işi ağır gelmez]

nur halbe Arbeit machen *(wörtl: sadece yarım iş yapmak)* **fig** kabuksuz yumurtlamak *(wörtl: schalenlose Eier legen)* [**Bedeutung**: etwas nur unvollkommen ausführen; **Anlamı**: bir işi acele yapıp eksik kalmasına neden olmak]

arbeiten çalışmak

arbeiten/schuften wie ein Pferd *(wörtl: at gibi çalışmak/didinmek)* **fig** it gibi çalışmak *(wörtl: arbeiten wie ein Köter)* [**Bedeutung**: intensiv arbeiten; schwere Arbeit leisten; **Anlamı**: çok çalışmak]

für einen Hungerlohn arbeiten *(wörtl: açlık ücreti karşılığı çalışmak)* **fig** boğaz tokluğuna çalışmak *(wörtl: arbeiten, um den Hals voll zu kriegen)* [**Bedeutung**: für seine Arbeit schlecht bezahlt werden; **Anlamı**: karın tokluğuna çalışmak]

Hand in Hand arbeiten *(wörtl: el ele çalışmak)* **fig** el ele vermek *(wörtl: sich die Hände geben)* [**Bedeutung**: mit jemandem zusammenarbeiten; **Anlamı**: bir konuda işbirliği yapmak]

in die eigene Tasche arbeiten//wirtschaften *(wörtl: kendi cebine çalışmak/işletmek)* **fig** cebine atmak/indirmek *(wörtl: in die eigene Tasche werfen/absetzen)* [**Bedeutung**: sich durch Unterschlagung bereichern; **Anlamı**: hakkı olmadığı halde almak]

schlampig arbeiten *(wörtl: üstünkörü çalışmak)* **fig** çamura basıp çalıya asmak *(wörtl: in den Schlamm treten und auf den Busch hängen)* [**Bedeutung**: nachlässig arbeiten; **Anlamı**: üsütünkörü iş yapmak]

Arbeitsschweiß alın teri

Arbeitsschweiß an Händen hat mehr Ehre als ein goldener Ring *(wörtl: alın teriyle emek verme, altın bir bilezikten daha itibarlıdır)* **fig** boş gezmekten bedava çalışmak yeğdir *(wörtl: es ist besser ohne Bezahlung zu arbeiten als frei herumzulaufen)* [**Bedeutung**: es ist besser zu arbeiten als untätig herumzusitzen; **Anlamı**: boş ve işsiz gezmek, insanı tembelliğe alıştırır, gözden düşürür]

ärgern kızdırmak

sich schwarzärgern *(wörtl: kara kara kızmak)* **fig** öfke topuklarına çıkmak *(wörtl: der Zorn ist ihm auf die Fersen gestiegen)* [**Bedeutung**: äußerst wütend sein; sich sehr stark ärgern; **Anlamı**: çok öfkelenmek]

Arm kol

auf den Arm nehmen *(wörtl: koluna almak)* **fig** dalga geçmek *(wörtl: die Welle überwinden)* [**Bedeutung**: jemanden veralbern; sich über jemanden lustig machen; **Anlamı**: biriyle alay etmek]

unter die Arme greifen *(wörtl: kollarının altından tutmak)* **fig** elinden tutmak *(wörtl: ihm an der Hand fassen)*

---

arm fakir, zavallı

eine arme Sau *(wörtl: zavallı bir domuz)* **fig** zavallının biri *(wörtl: Einer, der bedauernswert ist)* [**Bedeutung**: ein bemitleidenswerter Mensch; **Anlamı**: acınacak kadar kötü durumda olan bir kimse]

Hoffnung ist das Brot der Armen *(wörtl: Umut yoksulların ekmeğidir)* **fig** umut fakirin ekmeğidir *(wörtl: die Hoffnung ist des Armen Brot)* [**Bedeutung**: der Mittellose lebt mit der Hoffnung, eines Tages zu Wohlstand zu gelangen; **Anlamı**: yoksul kişi yakında rahata kavuşma umuduyla yaşar]

Ärmel (giysi) kol(u)

aus dem Ärmel schütteln *(wörtl: kolundan sarsmak)* **fig** yapıvermek *(wörtl: schnell tun)* [**Bedeutung**: etwas ohne Mühe tun; etwas schnell vorlegen; **Anlamı**: çabucak yapmak; kolaylıkla yapmak]

die Ärmel hochkrempeln /aufkrempeln **fig** kolları sıvamak **fig** paçaları sıvamak *(wörtl: die Hosenbeine hochkrempeln /aufkrempeln)* [**Bedeutung**: mit Schwung an die Arbeit gehen; bei einer Arbeit tüchtig zupacken wollen; **Anlamı**: bir iş yapmaya istekle ve güçlü bir biçimde girişmek]

Armut yoksulluk

kommt Armut durch die Tür ins Haus, fliegt Liebe gleich zum Fenster hinaus *(wörtl: yoksulluk, kapıdan içeri girince, aşk hemen pencereden uçar gider)* **fig** yoksulluk kapıdan girince, aşk pencereden kaçar *(wörtl: wenn die Armut durch die Tür kommt, flüchtet die Liebe durchs Fenster)* **fig** fakirlik kapıdan girince, aşk bacadan çıkar *(wörtl: wenn die Armut durch die Tür kommt, geht die Liebe durch den Schornstein hinaus)* [**Bedeutung**: Liebe macht nicht satt; **Anlamı**: aşk, karın doyurmaz]

Arsch göt

Arsch mit Ohren *(wörtl: kulaklı göt)* **fig** hapisane kaçkını *(wörtl: vom Gefängnis entlaufener)* [**Bedeutung**: jemand, der durch sein Verhalten oder Aussehen widerlich ist; **Anlamı**: kılık kıyafetine dikkat etmeyen, bakımsız (kimse)]

am Arsch der Welt *(wörtl: dünyanın götünde)* **fig/derb** cehennemin dibinde/bucağında *(wörtl: tief in der Hölle)* **fig/derb** kör itin öldüğü yer *(wörtl: dort, wo der blinde Köter gestorben ist)*
[**Bedeutung**: sehr abgelegen; **Anlamı**: çok uzak yer]

am Arsch die Räuber *(wörtl: götünde haramiler)* **fig/derb** asla *fig* hiç de değil
[**Bedeutung**: keineswegs; mitnichten; nicht mit mir; Ausdruck von Ablehnung/Zurückweisung; **Anlamı**: hiçbir biçimde; kesinlikle değil]

die Arschkarte haben *(wörtl: göt kartı olmak)* **fig** sona kalan dona kalır *(wörtl: wer bis zum Ende bleibt, bleibt bis zum Frost)*
[**Bedeutung**: der letzte hat für alle anderen die Nachteile zu tragen; das Nachsehen haben; **Anlamı**: bir işte geç kalan istediği şeyi elde edemez]

die Arschkarte ziehen *(wörtl: göt resimli oyun kâğıdını çekmek)* **fig/derb** kabak başına patlamak *(wörtl: der Kürbis platzt auf seinem Kopf auf)*
[**Bedeutung**: der Benachteiligte sein; für ein unangenehmes Ereignis die Folgen tragen müssen; **Anlamı**: birçok kimsenin ilgili olduğu bir olaydan, yalnızca bir kimse zarar görmek]

im Arsch sein *(wörtl: götte olmak)* **fig/derb** duman olmak[2] *(wörtl: zu Rauch werden)*
[**Bedeutung**: ruiniert sein; **Anlamı**: işi/durumu berbat olmak]

jemandem geht der Arsch auf Grundeis *(wörtl: birinin götü taban buzuna gitmek)* **fig/derb** birinin ödü bokuna karışmak *(wörtl: jemandes Galle mischt sich mit seine Scheiße)*
[**Bedeutung**: jemand hat große Angst; **Anlamı**: çok korkmak]

jemandem in den Arsch kriechen *(wörtl: birinin götüne sürünerek girmek)* **fig/derb** birinin ağzının içine girmek *(wörtl: jemandem in den Mund steigen)*
[**Bedeutung**: in würdeloser Form jemanden schmeicheln; sich unterwürfig verhalten; **Anlamı**: birine çok sokulmak]

keinen Arsch in der Hose haben *(wörtl: pantalonunda götü olmamak)* **fig/derb** gözü yememek *(wörtl: sein Auge isst nicht)*
[**Bedeutung**: sich nicht trauen; **Anlamı**: başaracak, yapacak gücü ve yeteneği kendinde görmemek]

sich den Arsch aufreißen *(wörtl: götünü yırtmak)* **fig/derb** kıçını yırtmak *(wörtl: den Hintern aufreißen)*
[**Bedeutung**: viel Mühe geben; **Anlamı**: çok çabalamak]

Art tür

ein jeder nach seiner Art *(wörtl: her bir kiimse kendi türüne göre)* **fig** her yiğidin bir yoğurt yiyişi vardır *(wörtl: jeder Held isst den Yogurt auf seine Art)*
[**Bedeutung**: jeder soll nach seiner Fasson selig werden; **Anlamı**: herkesin kendine özgü bir çalışma yöntemi, bir iş yapma biçimi vardır]

Asche kül

in Sack und Asche gehen *(wörtl: torba ve külde gitmek)* **fig** başını taştan taşa vurmak *(wörtl: seinen Kopf auf die Steine schlagen)*

[Bedeutung: bereuen; **Anlamı**: pişman olmak]

sein Haupt mit Asche bestreuen *(wörtl: başına kül serpmek)* *fig* başını taştan taşa vurmak *(wörtl: seinen Kopf auf die Steine schlagen)* [**Bedeutung**: bereuen; **Anlamı**: pişman olmak]

sich Asche aufs Haupt streuen *(wörtl: başına kül serpmek)* *fig* başını taştan taşa vurmak *(wörtl: seinen Kopf auf die Steine schlagen)* [**Bedeutung**: bereuen; **Anlamı**: pişman olmak; çaresiz kalarak son derece pişmanlık duymak]

Ast dal

auf dem absteigenden Ast sein *(wörtl: alçalan bir dalda olmak)* *fig* yıldızı sönmek *(wörtl: sein Stern verblasst)* [**Bedeutung**: schlechter werden; nachlassen; **Anlamı**: ününü yitirmek]

auf dem aufsteigenden Ast sein *(wörtl: yükselen bir dalda olmak)* *fig* yıldızı parlamak *(wörtl: sein Stern glänzt)* [**Bedeutung**: besser werden; sich steigern; **Anlamı**: ün kazanmak]

den Ast absägen, auf dem man sitzt *fig* bindiği dalı kesmek [**Bedeutung**: sich selbst schaden; **Anlamı**: kendisine gerekli ve yararlı olan şeyleri kendi eliyle yok etmek]

Atem soluk

jemanden in Atem halten *(wörtl: birini solukta tutmak)* *fig* birine soluk aldırmamak *(wörtl: jemanden nicht atmen lassen)* [**Bedeutung**: jemanden pausenlos beschäftigen; **Anlamı**: hiç dinlendirmeden çok çalıştırmak]

Athen Atina

Eulen nach Athen tragen *(wörtl: Atina'ya baykuş taşımak)* *fig* körler mahallesinde ayna satmak *(wörtl: im Blindenviertel Spiegel verkaufen)* [**Bedeutung**: etwas vollkommen Überflüssiges tun; einen überflüssigen geistigen Beitrag zu etwas leisten; **Anlamı**: bir şeyi ona ihtiyaç duyulmayan bir çevrede sunmak]

ätsch oh

Ätsch! Ätsch, bätsch! *fig* oh olsun! [**Bedeutung**: Ausruf der Schadenfreude; **Anlamı**: söz dinlemeyip kötü duruma düşenlere çok iyi oldu anlamında söylenen söz]

ätsch, bätsch, das hast du davon! *fig* oh olsun! [**Bedeutung**: das hast du verdient; das ist die gerechte Strafe; **Anlamı**: söz dinlemeyip kötü duruma düşenlere çok iyi oldu anlamında söylenen söz]

---

auf

auf Abwege geraten *fig* yoldan çıkmak *(wörtl: vom Weg abkommen)* [**Bedeutung**: vom richtigen Weg abkommen; **Anlamı**: doğru yoldan ayrılmak]

auf Biegen und Brechen *(wörtl: bükerek ve kırarak)* *fig* var gücüyle *(wörtl: mit seiner vorhandenen Kraft)* [**Bedeutung**: mit aller Kraft und Härte; **Anlamı**: olanca gücüyle; var kuvvetyle]

auf dem absteigenden Ast sein *(wörtl: alçalan bir dalda olmak)* *fig* yıldızı sönmek *(wörtl: sein Stern verblasst)*

[**Bedeutung**: schlechter werden; nachlassen; **Anlamı**: ününü yitirmek]

auf dem aufsteigenden Ast sein *(wörtl: yükselen bir dalda olmak)* ***fig*** yıldızı parlamak *(wörtl: sein Stern glänzt)* [**Bedeutung**: besser werden; sich steigern; **Anlamı**: ün kazanmak]

auf dem Holzweg sein *(wörtl: tahta yolunda olmak)* ***fig*** şeşi beş görmek *(wörtl: die Sechs als Fünf sehen)* ***fig*** dalgaya düşmek *(wörtl: in die Welle fallen)* ***fig*** dalgaya gelmek *(wörtl: in die Welle kommen)* [**Bedeutung**: sich irren; **Anlamı**: yanlış görmek; görüşünde aldanmak]

(klar) auf der Hand liegen *(wörtl: açıkça elde olmak)* ***fig*** elle tutulur, gözle görülür *(wörtl: mit der Hand zu fassen, mit den Augen zu sehen)* ***fig*** göz var, izan var *(wörtl: es gibt Augen es gibt Verstand)* ***fig*** görünen köy kılavuz istemez *(wörtl: ein Dorf, das man sieht, braucht keinen Lotzen)* ***fig*** gün gibi açık *(wörtl: es ist klar wie der Tag)* [**Bedeutung**: offenkundig sein; offensichtlich sein; **Anlamı**: çok açık; çok belirgin; bir şey göz ve akıl yoluyla anlaşılır]

auf dem Schlauch stehen *(wörtl: hortum üzerinde durmak)* ***fig*** (konuya) Fransız kalmak *(wörtl: Franzose bleiben)* [**Bedeutung:** etwas nicht verstehen, nicht begreifen; **Anlamı:** anlatılan konuyu anlayamamak]

auf dem Teppich bleiben *(wörtl: halıda/halı üstünde kalmak)* ***fig*** haddini bilmek *(wörtl: seine Grenze wissen)* kendini tutmak[1] *(wörtl: sich halten)* [**Bedeutung**: vernünftig bleiben; Maß halten; sich nicht überschätzen; **Anlamı**: gücünün ve yeteneğinin

nelere yetebileceğini bilerek onun ötesine geçmemek; ölçüsünü bilmek]

auf den Hund kommen *(wörtl: köpeğe gelmek)* ***fig*** okkanın altına girmek *(wörtl: unter die Okka geraten)* [**Bedeutung**:in schlechte Verhältnisse geraten; völlig herunterkommen; **Anlamı**: haksız yere ezilmek]

auf den Punkt genau *(wörtl: tam noktası üstüne)* ***fig*** nokta atışı *(wörtl: Punkteschuss)* [**Bedeutung:** ganz genau, präzise; Treffer mitten ins Ziel; Schuss, Schlag, Wurf, der voll getroffen hat; **Anlamı:** hedefi tam tutturma]

auf den Zahn fühlen *(wörtl: dişini yoklamak)* ***fig*** birinin ağzını aramak *(wörtl: jemandem den Mund durchsuchen)* ***fig*** birinin nabzını yoklamak *(wörtl: jemandem den Puls fühlen)* [**Bedeutung:** jemanden ausfragen; versuchen jemandes Fähigkeiten oder Gesinnung zu ergründen; **Anlamı:** konuşturarak düşüncesini öğrenmeye çalışmak; eğilimini, düşüncesini, niyetini anlamaya çalışmak]

auf der anderen Seite ist das Gras viel grüner *(wörtl: öteki tarafta çimen çok daha yeşil)* ***fig*** komşunun tavuğu komşuya kaz görünür *(wörtl: das Huhn des Nachbarn schaut für den Nachbarn wie eine Gans aus)* [**Bedeutung**: etwas, das verlockend ist, gerade weil man es nicht hat; Menschen, mit denen man sich vergleicht, scheinen stets erfolgreicher, beliebter zu sein oder mehr Glück im Leben zu haben als man selbst; **Anlamı**: başka bir kimsenin malı olduğundan daha değerli görünür; bir başkasında malı daha değerli, bizimkinden daha iyi, daha üstün görmek

auf der Kippe stehen *(wörtl: molozlukta olmak)* pamuk ipliğiyle bağlı olmak *(wörtl: mit Baumwollfaden verbunden sein)* [**Bedeutung**: gefährdet sein; sich in einer kritischen Lage, in einem kritischen Zustand befinden; noch unsicher; noch nicht entschieden sein; **Anlamı**: her an bozulmaya, kopmaya hazır olmak]

auf der Leitung stehen *(wörtl: hatta durmak)* *fig* jeton düşmemek *(wörtl: die Marke fällt nicht)* [**Bedeutung**: etwas nicht sofort verstehen; begriffsstutzig sein; **Anlamı**: bir şeyi hemen anlamamak; bir konuyu zor anlamak]

auf die Schnauze fallen *(wörtl: çenesi üzerine düşmek)* kıçüstü oturmak *fig* *(wörtl: sich auf den Hintern setzen)* [**Bedeutung**: eine Niederlage erleiden, scheitern; **Anlamı**: herhangi bir konuda yenilmek; umduğuna ulaşamamak]

auf ein Neues! *(wörtl: bir yeniliğe)* *fig* geçti Bor'un pazarı (sür eşeğini Niğde'ye) *(wörtl: der Markt in Bor ist vorbei, (führe deinen Esel nach Niğde))* [**Bedeutung**: noch einmal von vorn!; **Anlamı**: Bu işin üzerinde durma zamanı geçti, fırsatı kaçırdın (yeni bir fırsat kolla)]

auf einen grünen Zweig kommen *(wörtl: yeşil bir dala gelmek)* *fig* belini doğrultmak *(wörtl: sein Kreuz begradigen)* [**Bedeutung**: wirtschaftlichen, finanziellen Erfolg haben; **Anlamı**: yeniden durumunu düzeltmek]

auf etwas sitzen bleiben *(wörtl: bir şeyin üzerinde oturakalmak)* *fig* elinde patlamak *(wörtl: (etwas) platzt in seiner Hand)* [**Bedeutung**: etwas nicht loswerden; etwas nicht verkaufen können; **Anlamı**: birşey satılamayıp sahibinde kalmak]

auf Gedeih und Verderb *(wörtl: yetişme ve bozulma üzerine)* *fig* ya herrü ya merrü [**Bedeutung**: was auch Gutes oder Schlimmes geschehen mag; **Anlamı**: sonuç ne olursa olsun]

auf (gleicher) Augenhöhe sein *(wörtl: aynı göz hizasında olmak)* *fig* omuz öpüşmek *(wörtl: die Schulter küssen sich)* [**Bedeutung**: gleichberechtigt, ebenbürtig sein; **Anlamı**: eşit derecede olmak]

auf großem Fuß leben *(wörtl: büyük ayak üzerinde yaşamak)* *fig* ayranı yok içmeye, atla gider sıçmaya *(wörtl: zum Trinken hat er keinen Ayran, aber zum Kacken reitet er zu Ross)* *fig* ayağında donu yok, fesleğen ister başına *(wörtl: keine Hose am Fuß/Bein, aber möchte Basilikum auf seinem Kopf)* [**Bedeutung**: mehr Geld ausgeben als man hat; über seine Verhältnisse leben; **Anlamı**: yoksulluğuna bakmayıp gösteriş düşünmek veya yapmak]

auf halbem Weg(e) stecken bleiben *(wörtl: yarı yolda kalmak)* *fig* yarıda kalmak *(wörtl: bei der Hälfte bleiben)* [**Bedeutung**: nicht zum Abschluss kommen; nicht fertig werden; **Anlamı**: tamamlanmamak; bitmemek]

auf hohem Niveau jammern /meckern/klagen *(wörtl: yüksek düzeyde yakınmak/söylenmek /sızlanmak)* *fig* rahat kıçına batmak *(wörtl: jemandem sticht die Bequemlichkeit in seinen Hintern)* [**Bedeutung**: sich unzufrieden äußern, obwohl es einem gut geht; sich wegen einer Kleinigkeit beschweren; **Anlamı**: bulunduğu rahat durumun değerini bilmemek]

auf jemanden nichts kommen lassen *(wörtl: birinin üstüne hiçbir şey getirtmemek)* *fig* birine toz kondurmamak *(wörtl: auf jemanden keinen Staub setzen lassen)* [**Bedeutung**: jemandem nichts Schlechtes nachsagen lassen; **Anlamı**: birinde herhangi bir kusurun varlığını kabul etmemek]

auf keinen grünen Zweig kommen *(wörtl: hiç yeşil bir dala gelmemek)* *fig* belini doğrultamamak *(wörtl: sein Kreuz nicht begradigen können)* [**Bedeutung**: keinen wirtschaftlichen, finanziellen Erfolg haben; **Anlamı**: durumunu düzeltememek]

auf Krawall gebürstet sein *(wörtl: gürültü patırtı için fırçalanmış olmak)* *fig* bela aramak *(wörtl: Unheil suchen)* [**Bedeutung**: Streit suchen; **Anlamı**: ona buna sataşarak kavga aramak]

auf Regen folgt Sonnenschein *(wörtl: yağmurun ardından güneş ışığı gelir)* *fig* kara gün kararıp kalmaz *(wörtl: der schwarze Tag wird schwarz aber bleibt nicht so)* *fig* her inişin bir yokuşu vardır *(wörtl: jeder Abstieg hat einen Aufstieg)* [**Bedeutung**: nach schwierigen Phasen kommen immer wieder gute Zeiten; **Anlamı**: sıkıntılı zamanlardan sonra mutluluk dolu zamanlar gelir]

auf schwachen Füßen stehen ↑ **auf wackeligen Füßen stehen**

auf schwankenden Füßen stehen ↑ **auf wackeligen Füßen stehen**

auf seinem Kopf bestehen /beharren *(wörtl: kendi kafasında durmak/ ısrar etmek)* *fig* bildiğinden şaşmamak *(wörtl: nicht von seinem Wissen abirren)* *fig* iş inada binmek *(wörtl: die Sache steigt auf den Starrsinn)* [**Bedeutung**: sich unbedingt durchsetzen wollen; **Anlamı**: hiçbir etkiye aldırış etmeyerek doğru saydığı davranışı sürdürmek]

auf Treu und Glauben *fig* dürüstlük kurallarına uygun [**Bedeutung**: vertrauend; **Anlamı**: iyi niyetle]

auf Vordermann bringen *(wörtl: bir önceki adama getirmek)* *fig* adam etmek *(wörtl: zu einem Menschen machen)* *fig* hâle yola koymak *(wörtl: auf den Zustand/Weg setzen)* *fig* çekidüzen vermek *(wörtl: Ordnung ziehend geben)* [**Bedeutung**: in Ordnung bringen; instandsetzen; **Anlamı**: düzene sokmak; işler duruma getirmek]

auf wackeligen Füßen stehen *fig* sağlam temeli olmamak *(wörtl: kein solides Fundament haben)* *fig* çürük tahtaya basmak *(wörtl: auf morsches Holz treten)* *fig* yaş tahtaya basmak *(wörtl: auf nasses Holz treten)* [**Bedeutung**: auf unsicherer Grundlage fußen; sich auf etwas Unsicheres verlassen; **Anlamı**: önlemsizlik edip sonu iyi olmayacak bir işe girişmek]

auf Wolke sieben schweben *(wörtl: Bulut yedide sallanmak)* *fig* göklere uçmak *(wörtl: in den Himmel fliegen)* [**Bedeutung**: überglücklich sein; **Anlamı**: çok sevinmek]

---

aufbinden bağlamak

jemanden einen Bären aufbinden *(wörtl; birine ayı bağlamak) fig* birine dolma yutturmak *(wörtl: Füllsel schlucken lassen)* [**Bedeutung**: jemandem etwas Unwahres so erzählen, dass er es glaubt; **Anlamı**: birine doğru olmayan bir şeyin doğru olduğuna inandırmak; yalanla inandırmak]

aufhalten alıkoymak

Reisende soll man nicht aufhalten *(wörtl: yolcular alıkoyulmamalıdır) fig* yolcu yolunda gerek *(wörtl: der Reisende gehört auf seinen Weg)* [**Bedeutung**: wer gehen will, soll es tun; **Anlamı**: vakit geçirmeden yola çıkılmalı]

auflösen çözülmek

sich in Rauch auflösen *fig* duman olmak *(wörtl: Rauch werden) fig* izi tozu kalmamak *(wörtl: es bleibt keine Spur, keinen Staub)* [**Bedeutung**: spurlos verschwinden; **Anlamı**: ortadan kaybolmak]

aufgeschoben ist nicht aufgehoben *(wörtl: ertelenmiş, kaldırılmış demek değildir) fig* akşamın sabahı var *(wörtl: der Abend hat einen Morgen)* [**Bedeutung**: das wird zu einem späteren Zeitpunkt ganz bestimmt erledigt; **Anlamı**: bir işi gününden önce bitiremedim diye vazgeçme, sonuna kadar sürdür, bitir]

aufnehmen

mit jemandem es aufnehmen (können) *fig* biriyle aşık atmak *(wörtl: mit jemandem Knöchel werfen)* [**Bedeutung**: mit jemandem konkurrieren; mit jemandem sich messen (können); **Anlamı**: kendisinden üstün olduğu bir kimseyle yarışmak]

aufsetzen takmak, dikmek

jemandem Hörner aufsetzen *fig* birine boynuz dikmek/takmak [**Bedeutung**: den Mann sexuell betrügen; **Anlamı**: kadın başka erkekle ilişki kurarak kocasını aldatmak]

aufstehen kalkmak

wer mit den Hunden zu Bett geht, steht mit Flöhen auf *(wörtl: köpeklerle yatan pirelerle kalkar) fig* körle yatan şaşı kalkar *(wörtl: wer mit einem Blinden zu Bett geht, steht schielend auf)* [**Bedeutung**: wer sich in Gefahr begibt, muss damit rechnen, dass dies Spuren hinterlässt; **Anlamı**: değersiz kötü kimselerle düşüp kalkan kötü huylar edinir]

auftragen sürmek

etwas faustdick auftragen *(wörtl: bir şeyi yumruk kalınlığında sürmek) fig* iğne deliğinden Hindistan'ı seyretmek *(wörtl: Indien durchs Nadelöhr ansehen)* [**Bedeutung**: etwas übertrieben darstellen; **Anlamı**: küçük bir olaydan büyük anlamlar çıkarmak]

Aufwand masraf

der Aufwand steht in keinem Verhältnis zum Ertrag *fig* aldığı aptes ürküttüğü kurbağaya değmemek *(wörtl: seine rituelle Waschung ist nicht die Kröte wert, die er erschreckte)* [**Bedeutung**: trotz großen Aufwandes ist das Ergebnis unbefriedigend; **Anlamı**: elde ettiği yarar, uğradığı zararı karşılamamak]

aufwärmen ısıtmak

alten Kohl aufwärmen *(wörtl: eski lahanayı ısıtmak)* ***fig*** eski defterleri karıştırmak/yoklamak *(wörtl: alte Hefte durchwühlen/untersuchen)* ***fig*** temcit pilavı gibi ısıtıp ısıtıp öne sürmek *(wörtl: wie das Reisgericht, das in den Monaten der Müezzin das Morgengebet immer wieder hält, aufwärmen und vorservieren)* [**Bedeutung**: Vergessenes erneut zur Sprache bringen; eine alte Geschichte aufwärmen; **Anlamı**: eski olayları yeniden ele almak]

Augapfel gözbebeği

jemanden wie seinen Augapfel hüten *(wörtl: birini gözbebeği gibi korumak)* ***fig*** birine gözbebeği gibi bakmak ***fig*** birinin üstüne/üzerine titremek *(wörtl: auf jemanden zittern)* [**Bedeutung**: jemanden besonders sorgsam behüten; **Anlamı**: bir kimseye çok önem ve değer vermek, onu sevmek ve korumak]

Auge göz

Auge um Auge, Zahn um Zahn ***fig*** göze göz, dişe diş [**Bedeutung**: bei erlittenem Schaden, Unrecht wird Gleiches mit Gleichem vergolten; **Anlamı**: kötülüğe kötülükle karşılık verme]

Augen machen wie ein gestochenes Kalb *(wörtl: bıçaklanmış dana gibi göz yapmak)* ***fig*** öküzün trene baktığı gibi bakmak *(wörtl: wie ein Ochse den Zug anschauen)* [**Bedeutung**: ahnungslos/ratlos dreinschauen; töricht dreinschauen; **Anlamı**: hiçbir şey anlamadan bakmak]

Augen und Ohren aufhalten *(wörtl: göz ve kulakları açık tutmak)* ***fig*** göz kulak olmak *(wörtl: Auge und Ohr werden)* [**Bedeutung**: aufmerksam etwas verfolgen; **Anlamı**: gözetmek; korumak; bakmak]

aus den Augen, aus dem Sinn *(wörtl: gözden çıkar, akıldan çıkar)* ***fig*** gözden ırak olan gönülden de ırak olur *(wörtl: was dem Auge fern ist, ist auch dem Herzen fern)* [**Bedeutung**: das, was man nicht mehr sieht, vergisst man; wer abwesend ist, wird leicht vergessen; **Anlamı**: birbirinden uzakta olan kimseler arasındaki sevgi zamanla azalır]

aus den Augen verlieren ***fig*** gözden kaybetmek [**Bedeutung**: jemanden nicht mehr sehen; **Anlamı**: birini artık göremez olmak; onunla artık görüşmemek]

da sind die Augen wohl größer als der Magen *(wörtl: gözler mideden daha büyüktür)* ***fig*** açın karnı doyar, gözü doymaz *(wörtl: dem Hungrigen wird der Magen gesättigt, aber nicht sein Auge)* [**Bedeutung**: jemand kann die Größe des Appetits nicht mit der Aufnahmefähigkeit des Magens in Einklang halten; jemand hat mehr auf den Teller getan, als er essen kann; **Anlamı**: tutkulu olduğu konuda insan doyumsuzdur]

dem Tod ins Auge schauen *(wörtl: ölümle göz göze gelmek)* ***fig*** ölümle burun buruna gelmek *(wörtl: Nase an Nase mit dem Tod sein)* [**Bedeutung**: ın Todesgefahr schweben; **Anlamı**: ölümle sonuçlanabilecek çok büyük bir tehlike ile karşılaşmak]

den Balken im eigenen Auge nicht sehen (, aber den Splitter im fremden) *fig* kendi gözündeki merteği görmez, elin gözündeki çöpü görür [**Bedeutung**: nur die Fehler der anderen sehen; **Anlamı**: kendisinde bulunan kusurlara bakmaz da başkasında gördüğü küçük bir kusuru kınar]

den (eigenen) Augen nicht trauen *(wörtl: (kendi) gözlerine güvenmemek)* *fig* gözlerine inanamamak *(wörtl: seinen Augen nicht glauben können)* [**Bedeutung**: vor Überraschung etwas nicht fassen können; nicht glauben können, was man gerade sieht; **Anlamı**: gördüklerinin doğru olduğunu kabul edemeyecek kadar şaşırmak; hiç beklenmeyen bir şeyin görülmesi karşısında şaşırmak]

die Augen auf Null stellen (wörtl: gözlerini sıfıra ayarlamak) **fig** sıfırı tüketmek (wörtl: die Null verbrauchen) [**Bedeutung**: sterben; **Anlamı**: ölmek]

die Augen schließen fig dünyaya gözlerini kapamak [**Bedeutung**: sterben; **Anlamı**: ölmek]

die Augen sind größer als der Magen *(wörtl: gözler mideden büyüktür)* *fig* açın karnı doyar, gözü doymaz *(wörtl: dem Hungrigen wird der Magen gesättigt, aber nicht sein Auge)* [**Bedeutung**: jemand kann die Größe des Appetits nicht mit der Aufnahmefähigkeit des Magens in Einklang halten; jemand hat mehr auf den Teller getan, als er essen kann; **Anlamı**: tutkulu olduğu konuda insan doyumsuzdur]

die Augen (vor etwas) verschließen *(wörtl: bir şeye gözlerini kapamak)* *fig* bir şeyi göz ardı etmek *(wörtl: etwas hinter das Auge tun)* [**Bedeutung**: etwas nicht wahrhaben wollen; **Anlamı**: bir şeye gereken önemi vermemek]

die Hand vor Augen nicht sehen können *(wörtl: gözler önünde eli görememek)* *fig* göz gözü görmemek *(wörtl: das Auge sieht das Auge nicht)* [**Bedeutung**: wegen Dunkelheit oder Ähnlichem nichts sehen (können); **Anlamı**: koyu karanlıktan, sisten, tozdan, dumandan hiçbir şey görülemez olmak]

die Schönheit liegt im Auge des Betrachters *(wörtl: güzellik, bakanın gözünde yatar)* *fig* gönül kimi severse güzel odur *(wörtl: schön ist der, den das Herz mag)* [**Bedeutung**: Schönheit wird verschieden interpretiert, jederempfindet Schönheit anders; **Anlamı**: güzellik anlayışı, kişiden kişiye değişir]

ein Auge zudrücken *(wörtl: bir göz/gözü kapamak)* *fig* göz yummak *fig* görmezlikten gelmek *(wörtl: vom "Nicht-Sehen" kommen)* [**Bedeutung**: etwas nachsichtig, wohlwollend übersehen; etwas tolerieren; **Anlamı**: görmezlikten gelmek; hoş görmek]

eine Krähe hackt der anderen kein Auge aus *(bir karga başka bir karganın gözünü çıkarmaz)* *fig* köpek köpeği ısırmaz *(wörtl: ein Hund beißt einen Hund nicht)* [**Bedeutung**: Seinesgleichen schont man; unter Gleichgesinnten hält man zusammen; **Anlamı**: görüş ve anlayışları birbirine uyan kimseler çekişmezler, birbirlerini tutarlar] es wird jemandem vor (lauter) Hunger schwarz vor (den) Augen *(wörtl: birinin açlıktan gözleri kararmak)* *fig* açlıktan gözleri kararmak *(wörtl: vor Hunger schwarz sehen)* [**Bedeutung**: sehr hungrig sein; **Anlamı**: çok acıkmak]

etwas von hinten durch die Brust und ins Auge machen *(wörtl: bir şeyi sırtından geçirerek göğüsünün içinden gözüne sokmak)* *fig* sağ eliyle sol kulağını göstermek *(wörtl: sein linkes Auge mit der rechten Hand zeigen)* [**Bedeutung**: unnötig kompliziert vorgehen; **Anlamı**: bir işi güç başarılır biçimde yapmaya çalışmak]

große Augen machen *(wörtl: gözleri irileşmek)* *fig* gözleri fal taşı gibi açılmak (wörtl: die Augen gehen auf wie ein Stein des Wahrsagers) [**Bedeutung**: staunen; sich wundern; **Anlamı**: şaşırmak; şaşkınlıktan dolayı gözleri doğal olamayan bir biçimde açılmak]

ins Auge fallen *(wörtl: göze düşmek)* *fig* göze batmak *(wörtl: ins Auge stechen)* [**Bedeutung**: auffallen; bemerkt werden; **Anlamı**: aşırı derecede görünür olmak]

ins Auge fassen *(wörtl: gözün içine dokunmak)* *fig* göz önüne almak *(wörtl: vors Auge nehmen)* [**Bedeutung**: etwas anvisieren; etwas in Erwägung ziehen; **Anlamı**: önceden düşünmek, hesaplamak, dikkate almak]

ins Auge stechen *fig* göze batmak [**Bedeutung**: auffallen; bemerkt werden; **Anlamı**: aşırı derecede görünür olmak]

ins Auge springen *(wörtl: göze atlamak)* *fig* göze batmak *(wörtl: ins Auge stechen)* [**Bedeutung**: auffallen; bemerkt werden; **Anlamı**: aşırı derecede görünür olmak]

jemandem ein Dorn im Auge sein *(wörtl: birinin gözünde diken olmak)* *fig* gözüne batmak *(wörtl: jemandem ins Auge stechen)* [**Bedeutung**: jemandem ein Ärgernis sein; unerträglich sein; **Anlamı**: rahatsız, tedirgin etmek]

jemandem gehen die Augen auf *(wörtl: birinin gözleri açılmak)* *fig* birinin gözleri açılmak *(wörtl: jemandem gehen die Augen auf)* *fig* birinin gözüi açılmak *(wörtl: jemandem geht das Auge auf)* [**Bedeutung**: jemand erkennt Zusammenhänge, die er vorher nicht gesehen hatte; **Anlamı**: eskiden anlamadığı, bilmediği bir çok şeyi öğrenip iyiyle kötüyü ayırt eder duruma gelmek]

jemandem Sand in die Augen streuen *(wörtl: birinin gözlerine kum serpmek)* *fig* göz boyamak *(wörtl: die Augen färben)* [**Bedeutung**: jemanden täuschen; jemanden in die Irre führen; **Anlamı**: kandırmak, gösterişle aldatmak]

jemandem wird es Nacht vor den Augen *(wörtl: birinin gözlerinin önünde gece olmak)* *fig* birinin gözleri kararmak *(wörtl: jemandes Augen werden dunkel)* [**Bedeutung**: jemand wird ohnmächtig; **Anlamı**: başı dönerek hafif baygınlık geçirmek]

jemandem wird (es) schwarz vor (den) Augen *(wörtl: birinin gözleri kara kara olmak)* *fig* birinin gözleri kararmak *(wörtl: jemandes Augen werden dunkel)*

[**Bedeutung**: jemand wird ohnmächtig; **Anlamı**: başı dönerek hafif baygınlık geçirmek]

kein Auge zutun/zumachen *(wörtl: göz kapamamak)* ***fig*** gözüne uyku girmemek *fig* gözü uyku tutmamak *fig* göz yummamak
[**Bedeutung**: nicht schlafen können; **Anlamı**: uyuyamamak]

keine Hand vor Augen sehen (können) *(wörtl: gözün önünde el gör(e)memek)* ***fig*** göz gözü görmemek *(wörtl: ein Auge sieht das andere nicht)*
[**Bedeutung**: wegen Dunkelheit oder Ähnlichem nichts sehen (können); **Anlamı**: koyu karanlıktan, sisten, tozdan, dumandan hiçbir şey görülemez olmak]

mit einem blauen Auge davonkommen *(wörtl: morarmış bir gözle kurtulmak)* ***fig*** ucuz atlatmak/kurtulmak *(wörtl: billig wegkommen)* ***fig*** hafif atlatmak *(wörtl: leicht davonkommen)*
[**Bedeutung**: eine ungünstige Situation mit geringem Schaden überstehen; **Anlamı**: tehlikeli bir durumdan az bir zararla sıyrılmak]

mit einem lachenden und einem weinenden Auge *(wörtl: bir gülen ve bir ağlayan gözle)* ***fig*** güler misin, ağlar mısın *(wörtl: sollst du lachen oder weinen)*
[**Bedeutung**: teils erfreut, teils betrübt; mit gemischten Gefühlen; nicht wissen, ob man sich freuen soll oder traurig sein soll; **Anlamı**: hem gülünecek hem üzülecek nitelikteki şaşırtıcı olaylar karşısında söylenen söz]

sehenden Auges *fig* göz göre göre
[**Bedeutung**: sich bei einer Handlung des Risikos bewusst sein; **Anlamı**:

olacağı bilindiği hâlde önlem alınmadan]

Tomaten auf den Augen haben *(wörtl: gözünde domates olmak)* ***fig*** bakarkör olmak *(wörtl: sehenden Auges blind sein)*
[**Bedeutung**: nichts sehen; etwas nicht bemerken; übersehen; **Anlamı**: çevresindekini kolay ayrımsamayan, çok dikkatsiz (kimse)]

unter vier Augen *(wörtl: dört göz altında)* ***fig*** baş başa *(wörtl: Kopf an Kopf)*
[**Bedeutung**: zu zweit; **Anlamı**: biriyle yalnız kalarak]

vor aller Augen *(wörtl: herkesin gözleri önünde)* ***fig*** göz göre göre *(wörtl: sehenden Auges)*
[**Bedeutung**: in der Öffentlichkeit; so dass es jeder sehen kann; **Anlamı**: herkesin gözleri önünde]

wie die Faust aufs Auge passen *(wörtl: göze yumruk gibi uymak)* ***fig*** kel başa şimşir tarak olmak *(wörtl: ein Kamm aus Buchsbaum für den kahlen Kopf sein)* ***fig*** kör göze çifte gözlük olmak *(wörtl: auf ein blindes Auge eine Doppelbrille sein)*
[**Bedeutung**: nicht zusammenpassen; **Anlamı**: birbirine hiç uymamak]

wie Schuppen von den Augen fallen *(wörtl: kepek gibi gözlerinden düşmek)* ***fig*** ayakları/ayağı suya ermek *(wörtl: seine Füße/sein Fuß das Wasser erreichen)* ***fig*** kafasına dank etmek *(wörtl: es macht Bang in seinem Kopf)* ***fig*** jeton düşmek *(wörtl: die Marke fällt)*
[**Bedeutung**: plötzlich die Wahrheit erkennen; auf einmal die Zusammenhänge erkennen; **Anlamı**: gerçekleri görür duruma gelmek]

Augenhöhe göz hizası

auf (gleicher) Augenhöhe sein
(wörtl: aynı göz hizasında olmak) *fig*
omuz öpüşmek *(wörtl: die Schulter
küssen sich)*
[**Bedeutung**: gleichberechtigt,
ebenbürdig sein; **Anlamı**: eşit
derecede olmak]

Augenmaß *(wörtl: göz ölçüsü)* *fig*
göz kararı *(wörtl:
Augenentscheidung)*
[**Bedeutung**: das Abschätzen von
Größen und Entfernungen mit dem
Auge; **Anlamı**: ölçü veya tartı ile
değil gözle oranlanarak belirlenen
miktar]

aus -den, -dan, -ten, -tan

aus dem letzten Loch pfeifen
(wörtl: son delikten ıslık çalmak) *fig*
pestili çıkmak *(wörtl: jemandem
kommen dünne Fladen aus
getrocknetem Obstmus heraus)*
[**Bedeutung**: am Ende seiner Kräfte
sein; **Anlamı**: çok yorulmak]

aus dem Spiel bleiben *(wörtl:
oyunun dışında kalmak)* *fig* devre dışı
kalmak *(wörtl: außerhalb des
Schaltkreises bleiben)*
[**Bedeutung**: nicht einbezogen
werden; **Anlamı**: konudan uzak
düşmek; konuyla ilgilenememek]

aus dem Vollen leben/wirtschaften
*(wörtl: dolu olandan
yaşamak/geçinmek)* *fig* hazırdan
yemek *(wörtl: vom Gemachtem
essen)*
[**Bedeutung**: ohne sich
einzuschränken leben; **Anlamı**: çalışıp
kazanmaksızın elindekini harcamak;]

aus dem Weg gehen *(wörtl:
yolundan çıkmak)* *fig* selamı sabahı
kesmek[2] *(wörtl: den Gruß, den
Morgen abschneiden)*

[**Bedeutung**: den Kontakt abbrechen;
Anlamı: her türlü ilişkisine son
vermek]

aus den Augen, aus dem Sinn
(wörtl: gözden çıkar, akıldan çıkar)
fig gözden ırak olan gönülden de ırak
olur *(wörtl: was dem Auge fern ist,
ist auch dem Herzen fern)*
[**Bedeutung**: das, was man nicht
mehr sieht, vergisst man; wer
abwesend ist, wird leicht vergessen;
Anlamı: birbirinden uzakta olan
kimseler arasındaki sevgi zamanla
azalır]

aus den Augen verlieren *fig* gözden
kaybetmek
[**Bedeutung**: jemanden nicht mehr
sehen; **Anlamı**: birini artık göremez
olmak; onunla artık görüşmemek]

aus der Haut fahren *(wörtl: deriden
çıkmak)* *fig* tepesi atmak *(wörtl:
jemands Spitze wirft)*
[**Bedeutung**: wütend werden;
Anlamı: öfkelenmek]

aus der Luft gegriffen sein *(wörtl:
havadan alınmış olmak)* *fig* aslı astarı
olmamak *(wörtl: keine
Grundlage/keine Futter haben)*
[**Bedeutung**: frei erfunden sein;
unbegründet sein; **Anlamı**:
gerçekliği, doğruluğu bulunmamak]

aus der Not eine Tugend machen
(wörtl: yokluktan fazilet çıkarmak)
fig sinekten yağ çıkarmak *(wörtl: aus
der Fliege Öl machen)* *fig* abdala kar
yağıyor demişler, titremeye hazırım
demiş *(wörtl: dem Wanderderwisch
haben sie gesagt: es schneit", er hat
erwidert: "ich bin bereit zu zittern")*
fig ata nal çakıldığını görmüş,
kurbağa ayaklarını uzatmış *(wörtl:
der Frosch hat gesehen, dass das
Pferd Hufeisen bekommt, und hat
seine Füße ausgestreckt)*

[**Bedeutung**: eine schwierige Lage klug ausnutzen; **Anlamı**: olmayacak şeylerden yararlanmaya çalışmak]

aus die Maus *(wörtl: fare dışarı)* *fig* harç bitti, yapı paydos *(wörtl: der Mörtel ist alle, es ist Feierabend mit dem Bau)* [**Bedeutung**: die Sache ist erledigt; es ist Schluss; ironische Bemerkung zu einer Beendigung eines Vorgangs; **Anlamı**: bir işin devam edemeyeceğini şaka yollu söyleme]

aus erster Hand[1] *fig* ilk elden [**Bedeutung**: aus sicherer Quelle; **Anlamı**: birinci kaynaktan]

aus erster Hand[2] *fig* ilk elden [**Bedeutung**: vom ersten Besitzer; **Anlamı**: ilk sahibinden]

aus jedem Dorf ein Hund *(wörtl: her köyden bir köpek)* *fig* her tarladan bir kesek *(wörtl: aus jedem Feld ein Schnitt)* [**Bedeutung**: beliebiges Durcheinander; **Anlamı**: birbiriyle ilgili olmayan çeşitli konulardan birer parça]

aus Scheiße Geld machen *(wörtl: boktan para çıkarmak)* *fig* denize düşse götüyle balık tutar *(wörtl: fällt er ins Meer fängt er mit seinem Hintern Fische)* [**Bedeutung**: etwas eigentlich Wertloses finanziell erfolgreich vermarkten; **Anlamı**: en umulmadık işten kazanç sağlamak]

aus seinem Herzen keine Mördergrube machen *(wörtl: kalbinden katil kuyusu yapmamak)* *fig* dobra dobra konuşmak *(wörtl: gut und verständlich reden)* [**Bedeutung**: offen aussprechen, was man denkt und fühlt; **Anlamı**: sakınmadan, çekinmeden konuşmak]

aus und ein gehen *(wörtl: çıkıp girmek)* *fig* kapı komşusu yapmak *(wörtl: zum Türnachbarn machen)* [**Bedeutung**: sich an einem Ort, in einer Räumlichkeit oft aufhalten; **Anlamı**: bir yere sık gidip gelmek]

der Ofen ist aus *(wörtl: soba söndü)* *fig* iş işten geçti[1] *(wörtl: die Sache ging von der Sache weg)* [**Bedeutung**: damit ist Schluss; da ist nichts mehr zu machen; **Anlamı**: işi gerçekleştirme olanağı kalmadı]

---

ausbaden hamamı temizlemek

etwas ausbaden müssen *(wörtl: bir şey için hamamı temizlemek zorunda kalmak)* *fig* kabak başına patlamak *(wörtl: der Kürbis auf seinem Kopf platzen)* [**Bedeutung**: für ein unangenehmes Ereignis die Folgen tragen müssen; **Anlamı**: birçok kimsenin ilgili olduğu bir olaydan, yalnızca bir kimse zarar görmek]

---

ausfressen halt yemek

etwas ausgefressen haben *fig* halt yemek [**Bedeutung**: etwas angestellt, verbrochen haben; **Anlamı**: uygunsuz davranmak, uygunsuz bir iş yapmak]

---

ausgehen çıkmak

leer ausgehen *(wörtl: boş çıkmak)* *fig* eli boş çıkmak *(wörtl: mit leeren Händen ausgehen)* *fig* avcunu yalamak *(wörtl: die hohle Hand ablecken)* *fig* hava almak[2] *(wörtl: Luft nehmen)* [**Bedeutung**: nichts abbekommen; **Anlamı**: umduğunu alamamak]

---

ausgestorben soyu tükenmiş

43

wie ausgestorben *(wörtl: soyu tükenmiş gibi)* *fig* in cin yok *(wörtl: es gibt weder Mensch noch Dschinn)* [**Bedeutung**: menschenleer; **Anlamı**: hiç kimse yok]

Auslaufmodell modası geçmiş şey

ein Auslaufmodell sein *fig* modası geçmiş olmak [**Bedeutung**: nicht mehr gefragt sein; **Anlamı**: artık aranmamak]

---

auslöffeln kaşıkla ayıklamak

die Suppe auslöffeln, die man sich eingebrockt hat *(wörtl: kırıntılarını içine attığın çorbayı kaşıkla ayıklamak)* *fig* hangi taş pekse/katıysa başını ona vur *(wörtl: schlag deinen Kopf auf den Stein, der hart ist)* [**Bedeutung**: ein Problem lösen, das man selbst verursacht hat; **Anlamı**: işini kendin berbat ettin, şimdi çare ara bakalım]

Ausnahme istisna

Ausnahmen bestätigen die Regel *(wörtl: istisnalar kuralı doğrular)* *fig* istisnalar kaideyi bozmaz *(wörtl: Ausnahmen brechen die Regel nicht)* *fig* herkesin arşınına göre bez vermezler *(wörtl: das Tuch wird nicht nach der persönlichen Elle herausgegeben)* [**Bedeutung**: es gibt Ausnahmen von der Regel; diese Ausnahme unterliegt keiner Gesetzmäßigkeit; **Anlamı**: genel ilkeler, kurallar herkesin isteğine göre değiştirilmez, bozulmaz]

---

ausnehmen wie eine Weihnachtsgans *(wörtl: Noel kazı gibi içini temizlemek)* *fig* soyup soğana çevirmek *(wörtl: schälen und zur Zwiebel umgestalten)*

[**Bedeutung**: jemanden schamlos ausbeuten; **Anlamı**: hiçbir şey bırakmamacasına sozmak]

---

ausrotten kökünü kazımak

mit Stumpf und Stiel ausrotten *(wörtl: kütük ve sapıyla kökünü kazımak)* *fig* köküne kibrit suyu ekmek *(wörtl: die Wurzel mit Streichholzwasser säen)* [**Bedeutung**: etwas vollständig/radikal ausrotten; **Anlamı**: yok etmek]

---

ausschütten boşaltmak

sein Herz ausschütten *(wörtl: yüreğini boşaltmak)* *fig* içini boşaltmak *(wörtl: sein Inneres abgießen/ausschütten)* *fig* içini dökmek *fig* derdini dökmek *(wörtl: sein Leid ausschütten)* [**Bedeutung**: seine Not und Sorgen schildern; **Anlamı**: sıkıntı ve derdini söylemek]

---

aussehen görünmek

nach nichts aussehen *(wörtl: yok gibi görünmek)* *fig* bir şeye benzememek *(wörtl: etwas nicht ähneln)* [**Bedeutung**: optisch nicht ansprechend sein; gar nicht ansprechend, beeindruckend aussehen **Anlamı**: istenildiği gibi olmamak; işe yarar durumda olmamak]

wie geleckt aussehen *(wörtl: yalanmış gibi görünmek)* *fig* bal dök (de) yala *(wörtl: gieß Honig und leck ihn auf)* [**Bedeutung**: sehr sauber **Anlamı**: çok temiz; tertemiz; pırıl pırıl]

---

außen dış

außen fix, innen nix *(wörtl: dışı hep, içi hiç)* **fig** dışı hoca, içi baca *(wörtl: außen Hodscha, innen Schornstein)* [**Bedeutung**: auf den ersten Blick gut, in Wirklichkeit schlecht; **Anlamı**: kendini temiz gibi gösteriyor ama kirli bir kişi]

außen hui, innen pfui *fig* dışı kalaylı, içi alaylı *(wörtl: das Äußere ist verzinnt, das Innere ist scherzhaft)* **fig** dışı eli yakar, içi beni *(wörtl: das Äußere verbrennt den Fremden, das Innere mich)* [**Bedeutung**: auf den ersten Blick gut, in Wirklichkeit schlecht; **Anlamı**: dışı süslü, güzel görünüşlü, ama içi berbat; görünüşe aldanmamalı]

außer dışında

außer Rand und Band sein[1] *(wörtl: kenarsız ve bağsız olmak)* **fig** kendinden geçmek *(wörtl: von sich gehen)* **fig** kendinde olmamak *(wörtl: nicht bei sich sein)* [**Bedeutung**: außer Kontrolle sein/geraten; aufgeregt sein; **Anlamı**: heyecan verici bir durum karşısında aklı ve duygu organları işlemez olmak; düşünebilecek durumda olmamak]

außer Rand und Band sein[2] *(wörtl: kenarsız ve bağsız olmak)* **fig** köpeksiz köy bulmuş da çomaksız/değneksiz geziyor *(wörtl: er hat ein Dorf ohne Hunde gefunden und läuft ohne Stock herum)* [**Bedeutung**: außer Kontrolle sein/geraten; übermütig sein; **Anlamı**: kendisine engel olacak kimse yok, istediği işi yapıyor]

außer sich geraten *(wörtl: dışa çıkmak)* **fig** kendinden geçmek *(wörtl: von sich gehen)* [**Bedeutung**: sich erregen (vor Zorn oder Freude); sich aufregen; **Anlamı**: heyecan verici bir durum karşısında aklı ve duygu organları işlemez olmak]

außer sich sein *(wörtl: kendi dışında olmak)* **fig** kendinde olmamak *(wörtl: nicht bei sich sein)* [**Bedeutung**: sich erregen (vor Zorn oder Freude); sich aufregen; **Anlamı**: heyecan verici bir durum karşısında aklı ve duygu organları işlemez olmak]

ausspielen oynamak

seinen letzten Trumpf ausspielen/ziehen *(wörtl: son kozunu oynamak/çekmek)* **fig** son kozunu kullanmak [**Bedeutung**: die letzte verbliebene Möglichkeit nutzen; **Anlamı**: elinde bulunan son imkânı kullanmak]

austeilen dağıtmak

(gerne/nur) austeilen, aber nicht einstecken können *(wörtl: dağıtmasına dağıtmak yoksa kaldıramamak)* **fig** istediğini söyleyen istemediğini işitir *(wörtl: wer sagt, was er will, hört auch das, was er nicht will)* [**Bedeutung**: wer gerne kritisiert, muss auch Kritik einstecken können; **Anlamı**: bir insana ağır sözler söylersen, o da sana daha ağır sözler söyleyebilir]

wer austeilt, muss auch einstecken können *(wörtl: dağıtan, alabilmesini de bilmelidir)* **fig** istediğini söyleyen istemediğini işitir *(wörtl: wer sagt, was er will, hört auch das, was er nicht will)* [**Bedeutung**: wer gerne kritisiert, muss auch Kritik einstecken können; **Anlamı**: bir insana ağır sözler söylersen, o da sana daha ağır sözler söyleyebilir]

ausziehen soymak

jemanden bis aufs letzte Hemd ausziehen *(wörtl: birini son gömleğine kadar soymak)* *fig* birini soyup soğana çevirmek *(wörtl: jemanden ausrauben und in eine Zwiebel verwandeln)*
[**Bedeutung**: jemanden ausplündern; **Anlamı**: birini hiçbir şey bırakmamacasına soymak]

Axt balta

die Axt an die Wurzel legen *(wörtl: baltayı köke koymak)* *fig* kökünü kazımak *(wörtl: die Wurzel auskratzen)*
[**Bedeutung**: etwas gründlich beseitigen; **Anlamı**: yok etmek; bir daha üreyemez duruma getirmek]

jetzt ist die Axt am Baum *(wörtl: artık balta ağaçta)* *fig* ateş bacayı sarmak *(wörtl: das Feuer hat den Schornstein ergriffen)*
[**Bedeutung**: jetzt ist der Zeitpunkt erreicht, wo wir ein Problem haben; die Grenze des Erträglichen ist erreicht; **Anlamı**: tehlikeli durum; önlenemeyecek bir durum almak]

B

Bach çay

runtergehen *(wörtl: çaydan aşağı doğru gitmek)* *fig* sermayeyi kediye yüklemek *(wörtl: das Kapital der Katze aufladen)* *fig* batmak *(wörtl: untergehen)*
[**Bedeutung**: untergehen; bankrott gehen; scheitern; **Anlamı**: zarar edip batmak]

Backe yanak

jemanden an der Backe haben *(wörtl: biri yanağında olmak)* *fig* ağzının kokusunu çekmek *(wörtl: jemandes Mundgeruch ertragen müssen)*
[**Bedeutung**: jemanden ertragen müssen; **Anlamı**: birinin çekilmez davranışlarına katlanmak;]

sich etwas von der Backe putzen können *(wörtl: birşeyi yanağından temizleyebilmek)* *fig* bir şeyi aklından çıkarmak *(wörtl: etwas aus seinem Verstand herausnehmen)*
[**Bedeutung**: die Hoffnung auf etwas aufgeben müssen; **Anlamı**: bir şeyden umudunu kesmek zorunda kalmak]

über beide Backen grinsen/strahlen *(wörtl: her iki yanak üzerinden sırıtmak/parlamak)* *fig* ağzı kulaklarına varmak *(wörtl: sein Mund erreicht seine Ohren)*
[**Bedeutung**: besonders auffällig grinsen; vor Freude strahlen]; **Anlamı**: çok sevinmek]

baden yıkanmak, yüzmek

in Schweiß gebadet *(wörtl: ter banyosu içinde; terle yıkanmış)* *fig* kan ter içinde *(wörtl: in Blut und Schweiß)*
[**Bedeutung**: sehr stark schwitzend; **Anlamı**: çok terli]

mit etwas baden gehen *(wörtl: bir şey ile yüzmeye gitmek)* *fig* suya düşmek *(wörtl: ins Wasser fallen)*
[**Bedeutung**: nicht zu Stande kommen; scheitern; missglücken; **Anlamı**: bir şeyin gerçekleşme olanağı kalmamak]

Bahn yol

auf die schiefe Bahn geraten *(wörtl: çarpık yola düşmek)* *fig* yoldan çıkmak *(wört: vom Weg abkommen)* [**Bedeutung**: vom richtigen Weg abkommen; auf Abwege geraten; **Anlamı**: doğru yoldan ayrılmak]

etwas in die richtige Bahn lenken *(wörtl: bir şeyi doğru yola yöneltmek)* *fig* bir şeyi yoluna koymak *(wörtl: etwas auf seinen Weg/seine Bahn stellen)* [**Bedeutung**: dafür sorgen, dass sich etwas in der vorgesehennen oder wünschenswerten Weise entwickelt; **Anlamı**: istenilen biçime getirmek; düzene koymak]

Bahnhof istasyon

nur Bahnhof verstehen *(wörtl: ancak istasyon anlamak)* *fig* (konuya) Fransız kalmak *(wörtl: Franzose bleiben)* [**Bedeutung**: etwas nicht verstehen, nicht begreifen; **Anlamı**: anlatılan konuyu anlayamamak]

ich verstehe nur Bahnhof *(wörtl: ancak istasyon anlıyorum)* *fig* anladımsa arap olayım *(wörtl: falls ich es verstanden habe, soll ich zum Araber werden)* [**Bedeutung**: ich habe nichts verstanden; **Anlamı**: hiçbir şey anlamadım]

Balken mertek

den Balken im eigenen Auge nicht sehen (, aber den Splitter im fremden) *fig* kendi gözündeki merteği görmez, elin gözündeki çöpü görür [**Bedeutung**: nur die Fehler der anderen sehen; **Anlamı**: kendisinde bulunan kusurlara bakmaz da başkasında gördüğü küçük bir kusuru kınar]

lügen, dass sich die Balken biegen *(wörtl: mertekler bükülünceye kadar yalan söylemek)* *fig* bir ayak üstünde bin yalan söylemek *(wörtl: auf einem Fuß tausend Lügen erzählen)* *fig* bir ayak üstünde kırk yalanın belini bükmek *(wörtl: auf einem Fuß den Rücken von vierzig Lügen verrenken)* [**Bedeutung**: sehr viel lügen; maßlos lügen; **Anlamı**: kısa sürede pek çok yalan söylemek]

Wasser hat keine Balken *(wörtl: suyun mertekleri yoktur)* *fig* suyu bardakta, gemiyi duvarda seyretmeli *(wörtl: das Wasser soll man im Glas, das Schiff an der Wand anschauen)* [**Bedeutung**: Wasser ist gefährlich, man kann ertrinken; **Anlamı**: deniz tehlikelidir, insan boğulabilir]

Ball top

am Ball bleiben *(wörtl: topta kalmak)* *fig* ardını bırakmamak *fig* peşini bırakmamak [**Bedeutung**: etwas weiterverfolgen; **Anlamı**: bir şeyi takip etmek]

den Ball flach halten *(wörtl: topu alçak tutmak)* *fig* alttan/aşağıdan almak *(wörtl: von unten nehmen)* *fig* kendini tutmak[1] *(wörtl: sich halten)* *fig* ipin ucunu kaçırmamak *(wörtl: das Ende des Seils nicht verlieren)* [**Bedeutung**: sich zurückhalten; unnötige Aufregung vermeiden; unnötiges Risiko vermeiden; **Anlamı**: sert konuşana karşı yumuşak, yatıştırıcı davranmak; ölçüyü kaçırmamak

---

ballen sıkmak

die Faust in der Tasche ballen *(wörtl: yumruğunu cebinde sıkmak)* *fig* aba altından değnek sallamak *(wörtl: unter der Aba den Stock schwingen)*

47

[**Bedeutung**: heimlich drohen; **Anlamı**: birini imalı bir biçimde tehdit etmek]

Bank bank

etwas auf die lange Bank schieben *(wörtl: bir şeyi uzun banka kaydırmak)* ***fig*** bir şeyi rafa kaldırmak/koymak *(wörtl: aufs Regal stellen/legen)*
[**Bedeutung**: eine Sache verzögern; Wichtiges hinausschieben; **Anlamı**: artık üstünde durmamak]

bar peşin, nakit

nur Bares ist Wahres *(wörtl: doğrusu sadece peşin paradır)* ***fig*** para peşin, kırmızı meşin *(wörtl: Geld in bar ist rotes Leder)*
[**Bedeutung**: Bargeld ist das Richtige; Betahlung ist erwünscht; **Anlamı**: her şeyin bedeli hemen ödenmeli]

Bär ayı

jemanden einen Bären aufbinden *(wörtl; birine ayı bağlamak)* ***fig*** birine dolma yutturmak *(wörtl: Füllsel schlucken lassen)*
[**Bedeutung**: jemandem etwas Unwahres so erzählen, dass er es glaubt; **Anlamı**: birine doğru olmayan bir şeyin doğru olduğuna inandırmak; yalanla inandırmak]

man soll das Fell des Bären nicht verkaufen, bevor man ihn geschossen hat *(wörtl: ayıyı vurmadan postunu satmamalı)* ***fig*** ayıyı vurmadan postunu satmak *(wörtl: das Fell verkaufen, bevor man den Bären erschossen hat)* ***fig*** ayıyı yakalamadan derisini soyma *(wörtl: das Fell des Bären abziehen, bevor man ihn gefangen hat)*

[**Bedeutung**: man sollte sich nicht zu früh freuen; **Anlamı**: henüz ele geçmemiş bir şey üzerinde hesap yapmak]

man soll das Fell des Bären nicht verteilen, bevor er erlegt ist *(wörtl: ayıyı vurmadan postunu paylaşmamalı)* ***fig*** ayıyı vurmadan postunu satmak *(wörtl: das Fell verkaufen, bevor man den Bären erschossen hat)* ***fig*** ayıyı yakalamadan derisini soyma *(wörtl: das Fell des Bären abziehen, bevor man ihn gefangen hat)*
[**Bedeutung**: man sollte sich nicht zu früh freuen; **Anlamı**: henüz ele geçmemiş bir şey üzerinde hesap yapmak]

man soll die Bärenhaut nicht verkaufen, ehe der Bär erlegt ist ↑ **man soll das Fell des Bären nicht verteilen, bevor er erlegt ist**

schlafen wie ein Stein *(wörtl: taş gibi uyumak)* ***fig*** mışıl mışıl uyumak *(wörtl: tief und fest schlafen)*
[**Bedeutung**: sehr tief und fest schlafen; **Anlamı**:rahat, sessiz ve derin soluk alarak uyumak]

auf der Bärenhaut liegen *(wörtl: ayı postunda yatmak)* ***fig*** ense yapmak *(wörtl: Nacken machen)*
[**Bedeutung**: faulenzen; **Anlamı**: hiçbir iş yapmadan yan gelip yatmak]

Barrikade barikat

auf die Barrikaden gehen *(wörtl: barikatlara gitmek)* ***fig*** kazan kaldırmak *(wörtl: den Kessel hochheben)* ***fig*** kazan devirmek *(wörtl: den Kessel umstoßen)* cephe almak *(wörtl: Front beziehen)* ***fig*** isyan bayrağı çekmek *(wörtl: die Fahne der Revolte hissen)*

[**Bedeutung**: für etwas kämpfen; protestieren; **Anlamı**: hep birden ayaklanmak; isyan etmek; bir düşünceye karşı olmak, direnmek]

Bart sakal

jetzt ist der Bart ab *(wörtl: sakal gitti artık)* *fig* artık yeter *(wörtl: es reicht nun; nun ist es genug)* *fig* yeter artık *(wörtl: es reicht nun; nun ist es genug)* *fig* dananın kuyruğu koptu *(wörtl: der Schwanz des Kalbes ist ab)*
[**Bedeutung**: nun ist Schluss; nun ist's aber genug; **Anlamı**: daha fazla dayanılmayacağını belirtir]

jemandem Honig um den Bart schmieren *(wörtl: birinin sakalına bal sürmek)* *fig* birine yağ çekmek *(wörtl: jemanden mit Butter streichen)* *fig* birinin nabzına göre şerbet vermek *(wörtl: jemanden Sorbet geben nach seinem Puls)*
[**Bedeutung**: jemanden schmeicheln; **Anlamı**: birini gereksiz biçimde övmek]

jemandem um den Bart gehen *(wörtl: birinin sakalına gitmek)* *fig* birine yağ çekmek *(wörtl: jemanden mit Butter streichen)* *fig* birinin nabzına göre şerbet vermek *(wörtl: jemanden Sorbet geben nach seinem Puls)*
[**Bedeutung**: jemanden schmeicheln; **Anlamı**: birini gereksiz biçimde övmek]

lass dir keinen (grauen) Bart wachsen *(wörtl: (boz) sakal bırakma)* *fig* üzme tatlı canını *(wörtl: bereite deinem süßen Herzen keinen Kummer)*
[**Bedeutung**: sei nicht traurig; **Anlamı**: üzülme]

um des Kaisers Bart streiten *(wörtl: imparatorun sakalı yüzünden kavga etmek)* *fig* habbeyi kubbe yapmak *(wörtl: aus einer Blase eine Kuppel errichten)*
[**Bedeutung**: um etwas Unwichtiges streiten; wegen einer Kleinigkeit streiten; **Anlamı**: önemsiz bir olayı büyütmek; abartmak]

Bauch karın

auf den Bauch fallen *(wörtl: karnı üstüne düşmek)* *fig* yüzüne gözüne bulaştırmak *(wörtl: sich in die Augen und die Haare schmieren)*
[**Bedeutung**: mit etwas scheitern; erfolglos bleiben; **Anlamı**: bir işi becerememek; başarısızlığa uğramak; bozmak]

die Beine in den Leib/Bauch stehen *fig* ağaç olmak *(wörtl: zum Baum werden)* *fig* bekleye bekleye ağaç olmak *(wörtl: wartend zum Baum werden)*
[**Bedeutung**: lange stehen und warten müssen; **Anlamı**: bir yerde ayakta durarak uzun süre beklemek]

jemandem Löcher in den Bauch fragen *(wörtl: sora sora birinin karnına delik açmak)* *fig* birine ahret sualleri sormak *(wörtl: jemandem Fragen zum Jenseits stellen)*
[**Bedeutung**: jemanden ausfragen, ihm mit der ewigen Fragerei auf die Nerven gehen; **Anlamı**: gereksiz ve usandırıcı sorular sormak]

bauen yapmak

auf Sand bauen *(wörtl: kum üstüne yapmak)* *fig* çürük tahtaya basmak *(wörtl: auf morsches Holz treten)* *fig* yaş tahtaya basmak *(wörtl: auf nasses Holz treten)*
[**Bedeutung**: auf unsicherer Grundlage fußen; sich auf etwas

Unsicheres verlassen; **Anlamı:** önlemsizlik edip sonu iyi olmayacak bir işe girişmek]

einen Brunnen neben dem Fluss bauen *fig* ırmak kenarına çeşme yapmak [**Bedeutung**: etwas Sinnloses tun; **Anlamı:** anlamı olmayan iş yapmak]

Luftschlösser bauen *(wörtl: yedi kubbeli hamam kurmak; havadan saraylar yapmak)* *fig* çoban kulübesinde padişah rüyası görmek olmak *(wörtl: in einer Schäferhütte den Traum eines Sultans träumen)* *fig* yedi kubbeli hamam kurmak *(wörtl: einen Hammam mit sieben Kuppeln bauen)* [**Bedeutung**: übermütige Pläne haben; unrealistische Pläne haben; **Anlamı:** gerçekleşmesi olanaksız hayaller kurmak]

nahe am Wasser gebaut haben *(wörtl: suya yakın inşa etmiş olmak)* *fig* sulu göz(lü) olmak *(wörtl: wässrige Augen haben)* [**Bedeutung**: jemand fängt schnell an zu weinen; **Anlamı:** çok önemsiz olaylarda bile gözyaşlarını tutamayan, çabuk ağlayan kimse]

Bauer çiftçi, köylü

die dümmsten Bauern haben/ernten die dicksten/größten Kartoffeln *(wörtl: en aptal çiftçiler, en büyük patateslere sahiptirler)* *fig* armudun iyisini ayı yer *(wörtl: die beste Birne isst der Bär)* [**Bedeutung**: Kommentar, wenn jemand mühelos und völlig unverdient Erfolg hat; **Anlamı:** güzel şeyler, genellikle ona yaraşır olmayanların eline geçer]

was der Bauer nicht kennt, frisst er nicht *(wörtl: çifçi/köylü bilmediği*

şeyi yemez)* *fig* kargadan başka kuş tanımam *(wörtl: ich kenne keinen anderen Vogel als die Krähe)* [**Bedeutung**: jemand ist Neuem gegenüber nicht aufgeschlossen; jemand ist konservativ; **Anlamı:** birinin tutumu yeniliklere karşıdır; biri tutucudur]

Bauklötze yapı taşları

Bauklötze staunen *(wörtl: yapı taşlarına şaşırmak)* *fig* gözleri fal taşı gibi açılmak *(wörtl: die Augen gehen auf wie ein Stein des Wahrsagers)* [**Bedeutung**: staunen; sich wundern; äußerst erstaunt sein; **Anlamı:** şaşırmak; şaşkınlıktan dolayı gözleri doğal olamayan bir biçimde açılmak]

Baum ağaç

alte Bäume lassen sich nicht biegen *(wörtl: eski ağaçlar eğilmez)* *fig* ağaç yaşken eğilir *(wörtl: wenn der Baum feucht ist, biegt er sich)* [**Bedeutung**: ältere Leute ändern sich nur schwer; **Anlamı:** insanlar küçük yaşta kolay eğitilir]

das Bäumchen biegt sich, doch der Baum nicht mehr *(wörtl: ağaççık eğilir, ağaç eğilmez)* *fig* ağaç yaşken eğilir *(wörtl: wenn der Baum feucht ist, biegt er sich)* [**Bedeutung**: was man in jungen Jahren nicht lernt, lernt man als Erwachsener erst recht nicht; man sollte früh genug mit dem Lernen anfangen; **Anlamı:** insanlar küçük yaşta kolay eğitilir]

den Wald vor lauter Bäumen nicht sehen *(wörtl: ağaçlardan ormanı görmemek)* *fig* bakar kör olmak *(wörtl: ein schauender Blinder sein)* [**Bedeutung**: etwas eigentlich Offensichtliches übersehen; **Anlamı:**

gözleri sağlam göründüğü hâlde görmemek]

jetzt ist die Axt am Baum *(wörtl: artık balta ağaçta) fig* ateş bacayı sarmak *(wörtl: das Feuer hat den Schornstein ergriffen)* [**Bedeutung**: jetzt ist der Zeitpunkt erreicht, wo wir ein Problem haben; die Grenze des Erträglichen ist erreicht; **Anlamı**: tehlikeli durum; önlenemeyecek bir durum almak]

---

baumeln sallanmak

die Seele baumeln lassen *(wörtl: içini sallandırmak) fig* yan gelmek *(wörtl: seitlich kommen) fig* yan gelip yatmak *(wörtl: seitlich kommen und sich hinlegen) fig* keyfine bakmak *(wörtl: auf seine Laune schauen)* [**Bedeutung**: sich seelisch entspannen; Abstand gewinnen; **Anlamı**: rahatına bakmak; güzel vakit geçirmek]

Beelzebub iblis

den Teufel mit dem Beelzebub austreiben *(wörtl: şeytanı iblisle kovmak) fig* dinsizin hakkından imansız gelir *(wörtl: der Ungläubige wird fertig mit dem Atheisten) fig* acı acıyı keser/bastırır, su sancıyı *(wörtl: ein Schmerz hebt den anderen auf, das Wasser die Wehe)* [**Bedeutung**: ein Übel durch ein noch schlimmeres beseitigen; **Anlamı**: acımasız kimseyi kendisinden daha acımasız biri yola getirir]

---

befreien kurtarmak

mit jeder Sprache, die du erlernst, befreist du einen bis daher in dir gebundenen Geist *(wörtl: her öğrendiğin dille o zamana kadar içinde bağlı bulunan ruhu kurtarırsın) fig* bir lisan bir insan, iki lisan iki insan *(wörtl: eine Sprache, ein Mensch, zwei Sprachen, zwei Menschen)*

Begriff kavram

schnell von Begriff sein *(wörtl: kavramada çabuk olmak) fig* leb demeden leblebiyi anlamak *(wörtl: geröstete Kichererbsen verstehen, bevor man die erste Silbe "leb" sagt)* [**Bedeutung**: etwas schnell verstehen, begreifen; in der Lage sein, eine Situation sofort zu erkennen; **Anlamı**: birinin daha söze başlarken ne demek istediğini anlayıvermek]

---

beharren ısrar etmek

auf seinem Kopf bestehen /beharren *(wörtl: kendi kafasında durmak/ ısrar etmek) fig* bildiğinden şaşmamak *(wörtl: nicht von seinem Wissen abirren) fig* iş inada binmek *(wörtl: die Sache steigt auf den Starrsinn)* [**Bedeutung**: sich unbedingt durchsetzen wollen; **Anlamı**: hiçbir etkiye aldırış etmeyerek doğru saydığı davranışı sürdürmek]

Beherrschung hâkim olma

die Beherrschung verlieren *fig* kendini kaybetmek *(wörtl: sich verlieren)* [**Bedeutung**: eine Reaktion nicht mehr unterdrücken können; wütend, laut, ausfällig werden; **Anlamı**: öfkesinden ne yaptığını bilememek]

Bein[1] bacak

auf eigenen Beinen stehen *(wörtl: kendi bacakları üzerinde durmak)* kendi kanatlarıyla uçmak *(wörtl: mit eignen Flügeln fliegen)*

51

[**Bedeutung**: für sich selbst sorgen können; **Anlamı**: yaşamını kendi kazanmak]

die Beine in den Leib/Bauch stehen
fig ağaç olmak *(wörtl: zum Baum werden) fig* bekleye bekleye ağaç olmak *(wörtl: wartend zum Baum werden)*
[**Bedeutung**: lange stehen und warten müssen; **Anlamı**: bir yerde ayakta durarak uzun süre beklemek]

die Beine in die Hand nehmen[1]
(wörtl: bacaklarını eline almak) fig acele etmek *(wörtl: sich beeilen)*
[**Bedeutung**: sich beeilen; **Anlamı**: çabuk davranmak]

die Beine in die Hand nehmen[2]
(wörtl: bacaklarını eline almak) fig tabanları yağlamak[1] *(wörtl: die Sohlen schmieren)* [**Anlamı**: kaçıp gitmek; **Bedeutung**: verschwinden; davonlaufen]

die Beine übereinander-schlagen
(wörtl: bacak bacak üstüne atmak) fig ayak ayak üstüne atmak *(wörtl: die Füße übereinanderschlagen)*
[**Bedeutung**: ein Bein über das andere schlagen; **Anlamı**: otururken bir bacağını ötekinin üstüne almak]

die Beine unter den Arm nehmen[1]
(wörtl: bacaklarını koltuğunun altına almak) fig acele etmek *(wörtl: sich beeilen)*
[**Bedeutung**: sich beeilen; **Anlamı**: çabuk davranmak]

die Beine unter den Arm nehmen[2]
(wörtl: bacaklarını koltuğunun altına almak) fig tabanları yağlamak[1] *(wörtl: die Sohlen schmieren)*
[**Bedeutung**: verschwinden; davonlaufen; **Anlamı**: kaçıp gitmek]

einen Klotz am Bein haben *(wörtl: bacağında kütüğü olmak) fig* ayak bağı olmak *(wörtl: Fußband sein)*
[**Bedeutung**: durch etwas in seiner Bewegungsfreiheit beschränkt sein; **Anlamı**: bir işin yapılmasına engel olan şey]

einen Knüppel zwischen die Beine werfen *(wörtl: bacakların arasına çomak atmak) fig* tekere çomak sokmak *(wörtl: einen Knüppel in das Rad stecken) fig* kılçık atmak *(wörtl: eine Gräte werfen)*
[**Bedeutung**: jemanden absichtlich behindern; **Anlamı**: birinin yolda giden işini aksatan, engelleyen davranışta bulunmak]

(immer wieder) auf die Beine fallen *(wörtl: (tekrar tekrar) bacaklarının üstüne düşmek) fig* dört ayak üstüne düşmek *(wörtl: auf vier Füße fallen)*
[**Bedeutung**: aus einer Schwierigkeit wieder ohne Schaden hervorgehen; **Anlamı**: tehlikeli bir durumdan zarar görmeden kurtulmak]

jemandem ans Bein pinkeln/pissen *(wörtl: birinin bacağına işemek) fig* birini çekiştirmek *fig* gıcık etmek
[**Bedeutung**: jemanden kritisieren/verärgern; etwas tun, was jemandem nicht gefällt; jemandes Interessen verletzen; **Anlamı**: bir kimsenin kötü taraflarını sayıp dökmek, sinirlendirmek, kızdırmak]

jemandem Beine machen[1] *(wörtl: birine bacak yaptırmak) fig* birinin pabucunu eline vermek *(wörtl: jemandem die Schuhe auf die Hand geben)*
[**Bedeutung**: jemanden fortjagen; **Anlamı**: birini kovmak]

jemandem Beine machen[2] *(wörtl: birine bacak yaptırmak) fig* iki ayağını bir pabuca sokmak *(wörtl: beide Füße in einen Schuh stecken)*

[**Bedeutung**: jemanden zur Eile antreiben; **Anlamı**: birini bir işi yapması için çok sıkıştırmak]

(jemandem) ein Bein stellen[1]
(wörtl: birine bacak koymak) fig
çelme takmak[1] *(wörtl: jemandem ein Bein stellen)*
[**Bedeutung**: jemanden durch Vorstellen eines Beines zum Stolpern bringen; **Anlamı**: biri yürürken ayakları arasına ayak uzatıp düşürmek; bir kimseyi, ayağına çelme geçirerek yıkmaya çalışmak]

(jemandem) ein Bein stellen[2]
(wörtl: birine bacak koymak) fig
çelme takmak[2] *(wörtl: jemandem ein Bein stellen)*
[**Bedeutung**: jemandem absichtlich schaden; jemandem hinterlistig Schaden zufügen; **Anlamı**: bir kimsenin iyi yolda olan işini engelleyecek, bozacak davranışta bulunmak;]

jemandem etwas ans Bein binden
(wörtl: birinin bacağına bir şey bağlamak) fig başına dolamak/sarmak/yıkmak *(wörtl: jemandem auf den Kopf wickeln/stürzen)*
[**Bedeutung**: auf jemanden Arbeit/Verantwortung/Schuld abwälzen; **Anlamı**: kendisine uğraşıp duracağı bir iş yamamak, zor bir işi onun üzerine bırakıp gitmek]

keiner Fliege ein Bein krümmen können *(wörtl: hiçbir sineğin bacağını bükememek) fig* karıncayı bile ezmemek/incitmemek *(wörtl: nicht einmal eine Ameise zerquetschen/verletzen)*
[**Bedeutung**: ein friedlicher, gutmütiger Mensch sein; **Anlamı**: çok merhametli, ince duygulu olmak]

Lügen haben kurze Beine *(wörtl: yalanların bacakları kısadır) fig*

yalancının mumu yatsıya kadar yanar *(wörtl: die Kerze des Lügners brennt bis zur Schlafenszeit) fig* arife günü yalan söyleyenin bayram günü yüzü kara çıkar *(wörtl: wer am Vortag lügt, dem wird das Gesicht am Feiertag schwarz)*
[**Bedeutung**: mit Lügen kommt man nicht weit; **Anlamı**: söylenen söz yalansa çok geçmeden anlaşılır]

mit einem Bein/Fuß im Grab stehen *(wörtl: bir bacağı/ayağı ile mezarda olmak) fig* bir ayağı çukurda olmak *(wörtl: mit einem Fuß in der Grube sein)*
[**Bedeutung**: dem Tode sehr nahe sein; **Anlamı**: yaşayacak çok az zamanı kalmış olmak, çok yaşlanmış olmak]

sich auf die Beine machen *(wörtl: ayakla yola koyulmak) fig* tabanları yağlamak *(wörtl: die Sohlen schmieren)*
[**Bedeutung**: aufbrechen; losgehen; **Anlamı**: yola çıkmak]

sich ein Bein ausreißen *(wörtl: bir bacağını koparmak) fig/derb* kıçını yırtmak *(wörtl: den Hintern aufreißen)*
[**Bedeutung**: viel Mühe geben; **Anlamı**: çok çabalamak]

sich kein Bein ausreißen *(wörtl: bacağını koparmamak) fig* yavaştan almak *(wörtl: langsam nehmen)*
[**Bedeutung**: sich (bei der Arbeit) nicht sonderlich anstrengen; **Anlamı**: işi gereken sürede yapmamak]

Stein und Bein schwören *(wörtl: taş ve kemik üzerine yemin etmek) fig* yemin billah etmek *(wörtl: bei Gott schwören)*
[**Bedeutung**: etwas demonstrativ schwören; **Anlamı**: tanrının adını anıp ant içmek]

was man nicht im Kopf hat, hat man in den Beinen *(wörtl: kafasında değilse bacaklarındadır)* *fig* akılsız başın cezasını ayak çeker *(wörtl: die Strafe für den unklugen Kopf verbüßt der Fuß)* *fig* akılsız iti yol kocatır *(wörtl: den unklugen Köter macht der Weg älter)* *fig* akla gelmeyen başa gelir *(wörtl: das, was nicht in den Verstand kommt, kommt in den Kopf)* [**Bedeutung**: wer etwas vergisst, muss zurückgehen, um das Vergessene zu holen; **Anlamı**: bir şeyi unutan kişi unuttuğu şeyi gidip almak için sonuca katılır]

wieder auf die Beine kommen[1] *(wörtl: tekrar bacakları üzerine gelmek)* *fig* ayağa kalkmak *(wörtl; aufstehen)* [**Bedeutung**: wieder gesund werden; **Anlamı**: tekrar sağlığa kavuşmak]

wieder auf die Beine kommen[2] *(wörtl: tekrar bacakları üzerine gelmek)* *fig* belini doğrultmak *(wörtl; seinen Rücken begradigen)* *fig* keçeyi sudan çıkarmak *(wörtl: den Filz aus dem Wasser holen)* [**Bedeutung**: sich wirtschaftlich wieder erholen; **Anlamı**: bozulmuş olan işini yoluna koyarak paraca güçlenmek]

Bein[2] kemik

durch Mark und Bein gehen *(wörtl: iliğinden kemiğinden geçmek)* *fig* iliğine işlemek/geçmek *(wörtl: in jemandes Mark eindringen)* [**Bedeutung**: emotional aufwühlend wirken; **Anlamı**: bütün varlığını kaplamak; çok etkilemek]

beißen ısırmak

auf Granit beißen *(wörtl: granit ısırmak)* *fig* başı taşa değmek *(wörtl: sein Kopf berührt den Stein)* [**Bedeutung**: auf Ablehnung stoßen; auf unüberwindlichen Widerstand stoßen; **Anlamı**: sert bir karşılık, yenilemeyen bir durum kendisine ders olmak]

bellende Hunde beißen nicht *(wörtl: havlayan köpekler ısırmaz)* *fig* havlayan köpek ısırmaz *(wörtl: der bellende Hund, beißt nicht)* [**Bedeutung**: Leute, die nur laut schimpfen, sind ungefährlich; **Anlamı**: bağırıp çağırarak başkalarını korkutmak isteyen kimseden zarar gelmez]

das beißt sich *(wörtl: kendini ısırıyor)* *fig* altı kaval, üstü şişhane /şeşhane *(wörtl: unten ist es eine Blockflöte, oben ein Karabiner)* [**Bedeutung**: das harmoniert nicht; **Anlamı**: giysilerini birbirine uygun düşüremediğinde söylenen söz]

den letzten beißen die Hunde! *(wörtl: sona kalanları köpekler ısırır)* *fig* altta kalanın canı çıksın![2] *(wörtl: wer unten bleibt,)* [**Bedeutung**: der Letzte trägt die Konsequenzen für alle anderen; **Anlamı**: herkes başının çaresine baksın]

die Hand, die einen füttert, beißt man nicht *(wörtl: yem veren el ısırılmaz)* *fig* veren eli kimse kesmez *(wörtl: niemand schneidet die Hand ab, die gibt)* [**Bedeutung**: man verhält sich nicht undankbar einem Gönner gegenüber; **Anlamı**: eli açık olan kimsenin yaptığı iyilikleri kimse engellemez]

da beißt die Maus keinen Faden ab *(wörtl: fare, ipliği ısırıp koparmaz)* *fig* ne çare *(wörtl: was für ein Ausweg)*

[**Bedeutung**: das ist so; das ist nicht zu ändern; das ist unabänderlich; **Anlamı**: çaresi yok; elden ne gelir?]

die Letzten beißen die Hunde
(wörtl: sona kalanları köpekler ısırır) *fig* sona kalan dona kalır *(wörtl: wer bis zum Ende bleibt, bleibt zum Frost)*
[**Bedeutung**: der letzte hat alle Nachteile; **Anlamı**: bir işte geç kalan istediği şeyi elde edemez]

die Zähne zusammenbeißen *(wörtl: dişlerini sıkmak) fig* dişini sıkmak *(wörtl: die Zähne zusammenbeißen)*
[**Bedeutung**: durchhalten; sich zusammennehmen; sich nicht gehen lassen; **Anlamı**: dayanmak; katlanmak]

es beißt kein Wolf den anderen
(wörtl: hiçbir kurt diğerini ısırmaz) *fig* köpek köpeği ısırmaz *(wörtl: ein Hund beißt einen Hund nicht)*
[**Bedeutung**: Seinesgleichen schont man; unter Gleichgesinnten hält man zusammen; **Anlamı**: görüş ve anlayışları birbirine uyan kimseler çekişmezler, birbirlerini tutarlar]

Hunde, die bellen, beißen nicht
(wörtl: havlayan köpekler ısırmaz)
[**Bedeutung**: Leute, die nur laut schimpfen, sind ungefährlich; **Anlamı**: bağırıp çağırarak başkalarını korkutmak isteyen kimseden zarar gelmez]

in den sauren Apfel beißen *(wörtl: ekşi elmayı ısırmak) fig* musibeti sineye çekmek *(wörtl: das Unheil zum Herz ziehen)*
[**Bedeutung**: etwas unangenehmes notgedrungen tun; **Anlamı**: sıkıntı veren bir duruma ister istemez katlanmak]

in den Staub beißen *(wörtl: tozu ısırmak) fig* tahtalı köyü boylamak *(wörtl: im Dorf aus Holz landen)*
[**Bedeutung**: sterben; **Anlamı**: ölmek]

in die Hand beißen, die einen füttert *(wörtl: besleyen eli ısırmak) fig* besle kargayı, oysun gözünü *(wörtl: füttere die Krähe und sie wird dein Auge picken)*
[**Bedeutung**: sich gegenüber einem Gönner undankbar verhalten; **Anlamı**: iyiliğe karşılık kötülük edenlere söylenen söz]

ins Gras beißen *(wörtl: çimleri ısırmak) fig* tahtalı köyü boylamak *(wörtl: im Dorf aus Holz landen)*
[**Bedeutung**: sterben; **Anlamı**: ölmek]

man beißt nicht die Hand, die einen füttert *(wörtl: yem veren el ısırılmaz) fig* veren eli kimse kesmez *(wörtl: niemand schneidet die Hand ab, die gibt)*
[**Bedeutung**: man verhält sich nicht undankbar einem Gönner gegenüber; **Anlamı**: eliaçık olan kimsenin yaptığı iyiklikleri kimse engellemez]

---

beitragen katkıda bulunmak

sein Scherflein zu etwas beitragen *(wörtl: fülüsüyle/bakır parasıyla bir şeye katkıda bulunmak) fig* çorbada maydanozu olmak *(wörtl: seine Petersilie in der Suppe haben) fig* çorbada tuzu olmak *(wörtl: sein Salz in der Suppe haben)*
[**Bedeutung**: einen Anteil zu etwas beisteuern; mitwirken; **Anlamı**: bir işte az da olsa emeği geçmiş olmak]

---

bekannt tanınan

jemandem bekannt vorkommen *(wörtl: birine tanıyormuş gibi*

gelmek) *fig* gözü ısırmak *(wörtl: jemandes Auge beißt)*
[**Bedeutung**: jemandem nicht fremd erscheinen; **Anlamı**: birini tanıyacak gibi olmak]

---

bellen havlamak, ürümek

bellende Hunde beißen nicht *(wörtl: havlayan köpekler ısırmaz)* *fig* havlayan köpek ısırmaz *(wörtl: der bellende Hund, beißt nicht)*
[**Bedeutung**: Leute, die nur laut schimpfen, sind ungefährlich; **Anlamı**: bağırıp çağırarak başkalarını korkutmak isteyen kimseden zarar gelmez]

die Hunde bellen, und/aber die Karawane zieht weiter *(wörtl: köpekler havlar ve/ama kervan yoluna devam eder)* *fig* it ürür, kervan yürür *(wörtl: der Köter heult, die Karawane zieht weiter)*
[**Bedeutung**: unbeirrt von Widerstand oder Kritik verfolgt man den richtig befundenen Kurs weiter; **Anlamı**: doğru yolda yürüyenleri aşağılık kimselerin saldırısı engelleyemez]

Hunde, die bellen, beißen nicht *(wörtl: havlayan köpekler ısırmaz)*
[**Bedeutung**: Leute, die nur laut schimpfen, sind ungefährlich; **Anlamı**: bağırıp çağırarak başkalarını korkutmak isteyen kimseden zarar gelmez]

was kümmert es den Mond, wenn der Hund ihn anbellt *(wörtl: köpek aya havladığında havlaması aya vız gelir)* *fig* tavşan dağa küsmüşse dağın haberi olmamış *(wörtl: wenn der Hase dem Berg böse war, hat der Berg es nicht gewusst)*
[**Bedeutung**: was kümmert es mich, wenn sich andere Menschen über mich ärgern; **Anlamı**: önemsiz kişi

önemli kişiye küsse önemli kişinin umurunda bile olmaz]

wo die Hunde mit dem Schwanz bellen *(wörtl: köpeklerin kuyrukla havladığı yer)* *fig* kör itin öldüğü yer *(wörtl: dort, wo der blinde Köter gestorben ist)*
[**Bedeutung**: sehr abgelegen; an einem ganz entlegenen Ort; **Anlamı**: çok uzakta olan yer]

---

bereiten hazırlamak

den Boden bereiten für etwas *fig* bir şey için zemin hazırlamak
[**Bedeutung**: Grundlage für etwas schaffen; **Anlamı**: uygun ortam yaratmak]

Berg dağ

der Berg kreißte und gebar eine Maus *(wörtl: dağ, doğumda sancıdan çığlık attı ve bir fare doğurdu)* *fig* dağ doğura doğura bir fare doğurmuş *(wörtl: im Endeffekt gebar der Berg eine Maus)*
[**Bedeutung**: trotz großen Aufwandes ist das Ergebnis unbefriedigend; **Anlamı**: büyük şeyler beklenen bir işten önemsiz sonuç alınmak]

der Glaube kann Berge versetzen ↑ **der Glaube versetzt Berge**

der Glaube versetzt Berge *(wörtl: iman dağları oynatır)* *fig* azimle yüce dağlar devrilir *(wörtl: durch Ehrgeiz stürzen Berge um)*
[**Bedeutung**: wer an etwas glaubt, der kann viel erreichen; **Anlamı**: kararlı ve çalışkan insan, herşeyi başarabilir]

jemandem goldene Berge versprechen *(wörtl: birine altın dağlar vadetmek)* *fig* Kafdağı'ndan kar bağışlamak *(wörtl: Schnee vom*

Berg Kaf spenden) fig bol keseden atmak *(wörtl: aus dem vollen Beutel werfen)*
[**Bedeutung**: jemandem große Versprechen machenn, die man nicht einhalten kann; jemandem etwas vorgaukeln; **Anlamı**: gerçekleşemeyecek bir vaatte bulunmak; yapamayacağı bir işi yapabilecekmiş gibi konuşmak]

(mit etwas) hinter dem Berg halten *(wörtl: bir şeyi dağın arkasında tutmak) fig* sözünü esirgemek *(wörtl: sein Wort verweigern) fig* ağzını tutmak[2] *(wörtl: den Mund halten)*
[**Bedeutung**: etwas Wesentliches verschweigen; **Anlamı**: düşündüğünü söylemekten çekinmek]

(mit etwas) nicht hinter dem Berg halten *(wörtl: bir şeyi dağın arkasında tutmamak) fig* sözünü esirgememek *(wörtl: sein Wort nıcht verweigern) fig* baklayı ağzından çıkarmak *(wörtl: die Saubohne aus dem Mund nehmen) fig* ağzından kaçırmak *(wörtl: aus dem Mund entkommen lassen)*
[**Bedeutung**: etwas Wesentliches nıcht verschweigen; **Anlamı**: açık söylemekten kaçındığı bir sorunu açıklamak; düşündüğünü söylemekten çekinmemek]

nach jedem Bergauf kommt auch ein Bergab *(wörtl: her dağa çıkıştan sonra bir dağdan iniş gelir) fig* her yokuşun bir inişi, her inişin bır yokuşu vardır
[**Bedeutung**: das Leben ist eine Berg- und Talfahrt, geht es bergab, geht es auch wieder bergauf; **Anlamı**: yaşam boyunca yükselme, düşme gibi durumlar birbirinin ardından gelebilir]

über den Berg sein *(wörtl: dağı geçmiş olmak) fig* atlatmak *(wörtl: springen lassen)*

[**Bedeutung**: das Schlimmste überstanden haben; **Anlamı**: kötü bir durumu geçiştirmek]

wenn der Berg nicht zum Propheten geht, geht der Prophet zum Berg *(wörtl: dağ peygambere gitmezse, peygamber dağa gider) fig* dağ yürümezse, abdal yürür *(wörtl: wenn der Berg nicht läuft, läuft der Wanderderwisch)*
[**Bedeutung**: wenn die Menschen sich nicht an dich wenden, musst du dich an die Menschen wenden; **Anlamı**: büyüklük taslayan birinde görülecek bir işimiz olduğu zaman onun ayağına gideriz]

berühren dokunmak

einen wunden Punkt berühren *(wörtl: yaralı bir noktaya dokunmak) fig* zülfü yâre dokunmak *(wörtl: die Locke der Geliebten berühren)*
[**Bedeutung**: ein schwieriges, ungelöstes Problem ansprechen; **Anlamı**: kişileri gücendiren bir konu açmak]

bescheiden alçakgönüllü

je weiser, desto bescheidener *(wörtl: ne kadar bilge o kadar alçakgönüllü) fig* başak büyüdükçe boynunu eğer *(wörtl: je mehr die Ähre wächst, desto mehr krümmt sie sich des Hals)* [**Bedeutung**: je reifer man wird, desto bescheidener wird man; **Anlamı**: insan olgunlaştıkça daha çok alçakgönüllü olur]

Bescherung hediyeleşme

eine schöne Bescherung *(wörtl: ne güzel bir hediyeleşme) fig* al sana bir kaya, nereye dayarsan daya *(wörtl: nimm doch einen Felsen und lehne ihn wohin auch immer an) fig* buyurun cenaze namazına *(wörtl:*

*bitte schön zum Trauergebet) **fig** al
sana bir kaya, nereye dayarsan daya
(wörtl: nimm doch einen Felsen und
lehne ihn wohin auch immer an)*
[**Bedeutung**: sagt man, wenn ein
unliebsames Ereignis eingetreten ist;
Anlamı: nasıl çözüleceği bilinmeyen
güç bir durum; beklenmedik kötü bir
durum karşısında şaka yollu üzüntü
anlatan söz]

da haben wir die Bescherung
(wörtl: işte hediyeleşmemiz) **fig** al
sana bir kaya, nereye dayarsan daya
*(wörtl: nimm doch einen Felsen und
lehne ihn wohin auch immer an)* **fig**
buyurun cenaze namazına *(wörtl:
bitte schön zum Trauergebet)* **fig** al
sana bir kaya, nereye dayarsan daya
*(wörtl: nimm doch einen Felsen und
lehne ihn wohin auch immer an)*
[**Bedeutung**: sagt man, wenn ein
unliebsames Ereignis eingetreten ist;
Anlamı: nasıl çözüleceği bilinmeyen
güç bir durum; beklenmedik kötü bir
durum karşısında şaka yollu üzüntü
anlatan söz]

beschlagen sein *(wörtl: nallanmış
olmak) kurt olmak)* **fig** kurt olmak
(wörtl: ein Wolf sein)
[**Bedeutung**: viel wissen; viel
können; erfahren sein; versiert sein;
Anlamı: bir yeri/şeyi iyi bilen;
aldanmaz, kurnaz]

Beschreibung betimleme

etwas verspottet jeder
Beschreibung *(wörtl: bir şey her
türlü betimlemeyi alay yollu yerer)*
fig olur şey değil *(wörtl: keine Sache,
die es gibt)* [**Bedeutung**: etwas ist
unbeschreiblich; **Anlamı**: olabileceği
düşünülemeyen ya da gerçekleşmesi
kabul edilmeyen şey]

Besen süpürge

jemanden auf den Besen laden
(wörtl: birini süpürgeye yüklemek)
fig bir kimseyi gır gıra almak *(wörtl:
jemanden verspotten)* **fig** kuyruğuna
teneke bağlamak *(wörtl: eine
Blechbüchse an jemandes Schwanz
binden)*
[**Bedeutung**: jemanden verspotten;
Anlamı: birini alaya almak, alay
konusu yapmak]

besiegen yenmek

**den inneren Schweinehund
überwinden/besiegen** *(wörtl:
içindeki domuz köpeğini yenmek)* **fig**
yiğitliğe leke sürmemek *(wörtl: den
Mut nicht beflecken)*
[**Bedeutung**: eigene Schwächen
überwinden; **Anlamı**: mertliğe aykırı
davranışta bulunmamak]

besitzen zilyet/sahip olmak

**was du ererbt hast von deinen
Vätern, erwirb es, um es zu
besitzen** *(wörtl: atalarından miras
kalan malı sahiplen/zilyet olarak
edin)* **fig** ata malı mal olmaz, kendin
kazanmak gerekir *(wörtl: das Gut der
Ahnen ist kein Gut, du musst es selbst
verdienen)* **fig** sade pirinç zerde
olmaz, bal gerektirir kazana, baba
malı tez tükenir, evlat gerek kazana
*(wörtl: aus bloßem Reis wird keine
süße Reisspeise, es bedarf Honig, die
Hinterlassenschaft des Vaters nimmt
schnell ab, es bedarf der Verdienst
des Kindes)*
[**Bedeutung**: nur der Besitz ist
wertvoll, den man auch tatsächlich
benutzt; **Anlamı**: babadan kalan mal
kalıcı değildir, kişinin kendi malı
kendi çalışmasıyla elde ettiği maldır]

besorgen tedarik etmek

**was du heute kannst besorgen, das
verschiebe nicht auf morgen** *(wörtl:*

bugün tedarik edebileceğini yarına bırakma) **fig** bugünkü işini yarına bırakma *(wörtl: lass die heutige Arbeit nicht für morgen)* **fig** akşamın işini sabaha/yarına bırakma *(wörtl: lass die Arbeit von abends nicht auf morgen verschieben)* [**Bedeutung**: man sollte notwendige Arbeiten gleich erledigen und nicht verschieben; **Anlamı**: bugün yapabileceğin işi hemen yap, yarına bırakma]

---

besser daha iyi

besser als (gar) nichts *fig* hiç yoktan iyidir [**Bedeutung**: gerade genug; zufriedendstellend; **Anlamı**: elde bulunanla yetinmek gerekir]

besser als in die hohle Hand geschissen *(wörtl: avucuna sıçmaktan iyidir)* **fig** hiç yoktan iyidir *(wörtl: besser als gar nichts)* [**Bedeutung:** besser als gar nichts **Anlamı**: elde bulunanla yetinmek gerekir]

besser ein Spatz in der Hand als eine Taube auf dem Dach *(wörtl: eldeki serçe damdaki güvercinden iyi)* **fig** bugünkü tavuk yarınki kazdan iyidir *(wörtl: das heutige Huhn ist besser als die morgige Gans)* **fig** gümüş sağ olsun, altın gidekosun *(wörtl: dem Silber sei Dank, das Gold kann mir gestohlen bleiben)* [**Bedeutung**: es ist besser, sich mit dem zu begnügen, was man hat, als etwas Unsicheres anzustreben; **Anlamı**: eldeki şey, elde edilmesi zor olan daha değerli şeyden üstün tutulmalıdır; sağlanmış kazanç umulan daha büyük bir kazanca feda edilemez]

besser etwas als garnichts *fig* hiç yoktan iyidir *(wörtl: besser als gar nichts)* [**Bedeutung**: Kommentar, wenn etwas sehr spät geschiet; gerade genug; zufriedendstellend; **Anlamı**: elde bulunanla yetinmek gerekir]

besser spät als gar nicht ↑ **besser spät als nie**

besser spät als nie *(wörtl: hiç olmazdan geç olması daha iyi)* **fig** geç olsun da güç olmasın *(wörtl: es soll spät sein aber nicht schwierig)* [**Bedeutung**: lieber mit Verzögerung als überhaupt nicht; **Anlamı**: bir işte sonuç almanın gecikmesinin bir zararı yoktur, yeter ki sonuç alınabilsin]

sich für etwas Besseres halten *(wörtl: kendini bir şey sanmak)* **fig** kendini fasulye gibi nimetten sanmak *(wörtl: glauben, dass er ein Segen wie eine Bohne ist)* [**Bedeutung**: überheblich sein; **Anlamı**: kendini çok önemli biri gibi görmek]

Besseres zu tun haben *(wörtl: daha iyi bir işi olmak)* **fig** kaçmaktan kovalamaya vakit olmamak *(wörtl: wegen des Weglaufens keine Zeit haben. um die Verfolgung aufzunehmen)* [**Bedeutung**: zu wenig Zeit haben, um sie mit etwas Bestimmten zu vergeuden; **Anlamı**: daha önemli işleri öncelikle yapmak zorunluluğundan öteki işlere zaman bulamamak]

das Bessere ist der Feind des Guten *(wörtl: daha iyisi, iyin düşmanıdır)* *fig* mükemmel, iyinin düşmanıdır *(wörtl: das Perfekte ist der Feind des Guten)* [**Bedeutung**: das Gute ist nur so lange gut, bis es von etwas noch

Besserem übertroffen wird; **Anlamı:**
daha iyi bir şey gelinceye kadar, iyi
olan şey iyidir]

etwas Besseres gibt es nicht *(wörtl:*
daha iyisi yok) *fig* üstüne yok *(wörtl:*
es ist nichts drauf)
[**Bedeutung:** jemand oder etwas ist
unschlagbar; **Anlamı:** ondan üstünü
yok]

um Längen besser sein *(wörtl:*
uzunlukta daha iyi olmak) *fig* taş
çıkartmak *(wörtl: Steine herausholen*
lassen)
[**Bedeutung:** besser sein als der
andere; **Anlamı:** biri, ötekinden çok
üstün olmak]

Besserung iyileşme, iyileştirme

Selbsterkenntnis ist der erste
Schritt zur Besserung *(wörtl:*
kendini tanıma, iyileşmek için ilk
adımdır) *fig* başa gelmeyince
bilinmez *(wörtl: wenn es nicht zum*
Kopf kommt, wird man es nicht
wissen)
[**Bedeutung:** wenn man die eigenen
Fehler erst einmal erkannt hat, ist
man schon auf dem Weg, sich zu
bessern; **Anlamı:** başına bir felaket
gelmeyen, başkasına gelen felaketin
ne denli acı olduğunu gereği gibi
anlayamaz]

bestehen ısrar etmek

auf seinem Kopf bestehen
/beharren *(wörtl: kendi kafasında*
durmak/ ısrar etmek) *fig* bildiğinden
şaşmamak *(wörtl: nicht von seinem*
Wissen abirren) *fig* iş inada binmek
(wörtl: die Sache steigt auf den
Starrsinn) [**Bedeutung:** sich
unbedingt durchsetzen wollen;
Anlamı: hiçbir etkiye aldırış
etmeyerek doğru saydığı davranışı
sürdürmek]

bestellen ısmarlamak

dastehen wie bestellt und nicht
abgeholt *(wörtl: ısmarlanmış gibi*
durakalıp gelip alınmamak) *fig*
bekleye bekleye ağaç olmak *(wörtl:*
wartend zum Baum werden)
[**Bedeutung:** lange stehen und
warten müssen; **Anlamı:** bir yerde
ayakta durarak uzun süre beklemek]

bestimmen belirlemek

wer die Musik bezahlt, bestimmt
was gespielt wird *(wörtl: müziği*
ödeyen ne onanacağını belirler) *fig*
parayı veren düdüğü çalar *(wörtl:*
wer das Geld gibt, spielt die Pfeife)
[**Bedeutung:** wer bezahlt, entscheidet
über die Verwendung des Geldes;
Anlamı: parasını ödeyen kimse,
istediği şeyi elde eder]

Bett yatak

bettreif sein *fig* birini yatak çekmek
(wörtl: jemanden zieht es ins Bett)
[**Bedeutung:** sehr müde sein;
Anlamı: çok bitkin ve yorgun olmak]

ans Bett gefesselt sein *(wörtl:*
yatağa bağlı olmak) *fig* eli ayağı
yatağa bağlı olmak *(wörtl: mit*
Händen und Füßen an das Bett
gefesselt sein)
[**Bedeutung:** krank im Bett liegen;
Anlamı: hasta olup yatakta yatmak]

das Bett hüten müssen *(wörtl:*
yatağı korumak zorunda olmak)
yorgan döşek yatmak *(wörtl: mit*
Decke und Bett liegen)
[**Bedeutung:** krank sein; **Anlamı:**
hasta olmak]

reif sein fürs Bett *fig* birini yatak
çekmek *(wörtl: jemanden zieht es ins*
Bett)

[**Bedeutung**: sehr müde sein; **Anlamı**: çok bitkin ve yorgun olmak]

sich ins gemachte Bett legen *(wörtl: hazır yatağa yatmak)* *fig* hazıra konmak *(wörtl: auf Fertiges landen)* [**Bedeutung**: von der Vorarbeit anderer profitieren; um sich die normalerweise nötigen eigenen Anstrengungen zu ersparen, etwas Vorgefundenes, von anderen Geschaffenes für sich nutzen; **Anlamı**: başkasının emeğiyle ortaya çıkmış bir şeyden yararlanmak]

wer mit den Hunden zu Bett geht, steht mit Flöhen auf *(wörtl: köpeklerle yatan pirelerle kalkar)* *fig* köpekle yatan pireyle kalkar *(wörtl: wer mit einem Hund zu Bett geht, steht mit Flöhen auf)* *fig* körle yatan şaşı kalkar *(wörtl: wer mit einem Blinden zu Bett geht, steht schielend auf)* [**Bedeutung**: wer sich in Gefahr begibt, muss damit rechnen, dass dies Spuren hinterlässt; **Anlamı**: değersiz kötü kimselerle düşüp kalkan kötü huylar edinir]

wer nie sein Brot im Bette aß, weiß nicht wie Krümel piken *(wörtl: yatakta ekmek yememiş olan, kırıntıların nasıl battığını bilmez)* *fig* ağır yükün zahmetini katır bilir *(wörtl: das Maultier kennt die Mühe der schweren Last)* [**Bedeutung**: wer diese Erfahrung nicht gemacht hat, kann nicht nachvollziehen, was sie bedeutet; **Anlamı**: bir işin zorluğunu, verdiği yorgunluğu en iyi o işi devamlı yapanlar bilir]

wie man sich bettet, so schläft man *(wörtl: nasıl yatarsan öyle uyursun)* *fig* nasıl yaşarsan öyle ölürsün *(wörtl: so wie du lebst so stirbst du)* [**Bedeutung**: bestimmte Folgen hängen davon ab, welche

Bedingungen sich man vorher geschaffen hat; **Anlamı**: belli sonuçlar önceden yaratılan koşullara bağlıdır]

Bewegung hareket

alle Hebel in Bewegung setzen *(wörtl: bütün kaldıraçları harekete geçirmek)* *fig* allem etmek, kallem etmek [**Bedeutung**: alles unternehmen; **Anlamı**: her türlü çareye başvurmak]

Himmel und Hölle in Bewegung setzen *(wörtl: cennet ve cehennemi harekete geçirmek)* *fig* allem etmek, kallem etmek [**Bedeutung**: alles unternehmen; **Anlamı**: her türlü çareye başvurmak]

bezahlen ödemek

nicht mit Geld zu bezahlen sein *(wörtl: parayla ödenemez olmak)* *fig* paha biçilmez *(wörtl: unschätzbar)* [**Bedeutung**: von unschätzbarem Wert, unersetzbar sein; **Anlamı**: değeri ölçülemeyecek kadar yüksek]

wer die Musik bezahlt, bestimmt was gespielt wird *(wörtl: müziği ödeyen ne onanacağını belirler)* *fig* parayı veren düdüğü çalar *(wörtl: wer das Geld gibt, spielt die Pfeife)* [**Bedeutung**: wer bezahlt, entscheidet über die Verwendung des Geldes; **Anlamı**: parasını ödeyen kimse, istediği şeyi elde eder]

Biege dönemeç

die Biege machen *(wörtl: dönemeci yapmak)* *fig* kirişi kırmak *(wörtl: den Balken brechen)* [**Bedeutung**: weggehen; verschwinden; **Anlamı**: bulunduğu yerden kaçıp gitmek]

biegen bükmek

auf Biegen und Brechen *(wörtl: bükerek ve kırarak)* *fig* var gücüyle *(wörtl: mit seiner vorhandenen Kraft)* [**Bedeutung**: mit aller Kraft und Härte; **Anlamı**: olanca gücüyle; var kuvvetyle]

lügen, dass sich die Balken biegen *(wörtl: mertekler bükülünceye kadar yalan söylemek)* *fig* bir ayak üstünde bin yalan söylemek *(wörtl: auf einem Fuß tausend Lügen erzählen)* *fig* bir ayak üstünde kırk yalanın belini bükmek *(wörtl: auf einem Fuß den Rücken von vierzig Lügen verrenken)* [**Bedeutung**: sehr viel lügen; maßlos lügen; **Anlamı**: kısa sürede pek çok yalan söylemek]

sich biegen vor Lachen *(wörtl: gülmekten bükülmek)* *fig* makaraları koyuvermek *(wörtl: die Flaschenzüge loslassen)* [**Bedeutung**: heftig lachen; **Anlamı**: kendini tutamayarak kahkahayla gülmeye başlamak]

bieten sunmak

jemandem die Stirn bieten *(wörtl: bir kimseye alın sunmak)* *fig* birinin alnını karışlamak *(wörtl: jemandem die Stirn mit der Handspanne messen)* [**Anlamı**: küçümseyerek meydan okumak; **Bedeutung**: sich jemandem gegenüber behaupten]

Bild resim

im Bilde sein *fig* haberi olmak *fig* haberdar olmak [**Bedeutung**: informiert sein, eine genaue Vorstellung haben; **Anlamı**: bilgisi olmak, bilmek]

bilden eğitmek

Reisen bildet *(wörtl: seyahat eğitir)* *fig* çok gezen çok bilir *(wörtl: wer viel reist, weiß viel)* *fig* çok yaşayan bilmez, çok gezen bilir *(wörtl: nicht wer viel mehr weiß, sondern wer viel reist)* [**Bedeutung**: durch Reisen erweitert man sein Wissen; **Anlamı**: çok gezen insan daha fazla bilgiye sahip olur]

Bildfläche orta

auf der Bildfläche erscheinen *fig* ortaya çıkmak *fig* suyun yüzüne çıkmak *(wörtl: auf die Wasseroberfläche steigen)* [**Bedeutung**: (unvermittelt) auftreten; auftreten; **Anlamı**: (bir şey) görünmek, (bir kimse) kendini göstermek]

von der Bildfläche verschwinden *fig* ortadan kaybolmak *(wörtl: von der Mitte/Bildfläche verschwinden)* *fig* kayıplara karışmak [**Bedeutung**: sich ohne Umstände entfernen, unauffindbar sein, spurlos verschwinden; **Anlamı**: bulunmaz olmak, nereye gittiği bilinmemek]

billig ucuz

billig ist nicht günstig, sondern teuer, wenn besagte Qualität versagt *(wörtl: söz konusu kalite yerinde olmayınca, ucuz, ucuz değil, pahalıdır)* *fig* ucuzdur vardır illeti, pahalıdır vardır hikmeti *(wörtl: es hat einen Grund, dass es billig ist, und es hat einen Grund, dass es teuer ist)* *fig* ucuz etin yahnisi tatsız olur *(wörtl: das Ragout vom billigen Fleisch schmeckt nicht)* [**Bedeutung**: es lohnt sich nicht, billige Dinge zu kaufen, denn diese sind meist von schlechter Qualität und daher nicht von langer Dauer;

Anlamı: bir mal ucuzsa bir kusuru vardır, kısa sürede yenisine gereksinim duyurur, pahalıysa sağlamdır, uzun süre işe yarar; onun için alışverişte ucuza eğilim yerine, pahalıyı yeğlemek daha kârlıdır]

billig wegkommen *fig* ucuz atlatmak/kurtulmak
[**Bedeutung**: eine ungünstige Situation mit relativ geringem Schaden überstehen; **Anlamı**: tehlikeli bir durumdan az bir zararla sıyrılmak]

wer billig kauft, kauft teuer *(wörtl: ucuz alan pahalı alır)*
fig al malın iyisini, çekme kaygısını *(wörtl: kauf gute Ware, erspare dir deren Sorgen)*
[**Bedeutung**: wenn an Qualität und Langlebigkeit gespart wird, muss man bald wieder kaufen; **Anlamı**: iyi mal dayanıklı olacağı için kullanıldığı sürece zorluk çıkarmaz]

wer billig kauft, kauft zweimal *(wörtl: ucuz alan iki kez alır)*
fig al malın iyisini, çekme kaygısını *(wörtl: kauf gute Ware, erspare dir deren Sorgen)*
[**Bedeutung**: wenn an Qualität und Langlebigkeit gespart wird, muss man bald wieder kaufen; **Anlamı**: iyi mal dayanıklı olacağı için kullanıldığı sürece zorluk çıkarmaz]

binden bağlamak

jemandem etwas ans Bein binden *(wörtl: birinin bacağına bir şey bağlamak)* *fig* başına dolamak/sarmak/yıkmak *(wörtl: jemandem auf den Kopf wickeln/stürzen)*
[**Bedeutung**: auf jemanden Arbeit/Verantwortung/Schuld abwälzen; **Anlamı**: kendisine uğraşıp duracağı bir iş yamamak, zor bir işi onun üzerine bırakıp gitmek]

Bindfaden sicim

es regnet Bindfäden *fig* sicim gibi yağıyor
[**Bedeutung**: es regnet sehr stark; **Anlamı**: damlaları ince bir sıra olarak birbiri ardınca akmak]

Binsen sazlık

in die Binsen gehen *(wörtl: sazlığa gitmek)* *fig* suya düşmek *(wörtl: ins Wasser fallen)* *fig* yatmak[2] *(wörtl: sich hinlegen)*
[**Bedeutung**: nicht zu Stande kommen; scheitern; missglücken; **Anlamı**: bir şeyin gerçekleşme olanağı kalmamak]

Binsenwahrheit *fig* herkesin bildiği gerçek

Birne armut

Äpfel mit Birnen vergleichen *(wörtl: elmaları armutlarla karşılaştırmak)* *fig* taban tabana zıt şeyleri birbiriyle karşılaştırmak *(wörtl: Dinge, die Sohle gegen die Sohle sind, miteinander vergleichen)* *fig* cin başka, şeytan başka olmak *(wörtl: der Kobold ist anders und der Teufel ist anders; der Kobold und der Satan sind zweierlei)*
[**Bedeutung**: völlig verschiedene Dinge miteinander vergleichen; Unvereinbares zusammenbringen; **Anlamı**: tamamen değişik, bambaşka iki şeyi kıyaslamak]

eine weiche Birne haben *(wörtl: armutu yumuşak olmak)* *fig* aklı kıt olmak *(wörtl: einen beschränkten Verstand haben)*

[**Bedeutung**: etwas beschränkt sein; nicht recht bei Verstand sein; **Anlamı**: budala olmak]

einen Riss in der Birne haben *(wörtl: armutta bir yarık olmak)* **fig** kafadan/kafası çatlak olmak *(wörtl: einen Sprung/Riss im Kopf haben)* [**Bedeutung**: leicht verrückt sein; nicht recht bei Verstand sein; **Anlamı**: hafif deli olmak]

---

bis kadar

bis auf die Knochen *(wörtl: kemiklere kadar)* **fig** sapına kadar *(wörtl: bis zum Stiel)* [**Bedeutung**: ohne Einschränkung; völlig; durch und durch; **Anlamı**: her yönden; her bakımdan, tümüyle, bütünüyle, tam olarak]

bis in die Knochen ↑ **bis auf die Knochen**

bis über den Kopf in Schulden stecken *(wörtl: başından aşkın borca batık olmak)* **fig** boğazına kadar borca batmak *(wörtl: bis zum Hals in Schulden stecken)* [**Bedeutung**: hoch verschuldet sein; **Anlamı**: pek çok borçlanmak]

---

bitten rica etmek

sich nicht lange bitten lassen *(wörtl: uzun uzun rica ettirmemek)* **fig** bir dediğini iki etmemek *(wörtl: das, was er sagt, nicht zweimal sagen lassen)* [**Bedeutung**: man sollte der Bitte sofort Folge leisten; **Anlamı**: her istediğini hemen yapmak]

---

bitter acı

die bittere Pille schlucken *(wörtl: acı hapı yutmak)* **fig** musibeti sineye

çekmek *(wörtl: das Unheil zum Herz ziehen)* [**Bedeutung**: etwas unangenehmes notgedrungen tun; **Anlamı**: sıkıntı veren bir duruma ister istemez katlanmak]

Geduld ist bitter, aber sie trägt süße Früchte *(wörtl: sabır acıdır, ama tatlı meyve verir)* **fig** sabır acıdır meyvesi tatlıdır *(wörtl: Geduld ist bitter, ihre Frucht ist süß)* [**Bedeutung**: Geduld führt zum Erfolg; Geduld wird belohnt; **Anlamı**: sabreden başarıya ulaşır; sabır zor iştir, ancak güzel sonuçları vardır]

wenn die Maus satt ist, schmeckt das Mehl bitter *(wörtl: fare doyunca unun tadı acı olur)* **fig** abdalın karnı doyunca gözü pabucundadır *(wörtl: wenn der Wanderderwisch satt ist, sind seine Augen auf seine Schuhe gerichtet)* **fig** abdalın dostluğu köy görününceye kadardır *(wörtl: die Freundschaft des Wanderdervisches endet, wenn das Dorf zu sehen ist)* [**Bedeutung**: wenn man von einer Sache genug hat, verliert man das Interesse daran; **Anlamı**: çıkarcı kimsenin arkadaşlığı işi bitinceye kadardır]

---

blank açık

blank sein *(wörtl: açık olmak)* **fig** meteliğe kurşun atmak *(wörtl: auf die 10-Para-Münze schießen)* [**Bedeutung**: kein Geld mehr haben; **Anlamı**: parası kalmamak; hiç parası olmamak]

bei jemandem liegen die Nerven blank *(wörtl: birinin sinirleri korunmamak)* **fig** sinirleri gergin olmak *(wörtl: jemandem sind die Nerven angespannt)*

[**Bedeutung**: jemand reagiert schnell aggressiv; **Anlamı**: sinirlendirici yeni bir olay çıkarsa hemen tepki göstermek]

---

blasen üflemek

ins gleiche Horn blasen *(wörtl: aynı borudan çalmak)* *fig* aynı telden çalmak *(wörtl: auf derselben Saite spielen)* *fig* aynı kabağa üflemek *(wörtl: in denselben Zucchini blasen)* *fig* aynı ağzı kullanmak *(wörtl: denselben Mund benutzen)*
[**Bedeutung**: die gleiche Meinung vertreten; sich in ähnlicher Weise äußern; **Anlamı**: bir işte, bir konuda başkalarıyla birlikte davranmak; aynı şeyi söylemek]

jemandem den Marsch blasen *(wörtl: birine marşı öttürmek)* *fig* birine haddini bildirmek[1] *(wörtl: jemandem seine Grenzen mitteilen)* *fig* kuyruğunu tava sapına çevirmek *(wörtl: jemandem den Schwanz in einen Pfannengriff verwandeln)*
[**Bedeutung**: jemandem gründlich die Meinung sagen; jemanden scharf zurechtweisen; **Anlamı**: sert bir karşılıkla uslandırmak; yetkili olmadığı işlere karışan kimseye sınırını aşmaması gerektiğini öğretmek]

jemandem etwas in die Ohren blasen *(wörtl: birinin kulaklarına bir şey üflemek)* *fig* ağzından girip burnundan çıkmak *(wörtl: jemandem in den Mund steigen und aus der Nase herauskommen)*
[**Bedeutung**: jemandem etwas einreden; **Anlamı**: ne yapıp edip bir kimseyi bir şeye razı etmek]

von Tuten und Blasen keine Ahnung haben *(wörtl: boru çalmak ve üflemekten anlamamak)* *fig* Hanya'yı Konya'yı anlamamak

[**Bedeutung**: keine Ahnung von etwas haben; **Anlamı**: işin gerçek yönünü anlamamak]

wer das Maul verbrannt hat, bläßt die Suppe *(wörtl: ağzı yanan çorbayı üfler)* *fig* sütten ağzı yanan yoğurdu üfleyerek yer *(wörtl: wer seinen Mund durch die Milch verbrennt, isst das Jogurt pustend)*
[**Bedeutung**: wer einmal einen Schaden erlitten hat, ist besonders achtsam; **Anlamı**: bir olaydan zarar gören, sonra uyanık davranır]

Blatt yaprak

das Blatt hat sich gewendet *(wörtl: yaprak (tersine) döndü)* *fig* ibre tersine döndü *(wörtl: der Zeiger hat sich (um 180 Grad) gewendet)*
[**Bedeutung**: die Situation hat sich verändert; **Anlamı**: durum değişti; aksi oldu]

kein Blatt vor den Mund nehmen *(wörtl: ağzını yaprakla örtmemek)* *fig* sözünü esirgememek *(wörtl: sein Wort nicht zurückhalten)* *fig* sözünü sakınmamak *(wörtl: sein Wort nicht scheuen)* *fig* ağzına geleni söylemek *(wörtl: sagen, was in den Mund kommt)*
[**Bedeutung**: offen reden; auch Unangenehmes zur Sprache bringen; **Anlamı**: düşündüğünü, karşısındakini kıracak bir söz olsa bile söylemektem çekinmemek]

zwischen zwei passt kein Blatt Papier *(wörtl: ikisinin arasına bir yaprak kâğıt bile sığmaz)* *fig* içtikleri su ayrı gitmemek *(wörtl: das getrunkene Wasser nicht trennen)* *fig* ayrısı gayrısı olmamak *(wörtl: nichts Getrenntes haben)*
[**Bedeutung**: zueinander halten; unzertrennlich sein; **Anlamı**: çok sıkı fıkı olmak; çok yakın dost olmak]

Blau mavi

blau sein wie ein Veilchen *(wörtl: menekşe gibi mavi olmak)* *fig* dut gibi olmak *(wörtl: wie eine Maulbeere sein)* [**Bedeutung**: sehr betrunken sein; **Anlamı**: çok sarhoş olmak]

das Blaue vom Himmel versprechen *(wörtl: gökten mavisini söz vermek)* *fig* Kafdağı'ndan kar bağışlamak *(wörtl: Schnee vom Berg Kaf spenden)* *fig* ağız satmak *(wörtl: Münder verkaufen)* [**Bedeutung**: ohne Hemmungen Unmögliches versprechen; **Anlamı**: gerçekleşemeyecek bir vaatte bulunmak; yapamayacağı bir işi yapabilecekmiş gibi konuşmak]

ins Blaue hinein *(wörtl: maviye)* *fig* uluorta *(wörtl: sehr hoch+Mitte)* [**Bedeutung**: ohne Vorbereitung; planlos; **Anlamı**: yapacağı etkiyi tartmadan, düşünüp taşınmadan, açıktan açığa]

ins Blaue hineinreden *(wörtl: maviye konuşmak)* *fig* uluorta söz söylemek [**Bedeutung**: unüberlegt sprechen; **Anlamı**: düşünüp taşınmadan konuşmak]

ins Blaue schießen *(wörtl: maviye kurşun sıkmak)* *fig* karanlığa kurşun sıkmak *(wörtl: in die Dunkelheit schießen)* [**Bedeutung**: nur auf Basis von Vermutungen handeln; nicht zielgerichtet handeln; **Anlamı**: ne yapmak gerektiği üzerine kesin bilgi edinmeden rasgele davranışta bulunmak]

jemandem blauen Dunst vormachen *(wörtl: birine mavi pusmuş/hafif sismiş gbi göstermek)* *fig* Kafdağı'ndan kar bağışlamak *(wörtl: Schnee vom Berg Kaf spenden)* [**Bedeutung**: jemandem etwas so darstellen, dass er sich falsche Vorstellung, Hoffnungen macht; **Anlamı**: gerçekleşemeyecek bir vaatte bulunmak]

mit einem blauen Auge davonkommen *(wörtl: morarmış bir gözle kurtulmak)* *fig* ucuz atlatmak/kurtulmak *(wörtl: billig wegkommen)* *fig* hafif atlatmak *(wörtl: leicht davonkommen)* [**Bedeutung**: eine ungünstige Situation mit geringem Schaden überstehen; **Anlamı**: tehlikeli bir durumdan az bir zararla sıyrılmak]

sein blaues Wunder erleben *(wörtl: başından mavi bir mucize geçmek)* *fig* dünyanın kaç bucak olduğunu anlamak *(wörtl: seine Welt verwechseln)* [**Bedeutung**: eine große, unangenehme Überraschung erleben; **Anlamı**: dünyada ne gibi güçlükler olduğunu, ne düzenler döndüğünü, insanın başına neler gelebileceğini görüp öğrenmek]

blaumachen *(wörtl: mavi yapmak)* *fig* kırmak *(wörtl: brechen)* *fig* arazi olmak *(wörtl: zum Gelände werden)* [**Bedeutung**: ohne triftigen Grund nicht zur Arbeit oder Schule erscheinen; schwänzen; **Anlamı**: okul, iş gibi gidilmesi gereken yere gitmemek]

Blech teneke

Blech reden *(wörtl: teneke konuşmak)* *fig* hava cıva konuşmak *(wörtl: Luft und Quecksilber reden)* [**Bedeutung**: Unsinn reden; **Anlamı**: boş ve işe yaramaz şeyler söylemek]

Blick bakış

auf den ersten Blick *fig* ilk bakışta
[**Bedeutung**: beim flüchtigen
Hinsehen; **Anlamı**: görür görmez]

einen Blick werfen *(wörtl: bir bakış
atmak) fig* göz atmak *(wörtl: ein
Auge werfen)*
[**Bedeutung**: kurz ansehen; **Anlamı**:
kısa bir süre bakıvermek]

blind kör

blinde Wut tut selten gut *(wörtl:
gözü kör öfke nadiren iyi gelir) fig*
keskin sirke küpüne/kabına zarar
*(wörtl: scharfer Essig schadet dem
Tonkrug)*
[**Bedeutung:** unüberlegte
Wutausbrüche schaden einem selbst;
Anlamı: öfkeli, sert kimsenin zararı
kendisine dokunur]

**ein blindes Huhn findet auch mal
ein Korn** *(wörtl: kör tavuk da bir
tahıl tanesi bulur) fig* kedi olalı bir
fare tuttu *(wörtl: seitdem sie eine
Katze ist, hat sie eine Maus
gefangen) fig* bitli baklanın da kör
alıcısı olur *(wörtl: auch für die
verlauste Saubohne gibt es einen
blinden Käufer)*
[**Bedeutung**: auch der Benachteiligte
hat einmal Glück; **Anlamı**: işe
yaramaz da olsa her şeyin isteklisi
bulunur; en sonunda bir iş
başarabildi]

Liebe macht blind *(wörtl: aşk
(insanı) kör eder) fig* âşığın gözü
kördür *(wörtl: das Auge der Liebe ist
blind)*
[**Bedeutung**: wer sich verliebt,
verliert das Auge für die Realität;
Anlamı: aşık olan, ne sevgilisinin
kursurlarını görür ne de çevresinde
olanları]

Blindekuh *(wörtl: kör inek) fig*
körebe *(wörtl: blinde Amme)*
[**Bedeutung**: ein Gesellschaftsspiel,
das von Kindern gespielt wird;
Anlamı: çocuklar tarafından oynanan
bir oyun]

Blinder kör

**das sieht doch ein Blinder (mit dem
Krückstock)** *(wörtl: bunu bastonlu
kör bile görür) fig* kör kör parmağım
gözüne *(wörtl: blindlings meinen
Finger in dein Auge)*
[**Bedeutung**: das ist offensichtlich;
das liegt doch klar zutage; das kann
man nicht übersehen; **Anlamı**: çok
belli; göze batacak kadar ortada]

der Blinde führt den Lahmen
*(wörtl: kör, kötürümü/topalı güder)
fig* acemi ağa acemi çoban tutar
*(wörtl: der dilettante Aga nimmt sich
einen dilettanten Schäfer)*
[**Bedeutung**: Dilettanten sind am
Werk; **Anlamı**: beceriksiz, iş
bilmeyen kimseler, kendileri gibi
beceriksiz kimseleri işe alırlar]

**im Reich der Blinden ist der
Einäugige König** *(wörtl: körler
krallığında tek gözlü kraldır) fig*
körler memleketinde şaşılar padişah
olur *(wörtl: im Land der Blinden
werden die Schielenden Sultane)*
[**Bedeutung**: unter den Schlechten ist
der Mittelmäßige der Beste; **Anlamı**:
istenilen nitelikteki şey
bulunamadığında onun daha düşük
nitelikte olanına da razı olunur]

**unter den Blinden ist der
Einäugige König** *(wörtl: körlerin
arasında tek gözlü kraldır) fig* körler
memleketinde şaşılar padişah olur
*(wörtl: im Land der Blinden werden
die Schielenden Sultane) fig* koyunun
bulunmadığı yerde keçiye

Abdurrahman Çelebi derler *(wörtl: dort, wo es keine Schafe gibt, wird die Ziege der feine Herr Abdurrahman genannt)* [Bedeutung: unter den Schlechten ist der Mittelmäßige der Beste; Anlamı: istenilen nitelikteki şey bulunamadığında onun daha düşük nitelikte olanına da razı olunur]

Blitz şimşek

wie ein Blitz *fig* şimşek gibi [Bedeutung: sehr schnell; Anlamı: çok hızlı]

wie (ein Blitz) aus heiterem Himmel *(wörtl: açık bir gökyüzünde çakan bir şimşek gibi)* *fig* damdan düşer gibi *(wörtl: wie von Dach fallen)* *fig* tepeden inme *(wörtl: vom Hügel absteigend)* [Bedeutung: plötzlich, grundlos, unerwartet; Anlamı: birden bire ve yersiz olarak]

wie vom Blitz getroffen sein *(wörtl: şimşek çarpmış gibi)* *fig* beyninden vurulmuşa dönmek *(wörtl; als würde er ins Hirn getroffen)* [Bedeutung: unangenehm überrascht werden; Anlamı: beklenmedik bir durum karşısında şaşkınlığa uğramak]

Blöße çıplaklık

sich die Blöße geben ↑ **sich eine Blöße geben**

sich eine Blöße geben *(wörtl: çıplaklık vermek)* *fig* açık vermek *(wörtl: etwas Offenes geben)* [Bedeutung: eine Schwäche verraten; seine schwache Stelle zeigen; Anlamı: gizlenmek istenen bir durumu elde olmayarak açıklamak]

sich keine Blöße geben *(wörtl: açık vermemek)* *fig* renk vermemek *(wörtl: keine Farbe geben)* [Bedeutung: keine Schwäche zeigen; sich nicht blamieren; Anlamı: duygu ve düşüncesini belli etmemek; bir şeyi bildiği halde bilmez gibi görünmek]

Blume çiçek

etwas durch die Blume sagen *(wörtl: bir şeyi çiçek yoluyla söylemek)* *fig* demeye getirmek *(wörtl: zum Sagen bringen)* *fig* kızım sana söylüyorum, gelinim sen anla *(wörtl: meine Tochter, ich sage es dir, meine Schwieger, du sollst es verstehen)* [Bedeutung: etwas andeutungsweise, verhüllt sagen; Anlamı: doğrudan doğruya söylenemeyen bir düşünceyi, bir uyarıyı dolaylı olarak söylemek; söylemek istediğini doğrudan doğruya değil, dolambaçlı yollarla anlatmak]

Blut kan

Blut ist dicker als Wasser *(wörtl: kan, sudan kalındır)* *fig* etle tırnak arasına girilmez *(wörtl: zwischen Fleisch und Nägeln soll man nicht geraten)* *fig* et tırnaktan ayrılmaz *(wörtl: das Fleisch trennt sich nicht vom Fingernagel)* [Bedeutung: verwandschaftliche Verbindungen sind stärker als andere; Anlamı: akrabalar arasındaki bağ, aralarında ne kadar anlaşmazlık çıkarsa çıksın, kolay kolay kopmaz; aile bağları, başka bağ ve ilişkilerden çok daha kuvvetlidir]

Blut geleckt haben *(wörtl: kan yalamış olmak)* *fig* tadı damağında kalmak *(wörtl: der Geschmack bleibt im Gaumen hängen)*

[**Bedeutung:** nachdem man sich näher mit etwas befasst hat, Gefallen daran finden und nicht mehr darauf verzichten wollen; **Anlamı:** hoşa giden, zevk alınan bir şeyi unutamamak]

Blut lecken *(wörtl: kan yalamak)* *fig* şevke gelmek *(wörtl: Lust bekommen)*
[**Bedeutung:** auf den Geschmack kommen; zunehmend Lust verspüren; **Anlamı:** isteği, hevesi artmak]

Blut sehen wollen *(wörtl: kan görmek istemek)* *fig* kana kan ıstemek *(wörtl: Blut für Blut verlangen)*
[**Bedeutung:** grausame Strafmaßnahmen verlangen; **Anlamı:** kan dökmek hırsı içinde olmak]

Blut und Wasser schwitzen *(wörtl: kan ve su terlemek)* *fig* anasından emdiği süt burnundan gelmek *(wörtl: die Milch, die er bei seiner Mutter gesaugt hat, kommt ihm durch die Nase heraus)*
[**Bedeutung:** sich bis zum Äußersten anstrengen; große Angst vor einem Misserfolg haben; **Anlamı:** bir işi yaparken çok sıkıntı çekmek; eziyete katlanmak]

jemanden bis aufs Blut quälen/peinigen/reizen *(wörtl: birinin kanına kadar eziyet etmek)* *fig* birine kan kusturmak *(wörtl:jemandem Blut erbrechen lassen)*
[**Bedeutung:** sich bis zum Äußersten anstrengen; große Angst vor einem Misserfolg haben; **Anlamı:** birine çok eziyet çektirmek]

nach Blut dürsten *fig* kana susamak
[**Bedeutung:** töten wollen; **Anlamı:** öldürme hırsı duymak]

Blüte çiçek

in der Blüte seiner Jahre *(wörtl: yıllarının çiçeğinde)* *fig* çiçeği burnundayken *(wörtl:während die Blüte in seiner Nase ist)*
[**Bedeutung:** in jungen Jahren; **Anlamı:** genç yaşta]

bluten kanamak

jemandem blutet das Herz *(wörtl: birinin kalbi/yüreği kanıyor)* *fig* yüreği kan ağlamak *(wörtl: sein Herz weint Blut)*
[**Bedeutung:** sehr wütend, jemand ist sehr traurig; **Anlamı:** çok acı ve üzüntü içinde bulunmak]

blutig kanlı

blutiger Anfänger *(wörtl: kanlı acemi)* *fig* acemi çaylak *(wörtl: unerfahrener Milan)*
[**Bedeutung:** ein vorlauter Neuling; ein absoluter Anfänger; **Anlamı:** henüz eli işe alışmamış, deneyimsiz, toy kimse]

Bock keçi

(auf etwas) Bock haben *(wörtl: bir şeye keçi/teke olmak)* *fig* canı çekmek *(wörtl: die Seele ziehen)*
[**Bedeutung:** (auf etwas) Lust haben; **Anlamı:** bir şeyi istemek; arzulamak]

auf etwas null Bock haben *fig* bir şeye hiç mi hiç hevesi olmamak
[**Bedeutung:** keine Lust auf etwas haben; **Anlamı:** bir şeyi yapmaya isteği olmamak]

den Bock zum Gärtner machen *(wörtl: keçiyi bahçıvan yapmak)* *fig* kediye ciğer ısmarlamak *(wörtl: der Katze Leber bestellen)* *fig* kediye peynir ısmarlamak *(wörtl: der Katze Käse bestellen)* *fig* kedinin boynuna ciğer asmak *(wörtl: der Katze Leber* *umhängen) fig* delinin eline değnek vermek *(wörtl: dem Irren einen Stock in die Hand geben)* [**Bedeutung**: jemanden für eine Arbeit einsetzen, der nicht dafür geeignet ist; **Anlamı**: güvenilmeyecek birine saklaması için bir şey bırakmak]

je älter der Bock, desto steifer das Horn *(wörtl: teke yaşlandıkça boynuzu tutulur) fig* kuru ağaç eğilmez, kart meşe bükülmez *(wörtl: der trockene Baum biegt sich nicht, die alte Eiche lässt sich nicht biegen)* [**Bedeutung**: was man in jungen Jahren nicht gelernt hat, lernt man als Erwachsener erst recht nicht; man sollte früh genug mit dem Lernen anfangen; **Anlamı**: insanlar küçük yaşta kolay eğitilir]

stur wie ein Bock *(wörtl: keçi gibi inatçı) fig* keçi gibi inatçı *(wörtl: stur wie ein Bock/eine Ziege)* [**Bedeutung**: sehr stur; **Anlamı**: çok inatçı]

Sündenbock *fig* günah keçisi [**Bedeutung**: jemand, auf den man die Schuld an etwas abwälzt; **Anlamı**: suçsuz olduğu hâlde olumsuzlukların sebebi olarak gösterilen kişi]

zwei Böcke vertragen sich nicht in einem Stall *(wörtl. iki keçi bir ahırda geçinemez) fig* iki cambaz bir ipte oynamaz *(wörtl: zwei Akrobaten können nicht auf einem Seil tanzen)*

Bockshorn teke boynuzu

sich nicht ins Bockshorn jagen lassen *(wörtl: teke boynuzuna avlanmamak) fig* gürültüye pabuç bırakmamak *(wörtl: keinen Schuh dem Lärm überlassen)*

[**Bedeutung**: sich keine Angst machen lassen; sich nicht den Mut nehmen lassen; **Anlamı**: telaşsız, korkusuz dilediğince davranmak]

Boden yer, dip, zemin

auf dem Boden der Tatsachen stehen *(wörtl: olayların dibinde durmak) fig* zemin ve zamana uygun olmak *(wörtl: dem Boden und der Zeit passend sein)* [**Bedeutung**: sich keine Angst machen lassen; sich nicht den Mut nehmen lassen; **Anlamı**: konuya, içinde bulunulan şartlara uygun olmak]

aus dem Boden stampfen *(wörtl: yerden basmak) fig* yoktan var etmek *(wörtl: aus dem Nichts beschaffen)* [**Bedeutung**: etwas aus dem Nichts hervorbringen; etwas schnell errichten; **Anlamı**: yaratmak, ortaya çıkarmak çıkmak]

den Boden bereiten für etwas *fig* bir şey için zemin hazırlamak [**Bedeutung**: Grundlage für etwas schaffen; **Anlamı**: uygun ortam yaratmak]

ein Fass ohne Boden *(wörtl: dipsiz bir fıçı) fig* dipsiz kile, boş ambar *(wörtl: ein bodenloser Scheffel, ein leerer Speicher)* [**Bedeutung**: eine Sache, die immer wieder Geld kostet; **Anlamı**: çok ve devamlı para harcanması gereken durum]

festen Boden unter den Füßen haben *(wörtl: ayakları altında sağlam zemin olmak) fig* ekmek kapısı olmak *(wörtl: eine Tür aus Brot haben)* [**Bedeutung**: eine sichere Grundlage haben; eine feste Arbeit haben und damit seinen Lebensunterhalt verdienen; **Anlamı**: geçim sağlayan iş yeri olmak]

Handwerk hat goldenen Boden
(wörtl: el işinin tabanı altındır) *fig* kolunda altın bileziği var *(wörtl: am Arm hat er einen goldenen Reif)* [**Bedeutung**: wer ein Handwerk erlernt, hat eine gute berufliche Zukunft; **Anlamı**: kazanç sağlayan bir mesleği, bir zanaatı olmak]

jemandem den Boden unter den Füßen wegziehen *(wörtl: birinin ayağının altındaki zemini çekip almak)* *fig* ayağını kaydırmak *(wörtl: jemandem den Fuß zum Rutschen bringen)* [**Bedeutung**: jemandem der Existenzgrundlage berauben; **Anlamı**: bir yolunu bulup birini geçim kaynağından etmek]

keinen Fuß auf den Boden kriegen/bekommen *(wörtl: ayağını yere basamamak)* *fig* belini doğrultamamak *(wörtl: sein Kreuz nicht aufrichten können)* [**Bedeutung**: keinen Erfolg haben; nicht zum Zuge kommen; **Anlamı**: durumunu düzeltememek]

sich in Grund und Boden schämen *(wörtl: yerin dibinde utanmak)* *fig* yerin dibine geçmek [**Bedeutung**: sich sehr schämen; **Anlamı**: çok utanıp sıkılmak]

so voll sein, dass keine (Steck)nadel zu Boden/zur Erde fallen kann *(wörtl: öyle dolu ki, iğne yere düşemez)* *fig* iğne atsan yere düşmez *(wörtl: wenn du eine (Steck)nadel wirst, wird sie nicht auf den Boden fallen)* [**Bedeutung**: sehr voll, überfüllt sein; **Anlamı**: çok kalabalık]

wie Pilze aus dem Boden schießen *fig* mantar gibi yerden bitmek

[**Bedeutung**: sich rasch vermehren; **Anlamı**: hızlı bir şekilde çoğalmak]

Bogen yay

den Bogen spannen/schlagen *(wörtl: yayı germek/vurmak)* *fig* damdan çardağa atlamak *(wörtl: vom Dach auf die Laube springen)* [**Bedeutung**: von einem Thema zum nächsten kommen; **Anlamı**: bir konudan diğer konuya geçmek]

den Bogen überspannen *(wörtl: yayı aşırı germek)* *fig* çizmeden yukarı çıkmak *(wörtl: über den Stiefel hinaussteigen)* *fig* ölçüyü kaçırmak *(wörtl: das Maß entlaufen lassen)* *fig* işin tadını kaçırmak *(wörtl: über den Stiefel steigen)* [**Bedeutung**: etwas zu weit treiben; ungebührlich übertreiben; **Anlamı**: aşırı gitmek; bilmediği işe, yetkisi dışındaki konuya karışmak]

jemanden im hohen Bogen hinauswerfen/rauswerfen *(wörtl: birini yüksek bir kavisle dışarı atmak)* *fig* birini yaka paça kapı dışarı atmak *(wörtl: jemanden mit Kragen und Haxen aus der Tür werfen)* [**Bedeutung**: jemanden energisch nach draußen weisen; **Anlamı**: birini duraksamadan dışarı atmak]

Bohne fasulye

Bohnenstange *(wörtl: fasulye sırığı)* *fig* ciğerci sırığı *(wörtl: Leberverkäuferstange)* [**Bedeutung**: ein großer schlanker Mensch; **Anlamı**: zayıf ve çok uzun boylu kimse]

Bombe bomba

die **Bombe platzen lassen** *(wörtl: bombayı patlatmak) fig* fişek atmak *(wörtl: eine Patrone abschießen)* [**Bedeutung**: eine heikle Nachricht verbreiten; **Anlamı**: ortalığı karıştıracak bir söz söylemek]

die **Bombe platzt** *(wörtl: bomba patlamak) fig* dananın kuyruğu kopmak *(wörtl: der Schwanz des Kalbes reißt ab)* [**Bedeutung**: das schon länger erwartete Ereignis tritt ein; **Anlamı**: için için süren anlaşmazlık, patlak vermek]

bombensicher bombaya karşı güvenli

bombensicher sein *(wörtl: bombaya karşı güvenli olmak) fig* sugötürmez olmak *(wörtl: kein Wasser hinbringen) fig* sözgötürmez olmak *(wörtl: kein Wort hinbringen)* [**Bedeutung**: sicher sein; unbestritten sein; **Anlamı**: kesin olmak; başka bir yoruma elverişli olmamak]

Boot tekne

im gleichen/selben Boot sitzen *(wörtl: aynı teknede oturmak) fig* aynı yolun yolcusu olmak *(wörtl: Weggefährte sein) fig* tırhallı, hep bir hâlli [**Bedeutung**: sich zusammen mit allen Beteiligten in derselben Lage befinden; **Anlamı**: kaderleri, düşünceleri, davranışları birbirine benzemek]

jemanden ins Boot holen *(wörtl: birini tekneye almak) fig* devreye sokmak *(wörtl: in den Schaltkreis stecken)* [**Bedeutung**: jemanden oder etwas in etwas mit einbeziehen; jemanden an etwas beteiligen; **Anlamı**: işin içine girdirmek]

Bord güverte

etwas über Bord werfen *(wörtl: birşeyi güverteden denize atmak) fig* kafasından çıkarmak/atmak *(wörtl: aus dem Kopf herausnehmen/werfen) fig* gemileri yakmak[1] *(wörtl: die Schiffe verbrennen)* [**Bedeutung**: etwas aufgeben; **Anlamı**: bir şeyden vazgeçmek]

böse kötü

gute Miene zum bösen Spiel machen[1] *(wörtl: kötü oyuna iyi surat yapmak) fig* iyiye iyi kötüye kötü demek *(wörtl: zu Gut gutsagen, zu Schlecht schlecht sagen) fig* sineye çekmek *(wörtl: zum Herz ziehen)* [**Bedeutung**: widerwillig mitmachen; etwas wohl oder übel hinnehmen; **Anlamı**: kötü bir davranış, söz veya olaya ister istemez katlanmak]

gute Miene zum bösen Spiel machen[2] *(wörtl: kötü oyuna iyi surat yapmak) fig* bozuntuya vermemek *(wörtl: der Fassungslosigkeit nicht geben) fig* bile bile lades *(wörtl: wissentlich Vielliebchen)* [**Bedeutung**: sich den Ärger nicht anmerken lassen; **Anlamı**: hoşa gitmeyen bir durumda fark etmemiş gibi davranmak; kötü bir durumu öyle gerektiği için öyle kabullenmiş görünme bilerek aldanmış görünme] [**Bedeutung**: sich den Ärger nicht anmerken lassen; **Anlamı**: hoşa gitmeyen bir durumda fark etmemiş gibi davranmak; kötü bir durumu öyle gerektiği için öyle kabullenmiş görünme; bilerek aldanmış görünme]

Bote elçi, haberci

der hinkende Bote kommt nach/hinterher *(wörtl: topal elçi arkadan gelir) fig* bunun altından çapanoğlu çıkar *(wörtl: von unten*

kommt Çapanoğlu hervor)
[**Bedeutung**: das Unangenehme
bleibt nicht aus, zum Schluss
geschiet noch etwas Unerfreuliches;
Anlamı: bundan daha beteri de var]

---

brechen kırmak

auf Biegen und Brechen *(wörtl:
bükerek ve kırarak)* **fig** var gücüyle
*(wörtl: mit seiner vorhandenen
Kraft)*
[**Bedeutung**: mit aller Kraft und
Härte; **Anlamı**: olanca gücüyle; var
kuvvetyle]

das Eis ist gebrochen *(wörtl: buz
kırıldı)* **fig** buzlar çözüldü *(wörtl: das
Eis ist geschmolzen)* [**Bedeutung**: die
Beziehung hat sich verbessert;
Anlamı: aradaki soğukluk, dargınlık
kalktı]

**der Krug geht so lange zum
Brunnen, bis er bricht** *(wörtl: testi
kırılıncaya kadar çeşmeye gider)* **fig**
su testisi su yolunda kırılır *(wörtl:
der Wasserkrug bricht auf dem
Wasserweg)*
[**Bedeutung**: etwas geht nicht auf
Dauer gut; jede Langmut erschöpft
sich einmal, wenn sie zu sehr
strapaziert wird; **Anlamı**: bir
kimse/şey, iyi ya da kötü hangi
amaca hizmet ediyorsa o uğurda ölür]

**der Kummer, der nicht spricht,
nagt am Herzen, bis es bricht**
*(wörtl: konuşmayan dert, kırılıncaya
kadar kalbi kemirir)* **fig** derdini
söylemeyen /anlatmayan derman
bulamaz *(wörtl: wer sein Leid nicht
sagt, der findet keinen Ausweg)*
[**Bedeutung**: negative Erfahrungen,
die man mit anderen teilt, werden
leichter erträglich; **Anlamı**: insan
sıkıntısını başkasına açıklayarak
giderebilir]

etwas übers Knie brechen *(wörtl:
diz üzerinden bir şey kırmak)* **fig**
aklına yelken etmek *(wörtl: das, was
in den Verstand, zu Segeln machen)*
aceleye getirmek *(wörtl: in die Eile
bringen)*
[**Bedeutung**: überstürzt handeln;
Anlamı: düşüncesizce davranmak
veya aklına geleni hemen yapmak]

**Glück und Glas, wie leicht bricht
das** *(wörtl: talih ve cam ne kadar
çabuk kırılır)* **fig** güvenme varlığa,
düşersin darlığa *(wörtl: verlass dich
nicht auf das Vermögen, du gerätst in
Not)* **fig** aşık daima bey oturmaz
*(wörtl: der Knöchel hat nicht immer
einen Herrschaftssitz)*
[**Bedeutung**: Glück kann sehr schnell
wieder vorbei sein; **Anlamı**: varlığa
güvenip düşünmeden harcayan işlerin
iyi gitmediği zaman darlığa düşer]

**Gram, der nicht spricht, presst das
beladene Herz, bis dass es bricht**
*(wörtl: konuşmayan dert, yüklü kalp
kırılıncaya kadar baskı yapar)* **fig**
derdini söylemeyen/anlatmayan
derman bulamaz *(wörtl: wer sein
Leid nicht sagt, der findet keinen
Ausweg)*
[**Bedeutung**: negative Erfahrungen,
die man mit anderen teilt, werden
leichter erträglich; **Anlamı**: insan
sıkıntısını başkasına açıklayarak
giderebilir]

jemandem das Rückgrat brechen
(wörtl: birinin bel kemiğini kırmak)
fig belini kırmak *(wörtl: jemandem
das Kreuz brechen)*
[**Bedeutung**: jemandes
Unternehmungen zum Scheitern
bringen; **Anlamı**: birini bir şey
yapamaz duruma getirmek

Brei lapa

denn, regnet's Brei, fehlt ihm der Löffel *(wörtl: çünkü lapa yağdığı zaman kaşığı yoktur) fig* at bulunur meydan bulunmaz, meydan bulunur at bulunmaz *(wörtl: es findet sich ein Pferd aber keinen Platz, es findet sich ein Platz aber kein Pferd) fig* buldum bilemedim, bildim bulamadım *(wörtl: ich habe es gefunden (aber) nicht wissen können, ich habe es gewusst (aber) nicht finden können)* [**Bedeutung**: die notwendigen Bedingungen für eine Arbeit sind nicht immer perfekt; **Anlamı**: bir iş için gerekli koşullar her zaman eksiksiz olarak ele geçmez]

jemanden zu Brei schlagen *fig* birinin pestilini çıkarmak [**Bedeutung**: jemanden heftig verprügeln; **Anlamı**: birini adamakıllı dövmek]

um den heißen Brei herumreden *(wörtl: sıcak lapanın etrafında konuşup durmak) fig* bin dereden su getirmek *(wörtl: von tausend Bächen Wasser holen)* [**Bedeutung**: nicht wagen, etwas Bestimmtes im Gespräch zur Sprache zu bringen; **Anlamı**: oyalamak için türlü nedenler ileri sürmek]

viele Köche verderben den Brei *(wörtl. birden çok aşçı lapayı bozar) fig* nerede çokluk, orada bokluk *(wörtl: dort, wo Vieles ist, ist der Misthaufen) fig* horozu çok olan köyde sabah geç olur *(wörtl: im Dorf mit vielen Hähnen verspätet sich der Morgen) fig* çatal kazık yere batmaz *(wörtl: der gegabelte Pfahl sticht nicht in die Erde)* [**Bedeutung**: aus einer Sache, bei der zu viele Leute mitreden, wird nichts Gutes; **Anlamı**: birlikte bir iş yapmak isteyen kişiler çok olursa anlaşmazlık doğar]

brennen yanmak, yakmak

jemandem brennt der Kittel *(wörtl: birinin önlüğü yanmak) fig* birinin etekleri tutuşmak *(wörtl: jemandes Rock fängt Feuer)* [**Bedeutung**: etwas ist sehr dringend, brenzlig; **Anlamı**: çok telaşlanmak]

Nesseln brennen Freund und Feind *(wörtl: ısırganlar hem dost hem de düşmanı yakar) fig* kurunun yanında yaş da yanar *(wörtl: Nasses, was neben Trockenem liegt, verbrennt mit)* [**Bedeutung**: wenn Schuldige bestraft werden, werden Unschuldige in Mitleidenschaft gezogen; **Anlamı**: işledikleri kusurdan cezalandırılanlar yanında kimi zaman suçsuzlar da hırpalanır]

Brett tahta

bei jemandem einen Stein im Brett haben *(wörtl: birisinin tahtasında taşı olmak) fig* birine nazı geçmek *(wörtl: seine Ziererei geht einem über)* [**Bedeutung**: bei jemandem Sympathien genießen; **Anlamı**: dilediğini kabul ettirecek kadar hatırı sayılmak]

ein Brett vor dem Kopf haben *(wörtl: kafasının önünde tahta olmak) fig* dar kafalı olmak *(wörtl: engköpfig sein)* [**Bedeutung**: begriffsstutzig sein; **Anlamı**: anlayışı kıt olmak]

Brief mektup

Brief und Siegel (auf etwas) geben *(wörtl: (bir şeye) mektup ve mühür vermek) fig* (bir şeye) kalıbını basmak *(wörtl: seine Form (auf etwas) drücken)*

[**Bedeutung**: etwas eindringlich garantieren; sich verbürgen: **Anlamı**: bir şeyi güvenle doğrulamak]

Brille gözlük

die Welt durch eine rosarote Brille sehen *(wörtl: dünyayı pembe kırmızı gözlükle görmek)* *fig* dünyayı toz pembe görmek *(wörtl: die Welt staubig rosa sehen)* [**Bedeutung**: allzu optimistisch sein; **Anlamı**: aşırı iyimser olmak]

---

bringen getirmek

auf die Palme bringen/treiben *(wörtl: birini palmiyeye çıkarmak)* *fig* birini çileden çıkarmak *(wörtl: jemanden aus seiner Askese herausholen)* *fig* zıvanadan çıkarmak *(wörtl: aus der Hülse herausnehmen)* [**Bedeutung**: sehr wütend machen; ärgern; **Anlamı**: sinirlendirmek; öfkelendirmek]

das bringt nichts *fig* bu, bir şey getirmez [**Bedeutung**: das führt nicht zum Erfolg; **Anlamı**: böylece istenilen sonuca varılamaz]

die Sonne bringt es an den Tag *(wörtl: güneş onu ortaya çıkarır)* *fig* güneş balçıkla sıvanmaz *(wörtl: die Sonne verputzt man nicht mit Lehm)* [**Bedeutung**: auf die Dauer ist in unserem Leben nichts zu verbergen oder zu verheimlichen; **Anlamı**: herkesin bildiği gerçek inkâr edilemez]

es nicht über sich bringen, etwas zu tun *(wörtl: bir şey yapmak için çekinmek)* *fig* bir şey için yüzü tutmamak *(wörtl: das Gesicht hält sich nicht für etwas)* [**Bedeutung**: aus Scheu, Rücksichtnahme oder Ähnliches, sich nicht entschließen können, etwas Bestimmtes zu tun; **Anlamı**: haklı da olsa, karşısındakini kıracak bir davranışta bulunmaktan çekinmek]

Geduld bringt Rosen *(wörtl: sabır gül getirir)* *fig* sabır acıdır meyvesi tatlıdır *(wörtl: Geduld ist bitter, ihre Frucht ist süß)* [**Bedeutung**: Geduld führt zum Erfolg; Geduld wird belohnt; **Anlamı**: sabır zor iştir, ancak güzel sonuçları vardır]

jemanden auf hundertachtzig bringen *(wörtl: birini yüz seksene getirmek)* *fig* birini çileden çıkarmak *(wörtl: jemanden aus seiner Askese herausholen)* [**Bedeutung**: sehr wütend machen; ärgern; **Anlamı**: sinirlendirmek; öfkelendirmek]

nicht übers Herz bringen *(wörtl: kalbe getirmemek)* *fig* içi götürmemek *(wörtl: sein Herz bringt es nicht fertig)* [**Bedeutung**: etwas nicht tun, weil man Skrupel hat; **Anlamı**: vicdanına sığdıramamak]

seine Schäfchen ins Trockene bringen *(wörtl: kuzularını kuru yere çıkarmak)* *fig* küpünü/küplerini doldurmak *(wörtl: sein Tongefäß auffüllen)* [**Bedeutung**: für den eigenen Profit sorgen; **Anlamı**: çokça para biriktirmek]

sich regen bringt Segen *(wörtl: hareket etmek bereket getirir)* nerede hareket, orada bereket *(wörtl: dort wo Bewegung ist, ist auch Segen)* [**Bedeutung**: viel Bewegung ist gesund; **Anlamı**: hareketin olduğu yerde verim artar, bolluk olur]

Würde bringt Bürde *(wörtl: haysiyet yük getirir)* *fig* büyük başın

75

derdi büyük olur *(wörtl: das Leid des großen Kopfes ist groß)* [**Bedeutung**: leitende Köpfe haben entsprechende Sorgen; **Anlamı**: büyük işlerin başında bulunanların derdi de büyük olur]

zu Papier bringen *(wörtl: kâğıda getirmek) fig* kâğıda dökmek *(wörtl: aufs Papier gießen)* [**Bedeutung**: etwas aufschreiben, schriflich formulieren; **Anlamı**: düşünülen şeyi yazılı metin durumuna getirmek]

zur Räson bringen *(wörtl: kanıya getirmek) fig* yola getirmek *(wörtl: auf den Weg bringen)* [**Bedeutung**: durch geeignete Maßnahmen erreichen, dass man zur Einsicht, Vernunft kommt; **Anlamı**: ters tutumunu düzeltmesini sağlamak]

zur Weißglut bringen *(wörtl: birini akkora getirmek) fig* birini çileden çıkarmak *(wörtl: jemanden aus seiner Askese herausholen) fig* afyonunu patlatmak *(wörtl: das Opium zum Explodieren bringen) fig* zıvanadan çıkarmak *(wörtl: aus der Hülse herausnehmen)* [**Bedeutung**: sehr wütend machen; ärgern; **Anlamı**: sinirlendirmek; öfkelendirmek]

Brocken parça

die Brühe ist/kommt teurer als die Brocken *(wörtl: sade suya çorba, parçalardan pahalı) fig* astarı yüzünden pahalı olmak *(wörtl: teuer sein wegen des Futters)* [**Bedeutung**: die Nebenkosten sind höher als die Sache selbst; trotz großem Aufwand ist das Ergebnis unbefriedigend; **Anlamı**: bir işin ayrıntılarına harcanan para ya da

emek, elde edilen sonucun değerini aşmak]

ein harter Brocken *(wörtl: sert bir parça) fig* demir leblebi *(wörtl: geröstete Kichererbse aus Eisen)* [**Bedeutung**: ein schwieriger Gegner; eine schwierige Aufgabe; **Anlamı**: başa çıkılması güç kimse; başarılması çok güç iş]

ein schwerer Brocken *(wörtl: ağır bir parça) fig* demir leblebi *(wörtl: geröstete Kichererbse aus Eisen)* [**Bedeutung**: ein schwieriger Gegner; eine schwierige Aufgabe; **Anlamı**: başa çıkılması güç kimse; başarılması çok güç iş]

Brot ekmek

das frisst kein Brot weg *(wörtl: ekmek yiyip bitirmez) fig* yem istemez, su istemez *(wörtl: es braucht kein Futter und kein Wasser)* [**Bedeutung**: es ist kein Aufwand; **Anlamı**: elde tutulması hiçbir külfet getirmez]

des einen Tod ist des anderen Brot *(wörtl: birinin ölümü ötekinin ekmeği olur) fig* at ölür, itlere bayram olur *(wörtl: das Pferd stirbt, die Hunde feiern) fig* eşeğin ölümü köpeğe düğündür/ziyafettir *(wörtl: der Tod des Esels ist eine Hochzeit/Festmahlzeit für den Hund)* [**Bedeutung**: was dem einen Unglück bringt, bringt dem anderen Glück; **Anlamı**: bir kişinin şanssızlığı başka bir kişi için şans olabilir]

Hoffnung ist das Brot der Armen *(wörtl: Umut yoksulların ekmeğidir) fig* umut fakirin ekmeğidir *(wörtl: die Hoffnung ist des Armen Brot)* [**Bedeutung**: der Mittellose lebt mit der Hoffnung, eines Tages zu Wohlstand zu gelangen; **Anlamı**:

yoksul kişi yakında rahata kavuşma umuduyla yaşar]

der Not isst der König Brot *(wörtl: yoklukta kral ekmek yer)* **fig** denize düşen yılana/yosuna sarılır *(wörtl: wer ins Meer fällt, klammert sich an die Schlange/ans Moos)* [**Bedeutung**: in einer Notlage tut man Dinge, die einem sonst nicht in den Sinn kämen; **Anlamı**: güç durumda bulunan, bundan kurtulmak için her yola başvurur]

in der Not schmeckt jedes Brot *(wörtl: yoklukta her ekmeğin tadı vardır)* **fig** denize düşen yılana/yosuna sarılır *(wörtl: wer ins Meer fällt, klammert sich an die Schlange/ans Moos)* [**Bedeutung**: in einer Notlage tut man Dinge, die einem sonst nicht in den Sinn kämen; **Anlamı**: güç durumda bulunan, bundan kurtulmak için her yola başvurur]

in Lohn und Brot stehen/sein *(wörtl: ücret ve ekmeği olmak)* **fig** ekmek kapısı olmak *(wörtl: eine Tür aus Brot haben)* [**Bedeutung**: eine feste Arbeit haben und damit seinen Lebensunterhalt verdienen; **Anlamı**: geçim sağlayan iş yeri olmak]

jemandem die Wurst auf dem Brot nicht gönnen *(wörtl: ekmeğin üzerindeki sucuğu birine yadırgamak)* **fig** kedi uzanamadığı/yetişemediği ciğere pis/murdar der *(wörtl: die Katze, die an die Leber nicht herankommt, sagt, sie ist schmutzig)* [**Bedeutung**: sehr neidisch auf jemanden sein; jemandem gegenüber sehr missgünstig sein; **Anlamı**: kişi, elde edemediği şeyi istemiyormuş, beğenmiyormuş gibi görünür]

ohne Wein und Brot leidet Liebe Not *(wörtl: aşk, şarap ve ekmek olmadan sıkıntı çeker)* **fig** yoksulluk kapıdan girince, aşk pencereden kaçar *(wörtl: wenn die Armut durch die Tür kommt, flüchtet die Liebe durchs Fenster)* [**Bedeutung**: Liebe macht nicht satt; **Anlamı**: aşk, karın doyurmaz]

sein Brot verdienen **fig** ekmeğini kazanmak [**Bedeutung**: seinen Lebensunterhalt bestreiten; **Anlamı**: geçimini sağlamak]

sich die Butter vom Brot nehmen lassen *(wörtl: ekmekten tereyağını kaptırmak)* **fig** yelkenleri suya indirmek *(wörtl: die Segel ins Wasser lassen)* [**Bedeutung**: aufgeben; sich etwas gefallen lassen; sich nicht wehren; **Anlamı**: direnmekten vazgeçmek]

sich nicht die Butter vom Brot nehmen lassen *(wörtl: ekmekten tereyağını kaptırmamak)* **fig** göz yummamak *(wörtl: die Augen nicht zudrücken)* [**Bedeutung**: sich nichts gefallen lassen; sich nicht benachteiligen lassen; **Anlamı**: hoş görmemek; bağışlamamak]

weggehen wie geschnitten Brot *(wörtl: kesilmiş ekmek gibi gitmek)* **fig** peynir ekmek gibi gitmek *(wörtl: weggehen wie Käse und Brot)* [**Bedeutung**: gut verkauft werden; **Anlamı**: revaçta olup çok satılmak]

wer nie sein Brot im Bette aß, weiß nicht wie Krümel piken *(wörtl: yatakta ekmek yememiş olan, kırıntıların nasıl battığını bilmez)* **fig** ağır yükün zahmetini katır bilir *(wörtl: das Maultier kennt die Mühe der schweren Last)*

[**Bedeutung**: wer diese Erfahrung nicht gemacht hat, kann nicht nachvollziehen, was sie bedeutet; **Anlamı**: bir işin zorluğunu, verdiği yorgunluğu en iyi o işi devamlı yapanlar bilir]

wes Brot ich ess, des Lied ich sing *(wörtl: ekmeğini yediğim kimsenin türküsünü söylerim)* **fig** kimin arabasına binerse onun türküsünü çağırır *(wörtl: er singt sein Lied, in dessen Wagen er steigt)* [**Bedeutung**: wer mich bezahlt, dessen Interessen vertrete ich auch; **Anlamı**: çıkar sağladığı için onun hoşuna gidecek biçimde davranan dalkavuk kimse]

wessen Brot ich ess, dessen Lied ich sing *(wörtl: ekmeğini yediğim kimsenin türküsünü söylerim)* **fig** kimin arabasına binerse onun türküsünü çağırır *(wörtl: er singt sein Lied, in dessen Wagen er steigt)* [**Bedeutung**: wer mich bezahlt, dessen Interessen vertrete ich auch; **Anlamı**: çıkar sağladığı için onun hoşuna gidecek biçimde davranan dalkavuk kimse]

Brötchen küçük somun ekmek

kleine/kleinere Brötchen backen *(wörtl: küçük somun ekmek pişirmek)* **fig** kemerini sıkmak *(wörtl: den Gürtel/ Riemen enger schnallen)* [**Bedeutung**: sich einschränken; kürzertreten; **Anlamı**: sıkı para politikası anlayışıyla daha az tüketmek]

sich seine Brötchen verdienen *fig* ekmeğini kazanmak [**Bedeutung**: seinen Lebensunterhalt bestreiten; **Anlamı**: geçimini sağlamak]

Brücke köprü

alle Brücken hinter sich abbrechen/abreißen *(wörtl: arkasındaki bütün köprüleri kesmek)* **fig** köprüleri atmak *(wörtl: die Brücken abwerfen)* [**Bedeutung**: sich endgültig lösen; **Anlamı**: geri dönmek, vazgeçmek olanağı bulunmayacak biçimde kesin bir davranışta bulunmak]

über die Brücke möchte ich nicht gehen *(wörtl: o köprüden geçmek istemiyorum)* **fig** ipiyle kuyuya inilmez *(wörtl: mit seinem Seil steigt man nicht in den Brunnen ein)* **fig** çürük iple kuyuya inilmez *(wörtl: mit einem morschen Seil steigt man nicht in einen Brunnen ein)* [**Bedeutung**: sagt man, wenn jemand unzuverlässig ist; **Anlamı**: kendisine güvenilmez; kendisine güvenilerek bir iş yapıldığında kişiyi yarı yolda bırakabilecek kimse]

wäre sein Wort eine Brücke, ich ginge nicht darüber *(wörtl: sözü köprü olsa üstünden geçmem)* **fig** ipiyle kuyuya inilmez *(wörtl: mit seinem Seil steigt man nicht in den Brunnen ein)* **fig** çürük iple kuyuya inilmez *(wörtl: mit einem morschen Seil steigt man nicht in einen Brunnen ein)* [**Bedeutung**: sagt man, wenn jemand unzuverlässig ist; **Anlamı**: kendisine güvenilmez; kendisine güvenilerek bir iş yapıldığında kişiyi yarı yolda bırakabilecek kimse]

Brühe sade suya çorba

die Brühe ist/kommt teurer als die Brocken *(wörtl: sade suya çorba, parçalardan pahalı)* **fig** astarı yüzünden pahalı olmak *(wörtl: teuer sein wegen des Futters)* [**Bedeutung**: die Nebenkosten sind höher als die Sache selbst; trotz großem Aufwand ist das Ergebnis unbefriedigend; **Anlamı:** bir işin ayrıntılarına harcanan para ya da emek, elde edilen sonucun değerini aşmak]

brummen uğuldamak

jemandem brummt der Schädel *(wörtl: birinin kafatası uğuldamak)* *fig* başı kazan gibi olmak *(wörtl: jemandem wird der Kopf zum Kessel)* [**Bedeutung:** jemand ist geistig überlastet; **Anlamı:** başında çok ağrı ve uğultulu bir sersemlik olmak]

Brunnen kuyu, çeşme

den Brunnen zudecken, wenn das Kind hineingefallen ist *(wörtl: çocuk içine düştükten sonra kuyunun ağzını örtmek)* *fig* geçmiş yağmura şemsiye açmak *(wörtl: nach dem Regen den Schirm aufmachen)* [**Bedeutung:** etwas Notwendiges erst dann tun, wenn es zu spät ist; **Anlamı:** iş işten geçtikten sonra harekete geçmek]

einen Brunnen neben dem Fluss bauen *fig* ırmak kenarına çeşme yapmak [**Bedeutung:** etwas Sinnloses tun; **Anlamı:** anlamı olmayan iş yapmak]

der Krug geht so lange zum Brunnen, bis er bricht *(wörtl: testi kırılıncaya kadar çeşmeye gider)* *fig* su testisi su yolunda kırılır *(wörtl: der Wasserkrug bricht auf dem Wasserweg)* [**Bedeutung:** etwas geht nicht auf Dauer gut; jede Langmut erschöpft sich einmal, wenn sie zu sehr strapaziert wird; **Anlamı:** bir kimse/şey, iyi ya da kötü hangi amaca hizmet ediyorsa o uğurda ölür]

nachdem das Kind in den Brunnen gefallen ist *(wörtl: çocuk kuyuya düştükten sonra)* *fig* iş işten geçtikten sonra *(wörtl: nachdem die Sache von der Sache gegangen ist)* [**Bedeutung:** nachdem alles vorbei ist; **Anlamı:** herşey bittikten sonra]

reagieren, wenn das Kind bereits in den Brunnen gefallen ist *(wörtl: çocuk kuyuya düştükten sonra reaksiyon göstermek)* *fig* at çalındıktan sonra ahırın kapısını kapamak *(wörtl: das Tor zum Stall schließen, nachdem das Pferd gestohlen wurde)* *fig* eve hırsız girdikten sonra kapıya kilit takmak *(wörtl: an der Tür ein Schloss anbringen, nach dem der Einbrecher im Haus war)* [**Bedeutung:** reagieren, wenn es zu spät ist; **Anlamı:** iş işten geçtikten sonra önlem almaya kalkışmak]

Brust göğüs

etwas von hinten durch die Brust und ins Auge machen *(wörtl: bir şeyi sırtından geçirerek göğüsünün içinden gözüne sokmak)* *fig* sağ eliyle sol kulağını göstermek *(wörtl: sein linkes Auge mit der rechten Hand zeigen)* [**Bedeutung:** unnötig kompliziert vorgehen; **Anlamı:** bir işi güç başarılır biçimde yapmaya çalışmak]

sich an die Brust schlagen *(wörtl: göğüsüne vurmak)* *fig* dizlerini dövmek *(wörtl: seine Knie schlagen)* *fig* başını taştan taşa vurmak *(wörtl: seinen Kopf von einem Stein auf den anderen schlagen)* [**Bedeutung:** etwas bereuen; **Anlamı:** pişmanlık duymak]

sich in die Brust werfen *(wörtl: göğüsüne atılmak)* *fig* mangalda kül bırakmamak *(wörtl: keine Asche im*

Grill lassen) [**Bedeutung:** sich brüsten, prahlen; **Anlamı:** yapamayacağı işleri yapabilirmiş gibi söylemek]

Buch kitap

ein Buch mit sieben Siegeln sein *(wörtl: yedi mühürlü bir kitap olmak)* *fig* kapalı kutu olmak *(wörtl: eine geschlossene Schachtel sein)* [**Bedeutung:** etwas Unverständliches sein; **Anlamı:** niteliği anlaşılmaz, gizli olmak]

wie es im Buche steht *(wörtl: kitapta yazılı olduğu gibi) fig* sapına kadar *(wörtl: bis zum Stiel)* [**Bedeutung:** wie es als Musterbeispiel gelten kann; waschecht; **Anlamı:** (iyi bir nitelikte eksiksizlik belirtmek için) her yönden; her bakımdan, tümüyle, bütünüyle, tam olarak]

Bücherwurm *fig* kitap kurdu [**Bedeutung:** jemand, der viel liest; **Anlamı:** çok kitap okuyan kinse]

Buckel kambur

er/sie kann mir den Buckel herunterrutschen *(wörtl: kamburumdan aşağıya kayabilir) fig* ne hâli varsa görsün *(wörtl: er/sie soll zusehen, wie seine/ihre Situation ist)* [**Bedeutung:** weil man gegen die betreffende Person eine Abneigung hat, ist es einem egal, was er/sie macht; **Anlamı:** istediğini yapsın, beni ilgilendirmez anlamında söylenen söz]

(schon) viele Jahre auf dem Buckel haben *fig* (oldukça büyük bir yaşa) merdiven dayamak [**Bedeutung:** ziemlich alt sein; **Anlamı:** o yaşa basmış üzere olmak]

Bummelfähre *(wörtl: gezinti vapuru) fig* dilenci vapuru *(wörtl: Fähre der Bettler)* [**Bedeutung:** Fähre, die an jedem Ort anhält; **Anlamı:** yolu üzerinde her iskeleye uğrayan vapur]

Bündel bohça

sein Bündel schnüren *(wörtl: bohçasını toplamak) fig* tası tarağı toplamak *(wörtl: Schalen und Kämme zusammenpacken)* [**Bedeutung:** seine Habseligkeiten zusammenpacken; **Anlamı:** gitmek üzere bütün eşyasını toplamak]

Bündnis ittifak

Bündnis macht die Schwachen stark *(wörtl: ittifak zayıfları kuvvetlendirir) fig* birlikten kuvvet doğar *(wörtl: aus Einheit entsteht Stärke)* [**Bedeutung:** vereint sind auch die Schwachen mächtig; **Anlamı:** toplu veya beraber davranmak, daha büyük güç sağlar]

Bürde yük

Würde bringt Bürde *(wörtl: haysiyet yük getirir) fig* büyük başın derdi büyük olur *(wörtl: das Leid des großen Kopfes ist groß)* [**Bedeutung:** leitende Köpfe haben entsprechende Sorgen; **Anlamı:** büyük işlerin başında bulunanların derdi de büyük olur]

Busch çalı

auf den Busch klopfen *(wörtl: çalıya vurmak) fig* nabız yoklamak *(wörtl: den Puls fühlen) fig* nabzını yoklamak *(wörtl: den Puls fühlen)*

[**Bedeutung**: versuchen, etwas herauszubekommen; jemanden auszuhorchen versuchen; **Anlamı**: niyetini anlamaya çalışmak]

Busen koyun

eine Natter am Busen nähren *(wörtl: koynunda yılan beslemek)* ***fig*** koynunda yılan beslemek *(wörtl: eine Schlange am Busen (er)nähren)* [**Bedeutung**: einen Unaufrichtigen als Freund behandeln; **Anlamı**: ihanette bulunacak olanı dost sanmak]

---

büßen çile çekmek

dafür wird er büßen! *(wörtl: onun için çile çekecek)* ***fig*** alacağı olsun! *(wörtl: er soll eine Forderung haben)* [**Bedeutung**: dafür soll er mir Genugtuung leisten; **Anlamı**: günün birinde bana yaptığının acısını çıkarırım]

Butter tereyağı

es ist alles in Butter *(wörtl: her şey tereyağında)* ***fig*** her şey yolunda *(wörtl: es ist alles auf dem Weg)* ***fig*** her şey güllük gülistanlık *(wörtl: es ist alles wie ein Rosengarten, wie ein Rosenbeet)* [**Bedeutung**: es ist alles in Ordnung; **Anlamı**: olumlu gelişme göstermek]

jemandem nicht die Butter auf dem Brot gönnen *(wörtl: birine ekmeğin üzerindeki tereyağını çok görmek)* ***fig*** bir şeyi birine çok görmek *(wörtl: etwas für jemanden als zuviel sehen)* [**Bedeutung**: jemandem etwas nicht gönnen; jemandem gegenüber sehr missgünstig sein; **Anlamı**: yadırgamak]

sich die Butter vom Brot nehmen lassen *(wörtl: ekmekten tereyağını kaptırmak)* ***fig*** yelkenleri suya indirmek *(wörtl: die Segel ins Wasser lassen)* [**Bedeutung**: aufgeben; sich etwas gefallen lassen; sich nicht wehren; **Anlamı**: direnmekten vazgeçmek]

sich nicht die Butter vom Brot nehmen lassen *(wörtl: ekmekten tereyağını kaptırmamak)* ***fig*** göz yummamak *(wörtl: die Augen nicht zudrücken)* [**Bedeutung**: sich nichts gefallen lassen; sich nicht benachteiligen lassen; **Anlamı**: hoş görmemek; bağışlamamak]

C

Canossa ↑ Gang nach Canossa

Cent sent

keinen Cent wert sein *(wörtl: sent değerinde bile olmamak)* ***fig*** para etmemek *(wörtl: nicht fünf Para wert sein/keinen fünf Para wert sein)* [**Bedeutung**: wertlos sein; **Anlamı**: hiçbir değeri olmamak]

Cholera kolera

die Wahl zwischen Pest und Cholera haben *(wörtl: veba ile kolera arasında seçeneği olmak)* ***fig*** aşağı tükürsen sakal yukarı tükürsen bıyık *(wörtl: spuckst du nach unten, ist es der Bart, spuckst du nach oben, ist es der Schnurrbart)* ***fig*** iki ucu boklu değnek olmak *(wörtl: ein Stock mit beiden Enden in Scheiße sein)* ***fig*** koyuversem pekmez dökülür, koyuvermesem belim bükülür *(wörtl: lasse ich los, schütte ich den*

*Traubensirup, lasse ich nicht los,
verrenke ich mich)*
[**Bedeutung**: sich zwischen zwei
großen Übeln entscheiden müssen;
Anlamı: iki karşıt ve aynı derecede
sakıncalı durum karşısında karar
vermek zorunda olmak; nereden
bakılırsa bakılsın çözülmesi çok güç
olmak]

D

Dach çatı

**besser ein Spatz in der Hand als
eine Taube auf dem Dach** *(wörtl:
eldeki serçe damdaki güvercinden
iyi)* *fig* bugünkü tavuk yarınki kazdan
iyidir *(wörtl: das heutige Huhn ist
besser als die morgige Gans)* *fig*
gümüş sağ olsun, altın gidekosun
*(wörtl: dem Silber sei Dank, das
Gold kann mir gestohlen bleiben)*
[**Bedeutung**: es ist besser, sich mit
dem zu begnügen, was man hat, als
etwas Unsicheres anzustreben;
Anlamı: eldeki şey, elde edilmesi zor
olan daha değerli şeyden üstün
tutulmalıdır; sağlanmış kazanç
umulan daha büyük bir kazanca feda
edilemez]

ein Dach über dem Kopf haben
(wörtl: başının üzerinde çatısı olmak)
fig başını sokacak bir yeri olmak
*(wörtl: einen Platz haben, um seinen
Kopf hineinzustecken)*
[**Bedeutung**: eine Unterkunft haben;
Anlamı: barınabileceği yeri olmak]

**etwas unter Dach und Fach
bringen**[1] *(wörtl: birşeyi çatı ve göz
altına almak)* *fig* ağzındaki kozu
kırmak *(wörtl: die Nuss in seinem
Mund knacken)*

[**Bedeutung**: etwas glücklich zum
Abschluss bringen; **Anlamı**: üzerinde
çalıştığı işi başarmak]

**etwas unter Dach und Fach
bringen**[2] *(wörtl: birşeyi çatı ve göz
altına almak)* *fig* altı kapıya
bağlamak/almak *(wörtl: an sechs
Türen verbinden)*
[**Bedeutung**: etwas glücklich zum
Abschluss bringen; **Anlamı**: işi
sağlama almak]

jemandem aufs Dach steigen
(wörtl: birinin çatısına çıkmak) *fig*
birinin tepesine binmek
[**Bedeutung**: jemanden
ausschimpfen; **Anlamı**: birine kötü
davranmak]

**das pfeifen die Spatzen von den
Dächern** *(wörtl: bunu serçeler
damlardan ötüyorlar)* *fig* bunu
Mısır'daki sağır sultan bile duydu
*(wörtl: das hat sogar der taube
Sultan in Ägypten gehört)*
[**Bedeutung**: das ist längst kein
Geheimnis mehr; **Anlamı**: bunu
duymayan kalmadı]

einen Dachschaden haben *(wörtl:
çatısında hasar olmak)* *fig* kafadan
çatlak olmak
[**Bedeutung**: nicht bei Verstand sein;
Anlamı: aklında bozukluk olmak]

Dame hanımefendi

**du Dame, ich Dame, wer soll die
Schweine hüten?** *(wörtl: sen
hanımefendi, ben hanımefendi,
domuzlara kim bakacak?)* *fig* sen
ağa, ben ağa, bu ineği kim sağa?
*(wörtl: du bist ein Herr, ich bin ein
Herr, wer soll diese Kuh melken?)*
[**Bedeutung**: man ziert sich wegen
der schmutzigen Arbeit, die
unerledigt bleibt; **Anlamı**: bir iş
yerinde yapılması gereken işe kimse

yanaşmaz: herkes birbirinden beklerse o iş yürümez]

Damm set, baraj

wieder auf dem Damm sein *(wörtl: tekrar sette olmak)* **fig** ayağa kalkmak *(wörtl: aufstehen)* [**Bedeutung**: nach einer Krankheit wieder gesund sein; **Anlamı**: tekrar sağlığa kavuşmak]

Dampf buhar, istim

Dampf ablassen *(wörtl: buhar bırakmak)* **fig** deşarj olmak *(wörtl: sich entladen)* **fig** içini boşaltmak² *(wörtl: sein Inneres abgießen/ausschütten)* [**Bedeutung**: seinen Ärger, seine Wut abreagieren; **Anlamı**: içini dökerek, derdini anlatarak boşalmak]

die Kacke ist am Dampfen *(wörtl: bok istim üstünde)* **fig** ateş bacayı sardı *(wörtl: das Feuer hat den Schornstein ergriffen)* **fig** alev bacayı sardı *(wörtl: die Flammen haben den Schornstein ergriffen)* **fig/derb** işler boktan *(wörtl: es ist Scheiße)* [**Bedeutung**: es gibt Unannehmlichkeiten; **Anlamı**: bir olay, önüne geçilemez, tehlikeli bir durum almak]

Dampfer vapur

auf dem falschen Dampfer sein *(wörtl: yanlış vapurda olmak)* **fig** yoldan çıkmak *(wörtl: auf dem falschen Weg sein)* [**Bedeutung**: sich irren; fehl am Platze sein; **Anlamı**: doğru yoldan ayrılmak]

Dämpfer surdin

jemandem einen Dämpfer verpassen/geben *fig* ağzının payını vermek *(wörtl: den Anteil für seinen Mund geben)* [**Bedeutung**: jemanden zurückweisen; jemanden zur Zurückhaltung auffordern; **Anlamı**: sert sözlerle haddini bildirip susturmak]

Däumchen başparmakçık

Däumchen drehen *(wörtl: başparmak döndürmek)* **fig** sinek avlamak *(wörtl: Fliegen jagen/fangen)* **fig** el el üstünde oturmak *(wörtl: die Hände übereinandersitzen)* **fig** dalga saymak *(wörtl: Wellen zählen)* [**Bedeutung**: nichts tun; sich langweilen; **Anlamı**: işi olmadığından boş oturmak]

Daumen başparmak

drücke mir die Daumen, dass … *(wörtl: bana başparmaklarına bas)* **fig** dua et ki … *(wörtl: bete, dass …)*

ich drücke dir die Daumen *(wörtl: başparmaklarına basarım)* **fig** şeytan kulağına kurşun *(wörtl: Blei in das Ohr des Teufels)* [**Bedeutung**: mit den Worten drückt man aus, dass man jemandem in seinem Vorhaben Glück und Erfolg wünscht; **Anlamı**: aksama olanağı bulunan işlerde 'nazar değmesin' anlamında kullanılan söz]

per Daumen reisen *(wörtl: başparmak yoluyla yolculuk yapmak)* **fig** otostop yapmak [**Bedeutung**: als Anhalter reisen; trampen; **Anlamı**: işi olmadığından boş oturmak]

Pi mal Daumen *(wörtl: pi (sayısı) çarpı başparmak)* **fig** üç aşağı beş yukarı *(wörtl: drei nach unten, fünf nach oben)*

[**Bedeutung**: ungefähr; circa; zirka; **Anlamı**: yaklaşık olarak; özet olarak]

jemandem Daumenschrauben anlegen/ansetzen *(wörtl: birine başparmaklarını sıkıştırmaya yarayan aleti takmak)* *fig* birini cendereye sokmak *(wörtl: jemanden in die Presse stecken)*
[**Bedeutung**: jemanden unter Druck setzen; **Anlamı**: birini manevi baskı altına almak]

---

dazugeben katıştırmak

seinen Senf dazugeben *(wörtl: hardalını katıştırmak)* *fig* hariçten gazel okumak/atmak *(wörtl: von außerhalb Liebesgedichte vortragen)*
[**Bedeutung**: sich ungefragt in ein Gespräch einmischen und die Meinung äußern; **Anlamı**: bir konuşmaya yersiz ve zamansız katılmak]

Decke[1] yorgan

sich nach der Decke strecken *(wörtl: yorgana göre uzanmak)* *fig* ayağını yorganına göre uzatmak *(wörtl: seinen Fuß nach der Decke strecken)*
[**Bedeutung**: sparsam haushalten; mit wenig Geld auskommen; **Anlamı**: giderini gelirine uydurmak]

unter einer Decke stecken *(wörtl: bir örtü altında bulunmak)* *fig* danışık dövüşlü olmak *(wörtl: ein abgekartetes Spiel spielen)*
[**Bedeutung**: in geheimem Einverständnis stehen; **Anlamı**: gizli işbirliği yapmak]

Decke[2] tavan

an die Decke gehen *(wörtl: tavana çıkmak)* *fig* küplere binmek *(wörtl: auf Tongefäße reiten/auf Tongefäße steigen)* *fig* tepesi atmak *(wörtl: sein Haupt wirft)*
[**Bedeutung**: sehr wütend werden; **Anlamı**: çok öfkelenmek]

durch die Decke gehen /schießen[1] *(wörtl: tavanı delip geçmek)* *fig* tavan yapmak *(wörtl: Decke machen)* *fig* tavana vurmak *(wörtl: an die Decke schlagen)*
[**Bedeutung**: kurzfristig stark ansteigen; **Anlamı**: hisse senedinin değeri en üst düzeye ulaşmak]

durch die Decke gehen /schießen[2] *(wörtl: tavanı delip geçmek)* *fig* tepesi atmak *(wörtl: jemandes Haupt wirft)* [**Bedeutung**: wütend werden; **Anlamı**: öfkelenmek]

jemandem fällt die Bude/Decke auf den Kopf *(wörtl: evi/tavanı başına çökmek)* *fig* içi daralmak *(wörtl: sein Inneres wird beengt)* *fig* içi sıkılmak *(wörtl: sein Inneres wird gedrückt)* *fig* sıkıntı basmak
[**Bedeutung**: jemand hält es in der Wohnung nicht mehr aus; **Anlamı**: sıkıntıdan bunalmak]

vor Freude an die Decke springen *(wörtl: sevinçten tavana sıçramak)* *fig* sevinçten (havalara) uçmak *(wörtl: vor Freunde in die Luft fliegen)* [**Bedeutung**: sich sehr freuen; **Anlamı**: çok sevinmek]

Deckel kapak

jeder Topf findet seinen Deckel *(wörtl: her tencere kapağını bulur)* *fig* tencere yuvarlanmış kapağını bulmuş *(wörtl: der Kochtopf ist gerollt und hat seinen Deckel gefunden)*
[**Bedeutung**: jeder, alles findet das zu ihm passende Gegenstück;

84

Anlamı: birbiriyle benzeşen iki insan bir araya gelmiş]

---

denken düşünmek

erst denken, dann handeln *(wörtl: önce düşünmek, sonra harekete geçmek)* ***fig*** aklına geleni işleme, her ağacı taşlama *(wörtl: tu nicht das, was dir einfällt, bewirf nicht jeden Baum mit Steinen)* ***fig*** iki ölç, bir biç *(wörtl: miss zweimal, näh einmal)* [**Bedeutung**: man sollte erst denken, bevor man etwas tut; **Anlamı**: sonunu düşünmeksizin aklına geleni yapan, bu davranışının büyük zararlarını görür; bir iş yapılırken ayrıntıları ve sonuçları iyice düşünülmelidir]

erstens kommt es anders, und zweitens als man denkt *(wörtl: bir kez başka olup ikinci kez düşünüldüğü gibi olmuyor)* ***fig*** arpa ektim, darı çıktı *(wörtl: ich habe Gerste gesät und Hirse kam heraus)* ***fig*** göründü Sivas'ın bağları *(wörtl: man sieht die Weinberge von Sivas)* [**Bedeutung**: etwas ereignet sich anders als erwartet; **Anlamı**: umutla beklenen sonuç ters yönde gerçekleşti]

etwas kommt ganz anders als erwartet ↑ **erstens kommt es anders, zweitens, als man denkt**

ich denk, mich küsst/knutscht ein Elch *(wörtl: sanki bir mus beni öpüyor/benimle emişiyor)* ***fig*** öp babanın elini *(wörtl: küss deinem Vater die Hand)* [**Bedeutung**: Reaktion auf ein unerwartetes Ereignis; Ausdruck äußerster Überraschung; **Anlamı**: beklenmedik bir durum karşısında tepki]

ich denk, mich tritt ein Pferd *(wörtl: sanki beni bir at/beygir tekmeliyor)* ***fig*** öp babanın elini *(wörtl: küss deinem Vater die Hand)* [**Bedeutung**: Reaktion auf ein unerwartetes Ereignis; **Anlamı**: beklenmedik bir durum karşısında tepki]

überlass das Denken den Pferden, die haben die größeren Köpfe *(wörtl: düşünmeyi atlara bırak, onların başları daha büyük)* ***fig*** kafanı yorma, büyükler düşünsün *(wörtl: streng dich nicht an, die Erwachsenen sollen denken)* [**Bedeutung**: sie werden hier nicht fürs Denken bezahlt; **Anlamı**: buraya çalışmak için geldin, düşünmek için değil]

um die Ecke denken *(wörtl: köşeyi dönerek düşünmek)* ***fig*** dolambaçlı düşünmek *(wörtl: auf verschlungenen Wegen denken)* [**Bedeutung**: kompliziert denken; Abweichungen/Umwege gedanklich berücksichtigen; **Anlamı**: karışık ve çapraşık düşünceler yürütmek]

Detail ayrıntı

der Teufel steckt im Detail *(wörtl: şeytan, ayrıntıda bulunur)* ***fig*** küçük taş baş yarar *(wörtl: ein kleiner Stein schlitzt den Kopf auf)* [**Bedeutung**: gerade bei den Einzelheiten, bei Kleinigkeiten kann es große Probleme geben; **Anlamı**: zararsız gibi görünen küçük şeyler büyük zararlara yol açabilir]

---

dicht hemen

dicht daneben ist auch vorbei *(wörtl: hemen yanından da teğet geçti demek)* ***fig*** tam tutmadıysa isabet etmedi demektir *(wörtl: wenn* *es nicht genau getroffen hat, heißt es, es hat nicht getroffen)* [Bedeutung: beinahe getroffen, heißt nicht getroffen; beinahe gewonnen, heißt nicht gewonnen; **Anlamı**: az kalsın vuruyordum demek, isabet etti demek anlamına gelmez: neredeyse kazanıyordum, kazanmadım demektir]

dicht machen[1] *(wörtl: geçirmez yapmak)* *fig* kulak/kulaklarını tıkamak *(wörtl: die Ohren stopfen)* [Bedeutung: nicht mehr zuhören; **Anlamı**: bir şeyi duymazlıktan gelmek]

dicht machen[2] *(wörtl: geçirmez yapmak)* *fig* kapamak *(wörtl: schließen)* [Bedeutung: etwas schließen, beenden; **Anlamı**: iş yapamaz duruma getirmek]

dicht sein *(wörtl: geçirmez olmak)* *fig* kafası dumanlanmak *(wörtl: sein Kopf wird rauchig)* [Bedeutung: sich im Rauschzustand befinden; unter Drogeneinfluss stehen; **Anlamı**: esrar içmiş olmak; sarhoş olmak]

dichthalten *fig* ağzını tutmak *(wörtl: den Mund halten)* [Bedeutung: nichts verraten; schweigen; **Anlamı**: bir konuda arzu edilmeyen düşüncelerin açığa çıkmasını susarak önlemek]

dick kalıın, şişman

Blut ist dicker als Wasser *(wörtl: kan, sudan kalındır)* *fig* etle tırnak arasına girilmez *(wörtl: zwischen Fleisch und Nägeln soll man nicht geraten)* *fig* et tırnaktan ayrılmaz *(wörtl: das Fleisch trennt sich nicht vom Fingernagel)*

[Bedeutung: verwandschaftliche Verbindungen sind stärker als andere; **Anlamı**: akrabalar arasındaki bağ, aralarında ne kadar anlaşmazlık çıkarsa çıksın, kolay kolay kopmaz; aile bağları, başka bağ ve ilişkilerden çok daha kuvvetlidir]

das dicke Ende kommt noch[1] *(wörtl: kalın sonu daha gelecek)* *fig* bunun altından çapanoğlu çıkar *(wörtl: von Unten kommt Çapanoğlu hervor)* [Bedeutung: das Schlimmste kommt erst noch; **Anlamı**: bundan daha beteri de var]

das dicke Ende kommt noch[2] *(wörtl: kalın sonu daha gelecek)* *fig* Karaman'ın koyunu sonra çıkar oyunu *(wörtl: das Spiel mit Karamans Schaf wird sich später herausstellen)* [Bedeutung: das Schlimmste kommt erst noch; **Anlamı**: iş olacakmış gibi görünüyor ama altından bakalım neler çıkacak]

die Faxen dick/dicke haben *(wörtl: maskaralıkları kalın olmak)* *fig* canına tak demek/etmek *(wörtl: jemandes Seele sagt/macht Tak)* [Bedeutung: einer Sache überdrüssig sein; die Geduld verlieren; jemand wird ungeduldig und ärgerlich; **Anlamı**: sabrı kalmamak; sabrı tükenmek; dayanamaz duruma gelmek]

ein dickes Fell bekommen *(wörtl: kalın bir postu oluşmak)* *fig* kaşarlanmak *(wörtl: zu Kaschar-Käse werden)* [Bedeutung: seelisch unempfindlich werden; **Anlamı**: hoşa gitmeyen bir işe alışarak artık ondan üzüntü duymamak]

einen auf dicke Hose machen *(wörtl: kalın pantolonları oynamak)*

fig üst perdeden konuşmak *(wörtl: am obersten Vorhang stehen und reden) fig* yüksek perdeden konuşmak *(wörtl: am hohen Vorhang stehen und reden)*
[**Bedeutung**: angeben; prahlen; **Anlamı**: üstünlük taslayarak söz söylemek]

dicke haydi haydi

dicke reichen *fig* haydi haydi yetmek
[**Bedeutung**: vollkommen ausreichen; mehr als genug sein; **Anlamı**: rahatlıkla yeter olmak]

dienen hizmet etmek

zwei Herren dienen *(wörtl: iki beye birden hizmet etmek) fig* hem İsa'yı hem de Musa'yı memnun etmek *(wörtl: sowohl Jesus als auch Moses zufrieden stellen) fig* hem nalına hem mıhına *(wörtl: sowohl dem Hufeisen als auch dem Hufnagel) fig* iki iple dikmek *(wörtl: mit zwei Fäden nähen)*
[**Bedeutung**: für zwei verschiedene Leute gleichzeitig arbeiten; zwei schwierige Aufgaben gleihzeitig erledigen; **Anlamı**: istekleri birbirine karşıt olan iki kişiyi birden hoşnut edecek bir davranışta bulunmak]

Dienst hizmet, iş

Dienst ist Dienst und Schnaps ist Schnaps *(wörtl: hizmet hizmettir rakı rakıdır) fig* dostluk başka, alışveriş başka *(wörtl: Freundschaft ist anders und Handel ist anders)*
[**Bedeutung**: Berufsleben und Privatleben sollte man trennen; **Anlamı**: iki dost arasında alışveriş dostluğu bozabilir]

dies bu

über dieses und jenes *fig* şundan bundan
[**Bedeutung**: über manches; **Anlamı**: belirsiz şeylerden; gelişigüzel olarak her şeyden]

Ding şey, iş

aller guten Dinge sind drei *(wörtl: her iyi şey üçtür) fig* er oyunu üçe kadar *(wörtl: das Spiel eines Mannes ist bis drei) fig* Allah'ın hakkı üçtür *(wörtl: Gottes Rechte sind drei)*
[**Bedeutung**: Rechtfertigung dafür, dass etwas zum dritten Mal versucht wird; **Anlamı**: bir iki kez deneyip başaramadığımız zaman üçüncü bir kez denemeden önce kullanılan söz]

das Ding ist gelaufen *fig* oldu olacak, kırıldı nacak *fig*
[**Bedeutung**: die Sache ist erledigt; **Anlamı**: her şey olup bitti; bir konuda karşı çıkılacak bir nokta kalmamak]

ein Ding der Unmöglichkeit sein *(wörtl: imkânsız bir şey) fig* davul tozu olmak *(wörtl: Paukenrauch sein)*
[**Bedeutung**: nicht möglich sein; sich nicht erledigen, ausführen, einrichten lassen; **Anlamı**: gerçekleşmesi olanaksız şey]

ein (krummes) Ding drehen *(wörtl: bir şey çevirmek) fig* iş çevirmek *(wörtl: ein Geschäft drehen; eine Angelegenheit drehen) fig* dolap çevirmek *(wörtl: einen Schrank drehen)*
[**Bedeutung**: etwas Kriminelles tun; **Anlamı**: gizli, dolambaçlı bir iş yapmak]

geschehene Dinge haben keine Umkehr *(wörtl: olmuş şeylerin dönüşü yoktur) fig* kesilen baş yerine konmaz *(wörtl: der abgeschnittene*

Kopf kann nicht wieder eingesetzt werden) fig olan oldu ok yaydan çıktı *(wörtl: was geschehen ist, ist geschehen, der Pfeil hat den Bogen verlassen)*
[**Bedeutung:** sie ist nicht mehr rückgängig zu machen; **Anlamı:** geri dönüşü olmamak; kesin olarak yapılıp sonuçlandırılan iş, eski durumuna getirilemez]

gut Ding will Weile haben *(wörtl: iyi şey zaman ister) fig* iyi iş altı ayda biter *(wörtl: gute Arbeit ist in sechs Monaten erledigt) fig* çabuk parlayan çabuk söner *(wörtl: das, was schnell glänzt, geht schnell aus) fig* çabuk çırak olan çabuk tezgâh devirir *(wörtl: wer zu schnell Lehrling wird, stürzt die Theke schnell um)*
[**Bedeutung:** was gut werden soll, braucht seine Zeit; **Anlamı:** kisa bir zamanda olan bir gelişme sürekli olamaz]

gut Ding braucht Weile *(wörtl: iyi şey zaman ister) fig* iyi iş altı ayda biter *(wörtl: gute Arbeit ist in sechs Monaten erledigt) fig* çabuk parlayan çabuk söner *(wörtl: das, was schnell glänzt, geht schnell aus) fig* çabuk çırak olan çabuk tezgâh devirir *(wörtl: wer zu schnell Lehrling wird, stürzt die Theke schnell um)*
[**Bedeutung:** was gut werden soll, braucht seine Zeit; **Anlamı:** kisa bir zamanda olan bir gelişme sürekli olamaz]

das ist der Lauf der Dinge *(wörtl: işlerin gidişatı/seyri böyledir) fig* böyle gelmiş böyle gider *(wörtl: es ist so gekommen, es wird so weitergehen)*
[**Bedeutung:** das ist die gesetzmäßige Entwicklung von etwas; die notwendige Folge zusammenhängender Ereignisse; **Anlamı:** bir şey öteden beri aynı biçimde sürüp gelmekte olup

gelecekte de böyle devam edecektir; her zaman böyle olmuş, gene de böyle olacak]

wir werden das Ding schon schaukeln *(wörtl: işi sallayacağız) fig* meseleyi hallederiz *(wörtl: wir werden die Angelegenheit lösen) fig* meseleyi halledeceğiz *(wörtl: wir werden die Angelegenheit lösen)*
[**Bedeutung:** (mach dir keine Sorgen) es wird schon gelingen; **Anlamı:** (merak etme) bir çözüm yolu buluruz]

Donnerschlag gök gürültüsü

aus einem Furz einen Donnerschlag machen *(wört: osuruktan gök gürültüsü yapmak) fig* pireyi deve yapmak *(wörtl: aus einem Floh ein Kamel machen) fig* habbeyi kubbe yapmak *(wörtl: aus einer Blase eine Kuppel errichten)*
[**Bedeutung:** etwas aufbauschen; wegen einer Kleinigkeit viel Aufregung erzeugen; **Anlamı:** önemsiz bir olayı büyütmek; abartmak]

---

doppelt ikili, çift

doppelt (genäht) hält besser *(wörtl: çift (dikilmiş) daha iyi dayanır) fig* güven ama doğrula *(wörtl: vertraue aber bestätige) fig* asla güvenme, her zaman doğrula *(wörtl: vertraue niemals, bestätige immer) fig* fazla tedbir almak göz çıkarmaz *(wörtl: es sticht kein Auge aus, wenn man mehr Maßnahmen ergreift)*
[**Bedeutung:** man sollte sich nur auf das verlassen, was man nachgeprüft hat; **Anlamı:** başkasına değil, bizzat kontrol ettiğine güven]

doppelt sehen *fig* çift görmek
[**Bedeutung:** betrunken sein; **Anlamı:** sarhoş olmak]

(alles) doppelt sehen *fig* (herşeyi) çift görmek [**Bedeutung**: betrunken sein; **Anlamı**: sarhoş olmak]

d

ein doppeltes Spiel spielen *fig* ikili oynamak [**Bedeutung**: auch mit der Gegensite zusammenarbeiten; **Anlamı**: karşı olan taraflardan sezdirmemeye çalışarak hem birini hem de ötekini desteklemek]

Dorf köy

aus jedem Dorf ein Hund *(wörtl: her köyden bir köpek)* *fig* her tarladan bir kesek *(wörtl: aus jedem Feld ein Schnitt)* [**Bedeutung**: beliebiges Durcheinander; **Anlamı**: birbiriyle ilgili olmayan çeşitli konulardan birer parça]

die Kirche im Dorf lassen *(wörtl: kiliseyi köyde bırakmak)* *fig* çizmeden yukarı çıkmamak *(wörtl: nicht höher als der Stiefel steigen)* *fig* sadede gelmek *(wörtl: zum Hauptthema kommen; zur Sache kommen)* *fig* haddini bilmek *(wörtl: seine Grenze wissen)* *fig* kendini tutmak[1] *(wörtl: sich halten)* [**Bedeutung**: nicht übertreiben; etwas im vernüftigen Rahmen belassen; zur Sachlichkeit zurückkehren; **Anlamı**: neler yapabileceğini bilerek onun ötesine geçmemek; konuyla ilgisi olmayan sözleri bırakarak asıl konuya dönmek]

morgen läuft eine andere Sau durchs Dorf *(wörtl: yarın köyden başka bir domuz geçer)* *fig* horoz öttü, dava bitti *(wörtl: der Hahn krähte, der Streit war zu Ende)*

[**Bedeutung**: die Sache ist bald vergessen; **Anlamı**: olay pek yakında unutulur]

Dorn diken

jemandem ein Dorn im Auge sein *(wörtl: birinin gözünde diken olmak)* *fig* gözüne batmak *(wörtl: jemandem ins Auge stechen)* [**Bedeutung**: jemandem ein Ärgernis sein; unerträglich sein; **Anlamı**: rahatsız, tedirgin etmek]

keine Rose ist ohne Dornen *(wörtl: hiçbir gül dikensiz değildir)* *fig* dikensiz gül olmaz *(wörtl: Rosen ohne Dornen, gibt es nicht)* [**Bedeutung**: alles hat neben schönen Seiten auch Nachteile; **Anlamı**: iyi ve güzel olan her şeyin az çok sıkıntı veren bir yanı da bulunur]

manchmal muss man durch Dornen gehen, um Rosen zu erreichen *(wörtl: bazen güllere erişmek için dikenlerden geçmek gerekir)* *fig* gülü seven dikenine katlanır *(wörtl: wer die Rose liebt, erträgt ihre Dornen)* [**Bedeutung**: wer eine Sache anfängt, muss sie vollenden und auch unangenehme Folgen auf sich nehmen; **Anlamı**: insan, sevdiği iş yüzünden gelecek sıkıntılara dayanır]

Dreck pislik, kir

Dreck aufwühlen *(wörtl: kirleri karıştırmak)* *fig* kirli çamaşırlarını ortaya dökmek *(wörtl: seine schmutzige Wäsche offen zerstreuen)* [**Bedeutung**: alte, unangenehme, peinliche Dinge ansprechen; **Anlamı**: birinin ayıp, kusur veya suçlarını açıklamak, söylemek]

Geld wie Dreck haben *(wörtl: pislik gibi parası olmak)* *fig* denizde kum, onda para *(wörtl: er hat Geld wie Sand am Meer)* **fig** bok gibi parası olmak *(wörtl: Geld haben wie Scheiße)* [**Bedeutung**: sehr reich sein; **Anlamı**: çok zengin; parası çok olmak]

jemanden aus dem Dreck ziehen *(wörtl: birini pislikten çekip kurtarmak)* **fig** birini çamurdan çekip çıkarmak *(wörtl: jemanden aus der Patsche ziehen)* [**Bedeutung**: jemanden aus einer unangenehmen Lage befreien; **Anlamı**: birini kötü bir durumdan kurtarmak]

jemanden durch den Dreck ziehen *(wörtl: birini pisliğin içinden çekmek)* **fig** birine çamur atmak *(wörtl: jemanden mit Schlamm bewerfen)* [**Bedeutung**: jemanden verleumden; **Anlamı**: kara çalmak; lekelemeye çalışmak]

jemanden in den Dreck ziehen *(wörtl: birine pisliğe çekmek)* **fig** birine çamur atmak *(wörtl: jemanden mit Schlamm bewerfen)* [**Bedeutung**: jemanden verleumden; **Anlamı**: kara çalmak; lekelemeye çalışmak]

jemanden mit Dreck bewerfen *(wörtl: birine pislik atmak)* **fig** birine çamur atmak *(wörtl: jemanden mit Schlamm bewerfen)* [**Bedeutung**: jemanden verleumden; **Anlamı**: kara çalmak; lekelemeye çalışmak]

---

drehen çevirmek, döndürmek

Däumchen drehen *(wörtl: başparmak döndürmek)* **fig** sinek avlamak *(wörtl: Fliegen jagen/fangen)* **fig** el el üstünde oturmak *(wörtl: die Hände übereinandersitzen)* [**Bedeutung**: nichts tun; sich langweilen; **Anlamı**: işi olmadığından boş oturmak]

ein (krummes) Ding drehen *(wörtl: bir şey çevirmek)* **fig** iş çevirmek *(wörtl: ein Geschäft drehen; eine Angelegenheit drehen)* **fig** dolap çevirmek *(wörtl: einen Schrank drehen)* [**Bedeutung**: etwas Kriminelles tun; **Anlamı**: gizli, dolambaçlı bir iş yapmak]

eine Runde drehen *(wörtl: bir tur döndürmek)* **fig** tur atmak *(wörtl: eine Runde werfen)* [**Bedeutung**: einen Rundgang unternehmen; **Anlamı**: şöyle bir dolaşıp gelmek]

jemanden durch den Wolf drehen *(wörtl: birini kıyma makinesinden geçirmek)* **fig** birini pestile çevirmek *(wörtl: jemanden zum Mus verarbeiten)* [**Bedeutung**: jemanden zermürben; **Anlamı**: çok yormak]

man kann/mag es drehen und wenden, wie man will **fig** neresinden bakarsan bak *(wörtl: egal woher du schaust)* [**Bedeutung**: es lässt sich nicht ändern; die Sache ist eindeutig und keine Frage der Auslegung; **Anlamı**: istediğini yap, yapılacak bir şey yok]

sein Fähnlein nach dem Wind drehen ↑ **sein Fähnchen nach dem Wind drehen**

sich drehen wie eine Wetterfahne *(wörtl: yelkovan gibi dönmek)* **fig** rüzgâra göre yelken açmak *(wörtl: die Segel nach dem Wind setzen)*

[**Bedeutung**: seine Meinung so ändern, wie es nützlich ist; **Anlamı**: fikrini duruma göre değiştirmek]

sich im Kreis bewegen/drehen *(wörtl: daire içinde hareket etmek/dönmek) fig* yerinde saymak *(wörtl: auf der Stelle zählen)* [**Bedeutung**: nicht vorwärtskommen; **Anlamı**: ilerleemek; bulunduğu yerden daha ileriye gidememek]

Dreh- und Angelpunkt püf noktası [**Bedeutung**: der entscheidende Punkt; **Anlamı**: bir işin en önemli yeri]

drei üç

drei Kreuze machen[1] *(wörtl: istavroz çıkarmak) fig* Allah'a şükretmek *(wörtl: Allah bedanken)* [**Bedeutung**: froh sein, dass etwas vorbei ist; **Anlamı**: gerçekleşen güzel bir durum için Allah'a teşekkür etmek]

drei Kreuze machen[2] *(wörtl: üç kere haç çıkarmak; istavroz çıkarmak) fig* üstüne bir bardak (soğuk) su içmek *(wörtl: ein Glas (kaltes) Wasser auf etwas trinken)* [**Bedeutung**: etwas gedanklich abhaken; **Anlamı**: bir işten umudunu kesmek; o işten vaygeçmek]

aller guten Dinge sind drei *(wörtl: her iyi şey üçtür) fig* er oyunu üçe kadar *(wörtl: das Spiel eines Mannes ist bis drei) fig* Allah'ın hakkı üçtür *(wörtl: Gottes Rechte sind drei)* [**Bedeutung**: Rechtfertigung dafür, dass etwas zum dritten Mal versucht wird; **Anlamı**: bir iki kez deneyip başaramadığımız zaman üçüncü bir kez denemeden önce kullanılan söz]

um drei Ecken miteinander verwandt sein *(wörtl: üç köşeden birbiriyle akraba olmak) fig* dış kapının dış mandalı olmak *(wörtl: der äußere Riegel der Außentür sein)* [**Anlamı**: pek uzak akraba olmak; **Bedeutung**: entfernt verwandt sein]

dreizehn on üç

jetzt schlägt es dreizehn! *(wörtl: şimdi om üçü vuruyor) fig* akar sular durur *(wörtl: die fließenden Wasser halten an)* [**Bedeutung**: jetzt ist Schluss; **Anlamı**: bir konuda karşı çıkılacak bir nokta kalmamak]

Nun schlägt's aber dreizehn *(wörtl: ama şimdi om üçü vuruyor) fig* akar sular durur *(wörtl: die fließenden Wasser halten an)* [**Bedeutung**: jetzt ist Schluss; **Anlamı**: bir konuda karşı çıkılacak bir nokta kalmamak]

Drops draje

der Drops ist gelutscht *(wörtl: draje yalandı) fig* oldu olacak, kırıldı nacak *fig* iş işten geçti *(wörtl: die Sache ging von der Sache weg)* [**Bedeutung**: die Sache ist erledigt; **Anlamı**: her şey olup bitti; bir konuda karşı çıkılacak bir nokta kalmamak]

du sen

du Dame, ich Dame, wer soll die Schweine hüten? *(wörtl: sen hanımefendi, ben hanımefendi, domuzlara kim bakacak?) fig* sen ağa, ben ağa, bu ineği kim sağa? *(wörtl: du bist ein Herr, ich bin ein Herr, wer soll diese Kuh melken?)* [**Bedeutung**: man ziert sich wegen der schmutzigen Arbeit, die unerledigt bleibt; **Anlamı**: bir iş yerinde yapılması gereken işe kimse yanaşmaz: herkes birbirinden beklerse o iş yürümez]

du hast wohl deinen Mund zu Hause gelassen *(wörtl: anlaşılan/galiba ağzını evde unuttun)* *fig* dilini kedi/fare mi yedi? *(wörtl: hat die Katze/die Maus deine Zunge gefressen?)* [**Bedeutung**: du bist aber sehr schweigsam; **Anlamı**: neden konuşmuyorsun?]

da, wo ich schon hingeschissen habe, musst du erstmal hinriechen *(wörtl: benim çoktan sıçmış olduğum yeri ilkönce koklaman gerek)* *fig* sen giderken ben geliyordum *(wörtl: als du weggingst, war ich auf dem Rückweg)* [**Bedeutung**: ich habe mehr Erfahrung als du; **Anlamı**: bu oyunları senden iyi biliyorum]

werde du erstmal so alt wie ich *(wörtl: ilkönce bir benim yaşıma gel de)* *fig* sen giderken ben geliyordum *(wörtl: als du weggingst, war ich auf dem Rückweg)* [**Bedeutung**: ich habe mehr Erfahrung als du; **Anlamı**: bu oyunları senden iyi biliyorum]

wie du mir, so ich dir *(wörtl: bana neysen, sana oyum)* *fig* ne ekersen onu biçersin *(wörtl: was du säst, wirst du ernten)* [**Bedeutung**: so wie du dich verhältst, wird man dich behandeln; **Anlamı**: nasıl davranırsan öyle karşılık görürsün]

Duft koku

verduften *(wörtl: koku olmak)* *fig* toz olmak *(wörtl: zu Staub werden)* [**Bedeutung**: verschwinden; fliehen; **Anlamı**: kaybolup gitmek; kaçmak]

dumm aptal

dumm aus der Wäsche gucken *(wörtl: çamaşırın içinden aptal aptal bakmak)* *fig* bön bön bakmak *(wörtl: verblüfft gucken)* [**Bedeutung**: verdutzt schauen; verblüfft gucken; **Anlamı**: bir şey anlamaz biçimde bakmak; şaşkın şaşkın bakmak]

besser stumm als dumm *(wörtl: dilsiz aptaldan iyi)* *fig* söz gümüşse sükût altındır *(wörtl: wenn das Wort Silber ist, ist das Schweigen Gold)* [**Bedeutung**: Schweigen ist mehr wert als Reden; manchmal ist es besser nichts zu sagen; **Anlamı**: susmak bazen konuşmaktan daha iyi sonuç verir]

jemanden für dumm verkaufen[1] *(wörtl: birini aptal olarak satmak)* *fig* birine kazık atmak *(wörtl: jemandem mit dem Pfahl bewerfen/Pfählen bewerfen)* [**Bedeutung**: jemanden betrügen, täuschen, hereinlegen; **Anlamı**: birini aldatmak]

jemanden für dumm verkaufen[2] *(wörtl: birini aptal olarak satmak)* *fig* birini aptal/enayi yerine koymak *(wörtl: jemanden an die Stelle eines Dummen stellen)* [**Bedeutung**: jemanden für dumm halten; **Anlamı**: birine, aptal gözüyle bakmak]

Dummheit aptallık

gegen Dummheit kämpfen Götter selbst vergebens *(wörtl: tanrılar bile aptallığa karşı boşuna mücadele ederler)* *fig* cahile söz/laf anlatmak, deveye hendek atlatmaktan güçtür *(wörtl: dem Ignoranten etwas klarmachen, ist schwieriger als das Kamel über den Graben springen zu lassen)*

[**Bedeutung**: debile oder unkluge Verhaltensweisen können häufig trotz großer Bemühungen nicht geändert werden; **Anlamı**: cahile söz anlatmak çok zordur]

mit der Dummheit kämpfen Götter selbst vergebens *(wörtl: tanrılar bile aptallıkla boşuna mücadele ederler)* *fig* cahile söz/laf anlatmak, deveye hendek atlatmaktan güçtür *(wörtl: dem Ignoranten etwas klarmachen, ist schwieriger als das Kamel über den Graben springen zu lassen)* [**Bedeutung**: debile oder unkluge Verhaltensweisen können häufig trotz großer Bemühungen nicht geändert werden; **Anlamı**: cahile söz anlatmak çok zordur]

dunkel karanlık

dunkle Geschäfte *fig* karanlık işler [**Bedeutung**: illegale, zweifelhafte Dinge; **Anlamı**: ahlaka ve yasalara uygun olmayan davranışlar]

jemanden im Dunkeln lassen *(wörtl: birini karanlıkta bırakmak)* *fig* karanlıkta göz kırpmak *(wörtl: in der Dunkelheit mit den Augen zwinkern)* [**Bedeutung**: jemanden im Ungewissen lassen; **Anlamı**: karşısındakinin anlayamayacağı bir söz söylemek]

Dunst pus

jemandem blauen Dunst vormachen *(wörtl: birine mavi pusmuş/hafif sismiş gbi göstermek)* *fig* Kafdağı'ndan kar bağışlamak *(wörtl: Schnee vom Berg Kaf spenden)* [**Bedeutung**: jemandem etwas so darstellen, dass er sich falsche Vorstellung, Hoffnungen macht;

Anlamı: gerçekleşemeyecek bir vaatte bulunmak]

durch

durch den Kakao ziehen *(wörtl: kakaodan geçirmek)* *fig* dalga geçmek *(wörtl: die Welle überwinden)* *fig* gır gıra almak *fig* gır gır geçmek [**Bedeutung**: jemanden veralbern; sich über jemanden lustig machen; **Anlamı**: biriyle alay etmek]

durch die Decke gehen /schießen[1] *(wörtl: tavanı delip geçmek)* *fig* tavan yapmak *(wörtl: Decke machen)* *fig* tavana vurmak *(wörtl: an die Decke schlagen)* [**Bedeutung**: kurzfristig stark ansteigen; **Anlamı**: hisse senedinin değeri en üst düzeye ulaşmak]

durch die Decke gehen /schießen[2] *(wörtl: tavanı delip geçmek)* *fig* tepesi atmak *(wörtl: jemandes Haupt wirft)* [**Bedeutung**: wütend werden; **Anlamı**: öfkelenmek]

durch die Hintertür *(wörtl: arka kapıdan)* *fig* perde arkasından *(wörtl: hinter dem Vorhang)* *fig* arkadan arkaya *(wörtl: von hinten nach hinten)* [**Bedeutung**: auf versteckten Umwegen, heimlich; **Anlamı**: gizli gizli, belli etmeden el altından; gizliden gizliye]

durch die Lappen gehen *(wörtl: bezden gitmek)* *fig* elden kaçırmak *(wörtl: aus der Hand verlieren)* *fig* elden kaçmak *(wörtl: der Hand weglaufen)* [**Bedeutung**: jemandem entkommen, entgehen; **Anlamı**: elde edilebilecek iyi bir şeyi türlü nedenlerle elde edememek]

durch Mark und Bein gehen *(wörtl: iliğinden kemiğinden geçmek)* *fig* iliğine işlemek/geçmek *(wörtl: in jemandes Mark eindringen)* [**Bedeutung**: emotional aufwühlend wirken; **Anlamı**: bütün varlığını kaplamak; çok etkilemek]

durch sein *fig* bitmiş olmak *fig* bitmek [**Bedeutung**: erschöpft sein; **Anlamı**: çok yorulmuş olmak]

durch und durch *fig* sapına kadar *(wörtl: bis zum Stiel)* [**Bedeutung**: völlig; ganz und gar; **Anlamı**: bütünüyle] **unten durch sein** *(wörtl: aşağıdan geçmiş olmak)* *fig* gözden düşmek *(wörtl: von den Augen abfallen)* [**Bedeutung**: die Gunst/das Wohlwollen verloren haben; **Anlamı**: değerini yitirmek]

durchblicken aklı ermek

etwas durchblicken lassen *(wörtl: bir şeyi akıl erdirmeye bırakmak)* *fig* çıtlatmak *(wörtl: knacken lassen)* [**Bedeutung**: etwas andeutungsweise, verhüllt sagen; **Anlamı**: bir kimseye, bilmediği bir şeyden ancak sezdirecek kadar söz etmek; birinin bir şeyi sezmesini sağlamak]

durcheinander allak bullak, altüst, karmakarışık

das Leben durcheinander wirbeln *(wörtl: yaşamı altüst ederek uçurmak)* *fig* hayatını allak bullak etmek *(wörtl: sein Leben durcheinanderbringen)* [**Bedeutung**: die Ordnung im Leben stören; **Anlamı**: yaşamının düzenini bozmak]

Durst susamışlık

einen über den Durst getrunken haben *(wörtl: susamışlığın üzerine içmek)* *fig* kafayı tütsülemek/dumanlamak *(wörtl: den Kopf beräuchern/berauchen)* [**Bedeutung**: betrunken werden; zuviel Alkohol trinken; **Anlamı**: sarhoş olmak]

Dusche duş

für jemanden eine kalte Dusche sein *(wörtl: bir kimse için soğuk duş olmak)* *fig* başından aşağı kaynar sular dökülmek *(wörtl: kochendes Wasser gießt von seinem Kopf herunter)* [**Bedeutung**: eine Enttäuschung; Ernüchterung für jemanden sein; **Anlamı**: üzücü bir durumun sıkıntısından ter içinde kalmak]

wie eine kalte Dusche wirken *(wörtl: soğuk duş etkisi yapmak)* *fig* tepesinden kaynar su dökülmek *(wörtl: kochendes Wasser von seinem Kopf gegossen werden)* *fig* başından aşağı kaynar sular dökülmek *(wörtl: kochendes Wasser gießt von seinem Kopf herunter)* [**Bedeutung**: eine Enttäuschung; Ernüchterung für jemanden sein; **Anlamı**: üzücü bir durumun sıkıntısından ter içinde kalmak]

E

Ecke köşe

an allen Ecken und Enden sparen *(wörtl: bütün köşe ve uçlardan artırmak)* *fig* dişinden tırnağından artırmak *(wörtl: an Zähnen und Nageln sparen)* [**Bedeutung**: überall sparen; **Anlamı**: giderleri kısarak para biriktirmek]

jemanden über Eck ansehen/anschauen *(wörtl: birine köşeden bakmak)* **fig** birine yan bakmak
[**Bedeutung**: jemandes Verhalten, Äußerung missbilligen und ihm das (durch Blicke) zu verstehen geben; **Anlamı**: beğenmeyerek veya düşmanca bakmak]

jemanden um die Ecke bringen *(wörtl: birine köşeyi dömdürtmek)* **fig** birinin işini bitirmek *(wörtl: jemandes Angelegenheit beenden)*
[**Bedeutung**: jemanden umbringen; **Anlamı**: birini öldürmek]

über mehrere Ecken miteinander verwandt sein *(wörtl: bir çok köşeden birbiriyle akraba olmak)* **fig** dış kapının dış mandalı olmak *(wörtl: der äußere Riegel der Außentür sein)*
[**Bedeutung**: entfernt verwandt sein; **Anlamı**: pek uzak akraba olmak]

um die Ecke denken *(wörtl: köşeyi dönerek düşünmek)* **fig** dolambaçlı düşünmek *(wörtl: auf verschlungenen Wegen denken)*
[**Bedeutung**: kompliziert denken; Abweichungen/Umwege gedanklich berücksichtigen; **Anlamı**: karışık ve çapraşık düşünceler yürütmek]

um drei Ecken miteinander verwandt sein *(wörtl: üç köşeden birbiriyle akraba olmak)* **fig** dış kapının dış mandalı olmak *(wörtl: der äußere Riegel der Außentür sein)*
[**Anlamı**: pek uzak akraba olmak; **Bedeutung**: entfernt verwandt sein]

Effeff

etwas aus dem Effeff können **fig** bir şeyi ezbere bilmek *(wörtl: etwas auswendig können)* **fig** bir şeyin içini dışını bilmek *(wörtl: etwas innen und außen kennen)*

[**Bedeutung**: etwas gründlich verstehen; **Anlamı**: bir şeyi çok iyi bilmek]

---

egal fark etmez

egal wie du es drehst und wendest *(wörtl: nasıl evirip çevirirsen fark etmez)* **fig** neresinden bakarsan bak *(wörtl: egal woher du schaust)*
[**Bedeutung**: es lässt sich nicht ändern; die Sache ist eindeutig und keine Frage der Auslegung; **Anlamı**: istediğini yap, yapılacak bir şey yok]

Ehe evlilik

in den Hafen der Ehe einlaufen *(wörtl: evlilik limanına girmek)* **fig** dünya evine girmek *(wörtl: in das Welthaus eintreten)*
[**Bedeutung**: heiraten; **Anlamı**: evlenmek]

---

ehren değer vermek

wer das Kleine nicht ehrt, ist des Großen nicht wert *(wörtl: küçüğe değer vermeyen büyüğü hak etmez)* **fig** azı bilmeyen çoğu hiç bilmez *(wörtl: wer das Wenige nicht kennt, kennt das Viele gar nicht)* **fig** aza kanaat etmeyen çoğu hiç bulmaz *(wörtl: wer sich nicht mit Wenigem begnügt, wird Viel nicht finden)* **fig** biri bilmeyen bini hiç bilmez *(wörtl: wer die Eins nicht kennt, kennt die Tausend gar nicht)*
[**Bedeutung**: es lohnt sich auch für einen kleinen Preis Zeit zu investieren; **Anlamı**: büyük şeyleri elde edebilmek için önce küçük şeylerle yetinmek gerekir]

Ehrenrunde şeref turu

eine Ehrenrunde drehen *wörtl: şeref turu atmak)* **fig** çift dikiş gitmek

(wörtl: eine doppelte Naht gehen)
[**Bedeutung**: eine Klasse
wiederholen; **Anlamı**:bir sınıfta iki
yıl üst üste okumak]

---

ehrlich dürüst

ehrlich währt am längsten *fig*
doğrunun yardımcısı Allah'tır *(wörtl:
Allah ist der Unterstützer des
Aufrichtigen)*
[**Bedeutung**: man soll immer ehrlich
bleiben, das ist auf die Dauer am
besten; **Anlamı**: işlerinde
doğruluktan ayrılmayan kişiye Tanrı
her zaman yardım eder]

eine ehrliche Haut sein *(wörtl:
dürüst bir deri olmak)* *fig* içi dışı bir
olmak *(wörtl: nach innen und außen
eins sein)* *fig* özü sözü bir olmak
*(wörtl: sein Selbst und sein Wort sind
eins)*
[**Bedeutung**: ein ganz und gar
ehrlicher Mensch sein, der auch
unangehm gut ist, weil er kein Blatt
vor den Mund nimmt; **Anlamı**: iki
yüzlü olmayan, düşündüğünü açıkça
söyleyen kimse]

Ei yumurta

ach, du dickes Ei! *(wörtl: vay, seni
şişman yumurta seni)* *fig* ay,
inanmıyorum! *(wörtl: ich glaubs'
nicht!)* *fig* ay, olamaz! *(wörtl: es
kann nicht sein!)*
[**Bedeutung**: Ausruf der
Überraschung; **Anlamı**: hayret,
şaşırma bildiren söz]

alle Eier in einen Korb legen
*(wörtl: yumurtaların hepsini bir
sepete koymak)* *fig* rest çekmek
(wörtl: "all in" gehen) *fig* varını
yoğunu aynı işe yatırmak *(wörtl: sein
ganzes Hab und Gut in dieselbe
Sache investieren)*

[**Bedeutung**: alles wagen; alles
riskieren; es geht ums Ganze;
Anlamı: öyle bir iş ki kişi sonunda
ya imrenilecek bir duruma yükselir
ya da batar; ya batarız, ya çıkarız]

**das Ei will klüger sein als die
Henne** *(wörtl: yumurta tavuktan
daha akıllı olmaya kalkar)* *fig* dağdan
gelip bağdakini kovmak *(wörtl: vom
Berg kommen und denjenigen vom
Weinberg wegjagen)* *fig* boynuz
kulağı geçmek *(wörtl: das Horn
überholt das Ohr)*
[**Bedeutung**: der junge Mensch
glaubt oft etwas besser zu wissen als
der ältere und erfahrene Mensch;
Anlamı: sonradan geldiği bir yerde
kendinden önce gelen kişinin yerini
almaya çalışmak; daha sonra
yetişenler, yetenek bakımından
eskileri geçmek]

das Gelbe vom Ei *(wörtl:
yumurtanın sarısı)* *fig* bir şeyin
kaymağı *(wörtl: die Sahne von
etwas)* *fig* daha iyisi can sağlığı
*(wörtl: noch besser ist Leben und
Gesundheit)*
[**Bedeutung**: das Beste und das
Vorteilhafteste von etwas; **Anlamı**:
bir şeyin en iyi ve seçkin bölümü; bu
en iyisidir; bundan iyisi olamaz]

**das Huhn, das goldene Eier legt,
schlachten** *(wörtl: altın yumurta
yumurtlayan tavuğu kesmek)* *fig*
kuzlayıcı koyuna bıçak çekmek
*(wörtl: dem Schaf, das lammet, das
Messer ziehen)*
[**Bedeutung**: eine wichtige
Einnahmequelle zum Versiegen
bringen; sich selbst einer wichtigen
Lebensgrundlage entziehen; **Anlamı**:
kayanç getiren nesneyi ortadan
kaldırmaya girişmek]

für einen Apfel und ein Ei *(wörtl:
bir elma ve bir yumurta için)* *fig* yok
pahasına *(wörtl: für Nichts)* *fig* ölü

fiyatına *(wörtl: zum Preis einesToten)* [**Bedeutung**: sehr billig; **Anlamı**: çok ucuz bir biçimde]

über ungelegte Eier gackern *(wörtl: yumurtlamadan gıdaklamak)* **fig** suyu görmeden paçaları sıvamak *(wörtl: die Hosenbeine hochkrempeln, bevor man das Wasser sieht)* **fig** çayı görmeden paçaları sıvamak *(wörtl: die Hosenbeine hochkrempeln, bevor man den Bach sieht)* **fig** doğmamış çocuğa don biçmek *(wörtl: dem ungeborenen Kind eine Unterhose nähen)* **fig** kasaptaki ete soğan doğranmaz *(wörtl: für das Fleisch beim Metzger schneidet man keine Zwiebel)* **fig** at almadan ahır dikme *(wörtl: einen Stall hochziehen, bevor man die Pferde kauft)* [**Bedeutung**: Gedanken über Dinge machen, bevor dies überhaupt notwendig ist; **Anlamı**: ortada hiçbir şey yokken hazırlanmaya kalkışmak]

ungelegte Eier *(wörtl: yumurtlanmamış yumurtalar)* **fig** denizde balık *(wörtl: der Fisch im Meer)* [**Bedeutung**: Dinge, die noch nicht spruchreif sind; **Anlamı**: ele geçip geçmeyeceği belli olmayan şey]

wie aus dem Ei gepellt sein *(wörtl: yumurtadan soyulmuş gibi olmak)* **fig** iki dirhem bir çekirdek olmak *(wörtl: zwei Silbermünzen, ein Kern sein)* [**Anlamı**: çok güzel ve özenli giyinmiş olmak; **Bedeutung**: sehr ordentlich angezogen sein]

wie ein Ei dem anderen gleichen *(wörtl: bir yumurta diğerine benzer gibi benzemek)* **fig** bir elmanın yarısı o, yarısı bu olmak *(wörtl: der ist die Hälfte des Apfels, dieser ist die andere)* [**Bedeutung**: sehr ähnlich sein; **Anlamı**: birbirlerine çok benzemek]

Eiche meşe

es fällt keine Eiche auf den ersten Streich **fig** bir vurmakla ağaç devrilmez

was stört es die Eiche, wenn die Sau/Wildsau sich an ihr reibt *(wörtl: domuz/yaban domuzu meşeye sürtünürse meşe neden rahatsız olsun)* **fig** tavşan dağa küsmüşse dağın haberi olmamış *(wörtl: wenn der Hase dem Berg böse war, hat der Berg es nicht gewusst)* [**Bedeutung**: was kümmert es mich, wenn sich andere Menschen über mich ärgern; **Anlamı**: önemsiz kişi önemli kişiye küsse önemli kişinin umurunda bile olmaz]

Eichhörnchen sincap

der Teufel ist ein Eichhörnchen[1] *(wörtl: şeytan bir sincaptır)* **fig** kaza geliyorum demez *(wörtl: der Unfall sagt nicht, dass er kommt)* [**Bedeutung**: man ist vor unangenehmen Überraschungen nie sicher; **Anlamı**: kaza, beklenmedik an da, ansızın olur]

der Teufel ist ein Eichhörnchen[2] *(wörtl: şeytan bir sincaptır)* **fig** ummadığın taş baş yarar *(wörtl: der Stein, den du nicht erwartet hast, kann den Kopf aufschlitzen)* **fig** sinek ufak, ama mide bulandırır *(wörtl: die Fliege ist klein, aber verdirbt einem den Magen)* [**Bedeutung**: auch Kleinigkeiten können etwas Großes auslösen; Probleme treten oft dort auf, wo man sie nicht vermutet hatte; **Anlamı**: küçük ve önemsiz şeyler de çoğu kez büyük etkiler yapabilir]

mühsam ernährt/nährt sich das Eichhörnchen *(wörtl: sincap, ah ile* *vah ile kendini besler) fig* kuş, yuvasını yavaş yavaş yapar *(wörtl: langsam, aber stetig baut der Vogel baut sein Nest)* [**Bedeutung**: mit Mühe und in kleinen Schritten kann man etwas erreichen; **Anlamı**: İngilizcesi: little by little the bird builds its nest; küçük şeyler zamanla birike birike büyük şey olur]

Eiertanz hık mık

einen Eiertanz aufführem *fig* hık mık etmek [**Bedeutung**: sich nicht festlegen; keine eindeutige Aussage machen; **Anlamı**: açık bir anlamı olmayan belirsiz cevaplar vermek]

Eile acele

Eile mit Weile *(wörtl: zamanla acele et) fig* ağır git ki yol alasın *(wörtl: gehe langsam damit du gut vorankommst) fig* acele işe şeytan karışır *(wörtl: in hastige Arbeit mischt sich der Teufel ein) fig* acele yürüyen yolda kalır *(wörtl: wer schnell geht, bleibt unterwegs stecken)* [**Bedeutung**: handele mit der gebotenen Eile, aber überstürze nichts; **Anlamı**: yolunda ilerlemek istersen acele etmemelisin; düşünüp taşınmadan ivedi olarak yapılan işten iyi sonuç alınmaz]

Eimer kova

wie aus Eimern gießen *(wörtl: kovadan boşanırcasına yağmak) fig* bardaktan boşanırcasına yağmak *(wörtl: es regnet strömend aus einem Trinkglas)* [**Bedeutung**: sehr stark regnen; **Anlamı**: şiddetli yağmak]

---

ein

ein bisschen mehr schadet nie *(wörtl: biraz fazlası hiç zarar vermez) fig* fazla mal göz çıkarmaz *(wörtl: zu viel Ware sticht kein Auge aus)* [**Bedeutung**: ein bisschen mehr als nötig kann auch nicht schaden; **Anlamı**: fazla mal kişiye zarar vermez]

ein und aus gehen *(wörtl: girip çıkmak) fig* kapı komşusu yapmak *(wörtl: zum Türnachbarn machen)* [**Bedeutung**: sich an einem Ort, in einer Räumlichkeit oft aufhalten; **Anlamı**: bir yere sık gidip gelmek]

Ein bir

jemandes Ein und Alles sein *(wörtl: biri için bir tanem olmak) fig* birinin gözbebeği olmak *(wörtl: jemandes Augapfel sein)* [**Bedeutung**: jemandes ganzes Glück sein; für jemanden das Kostbarste, Wertvollste und Liebste sein; **Anlamı**: biri için, çok önem ve değer verdiği ve sevdiği kimse olmak]

mein Ein und Alles *fig* bir tanem

---

einäugig tek gözlü

im Reich der Blinden ist der Einäugige König *(wörtl: körler krallığında tek gözlü kraldır) fig* körler memleketinde şaşılar padişah olur *(wörtl: im Land der Blinden werden die Schielenden Sultane)* [**Bedeutung**: unter den Schlechten ist der Mittelmäßige der Beste; **Anlamı**: istenilen nitelikteki şey bulunamadığında onun daha düşük nitelikte olanına da razı olunur]

unter den Blinden ist der Einäugige König *(wörtl: körlerin arasında tek gözlü kraldır) fig* körler

memleketinde şaşılar padişah olur
*(wörtl: im Land der Blinden werden
die Schielenden Sultane) fig* koyunun
bulunmadığı yerde keçiye
Abdurrahman Çelebi derler *(wörtl:
dort, wo es keine Schafe gibt, wird
die Ziege der feine Herr
Abdurrahman genannt)*
[**Bedeutung**: unter den Schlechten ist
der Mittelmäßige der Beste; **Anlamı**:
istenilen nitelikteki şey
bulunamadığında onun daha düşük
nitelikte olanına da razı olunur]

---

einfallen aklına gelmek

**Einfälle haben wie ein alter
(Back)ofen** ↑ **Einfälle haben wie ein
altes Haus**

Einfälle haben wie ein altes Haus
*(wörtl: eski bir ev gibi fikirleri
olmak) fig* bir deli kuyuya bir taş
atar, kırk akıllı çıkaramamış *(wörtl:
ein Irrer wirft einen Stein in den
Brunnen, vierzig Vernünftige konnten
ihn nicht herausholen)*
[**Bedeutung**: sonderbare Einfälle
haben; **Anlamı**: bir insan bazen akla
ve mantığa sığmayan bir iş yapar,
yapılan iş, hiçbir kurala uymadığı
için pek çok akıllı insan bunu
düzeltmeye çalışır ama düzeltemez]

**jemandem nicht im Traum
einfallen** *(wörtl: rüyasında bile
aklına gelmemek) fig* aklının
köşesinden geçmemek *(wörtl: nicht
um die Ecke seines Verstandes
gehen) fig* aklının ucundan bile
geçmemek *(wörtl: nicht einmal um
das Ende seines Verstandes
vorbeigehen)*
[**Bedeutung**: überhaupt nicht dran
denken; **Anlamı**: hiçbir zaman
düşünmemek]

Einigkeit birlik

Einigkeit macht stark *(wörtl: birlik
güçlü kılar) fig* birlikten kuvvet
doğar *(wörtl: aus der Einigkeit
entsteht Stärke) fig* nerde birlik, orda
dirlik *(wörtl: dort, wo Einheit ist, ist
dort das Leben)*
[**Bedeutung**: die Gemeinschaft ist
stärker als das Einzelne; **Anlamı**:
toplu veya beraber davranmak daha
büyük güç sağlar]

---

einmal bir kez, bir kere

einmal findet jeder seinen Meister
*(wörtl: herkes üstadını bir kez bulur)
fig* akıl akıldan üstündür *(wörtl: ein
Verstand ist überlegen als der
andere Verstand) fig* el elden
üstündür *(wörtl: eine Hand ist
überlegener als die andere Hand) fig*
avcı kediye kurnaz fare *(wörtl: für
die Jägerin Katze eine schlaue Maus)*
[**Bedeutung**: es gibt immer einen,
der besser ist als man selbst; **Anlamı**:
insan, kendisinden daha üstün bir
başkasının da olabileceğini
bilmelidir; bir kimsenin aklına
gelmeyen çare, başka birinin aklına
gelebilir]

alle heiligen Zeiten einmal *(wörtl:
her kutsal zamanda bir kez) fig* kırk
yılda bir *(wörtl: alle vierzig Jahre
einmal)*
[**Bedeutung**: sehr selten; **Anlamı**:
çok seyrek olarak]

**wer einmal lügt, dem glaubt man
nicht, und wenn er auch die
Wahrheit spricht** *(wörtl: bir kez
yalan söyleyen, gerçeği söylese de
artık kimse ona inanmaz) fig* adam
adamı bir kere aldatır *(wörtl: Mann
betrügt Mann (nur) einmal) fig* adı
çıkmış dokuza, inmez sekize *(wörtl:
sein Ruf ist auf neun gestiegen und
steigt nicht mehr auf acht herunter)
fig* bir yalancının evi yanmış, kimse
inanmamış *(wörtl: das Haus eines*

Lügners ist abgebrannt, niemand hat es geglaubt)
[**Bedeutung**: eine Lüge kann die Glaubwürdigkeit dauerhaft zerstören; **Anlamı**: birinin bir kere adı çıktıktan sonra onun hakkındaki yaygın inanç kolay kolay düzelemez; yalan söylemeyi huy edinen kimsenin sözlerine, gerçeği söylediği zaman bile inanılmaz]

---

ein paar bir çift

ein paar Worte sagen *(wörtl: bir çift söz söylemek)* **fig** bir çift lakırtı etmek
[**Bedeutung**: kurz reden; **Anlamı**: kısa konuşmak]

Eins bir

wie eine Eins *(wörtl: bir gibi)* **fig** dört dörtlük *(wörtl: Vierviertel)*
[**Bedeutung**: untadelig; wie es sein soll; **Anlamı**: kusursuz; mükemmel]

---

einseifen sabunlamak

jemanden einseifen *(wörtl: birini sabunlamak)* **fig** birine yağ çekmek *(wörtl: jemanden mit Butter streichen)*
[**Bedeutung**: jemanden überreden, schmeicheln, einwickeln; jemandem Komplimente machen, um etwas damit zu erreichen; **Anlamı**: birini gereksiz biçimde övmek]

Eis buz

das Eis bricht *(wörtl: buz kırılıyor)* **fig** buzlar çözülmek *(wörtl: das Eis löst sich auf)*
[**Bedeutung**: die Beziehung verbessert sich; **Anlamı**: gerginlik ortadan kalkmak]

das Eis ist gebrochen *(wörtl: buz kırıldı)* **fig** buzlar çözüldü *(wörtl: das*

Eis ist geschmolzen) [**Bedeutung**: die Beziehung hat sich verbessert; **Anlamı**: aradaki soğukluk, dargınlık kalktı]

---

die Kuh vom Eis bringen /kriegen *(wörtl: ineği buzdan almak)* **fig** deveye hendek atlatmak[2] *(wörtl: das Kamel über den Graben springen lassen)*
[**Bedeutung**: ein schwieriges Problem lösen; **Anlamı**: birine yapılması çok zor, hemen hemen imkânsız olan işleri yaptırabilmek]

die Kuh vom Eis kriegen ↑ **die Kuh vom Eis bringen**

sich auf dünnes Eis begeben *(wörtl: ince buz tabakasının üstüne çıkmak)* **fig** canını dişine takmak *(wörtl: seine Seele an seinen Zahn hängen)* **fig** gözünü budaktan esirgememek *(wörtl: sein Auge vor dem Ast nicht schützen)* **fig** kelle koltukta gezmek *(wörtl: mit dem Kopf in der Achselhöhle wandern)* **fig** fincancı katırlarını ürkütmek *(wörtl: die Maultiere des Tassenhändlers erschrecken)*
[**Bedeutung**: alles riskieren; sich in eine riskante Lage begeben; **Anlamı**: gereksiz yere risk almak; her tehlikeyi göze alarak bir işe girişmek]

wenn es dem Esel zu wohl ist, geht er aufs Eis (tanzen) *(wörtl: eşeğin rahatı batarsa buzda dans etmeye gider)* **fig** kuzuya rakı içirmişler; kurdun adresini sormuş *(wörtl: sie gaben dem Lamm Raki, es hat nach der Anschrift des Wolfes gefragt)* **fig** rahat kıçına batmak *(wörtl: die Ruhe sticht ihm in den Hintern)*
[**Bedeutung**: wenn es jemandem zu gut geht, riskiert er mehr und wird leichtsinnig; **Anlamı**: bulunduğu rahat durumun değerini bilmeyip düşüncesiz davranışta bulunmak]

100

Eisen demir

man muss das Eisen schmieden, solange es heiß ist[1] *(wörtl: demiri sıcak olduğunda dövmek gerekir)* ***fig*** su akarken testiyi doldurmalı *(wörtl: man sollte den Krug füllen, wenn das Wasser fließt)* ***fig*** buldun bir koyun, ye de doyun *(wörtl: du hast ein Schaf gefunden, iss es und werde satt)* [**Bedeutung**: man darf unter günstigen Umständen nicht versäumen, seine Chance zu nutzen; **Anlamı**: kişi fırsattan yararlanmalı]

man muss das Eisen schmieden, solange es heiß ist[2] *(wörtl: demiri sıcak olduğunda dövmek gerekir)* ***fig*** demir tavında dövülür *(wörtl: das Eisen wird geschmiedet bei der richtigen Temperatur)* [**Bedeutung**: man muss die Gelegenheit nutzen, solange sie da ist; **Anlamı**: her iş zamanında ve uygun durumda yapılır]

Rost frisst Eisen, Sorge den Menschen *(wörtl: pas, demiri yer, üzüntü de insanı)* ***fig*** demir nemden, insan gamdan çürür *(wörtl: das Eisen korrodiert durch Feuchtigkeit, der Mensch durch Kummer)* [**Bedeutung**: sowie Rost das Eisen korrodiert, so werden Menschen durch Kummer zerschlissen; **Anlamı**: ıslaklık demiri nasıl paslandırır ve böylece çürütürse kaygı ve tasa da insanı öyle yapar]

zum alten Eisen gehören[1] *(wörtl: eski demirden olmak)* ***fig*** demirbaş olmak *(wörtl: Inventar sein)* [**Bedeutung**: ausgedient haben; **Anlamı**: bir yerin eskisi, emektarı olmak]

zum alten Eisen gehören[2] *(wörtl: eski demirden olmak)* ***fig*** pabucu dama atılmak *(wörtl: jemandes Schuh wird aufs Dach geworfen)* [**Bedeutung**: nicht mehr gebraucht werden; **Anlamı**: kendinden üstün birinin çıkmasıyla gözden düşmek]

zum alten Eisen zählen↑ **zum alten Eisen gehören**[2]

Eisenbahn demiryolu

es ist höchste Eisenbahn ***fig*** yumurta kapıya dayandı/geldi *(wörtl: das Ei hat sich an die Tür gelehnt/das Ei ist an die Tür gekommen)* ***fig*** acabanın sırası değil, acele lâzım, abbas yolcudur *(wörtl: ob ist nicht an der Reihe, Eile ist geboten, Abbas ist Reisender)* [**Bedeutung**: es ist sehr eilig; es ist fast schon zu spät; **Anlamı**: yapılacak iş için zaman çok daraldı]

eiskalt buz gibi

kalt/eiskalt erwischen *(wörtl: soğuk/buz gibi yakalamak)* ***fig*** gafil avlamak *(wörtl: geistesabwesend fangen)* [**Bedeutung**: jemanden unerwartet treffen; **Anlamı**: birini umulmadık bir zamanda yakalamak]

Elefant fil

aus einer Mücke einen Elefanten machen *(wörtl: sivrisinekten fil yapmak/sivrisineği fil yapmak)* ***fig*** pireyi deve yapmak *(wörtl: aus einem Floh ein Kamel machen)* ***fig*** habbeyi kubbe yapmak *(wörtl: aus einer Blase eine Kuppel errichten)* [**Bedeutung**: wegen einer Kleinigkeit viel Aufregung erzeugen; übertreiben; **Anlamı**: önemsiz bir olayı büyütmek; abartmak]

sich benehmen wie ein Elefant im Porzellanladen *(wörtl: çini*

dükkânında fıl gibi davranmak) **fig**
kafa göz yarmak *(wörtl: Kopf und
Augen schlitzen)*
[**Bedeutung**: tollpatschig sein;
äußerst ungeschickt sein; **Anlamı**:
beceriksizlik göstermek]

wie ein Elefant im Porzellanladen
*(wörtl: çini dükkânında fıl gibi
olmak)* **fig** eteğiyle mum söndürmek
*(wörtl: Kerzen mit seinem Rock
ausmachen)*
[**Bedeutung**: tollpatschig sein;
äußerst ungeschickt sein; **Anlamı**:
sakar olmak]

Elfenbeinturm *fig* fil dişi kule
[**Bedeutung**: selbst gewählte
Isolation eines Menschen; der in
seiner eigenen Welt lebt, ohne sich
um Gesellschaft und Tagesprobleme
zu kümmern; **Anlamı**: kendini
toplumdan soyutlayan insanın, kendi
içinde oluşturduğu dünya]

Ende[1] son

Ende der Fahnenstange *(wörtl:
gönderin sonu)* **fig** ötesi çıkmaz
sokak *(wörtl: dahinter ist Sackgasse)*
[**Bedeutung**: Punkt, an dem es im
Hinblick auf die Verwirklichung
eines Vorhabens nicht mehr
weitergeht; vorbei sein; an die
Grenzen stoßen; nicht mehr möglich
sein; **Anlamı**: tutulan yol doğru
değildir, sonuca ulaştırmaz]

Ende gut, alles gut *(wörtl: sonu iyi,
her şey iyi)* **fig** sonu iyi biten her şey
iyidir *(wörtl: alles ist gut, was gut
endet)* **fig** bir şeyin önüne bakma,
sonuna bak *(wörtl: schau dir nicht
das, was vor etwas liegt, sondern das
Ende an)*
[**Bedeutung**: sagt man, wenn eine
Sache ein gutes Ende genommen hat;
Anlamı: bir durum ne kadar zorlu

olursa olsun, sonu olumlu biterse,
tümüyle olumlu bitmiş sayılır]

Ende im Gelände *(wörtl: arazinin
sonu)* **fig** deve değil ki yedi yerinden
boğazlansın *(wörtl: es ist kein Kamel,
das an sieben Stellen erwürgt werden
soll)* **fig** ötesi çıkmaz sokak *(wörtl:
dahinter ist Sackgasse)*
[**Bedeutung**: es geht nicht mehr
weiter; Punkt, an dem es im Hinblick
auf die Verwirklichung eines
Vorhabens nicht mehr weitergeht;
Anlamı: gereken fedakârlığı yaptı.
Yeniden birçok fedakârlık yapılması
isteniyor. Bu kadarı da fazla]

**alles hat ein Ende, nur die Wurst
hat zwei** *(wörtl: her şeyin bir sonu
vardır, ancak sucuğun/sosisin iki
sonu vardır)* **fig** her işin bir sonu
vardır *(wörtl: eine Sache hat ein
Ende)*
[**Bedeutung**: alles muss einmal
aufhören; **Anlamı**: başlanan iş
başlandığı yerde kalmaz, öyle ya da
böyle sonuçlanmak zorundadır]

das Angefangene zu Ende bringen
(wörtl: başlanılan şeyi bitirmek) **fig**
ağzındaki kozu kırmak *(wörtl: die
Nuss in seinem Mund knacken)*
[**Bedeutung**: etwas glücklich zum
Abschluss bringen; **Anlamı**: üzerinde
çalıştığı işi başarmak]

das dicke Ende kommt noch[1]
(wörtl: kalın sonu daha gelecek) **fig**
bunun altından çapanoğlu çıkar
*(wörtl: von Unten kommt Çapanoğlu
hervor)*
[**Bedeutung**: das Schlimmste kommt
erst noch; **Anlamı**: bundan daha
beteri de var]

das dicke Ende kommt noch[2]
(wörtl: kalın sonu daha gelecek) **fig**
Karaman'ın koyunu sonra çıkar
oyunu *(wörtl: das Spiel mit*

Karamans Schaf wird sich später herausstellen)
[**Bedeutung**: das Schlimmste kommt erst noch; **Anlamı**: iş olacakmış gibi görünüyor ama altından bakalım neler çıkacak]

das Ende der Fahnenstange ist erreicht *(wörtl: gönderin sonuna ulaşıldı)* **fig** çabalama kaptan ben gidemem *(wörtl: gib dir keine Mühe, Kapitän, ich kann nicht weiter)*
[**Bedeutung**: es geht nicht mehr weiter; **Anlamı**: bu işi yapacak güçte değilim, zorlamanın yararı yok]

lieber ein Ende mit Schrecken als ein Schrecken ohne Ende *(wörtl: sonsuz korku yerine korkulu bir son tercih edilir)* **fig** zararın neresinden dönersen kârdır *(wörtl: egal, an welcher Stelle des Verlustes du kehrt machst, ist es ein Gewinn)*
[**Bedeutung**: etwas Unerfreuliches schnell zu Ende bringen wollen, anstatt das Unangenehme endlos zu verlängern; **Anlamı**: kişiyi maddi ve manevi olarak zarara uğratan ve zararı devam edeceği bir işten bir an önce vaz geçmek gerekir]

mit jemandem geht es zu Ende *(wörtl: birinin sonu gelmek)* **fig** günleri sayılı olmak *(wörtl: seine Tage sind gezählt)*
[**Bedeutung**: jemand liegt im Sterben; **Anlamı**: ölümü yakın olmak]

mit seinem Latein am Ende sein *(wörtl: Latincesi bitmiş olmak)* **fig** hoşafın yağı kesilmek *(wörtl: die Butter für das Kompott wird ranzig)* **fig** dağarcıkta bir şey kalmamak *(wörtl: nichts mehr im Repertoire bleiben)*
[**Bedeutung**: nicht mehr weiterwissen; **Anlamı**: söyleyecek söz, verecek karşılık ya da yapacak bir şey bulamayacak duruma

düşmek; bütün bilgisini, sözünü tüketmek]

seinem Leben ein Ende machen *(wörtl: hayatına son vermek)* **fig** hayatına son vermek *(wörtl: sein Leben beenden)*
[**Bedeutung**: sich selbst töten; **Anlamı**: intihar etmek]

Ende² uç

am Ende der Welt *(wörtl: dünyanın ucunda)* **fig** dünyanın öbür ucu *(wörtl: das andere Ende der Welt)*
[**Bedeutung**: sehr weit entfernt; **Anlamı**: çok uzak bir yer]

an allen Ecken und Enden sparen *(wörtl: bütün köşe ve uçlardan artırmak)* **fig** dişinden tırnağından artırmak *(wörtl: an Zähnen und Nageln sparen)*
[**Bedeutung**: überall sparen; **Anlamı**: giderleri kısarak para biriktirmek]

kein Ende finden *(wörtl: son bulmamak)* **fig** sonu gelmemek *(wörtl: das Ende kommt nicht)*
[**Bedeutung**:nicht aufhören; **Anlamı**: bitmemek; tükenmemek]

kein Ende nehmen *(wörtl: son almamak)* **fig** sonu gelmemek *(wörtl: das Ende kommt nicht)*
[**Bedeutung**:nicht aufhören; **Anlamı**: bitmemek; tükenmemek]

---

endlich sonunda

was lange währt, wird endlich gut *(wörtl: uzun süren, sonunda iyi olur)* **fig** sabrın sonu selamettir *(wörtl: das Ende der Geduld ist das Wohl(ergehen/am Ende der Geduld wartet der Segen)*
[**Bedeutung**: Geduld führt zum Erfolg; **Anlamı**: sabreden başarıya ulaşır]

Engel melek

ein Engel geht/fliegt durchs Zimmer *(wörtl: bir melek odanın içinden geçiyor/uçuyor)* *fig* saat başı galiba *(wörtl: es sieht so aus, als ob es Anfang der Stunde ist)* [**Bedeutung**: plötzlich hören alle auf zu reden; es herrscht plötzlich Stille; **Anlamı**: toplantıda herkes konuşurken hep birden susmak]

wie mit Engelszungen sprechen /reden *(wörtl: melek diliyle gibi konuşmak)* *fig* dil/diller dökmek *(wörtl: Zunge/Zungen gießen)* [**Bedeutung**: jemanden zu überzeugen versuchen; eindringlich und betörend reden; **Anlamı**: kandırmak, inandırmak için tatlı sözler söylemek]

Erdboden yer

dem Erdboden gleichmachen *fig* yerle bir/yeksan etmek [**Bedeutung**: völlig zerstören; verwüsten; **Anlamı**: temeline değin yok etmek]

im Erdboden versinken *(wörtl: yere batmak)* *fig* yerin dibine geçmek [**Bedeutung**: sich sehr schämen; **Anlamı**: çok utanıp sıkılmak]

wie vom Erdboden verschluckt sein *(wörtl: yer yutmuş gibi)* *fig* yer yarılıp içine girmek/geçmek *(wörtl: der Boden reißt sich auf und man steigt ein)* [**Bedeutung**: verschwunden sein; unauffindbar sein; **Anlamı**: yitirilip bir türlü bulunamamak]

Erde dünya, toprak

die Hölle auf Erden *(wörtl: dünyadaki cehennem)* *fig* ateşten gömlek *(wörtl: ein Hemd aus Feuer)* [**Bedeutung**: eine unerträgliche Situation; **Anlamı**: dayanılamayacak denli güç ve sıkıntılı durum]

jemanden deckt die kühle Erde *(wörtl: birini serin toprak örtüyor)* *fig* bir avuç toprak olmak *(wörtl: eine handvoll Erde sein)* [**Bedeutung**: jemand ist tot und beerdigt]; **Anlamı**: ölmek

keinen Fuß auf die Erde bekommen *(wörtl: ayağını toprağa basamamak)* *fig* belini doğrultamamak *(wörtl: sein Kreuz nicht aufrichten können)* [**Bedeutung**: keinen Erfolg haben; nicht zum Zuge kommen; **Anlamı**: durumunu düzeltememek]

unter der Erde liegen *(wörtl: toprağın altında yatmak üzerinden gitmek)* *fig* bir avuç toprak olmak *(wörtl: eine handvoll Erde sein)* [**Bedeutung**: tot und beerdigt sein; **Anlamı**: ölmek]

Erfolg başarı

der Erfolg heiligt die Mittel *(wörtl: başarı, araçları kutsal kılar)* *fig* bir şeyin önüne bakma, sonuna bak *(wörtl: schau dir nicht das, was vor etwas liegt, sondern das Ende an)* [**Bedeutung**: der Erfolg ist das Wichtigste, und nicht, welche Mittel man dafür eingesetzt hat; auf das Ergebnis kommt es an, nicht, auf welchem Wege man es erreicht; **Anlamı**: bir durum ne kadar zorlu olursa olsun, sonu olumlu biterse, tümüyle olumlu bitmiş sayılır]

---

erhalten korumak

kleine Geschenke erhalten die Freundschaft *(wörtl: küçük armağanlar dostluğu korur)* *fig* yarım elma gönül/hatır alma *(wörtl: ein halber Apfel gewinnt ein Herz/einen Gefallen)* *fig* yâr beni ansın bir koz ile, o da çürük çıksın *(wörtl: mit einer Nuss, auch wenn sie verfault ist, soll die Geliebte mich erwähnen)* *fig* çam sakızı, çoban armağanı *(wörtl: Tannenharz, Schäfergeschenk)* [**Bedeutung**: auch Kleinigkeiten reichen, um die Beziehung zu pflegen; **Anlamı**: armağan küçük de olsa gönül almaya yeter]

---

erlernen öğrenmek

mit jeder Sprache, die du erlernst, befreist du einen bis daher in dir gebundenen Geist *(wörtl: her öğrendiğin dille o zamana kadar içinde bağlı bulunan ruhu kurtarırsın)* *fig* bir lisan bir insan, iki lisan iki insan *(wörtl: eine Sprache, ein Mensch, zwei Sprachen, zwei Menschen)*

---

ernst ciddi

die Lage ist ernst, aber nicht hoffnungslos *(wörtl: durum ciddi ama umutsuz değil)* *fig* çıkmadık candan umut kesilmez *(wörtl: bei einem Leben, das nicht gelöscht ist, gibt man die Hoffnung nicht auf)* [**Bedeutung**: egal, wie schlecht die Lage auch ist, man bleibt bis zum Ende zuversichtlich; **Anlamı**: bir şeyi sonuna kadar götürmek gerekir; artık olmaz demeden iş sürdürülmelidir, hiç belli olmaz, istenen sonuç alınabilir]

Ernst ciddilik

aus Spaß wird Ernst *(wörtl: şakayken ciddi olmak)* *fig* şakayken kaka olmak *(wörtl: aus Spaß wird Kacke)* [**Bedeutung**: aus einer scherzhaften Äußerung oder Handlung kippt die Stimmung um; **Anlamı**: el veya dil ile yapılan şakadan hoş olmayan bir sonuç doğmak]

Ernte hasat

wie die Saat, so die Ernte *(wörtl: tohum nasılsa hasat da öyledir)* *fig* ne ekersen onu biçersin [**Bedeutung**: so wie du dich verhältst, wird man dich behandeln; **Anlamı**: nasıl davranırsan öyle karşılık görürsün]

---

ernten biçmek

Shitstorm ernten *(wörtl: bok fırtınası biçmek)* *fig* şimşekleri üstüne çekmek *(wörtl: die Blitze an sich ziehen)* *fig* yıldırımları üstüne çekmek *(wörtl: die Blitze an sich ziehen)* *fig* esmayı üstüne sıçratmak *(wörtl: Namen auf sich springen lassen)* [**Bedeutung**: eine Menge Kritik ernten; **Anlamı**: bazı davranışlarıyla birçok kimseyi kızdırarak saldırılara, eleştirilere yol açmak; sert eleştirilere hedef olmak]

was du säst, wirst du ernten *fig* ne ekersen onu biçersin *fig* ne doğrarsan aşına, o çıkar karşına/kaşığına *(wörtl: was du ins Essen zerstückelst, es begegnet dich/es kommt auf deinen Löffel)* [**Bedeutung**: so wie du dich verhältst, wird man dich behandeln; **Anlamı**: nasıl davranırsan öyle karşılık görürsün]

wer ernten will, muss säen *(wörtl: kim biçmek istiyorsa ekmesi gerekir)* *fig* ekmeden biçilmez *(wörtl: ohne zu säen, kann man nicht ernten)*

[**Bedeutung**: nur bei entsprechendem Fleiß stellt sich der Erfolg ein; **Anlamı**: emek vermeden beklenilen sonuca erişilemez]

wer Wind sät, wird Sturm ernten *fig* rüzgâr eken fırtına biçer [**Bedeutung**: wer etwas Schlechtes tut, dem wird man dieses heimzahlen; **Anlamı**: yaptığı kötülüğün çok daha kötüsü ile karşılaşmak]

---

erreichen ulaşmak

das Ende der Fahnenstange ist erreicht *(wörtl: gönderin sonuna ulaşıldı)* *fig* çabalama kaptan ben gidemem *(wörtl: gib dir keine Mühe, Kapitän, ich kann nicht weiter)* [**Bedeutung**: es geht nicht mehr weiter; **Anlamı**: bu işi yapacak güçte değilim, zorlamanın yararı yok]

---

erst ilk, ilkönce; önce

erst denken, dann handeln *(wörtl: önce düşünmek, sonra harekete geçmek)* *fig* aklına geleni işleme, her ağacı taşlama *(wörtl: tu nicht das, was dir einfällt, bewirf nicht jeden Baum mit Steinen)* *fig* iki ölç, bir biç *(wörtl: miss zweimal, näh einmal)* [**Bedeutung**: man sollte erst denken, bevor man etwas tut; **Anlamı**: bir iş yapılırken ayrıntıları ve sonuçları iyice düşünülmelidir]

erst wägen, dann wagen *(wörtl: önce tartmak, sonra göze almak)* *fig* iki ölç, bir biç *(wörtl: miss zweimal, ernte einmal/miss zweimal, näh einmal)* [**Bedeutung**: man soll zuerst überlegen und dann handeln; **Anlamı**: bir işi yapmadan önce iyice düşünmek gerekir]

auf den ersten Blick *fig* ilk bakışta [**Bedeutung**: beim flüchtigen Hinsehen; **Anlamı**: görür görmez]

erstens kommt es anders, und zweitens als man denkt *(wörtl: bir kez başka olup ikinci kez düşünüldüğü gibi olmuyor)* *fig* arpa ektim, darı çıktı *(wörtl: ich habe Gerste gesät und Hirse kam heraus)* *fig* göründü Sivas'ın bağları *(wörtl: man sieht die Weinberge von Sivas)* [**Bedeutung**: etwas ereignet sich anders als erwartet; **Anlamı**: umutla beklenen sonuç ters yönde gerçekleşti]

---

ertappen yakalamak

jemanden auf frischer Tat ertappen *(wörtl: birini taze eylemde yakalamak)* *fig* birini suçüstü yakalamak *(wörtl: jemanden während der Straftat erwischen)* [**Bedeutung**: jemanden bei einer verbotenen Handlung überraschen; **Anlamı**: suç işleyeni, suçu işlediği sırada yakalamak]

---

ertragen katlanmak

nichts ist schwerer zu ertragen als eine Reihe von guten Tagen *fig* her gün baklava börek yense bıkılır *(wörtl: wenn man jeden Tag Baklava und Pastete essen würde, würde man es überdrüssig sein)* [**Bedeutung**: zu viele Tage des Müßiggangs machen träge, verdrießlich oder übermütig]; **Anlamı**: insan zaman zaman değişiklik ister; çok beğendiğimiz şeylerden bile her gün yararlanmak insana bıkkınlık verir

was alle trifft, erträgt man leicht *(wörtl: herkesi ilgilendirene daha kolay katlanılır)* *fig* el ile gelen düğün bayram *(wörtl: wer mit

anderen kommt, für ihn ist es ein Fest)
[**Bedeutung**: wenn alle das Problem haben, ist es leichter zu ertragen, als wenn man es alleine hat; **Anlamı**: herkese birden gelen sıkıntıya katlanmak, sadece bir kişiye gelene katlanmaktan daha kolaydır]

erwerben kazanmak

was du ererbt hast von deinen Vätern, erwirb es, um es zu besitzen *(wörtl: atalarından miras kalan malı zilyet olarak edin) fig* ata malı mal olmaz, kendin kazanmak gerekir *(wörtl: das Gut der Ahnen ist kein Gut, du musst es selbst verdienen) fig* sade pirinç zerde olmaz, bal gerektirir kazana, baba malı tez tükenir, evlat gerek kazana *(wörtl: aus bloßem Reis wird keine süße Reisspeise, es bedarf Honig, die Hinterlassenschaft des Vaters nimmt schnell ab, es bedarf der Verdienst des Kindes)*
[**Bedeutung**: nur der Besitz ist wertvoll, den man auch tatsächlich benutzt; **Anlamı**: babadan kalan mal kalıcı değildir, kişinin kendi malı kendi çalışmasıyla elde ettiği maldır]

erwischen yakalamak

jemanden auf den falschen Fuß erwischen *(wörtl: birini yanlış ayak üzerinde yakalamak) fig* birini hazırlıksız yakalamak *(wörtl: jemanden unvorbereitet erwischen) fig* birini gafil avlamak *(wörtl: jemanden unvorbereitet jagen)*
[**Bedeutung**: jemanden unvorbereitet erwischen; **Anlamı**: birini beklenmedik bir anda yakalamak]

kalt/eiskalt erwischen *(wörtl: soğuk/buz gibi yakalamak) fig* gafil avlamak *(wörtl: geistesabwesend fangen)*

[**Bedeutung**: jemanden unerwartet treffen; **Anlamı**: birini umulmadık bir zamanda yakalamak]

erzählen anlatmak

brühwarm erzählen *fig* sıcağı sıcağına anlatmak
[**Bedeutung**: sofort mitteilen; **Anlamı**: hemen anlatmak; vakit geçirmeden anlatmak]

du kannst mir viel erzählen! *(wörtl: bana çok şey anlatabilirsin) fig* külahıma anlat! *(wörtl: erzähl es meiner Tüte!) fig* onu benim külahıma anlat! *(wörtl: erzähl es meiner Tüte!)*
[**Bedeutung**: sagt man, wenn man eine Sache nicht recht glauben kann; **Anlamı**: söylediklerinin hiçbirine inanmıyorum]

das kannst du deinem Friseur erzählen! *(wörtl: onu kuaförüne anlat/anlatabilirsin) fig* külahıma anlat! *(wörtl: erzähl es meiner Tüte!) fig* onu benim külahıma anlat! *(wörtl: erzähl es meiner Tüte!)*
[**Bedeutung**: sagt man, wenn man eine Sache nicht recht glauben kann; **Anlamı**: söylediklerinin hiçbirine inanmıyorum]

das kannst du deiner Oma/Großmutter erzählen! *(wörtl: onu ninene anlat/anlatabilirsin) fig* külahıma anlat! *(wörtl: erzähl es meiner Tüte!) fig* onu benim külahıma anlat! *(wörtl: erzähl es meiner Tüte!)*
[**Bedeutung**: sagt man, wenn man eine Sache nicht recht glauben kann; **Anlamı**: söylediklerinin hiçbirine inanmıyorum]

das kannst du einem erzählen, der keine Krempe am Hut hat *(wörtl: onu, şapkasında siperi olmayan*

birine anlatabilirsin) *fig* külahıma
anlat! *(wörtl: erzähl es meiner Tüte!)*
fig onu benim külahıma anlat! *(wörtl:
erzähl es meiner Tüte!)*
[**Bedeutung**: sagt man, wenn man
eine Sache nicht recht glauben kann;
Anlamı: söylediklerinin hiçbirine
inanmıyorum]

einen vom Pferd erzählen *(wörtl:
attan bir şey anlatmak)* *fig* cevher
yumurtlamak *(wörtl: Juwelen wie
Eier legen)*
[**Bedeutung**: Unsinn reden; **Anlamı**:
değerli sözler söylediğini sanarak
saçmalamak]

Märchen erzählen *(wörtl: masal
anlatmak)* *fig* maval okumak *(wörtl:
Märchen vorlesen)* *fig* kurt masalı
okumak *(wörtl: Wolfs-Märchen
vorlesen)*
[**Bedeutung**: Unsinn erzählen;
Anlamı: boş sözler söylemek]

Räuberpistolen erzählen *(wörtl:
haydut tabancalarını anlatmak)* *fig*
kurt masalı okumak *(wörtl: Wolfs-
Märchen vorlesen)*
[**Bedeutung**: Unsinn erzählen;
Anlamı: boş sözler söylemek]

---

es o

**es auf jemanden/etwas abgesehen
haben** *(wörtl: birine veya bir şeye
göz koymuş olmak)* *fig* birine/bir şeye
göz koymak *(wörtl: das Auge auf
jemanden/etwas legen)*
[**Bedeutung**: jemanden oder etwas
fğr sıch haben wollen; **Anlamı**: bir
şeyi ya da bir kimseyi ele geçirmeyi
istemek]

es führt/gibt kein Weg zurück
(wörtl: dönüş yok) *fig* ölmek var,
dönmek yok *(wörtl: man kann
sterben, (aber) nicht mehr zurück)*

[**Bedeutung**: es lässt sich nicht mehr
rückgängig machen; das Begonnene
muss fortgesetzt werden; **Anlamı**:
neye mal olursa olsun bu iş
yapılacak, yapınılmasından
kaçınılmayacak]

**es geht zu und her wie in einem
Taubenschlag** *(wörtl: bir
güvercinlikteki gibi gidiş geliş var)*
fig arı kovanı gibi işlemek *(wörtl: es
wird gearbeitet wie in einem
Bienenstock)*
[**Bedeutung**: es herrscht ständiges
Kommen und Gehen; **Anlamı**: gidip
geleni, girip çıkanı çok olmak]

**es geschehen noch Zeichen und
Wunder** *(wörtl: emare ve harika da
oluyor)* *fig* neler de neler,
maydanozlu köfteler *(wörtl: was und
noch was, Hackbällchen mit
Petersilie)*
[**Bedeutung**: Ausruf des Erstaunens,
der Überraschung; **Anlamı**: hatıra,
hayale gelmeyen değişik, şaşılacak
şeyler]

**es gibt nichts Gutes, außer man tut
es** *fig* lafla peynir gemisi yürümez
*(wörtl: mit Worten fährt das
Käseschiff nicht)*
[**Bedeutung**: gute Taten sind dann
etwas wert, wenn man sie auch
tatsächlich tut; **Anlamı**: şöyle
yaparım, böyle yaparım demekle
yapılması gereken işler yapılmaz]

es gibt nichts, was es nicht gibt *fig*
olmaz olmaz *fig* olmaz olmaz deme,
olmaz olmaz *(wörtl: sag nicht, dass
es nicht geht, es gibt nichts, was es
nicht gibt)*
[**Bedeutung**: alles ist möglich;
Anlamı: herşey olabilir]

es hilft alles nichts *(wörtl: hiç bir
şey çare olmaz)* *fig* boşa koysan
dolmaz, doluya koysan almaz *(wörtl:
wenn du ihn auf leer stellst, füllt er

sich nicht auf, wenn du ihn auf vollstellst, nimmt er nichts an) [**Bedeutung**: jede Mühe ist vergeblich; es gibt keinen anderen Weg; **Anlamı**: güç bir işi yoluna koymak için bir çözüm yolu bulamamak]

es ist Ebbe in der Kasse *(wörtl: kasadaki deniz inik)* ***fig*** kesenin dibi görünmek *(wörtl: man sieht den Boden des Beutels)* [**Bedeutung**: darin ist so gut wie kein Geld mehr; **Anlamı**: para tükenmek]

es kann nichts so schlecht sein, dass es nicht auch für etwas gut ist ↑ **nichts ist so schlecht, dass es nicht für etwas gut ist**

es kommt, wie es kommen muss *(wörtl: nasıl gelmesi gerekiyorsa öyle gelir; ne yapılırsa yapılsın yine aynı sonuca ulaşılır)* ***fig*** iş olacağına varır *(wörtl: die Sache erreicht ihr Werden)* [**Bedeutung**: sagt man, wenn etwas unabwendbar ist; wenn man ein kommendes Ereignis hinnimmt; **Anlamı**: ne yapılırsa yapılsın yine aynı sonuca ulaşılacağını anlatan bir söz]

es kommt, wie es kommt *(wörtl: geleceği gibi gelir)* ***fig*** iş olacağına varır *(wörtl: die Sache geht zu ihrem Werden/ die Sache wird das erreichen, was es wird)* [**Bedeutung**: sagt man, wenn etwas unabwendbar ist; wenn man ein kommendes Ereignis hinnimmt; **Anlamı**: ne yapılırsa yapılsın yine aynı sonuca ulaşılacağını anlatan bir söz]

es lohnt sich nicht ***fig*** değmez [**Bedeutung**: es ist nicht die Mühe wert; **Anlamı**: işe yaramaz; alınan sonuç karşılığını vermez]

es nicht mehr lange machen *(wörtl: daha uzun bir süre yapmamak)* ***fig*** günleri sayılı olmak[1] *(wörtl: seine/ihre Tage sind gezählt)* ***fig*** koyun yaşı kadar yaşı kalmak *(wörtl: ihm ein Leben verbleiben wie das Leben eines Schafes)* [**Bedeutung**: bald sterben; **Anlamı**: ölümü yakın olmak]

es nicht unter etwas machen *(wörtl: daha azına yapmamak)* ***fig*** -den aşağısı kurtarmamak *(wörtl: es rettet sich nicht für weniger)* [**Bedeutung**: eine bestimmte Menge, Summe als Minimum fordern; **Anlamı**: bir şeyin en az değerini karşılamak]

es nimmt kein Schlachter dem anderen eine Wurst ab *(wörtl: bir kasap diğer kasabın sosisini almaz)* ***fig*** köpek köpeği ısırmaz *(wörtl: ein Hund beißt einen Hund nicht)* ***fig*** it iti ısırmaz *(wörtl: ein Köter beißt einen anderen Köter nicht)* [**Bedeutung**: Seinesgleichen schont man; unter Gleichgesinnten hält man zusammen; **Anlamı**: görüş ve anlayışları birbirine uyan kimseler çekişmezler, birbirlerini tutarlar]

es steht mir bis hier! *(wörtl: burama kadar duruyor)* ***fig*** burama kadar geldi artık! *(wörtl: es ist mir bis hierhergekommen)* [**Bedeutung**: ich bin der Sache überdrüssig; ich ertrage das nicht länger; **Anlamı**: bu işten bıktım, usandım, daha fazla dayanamıyorım]

es wird nichts so heiß gegessen, wie es gekocht wird *(wörtl: pişirildiği kadar sıcak yenilmez)* ***fig*** bir şeyi kötüye çekmek *(wörtl: etwas zum Schlechten ziehen)* [**Bedeutung**: man stellt sich alles viel schlimmer vor, als es dann wirklich wird; **Anlamı**: bir şeye yanlış, beğenilmeyen bir anlam vermek]

Esel eşek

den Esel meinen, aber den Sack schlagen *(wörtl: eşeği demek ama torbaya vurmak)* *fig* eşeğe gücü yetmeyip semerini dövmek *(wörtl: für den Esel reicht seine Kraft nicht aus, also schlägt man auf den Sattel drauf)* [**Bedeutung**: einen Schwächeren angreifen, weil man den Stärkeren nicht zu angreifen wagt; **Anlamı**: güçlü birine kızıp da ondan alamadığı hıncını daha güçsüz birinden almak]

den Sack schlagen und den Esel meinen ↑ **den Esel meinen, aber den Sack schlagen**

ein Esel nennt den anderen Langohr *(wörtl: bir eşek öteki eşeğe uzun kulak der)* *fig* tencere dibin kara, seninki benden kara *(wörtl: du Topf, dein Boden ist schwarz, noch schwärzer als meiner)* [**Bedeutung**: sagt man, wenn jemand einem anderen die eigenen Fehler und Unzulänglichkeiten vorwirft; **Anlamı**: kötülük, kusur yönünden sen benden daha betersin]

ein Esel schimpft den anderen Langohr *(wörtl: bir eşek öteki eşeğe uzun kulak diye küfreder)* *fig* tencere dibin kara, seninki benden kara *(wörtl: du Topf, dein Boden ist schwarz, noch schwärzer als meiner)* [**Bedeutung**: sagt man, wenn jemand einem anderen die eigenen Fehler und Unzulänglichkeiten vorwirft; **Anlamı**: kötülük, kusur yönünden sen benden daha betersin]

man kann aus einem Ackergaul/Esel kein Rennpferd machen *(wörtl: tarla beygirinden/eşekten yarış atı olmaz)* *fig* eşek kulağı kesilmekle küheylan olmaz *(wörtl: wenn man die Ohren schneidet, wird aus einem Esel kein Vollblutaraber)* [**Bedeutung**: ein Mensch, dem bestimmte Merkmale fehlen, ist nicht geeignet für eine Tätigkeit, bei der diese benötigt werden; **Anlamı**: aslında niteliksiz olan bir şeye ne yapılsa değişmez]

stur wie ein Esel *(wörtl: eşek gibi inatçı)* *fig* keçi gibi inatçı *(wörtl: stur wie ein Bock/eine Ziege)* [**Bedeutung**: sehr stur; **Anlamı**: çok inatçı]

um den Schatten eines Esels streiten *(wörtl: eşeğin gölgesi yüzünden kavga etmek)* *fig* habbeyi kubbe yapmak *(wörtl: aus einer Blase eine Kuppel errichten)* [**Bedeutung**: um etwas Unwichtiges streiten; wegen einer Kleinigkeit streiten; **Anlamı**: önemsiz bir olayı büyütmek; abartmak]

vom Pferd auf den Esel kommen *(wörtl: attan inip eşeğe binmek)* *fig* attan inip eşeğe binmek *(wörtl: vom Pferd absteigen und auf den Esel steigen)* [**Bedeutung**: schlechter als vorher sein; **Anlamı**: bulunduğu aşamadan aşağı bir aşamaya düşmek]

wenn es dem Esel zu wohl ist, geht er aufs Eis (tanzen) *(wörtl: eşeğin rahatı batarsa buzda dans etmeye gider)* *fig* kuzuya rakı içirmişler; kurdun adresini sormuş *(wörtl: sie gaben dem Lamm Raki, es hat nach der Anschrift des Wolfes gefragt)* *fig* rahat kıçına batmak *(wörtl: die Ruhe sticht ihm in den Hintern)* [**Bedeutung**: wenn es jemandem zu gut geht, riskiert er mehr und wird leichtsinnig; **Anlamı**: bulunduğu rahat durumun değerini bilmeyip düşüncesiz davranışta bulunmak]

wenn man den Esel nennt, kommt er gerennt *(wörtl: eşek anıldığında koşarak gelir) fig* iti an, taşı eline al *(wörtl: erwähne den Köter und nimm einen Stein auf)* [**Bedeutung**: sagt man, wenn zufällig eine Person erscheint, über die man gerade mit jemandem gesprochen hat; **Anlamı**: sözü edilen birinin çıkıp gelmesi durumunda söylenen söz]

wenn man vom Esel tratscht, kommt er gelatscht *(wörtl: eşeğin dedikodusu yapılınca azaklarını sürterek gelir) fig* iti an, taşı eline al *(wörtl: erwähne den Köter und nimm einen Stein auf)* [**Bedeutung**: sagt man, wenn jemand zufällig gerade dann auftaucht, wenn man über ihn gesprochen hat; **Anlamı**: sözü edilen birinin çıkıp gelmesi durumunda söylenen söz]

Eselsbrücke *(wörtl: eşek köprüsü) fig* anımsatıcı *(wörtl: Erinnerungsverkäufer)* [**Bedeutung**: Gedächtnisstütze; **Anlamı**: hafıza desteği; hatırlatıcı; unutmuş olduğu bir şeyi aklına getirmek için başka bir şey]

Essen yeme, yemek

Essen und Trinken hält Leib und Seele zusammen *(wörtl: yeme içme beden ve ruhu bir arada tutar) fig* can boğazdan gelir/geçer *(wörtl: das Leben kommt vom Hals/geht durch den Hals)* [**Bedeutung**: gutes Essen und Trinken ist gut für Körper und Geist; **Anlamı**: insan yiyeceğine önem vererek güçlenebilir]

---

essen yemek yemek

wes Brot ich ess, des Lied ich sing *(wörtl: ekmeğini yediğim kimsenin türküsünü söylerim) fig* kimin

arabasına binerse onun türküsünü çağırır *(wörtl: er singt sein Lied, in dessen Wagen er steigt)* [**Bedeutung**: wer mich bezahlt, dessen Interessen vertrete ich auch; **Anlamı**: çıkar sağladığı için onun hoşuna gidecek biçimde davranan dalkavuk kimse]

wessen Brot ich ess, dessen Lied ich sing *(wörtl: ekmeğini yediğim kimsenin türküsünü söylerim) fig* kimin arabasına binerse onun türküsünü çağırır *(wörtl: er singt sein Lied, in dessen Wagen er steigt)* [**Bedeutung**: wer mich bezahlt, dessen Interessen vertrete ich auch; **Anlamı**: çıkar sağladığı için onun hoşuna gidecek biçimde davranan dalkavuk kimse]

wer mit den Wölfen essen will, muss mit den Wölfen heulen *(wörtl: kurtlarla yemek yemek isteyen, kurtlarla ulumak zorundadır) fig* köprüyü geçinceye kadar ayıya dayı derler *(wörtl: man sagt Onkel zu dem Bären, bis man die Brücke überquert hat) fig* aksayanla aksak, suya gidenle susak *(wörtl: mit den Hinkenden hinkend, mit denen, die zum Wasser gehen, durstig)* [**Bedeutung**: sich nach der Mehrheit richten; sich anpassen; **Anlamı**: kişi işini gördürünceye kadar yardım beklediği kimseyle iyi geçinir]

Eule baykuş

Eulen nach Athen tragen *(wörtl: Atina'ya baykuş taşımak) fig* körler mahallesinde ayna satmak *(wörtl: im Blindenviertel Spiegel verkaufen)* [**Bedeutung**: etwas vollkommen Überflüssiges tun; einen überflüssigen geistigen Beitrag zu etwas leisten; **Anlamı**: bir şeyi ona ihtiyaç duyulmayan bir çevrede sunmak]

was dem einen seine Eule ist, ist dem anderen seine Nachtigall *(wörtl: baykuşu birine ne ise bülbülü de diğerine odur) fig* kahpe felek, kimine kavun yedirir, kimine kelek *(wörtl: das gemeine Glück gibt einem die (reife) Honigmelone, dem anderen die unreife Honigmelone)* [**Bedeutung:** eine Situation, die für einen günstig ist, bringt für den anderen Nachteile; jeder hat seinen eigenen Standpunkt, seine subjektive Wahrnehmung; **Anlamı:** alın yazısının insanlara eşit davranmadığını anlatan söz; birinin yararlanması için hazırlanan bir şeyin o kimseye değil de hiç akla gelmeyen bir başka kimseye kısmet olması]

Exempel örnek

die Probe aufs Exempel machen *(wörtl: örnek olarak deneme yapmak) fig* mihenge vurmak *(wörtl: auf den Prüfstein schlagen)* [**Bedeutung:** etwas überprüfen, ausprobieren; etwas durch Ausprobieren am praktischen Fall auf seine Richtigkeit prüfen; **Anlamı:** bir şeyin doğru olup olmadığını pratikte denemek]

F

---

fackeln meşale yakmak

nicht lange fackeln *(wörtl: uzun süre meşale yakmamak) fig* uzun uzadıya düşünmeden *fig* uzun uzun düşünmeden [**Bedeutung:** nicht lange warten nicht zögern; ohne lange zu überlegen; **Anlamı:** işi uzatacak şeyler yapmamak]

Faden iplik

an einem dünnen Faden hängen ↑
an einem seidenen Faden hängen

an einem seidenen Faden hängen *(wörtl: ipek ipliği ile asılı olmak) fig* pamuk ipliğiyle bağlı olmak *(wörtl: mit Baumwollfaden verbunden sein)* [**Bedeutung:** sehr gefährdet, bedroht sein; in seinem Fortgang/Ausgang äußerst ungewiss sein; **Anlamı:** her an bozulmaya, kopmaya hazır olmak]

da beißt die Maus keinen Faden ab *(wörtl: fare, ipliği ısırıp koparmaz) fig* ne çare *(wörtl: was für ein Ausweg)* [**Bedeutung:** das ist so; das ist nicht zu ändern; das ist unabänderlich; **Anlamı:** çaresi yok; elden ne gelir?]

den Faden verlieren *(wörtl: ipliği kaybetmek) fig* ipin ucunu kaçırmak *(wörtl: das Ende des Seils verlieren)* [**Bedeutung:** einen logischen Gedankengang nicht mehr verfolgen können; **Anlamı:** işte ya da bir şeyi kullanmada ölçüyü kaçırmak]

die Fäden in der Hand halten *(wörtl: iplikleri elinde tutmak) fig* dizginleri elinde tutmak *(wörtl: die Zügel in der Hand halten)* [**Bedeutung:** entscheidenden Einfluss auf alles ausüben; **Anlamı:** işleri kendisi yönetmek]

keinen guten Faden an jemandem lassen *(wörtl: birinin üstünde iyi iplik bırakmamak) fig* birinin ipliiğini pazara çıkarmak *(wörtl: jemandes Faden auf den Markt bringen)* [**Bedeutung:** jemanden gründlich schlechtmachen; **Anlamı:** birinin kötü yanlarını ortaya koymak; onu rezil etmek]

nach Strich und Faden *(wörtl: çizgi ve ipliğe göre) fig* adamakıllı *(wörtl:*

mit dem Verstand eines Menschen)
[**Bedeutung**: gründlich; **Anlamı**:
iyice; bir güzel]

Fähnchen sancak

**sein Fähnchen nach dem Wind
drehen** *(wörtl: rüzgara göre
sancağını açmak) fig* rüzgâra göre
yelken açmak *(wörtl: die Segel nach
dem Wind setzen)*
[**Bedeutung**: seine Meinung so
ändern, wie es nützlich ist; **Anlamı**:
fikrini duruma göre değiştirmek]

Fahne bayrak

die Fahnen strecken *(wörtl:
bayrakları uzatmak) fig* pes etmek
(wörtl: aufgeben)
[**Bedeutung**: kapitulieren; aufgeben;
resignieren; **Anlamı**: yenilgiyi kabul
etmek]

Fahnenstange gönder

**das Ende der Fahnenstange ist
erreicht** *(wörtl: gönderin sonuna
ulaşıldı) fig* çabalama kaptan ben
gidemem *(wörtl: gib dir keine Mühe,
Kapitän, ich kann nicht weiter)*
[**Bedeutung**: es geht nicht mehr
weiter; **Anlamı**: bu işi yapacak güçte
değilim, zorlamanın yararı yok]

Fähnlein ↑ **Fähnchen**

**sein Fähnlein nach dem Wind
drehen** ↑ **sein Fähnchen nach dem
Wind drehen**

Fahrradkette bisiklet zinciri

hätte hätte Fahrradkette *(wörtl:
yapsaydın, etseydin, bisiklet zinciri)
fig* yapmak varmış *(wörtl: es hätte
gemacht werden sollen)*

[**Bedeutung**: es ist müßig, im
Nachhinein darüber nachzudenken,
was man alles hätte besser machen
können; sagt man, wenn eine
Fehlentwicklung nicht mehr
rückgängig gemacht werden kann;
sagt man, wenn man mit
Wunschvorstellungen konfrontiert
wird; **Anlamı**: vaktiyle şöyle yapmak
gerekirmiş; yapmalı imişiz,
yapmadık, o fırsatı kaçırdık]

---

fahren gitmek

fahr zur Hölle! *fig* cehenneme kadar
yolun var!
[**Bedeutung**: wünschen, dass jemand
nicht mehr da ist; **Anlamı**: defol]

**in jemandes Kielwasser
fahren/schwimmen** *(wörtl: birinin
dümen suyunda gitmek/yüzmek) fig*
dümen suyunda gitmek
[**Anlamı**: birine bağımlı olmak; her
şeyde ona uyarak davranmak;
Bedeutung: sich jemandem in
seinem Vorgehen anschließen]

Fall¹ düşüş

Hochmut kommt vor dem Fall
(wörtl: kibir düşüşten önce gelir) fig
yüce uçan alçak konar *(wörtl: wer
hochfliegt. landet tief) fig* gurur
yıkımı, kibir düşüşü getirir *(wörtl:
Stolz führt zu Zerstörung, Hochmut
zum Fall) fig* kul azmayınca hak
yazmaz *(wörtl: solange der Mensch
nicht über die Stränge schlägt, wird
Gott nicht schreiben)*
[**Bedeutung**: Überheblichkeit kommt
vor dem Scheitern; **Anlamı**:
kendinden fazla emin olma
başarısızlığa yol açar; kişi kendi
azgınlığı yüzünden kötü durumlara
düşer]

Fall² vaka

ein hoffnungsloser Fall *(wörtl: umutsuz bir vaka)* *fig* adam olmaz *(wörtl: er wird kein Mensch)* [**Bedeutung**: etwas/jemand, bei dem keine Hoffnung auf Besserung besteht; **Anlamı**: topluma yararlı duruma gelmez]

Falle tuzak, fak

in die Falle gehen[1] *(wörtl: tuzağa girmek)* *fig* yakayı ele vermek *(wörtl: den Kragen abgeben)* [**Bedeutung**: erwischt werden; **Anlamı**: yakalanmak]

in die Falle gehen[2] *(wörtl: tuzağa girmek)* *fig* tuzağa düşmek *(wörtl: in die Falle geraten)* *fig* kafese girmek *(wörtl: in den Käfig gehen)* [**Bedeutung**: betrogen, übervorteilt werden; hereinfallen; **Anlamı**: birileri tarafından hazırlanan kötü bir duruma düşmek; oyuna gelmek]

in die Falle gehen[3] *(wörtl: yatağa girmek)* *fig* yatmak *fig* kafayı vurmak *(wörtl: den Kopf hinhauen)* [**Bedeutung**: ins Bett gehen; sich schlafen legen; **Anlamı**: uyumak için yatmak]

in die Falle tappen *fig* faka basmak *fig* kapana düşmek *fig* kapana yakalanmak/tutulmak [**Bedeutung**: betrogen werden; hereinfallen; **Anlamı**: aldatılmak; düzene aldanmak; tuzağa düşmek]

jemanden in die Falle laufen/tappen lassen *(wörtl: birini kapana düşürmek)* *fig* birini kapana sıkıştırmak *(wörtl: jemanden in die Falle quetschen)* [**Bedeutung**: zulassen, dass jemand in eine gefährliche /unangehme/missliche Situation gerät; **Anlamı**: birini zor durumda bırakmak]

fallen düşmek

auf den Bauch fallen *(wörtl: karnı üstüne düşmek)* *fig* yüzüne gözüne bulaştırmak *(wörtl: sich in die Augen und die Haare schmieren)* [**Bedeutung**: mit etwas scheitern; erfolglos bleiben; **Anlamı**: bir işi becerememek; başarısızlığa uğramak; bozmak]

(immer wieder) auf die Füße fallen *(wörtl: (tekrar tekrar) ayaklarının üstüne düşmek)* *fig* dört ayak üstüne düşmek *(wörtl: auf vier Füße fallen)* [**Bedeutung**: aus einer Schwierigkeit wieder ohne Schaden hervorgehen; **Anlamı**: tehlikeli bir durumdan zarar görmeden kurtulmak]

(immer wieder) auf die Beine fallen *(wörtl: (tekrar tekrar) bacaklarının üstüne düşmek)* *fig* dört ayak üstüne düşmek *(wörtl: auf vier Füße fallen)* [**Bedeutung**: aus einer Schwierigkeit wieder ohne Schaden hervorgehen; **Anlamı**: tehlikeli bir durumdan zarar görmeden kurtulmak]

auf die Schnauze fallen *(wörtl: çenesi üzerine düşmek)* kıçüstü oturmak *fig* *(wörtl: sich auf den Hintern setzen)* [**Bedeutung**: eine Niederlage erleiden, scheitern; **Anlamı**: herhangi bir konuda yenilmek; umduğuna ulaşamamak]

aus allen Wolken fallen *(wörtl: tüm bulutlardan düşmek)* *fig* neye uğradığını bilmemek *(wörtl: nicht wissen, was er begegnet ist)* [**Bedeutung**: völlig überrascht sein; **Anlamı**: çok şaşırmak]

der Apfel fällt nicht weit vom Stamm *(wörtl: elma gövdeden fazla öteye düşmez)* *fig* armut dalının dibine düşer *(wörtl: die Birne fällt unter ihren Ast)* *fig* meyve, ağacından uzak düşmez *(wörtl: die Frucht fällt nicht weit vom Baum)* **fig** kurdun oğlu akıbet kurt olur *(wörtl: der Sohn des Wolfes wird am Ende zum Wolf)* [**Bedeutung**: Kinder geraten nach den Eltern; **Anlamı**: çocuk soyuna çeker]

der Groschen fällt *(wörtl: on feniklik düşmek)* **fig** jeton geç düşmek *(wörtl: die Marke fällt spät)* [**Bedeutung**: verstehen; **Anlamı**: anlamak]

im Kurs fallen *(wörtl: fiyatı düşmek)* **fig** gözden düşmek *(wörtl: vom Auge fallen)* [**Bedeutung**: an Beliebtheit, Ansehen verlieren; **Anlamı**: değerini yitirmek; rağbet görmemek]

ins Auge fallen *(wörtl: göze düşmek)* **fig** göze batmak *(wörtl: ins Auge stechen)* [**Bedeutung**: auffallen; bemerkt werden; **Anlamı**: aşırı derecede görünür olmak]

ins Wasser fallen *fig* suya düşmek [**Bedeutung**: ausfallen, misslingen; nicht stattfinden; **Anlamı**: gerçekleşme olasılığı kalmamak]

jemandem fällt ein Stein vom Herzen *(wörtl: birinin yüreğinden taş düşmek)* **fig** yüreğine su serpilmek *(wörtl: auf sein Herz wird Wasser gestreut)* **fig** yüreği yağ bağlamak *(wörtl: das Herz legt Fett an)* **fig** içi rahat etmek [**Bedeutung**: jemand ist erleichtert; **Anlamı**: istenilen bir şeyin olmasından ferahlık duymak]

jemandem in den Rücken fallen *(wörtl: birinin sırtına düşmek)* **fig** birini arkadan vurmak *(wörtl: jemanden von hinten erschießen)*

[**Bedeutung**: sich gegen jemanden wenden, der sich auf einen verlassen hat; **Anlamı**: kendisinden herhangi bir kötülük gelmeyeceğini sanan kimseye gizlice büyük kötülük yapmak]

jemandem in die Hände fallen *(wörtl: birinin ellerine düşmek)* **fig** birinin eline düşmek *(wörtl: jemandem in die Hand fallen)* [**Bedeutung**: in jemandes Gewalt kommen; **Anlamı**: ele geçmek; yakalanmak]

jemandem (wie eine reife Frucht) in den Schoß fallen *(wörtl: (olmuş meyve gibi) birinin kucağına düşmek)* **fig** olmuş armut gibi eline düşmek *(wörtl: wie eine reife Birne in die Hand fallen)* [**Bedeutung**: etwas ohne Mühe erhalten; **Anlamı**: emeksizce ve zahmetsizce eline düşmek]

jemandem ins Wort fallen *(wörtl: birinin sözüne düşmek)* **fig** birinin sözünü kesmek *(wörtl: jemandes Wort schneiden)* [**Bedeutung**: jemanden in seiner Rede unterbrechen; **Anlamı**: birikonuşurken söze karışıp konuşmasına olanak vermemek]

nachdem das Kind in den Brunnen gefallen ist *(wörtl: çocuk kuyuya düştükten sonra)* **fig** iş işten geçtikten sonra *(wörtl: nachdem die Sache von der Sache gegangen ist)* [**Bedeutung**: nachdem alles vorbei ist; **Anlamı**: herşey bittikten sonra]

reagieren, wenn das Kind bereits in den Brunnen gefallen ist *(wörtl: çocuk kuyuya düştükten sonra reaksiyon göstermek)* **fig** at çalındıktan sonra ahırın kapısını kapamak *(wörtl: das Tor zum Stall schließen, nachdem das Pferd gestohlen wurde)* **fig** eve hırsız girdikten sonra kapıya kilit takmak *(wörtl: an der Tür ein Schloss anbringen, nach dem der Einbrecher im Haus war)* **[Bedeutung**: reagieren, wenn es zu spät ist; **Anlamı**: iş işten geçtikten sonra önlem almaya kalkışmak]

nicht auf den Kopf gefallen sein *(wörtl: başının üstüne düşmemiş olmak) fig* uyanık olmak *(wörtl: wach sein)* **[Bedeutung**: nicht dumm sein; **Anlamı**: açıkgöz, kurnaz olmak]

so voll sein, dass keine (Steck)nadel zu Boden/zur Erde fallen kann *(wörtl: öyle dolu ki, iğne yere düşemez) fig* iğne atsan yere düşmez *(wörtl: wenn du eine (Steck)nadel wirst, wird sie nicht auf den Boden fallen)* **[Bedeutung**: sehr voll, überfüllt sein; **Anlamı**: çok kalabalık]

wenn Ostern und Pfingsten auf einen Tag fallen *(wörtl: Paskalya ve Küçük Paskalya aynı günde olduğunda) fig* balık kavağa çıkınca *(wörtl: wenn der Fisch auf die Pappel steigt)* **[Bedeutung**: nie; niemals; **Anlamı**: hiç bir zaman]

wer anderen eine Grube gräbt, fällt selbst hinein *(wörtl: el için çukur kazan, kendisi içine düşer) fig* el için kuyu kazan, kendisi içine düşer *fig* ava giden avlanır *(wörtl: wer auf die Jagd geht, wird gejagt) fig* gülme komşuna gelir başına *(wörtl: lach nicht über deinen Nachbarn, es könnte dir auch geschehen)* **[Bedeutung**: etwas Übles, das man einem Dritten zufügen will, wendet sich gegen einen selbst; wer anderen schaden will, schadet sich oft nur selbst; **Anlamı**: başkasına tuzak hazırlayan kimse, bu tuzağa önce

kendisi düşer; çıkarını başkalarına zarar vermekte arayan kimse, o zarara kendisi uğrar]

wie Schuppen von den Augen fallen *(wörtl: kepek gibi gözlerinden düşmek) fig* ayakları/ayağı suya ermek *(wörtl: seine Füße/sein Fuß das Wasser erreichen) fig* kafasına dank etmek *(wörtl: es macht Bang in seinem Kopf)* **[Bedeutung**: plötzlich die Wahrheit erkennen; auf einmal die Zusammenhänge erkennen; **Anlamı**: gerçekleri görür duruma gelmek]

der Würfel ist gefallen *(wörtl: zar atıldı) fig* ok yaydan çıktı *(wörtl: der Pfeil hat den Bogen verlassen)* **[Bedeutung**: die Entscheidung ist gefallen, sie ist nicht mehr rückgängig zu machen; Lat: alea iacta est; **Anlamı**: geri dönüşü olmayan bir davranışta bulunmak]

die Würfel sind gefallen *(wörtl: zarlar atıldı) fig* ok yaydan çıktı *(wörtl: der Pfeil hat den Bogen verlassen)* **[Bedeutung**: die Entscheidung ist gefallen, sie ist nicht mehr rückgängig zu machen; **Anlamı**: geri dönüşü olmayan bir davranışta bulunmak]

---

falsch yanlış

an die falsche Adresse geraten *(wörtl: yanlış adrese uğramak) fig* yanlış kapı çalmak *(wörtl: an der falschen Tür klingeln)* **[Bedeutung**: ein Anliegen an eine Person richten, die dafür nicht zuständig ist; **Anlamı**: isteğinin yapılamayacağı bir yere başvurmak]

aufs falsche Pferd setzen *(wörtl: yanlış ata para koymak) fig* yanlış ata oynamak *(wörtl: aufs falsche Pferd* *spielen) fig* kılavuzu karga olanın burnu boktan kalkmaz *(wörtl: derjenige, dessen Führer eine Krähe ist, wird seine Nase nicht aus der Scheiße halten können)* [**Bedeutung**: eine falsche Entscheidung treffen; sich an die falsche Person halten; **Anlamı**: tercihinde yanlış yapmak; kötü kimseye uyan kişinin başı sürekli olarak derde girer]

jemanden auf den falschen Fuß erwischen *(wörtl: birini yanlış ayak üzerinde yakalamak) fig* birini hazırlıksız yakalamak *(wörtl: jemanden unvorbereitet erwischen) fig* birini gafil avlamak *(wörtl: jemanden unvorbereitet jagen)* [**Bedeutung**: jemanden unvorbereitet erwischen; **Anlamı**: birini beklenmedik bir anda yakalamak]

Familie aile

das bleibt in der Familie *(wörtl: bu, aile içinde kalır) fig* baş kırılır/yarılır fes içinde, kol kırılır yen içinde *(wörtl: der Kopf bricht unter einem Fes, der Arm bricht im Ärmel)* [**Bedeutung**: das bleibt unter uns, wird vertraulich behandelt; **Anlamı**: aile içindeki uyuşmazlıklar yabancılara duyurulmamalıdır]

---

fangen tutmak, yakalamak

auch im Traum fängt die Spinne Fliegen *(wörtl: örümcek, düşünde de sinek tutar) fig* aç tavuk kendini arpa ambarında sanır *(wörtl: das hungrige Huhn denkt, es ist im Gerstenspeicher)* [**Bedeutung**: das Erwähnte ist nicht Realität, sondern nur Hoffnung; **Anlamı**: insanlar, yokluğunu çektikleri şeyler için olmayacak hayaller, düşler kurar]

der frühe Vogel fängt den Wurm *(wörtl: erkenci kuş solucanı yakalar) fig* erken kalkan yol alır, er evlenen döl alır *(wörtl: wer früh aufsteht, legt was zurück, wer früh heiratet bekommt Nachkommen)* [**Bedeutung**: wer frühmorgens mit der Arbeit beginnt, schafft mehr; **Anlamı**: yapacakları işlere erken başlayanlar kazançlı çıkarlar]

mit Geduld und Spucke fängt man eine Mucke *(wörtl: sabır ve tükürükle sivrisinek yakalanır) fig* sabreden derviş muradına ermiş *(wörtl: der geduldige Derwisch hat sein Ziel erreicht)* [**Bedeutung**: Geduld führt zum Erfolg; **Anlamı**: sabreden başarıya ulaşır]

mit Speck fängt man Mäuse *(wörtl: yağ ile fare tutulur) fig* tatlı dil yılanı deliğinden çıkarır *(wörtl: mit freundlichen Worten lockt man eine Schlange aus ihrem Loch)* [**Bedeutung**: mit dem richtigen Lockmittel erreicht man viel; **Anlamı**: gönül okşayıcı konuşma herkesi etkiler]

wer zwei Hasen jagt, fängt keinen *(wörtl: iki tavşan avlayan hiç birini tutamaz) fig* boynuz isterken kulaktan olmak *(wörtl: während man sich Hörner wünscht, verliert er seine Ohren) fig* deve boynuz ararken kulaktan olmuş *(wörtl: während das Kamel Hörner suchte, verlor es seine Ohren)* [**Bedeutung**: man sollte sich auf das Wesentliche konzentrieren; **Anlamı**: elindekiyle yetinmeyip daha çoğunu arayan, elindekinden de olur]

Farbe renk

Farbe bekennen *(wörtl: renkten yana olduğunu söylemek) fig* rengini belli etmek *(wörtl: seine Farbe bemerkbar machen)* **fig** ulu orta görüş bildirmek *(wörtl: öffentlich seine Meinung/Ansichten mitteilen)* [**Bedeutung**: seine Meinung offen darlegen; **Anlamı**: yandaşlığını açıklamak, düşüncesini, eğilimini açığa vurmak]

die Farbe wechseln[1] *(wörtl: rengi değiştirmek)* **fig** renkten renge girmek *(wörtl: von einer Farbe in die andere gehen)* [**Bedeutung**: erbleichen oder erröten als Zeichen einer plötzlichen Gefühlserregung; **Anlamı**: yüzünün rengi değişmek]

die Farbe wechseln[2] *(wörtl: rengi değiştirmek)* **fig** karşısına geçmek *(wörtl: die Seiten wechseln)* [**Bedeutung**: seine Überzeugung ändern; zu einer anderen Partei, Vereinigung übergehen; **Anlamı**: karşı düşünceye katılmak; karşı partiye, gruba gitmek]

Fass fıçı

das Fass zum Überlaufen bringen *(wörtl: fıçıyı taşırmak)* **fig** üstüne/üzerine tüy dikmek *(wörtl: darauf eine Feder pflanzen)* [**Bedeutung**: eine Situation zum Eskalieren bringen; **Anlamı**: kötü durum almış bir işi büsbütün kötü bir duruma sokmak]

dem Fass die Krone aufsetzen *(wörtl: fıçıya taç koymak)* **fig** kantarın topunu kaçırmak *(wörtl: die Kugel des Kantars verpassen)* [**Bedeutung**: etwas zum Äußersten treiben; **Anlamı**: ölçüyü kaçırıp aşırılığa varmak]

der Tropfen, der das Fass zum Überlaufen bringt *(wörtl: fıçıyı taşıran damla)* **fig** bardağı taşıran damla *(wörtl: der Tropfen, der das Glas zum Überlaufen bringt)* [**Bedeutung**: Ereignis, das eine Situation zum Eskalieren bringt; **Anlamı**: sabır tüketen aşırı davranış ya da durum]

ein Fass ohne Boden *(wörtl: dipsiz bir fıçı)* **fig** dipsiz kile, boş ambar *(wörtl: ein bodenloser Scheffel, ein leerer Speicher)* [**Bedeutung**: eine Sache, die immer wieder Geld kostet; **Anlamı**: çok ve devamlı para harcanması gereken durum]

---

fassen[1] dokunmak

ins Auge fassen *(wörtl: gözün içine dokunmak)* **fig** göz önüne almak *(wörtl: vors Auge nehmen)* [**Bedeutung**: etwas anvisieren; etwas in Erwägung ziehen; **Anlamı**: önceden düşünmek, hesaplamak, dikkate almak]

---

fassen[2] tutmak

das Übel an der Wurzel fassen/packen *(wörtl: kötülüğü kökünden yakalamak/tutmak)* **fig** köküne kibrit suyu dökmek *(wörtl: die Wurzel mit Streichholzwasser begießen)* [**Bedeutung**: eine schlechte Sache von ihrer Ursache herangehen; **Anlamı**: bir daha üremeyecek duruma getirmek; kökünü kurutmak]

die Gelegenheit beim Schopfe fassen *(wörtl: fırsatı perçemden tutmak)* **fig** fırsatı ganimet bilmek *(wörtl: die Gelegenheit als Beute sehen)* [**Bedeutung**: einen einmaligen, günstigen Augenblick schnell entschlossen ausnutzen; **Anlamı**: çıkan fırsattan en iyi şekilde yararlanmak]

118

Fuß fassen *(wörtl: ayak tutmak)* *fig*
ayak uydurmak *(wörtl: Füße*
anpassen)
[**Bedeutung**: sich nach einiger Zeit in
eine neue Umgebung integrieren;
Anlamı: kendi gidişini yeni
değişikliklere uydurmak]

---

faul tembel

---

auf der faulen Haut liegen *(wörtl:*
tembel cildinin üstünde yatmak) *fig*
ense yapmak *(wörtl: einen Nacken*
machen) *fig* yan gelip yatmak
[**Bedeutung**: faulenzen, nichts tun;
Anlamı: hiçbir iş yapmadan yan
gelip yatmak]

sich auf die faule Haut legen *(wörtl:*
tembel deri üzerine yatmak) *fig* yan
gelip yatmak *fig* ense yapmak *(wörtl:*
Nacken machen)
[**Bedeutung**: nichts tun, faulenzen;
Anlamı: hiç bir iş yapmayarak
rahatına bakmak]

Faust yumruk

---

die Faust in der Tasche ballen
(wörtl: yumruğunu cebinde sıkmak)
fig aba altından değnek/sopa
göstermek *(wörtl: das Stöckchen/den*
Stock unter der Aba zeigen) *fig* aba
altından değnek sallamak *(wörtl:*
unter der Aba den Stock schwingen)
[**Bedeutung**: heimlich drohen;
Anlamı: birini imalı bir biçimde
tehdit etmek]

eine faustdicke Lüge *(wörtl: yumruk*
kalınlığında bir yalan) *fig* kuyruklu
yalan *(wörtl: Lüge mit Schwanz)*
[**Bedeutung**: eine dreiste Lüge;
Anlamı: çok büyük yalan]

es faustdick hinter den Ohren
haben *(wörtl: kulaklarının arkası*
yumruk kalınlığında olmak) *fig*

anasının gözü olmak *(wörtl: das*
Auge seiner Mutter sein)
[**Bedeutung**: schlau, gerissen,
raffiniert, gewieft sein; **Anlamı**: çok
kurnaz, çok açıkgöz, dalavereci
olmak]

etwas faustdick auftragen *(wörtl:*
bir şeyi yumruk kalınlığında sürmek)
fig iğne deliğinden Hindistan'ı
seyretmek *(wörtl: Indien durchs*
Nadelöhr ansehen)
[**Bedeutung**: etwas übertrieben
darstellen; **Anlamı**: küçük bir
olaydan büyük anlamlar çıkarmak]

jemandem die Faust unter die Nase
halten *(wörtl: burnunun dibine*
yumruk tutmak) *fig* birine gözdağı
vermek *(wörtl: jemandem Augenberg*
geben)
[**Bedeutung**: jemandem drohen;
Anlamı: sonradan verilecek bir ceza
ile korkutmak; tehdit etmek;
caydırmaya çalışmak]

mit der Faust auf den Tisch
hauen/schlagen *(wörtl: yumruğuyla*
masaya vurmak) ayranı kabarmak[1]
(wörtl: jemands Ayran schwillt an)
[**Bedeutung**: energisch auftreten,
vorgehen; äußerst wütend sein;
Anlamı: öfkelenmek; coşmak]

wie die Faust aufs Auge passen
(wörtl: göze yumruk gibi uymak) *fig*
kel başa şimşir tarak olmak *(wörtl:*
ein Kamm aus Buchsbaum für den
kahlen Kopf sein) *fig* kör göze çifte
gözlük olmak *(wörtl: auf ein blindes*
Auge eine Doppelbrille sein)
[**Bedeutung**: nicht zusammenpassen;
Anlamı: birbirine hiç uymamak]

Fäustchen yumrukçuk

---

sich ins Fäustchen lachen[1] *(wörtl:*
yumrukçuk içine gülmek) *fig* bıyık

altından gülmek *(wörtl: unter dem Schnurrbart lachen)* [**Bedeutung**: sich heimlich freuen; **Anlamı**: birinin durumuna belli etmeden gülmek; bu duruma düşenle içinden alay etmek]

sich ins Fäustchen lachen[2] *(wörtl: yumrukçuğu içine gülmek) fig* kıçına kına yakmak *(wörtl: sich den Hintern mit Henna verbrennen) fig* arkasından zil çalıp oynamak *(wörtl: hinter ihm die Klingel läuten und tanzen)* [**Bedeutung**: Schadenfreude empfinden; von heimlicher Schadenfreude, Genugtuung sein; **Anlamı**: karşısındaki uğradığı bir zarara çok sevinmek]

Faxen maskaralıklar

die Faxen dick/dicke haben *(wörtl: maskaralıkları kalın olmak) fig* canına tak demek/etmek *(wörtl: jemandes Seele sagt/macht Tak)* [**Bedeutung**: einer Sache überdrüssig sein; die Geduld verlieren; jemand wird ungeduldig und ärgerlich; **Anlamı**: sabrı kalmamak; sabrı tükenmek; dayanamaz duruma gelmek]

Feder tüy

sich mit fremden Federn schmücken *(wörtl: yabancı tüylerle süslenmek) fig* düğün pilavıyla dost ağırlamak *(wörtl: Freunde bewirten mit dem Hochzeitsreis) fig* düğün arpasıyla at beslemek *(wörtl: Pferde füttern mit der Hochzeitsgerste) fig* el kazanıyla aş kaynatmak *(wörtl: das Essen mit einem fremden Kessel kochen)* [**Bedeutung**: Verdienste/Leistungen anderer als die eigenen ausgeben; **Anlamı**: başkasının kesesinden ikramda bulunmak; başkasının

hazırladığı imkânları kullanarak iş çevirmek]

---

fegen süpürmek

vor der eigenen Tür kehren/fegen *(wörtl: kendi kapısı önünde süpürmek) fig* kendi işine bakmak *(wörtl: sich um seine eigenen Angelegenheiten kümmern)* [**Bedeutung**: sich um seine eigenen Angelegenheiten kümmern; **Anlamı**: başkaların işine karışmamak]

---

fehlen eksik olmak

fehl am Platz(e) sein *(wörtl: yerinde eksik olmak) fig* yama gibi durmak *(wörtl: aussehen wie ein Flicken)* [**Bedeutung**: unangebracht sein, am falschen Ort sein; **Anlamı**: buunduğu yere uymamak]

das fehlte (gerade) noch! *fig* bir bu eksikti! [**Bedeutung**: das wäre noch schöner; das kommt überhaupt nicht infrage; **Anlamı**: sürüp giden sıkıntılar yetmiyormuş gibi şimdi bir de bu çıktı]

denn, regnet's Brei, fehlt ihm der Löffel *(wörtl: çünkü lapa yağdığı zaman kaşığı yoktur) fig* at bulunur meydan bulunmaz, meydan bulunur at bulunmaz *(wörtl: es findet sich ein Pferd aber keinen Platz, es findet sich ein Platz aber kein Pferd) fig* buldum bilemedim, bildim bulamadım *(wörtl: ich habe es gefunden (aber) nicht wissen können, ich habe es gewusst (aber) nicht finden können)* [**Bedeutung**: die notwendigen Bedingungen für eine Arbeit sind nicht immer perfekt; **Anlamı**: bir iş için gerekli koşullar her zaman eksiksiz olarak ele geçmez]

Fehler hata

aus Fehlern wird man klug *(wörtl: insan, yaptığı hatalardan akıllanır) fig* adam yanıla yanıla, pehlivan yenile yenile *(wörtl: man wird durch Fehler, der Ringkämpfer durch niederlagen)* [**Bedeutung**: aus Fehlern lernt man; **Anlamı**: kişi, yapmış olduğu hatalardan ders alıp onları tekrarlamamalıdır]

Feind düşman

das Bessere ist der Feind des Guten *(wörtl: daha iyisi, iyin düşmanıdır) fig* mükemmel, iyinin düşmanıdır *(wörtl: das Perfekte ist der Feind des Guten)* [**Bedeutung**: das Gute ist nur so lange gut, bis es von etwas noch Besserem übertroffen wird; **Anlamı**: daha iyi bir şey gelinceye kadar, iyi olan şey iyidir]

das Bessere ist des Guten Feind *(wörtl: daha iyisi, iyin düşmanıdır) fig* mükemmel, iyinin düşmanıdır *(wörtl: das Perfekte ist der Feind des Guten)* [**Bedeutung**: das Gute ist nur so lange gut, bis es von etwas noch Besserem übertroffen wird; **Anlamı**: daha iyi bir şey gelinceye kadar, iyi olan şey iyidir]

Freund und Feind *fig* dost düşman [**Bedeutung**: jedermann; **Anlamı**: herkes]

Nesseln brennen Freund und Feind *(wörtl: ısırganlar hem dost hem de düşmanı yakar) fig* kurunun yanında yaş da yanar *(wörtl: Nasses, was neben Trockenem liegt, verbrennt mit)* [**Bedeutung**: wenn Schuldige bestraft werden, werden Unschuldige in Mitleidenschaft gezogen; **Anlamı**: işledikleri kusurdan cezalandırılanlar yanında kimi zaman suçsuzlar da hırpalanır]

wer solche Freunde hat, braucht keine Feinde (mehr) *(wörtl: böyle arkadaşı olanın düşmana ihtiyacı olmaz) fig* arkadaş değil, arka taşı *(wörtl: kein Freund, sondern ein Rückenstein/Stein auf dem Rücken)* [**Bedeutung**: manche Freunde schaden mehr als sie helfen; **Anlamı**: sözüm ona arkadaş ama çok zarar veriyor]

Fell post

ein dickes Fell bekommen *(wörtl: kalın bir postu oluşmak) fig* kaşarlanmak *(wörtl: zu Kaschar-Käse werden)* [**Bedeutung**: seelisch unempfindlich werden; **Anlamı**: hoşa gitmeyen bir işe alışarak artık ondan üzüntü duymamak]

man soll das Fell des Bären nicht verkaufen, bevor man ihn geschossen hat *(wörtl: ayıyı vurmadan postunu satmamalı) fig* ayıyı vurmadan postunu satmak *(wörtl: das Fell verkaufen, bevor man den Bären erschossen hat) fig* ayıyı yakalamadan derisini soyma *(wörtl: das Fell des Bären abziehen, bevor man ihn gefangen hat)* [**Bedeutung**: man sollte sich nicht zu früh freuen; **Anlamı**: henüz ele geçmemiş bir şey üzerinde hesap yapmak]

man soll das Fell des Bären nicht verteilen, bevor er erlegt ist *(wörtl: ayıyı vurmadan postunu paylaşmamalı) fig* ayıyı vurmadan postunu satmak *(wörtl: das Fell verkaufen, bevor man den Bären erschossen hat) fig* ayıyı yakalamadan derisini soyma *(wörtl: das Fell des Bären abziehen, bevor man ihn gefangen hat)* [Bedeutung: man sollte sich nicht zu früh freuen; Anlamı: henüz ele geçmemiş bir şey üzerinde hesap yapmak]

Fenster pencere

das Geld aus dem Fenster werfen *(wörtl: parayı pencereden dışarı atmak) fig* parayı denize atmak *(wörtl: das Geld ins Meer werfen) fig* parayı sokağa atmak *(wörtl: das Geld auf die Straße werfen)* [Bedeutung: Geld für sinnlose Dinge ausgeben; Anlamı: parayı boşuna harcamak]

das Geld zum Fenster hinauswerfen *(wörtl: parayı pencereden dışarı atmak) fig* parayı denize atmak *(wörtl: das Geld ins Meer werfen) fig* parayı sokağa atmak *(wörtl: das Geld auf die Straße werfen)* [Bedeutung: Geld für sinnlose Dinge ausgeben; Anlamı: parayı boşuna harcamak]

kommt Armut durch die Tür ins Haus, fliegt Liebe gleich zum Fenster hinaus *(wörtl: yoksulluk, kapıdan içeri girince,aşk hemen pencereden uçar gider) fig* yoksulluk kapıdan girince, aşk pencereden kaçar *(wörtl: wenn die Armut durch die Tür kommt, flüchtet die Liebe durchs Fenster) fig* fakirlik kapıdan girince, aşk bacadan çıkar *(wörtl: wenn die Armut durch die Tür kommt, geht die Liebe durch den Schornstein hinaus)* [Bedeutung: Liebe macht nicht satt; Anlamı: aşk, karın doyurmaz]

sich weit aus dem Fenster lehnen/hängen *(wörtl: pencereden*

dışarı fazla sarkmak) fig bol keseden atmak *(wörtl: aus dem vollen Beutel werfen) fig* Kafdağı'ndan kar bağışlamak *(wörtl: Schnee vom Berg Kaf spenden)* [Bedeutung: etwas versprechen, was man eventuell gar nicht halten kann; Anlamı: yerine getiremeyecek vaatlerde bulunmak]

weg vom Fenster sein *(wörtl: pencereden uzakta olmak) fig* yıldızı sönmek *(wörtl: sein Stern erlischt)* [Bedeutung: von der Öffentlichkeit nicht mehr beachtet, nicht mehr gfragt sein Ahnung haben; Anlamı: ününü yitirmek]

Ferne uzak, uzaklar

warum in die Ferne schweifen, wenn das Gute liegt so nah? *(wörtl: iyi şeyler bukadar yakındayken niçin uzaklara gidilir?) fig* Dimyat'a pirince giderken evdeki bulgurdan olmak *(wörtl: die Weizengrütze zu Hause loswerden, während man für Reis nach Damiette fährt)* [Bedeutung: man muss nicht unbedingt ın ferne Länder reisen, wenn es in der Heimat schöne Ecken gibt; sagt man, wenn man das Naheliegende tun will; Anlamı: yakında olanı kullanıp uzaklara gitmeye gerek yoktur]

Ferse topuk

sich an jemandes Fersen heften *(wörtl: birinin topuklarına takılmak) fig* peşini bırakmamak *fig* peşine takılmak [Bedeutung: jemanden hartnäckig folgen; Anlamı: bır kimseyi izlemekten vazgeçmemek]

Fersengeld geben *(wörtl: topuk parası vermek) fig* tabanları

122

yağlamak *(wörtl: die Sohlen schmieren)*
[**Bedeutung**: verschwinden; davonlaufen; **Anlamı**: kaçıp gitmek]

---

fertig bitti

(jemanden) fertigmachen *(wörtl: birini bitirmek) fig* hakkından gelmek² *(wörtl: von jemands Recht kommen)*
[**Bedeutung**: jemanden besiegen; schaf zurechtweisen, tadeln; **Anlamı**: yenemek, öç almak veya cezasını vermek]

mit etwas fertig werden *(wörtl: bir şeyle işi bitirmek) fig* bir şeyle başa çıkmak *(wörtl: mit etwas auf den Kopf steigen) fig* hakkından gelmek¹ *(wörtl: von jemands Recht kommen)*
[**Bedeutung**: etwas bewältigen; mit etwas zurechtkommen; Schwierigkeiten meistern; **Anlamı**: zor bır işi başarı ile sona erdirmek; alt etmek; üstesinden gelmek]

mit jemandem fertig sein *(wörtl: biriyle işi bitmiş olmak) fig* biriyle alışverişi kesmek *(wörtl: mit jemandem den Einkauf beenden) fig* alacağı vereceği kalmamak *(wörtl: jemandem verbleiben keine Forderungen oder Schulden)*
[**Bedeutung**: mit jemandem nichts mehr zu tun haben (wollen); **Anlamı**: biriyle ilgisi kalmamak; ilişkisi kesilmek]

mit jemandem fertig werden *(wörtl: biriyle işi bitirmek) fig* biriyle başa çıkmak *(wörtl: mit jemandem auf den Kopf steigen)*
[**Bedeutung**: sich bei jemandem durchsetzen; **Anlamı**: alt etmek; üstesinden gelmek]

---

fest sıkı, sağlam

festen Boden unter den Füßen haben *(wörtl: ayakları altında sağlam zemin olmak) fig* ekmek kapısı olmak *(wörtl: eine Tür aus Brot haben)*
[**Bedeutung**: eine sichere Grundlage haben; eine feste Arbeit haben und damit seinen Lebensunterhalt verdienen; **Anlamı**: geçim sağlayan iş yeri olmak]

festen Fuß fassen *(wörtl: sağlam ayak tutmak) fig* ayak uydurmak *(wörtl: Füße anpassen)*
[**Bedeutung**: sich nach einiger Zeit in eine neue Umgebung integrieren; **Anlamı**: kendi gidişini yeni değişikliklere uydurmak]

sich festfahren *(wörtl: saplanıp kalmak) fig* sarpa sarmak *(wörtl: den Steilhang umarmen)*
[**Bedeutung**: nicht weiterkommen; auf unüberwindliche Schwierigkeiten stoßen; **Anlamı**: bir iş çözümlenmeyecek duruma düşmek; iş, aşılması çok güç engellerle karşılaşmak]

Fett yağ

das Fett abschöpfen *(wörtl: yağını almak) fig* bir şeyin kaymağını almak *(wörtl: die Sahne von etwas abschöpfen)*
[**Bedeutung**: sich selbst den größten Vorteil, das Beste verschaffen; **Anlamı**: bir şeyin en büyük payını, kârını ele geçirmek]

das macht den Kohl auch nicht fett *(wörtl: bu lahanayı yağlandırmaz) fig* fark etmez² *(wörtl: kein Unterscheid machen)*
[**Bedeutung**: das nützt auch nichts mehr; auf solche Kleinigkeiten kommt es nun auch nicht mehr an; **Anlamı**: etkisi olmaz; değişmez]

das Rad, das am lautesten quitscht, bekommt das meiste Fett *(wörtl: en çok gıcırdayan tekerleğe, en çok yağ verilir)* **fig** ağlamayan çocuğa meme vermezler *(wörtl: das Kind, das nicht weint, bekommt die Brust nicht/wird nicht gestillt)* [**Bedeutung**: wer sich meldet, der wird bedient; **Anlamı**: hakkını aramasını bilmeyenin işi görülmez]

im Fett schwimmen *(wörtl: yağda yüzmek)* **fig** bir eli yağda bir eli balda olmak *(wörtl: eine Hand im Fett, die andere im Honig haben)* [**Bedeutung**: im Überfluss leben; in Saus und Braus leben; **Anlamı**: bolluk içinde yaşamak]

nach fest kommt ab *(wörtl: sıkıdan sonra koptu gelir)* **fig** yayı pek çekme, kırarsın/kırılır *(wörtl: spann den Bogen nicht (zu) fest, du kannst ihn abbrechen/er kann abbrechen)* [**Bedeutung**: wenn man etwas zu fest anzieht, kann es abbrechen; **Anlamı**: bazı konularda şartları zorlamak, yarar yerine zarar getirir]

sein Fett abkriegen /abbekommen/ wegkriegen/ wegbekommen *(wörtl: yağını almak)* **fig** ağzının payını almak *(wörtl: den Anteil für seinen Mund bekommen)* [**Bedeutung**: verdientermaßen für etwas bestraft werden; **Anlamı**: gereken karşılığı alarak susturulmak]

Fettnäppchen

ins Fettnäppchen treten *(wörtl: yağ tasına basmak)* **fig** pot kırmak **fig** çam devirmek *(wörtl: einen Kiefer stürzen)* **fig** baltayı taşa vurmak *(wörtl: mit der Axt auf Stein schlagen)* [**Bedeutung**: jemanden versehentlich kränken; **Anlamı**: farkında olmazarak birine dokunacak veya

kötü bir sonuç doğuracak söz söylemek; gaf yapmak]

feucht nemli

noch feucht hinter den Ohren sein *(wörtl: kulaklarının arkası hâlâ nemli olmak)* **fig** bıyıkları yeni terlemiş olmak *(wörtl: einen Schnurrbart haben, der neu geschwitzt ist)* [**Bedeutung**: jung und unerfahren sein; **Anlamı**: genç ve deneyimsiz olmak]

Feuer ateş

für etwas Feuer und Flamme sein *(wörtl: bir şey için yangın ve alev olmak)* **fig** bir şey için yanıp tutuşmak *(wörtl: für etwas brennen und Feuer fangen)* [**Bedeutung**: sich leidenschaftlich für etwas interessieren; **Anlamı**: bir şeyi elde etmek için güçlü bir istek duymak]

für jemanden die Hand ins Feuer legen *(wörtl: biri için elini ateşe sokmak)* **fig** birisi için sorumluluk yüklenmek *(wörtl: für jemanden Verantwortung übernehmen)* [**Bedeutung**: für jemanden haften; **Anlamı**: bir kimsenin yol açacağı zararı üstlenmek]

(für jemanden) die Kastanien aus dem Feuer holen *(wörtl: biri için kestaneleri ateşten çıkarmak)* **fig** (birinin) maşası olmak *(wörtl: jemandes Feuerzange sein)* **fig** dostlar şehit, biz gazi *(wörtl: die Freunde sind Kriegsgefallene, wir Kriegsverzehrte)* [**Bedeutung**: (für jemanden) eine unangenehme Aufgabe erledigen; **Anlamı**: sakıncalı bir işte biri tarafından araç olarak kullanılmak]

für jemanden Feuer und Flamme sein *(wörtl: bir kimse için yangın ve alev olmak)* *fig* biri için yanıp tutuşmak *(wörtl: für etwas brennen und Feuer fangen)* [**Bedeutung**: leidenschaftlich verliebt sein; **Anlamı**: çok güçlü bir aşk ile sevmek]

gebranntes Kind scheut das Feuer *(wörtl: yanmış çocuk ateşten kaçınır)* *fig* sütten ağzı yanan yoğurdu üfleyerek yer *(wörtl: wer seinen Mund durch die Milch verbrennt, isst das Jogurt pustend)* [**Bedeutung**: wer einmal einen Schaden erlitten hat, ist besonders achtsam; **Anlamı**: bir olaydan zarar gören, sonra uyanık davranır]

kein Rauch ohne Feuer *(wörtl: ateşsiz duman olmaz)* *fig* ateş olmayan yerden duman çıkmaz *(wörtl: dort, wo es kein Feuer gibt, steigt kein Rauch)* [**Bedeutung**: kein Tun ohne sichtbares Zeichen; **Anlamı**: belirti varsa o şey de var demektir]

mit dem Feuer spielen *fig* ateşle oynamak *fig* **barutla oynamak** *(wörtl: mit dem Schießpulver spielen)* [**Bedeutung**: etwas gefährliches, riskantes unternehmen; **Anlamı**: çok tehlikeli bir işle uğraşmak; çok tehlikeli işlere girişmek]

Öl ins Feuer gießen *(wörtl: ateşe gazyağı dökmek)* *fig* yangına körükle gitmek *(wörtl: mit einem Blasebalg zum Brand gehen)* *fig* yangını körüklemek *(wörtl: den Brand schüren)* [**Bedeutung**: die Spannung noch verstärken; **Anlamı**: gerginliği artıracak biçimde davranmak]

wie Feuer und Wasser *(wörtl: ateş ve su gibi)* *fig* ikisini bir kazana koysalar kaynamazlar *(wörtl: wenn man sie zusammen in einen Kessel setzt, kochen sie nicht)* [**Bedeutung**: unvereinbar; nicht zusammenpassend; **Anlamı**: aralarındaki anlaşmazlık o kadar büyük ki onları uzlaştırma çaresi bulunamaz]

---

finden bulmak

Anklang finden *(wörtl: rağbet görmek)* *fig* yüz bulmak *(wörtl: Gesicht finden)* [**Bedeutung**: mit Zustimmung aufgenommen werden; **Anlamı**: ilgi ve yakınlık görmek]

ein blindes Huhn findet auch mal ein Korn *(wörtl: kör tavuk da bir tahıl tanesi bulur)* *fig* kedi olalı bir fare tuttu *(wörtl: seitdem sie eine Katze ist, hat sie eine Maus gefangen)* *fig* bitli baklanın da kör alıcısı olur *(wörtl: auch für die verlauste Saubohne gibt es einen blinden Käufer)* [**Bedeutung**: auch der Benachteiligte hat einmal Glück; **Anlamı**: işe yaramaz da olsa her şeyin isteklisi bulunur]

in jeder Suppe ein Haar finden *(wörtl: her çorbada bir kıl bulmak)* *fig* üzümün çöpü, armudun sapı var demek *(wörtl: sagen, dass die Traube Kerne und die Birne einen Stiel hat)* [**Bedeutung**: nur das Schlechte sehen; an allem herumnörgeln; **Anlamı**: her şeyde bir eksiklik bulmak; güç beğenir olmak]

jeder findet seinen Meister *(wörtl: herkes üstadını bulur)* *fig* akıl akıldan üstündür *(wörtl: ein Verstand ist überlegener als der andere Verstand)* *fig* el elden üstündür *(wörtl: eine Hand ist überlegener als die andere Hand)* *fig* avcı kediye kurnaz fare

(wörtl: für die Jägerin Katze eine schlaue Maus)
[**Bedeutung**: es gibt immer einen, der besser ist als man selbst; **Anlamı**: insan, kendisinden daha üstün bir başkasının da olabileceğini bilmelidir; bir kimsenin aklına gelmeyen çare, başka birinin aklına gelebilir]

jeder Topf findet seinen Deckel
(wörtl: her tencere kapağını bulur)
fig tencere yuvarlanmış kapağını bulmuş *(wörtl: der Kochtopf ist gerollt und hat seinen Deckel gefunden)*
[**Bedeutung**: jeder, alles findet das zu ihm passende Gegenstück; **Anlamı**: birbiriyle benzeşen iki insan bir araya gelmiş]

Finger parmak

den Finger auf die Wunde legen
(wörtl: parmağını yaranın üzerine koymak) fig parmağını yaranın üzerine basmak *(wörtl: den Finger auf die Wunde drucken)*
[**Bedeutung**: auf ein Übel hinweisen; das Schlechte an einer Sache betonen; **Anlamı**: bir derdin gerçek nedenini göstermek]

die Finger im Spiel haben *(wörtl: parmakları oyunda olmak) fig* parmağı olmak *(wörtl: Finger haben)*
[**Bedeutung**: mitmachen; mitmischen; sich (heimlich) besteiligen; **Anlamı**: bir işe karışmış olmak]

die Finger überall drinhaben
(wörtl: her yerde parmağı olmak) fig her köfteye maydanoz olmak *(wörtl: seine Petersilie in jeder Boulette haben) fig* her tarakta bezi olmak *(wörtl: ein Tuch bei jedem Kamm haben)*

[**Bedeutung**: sich überall einmischen; **Anlamı**: her işe burnunu sokmak; her şeye karışmak]

die Finger von etwas lassen *(wörtl: parmaklarını bir şeyden bırakmak) fig* bir şeyden elini ayağını/eteğini çekmek *(wörtl: seine Hand, seinen Fuß/seinen Rock von etwas abziehen)*
[**Bedeutung**: etwa sein lassen; **Anlamı**: o şeyle ilgisini kesmek]

jemandem durch die Finger schlüpfen *(wörtl: birinin parmaklarının arasından geçivermek) fig* elinden kurtulmak *(wörtl: sich von seiner Hand befreien)*
[**Bedeutung**: jemandem entgehen; **Anlamı**: ondan kaçmayı başarmak]

jemanden um den (kleinen) Finger wickeln *(wörtl: birini (küçük) parmağına dolamak) fig* birini parmağında oynatmak *(wörtl: jemanden auf seinem Finger tanzen lassen)*
[**Bedeutung**: jemanden gefügig machen; jemanden beeinflussen; **Anlamı**: birini kukla gibi kullanmak; birine her istediğini yaptırmak]

keinen Finger krumm machen
(wörtl: parmağını eğritmemek) fig parmağını bile kıpırdatmamak *(wörtl: nicht einmal den Finger bewegen) fig* parmağını bile oynatmamak *(wörtl: nicht einmal den Finger bewegen) fig* elini sıcak sudan soğuk suya sokmamak *(wörtl: seine Hand nicht vom warmen Wasser ins kalte Wasser tränken)*
[**Bedeutung**: nichts tun; untätig bleiben; **Anlamı**: bir iş için hiçbir davranışta bulunmamak]

keinen Finger rühren *(wörtl: hiç parmak oynatmamak) fig* parmağını bile kıpırdatmamak *(wörtl: nicht einmal den Finger bewegen) fig* parmağını bile oynatmamak *(wörtl: nicht einmal den Finger bewegen)* **fig** elini sıcak sudan soğuk suya sokmamak *(wörtl: seine Hand nicht vom warmen Wasser ins kalte Wasser tränken)* [**Bedeutung**: untätig bleiben; nichts tun; **Anlamı**: bir iş için hiçbir davranışta bulunmamak]

man reicht den kleinen Finger und er nimmt die ganze Hand *(wörtl: küçük parmağını uzattın mı bütün elini alır)* **fig** yüz verince astar ister *(wörtl: hätschelt man ihn, will er das Futter)* [**Bedeutung**: man bietet Hilfe an, und er will noch viel mehr Hilfe; **Anlamı**: kendisine gösterilen küçük bir ilgiden dolayı şımararak daha çok istemek]

mit dem kleinen Finger *(wörtl: küçük parmağı ile)* **fig** tereyağından kıl çeker gibi *(wörtl: wie ein Haar aus der Butter ziehen)* [**Bedeutung**: ohne Mühe; ohne Antrengung; mühelos; **Anlamı**: çok kolay bir biçimde]

seine Finger überall drin haben *(wörtl: parmakları her yerde olmak)* **fig** her tarakta bezi olmak *(wörtl: ein Tuch bei jedem Kamm haben)* **fig** her köfteye maydanoz olmak *(wörtl: seine Petersilie in jeder Boulette haben)* [**Bedeutung**: überall involviert sein; **Anlamı**: birçok işi ya da ilişkisi olmak]

sich die Finger verbrennen *(wörtl: parmaklarını yakmak)* **fig** ağzı yanmak *(wörtl: sein Mund brennt)* [**Bedeutung**: Schaden erleiden; **Anlamı**: zarar görmek]

sich etwas aus den Fingern saugen *(wörtl: bir şeyi parmaklarından emmek)* **fig** kafadan atmak *(wörtl:*

aus dem Kopf werfen) **fig** işkembeden atmak *(wörtl: aus den Kutteln werfen)* [**Bedeutung**: einen Sachverhalt frei erfinden; **Anlamı**: bir konu üzerine inceleme yapmadan rasgele söz söylemek; uydurarak söylemek]

Fisch balık

der Fisch stinkt vom Kopf *(wörtl: balık baştan kokar)* **fig** her balık baştan kokar *(wörtl: jeder Fisch stinkt vom Kopf)* [**Bedeutung**: die Führungskräfte einer Organisation sind verantwortlich, wenn es Probleme gibt; **Anlamı**: bir işte aksaklıktan başta olanlar sorumludur]

die großen Fische fressen die kleinen *(wörtl: büyük balıklar küçükleri yer)* **fig** büyük balık küçük balığı yutar *(wörtl: der große Fisch verschlingt den kleinen Fisch)* [**Bedeutung**: die Mächtigen unterdrücken die Schwachen; **Anlamı**: güçlüler, güçsüzleri ezer]

sich fühlen wie ein Fisch auf dem Trockenen *(wörtl: kendini kuru yerdeki bir balık gibi hissetmek)* **fig** sudan çıkmış balığa dönmek *(wörtl: sich verwandeln in einen Fisch, der aus dem Wasser heraus ist)* [**Bedeutung**: nicht wissen, was man machen soll; hilflos sein; **Anlamı**: ne yapacağını bilememek]

stumm wie ein Fisch sein *(wörtl: dilsiz bir balık gibi olmak)* **fig** dut yemiş bülbüle dönmek *(wörtl: sich in eine Nachtigal verwandeln, die Maulbeeren gefressen hat)* [**Bedeutung**: nicht sprechen; nichts sagen; **Anlamı**: susmak; konuşkanlığını yitirmek]

weder Fisch noch Fleisch *(wörtl: ne balık ne et)* *fig* ne şap oldu ne şeker *(wörtl: weder Alaun ist es geworden noch Zucker)* *fig* ne bal etti ne mum etti *(wörtl: tat weder Honig noch Kerze)* [**Bedeutung**: undeutlich; nur eine halbe Sache; nicht zu bestimmen; nicht einzuordnen; **Anlamı**: ne olumlu ne de olumsuz bir sonuca bağlandı]

wie ein Fisch auf dem Trockenen sein *(wörtl: kuru yerdeki bir balık gibi)* *fig* sudan çıkmış balığa dönmek *(wörtl: sich verwandeln in einen Fisch, der aus dem Wasser heraus ist)* [**Bedeutung**: nicht wissen, was man machen soll; hilflos sein; **Anlamı**: ne yapacağını bilememek]

wie ein Fisch im Wasser *(wörtl: suda balık gibi)* *fig* keyfi yerinde *(wörtl: jemandes Wohlbefinden ist am Ort)* [**Bedeutung**: sich sehr wohl fühlen; **Anlamı**: neşesi, sağlığı yerinde]

fischen balık avlamak

im Trüben fischen *fig* bulanık suda balık avlamak *(wörtl: im trüben Wasser fischen)* [**Bedeutung**: unklare Verhältnisse ausnutzen; in unbekannter Umgebung suchen, **Anlamı**: karışık bir durumdan yararlanarak çıkar sağlamak]

fit formda

fit wie ein Turnschuh *(wörtl: jimnastik ayakkabısı gibi formda)* *fig* turp gibi *(wörtl: wie Radieschen)* [**Bedeutung**: gesund; durchtrainiert; **Anlamı**: sağlığı yerinde; sapasağlam]

Fittich kanat

jemanden unter seine Fittiche nehmen *fig* birini kanadı altına almak [**Bedeutung**: jemanden schützen; in Obhut nehmen; sich um jemanden kümmern; **Anlamı**: birini korumak; birini korumasına almak]

fix

fix und fertig *fig* haşat [**Bedeutung**: völlig erschöpft; **Anlamı**: gücü tükenmiş; kımıldayamaz durumda; bitkin]

fix und foxi *fig* haşat [**Bedeutung**: völlig erschöpft; **Anlamı**: gücü tükenmiş; kımıldayamaz durumda; bitkin]

fix und foxi sein *fig* kafayı yemek *(wörtl: den Kopf essen)* [**Bedeutung**: völlig erschöpft sein; übermüdet sein; **Anlamı**: aşırı yorgunluktan bunalıma düşmek]

Flagge bayrak

Flagge zeigen *(wörtl: bayrak göstermek)* *fig* rengini belli etmek *(wörtl: seine Farbe bemerkbar machen)* [**Bedeutung**: seine Einstellung, Meinung deutlich zu erkennen geben; seine Meinung offen darlegen; **Anlamı**: yandaşlığını açıklamak, düşüncesini, eğilimini açığa vurmak]

Flamme alev

für etwas Feuer und Flamme sein *(wörtl: bir şey için yangın ve alev olmak)* *fig* bir şey için yanıp tutuşmak *(wörtl: für etwas brennen und Feuer fangen)* [**Bedeutung**: sich leidenschaftlich für etwas interessieren; **Anlamı**: bir şeyi elde etmek için güçlü bir istek duymak]

für jemanden Feuer und Flamme sein *(wörtl: bir kimse için yangın ve alev olmak)* *fig* biri için yanıp tutuşmak *(wörtl: für etwas brennen und Feuer fangen)* [**Bedeutung**: leidenschaftlich verliebt sein; **Anlamı**: çok güçlü bir aşk ile sevmek]

Fleck leke, yer

nicht vom Fleck kommen *(wörtl: yerinden ayrılmamak)* *fig* yerinde saymak *(wörtl: auf der Stelle zählen)* [**Bedeutung**: nicht vorankommen; **Anlamı**: bulunduğu yerden daha ileri gidememek]

Fleisch et

den Weg allen Fleisches gehen *(wörtl: bütün et yolundan gitmek)* *fig* dünyaya gözlerini kapamak *(wörtl: der Welt die Augen schließen)* [**Bedeutung**: sterben; **Anlamı**: ölmek]

die Soße ist teuerer als das Fleisch *(wörtl: sos etten pahalı olmak)* *fig* astarı yüzünden pahalı olmak *(wörtl: teuer sein wegen des Futters)* [**Bedeutung**: die Nebenkosten sind höher als die Sache selbst; **Anlamı**: bir işin ayrıntılarına harcanan para ya da emek, elde edilen sonucun değerini aşmak]

sich ins eigene Fleisch schneiden *(wörtl: kendi etini kesmek)* *fig* bindiği dalı kesmek *(wörtl: den Ast absägen, auf dem man hockt)* *fig* gâvura kızıp oruç yemek/bozmak *(wörtl: wegen des Heiden sich ärgern und das Fasten brechen)*

[**Bedeutung**: sich selbst schaden; **Anlamı**: başkasına kızıp kendisi için zararlı bir iş yapmak]

weder Fisch noch Fleisch *(wörtl: ne balık ne et)* *fig* ne şap oldu ne şeker *(wörtl: weder Alaun ist es geworden noch Zucker)* *fig* ne bal etti ne mum etti *(wörtl: tat weder Honig noch Kerze)* [**Bedeutung**: undeutlich; nur eine halbe Sache; **Anlamı**: ne olumlu ne de olumsuz bir sonuca bağlandı]

Fleiß emek

ohne Fleiß kein Preis *(wörtl: emeksiz ödül olmaz)* *fig* emek olmadan yemek olmaz *(wörtl: ohne Arbeit gibt es nichts zum Essen* *fig* alın terlemeyince mal bulunmaz *(wörtl: wenn die Stirn nicht schwitzt, findet man keine Ware))* *fig* ekmeden biçilmez *(wörtl: ohne zu säen, kann man nicht ernten)* *fig* lokma çinenmeden yutulmaz *(wörtl: ohne zu kauen, wird der Bissen nicht heruntergeschluckt)* *fig* zahmetsiz rahmet olmaz *(wörtl: ohne Mühe gibt es kein Erbarmen)* *fig* utananın oğlu kızı olmamış *(wörtl: der sich geschämt hat, hat weder Sohn noch Tochter bekommen)* [**Bedeutung**: nur bei entsprechendem Fleiß stellt sich der Erfolg ein; **Anlamı**: her iş emekle yapılır; geçinmek için çalışmak gerekir; emek vermeden beklenilen sonuca erişilemez; sıkıntı çekmeden iyi ve güzel işler yapılamaz; bir şeyi elde etmek için çalışmalı, tembel tembel oturmamalı]

Fliege sinek

auch im Traum fängt die Spinne Fliegen *(wörtl: örümcek, düşünde de sinek tutar)* *fig* aç tavuk kendini arpa ambarında sanır *(wörtl: das hungrige*

129

Huhn denkt, es ist im Gerstenspeicher) [**Bedeutung**: das Erwähnte ist nicht Realität, sondern nur Hoffnung; **Anlamı**: insanlar, yokluğunu çektikleri şeyler için olmayacak hayaller, düşler kurar]

die/eine Fliege machen *(wörtl: sinek yapmak)* **fig** tüymek **fig** sırra kadem basmak *(wörtl: ins Geheimnis treten)* [**Bedeutung**: abhauen; verschwinden; **Anlamı**: kaçıp gitmek; savuşmak]

keiner Fliege ein Bein krümmen können *(wörtl: hiçbir sineğin bacağını bükememek)* **fig** karıncayı bile ezmemek /incitmemek *(wörtl: nicht einmal eine Ameise zerquetschen/verletzen)* [**Bedeutung**: ein friedlicher, gutmütiger Mensch sein; **Anlamı**: çok merhametli, ince duygulu olmak]

keiner Fliege etwas zu Leide tun (können) *(wörtl: hiçbir sineği acıt(a)mamak)* **fig** karıncayı bile ezmemek /incitmemek *(wörtl: nicht einmal eine Ameise zerquetschen /verletzen)* **fig** kimsenin tavuğuna kış dememek *(wörtl: niemandes Huhn wegscheuchen)* [**Bedeutung**: ein friedlicher, gutmütiger Mensch sein; **Anlamı**: çok merhametli, ince duygulu olmak]

in der Not frisst der Teufel Fliegen *(wörtl: yoklukta şeytan sinek yer)* **fig** denize düşen yılana/yosuna sarılır *(wörtl: wer ins Meer fällt, klammert sich an die Schlange/ans Moos)* [**Bedeutung**: in einer Notlage tut man Dinge, die einem sonst nicht in den Sinn kämen; **Anlamı**: güç durumda bulunan, bundan kurtulmak için her yola başvurur]

zwei Fliegen mit einer Klappe schlagen *(wörtl: bir sineklikle iki*

sinek vurmak) **fig** bir taşla iki kuş vurmak *(wörtl: zwei Vögel mit einem Stein schlagen/treffen)* **fig** hem şamdan paklandı, hem pilav yağlandı *(wörtl: sowohl der Kerzenständer wurde gereinigt als auch der wurde geölt)* [**Bedeutung**: zwei Aufgaben mit einer einzigen Maßnahme erledigen; **Anlamı**: bir davranışla birden çok yararlı sonuca ulaşmak; bir eylemle iki yarar elde edildi]

---

fliegen uçmak

ein Engel geht/fliegt durchs Zimmer *(wörtl: bir melek odanın içinden geçiyor/uçuyor)* **fig** saat başı galiba *(wörtl: es sieht so aus, als ob es Anfang der Stunde ist)* [**Bedeutung**: plötzlich hören alle auf zu reden; es herrscht plötzlich Stille; **Anlamı**: toplantıda herkes konuşurken hep birden susmak]

warten, dass einem die gebratenen Tauben in den Mund fliegen *(wörtl: kızartılmış güvercinlerin ağzına uçmasını beklemek)* **fig** armut piş ağzıma düş *(wörtl: brat, Birne, und fall in meinen Mund hinein)* [**Bedeutung**: unrealistische Träume von einem angenehmen Leben haben; **Anlamı**: bir işe emek harcamadan onun kendiliğinden olmasını beklemek]

Flinte filinta

die Flinte ins Korn werfen *(filintayı tahıla atmak)* **fig** gözü korkup vazgeçmek *(wörtl: sein Auge fürchtet sich und er gibt auf)* yelkenleri suya indirmek *(wörtl: die Segel ins Wasser lassen)* **fig** pes etmek *(wörtl: aufgeben)* [**Bedeutung**: den Mut verlieren; resignieren; aufgeben; **Anlamı**: direnmekten vazgeçmek; yılmak]

Floh pire

(jemandem) einen Floh ins Ohr setzen *(wörtl: birinin kulağına pire koymak)* *fig* pirelendirmek *(wörtl: voller Flöhe machen)*
[**Bedeutung**: jemandem etwas sagen, dass ihn nicht zur Ruhe kommen lässt; **Anlamı**: huylandırmak]

mit den Hunden zu Bett geht, steht mit Flöhen auf *(wörtl: köpeklerle yatan pirelerle kalkar)* *fig* köpekle yatan pireyle kalkar *(wörtl: wer mit einem Hund zu Bett geht, steht mit Flöhen auf)* *fig* körle yatan şaşı kalkar *(wörtl: wer mit einem Blinden zu Bett geht, steht schielend auf)*
[**Bedeutung**: wer sich in Gefahr begibt, muss damit rechnen, dass dies Spuren hinterlässt; **Anlamı**: değersiz kötü kimselerle düşüp kalkan kötü huylar edinir]

Flucht kaçış

die Flucht nach vorn antreten *(wörtl: öne doğru kaçışa geçmek)* *fig* kurtulma hamlesi *(wörtl: Rettungszug)*
[**Bedeutung**: eine riskante Aktivität, die vorhandene oder zu erwartende Schwierigkeiten bewusst annimmt und sich offensiv mit ihnen auseinandersetzt; **Anlamı**: kurtulmak için son çare olarak bir hamle/manevra yapmak, harekete geçmek]

Flügel kanat

Angst verleiht Flügel *(wörtl: korku (insanı) kanatlandırır)* *fig* korku dağları bekler *(wörtl: Angst passt auf die Berge)* *fig* korku dağları aşırır *(wörtl: Angst steigt über die Berge)*
[**Bedeutung**: Angst kann einen antreiben; bei Angst entwickelt man ungeahnte Fähigkeiten; **Anlamı**: insan, korktuğu şeye uğramamak için dağlar aşar]

die Flügel hängen lassen *(wörtl: kanatları sarkıtmak)* *fig* kolu kanadı kırılmak *(wörtl: sich die Arme und Flügel brechen)*
[**Bedeutung**: mutlos und bedrückt sein; **Anlamı**: bir şey yapamayacak duruma gelmek; çaresiz kalmak]

Fluss ırmak

alle Flüsse fließen ins Meer *(wörtl: bütün ırmaklar denize akar)* *fig* ayvaz, kasap hep bir hesap *(wörtl: ob Begleiter oder Metzger, die Rechnung ist dieselbe)*
[**Bedeutung**: es gibt nicht nur einen Weg zur Lösung einer Aufgabe; **Anlamı**: hangi yol yeğlenirse yeğlensin, aynı sonuca varıyor; ha öyle ha böyle, ikisi de bir]

einen Brunnen neben dem Fluss bauen *fig* ırmak kenarına çeşme yapmak
[**Bedeutung**: etwas Sinnloses tun; **Anlamı**: anlamı olmayan iş yapmak]

mitten im Fluss/Strom soll man nicht die Pferde wechseln *(wörtl: ırmağın/akıntının ortasında atlar değiştirilmez)* *fig* ırmağı geçerken at değiştirilmez *(wörtl: beim Überqueren des Flusses wechselt man die Pferde nicht)* *fig* çayı geçerken at değiştirilmez *(wörtl: beim Überqueren des Baches wechselt man die Pferde nicht)*
[**Bedeutung**: es ist riskant ein eingespieltes Team durch ein anderes zu ersetzen, bevor das Ziel erreicht ist; **Anlamı**: hedefe erişmeden bir yöntemden başka bir yönteme geçmek tehlikelidir]

fluten suyla doldurmak

sich den Schädel fluten *(wörtl: kafatasını suyla doldurmak)* *fig* kafayı çekmek *(wörtl: den Kopf yıehen)*
[**Bedeutung**: vıel Alkohol trınken; **Anlamı**: çok içki içmek]

---

folgen takıp etmek; izlemek

auf Regen folgt Sonnenschein *(wörtl: yağmuru güneş ışığı izler; yağmurun ardından güneş ışığı gelir)* *fig* kara gün kararıp kalmaz *(wörtl: der schwarze Tag wird schwarz aber bleibt nicht so)* *fig* her inişin bir yokuşu vardır *(wörtl: jeder Abstieg hat einen Aufstieg)*
[**Bedeutung**: nach schwierigen Phasen kommen immer wieder gute Zeiten; **Anlamı**: sıkıntılı zamanlardan sonra mutluluk dolu zamanlar gelir]

seinem eigenen Kopf folgen *(wörtl: kendini kafasını takip etmek)* *fig* bildiğini okumak *(wörtl: lesen, was man weiß)*
[**Bedeutung**: selbst wissen, was gut für einen ist; **Anlamı**: canı istediği gibi davranmak]

Frage soru

außer Frage stehen *(wörtl: sorunun dışında olmak)* *fig* söz götürmez olmak *(wörtl: kein Wort hinbringen)* *fig* su götürmez olmak *(wörtl: kein Wasser hinbringen)*
[**Bedeutung**: sicher sein; unbestritten sein; **Anlamı**: kesin olmak; başka bir yoruma elverişli olmamak]

in Frage kommen *(wörtl: soruya gelmek)* *fig* söz konusu olmak *(wörtl: Gegenstand des Wortes sein; Gesprächsthema sein)*
[**Bedeutung**: in Betracht kommen; eine Möglichkeit darstellen; **Anlamı**: üzerinde konuşulmak; konuşmaya konu olmak]

ohne Frage *(wörtl: sorusuz; soru olmadan)* *fig* söz götürmez *(wörtl: es bringt kein Wort)* *fig* su götürmez *(wörtl: es bringt kein Wasser)*
[**Bedeutung**: unstreitig; klar; zweifellos; **Anlamı**: tartışmaya yer bırakmayan; doğruluğu tartışılamayacak denli açık olan]

---

fragen sormak

fragen kostet nichts, sagt man, aber Überwindung! *(wörtl: sormak bedava, derler, ama kendini sıkmak/zorlamak!)* *fig* el öpmekle ağız aşınmaz *(wörtl: der Mund nutzt sich nicht ab, indem man die Hand küsst)* *fig* etek öpmekle dudak aşınmaz *(wörtl: Lippen nutzen sich nicht ab, indem man den Rock küsst)*
[**Bedeutung**: in einem Streit sollte der Klügere eher zum Einlenken bereit sein; **Anlamı**: çok önemli bir iş için bir kimseye ricada bulunmak hatta yalvarmak gerekirse, yapılır]

jemandem Löcher in den Bauch fragen *(wörtl: sora sora birinin karnına delik açmak)* *fig* birine ahret sualleri sormak *(wörtl: jemandem Fragen zum Jenseits stellen)*
[**Bedeutung**: jemanden ausfragen, ihm mit der ewigen Fragerei auf die Nerven gehen; **Anlamı**: gereksiz ve usandırıcı sorular sormak]

wer sich des Fragens schämt, der schämt sich des Lernens *(wörtl: her kim sormaktan utanırsa öğrenmekten de utanır)* *fig* bilmemek ayıp değil, sormamak ayıptır *(wörtl: etwas nicht zu wissen, ist keine Schande, nicht zu fragen ist eine Schande)*
[**Bedeutung**: es ist kein Fehler, nicht alles zu wissen, aber es ist ein Fehler, nicht zu fragen, wenn man etwas

nicht weiß; **Anlamı**: insan her şeyi bilmez, bu bir kusur değildir ama bilmediği işi bir bilene sormamak, onu öğrenmemek kusurdur]

Frechheit küstahlık

Frechheit siegt *(wörtl: küstahlık (sonunda) kazanır)* *fig* yavuz hırsız ev sahibini bastırır *(wörtl: der verwegene Dieb schlägt den Hausherrn nieder)* [**Bedeutung**: mit Dreistigkeit setzt man sich durch; **Anlamı**: suçlu olduğu hâlde haklıymış gibi davranma]

frei serbest

frei (nach) Schnauze *(wörtl: çenesine göre serbestçe)* *fig* aklına estiği gibi *(wörtl: so wie es einem in den Verstand weht)* [**Bedeutung**: ohne Überlegung; nach Belieben; **Anlamı**: düşünmeden; istediği gibi]

frei von der Leber weg reden/sprechen *(wörtl: ciğerin dışında serbestçe konuşmak)* *fig* dobra dobra konuşmak *(wörtl: gut und verständlich reden)* [**Bedeutung**: ohne Scheu reden; offenherzig sprechen; **Anlamı**: sakınmadan, çekinmeden konuşmak]

einer Sache freien/ihren Lauf lassen *fig* işi oluruna bırakmak [**Bedeutung**: etwas nicht zurückhalten; etwas nicht behindern; **Anlamı**: bir işi kendi gidişine bırakmak]

seiner Zunge freien Lauf lassen *(wörtl: dilini serbest bırakmak)* *fig* ağzına geleni söylemek *(wörtl: sagen, was in den Mund kommt)* [**Bedeutung**: ungehemmt reden; **Anlamı**: düşünmeden konuşmak]

jemanden ins Freie befördern *(wörtl: birini açık havaya nakletmek)* *fig* birini kapı dışarı etmek/atmak *(wörtl: jemanden durch die Tür hinauswerfen)* [**Bedeutung**: jemanden hinauswerfen; **Anlamı**: birini kovmak, dışarı atmak]

fremd yabancı

die Hand in fremder Leute Taschen haben *(wörtl: eli başkasının cebinde olmak)* *fig* ekmek elden, su gölden *(wörtl: das Brot vom Fremden, das Wasser aus dem See)* *fig* el kesesinden sultanım, develer olsun kurbanım *(wörtl: vom fremden Beutel bin ich ein Sultan, Kamele sollen meine Opfergabe sein)* [**Bedeutung**: sich parasitär verhalten; **Anlamı**: başkasının kazancıyla geçinen]

sich mit fremden Federn schmücken *(wörtl: yabancı tüylerle süslenmek)* *fig* düğün pilavıyla dost ağırlamak *(wörtl: Freunde bewirten mit dem Hochzeitsreis)* *fig* düğün arpasıyla at beslemek *(wörtl: Pferde füttern mit der Hochzeitsgerste)* *fig* el kazanıyla aş kaynatmak *(wörtl: das Essen mit einem fremden Kessel kochen)* [**Bedeutung**: Verdienste/Leistungen anderer als die eigenen ausgeben; **Anlamı**: başkasının kesesinden ikramda bulunmak; başkasının hazırladığı imkânları kullanarak iş çevirmek]

Fresse ağız, çene

die Fresse polieren *(wörtl: çeneyi parlatmak)* *fig* ağzını burnunu çarşamba pazarına çevirmek *(wörtl: den Mund und die Nase in einen Mittwochsmarkt verwandeln)*

133

[**Bedeutung**: jemanden zusammenschlagen; **Anlamı**: döverek perişan duruma getirmek]

eine große Fresse haben *(wörtl: çenesi büyük olmak)* *fig* ağız satmak[1] *(wörtl: Mund verkaufen)* [**Bedeutung**: großsprecherisch, frech sein; **Anlamı**: yüksekten atarak kedini övmek]

---

fressen yemek

friss, Vogel, oder stirb *(wörtl: kuş, ye, ya da öl)* *fig* ya bu deveyi gütmeli ya bu diyardan gitmeli *(wörtl: entweder muss man das Kamel treiben oder dieses Land verlassen)* [**Bedeutung**: du hast keine Wahl; es gibt keine Alternative; **Anlamı**: başka seçeneğin yok]

die Großen fressen die Kleinen *(wörtl: büyükler küçükleri yer)* *fig* büyük balık küçük balığı yutar *(wörtl: der große Fisch verschlingt den kleinen Fisch)* [**Bedeutung**: die Mächtigen unterdrücken die Schwachen; die Stärkeren beherrschen, verdrängen die Schwächeren; **Anlamı**: güçlüler, güçsüzleri ezer]

gefundenes Fressen *(wörtl: bulunmuş yemek)* *fig* kaçırılmaz fırsat *(wörtl: eine Gelegenheit, die man nicht verpassen soll)* [**Bedeutung**: sehr willkommen sein, weil er es für sich ausnutzen kann; eine willkommene Gelegenheit; **Anlamı**: bir daha ele geçmez fırsat]; illa kullanılması gereken fırsat

in der Not frisst der Teufel Fliegen *(wörtl: yoklukta şeytan sinek yer)* *fig* denize düşen yılana/yosuna sarılır *(wörtl: wer ins Meer fällt, klammert sich an die Schlange/ans Moos)*

[**Bedeutung**: in einer Notlage tut man Dinge, die einem sonst nicht in den Sinn kämen; **Anlamı**: güç durumda bulunan, bundan kurtulmak için her yola başvurur]

einen Narren an jemandem gefressen haben *(wörtl: birine maskara gibi bitmek)* *fig* birinin bokunda boncuk bulmak *(wörtl: bei jemandes Stuhl Glasperlen finden)* [**Bedeutung**: jemanden kritiklos schätzen; **Anlamı**: birine hak etmediği hâlde çok değer vermek]

Rost frisst Eisen, Sorge den Menschen *(wörtl: pas, demiri yer, üzüntü de insanı)* *fig* demir nemden, insan gamdan çürür *(wörtl: das Eisen korrodiert durch Feuchtigkeit, der Mensch durch Kummer)* [**Bedeutung**: sowie Rost das Eisen korrodiert, so werden Menschen durch Kummer zerschlissen; **Anlamı**: ıslaklık demiri nasıl paslandırır ve böylece çürütürse kaygı ve tasa da insanı öyle yapar]

das frisst kein Brot weg *(wörtl: ekmek yiyip bitirmez)* *fig* yem istemez, su istemez *(wörtl: es braucht kein Futter und kein Wasser)* [**Bedeutung**: es ist kein Aufwand; **Anlamı**: elde tutulması hiçbir külfet getirmez]

Freude sevinç

kein Freud ohne Leid *(wörtl: cefasız mutluluk olmaz)* *fig* cefasız sefa olmaz *(wörtl: es gibt kein Vergnügen ohne Leid)* [**Bedeutung**: ohne Leid würden wir nicht wissen, was Freude ist; **Anlamı**: hiç sıkıntı çekmeden gerçek mutluluğun değeri bilinmez]

vor Freude an die Decke springen *(wörtl: sevinçten tavana sıçramak)*

fig sevinçten (havalara) uçmak *(wörtl: vor Freunde in die Luft fliegen)* [**Bedeutung**: sich sehr freuen; **Anlamı**: çok sevinmek]

Freudentränen weinen *(wörtl: sevinç gözyaşları ağlamak)* **fig** sevinç gözyaşları dökmek *(wörtl: Freudentränen gießen)* [**Bedeutung**: vor Freude Tränen vergießen; **Anlamı**: sevinçten ağlamak]

Friede, Freude, Eierkuchen *(wörtl: barış, sevinç, yumurtalı pasta)* **fig** (sanma) her şey güllük, gülistanlık *(wörtl: (glaub nicht, dass) alles ist ein Rosengarten, Rosenbeet)* **fig** günlük, güneşlik görünmek *(wörtl: sonnenhell aussehen)* [**Bedeutung**: ungetrübte, aber fragwürdige Harmonie; **Anlamı**: görünüşte her şey sıkıntısız, sorunsuz, huzur ortamında bulunmak]

Freund dost

Freund und Feind *fig* dost düşman [**Bedeutung**: jedermann; **Anlamı**: herkes]

Freunde in der Not gehen tausend auf ein Lot *(wörtl: sıkıntılı günlerde binlerce dost bir ağırlığa biner)* **fig** dost kara günde belli olur *(wörtl: der (wahre) Freund zeigt sich am schwarzen Tag)* [**Bedeutung**: erst, in einer Notsituation zeigt sich, wer die wahren Freunde sind; **Anlamı**: gerçek dost sıkıntılı günlerde insanı yalnız bırakmaz]

Nesseln brennen Freund und Feind *(wörtl: ısırganlar hem dost hem de düşmanı yakar)* **fig** kurunun yanında yaş da yanar *(wörtl: Nasses, was neben Trockenem liegt, verbrennt mit)* [**Bedeutung**: wenn Schuldige bestraft werden, werden Unschuldige in Mitleidenschaft gezogen; **Anlamı**: işledikleri kusurdan cezalandırılanlar yanında kimi zaman suçsuzlar da hırpalanır]

wahre Freunde erkennt man in der Not *(wörtl: gerçek dost sıkıntıda belli olur)* **fig** dost kara günde belli olur *(wörtl: der (wahre) Freund zeigt sich am schwarzen Tag)* [**Bedeutung**: erst, in einer Notsituation zeigt sich, wer die wahren Freunde sind; **Anlamı**: gerçek dost sıkıntılı günlerde insanı yalnız bırakmaz]

wer solche Freunde hat, braucht keine Feinde (mehr) *(wörtl: böyle arkadaşı olanın düşmana ihtiyacı olmaz)* **fig** arkadaş değil, arka taşı *(wörtl: kein Freund, sondern ein Rückenstein/Stein auf dem Rücken)* [**Bedeutung**: manche Freunde schaden mehr als sie helfen; **Anlamı**: sözüm ona arkadaş ama çok zarar veriyor]

zeig mir deine Freunde und ich sage dir, wer du bist *(wörtl: bana arkadaşlarını göster, ben de sana kim olduğunu söyleyeyim)* **fig** arkadaşını söyle, kim olduğunu söyleyeyim *(wörtl: sag mir, wer dein Freund ist, ich sage dir, wer du bist)* [**Bedeutung**: man kann am selbstgewählten Umgang erkennen, mit wem man es zu tun hat; **Anlamı**: kişi kendisine uygun kimselerle arkadaşlık kuracağı için arkadaşımı tanıdığımızda o kişinin de kimliğini öğrenmiş oluruz]

Freundschaft dostluk

in Geldsachen hört die
Freundschaft auf *(wörtl: para
işlerinde dostluk biter)* *fig* dostluk
başka, alışveriş başka *(wörtl:
Freundschaft ist anders und Handel
ist anders)*
[**Bedeutung**: Berufsleben und
Privatleben sollte man trennen;
Anlamı: iki dost arasında alışveriş
dostluğu bozabilir]

kleine Geschenke erhalten die
Freundschaft *(wörtl: küçük
armağanlar dostluğu korur)* *fig*
yarım elma gönül/hatır alma *(wörtl:
ein halber Apfel gewinnt ein
Herz/einen Gefallen)* *fig* yâr beni
ansın bir koz ile, o da çürük çıksın
*(wörtl: mit einer Nuss, auch wenn sie
verfault ist, soll die Geliebte mich
erwähnen)* *fig* çam sakızı, çoban
armağanı *(wörtl: Tannenharz,
Schäfergeschenk)*
[**Bedeutung**: auch Kleinigkeiten
reichen, um die Beziehung zu
pflegen; **Anlamı**: armağan küçük de
olsa gönül almaya yeter]

Friede barış

Friede, Freude, Eierkuchen *(wörtl:
barış, sevinç, yumurtalı pasta)* *fig*
(sanma) her şey güllük, gülistanlık
*(wörtl: (glaub nicht, dass) alles ist
ein Rosengarten, Rosenbeet)* *fig*
günlük, güneşlik görünmek *(wörtl:
sonnenhell aussehen)*
[**Bedeutung**: ungetrübte, aber
fragwürdige Harmonie; **Anlamı**:
görünüşte her şey sıkıntısız,
sorunsuz, huzur ortamında
bulunmak]

---

frisch taze

frisch gebacken sein *(wörtl: fırından
yeni çıkmış olmak)* *fig* çiçeği
burnunda olmak *(wörtl: die Knospe
an der Nase sein)*

[**Bedeutung**: gerade fertig geworden
sein; neu sein; **Anlamı**: çok taze, çok
yeni olmak]

**frisch von der Leber weg
reden/sprechen** *(wörtl: ciğerden
taze taze çıkarak konuşmak)* *fig* açık
açık konuşmak *(wörtl: ganz offen
reden)* *fig* dobra dobra konuşmak
(wörtl: gut und verständlich reden)
[**Bedeutung**: ohne Scheu reden;
offenherzig sprechen; **Anlamı**:
sakınmadan, çekinmeden konuşmak;
hiç bir şeyi saklamadan konuşmak]

**jemanden auf frischer Tat
ertappen** *(wörtl: birini taze eylemde
yakalamak)* *fig* birini suçüstü
yakalamak *(wörtl: jemanden
während der Straftat erwischen)*
[**Bedeutung**: jemanden bei einer
verbotenen Handlung überraschen;
Anlamı: suç işleyeni, suçu işlediği
sırada yakalamak]

Friseur kuaför, berber

**das kannst du deinem Friseur
erzählen!** *(wörtl: onu kuaförüne
anlat/anlatabilirsin)* *fig* külahıma
anlat! *(wörtl: erzähl es meiner Tüte!)*
fig onu benim külahıma anlat! *(wörtl:
erzähl es meiner Tüte!)*
[**Bedeutung**: sagt man, wenn man
eine Sache nicht recht glauben kann;
Anlamı: söylediklerinin hiçbirine
inanmıyorum]

---

froh memnun

**seines Lebens nicht mehr froh
werden** *(wörtl: hayatından memnun
olmamak)* *fig* anasından doğduğuna
pişman olmak *(wörtl: bereuen, dass
er geboren wurde)*
[**Bedeutung**: nicht zur Ruhe
kommen; keine Freude mehr haben;
Anlamı: çok üzülmek]

136

fromm sofu

einen frommen Wunsch haben
(wörtl: sofuca bir arzusu olmak) **fig**
olmayacak duaya âmin demek
*(wörtl: Amen zu einem Gebet sagen,
das nicht in Erfüllung gehen kann)*
[**Bedeutung**: eine Idee haben, die
nicht realisierbar ist; **Anlamı**:
gerçekleşmeyecek işlerle uğraşmak]

Front cephe

Front machen *(wörtl: cephe
yapmak)* **fig** cephe almak *(wörtl:
Front nehmen)*
[**Bedeutung**: sich gegen jemanden
oder etwas wenden; jemanden oder
etwas bekämpfen; **Anlamı**: bir
düşünceye karşı olmak; direnmek]

Frosch kurbağa

**der Frosch springt immer in den
Pfuhl und säß er auch auf
gold'nem Stuhl** *(wörtl: kurbağa,
altından sandalyede otursa da hep
bataklığa atlar)* **fig** eşeğe altın semer
vursalar yine eşektir *(wörtl: auch
wenn sie den Esel mit einem
goldenen Sattel bestücken, bleibt er
ein Esel)*
[**Bedeutung**: Äußerlichkeiten ändern
nichts am Wesen eines Menschen;
ein schlechter Charakter lässt sich
nich hinter teurer Kleidung
verbergen; **Anlamı**: insanlık
değerinden yoksun kişi, kılık
kıyafetle, makam ve mevkiyle değer
kazanmaz]

sei kein Frosch! *(wörtl: kurbağa
olma)* **fig** mızıkçılık etme! *(wörtl: sei
kein Spielverderber)*
[**Bedeutung**: sei kein Spielverderber;
Anlamı: oyunbozanlık etme]

**wo Frösche sind, da sind auch
Störche** *(wörtl: kurbağa olan yerde*

leylek de var)* **fig** bal olan yerde sinek
de olur *(wörtl: wo Honig ist, da
sammeln sich auch Fliegen)*
[**Bedeutung**: wo Opfer sind, da sind
auch Täter; **Anlamı**: güzel şeyin
çevresinde ondan yararlanmak
isteyen asalaklar da dolaşır]

Frucht meyve

**Geduld ist bitter, aber sie trägt
süße Früchte** *(wörtl: sabır acıdır,
ama tatlı meyve verir)* **fig** sabır acıdır
meyvesi tatlıdır *(wörtl: Geduld ist
bitter, ihre Frucht ist süß)*
[**Bedeutung**: Geduld führt zum
Erfolg; Geduld wird belohnt;
Anlamı: sabreden başarıya ulaşır;
sabır zor iştir, ancak güzel sonuçları
vardır]

**jemandem (wie eine reife Frucht)
in den Schoss fallen** *(wörtl: (olmuş
meyve gibi) birinin kucağına düşmek)*
fig olmuş armut gibi eline düşmek
*(wörtl: wie eine reife Birne in die
Hand fallen)*
[**Bedeutung**: etwas ohne Mühe
erhalten; **Anlamı**: emeksizce ve
zahmetsizce eline düşmek]

---

früh erken

**früh krümmt sich, was ein
Häkchen werden will** *(wörtl: küçük
çengel olmak isteyen erken eğilir)* **fig**
ağaç yaşken eğilir *(wörtl: wenn der
Baum feucht ist, biegt er sich)*
[**Bedeutung**: was man in jungen
Jahren nicht lernt, lernt man als
Erwachsener erst recht nicht; man
sollte früh genug mit dem Lernen
anfangen; **Anlamı**: insanlar küçük
yaşta kolay eğitilir]

früh übt sich *(wörtl: erkenden
alışılır)* **fig** ağaç yaşken eğilir *(wörtl:
wenn der Baum feucht ist, biegt er
sich)*

[**Bedeutung**: was man in jungen Jahren nicht lernt, lernt man als Erwachsener erst recht nicht; man sollte früh genug mit dem Lernen anfangen; **Anlamı**: insanlar küçük yaşta kolay eğitilir]

der frühe Vogel fängt den Wurm *(wörtl: erkenci kuş solucanı yakalar)* *fig* erken kalkan yol alır, er evlenen döl alır *(wörtl: wer früh aufsteht, legt was zurück, wer früh heiratet bekommt Nachkommen)* [**Bedeutung**: wer frühmorgens mit der Arbeit beginnt, schafft mehr; **Anlamı**: yapacakları işlere erken başlayanlar kazançlı çıkarlar]

Frühling bahar; ilkbahar

der zweite Frühling *fig* ikinci bahar [**Bedeutung**: Periode im reifen Alter, in der man sich noch einmal verliebt; **Anlamı**: insanın orta yaşlılıkta yaşamdan zevk alma dönemi]

Fuchs tilki

auch der schlaueste Fuchs geht mal in die Falle *(wörtl: en kurnaz tilki bile tuzağa düşer)* *fig* bir sıçrarsın çekirge, iki sıçrarsın çekirge, üçüncüde ele geçersin çekirge *(wörtl: du hüpfst einmal Heuschrecke, du hüpfst zweimal Heuschrecke, beim dritten Mal wirst du erwischt, du Heuschrecke)* [**Bedeutung**: jeder muss für seine Tat irgendwann bezahlen; **Anlamı**: suçlu bir kez kurtulma yolu bulsa da bir gün yakayı ele verir]

dem Fuchs hängen die Trauben zu hoch *(wörtl: tilki için üzümler erişemeyeceği kadar yüksekte asılıymış)* *fig* kedi yetişemediği ciğere pis dermiş *(wörtl: die Katze, die die Leber nicht erreichen kann, nennt sie schmutzig)*

[**Bedeutung**: wir tun so, als ob wir etwas nicht haben wollen, weil wir es nicht haben können; **Anlamı**: kişi elde edemediği şeyi beğenmiyormuş gibi görünür]

der Fuchs träumt gern von Gänsen *(wörtl: tilki, düşünde kazları görmekten hoşlanır)* *fig* aç tavuk kendini arpa ambarında sanır *(wörtl: das hungrige Huhn denkt, es ist im Gerstenspeicher)* [**Bedeutung**: das Erwähnte ist nicht Realität, sondern nur Hoffnung; **Anlamı**: insanlar, yokluğunu çektikleri şeyler için olmayacak hayaller, düşler kurar]

wo sich Fuchs und Hase gute Nacht sagen *(wörtl: tilkilerin ve tavşanların birbirlerine iyi geceler dedikleri yer)* *fig* kuş uçmaz, kervan geçmez olmak *(wörtl: es fliegt kein Vogel, es geht keine Karawane vorbei)* [**Bedeutung**: abseits vom allen Verkehr sein; weit abgelegen sein; **Anlamı**: kimsenin uğramadığı ıssız ve sapa olmak]

fuchsteufelswild werden *fig* zıvanadan çıkmak *(wörtl: aus der Hülse kommen; die Hülse verlassen)* [**Bedeutung**: sehr wütend werden; sehr zornig werden; **Anlamı**: sinirlenmek; öfkelenmek]

Fuge derz

aus den Fugen geraten *(wörtl: derzinden çıkmak)* *fig* çığırından çıkmak *(wörtl: aus der Lawinenspur geraten)* *fig* raydan/rayından çıkmak *(wörtl: entgleisen)* *fig* şirazeden çıkmak *(wörtl: sich vom Kapitalband lösen)* [**Bedeutung**: zerfallen; ın Unordnung geraten; **Anlamı**: hedefinden sapıp düzeltilmesi güç bir durum almak; altüst olmak; artık düzelmez olmak]

---

fühlen yoklamak, hissetmek

auf den Zahn fühlen *(wörtl: dişini yoklamak) fig* birinin ağzını aramak *(wörtl: jemandem den Mund durchsuchen) fig* birinin nabzını yoklamak *(wörtl: jemandem den Puls fühlen)*
[**Bedeutung**: jemanden ausfragen; versuchen jemandes Fähigkeiten oder Gesinnung zu ergründen; **Anlamı**: konuşturarak düşüncesini öğrenmeye çalışmak; eğilimini, düşüncesini, niyetini anlamaya çalışmak]

jemandem auf den Puls fühlen *(wörtl: birinin nabzını yoklamak) fig* nabzını yoklamak *(wörtl: den Puls fühlen)*
[**Bedeutung**: überprüfen, jemanden ausfragen; **Anlamı**: niyetini anlamaya çalışmak]

sich wie neugeboren fühlen *(wörtl: kendini yeni doğmuş gibi hissetmek) fig* anadan doğmuşa dönmek *(wörtl: wieder von der Mutter geboren sein) fig* anadan yeni doğmuş gibi olmak *(wörtl: wie von der Mutter neugeboren sein)*
[**Bedeutung**: sich prächtig erholt fühlen; **Anlamı**: dertsiz, tasasız bir duruma gelmek]

wer nicht hören will, muss fühlen *(wörtl: işitmek istemeyen hissetmek zorunda kalır) fig* laftan anlamayanın hakkı kötektir *(wörtl: wer das Wort nicht versteht, verdient Prügel) fig* gem almayan almayan ölümü yakındır *(wörtl: das Pferd, das nicht brav im Geschirr geht, wird nicht mehr lange leben) fig* serkeş öküz son soluğu kasap dükkânında alır *(wörtl: der renitente Ochse tut den letzten Atemzug beim Metzger)*

[**Bedeutung**: wer nicht gehorcht, wird die unangenehmen Folgen zu spüren bekommen; **Anlamı**: söz dinlemeyen, bir olayın olumsuz sonuçlarını görür]

---

fünf beş

fünf(e) gerade sein lassen *(wörtl: beşi olduğu gibi bırakmak) fig* üçe beşe bakmamak *(wörtl: nicht auf drei oder fünf achten)*
[**Bedeutung**: etwas nicht so genau nehmen; **Anlamı**: fiyat üzerinde küçük farkları önemsememek]

das fünfte Rad am Wagen sein *(wörtl: arabada beşinci tekerlek olmak) fig* havan dövücünün hınk deyicisi olmak *(wörtl: der Hink-Sager des Mörserdreschers sein)*
[**Bedeutung**: in einer Gruppe überflüssig, nur geduldet sein; **Anlamı**: gereksinim olmadığı halde yardakçılık eden kimse]

es ist fünf vor zwölf *(wörtl: saat on ikiye beş var) fig* yumurta kapıya dayandı/geldi *(wörtl: das Ei hat sich an die Tür gelehnt/das Ei ist an die Tür gekommen)*
[**Bedeutung**: es ist sehr eilig; es ist fast schon zu spät; **Anlamı**: yapılacak iş için zaman çok daraldı]

Funken kıvılcım

keinen Funken Verstand haben *(wörtl: bir kıvılcım aklı olmamak) fig* bir dirhem aklı olmamak *(wörtl: kein Gramm Verstand haben)*
[**Bedeutung**: gar keinen Verstand haben; **Anlamı**: hiç aklı olmamak]

wer Funken sät, wird Flammen ernten ↑ **wer Wind sät, wird Sturm ernten**

---

für için

für die Katz sein *(wörtl: kedi için olmak)* *fig* boşu boşuna olmak *(wörtl: für leer und wieder leer sein)* [**Bedeutung**: völlig umsonst; vergeblich sein; **Anlamı**: boş yere; gereksiz yere; olmak]

für einen Apfel und ein Ei *(wörtl: bir elma ve bir yumurta için)* *fig* yok pahasına *(wörtl: für Nichts)* *fig* ölü fiyatına *(wörtl: zum Preis einesToten)* [**Bedeutung**: sehr billig; **Anlamı**: çok ucuz bir biçimde]

füreinander geschaffen sein *fig* birbiri için yaratılmış olmak [**Bedeutung**: ideal zusammenpassen; **Anlamı**: birbiriyle çok iyi anlaşmak]

für nichts und wieder nichts *(wörtl: hiç bir şey için ve yine hiç bir şey için)* *fig* boşu boşuna *(wörtl: für leer und wieder leer)* [**Bedeutung**: völlig umsonst; vergeblich; **Anlamı**: boş yere; gereksiz yere]

---

fürchten korkmak

der kommt nimmer in den Wald, der jeden Strauch fürchtet *(wörtl: her çalıdan korkan hiç bir zaman ormana girmez)* *fig* korkak bezirgân ne kâr eder ne zarar/ziyan *(wörtl: der ängstliche Händler macht weder Gewinn noch Verlust)* *fig* arının dikenini görüp balından el çekmek *(wörtl: den Stachel der Biene sehen und auf Honig verzichten)* [**Bedeutung**: wer nicht wagt, einen Einsatz zu riskieren, der hat keine Aussicht auf einen Gewinn; **Anlamı**: iş yapmaya korkan tüccar, kendisini zarardan korur ancak kazanç da sağlayamaz]

sich vor seinem eigenen Schatten fürchten *fig* gölgesinden korkmak [**Bedeutung**: überängstlich sein; **Anlamı**: çok korkak bir kişiliği olmak]

weder Tod noch Teufel fürchten *(wörtl: ne ölümden ne şeytandan korkmak)* *fig* gözünü daldan budaktan sakınmamak *(wörtl: die Augen vor Äste und Zweige nicht hüten)* [**Bedeutung**: keinerlei Angst haben; **Anlamı**: hiçbir şeyden korkmamak]

---

füreinander birbiri için

füreinander geschaffen sein *fig* birbiri için yaratılmış olmak [**Bedeutung**: ideal zusammenpassen; **Anlamı**: birbiriyle çok iyi anlaşmak]

Furz osuruk

aus einem Furz einen Donnerschlag machen *(wört: osuruktan gök gürültüsü yapmak)* *fig* pireyi deve yapmak *(wörtl: aus einem Floh ein Kamel machen)* *fig* habbeyi kubbe yapmak *(wörtl: aus einer Blase eine Kuppel errichten)* [**Bedeutung**: etwas aufbauschen; wegen einer Kleinigkeit viel Aufregung erzeugen; **Anlamı**: önemsiz bir olayı büyütmek; abartmak]

Fuß ayak

Fuß fassen *(wörtl: ayak tutmak)* *fig* ayak uydurmak *(wörtl: Füße anpassen)* [**Bedeutung**: sich nach einiger Zeit in eine neue Umgebung integrieren; **Anlamı**: kendi gidişini yeni değişikliklere uydurmak]

auf eigenen Füßen stehen *(wörtl: kendi azakları üzerinde durmak)* *fig* kendi kanatlarıyla uçmak *(wörtl: mit eignen Flügeln fliegen)* *fig* kendi yağıyla kavrulmak *(wörtl: im eigenen Öl schmoren)* [**Bedeutung**: für sich selbst sorgen können; **Anlamı**: yaşamını kendi kazanmak; elinde bulunanla geçinip kimseye muhtaç olmamak]

auf großem Fuß leben *(wörtl: büyük ayak üzerinde yaşamak)* *fig* ayranı yok içmeye, atla gider sıçmaya *(wörtl: zum Trinken hat er keinen Ayran, aber zum Kacken reitet er zu Ross)* *fig* ayağında donu yok, fesleğen ister başına *(wörtl: keine Hose am Fuß/Bein, aber möchte Basilikum auf seinem Kopf)* [**Bedeutung**: mehr Geld ausgeben als man hat; über seine Verhältnisse leben; **Anlamı**: yoksulluğuna bakmayıp gösteriş düşünmek veya yapmak]

auf wackeligen Füßen stehen *fig* sağlam temeli olmamak *(wörtl: kein solides Fundament haben)* *fig* çürük tahtaya basmak *(wörtl: auf morsches Holz treten)* *fig* yaş tahtaya basmak *(wörtl: auf nasses Holz treten)* [**Bedeutung**: auf unsicherer Grundlage fußen; sich auf etwas Unsicheres verlassen; **Anlamı**: önlemsizlik edip sonu iyi olmayacak bir işe girişmek]

die Füße unter jemandes Tisch strecken/stellen *(wörtl: ayaklarını birinin masasının altına uzatmak/koymak)* *fig* birinin sırtından geçinmek *(wörtl: über jemandes Rücken auskommen)* [**Bedeutung**: auf Kosten von jemandem leben; **Anlamı**: geçimini onun kesesinden sağlamak]

festen Boden unter den Füßen haben *(wörtl: ayakları altında sağlam zemin olmak)* *fig* ekmek

kapısı olmak *(wörtl: eine Tür aus Brot haben)* [**Bedeutung**: eine sichere Grundlage haben; eine feste Arbeit haben und damit seinen Lebensunterhalt verdienen; **Anlamı**: geçim sağlayan iş yeri olmak]

(immer wieder) auf die Füße fallen *(wörtl: (tekrar tekrar) ayaklarının üstüne düşmek)* *fig* dört ayak üstüne düşmek *(wörtl: auf vier Füße fallen)* [**Bedeutung**: aus einer Schwierigkeit wieder ohne Schaden hervorgehen; **Anlamı**: tehlikeli bir durumdan zarar görmeden kurtulmak]

jemanden auf den falschen Fuß erwischen *(wörtl: birini yanlış ayak üzerinde yakalamak)* *fig* birini hazırlıksız yakalamak *(wörtl: jemanden unvorbereitet erwischen)* *fig* birini gafil avlamak *(wörtl: jemanden unvorbereitet jagen)* [**Bedeutung**: jemanden unvorbereitet erwischen; **Anlamı**: birini beklenmedik bir anda yakalamak]

jemandem auf den Fuß treten *(wörtl: birinin ayağına basmak)* *fig* birinin bam teline basmak *(wörtl: auf die höchste Lautensaite drücken)* [**Bedeutung**: jemanden verärgern, beleidigen, kränken; **Anlamı**: duyarlık gösterdiği konuda bir kimseyi çok kızdıracak söz söylemek veya iş yapmak]

jemandem auf die Füße treten ↑ **jemandem auf den Fuß treten**

jemandem den Boden unter den Füßen wegziehen *(wörtl: birinin ayağının altındaki zemini çekip almak)* *fig* ayağını kaydırmak *(wörtl: jemandem den Fuß zum Rutschen bringen)* [**Bedeutung**: jemandem der Existenzgrundlage berauben;

Anlamı: bir yolunu bulup birini geçim kaynağından etmek]

kalte Füße bekommen/kriegen *(wörtl: ayakları soğumak)* **fig** gözü korkmak *(wörtl: jemandes Auge fürchtet sich)*
[**Bedeutung**: ein Vorhaben aufgeben, weil man Bedenken, Angst bekommen hat; **Anlamı**: daha önce geçirdiği kötü bir denemeden sonra zarar gelebileceği kanısına varmak]

keinen Fuß auf den Boden kriegen/bekommen *(wörtl: ayağını yere basamamak)* **fig** belini doğrultamamak *(wörtl: sein Kreuz nicht aufrichten können)*
[**Bedeutung**: keinen Erfolg haben; nicht zum Zuge kommen; **Anlamı**: durumunu düzeltememek]

keinen Fuß auf die Erde bekommen *(wörtl: ayağını toprağa basamamak)* **fig** belini doğrultamamak *(wörtl: sein Kreuz nicht aufrichten können)*
[**Bedeutung**: keinen Erfolg haben; nicht zum Zuge kommen; **Anlamı**: durumunu düzeltememek]

mit einem Bein/Fuß im Grab stehen *(wörtl: bir bacağı/ayağı ile mezarda olmak)* **fig** bir ayağı çukurda olmak *(wörtl: mit einem Fuß in der Grube sein)*
[**Bedeutung**: dem Tode sehr nahe sein; **Anlamı**: yaşayacak çok az zamanı kalmış olmak, çok yaşlanmış olmak]

mit Füßen treten *(wörtl: ayaklarla üstüne basmak)* **fig** ayaklar altına almak *(wörtl: unter die Füße nehmen)*
[**Bedeutung**: gröblich missachten; **Anlamı**: önemli, değerli şeyleri hiçe saymak, çiğnemek]

sich die Füße wund laufen *(wörtl: ayaklarını yürümekten yara etmek)* **fig** taban tepmek *(wörtl: die Sohlen treten)* **fig** taban patlatmak *(wörtl: die Sohlen platzen lassen)*
[**Bedeutung**: viele Gänge machen, um etwas zu bekommen; **Anlamı**: çok gidip gelmek]

sich einen schlanken Fuß machen *(wörtl: azağını ince yapmak)* **fig** sırtından geçinmek *(wörtl: von jemandes Rücken auskommen)* **fig** askıntı olmak *(wörtl: Hänger/Schmarotzer sein)*
[**Bedeutung**: dafür sorgen, dass man (auf Kosten anderer) gut dasteht; **Anlamı**: geçimini bir kimseden sağlamak; başkalarının sırtından geçinmek]

weder Hand noch Fuß haben[1] *(wörtl: ne eli ne ayağı olmak)* **fig** ipe sapa gelmemek *(wörtl: weder beim Seil noch beim Stiel angewendet werden können)* **fig** fol yok, yumurta yok *(wörtl: es gibt kein Legeei, es gibt kein Ei)*
[**Bedeutung**: nicht durchdacht sein, unsolide sein; **Anlamı**: bir konu ile ilgili ortada hiçbir belirti olmadığı hâlde varmış gibi bir kuşkuya düşüldüğünde kullanılan bir söz; akla yakın olmamak, birbirini tutmamak]

weder Hand noch Fuß haben[2] *(wörtl: ne eli ne ayağı olmak)* **fig** ne hesaba gelir ne kantara *(wörtl: kann weder berechnet noch gewogen werden)*
[**Bedeutung**: nicht durchdacht sein, unsolide sein; **Anlamı**: elle tutulur olmamak; tutarlı ve sağlam görünmemek]

---

fusselig tarazlı

sich den Mund fusselig reden *(wörtl: konuşa konuşa ağzını* *tarazlandırmak)* **fig** dilinde tüy bitmek *(wörtl: immer wieder sagen und kein Haar mehr auf der Zunge haben)* [**Bedeutung**: durch ständige Wiederholung versuchen, jemanden zu etwas zu bewegen; **Anlamı**: tekrar tekrar söylemekten usanmak]

Fußbreit ayak genişliği

keinen Fußbreit weichen *(wörtl: bir ayak genişliği (bile) uzaklaşmamak)* **fig** çizgisinden sapmamak *(wörtl: nicht von seiner Linie abweichen)* [**Bedeutung**: auf einer Sache beharren; nicht zurückweichen; **Anlamı**: görüşlerinden vazgeçmemek, kararlı davranmak]

Fußstapfen ayak izi

in jemandes Fußstapfen treten *(wörtl: birinin ayak izine basmak)* **fig** birinin izinden yürümek *(wörtl: durch jemandes Spuren gehen)* [**Bedeutung**: jemandes Vorbild folgen; **Anlamı**: birinin düşüncelerini benimseyip işini aynı anlayış ve düşünceyle yürütmek]

---

füttern

die Hand, die einen füttert, beißt man nicht *(wörtl: yem veren el ısırılmaz)* **fig** veren eli kimse kesmez *(wörtl: niemand schneidet die Hand ab, die gibt)* [**Bedeutung**: man verhält sich nicht undankbar einem Gönner gegenüber; **Anlamı**: eli açık olan kimsenin yaptığı iyilikleri kimse engellemez]

in die Hand beißen, die einen füttert *(wörtl: besleyen eli ısırmak)* **fig** besle kargayı, oysun gözünü *(wörtl: füttere die Krähe und sie wird dein Auge picken)*

[**Bedeutung**: sich gegenüber einem Gönner undankbar verhalten; **Anlamı**: iyiliğe karşılık kötülük edenlere söylenen söz]

G

gackern gıdaklamak

über ungelegte Eier gackern *(wörtl: yumurtlamadan gıdaklamak)* **fig** suyu görmeden paçaları sıvamak *(wörtl: die Hosenbeine hochkrempeln, bevor man das Wasser sieht)* **fig** çayı görmeden paçaları sıvamak *(wörtl: die Hosenbeine hochkrempeln, bevor man den Bach sieht)* **fig** doğmamış çocuğa don biçmek *(wörtl: dem ungeborenen Kind eine Unterhose nähen)* **fig** kasaptaki ete soğan doğranmaz *(wörtl: für das Fleisch beim Metzger schneidet man keine Zwiebel)* **fig** at almadan ahır dikme *(wörtl: einen Stall hochziehen, bevor man die Pferde kauft)* [**Bedeutung**: Gedanken über Dinge machen, bevor dies überhaupt notwendig ist; **Anlamı**: ortada hiçbir şey yokken hazırlanmaya kalkışmak]

---

gähnen esnemek

gähnende Leere *(wörtl: esneyen boşluk)* **fig** in cin yok *(wörtl: es gibt weder Mensch noch Dschinn)* [**Bedeutung**: menschenleer; niemand anwesend; **Anlamı**: hiç kimse yok]

Galerie galeri

nur für die Galerie sein *(wörtl: sadece galeri için olmak)* **fig** âdet yerini bulsun diye *(wörtl: damit der Brauch seinen Platz findet/damit der Brauch bewahrt wird)*

143

[**Bedeutung**: etwas tun, nur um der Form zu genügen; **Anlamı**: gerekli görüldüğü için değil, alışılmış olduğu için]

Galle safra

Gift und Galle spucken/speien/versprühen *(wörtl: zehir ve safra tükürmek/püskürmek)* *fig* ateş püskürmek *(wörtl: Feuer speien)*
[**Bedeutung**: sehr wütend sein; cholerisch sein; **Anlamı**: çok öfkeli olmak]

Gang vites

Gang nach Canossa/Kanossa *(wörtl: kanossa'ya gidiş)* *fig* el öpmekle ağız aşınmaz *(wörtl: der Mund nutzt sich nicht ab, indem man die Hand küsst)* *fig* etek öpmekle dudak aşınmaz *(wörtl: Lippen nutzen sich nicht ab, indem man den Rock küsst)*
[**Bedeutung**: als erniedrigend empfundener Bittgang; **Anlamı**: çok önemli bir iş için bir kimseye ricada bulunmak hatta yalvarmak gerekirse, yapılır]

einen Gang zulegen *fig* vites büyütmek
[**Bedeutung**: sein Tempo bei etwas steigern; **Anlamı**: işleri hızlandırmak]

einen Gang zurückschalten *fig* vites küçültmek
[**Bedeutung**: sein Tempo, seinen Einsatz bei etwas mäßigen; **Anlamı**: işleri yavaşlatmak]

in Gang kommen *(wörtl: vitese geçmek)* *fig* harekete geçmek *(wörtl: sich in Bewegung setzen)*

[**Bedeutung**: zu funktionieren beginnen; **Anlamı**: işlemeye başlamak]

in die Gänge kommen *(wörtl: vitese geçmek)* *fig* harekete geçmek *(wörtl: sich in Bewegung setzen)*
[**Bedeutung**: zu funktionieren beginnen; **Anlamı**: işlemeye başlamak]

Gans kaz

die Gans, die goldene Eier legt, schlachten *(wörtl: altın yumurta yumurtlayan kazı kesmek)* *fig* kuzlayıcı koyuna bıçak çekmek *(wörtl: dem Schaf, das lammet, das Messer ziehen)*
[**Bedeutung**: eine wichtige Einnahmequelle zum Versiegen bringen; sich selbst einer wichtigen Lebensgrundlage entziehen; **Anlamı**: kayanç getiren nesneyi ortadan kaldırmaya girişmek]

die Gans lehrt den Schwan singen *(wörtl: kaz kuğuya ötmesini öğretmek)* *fig* tereciye tere satmak *(wörtl: dem Kresseanbauer Kresse verkaufen)*
[**Bedeutung**: einen Meister seines Faches belehren wollen; **Anlamı**: bir şeyin uzmanına o şeyi öğretmeye kalkışmak]

jemanden rupfen wie eine Gans *(wörtl: birini kaz gibi yolmak)* *fig* birini soyup soğana çevirmek *(wörtl: jemanden pellen und in eine Zwiebel verwandeln)*
[**Bedeutung**: jemanden ausnehmen, übervorteilen; **Anlamı**: birini hiçbir şey bırakmamacasına soymak]

ganz tam

ganz Ohr sein *(wörtl: tam kulak olmak)* *fig* kulak asmak *fig* kulak

144

kesilmek *fig* kulağı tetikte olmak *(wörtl: das Ohr am Abzug haben)* [**Bedeutung**: sehr aufmerksam zuhören; **Anlamı**: büyük bir dikkatle dinlemek]

aufs Ganze gehen *(wörtl: tamamına gitmek)* *fig* ya hep ya hiç *(wörtl: alles oder nichts)* *fig* ya devlet başa, ya kuzgun leşe *(wörtl: entweder kommt der Staat an die Macht oder der Kolkrabe zum Kadaver)* [**Bedeutung**: alles wagen; alles riskieren; **Anlamı**: öyle bir iş ki kişi sonunda ya imrenilecek bir duruma yükselir ya da batar]

man reicht den kleinen Finger und er nimmt die ganze Hand *(wörtl: küçük parmağını uzattın mı bütün elini alır)* *fig* yüz verince astar ister *(wörtl: hätschelt man ihn, will er das Futter)* [**Bedeutung**: man bietet Hilfe an, und er will noch viel mehr Hilfe; **Anlamı**: kendisine gösterilen küçük bir ilgiden dolayı şımararak daha çok istemek]

nicht ganz bei Trost sein *(wörtl: tam teselli bulamamak)* *fig* aklı başında olmamak *(wörtl: sein Verstand sei nicht auf seinem Kopf)* [**Anlamı**: iyi düşünebilir durumda olmamak; **Bedeutung**: nicht recht bei Verstand sein]

nichts Halbes und nichts Ganzes *(wörtl: ne yarım ne de tam)* *fig* yarım yamalak [**Bedeutung**: unvollkommen; unvollständig; **Anlamı**: eksik; tamamlanmamış]

Garaus

jemandem den Garaus machen *fig* (birinin) işini bitirmek *(wörtl: jemandem die Angelegenheit erledigen)* [**Bedeutung**: jemanden umbringen; **Anlamı**: birini öldürmek]

Garten bahçe

die Kirschen in Nachbars Garten *(wörtl: komşunun bahçesindeki kirazlar)* *fig* komşunun tavuğu komşuya kaz görünür *(wörtl: das Huhn des Nachbarn schaut für den Nachbarn wie eine Gans aus)* [**Bedeutung**: etwas, das verlockend ist, gerade weil man es nicht hat; **Anlamı**: başka bir kimsenin malı olduğundan daha değerli görünür]

Gärtner bahçıvan

den Bock zum Gärtner machen *(wörtl: keçiyi bahçıvan yapmak)* *fig* kediye ciğer ısmarlamak *(wörtl: der Katze Leber bestellen)* *fig* kediye peynir ısmarlamak *(wörtl: der Katze Käse bestellen)* *fig* kedinin boynuna ciğer asmak *(wörtl: der Katze Leber umhängen)* *fig* delinin eline değnek vermek *(wörtl: dem Irren einen Stock in die Hand geben)* [**Bedeutung**: jemanden für eine Arbeit einsetzen, der nicht dafür geeignet ist; **Anlamı**: güvenilmeyecek birine saklaması için bir şey bırakmak]

Gasse sokak

Hans Dampf in allen Gassen sein *(wörtl: her sokakta Hans Dampf olmak)* *fig* her telden çalmak *(wörtl: jede Saite spielen)* *fig* hangi taşı kaldırsan altından çıkar *(wörtl: egal, welchen Stein du aufhebst, kommt er daraus hervor)* [**Bedeutung**: ein aktiver, vielseitiger, umtriebiger Mensch sein; **Anlamı**: her işi yapabilir olmak; birçok konuda bilgisi olmak]

Gaul beygir, katır

auf den verkehrten Gaul setzen ↑
aufs falsche Pferd setzen

die Gäule scheu machen *(wörtl:*
beygirleri ürkütmek) **fig** fincancı
katırlarını ürkütmek *(wörtl: die*
Maultiere des Tassenhändlers
erschrecken)
[**Bedeutung**: unnötig für Aufregung
sorgen; **Anlamı**: kızdırılmaması
gereken kişilere dokunacak iş
yapmak]

einem geschenkten Gaul schaut
man nicht ins Maul *(wörtl: hediye*
edilen beygirin ağzına bakılmaz) **fig**
beleş atın dişine bakılmaz *(wörtl:*
einem Pferd, für das man nicht
bezahlt hat, schaut man nicht auf die
Zähne) **fig** beleş atın yaşına bakılmaz
(wörtl: einem Pferd, für das man
nicht bezahlt hat, schaut man nicht
aufs Alter)
[**Bedeutung**: ein Geschenk sollte
man nicht bemängeln; **Anlamı**:
parasız elde edilen şeyde kusur
aranmaz]

---

gebären doğurmak

der Berg kreißte und gebar eine
Maus *(wörtl: dağ, doğumda*
sancıdan çığlık attı ve bir fare
doğurdu) **fig** dağ doğura doğura bir
fare doğurmuş *(wörtl: im Endeffekt*
gebar der Berg eine Maus)
[**Bedeutung**: trotz großen Aufwandes
ist das Ergebnis unbefriedigend;
Anlamı: büyük şeyler beklenen bir
işten önemsiz sonuç alınmak]

---

geben vermek

gib ihm Saures! *(wörtl: ona ekşi bir*
şey ver!) **fig** vur abalıya! *(wörtl:*
schlag auf den Filztäger drauf!)
[**Bedeutung**: mach ihm das Leben
schwer und behandele ihn schlecht;

Anlamı: sessiz, güçsüz bir kişinin
hırpalanmasında söylenen söz]

gibt's dich auch noch! Lebst du
auch noch! *fig* yüzünü gören
cennetlik! *(wörtl: wer dein Gesicht*
sieht, wird ins Paradies kommen)
[**Bedeutung**: Ausruf, wenn man
jemanden trifft, den man lange nicht
mehr gesehen hat; **Anlamı**: hiç
görünmüyorsun]

gibst du mir, so geb' ich dir *(wörtl:*
sen bana verirsen, ben de sana
veririm) **fig** say beni, sayayım seni
(wörtl: respektiere mich und ich
respektiere dich) **fig** ne ekersen onu
biçersin *(wörtl: was du säst, wirst du*
ernten)
[**Bedeutung**: so wie du dich
verhältst, wird man dich behandeln;
Anlamı: nasıl davranırsan öyle
karşılık görürsün]

alles geben *(wörtl: her şeyi vermek)*
fig canını dişine takmak *(wörtl: seine*
Seele an seinen Zahn hängen)
[**Bedeutung**: sich mit aller Kraft
einsetzen; **Anlamı**: bütün gücünü
harcayarak yapmak]

es gibt nichts, was es nicht gibt *fig*
olmaz olmaz *fig* olmaz olmaz deme,
olmaz olmaz *(wörtl: sag nicht, dass*
es nicht geht, es gibt nichts, was es
nicht gibt)
[**Bedeutung**: alles ist möglich;
Anlamı: herşey olabilir]

wer hat, dem wird gegeben *(wörtl:*
kimin varsa, ona verilir) *fig* aza
sormuşlar: "nereye?", "çoğun
yanına" demiş *(wörtl: sie fragten*
dem Wenig „wohin?", er sagte:
„zum Viel")
[**Bedeutung**: Diejenigen, die viel
besitzen, bekommen immer noch
mehr; **Anlamı**: küçük kazançlar bile
hep varlıklı kimselere düşer]

gebrannt yanmış

gebranntes Kind scheut das Feuer
(wörtl: yanmış çocuk ateşten kaçınır)
fig sütten ağzı yanan yoğurdu
üfleyerek yer *(wörtl: wer seinen
Mund durch die Milch verbrennt, isst
das Jogurt pustend)*
[**Bedeutung**: wer einmal einen
Schaden erlitten hat, ist besonders
achtsam; **Anlamı**: bir olaydan zarar
gören, sonra uyanık davranır]

gebraten kızartılmış

**warten, dass einem die gebratenen
Tauben in den Mund fliegen** *(wörtl:
kızartılmış güvercinlerin ağzına
uçmasını beklemek)* *fig* armut piş
ağzıma düş *(wörtl: brat, Birne, und
fall in meinen Mund hinein)*
[**Bedeutung**: unrealistische Träume
von einem angenehmen Leben
haben; **Anlamı**: bir işe emek
harcamadan onun kendiliğinden
olmasını beklemek]

gebunden bağlı

**jemandem sind die Hände
gebunden** *(wörtl: birinin elleri bağlı
olmak)* *fig* eli kolu bağlı olmak
*(wörtl:jemandem sind Hand und
Arm gebunden)*
[**Bedeutung**: jemand kann nicht frei
handeln; **Anlamı**: bir iş yapamaz
durumda olmak]

Geburt doğum

eine schwere Geburt sein *(wörtl:
ağır bir doğum olmak)* *fig* anası
ağlamak *(wörtl: jemandem weint die
Mutter)* *fig* dokuz doğurmak[2] *(wörtl:
neun gebären)*
[**Bedeutung**: eine Arbeit haben, die
viel Mühe gekostet hat; nur mit
großen Mühen zu erreichen sein; ein

hartes Stück Arbeit sein; **Anlamı**: bir
işi yaparken çok sıkıntı çekmek; bir
işi sıkıntı ve güçlük çekerek sona
erdirmek]

Gedanken düşünce

**der Wunsch ist der Vater des
Gedankens** *(wörtl: arzu, düşüncenin
babasıdır)* *fig* aç tavuk kendini arpa
ambarında sanır *(wörtl: das hungrige
Huhn denkt es ist im
Gerstenspeicher)*
[**Bedeutung**: das Erwähnte ist nicht
Realität, sondern nur Hoffnung;
Anlamı: insanlar, yokluğunu
çektikleri şeyler için olmayacak
hayaller, düşler kurar]

gedeihen yetişmek

auf Gedeih und Verderb *(wörtl:
yetişme ve bozulma üzerine)* *fig* ya
herrü ya merrü
[**Bedeutung**: was auch Gutes oder
Schlimmes geschehen mag; **Anlamı**:
sonuç ne olursa olsun]

Geduld sabır

Geduld bringt Rosen *(wörtl: sabır
gül getirir)* *fig* sabrın sonu selamettir
*(wörtl: das Ende der Geduld ist das
Wohl(ergehen/am Ende der Geduld
wartet der Segen)* *fig* sabır acıdır
meyvesi tatlıdır *(wörtl: Geduld ist
bitter, ihre Frucht ist süß)*
[**Bedeutung**: Geduld führt zum
Erfolg; Geduld wird belohnt;
Anlamı: sabır zor iştir, ancak güzel
sonuçları vardır]

**Geduld ist bitter, aber sie trägt
süße Früchte** *(wörtl: sabır acıdır,
ama tatlı meyve verir)* *fig* sabır acıdır
meyvesi tatlıdır *(wörtl: Geduld ist
bitter, ihre Frucht ist süß)*
[**Bedeutung**: Geduld führt zum
Erfolg; Geduld wird belohnt;

Anlamı: sabreden başarıya ulaşır; sabır zor iştir, ancak güzel sonuçları vardır]

jemandem reißt der Geduldsfaden *(wörtl: birinin sabır ipliği kopmak)* *fig* canına tak demek/etmek *(wörtl: jemandes Seele sagt/macht Tak)* [**Bedeutung**: einer Sache überdrüssig sein; jemand wird ungeduldig und ärgerlich; **Anlamı**: sabrı kalmamak; dayanamaz duruma gelmek]

jemandem reißt die Geduld *fig* birinin sabrı tükenmek/taşmak [**Bedeutung**: einer Sache überdrüssig sein; jemand wird ungeduldig und ärgerlich; **Anlamı**: sabrı kalmamak; dayanamaz duruma gelmek]

mit Geduld und Spucke fängt man eine Mucke *(wörtl: sabır ve tükürükle sivrisinek yakalanır)* *fig* sabreden derviş muradına ermiş *(wörtl: der geduldige Derwisch hat sein Ziel erreicht)* [**Bedeutung**: Geduld führt zum Erfolg; Geduld wird belohnt; **Anlamı**: sabreden başarıya ulaşır; sabır zor iştir, ancak güzel sonuçları vardır]

---

gefallen beğenmek

jedem Narren gefällt seine Kappe *(wörtl: her budala kendi takkesini beğenir)* *fig* akılları pazara çıkarmışlar, herkes yine kendi aklını almış *(wörtl: die Verstande wurden auf den Markt gebracht, jeder kaufte seinen Verstand zurück)* [**Bedeutung**: jeder gefällt sich in seinen Eigenheiten; **Anlamı**: her insan, kendi aklına göre yaptığı işi başkasının aklına göre yapılan işten daha üstün görür]

Gefecht çatışma

außer Gefecht setzen *(wörtl: çatışma dışı etmek)* *fig* saf dışı etmek/bırakmak *(wörtl: aus der Reihe tun/lassen)* [**Bedeutung**: funktionsunfähig machen; **Anlamı**: işlemez duruma getirmek]

---

gefesselt bağlı

ans Bett gefesselt sein *(wörtl: yatağa bağlı olmak)* *fig* eli ayağı yatağa bağlı olmak *(wörtl: mit Händen und Füßen an das Bett gefesselt sein)* [**Bedeutung**: krank im Bett liegen; **Anlamı**: hasta olup yatakta yatmak]

---

gegen karşı

gegen den Strom schwimmen[1] *(wörtl: akıntıya karşı yüzmek)* *fig* herkes gider Mersin'e, biz gideriz tersine *(wörtl: alle fahren nach Mersin, wir fahren in die entgegengesetzte Richtung)* [**Bedeutung**: anders handeln als die Mehrheit; sich der Mehrheit nicht anpassen; **Anlamı**: biz bu işi el âlem gibi akla uygun biçimde yapmıyor, yanlış bir yol izliyoruz]

gegen den Strom schwimmen[2] *(wörtl: akıntıya karşı yüzmek)* *fig* akıntıya kürek çekmek *(wörtl: gegen den Strom rudern)* [**Bedeutung**: sich anders verhalten als die Mehrheit; **Anlamı**: olağan gidişi tersine çevirmek için boşuna uğraşmak]

gegen den Tod ist kein Kraut gewachsen *(wörtl: ölüme karşı hiç bir ot büyümemiş)* *fig* ecele çare olmaz *(wörtl: es gibt keine Lösung für den Tod)* *fig* olacakla öleceğe çare bulunmaz *(wörtl: gegen das Werden und den Tod gibt es keinen Ausweg)*

[**Bedeutung**: vor dem Tod gibt es keine Rettung; **Anlamı**: ölümden kurtuluş yok]

gegen eine Wand/Mauer reden *(wörtl: duvara karşı konuşmak) fig* laf anlatamamak *fig* sözün ardı boşa çıkmak *(wörtl: nach dem Wort geht es leer aus)* [**Bedeutung**: vergeblich auf jemanden durch Reden einzuwirken suchen; **Anlamı**: söz önemli sonuca ulaşmamak]

Gegensatz zıtlık

Gegensätze ziehen sich an *(wörtl: zıtlıklar birbirini çeker) fig* zıt kutuplar birbirini çeker *(wörtl: gegensäzliche Pole ziehen sich an)* [**Bedeutung**: wir suchen nach einem Partner, der all das hat, was uns fehlt; **Anlamı**: kendimizde eksik olan özellikleri olan birini ararız]

---

gehen gitmek, yürümek

an die Decke gehen *(wörtl: tavana çıkmak) fig* küplere binmek *(wörtl: auf Tongefäße reiten/auf Tongefäße steigen) fig* tepesi atmak *(wörtl: sein Haupt wirft)* [**Bedeutung**: sehr wütend werden; **Anlamı**: çok öfkelenmek]

auf die Palme gehen *(wörtl: palmiyeye gitmek) fig* zıvanadan çıkmak *(wörtl: aus der Hülse steigen)* [**Bedeutung**: sehr wütend sein; sehr aufgebracht sein; **Anlamı**: sinirlenmek; öfkelenmek]

auf Nummer sicher gehen *fig* atını sağlam kazığa bağlamak *(wörtl: sein Pferd an einem stabilen Pfahl binden) fig* işi sağlama almak *(wörtl: die Angelegenheit stabililisieren)*

[**Bedeutung**: sich absichern; kein Risiko eingehen; **Anlamı**: işini güven altına almak; gerçekleşmesi için gerekli önlemleri almak]

aus und ein gehen *(wörtl: çıkıp girmek) fig* kapı komşusu yapmak *(wörtl: zum Türnachbarn machen)* [**Bedeutung**: sich an einem Ort, in einer Räumlichkeit oft aufhalten; **Anlamı**: bir yere sık gidip gelmek]

der Krug geht so lange zum Brunnen, bis er bricht *(wörtl: testi kırılıncaya kadar çeşmeye gider) fig* su testisi su yolunda kırılır *(wörtl: der Wasserkrug bricht auf dem Wasserweg)* [**Bedeutung**: etwas geht nicht auf Dauer gut; jede Langmut erschöpft sich einmal, wenn sie zu sehr strapaziert wird; **Anlamı**: bir kimse/şey, iyi ya da kötü hangi amaca hizmet ediyorsa o uğurda ölür]

ein und aus gehen *(wörtl: girip çıkmak) fig* kapı komşusu yapmak *(wörtl: zum Türnachbarn machen)* [**Bedeutung**: sich an einem Ort, in einer Räumlichkeit oft aufhalten; **Anlamı**: bir yere sık gidip gelmek]

Freunde in der Not gehen tausend auf ein Lot *(wörtl: sıkıntılı günlerde binlerce dost bir ağırlığa biner) fig* dost kara günde belli olur *(wörtl: der (wahre) Freund zeigt sich am schwarzen Tag)* [**Bedeutung**: erst, in einer Notsituation zeigt sich, wer die wahren Freunde sind; **Anlamı**: gerçek dost sıkıntılı günlerde insanı yalnız bırakmaz]

in die Binsen gehen *(wörtl: sazlığa gitmek) fig* suya düşmek *(wörtl: ins Wasser fallen)* [**Bedeutung**: nicht zu Stande kommen; scheitern; missglücken;

Anlamı: bir şeyin gerçekleşme
olanağı kalmamak]

in die Hose gehen *(wörtl: pantolona
girmek)* **fig** havaya gitmek *(wörtl: in
die Luft gehen)*
[**Bedeutung**: misslingen; **Anlamı**:
boşa gitmek]

ins Ohr gehen *(wörtl: kulağa
girmek)* **fig** kulağı okşamak *(wörtl:
das Ohr streicheln)* [**Bedeutung**:
gefällig klingen, sich leicht
einprägen; **Anlamı**: kulağa hoş
gelmek]

jemandem auf den Keks gehen
(wörtl: birinin bisküvisine gitmek) **fig**
birinin gıcığına gitmek *(wörtl:
jemandem auf den Frosch im Hals
gehen)* **fig** birini gıcık etmek *(wörtl:
jemanden zum Frosch im Hals
machen)*
[**Bedeutung**: jemandem äußerst
lästig werden; **Anlamı**: birini
sinirlendirmek, kızdırmak]

**man geht besser zum Schmied als
zum Schmiedchen** **fig** başını acemi
berbere teslim eden, cebinden
pamuğu eksik etme **fig** ekmeği
ekmekçiye ver, bir ekmek de üste
ver *(wörtl: gib das Brot dem
Bäcker, gib ihm ein Brot drauf)*
[**Bedeutung**: man sollte sich an
Leute wenden, die sich auskennen;
Anlamı: bir işin yapılmasını
deneyimsiz, beceriksiz, usta olmayan
kişilere teslim eden, meydana
gelebilecek zararlara katlanır;
verilecek ücret ne kadar olursa olsun,
her iş uzmanına yaptırılmalıdır]

mit der Zeit *fig* zamanla
[**Bedeutung**: allmählich; **Anlamı**:
aradan bir süre geçince]

mit der Zeit gehen *(wörtl: zamanla
gitmek)* **fig** zamana uymak *(wörtl:
sich anpassen an die Zeit)*
[**Bedeutung**: fortschrittlich sein;
Anlamı: davranışlarını, zamanın
gereklerine, koşullarına uydurmak]

**nicht zu Schmidtchen gehen,
sondern zu Schmidt** *(wörtl: küçük
Schmidt'e değil (büyük) Schmidt'e
gitmek)* **fig** doğrudan doğruya
müdüre çıkmak *(wörtl. direkt zum
Direktor gehen)*
[**Bedeutung**: sich nicht an
untergeordnete Stellen wenden,
sondern gleich an diejenige, die über
das Anliegen entscheiden kann;
Anlamı: kendisinden güçlü ve
korktuğu kimsenin yanına gitmek]

sich gehen lassen *fig* kendini
bırakmak
[**Bedeutung**: sich nicht
zusammennehmen; verwahrlosen;
ungepflegt sein; **Anlamı**: artık
vücuduna, giyim ve kuşamına
bakmaz, özen göstermemek]

sich gehenlassen ↑ **sich gehen
lassen**

über Leichen gehen *(wörtl:
cesetlerin üzerinden yürümek)* **fig**
anasının ipini satmak *(wörtl: das Seil
seiner Mutter verkaufen)* **fig** Ali kıran
baş kesen olmak *fig* ver yansın etmek
(wörtl: gib, „es soll brennen" tun)
[**Bedeutung**: skrupellos, rücksichtslos
vorgehen; **Anlamı**: kendisinden her
türlü soysuzca iş beklenmek]

über Stock und Stein gehen *(wörtl:
sopa ve taş üzerinden gitmek)* **fig**
dere tepe düz gitmek *(wörtl:
geradeaus über Bäche und Hügeln
gehen)*
[**Bedeutung**: über alle Hindernisse
des Erdbodens hinweg gehen;
Anlamı: engelleri aşarak gitmek]

wenn der Berg nicht zum Propheten geht, geht der Prophet zum Berg *(wörtl: dağ peygambere gitmezse, peygamber dağa gider)* *fig* dağ yürümezse, abdal yürür *(wörtl: wenn der Berg nicht läuft, läuft der Wanderderwisch)* [**Bedeutung:** wenn die Menschen sich nicht an dich wenden, musst du dich an die Menschen wenden; **Anlamı:** büyüklük taslayan birinde görülecek bir işimiz olduğu zaman onun ayağına gideriz]

wer mit den Hunden zu Bett geht, steht mit Flöhen auf *(wörtl: köpeklerle yatan pirelerle kalkar)* *fig* köpekle yatan pireyle kalkar *(wörtl: wer mit einem Hund zu Bett geht, steht mit Flöhen auf)* *fig* körle yatan şaşı kalkar *(wörtl: wer mit einem Blinden zu Bett geht, steht schielend auf)* [**Bedeutung:** wer sich in Gefahr begibt, muss damit rechnen, dass dies Spuren hinterlässt; **Anlamı:** değersiz kötü kimselerle düşüp kalkan kötü huylar edinir]

wer nicht mit der Zeit geht, geht mit der Zeit *(wörtl: kim zamanla gitmezse, o zamanla gider)* *fig* zaman sana uymazsa sen zamana uy *(wörtl: passt sich die Zeit dir nicht an, so passe du dich der Zeit an)* [**Bedeutung:** wer sich nicht anpasst, verschwindet früher oder später; **Anlamı:** yaşadığın zamanın koşulları anlayışına uygun değilse, sen onlara uymalısın]

wer nicht mit der Zeit geht, muss mit der Zeit gehen *(wörtl: kim zamanla gitmezse, zamanla gitmek zorundadır)* *fig* zaman sana uymazsa sen zamana uy *(wörtl: passt sich die Zeit dir nicht an, so passe du dich der Zeit an)* [**Bedeutung:** wer sich nicht anpasst, verschwindet früher oder später; **Anlamı:** yaşadığın zamanın koşulları anlayışına uygun değilse, sen onlara uymalısın]

zu weit gehen *(wörtl: fazla ileri gitmek)* *fig* fazla olmak *(wörtl: zu viel sein)* çok olmak *fig* fazla olmak *(wörtl: viel sein)* [**Bedeutung:** so weit gehen, dass es nicht mehr akzeptabel ist; **Anlamı:** ölçüyü kaçırmak; tutumuyla karşısındakini usandırmak]

Geheimnis sır

ein offenes Geheimnis *fig* açık bir sır [**Bedeutung:** etwas, was allgemein bekannt ist, worüber man nicht öffentlich spricht; **Anlamı:** harkesçe bilinen, ama üzerinde açıkça konuşulmayan bir konu]

---

gehupft hoplamış

gehupft wie gesprungen sein *(wörtl: ha hoplamış ha sıçramış olmak)* *fig* bir kapıya çıkmak *(wörtl: zu der einen Tür gehen)* [**Bedeutung:** keinen Unterschied machen; **Anlamı:** aynı olmak; aynı sonuca varmak]

Geier akbaba

weiß der Geier! *(wörtl: akbaba bilir)* *fig* kim bilir *(wörtl: wer weiß)* [**Bedeutung:** was weiß ich! Ich weiß es nicht; ich habe keine Ahnung; **Anlamı:** belirsizlik, bilinmezlik bildiren bir söz]

Geige keman

die zweite Geige spielen *(wörtl: ikinci kemanı çalmak)* *fig* gölgede/gölgesinde kalmak *(wörtl: im Schatten/in seinem Schatten bleiben)*

[Bedeutung: eine untergeordnete Rolle spielen; **Anlamı**: ön plana çıkamamak, daha az ünlü olmak]

nach jemandes Geige/Pfeife tanzen *(wörtl: birinin kemanına/düdüğüne göre oynamak)* ***fig*** birinin borusunu çalmak *(wörtl: jemandes Horn blasen)* ***fig*** birinin sözünden çıkmamak *(wörtl: jemandes Wort nicht verlassen)* [Bedeutung: jemandem gehorchen; sich jemandem fügen; **Anlamı**: bütün davranışlarında onun sözünü dinlemek; çıkar sağladığı kimsenin davasını gütmek]

Geist ruh

den/seinen Geist aufgeben *(wörtl: ruhtan/ruhundan vazgeçmek)* ***fig*** ruhunu teslim etmek *(wörtl: seinen Geist übergeben)* [Bedeutung: sterben; **Anlamı**: ölmek]

jemandem (gewaltig) auf den Geist gehen[1] *(wörtl: birinin (şiddetle) ruhuna çıkmak)* ***fig*** (birini) uyuz etmek *(wörtl: jemandem mit Krätze anstecken)* [Bedeutung: jemandem auf die Nerven gehen; **Anlamı**: birini sinirlendirmek]

jemandem (gewaltig) auf den Geist gehen[2] *(wörtl: birinin (şiddetle) ruhuna çıkmak)* ***fig*** (birinin) tepesinde bitmek *(wörtl: auf jemandes Kopf erscheinen)* ***fig*** (birinin) başına dert olmak *(wörtl: Sorge auf jemandes Kopf werden)* [Bedeutung: lästig werden; aufdringlich sein; **Anlamı**: türlü isteklerle canını sıkmak; tebelleş olmak]

mit jeder Sprache, die du erlernst, befreist du einen bis daher in dir gebundenen Geist *(wörtl: her*

öğrendiğin dille o zamana kadar içinde bağlı bulunan ruhu kurtarırsın) ***fig*** bir lisan bir insan, iki lisan iki insan *(wörtl: eine Sprache, ein Mensch, zwei Sprachen, zwei Menschen)*

von allen guten Geistern verlassen sein *(wörtl: bütün iyi ruhlar tarafından yüzüstü bırakılmış olmak)* ***fig*** aklını peynir ekmekle yemek *(wörtl: seinen Verstand mit Käse und Brot gegessen haben)* [Bedeutung: unüberlegt, unklug handeln; **Anlamı**: akılsızca ve düşüncesizce davranışta bulunmak]

Gelände arazi

Ende im Gelände *(wörtl: arazinin sonu)* ***fig*** deve değil ki yedi yerinden boğazlansın *(wörtl: es ist kein Kamel, das an sieben Stellen erwürgt werden soll)* ***fig*** ötesi çıkmaz sokak *(wörtl: dahinter ist Sackgasse)* [Bedeutung: es geht nicht mehr weiter; Punkt, an dem es im Hinblick auf die Verwirklichung eines Vorhabens nicht mehr weitergeht; **Anlamı**: gereken fedakârlığı yaptı. Yeniden birçok fedakârlık yapılması isteniyor. Bu kadarı da fazla]

Geld para

Geld allein macht nicht glücklich *(wörtl: sadece para, mutlu kılmaz)* ***fig*** para mutluluk getirmez *(wörtl: Geld bringt kein Glück)* [Bedeutung: zum Glücklichsein braucht man mehr als nur Geld; **Anlamı**: çok para insanı içki, kumar gibi alışkanlıklara itebilir. Bunun sonunda da çok pişmanlık duyacağı durumlara düşer]

Geld (kommt) zu Geld *(wörtl: para paraya (gelir))* ***fig*** para parayı çeker *(wörtl: Geld zieht Geld an)*

[**Bedeutung**: wo bereits viel Geld vorhanden ist, kommt noch Geld hinzu; **Anlamı**: elde para bulunursa onunla yeni paralar kazanılır zayıf olduğu durumda bile başarılı olmak]

Geld regiert die Welt *(wörtl: para dünyayı yönetir)* *fig* parayı veren düdüğü çalar *(wörtl: wer das Geld gibt, spielt die Pfeife)* *fig* varlığa darlık olmaz *(wörtl: beim Reichtum gibt es keine Knappheit)* [**Bedeutung**: wer viel Geld hat, hat auch Macht; **Anlamı**: parasını ödeyen kimse, istediği şeyi elde eder]

Geld wie Dreck haben *(wörtl: pislik gibi parası olmak)* *fig* denizde kum, onda para *(wörtl: er hat Geld wie Sand am Meer)* *fig* bok gibi parası olmak *(wörtl: Geld haben wie Scheiße)* [**Bedeutung**: sehr reich sein; **Anlamı**: çok zengin; parası çok olmak]

aus Scheiße Geld machen *(wörtl: boktan para çıkarmak)* *fig* denize düşse götüyle balık tutar *(wörtl: fällt er ins Meer fängt er mit seinem Hintern Fische)* [**Bedeutung**: etwas eigentlich Wertloses finanziell erfolgreich vermarkten; **Anlamı**: en umulmadık işten kazanç sağlamak]

das Geld aus dem Fenster werfen *(wörtl: parayı pencereden dışarı atmak)* *fig* parayı denize/sokağa atmak *(wörtl: das Geld ins Meer werfen)* [**Bedeutung**: Geld für sinnlose Dinge ausgeben; **Anlamı**: parayı boşuna harcamak]

das Geld zum Fenster hinauswerfen *(wörtl: parayı pencereden dışarı atmak)* *fig* parayı denize/sokağa atmak *(wörtl: das Geld ins Meer werfen)*

[**Bedeutung**: Geld für sinnlose Dinge ausgeben; **Anlamı**: parayı boşuna harcamak]

er hat Geld wie Heu *(wörtl: saman gibi parası var)* *fig* denizde kum, onda para [**Bedeutung**: sehr reich sein; **Anlamı**: çok zengin; parası çok olan kimse]

er hat Geld wie Sand am Meer *fig* denizde kum, onda para [**Bedeutung**: sehr reich sein; **Anlamı**: çok zengin; parası çok olan kimse]

nicht mit Geld zu bezahlen sein *(wörtl: parayla ödenemez olmak)* *fig* paha biçilmez *(wörtl: unschätzbar)* [**Bedeutung**: von unschätzbarem Wert, unersetzbar sein; **Anlamı**: değeri ölçülemeyecek kadar yüksek]

Zeit ist Geld *fig* vakit nakittir [**Bedeutung**: was Zeit in Anspruch nimmt, kostet Geld; **Anlamı**: zaman çok değerlidir]

Geldsachen para işleri

in Geldsachen hört die Freundschaft auf *(wörtl: para işlerinde dostluk biter)* *fig* dostluk başka, alışveriş başka *(wörtl: Freundschaft ist anders und Handel ist anders)* [**Bedeutung**: Berufsleben und Privatleben sollte man trennen; **Anlamı**: iki dost arasında alışveriş dostluğu bozabilir]

Gelegenheit fırsat

Gelegenheit macht Diebe *(wörtl: fırsat, insanı hırsız yapar)* *fig* hırsızlık bir ekmekten, kahpelik bir öpmekten *(wörtl: Diebstahl wegen*

153

eines Brotes, Prostitution wegen eines Kusses)
[**Bedeutung**: eine günstige Gelegenheit führt dazu, etwas Unrechtes zu tun; eine sonst anständige Person kann in Versuchung kommen, die Regeln zu brechen; **Anlamı**: fırsat bu fırsat deyip bir kerecik olsa da yapılan haksızlık bir kere fazladır]

die Gelegenheit beim Schopf(e) (er)greifen/fassen/packen *(wörtl: fırsatı perçemden tutmak/yakalamak)* *fig* fırsatı ganimet bilmek *(wörtl: die Gelegenheit als Beute sehen)* *fig* her zaman eşek ölmez, on köfte on paraya olmaz *(wörtl: nicht immer stirbt der Esel und zehn Buletten gibt es für zehn Para)*
[**Bedeutung**: einen einmaligen, günstigen Augenblick schnell entschlossen ausnutzen; **Anlamı**: çıkan fırsattan en iyi şekilde yararlanmak; istenilen şeyi kolayca elde etme imkanı ortaya çıkınca fırsat kaçırılmamalıdır]

Gelehrter bilgin

den Gelehrten ist gut predigen *(wörtl: bilginlere iyi vaaz vermek)* *fig* arif olan anlar/ anlasın *(wörtl: der Kundige versteht es/der Kundige soll es verstehen)*
[**Bedeutung**: nur für denjenigen, der vom Fach ist, ist die Sache zu verstehen; **Anlamı**: herkesin anlayacağı kadar açık söylenmeyen bir sözün gerçek anlamını kavrayanlar için söylenen söz]

---

geraten

an die falsche Adresse geraten *(wörtl: yanlış adrese uğramak)* *fig* yanlış kapı çalmak *(wörtl: an der falschen Tür klingeln)*

[**Bedeutung**: ein Anliegen an eine Person richten, die dafür nicht zuständig ist; **Anlamı**: isteğinin yapılamayacağı bir yere başvurmak]

auf Abwege geraten *fig* yoldan çıkmak *(wörtl: vom Weg abkommen)*
[**Bedeutung**: vom richtigen Weg abkommen; **Anlamı**: doğru yoldan ayrılmak]

aus dem Gleis geraten *fig* rayından çıkmak
[**Bedeutung**: vom Ziel abkommen; die Orientierung verlieren; **Anlamı**: amacından sapıp düzeltilmesi güç bir durum almak]

aus den Fugen geraten *(wörtl: derzinden çıkmak)* *fig* çığırından çıkmak *(wörtl: aus der Lawinenspur geraten)*
[**Bedeutung**: zerfallen; ın Unordnung geraten; **Anlamı**: hedefinden sapıp düzeltilmesi güç bir durum almak]

in jemandes Klauen geraten fallen/geraten *fig* birinin pençesine düşmek
[**Bedeutung**: von jemandem beherrscht werden; **Anlamı**: birinin eline geçmek; yakalanmak]

in Misskredit geraten *fig* altın adını bakır etmek *(wörtl: aus dem Namen Gold Kupfer machen)*
[**Bedeutung**: das Ansehen verlieren; den guten Ruf verlieren; **Anlamı**: kötü işler yaparak itibardan düşmek, saygınlığını yitirmek]

mit jemandem in die Wolle geraten *fig* birbirine girmek
[**Bedeutung**: einen Streit (mit jemandem) beginnen; **Anlamı**: kavga etmek]

unter die Räder kommen /geraten *(wörtl: tekerlekler altına girmek)* *fig* iki paralık olmak

[**Bedeutung**: völlig herunterkommen, moralisch und wirtschaftlich ruiniert werden; **Anlamı**: değerini, onurunu, saygınlığını yiitirmek]

geschaffen yaratılmış

füreinander geschaffen sein *fig*
birbiri için yaratılmış olmak
[**Bedeutung**: ideal zusammenpassen; **Anlamı**: birbiriyle çok iyi anlaşmak]

Geschäft iş

das Geschäft brummt *fig* işler tıkırında
[**Bedeutung**: die Geschäfte laufen gut; **Anlamı**: işler çok iyi gidiyor]

dunkle Geschäfte *fig* karanlık işler
[**Bedeutung**: illegale, zweifelhafte Dinge; **Anlamı**: ahlaka ve yasalara uygun olmayan davranışlar]

wie laufen die Geschäfte? *fig* işler nasıl gidiyor?
[**Bedeutung**: wie geht's dir? **Anlamı**: nasılsın?]

geschehen olmak

geschehen ist geschehen *(wörtl: olan oldu) fig* geçmişe mazi, yenmişe kuzu derler *(wörtl: Vergangenes nennt man die Vergangenheit, Gegessenes nennt man Lamm)*
[**Bedeutung**: Vergangenes soll man sein lassen; **Anlamı**: geçmişte kalan olayların üzerinde durulmasında bir yarar yoktur]

geschehene Dinge haben keine Umkehr *(wörtl: olmuş şeylerin dönüşü yoktur) fig* kesilen baş yerine konmaz *(wörtl: der abgeschnittene Kopf kann nicht wieder eingesetzt werden) fig* olan oldu ok yaydan çıktı *(wörtl: was geschehen ist, ist geschehen, der Pfeil hat den Bogen verlassen)*
[**Bedeutung**: sie ist nicht mehr rückgängig zu machen; **Anlamı**: geri dönüşü olmamak; kesin olarak yapılıp sonuçlandırılan iş, eski durumuna getirilemez]

das geschieht dir (ganz) recht! *(wörtl: bunu hak ettin) fig* oh olsun! *(wörtl: Oh sein)*
[**Bedeutung**: das hast du verdient; das ist die gerechte Strafe; **Anlamı**: söz dinlemeyip kötü duruma düşenlere çok iyi oldu anlamında söylenen söz]

es geschehen noch Zeichen und Wunder *(wörtl: emare ve harika da oluyor) fig* neler de neler, maydanozlu köfteler *(wörtl: was und noch was, Hackbällchen mit Petersilie)*
[**Bedeutung**: Ausruf des Erstaunens, der Überraschung; **Anlamı**: hatıra, hayale gelmeyen değişik, şaşılacak şeyler]

Geschenk hediye, armağan

ein Geschenk des Himmels sein *(wörtl: göğün bir armağanı olmak) fig* gökte ararken yerde bulmak *(wörtl: im Himmel suchen und auf der Erde finden)*
[**Bedeutung**: ein unerwartet günstiges Ereignis; ein Glücksfall; **Anlamı**: çok güçlükle ele geçirebileceğini şeyi veya kimseyi birdenbire bulmak]

kleine Geschenke erhalten die Freundschaft *(wörtl: küçük armağanlar dostluğu korur) fig* yarım elma gönül/hatır alma *(wörtl: ein halber Apfel gewinnt ein Herz/einen Gefallen) fig* yâr beni ansın bir koz ile, o da çürük çıksın *(wörtl: mit einer Nuss, auch wenn sie* *verfault ist, soll die Geliebte mich erwähnen) fig* çam sakızı, çoban armağanı *(wörtl: Tannenharz, Schäfergeschenk)* [**Bedeutung**: auch Kleinigkeiten reichen, um die Beziehung zu pflegen; **Anlamı**: armağan küçük de olsa gönül almaya yeter]

geschenkt hediye edilen

einem geschenkten Gaul schaut man nicht ins Maul *(wörtl: hediye edilen beygirin ağzına bakılmaz) fig* beleş atın dişine bakılmaz *(wörtl: einem Pferd, für das man nicht bezahlt hat, schaut man nicht auf die Zähne) fig* beleş atın yaşına bakılmaz *(wörtl: einem Pferd, für das man nicht bezahlt hat, schaut man nicht aufs Alter)* [**Bedeutung**: ein Geschenk sollte man nicht bemängeln; **Anlamı**: parasız elde edilen şeyde kusur aranmaz]

Geschichte öykü

die Moral von der Geschichte *(wörtl: öyküden alınacak ahlâki ders) fig* kıssadan hisse *(wörtl: der Anteil an der Geschichte)* [**Bedeutung**: dien Lehre aus der Geschichte; **Anlamı**: anlatılan bir öyküden alınacak ders]

unendliche Geschichte *(wörtl: sonsuz öykü) fig* yılan hikâyesi *(wörtl: Schlangengeschichte)* [**Bedeutung**: nicht aufhören (wollen); **Anlamı**: uzayıp giden, bir türlü sonuca bağlanamayan sorun]

geschieden boşanmış

geschiedene Leute sein *(wörtl: boşanmış (insanlar) olmak) fig* biriyle alışverişi kesmek *(wörtl: mit jemandem den Einkauf beenden) fig*

alacağı vereceği kalmamak *(wörtl: jemandem verbleiben keine Forderungen oder Schulden)* [**Bedeutung**: mit jemandem nichts mehr zu tun haben (wollen); **Anlamı**: biriyle ilgisi kalmamak; ilişkisi kesilmek]

Geschmack zevk; tat

einen guten Geschmack haben *(wörtl: iyi bir zevki olmak) fig* ağzının tadını bilmek *(wörtl: den Geschmack seines Mundes kennen)* [**Bedeutung**: das Schöne zu schätzen wissen; **Anlamı**: her şeyin güzelini, iyisini bilmek]

über Geschmack lässt sich nicht streiten *fig* zevkler tartışılmaz [**Bedeutung**: man sollte jedem seinen persönlichen Sinn für das Schöne zubilligen; **Anlamı**: herkesin zevki değişiktir, güzellik anlayışı kendine göredir]

geschnitten kesilmiş

auf den Leib geschnitten *(wörtl: vücudu üstüne kesilmiş) fig* biçilmiş kaftan *(wörtl: zugeschnittener Kaftan)* [**Bedeutung**: genau passend; **Anlamı**: bütünü ile uygun]

(jemandem) wie aus dem Gesicht geschnitten sein *(wörtl: birinin yüzüne tıpatıp benzemek) fig* hık demiş (birinin) burnundan düşmüş *(wörtl: jemand hat wohl hick gesagt und es ist ihm aus der Nase gefallen)* [**Bedeutung**: jemandem äußerlich sehr ähnlich sein; **Anlamı**: her durumuyla birine çok benzemek]

Geschwindigkeit hız, surat

mit affenartiger Geschwindigkeit *(wörtl: maymunumsu bir hızla) fig* kelle götürür gibi *(wörtl: wie einer, der einen Schädel hinbringt)* [**Bedeutung**: sehr schnell; mit hoher Geschwindigkeit **Anlamı**: çok hızlı bir şekilde; acele olarak]

Gesicht yüz, surat

das Gesicht verlieren *(wörtl: yüzünü kaybetmek)* *fig* gözden düşmek *(wörtl: von Augen fallen)* [**Bedeutung**: Respekt/Ansehen verlieren; **Anlamı**: daha önce kendisine değer verenlerin sevgi ve güvenini yitirmek]

ein Gesicht machen wie sieben Tage Regenwetter *(wörtl: yedi gün arka arkaya yağmur yağar gibi surat yapmak)* *fig* yüzünden düşen bin parça olmak *(wörtl: das, was aus seinem Gesicht fällt, bricht in tausend Teile)* [**Bedeutung**: verdrießlich dreinschauen; **Anlamı**: suratı asık olmak]

ein langes Gesicht machen *(wörtl: uzun bir surat yapmak)* *fig* surat asmak *(wörtl: das Gesicht hängen)* [**Bedeutung**: enttäuscht dreinblicken; **Anlamı**: yüzüne küskün ve dargın anlam vermek]

etwas steht einem im Gesicht geschrieben *(wörtl: bir şey birinin yüzünde yazılı olmak)* *fig* yüzünden okumak *(wörtl: jemandem im Gesicht abzulesen)* [**Bedeutung**: etwas ist einem anzusehen; **Anlamı**: herhangi bir durumu yüzünden anlamak]

sein wahres Gesicht zeigen[1] *(wörtl: gerçek yüzünü göstermek)* *fig* maskesini atmak *(wörtl: seine Maske wegwerfen)* *fig* maskesi düşmek *(wörtl: jemandem fällt die Maske hin)* [**Bedeutung**: seine eigentliche Gesinnung, seinen wirklichen Charakter offenbaren, sich nicht mehr verstellen; **Anlamı**: amaçlarını gizlemesini bilen kimse, bu tutumunu bırakarak gerçek kişiliğini ve amaçlarını açığa vurmak]

sein wahres Gesicht zeigen[2] *(wörtl: gerçek yüzünü göstermek)* *fig* maskesini düşürmek *(wörtl: jemanden demaskieren)* *fig* maskesi düşmek *(wörtl: jemandem fällt die Maske hin)* [**Bedeutung**: den wahren Charakter von jemadem erkennen lassen; **Anlamı**: gerçek niyetini, gizli amaçlarını, gerçek kişiliğini ortaya çıkarmak]

(jemandem) wie aus dem Gesicht geschnitten sein *(wörtl: birinin yüzüne tıpatıp benzemek)* *fig* hık demiş (birinin) burnundan düşmüş *(wörtl: jemand hat wohl hick gesagt und es ist ihm aus der Nase gefallen)* [**Bedeutung**: jemandem äußerlich sehr ähnlich sein; **Anlamı**: her durumuyla birine çok benzemek]

---

gesprungen sıçramış

gehupft wie gesprungen sein *(wörtl: ha hoplamış ha sıçramış olmak)* *fig* bir kapıya çıkmak *(wörtl: zu der einen Tür gehen)* [**Bedeutung**: keinen Unterschied machen; **Anlamı**: aynı olmak; aynı sonuca varmak]

Gestalt biçim

Gestalt annehmen *(wörtl: biçim almak!)* *fig* gözle görülür, elle tutulur hâle gelmek *(wörtl: eine Form annehmen, die man mit den Augen sehen und den Händen anfassen kann)* [**Bedeutung**: deutlicher, konkreter werden; sich fester abzeichnen; **Anlamı**: çok açık bir biçimde görülmek]

---

gestern dün

Schnee von gestern sein *(wörtl: dünün karı olmak)* **fig** geçmişe mazi, yenmişe kuzu derler *(wörtl: die Vergangenheit nennt man Vergangenheit, das, was man gegessen hat, Lamm)* [**Bedeutung**: nicht mehr aktuell sein; **Anlamı**: geçmişte olan iyi veya kötü şeylere takılıp kalmamalı, bugüne ve geleceğe bakılmalı

---

gestohlen çalınmış

er soll mir gestohlen bleiben *(wörtl: çalınmış olsun)* **fig** benden uzak olsun da Mısır'a sultan olsun *(wörtl: er soll mir fern sein, meinetwegen ein Sultan in Ägypten sein)* [**Bedeutung**: weil man gegen die betreffende Person eine Abneigung hat, ist es einem egal, was er/sie macht; **Anlamı**: istediğini yapsın, beni ilgilendirmez anlamında söylenen söz]

---

gesund sağlıklı

der Gesunde weiß nicht, wie reich er ist *(wörtl: sağlıklı olan, ne kadar varlıklı olduğunu bilmez, hedeftir)* **fig** sağlık varlıktan yeğdir *(wörtl: Gesundheit ist besser als Vermögen)* **fig** baş sağlığı, dünya varlığı *(wörtl: Kopfgesundheit ist Weltvermögen)* [**Bedeutung**: Gesundheit ist das Wichtigste im Leben; **Anlamı**: insan, sağlıklı olmazsa, istediği kadar zengin olsun, mutlu bir yaşam süremez]

Lachen ist gesund *(wörtl: gülmek sağlıklıdır)* **fig** gülmek her hastalığın devasıdır *(wörtl: das Lachen ist das Heilmittel für jede Krankheit)*

[**Bedeutung**: Lachen ist ein natürliches Heilmittel; völlig klar sein; **Anlamı**: gülmeyi seven, her şeyi kafasına takmayan, kolay kolay hasta olmaz]

---

geteilt bölüşülen

geteiltes Leid ist halbes Leid *(wörtl: bölüşülen dert yarım derttir)* **fig** derdini söylemeyen/anlatmayan derman bulamaz *(wörtl: wer sein Leid nicht sagt, der findet keinen Ausweg)* [**Bedeutung**: negative Erfahrungen, die man mit anderen teilt, werden leichter erträglich; **Anlamı**: insan sıkıntısını başkasına açıklayarak giderebilir]

---

gewaschen yıkanmış

mit allen Wassern gewaschen sein *(wörtl: bütün sularla yıkanmış olmak)* **fig** feleğin çemberinden geçmiş olmak *(wörtl: durch das Himmelsgewölbe gegangen sein)* [**Bedeutung**: erfahren, raffiniert, schlau sein; **Anlamı**: hayatta acı tatlı günler görmüş olmak, olgunlaşmış, deneyim kazanmış olmak]

---

gewinnen kazanmak

die Oberhand gewinnen /bekommen *fig* baskın çıkmak *(wörtl: ein Überfall kommt heraus)* *fig* galebe çalmak [**Bedeutung**: sich als stärker erweisen; sich durchsetzen; **Anlamı**: üstün gelmek]

wer nicht wagt, der nicht gewinnt *(wörtl: riski göze almayan kazanamaz)* **fig** korkak bezirgân ne zarar eder ne kâr *(wörtl: der ängstliche Händler macht weder Verlust noch Gewinn)*

[Bedeutung: wer nicht wagt, einen Einsatz zu riskieren, der hat keine Aussicht auf einen Gewinn; Anlamı: iş yapmaya korkan tüccar, kendisini zarardan korur ancak kâr da yapamaz]

wie gewonnen, so zerronnen *(wörtl: kazanıldığı gibi yok olmak)* **fig** sel ile gelen yel ile gider *(wörtl: was mit Flut kommt, geht mit dem Wind)* **fig** haydan gelen huya gider
[Bedeutung: kaum hat man sich etwas verdient, so ist es auch schon wieder ausgegeben; Anlamı: emek çekilmeden ele geçen para gereksiz yerlere harcanır, çarçur olur gider]

Gewohnheit alışkanlık

der Mensch ist ein Gewohnheitstier *(wörtl: insan, alışkanlık hayvanıdır)* **fig** alışmış kursak bulamacını ister *(wörtl: der gewohnte Kropf verlangt nach seinem Mehlbrei)*
[Bedeutung: das Leben des Menschen wird häufig durch feste Gewohnheiten bestimmt; Anlamı: kişi, yararlanmaya alıştığı şeyden yoksun kalmak istemez]

gezählt sayılı

jemandes Tage sind gezählt[1] *(wörtl: birinin günleri sayılı olmak)* **fig** günleri sayılı olmak *(wörtl: seine/ihre Tage sind gezählt)*
[Bedeutung: jemand wird nicht mehr lange leben; Anlamı: ölümü yakın olmak]

jemandes Tage sind gezählt[2] *(wörtl: birinin günleri sayılı olmak)* **fig** günleri sayılı olmak *(wörtl: seine/ihre Tage sind gezählt)*
[Bedeutung: jemand wird irgendwo nicht mehr lange sein; Anlamı: bir yerde kalmak için fazla zamanı olmamak]

gießen boşanırcasına yağmak

es gießt wie aus Eimern *(wörtl: kovadan boşanırcasına yağıyor)* **fig** bardaktan boşanırcasına yağıyor *(wörtl: es regnet strömend aus einem Trinkglas)*
[Bedeutung: es regnet sehr stark; Anlamı: şiddetli yağıyor]

es gießt wie aus Kannen ↑ **es gießt wie aus Eimern**

es gießt wie aus Kübeln ↑ **es gießt wie aus Eimern**

Öl ins Feuer gießen *(wörtl: ateşe gazyağı dökmek)* **fig** yangına körükle gitmek *(wörtl: mit einem Blasebalg zum Brand gehen)* **fig** yangını körüklemek *(wörtl: den Brand schüren)*
[Bedeutung: die Spannung noch verstärken; Anlamı: gerginliği artıracak biçimde davranmak]

wie aus Eimern gießen *(wörtl: kovadan boşanırcasına yağmak)* **fig** bardaktan boşanırcasına yağmak *(wörtl: es regnet strömend aus einem Trinkglas)*
[Bedeutung: sehr stark regnen; Anlamı: şiddetli yağmak]

Wasser auf jemandes Mühle gießen *(wörtl: bir kimsenin değirmenine su dökmek)* **fig** birinin ekmeğine yağ sürmek *(wörtl: Butter auf jemandes Brot streichen)*
[Bedeutung: jemanden ungewollt unterstützen; Anlamı: istemediği hâlde birinin işine yarayacak biçimde davranmak]

Gift zehir

Gift und Galle spucken/speien/versprühen *(wörtl:*

zehir ve safra tükürmek/püskürmek)
fig ateş püskürmek *(wörtl: Feuer speien)*
[**Bedeutung**: sehr wütend sein; cholerisch sein; **Anlamı**: çok öfkeli olmak]

darauf kannst du Gift nehmen
(wörtl: üzerine zehir alabilirsin) **fig**
yemin etsem başım ağrımaz *(wörtl: wenn ich schwören würde, würde ich keine Kopfschmerzen bekommen)*
[**Bedeutung**: das ist ganz sicher: darauf kannst du dich verlassen; **Anlamı**: gerçek olduğuna korkmadan yemin ederim]

jemandem die Giftzähne ziehen
(wörtl: birinin zehir dişlerini çekmek)
fig birinin dişini sökmek *(wörtl: jemandem den Zahn herausreißen)*
[**Bedeutung**: jemanden an seiner Schädlichkeit hindern; **Anlamı**: birini kötülük edemeyecek bir duruma getirmek]

Glanz parlaklık

welch Glanz in meiner Hütte!
(wörtl: kulübemde bu ne parlaklık!)
fig ayağına sıcak su mu, soğuk su mu dökelim? *(wörtl: sollen wir auf deinen Fuß warmes oder kaltes Wasser gießen?)* **fig** yüzünü gören cennetlik *(wörtl: zum Himmel, wer dein Gesicht sieht)*
[**Bedeutung**: sagt man zu jemandem, der nicht wie erwartet oder zugesagt, auftaucht; Begrüßung eines selten erscheinenden Besuchers; **Anlamı**: seyrek gelen bir konuğa yarı sitem, yarı sevinçle söylenen söz]

---

glänzen parlamak

durch Abwesenheit glänzen *(wörtl: bulunmama yoluyla parlamak)* **fig**
yerinde yeller esmek *(wörtl: an dessen Stelle wehen Winde)*

[**Bedeutung**: abwesend sein; nicht anwesend sein; **Anlamı**: artık bulunmamak; yok olmak]

es ist nicht alles Gold, was glänzt
(wörtl: her parlayan şey altın değildir) **fig** her gördüğü sakallıyı babası sanmak *(wörtl: jeden Bärtigen, den er sieht für seinen Vater halten)* **fig** her yüze güleni dost sanmak *(wörtl: denken, dass jeder, der einen anlacht, ein Freund ist)*
[**Bedeutung**: was nach außen kostbar, wertvoll, großartig und vielversprechend zu sein scheint, ist in Wirklichkeit wertlos und unbedeutend; **Anlamı**: görünüşe aldanmak]

Glas cam

Glück und Glas, wie leicht bricht das *(wörtl: talih ve cam ne kadar çabuk kırılır)* **fig** güvenme varlığa, düşersin darlığa *(wörtl: verlass dich nicht auf das Vermögen, du gerätst in Not)* **fig** aşık daima bey oturmaz *(wörtl: der Knöchel hat nicht immer einen Herrschaftssitz)*
[**Bedeutung**: Glück kann sehr schnell wieder vorbei sein; **Anlamı**: varlığa güvenip düşünmeden harcayan işlerin iyi gitmediği zaman darlığa düşer]

zu tief ins Glas gucken/schauen
(wörtl: bardağa çok derin bakmak)
fig kafayı tütsülemek/dumanlamak *(wörtl: den Kopf beräuchern/berauchen)*
[**Bedeutung**: betrunken werden; zuviel Alkohol trinken; **Anlamı**: sarhoş olmak]

Glashaus cam ev

wer im Glashaus sitzt, soll nicht mit Steinen werfen *(wörtl: cam evde oturan taş atmamalı)* **fig** sırça köşkte oturan komşusuna taş atmamalı *(wörtl: der im Glasschlösschen wohnt, sollte nicht seinem Nachbarn mit Steinen bewerfen)* [**Bedeutung**: man sollte keinem Dinge vorwerfen, die man selber tut; man soll andren nicht Fehler vorwerfen, die man selber tut oder tat; **Anlamı**: insan kendinde herhangi bir kusur varken başkalarını aynı kusurla suçlamamalıdır; küçük bir dokunuşla büyük bir zarara uğrayacak kimse, üzerine düşmanlık çekecek davranışlarda bulunmamalıdır]

Glatteis buz

aufs Glatteis führen *(wörtl: buza götürmek) fig* dalgaya düşürmek/getirmek *(wörtl: auf die Welle fallenlassen/bringen)* [**Bedeutung**: jemanden überlisten; **Anlamı**: oyuna getirmek]

---

glätten düzletmek

die Wogen glätten *(wörtl: dalgaları düzletmek) fig* küllemek *(wörtl: das Feuer mit Asche ersticken)* [**Bedeutung**: beruhigend wirken; **Anlamı**: bir acıyı, bir sıkıntıyı unutturmak]

die Wogen glätten sich *(wörtl: dalgaları düzleşiyor) fig* küllenmek *(wörtl: das Feuer wird mit Asche erstickt) fig* ortalık yatışmak [**Bedeutung**: man beruhigt sich; die Erregung klingt ab; **Anlamı**: bir acı, bir sıkıntı unutulur gibi olmak]

---

glauben inanmak

glauben, die Weisheit mit Löffeln gefressen zu haben *(wörtl: bilgeliği kaşıkla yemiş olduğuna inanmak) fig* kendini fasulye gibi nimetten sanmak *(wörtl: glauben, dass er ein Segen wie eine Bohne ist)*

[**Bedeutung**: sich für besonders intelligent halten; rechthaberisch sein; überheblich sein; **Anlamı**: kendini çok önemli biri gibi görmek]

man darf/soll nicht alles glauben, was man hört, (aber manchmal muss man glauben, um zu hören) *(wörtl: insan, her duyduğuna inanmamalı) fig* değirmenin sesini işitiyoruz, ununu gördüğümüz yok *(wörtl: wir hören den Lärm der Mühle, sehen aber ihr Mehl nicht)* [**Bedeutung**: es ist wichtig, Informationen nicht blind zu akzeptieren, ohne ihre Richtigkeit zu überprüfen; **Anlamı**: her söylentiye hemen inanmamalı, asılsız olabilir]

wenn du glaubst, es geht nicht mehr, kommt irgendwo ein Lichtlein her *(wörtl: artık olmaz sandığında bir yerden küçük bir ışık gelir) fig* çıkmadık canda umut vardır *(wörtl: bei einem Leben, das nicht gelöscht ist, gibt es (noch) Hoffnung) fig* çıkmadık candan umut kesilmez *(wörtl: bei einem Leben, das nicht gelöscht ist, gibt man die Hoffnung nicht auf) fig* umudunu kestiği anda umut ışığı görünmek *(wörtl: in dem Augenblick, in dem er die Hoffnung aufgibt, erscheint ein Hoffnungsschimmer)* [**Bedeutung**: egal, wie schlecht die Lage ist, man bleibt bis zum Ende zuversichtlich; **Anlamı**: bir şeyi sonuna kadar götürmek gerekir; artık olmaz demeden iş sürdürülmelidir, hiç belli olmaz, istenen sonuç alınabilir]

wer's glaubt, wird selig! *(wörtl: inanan bahtiyar olur) fig* atma Recep, din kardeşiyiz! *(wörtl: spinn nicht, Recep, wir sind Glaubensbrüder)* [**Bedeutung**: das ist unglaubwürdig; das glaube ich nicht; **Anlamı**:

söylediklerin hep yalan, hep abartma ancak biz bunun farkındayız]

wer einmal lügt, dem glaubt man nicht, und wenn er auch die Wahrheit spricht *(wörtl: bir kez yalan söyleyen, gerçeği söylese de artık kimse ona inanmaz)* **fig** adam adamı bir kere aldatır *(wörtl: Mann betrügt Mann (nur) einmal)* **fig** adı çıkmış dokuza, inmez sekize *(wörtl: sein Ruf ist auf neun gestiegen und steigt nicht mehr auf acht herunter)* **fig** bır yalancının evi yanmış, kimse inanmamış *(wörtl: das Haus eines Lügners ist abgebrannt, niemand hat es geglaubt)*
[**Bedeutung**: eine Lüge kann die Glaubwürdigkeit dauerhaft zerstören; **Anlamı**: birinin bir kere adı çıktıktan sonra onun hakkındaki yaygın inanç kolay kolay düzelemez; yalan söylemeyi huy edinen kimsenin sözlerine, gerçeği söylediği zaman bile inanılmaz]

---

gleich aynı

gleich und gleich gesellt sich gern *(wörtl: benzerler biraraya gelmeyi severler)* **fig** fahiş faize batakçı müşteri *(wörtl: zum Wucherzins (passt) ein Kunde als Betrüger)* **fig** kör satıcının kör alıcısı olur *(wörtl: der blinde Verkäufer hat einen blinden Käufer)* **fig** it ulur, birbirini bulur *(wörtl: der Köter heult, und die anderen finden sich)*
[**Bedeutung**: Menschen mit gleicher Gesinnung schließen sich gern zusammen; **Anlamı**: benzer kişilikteki insanlar birbirini kolay bulur]

am gleichen Strang ziehen *(wörtl: aynı ipi çekmek)* **fig** aynı yolun yolcusu olmak *(wörtl: Reisende desselben Weges sein)*

[**Bedeutung**: das gleiche Ziel verfolgen; **Anlamı**: kaderleri birbirine benzer olmak]

auf gleicher Welle liegen *(wörtl: aynı dalgada olmak)* **fig** kafa dengi olmak *(wörtl: Gleichgewicht des Kopfes sein)*
[**Bedeutung**: sich gut verstehen; harmonisch zueinander passen; **Anlamı**: görüş ve anlayışları birbirine uymak]

auf gleicher Wellenlänge sein *(wörtl: aynı dalgada olmak)* **fig** kafa dengi olmak *(wörtl: Gleichgewicht des Kopfes sein)*
[**Bedeutung**: sich gut verstehen; harmonisch zueinander passen; die gleichen Ansichten haben; **Anlamı**: görüş ve anlayışları birbirine uymak]

auf das Gleiche hinauslaufen **fig** aynı kapıya çıkmak *(wörtl: zur selben Tür führen)*
[**Bedeutung**: zum gleichen Ergebnis führen; **Anlamı**: aynı sonuca varmak]

das kommt auf das Gleiche hinaus
↑ **das läuft auf das Gleiche hinaus**

das läuft auf das Gleiche hinaus **fig** bu, aynı kapıya çıkar *(wörtl: das führt zur selben Tür)*
[**Bedeutung**: das führt zum gleichen Ergebnis; **Anlamı**: aynı sonuca varır]

im gleichen/selben Boot sitzen *(wörtl: aynı teknede oturmak)* **fig** aynı yolun yolcusu olmak *(wörtl: Weggefährte sein)*
[**Bedeutung**: sich zusammen mit allen Beteiligten in derselben Lage befinden; **Anlamı**: kaderleri, düşünceleri, davranışları birbirine benzemek]

ins gleiche Horn blasen *(wörtl: aynı borudan çalmak)* **fig** aynı telden çalmak *(wörtl: auf derselben Saite spielen)* **fig** aynı kabağa üflemek *(wörtl: in denselben Zucchini blasen)* **fig** aynı ağzı kullanmak *(wörtl: denselben Mund benutzen)* [**Bedeutung**: die gleiche Meinung vertreten; sich in ähnlicher Weise äußern; **Anlamı**: bir işte, bir konuda başkalarıyla birlikte davranmak; aynı şeyi söylemek]

dem Erdboden gleichmachen *fig* yerle bir/yeksan etmek [**Bedeutung**: völlig zerstören; verwüsten; **Anlamı**: temeline değin yok etmek]

mit gleicher Münze (etwas) heimzahlen *(wörtl: aynı para ile (bir şeyi) geri ödemek)* **fig** kısasa kısas uygulamak *(wörtl: Gleiches mit Gleichem vergelten)* **fig** el elden kalmaz, dil dilden kalmaz *(wörtl: die eine Hand bleibt nicht der anderen fern, die eine Zunge bleibt der anderen nicht fern)* [**Bedeutung**: jemandem etwas auf die gleiche üble Weise vergelten; so schlecht, wie du dich mir gegenüber verhältst, so verhalte ich mich auch dir gegenüber; **Anlamı**: yapılan kötülüğün karşılığını aynı biçimde vermek; bir kişi başkasına vurursa o da ona vurur, başkasına kötü söz söylerse diğeri de kendisine kötü söz söyler]

gleichen benzemek

sich bis aufs Haar gleichen *(wörtl: saçına kadar tıpatıp benzemek)* **fig** hık demiş (birinin) burnundan düşmüş *(wörtl: jemand hat wohl hick gesagt und es ist ihm aus der Nase gefallen)* [**Bedeutung**: jemandem äußerlich sehr ähnlich sein; **Anlamı**: her durumuyla birine çok benzemek]

wie ein Ei dem anderen gleichen *(wörtl: bir yumurta diğerine benzer gibi benzemek)* **fig** bir elmanın yarısı o, yarısı bu olmak *(wörtl: der ist die Hälfte des Apfels, dieser ist die andere)* [**Bedeutung**: sehr ähnlich sein; **Anlamı**: birbirlerine çok benzemek]

Gleis ray

aus dem Gleis geraten/kommen *fig* raydan/rayından çıkmak [**Bedeutung**: vom Ziel abkommen; die Orientierung verlieren; **Anlamı**: amacından sapıp düzeltilmesi güç bir durum almak]

ins rechte Gleis bringen *fig* rayına oturtmak [**Bedeutung**: in Ordnung bringen; **Anlamı**: bir işi yoluna koymak]

wieder ins (rechte) Gleis bringen *(wörtl: tekrar (doğru) rayına oturtmak)* **fig** deveyi düze çıkarmak *(wörtl: das Kamel auf die Ebene heben)* [**Bedeutung**: die gewohnte Ordnung zurückgewinnen; **Anlamı**: güçlükleri ortadan kaldırıp işi yoluna koymak]

Glocke çan

etwas an die große Glocke hängen *(wörtl: bir şeyi büyük çana asmak)* **fig** davul çalmak *(wörtl: trommeln)* **fig** yedi mahalleye duyurmak *(wörtl: sieben Stadtvierteln bekanntmachen)* [**Bedeutung**: überall erzählen; herumerzählen; **Anlamı**: bir şeyi herkesin haber alabileceği biçimde ortalığa yaymak]

Glück baht

Glück im Unglück haben *(wörtl: bir belada şansı yaver gitmek)* **fig** ucuz atlatmak/kurtulmak *(wörtl: billig* *wegkommen) fig* hafif atlatmak *(wörtl: leicht davonkommen) fig* talihi yâr olanın yâr sarar yarasını *(wörtl: wem das Glück hold ist, verbindet das Glück seine Wunde)* [**Bedeutung**: eine ungünstige Situation mit geringem Schaden überstehen; noch Glück haben, da es noch schlimmer hätte passieren können; **Anlamı**: tehlikeli bir durumdan az bir zararla sıyrılmak]

Glück muss der Mensch haben! *(wörtl: insanın şansı ola!) fig* pekmez aldık, bal çıktı! *(wörtl: wie haben Traubensirup gekauft, es stellte sich heraus, dass es Honig war)* [**Bedeutung**: man muss schon ein Glückspilz sein; **Anlamı**: insanın şansı iyi olursa, yaptığı işlerden beklenilen daha iyi sonuçlar elde eder]

Glück und Glas, wie leicht bricht das *(wörtl: talih ve cam ne kadar çabuk kırılır) fig* güvenme varlığa, düşersin darlığa *(wörtl: verlass dich nicht auf das Vermögen, du gerätst in Not) fig* aşık daima bey oturmaz *(wörtl: der Knöchel hat nicht immer einen Herrschaftssitz)* [**Bedeutung**: Glück kann sehr schnell wieder vorbei sein; **Anlamı**: varlığa güvenip düşünmeden harcayan işlerin iyi gitmediği zaman darlığa düşer]

das Glück des einen ist das Unglück des anderen *(wörtl: birinin talihi ötekinin talihsizliğidir) fig* kimine hay hay, kimine vay vay [**Bedeutung**: manche haben Glück, manche nicht; **Anlamı**: dünyada kimin talihi iyi, kiminin de kötü gider]

das Glück gibt einem die Nüsse, dem anderen die Schalen *(wörtl: talih kimine fındık fıstık kimine kabuklarını verir) fig* kahpe felek, kimine kavun yedirir, kimine kelek *(wörtl: das gemeine Glück gibt einem die (reife) Honigmelone, dem anderen die unreife Honigmelone) fig* kime niyet, kime kısmet *(wörtl: wer wurde bedacht, wer bekommt das Los)* [**Bedeutung**: das Leben ist nicht immer fair; manche haben Glück, manche einfach nur Pech; **Anlamı**: alın yazısının insanlara eşit davranmadığını anlatan söz; birinin yararlanması için hazırlanan bir şeyin o kimseye değil de hiç akla gelmeyen bir başka kimseye kısmet olması]

das Glück ist ein Rindvieh und sucht seinesgleichen *(wörtl: talih sığırdır ve benzerini arar) fig* talih yâr olmayınca elden ne gelir *(wörtl: wenn das Glück nicht hilft, was soll man denn machen)* [**Bedeutung**: wer das Glück nicht sucht, findet es; Glück haben, hängt vom Zufall ab, nicht von der Intelligenz; Glück kann man nicht erzwingen; **Anlamı**: bir kimsenin şansı olmayınca bir şey yapamaz]

das Glück ist mit den Tüchtigen *(wörtl: talih, becerikli kişiyle birliktir) fig* devlet adama ayağıyla gelmez *(wörtl: das Glück kommt nicht mit den Füßen zum Menschen)* [**Bedeutung**: wer sich meldet, der wird bedient; **Anlamı**: zenginlik ve talih kişiyi kendiliğinden gelip bulmaz, çalışıp çabalamakla elde edilir]

jeder ist seines Glückes Schmied *(wörtl: herkes kendi bahtının nalburudur) fig* her koyun kendi bacağından asılır *(wörtl: jedes Schaf wird am eigenen Bein aufgehängt)* [**Bedeutung**: jeder Mensch ist für sein Tun verantwortlich; **Anlamı**: herkes kendi davranışlarından sorumludur; herkes hatasının cezasını kendisi çeker]

Scherben bringen Glück *(wörtl: kırıklar uğur getirir)* *fig/öneri* nazar çıkıyordur, inşallah *(wörtl: hoffentlich geht der böse Blick weg)* [**Bedeutung**: geht etwas zu Bruch, soll die folgende Zeit besonders glücklich sein; **Anlamı**: bir şey kırıldığı zaman şaka yollu uğur getirir diyerek teselli amaçlı söylenen söz]

trautes Heim, Glück allein *(wörtl: güvendiğin ev sırf mutluluk)* *fig* evceğizim evceğizim, sen bilirsin halceğizim *(wörtl: mein Häuschen, mein Häuschen, du weißt, wie mein Befinden ist)* [**Bedeutung**: zu Hause ist es am schönsten; **Anlamı**: insan kendi evindeki rahatı, huzuru hiçbir yerde bulamaz]

wem das Glück aufspielt, der hat gut Tanzen *(wörtl: şans kime müzik çalarsa, o iyi oynar)* *fig* şansı yaver gitmek *(wörtl: sein Glück geht als Helfer/Adjutant)* [**Bedeutung**: ist das Glück auf jemandes Seite. scheint ihm alles zu gelingen **Anlamı**: bahtı açık olmak]

einen Glückstreffer landen *fig* düşeş atmak *(wörtl: einen Sechserpasch werfen)* [**Bedeutung**: Erfolg nur durch Glück haben; **Anlamı**: umulmadık bir başarı kazanmak]

---

glühend akkor

auf glühenden/heißen Kohlen sitzen *(wörtl: akkor/kızgın kömür üstünde oturmak)* *fig* dokuz doğurmak *(wörtl: neun gebären)* *fig* diken üstünde oturmak *(wörtl: auf Nadeln sitzen)* *fig* iğne üstünde oturmak *(wörtl: auf Nadeln sitzen)*

[**Bedeutung**: ungeduldig sein/warten; **Anlamı**: sabırsızlıkla beklemek; bir yerde tedirginlik duymak]

Gnade merhamet

Gnade vor jemandes Augen finden *(wörtl: birinin gözlerinin önünde merhamet görmek)* *fig* yüz bulmak *(wörtl: ein Gesicht finden)* [**Bedeutung**: akzeptiert werden; **Anlamı**: ilgi ve yakınlık görmek]

Gold altın

es ist nicht alles Gold, was glänzt *(wörtl: her parlayan şey altın değildir)* *fig* her gördüğü sakallıyı babası sanmak *(wörtl: jeden Bärtigen, den er sieht für seinen Vater halten)* *fig* her yüze güleni dost sanmak *(wörtl: denken, dass jeder, der einen anlacht, ein Freund ist)* [**Bedeutung**: was nach außen kostbar, wertvoll, großartig und vielversprechend zu sein scheint, ist in Wirklichkeit wertlos und unbedeutend; **Anlamı**: görünüşe aldanmak]

Handwerk hat goldenen Boden *(wörtl: el işinin tabanı altındır)* *fig* kolunda altın bileziği var *(wörtl: am Arm hat er einen goldenen Reif)* [**Bedeutung**: wer ein Handwerk erlernt, hat eine gute berufliche Zukunft; **Anlamı**: kazanç sağlayan bir mesleği, bir zanaatı olmak]

Morgenstund hat Gold im Mund *(wörtl: sabah saatinin ağzında altın vardır)* *fig* erken kalkan yol alır, er evlenen döl alır *(wörtl: wer früh aufsteht, legt was zurück, wer früh heiratet, bekommt Nachkommen)* *fig* sabah ola, hayır ola/gele *(wörtl: wenns morgens wird, wird etwas Gutes)*

[**Bedeutung**: wer frühmorgens mit der Arbeit beginnt, schafft mehr; **Anlamı**: yapacakları işlere erken başlayanlar kazançlı çıkarlar]

Reden ist Silber, Schweigen ist Gold *(wörtl: konuşma gümüş, susma altındır)* *fig* söz gümüşse sükût altındır *(wörtl: wenn das Wort Silber ist, ist das Schweigen Gold)* [**Bedeutung**: Schweigen ist mehr wert als Reden; manchmal ist es besser nichts zu sagen; **Anlamı**: susmak bazen konuşmaktan daha iyi sonuç verir]

---

golden altın, altından

sich eine goldene Nase verdienen *(wörtl: altından burun kazanmak)* *fig* köşeyi dönmek *(wörtl: um die Ecke biegen)* [**Bedeutung**: viel Geld verdienen; reich werden; **Anlamı**: çaba göstermeden kısa sürede zengin olmak]

jemandem goldene Berge versprechen *(wörtl: birine altın dağlar vadetmek)* *fig* Kafdağı'ndan kar bağışlamak *(wörtl: Schnee vom Berg Kaf spenden)* *fig* bol keseden atmak *(wörtl: aus dem vollen Beutel werfen)* [**Bedeutung**: jemandem große Versprechen machenn, die man nicht einhalten kann; jemandem etwas vorgaukeln; **Anlamı**: gerçekleşemeyecek bir vaatte bulunmak; yapamayacağı bir işi yapabilecekmiş gibi konuşmak]

Gott Tanrı, Allah, ilah

Gott sei Dank! *fig* Allah'tan! [**Bedeutung**: zum Glück; **Anlamı**: iyi ki]

Gott und die Welt *(wörtl: Allah ile dünya)* *fig* dünya âlem *(wörtl: die Welt und das Reich)* [**Bedeutung**: alle möglichen Leute; **Anlamı**: kim var, kim yoksa; herkes]

Gott weiß *fig* Allah bilir [**Bedeutung**: es ist ungewiss; niemand weiß; **Anlamı**: belli değil, belli olmaz; kimse bilmez]

Gottes Mühlen mahlen langsam, aber stetig *(wörtl: Allah'ın değirmenleri yavaş ama sürekli öğütür)* *fig* Allah imhal eder, ihmal etmez *(wörtl: Gott gewährt eine Frist, er versäumt nicht)* [**Bedeutung**: irgendwann wird man von Gott für böse Taten bestraft; **Anlamı**: kötülükleri için günün birinde Allah cezasını verir]

Gottes Mühlen mahlen langsam, aber trefflich fein ↑ **Gottes Mühlen mahlen langsam, aber stetig**

gegen Dummheit kämpfen Götter selbst vergebens *(wörtl: tanrılar bile aptallığa karşı boşuna mücadele ederler)* *fig* cahile söz/laf anlatmak, deveye hendek atlatmaktan güçtür *(wörtl: dem Ignoranten etwas klarmachen, ist schwieriger als das Kamel über den Graben springen zu lassen)* [**Bedeutung**: debile oder unkluge Verhaltensweisen können häufig trotz großer Bemühungen nicht geändert werden; **Anlamı**: cahile söz anlatmak çok zordur]

hilf dir selbst, so hilft dir Gott *(wörtl: kendine yardım et ki Tanrı sana yardım etsin)* *fig* kimseden kimseye hayır gelmez *(wörtl: von keinem ist etwas Gutes für jemanden zu erwarten)* [**Bedeutung**: die Initiative soll man keinem überlassen, sondern in die eigene Hand nehmen; **Anlamı**: insan,

yapacağı işte başkasının yardımına
güvenirse hayal kırıklığına uğrar]

leben wie Gott in Frankreich
(wörtl: Fransa'da ilah gibi yaşamak)
fig krallar gibi yaşamak *(wörtl: leben
wie die Könige)*
[**Bedeutung**: gut/luxuriös /angenehm
leben; das Leben genießen; **Anlamı**:
rahat ve lüks içinde yaşamak]

**mit der Dummheit kämpfen Götter
selbst vergebens** *(wörtl: tanrılar bile
aptallıkla boşuna mücadele ederler)*
fig cahile söz/laf anlatmak, deveye
hendek atlatmaktan güçtür *(wörtl:
dem Ignoranten etwas klarmachen,
ist schwieriger als das Kamel über
den Graben springen zu lassen)*
[**Bedeutung**: debile oder unkluge
Verhaltensweisen können häufig
trotz großer Bemühungen nicht
geändert werden; **Anlamı**: cahile söz
anlatmak çok zordur]

über Gott und die Welt reden
*(wörtl: Allah ve dünya üzerine
konuşmak) fig* dereden tepeden
konuşmak *(wörtl: über Bäche und
Hügel reden)*
[**Bedeutung**: sich über alles
Mögliche unterhalten; **Anlamı**:
gelişigüzel her şeyden söz etmek]

wie ein junger Gott *(wörtl: genç bir
tanrı gibi)* **fig** ilah gibi *(wörtl: wie
Gott)*
[**Bedeutung**: bei männlichen
Personen: vollendet, dass er
Bewunderung hervorruft; **Anlamı**:
erkek için: çok yakışıklı]

gottverlassen sein *(wörtl: Allah terk
etmiş olmak) fig* kuş uçmaz, kervan
geçmez olmak *(wörtl: es fliegt kein
Vogel, es geht keine Karawane
vorbei)*
[**Bedeutung**: abseits vom allen
Verkehr sein; **Anlamı**: kimsenin
uğramadığı ıssız ve sapa olmak]

Grab mezar

**jemand würde sich im Grabe
umdrehen** *(wörtl: biri mezarda
dönerdi) fig* mezarda kemikleri
sızlamak *(wörtl: jemandem
schmerzen die Knochen im Grab)*
[**Bedeutung**: jemand wäre, wenn er
noch lebte, entsetzt; **Anlamı**: yaşıyor
olsaydı çok üzülürdü]

**mit einem Bein/Fuß im Grab
stehen** *(wörtl: bir bacağı/ayağı ile
mezarda olmak) fig* bir ayağı çukurda
olmak *(wörtl: mit einem Fuß in der
Grube sein)*
[**Bedeutung**: dem Tode sehr nahe
sein; **Anlamı**: yaşayacak çok az
zamanı kalmış olmak, çok yaşlanmış
olmak]

schweigen wie ein Grab *(wörtl:
mezar gibi susmak) fig* ağzını bıçak
açmamak *(wörtl: kein Messer macht
seinen Mund auf)*
[**Bedeutung**: sich selbst ruinieren;
Anlamı: kendine zarar verecek
davranışta bulunmak]

sein eigenes Grab schaufeln *(wörtl:
kendi mezarını kazmak) fig* kendi
kuyusunu kendi kazmak *(wörtl: die
eigene Grube selbst schaufeln)*
[**Bedeutung**: sich selbst ruinieren;
Anlamı: kendine zarar verecek
davranışta bulunmak]

verschwiegen sein wie ein Grab
(wörtl: kendi mezarını kazmak) fig
ser verip sır vermemek *(wörtl: den
Kopf hinhalten aber das Geheimnis
nicht preisgeben)*
[**Bedeutung**: absolut verschwiegen
sein; **Anlamı**: ağzı pek sıkı olmak]

graben kazmak

wer anderen eine Grube gräbt, fällt selbst hinein *(wörtl: el için çukur kazan, kendisi içine düşer) fig* el için kuyu kazan, kendisi içine düşer *fig* ava giden avlanır *(wörtl: wer auf die Jagd geht, wird gejagt) fig* gülme komşuna gelir başına *(wörtl: lach nicht über deinen Nachbarn, es könnte dir auch geschehen)* [**Bedeutung**: etwas Übles, das man einem Dritten zufügen will, wendet sich gegen einen selbst; wer anderen schaden will, schadet sich oft nur selbst; **Anlamı**: başkasına tuzak hazırlayan kimse, bu tuzağa önce kendisi düşer; çıkarını başkalarına zarar vermekte arayan kimse, o zarara kendisi uğrar]

Gram dert

Gram, der nicht spricht, presst das beladene Herz, bis dass es bricht *(wörtl: konuşmayan dert, yüklü kalp kırılıncaya kadar baskı yapar) fig* derdini söylemeyen/anlatmayan derman bulamaz *(wörtl: wer sein Leid nicht sagt, der findet keinen Ausweg)* [**Bedeutung**: negative Erfahrungen, die man mit anderen teilt, werden leichter erträglich; **Anlamı**: insan sıkıntısını başkasına açıklayarak giderebilir]

Gras ot, çimen

auf der anderen Seite ist das Gras viel grüner *(wörtl: öteki tarafta çimen çok daha yeşil) fig* komşunun tavuğu komşuya kaz görünür *(wörtl: das Huhn des Nachbarn schaut für den Nachbarn wie eine Gans aus)* [**Bedeutung**: etwas, das verlockend ist, gerade weil man es nicht hat; Menschen, mit denen man sich vergleicht, scheinen stets erfolgreicher, beliebter zu sein oder mehr Glück im Leben zu haben als man selbstÖ **Anlamı**: başka bir kimsenin malı olduğundan daha değerli görünür; bir başkasında malı daha değerli, bizimkinden daha iyi, daha üstün görmek

das Gras ist grüner auf der anderen Seite *(wörtl: öteki tarafta çimen daha yeşil) fig* komşunun tavuğu komşuya kaz görünür *(wörtl: das Huhn des Nachbarn schaut für den Nachbarn wie eine Gans aus)* [**Bedeutung**: Menschen, mit denen man sich vergleicht, scheinen stets erfolgreicher, beliebter zu sein oder mehr Glück im Leben zu haben als man selbst; **Anlamı**: bir başkasında malı daha değerli, bizimkinden daha iyi, daha üstün görmek]

das Gras wachsen hören *(wörtl: çimenlerin büyüdüğünü duymak) fig* abdala malum olmak *(wörtl: dem Wanderderwisch wird es klar)* [**Bedeutung**: eine Entwicklung frühzeitig erkennen; **Anlamı**: bir şeyin önceden olacağını sezenler için söylenen söz]

ins Gras beißen *(wörtl: çimleri ısırmak) fig* tahtalı köyü boylamak *(wörtl: im Dorf aus Holz landen) fig* tatlı canından olmak *(wörtl: seines süßen Lebens beraubt sein)* [**Bedeutung**: sterben; **Anlamı**: ölmek]

wo der hintritt, da wächst kein Gras mehr *(wörtl: bastığı yerde ot bitmez) fig* ayağının bastığı yerde ot bitmez *(wörtl: dort, wo er hintritt, wächst kein Gras mehr)* [**Bedeutung**: was er tut, ist verheerend/ vernichtend; **Anlamı**: uğradığı yere bereketsizlik getirir]

über etwas Gras wachsen lassen *(wörtl: bir şeyin üzerinden ot büyümesini beklemek) fig* bir şeyin

üzerinden sünger çekmek *(wörtl:*
über etwas einen Schwamm ziehen)
[**Bedeutung**: warten, bis eine
unangenehme Sache in Vergessenheit
geraten ist; **Anlamı**: birşeyi olmamış
sayıp unutmak]

grau gri, kır

**sich (wegen etwas) keine grauen
Haare wachsen lassen** *(wörtl: kır
saçları uzatmak) fig* kendine (bir
şeyi) dert etmemek *(wörtl: sich keine
Sorgen machen)*
[**Bedeutung**: sich keine Sorgen
machen; **Anlamı**: bir şeyi üzüntü
konusu yapmak]

greifen el atmak

nach jedem Strohhalm greifen
(wörtl: her kamışa el atmak) fig uçan
kuştan medet ummak *(wörtl: beim
fliegenden Vogel Hilfe erwarten)*
[**Bedeutung**: jede kleine sich
bietende Chance nutzen, um sich aus
einer schwierigen Lage zu befreien;
Anlamı: en ufak bir yardımın
herhangi bir yerden gelmesini
beklemek; sıkıntılı bir durumdan
kurtulmak için her türlü çareye
başvurmak]

Griff sap

**etwas in den Griff bekommen
/kriegen** *(wörtl: bir şeyi sapına
almak) fig* bir şeyle başa çıkmak
*(wörtl: bei etwas auf den Kopf
steigen)*
[**Bedeutung**: in der Lage sein, etwas
zu meistern; **Anlamı**: bir şeye gücü
yetmek]

grinsen sırıtmak

grinsen wie ein Honigkuchenpferd
*(wörtl: ballı pasta beygiri gibi
sırıtmak) fig* pişmiş kelle gibi

sırıtmak *(wörtl: grinsen wie ein
gekochter Schädel)*
[**Bedeutung**: über das ganze Gesicht
grinsen; **Anlamı**: dişlerini göstererek
yersiz aptalca gülmek]

grinsen wie ein Primeltopf *(wörtl:
çuha çiçeği saksısı gibi sırıtmak) fig*
pişmiş kelle gibi sırıtmak *(wörtl:
grinsen wie ein gekochter Schädel)*
[**Bedeutung**: über das ganze Gesicht
grinsen; **Anlamı**: dişlerini göstererek
yersiz aptalca gülmek]

Groschen on feniklik

der Groschen fällt *(wörtl: on
feniklik düşmek) fig* jeton geç düşmek
(wörtl: die Marke fällt spät)
[**Bedeutung**: verstehen; **Anlamı**:
anlamak]

groß büyük

große Augen machen *(wörtl: gözleri
irileşmek) fig* gözleri fal taşı gibi
açılmak *(wörtl: die Augen gehen auf
wie ein Stein des Wahrsagers)*
[**Bedeutung**: staunen; sich wundern;
Anlamı: şaşırmak; şaşkınlıktan
dolayı gözleri doğal olamayan bir
biçimde açılmak]

große Hast kommt oft zu spät
*(wörtl: büyük acele çoğu zaman geç
kalır) fig* acele ile menzil alınmaz
*(wörtl: mit Eile ist eine Reichweite
nicht zu schaffen) fig* acele işe şeytan
karışır *(wörtl: in hastige Arbeit
mischt sich der Teufel ein)*
[**Bedeutung**: durch übertriebene Eile,
erreicht man das Ziel nicht
rechtzeitig; **Anlamı**: yalnızca ivedi
davranmakla istenilen sonuç elde
edilmez]

große Klappe und nichts dahinter!
*(wörtl: çene büyük olup arkasında
hiç bir şey olmamak) fig* vurduğu çok

ama öldürdüğü yok *(wörtl: es gibt viele, die er schlägt, aber niemanden, den er tötet) fig* atıp tutar, ama elinden bir şey gelmez *(wörtl: er wirft und fängt, aber er schafft nichts)* [**Bedeutung**: sagt man über jemanden, der angibt, große Fähigkeiten zu besitzen, die jedoch sehr begrenzt sind; **Anlamı**: çok laf ediyor ama bir eylemde bulunmuyor]

große Reden schwingen/führen *(wörtl: büyük konuşmalar sallamak/yapmak) fig* **üst perdeden konuşmak** *(wörtl: am obersten Vorhang stehen und reden)* [**Bedeutung**: prahlerisch reden; **Anlamı**: üstünlük taslayarak söz söylemek]

das große Los ziehen *(wörtl: piyangoda büyük ikramiyelerden birini kazanmak) fig* başına devlet kuşu konmak *(wörtl: auf seinem Kopf landet der Vogel des Staates) fig* piyango vurmak *(wörtl: die Lotterie schlägt zu)* [**Bedeutung**: viel Glück haben; **Anlamı**: beklemediği büyük bir nimete kavuşmak; hiç umulmadık bir yerden büyük bir kazanç elde etmek]

die Großen fressen die Kleinen *(wörtl: büyükler küçükleri yer) fig* büyük balık küçük balığı yutar *(wörtl: der große Fisch verschlingt den kleinen Fisch)* [**Bedeutung**: die Mächtigen unterdrücken die Schwachen; die Stärkeren beherrschen, verdrängen die Schwächeren; **Anlamı**: güçlüler, güçsüzleri ezer]

große Töne spucken *fig* üst perdeden konuşmak *(wörtl: am obersten Vorhang stehen und reden)* [**Bedeutung**: angeben; prahlen; **Anlamı**: üstünlük taslayarak söz söylemek]

etwas an die große Glocke hängen *(wörtl: bir şeyi büyük çana asmak) fig* davul çalmak *(wört!: trommeln) fig* yedi mahalleye duyurmak *(wörtl: sieben Stadtvierteln bekanntmachen)* [**Bedeutung**: überall erzählen; herumerzählen; **Anlamı**: bir şeyi herkesin haber alabileceği biçimde ortalığa yaymak]

etwas ist eine Nummer zu groß *(wörtl: bir şey bir numara büyük) fig* delik büyük, yama küçük *(wörtl: das Loch ist groß, der Flicken ist klein) fig* yırtık büyük, yama küçük *(wörtl: der Riss ist groß, der Flicken ist klein)* [**Bedeutung**: die vorhandenen Mittel reichen nicht aus; das Problem ist größer als jede vorhandene Lösung; **Anlamı**: eldeki olanaklar gerekenden az]

kleine Ursache große Wirkung *(wörtl: küçük sebep büyük etki) fig* sinek ufak, ama mide bulandırır *(wörtl: die Fliege ist klein, aber verdirbt einem den Magen) fig* ummadığın taş baş yarar *(wörtl: der Stein, den du nicht erwartet hast, kann den Kopf aufschlitzen) fig* şahin küçüktür ama koca turnayı havadan indirir *(wörtl: der Falke ist klein aber er kann den großen Kranich vom Himmel holen)* [**Bedeutung**: auch Kleinigkeiten können etwas Großes auslösen; **Anlamı**: küçük ve önemsiz şeyler de çoğu kez büyük etkiler yapabilir]

wer das Kleine nicht ehrt, ist des Großen nicht wert *(wörtl: küçüğe değer vermeyen büyüğü hak etmez) fig* azı bilmeyen çoğu hiç bilmez *(wörtl: wer das Wenige nicht kennt, kennt das Viele gar nicht) fig* aza kanaat etmeyen çoğu hiç bulmaz *(wörtl: wer sich nicht mit Wenigem*

170

begnügt, wird *Viel nicht finden*) **fig** biri bilmeyen bini hiç bilmez *(wörtl: wer die Eins nicht kennt, kennt die Tausend gar nicht* [**Bedeutung**: es lohnt sich auch für einen kleinen Preis Zeit zu investieren; **Anlamı**: büyük şeyleri elde edebilmek için önce küçük şeylerle yetinmek gerekir]

da sind die Augen wohl größer als der Magen *(wörtl: gözler mideden daha büyüktür)* **fig** açın karnı doyar, gözü doymaz *(wörtl: dem Hungrigen wird der Magen gesättigt, aber nicht sein Auge)* [**Bedeutung**: jemand kann die Größe des Appetits nicht mit der Aufnahmefähigkeit des Magens in Einklang halten; jemand hat mehr auf den Teller getan, als er essen kann; **Anlamı**: tutkulu olduğu konuda insan doyumsuzdur]

die Augen sind größer als der Magen *(wörtl: gözler mideden büyüktür)* **fig** açın karnı doyar, gözü doymaz *(wörtl: dem Hungrigen wird der Magen gesättigt, aber nicht sein Auge)* [**Bedeutung**: jemand kann die Größe des Appetits nicht mit der Aufnahmefähigkeit des Magens in Einklang halten; jemand hat mehr auf den Teller getan, als er essen kann; **Anlamı**: tutkulu olduğu konuda insan doyumsuzdur]

Großmutter büyük anne, nine

das kannst du deiner Oma/Großmutter erzählen! *(wörtl: onu ninene anlat/anlatabilirsin)* **fig** külahıma anlat! *(wörtl: erzähl es meiner Tüte!)* **fig** onu benim külahıma anlat! *(wörtl: erzähl es meiner Tüte!)* [**Bedeutung**: sagt man, wenn man eine Sache nicht recht glauben kann;

Anlamı: söylediklerinin hiçbirine inanmıyorum]

Grube çukur

wenn nun ein Blinder einen anderen Blinden führen will, werden beide in die Grube fallen *(wörtl: bir kör diğer bir köre kılavuzluk etmek isterse, her ikisi de çukura düşerler)* **fig** kılavuzu karga olanın burnu boktan kalkmaz *(wörtl: derjenige, dessen Führer eine Krähe ist, wird seine Nase nicht aus der Scheiße halten können)* [**Bedeutung**: sich an die falsche Person halten; **Anlamı**: kötü kimseye uyan kişinin başı sürekli olarak derde girer]

wer anderen eine Grube gräbt, fällt selbst hinein *(wörtl: el için çukur kazan, kendisi içine düşer)* **fig** el için kuyu kazan, kendisi içine düşer **fig** ava giden avlanır *(wörtl: wer auf die Jagd geht, wird gejagt)* **fig** gülme komşuna gelir başına *(wörtl: lach nicht über deinen Nachbarn, es könnte dir auch geschehen)* [**Bedeutung**: etwas Übles, das man einem Dritten zufügen will, wendet sich gegen einen selbst; wer anderen schaden will, schadet sich oft nur selbst; **Anlamı**: başkasına tuzak hazırlayan kimse, bu tuzağa önce kendisi düşer; çıkarını başkalarına zarar vermekte arayan kimse, o zarara kendisi uğrar]

---

grün yeşil

grün hinter den Ohren sein *(wörtl: kulaklarının arkası yeşil olmak)* **fig** bıyıkları yeni terlemiş olmak *(wörtl: einen Schnurrbart haben, der neu geschwitzt ist)* **fig** çiçeği burnunda olmak *(wörtl: die Knospe an der Nase sein)* **fig** ağzı süt kokmak *(wörtl: sein Mund riecht nach Milch)*

[**Bedeutung**: jung und unerfahren sein; **Anlamı**: genç ve deneyimsiz olmak; çok taze, çok yeni olmak]

grünes Licht geben *(wörtl: yeşil ışık vermek)* *fig* yeşil ışık yakmak *(wörtl: grünes Licht anmachen)*
[**Bedeutung**: die Erlaubnis geben, etwas zu beginnen; **Anlamı**: bir işin yapılmasına izin vermek]

alles im grünen Bereich *(wörtl: herşey yeşil alanda)* *fig* her şey tıkırında
[**Bedeutung**: alles in Ordnung; **Anlamı**: her şey yolunda]

auf einen grünen Zweig kommen *(wörtl: yeşil bir dala gelmek)* *fig* belini doğrultmak *(wörtl: sein Kreuz begradigen)*
[**Bedeutung**: wirtschaftlichen, finanziellen Erfolg haben; **Anlamı**: yeniden durumunu düzeltmek]

auf keinen grünen Zweig kommen *(wörtl: hiç yeşil bir dala gelmemek)* *fig* belini doğrultamamak *(wörtl: sein Kreuz nicht begradigen können)*
[**Bedeutung**: keinen wirtschaftlichen, finanziellen Erfolg haben; **Anlamı**: durumunu düzeltememek]

das Gras ist grüner auf der anderen Seite *(wörtl: öteki tarafta çimen daha yeşil)* *fig* komşunun tavuğu komşuya kaz görünür *(wörtl: das Huhn des Nachbarn schaut für den Nachbarn wie eine Gans aus)*
[**Bedeutung**: Menschen, mit denen man sich vergleicht, scheinen stets erfolgreicher, beliebter zu sein oder mehr Glück im Leben zu haben als man selbst; **Anlamı**: bir başkasında malı daha değerli, bizimkinden daha iyi, daha üstün görmek]

über den grünen Klee loben *(wörtl: yeşil yoncadan daha çok övmek)* *fig*

yağlayıp ballamak *(wörtl: schmieren und mit Honig bestreichen)*
[**Bedeutung**: etwas übertrieben loben; **Anlamı**: çok överek anlatmak]

Grünschnabel *(wörtl: yeşil gaga)* *fig* acemi çaylak *(wörtl: unerfahrener Milan)*
[**Bedeutung**: ein vorlauter Neuling; ein blutiger Anfänger; **Anlamı**: deneyimsiz, toy kimse]

Grund yer

sich in Grund und Boden schämen *(wörtl: yerin dibinde utanmak)* *fig* yerin dibine geçmek
[**Bedeutung**: sich sehr schämen; **Anlamı**: çok utanıp sıkılmak]

---

gucken bakmak

dumm aus der Wäsche gucken *(wörtl: çamaşırın içinden aptal aptal bakmak)* *fig* bön bön bakmak *(wörtl: verblüfft gucken)*
[**Bedeutung**: verdutzt schauen; verblüfft gucken; **Anlamı**: bir şey anlamaz biçimde bakmak; şaşkın şaşkın bakmak]

in den Mond gucken *(wörtl: aya bakmak)* *fig* avcunu yalamak *(wörtl: die hohle Hand ablecken)* *fig* hava almak[2] *(wörtl: Luft nehmen)*
[**Bedeutung**: leer ausgehen; nichts abbekommen; **Anlamı**: umduğunu ele geçirememek]

in die Luft gucken *(wörtl: havaya bakmak)* *fig* avcunu yalamak *(wörtl: die hohle Hand ablecken)* *fig* ağzını havaya/poyraza açmak *(wörtl: seinen Mund in die Luft öffnen/seinen Mund nach dem Nordostwind öffnen)* *fig* hava almak[2] *(wörtl: Luft nehmen)*
[**Bedeutung**: leer ausgehen; nichts abbekommen; **Anlamı**: umduğunu ele geçirememek]

in die Röhre gucken *(wörtl: borunun içine bakmak)* ***fig*** ağzını havaya/poyraza açmak *(wörtl: seinen Mund in die Luft öffnen/seinen Mund nach dem Nordostwind öffnen)* ***fig*** hava almak[2] *(wörtl: Luft nehmen)* [**Bedeutung**: leer ausgehen; **Anlamı**: umduğunu elde edememek]

jemandem immer nur vor den Kopf schauen/gucken können *(wörtl: sürekli birisinin kafasının önüne bakabilmek)* ***fig/derb*** kavun değil ki götünü koklayasın! *(wörtl: es ist keine Honigmelone, dass man deren Arsch riechen kann)* [**Bedeutung**: nicht erfassen können, was andere Menschen denken; **Anlamı**: nasıl bir kişi olduğunu dış görünüşünden anlayamayız ki!]

Gurgel gırtlak

sich die Gurgel ölen/schmieren *(wörtl: gırtlağını yağlamak)* ***fig*** kafayı çekmek *(wörtl: den Kopf ziehen)* [**Bedeutung**: Alkoholisches trinken; **Anlamı**: alkol içmek]

Gürtel kemer

den Gürtel/Riemen enger schnallen ***fig*** kemerini sıkmak [**Bedeutung**: sich einschränken; kürzertreten; **Anlamı**: sıkı para politikası anlayışıyla daha az tüketmek]

---

gut iyi

gut Ding will Weile haben *(wörtl: iyi şey zaman ister)* ***fig*** iyi iş altı ayda biter *(wörtl: gute Arbeit ist in sechs Monaten erledigt)* ***fig*** çabuk parlayan çabuk söner *(wörtl: das, was schnell glänzt, geht schnell aus)* ***fig*** çabuk çırak olan çabuk tezgâh devirir *(wörtl: wer zu schnell Lehrling wird, stürzt die Theke schnell um)* [**Bedeutung**: was gut werden soll, braucht seine Zeit; **Anlamı**: kisa bir zamanda olan bir gelişme sürekli olamaz]

gut Ding braucht Weile *(wörtl: iyi şey zaman ister)* ***fig*** iyi iş altı ayda biter *(wörtl: gute Arbeit ist in sechs Monaten erledigt)* ***fig*** çabuk parlayan çabuk söner *(wörtl: das, was schnell glänzt, geht schnell aus)* ***fig*** çabuk çırak olan çabuk tezgâh devirir *(wörtl: wer zu schnell Lehrling wird, stürzt die Theke schnell um)* [**Bedeutung**: was gut werden soll, braucht seine Zeit; **Anlamı**: kisa bir zamanda olan bir gelişme sürekli olamaz]

gut drauf sein *(wörtl: üstünde iyi olmak)* ***fig*** keyfi yerinde olmak *(wörtl: seine Laune ist an ihrem Platz)* [**Bedeutung**: gute Laune haben, leistungsfähig sein; **Anlamı**: sağlığı, neşesi, mutluluğu bulunmak]

gut in jemandes Kram passen *(wörtl: birinin işine iyi uymak)* ***fig*** birinin işine gelmek *(wörtl: in jemandes Sache kommen)* ***fig*** birinin hesabına gelmek *(wörtl: in jemandes Rechnung kommen)* [**Bedeutung**: jemandem sehr gelegen kommen; gut in jemandes Pläne passen; **Anlamı**: yararına uygun düşmek; kendisi için elverişli olmak]

gute Miene zum bösen Spiel machen[1] *(wörtl: kötü oyuna iyi surat yapmak)* ***fig*** iyiye iyi kötüye kötü demek *(wörtl: zu Gut gutsagen, zu Schlecht schlecht sagen)* ***fig*** sineye çekmek *(wörtl: zum Herz ziehen)* [**Bedeutung**: widerwillig mitmachen; **Anlamı**: kötü bir davranış, söz veya olaya ister istemez katlanmak]

gute Miene zum bösen Spiel machen[2] *(wörtl: kötü oyuna iyi surat yapmak)* **fig** bozuntuya vermemek *(wörtl: der Fassungslosigkeit nicht geben)* **fig** bile bile lades *(wörtl: wissentlich Vielliebchen)* [**Bedeutung**: sich den Ärger nicht anmerken lassen; **Anlamı**: hoşa gitmeyen bir durumda fark etmemiş gibi davranmak; kötü bir durumu öyle gerektiği için öyle kabullenmiş görünme bilerek aldanmış görünme]

aller guten Dinge sind drei *(wörtl: her iyi şey üçtür)* **fig** er oyunu üçe kadar *(wörtl: das Spiel eines Mannes ist bis drei)* **fig** Allah'ın hakkı üçtür *(wörtl: Gottes Rechte sind drei)* [**Bedeutung**: Rechtfertigung dafür, dass etwas zum dritten Mal versucht wird; **Anlamı**: bir iki kez deneyip başaramadığımız zaman üçüncü bir kez denemeden önce kullanılan söz]

Ende gut, alles gut *(wörtl: sonu iyi, her şey iyi)* **fig** sonu iyi biten her şey iyidir *(wörtl: alles ist gut, was gut endet)* **fig** bir şeyin önüne bakma, sonuna bak *(wörtl: schau dir nicht das, was vor etwas liegt, sondern das Ende an)* [**Bedeutung**: sagt man, wenn eine Sache ein gutes Ende genommen hat; bei glücklichem Ausgang einer Sache sind die vorausgegangenen Schwierigkeiten nicht mehr wichtig; **Anlamı**: bir durum ne kadar zorlu olursa olsun, sonu olumlu biterse, tümüyle olumlu bitmiş sayılır]

für etwas gut sein *(wörtl: bir şey için iyi olmak)* **fig** işe yaramak *(wörtl: der Angelegenheit nutzen)* [**Bedeutung**: die Voraussetzung für etwas bieten; einer bestimmten Erwartung entsprechen; **Anlamı**: bir şey yapmak veya yaptırmak için ondan yararlanabilmek]

in der Wut tut niemand gut *(wörtl: öfke içinde olma kimseye yaramaz)* **fig** öfke ile kalkan ziyanla/zararla oturur *(wörtl: wer mit Wut aufsteht, setzt sich mit Verlust hin)* [**Bedeutung**: der Zorn beherrscht nur schwache Leute; **Anlamı**: öfkesine kapılarak iş gören sonunda güç duruma düşer]

was lange währt, wird endlich gut *(wörtl: uzun süren, sonunda iyi olur)* **fig** sabrın sonu selamettir *(wörtl: das Ende der Geduld ist das Wohl(ergehen/am Ende der Geduld wartet der Segen)* [**Bedeutung**: Geduld führt zum Erfolg; **Anlamı**: sabreden başarıya ulaşır]

wer gut schmiert, der fährt gut *(wörtl: iyi yağlayan/yediren iyi gider)* **fig** parayı veren düdüğü çalar *(wörtl: wer das Geld gibt, spielt die Pfeife)* [**Bedeutung**: wer gut bezahlt, bekommt auch eine gute Leistung; **Anlamı**: parasını ödeyen kimse, istediği şeyi elde eder]

Gut mal

(sein ganzes) Hab und Gut *fig* (bütün) varı yoğu [**Bedeutung**: alles, was man besitzt; **Anlamı**: nesi varsa hepsi; sahip olduğu her şey]

unrecht Gut hat Adlersfedern *(wörtl: haksız elde edilen malın kartal tüyleri vardır)* **fig** haramın temeli olmaz *(wörtl: es gibt keine Grundlage fürs Verbotenes)* [**Bedeutung**: die unrechtmäßige Aneignung von Dingen zahlen sich nicht aus; **Anlamı**: haram kazanç, bir işe yaramadan telef olur gider]

Gutes iyilik

es gibt nichts Gutes, außer man tut es *fig* lafla peynir gemisi yürümez *(wörtl: mit Worten fährt das Käseschiff nicht)* [**Bedeutung**: gute Taten sind dann etwas wert, wenn man sie auch tatsächlich tut; **Anlamı**: şöyle yaparım, böyle yaparım demekle yapılması gereken işler yapılmaz]

tue Gutes und rede nicht darüber *(wörtl: iyilik et de sözünü etme)* *fig* iyilik et denize at, balık bilmezse Halik bilir *(wörtl: tue Gutes und werfe es ins Meer, wenn die Fische es nicht anerkennen, wird der Schöpfer es tun)* *fig* sağ elinin verdiğini sol elin görmesin *(wörtl: das, was deine rechte Hand tut, soll deine linke Hand nicht sehen)* *fig* bir elinin verdiğini öbür elin görmesin *(wörtl: das, was deine eine Hand tut, soll die andere Hand nicht sehen)* [**Bedeutung**: tue Gutes und erwarte keine Gegenleistung; **Anlamı**: karşılık beklemeden iyilik yap]

H

Haar saç

Haare auf den Zähnen haben *(wörtl: dişlerinde tüyler olmak)* *fig* eli maşalı olmak *(wörtl: eine Feuerzange in der Hand haben)* [**Bedeutung**: streitsüchtig, cholerisch sein; **Anlamı**: kavgacı, şirret bir kimse]

ein Haar in der Suppe suchen *(wörtl: çorbada kıl aramak)* *fig* öküzün altında buzağı aramak *(wörtl: unter dem Ochsen Kälber suchen)* [**Bedeutung**: an allem herumnörgeln; eine pessimistische Grundeinstellung haben; **Anlamı**: olmayacak

sebeplerle suç ve suçlu bulma çabasında olmak]

in jeder Suppe ein Haar finden *(wörtl: her çorbada bir kıl bulmak)* *fig* üzümün çöpü, armudun sapı var demek *(wörtl: sagen, dass die Traube Kerne und die Birne einen Stiel hat)* [**Bedeutung**: nur das Schlechte sehen; an allem herumnörgeln; **Anlamı**: her şeyde bir eksiklik bulmak; güç beğenir olmak]

jemandem kein Haar krümmen *fig* kılına dokunmamak *(wörtl: sein Haar nicht anfassen)* *fig* tüyüne dokunmamak *(wörtl: sein Haar nicht anfassen)* [**Bedeutung**: jemandem nichts antun; **Anlamı**: birine herhangi bir zarar vermemek]

mehr Schulden als Haare auf dem Kopf haben *(wörtl: başındaki saçtan çok borcu olmak)* *fig* borç bini aşmak *(wörtl: die Schulden überschreiten die Tausend)* [**Bedeutung**: hohe Schulden haben; **Anlamı**: borç altından kalkılamayacak duruma gelmek]

sich bis aufs Haar gleichen *(wörtl: saçına kadar tıpatıp benzemek)* *fig* hık demiş (birinin) burnundan düşmüş *(wörtl: jemand hat wohl hick gesagt und es ist ihm aus der Nase gefallen)* [**Bedeutung**: jemandem äußerlich sehr ähnlich sein; **Anlamı**: her durumuyla birine çok benzemek]

sich die Haare raufen *(wörtl: saçları ile har vurup harman savurmak)* *fig* saçını başını yolmak *(wörtl: seine Haare ausreißen, seinen Kopf rupfen)* [**Bedeutung**: vor Verzweiflung nicht wissen, was man tun soll, völlig ratlos sein; **Anlamı**: çok üzülmek, üzüntüsünden dövünmek]

sich in die Haare kriegen/geraten *(wörtl: birbirlerinin saçlarına varmak) fig* saç saça baş başa gelmek *(wörtl: Haar zu Haar, Kopf zu Kopf kommen)* [**Bedeutung**:in Streit geraten; **Anlamı**: kadınlar, birbirlerini kıyasıya hırpalayacak biçimde kapışmak]

sich (wegen etwas) keine grauen Haare wachsen lassen *(wörtl: kır saçları uzatmak) fig* kendine (bir şeyi) dert etmemek *(wörtl: sich keine Sorgen machen)* [**Bedeutung**: sich keine Sorgen machen; **Anlamı**: bir şeyi üzüntü konusu yapmak]

um ein Haar *(wörtl: bir kıl için) fig* kıl payı *(wörtl: Haaresanteil)* [**Bedeutung**: beinahe; fast; äußerst knapp; **Anlamı**: hemen hemen; neredeyse]

um Haaresbreite[1] *(wörtl: kıl genişliğinde) fig* kıl payı *(wörtl: Haaresanteil)* [**Bedeutung**: beinahe; fast; äußerst knapp; **Anlamı**: hemen hemen; neredeyse]

um Haaresbreite[2] *(wörtl: kıl genişliğinde) fig* ramak kalmak [**Bedeutung**: es hätte nicht viel gefehlt und ...; beinahe; **Anlamı**: bir şeyin olmasına çok az kalmak]

Haarspalterei kıl yarma

Haarspalterei betreiben *(wörtl: kıl yarmayla uğraşmak) fig* kılı kırk yarmak *(wörtl: das Haar vierzig Mal spalten)*

[**Bedeutung**: übertrieben genau sein; pedantisch sein; **Anlamı**: çok titizlik göstermek]

Hafen liman

in den Hafen der Ehe einlaufen *(wörtl: evlilik limanına girmek) fig* dünya evine girmek *(wörtl: in das Welthaus eintreten)* [**Bedeutung**: heiraten; **Anlamı**: evlenmek]

Hahn horoz

auf seinem Misthaufen ist der Hahn König *(wörtl: kendi çöplüğünde horoz kraldır) fig* her horoz kendi çöplüğünde öter *(wörtl: jeder Hahn kräht auf seinen eigenen Misthaufen)* [**Bedeutung**: es handelt sich um ein autokratisches System, in dem eine Person das absolute Sagen hat; **Anlamı**: bir kimsenin sözü kendi çevresinde geçer]

den Hähnen, die zur Unzeit krähen, muss man den Kopf abdrehen *(wörtl: vakitsiz öten horozların başını koparmak gerekir) fig* vakitsiz öten horozun başını keserler *(wörtl: dem Hahn, der zur Unzeit kräht, hackt man den Kopf ab)* [**Bedeutung**: alles muss zur richtigen Zeit gesagt werden; **Anlamı**: her söz yerinde ve zamanında söylenmelidir]

nach jemandem kräht kein Hahn *(wörtl: horoz kimse için ötmemek) fig* arayıp soranı olmamak/bulunmamak *(wörtl: es gibt niemanden, der ihn sucht und nach ihm fragt)* [**Bedeutung**: jemand ist so bedeutungslos, dass niemand sich mit ihm befasst; **Anlamı**: kimse onunla ilgilenmemek]

Häkchen küçük çengel

früh krümmt sich, was ein Häkchen werden will *(wörtl: küçük çengel olmak isteyen erken eğilir)* *fig* ağaç yaşken eğilir *(wörtl: wenn der Baum feucht ist, biegt er sich)* [**Bedeutung**: was man in jungen Jahren nicht lernt, lernt man als Erwachsener erst recht nicht; man sollte früh genug mit dem Lernen anfangen; **Anlamı**: insanlar küçük yaşta kolay eğitilir]

was ein Häkchen werden will, krümmt sich beizeiten *(wörtl: küçük çengel olmak isteyen, zamanla eğilir)* *fig* ağaç yaşken eğilir *(wörtl: wenn der Baum feucht ist, biegt er sich)* [**Bedeutung**: was man in jungen Jahren nicht lernt, lernt man als Erwachsener erst recht nicht; man sollte früh genug mit dem Lernen anfangen; **Anlamı**: insanlar küçük yaşta kolay eğitilir]

Haken kanca

die Sache hat einen Haken *(wörtl: bu işte bir kanca var)* *fig* bu işte bir bityeniği var *(wörtl: dier Sache hat einen Läusebiss)* [**Bedeutung**: die Sache hat ein Nachteil; eine Unannehmlichkeit; **Anlamı**: bu işte kötü ve aksak bir yanı var; başa dert olacak bir durum var]

einen Haken haben *(wörtl: kancası olmak)* *fig* çapanoğlu olmak *fig* işin içinde bityeniği olmak *(wörtl: in der Sache einen Läusebiss haben)* [**Bedeutung**: ein Nachteil sein; eine Unannehmlichkeit sein; **Anlamı**: kötü ve aksak yanı olmak; başa dert olacak durum olmak]

---

halb yarım

geteiltes Leid ist halbes Leid *(wörtl: bölüşülen dert yarım derttir)* *fig* derdini söylemeyen/anlatmayan derman bulamaz *(wörtl: wer sein Leid nicht sagt, der findet keinen Ausweg)* [**Bedeutung**: negative Erfahrungen, die man mit anderen teilt, werden leichter erträglich; **Anlamı**: insan sıkıntısını başkasına açıklayarak giderebilir]

nichts Halbes und nichts Ganzes *(wörtl: ne* yarım *ne de tam)* *fig* yarım yamalak [**Bedeutung**: unvollkommen; unvollständig; **Anlamı**: eksik; tamamlanmamış]

nun mach mal halblang! *(wörtl: inanan bahtiyar olur)* *fig* atma Recep, din kardeşiyiz *(wörtl: spinn nicht, Recep, wir sind Glaubensbrüder)* [**Bedeutung**: übertreib nicht; das ist unglaubwürdig; das glaube ich nicht; **Anlamı**: söylediklerin hep yalan, hep abartma ancak biz bunun farkındayız]

nur halbe Arbeit machen *(wörtl: sadece yarım iş yapmak)* *fig* kabuksuz yumurtlamak *(wörtl: schalenlose Eier legen)* [**Bedeutung**: etwas nur unvollkommen ausführen; **Anlamı**: bir işi acele yapıp eksik kalmasına neden olmak]

Halfter yular

abgehalftert werden *(wörtl: yuları çıkarılmak)* *fig* pabucu dama atılmak *(wörtl: jemandem wird der Schuh aufs Dach geworfen)* [**Bedeutung**: aus seiner Stellung entfernt; **Anlamı**: kendinden üstün birinin çıkmasıyla gözden düşmek]

Hals boyun

Hals über Kopf *(wörtl: baş üstüne boğaz)* *fig* apar topar *fig* palas pandıras [**Bedeutung**: plötzlich und ohne Überlegung; **Anlamı**: toplanmaya vakit kalmaksızın]

Hals und Beinbruch![1] *(wörtl: boynun ve bacağın kırılsın!)* *fig* şansın yaver gitsin! *(wörtl: dein Glück soll hilfreich sein!)* *fig* bol şanslar! *(wörtl: üppiges Glück!)* [**Bedeutung**: viel Glück!; **Anlamı**: işlerin yolunda gitmesi için iyi dilek sözü]

Hals und Beinbruch![2] *(wörtl: boynun ve bacağın kırılsın!)* *fig* kolay gelsin! *(wörtl: möge es leicht kommen!)* [**Bedeutung**: jemandem gutes Gelingen wünschen; **Anlamı**: bir iş yapmakta olanlara söylenen iyi dilek sözü]

aus vollem Hals *fig* avaz avaz *fig* avazı çıktığı kadar [**Bedeutung**: sehr laut; lautstarkÖ **Anlamı**: yüksek sesli olarak]

bis zum Hals(e) *fig* boğazına kadar *fig* girtlağına kadar *(wörtl: bis zur Kehle)* [**Bedeutung**: völlig; vollends; überdrüssig; **Anlamı**: pek çok; gereğinden fazla; aşırı ölçüde]

den Hals desinfizieren *(wörtl: boğazını dezzenfekte etmek)* *fig* kafayı çekmek *(wörtl: den Kopf yıehen)* *fig* demlenmek *(wörtl: sich ziehen lassen)* [**Bedeutung**: sich betrinken; Alkohol trinken; **Anlamı**: içki içmek]

den Hals nicht voll bekommen /kriegen *(wörtl: boğazını dolduramamak)* *fig* acıkan doymam sanır, susayan kanmam sanır *(wörtl: derjenige, der Hunger kriegt, denkt,* er wird nicht satt, der, der Durst bekommt, denkt, er wird nicht es auch nicht)* *fig* aç doymam, tok acıkmam sanır *(wörtl: derjenige, der Hunger kriegt, denkt, er wird nicht satt, der Satte, denkt, er wird keinen Hunger bekommen)* [**Bedeutung**: nicht müde werden, etwas zu tun; etwas immer wieder tun; immer noch mehr haben wollen, in keine Weise zufriedenzustellen sein; **Anlamı**: uzun süre bir şeyin yokluğunu çeken kimse, o şeyden ne kadar çok elde etse yine kendisine yetmeyeceği kanısında bulunur]

den Hals nicht vollkriegen können *(wörtl: boğazını dolduramamak)* *fig* tok evin aç kedisi olmak *(wörtl: die hungrige Katze aus sattem Hause sein)* [**Bedeutung**: unersättlich sein; **Anlamı**: gereksimi olmadığı halde açgözlülük etmek]

den Hals riskieren *(wörtl: boynunu göze almak)* *fig* kelleyi koltuğa almak *(wörtl: den Schädel unter den Arm nehmen)* [**Bedeutung**: sein Leben aufs Spiel setzen; **Anlamı**: ölümü göze alarak bir girişimde bulunmak]

den Kopf/Hals aus der Schlinge ziehen *(wörtl: başını/boynunu dolamıktan kurtarmak)* *fig* paçayı kurtarmak/sıyırmak *(wörtl: das Hosenbein retten)* [**Bedeutung**: sich aus einer misslichen Lage befreien; **Anlamı**: kendini bir dertten, tehlikeden kurtarmak]

einen Kloß im Hals haben *(wörtl: boğazında bir topak olmak)* *fig* boğazına bir yumruk gelip oturmak *(wörtl: jemandem kommt eine Faust in den Hals und setzt sich hin)* *fig* boğazına bir yumruk tıkanmak

(wörtl: jemandem eine Faust in den Hals hıneingestopft werden)
[**Bedeutung**: nicht sprechen können; **Anlamı**: konuşamaz olmak; sesi çıkmamak]

etwas hängt einem zum Hals/Halse heraus/raus *(wörtl: bir şey birinin boğazından sarkmak) fig* canına tak demek/etmek *(wörtl: jemandes Seele Tak sagen)*
[**Bedeutung**: jemandem ist einer Sache überdrüssig; **Anlamı**: bir şey dayanılmaz bir duruma gelmek; bir konu sık sık tekrarlandığı için birini usandırmak]

etwas in den falschen/verkehrten Hals kriegen *(wörtl: bir şey ters boğaza girmek) fig* bir şeyi tersinden okumak *(wörtl: etwas falsch herum lesen)*
[**Bedeutung**: etwas missverstehen und ärgerlich werden; eine Äußerung eines anderen falsch auffassen; **Anlamı**: yanlış anlamak]

das Wasser bis zum Hals stehen haben *(wörtl: boynuna kadar su içinde olmak) fig* gırtlağına kadar borç içinde olmak *(wörtl: bis zur Kehle in Schulden sein)*
[**Bedeutung**: kurz vor dem Ruin sein; **Anlamı**: borca batık olmak]

jemandem steht die Scheiße bis zum Hals *(wörtl: boğazına kadar bokta olmak) fig* hâli duman olmak *(wörtl: sein Zustand wird zum Rauch)*
[**Bedeutung**: jemand ist in einer äußerst misslichen Lage; **Anlamı**: işi/durumu berbat olmak; kötü durumda olmak]

Jungfern, die pfeifen, und Hühnern, die krähen, soll man beizeiten den Hals umdrehen *(wörtl: ıslık çalan kızları ve öten tavukları vakti gelince gırtlaklamak*

gerekir) *fig* vakitsiz öten horozun başını keserler *(wörtl: dem Hahn, der zur Unzeit kräht, hackt man den Kopf ab)*
[**Bedeutung**: alles muss zur richtigen Zeit gesagt werden; **Anlamı**: her söz yerinde ve zamanında söylenmelidir]

---

halten[1] durmak

sich in jemandes Kielwasser halten *(wörtl: birinin dümen suyunda durmak) fig* dümen suyunda gitmek
[**Bedeutung**: sich jemandem in seinem Vorgehen anschließen; **Anlamı**: birine bağımlı olmak; her şeyde ona uyarak davranmak]

sich über Wasser halten *(wörtl: suyun üstünde durmak) fig* geçinip gitmek *(wörtl: auskommen und laufen)*
[**Bedeutung**: seine eigene Existenz (in wirtschaftlicher Hinsicht) erhalten; **Anlamı**: orta halli de olsa yaşamını sürdürmek]

---

halten[2] tutmak

halt die Ohren steif! *fig* cesaretini kırma! *fig* başını dik tut!
[**Bedeutung**: nicht den Mut verlieren; lass es dir gut gehen; **Anlamı**: boyun eğme]

den Ball flach halten *(wörtl: topu alçak tutmak) fig* alttan/aşağıdan almak *(wörtl: von unten nehmen)* kendini tutmak[1] *(wörtl: sich halten)*
[**Bedeutung**: sich zurückhalten halten; unnötige Aufregung vermeiden; **Anlamı**: sert konuşana karşı yumuşak, yatıştırıcı davranmak]

den Mund nicht halten können *(wörtl: ağzını tutamamak) fig* ağzında bakla ıslanmamak *(wörtl: jemandem wird die Saubohne im Mund nicht feucht)*

[**Bedeutung**: ausplaudern; nichts für sich behalten können; **Anlamı**: sır saklayamamak]

die Fäden in der Hand halten
(wörtl: iplikleri elinde tutmak) *fig*
dizginleri elinde tutmak *(wörtl: die Zügel in der Hand halten)*
[**Bedeutung**: entscheidenden Einfluss auf alles ausüben; **Anlamı**: işleri kendisi yönetmek]

die Schnauze halten *fig* çenesini tutmak *(wörtl: sich den Kiefer halten)*
[**Bedeutung**: still sein; **Anlamı**: susmak]

sein Wort halten *fig* sözünü tutmak
[**Bedeutung**: sein Versprechen einhalten; **Anlamı**: verdiği sözü yerine getirmek]

sich über Wasser halten *(wörtl: kendini suyun üzerinde tutmak)* *fig* geçinip gitmek *fig* yuvarlanıp gitmek
[**Bedeutung**: mit dem Geld auskommen, das man zur Verfügung hat; **Anlamı**: çok iyi değilse de şöyle böyle geçinmek]

---

halten³ saymak

sich für etwas Besseres halten
(wörtl: kendini bir şey sanmak) *fig*
kendini fasulye gibi nimetten sanmak *(wörtl: glauben, dass er ein Segen wie eine Bohne ist)*
[**Bedeutung**: überheblich sein; **Anlamı**: kendini çok önemli biri gibi görmek]

Hammel koyun

jemandem die Hammelbeine langziehen *fig* birine fırça çekmek *(wörtl: birinin koyun bacaklarını çekmek)*

[**Bedeutung**: jemanden tadeln, rügen; **Anlamı**: azarlamak; uzun uzun paylamak]

Hand el

Hand in Hand arbeiten *(wörtl: el ele çalışmak)* *fig* el ele vermek *(wörtl: sich die Hände geben)*
[**Bedeutung**: mit jemandem zusammenarbeiten; **Anlamı**: bir konuda işbirliği yapmak]

alle Hände voll zu tun haben
(wörtl: bütün ellerinin işi olmak) *fig*
işi başından aşkın olmak *(wörtl: seine Arbeit über seinen Kopf gestiegen sein)*
[**Bedeutung**: viel Arbeit haben; viel zu tun haben; **Anlamı**: pek çok işi olmak]

besser ein Spatz in der Hand als eine Taube auf dem Dach *(wörtl: eldeki serçe damdaki güvercinden iyi)* *fig* bugünkü tavuk yarınki kazdan iyidir *(wörtl: das heutige Huhn ist besser als die morgige Gans)* *fig* gümüş sağ olsun, altın gidekosun *(wörtl: dem Silber sei Dank, das Gold kann mir gestohlen bleiben)*
[**Bedeutung**: es ist besser, sich mit dem zu begnügen, was man hat, als etwas Unsicheres anzustreben; **Anlamı**: eldeki şey, elde edilmesi zor olan daha değerli şeyden üstün tutulmalıdır; sağlanmış kazanç umulan daha büyük bir kazanca feda edilemez]

das Heft aus der Hand geben
(wörtl: defteri ele vermek) *fig*
dizginleri ele vermek *(wörtl: die Zügel aus der Hand geben)*
[**Bedeutung**: die Führung, die Macht abgeben; **Anlamı**: başkasının yönetimi altına girmek zorunda kalmak]

**die Hand, die einen füttert, beißt
man nicht** *(wörtl: yem veren el
ısırılmaz)* *fig* veren eli kimse kesmez
*(wörtl: niemand schneidet die Hand
ab, die gibt)*
[**Bedeutung**: man verhält sich nicht
undankbar einem Gönner gegenüber;
Anlamı: eli açık olan kimsenin
yaptığı iyilikleri kimse engellemez]

**die eine Hand weiß nicht, was die
andere tut** *(wörtl: bir elin ne
yaptığını öbürü bilmiyor)* *fig* baş kıç
belli değil *(wörtl: der Kopf und das
Hintern sind nicht eindeutig)* *fig*
baştan kıça haber yok *(wörtl: vom
Kopf zum Hintern gibt es keine
Nachricht)* *fig* hancı sarhoş yolcu
sarhoş *(wörtl: der Herbergenwirt ist
betrunken, der Reisende ist
betrunken)*
[**Bedeutung**: innerhalb einer
Organisation findet kein
Informationsaustausch statt; **Anlamı**:
sözü edilen toplulukta kimlerin
yönetici, kimlerin yönetilen olduğu
anlaşılmayacak kadar düzensizlik
var; kimin ne yaptığı, ne ettiği belli
değil; kimsenin ne yaptığından haberi
yok]

die Fäden in der Hand halten
(wörtl: iplikleri elinde tutmak) *fig*
dizginleri elinde tutmak *(wörtl: die
Zügel in der Hand halten)*
[**Bedeutung**: entscheidenden
Einfluss auf alles ausüben; **Anlamı**:
işleri kendisi yönetmek]

die Hand im Spiel haben *(wörtl: eli
oyunda olmak)* *fig* bir işte eli olmak
*(wörtl: seine Hand bei einer
Angelegenheit haben)*
[**Bedeutung**: an einer Sache
mitwirken; beteiligt sein; **Anlamı**: bir
işe karışmış olmak]

**die Hand in fremder Leute
Taschen haben** *(wörtl: eli
başkasının cebinde olmak)* *fig* ekmek

elden, su gölden *(wörtl: das Brot vom
Fremden, das Wasser aus dem See)*
fig el kesesinden sultanım, develer
olsun kurbanım *(wörtl: vom fremden
Beutel bin ich ein Sultan, Kamele
sollen meine Opfergabe sein)*
[**Bedeutung**: sich parasitär verhalten;
Anlamı: başkasının kazancıyla
geçinen]

**die Hand nicht vor den Augen
sehen können** ↑ **die Hand vor
Augen nicht sehen können**

**die Hand vor Augen nicht sehen
können** *(wörtl: gözler önünde eli
görememek)* *fig* göz gözü görmemek
*(wörtl: das Auge sieht das Auge
nicht)*
[**Bedeutung**: wegen Dunkelheit oder
Ähnlichem nichts sehen (können);
Anlamı: koyu karanlıktan, sisten,
tozdan, dumandan hiçbir şey
görülemez olmak]

ehe man die Hand umdreht *(wörtl:
eli bükülmeden önce)* *fig* göz açıp
kapayıncaya kadar *(wörtl: bis man
das Auge öffnet und wieder schließt)*
[**Bedeutung**: im Handumdrehen; im
Nu; **Anlamı**: çok kısa bir zaman
içinde]

eine Hand wäscht die andere
(wörtl: bir el öteki eli yıkar) *fig* bir el
bir eli yıkar, iki el bir yüzü yıkar
*(wörtl: eine Hand wäscht die eine
Hand, zwei Hände waschen das
Gesicht)* *fig* ada bana, adayım sana
*(wörtl: gelobst du mir, so gelobe ich
dir)*
[**Bedeutung**: man hilft sich
gegenseitig zum beiderseitigen
Vorteil; **Anlamı**: insan, kendisi
uğruna özveride bulunan kimseye
aynı özveriyi gösterir; bazı
durumlarda yardımlaşmasız iş
yapılamaz]

eine hohle Hand machen *(wörtl: avuç açmak)* **fig** istemem, yan cebime koy *(wörtl: will ich nicht, tu es in die Seitentasche)* [**Bedeutung:** bestechlich sein; **Anlamı:** rüşvet almak]

es liegt (klar) auf der Hand *(wörtl: elde (açıkça) yatıyor)* **fig** akıl var, izan var *(wörtl: es gibt Verstand, und es gibt Verständnis)* **fig** gün gibi açık *(wörtl: es ist klar wie der Tag)* [**Bedeutung:** es ist offenkundig; **Anlamı:** her şey ortada; çok belli]

etwas in die Hand/in seine Hände nehmen *(wörtl: birşeyi ele/ellerine almak)* **fig** bir şeyi ele almak *(wörtl: etwas in die Hand nehmen)* [**Bedeutung:** sich zielbewusst um etwas kümmern; **Anlamı:** üzerinde uğraşmaya, çalışmaya, araştırmaya başlamak]

etwas zur Hand haben **fig** el altında olmak *(wörtl: unter der Hand sein)* [**Bedeutung:** etwas griffbereit haben; zur Verfügung stehen; **Anlamı:** istenildiği zaman kullanılmak üzere hazır olmak]

für jemanden die Hand ins Feuer legen *(wörtl: biri için elini ateşe sokmak)* **fig** birisi için sorumluluk yüklenmek *(wörtl: für jemanden Verantwortung übernehmen)* [**Bedeutung:** für jemanden haften; **Anlamı:** bir kimsenin yol açacağı zararı üstlenmek]

hinter vorgehaltener Hand *(wörtl: uzatılmış el arkasında)* **fig** kapalı kapılar ardında *(wörtl: hinter verschlossenen Türen)* [**Bedeutung:** im Geheimen; **Anlamı:** çok gizli bir biçimde]

in die Hand beißen, die einen füttert *(wörtl: besleyen eli ısırmak)* **fig** besle kargayı, oysun gözünü

(wörtl: füttere die Krähe und sie wird dein Auge picken) [**Bedeutung:** sich gegenüber einem Gönner undankbar verhalten; **Anlamı:** iyiliğe karşılık kötülük edenlere söylenen söz]

in die Hände spucken *(wörtl: ellerine tükürmek)* **fig** kolları sıvamak *(wörtl: die Ärmel hochkrempeln)* **fig** paçaları sıvamak *(wörtl: die Hosenbeine hochkrempeln /aufkrempeln)* [**Bedeutung:** mit Schwung an die Arbeit gehen; bei einer Arbeit tüchtig zupacken wollen; **Anlamı:** bir iş yapmaya istekle ve güçlü bir biçimde girişmek]

in Handumdrehen *(wörtl: elini çevirerek)* **fig** bir çırpıda *(wörtl: auf Anhieb)* [**Bedeutung:** sofort; schnell und ohne Mühe; **Anlamı:** hemen çabucak; ele alır almaz]

in jemandes Hand liegen/stehen *(wörtl: birinin elinde bulunmak)* **fig** birinin elinde bulunmak/olmak *(wörtl: sich in jemandes Hand befinden* [**Bedeutung:** in jemandes Macht, Ermessen, Verantwortung liegen; **Anlamı:** bir iş, konu onun yetkisinde olmak]

jemandem sind die Hände gebunden *(wörtl: birinin elleri bağlı olmak)* **fig** eli kolu bağlı olmak *(wörtl: jemandem sind Hand und Arm gebunden)* [**Bedeutung:** jemand kann nicht frei handeln; **Anlamı:** bir iş yapamaz durumda olmak]

jemandem in die Hand/Hände fallen *(wörtl: birinin eline/ ellerine düşmek)* **fig** birinin eline düşmek *(wörtl: jemandem in die Hand fallen)*

[Bedeutung: durch Zufall von jemandem gefunden werden; Anlamı: rastlantıyla gerçekleşmek]

jemandem in die Hände fallen *(wörtl: birinin ellerine düşmek) fig* birinin eline düşmek *(wörtl: jemandem in die Hand fallen)* [Bedeutung: in jemandes Gewalt kommen; Anlamı: ele geçmek; yakalanmak]

keine Hand vor Augen sehen (können) *(wörtl: gözün önünde el gör(e)memek) fig* göz gözü görmemek *(wörtl: ein Auge sieht das andere nicht)* [Bedeutung: wegen Dunkelheit oder Ähnlichem nichts sehen (können); Anlamı: koyu karanlıktan, sisten, tozdan, dumandan hiçbir şey görülemez olmak]

(klar) auf der Hand liegen *(wörtl: açıkça elde olmak) fig* elle tutulur, gözle görülür *(wörtl: mit der Hand zu fassen, mit den Augen zu sehen) fig* göz var, izan var *(wörtl: es gibt Augen es gibt Verstand) fig* görünen köy kılavuz istemez *(wörtl: ein Dorf, das man sieht, braucht keinen Lotzen) fig* gün gibi açık *(wörtl: es ist klar wie der Tag)* [Bedeutung: offenkundig sein; offensichtlich sein; Anlamı: çok açık; çok belirgin; bir şey göz ve akıl yoluyla anlaşılır]

man reicht den kleinen Finger und er nimmt die ganze Hand *(wörtl: küçük parmağını uzattın mı bütün elini alır) fig* yüz verince astar ister *(wörtl: hätschelt man ihn, will er das Futter)* [Bedeutung: man bietet Hilfe an, und er will noch viel mehr Hilfe; Anlamı: kendisine gösterilen küçük bir ilgiden dolayı şımararak daha çok istemek]

mit Händen zu greifen sein *(wörtl: ellerle tutulur olmak) fig* elle tutulur, gözle görülür olmak *(wörtl: mit der Hand zu fassen, mit den Augen zu sehen sein)* [Bedeutung: offenkundig sein; offensichtlich sein; Anlamı: çok açık olmak; çok belirgin olmak; bir şey göz ve akıl yoluyla anlaşılır olmak]

mit leeren Händen[1] *(wörtl: eli boş olarak) fig* eli boş *fig* elini kolunu sallaya sallaya *(wörtl: die Hände und Arme schwingend) fig* kollarını sallaya sallaya *(wörtl: die Arme schwingend)* [Bedeutung: ohne etwas mitzubringen; ohne Geschenk; Anlamı: gelirken hiç bir armağan getirmemek]

mit leeren Händen[2] *(wörtl: eli boş olarak) fig* elini kolunu sallaya sallaya[2] *(wörtl: die Hände und Arme schwingend)* [Bedeutung: ohne ein Ergebnis; ohne etwas erreicht zu haben; Anlamı: sonuç alamadan dönmek]

mit leichter Hand *(wörtl: hafif bir el ile) fig* tereyağından kıl çeker gibi *(wörtl: wie ein Haar aus der Butter ziehen)* [Bedeutung: ohne Mühe; ohne Antrengung; mühelos; Anlamı: çok kolay bir biçimde]

nur zwei Hände haben *(wörtl. sadece iki eli olmak) fig* babamın adı Hıdır, elimden gelen budur *(wörtl: der Name meines Vaters ist Hıdır, das ist alles, was ich kann)* [Bedeutung: etwas ist nicht möglich, auch wenn man es möchte; nicht noch mehr erledigen können; Anlamı: bundan daha iyisi olamaz; gücüm ancak bu kadarını yapmaya yeter]

schnell bei der Hand sein *fig* elini çabuk tutmak
[**Bedeutung**: etwas schnell tun; **Anlamı**: bir şeyi hemen yapmak]

sich die Hände in Unschuld waschen *(wörtl: ellerimi masumiyetle yıkıyorum)* *fig* günah benden gitti demek *(wörtl; die Sünde hat mich verlassen)*
[**Bedeutung**: jede Schuld weit von sich weisen; **Anlamı**: bundan sonrası için sorumlu değilim, demek]

sich die Hände reiben *(wörtl: ellerini ovalamak)* *fig* kıçına kına yakmak *(wörtl: sich den Hintern mit Henna verbrennen)*
[**Bedeutung**: Schadenfreude empfinden; von heimlicher Schadenfreude, Genugtuung sein; **Anlamı**: karşısındaki uğradığı bir zarara çok sevinmek]

unter der Hand *fig* el altından
[**Bedeutung**: heimlich; vertraulich; im Stillen; **Anlamı**: kimsenin haberi olmadan; kimseye haber vermeksizin; gizlice]

von der Hand in den Mund leben *fig* elden ağza yaşamak *fig* akşamdan kavur, sabaha savur *(wörtl: abends rösten, morgens schleudern)*
[**Bedeutung**: verdientes Geld direkt wieder ausgeben; seine Einnahmen sofort für seine Lebensbedürfnisse ausgeben müssen; **Anlamı**: ne kazanırsa onu hemen harcamak; günlük kazancı ancak ihtiyacına yetmek]

von Hand zu Hand gehen *fig* elden ele geçmek
[**Bedeutung**: oft den Besitzer wechseln; **Anlamı**: birçok sahip değiştirmek]

weder Hand noch Fuß haben[1] *(wörtl: ne eli ne ayağı olmak)* *fig* ipe sapa gelmemek *(wörtl: weder beim Seil noch beim Stiel angewendet werden können)* *fig* fol yok, yumurta yok *(wörtl: es gibt kein Legeei, es gibt kein Ei)*
[**Bedeutung**: nicht durchdacht sein, unsolide sein; **Anlamı**: bir konu ile ilgili ortada hiçbir belirti olmadığı hâlde varmış gibi bir kuşkuya düşüldüğünde kullanılan bir söz; akla yakın olmamak, birbirini tutmamak]

weder Hand noch Fuß haben[2] *(wörtl: ne eli ne ayağı olmak)* *fig* ne hesaba gelir ne kantara *(wörtl: kann weder berechnet noch gewogen werden)*
[**Bedeutung**: nicht durchdacht sein, unsolide sein; **Anlamı**: elle tutulur olmamak; tutarlı ve sağlam görünmemek]

zur Hand sein *(wörtl: ele olmak)* *fig* eli altında olmak *(wörtl: jemandem unter der Hand sein)*
[**Bedeutung**: vorhanden sein; zur Verfügung stehen; **Anlamı**: hazır ve istenildiği zaman kullanılabilir durumda olmak]

zwei linke Hände haben *(wörtl: iki sol eli olmak)* *fig* eteğiyle mum söndürmek *(wörtl: Kerzen mit seinem Rock ausmachen)* *fig* elinden bir iş gelmemek
[**Bedeutung**: tollpatschig sein; **Anlamı**: sakar olmak]

Händchen elcik

(für etwas) ein Händchen haben *(wörtl: bir şey için elciği olmak)* *fig* elinden iyi iş gelmek *(wörtl: aus seiner Hand kommt gute Arbeit)*
[**Bedeutung**:]im Umgang mit etwas sehr geschickt sein; **Anlamı**: becerikli, hünerli olmak

---

Handel ticaret, alışveriş

Handel bringt Wandel *(wörtl: alışveriş değişiklik getirir)* **fig** nerede hareket, orada bereket *(wörtl: dort wo Bewegung ist, ist auch Segen)* **[Bedeutung:** viel Bewegung ist gesund; Fleiß führt zum Erfolg; **Anlamı:** hareketin olduğu yerde verim artar, bolluk olur]

Handtuch havlu

das Handtuch werfen *fig* havlu atmak *fig* pes etmek *(wörtl: aufgeben)* **fig** havlu atmak *fig* teslim bayrağı çekmek *(wörtl: die weiße Fahne hissen)* **[Bedeutung:** kapitulieren; aufgeben; resignieren; **Anlamı:** yenilgiyi kabul etmek]

passen wie der Igel zum Taschentuch/Handtuch *(wörtl: kirpi mendile/havluya nasıl uymuyorsa öyle uymak)* **fig** kel başa şimşir tarak olmak *(wörtl: ein Kamm aus Buchsbaum für den kahlen Kopf sein)* **[Bedeutung:** überhaupt nicht passen; **Anlamı:** birbirine hiç uymamak]

Handumdrehen

im Handumdrehen *(wörtl: el çevirerek)* **fig** göz açıp kapayıncaya kadar *(wörtl: bis man das Auge öffnet und schließt)* **fig** bir çırpıda *(wörtl: in einer handvoll Schnitzel)* **[Bedeutung:** schnell; schon im nächsten Augenblick; **Anlamı:** çok kısa bir sürede]

Handwerk el işi, sanat

Handwerk hat goldenen Boden *(wörtl: el işinin tabanı altındır)* **fig** kolunda altın bileziği var *(wörtl: am Arm hat er einen goldenen Reif)*

[Bedeutung: wer ein Handwerk erlernt, hat eine gute berufliche Zukunft; **Anlamı:** kazanç sağlayan bir mesleği, bir zanaatı olmak]

jedes Handwerk verlangt seinen Meister *(wörtl: her el sanatı ustasını ister)* **fig** av avlayanın, kemer bağlayanın *(wörtl: die Beute gehört dem Jäger, der Gürtel dem, der ihn anschnallt)* **[Bedeutung:** in seinem Bereich sachkundig, tüchtig sein; **Anlamı:** bir şey, onu elde etmesini ve kullanmasını bilen kişinin hakkıdır]

sein Handwerk verstehen *(wörtl: zanaatından anlamak)* **fig** işini bilmek *(wörtl: seine Arbeit kennen)* **[Bedeutung:** wissen, wie die Sache funktioniert; **Anlamı:** yapacağı iş için gerekli bilgisi bulunmak]

---

hängen asmak, asılmak

an einem seidenen Faden hängen *(wörtl: ipek ipliği ile asılı olmak)* **fig** pamuk ipliğiyle bağlı olmak *(wörtl: mit Baumwollfaden verbunden sein)* **[Bedeutung:** sehr gefährdet, bedroht sein; in seinem Fortgang/Ausgang äußerst ungewiss sein; **Anlamı:** her an bozulmaya, kopmaya hazır olmak]

dem Fuchs hängen die Trauben zu hoch *(wörtl: tilki için üzümler erişemeyeceği kadar yüksekte asılıymış)* **fig** kedi yetişemediği ciğere pis dermiş *(wörtl: die Katze, die die Leber nicht erreichen kann, nennt sie schmutzig)* **[Bedeutung:** wir tun so, als ob wir etwas nicht haben wollen, weil wir es nicht haben können; das, was einem verwehrt bleibt, redet man schlecht; **Anlamı:** kişi elde edemediği şeyi beğenmiyormuş gibi görünür]

die Messslatte höher legen/hängen
(wörtl: çıtayı daha yüksek koymak/asmak) *fig* çıtayı yükseltmek [*(wörtl: die Latte erhöhen)* [Bedeutung: die Zielvorgabe, den Anspruch erhöhen; **Anlamı:** hedefi yüksek belirlemek]

etwas an den Nagel hängen *(wörtl: bir şeyi çiviye asmak)* *fig* bir şeyi rafa kaldırmak *(wörtl: etwas ins Regal stellen)* [Bedeutung: etwas aufgeben; etwas künftig nicht mehr ausüben; **Anlamı:** artık üzerinde durmamak]

etwas an die große Glocke hängen *(wörtl: bir şeyi büyük çana asmak)* *fig* davul çalmak *(wörtl: trommeln)* *fig* yedi mahalleye duyurmak *(wörtl: sieben Stadtvierteln bekanntmachen)* [Bedeutung: überall erzählen; herumerzählen; **Anlamı:** bir şeyi herkesin haber alabileceği biçimde ortalığa yaymak]

mit Hängen und Würgen *(wörtl: asarak ve boğarak)* *fig* zar zor *(wörtl: der Würfel ist schwierig)* *fig* ıkına sıkına *(wörtl: mit pressen und quetschen)* [Bedeutung: mit größter Mühe; **Anlamı:** güçlükle; büyük güç harcayarak]

wie eine Klette an jemandem hängen/kleben *(wörtl: dulavrat otu gibi birine asılmak/yapışmak)* *fig* kene gibi yapışmak *(wörtl: wie eine Zecke kleben)* [Bedeutung: jemanden verfolgen; **Anlamı:** istenmediği hâlde birinin peşini bırakmamak]

Hans Hans

Hans Dampf in allen Gassen sein *(wörtl: her sokakta Hans Dampf olmak)* *fig* her telden çalmak *(wörtl:*

jede Saite spielen)* *fig* hangi taşı kaldırsan altından çıkar *(wörtl: egal, welchen Stein du aufhebst, kommt er daraus hervor)* [Bedeutung: ein aktiver, vielseitiger, umtriebiger Mensch sein; **Anlamı:** her işi yapabilir olmak; birçok konuda bilgisi olmak]

Hanswurst şaklaban [Bedeutung: jemand, der alberne Späße treibt; **Anlamı:** basit şakalar yaparak herkesi güldüren kimse]

hart sert

hart im Nehmen sein *(wörtl: almada sert olmak)* *fig* canı pek olmak *(wörtl: von kräftiger Seele sein)* [Bedeutung: viel aushalten können; belastbar sein; **Anlamı:** acılara karşı dayanıklı olmak; metanetli olmak]

ein harter Brocken *(wörtl: sert bir parça)* *fig* demir leblebi *(wörtl: geröstete Kichererbse aus Eisen)* [Bedeutung: ein schwieriger Gegner; eine schwierige Aufgabe; **Anlamı:** başa çıkılması güç kimse; başarılması çok güç iş]

eine harte Nuss sein *(wörtl: sert bir ceviz olmak)* *fig* çetin ceviz olmak *(wörtl: eine schwierige Walnuss sein)* [Bedeutung: eine schwierige Aufgabe sein; ein unnachgiebiger/sturer Mensch sein; **Anlamı:** yapılması zor iş olmak; yola getirilmesi güç olan kimse olmak]

gelobt sei, was hart macht *(wörtl: sert yapan şey övülür)* *fig* kendi düşen ağlamaz *(wörtl: wer hinfällt, weint nicht)* [Bedeutung: das sagt man, wenn man über eine kleine Verletzung übermäßig viel jammert; Kommentar zu etwas sehr Unangenehmen,

Anlamı: kendi davranışı dolayısıyla zarara uğrayan birinin bundan yakınmaya hakkı olmaz]

Hase tavşan

alter Hase *(wörtl: eski tavşan)* *fig* eski kurt *(wörtl: alter Wolf)* *fig* kaçın kurası [**Bedeutung**: ein erfahrener, kundiger Mensch; eine Person mit langjähriger Erfahrung; **Anlamı**: çok deneyimli, çok görmüş geçirmiş kimse]

da liegt der Hase im Pfeffer *(wörtl: tavşan orada biberde yatıyor)* *fig* işin püf noktası *fig* zurnanın zırt dediği yer *(wörtl: dort, wo die Zurna/Kegeloboe ertönt/'zirt' sagt)* [**Bedeutung**: die Sache, auf die es ankommt; **Anlamı**: bir işin en ince, en önemli yeri]

heuriger Hase *(wörtl: bu yılki tavşan)* *fig* acemi çaylak *(wörtl: unerfahrener Milan)* [**Bedeutung**: ein vorlauter Neuling; ein absoluter Anfänger; **Anlamı**: henüz eli işe alışmamış, deneyimsiz, toy kimse]

viele Hunde sind des Hasen Tod *(wörtl: çok köpek tavşanın ölümü demektir)* *fig* çok karınca deveyi öldürür *(wörtl: viele Ameisen können ein Kamel töten)* [**Bedeutung**: gegen eine Übermacht kann der Einzelne nichts mehr ausrichten; **Anlamı**: güç birliği yaparak aşılması güç sorunların üstesinden gelinir]

wer zwei Hasen jagt, fängt keinen *(wörtl: iki tavşan avlayan hiç birini tutamaz)* *fig* boynuz isterken kulaktan olmak *(wörtl: während man sich Hörner wünscht, verliert er seine Ohren)* *fig* deve boynuz ararken kulaktan olmuş *(wörtl: während das*

Kamel Hörner suchte, verlor es seine Ohren) [**Bedeutung**: man sollte sich auf das Wesentliche konzentrieren; **Anlamı**: elindekiyle yetinmeyip daha çoğunu arayan, elindekinden de olur]

wissen, wie der Hase läuft *(wörtl: tavşanın nasıl koştuğunu bilmek)* *fig* işini bilmek *(wörtl: seine Arbeit kennen)* [**Bedeutung**: wissen, wie die Sache funktioniert; **Anlamı**: yapacağı iş için gerekli bilgisi bulunmak]

wo sich Fuchs und Hase gute Nacht sagen *(wörtl: tilkilerin ve tavşanların birbirlerine iyi geceler dedikleri yer)* *fig* kuş uçmaz, kervan geçmez olmak *(wörtl: es fliegt kein Vogel, es geht keine Karawane vorbei)* [**Bedeutung**: abseits vom allen Verkehr sein; weit abgelegen sein; **Anlamı**: kimsenin uğramadığı ıssız ve sapa olmak]

Hasenpanier tavşan sancağı

das Hasenpanier ergreifen *(wörtl: tavşan sancağını yakalamak)* *fig* tabanları yağlamak *(wörtl: die Sohlen schmieren)* [**Bedeutung**: verschwinden; die Flucht ergreifen; **Anlamı**: kaçıp gitmek]

Hast acele

große Hast kommt oft zu spät *(wörtl: büyük acele çoğu zaman geç kalır)* *fig* acele ile menzil alınmaz *(wörtl: mit Eile ist eine Reichweite nicht zu schaffen)* [**Bedeutung**: durch übertriebene Eile, erreicht man das Ziel nicht rechtzeitig; **Anlamı**: yalnızca ivedi davranmakla istenilen sonuç elde edilmez]

Haube bone, başlık

unter die Haube bringen *(wörtl: bonenin altına götürmek; başına örtü bağlamak)* **fig** baş göz etmek *(wörtl: Kopf und Augen tun)* **fig** başını bağlamak *(wörtl: jemandem den Kopf binden)* [**Bedeutung**: verheiraten; **Anlamı**: evlendirmek]

hauen vurmak

auf den Kopf hauen *(wörtl: başına vurmak)* **fig** har vurup harman savurmak *(wörtl: unüberlegt und verschwenderisch (auf den Kopf) hauen und durch die Luft dreschen)* [**Bedeutung**: Geld verprassen; **Anlamı**: gereksiz yere harcayarak tüketmek]

auf den Putz hauen[1] *(wörtl: sıvaya vurmak)* **fig** yaygarayı basmak [**Bedeutung**: sich lautstark bemerkbar machen; **Anlamı**: bağırıp çağırmak]

auf den Putz hauen[2] *(wörtl: sıvaya vurmak)* **fig** âlem yapmak *(wörtl: sich vergnügen/feiern)* [**Bedeutung**: kräftig feiern; **Anlamı**: sazlı sözlü eğlenmek]

auf den Putz hauen[3] *(wörtl: sıvaya vurmak)* **fig** üst perdeden konuşmak *(wörtl: am obersten Vorhang stehen und reden)* [**Bedeutung**: großsprecherisch reden; **Anlamı**: üstünlük taslayarak söz söylemek]

auf die Pauke hauen *(wörtl: köse vurmak)* **fig** âlem yapmak [**Bedeutung**: ausgelassen feiern; **Anlamı**: içkili, müzikli eğlenmek]

sich aufs Ohr hauen *(wörtl: kulağına vurmak)* **fig** kafayı vurmak *(wörtl: den Kopf schlagen)* [**Bedeutung**: sich schlafen legen; **Anlamı**: uyumak üzere yatmak]

sich die Nacht um die Ohren schlagen/hauen *(wörtl: geceyi kulaklarına vurmak)* **fig** geceyi gündüze katmak *(wörtl: die Nacht in der Tag zufügen)* [**Bedeutung**: die ganze Nacht wach bleiben, um zu arbeiten; **Anlamı**: gece gündüz çalışmak]

übers Ohr hauen *(wörtl: kulağına vurmak)* **fig** kazık atmak *(wörtl: mit dem Pfahl werfen/Pfähle werfen)* **fig** keçe külah etmek *(wörtl: zu Filz, zur Tüte machen)* [**Bedeutung**: betrügen, hereinlegen; **Anlamı**: aldatmak; kandırmak]

Haufen yığın

der Teufel scheißt immer auf den größten Haufen *(wörtl: şeytan her zaman en büyük yığının üstüne sıçar)* **fig** aza sormuşlar: "nereye?", "çoğun yanına" demiş *(wörtl: sie fragten dem Wenig „wohin?", er sagte: „zum Viel")* [**Bedeutung**: Diejenigen, die viel besitzen, bekommen immer noch mehr; **Anlamı**: küçük kazançlar bile hep varlıklı kimselere düşer]

viele Körner machen einen Haufen *(wörtl: çok tane yığın yapar)* **fig** damlaya damlaya göl olur *(wörtl: tropfenweise wird es zum See)* [**Bedeutung**: Beständigkeit zahlt sich aus; Ausdauer führt zum Erfolg; **Anlamı**: azar azar olagelen şeyler küçümsenmemelidir, onlar birikerek önemli bir niceliğe ulaşırlar]

Haupt baş

sein Haupt mit Asche bestreuen
(wörtl: başına kül serpmek) *fig* başını
taştan taşa vurmak *(wörtl: seinen
Kopf auf die Steine schlagen)*
[**Bedeutung**: bereuen; **Anlamı**:
pişman olmak]

Haus ev

**du hast wohl deinen Mund zu
Hause gelassen** *(wörtl:
anlaşılan/galiba ağzını evde unuttun)*
fig dilini kedi/fare mi yedi? *(wörtl:
hat die Katze/die Maus deine Zunge
gefressen?)*
[**Bedeutung**: du bist aber sehr
schweigsam; **Anlamı**: neden
konuşmuyorsun?]

ein offenes Haus führen *(wörtl: açık
bir ev yönetmek)* *fig* kapısı açık
olmak *(wörtl: eine offene Tür haben)*
[**Bedeutung**: gastfreundlich sein;
Anlamı: herkesi evine kabul etmek;
çok konuksever olmak]

**ist die Katze aus dem Haus, tanzen
die Mäuse auf dem Tisch** *(wörtl:
kedi evden çıkınca fareler masanın
üstünde oynar)* *fig* köpeksiz köye
kurt iner *(wörtl: in das hundlose Dorf
kommt der Wolf)* *fig* köpeksiz sürüye
kurt iner *(wörtl: zu der hundlosen
Herde kommt der Wolf)*
[**Bedeutung**: wenn keine Aufsicht da
ist, macht jeder, was er will; sobald
der Aufpasser nicht da ist, entsteht
Unruhe; **Anlamı**: koruyucusuz kalan
yere düşman girer]

Häuschen evcik

(ganz) aus dem Häuschen sein
*(wörtl: (tamamen) evcikten çıkmış
olmak)* *fig* içi içine sığmamak *(wörtl:
sein Inneres passt nicht in sein
Inneres)* *fig* zevkten dört köşe olmak
*(wörtl: vor (lauter) Vergnügen
viereckig sein)* *fig* etekleri zil çalmak

(wörtl: es klingeln ihm die Röcke) *fig*
kendinden geçmek *(wörtl: von sich
gehen)*
[**Bedeutung**: in freudiger Erregung
außer sich sein; freudig erregt sein;
Anlamı: coşkunluk göstermekten
kendini almamak; çok sevinmek]

völlig aus dem Häuschen sein
*(wörtl: tamamen evcikten çıkmış
olmak)* *fig* içi içine sığmamak *(wörtl:
sein Inneres passt nicht in sein
Inneres)* *fig* etekleri zil çalmak
(wörtl: es klingeln ihm die Röcke) *fig*
kendinde olmamak *(wörtl: nicht bei
sich sein)*
[**Bedeutung**: in freudiger Erregung
außer sich sein; freudig erregt sein;
Anlamı: çok sevinmek; heyecan
verici bir durum karşısında aklı ve
duygu organları işlemez olmak;
coşkunluk göstermekten kendini
almamak]

---

häuslich (ev) ile ilgili

sich häuslich niederlassen *(wörtl:
ev içinde yerleşmek)* *fig* demir atmak
(wörtl: den Anker werfen) *fig* postu
sermek *(wörtl: das Fell ausbreiten)*
[**Bedeutung**: sich an einem Ort
länger aufhalten; **Anlamı**: bir yerde
uzun süre kalmak]

Haussegen ailenin bereketi

**bei ihnen hängt der Haussegen
schief** *(wörtl: onlarda ailenin
bereketi eğik olarak asılı)* *fig*
aralarından kara kedi geçmek *(wörtl:
zwischen ihnen ist eine schwarze
Katze gelaufen)*
[**Bedeutung**: in einer Beziehung
herrscht eine gereizte Stimmung; es
gibt Streit; **Anlamı**: birbirinden
soğumak; aralarına soğukluk girmek]

Haut deri, cilt

auf der faulen Haut liegen *(wörtl: tembel cildinin üstünde yatmak)* *fig* ense yapmak *(wörtl: einen Nacken machen)* [**Bedeutung**: faulenzen, nichts tun; **Anlamı**: hiçbir iş yapmadan yan gelip yatmak]

aus der Haut fahren *fig* tepesi atmak *(wörtl: jemands Spitze wirft)* *fig* çileden çıkmak *(wörtl: die Askese verlassen)* [**Bedeutung**: wütend werden; **Anlamı**: kendini tutamayacak denli öfkelenmek]

eine ehrliche Haut sein *(wörtl: dürüst bir deri olmak)* *fig* içi dışı bir olmak *(wörtl: nach innen und außen eins sein)* *fig* özü sözü bir olmak *(wörtl: sein Selbst und sein Wort sind eins)* [**Bedeutung**: ein ganz und gar ehrlicher Mensch sein, der auch unangehm gut ist, weil er kein Blatt vor den Mund nimmt; **Anlamı**: iki yüzlü olmayan, düşündüğünü açıkça söyleyen kimse]

(jemandem) unter die Haut gehen *(wörtl: derinin altına girmek)* *fig* (birinin) içine işlemek *(wörtl: jemandem auf sein Inneres wirken)* [**Bedeutung**: einen starken Eindruck hinterlassen; starke Gefühle auslösen; **Anlamı**: çok etkilemek; çok dokunmak; etkisi altına almak]

nicht aus seiner Haut können *(wörtl: derisinden çıkamamak)* *fig* huylu huyundan vazgeçmez *(wörtl. der an etwas Gewöhnte kann auf seine Gewohnheiten nicht verzichten)* *fig* alışmış kudurmuştan beterdir *(wörtl: einer mit Gewohnheiten ist schlimmer als ein Tollwütiger)* [**Bedeutung**: nicht anders handeln können; unbedingt so handeln müssen; sich nicht ändern können; **Anlamı**: alışkanlık edinmiş kişiyi alışkanlığından vazgeçirmek için ne denli uğraşılsa boştur]

nur noch Haut und Knochen sein *fig* bir deri bir kemik kalmak *(wörtl: eine Haut und ein Knochen übrigbleiben)* [**Bedeutung**: völlig abgemagert sein; **Anlamı**: çok zayıf olmak]

seine Haut retten *(wörtl: derisini kurtamak)* *fig* postu kurtarmak *(wörtl: das Fell retten)* [**Bedeutung**: sich in Sicherheit bringen; **Anlamı**: öldürülme tehlikesini atlatmak]

sich auf die faule Haut legen *(wörtl: tembel deri üzerine yatmak)* *fig* yan gelip yatmak *fig* ense yapmak *(wörtl: einen Nacken machen)* [**Bedeutung**: nichts tun, faulenzen; **Anlamı**: hiç bir iş yapmayarak rahatına bakmak]

viel Haut zeigen *(wörtl: çok deri göstermek)* *fig* açılıp saçılmak *(wörtl: geöffnet und verstreut werden)* [**Bedeutung**: sich nur spärlich bekleidet präsentieren; **Anlamı**: alışılandan çok açık giyinmeye başlamak]

Hebel kaldıraç

alle Hebel in Bewegung setzen *(wörtl: bütün kaldıraçları harekete geçirmek)* *fig* allem etmek, kallem etmek [**Bedeutung**: alles unternehmen; **Anlamı**: her türlü çareye başvurmak]

Heft defter

das Heft aus der Hand geben *(wörtl: defteri ele vermek)* *fig* dizginleri ele vermek *(wörtl: die Zügel aus der Hand geben)*

[Bedeutung: die Führung, die Macht abgeben; **Anlamı**: başkasının yönetimi altına girmek zorunda kalmak]

das Heft ergreifen *(wörtl: defteri ele almak)* **fig** dizgini/dizginleri eline almak *(wörtl: die Zügel in die Hand nehmen)*
[**Bedeutung**: die Leitung, die Macht übernehmen; **Anlamı**: işi kendisi yönetmeye başlamak]

das Heft in die Hand nehmen *(wörtl: defteri ele almak)* **fig** dizgini/dizginleri eline almak *(wörtl: die Zügel in die Hand nehmen)*
[**Bedeutung**: die Leitung, die Macht übernehmen; **Anlamı**: işi kendisi yönetmeye başlamak]

Heil selamet

sein Heil in der Flucht suchen *(wörtl: selametini kaçmakla bulmak)* **fig** tabanları yağlamak *(wörtl: die Sohlen schmieren)*
[**Bedeutung**: fliehen, davonlaufen; **Anlamı**: kaçıp gitmek]

---

heilen iyileştirmek

die Zeit heilt alle Wunden *(wörtl: zaman bütün yaraları iyileştirir)* **fig** zaman her yarayı tedavi eder *(wörtl: die Zeit behandelt jede Wunde)* **fig** yanık yerin otu tez biter *(wörtl: das Gras am verbrannten Ort vergeht schnell)*
[**Bedeutung**: schmerzhafte Gefühle oder Erinnerungen an ein negatives Erlebnis lassen mit der Zeit nach; **Anlamı**: kişinin yüreğini yakan acı az zaman sonra küllenir ve unutulur]

---

heilig kutsal

alle heiligen Zeiten einmal *(wörtl: her kutsal zamanda bir kez)* **fig** kırk yılda bir *(wörtl: alle vierzig Jahre einmal)*
[**Bedeutung**: sehr selten; **Anlamı**: çok seyrek olarak]

hoch und heilig schwören *(wörtl: yüce ve kutsal yemin etmek)* **fig** yemin billah etmek *(wörtl: bei Gott schwören)*
[**Bedeutung**: etwas demonstrativ schwören; **Anlamı**: tanrının adını anıp ant içmek]

Heimat vatan

Heimat ist da, wo man satt wird *(wörtl: doyulan yer vatandır)* **fig** insanın vatanı doğduğu yer değil, doyduğu yerdir *(wörtl: die Heimat des Menschen ist nicht dort, wo er geboren wurde, sondern dort, wo er satt wird)*

wo es mir gut geht, da ist meine Heimat **fig** nere iyi, ora vatan
[**Bedeutung**: *(lat: Ubi bene, ibi patria)*; **Anlamı**: insan doğduğu yerde değil, doyduğu yerde yaşar]

---

heimlich gizli

öffentlich Wasser predigen und heimlich Wein trinken *(wörtl: âlenen su telkin edip gizlice şarap içmek)* **fig** âleme/ele verir talkını/telkini, kendi yutar salkımı *(wörtl: den Leuten hält er ein Grabgebet, selbst verschlingt er die Trauben/Traubendolde)*
[**Bedeutung**: von anderer Enthaltsamkeit fordern, aber selbst verschwenderisch leben; **Anlamı**: kendisinin inanmadığı öğütleri başkalarına kolayca verir]

es jemandem heimzahlen *(wörtl: birinin yurduna ödemek)* **fig** acısını çıkarmak *(wörtl: den Schmerz hervorrufen)*

[Bedeutung: sich an jemandem
rächen; Vergeltung üben; **Anlamı**: öç
almak; uğradığı bir zararı giderici iş
yapmak]

**mit gleicher Münze (etwas)
heimzahlen** *(wörtl: aynı para ile (bir
şeyi) geri ödemek)* **fig** el elden
kalmaz, dil dilden kalmaz *(wörtl: die
eine Hand bleibt nicht der anderen
fern, die eine Zunge bleibt der
anderen nicht fern)*
[Bedeutung: so schlecht, wie du dich
mir gegenüber verhältst, so verhalte
ich mich auch dir gegenüber;
Anlamı: bir kişi başkasına vurursa o
da ona vurur, başkasına kötü söz
söylerse diğeri de kendisine kötü söz
söyler]

heiß sıcak

**auf glühenden/heißen Kohlen
sitzen** *(wörtl: akkor/kızgın kömür
üstünde oturmak)* **fig** dokuz
doğurmak *(wörtl: neun gebären)* **fig**
diken üstünde oturmak *(wörtl: auf
Nadeln sitzen)* **fig** iğne üstünde
oturmak *(wörtl: auf Nadeln sitzen)*
[Bedeutung: ungeduldig sein/warten;
Anlamı: sabırsızlıkla beklemek; bir
yerde tedirginlik duymak]

die Pfanne heiß haben *(wörtl: tavası
sıcak olmak)* **fig** kafadan/kafası
çatlak olmak *(wörtl: einen Sprung im
Kopf haben)*
[Bedeutung: leicht verrückt sein;
nicht recht bei Verstand sein;
Anlamı: hafif deli olmak]

**die Suppe wird nicht so heiß
gegessen, wie sie gekocht wird**
*(wörtl: çorba, pişirildiği kadar sıcak
içilmez)* **fig** bir şeyi kötüye çekmek
(wörtl: etwas zum Schlechten ziehen)
[Bedeutung: man stellt sich alles viel
schlimmer vor, als es dann wirklich

wird; **Anlamı**: bir şeye yanlış,
beğenilmeyen bir anlam vermek]

ein Tropfen auf dem heißen Stein
(wörtl: sıcak taşta bir damla) **fig**
devede kulak *(wörtl: das Ohr beim
Kamel)* **fig** denizden bir avuç su
*(wörtl: eine handvoll Wasser aus
dem Meer)* **fig** incir çekirdeği
doldurmaz *(wörtl: füllt nicht mal
einen Feigenkern aus)* **fig** fındık
kabuğunu doldurmaz[1] *(wörtl: es füllt
nicht einmal die Haselnussschale
aus)*
[Bedeutung: unzureichend; viel zu
wenig; **Anlamı**: yetersiz; çok küçük
veya az; çok büyük, tükenmez bir
varlıktan pek küçük bir parça]

**man muss das Eisen schmieden,
solange es heiß ist[1]** *(wörtl: demiri
sıcak olduğunda dövmek gerekir)* **fig**
su akarken testiyi doldurmalı *(wörtl:
man sollte den Krug füllen, wenn das
Wasser fließt)* **fig** buldun bir koyun,
ye de doyun *(wörtl: du hast ein Schaf
gefunden, iss es und werde satt)*
[Bedeutung: man darf unter
günstigen Umständen nicht
versäumen, seine Chance zu nutzen;
Anlamı: kişi fırsattan yararlanmalı]

**man muss das Eisen schmieden,
solange es heiß ist[2]** *(wörtl: demiri
sıcak olduğunda dövmek gerekir)* **fig**
demir tavında dövülür *(wörtl: das
Eisen wird geschmiedet bei der
richtigen Temperatur)*
[Bedeutung: man muss die
Gelegenheit nutzen, solange sie da
ist; **Anlamı**: her iş zamanında ve
uygun durumda yapılır]

**es wird nichts so heiß gegessen, wie
es gekocht wird** *(wörtl: pişirildiği
kadar sıcak yenilmez)* **fig** bir şeyi
kötüye çekmek *(wörtl: etwas zum
Schlechten ziehen)*
[Bedeutung: man stellt sich alles viel
schlimmer vor, als es dann wirklich

wird; **Anlamı**: bir şeye yanlış, beğenilmeyen bir anlam vermek]

um den heißen Brei herumreden *(wörtl: sıcak lapanın etrafında konuşup durmak)* **fig** bin dereden su getirmek *(wörtl: von tausend Bächen Wasser holen)* [**Bedeutung**: nicht wagen, etwas Bestimmtes im Gespräch zur Sprache zu bringen; **Anlamı**: oyalamak için türlü nedenler ileri sürmek]

---

helfen yardım etmek

hilf dir selbst, so hilft dir Gott *(wörtl: kendine yardım et ki Tanrı sana yardım etsin)* **fig** kimseden kimseye hayır gelmez *(wörtl: von keinem ist etwas Gutes für jemanden zu erwarten)* [**Bedeutung**: die Initiative soll man keinem überlassen, sondern in die eigene Hand nehmen; **Anlamı**: insan, yapacağı işte başkasının yardımına güvenirse hayal kırıklığına uğrar]

hilf dir selbst, sonst hilft dir keiner *(wörtl: kendine yardım etmezsen kimse sana etmez)* **fig** kimseden kimseye hayır gelmez *(wörtl: von keinem ist etwas Gutes für jemanden zu erwarten)* **fig** kimseden kimseye hayır yok *(wörtl: von keinem gibt es etwas Gutes für jemanden)* **fig** tırnağın varsa başını kaşı *(wörtl: wenn du Nägel hast, kratze deinen Kopf)* [**Bedeutung**: die Initiative soll man keinem überlassen, sondern in die eigene Hand nehmen; **Anlamı**: insan, yapacağı işte başkasının yardımına güvenirse hayal kırıklığına uğrar]

dem Herzen hilf's, wenn der Mund die Not klagt *(wörtl: ağız dert yandığında yürek derman bulur)* **fig** derdini söylemeyen derman bulamaz

(wörtl: wer sein Leid nicht sagt, der findet keinen Ausweg) [**Bedeutung**: negative Erfahrungen, die man mit anderen teilt, werden leichter erträglich; **Anlamı**: insan sıkıntısını başkasına açıklayarak giderebilir]

es hilft alles nichts *(wörtl: hiç bir şey çare olmaz)* **fig** boşa koysan dolmaz, doluya koysan almaz *(wörtl: wenn du ihn auf leer stellst, füllt er sich nicht auf, wenn du ihn auf vollstellst, nimmt er nichts an)* [**Bedeutung**: jede Mühe ist vergeblich; es gibt keinen anderen Weg; **Anlamı**: güç bir işi yoluna koymak için bir çözüm yolu bulamamak]

jemandem aus der Patsche helfen **fig** birini çamurdan çelip çıkarmak *(wörtl: jemanden aus der Patsche ziehen)* [**Bedeutung**: jemanden aus einer unangenehmen Lage befreien; **Anlamı**: birini kötü bir durumdan kurtarmak]

Helm miğfer
sich den Helm lackieren *(wörtl: miğferi boyamak)* **fig** kafayı çekmek *(wörtl: den Kopf yıehen)* **fig** demlenmek *(wörtl: sich ziehen lassen)* [**Bedeutung**: sich betrinken; Alkohol trinken; **Anlamı**: içki içmek]

Hemd gömlek

alles bis aufs Hemd verlieren *(wörtl: son gömleğini kaybetmek)* **fig** Arafat'ta soyulmuş hacıya dönmek *(wörtl: zu einem ausgeraubten Pilger in Arafat werden)* [**Bedeutung**: nur das Nötigste retten können; **Anlamı**: her şeyini kaybedip çırılçıplak veya çaresiz kalmak]

etwas wechseln wie das Hemd
(wörtl: bir şeyi, gömlek değiştirir gibi değiştirmek) **fig** gömlek değiştirir gibi değiştirmek *(wörtl: wechseln, wie man ein Hemd wechselt)*
[**Bedeutung**: etwas sehr häufig wechseln; **Anlamı**: bir şeyi çok sık değiştirmek]

etwas wechseln wie seine Hemden
(wörtl: bir şeyi, gömleklerini değiştirir gibi değiştirmek) **fig** gömlek değiştirir gibi değiştirmek *(wörtl: wechseln, wie man ein Hemd wechselt)*
[**Bedeutung**: etwas sehr häufig wechseln; **Anlamı**: bir şeyi çok sık değiştirmek]

jemandem ist das Hemd näher als die Hose *(wörtl: birine gömleği pantolonundan yakın olmak)* **fig** önce can, sonra canan *(wörtl: erst das eigene Leben, dann die nächsten Lieben)*
[**Bedeutung**: jemandem sind die eigenen Interessen wichtiger; **Anlamı**: insanlar bencildir, önce kendilerini sonra yakınlarını düşünürler]

jemandem ist das Hemd näher als der Rock *(wörtl: birine gömleği eteğinden yakın olmak)* **fig** önce can, sonra canan *(wörtl: erst das eigene Leben, dann die nächsten Lieben)*
[**Bedeutung**: jemandem sind die eigenen Interessen wichtiger; **Anlamı**: insanlar bencildir, önce kendilerini sonra yakınlarını düşünürler]

jemanden bis aufs letzte Hemd ausziehen *(wörtl: birini son gömleğine kadar soymak)* **fig** birini soyup soğana çevirmek *(wörtl: jemanden ausrauben und in eine Zwiebel verwandeln)*

[**Bedeutung**: jemanden ausplündern; **Anlamı**: birini hiçbir şey bırakmamacasına soymak]

das letzte Hemd hat keine Taschen
(wörtl: son gömleğin cebi yok) **fig** kefenin cebi yok *(wörtl: das Leichentuch hat keine Taschen)* **fig** dünya malı dünyada kalır *(wörtl: irrdisches Gut bleibt auf der Erde)*
[**Bedeutung**: im Tode kann man keine irdischen Güter mit in das Jenseits nehmen; **Anlamı**: ölürken mal veya para götürülmez]

Henker cellat

wie ein Henker *(wörtl: cellat gibi)* **fig** kelle götürür gibi *(wörtl: wie einer, der einen Schädel hinbringt)*
[**Bedeutung**: sehr schnell; mit hoher Geschwindigkeit; **Anlamı**: çok hızlı gitmek; acele etmek]

Henne tavuk

das Ei will klüger sein als die Henne *(wörtl: yumurta tavuktan daha akıllı olmaya kalkar)* **fig** dağdan gelip bağdakini kovmak *(wörtl: vom Berg kommen und denjenigen vom Weinberg wegjagen)*
[**Bedeutung**: der junge Mensch glaubt oft etwas besser zu wissen als der ältere und erfahrene Mensch; **Anlamı**: sonradan geldiği bir yerde kendinden önce gelen kişinin yerini almaya çalışmak]

Herr bey, bay, efendi, Tanrı

der Herr hat's gegeben, der Herr hat's genommen *(wörtl: Tanrı verdi, Tanrı aldı)* **fig** sel ile gelen yel ile gider *(wörtl: was mit Flut kommt, geht mit dem Wind)* **fig** haydan gelen huya gider
[**Bedeutung**: kaum hat man sich etwas verdient, so ist es auch schon

wieder ausgegeben; nach einer Phase
des Gewinns, Verluste hingenommen
werden müssen; **Anlamı:** emek
çekilmeden ele geçen para gereksiz
yerlere harcanır, çarçur olur gider]

sein eigener Herr sein *fig* başına
buyruk olmak
[**Bedeutung:** selbstständig sein;
Anlamı: kimseden izin almaksızın
dilediği gibi davranmak]

zwei Herren dienen *(wörtl: iki beye
birden hizmet etmek)* *fig* hem İsa'yı
hem de Musa'yı memnun etmek
*(wörtl: sowohl Jesus als auch Moses
zufrieden stellen)* *fig* hem nalına hem
mıhına *(wörtl: sowohl dem Hufeisen
als auch dem Hufnagel)* *fig* iki iple
dikmek *(wörtl: mit zwei Fäden
nähen)*
[**Bedeutung:** für zwei verschiedene
Leute gleichzeitig arbeiten; zwei
schwierige Aufgaben gleichzeitig
erledigen; **Anlamı:** istekleri birbirine
karşıt olan iki kişiyi birden hoşnut
edecek bir davranışta bulunmak]

in aller Herrgottsfrühe *(wörtl:
Allah'ın erken saatlerinde)* *fig*
sabahın köründe *(wörtl: in der
Blindheit des Morgens)* *fig* karga bok
yemeden *(wörtl: ehe der Rabe Kot
frisst)* *fig* kargalar bok yemeden
(wörtl: ehe die Raben Kot fressen)
[**Bedeutung:** sehr früh am Morgen;
Anlamı: sabahın çok erken
saatlerinde]

wie der Herr, so's Gescherr *(wörtl:
bey nasılsa, koşum da öyledir)* *fig* at
binicisine göre eşinir/kişner *(wörtl:
das Pferd scharrt/wiehert seinem
Reiter zufolge)*
[**Bedeutung:** wie der Chef, so die
Untergebenen; **Anlamı:** insanlar,
başlarında bulunan kimsenin
yeteneğine, tutum ve davranışına
göre iş çıkarır]

Herz kalp, yürek, iç, gönül

**aus seinem Herzen keine
Mördergrube machen** *(wörtl:
kalbinden katil kuyusu yapmamak)*
fig dobra dobra konuşmak *(wörtl: gut
und verständlich reden)*
[**Bedeutung:** offen aussprechen, was
man denkt und fühlt; **Anlamı:**
sakınmadan, çekinmeden konuşmak]

**dem Herzen hilf's, wenn der Mund
die Not klagt** *(wörtl: ağız dert
yandığında yürek derman bulur)* *fig*
derdini söylemeyen derman bulamaz
*(wörtl: wer sein Leid nicht sagt, der
findet keinen Ausweg)*
[**Bedeutung:** negative Erfahrungen,
die man mit anderen teilt, werden
leichter erträglich; **Anlamı:** insan
sıkıntısını başkasına açıklayarak
giderebilir]

ein Herz aus Stein haben *(wörtl:
yüreği taştan olmak)* *fig* taş yürekli
olmak *(wörtl: ein steiniges Herz
haben)* *fig* katı yürekli olmak *(wörtl:
ein hartes Herz haben)* *fig* yüreği katı
olmak *(wörtl: ein hartes Herz haben)*
[**Bedeutung:** hartherzig, ohne Gefühl
sein; **Anlamı:** acıklı şeylerden üzüntü
duymayan; acıması olmayan]

ein Herz und eine Seele sein *(wörtl:
tek yürek ve tek ruh olmak)* *fig* can
ciğer olmak *(wörtl: ein Leben und
eine Leber sein)* *fig* can ciğer kuzu
sarması olmak *(wörtl: ein Leben und
eine Leber, Lammroulade sein)* *fig*
içli dışlı olmak *(wörtl: innig und
äußerlich sein)* *fig* aralarından su
sızmamak *(wörtl: zwischen ihnen
leckt kein Wasser)*
[**Bedeutung:** sehr eng befreundet
sein; **Anlamı:** birbiriyle çok yakın
arkadaş olmak]

es zerreißt jemandem das Herz *fig* kalbi yırtılmak [**Bedeutung**: jemand ist traurig; **Anlamı**: acı duymak]

etwas auf Herz und Nieren prüfen *(wörtl: kalbini ve böbreklerini muayene etmek) fig* ince eleyip sık dokumak *(wörtl: fein sieben, eng weben)* [**Bedeutung**: etwas sehr gründlich prüfen, untersuchen; **Anlamı**: bir şeyi bütün ayrıntılarıyla gözden veya elden geçirmek]

im Herzen bleibt man immer jung *(wörtl: yürek her zaman genç kalır) fig* vücut kocar, gönül kocamaz *(wörtl: der Körper wird älter, das Herz nicht)* [**Bedeutung**: körperlich wird man älter, aber das Herz bleibt jung; **Anlamı**: insan yaşlanır, vücudu güçten düşer, ama gönlü yaşlanmaz, taze kalır]

jemandem fällt ein Stein vom Herzen *(wörtl: birinin yüreğinden taş düşmek) fig* yüreğine su serpilmek *(wörtl: auf sein Herz wird Wasser gestreut) fig* yüreği yağ bağlamak *(wörtl: das Herz legt Fett an) fig* içi rahat etmek [**Bedeutung**: jemand ist erleichtert; **Anlamı**: istenilen bir şeyin olmasından ferahlık duymak]

jemandem rutscht das Herz in die Hose *(wörtl: yüreği donuna kaymak) fig* yüreği ağzına gelmek *(wörtl: jemandem kommt das Herz in den Mund)* [**Bedeutung**: jemand bekommt plötzlich große Angst; **Anlamı**: biri birdenbire çok korkmak]

jemanden ins Herz schließen *(wörtl: birini kalbine kapatmak) fig* birine kanı kaynamak *(wörtl: für jemanden kocht sein Herz)* [**Bedeutung**: jemanden liebgewinnen; **Anlamı**: çabucak sevgi duymak]

jemandes Herzen nahestehen *(wörtl: birinin yüreğine yakın olmak) fig* canciğer olmak *(wörtl: ein Leben und eine Leber sein)* [**Bedeutung**: sehr eng befreundet sein; **Anlamı**: birbiriyle çok yakın arkadaş olmak]

sein Herz ausschütten *(wörtl: yüreğini boşaltmak) fig* içini boşaltmak *(wörtl: sein Inneres abgießen/ausschütten) fig* derdini dökmek *(wörtl: sein Leid ausschütten)* [**Bedeutung**: seine Not und Sorgen schildern; **Anlamı**: sıkıntı ve derdini söylemek]

sein Herz verlieren (an) *(wörtl: yüreğini kaybetmek) fig* (-e) abayı yakmak *(wörtl: den Filzmantel verbrennen)* [**Anlamı**: âşık olmak; **Bedeutung**: sich verlieben]

jemandem blutet das Herz *(wörtl: birinin kalbi/yüreği kanıyor) fig* yüreği kan ağlamak *(wörtl: sein Herz weint Blut)* [**Bedeutung**: sehr wütend, jemand ist sehr traurig; **Anlamı**: çok acı ve üzüntü içinde bulunmak]

nicht übers Herz bringen *(wörtl: kalbe getirmemek) fig* içi götürmemek *(wörtl: sein Herz bringt es nicht fertig)* [**Bedeutung**: etwas nicht tun, weil man Skrupel hat; **Anlamı**: vicdanına sığdıramamak]

Gram, der nicht spricht, presst das beladene Herz, bis dass es bricht *(wörtl: konuşmayan dert, yüklü kalp kırılıncaya kadar baskı yapar) fig* derdini söylemeyen/anlatmayan derman bulamaz *(wörtl: wer sein*

Leid nicht sagt, der findet keinen Ausweg)
[**Bedeutung**: negative Erfahrungen, die man mit anderen teilt, werden leichter erträglich; **Anlamı**: insan sıkıntısını başkasına açıklayarak giderebilir]

der Kummer, der nicht spricht, nagt am Herzen, bis es bricht *(wörtl: konuşmayan dert, kırılıncaya kadar kalbi kemirir)* **fig** derdini söylemeyen/anlatmayan derman bulamaz *(wörtl: wer sein Leid nicht sagt, der findet keinen Ausweg)*
[**Bedeutung**: negative Erfahrungen, die man mit anderen teilt, werden leichter erträglich; **Anlamı**: insan sıkıntısını başkasına açıklayarak giderebilir]

jemandem rutscht das Herz in die Hose *(wörtl: birinin yüreği pantolonunun içine kaymak)* **fig** yüreği ağzına gelmek *(wörtl: ihm kommt das Herz in den Mund)*
[**Bedeutung**: jemand bekommt plötzlich große Angst; **Anlamı**: birdenbire çok korkmak]

jemandem zu Herzen gehen *(wörtl: birinin kalbine/yüreğine gitmek)* **fig** acısı içine/yüreğine çökmek *(wörtl: die Bitterkeit setzt sich bei jemandem in seinem Inneren/in seinem Herzen ab)*
[**Bedeutung**: jemandes innerstes Gefühl bewegen; **Anlamı**: bir şeyin acısını derinden duymak]

wes das Herz voll ist, des geht der Mund über *(wörtl: kimin yüreği dolu ise, ağzına geçer)* **fig** dert ağlatır, aşk söyletir *(wörtl: das Leid bringt einem zum Weinen, die Liebe zum Erzählen)*
[**Bedeutung**: wer ein Anliegen hat, der spricht auch darüber; **Anlamı**: derdi olan acı çeker, aşık olan kimse

de içindeki duyguları dışa vurup ferahlamak için durmadan söylenir]

zwei Herzen und eine Seele *(wörtl: iki yürek ve bir gönül)* **fig** huyu huyuna suyu suyuna (uygun) *(wörtl: seine/ihre Natur zu seiner/ihrer Natur, sein/ihr Wasser)*
[**Bedeutung**:zwei sind unzerrtrenlich]; **Anlamı**:iki kişinin her yönden birbirine uygun olduğunu anlatmak için kullanılan bir söz

---

Heu saman

er hat Geld wie Heu *(wörtl: saman gibi parası var)* **fig** denizde kum, onda para
[**Bedeutung**: sehr reich sein; **Anlamı**: çok zengin; parası çok olan kimse]

Heuhaufen saman yığını

die Nadel/Stecknadel im Heuhaufen suchen *(wörtl: saman yığınında iğne/toplu iğne aramak)* **fig** samanlıkta iğne aramak **fig** saman yığınında iğne aramak
[**Bedeutung**: etwas suchen mit wenig Aussicht; **Anlamı**: çok zor bir işi yapmaya çalışmak]

---

heulen ağlamak

Rotz und Wasser heulen *(wörtl: sümük ve su ulumak)* **fig** hüngür hüngür ağlamak *(wörtl: laut und schluchzend weinen)*
[**Bedeutung**: heftig weinen; **Anlamı**: yüksek sesle ve hıçkıra hıçkıra ağlamak]

---

heute bugün

heute so, morgen so! *(wörtl: bugün böyle, yarın öyle)* **fig** bir dediği bir dediğini tutmamak *(wörtl: das eine,

was er sagt, ist nicht passt nicht zu dem, was er sonst sagt)
[**Bedeutung**: Kommentar, wenn jemand wechselnde Vorgaben macht; **Anlamı**: söyledikleri birbirini tutmamak; tutarsız konuşmak]

lieber heute als morgen *fig*
bugünden tezi yok
[**Bedeutung**: am liebsten sofort; möglichst schnell; **Anlamı**: hemen şimdi]

morgen, morgen, nur nicht heute, sagen alle faulen Leute *(wörtl: bütün tembel insanlar, yarın, yarın, yalnız bugün değil diyorlar)* *fig*
bugün git, yarın gel *(wörtl: geh heute und komm morgen)*
[**Bedeutung**: Kommentar, wenn jemand etwas, was eigentlich sofort getan werden müsste, aus Bequemlichkeit aufschiebt; **Anlamı**: bir iş yapılmak istenmediğinde baştan savmak için kullanılan söz]

nicht von heute sein *(wörtl: bugünden olmamak)* *fig* geri kafalı olmak *(wörtl: zurückköpfig sein)* *fig* örümcek kafalı olmak *(wörtl: spinnenköpfig sein)*
[**Bedeutung**: rückständig sein; aus der Vergangenheit stammend; **Anlamı**: yenilikleri istememek; eskiye bağlı olmak]

spar nicht auf morgen, was du heute tun kannst *(wörtl: bugün yapabileceğini yarın için biriktirme)* *fig* bugünkü işi yarına bırakma *(wörtl: lass die heutige Arbeit nicht für morgen)*
[**Bedeutung**: was man heute erledigen kann, sollte man nicht auf den nächsten Tag verschieben; **Anlamı**: bugün yapılması gereken bir işin ertesi güne bırakılması iyi değildir]

von heute auf morgen *fig* bugünden yarına
[**Bedeutung**: in kürzer Zeit; schnell; **Anlamı**: az zaman içinde]

was du heute kannst besorgen, das verschiebe nicht auf morgen *(wörtl: bugün tedarik edebileceğini yarına bırakma)* *fig* bugünkü işini yarına bırakma *(wörtl: lass die heutige Arbeit nicht für morgen)* *fig* akşamın işini sabaha/yarına bırakma *(wörtl: lass die Arbeit von abends nicht auf morgen verschieben)*
[**Bedeutung**: man sollte notwendige Arbeiten gleich erledigen und nicht verschieben; **Anlamı**: bugün yapabileceğin işi hemen yap, yarına bırakma]

Hexe cadı

Hexenkessel *fig* cadı kazanı
[**Bedeutung**: Ort, an dem viel los ist; Ort, an dem Aufregung, Durcheinander, Trubel herrscht; ein gefährlicher Ort; **Anlamı**: herkesin birbirine düştüğü, düşmanlıkların kaynaştığı yer]

hieb- und stichfest *(wörtl: ezici ve delici âlete dayanıklı!)* *fig* sugötürmez *(wörtl: bringt kein Wasser hin)*
[**Bedeutung**: in seiner Gültigkeit nicht zu erschüttern; unwiderlegbar soll nicht ständig die Geldanlagen wechseln; **Anlamı**: başka bir yoruma elverişli olmayan; kesin]

---

hier burada

hier ist Rhodos, hier springe! *(wörtl: burası Rodos, burada atla!)* *fig* Halep oradaysa arşın burada *(wörtl: wenn Aleppo dort ist, ist hier die Elle/die Messlatte)*
[**Bedeutung**: Beweise, was du kannst; zeige hier, was du kannst;

Latein: Hic Rhodus, hic salta!;
Anlamı: anlattıkların bir yana, hadi o yaptığını burada yap da görelim]

es steht mir bis hier! *(wörtl: burama kadar duruyor) fig* burama kadar geldi artık! *(wörtl: es ist mir bis hierhergekommen)*
[**Bedeutung:** ich bin der Sache überdrüssig; ich ertrage das nicht länger; **Anlamı:** bu işten bıktım, usandım, daha fazla dayanamıyorım]

Hilfe yardım

deine Hilfe kann ich abschminken *(wörtl: senin yardımını aklımdan çıkarabilirim!) fig* senden gelen çıraya püf! *(wörtl: „puff" sage ich zu dem Zündholz von dir!)*
[**Bedeutung:** von dir ist keine Hilfe zu erwarten; **Anlamı:** senden umduğum yardımdan umdumu kestim]

Himmel gök

Himmel und Hölle in Bewegung setzen *(wörtl: cennet ve cehennemi harekete geçirmek) fig* allem etmek, kallem etmek
[**Bedeutung:** alles unternehmen; **Anlamı:** her türlü çareye başvurmak]

aus heiterem Himmel *(wörtl: açık gökten) fig* durup dururken *(wörtl: stehen und während des Stehens)*
[**Bedeutung:** plötzlich; wider Erwarten; **Anlamı:** birdenbire; ansızın; hiçbir neden yokken; hiç gereği yokken]

in den Himmel loben *fig* göklere çıkarmak
[**Bedeutung:** übermäßig loben; **Anlamı:** aşırı derecede övmek]

das Blaue vom Himmel versprechen *(wörtl: gökten mavisini söz vermek) fig* Kafdağı'ndan kar bağışlamak *(wörtl: Schnee vom Berg Kaf spenden) fig* ağız satmak *(wörtl: Münder verkaufen)*
[**Bedeutung:** ohne Hemmungen Unmögliches versprechen; **Anlamı:** gerçekleşemeyecek bir vaatte bulunmak; yapamayacağı bir işi yapabilecekmiş gibi konuşmak]

ein Geschenk des Himmels sein *(wörtl: göğün bir armağanı olmak) fig* gökte ararken yerde bulmak *(wörtl: im Himmel suchen und auf der Erde finden)*
[**Bedeutung:** ein unerwartet günstiges Ereignis; ein Glücksfall; **Anlamı:** çok güçlükle ele geçirebileceğini şeyi veya kimseyi birdenbire bulmak]

es ist noch kein Meister vom Himmel gefallen *(wörtl: şimdiye dek bir usta gökten düşmedi) fig* kişi yorulmakla alim/usta olur *(wörtl: durch Anstrengung wird eine Person Wissenschaftler/Meister)*
[**Bedeutung:** man muss erst lernen und üben, bevor man etwas gut kann; **Anlamı:** emek harcamadan, çalışmadan bir işte başarılı olmak, yanlış bir düşüncedir]

im siebten Himmel sein/schweben *(wörtl: yedinci gökte olmak /süzülmek) fig* başı göğe ermek *(wörtl: sein Kopf reicht bis zum Himmel) fig* göklere uçmak *(wörtl: in den Himmel fliegen)*
[**Bedeutung:** sehr glücklich sein; voller Freude sein; **Anlamı:** bir şeyi elde ettiği için çok sevinmek]

jemanden oder etwas in den Himmel heben *fig* birini göklere çıkarmak
[**Bedeutung:** jemanden oder etwas übermäßig loben; **Anlamı:** birini veya bir şeyi aşırı derecede övmek]

wie (ein Blitz) aus heiterem Himmel *(wörtl: açık bir gökyüzünde çakan bir şimşek gibi)* **fig** damdan düşer gibi *(wörtl: wie von Dach fallen)* **fig** tepeden inme *(wörtl: vom Hügel absteigend)* [**Bedeutung**: plötzlich, grundlos, unerwartet; **Anlamı**: birden bire ve yersiz olarak]

Himmelreich cennet

des Menschen Wille ist sein Himmelreich *(wörtl: insanın kendi iradesi kendi cennetidir)* **fig** arayan Mevla'sını da bulur, belasını da *(wörtl: wer sucht findet seinen Gott, auch sein Unheil)* [**Bedeutung**: jeder Mensch ist für sein Tun verantwortlich; man muss den Menschen ihren Willen lassen; **Anlamı**: insan isterse, iyi ya da kötü, her amacına ulaşır]

Himmelsrichtung ana yön

in alle vier Himmelsrichtungen *(wörtl: her dört yöne)* **fig** dört bir yana *(wörtl: zu allen vier Seiten)* [**Bedeutung**: in jede Richtung; **Anlamı**: her tarafa]

hin oraya

Hin und Her macht Taschen leer *(wörtl: oraya buraya, cepleri boşaltır)* **fig** yuvarlanan taş yosun tutmaz *(wörtl: der rollende Stein setzt kein Moos an)* [**Bedeutung**: man soll nicht ständig die Geldanlagen wechseln; **Anlamı**: sürekli olarak iş değiştiren bir kimse başarı kazanamaz]

hinein içine

in sich hineinfressen *(wörtl: içine yemek)* **fig** içine atmak *(wörtl: in sein Inneres werfen)* **fig** bağrına taş

basmak *(wörtl: einen Stein auf seine Brust drücken)* [**Bedeutung**: seinen Frust verschweigen; negative Emotionen wie Ärger oder Kummer schweigend hinnehmen; **Anlamı**: sıkıntısını kimseye belli etmemek; sesini çıkarmaksızın her türlü acıya katlanmak]

in sich hineinschaufeln *(wörtl: kürekle içine indirmek)* **fig** gövdeye atmak/indirmek *(wörtl: in den Körper werfen/hineinlassen)* [**Bedeutung**: viel und schnell essen; einverleiben; **Anlamı**: oburca yemek]

hinhauen olmak

sich hinhauen **fig** vurup kafayı yatmak *(wörtl: den Kopf hinhauen und sich hinlegen)* [**Bedeutung**: sich schlafen legen; **Anlamı**: uykusu geldiğinde hemen yatmak]

hinter arka

hinter den Kulissen *(wörtl: kulislerin arkasında)* **fig** perde arkasında *(wörtl: hinter dem Vorhang)* [**Bedeutung**: im Hintergrund, vor der Öffentlichkeit verborgen; **Anlamı**: gizlice, olayı yönetenin kendisi olduğunu belli etmeyerek]

hinter vorgehaltener Hand *(wörtl: uzatılmış el arkasında)* **fig** kapalı kapılar ardında *(wörtl: hinter verschlossenen Türen)* [**Bedeutung**: im Geheimen; **Anlamı**: çok gizli bir biçimde]

grün hinter den Ohren sein *(wörtl: kulaklarının arkası yeşil olmak)* **fig** bıyıkları yeni terlemiş olmak *(wörtl: einen Schnurrbart haben, der neu geschwitzt ist)* **fig** çiçeği burnunda olmak *(wörtl: die Knospe an der Nase sein)* **fig** ağzı süt kokmak *(wörtl: sein Mund riecht nach Milch)* [**Bedeutung**: jung und unerfahren sein; **Anlamı**: genç ve deneyimsiz olmak]

noch feucht hinter den Ohren sein *(wörtl: kulaklarının arkası hâlâ nemli olmak)* **fig** bıyıkları yeni terlemiş olmak *(wörtl: einen Schnurrbart haben, der neu geschwitzt ist)* [**Bedeutung**: jung und unerfahren sein; **Anlamı**: genç ve deneyimsiz olmak]

Hintergrund arka plan

im Hintergrund stehen *(wörtl: arka planda durmak)* **fig** arka planda kalmak *(wörtl: im Hinterplan bleiben)* [**Bedeutung**: an Bedeutung verlieren; nicht mehr beachtet werden; **Anlamı**: önemini yitirmek; gözden düşmek]

in den Hintergrund treten *(wörtl: arka plana geçmek)* **fig** pabucu dama atılmak *(wörtl: jemandem wird der Schuh aufs Dach geworfen)* **fig** arka plana itilmek *(wörtl: in den Hinterplan geschubst werden)* **fig** arka plana kaymak *(wörtl: in den Hinterplan rutschen)* [**Bedeutung**: an Bedeutung verlieren; nicht mehr beachtet werden **Anlamı**: önemini yitirmek; gözden düşmek]

Hintern kıç

Hummeln im Hintern haben *(wörtl: kıçında yaban arıları olmak)* **fig** tabanı/ayağı yanmış it gibi dolaşmak *(wörtl: herumlaufen wie ein Köter, dessen Pfoten verbrannt sind)* [**Bedeutung**: nicht ruhig sitzen können; voller Unrast sein; von

ruheloser Aktivität erfüllt sein; **Anlamı**: yerinde duramamak; bir yerde duramayıp çok gezmek]

Hummeln in der Hose haben ↑
Hummeln im Hintern haben

sich selbst in den Hintern treten können *(wörtl: kendi kıçına tekme atabilmek)* **fig** dizlerini dövmek *(wörtl: seine Knie schlagen)* [**Bedeutung**: etwas bereuen; **Anlamı**: pişmanlık duymak]

Hintertreffen arkada buluşma

ins Hintertreffen geraten *(wörtl: arkada buluşmaya gitmek)* **fig** arka plana kaymak *(wörtl: in den Hinterplan rutschen)* [**Bedeutung**: im Vergleich in eine ungünstige Position geraten; **Anlamı**: önemini yitirmek]

Hintertür arka kapı

durch die Hintertür *(wörtl: arka kapıdan)* **fig** perde arkasından *(wörtl: hinter dem Vorhang)* **fig** arkadan arkaya *(wörtl: von hinten nach hinten)* [**Bedeutung**: auf versteckten Umwegen, heimlich; **Anlamı**: gizli gizli, belli etmeden el altından; gizliden gizliye]

sich eine Hintertür offen halten *(wörtl: arka kapıyı açık bırakmak)* **fig** açık kapı bırakmak *(wörtl: eine offene Tür lassen)* [**Bedeutung**: sich eine versteckte Möglichkeit des Rückzugs, eine Ausflucht bewahren; **Anlamı**: son ve kesin sözü söylemeyerek değişik öneriler sunulmasına olanak tanımak]

hintreten basmak

wo der hintritt, da wächst kein Gras mehr *(wörtl: bastığı yerde ot bitmez)* *fig* ayağının bastığı yerde ot bitmez *(wörtl: dort, wo er hintritt, wächst kein Gras mehr)* [**Bedeutung**: was er tut, ist verheerend/ vernichtend; **Anlamı**: uğradığı yere bereketsizlik getirir]

Hinz und Kunz *fig* hacısı hocası *(wörtl: der Pilger, der Hodscha)* [**Bedeutung**: jedermann; **Anlamı**: kim var kim yoksa]

Hiobsbotschaft *(wörtl: Eyüp'ün haberi)* *fig* kara haber *(wörtl: schwarze Nachricht)* [**Bedeutung**: eine schlechte Nachricht; **Anlamı**: kötü haber; felaket haberi]

hoch yüksek, yüce

hoch und heilig schwören *(wörtl: yüce ve kutsal yemin etmek)* *fig* yemin billah etmek *(wörtl: bei Gott schwören)* [**Bedeutung**: etwas demonstrativ schwören; **Anlamı**: tanrının adını anıp ant içmek]

hoch zu Ross sitzen *(wörtl: atın üstünde oturmak)* *fig* burnu Kafdağı'nda olmak *(wörtl: ihm ist die Nase auf dem Berg Kaf)* [**Bedeutung**: eingebildet, arrogant sein; **Anlamı**: çok kibirli olmak]

die Nase hochtragen *(wörtl: burnunu yüksekte taşımak)* *fig* burnu havada olmak *(wörtl: seine Nase in der Luft sein)* *fig* burnu Kafdağı'nda olmak *(wörtl: ihm ist die Nase auf dem Berg Kaf)* *fig* burnu yere düşse almaz *(wörtl: auch wenn ihm die Nase herunterfallen würde, würde er sie nicht aufnehmen)* [**Bedeutung**: eingebildet, arrogant sein; **Anlamı**: çok kibirli olmak]

Kopf hoch! *(wörtl: başını kaldır!)* *fig* üzme tatlı canını *(wörtl: bereite deinem süßen Herzen keinen Kummer)* [**Bedeutung**: sei nicht traurig; **Anlamı**: üzülme]

dem Fuchs hängen die Trauben zu hoch *(wörtl: tilki için üzümler erişemeyeceği kadar yüksekte asılıymış)* *fig* kedi yetişemediği ciğere pis dermiş *(wörtl: die Katze, die die Leber nicht erreichen kann, nennt sie schmutzig)* [**Bedeutung**: wir tun so, als ob wir etwas nicht haben wollen, weil wir es nicht haben können; das, was einem verwehrt bleibt, redet man schlecht; **Anlamı**: kişi elde edemediği şeyi beğenmiyormuş gibi görünür]

wenns hoch kommt *(wörtl: yükselirse)* *fig* haydi haydi [**Bedeutung**: im äußersten Fall; höchstens; **Anlamı**: olsa olsa; en çoğu]

hochgehen çıkmak

die Wände hochgehen *(wörtl: duvarlara çıkmak)* *fig* küplere binmek *(wörtl: auf Tongefäße reiten/auf Tongefäße steigen)* [**Bedeutung**: sehr wütend werden; sehr zornig werden; **Anlamı**: çok öfkelenmek]

hochkrempeln sıvamak

die Ärmel hochkrempeln /aufkrempeln *fig* kolları sıvamak *fig* paçaları sıvamak *(wörtl: die Hosenbeine hochkrempeln /aufkrempeln)* [**Bedeutung**: bei einer Arbeit tüchtig zupacken wollen; **Anlamı**: bir iş yapmaya istekle ve güçlü bir biçimde girişmek]

Hochmut kibir

Hochmut kommt vor dem Fall
(wörtl: kibir düşüşten önce gelir) **fig**
yüce uçan alçak konar *(wörtl: wer
hochfliegt. landet tief)* **fig** gurur
yıkımı, kibir düşüşü getirir *(wörtl:
Stolz führt zu Zerstörung, Hochmut
zum Fall)* **fig** kul azmayınca Hak
yazmaz *(wörtl: so lange der Mensch
nicht über die Stränge schlägt, wird
Gott nicht schreiben)*
[**Bedeutung**: Überheblichkeit kommt
vor dem Scheitern; **Anlamı**:
kendinden fazla emin olma
başarısızlığa yol açar; kişi kendi
azgınlığı yüzünden kötü durumlara
düşer]

hochnäsig burnu havada

hochnäsig sein *(wörtl: yüksek
burunlu olmak)* **fig** burnu havada
olmak *(wörtl: die Nase in der Luft
haben)*
[**Bedeutung**: arrogant sein; **Anlamı**:
çok kibirli olmak]

höchst en yüksek, azami

es ist höchste Eisenbahn *fig*
yumurta kapıya dayandı/geldi *(wörtl:
das Ei hat sich an die Tür
gelehnt/das Ei ist an die Tür
gekommen)*
[**Bedeutung**: es ist sehr eilig; es ist
fast schon zu spät; **Anlamı**: yapılacak
iş için zaman çok daraldı]

Hochzeit düğün

das ist nicht meine Hochzeit *fig* at
elin, it elin, bize ne? *(wörtl: das
Pferd gehört fremnden Leuten, der
Hund ebenso, was geht uns das an?)*
[**Bedeutung**: das ist nicht meine
Angelegenheit; das geht mich nichts
an; **Anlamı**: herkes kendi malını
istediği gibi kullanır; bunlarla
ilgilenmek yersizdir]

**man kann nicht auf zwei
Hochzeiten tanzen** *(wörtl: iki
düğünde birden dans edilmez)* **fig** bir
koltuğa iki karpuz sığmaz *(wörtl:
unter eine Achsel passen keine zwei
Wassermelonen)*
[**Bedeutung**: man kann nicht
mehrere Dinge gleichzeitig erledigen;
Anlamı: aynı zamanda birden çok
işle ilgilenmek başarı için
sakıncalıdır]

hoffen umut etmek

**Hoffen und Harren hält manchen
zum Narren** *(wörtl: umut ederek
yolunu gözleme, kimini aptal/budala
yerine koyar)* **fig** uma uma döndük
muma *(wörtl: in immer
wiederkehrende Erwartung wurden
wir zu einer Kerze)*
[**Bedeutung**: man sollte nicht auf
etwas hoffen, das aussichtslos ist;
Anlamı: umduğumuz şey
gerçekleşsin diye beklemekten eridik
bittik]

Hoffnung umut

Hoffnung ist das Brot der Armen
(wörtl: Umut yoksulların ekmeğidir)
fig umut fakirin ekmeğidir *(wörtl: die
Hoffnung ist des Armen Brot)*
[**Bedeutung**: der Mittellose lebt mit
der Hoffnung, eines Tages zu
Wohlstand zu gelangen; **Anlamı**:
yoksul kişi yakında rahata kavuşma
umuduyla yaşar]

die Hoffnung stirbt zuletzt *(wörtl:
umut en son ölür)* *fig* çıkmadık
candan umut kesilmez *(wörtl: bei
einem Leben, das nicht gelöscht ist,
gibt man die Hoffnung nicht auf)* *fig*
Allah'tan umut kesilmez *(wörtl: die
Hoffnung verliert man bei Gott nicht)*

[**Bedeutung**: egal, wie schlecht die Lage ist, man bleibt bis zum Ende zuversichtlich; **Anlamı**: bir şeyi sonuna kadar götürmek gerekir; artık olmaz demeden iş sürdürülmelidir, hiç belli olmaz, istenen sonuç alınabilir]

hoffnungslos umutsuz

die Lage ist ernst, aber nicht hoffnungslos *(wörtl: durum ciddi ama umutsuz değil)* ***fig*** çıkmadık candan umut kesilmez *(wörtl: bei einem Leben, das nicht gelöscht ist, gibt man die Hoffnung nicht auf)* [**Bedeutung**: egal, wie schlecht die Lage auch ist, man bleibt bis zum Ende zuversichtlich; **Anlamı**: bir şeyi sonuna kadar götürmek gerekir; artık olmaz demeden iş sürdürülmelidir, hiç belli olmaz, istenen sonuç alınabilir]

ein hoffnungsloser Fall *(wörtl: umutsuz bir vaka)* ***fig*** adam olmaz *(wörtl: er wird kein Mensch)* [**Bedeutung**: etwas/jemand, bei dem keine Hoffnung auf Besserung besteht; **Anlamı**: topluma yararlı duruma gelmez]

Höhenflug yüksekten uçuş

einen Höhenflug haben *(wörtl: yüksekten uçmak)* ***fig*** engin dallardan murt yememek *(wörtl: keine Myrte von tief gelegenen Ästen essen)* [**Bedeutung**: ein überhöhtes Selbstbewusstsein haben; sich selbst für den Besten halten; **Anlamı**: yükseklerden uçmak; burnu büyük olmak]

im Höhenflug sein *(wörtl: yüksekten uçuşta olmak)* ***fig*** engin dallardan murt yememek *(wörtl: keine Myrte von tief gelegenen Ästen essen)*

[**Bedeutung**: ein überhöhtes Selbstbewusstsein haben; sich selbst für den Besten halten; **Anlamı**: yükseklerden uçmak; burnu büyük olmak]

Hölle cehennem

die Hölle auf Erden *(wörtl: dünyadaki cehennem)* ***fig*** ateşten gömlek *(wörtl: ein Hemd aus Feuer)* [**Bedeutung**: eine unerträgliche Situation; **Anlamı**: dayanılamayacak denli güç ve sıkıntılı durum]

fahr zur Hölle! ***fig*** cehenneme kadar yolun var! [**Bedeutung**: wünschen, dass jemand nicht mehr da ist; **Anlamı**: defol]

Himmel und Hölle in Bewegung setzen *(wörtl: cennet ve cehennemi harekete geçirmek)* ***fig*** allem etmek, kallem etmek [**Bedeutung**: alles unternehmen; **Anlamı**: her türlü çareye başvurmak]

jemandem das Leben zur Hölle machen *(wörtl: hayatını cehennem yapmak)* ***fig*** birine dünyayı zindan etmek *(wörtl: jemandem die Welt zum Kerker machen)* ***fig*** birine dünyayı zehir etmek *(wörtl: jemandem die Welt vergiften)* ***fig*** dünyayı başına dar etmek *(wörtl: jemandem die Welt am Kopf verengen)* [**Bedeutung**: jemandem das Leben zur Qual machen; **Anlamı**: bir kimseyi çok sıkıntılı bir duruma sokmak]

zur Hölle mit dir! ***fig*** cehenneme kadar yolun var! [**Bedeutung**: wünschen, dass jemand nicht mehr da ist; **Anlamı**: defol]

zur Hölle machen ***fig*** cehenneme çevirmek

[**Bedeutung**: unerträglich machen; **Anlamı**: yaşanılmaz bir duruma getirmek]

jemandem das Leben zur Hölle machen *fig* birine hayatı cehennem etmek *fig* birine dünyayı zindan etmek *(wörtl: jemandem die Welt zum Kerker machen)*
[**Bedeutung**: jemandem das Leben unerträglich machen; jemanden quälen; **Anlamı**: birine büyük üzüntü ve sıkıntı vermek]

Höllenqual cehennem azabı

Höllenqualen aushalten *(wörtl: cehennem azabına katlanmak)* *fig* cehennem azabı çekmek *(wörtl: Höllenqualen erleiden)*
[**Bedeutung**: großes Leid ertragen (müssen); **Anlamı**: çok büyük üzüntü ve sıkıntı çekmek]

Holz odun

Holz in den Wald tragen *(wörtl: ormana odun taşımak)* *fig* ırmak kenarına çeşme yapmak *(wörtl: einen Brunnen in Flussnähe bauen)*
[**Bedeutung**: etwas Sinnloses tun; **Anlamı**: anlamı olmayan iş yapmak]

auf dem Holzweg sein *(wörtl: tahta yolunda olmak)* *fig* şeşi beş görmek *(wörtl: die Sechs als Fünf sehen)* *fig* dalgaya düşmek *(wörtl: in die Welle fallen)* *fig* dalgaya gelmek *(wörtl: in die Welle kommn)*
[**Bedeutung**: sich irren; **Anlamı**: yanlış görmek; görüşünde aldanmak]

(dreimal) auf Holz klopfen *(wörtl ☺ üç kez) tahtaya vurmak)* *fig* şeytan kulağına kurşun demek *(wörtl: Blei in das Ohr des Teufels sagen)* *fig* nazar değmesin demek *(wörtl: sagen, dass der böse Blick dich nicht treffen soll)*

[**Bedeutung**: man klopft auf Holz, um Unfall, Unglück oder Krankheit zu verhüten; **Anlamı**: aksama olanağı bulunan işlerde, kaza, hastalık v.b. şeylerin önüne geçmek için takınılan davranış]

Hölzchen tahtacık

vom Hölzchen aufs Stöckchen kommen *(wörtl: tahtacıktan sopacığa gelmek)* *fig* daldan dala konmak *(wörtl: von einem Ast auf den Nächsten landen)* *fig* damdan çardağa atlamak *(wörtl: vom Dach auf die Laube springen)* *fig* laf lafı açmak *(wörtl: das eine Wort öffnet das (nächste) Wort)*
[**Bedeutung**: von einem Thema zum anderen springen; **Anlamı**: sık sık konu değiştirmek; bir konu üzerinde konuşurken ilgisi dolayısıyla söz başka bir konuya geçer]

Honig bal

jemandem Honig um den Bart schmieren *(wörtl: birinin sakalına bal sürmek)* *fig* birine yağ çekmek *(wörtl: jemanden mit Butter streichen)* *fig* birinin nabzına göre şerbet vermek *(wörtl: jemanden Sorbet geben nach seinem Puls)*
[**Bedeutung**: jemanden schmeicheln; **Anlamı**: birini gereksiz biçimde övmek]

jemandem Honig ums Maul schmieren *(wörtl: birinin ağzına bal sürmek)* *fig* birine yağ çekmek *(wörtl: jemanden mit Butter streichen)*
[**Bedeutung**: jemanden schmeicheln; **Anlamı**: birini gereksiz biçimde övmek]

jemandem Honig um den Mund schmieren *(wörtl: birinin ağzına bal sürmek)* *fig* birine yağ çekmek

(wörtl: jemanden mit Butter streichen)
[**Bedeutung**: jemanden schmeicheln; **Anlamı**: birini gereksiz biçimde övmek]

Hopfen şerbetçi otu

an jemandem ist Hopfen und Malz verloren *(wörtl: bir kimsede şerbetçi otu ve malt bir işe yaramaz) fig* Allah'tan sıska, ne yapsın muska *(wörtl: vom Gott geschaffen ist er hager, was soll der Zauberspruch?)* [**Bedeutung**: bei jemandem ist alle Mühe umsonst; jemand ändert sich trotz aller Mühe nicht mehr; **Anlamı**: yaradılıştan yeteneksiz olan kişiye ne yaparsan yap yetenekli kılınamaz]

---

hopp oder top *fig* ya herrü, ya merrü *fig* ya devlet başa, ya kuzgun leşe *(wörtl: entweder das Glück auf das Haupt oder der Kolkrabe zum Aas)* [**Bedeutung**: entweder ja oder nein; alles oder nichts; es muss jetzt eine Entscheidung getroffen werden; **Anlamı**: ya batarız, ya çıkarız]

---

hopsgehen[1] *fig* güme gitmek [**Bedeutung**: sterben; **Anlamı**: hiç uğruna ölmek]

hopsgehen[2] *fig* batmak [**Bedeutung**: kaputtgehen; **Anlamı**: yıkılmak]

---

hören işitmek, duymak

das Gras wachsen hören *(wörtl: çimenlerin büyüdüğünü duymak) fig* abdala malum olmak *(wörtl: dem Wanderderwisch wird es klar)* [**Bedeutung**: eine Entwicklung frühzeitig erkennen; **Anlamı**: bir şeyin önceden olacağını sezenler için söylenen söz]

etwas läuten hören *(wörtl: bir şeyin çaldığını duymak) fig* kulağına çalınmak *(wörtl: jemandem ins Ohr läuten)* [**Bedeutung**: etwas durch Andeutungen erfahren; etwas erfahren, aber nichts Genaues wissen; **Anlamı**: başkalarının konuştuğunu duymuş olmak]

wer nicht hören will, muss fühlen *(wörtl: işitmek istemeyen hissetmek zorunda kalır) fig* laftan anlamayanın hakkı kötektir *(wörtl: wer das Wort nicht versteht, verdient Prügel) fig* gem almayan almayan atın ölümü yakındır *(wörtl: das Pferd, das nicht brav im Geschirr geht, wird nicht mehr lange leben) fig* serkeş öküz son soluğu kasap dükkânında alır *(wörtl: der renitente Ochse tut den letzten Atemzug beim Metzger)* [**Bedeutung**: wer nicht gehorcht, wird die unangenehmen Folgen zu spüren bekommen; **Anlamı**: söz dinlemeyen bir olayın olumsuz sonuçlarını görür]

Horn boru, boynuz

ins gleiche Horn blasen *(wörtl: aynı borudan çalmak) fig* aynı telden çalmak *(wörtl: auf derselben Saite spielen) fig* aynı kabağa üflemek *(wörtl: in denselben Zucchini blasen) fig* aynı ağzı kullanmak *(wörtl: denselben Mund benutzen)* [**Bedeutung**: die gleiche Meinung vertreten; sich in ähnlicher Weise äußern; **Anlamı**: bir işte, bir konuda başkalarıyla birlikte davranmak]

je älter der Bock, desto steifer das Horn *(wörtl: teke yaşlandıkça boynuzu tutulur) fig* kuru ağaç eğilmez, kart meşe bükülmez *(wörtl: der trockene Baum biegt sich nicht, die alte Eiche lässt sich nicht biegen)*

[**Bedeutung**: was man in jungen Jahren nicht gelernt hat, lernt man als Erwachsener erst recht nicht; man sollte früh genug mit dem Lernen anfangen; **Anlamı**: insanlar küçük yaşta kolay eğitilir]

Hörner boynuz

jemandem Hörner aufsetzen *fig* birine boynuz dikmek/takmak [**Bedeutung**: den Mann sexuell betrügen; **Anlamı**: kadın başka erkekle ilişki kurarak kocasını aldatmak]

Hose pantolon

die Hosen anhaben *(wörtl: pantolonlu olmak)* *fig* sözü geçmek *(wörtl: sein Wort gilt)* *fig* söz sahibi olmak [**Bedeutung**: das Sagen haben; bestimmen, was geschiet; derjenige sein, der die Entscheidungen trifft; **Anlamı**: bir konuda yetkisi bulunmak]

die Hose(n) (he)runterlassen *(wörtl: pantolonunu indirmek)* *fig* dilinin altındaki baklayı çıkarmak *(wörtl: die Saubohne unter der Zunge herausnehmen)* [**Bedeutung**: etwas bisher Verschwiegenes preisgeben: die Wahrheit sagen; etwas gestehen; **Anlamı**: söyleyemediği şeyi artık söylemek]

hier ist absolut tote Hose *(wörtl: burası tamamen ölü pantolon)* *fig* burada hiç hayat yok *(wörtl: hier ist gar kein Leben)* [**Bedeutung**: hier passiert nichts, hier ist nichts los; **Anlamı**: burada canlılığı gösteren bir hareket yok]

in die Hose gehen *(wörtl: pantolona girmek)* *fig* havaya gitmek *(wörtl: in die Luft gehen)* *fig* suya düşmek *(wörtl: ins Wasser fallen)* [**Bedeutung**: misslingen; scheitern; **Anlamı**: boşa gitmek]

keinen Arsch in der Hose haben *(wörtl: pantolonunda götü olmamak)* *fig/derb* gözü yememek *(wörtl: sein Auge isst nicht)* [**Bedeutung**: sich nicht trauen; **Anlamı**: başaracak, yapacak gücü ve yeteneği kendinde görmemek]

sich in die Hose machen[1] *wörtl: donuna yapmak)* *fig* altına yapmak *fig* altına etmek [**Bedeutung**: in die Hose pinkeln oder koten; **Anlamı**: donuna aptes etmek]

sich in die Hose machen[2] *(wörtl: pantolonuna yapmak)* *fig* donuna etmek/yapmak *(wörtl: sich in die Unterhose machen)* [**Bedeutung**: Angst haben; **Anlamı**: çok korkmak]

einen auf dicke Hose machen[1] *(wörtl: kalın pantolon gibi yapmak)* *fig* yüksekten atmak *(wörtl: von der Höhe werfen)* *fig* üst perdeden konuşmak *(wörtl: am obersten Vorhang stehen und reden)* *fig* yüksek perdeden konuşmak *(wörtl: am hohen Vorhang stehen und reden)* [**Bedeutung**: prahlen; angeben; **Anlamı**: yapamayacağı şeyleri yapabilirmiş gibi söylemek; üstünlük taslayarak söz söylemek]

einen auf dicke Hose machen[2] *(wörtl: kalın pantolon gibi yapmak)* *fig* kesenin ağzını açmak *(wörtl: den Beutel öffnen)* [**Bedeutung**: Reichtum zeigen; spendabel sein; **Anlamı**: bol para harcamaya başlamak]

Jacke wie Hose sein *(wörtl: ha ceket ha pantolon olmak)* *fig* bir kapıya çıkmak *(wörtl: zu der einen Tür* *gehen) **fig** ha anan ölmüş öksüzsün ha baban *(wörtl: wenn deine Mutter stirbt, bist du Waise, auch wenn dein Vater stirbt, ist es genauso)* [**Bedeutung**: keinen Unterschied machen; **Anlamı**: aynı olmak; aynı sonuca varmak; esasta aynı olan şeylerin şekilce değişikliği birşey getirmez]

jemandem ist das Hemd näher als die Hose *(wörtl: birine gömleği pantolonundan yakın olmak)* **fig** önce can, sonra canan *(wörtl: erst das eigene Leben, dann die nächsten Lieben)* [**Bedeutung**: jemandem sind die eigenen Interessen wichtiger; **Anlamı**: insanlar bencildir, önce kendilerini sonra yakınlarını düşünürler]

jemandem rutscht das Herz in die Hose *(wörtl: birinin yüreği pantolonunun içine kaymak)* **fig** yüreği ağzına gelmek *(wörtl: ihm kommt das Herz in den Mund)* [**Bedeutung**: jemand bekommt plötzlich große Angst; **Anlamı**: birdenbire çok korkmak]

Huf nal

die Hufe hochnehmen *(wörtl: nalı dikmek)* **fig** nalları dikmek *(die Hufeisen aufrichten)* [**Bedeutung**: sterben; **Anlamı**: ölmek]

Huhn tavuk

am Abend werden die Hühner gezählt *(wörtl: akşam olduğunda tavuklar sayılır)* **fig** akşam olmadan gün övünmez *(wörtl: man lobt den Tag nicht, bevor es abends wird)* [**Bedeutung**: man sollte nicht voreilig etwas bewerten, denn am Ende kann sich vieles ändern; **Anlamı**: iş bitmeden sevinmemeli]

da lachen (ja) die Hühner *(wörtl: tavuklar gülüyor)* **fig** hâline köpekler gülüyor *(wörtl: da lachen die Hunde über deine Lage)* **fig** hâline köpekler bile güler *(wörtl: da lachen sogar die Hunde über deine Lage)* [**Bedeutung**: das ist lächerlich; **Anlamı**: kötü ve gülünç bir duruma düşenlere söylenen söz]

das Huhn, das goldene Eier legt, schlachten *(wörtl: altın yumurta yumurtlayan tavuğu kesmek)* **fig** kuzlayıcı koyuna bıçak çekmek *(wörtl: dem Schaf, das lammet, das Messer ziehen)* [**Bedeutung**: eine wichtige Einnahmequelle zum Versiegen bringen; sich selbst einer wichtigen Lebensgrundlage entziehen; **Anlamı**: kayanç getiren nesneyi ortadan kaldırmaya girişmek]

die Hühner satteln[1] *(wörtl: tavuklara semer takmak)* **fig** yola koyulmak *(wörtl: sich auf den Weg machen)* [**Bedeutung**: aufbrechen; **Anlamı**: yola düzülmek]

die Hühner satteln[2] *(wörtl: tavuklara semer takmak)* **fig** yola çıkmak üzere olmak *(wörtl: dabei sein, sich auf den Weg zu machen)* [**Bedeutung**: sich zum Gehen fertig machen; **Anlamı**: yola çıkmak için hazırlanmak]

ein blindes Huhn findet auch mal ein Korn *(wörtl: kör tavuk da bir tahıl tanesi bulur)* **fig** kedi olalı bir fare tuttu *(wörtl: seitdem sie eine Katze ist, hat sie eine Maus gefangen)* **fig** bitli baklanın da kör alıcısı olur *(wörtl: auch für die verlauste Saubohne gibt es einen blinden Käufer)*

[**Bedeutung**: auch der Benachteiligte hat einmal Glück; **Anlamı**: işe yaramaz da olsa her şeyin isteklisi bulunur; en sonunda bir iş başarabildi]

Jungfern, die pfeifen, und Hühnern, die krähen, soll man beizeiten den Hals umdrehen *(wörtl: ıslık çalan kızları ve öten tavukları vakti gelince gırtlaklamak gerekir)* *fig* vakitsiz öten horozun başını keserler *(wörtl: dem Hahn, der zur Unzeit kräht, hackt man den Kopf ab)*
[**Bedeutung**: alles muss zur richtigen Zeit gesagt werden; **Anlamı**: her söz yerinde ve zamanında söylenmelidir]

Hühnchen piliç

mit jemandem ein Hühnchen zu rupfen haben *(wörtl: biriyle pilicin tüylerini yolacak olmak)* *fig* biriyle kozunu paylaşmak/pay etmek *(wörtl: mit jemandem seine Walnuss teilen)*
[**Bedeutung**: einen alten Streit mit jemandem haben, bei dem eine Aussprache noch aussteht; **Anlamı**: aralarındaki anlaşmazlığı zora başvurarak çözümlemek]

Hühnerauge nasır

jemandem auf die Hühneraugen treten *(wörtl: birinin nasırlarına basmak)* *fig* birinin nasırına basmak *(wörtl: auf jemandes Hühnerauge treten)*
[**Bedeutung**: jemanden durch sein Verhalten an einer empfindlichen Stelle treffen; **Anlamı**: birinin çok duyarlı olduğu bir konuda onu kızdıracak bir eylemde bulunmak]

Hummel yaban arısı

Hummeln im Hintern haben *(wörtl: kıçında yaban arıları olmak)*

fig tabanı/ayağı yanmış it gibi dolaşmak *(wörtl: herumlaufen wie ein Köter, dessen Pfoten verbrannt sind)*
[**Bedeutung**: nicht ruhig sitzen können; voller Unrast sein; von ruheloser Aktivität erfüllt sein; **Anlamı**: bir yerde duramayıp çok gezmek]

Hummeln in der Hose haben ↑ **Hummeln im Hintern haben**

Hund köpek

Hunde, die bellen, beißen nicht *(wörtl: havlayan köpekler ısırmaz)* *fig* havlayan köpek ısırmaz *(wörtl: der bellende Hund, beißt nicht)*
[**Bedeutung**: Leute, die nur laut schimpfen, sind ungefährlich; **Anlamı**: bağırıp çağırarak başkalarını korkutmak isteyen kimseden zarar gelmez]

auf den Hund kommen[1] *(wörtl: köpeğe gelmek)* *fig* elde avuçta bir şey kalmamak *(wörtl: nichts bleibt auf der Hand und auf der Handfläche)*
[**Bedeutung**: in schlechte Verhältnisse geraten; wirtschaftlich ruiniert werden; **Anlamı**: parasını, malını harcayıp bitirmiş olmak]

auf den Hund kommen[2] *(wörtl: köpeğe gelmek)* *fig* şifayı bulmak *(wörtl: die Heilung finden)*
[**Bedeutung**: gesundheitlich ruiniert werden; **Anlamı**: hastalanmak; hastalığı artmak]

auf den Hund kommen[3] *(wörtl: köpeğe gelmek)* *fig* ikbali sönmek *(wörtl: jemandem geht das Glück aus)*
[**Bedeutung**: verelenden; zugrunde gehen; moralisch sinken; **Anlamı**:

daha önce iyi olan durumu bozulmak]

aus jedem Dorf ein Hund *(wörtl: her köyden bir köpek)* **fig** her tarladan bir kesek *(wörtl: aus jedem Feld ein Schnitt)* [**Bedeutung**: beliebiges Durcheinander; **Anlamı**: birbiriyle ilgili olmayan çeşitli konulardan birer parça]

bellende Hunde beißen nicht *(wörtl: havlayan köpekler ısırmaz)* **fig** havlayan köpek ısırmaz *(wörtl: der bellende Hund, beißt nicht)* [**Bedeutung**: Leute, die nur laut schimpfen, sind ungefährlich; **Anlamı**: bağırıp çağırarak başkalarını korkutmak isteyen kimseden zarar gelmez]

da liegt der Hund begraben *(wörtl: köpek orada gömülü)* **fig** zurnanın zırt dediği yer *(wörtl: dort, wo die Zurna/Kegeloboe ertönt/'zirt' sagt)* [**Bedeutung**: das ist das Wesentliche einer Sache; **Anlamı**: bir işin en önemli, en can alıcı yeri]

das ist ein dicker Hund *(wörtl: bu, şişman bir köpek)* **fig** bu büyük rezalet *(wörtl: das ist eine Affenschande)* [**Bedeutung**: das ist ein Skandal; **Anlamı**: bu toplumun duygularını inciten bir durum]

den letzten beißen die Hunde! *(wörtl: sona kalanları köpekler ısırır)* **fig** altta kalanın canı çıksın![2] *(wörtl: wer unten bleibt,)* [**Bedeutung**: der Letzte trägt die Konsequenzen für alle anderen; **Anlamı**: herkes başının çaresine baksın]

der Knochen kommt nicht zum Hund, (sondern der Hund zum Knochen) *(wörtl: kemik köpeğe gitmez, köpek kemiğe gider)* **fig** dağ

yürümezse, abdal yürür *(wörtl: wenn der Berg nicht läuft, läuft der Wanderderwisch)* [**Bedeutung**: derjenige, der etwas haben möchte, muss selbst aktiv werden; da die Menschen sich nicht an dich wenden, musst du dich an die Menschen wenden; **Anlamı**: görülmesini istediğimiz bir işimiz olduğu zaman harekete geçmemiz gerekir]

der Schwanz wedelt mit dem Hund *(wörtl: kuyruk baş sallıyor)* **fig** ayaklar baş, başlar ayak olmak *(wörtl: die Füße werden Kopf, die Köpfe zu Fuß)* **fig** baş ayak, ayak baş oldu *(wörtl: der Kopf wurde zum Fuß, der Fuß zum Kopf)* [**Bedeutung**: die Veerhältnisse kehren sich um; der Kleine beherrscht den Großen, den Schwächere dominiert den Stärkeren; **Anlamı**: değersiz kimseler buyurucu, değersiz kimseler buyruk altında olmak]

die Hunde bellen, und/aber die Karawane zieht weiter *(wörtl: köpekler havlar ve/ama kervan yoluna devam eder)* **fig** it ürür, kervan yürür *(wörtl: der Köter heult, die Karawane zieht weiter)* [**Bedeutung**: unbeirrt von Widerstand oder Kritik verfolgt man den richtig befundenen Kurs weiter; **Anlamı**: doğru yolda yürüyenleri aşağılık kimselerin yürüyenleri aşağılık kimselerin saldırısı engelleyemez]

die Letzten beißen die Hunde *(wörtl: sona kalanları köpekler ısırır)* **fig** sona kalan dona kalır *(wörtl: wer bis zum Ende bleibt, bleibt zum Frost)* [**Bedeutung**: der letzte hat alle Nachteile; **Anlamı**: bir işte geç kalan istediği şeyi elde edemez]

kommt man über den Hund, kommt man auch über den Schwanz *(wörtl: köpeğin üstünden geçen kuyruğunu da aşar)* *fig* çoğu gitti, azı kaldı *(wörtl: das meiste ist weg, das Wenige ist geblieben)* [**Bedeutung**: hat man erstmal den schwierigsten Teil geschafft, ist der Rest auch noch zu schaffen; **Anlamı**: yapılmakta olan işin en önemli, en güç bölümü bitti, az ve önemsiz bölümü kaldı]

mit allen Hunden gehetzt sein *(wörtl: tüm köpekler tarafından kovalanmış olmak)* *fig* şeytana külahı/pabucu ters giydirmek *(wörtl: dem Teufel die Tüte/den Schuh verkehrt anziehen)* [**Bedeutung**: durch Erfahrung sehr schlau sein; **Anlamı**: çok kurnaz olmak]

schlafende Hunde/Löwen wecken *(wörtl: uyuyan köpekleri/aslanları uyandırmak)* *fig* uyuyan yılanın kuyruğuna basmak *(wörtl: der schlafenden Schlange auf den Schwanz treten)* [**Bedeutung**: die Gefahr selbst herbeiführen; **Anlamı**: kötü bir kimsenin; yeniden kötülük yapmasına fırsat vermek]

viele Hunde sind des Hasen Tod *(wörtl: çok köpek tavşanın ölümü demektir)* *fig* çok karınca deveyi öldürür *(wörtl: viele Ameisen können ein Kamel töten)* [**Bedeutung**: gegen eine Übermacht kann der Einzelne nichts mehr ausrichten; **Anlamı**: güç birliği yaparak aşılması güç sorunların üstesinden gelinir]

was kümmert es den Mond, wenn der Hund ihn anbellt *(wörtl: köpek aya havladığında havlaması aya vız gelir)* *fig* tavşan dağa küsmüşse dağın haberi olmamış *(wörtl: wenn der*

Hase dem Berg böse war, hat der Berg es nicht gewusst) [**Bedeutung**: was kümmert es mich, wenn sich andere Menschen über mich ärgern; **Anlamı**: önemsiz kişi önemli kişiye küsse önemli kişinin umurunda bile olmaz]

wenn der Hund träumt, so ist's vom Brot oder Fleisch *(wörtl: köpek, düşünde ya ekmek ya da et görür)* *fig* aç tavuk kendini arpa ambarında sanır *(wörtl: das hungrige Huhn denkt, es ist im Gerstenspeicher)* [**Bedeutung**: das Erwähnte ist nicht Realität, sondern nur Hoffnung; **Anlamı**: insanlar, yokluğunu çektikleri şeyler için olmayacak hayaller, düşler kurar]

wer mit den Hunden zu Bett geht, steht mit Flöhen auf *(wörtl: köpeklerle yatan pirelerle kalkar)* *fig* köpekle yatan pireyle kalkar *(wörtl: wer mit einem Hund zu Bett geht, steht mit Flöhen auf)* *fig* körle yatan şaşı kalkar *(wörtl: wer mit einem Blinden zu Bett geht, steht schielend auf)* [**Bedeutung**: wer sich in Gefahr begibt, muss damit rechnen, dass dies Spuren hinterlässt; **Anlamı**: değersiz kötü kimselerle düşüp kalkan kötü huylar edinir]

wie Hund und Katze *(wörtl: köpek ile kedi gibi)* *fig* kedi ile köpek gibi *(wörtl: wie Katze und Hund)* [**Bedeutung**: sich oft streiten; sich nicht verstehen; **Anlamı**: birbiriyle geçinememek, anlaşamamak, devamlı didişmek]

wo die Hunde mit dem Schwanz bellen *(wörtl: köpeklerin kuyrukla havladığı yer)* *fig* kör itin öldüğü yer *(wörtl: dort, wo der blinde Köter gestorben ist)*

[**Bedeutung**: sehr abgelegen; an einem ganz entlegenen Ort; **Anlamı**: çok uzakta olan yer]

---

hundert yüz

hundert Jahre und kein bisschen weiser *(wörtl: yüz yaşında ve birazıcık bilge değil)* **fig** akıl yaşta değil, baştadır *(wörtl: der Verstand liegt nicht im Alter, sondern im Kopf; die Klugheit ist nicht im Alter, sondern in der Vernunft begründet)* [**Bedeutung**: auch ältere Menschen machen Fehler; **Anlamı**: akıllı olmanın yaşla ilgisi yoktur]

---

hundertachtzig yüz seksen

auf hundertachtzig sein *(wörtl: yüz seksende olmak)* **fig** zıvanadan çıkmak *(wörtl: aus der Hülse steigen)* **fig** tepesi atmak *(wörtl: jemandes Kopf wirft)* [**Bedeutung**: sehr wütend sein; sehr aufgebracht sein; **Anlamı**: sinirlenmek; öfkelenmek]

jemanden auf hundertachtzig bringen *(wörtl: birini yüz seksene getirmek)* **fig** birini çileden çıkarmak *(wörtl: jemanden aus seiner Askese bringen)* **fig** zıvanadan çıkarmak *(wörtl: aus der Hülse herausnehmen)* [**Bedeutung**: sehr wütend machen; ärgern; **Anlamı**: sinirlendirmek; öfkelendirmek]

Hunger açlık

Hunger ist der beste Koch *(wörtl: açlık en iyi aşçıdır)* **fig** aç olana acı soğan baklava *(wörtl:dem Hungrigen bittere Zwiebeln und Baklawa)* [**Bedeutung**: wer hungrig ist, dem schmeckt auch weniger gutes Essen; man Hunger hat, isst man etwas, obwohl es einem nicht schmeckt; **Anlamı**: aç kalmış kişinin gözünde herşey değerlidir]

Hunger macht saure Bohnen süß *(wörtl: açlık, ekşi fasulyeyi tatlı yapar)* **fig** aça kuru ekmek bal helvası gibi gelir *(wörtl: dem Hungrigen kommt das trockene Brot wie Honig-Halva vor)* **fig** aça arpa ekmeği etten lezzetli gelir *(wörtl: dem Hungrigen ist das Gerstenbrot leckerer als Fleisch)* [**Bedeutung**: wenn man Hunger hat, dann sind ungenießbare Sachen genießbar; **Anlamı**: aç insan için her şey lezzetlidir]

am Hungertuch nagen *(wörtl: açlık bezini kemirmek)* **fig** açlıktan nefesi kokmak *(wörtl: jemandem stinkt der Atem wegen Hunger)* [**Bedeutung**: Not leiden; **Anlamı**: yoksulluk içinde bulunmak]

der Hunger treibts rein[1] *(wörtl:açlık içine güder)* **fig** aç olana acı soğan baklava *(wörtl:dem Hungrigen bittere Zwiebeln und Baklawa)* [**Bedeutung**: weil man Hunger hat, isst man etwas, obwohl es einem nicht schmeckt; **Anlamı**: aç kalmış kişinin gözünde herşey değerlidir]

der Hunger treibts rein[2] *(wörtl: açlık içine güderir/sürer)* **fig** acıkmış kudurmuştan beterdir *(wörtl: der, der Hunger hat, ist schlimmer als einer, der Tollwut hat)* [**Bedeutung**: wer Hunger hat, isst alles; **Anlamı**: uzun zaman bir şeyin yokluğunu çeken kişi, kudurmuş gibi ona saldırır, gözü başka şey görmez]

es wird jemandem vor (lauter) Hunger schwarz vor (den) Augen *(wörtl: birinin açlıktan gözleri kararmak)* **fig** açlıktan gözleri kararmak *(wörtl: vor Hunger schwarz sehen)*

[**Bedeutung**: sehr hungrig sein; **Anlamı**: çok acıkmak]

vor Hunger sterben *fig* açlıktan ölmek
[**Bedeutung**: sehr hungrig sein; **Anlamı**: çok acıkmak]

am Hungertuch nagen *(wörtl: açlık bezini kemirmek)* *fig* açlık çekmek *(wörtl: Hunger leiden)* *fig* açlıktan nefesi kokmak *(wörtl: vor lauter Hunger stinkt sein Atem)*
[**Bedeutung**: arm sein; **Anlamı**: yoksulluk içinde bulunmak]

Mordshunger haben *(wörtl: korkunç/müthiş aç olmak)* *fig* açlıktan imanı gevremek *(wörtl: vor Hunger bröckelt sein Glaube)*
[**Bedeutung**: einen Riesenhunger haben; **Anlamı**: çok acıkmak]

für einen Hungerlohn arbeiten *(wörtl: açlık ücreti karşılığı çalışmak)* *fig* boğaz tokluğuna çalışmak *(wörtl: arbeiten, um den Hals voll zu kriegen)*
[**Bedeutung**: für seine Arbeit schlecht bezahlt werden; **Anlamı**: karın tokluğuna çalışmak]

---

hungrig aç

der Satte versteht den Hungrigen nicht *(wörtl: tok, açı anlamaz)* *fig* tok, açın hâlinden bilmez /anlamaz *(wörtl: der Satte weiß/versteht nicht vom Zustand des Hungrigen)* *fig* var ne bilsin yok hâlinden *(wörtl: woher soll das Vorhanden wissen, wie es dem Nichtvorhandenem geht)*
[**Bedeutung**: wer nie Hunger erleiden musste, kann nicht verstehen, wie es ist, nichts zum Essen zu haben; **Anlamı**: varlıklı olanlar, yoksulların ne büyük geçim sıkıntısı içinde bulunduklarını bilmezler]

einem hungrigen/leeren Magen ist schlecht predigen *(wörtl: aç karnına kötü vaaz verilir)* *fig* açın imanı olmaz *(wörtl: der Hungrige kennt keinen Glauben)* *fig* aç ayı oynamaz *(wörtl: der hungrige Bär tanz nicht/der hungrige Bär bewegt sich nicht)* *fig* boş çuval dik durmaz *(wörtl: der leere Jutesack steht nicht aufrecht)*
[**Bedeutung**: wer Hunger hat, ist nicht zugänglich für Religion und Moral; **Anlamı**: kendisinden iş beklenen kimseden emeğin karşılığı esirgenmemelidir; karnı doymayan kimse çalışmaz]

---

hüpfen zıplamak

gehüpft wie gesprungen sein *(wörtl: atlamış gibi zıplamış olmak)* *fig* aynı kapıya çıkmak *(wörtl: zur selben Tür führen)*
[**Bedeutung**: zum gleichen Ergebnis führen; eins ist so gut wie das andere; **Anlamı**: aynı sonuca varmak]

Hut şapka

Hut ab! *(wörtl: şapkayı çıkar)* *fig* helal olsun! *(wörtl: es soll halal sein)*
[**Bedeutung**: Ausdruck der Anerkennung; Ausdruck von Respekt; **Anlamı**: bravo; doğrusu, işini çok iyi yapıyor; Fransızca'da: chapeau]

auf der Hut sein *(wörtl: şapkada olmak)* *fig* tetikte olmak *(wörtl: am Abzug sein/den Finger am Abzug haben)*
[**Bedeutung**: vorsichtig sein; aufpassen; **Anlamı**: her an uyanık ve hazır bulunmak]

das kannst du einem erzählen, der keine Krempe am Hut hat *(wörtl: onu, şapkasında siperi olmayan*

213

birine anlatabilirsin) **fig** külahıma
anlat! *(wörtl: erzähl es meiner Tüte!)*
fig onu benim külahıma anlat! *(wörtl:
erzähl es meiner Tüte!)*
[**Bedeutung**: sagt man, wenn man
eine Sache nicht recht glauben kann;
Anlamı: söylediklerinin hiçbirine
inanmıyorum]

den Hut ziehen *(wörtl: şapkayı
çekmek)* **fig** şapka çıkarmak *(wörtl:
den Hut abnehmen)*
[**Bedeutung**: vor jemandem/etwas
große Achtung haben; **Anlamı**: bir
söz veya durum karşısında
söyleyecek sözü kalmamak ve takdir
etmek]

etwas aus dem Hut ziehen /zaubern
*(wörtl: bir şeyi şapkasından çekip
çıkarmak)* **fig** yoktan var etmek
*(wörtl: aus dem Nichts entstehen
lassen)*
[**Bedeutung**: etwas hervorbringen,
herbeischaffen; **Anlamı**: yaratmak;
ortaya çıkarmak]

mit etwas nichts am Hut haben
*(wörtl: bir şeyle şapkasında bir şeyi
olmamak)* **fig** o tarakta bezi olmamak
*(wörtl: keinen Lappen bei dem Kamm
haben)* [**Bedeutung**: mit etwas nichts
zu tun haben; **Anlamı**: o şeyle
uğraşmamak, o şeyle ilişiği
bulunmamak]

**mit jemandem nichts am Hut
haben** *(wörtl: biriyle şapkasında bir
şeyi olmamak)* **fig** selamı sabahı
olmamak *(wörtl: keinen Gruß und
keinen Morgen haben)* [**Bedeutung**:
mit jemandem nichts zu tun haben;
Anlamı: biriyle ilişkisi olmamak]

(so) klein mit Hut sein/werden
*(wörtl: şapka ile (öylesine) küçük
olmak)* **fig** tükürdüğünü yalamak
*(wörtl: seine eigene Spucke
ablecken)*

[**Bedeutung**: einen Rückzieher
machen; seinem Versprechen nicht
stehen; aus Angst etwas lieber nicht
tun; **Anlamı**: verdiği sözden
benliğini küçülterek geri dönmek]

unter einen Hut bringen[1] *(wörtl: bır
şapka altına getirmek)* **fig** bir araya
getirmek *(wörtl: zusammenbringen)*
[**Bedeutung**: zusammenbringen;
Anlamı: toplamak]

unter einen Hut bringen[2] *(wörtl: bır
şapka altına getirmek)* **fig** ahenk
kurmak *(wörtl: Harmonie bilden)*
[**Bedeutung**: in Übereinstimmung, in
Einklang bringen; **Anlamı**: uyuşma
sağlamak, anlaşma sağlamak]

hüten korumak

**jemanden wie seinen Augapfel
hüten** *fig* birine gözbebeği gibi
bakmak
[**Bedeutung**: jemanden besonders
sorgsam behüten; **Anlamı**: bir
kimseye çok önem ve değer vermek,
onu sevmek ve korumak]

Hutschnur şapka sicimi

**jemandem über die Hutschnur
gehen** *(wörtl: birinin şapka sicimi
üzerinden geçmek)* **fig** canına tak
demek/etmek *(wörtl: jemandes Seele
sagt/macht Tak)*
[**Bedeutung**: jemandem zu weit
gehen, über das erträgliche Maß
hinausgehen; **Anlamı**: dayanamaz
duruma gelmek, sabrı kalmamak]

Hütte kulübe

welch Glanz in meiner Hütte!
(wörtl: kulübemde bu ne parlaklık!)
fig ayağına sıcak su mu, soğuk su mu
dökelim? *(wörtl: sollen wir auf
deinen Fuß warmes oder kaltes
Wasser gießen?)* **fig** yüzünü gören

cennetlik *(wörtl: zum Himmel, wer dein Gesicht sieht)*
[**Bedeutung**: sagt man zu jemandem, der nicht wie erwartet oder zugesagt, auftaucht; Begrüßung eines selten erscheinenden Besuchers; **Anlamı**: seyrek gelen bir konuğa yarı sitem, yarı sevinçle söylenen söz]

I

---

ich ben

ich für meinen Teil ... *fig* kendi payıma
[**Bedeutung**: was mich betrifft ...; **Anlamı**: düşünceme göre; bana sorarsanız; bana kalırsa]

ich kenne meine Pappenheimer *(wörtl: ben Pappenheimlılarımı bilirim) fig* ben bilmez miyim güttüğüm domuzun huyunu *(wörtl: ich weiß, wie das Schwein ist, das ich treibe) fig* atam bilir atasını, ben bilirim ötesini *(wörtl: meine Vorfahren kennen seine, ich kenne die Weiteren) fig* ne çiçektir, biliriz *(wörtl: wir wissen, was für eine Blume er/sie ist) fig* ne mal olduğunu biliriz *(wörtl: wir wissen, was für eine Ware er/sie ist)*
[**Bedeutung**: ich kenne sie mit ihren Schwächen genau und weiß, was ich von ihnen zu erwarten habe; jemanden aufgrund typischer Eigenschaften und langer Erfahrung einschätzen; **Anlamı**: yıllardır tanıdığım bir kimsenin huylarını da bilirim; soyunu sopunu, ne mal olduklarını bilirim]

ich kenne meine Schweine am Gang *(wörtl: ben domuzlarımı gidişlerinden tanırım) fig* ben bilmez miyim güttüğüm domuzun huyunu

(wörtl: ich weiß, wie das Schwein ist, das ich treibe)
[**Bedeutung**: ich kenne sie mit ihren Schwächen genau und weiß, was ich von ihnen zu erwarten habe; jemanden aufgrund typischer Eigenschaften und langer Erfahrung einschätzen; **Anlamı**: yıllardır tanıdığım bir kimsenin huylarını da bilirim]

werde du erstmal so alt wie ich *(wörtl: ilkönce bir benim yaşıma gel de) fig* sen giderken ben geliyordum *(wörtl: als du weggingst, war ich auf dem Rückweg)*
[**Bedeutung**: ich habe mehr Erfahrung als du; **Anlamı**: bu oyunları senden iyi biliyorum]

wie du mir, so ich dir[1] *(wörtl: bana neysen, sana oyum) fig* ne ekersen onu biçersin *(wörtl: was du säst, wirst du ernten)*
[**Bedeutung**: so wie du dich verhältst, wird man dich behandeln; **Anlamı**: nasıl davranırsan öyle karşılık görürsün]

wie du mir, so ich dir[2] *(wörtl: sen bana nasılsan ben de sana öyleyim) fig* el elden kalmaz, dil dilden kalmaz *(wörtl: die eine Hand bleibt nicht der anderen fern, die eine Zunge bleibt der anderen nicht fern)*
[**Bedeutung**: so schlecht, wie du dich mir gegenüber verhältst, so verhalte ich mich auch dir gegenüber; **Anlamı**: bir kişi başkasına vurursa o da ona vurur, başkasına kötü söz söylerse diğeri de kendisine kötü söz söyler]

Igel kirpi

passen wie der Igel zum Taschentuch/Handtuch *(wörtl: kirpi mendile/havluya nasıl uymuyorsa öyle uymak) fig* kel başa şimşir tarak olmak *(wörtl: ein Kamm aus Buchsbaum für den kahlen Kopf sein)* [**Bedeutung**: überhaupt nicht passen; **Anlamı**: birbirine hiç uymamak]

---

immer hep

immer dieselbe Leier *(wörtl: hep aynı dırdır)* ***fig*** ayının kırk türküsü var, kırkı da ahlat üzerine *(wörtl: der Bär hat vierzig Lieder, alle vierzig besingen die Holzbirne)* ***fig*** hep aynı nakarat *(wörtl: immer wieder derselbe Refrain/Kehrreim)* [**Bedeutung**: etwas Unangenehmes wiederholt sich fortlaufend; **Anlamı**: bir kimse hep aynı şeyi anlatır]

jemandem immer nur vor den Kopf schauen/gucken können *(wörtl: sürekli birisinin kafasının önüne bakabilmek)* ***fig/derb*** kavun değil ki götünü koklayasın! *(wörtl: es ist keine Honigmelone, dass man deren Arsch riechen kann)* [**Bedeutung**: nicht erfassen können, was andere Menschen denken; **Anlamı**: nasıl bir kişi olduğunu dış görünüşünden anlayamayız ki!]

schlimmer geht immer *(wörtl: hep daha kötüsü olur)* ***fig*** beterin beteri var *(wörtl: es gibt Schlimmeres als schlimmer)* [**Bedeutung**: bei allem Negativen ist noch eine Steigerung möglich; **Anlamı**: çok kötü bir durumun daha da kötüsü vardır]

---

innen iç

außen fix, innen nix *(wörtl: dışı hep, içi hiç)* ***fig*** dışı hoca, içi baca *(wörtl: außen Hodscha, innen Schornstein)* [**Bedeutung**: auf den ersten Blick gut, in Wirklichkeit schlecht; **Anlamı**: kendini temiz gibi gösteriyor ama kirli bir kişi]

außen hui, innen pfui ***fig*** dışı kalaylı, içi alaylı *(wörtl: das Äußere ist verzinnt, das Innere ist scherzhaft)* ***fig*** dışı eli yakar, içi beni *(wörtl: das Äußere verbrennt den Fremden, das Innere mich)* [**Bedeutung**: auf den ersten Blick gut, in Wirklichkeit schlecht; **Anlamı**: dışı süslü, güzel görünüşlü, ama içi berbat; görünüşe aldanmamalı]

---

irren şaşmak, yanılmak

Irren ist menschlich *(wörtl: yanılmak insancıldır)* ***fig*** beşer şaşar *(wörtl: der Mensch irrt sich)* ***fig*** insan beşer, kuldur şaşar *(wörtl: der Mensch ist Mensch, er ist Untertan und irrt sich)* ***fig*** hatasız kul olmaz *(wörtl: fehlerlose Untertanen gibt es nicht)* [**Bedeutung**: jeder kann sich mal irren; **Anlamı**: insan her zaman yanılabilir]

J

Ja evet

zu allem Ja und Amen sagen ***fig*** herşeye amenna demek ***fig*** Ahfeş'in keçisi gibi başını sallamak *(wörtl: den Kopf schütteln wie die Ziege von Ahfesch)* [**Bedeutung**: allem kritiklos zustimmen; sich mit allem abfinden; **Anlamı**: her şeye öyledir, doğru, diyecek yok demek]

Jacke ceket

Jacke wie Hose sein *(wörtl: ha ceket ha pantolon olmak)* ***fig*** bir kapıya çıkmak *(wörtl: zu der einen Tür gehen)*

[**Bedeutung**: keinen Unterschied machen; **Anlamı**: aynı olmak; aynı sonuca varmak]

Jagdgründe av toprakları

in die ewigen Jagdgründe eingehen *(wörtl: sonsuz av topraklarına girmek) fig* ebediyete intikal etmek *(wörtl: in die Ewigkeit übergehen) fig* tahtalı köyü boylamak *(wörtl: im Dorf aus Holz landen)* [**Bedeutung**: sterben; **Anlamı**: ölmek]

---

jagen avlanmak

sich nicht ins Bockshorn jagen lassen *(wörtl: teke boynuzuna avlanmamak) fig* gürültüye pabuç bırakmamak *(wörtl: keinen Schuh dem Lärm überlassen)* [**Bedeutung**: sich keine Angst machen lassen; sich nicht den Mut nehmen lassen; **Anlamı**: telaşsız, korkusuz dilediğince davranmak]

Jäger avcı

der Jäger wird zum Gejagten *(wörtl: avcı, avlanan olur) fig* ava giden avlanır *(wörtl: wer auf die Jagd geht, wird gejagt)* [**Bedeutung**: mit der gleichen Methode, mit der man angegriffen wird, greift man seinerseits an; **Anlamı**: çıkarını başkalarına zarar vermekte arayan kimse, o zarara kendisi uğrar]

---

jede her

jeder Abel hat seinen Kain *(wörtl: her Habil'in bir Kabil'i vardır) fig* her firavunun bir Musa'sı çıkar *(wörtl: jeder Pharao hat seinen Moses)* [**Bedeutung**: es gibt immer einen Guten, der den Bösen besiegt; **Anlamı**: insanı zalimce davranan

birinden kurtaracak bir kimse her zaman bulunur]

jeder findet seinen Meister *(wörtl: herkes üstadını bulur) fig* akıl akıldan üstündür *(wörtl: ein Verstand ist überlegener als der andere Verstand) fig* el elden üstündür *(wörtl: eine Hand ist überlegener als die andere Hand) fig* avcı kediye kurnaz fare *(wörtl: für die Jägerin Katze eine schlaue Maus)* [**Bedeutung**: es gibt immer einen, der besser ist als man selbst; **Anlamı**: insan, kendisinden daha üstün bir başkasının da olabileceğini bilmelidir; bir kimsenin aklına gelmeyen çare, başka birinin aklına gelebilir]

jeder ist sich selbst der Nächste *(wörtl: her kimsenin kendisi sırada önce gelir) fig* can cümleden aziz *(wörtl: die Person ist heiliger als alle zusammen)* [**Bedeutung**: jeder denkt zuerst an sich selbst; **Anlamı**: insanın kendisi herkesten daha değerlidir; **Anlamı**: insanın kendisi herkesten daha değerlidir]

---

jetzt şimdi

jetzt ist die Axt am Baum *(wörtl: artık balta ağaçta) fig* ateş bacayı sarmak *(wörtl: das Feuer hat den Schornstein ergriffen)* [**Bedeutung**: jetzt ist der Zeitpunkt erreicht, wo wir ein Problem haben; die Grenze des Erträglichen ist erreicht; **Anlamı**: tehlikeli durum; önlenemeyecek bir durum almak]

jetzt ist der Bart ab *(wörtl: sakal gitti artık) fig* artık yeter *(wörtl: es reicht nun; nun ist es genug) fig* yeter artık *(wörtl: es reicht nun; nun ist es genug) fig* dananın kuyruğu koptu

217

(wörtl: der Schwanz des Kalbes ist ab)
[**Bedeutung**: nun ist Schluss; nun ist's aber genug; **Anlamı**: daha fazla dayanılmayacağını belirtir]

---

jucken kaşıntı yapmak

wenn es den Kaiser juckt, so müssen die Völker sich kratzen *(wörtl: imparatorun bir yeri kaşıntı yapıyorsa halklar zorunlu olarak kaşınırlar)* **fig** imam osurunca cemaat sıçar *(wörtl: wenn der Imam furzt, kackt die ganze Gemeinde)* [**Bedeutung**: Untertanen müssen ihren Vorgesetzten gehorchen; **Anlamı**: yöneticilerin kötü bir iş yapmaları altlarının daha da kötü işler yapmalarına yol açar]

---

jung genç

jung gewohnt, alt getan *(wörtl: gençken alışmış, yaşlıyken yapmış)* **fig** insan yedisinde ne ise yetmişinde de odur *(wörtl: was der Mensch mit sieben ist, ist er auch mit siebzig)* **fig** sütle giren huy, canla çıkar *(wörtl: das Wesen, das durch Milch eingedrungen ist, geht mit dem Leben heraus)* [**Bedeutung**: was jemand in der Kindheit angewöhnt wurde, das fällt ihm später nicht schwer; **Anlamı**: kişinin küçükken edindiği huy, ölünceye kadar sürer]

im Herzen bleibt man immer jung *(wörtl: yürek her zaman genç kalır)* **fig** vücut kocar, gönül kocamaz *(wörtl: der Körper wird älter, das Herz nicht)* [**Bedeutung**: körperlich wird man älter, aber das Herz bleibt jung; **Anlamı**: insan yaşlanır, vücudu güçten düşer, ama gönlü yaşlanmaz, taze kalır]

wie ein junger Gott *(wörtl: genç bir tanrı gibi)* **fig** ilah gibi *(wörtl: wie Gott)* [**Bedeutung**: bei männlichen Personen: vollendet, dass er Bewunderung hervorruft; **Anlamı**: erkek için: çok yakışıklı]

Jungfer kız

Jungfern, die pfeifen, und Hühnern, die krähen, soll man beizeiten den Hals umdrehen *(wörtl: ıslık çalan kızları ve öten tavukları vakti gelince gırtlaklamak gerekir)* **fig** vakitsiz öten horozun başını keserler *(wörtl: dem Hahn, der zur Unzeit kräht, hackt man den Kopf ab)* [**Bedeutung**: alles muss zur richtigen Zeit gesagt werden; **Anlamı**: her söz yerinde ve zamanında söylenmelidir]

Jungfrau bakire

zu etwas kommen wie die Jungfrau zum Kind *(wörtl: bakire çocuğa geldiği gibi bir şeyi edinmek)* **fig** kısmeti ayağına (kadar) gelmek *(wörtl: sein Los kommt (bis) zu seinen Füßen)* [**Bedeutung**: etwas auf wundersame Weise erhalten; **Anlamı**: beklenmeyen bir nedenle kazançlı bir durumla karşılaşmak]

K

Kacke bok

auf die Kacke hauen *(wörtl: boka vurmak)* **fig** yüksekten atmak *(wörtl: von der Höhe werfen)* [**Bedeutung**: großspurig sein; angeben; **Anlamı**: yapamayacağı şeyleri yapabilirmiş gibi söylemek]

die Kacke ist am Dampfen *(wörtl: bok istim üstünde)* ***fig*** ateş bacayı sardı *(wörtl: das Feuer hat den Schornstein ergriffen)* ***fig*** alev bacayı sardı *(wörtl: die Flammen haben den Schornstein ergriffen)* ***fig/derb*** işler boktan *(wörtl: es ist Scheiße)* [**Bedeutung**: es gibt Unannehmlichkeiten; **Anlamı**: bir olay, önüne geçilemez, tehlikeli bir durum almak]

Kaiser imparator

wenn es den Kaiser juckt, so müssen die Völker sich kratzen *(wörtl: imparatorun bir yeri kaşıntı yapıyorsa halklar zorunlu olarak kaşınırlar)* ***fig*** imam osurunca cemaat sıçar *(wörtl: wenn der Imam furzt, kackt die ganze Gemeinde)* [**Bedeutung**: Untertanen müssen ihren Vorgesetzten gehorchen; **Anlamı**: yöneticilerin kötü bir iş yapmaları altlarının daha da kötü işler yapmalarına yol açar]

wo nichts ist, hat der Kaiser sein Recht verloren *(wörtl: bir şey olmayan yerde imparator hakkını kaybetmiş sayılır)* ***fig*** yanmış harmanın öşrü alınmaz *(wörtl: der Zahntel für das abgebrannte Heu wird nicht eingenommen)* ***fig*** ölü gözünden yaş ummak *(wörtl: Tränen aus dem Auge eines Toten erwarten)* [**Bedeutung**: von jemandem, der nichts hat, kann man auch nichts fordern; es ist sinnlos von jemandem Geld zu fordern, der keines hat; **Anlamı**: hiç olmayacak yerden, mümkün olmayan durumda yardım veya destek beklemek; olmayan bir şey için para alınmaz]

Kakao kakao

durch den Kakao ziehen *(wörtl: kakaodan geçirmek)* ***fig*** dalga geçmek *(wörtl: die Welle überwinden)* ***fig*** gır gıra almak ***fig*** gır gır geçmek [**Bedeutung**: jemanden veralbern; sich über jemanden lustig machen; **Anlamı**: biriyle alay etmek]

Kalb dana

Augen machen wie ein gestochenes Kalb *(wörtl: bıçaklanmış dana gibi göz yapmak)* ***fig*** öküzün trene baktığı gibi bakmak *(wörtl: wie ein Ochse den Zug anschauen)* [**Bedeutung**: ahnungslos/ratlos dreinschauen; töricht dreinschauen; **Anlamı**: hiçbir şey anlamadan bakmak]

---

kalt soğuk

kalt/eiskalt erwischen *(wörtl: soğuk/buz gibi yakalamak)* ***fig*** gafil avlamak *(wörtl: geistesabwesend fangen)* [**Bedeutung**: jemanden unerwartet treffen; **Anlamı**: birini umulmadık bir zamanda yakalamak]

kalte Füße bekommen/kriegen *(wörtl: ayakları soğumak)* ***fig*** gözü korkmak *(wörtl: jemandes Auge fürchtet sich)* [**Bedeutung**: ein Vorhaben aufgeben, weil man Bedenken, Angst bekommen hat; **Anlamı**: daha önce geçirdiği kötü bir denemeden sonra zarar gelebileceği kanısına varmak]

jemandem die kalte Schulter zeigen *(wörtl: birine soğuk omzunu göstermek)* ***fig*** birine dirsek çevirmek *(wörtl: jemandem den Ellbogen hindrehen)* ***fig*** birine sırt çevirmek *(wörtl: jemandem den Rücken zuwenden)* ***fig*** soğuk davranmak *(wörtl: sich kühl verhalten)*

[**Bedeutung**: einer Person keine Beachtung (mehr) schenken; jemanden zurückweisen, jemanden abblitzen lassen; **Anlamı**: birlikte iş yaptığı kişiyi uzaklaştıracak davranışlarda bulunmak]

wie eine kalte Dusche wirken *(wörtl: soğuk duş etkisi yapmak)* *fig* tepesinden kaynar su dökülmek *(wörtl: kochendes Wasser von seinem Kopf gegossen werden)* [**Bedeutung**: eine Enttäuschung; Ernüchterung für jemanden sein; **Anlamı**: üzücü bir durumun sıkıntısından ter içinde kalmak]

Kamel deve

eher geht ein Kamel durch das Nadelöhr, als dass ... *(wörtl: -den önce deve iğne deliğinden geçer)* *fig* balık kavağa çıktığı vakit kösenin de sakalı biter *(wörtl: wenn der Fisch auf die Pappel steigt, wird der Bart des Bartlosen wachsen)* [**Bedeutung**: es ist unmöglich; **Anlamı**: başarılması imkansız olan bir işten olumlu bir sonuç beklenmez]

---

kämpfen mücadele etmek

gegen Dummheit kämpfen Götter selbst vergebens *(wörtl: tanrılar bile aptallığa karşı boşuna mücadele ederler)* *fig* cahile söz/laf anlatmak, deveye hendek atlatmaktan güçtür *(wörtl: dem Ignoranten etwas klarmachen, ist schwieriger als das Kamel über den Graben springen zu lassen)* [**Bedeutung**: debile oder unkluge Verhaltensweisen können häufig trotz großer Bemühungen nicht geändert werden; **Anlamı**: cahile söz anlatmak çok zordur]

mit der Dummheit kämpfen Götter selbst vergebens *(wörtl: tanrılar bile aptallıkla boşuna mücadele ederler)* *fig* cahile söz/laf anlatmak, deveye hendek atlatmaktan güçtür *(wörtl: dem Ignoranten etwas klarmachen, ist schwieriger als das Kamel über den Graben springen zu lassen)* [**Bedeutung**: debile oder unkluge Verhaltensweisen können häufig trotz großer Bemühungen nicht geändert werden; **Anlamı**: cahile söz anlatmak çok zordur]

mit/gegen Windmühlen kämpfen *(wörtl: yel değirmenleriyle dövüşmek)* *fig* havada su dövmek *(wörtl: im Mörser Wasser schlagen)* *fig* haybeye kürek çekmek *(wörtl: sinnlos rudern)* [**Bedeutung**: einen sinnlosen Kampf führen; keine Aussicht auf Erfolg haben; **Anlamı**: boşuna uğraşmak]

Kamm tarak

alles über einen Kamm scheren *(wörtl: herşeyi bır tarağın üzerinde kırkmak)* *fig* aynı kefeye koymak *(wörtl: in dieselbe Waagschale stellen)* *fig* herkesi aynı kefeye koymak *(wörtl: alle in dieselbe Waagschale stellen)* *fig* herkesi aynı potada eritmek *(wörtl: alle in einem Schmelztiegel schmelzen)* [**Bedeutung**: alles gleich behandeln und dabei wichtige Unterschiede nicht beachten; **Anlamı**: önemli fark gözetmeksizin herkese aynı davranmak]

Kanal kanal

den Kanal volllaufen lassen *(wörtl: kanalı su altına almak)* *fig* kafayı çekmek *(wörtl: den Kopf ziehen)* [**Bedeutung**: sich betrinken; Alkohol trinken; **Anlamı**: içki içmek; alkol içmek]

220

Kandare gem

jemanden an der Kandare haben/halten *(wörtl: birini yularından tutmak)* *fig* yuları birinin elinde olmak *(wörtl: die Kandare ist in der Hand von jemandem)* [**Bedeutung**: jemanden unter Kontrolle haben, ihm keine Freiheit lassen; **Anlamı**: bir kimsenin davranışları birinin denetiminde olmak]

jemanden an die Kandare nehmen *fig* birine gem vurmak *fig* gemini kısmak [**Bedeutung**: jemanden streng behandeln; **Anlamı**: birinin taşkınlığını önlemek; bir kimsenin üstündeki baskıyı artırmak]

Kanne testi, ibrik, güğüm

volle Kanne[1] *(wörtl: dolu ibrik)* *fig* tam gaz *(wörtl: ganzes Gas)* [**Bedeutung**: mit voller Kraft, Geschwindigkeit; **Anlamı**: hızlı olarak, hızla]

volle Kanne[2] *(wörtl: dolu ibrik)* *fig* tam gaz *(wörtl: ganzes Gas)* [**Bedeutung**: mit voller Geschwindigkeit; **Anlamı**: hızlı olarak, hızla]

wie aus Kannen gießen *(wörtl: testiden/ibrikten/güğümden boşanırcasına yağmak)* *fig* bardaktan boşanırcasına yağmak *(wörtl: es regnet strömend aus einem Trinkglas)* [**Bedeutung**: sehr stark regnen; **Anlamı**: şiddetli yağmak]

Kanone top

mit Kanonen auf Spatzen schießen *(wörtl: toplarla serçelere ateş etmek)*

fig vur deyince öldürmek *(wörtl: gleich töten, wenn man nur schlag zu sagt)* *fig* kantarın topunu kaçırmak *(wörtl: die Kugel der Waage verpassen)* [**Bedeutung**: übertreiben; **Anlamı**: abartmak; ölçüyü kaçırmak]

unter aller Kanone *(wörtl: her topun altında)* *fig/derb* bombok *(wörtl: beschissen)* *fig/derb* bok yemenin Arapçası *(wörtl: Mist bauen auf Arabisch)* [**Bedeutung**: sehr schlecht; **Anlamı**: çok kötü; yakışıksızlığın büyüğü]

Kanossa ↑ **Gang nach Canossa**

Kante kenar

auf Kante nähen *(wörtl: kenar dikmek)* *fig* ucu ucuna getirmek *(wörtl: das eine Ende zum anderen bringen)* [**Bedeutung**: alles ist sehr knapp bemessen und kleine Abweichungen führen zum Scheitern des Plans; **Anlamı**: ancak yetişir olmak; hiç fazlası olmamak]

etwas auf die hohe Kante legen *(wörtl: bir şeyi yüksek bir kenara koymak)* *fig* bir şeyi bir köşeye atmak/koymak *(wörtl: etwas in eine Ecke werfen/stellen)* *fig* bir kenara koymak *(wörtl: auf die Seite legen)* [**Bedeutung**: einen bestimmten Geldbetrag beiseitelegen; **Anlamı**: gerektiğinde kullanılmak üzere bir yere koymak; biriktirmek]

(die) klare Kante zeigen *(wörtl: açıkça kenar göstermek)* *fig* çizgisinden sapmamak *(wörtl: nicht von seiner Linie abweichen)* [**Bedeutung**: einen eindeutigen Standpunkt einnehmen und sich dazu bekennen; **Anlamı**: görüşlerinden vazgeçmemek]

221

sich die Kante geben *(wörtl: kenarı almak)* *fig* kafa çekmek kafa/kafayı çekmek *(wörtl: den Kopf ziehen)* [**Bedeutung**: sich betrinken; **Anlamı**: alkol içmek]

Kantonist

ein unsicherer Kantonist sein *(wörtl: güvenilmez bir kantoncu olmak)* *fig* bir dalda durmamak *(wörtl: auf keinem Zweig stehen)* [**Bedeutung**: jemand, auf den kein Verlass ist, sein; **Anlamı**: sık sık iş, tutum ya da düşünce değiştirmek]

Kapital sermaye

jemandes geistiges Kapital sein *(wörtl: birinin akli sermayesi olmak)* *fig* akıl adama/kişiye sermayedir [**Bedeutung**: jemandes professionell nutzbares Wissen sein; man muss klug sein; **Anlamı**: insanın giriştiği her işte en önemli araç akıldır;]

Kappe takke

auf jemandes Kappe gehen *(wörtl: takkesine gitmek)* *fig* birinin başının altından çıkmak *(wörtl: unter jemandes Kopf hervorkommen)* [**Bedeutung**: von jemandem zu verantworten sein; **Anlamı**: gizlice ve kurnazca kendisi hazırlamış olmak]

Narren gefällt seine Kappe *(wörtl: her budala kendi takkesini beğenir)* *fig* akılları pazara çıkarmışlar, herkes yine kendi aklını almış *(wörtl: die Verstande wurden auf den Markt gebracht, jeder kaufte seinen Verstand zurück)* [**Bedeutung**: jeder gefällt sich in seinen Eigenheiten; **Anlamı**: her insan, kendi aklına göre yaptığı işi başkasının aklına göre yapılan işten daha üstün görür]

Karawane kervan

die Hunde bellen, und/aber die Karawane zieht weiter *(wörtl: köpekler havlar ve/ama kervan yoluna devam eder)* *fig* it ürür, kervan yürür *(wörtl: der Köter heult, die Karawane zieht weiter)* [**Bedeutung**: unbeirrt von Widerstand oder Kritik verfolgt man den richtig befundenen Kurs weiter; **Anlamı**: doğru yolda yürüyenleri aşağılık kimselerin saldırısı engelleyemez]

Karte iskambil kâğıdı

alles auf eine Karte setzen *(wörtl: her şeyi bir kâğıda koymak)* *fig* rest çekmek *(wörtl: "all in" gehen)* *fig* varını yoğunu aynı işe yatırmak *(wörtl: sein ganzes Hab und Gut in dieselbe Sache investieren)* [**Bedeutung**: alles wagen; alles riskieren; es geht ums Ganze; **Anlamı**: öyle bir iş ki kişi sonunda ya imrenilecek bir duruma yükselir ya da batar; ya batarız, ya çıkarız]

die Karten aufdecken *(wörtl: kâğıtları açmak)* *fig* dilinin altındaki baklayı çıkarmak *(wörtl: die Saubohne unter der Zunge herausnehmen)* [**Bedeutung**: seine wahren Absichten, Pläne erkennen lassen; **Anlamı**: açık söylemekten kaçındığı bir sorunu açıklamak]

die Karten offen auf den Tisch legen *(wörtl: kâğıtları açık olarak masanın üstüne koymak)* *fig* dilinin altındaki baklayı çıkarmak *(wörtl: die Saubohne unter der Zunge herausnehmen)*

222

[**Bedeutung**: seine wahren Absichten, Pläne erkennen lassen; **Anlamı**: açık söylemekten kaçındığı bir sorunu açıklamak]

jemandem in die Karten spielen *(wörtl: birinin kağıtlarına oynamak)* *fig* koz vermek *(wörtl: Trumpf geben)* [**Bedeutung**: unbeabsichtigt für jemandes Vorteil sorgen; jemanden ungewollt begünstigen; **Anlamı**: birine elverişli durum sağlamak]

sich nicht in die Karten sehen/schauen/gucken lassen *(wörtl: kâğıtlarına baktırmamak) fig* karda gezip/yürüyüp izini belli etmemek *(wörtl: im Schnee gehen und seine Spuren nicht merken lassen)* [**Bedeutung**: seine Absichten, Pläne geheim zu halten wissen; **Anlamı**: yaptığı uygunsuz işi, kimsenin sezmeyeceği bir ustalıkla yapmak]

Kartoffel patates

die dümmsten Bauern haben/ernten die dicksten/größten Kartoffeln *(wörtl: en aptal çiftçiler, en büyük patateslere sahiptirler) fig* armudun iyisini ayı yer *(wörtl: die beste Birne isst der Bär)* [**Bedeutung**: Kommentar, wenn jemand mühelos und völlig unverdient Erfolg hat; **Anlamı**: güzel şeyler, genellikle ona yaraşır olmayanların eline geçer]

rein in die Kartoffeln, raus aus den Kartoffeln *(wörtl: ha patateslerin içine ha patateslerden dışarı) fig* yaz boz tahtasına çevirmek *(wörtl: in ein Puzzle-Brett verwandeln)* [**Bedeutung**: unwillige Bemerkung zu ständigen Veränderungen widersprüchlichen Entscheidungen; Bemerkung bei häufig wechselnden

Vorgaben; **Anlamı**: bir konuda arka arkaya birbirini tutmayan kararlar almak]

Kasse kasa

es ist Ebbe in der Kasse *(wörtl: kasadaki deniz inik) fig* kesenin dibi görünmek *(wörtl: man sieht den Boden des Beutels)* [**Bedeutung**: darin ist so gut wie kein Geld mehr; **Anlamı**: para tükenmek]

knapp bei Kasse sein *(wörtl: kasada az (para) olmak) fig* eli darda olmak *(wörtl: seine Hand in der Enge sein)* [**Bedeutung**: wenig Geld haben; **Anlamı**: paraca sıkıntıda bulunmak]

Kastanien kestane

(für jemanden) die Kastanien aus dem Feuer holen *(wörtl: biri için kestaneleri ateşten çıkarmak) fig* (birinin) maşası olmak *(wörtl: jemandes Feuerzange sein)* [**Bedeutung**: (für jemanden) eine unangenehme Aufgabe erledigen; **Anlamı**: sakıncalı bir işte biri tarafından araç olarak kullanılmak]

Kasten kasa

etwas auf dem Kasten haben *(wörtl: kasanın üstünde bir şeyi olmak) fig* elinden iş gelmek *(wörtl: von seiner Hand kommt Arbeit) fig* işini bilmek *(wörtl: seine Arbeit kennen)* [**Bedeutung**: viel können; kompetent sein; fähig sein; **Anlamı**: yapacağı iş için gerekli olan bılgısı olmak]

Katze kedi

alles für die Katz *(wörtl: her şey kedi için) fig* sıfıra sıfır, elde var sıfır *(wörtl: Null zu Null, ergibt eine Null)*

223

fig boşa gitmek *(wörtl: ins Leere gehen*
[**Bedeutung**: die Mühe ist vergeblich; **Anlamı**: bütün çabalar boşa gitti; istenilen sonuç elde edilemedi]

die Katze aus dem Sack lassen *(wörtl: kediyi torbadan çıkarmak) fig* ağzından baklayı çıkarmak *(wörtl: die Saubohne aus dem Mund nehmen)* [**Bedeutung**: eine Absicht, einen Plan, den man bisher verschwiegen hat, äußern; **Anlamı**: açık söylemekten kaçındığı bir sorunu açıklamak]

die Katze im Sack kaufen *(wörtl: kediyi torbada satın almak) fig* malı görmeden satın almak *(wörtl: die Ware kaufen, ohne sie zu sehen)* [**Bedeutung**: etwas ungeprüft kaufen; sich auf Unbekanntes einlassen; **Anlamı**: bir şeyi kontrol etmeden satın almak; bilmediği bir işe girişmek]

die Katze ist aus dem Sack *(wörtl: kedi torbadan çıktı) fig* takke düştü, kel göründü *(wörtl: die Mütze ist heruntergefallen, die Glatze hat sich gezeigt) fig* anlaşıldı Vehbi'nin kerrakesi *(wörtl: jetzt ist es klar, was Vehbi für einen Überwurf hat)* [**Bedeutung**: ein Geheimnis ist gelüftet; **Anlamı**: gerçek ortaya çıktı]

die Katze lässt das Mausen nicht *(wörtl: kedi fare tutmaktan vazgeçmez) fig* can çıkmadan/çıkmayınca huy çıkmaz *(wörtl: die menschliche Natur verlässt einen erst, wenn das Leben einen verlässt) fig* tilki tüyünü değiştirir, ama huyunu asla *(wörtl: der Fuchs wechselt sein Fell, aber niemals sein Wesen) fig* abdal düğünden, çocuk oyundan usanmaz *(wörtl: der Wanderdervisch wird Hochzeiten und das Kind des Spielens nicht überdrüssig)* [**Bedeutung**: jemand kann von einer Gewohnheit nicht lassen; **Anlamı**: insanı alışkanlıklarından vazgeçirmek mümkün değildir]

den Vogel, der morgens singt, holt abends die Katze *(wörtl: sabah öten kuşu akşam kedi yakalar) fig* vakitsiz öten horozun başını keserler *(wörtl: dem Hahn, der zur Unzeit kräht, hackt man den Kopf ab)* [**Bedeutung**: alles muss zur richtigen Zeit gesagt werden; **Anlamı**: her söz yerinde ve zamanında söylenmelidir]

für die Katz sein *(wörtl: kedi için olmak) fig* boşu boşuna olmak *(wörtl: für leer und wieder leer sein)* [**Bedeutung**: völlig umsonst; vergeblich sein; **Anlamı**: boş yere; gereksiz yere; olmak]

ist die Katze aus dem Haus, tanzen die Mäuse auf dem Tisch *(wörtl: kedi evden çıkınca fareler masanın üstünde oynar) fig* köpeksiz köye/sürüye kurt iner *(wörtl: in das hundlose Dorf kommt der Wolf) fig* köpeksiz sürüye kurt iner *(wörtl: zu der hundlosen Herde kommt der Wolf)* [**Bedeutung**: wenn keine Aufsicht da ist, macht jeder, was er will; sobald der Aufpasser nicht da ist, entsteht Unruhe; **Anlamı**: koruyucusuz kalan yere düşman girer]

vom Danke kann man keine Katze füttern *(wörtl: teşekkür ile kedi beslenemez) fig* lafla karın doymaz *(wörtl: durch Worte wird man nicht satt) fig* boş laf karın doyurmaz *(wörtl: leere Worte machen nicht satt)* [**Anlamı**: bir gayret göstermeden, emek vermeden sonuç alınamaz; **Bedeutung**: gute Taten sind dann etwas wert, wenn man sie auch tatsächlich tut]

wer morgens pfeift, den holt abends die Katze *(wörtl: sabahları öteni akşamları kedi alır)* *fig* vakitsiz öten horozun başını keserler *(wörtl: dem Hahn, der zur Unzeit kräht, hackt man den Kopf ab)* [**Bedeutung**: alles muss zur richtigen Zeit gesagt werden; **Anlamı**: her söz yerinde ve zamanında söylenmelidir]

wie Hund und Katze *(wörtl: köpek ile kedi gibi)* *fig* kedi ile köpek gibi *(wörtl: wie Katze und Hund)* [**Bedeutung**: sich oft streiten; sich nicht verstehen; **Anlamı**: birbiriyle geçinememek, anlaşamamak, devamlı didişmek]

Katzendreck kedi pisliği

kein Katzendreck sein *(wörtl: kedi pisliği olmamak)* *fig* az buz olmamak *(wörtl: nicht wenig Eis sein)* [**Bedeutung**: nicht wenig sein; **Anlamı**: azımsanacak kadar az olmamak]

Katzensprung *(wörtl: kedi atlayışı)* *fig* iki adımlık yol *(wörtl: ein Weg in zwei Schritten)* [**Bedeutung**: geringe Entfernung; **Anlamı**: kısa mesafe]

Katzentisch kedi masası

am Katzentisch sitzen *(wörtl: kedi masasında oturmak)* *fig* devre dışı kalmak *(wörtl: außerhalb des Schaltkreises bleiben)* *f* [**Bedeutung**: nicht einbezogen werden; nicht beteiligt werden; abseitsstehen; **Anlamı**: konudan uzak düşmek]

Kauf alım

etwas in Kauf nehmen[1] *fig* birşeye katlanmak

[**Bedeutung**: sich mit etwas Unangenehmen, Nachteiligem im Hinblick auf andere Vorteile abfinden; **Anlamı**: hoş olmayan bir duruma, güç şartlara dayanmak, tahammül etmek]

etwas in Kauf nehmen[2] *(wörtl: satın almak)* *fig* göze almak *(wörtl: aufs/ins Auge nehmen)* [**Bedeutung**: riskieren; wagen; etwas hinnehmen; **Anlamı**: her türlü zararı önceden kabul etmek]

Kegel hedef labut

mit Kind und Kegel *(wörtl: çocuk ve hedef lobutla)* *fig* çoluk çocukla [**Bedeutung**: mit der ganzen Familie; **Anlamı**: ailece]

Kehle boğaz

einen Kloß in der Kehle haben *(wörtl: boğazında bir topak olmak)* *fig* boğazına bir yumruk gelip oturmak *(wörtl: jemandem kommt eine Faust in den Hals und setzt sich hin)* *fig* boğazına bir yumruk tıkanmak *(wörtl: jemandem eine Faust in den Hals hıneingestopft werden)* [**Bedeutung**: nicht sprechen können; **Anlamı**: konuşamaz olmak; sesi çıkmamak]

etwas in die falsche Kehle bekommen/kriegen *(wörtl: bir şey yanlış boğaza girmek)* *fig* bir şeyi tersinden okumak *(wörtl: etwas falsch herum lesen)* [**Bedeutung**: etwas missverstehen und ärgerlich werden; eine Äußerung eines anderen falsch auffassen; **Anlamı**: bir şeyi yanlış anlamak]

jemandem sitzt das Messer an der Kehle *(wörtl: bıçak birinin gırtlağında)* *fig* bıçak kemiğe dayandı *(wörtl: das Messer drückt auf den Knochen)* [**Bedeutung**: jemand ist in höchster Bedrängnis; **Anlamı**: durum artık katlanılmaz olmak]

kehren süpürmek

unter den Teppich kehren *(wörtl: halının altına süpürmek) fig* (bir şeyi) hasıraltı etmek *(wörtl: etwas unter die Strohmatte tun) fig* örtbas etmek *(wörtl: vertuschen)* [**Bedeutung**: etwas vertuschen; **Anlamı**: iyi olmayan bir işin duyulmaması için gereken tedbirleri almak]

vor der eigenen Tür kehren/fegen *(wörtl: kendi kapısı önünde süpürmek) fig* kendi işine bakmak *(wörtl: sich um seine eigenen Angelegenheiten kümmern)* [**Bedeutung**: sich um seine eigenen Angelegenheiten kümmern; **Anlamı**: başkaların işine karışmamak]

Kehrseite ters yüz

die Kehrseite der Medaille *fig* madalyanın ters/öteki yüzü [**Bedeutung**: das Nachteilige an einer an sich vorteilhaften Sache; **Anlamı**: olumlu bir durumun, işin ya da olayın düşünülmesi, hesaba katılması gereken olumsuz yüzü]

Keil kama

einen Keil zwischen jemanden und jemanden treiben[1] *(wörtl: bir kimse ile diğer bir kimse arasına kama sokmak) fig* arasını/aralarını açmak/bozmak *(wörtl: ihnen den Zwischenraum eröffnen/stören)* [**Bedeutung**: das freundschaftliche Verhältnis stören; **Anlamı**: iki kişi arasındaki dostluğu, ilişkiyi bozmak]

einen Keil zwischen jemanden und jemanden treiben[2] *(wörtl: bir kimse ile diğer bir kimse arasına kama sokmak) fig* tavşana kaç, tazıya tut demek *(wörtl: dem Hasen sagen, dass er weglufen soll, dem Windhund sagen, dass er fangen soll) fig* fit sokmak [**Bedeutung**: Unruhe stiften; zwei Parteien gegeneinander ausspielen; zwei Menschen oder Parteieen mit widersprüchlichen Ansichten miteinender in einen Konflikt bringen, um dann diese Situation zum eigenen Vorteil zu nutzen; **Anlamı**: iki yanı birbirine karşı kışkırtmak]

Keim filiz

etwas im Keim ersticken *(wörtl: bir şeyi daha filiz verirken bastırmak) fig* köküne kibrit suyu dökmek *(wörtl: die Wurzel mit Streichholzwasser begießen) fig* kökünü kurutmak *(wörtl: die Wurzel trockenlegen) fig* baş göstermeden bastırmak *fig* başını ezmek [**Bedeutung**: etwas schon im Entstehen unterdrücken, nicht zur Entfaltung kommen lassen unaufschiebbar; **Anlamı**: bir daha ortaya çıkamayacak biçimde yok etmek]

Keks bisküvi

jemandem auf den Keks gehen *(wörtl: birinin bisküvisine gitmek) fig* birinin gıcığına gitmek *(wörtl: jemandem auf den Frosch im Hals gehen) fig* birini gıcık etmek *(wörtl: jemanden zum Frosch im Hals machen)* [**Bedeutung**: jemandem äußerst lästig werden; **Anlamı**: birini sinirlendirmek, kızdırmak]

Keller bodrum

Leichen im Keller haben *(wörtl: bodrumda cesetler olmak) fig* yüzü ak olmamak *(wörtl: kein weißes Gesicht haben)* [**Bedeutung**: etwas Unrechtes, Schlimmes getan haben; eine Belastung aus der Vergangenheit haben; **Anlamı**: suçu veya utanılacak bir durumu olmak]

---

kennen bilmek

ich kenne meine Pappenheimer *(wörtl: ben Pappenheimlılarımı bilirim) fig* ben bilmez miyim güttüğüm domuzun huyunu *(wörtl: ich weiß, wie das Schwein ist, das ich treibe)* [**Bedeutung**: ich kenne sie mit ihren Schwächen genau und weiß, was ich von ihnen zu erwarten habe; jemanden aufgrund typischer Eigenschaften und langer Erfahrung einschätzen; **Anlamı**: yıllardır tanıdığım bir kimsenin huylarını da bilirim]

ich kenne meine Schweine am Gang *(wörtl: ben domuzlarımı gidişlerinden tanırım) fig* ben bilmez miyim güttüğüm domuzun huyunu *(wörtl: ich weiß, wie das Schwein ist, das ich treibe)* [**Bedeutung**: ich kenne sie mit ihren Schwächen genau und weiß, was ich von ihnen zu erwarten habe; jemanden aufgrund typischer Eigenschaften und langer Erfahrung einschätzen; **Anlamı**: yıllardır tanıdığım bir kimsenin huylarını da bilirim]

Indianer kennt keinen Schmerz *(wörtl: kızılderili acı bilmez) fig* kendi düşen ağlamaz *(wörtl: wer hinfällt, weint nicht)* [**Bedeutung**: das sagt man, wenn man über eine kleine Verletzung

übermäßig viel jammert, **Anlamı**: kendi davranışı dolayısıyla zarara uğrayan birinin bundan yakınmaya hakkı olmaz]

wie seine Westentasche kennen *(wörtl: yeleğinin cebi gibi bilmek) fig* avcunun içi gibi bilmek *(wörtl: wie seine Handfläche kennen)* [**Bedeutung**: sehr genau kennen; **Anlamı**: çok iyi ve ayrıntılı bilmek]

Kerbe çentik, kertik

in dieselbe/die gleiche Kerbe hauen/schlagen *(wörtl: aynı kertiğe vurmak) fig* aynı telden çalmak *(wörtl: dieselbe Saite spielen) fig* aynı ağzı kullanmak *(wörtl: denselben Mund benutzen)* [**Bedeutung**: die gleiche Auffassung vertreten und dadurch jemanden unterstützen; **Anlamı**: aynı şeyi söylemek]

Kerbholz çetele

etwas auf dem Kerbholz haben *(wörtl: çetelesinde bir şey olmak)* dümen suyunda durmak *(wörtl: sabıkalı olmak (wörtl: einen Eintrag im Vorstrafenregister haben)* [**Bedeutung**: etwas Unrechtes getan haben; eine Straftat begangen haben; **Anlamı**: suç işlemiş olmak]

Kern öz, çekirdek

des Pudels Kern *(wörtl: kanişin özü) fig* işin püf noktası [**Bedeutung**: die Sache, auf die es ankommt; **Anlamı**: bir işin en ince, en önemli yeri]

in einer rauhen Schale steckt oft ein guter Kern *(wörtl: pürüzlü bir kabuğun içinde çoğu zaman iyi bir çekirdek bulunur) fig* kepenek/aba altında er yatar *(wörtl: unter einem

Schäfergewand/Filzgewand lauert ein Mann/ein Soldat)
[**Bedeutung**: jemand, der abweisend und schroff wirkt, ist in Wahrheit oft sehr gutherzig und hilsbereit; **Anlamı**: kaba saba bir kılık içinde de değerli bir kimse bulunabilir]

wer den Kern essen will, muss die Nuss knacken *(wörtl: çekirdeği yemek isteyen, fındığı/cevizi kırmak zorundadır)* ***fig*** emek olmadan yemek olmaz *(wörtl: ohne Arbeit gibt es nichts zum Essen)*
[**Bedeutung**: nur bei entsprechendem Fleiß stellt sich der Erfolg ein; **Anlamı**: geçinmek için çalışmak gerekir]

Kette zincir

eine Kette ist nur so stark wie ihr schwächstes Glied *(wörtl: bir zincir, en zayıf halkası/baklası kadar kuvvetlidir)* ***fig*** ip inceldiği yerden kopar *(wörtl: das Seil reißt an der Stelle, wo er dünner wird)*
[**Bedeutung**: eine Gruppe ist nur so stark oder erfolgreich wie ihr schwächstes Mitglied; **Anlamı**: bir durum, en zayıf yerinden patlak verir]

jemanden an die Kette legen *fig* birini zincire vurmak
[**Bedeutung**: jemanden in seiner Freiheit einschränken; **Anlamı**: birinin özgürlüğünü elinden almak]

Kieker dürbün

jemanden auf dem Kieker haben *(wörtl: biri dürbünde olmak)* ***fig*** birinden gıcık almak/kapmak/olmak *(wörtl: von jemandem Hustenreiz/einen Frosch im Hals bekommen)*
[**Bedeutung**: jemanden immer für alles verantwortlich machen;

Anlamı: bir davranışa sürekli sinirlenmek]

Kielwasser dümen suyu

in jemandes Kielwasser fahren/schwimmen *(wörtl: birinin dümen suyunda gitmek/yüzmek)* ***fig*** dümen suyunda gitmek
[**Anlamı**: birine bağımlı olmak; her şeyde ona uyarak davranmak; **Bedeutung**: sich jemandem in seinem Vorgehen anschließen]

sich in jemandes Kielwasser halten *(wörtl: birinin dümen suyunda durmak)* ***fig*** dümen suyunda gitmek
[**Anlamı**: birine bağımlı olmak; her şeyde ona uyarak davranmak; **Bedeutung**: sich jemandem in seinem Vorgehen anschließen]

Kiemen solungaç

einen zwischen die Kiemen peitschen *(wörtl: solungaçları arasına bir tane kırbaçlamak)* ***fig*** kafayı çekmek *(wörtl: den Kopf ziehen)* ***fig*** demlenmek *(wörtl: sich ziehen lassen)*
[**Bedeutung**: sich betrinken; Alkohol trinken; **Anlamı**: içki içmek]

Kind çocuk

das Kind beim Namen nennen *(wörtl: çocuğu adı ile anmak)* ***fig*** iyiye iyi, kötüye kötü demek *(wörtl: gut zu gut und schlecht zu schlecht sagen)*
[**Bedeutung**: seine Meinung unbeschönigt äußern; sagen, wie es ist; **Anlamı**: gerçek neyse onu söylemek]

gebranntes Kind scheut das Feuer *(wörtl: yanmış çocuk ateşten kaçınır)* ***fig*** sütten ağzı yanan yoğurdu üfleyerek yer *(wörtl: wer seinen*

Mund durch die Milch verbrennt, isst das Jogurt pustend) [Bedeutung: wer einmal einen Schaden erlitten hat, ist besonders achtsam; Anlamı: bir olaydan zarar gören, sonra uyanık davranır]

den Brunnen zudecken, wenn das Kind hineingefallen ist *(wörtl: çocuk içine düştükten sonra kuyunun ağzını örtmek)* **fig** geçmiş yağmura şemsiye açmak *(wörtl: nach dem Regen den Schirm aufmachen)* [Bedeutung: etwas Notwendiges erst dann tun, wenn es zu spät ist; Anlamı: iş işten geçtikten sonra harekete geçmek]

mit Kind und Kegel *(wörtl: çocuk ve hedef lobutla)* **fig** çoluk çocukla [Bedeutung: mit der ganzen Familie; Anlamı: ailece]

nachdem das Kind in den Brunnen gefallen ist *(wörtl: çocuk kuyuya düştükten sonra)* **fig** iş işten geçtikten sonra *(wörtl: nachdem die Sache von der Sache gegangen ist)* [Bedeutung: nachdem alles vorbei ist; Anlamı: herşey bittikten sonra]

reagieren, wenn das Kind bereits in den Brunnen gefallen ist *(wörtl: çocuk kuyuya düştükten sonra reaksiyon göstermek)* **fig** at çalındıktan sonra ahırın kapısını kapamak *(wörtl: das Tor zum Stall schließen, nachdem das Pferd gestohlen wurde)* **fig** eve hırsız girdikten sonra kapıya kilit takmak *(wörtl: an der Tür ein Schloss anbringen, nach dem der Einbrecher im Haus war)* **fig** araba devrilince yol gösteren çok olur *(wörtl: nach dem der Wagen umgekippt ist, gibt es viele, die den Weg zeigen)* [Bedeutung: reagieren, wenn es zu spät ist; Anlamı: iş işten geçtikten sonra önlem almaya kalkışmak]

unschuldig wie ein neugeborenes Kind sein *(wörtl: yeni doğumuş bir çocuk gibi masum olmak)* **fig** sütten çıkmış kaşık gibi olmak *(wörtl: wie ein Löffel aus der Milch sein)* [Bedeutung: völlig unschuldig sein; Anlamı: temiz, saf olmak]

wir werden das Kind schon schaukeln *(wörtl: çocuğu sallayacağız)* **fig** meseleyi hallederiz *(wörtl: wir werden die Angelegenheit lösen)* **fig** meseleyi halledeceğiz *(wörtl: wir werden die Angelegenheit lösen)* [Bedeutung: (mach dir keine Sorgen) es wird schon gelingen; Anlamı: (merak etme) bir çözüm yolu buluruz]

zu etwas kommen wie die Jungfrau zum Kind *(wörtl: bakire çocuğa geldiği gibi bir şeyi edinmek)* **fig** kısmeti ayağına (kadar) gelmek *(wörtl: sein Los kommt (bis) zu seinen Füßen)* [Bedeutung: etwas auf wundersame Weise erhalten; Anlamı: beklenmeyen bir nedenle kazançlı bir durumla karşılaşmak]

Kindermund çocuk ağzı

Kindermund tut Wahrheit kund *(wörtl: çocuk ağzı gerçeği söyler)* **fig** çocuktan al haberi *(wörtl: bekomme die Nachricht vom Kind)* [Bedeutung: Kinder äußern sich direkter als Erwachsene; Anlamı: çocuk herşeyi olduğu gibi anlatır; haberin doğrusu çocuktan alınır]

Kinderschuhe çocuk ayakkabısı

noch in den Kinderschuhen stecken *(wörtl: ayağında çocuk ayakkabısı olmak)* **fig** emekleme çağında/döneminde bulunmak /olmak *(wörtl: im Krabbelalter sein)*

[**Bedeutung**: am Anfang der Entwicklung stehen; **Anlamı**: bir işte gelişme, deney kazanma döneminde bulunmak]

Kippe molozluk

auf der Kippe stehen *(wörtl: molozlukta bulunmak)* *fig* (durum/durumu) kuşkulu olmak *(wörtl: die Lage ist ungewiss)* *fig* durumu kritik olmak *fig* pamuk ipliğiyle bağlı olmak *(wörtl: mit Baumwollfaden verbunden sein)* [**Bedeutung**: gefährdet sein; sich in einer kritischen Lage, in einem kritischen Zustand befinden; noch unsicher; noch nicht entschieden sein; **Anlamı**: her an bozulmaya, kopmaya hazır olmak; olup olmayacağı belli olmamak]

Kirche kilise

die Kirche im Dorf lassen *(wörtl: kiliseyi köyde bırakmak)* *fig* çizmeden yukarı çıkmamak *(wörtl: nicht höher als der Stiefel steigen)* *fig* sadede gelmek *(wörtl: zum Hauptthema kommen; zur Sache kommen)* *fig* haddini bilmek *(wörtl: seine Grenze wissen)* *fig* kendini tutmak[1] *(wörtl: sich halten)* [**Bedeutung**: nicht übertreiben; etwas im vernüftigen Rahmen belassen; zur Sachlichkeit zurückkehren; **Anlamı**: neler yapabileceğini bilerek onun ötesine geçmemek; konuyla ilgisi olmayan sözleri bırakarak asıl konuya dönmek]

Kirsche kiraz

die Kirschen in Nachbars Garten *(wörtl: komşunun bahçesindeki kirazlar)* *fig* komşunun tavuğu komşuya kaz görünür *(wörtl: das Huhn des Nachbarn schaut für den Nachbarn wie eine Gans aus)*

[**Bedeutung**: etwas, das verlockend ist, gerade weil man es nicht hat; **Anlamı**: başka bir kimsenin malı olduğundan daha değerli görünür]

Kläger davacı

wo kein Kläger ist, ist auch kein Richter *(wörtl: davacı bulunmayan yerde hakim de bulunmaz)* *fig* davasız yargılama olmaz *(wörtl: ohne Klage kann es keinen Prozess geben)* [**Bedeutung**: wenn niemand an einem Unrecht Anstoß nimmt, wird es auch nicht verfolgt; **Anlamı**: mahkeme kendiliğinden olaya el koyamaz]

klammern sarılmak

sich an jeden Strohhalm klammern *(wörtl: her kamışa sarılmak)* *fig* uçan kuştan medet ummak *(wörtl: beim fliegenden Vogel Hilfe erwarten)* [**Bedeutung**: jede kleine sich bietende Chance nutzen, um sich aus einer schwierigen Lage zu befreien; **Anlamı**: en ufak bir yardımın herhangi bir yerden gelmesini beklemek; sıkıntılı bir durumdan kurtulmak için her türlü çareye başvurmak]

Klappe sineklik, kapak

Klappe zu, Affe tot *(wörtl: kapak kapalı, maymun öldü)* *fig* harç bitti, yapı paydos *(wörtl: der Mörtel ist alle, es ist Feierabend mit dem Bau)* [**Bedeutung**: die Sache ist erledigt; ironische Bemerkung zu einer Beendigung eines Vorgangs; **Anlamı**: bir işin devam edemeyeceğini şaka yollu söyleme]

eine große Klappe haben *(wörtl: kapağı büyük olmak)* *fig* ağız satmak *(wörtl: Mund verkaufen)*

[**Bedeutung**: großsprecherisch, frech sein; **Anlamı**: yüksekten atarak kedini övmek]

große Klappe und nichts dahinter! *(wörtl: çene büyük olup arkasında hiç bir şey olmamak)* *fig* vurduğu çok ama öldürdüğü yok *(wörtl: es gibt viele, die er schlägt, aber niemanden, den er tötet)* *fig* atıp tutar, ama elinden bir şey gelmez *(wörtl: er wirft und fängt, aber er schafft nichts)* [**Bedeutung**: sagt man über jemanden, der angibt, große Fähigkeiten zu besitzen, die jedoch sehr begrenzt sind; **Anlamı**: çok laf ediyor ama bir eylemde bulunmuyor]

zwei Fliegen mit einer Klappe schlagen *(wörtl: bir sineklikle iki sinek vurmak)* *fig* bir taşla iki kuş vurmak *(wörtl: zwei Vögel mit einem Stein schlagen/treffen)* *fig* hem şamdan paklandı, hem pilav yağlandı *(wörtl: sowohl der Kerzenständer wurde gereinigt als auch der wurde geölt)* [**Bedeutung**: zwei Aufgaben mit einer einzigen Maßnahme erledigen; **Anlamı**: bir davranışla birden çok yararlı sonuca ulaşmak; bir eylemle iki yarar elde edildi]

---

klar açık

(die) klare Kante zeigen *(wörtl: açıkça kenar göstermek)* *fig* çizgisinden sapmamak *(wörtl: nicht von seiner Linie abweichen)* [**Bedeutung**: einen eindeutigen Standpunkt einnehmen und sich dazu bekennen; **Anlamı**: görüşlerinden vazgeçmemek]

(klar) auf der Hand liegen *(wörtl: açıkça elde olmak)* *fig* elle tutulur, gözle görülür *(wörtl: mit der Hand zu fassen, mit den Augen zu sehen)* *fig* göz var, izan var *(wörtl: es gibt Augen es gibt Verstand)* *fig* görünen köy kılavuz istemez *(wörtl: ein Dorf, das man sieht, braucht keinen Lotzen)* [**Bedeutung**: offenkundig sein; offensichtlich sein; **Anlamı**: çok açık; çok belirgin; bir şey göz ve akıl yoluyla anlaşılır]

Klartext reden/sprechen *fig* açık açık konuşmak [**Bedeutung**: ganz offen sprechen; **Anlamı**: hiç bir şeyi saklamadan konuşmak]

Klaue pençe

in jemandes Klauen fallen/geraten *fig* birinin pençesine düşmek [**Bedeutung**: von jemandem beherrscht werden; **Anlamı**: birinin eline geçmek; yakalanmak]

jemandem in die Klauen fallen/geraten *fig* birinin pençesine düşmek [**Bedeutung**: von jemandem beherrscht werden; **Anlamı**: eline geçmek; yakalanmak]

---

kleben yapışmak

was wir gewohnt sind, klebt uns an *(wörtl: alışmış olduğumuz şey, bize yapışır)* *fig* huylu huyundan vazgeçmez *(wörtl: der an etwas Gewöhnte kann auf seine Gewohnheiten nicht verzichten)* [**Bedeutung**: nicht anders handeln können; unbedingt so handeln müssen; **Anlamı**: bir huy edinmiş olan kişiyi bu huyundan vazgeçirmek imkânsızdır]

wie eine Klette an jemandem hängen/kleben *(wörtl: dulavrat otu gibi birine asılmak/yapışmak)* *fig*

kene gibi yapışmak *(wörtl: wie eine Zecke kleben)*
[**Bedeutung**: jemanden verfolgen; **Anlamı**: istenmediği hâlde birinin peşini bırakmamak]

Klee yonca

über den grünen Klee loben *(wörtl: yeşil yoncadan daha çok övmek)* **fig** yağlayıp ballamak *(wörtl: schmieren und mit Honig bestreichen)*
[**Bedeutung**: etwas übertrieben loben; **Anlamı**: çok överek anlatmak]

Kleid giysi, elbise

Kleider machen Leute *(wörtl: giysi insanı insan yapar)* **fig** güzellik ondur, dokuzu dondur *(wörtl: die Schönheit ist eine Zehn, die Unterhose eine Neun)* **fig** ye kürküm ye! *(Nasreddin Hodscha geht in ein Restaurant und wird nicht bedient. Er geht nach Hause, zieht seinen Pelzmantel an, und geht zum Restaurant zurück. Er wird umgehend bedient. Daraufhin sagt er zu seinem Pelzmantel: Iss mein Pelz, iss!)*
[**Bedeutung**: gepflegte Kleidung fördert das Ansehen; **Anlamı**: bakımlı ve şık kıyafet itibarı artırır; güzelliğin büyük bir kısmı giyimle sağlanır]

---

klein küçük

klein, aber fein *(wörtl: küçük ama narin)* **fig** küçük olsun benim olsun *(wörtl: es soll klein sein, es soll mir gehören)* **fig** kaplumbağa kabuğunda "Ne büyük sarayım var" demiş *(wörtl: in seinem Panzer hat die Schildkröte gesagt: „Was habe ich für einen großen Palast")*
[**Bedeutung**: etwas ist zwar klein, dafür aber fein; trotz unscheinbarer Größe, sehr ansprechend,

geschmackvoll; **Anlamı**: küçük olsa da o kadar güzel ki onu istiyorum]

klein beigeben *(wörtl: küçük katmak)* **fig** boyun eğmek *(wörtl: Nacken beugen)* **fig** baş eğmek *(wörtl: Kopf beugen)* **fig** pes perdeden konuşmak *(wörtl: mit tiefem Tonfall reden)*
[**Bedeutung**: sich fügen; nachgeben; einlenken; **Anlamı**: karşısındakinin gücünü kabul edip ona karşı durmayı bırakmak]

kleine Geschenke erhalten die Freundschaft *(wörtl: kleine armağanlar dostluğu korur)* **fig** yarım elma gönül/hatır alma *(wörtl: ein halber Apfel gewinnt ein Herz/einen Gefallen)* **fig** yâr beni ansın bir koz ile, o da çürük çıksın *(wörtl: mit einer Nuss, auch wenn sie verfault ist, soll die Geliebte mich erwähnen)* **fig** çam sakızı, çoban armağanı *(wörtl: Tannenharz, Schäfergeschenk)*
[**Bedeutung**: auch Kleinigkeiten reichen, um die Beziehung zu pflegen; **Anlamı**: armağan küçük de olsa gönül almaya yeter]

kleine Ursache große Wirkung *(wörtl: küçük sebep büyük etki)* **fig** sinek ufak, ama mide bulandırır *(wörtl: die Fliege ist klein, aber verdirbt einem den Magen)* **fig** ummadığın taş baş yarar *(wörtl: der Stein, den du nicht erwartet hast, kann den Kopf aufschlitzen)* **fig** şahin küçüktür ama koca turnayı havadan indirir *(wörtl: der Falke ist klein aber er kann den großen Kranich vom Himmel holen)*
[**Bedeutung**: auch Kleinigkeiten können etwas Großes auslösen; **Anlamı**: küçük ve önemsiz şeyler de çoğu kez büyük etkiler yapabilir]

das kleinere Übel *(wörtl: daha küçük kötülük)* **fig** kötünün iyisi **fig**

232

daha az kötü olan *(wörtl: das, was weniger übel ist) fig* ehven/ehvenişer [**Bedeutung**: die Sache mit dem geringsten Nachteil; **Anlamı**: daha az kötü; birkaç kötüden en az kötü olanı]

man reicht den kleinen Finger und er nimmt die ganze Hand *(wörtl: küçük parmağını uzattın mı bütün elini alır) fig* yüz verince astar ister *(wörtl: hätschelt man ihn, will er das Futter)* [**Bedeutung**: man bietet Hilfe an, und er will noch viel mehr Hilfe; **Anlamı**: kendisine gösterilen küçük bir ilgiden dolayı şımararak daha çok istemek]

mit dem kleinen Finger *(wörtl: küçük parmağı ile) fig* tereyağından kıl çeker gibi *(wörtl: wie ein Haar aus der Butter ziehen)* [**Bedeutung**: ohne Mühe; ohne Antrengung; mühelos; **Anlamı**: çok kolay bir biçimde]

(so) klein mit Hut sein/werden *(wörtl: şapka ile (öylesine) küçük olmak) fig* tükürdüğünü yalamak *(wörtl: seine eigene Spucke ablecken)* [**Bedeutung**: einen Rückzieher machen; seinem Versprechen nicht stehen; aus Angst etwas lieber nicht tun; **Anlamı**: verdiği sözden benliğini küçülterek geri dönmek]

wer das Kleine nicht ehrt, ist des Großen nicht wert *(wörtl: küçüğe değer vermeyen büyüğü hak etmez) fig* azı bilmeyen çoğu hiç bilmez *(wörtl: wer das Wenige nicht kennt, kennt das Viele gar nicht) fig* aza kanaat etmeyen çoğu hiç bulmaz *(wörtl: wer sich nicht mit Wenigem begnügt, wird Viel nicht finden) fig* biri bilmeyen bini hiç bilmez *(wörtl: wer die Eins nicht kennt, kennt die Tausend gar nicht*

[**Bedeutung**: es lohnt sich auch für einen kleinen Preis Zeit zu investieren; **Anlamı**: büyük şeyleri elde edebilmek için önce küçük şeylerle yetinmek gerekir]

Kleinvieh küçük baş hayvan

Kleinvieh macht auch Mist *(wörtl: küçük baş hayvan da gübre yapar) fig* akmasa da damlar *(wörtl: auch wenn es nicht fließt, tropft es) fig* her çok, azdan olur *(wörtl: jedes Viel entsteht aus Wenig)* [**Bedeutung**: auch kleine Gewinne sind etwas wert; **Anlamı**: çok denilen şeyler azların birikmesiyle oluşur; yeterince olmasa bile az çok yarar sağlamak; çoğu elde edebilmek için azları biriktirmek gerekir]

Klemme sıkıntı

in der Klemme stecken *(wörtl: sıkıntıda bulunmak) fig* ayvayı yemek *(wörtl: die Quitte essen) fig* batağa saplanmak *(wörtl: im Schlamm festsitzen)* [**Bedeutung**: sich in einer schwierigen Lage befinden; **Anlamı**: kötü duruma düşmek; içinden çıkılması güç bir durumda olmak]

Klette dulavrat otu

wie eine Klette an jemandem hängen/kleben *(wörtl: dulavrat otu gibi birine asılmak/yapışmak) fig* kene gibi yapışmak *(wörtl: wie eine Zecke kleben)* [**Bedeutung**: jemanden verfolgen; **Anlamı**: istenmediği hâlde birinin peşini bırakmamak]

---

klingen çınlamak

(jemandem) klingen die Ohren *(wörtl: birinin kulakları çınlamak)*

233

fig kulağı/kulakları çınlamak *(wörtl: ihm klingen die Ohren)* [**Bedeutung**: jemand spürt, dass andere an ihn denken oder über ihn sprechen; **Anlamı**: anıldığını hissetmek]

bei jemandem hat es geklingelt *(wörtl: birinde zil çaldı) fig* karnı burnunda olmak *(wörtl: jemandem ist der Bauch an seiner Nase)* [**Bedeutung**: schwanger sein; **Anlamı**: hamile olmak; doğurması yakında olmak]

---

klopfen vurmak

auf den Busch klopfen *(wörtl: çalıya vurmak) fig* nabız yoklamak *(wörtl: den Puls fühlen) fig* nabzını yoklamak *(wörtl: den Puls fühlen)* [**Bedeutung**: versuchen, etwas herauszubekommen; jemanden auszuhorchen versuchen; **Anlamı**: niyetini anlamaya çalışmak]

Kloß topak

einen Kloß im Hals haben *(wörtl: boğazında bir topak olmak) fig* boğazına bir yumruk gelip oturmak *(wörtl: jemandem kommt eine Faust in den Hals und setzt sich hin) fig* boğazına bir yumruk tıkanmak *(wörtl: jemandem eine Faust in den Hals hineingestopft werden)* [**Bedeutung**: nicht sprechen können; **Anlamı**: konuşamaz olmak; sesi çıkmamak]

einen Kloß in der Kehle haben *(wörtl: boğazında bir topak olmak) fig* boğazına bir yumruk gelip oturmak *(wörtl: jemandem kommt eine Faust in den Hals und setzt sich hin) fig* boğazına bir yumruk tıkanmak *(wörtl: jemandem eine Faust in den Hals hineingestopft werden)*

[**Bedeutung**: nicht sprechen können; **Anlamı**: konuşamaz olmak; sesi çıkmamak]

Klotz kütük

ein grober Klotz *(wörtl: kaba bir kütük) fig* dağ ayısı *(wörtl: Bergbär) fig* dağda büyümüş *(wörtl: auf dem Berg groß geworden)* [**Bedeutung**: ein grober, unsensibler Mann; **Anlamı**: görgüsüz, kaba saba kişi]

ein ungehobelter Klotz *(wörtl: planyalanmamış bir kütük) fig* dağ ayısı *(wörtl: Bergbär) fig* dağda büyümüş *(wörtl: auf dem Berg groß geworden)* [**Bedeutung**: ein grober, unsensibler Mann; **Anlamı**: görgüsüz, kaba saba kişi]

einen Klotz am Bein haben *(wörtl: bacağında kütüğü olmak) fig* ayak bağı olmak *(wörtl: Fußband sein)* [**Bedeutung**: durch etwas in seiner Bewegungsfreiheit beschränkt sein; **Anlamı**: bir işin yapılmasına engel olan şey]

jemandem ein Klotz am Bein sein *(wörtl: bacağında kütüğü olmak) fig* birine ayak bağı olmak *(wörtl: Fußband sein)* [**Bedeutung**: eine Last, ein Hemmnis für jemanden sein; **Anlamı**: bir işin yapılmasına engel olmak]

---

klug akıllı

aus Fehlern wird man klug *(wörtl: insan, yaptığı hatalardan akıllanır) fig* adam yanıla yanıla, pehlivan yenile yenile *(wörtl: man wird aus Fehlern, der Ringkämpfer aus Niederlagen)* [**Bedeutung**: aus Fehlern lernt man; **Anlamı**: kişi, yapmış olduğu

hatalardan ders alıp onları
tekrarlamamalıdır]

**das Ei will klüger sein als die
Henne** *(wörtl: yumurta tavuktan
daha akıllı olmaya kalkar)* *fig* dağdan
gelip bağdakini kovmak *(wörtl: vom
Berg kommen und denjenigen vom
Weinberg wegjagen)*
[**Bedeutung**: der junge Mensch
glaubt oft etwas besser zu wissen als
der ältere und erfahrene Mensch;
Anlamı: sonradan geldiği bir yerde
kendinden önce gelen kişinin yerini
almaya çalışmak]

der Klügere gibt nach *(wörtl: daha
akıllısı kabul ederek uyar)* *fig* akıllı
kişi imana gelir *(wörtl: der kluge
Mensch kommt zur Besinnung)* *fig*
sen bilirsin deyince kavga biter
*(wörtl: wenn man sagt, du weißt es
besser, ist der Streit beendet)* *fig*
bükemediğin eli öp başına koy
*(wörtl: küss die Hand, die du nicht
biegen kannst und lege sie auf deinen
Kopf)* *fig* zararın neresinden dönersen
kârdır *(wörtl: egal, an welcher Stelle
des Verlustes du kehrt machst, ist es
ein Gewinn)*
[**Bedeutung**: manchmal ist es besser,
sich kompromissbereit zu zeigen und
nicht auf seinem Recht zu bestehen;
um die Sache nicht eskalieren zu
lassen, sie zu akzeptieren, wie sie ist;
Anlamı: bazen karşı tarafa hak
vererek tartışmayı bitirmek, kendi
hakkında ısrar etmemek yeğdir; işin
kızışmaması için her şeyi kabul edip
uymak]

durch Schaden wird man klug
*(wörtl: insan zarar gördükten sonra
akıllanır)* *fig* balık ağa girdikten
sonra aklı başına gelir *(wörtl:
nachdem er ins Netz gegangen ist,
kommt der Fisch zur Vernunft)* *fig* bir
musibet bin nasihatten yeğdir *(wörtl:
ein Unheil ist besser als tausend*

Ratschläge) *fig* her düşüş bir öğreniş
(wörtl: jeder Fall ist ein Lernen)
[**Bedeutung**: Fehler geben uns die
Möglichkeit nachzudenken, wie wir
eine Sache besser machen können;
Anlamı: insan, tedbirsiz davranıp bir
felakete uğradığında neden önce
böyle yapmadım diye yakınır; yanlış
yoldaki kişiye öğüt versen de işe
yaramaz ama tuttuğu yolda başına
gelecek bir kötülük aklını başına
getirir]

Versuch macht klug *(wörtl:
deney/tecrübe (insanı) akıllandırır)*
fig adam yanıla yanıla, pehlivan
yenile yenile *(wörtl: man wird aus
Fehlern, der Ringkämpfer aus
Niederlagen)*
[**Bedeutung**: aus Fehlern lernt man;
Anlamı: kişi, yapmış olduğu
hatalardan ders alıp onları
tekrarlamamalıdır]

Knall patlama

einen Knall haben *fig* kafası çatlak
olmak
[**Bedeutung**: nicht recht bei Verstand
sein; **Anlamı**: yarı deli olmak]

knapp

knapp daneben ist auch vorbei
*(wörtl: hemen yanında da teğet geçti
demek)* *fig* tam tutmadıysa isabet
etmedi demektir *(wörtl: wenn es
nicht genau gepasst hat, heißt es,
dass es nicht getroffen hat)*
[**Bedeutung**: beinahe getroffen, heißt
nicht getroffen; beinahe gewonnen,
heißt nicht gewonnen; **Anlamı**: az
kalsın vuruyordum demek, isabet etti
demek anlamına gelmez: neredeyse
kazanıyordum, kazanmadım
demektir]

Knie diz

235

etwas übers Knie brechen[1] *(wörtl: bir şeyi dizinin üstünden kırmak)* **fig** aklına yelken etmek *(wörtl: das, was in den Verstand, zu Segeln machen)* [**Bedeutung:** überstürzt handeln; **Anlamı:** düşüncesizce davranmak veya aklına geleni hemen yapmak]

etwas übers Knie brechen[2] *(wörtl: bir şeyi dizinin üstünden kırmak)* **fig** aceleye getirmek[2] *(wörtl: zur Eile bringen)* [**Bedeutung:** etwas erzwingen wollen; **Anlamı:** sıkıştırarak bir işin özensiz yapılmasına yol açmak]

in die Knie zwingen *(wörtl: diz çökmeye zorlamak)* **fig** dize getirmek [**Bedeutung:** jemanden unterwerfen; **Anlamı:** yenerek buyruğuna uyacak duruma getirmek]

sich (selbst) ins Knie schießen *(wörtl: dizine kurşun sıkmak/kendi dizine ateş etmek)* **fig** bindiği dalı kesmek *fig* den Ast absägen, auf dem man sitzt [**Bedeutung:** sich selbst schädigen; **Anlamı:** kendisine gerekli ve yararlı olan şeyleri kendi eliyle yok etmek]

weiche Knie bekommen *(wörtl: dizleri gevşemek)* **fig** dizlerinin bağı çözülmek *(wörtl: das Band der Knie löst sich)* [**Bedeutung:** mit einem Gefühl körperlicher Schwäche verbundene große Angst haben; **Anlamı:** korkudan ayakta duramayacak duruma gelmek]

Knochen kemik

bis auf die Knochen *(wörtl: kemiklere kadar)* **fig** sapına kadar *(wörtl: bis zum Stiel)* [**Bedeutung:** ohne Einschränkung; völlig; durch und durch; **Anlamı:** her yönden; her

bakımdan, tümüyle, bütünüyle, tam olarak]

bis in die Knochen ↑ **bis auf die Knochen**

die Knochen hinhalten[1] *(wörtl: kemikleri uzatmak)* **fig** canını vermek *(wörtl: sein Leben geben)* [**Bedeutung:** sich aufopfern; **Anlamı:** kendisini feda etmek]

die Knochen hinhalten[2] *(wörtl: kemikleri uzatmak)* **fig** çalışmaktan canı çıkmak [**Bedeutung:** hart arbeiten; **Anlamı:** çalışmaktan çok yorulmak]

nur noch Haut und Knochen sein *fig* bir deri bir kemik kalmak *(wörtl: eine Haut und ein Knochen übrigbleiben)* [**Bedeutung:** völlig abgemagert sein; **Anlamı:** çok zayıf olmak]

der Knochen kommt nicht zum Hund, (sondern der Hund zum Knochen) *(wörtl: kemik köpeğe gitmez, köpek kemiğe gider)* **fig** dağ yürümezse, abdal yürür *(wörtl: wenn der Berg nicht läuft, läuft der Wanderderwisch)* [**Bedeutung:** derjenige, der etwas haben möchte, muss selbst aktiv werden; da die Menschen sich nicht an dich wenden, musst du dich an die Menschen wenden; **Anlamı:** görülmesini istediğimiz bir işimiz olduğu zaman harekete geçmemiz gerekir]

Knopf düğme

Knöpfe in den Ohren haben *(wörtl: kulaklarında düğme olmak)* **fig** kulağının üzerine yatmak *(wörtl: sich auf das Ohr legen)*

[**Bedeutung**: etwas nıcht hören wollen; **Anlamı**: duymazlıktan gelmek]

Spitz(e) auf Knopf stehen *(wörtl: ucu düğmede durmak)* *fig* bıçaksırtı kalmak *(wörtl: auf Messerrücken bleiben)* *fig* kıl payı kalmak [**Bedeutung**: vor ungewisser Entscheidung stehen; unsicher sein; es wird sehr knapp; ↑ auf Messers Schneide stehen; **Anlamı**: çok az fark olmak]

Knüppel cop

einen Knüppel zwischen die Beine werfen *(wörtl: bacakların arasına çomak atmak)* *fig* tekere çomak sokmak *(wörtl: einen Knüppel in das Rad stecken)* *fig* kılçık atmak *(wörtl: eine Gräte werfen)* [**Bedeutung**: jemanden absichtlich behindern; **Anlamı**: birinin yolda giden işini aksatan, engelleyen davranışta bulunmak]

es kommt knüppeldick *(wörtl: cop kalınlığında gelir)* *fig* dokuz ayın çarşambası bir araya gelmek *(wörtl: der Mittwoch von neun Monaten kommt zusammen)* [**Bedeutung**: man hat plötzlich mit allerlei Widrigkeiten zu kämpfen; **Anlamı**: birçok iş birden ortaya çıkıp sıkışık bir durum yaratmak]

Koch aşçı

Hunger ist der beste Koch *(wörtl: açlık en iyi aşçıdır)* *fig* aç olana acı soğan baklava *(wörtl:dem Hungrigen bittere Zwiebeln und Baklawa)* [**Bedeutung**: wer hungrig ist, dem schmeckt auch weniger gutes Essen; man Hunger hat, isst man etwas, obwohl es einem nicht schmeckt; **Anlamı**: aç kalmış kişinin gözünde herşey değerlidir]

viele Köche verderben den Brei *(wörtl. birden çok aşçı lapayı bozar)* *fig* nerede çokluk, orada bokluk *(wörtl: dort, wo Vieles ist, ist der Misthaufen)* *fig* horozu çok olan köyde sabah geç olur *(wörtl: im Dorf mit vielen Hähnen verspätet sich der Morgen)* *fig* çatal kazık yere batmaz *(wörtl: der gegabelte Pfahl sticht nicht in die Erde)* [**Bedeutung**: aus einer Sache, bei der zu viele Leute mitreden, wird nichts Gutes; **Anlamı**: birlikte bir iş yapmak isteyen kişiler çok olursa anlaşmazlık doğar]

kochen pişirmek

auf Sparflamme kochen *(wörtl: tasarruflu alevde yemek pişirmek)* *fig* tencerede pişirip kapağında yemek *(wörtl: im Topf kochen und auf dem Deckel essen)* [**Bedeutung**: sparsam wirtschaften; **Anlamı**: tutumlu bir yaşam sürmek]

sein eigenes Süppchen kochen *(wörtl: kendi çorbacığını pişirmek)* *fig* kendi hesabına çalışmak *(wörtl: auf eigene Rechnung arbeiten)* [**Bedeutung**: nur für sich arbeiten; **Anlamı**: uğraştığı işi sadece kendisi için yapmak]

vor Wut kochen *(wörtl: öfkeden kaynamak)* *fig* öfke topuklarına çıkmak *(wörtl: der Zorn ist ihm auf die Fersen gestiegen)* *fig* öfkesi kabarmak *(wörtl: vor Wut anschwellen)* [**Bedeutung**: äußerst wütend sein; sich sehr stark ärgern; **Anlamı**: çok öfkelenmek]

Kohl lahana

alten Kohl aufwärmen *(wörtl: eski lahanayı ısıtmak)* *fig* eski defterleri karıştırmak/yoklamak *(wörtl: alte Hefte durchwühlen/untersuchen) fig* temcit pilavı gibi ısıtıp ısıtıp öne sürmek *(wörtl: wie das Reisgericht, das in den Monaten der Müezzin das Morgengebet immer wieder hält, aufwärmen und vorservieren)* [**Bedeutung**: Vergessenes erneut zur Sprache bringen; eine alte Geschichte aufwärmen; **Anlamı**: eski olayları yeniden ele almak]

das macht den Kohl auch nicht fett *(wörtl: bu lahanayı yağlandırmaz) fig* fark etmez[2] *(wörtl: kein Unterschied machen)* [**Bedeutung**: das nützt auch nichts mehr; auf solche Kleinigkeiten kommt es nun auch nicht mehr an; **Anlamı**: etkisi olmaz; değişmez]

Kohle kömür

auf glühenden Kohlen sitzen *(wörtl: akkor/kızgın kömür üstünde oturmak) fig* dokuz doğurmak *(wörtl: neun gebären) fig* diken üstünde oturmak *(wörtl: auf Nadeln sitzen) fig* iğne üstünde oturmak *(wörtl: auf Nadeln sitzen)* [**Bedeutung**: ungeduldig sein/warten; **Anlamı**: sabırsızlıkla beklemek; bir yerde tedirginlik duymak]

auf heißen Kohlen sitzen ↑ auf glühenden Kohlen sitzen

Komma

in null Komma nichts *(wörtl: sıfır virgül hiçte) fig* bir çırpıda *(wörtl: in einem Abwasch) fig* göz açıp kapayıncaya kadar *(wörtl: bis man gezwinkert hat)* [**Bedeutung**: sehr schnell; sofort; **Anlamı**: çabucak; hemencecik]

---

kommen gelmek

kommt man über den Hund, kommt man auch über den Schwanz *(wörtl: köpeğin üstünden geçen kuyruğunu da aşar) fig* çoğu gitti, azı kaldı *(wörtl: das meiste ist weg, das Wenige ist geblieben)* [**Bedeutung**: hat man erstmal den schwierigsten Teil geschafft, ist der Rest auch noch zu schaffen; **Anlamı**: yapılmakta olan işin en önemli, en güç bölümü bitti, az ve önemsiz bölümü kaldı]

kommt Zeit, kommt Rat *(wörtl: zamanı gelince çaresi bulunur) fig* gün ola harman ola *(wörtl: es wird Tag, es wird Dreschzeit)* [**Bedeutung**: im Laufe der Zeit wird sich eine Lösung finden; **Anlamı**: bir gün onun da zamanı gelir]

es kommt, wie es kommt *(wörtl: geldiği gibi gelir) fig* akacak kan damarda durmaz *(wörtl: das fließende Blut hält nicht im Blutgefäß) fig* alna yazılan başa gelir *(wörtl: das, was auf die Stirn geschrieben wird, kommt auf den Kopf)* [**Bedeutung**: etwas ist unabwendbar; **Anlamı**: kişi, kaderi ne ise onu görür; kişi alın yazısında olanla kesinlikle karşılaşır; olacak olur]

jemandes Zeit ist gekommen *(wörtl: birinin vakti gelmek) fig* vakti gelmek *(wörtl: seine Zeit kommt)* [**Bedeutung**: jemand liegt im Sterben; jemandes Tage sind gezählt; **Anlamı**: ölmek üzere olmak; ölümü yaklaşmak]

über die Runden kommen *fig* geçinip gitmek *fig* yuvarlanıp gitmek [**Bedeutung**: mit dem Geld auskommen, das man zur Verfügung hat; **Anlamı**: çok iyi değilse de şöyle böyle geçinmek]

unters Messer kommen *(wörtl: bıçak altnaı gelmek)* **fig** bıçak altına yatmak *(wörtl: sich unters Messer legen)* [**Bedeutung**: operiert werden; **Anlamı**: ameliyat olmak]

von nichts kommt nichts *(wörtl: hiç bir şeyden bir şey gelmez)* **fig** zahmetsiz rahmet olmaz *(wörtl: ohne Mühe gibt es kein Erbarmen)* [**Bedeutung**: nur bei entsprechendem Fleiß stellt sich der Erfolg ein; wer nichts tut, bekommt auch nichts; **Anlamı**: sıkıntı çekmeden iyi ve güzel işler yapılamaz]

was kommt, das kommt *(wörtl: gelecek olan gelir)* **fig** akacak kan damarda durmaz *(wörtl: das fließende Blut hält nicht im Blutgefäß)* **fig** alna yazılan başa gelir *(wörtl: das, was auf die Stirn geschrieben wird, kommt auf den Kopf)* **fig** iş olacağına varır *(wörtl: die Sache erreicht ihr Werden)* [**Bedeutung**: etwas ist unabwendbar; **Anlamı**: kişi, kaderi ne ise onu görür; kişi alın yazısında olanla kesinlikle karşılaşır; olacak olur]

(wieder) zu sich kommen *(wörtl: (tekrar(kendine gelmek)* **fig** aklı başına gelmek[2] *(wörtl: jemandem kommt der Verstand in den Kopf)* [**Bedeutung**: das Bewusstsein wiedererlangen; **Anlamı**: ayılmak, kendine gelmek]

zur Räson kommen *(wörtl: aklını başına almak)* **fig** yola gelmek *(wörtl: auf den Weg kommen)* [**Bedeutung**: einsichtig werden; **Anlamı**: ters tutumunu düzeltmek]

König kral

auf seinem Misthaufen ist der Hahn König *(wörtl: kendi*

çöplüğünde horoz kraldır)* **fig her horoz kendi çöplüğünde öter *(wörtl: jeder Hahn kräht auf seinem eigenen Misthaufen)* [**Bedeutung**: es handelt sich um ein autokratisches System, in dem eine Person das absolute Sagen hat; **Anlamı**: bir kimsenin sözü kendi çevresinde geçer]

im Reich der Blinden ist der Einäugige König *(wörtl: körler krallığında tek gözlü kraldır)* **fig** körler memleketinde şaşılar padişah olur *(wörtl: im Land der Blinden werden die Schielenden Sultane)* [**Bedeutung**: unter den Schlechten ist der Mittelmäßige der Beste; **Anlamı**: istenilen nitelikteki şey bulunamadığında onun daha düşük nitelikte olanına da razı olunur]

immer bleibt der Affe ein Affe, werd' er selbst König oder Pfaffe *(wörtl: maymun, kral veya papaz olsa bile, her zaman maymun kalır)* **fig** eşeğe altın semer vursalar yine eşektir *(wörtl: auch wenn sie den Esel mit einem goldenen Sattel bestücken, bleibt er ein Esel)* [**Bedeutung**: Äußerlichkeiten ändern nichts am Wesen eines Menschen; ein schlechter Charakter lässt sich nich hinter teurer Kleidung verbergen; **Anlamı**: insanlık değerinden yoksun kişi, kılık kıyafetle, makam ve mevkiyle değer kazanmaz]

in der Not isst der König Brot *(wörtl: yoklukta kral ekmek yer)* **fig** denize düşen yılana/yosuna sarılır *(wörtl: wer ins Meer fällt, klammert sich an die Schlange/ans Moos)* [**Bedeutung**: in einer Notlage tut man Dinge, die einem sonst nicht in den Sinn kämen; **Anlamı**: güç durumda bulunan, bundan kurtulmak için her yola başvurur]

unter den Blinden ist der Einäugige König *(wörtl: körlerin arasında tek gözlü kraldır)* *fig* körler memleketinde şaşılar padişah olur *(wörtl: im Land der Blinden werden die Schielenden Sultane)* *fig* koyunun bulunmadığı yerde keçiye Abdurrahman Çelebi derler *(wörtl: dort, wo es keine Schafe gibt, wird die Ziege der feine Herr Abdurrahman genannt)* [**Bedeutung**: unter den Schlechten ist der Mittelmäßige der Beste; **Anlamı**: istenilen nitelikteki şey bulunamadığında onun daha düşük nitelikte olanına da razı olunur]

Kontrolle kontrol

Vertrauen ist gut, Kontrolle ist besser *(wörtl: güven iyi, kontrol daha iyi)* *fig* güven kontrole mani değildir *(wörtl: Vertrauen hindert die Kontrolle nicht)* *fig* güven ama doğrula *(wörtl: vertraue aber bestätige)* *fig* güvenme dostuna saman doldurur postuna *(wörtl: vertraue deinem Freund nicht, er füllt dein Fell mit Heu)* *fig* asla güvenme, her zaman doğrula *(wörtl: vertraue niemals, bestätige immer)* [**Bedeutung**: man sollte sich nur auf das verlassen, was man nachgeprüft hat; **Anlamı**: dost bildiğin herkese inanma; dost sandığın kimseler sana kötülük edebilir]

Kopf baş, kafa

Kopf hoch! *(wörtl: başını kaldır!)* *fig* üzme tatlı canını *(wörtl: bereite deinem süßen Herzen keinen Kummer)* [**Bedeutung**: sei nicht traurig; **Anlamı**: üzülme]

Kopf und Kragen aufs Spiel setzen *(wörtl: kafa ve yakayı göze almak)* *fig* başını koltuğunun altına almak *(wörtl: seinen Kopf unter den Arm nehmen)* *fig* kellesini koltuğuna almak *(wörtl: den Kopf in die Achsel nehmen)* *fig* kelleyi koltuğun altına almak *(wörtl: den Kopf unter die Achsel nehmen)* *fig* başıyla oynamak *(wörtl: mit seinem Kopf spielen)* [**Bedeutung**: das Leben aufs Spiel setzen; **Anlamı**: ölümü göze almak]

Kopf und Kragen riskieren/wagen *(wörtl: kafa ve yakayı göze almak)* *fig* başını koltuğunun altına almak *(wörtl: seinen Kopf unter den Arm nehmen)* *fig* kellesini koltuğuna almak *(wörtl: den Kopf in die Achsel nehmen)* *fig* kelleyi koltuğun altına almak *(wörtl: den Kopf unter die Achsel nehmen)* *fig* başıyla oynamak *(wörtl: mit seinem Kopf spielen)* [**Bedeutung**: das Leben aufs Spiel setzen; **Anlamı**: ölümü göze almak; yaşamını tehlikeye sokacak bir işe girişmek]

auf den Kopf hauen *(wörtl: başına vurmak)* *fig* har vurup harman savurmak *(wörtl: unüberlegt und verschwenderisch (auf den Kopf) hauen und durch die Luft dreschen)* [**Bedeutung**: Geld verprassen; **Anlamı**: gereksiz yere harcayarak tüketmek]

auf den Kopf stellen *fig* altüst etmek [**Bedeutung**: etwas durcheinanderbringen; **Anlamı**: karmakarışık bir duruma getirmek]

auf seinem Kopf bestehen/beharren *(wörtl: kendi kafasında durmak/ ısrar etmek)* *fig* bildiğinden şaşmamak *(wörtl: nicht von seinem Wissen abirren)* [**Bedeutung**: sich unbedingt durchsetzen wollen; **Anlamı**: hiçbir etkiye aldırış etmeyerek doğru saydığı davranışı sürdürmek]

aus dem Kopf schlagen *(wörtl: kafasından atmak)* *fig* kafasından çıkarmak/atmak *(wörtl: aus dem Kopf herausnehmen/werfen)* *fig* gözden çıkarmak *(wörtl: aus den Augen nehmen)* [Bedeutung: ein Vorhaben fallenlassen; einen Plan aufgeben; etwas als verloren ansehen; Anlamı: bir şeyden vazgeçmek; elden gitmesine razı olmak; yokluğuna katlanmak]

den Kopf/Hals aus der Schlinge ziehen *(wörtl: başını/boynunu dolamıktan kurtarmak)* *fig* başını kurtarmak *(wörtl: den Kopf retten)* *fig* paçayı kurtarmak/sıyırmak *(wörtl: das Hosenbein retten)* [Bedeutung: sich aus einer misslichen Lage befreien; Anlamı: kendini bir dertten, tehlikeden kurtarmak; bir karışıklıkta canını kurtarmak]

den Kopf in den Sand stecken *(wörtl: başını kuma sokmak)* *fig* devekuşu gibi başını kuma sokmak/gömmek *(wörtl: wie ein Strauß den Kopf in den Sand stecken)* *fig* devekuşuluk etmek *(wörtl: eine Vogel-Strauß-Strategie betreiben)* [Bedeutung: eine Gefahr verdrängen; Anlamı: tehlikeyi görmek istememek]

den Kopf waschen *(wörtl: başını yıkamak)* *fig* zılgıt vermek *(wörtl: Rüffel erteilen)* *fig* birine haddini bildirmek[1] *(wörtl: jemandem seine Grenzen mitteilen)* *fig* kuyruğunu tava sapına çevirmek *(wörtl: jemandem den Schwanz in einen Pfannengriff verwandeln)* [Bedeutung: jemanden scharf zurechtweisen; Anlamı: çıkışmak; azarlamak; sert bir karşılıkla uslandırmak]

den Kopf zerbrechen *(wörtl: kafa kırmak)* *fig* kafa yormak *(wörtl: den Kopf anstrengen)* *fig* kafa patlatmak *(wörtl: den Kopf platzen lassen)* [Bedeutung: angestrengt nachdenken; Anlamı: bir konu üzerinde pek çok düşünmek]

den Hähnen, die zur Unzeit krähen, muss man den Kopf abdrehen *(wörtl: vakitsiz öten horozların başını koparmak gerekir)* *fig* vakitsiz öten horozun başını keserler *(wörtl: dem Hahn, der zur Unzeit kräht, hackt man den Kopf ab)* [Bedeutung: alles muss zur richtigen Zeit gesagt werden; Anlamı: her söz yerinde ve zamanında söylenmelidir]

den Nagel auf den Kopf treffen *(wörtl: çivinin kafasına isabet ettirmek)* *fig* tam üstüne basmak *(wörtl: genau drauf treten)* *fig* taşı gediğine koymak *(wörtl; den Stein in den Spalt stecken)* [Bedeutung: den Kernpunkt von etwas treffen; etwas Richtiges sagen, das zur Situation passt; Anlamı: kesin olarak belirlemek; doğru yeri ya da istenileni bulmak; gerekli bir sözü tam zamanında ve yerinde söylemek]

der Fisch stinkt vom Kopf *fig* her balık baştan kokar [Bedeutung: die Führungskräfte einer Organisation sind verantwortlich, wenn es Probleme gibt; Anlamı: bir işte aksaklıktan başta olanlar sorumludur]

ein Brett vor dem Kopf haben *(wörtl: kafasının önünde tahta olmak)* *fig* dar kafalı olmak *(wörtl: engköpfig sein)* [Bedeutung: begriffsstutzig sein; Anlamı: anlayışı kıt olmak]

ein Dach über dem Kopf haben *(wörtl: başının üzerinde çatısı olmak)*

fig başını sokacak bir yeri olmak *(wörtl: einen Platz haben, um seinen Kopf hineinzustecken)* [**Bedeutung**: eine Unterkunft haben; **Anlamı**: barınabileceği yeri olmak]

etwas im Kopf nicht aushalten *(wörtl: kafasının içinde bir şeye katlanamamak)* **fig** akla hayale sığmamak *(wörtl: nicht in den Verstand, in die Vorstellung(skraft) passen)* [**Bedeutung**: etwas ist so schrecklich, dass man nicht daran denken möchte; **Anlamı**: inanılacak gibi değil, korkunç]

etwas wird nicht (gleich) den Kopf kosten *(wörtl: bir şey (hemen) başına mal olmaz)* **fig** her taş baş yarmaz *(wörtl: nicht jeder Stein spaltet einem den Kopf)* [**Bedeutung**: etwas wird schon nicht so gefährlich sein; **Anlamı**: korkulan her şey tehlikeli değildir]

Hals über Kopf *(wörtl: baş üstüne boğaz)* **fig** apar topar **fig** palas pandıras [**Bedeutung**: plötzlich und ohne Überlegung; **Anlamı**: toplanmaya vakit kalmaksızın]

jemandem den Kopf verdrehen[1] *(wörtl: birinin başını tersine döndürmek)* **fig** aklını başından almak *(wörtl:jemandem den Verstand vom Kopf wegnehmen)* [**Bedeutung**: jemanden so stark beeindrucken, dass er an nichts anderes denken kann; **Anlamı**: bir şey birini düşünemeyecek duruma getirmek]

jemandem den Kopf verdrehen[2] *(wörtl: birinin başını tersine döndürmek)* **fig** aklını çelmek *(wörtl: jemandes Verstand ablenken)* **fig** baştan çıkarmak *(wörtl: aus dem Kopf holen)*

[**Bedeutung**: jemanden verliebt machen; jemanden verführen; **Anlamı**: karşı cinsi bir ilişkiye ikna etmek; ayartmak; baştan çıkarmak]

jemandem den Kopf/die Kappe waschen *(wörtl: birinin başını/takkesini yıkamak)* **fig** birine fırça çekmek *(wörtl: jemanden abbürsten)* **fig** birine haddini bildirmek[1] *(wörtl: jemandem seine Grenzen mitteilen)* **fig** kuyruğunu tava sapına çevirmek *(wörtl: jemandem den Schwanz in einen Pfannengriff verwandeln)* [**Bedeutung**: jemanden tadeln, rügen, zurechtweisen; **Anlamı**: azarlamak; uzun uzun paylamak]

jemandem etwas an den Kopf werfen *(wörtl: birinin kafasına bir şey atmak)* **fig** yüzüne vurmak/çarpmak *(wörtl: jemandem ins Gesicht schlagen)* [**Bedeutung**: jemandem ohne Scheu, Schonung sagen; jemandem etwas Negatives direkt, unverblümt sagen; **Anlamı**: ayıplayarak kusurunu yüzüne söylemek]

jemandem fällt die Bude/Decke auf den Kopf *(wörtl: evi/tavanı başına çökmek)* **fig** hafakanlar basmak **fig** içi daralmak *(wörtl: sein Inneres wird beengt)* **fig** içi sıkılmak *(wörtl: sein Inneres wird gedrückt)* **fig** sıkıntı basmak [**Bedeutung**: jemand hält es in der Wohnung nicht mehr aus; **Anlamı**: sıkıntıdan bunalmak]

jemandem immer nur vor den Kopf schauen/gucken können *(wörtl: sürekli birisinin kafasının önüne bakabilmek)* **fig/derb** kavun değil ki götünü koklayasın! *(wörtl: es ist keine Honigmelone, dass man deren Arsch riechen kann)* [**Bedeutung**: nicht erfassen können, was andere Menschen denken;

Anlamı: nasıl bir kişi olduğunu dış görünüşünden anlayamayız ki!]

jemandem nicht in den Kopf wollen *(wörtl: birinin kafasna girmemek)* *fig* aklı almamak *(wörtl: sein Verstand nimmt es nicht auf)* [**Bedeutung**: etwas nicht begreifen, nicht verstehen; **Anlamı**: biri bir şeyi anlamamak, kavrayamamak]

jemandem über den Kopf wachsen *(wörtl: bir kimsenin başının üzerinde büyümek)* *fig* baş edememek *(wörtl: nicht Kopf tun können)* [**Bedeutung**: von jemandem nicht mehr bewältigt werden können; **Anlamı**: bir kimseyi yola getirmeye, bir şeyi başarmaya gücü yetmemek]

mehr Schulden als Haare auf dem Kopf haben *(wörtl: başındaki saçtan çok borcu olmak)* *fig* borç bini aşmak *(wörtl: die Schulden überschreiten die Tausend)* [**Bedeutung**: hohe Schulden haben; **Anlamı**: borç altından kalkılamayacak duruma gelmek]

mit dem Kopf durch die Wand (rennen) wollen *(wörtl: başıyla duvardan geçmek ıstemek)* *fig* başının dikine/doğrusuna gitmek *(wörtl: dem Kopf nach gehen)* *fig* burnunun dikine/doğrusuna gitmek *(wörtl: der Nase nach gehen)* [**Bedeutung**: sich um jeden Preis durchsetzen wollen; **Anlamı**: öğüt dinlemeyerek kendi bildiğini yapmak]

nach seinem eigenen Kopf handeln *(wörtl: kendi kafasına göre davranmak)* *fig* bildiğini okumak *(wörtl: lesen, was man weiß)* [**Bedeutung**: selber wissen, was gut für einen ist; sich von anderen nicht beinflussen lassen; **Anlamı**: herkes ne derse desin, istediği gibi

davranmak; canı istediği gibi davranmak]

nicht auf den Kopf gefallen sein *(wörtl: başının üstüne düşmemiş olmak)* *fig* uyanık olmak *(wörtl: wach sein)* [**Bedeutung**: nicht dumm sein; **Anlamı**: açıkgöz, kurnaz olmak]

nicht aus dem Kopf wollen *(wörtl: başından çıkmak istememek)* *fig* aklından çıkaramamak *(wörtl: nicht aus dem Verstand herausnehmen können)* [**Bedeutung**: nicht vergessen können; **Anlamı**: unutamamak]

nicht (mehr) wissen, wo einem der Kopf steht *(wörtl: başının nerede bulunduğunu bilmemek)* *fig* başını kaşıyacak vakti olmamak *(wörtl: keine Zeit haben, um seinen Kopf zu kratzen)* [**Bedeutung**: durch Arbeit, Sorgen oder Ähnliches überlastet sein; **Anlamı**: arada en ufak, başka bir iş yapamayacak kadar sıkışık durumda bulunmak]

(nur) Flausen im Kopf haben *(wörtl: başında (sadece) havlı çuha olmak)* *fig* başında kavak yelleri esmek *(wörtl: es wehen Pappelwinde in seinem Kopf)* [**Bedeutung**: (nur) verrückte, sinnlose Ideen haben; (nur) Unsinn machen; **Anlamı**: genç sorumluluk duygusundan uzak, zevk, eğlence peşinde koşmak]

Rosinen im Kopf haben *(wörtl: kafasında kuru üzüm olmak)* *fig* başında kavak yeli/yelleri esmek *(wörtl: Pappelbrisen in seinem Kopf wehen)* [**Bedeutung**: unrealistische Träume haben; **Anlamı**: gerçekleşmeyecek şeyler düşünerek vakit geçirmek]

seinem eigenen Kopf folgen *(wörtl: kendi kafasını takip etmek)* *fig* bildiğini okumak *(wörtl: lesen, was man weiß)* [**Bedeutung**: selbst wissen, was gut für einen ist; **Anlamı**: canı istediği gibi davranmak]

seinen eigenen Kopf haben *(wörtl: kendine özgün aklı olmak)* *fig* Nuh der, peygamber demez *(wörtl: er sagt Noah, aber nicht Prophet)* [**Bedeutung**: eigenwillig; selber wissen, was Gut für einen ist; **Anlamı**: inanç ve düşüncelerini kolay kolay değiştirmez kimse]

seinen Kopf woanders haben *(wörtl: başı başka yerde olmak)* *fig* aklı başka yerde olmak *(wörtl: seinen Verstand woanders haben)* *fig* eli işte gözü oynaşta *(wörtl: seine Hand ist bei der Arbeit, sein Auge beim Spiel)* [**Bedeutung**: an etwas anders denken; nicht bei der Sache sein; geistesabwesend sein; **Anlamı**: bir şey yaparken o sırada başka şeyler düşünmek]

sich einen Kopf machen *(wörtl: kendine kafa yapmak)* *fig* kafaya takmak *(wörtl: an den Kopf hängen)* [**Bedeutung**: über etwas nervös nachdenken; **Anlamı**: sürekli o şeyi düşünmek]

sich etwas durch den Kopf gehen lassen *(wörtl: bir şeyi kafasından geçirmek)* *fig* bir şeyi aklından geçirmek *(wörtl: etwas durch den Verstand gehen lassen)* [**Bedeutung**: etwas erwägen; über etwas nachdenken; **Anlamı**: bir şeyi yapmayı düşünmek]

sich etwas in den Kopf setzen *(wörtl: bir şeyi kafasına koymak)* *fig* bir şeyi kafasına koymak *(wörtl: sich etwas in den Kopf setzen)* *fig* aklına koymak *(wörtl: jemandem (etwas) in den Verstand setzen)* [**Bedeutung**: etwas unbedingt tun wollen; **Anlamı**: bir şeyi yapmaya kesin olarak karar vermek]

sich keinen Kopf machen *(wörtl: kendine baş etmemek)* *fig* kendine (bir şeyi) dert etmemek *(wörtl: sich keine Sorgen machen)* [**Bedeutung**: sich keine Sorgen machen; **Anlamı**: bir şeyi üzüntü konusu yapmamak]

überlass das Denken den Pferden, die haben die größeren Köpfe *(wörtl: düşünmeyi atlara bırak, onların başları daha büyük)* *fig* kafanı yorma, büyükler düşünsün *(wörtl: streng dich nicht an, die Erwachsenen sollen denken)* [**Bedeutung**: sie werden hier nicht fürs Denken bezahlt; **Anlamı**: buraya çalışmak için geldin, düşünmek için değil]

was man nicht im Kopf hat, hat man in den Beinen *(wörtl: kafasında değilse bacaklarındadır)* *fig* akılsız başın cezasını ayak çeker *(wörtl: die Strafe für den unklugen Kopf verbüßt der Fuß)* *fig* akılsız iti yol kocatır *(wörtl: den unklugen Köter macht der Weg älter)* *fig* akla gelmeyen başa gelir *(wörtl: das, was nicht in den Verstand kommt, kommt in den Kopf)* [**Bedeutung**: wer etwas vergisst, muss zurückgehen, um dasVergessene zu holen; **Anlamı**: bir şeyi unutan kişi unuttuğu şeyi gidip almak için sonuca katılır]

wenn er sich auf den Kopf stellt *(wörtl: başüstü dursa da; amuda kalksa da)* *fig* ağzıyla kuş tutsa *(wörtl: selbst, wenn er Vögel mit dem Mund fängt)*

244

[**Bedeutung**: egal was er tut, es wird nichts ändern; **Anlamı**: ne kadar çaba gösterse de]

wie vor den Kopf geschlagen sein *(wörtl: başüstü dursa da; amuda kalksa da)* ***fig*** beyninden vurulmuşa dönmek *(wörtl; als würde er ins Hirn getroffen)* [**Bedeutung**: vor Überraschung gelähmt sein; **Anlamı**: şaşkınlıktan düşünme yeteneğini yitirir gibi olmak]

Köpfchen akılcık

Köpfchen muss man haben *(wörtl: adamın aklı olması gerekir)* ***fig*** akıl adama sermayedir [**Bedeutung**: jemandes professionell nutzbares Wissen sein; man muss klug sein; **Anlamı**: insanın giriştiği her işte en önemli araç akıldır]

Korn² arpacık

aufs Korn nehmen *(wörtl: arpacığa almak)* ***fig*** hedef almak² *(wörtl: zum Ziel nehmen)* [**Bedeutung**: jemanden oder etwas kritisieren; **Anlamı**: eleştirmek amacıyla karşısına almak]

Korb sepet

alle Eier in einen Korb legen *(wörtl: yumurtaların hepsini bir sepete koymak)* ***fig*** rest çekmek *(wörtl: "all in" gehen)* ***fig*** varını yoğunu aynı işe yatırmak *(wörtl: sein ganzes Hab und Gut in dieselbe Sache investieren)* [**Bedeutung**: alles wagen; alles riskieren; es geht ums Ganze; **Anlamı**: öyle bir iş ki kişi sonunda ya imrenilecek bir duruma yükselir ya da batar; ya batarız, ya çıkarız]

jemandem einen Korb geben *(wörtl: birine sepet vermek)* ***fig*** birini sepetlemek *(wörtl: jemanden in Körbe verpacken)* [**Bedeutung**: jemanden abweisen; **Anlamı**: birini başından savmak]

Korken mantar

die Korken knallen lassen *(wörtl: mantarları patlatmak)* ***fig*** papaz uçurmak *(wörtl: den Pfarrer fliegen lassen)* [**Bedeutung**: ordentlich trinken und feiern; **Anlamı**: içki âlemi yapmak]

Korn¹ tahıl tanesi

die Flinte ins Korn werfen *(filintayı tahıla atmak)* ***fig*** gözü korkup vazgeçmek *(wörtl: sein Auge fürchtet sich und er gibt auf)* yelkenleri suya indirmek *(wörtl: die Segel ins Wasser lassen)* ***fig*** pes etmek *(wörtl: aufgeben)* [**Bedeutung**: den Mut verlieren; resignieren; aufgeben; **Anlamı**: direnmekten vazgeçmek; yılmak]

ein blindes Huhn findet auch mal ein Korn *(wörtl: kör tavuk da bir tahıl tanesi bulur)* ***fig*** kedi olalı bir fare tuttu *(wörtl: seitdem sie eine Katze ist, hat sie eine Maus gefangen)* ***fig*** bitli baklanın da kör alıcısı olur *(wörtl: auch für die verlauste Saubohne gibt es einen blinden Käufer)* [**Bedeutung**: auch der Benachteiligte hat einmal Glück; **Anlamı**: işe yaramaz da olsa her şeyin isteklisi bulunur; en sonunda bir iş başarabildi]

etwas/jemanden aufs Korn nehmen ***fig*** bir şeyi/kimseyi hedef almak *(wörtl: etwas/jemandem zum Ziel nehmen)*

245

[**Bedeutung**: etwas/jemanden scharf kritisieren; **Anlamı**: bir kimseyi, şeyi yıpratmak, eleştirmek amacıyla karşısına almak]

Kosten

koste es, was es wolle *fig* ne pahasına olursa olsun [**Bedeutung**: um jeden Preis; **Anlamı**: her türlü sıkıntıyı, tehlikeyi göze alarak]

kotzen kusmak

man hat schon Pferde kotzen sehen *(wörtl: atların kustuğu görülmüştür)* *fig* ummadığın taş baş yarar *(wörtl: der Stein, von dem du es nicht erwartest, spaltet einen Kopf)* [**Bedeutung**: man hat schon Unglaubliches erlebt, also Vorsicht; **Anlamı**: önemsiz şeyler büyük etkiler yapabilir]

Kragen yaka

Kopf und Kragen aufs Spiel setzen *(wörtl: kafa ve yakayı göze almak)* *fig* kellesini koltuğuna almak *(wörtl: den Kopf in die Achsel nehmen)* *fig* kelleyi koltuğun altına almak *(wörtl: den Kopf unter die Achsel nehmen)* *fig* başıyla oynamak *(wörtl: mit seinem Kopf spielen)* [**Bedeutung**: das Leben aufs Spiel setzen; **Anlamı**: ölümü göze almak; yaşamını tehlikeye sokacak bir işe girişmek]

jemandem platzt der Kragen *(wörtl: birinin yakası yırtılmak)* *fig* birinin tepesi atmak [**Bedeutung**: in Wut, in Zorn geraten; **Anlamı**: öfkelenmek]

Krähe karga

eine Krähe hackt der anderen kein Auge aus *(bir karga başka bir karganın gözünü çıkarmaz)* *fig* köpek köpeği ısırmaz *(wörtl: ein Hund beißt einen Hund nicht)* [**Bedeutung**: Seinesgleichen schont man; unter Gleichgesinnten hält man zusammen; **Anlamı**: görüş ve anlayışları birbirine uyan kimseler çekişmezler, birbirlerini tutarlar]

krähen ötmek

den Hähnen, die zur Unzeit krähen, muss man den Kopf abdrehen *(wörtl: vakitsiz öten horozların başını koparmak gerekir)* *fig* vakitsiz öten horozun başını keserler *(wörtl: dem Hahn, der zur Unzeit kräht, hackt man den Kopf ab)* [**Bedeutung**: alles muss zur richtigen Zeit gesagt werden; **Anlamı**: her söz yerinde ve zamanında söylenmelidir]

nach jemandem kräht kein Hahn *(wörtl: horoz kimse için ötmemek)* *fig* arayıp soranı olmamak/bulunmamak *(wörtl: es gibt niemanden, der ihn sucht und nach ihm fragt)* [**Bedeutung**: jemand ist so bedeutungslos, dass niemand sich mit ihm befasst; **Anlamı**: kimse onunla ilgilenmemek]

Jungfern, die pfeifen, und Hühnern, die krähen, soll man beizeiten den Hals umdrehen *(wörtl: ıslık çalan kızları ve öten tavukları vakti gelince gırtlaklamak gerekir)* *fig* vakitsiz öten horozun başını keserler *(wörtl: dem Hahn, der zur Unzeit kräht, hackt man den Kopf ab)* [**Bedeutung**: alles muss zur richtigen Zeit gesagt werden; **Anlamı**: her söz yerinde ve zamanında söylenmelidir]

Kram iş

gut in jemandes Kram passen
(wörtl: birinin işine iyi uymak) fig
birinin işine gelmek *(wörtl: in
jemandes Sache kommen) fig* birinin
hesabına gelmek *(wörtl: in jemandes
Rechnung kommen)*
[**Bedeutung**: jemandem sehr gelegen
kommen; gut in jemandes Pläne
passen; **Anlamı**: yararına uygun
düşmek; kendisi için elverişli olmak]

jemandem in den Kram passen
(wörtl: birinin işine uygun olmak) fig
birinin işine gelmek *(wörtl:
jemandem gelegen kommen) fig*
birinin hesabına gelmek *(wörtl: in
jemandes Rechnung kommen)*
[**Bedeutung**: jemandem sehr gelegen
kommen; **Anlamı**: amacına,
düşüncesine uygun olmak]

**jemandem nicht in den Kram
passen** *(wörtl: birinin işine uygun
olmamak) fig* birinin işine gelmemek
*(wörtl: jemandem nicht gelegen
kommen)*
[**Bedeutung**: jemandem nicht
gelegen kommen; **Anlamı**: amacına,
düşüncesine uygun olmamak]

Krämer bakkal

jeder Krämer lobt seine Ware
*(wörtl: her bakkal kendi malını över)
fig* kimse ayranım ekşi demez *(wörtl:
niemand würde sagen, dass sein
Ayran sauer ist)*
[**Bedeutung**: was zu sehr
angepriesen wird, sollte man mit
Vorsicht genießen; **Anlamı**: herkes
kendi malını, yaptığı işi över]

Krätze uyuz

**jemandem hängt etwas an wie die
Krätze** *(wörtl: uyuz gibi üzerinde
asılı olmak) fig* (birine) kene gibi
yapışmak *(wörtl: kleben wie eine
Zecke)*

[**Bedeutung**: jemand wird etwas
Unangenehmes nicht oder schwer
los; **Anlamı**: musallat olduğu
kimsenin yakasını bırakmamak]

kratzen kaşımak

die Kurve kratzen[1] *(wörtl: virajı
kaşımak) fig* kirişi kırmak *(wörtl: die
Saite brechen)*
[**Bedeutung**: weggehen;
verschwinden; **Anlamı**: bulunduğu
yerden kaçıp gitmek]

die Kurve kratzen[2] *(wörtl: virajı
kaşımak) fig* köşeyi dönmek *(wörtl:
um die Ecke gehen)*
[**Bedeutung**: etwas erreichen
schaffen; nicht scheitern; **Anlamı**:
başarıya ulaşmak]

Kraut ot

**gegen den Tod ist kein Kraut
gewachsen** *(wörtl: ölüme karşı hiç
bir ot büyümemiş) fig* ecele çare
olmaz *(wörtl: es gibt keine Lösung
für den Tod) fig* olacakla öleceğe
çare bulunmaz *(wörtl: gegen das
Werden und den Tod gibt es keinen
Ausweg)*
[**Bedeutung**: vor dem Tod gibt es
keine Rettung; **Anlamı**: ölümden
kurtuluş yok]

ins Kraut schießen *(wörtl: ota
kurşun sıkmak) fig* dal budak salmak
(wörtl: sich verzweigen)
[**Bedeutung**: überhandnehmen;
Anlamı: karmaşık bir biçimde
genişleyip yayılmak]

wie Kraut und Rüben *(wörtl: ot ve
şalgam gibi) fig* darmadağınık budak
salmak *(wörtl: sich verzweigen) fig*
arapsaçı gibi *(wörtl: wie die Haare
eines Arabers)*
[**Bedeutung**: völlig ungeordnet;
unordentlich; **Anlamı**: çok dağınık]

247

Krawall bela

auf Krawall gebürstet sein *(wörtl: gürültü patırtı için fırçalanmış olmak) fig* bela aramak *(wörtl: Unheil suchen)*
[**Bedeutung:** Streit suchen; **Anlamı:** ona buna sataşarak kavga aramak]

Kreide tebeşir

(bei jemandem) in der Kreide stehen *fig* (birine) borçlu olmak/bulunmak
[**Bedeutung:** bei jemandem Schulden haben blass werden; **Anlamı:** borcu olmak]

kreidebleich werden *(wörtl: tebeşir gibi soluklaşmak) fig* yüzü kireç kesilmek *(wörtl: sein Gesicht verkalkt)*
[**Bedeutung:** sehr blass werden; **Anlamı:** yüzünde renk kalmamak]

Kreis daire

sich im Kreis bewegen/drehen *(wörtl: daire içinde hareket etmek/dönmek) fig* benim oğlum bina okur, döner döner yine okur *(wörtl: mein Sohn liest die Konjugationstabelle, er dreht sich und dreht sich und liest sie wieder) fig* yerinde saymak *(wörtl: auf der Stelle zählen) fig* dolap beygiri gibi dönüp durmak *(wörtl: wie ein Arbeitsgaul sich auf der Stelle drehen)*
[**Bedeutung:** nicht vorwärtskommen; nicht vorankommen; **Anlamı:** bulunduğu yerden daha ileri gidememek; yerinde sayıyor; aynı şeyleri tekrarlayıp duruyor]

kreißen sancıdan çığlık atmak

der Berg kreißte und gebar eine Maus *(wörtl: dağ, doğumda sancıdan çığlık attı ve bir fare doğurdu) fig* dağ doğura doğura bir fare doğurmuş *(wörtl: im Endeffekt gebar der Berg eine Maus)*
[**Bedeutung:** trotz großen Aufwandes ist das Ergebnis unbefriedigend; **Anlamı:** büyük şeyler beklenen bir işten önemsiz sonuç alınmak]

Kreuz[1] sağrı; bel; sırt

jemandem den Rücken/das Kreuz stärken/steifen *(wörtl: birinin arkasını sağlamlaştırmak) fig* birine arka çıkmak *(wörtl: jemandem als Rücken(stärkung) auftreten)*
[**Bedeutung:** jemanden unterstützen; **Anlamı:** birini başkalarına karşı korur durum almak]

jemanden aufs Kreuz legen *(wörtl: birini sırtüstü yatırmak) fig* birine kazık atmak *(wörtl: jemandem mit dem Pfahl bewerfen/Pfähle bewerfen) fig* başına çorap örmek *(wörtl: jemandem einen Strumpf für seinen Kopf stricken)*
[**Bedeutung:** jemanden hereinlegen; **Anlamı:** birini aldatmak]

Kreuz[2] istavroz, çarmıh, çapraz

drei Kreuze machen[1] *(wörtl: istavroz çıkarmak)* Allah'a şükretmek *(wörtl: Allah bedanken)*
[**Bedeutung:** froh sein, dass etwas vorbei ist; **Anlamı:** gerçekleşen güzel bir durum için Allah'a teşekkür etmek]

drei Kreuze machen[2] *(wörtl: üç kere haç çıkarmak; istavroz çıkarmak) fig* üstüne bir bardak (soğuk) su içmek *(wörtl: ein Glas (kaltes) Wasser auf etwas trinken)*
[**Bedeutung:** etwas gedanklich abhaken; **Anlamı:** bir işten umudunu kesmek; o işten vaygeçmek]

248

mit jemandem über Kreuz kommen *(wörtl: biriyle çapraz gelmek)* *fig* aralarından kara kedi geçmek *(wörtl: zwischen ihnen ist eine schwarze Katze gelaufen)* [**Bedeutung**: zu jemandem ein gespanntes Verhältnis haben; zu jemandem ein gespanntes Verhältnis bekommen; **Anlamı**: birbirinden soğumak; aralarına soğukluk girmek]

mit jemandem über(s) Kreuz sein/stehen/liegen *(wörtl: biriyle çaprazlama olmak/durmak/yatmak)* *fig* aralarından kara kedi geçmek *(wörtl: zwischen ihnen ist eine schwarze Katze gelaufen)* [**Bedeutung**: zu jemandem ein gespanntes Verhältnis haben; zu jemandem ein gespanntes Verhältnis bekommen; **Anlamı**: birbirinden soğumak; aralarına soğukluk girmek]

kriechen sürüklenerek gitmek

wer kriecht, stolpert nicht *(wörtl: sürünerek giden tökezlemez)* *fig* ağır git ki yol alasın *(wörtl: gehe langsam damit du gut vorankommst)* *fig* acele işe şeytan karışır *(wörtl: in hastige Arbeit mischt sich der Teufel ein)* [**Bedeutung**: handele mit der gebotenen Eile, aber überstürze nichts; **Anlamı**: düşünüp taşınmadan ivedi olarak yapılan işten iyi sonuç alınmaz]

Krieg savaş

die Wahrheit stirbt im Krieg zuerst *fig* savaşta önce gerçekler ölür [**Bedeutung**: das erste Opfer des Krieges ist die Wahrheit; **Anlamı**: savaşın ilk kurbanı gerçeklerdir; savaşan taraflar doğruyu söylemezler]

Kriegsbeil savaş baltası

das Kriegsbeil begraben *(wörtl: savaş baltasını gömmek)* *fig* kılıcı kınına koymak *(wörtl: das Schwert in die Scheide stecken)* *fig* kurdu koyunla barıştırmak *(wörtl: den Wolf mit dem Schaf versöhnen)* [**Bedeutung**: einen Streit beenden; **Anlamı**: savaşı bırakmak; düşmanlığı ortadan kaldıran adaletli bir düzen kurmak]

Krone taç

dem Fass die Krone aufsetzen *(wörtl: fıçıya taç koymak)* *fig* kantarın topunu kaçırmak *(wörtl: die Kugel des Kantars verpassen)* [**Bedeutung**: etwas zum Äußersten treiben; **Anlamı**: ölçüyü kaçırıp aşırılığa varmak]

einer Sache die Krone aufsetzen *(wörtl: bir şeyin başına taç giydirmek)* *fig* bir şeyin üzerine tüy dikmek *(wörtl: auf eine Sache eine Feder pflanzen)* *fig* özrü kabahatinden büyük olmak *(wörtl: seine Entschuldigung ist größer als seine Tat)* [**Bedeutung**: alles an Gemeinheit überbieten; **Anlamı**: kötü durum almış bir işi büsbütün kötü bir duruma sokmak; bir suç, kusur için özür dilerken daha büyük bir suç işlemek]

Krug testi

der Krug geht so lange zum Brunnen, bis er bricht *(wörtl: testi kırılıncaya kadar çeşmeye gider)* *fig* su testisi su yolunda kırılır *(wörtl: der Wasserkrug bricht auf dem Wasserweg)* [**Bedeutung**: etwas geht nicht auf Dauer gut; jede Langmut erschöpft sich einmal, wenn sie zu sehr strapaziert wird; **Anlamı**: bir

249

kimse/şey, iyi ya da kötü hangi
amaca hizmet ediyorsa o uğurda ölür]

___

krümmen bükmek

jemandem kein Haar krümmen *fig*
kılına dokunmamak *(wörtl: sein
Haar nicht anfassen) fig* tüyüne
dokunmamak *(wörtl: sein Haar nicht
anfassen)*
[**Bedeutung**: jemandem nichts antun;
Anlamı: birine herhangi bir zarar
vermemek]

**keiner Fliege ein Bein krümmen
können** *(wörtl: hiçbir sineğin
bacağını bükememek) fig* karıncayı
bile ezmemek /incitmemek *(wörtl:
nicht einmal eine Ameise
zerquetschen/verletzen)*
[**Bedeutung**: ein friedlicher,
gutmütiger Mensch sein; **Anlamı**:
çok merhametli, ince duygulu olmak]

___

Küche mutfak

in Teufels Küche geraten *(wörtl:
şeytanın mutfağına girmek) fig* hapı
yutmak *(wörtl: die Pille schlucken)
fig* başı belaya girmek *(wörtl: sein
Kopf geriet in ein Unheil)*
[**Bedeutung**: in große
Schwierigkeiten geraten; **Anlamı**:
kötü bir duruma düşmek; sıkıntı
verici bir durumla karşılaşmak]

___

Kugel top; mermi

eine ruhige Kugel schieben *(wörtl:
rahat bir topu itmek) fig* yavaştan
almak *(wörtl: langsam nehmen)*
[**Bedeutung**: sich (bei der Arbeit)
nicht sonderlich anstrengen; **Anlamı**:
işi gereken sürede yapmamak]

___

Kuh inek

die Kuh vom Eis bringen/kriegen
(wörtl: ineği buzdan almak) fig

deveye hendek atlatmak[2] *(wörtl: das
Kamel über den Graben springen
lassen)*
[**Bedeutung**: ein schwieriges
Problem lösen; **Anlamı**: birine
yapılması çok zor, hemen hemen
imkânsız olan işleri yaptırabilmek]

**man wird alt wie (ei)ne Kuh und
lernt immer noch dazu** *(wörtl:
insan inek kadar yaşlanır ve hâlâ bir
şeyler öğrenir) fig* öğrenmenin yaşı
yoktur *(wörtl: das Lernen hat kein
Alter)*
[**Bedeutung**: man kann im Alter
immer noch etwas dazu lernen;
Anlamı: insan her yaşta bir şeyler
öğrenebilir]

___

Kuhhaut inek derisi

auf keine Kuhhaut gehen *(wörtl:
hiç bir inek derisine gitmemek) fig*
fazla olmak *(wörtl: zuviel sein)*
[**Bedeutung**: jegliches Maß
übersteigen und unerträglich sein;
Anlamı: dayanma gücünü aşacak
davranışlarda bulunmak]

das geht auf keine Kuhhaut! *(wört:
nicht doch das Hufeisen des Kamels!)
fig* yok deve! *fig* yok devenin nalı!
(wört: nicht doch das Hufeisen des
Kamels!)*
[**Bedeutung**: zu weit gehen; nicht zu
überbieten sein; **Anlamı**: daha neler!!
çok abartıyorsun]

___

Küken civciv

**das Küken will klüger sein als die
Henne** *(wörtl: civciv tavuktan daha
akıllı olmaya kalkar) fig* dağdan gelip
bağdakini kovmak *(wörtl: vom Berg
kommen und denjenigen vom
Weinberg wegjagen)*
[**Bedeutung**: der junge Mensch
glaubt oft etwas besser zu wissen als
der ältere und erfahrene Mensch;

Anlamı: sonradan geldiği bir yerde kendinden önce gelen kişinin yerini almaya çalışmak]

Kulisse kulis

hinter den Kulissen *(wörtl: kulislerin arkasında)* **fig** perde arkasında *(wörtl: hinter dem Vorhang)*
[**Bedeutung**: im Hintergrund, vor der Öffentlichkeit verborgen; **Anlamı**: gizlice, olayı yönetenin kendisi olduğunu belli etmeyerek]

Kummer dert

der Kummer, der nicht spricht, nagt am Herzen, bis es bricht *(wörtl: konuşmayan dert, kırılıncaya kadar kalbi kemirir)* **fig** derdini söylemeyen /anlatmayan derman bulamaz *(wörtl: wer sein Leid nicht sagt, der findet keinen Ausweg)*
[**Bedeutung**: negative Erfahrungen, die man mit anderen teilt, werden leichter erträglich; **Anlamı**: insan sıkıntısını başkasına açıklayarak giderebilir]

Kunst sanat

allen Leuten recht getan ist eine Kunst, die niemand kann *(wörtl: herkese hakkını vermek, kimsenin yapabileceği bir sanat değildir)* **fig** herkesi memnun etmek mümkün değil *(wörtl: es ist nicht möglich, allen zufrieden zu stellen)*
[**Bedeutung**: man kann nicht alle Menschen gleichzeitig zufriedenstellen; **Anlamı**: herkes aynı anda memnun edilemez]

allen Menschen recht getan ist eine Kunst, die niemand kann *(wörtl: bütün insanlara hak vermek, kimsenin yapabileceği bir sanat değildir)* **fig** herkesi memnun etmek

---

mümkün değil *(wörtl: es ist nicht möglich, allen zufrieden zu stellen)*
[**Bedeutung**: man kann nicht alle Menschen gleichzeitig zufriedenstellen; **Anlamı**: herkes aynı anda memnun edilemez]

Kurs fiyat

im Kurs fallen *(wörtl: fiyatı düşmek)* **fig** gözden düşmek *(wörtl: vom Auge fallen)*
[**Bedeutung**: an Beliebtheit, Ansehen verlieren; **Anlamı**: değerini yitirmek; rağbet görmemek]

Kurve viraj

die Kurve kratzen[1] *(wörtl: virajı kaşımak)* **fig** kirişi kırmak *(wörtl: die Saite brechen)*
[**Bedeutung**: weggehen; verschwinden; **Anlamı**: bulunduğu yerden kaçıp gitmek]

die Kurve kratzen[2] *(wörtl: virajı kaşımak)* **fig** köşeyi dönmek *(wörtl: um die Ecke gehen)*
[**Bedeutung**: etwas erreichen schaffen; nicht scheitern; **Anlamı**: başarıya ulaşmak]

die Kurve kriegen *(wörtl: virajı almak)* **fig** belini doğrultmak *(wörtl: sein Kreuz aufrichten)* **fig** kendini toplamak *(wörtl: sich sammeln)* **fig** ayağı düze basmak *(wörtl: sein Fuß tritt auf Ebenerde auf)*
[**Bedeutung**: es schließlich doch noch schaffen; nicht scheitern; **Anlamı**: her hangi bir konuda eskiden kötü olan durumunu düzeltmek; yeniden durumu düzelmek]

---

kurz kısa

es kurz machen *(wörtl: onu kısa yapmak)* **fig** kısa kesmek *(wörtl: kurz schneiden)* [**Bedeutung**: etwas in aller Knappheit darlegen; **Anlamı**: sözü uzatmamak]

lange Rede kurzer Sinn *(wörtl: uzun konuşma, kısa anlam)* **fig** uzun lafın kısası *(wörtl: die Kürze des langen Wortes)* [**Bedeutung**: kurzum; um es zusammenzufassen; um es kurz zu machen; **Anlamı**: kısacası; özet olarak]

Lügen haben kurze Beine *(wörtl: yalanların bacakları kısadır)* **fig** yalancının mumu yatsıya kadar yanar *(wörtl: die Kerze des Lügners brennt bis zur Schlafenszeit)* **fig** arife günü yalan söyleyenin bayram günü yüzü kara çıkar *(wörtl: wer am Vortag lügt, dem wird das Gesicht am Feiertag schwarz)* [**Bedeutung**: mit Lügen kommt man nicht weit; **Anlamı**: söylenen söz yalansa çok geçmeden anlaşılır]

Kürze kısalık

den Kürzeren ziehen *(wörtl: daha kısasını çekmek)* **fig** kozu kaybetmek *(wörtl: den Trumpf verlieren)* [**Bedeutung**: verlieren; Nachteile haben **Anlamı**: istediğini yapabilme imkânını kaybetmek]

in der Kürze liegt die Würze *(wörtl: çeşnilik, kısalıkta yatar)* **fig** turpun sıkından seyreği iyidir *(wörtl: besser weniger Radieschen als mehr)* **fig** az söyler, uz söyler *(wörtl: er sagt wenig, aber schön)* [**Bedeutung**: eine knappe Darstellung ist oft treffender als eine ausführliche; **Anlamı**: az, ama işe yarar söz söyler; az görüşmek çok görüşmekten iyidir]

L

lachen gülmek

Lachen ist gesund *(wörtl: gülmek sağlıklıdır)* **fig** gülmek her hastalığın devasıdır *(wörtl: das Lachen ist das Heilmittel für jede Krankheit)* [**Bedeutung**: Lachen ist ein natürliches Heilmittel; völlig klar sein; **Anlamı**: gülmeyi seven, her şeyi kafasına takmayan, kolay kolay hasta olmaz]

da lachen (ja) die Hühner *(wörtl: tavuklar gülüyor)* **fig** hâline köpekler gülüyor *(wörtl: da lachen die Hunde über deine Lage)* **fig** hâline köpekler bile güler *(wörtl: da lachen sogar die Hunde über deine Lage)* [**Bedeutung**: das ist lächerlich; **Anlamı**: kötü ve gülünç bir duruma düşenlere söylenen söz]

mit einem lachenden und einem weinenden Auge *(wörtl: bir gülen ve bir ağlayan gözle)* **fig** güler misin, ağlar mısın *(wörtl: sollst du lachen oder weinen)* [**Bedeutung**: teils erfreut, teils betrübt; mit gemischten Gefühlen; nicht wissen, ob man sich freuen soll oder traurig sein soll; **Anlamı**: hem gülünecek hem üzülecek nitelikteki şaşırtıcı olaylar karşısında söylenen söz]

sich biegen vor Lachen *(wörtl: gülmekten bükülmek)* **fig** makaraları koyuvermek *(wörtl: die Flaschenzüge loslassen)* [**Bedeutung**: heftig lachen; **Anlamı**: kendini tutamayarak kahkahayla gülmeye başlamak]

sich halbtot lachen *(wörtl: yarı ölü gülmek)* *fig* makaraları koyuvermek *(wörtl: die Flaschenzüge loslassen)* [**Bedeutung**: heftig lachen; **Anlamı**: kendini tutamayarak kahkahayla gülmeye başlamak]

sich ins Fäustchen lachen[1] *(wörtl: yumrukçuk içine gülmek)* *fig* bıyık altından gülmek *(wörtl: unter dem Schnurrbart lachen)* [**Bedeutung**: sich heimlich freuen; **Anlamı**: birinin durumuna belli etmeden gülmek; bu duruma düşenle içinden alay etmek]

sich ins Fäustchen lachen[2] *(wörtl: yumrukçuğu içine gülmek)* *fig* kıçına kına yakmak *(wörtl: sich den Hintern mit Henna verbrennen)* *fig* arkasından zil çalıp oynamak *(wörtl: hinter ihm die Klingel läuten und tanzen)* [**Bedeutung**: Schadenfreude empfinden; von heimlicher Schadenfreude, Genugtuung sein; **Anlamı**: karşısındaki uğradığı bir zarara çok sevinmek]

sich krumm und bucklig/buckelig lachen *(wörtl: eğri ve kambur gülmek)* *fig* katıla katıla gülmek [**Bedeutung**: heftig lachen; **Anlamı**: aşırı derecede gülmek]

sich krumm und schief lachen *(wörtl: eğri ve şaşı gülmek)* *fig* gülmekten kırılmak/katılmak *(wörtl: vor Lachen zerbrechen)* *fig* katıla katıla gülmek [**Bedeutung**: lautstark lachen; **Anlamı**: aşırı derecede gülmek]

sich vor Lachen nicht (mehr) halten können *(wörtl: gülmekten (artık) kendini tutamamak)* *fig* gülmekten kırılmak/katılmak *(wörtl: vor Lachen zerbrechen)* [**Bedeutung**: lautstark lachen; **Anlamı**: aşırı derecede gülmek]

nicht wissen, ob man lachen oder weinen soll *(wörtl: güler misin, ağlar mısın?)* *fig* güler misin, ağlar mısın! *(wörtl: sollst du lachen oder weinen?)* [**Bedeutung**: teils erfreut, teils betrübt sein; sagt man, wenn man etwas mit gemischten Gefühlen betrachtet; **Anlamı**: hem gülünecek hem üzülecek bir olay karşısında söylenen söz]

soll ich lachen oder weinen? *(wörtl: güleyim mi, yoksa ağlayayım mı?)* *fig* güler misin, ağlar mısın! *(wörtl: sollst du lachen oder weinen?)* [**Bedeutung**: teils erfreut, teils betrübt sein; sagt man, wenn man etwas mit gemischten Gefühlen betrachtet; **Anlamı**: hem gülünecek hem üzülecek bir olay karşısında söylenen söz]

wer zuletzt lacht, lacht am besten *(wörtl: son gülen en iyi güler)* *fig* son gülen iyi güler *(wörtl: wer zuletzt lacht, lacht gut)* [**Bedeutung**: die Freude ist dann am größten, wenn man über jemanden lachen kann, der einen zuvor selbst ausgelacht hat; **Anlamı**: bir konunun sevinilecek ve üzülecek evreleri sona erdiği zaman sevinilecek durum ağır basarsa dertler unutulup sevinilir]

---

laden yüklemek

jemanden auf den Besen laden *(wörtl: birini süpürgeye yüklemek)* *fig* bir kimseyi gır gıra almak *(wörtl: jemanden verspotten)* *fig* kuyruğuna teneke bağlamak *(wörtl: eine Blechbüchse an jemandes Schwanz binden)* [**Bedeutung**: jemanden verspotten; **Anlamı**: birini alaya almak, alay konusu yapmak]

253

schwer geladen haben *(wörtl: ağır yüklü olmak)* **fig** kafası iyi olmak *(wörtl: einen guten Kopf haben)* [**Bedeutung**: betrunken sein; **Anlamı**: sarhoş olmak]

Lage durum

die Lage ist ernst, aber nicht hoffnungslos *(wörtl: durum ciddi ama umutsuz değil)* **fig** çıkmadık candan umut kesilmez *(wörtl: bei einem Leben, das nicht gelöscht ist, gibt man die Hoffnung nicht auf)* [**Bedeutung**: egal, wie schlecht die Lage auch ist, man bleibt bis zum Ende zuversichtlich; **Anlamı**: bir şeyi sonuna kadar götürmek gerekir; artık olmaz demeden iş sürdürülmelidir, hiç belli olmaz, istenen sonuç alınabilir]

Landschaft peyzaj

(nur noch) ein Strich in der Landschaft sein *(wörtl: peyzajda (sadece bir) çizgi olmak)* **fig** iğne ipliğe dönmek *(wörtl: zu Nadel und Faden werden)* **fig** iğne yemiş ite dönmek *(wörtl: zum Köter werden, der eine Nadel gefressen hat)* [**Bedeutung**: sehr stark abgemagert sein; **Anlamı**: çok zayıflamış olmak]

---

lang uzun

lange Ohren machen *(wörtl: kulak uzatmak)* **fig** kulak kabartmak *(wörtl: die Ohren aufplustern)* [**Bedeutung**: die Ohren aufstellen, um zu lauschen; **Anlamı**: belli etmemeye çalışarak dinlemek]

lange Rede kurzer Sinn *(wörtl: uzun konuşma, kısa anlam)* **fig** uzun lafın kısası *(wörtl: die Kürze des langen Wortes)* [**Bedeutung**: kurzum; um es zusammenzufassen; um es kurz zu machen; **Anlamı**: kısacası; özet olarak]

eine lange Leitung haben *(wörtl: uzun bir hattı olmak)* **fig** ağır kazan geç kaynar *(wörtl: der schwere Kessel kocht spät)* [**Bedeutung**: begriffsstutzig sein; schwer von Begriff sein; **Anlamı**: kalın kafalı insan bir konuyu zor anlar]

da kannst du lange warten *(wörtl: daha çok beklersin)* **fig** bekle yârin köşesini *(wörtl: warte auf die Ecke deiner Geliebten)* [**Bedeutung**: dein Warten wird vergeblich sein; **Anlamı**: istediğin kadar bekle, beklediğin gerçekleşmeyecektir]

es nicht mehr lange machen *(wörtl: daha uzun bir süre yapmamak)* **fig** günleri sayılı olmak[1] *(wörtl: seine/ihre Tage sind gezählt)* [**Bedeutung**: bald sterben; **Anlamı**: ölümü yakın olmak]

jemandem eine (lange) Nase machen/drehen *(wörtl: birine (uzun) burun yapmak/çevirmek)* **fig** birine nanik yapmak *(wörtl: jemandem „Nanick" machen)* [**Bedeutung**: jemanden verspotten, auslachen; **Anlamı**: birini budala yerine koymak; biriyle alay etmek]

nicht lange fackeln *(wörtl: uzun süre meşale yakmamak)* **fig** uzun uzadıya düşünmeden **fig** uzun uzun düşünmeden [**Bedeutung**: nicht lange warten nicht zögern; ohne lange zu überlegen; **Anlamı**: işi uzatacak şeyler yapmamak]

sich nicht lange bitten lassen *(wörtl: uzun uzun rica ettirmemek)* **fig** bir dediğini iki etmemek *(wörtl:*

das, was er sagt, nicht zweimal sagen lassen)
[**Bedeutung**: man sollte der Bitte sofort Folge leisten; **Anlamı**: her istediğini hemen yapmak]

Langfinger eli uzun

ein Langfinger *(wörtl: uzun parmak)* *fig* eli uzun *(wörtl: seine Hand ist lang)* [**Bedeutung**: ein Dieb; **Anlamı**: hırsız]

langsam yavaş

Gottes Mühlen mahlen langsam, aber stetig *(wörtl: Allah'ın değirmenleri yavaş ama sürekli öğütür)* *fig* Allah imhal eder, ihmal etmez *(wörtl: Gott gewährt eine Frist, er versäumt nicht)* [**Bedeutung**: irgendwann wird man von Gott für böse Taten bestraft; **Anlamı**: kötülükleri için günün birinde Allah cezasını verir]

wenn du schnell ans Ziel willst, gehe langsam *(wörtl: hedefe hızlı varmak istiyorsan, yavaş yürü)* *fig* ağır git ki yol alasın *(wörtl: gehe langsam damit du gut vorankommst)* [**Bedeutung**: handele mit der gebotenen Eile, aber überstürze nichts; **Anlamı**: düşünüp taşınmadan ivedi olarak yapılan işten iyi sonuç alınmaz]

Lanze mızrak

für jemanden eine Lanze brechen *(wörtl: biri için mızrak kırmak)* *fig* birinden yana çıkmak *(wörtl: sich auf jemandes Seite stellen)* [**Bedeutung**: für jemanden mit Entschiedenheit eintreten; sich auf jemandes Seite stellen; **Anlamı**: birinin yanlısı olmak; birini tutmak]

Lappen bez

durch die Lappen gehen *(wörtl: bezden gitmek)* *fig* elden kaçırmak *(wörtl: aus der Hand verlieren)* *fig* elden kaçmak *(wörtl: der Hand weglaufen)* [**Bedeutung**: jemandem entkommen, entgehen; **Anlamı**: elde edilebilecek iyi bir şeyi türlü nedenlerle elde edememek]

Lärm gürültü

viel Lärm um nichts *(wörtl: hiç bir şey için çok gürültü)* *fig* kuru gürültü *(wörtl: trockener Lärm)* *fig* yok yere yaygara *(wörtl: Lärm umsonst)* [**Bedeutung**: viel Aufregung wegen einer Kleinigkeit; **Anlamı**: gereksiz, önemsiz söz ya da davranış; boşu boşuna bağırıp çağırma]

lassen bırakmak

lass das! *(wörtl: bırak onu!)* *fig* yeter! *(wörtl: genug!; es genügt!)* [**Bedeutung**: hör auf damit; **Anlamı**: kâfi;]

lass dir das gesagt sein! *(wörtl: kendine bunu söylet)* *fig* benden söylemesi! *(wörtl: von mir ist es zu sagen)* [**Bedeutung**: merke dir das und richte dich danach; **Anlamı**: uyarmak benden, ötesini kendisi bilir]

lass (es) gut sein![1] *(wörtl: bırak, iyi olsun!)* *fig* açtırma kutuyu, söyletme kötüyü *(wörtl: lass mir die Buchse nicht eröffnen und Übles sagen)* [**Bedeutung**: mach nun mal Schluss mit dieser Angelegenheit!; **Anlamı**: kendin hakkındaki kötü düşüncelerimi ya da bildiklerimi bana söyletme]

lass (es) gut sein![2] *(wörtl: bırak, iyi olsun!)* *fig* adamlık sende kalsın!

(wörtl: das Menschsein soll bei dir bleiben)
[**Bedeutung**: etwas nicht weiterverfolgen; **Anlamı**: karşı taraf iyilik bilmese de sen yine iyilik et]

die Katze aus dem Sack lassen *(wörtl: kediyi torbadan çıkarmak)* *fig* ağzından baklayı çıkarmak *(wörtl: die Saubohne aus dem Mund nehmen)*
[**Bedeutung**: eine Absicht, einen Plan, den man bisher verschwiegen hat, äußern; **Anlamı**: açık söylemekten kaçındığı bir sorunu açıklamak]

die Katze lässt das Mausen nicht *(wörtl: kedi fare tutmaktan vazgeçmez)* *fig* can çıkmadan/çıkmayınca huy çıkmaz *(wörtl: die menschliche Natur verlässt einen erst, wenn das Leben einen verlässt)* *fig* tilki tüyünü değiştirir, ama huyunu asla *(wörtl: der Fuchs wechselt sein Fell, aber niemals sein Wesen)* *fig* abdal düğünden, çocuk oyundan usanmaz *(wörtl: der Wanderdervisch wird Hochzeiten und das Kind des Spielens nicht überdrüssig)*
[**Bedeutung**: jemand kann von einer Gewohnheit nicht lassen; **Anlamı**: insanı alışkanlıklarından vazgeçirmek mümkün değildir]

die Kirche im Dorf lassen *(wörtl: kiliseyi köyde bırakmak)* *fig* çizmeden yukarı çıkmamak *(wörtl: nicht höher als der Stiefel steigen)* *fig* sadede gelmek *(wörtl: zum Hauptthema kommen; zur Sache kommen)* *fig* kendini tutmak[1] *(wörtl: sich halten)*
[**Bedeutung**: zur Sachlichkeit zurückkehren; **Anlamı**: konuyla ilgisi olmayan sözleri bırakarak asıl konuya dönmek]

keinen Stein auf dem anderen lassen *fig* taş taş üstünde bırakmamak
[**Bedeutung**: alles zerstören; **Anlamı**: baştan başa yıkıp yerle bir etmek]

jemanden im Stich lassen *(wörtl: birini kılıçtan yaralanmış halde bırakmak)* *fig* birini ortada bırakmak *fig* birini yarı yolda bırakmak *(wörtl: jemanden auf halbem Wege zurücklassen)*
[**Bedeutung**: jemanden alleinlassen; jemanden seinem Schicksal überlassen; **Anlamı**: birine çok güç durumdayken yardımcı olmamak]

Last yük

jemandem zur Last fallen *fig* birine yük olmak
[**Bedeutung**: jemandem Umstände machen; **Anlamı**: sıkıntılı bir işini başkasına yaptırmak; birine zahmet, sıkıntı vermek]

mit jemandem seine (liebe) Last haben *(wörtl: biriyle yükü olmak)* *fig* birinin kahrını çekmek *(wörtl: an der Sorge jemandes leiden)*
[**Bedeutung**: mit jemandem viel Mühe, Kummer, Sorge haben; **Anlamı**: biriyle uzun süre sıkıntıya katlanmak]

Latein Latince

mit seinem Latein am Ende sein *(wörtl: Latincesi bitmiş olmak)* *fig* hoşafın yağı kesilmek *(wörtl: die Butter für das Kompott wird ranzig)* *fig* dağarcıkta bir şey kalmamak *(wörtl: nichts mehr im Repertoire bleiben)*
[**Bedeutung**: nicht mehr weiterwissen; **Anlamı**: söyleyecek söz, verecek karşılık ya da yapacak

256

bir şey bulamayacak duruma düşmek]

Latte çıta

die Latte höher legen *(wörtl: çıtayı daha yüksek koymak)* **fig** çıtayı yükseltmek [*(wörtl: die Latte erhöhen)* **[Bedeutung**: die Zielvorgabe, den Anspruch erhöhen; **Anlamı**: hedefi yüksek belirlemek]

Lauf gidişat, seyir

das ist der Lauf der Dinge *(wörtl: işlerin gidişatı/seyri böyledir)* **fig** böyle gelmiş böyle gider *(wörtl: es ist so gekommen, es wird so weitergehen)* **[Bedeutung**: das ist die gesetzmäßige Entwicklung von etwas; die notwendige Folge zusammenhängender Ereignisse; **Anlamı**: bir şey öteden beri aynı biçimde sürüp gelmekte olup gelecekte de böyle devam edecektir; her zaman böyle olmuş, gene de böyle olacak]

einer Sache freien/ihren Lauf lassen *fig* işi oluruna bırakmak **[Bedeutung**: etwas nicht zurückhalten; etwas nicht behindern; **Anlamı**: bir işi kendi gidişine bırakmak]

---

laufen gitmek, yürümek, koşmak

aus dem Ruder laufen *(wörtl: dümenden çıkmak)* **fig** raydan çıkmak *(wörtl: entgleisen)* **[Bedeutung**: außer Kontrolle geraten; **Anlamı**: düzeni bozulmak]

die Sohlen wund laufen *(wörtl: tabanlarını yürümekten yara etmek)* **fig** taban tepmek *(wörtl: die Sohlen treten)* **fig** taban patlatmak *(wörtl: die Sohlen platzen lassen)* **[Bedeutung**: viele Gänge machen, um etwas zu bekommen; **Anlamı**: çok gidip gelmek]

morgen läuft eine andere Sau durchs Dorf *(wörtl: yarın köyden başka bir domuz geçer)* **fig** horoz öttü, dava bitti *(wörtl: der Hahn krähte, der Streit war zu Ende)* **[Bedeutung**: die Sache ist bald vergessen; **Anlamı**: olay pek yakında unutulur]

sich die Füße wund laufen *(wörtl: ayaklarını yürümekten yara etmek)* **fig** taban tepmek *(wörtl: die Sohlen treten)* **fig** taban patlatmak *(wörtl: die Sohlen platzen lassen)* **[Bedeutung**: viele Gänge machen, um etwas zu bekommen; **Anlamı**: çok gidip gelmek]

von Pontius zu Pilatus laufen *(wörtl: Pons'tan Pilat'a koşmak)* **fig** kırk kapının ipini çekmek *(wörtl: am Strick von vierzig Türen ziehen)* **[Bedeutung**: in einer Angelegenheit viele Wege machen; **Anlamı**: içinde bulunduğu sorunu çözmek için kapı kapı dolaşmak; birçok yere uğramak]

wie geschmiert gehen/laufen *(wörtl: yağlanmış gibi gitmek)* **fig** yağ gibi gitmek *(wörtl: wie Öl gehen/laufen)* **fig** çorap söküğü gibi gitmek *(wörtl: wie eine Laufmasche laufen)* **[Bedeutung**: reibungslos funktionieren; **Anlamı**: sorunsuz işlemek; kolayca yapılarak sürüp gitmek]

wissen, wie der Hase läuft *(wörtl: tavşanın nasıl koştuğunu bilmek)* **fig** işini bilmek *(wörtl: seine Arbeit kennen)* **[Bedeutung**: wissen, wie die Sache funktioniert; **Anlamı**: yapacağı iş için gerekli bilgisi bulunmak]

Laufbursche uşak

ich bin doch nicht dein Laufbursche *fig* ich bin nicht dein Handlanger [**Bedeutung**: ich bin nicht bereit, für dich Handlangerdienste zu erledigen; **Anlamı**: ben senin uşağın değilim; ikide bir bana iş buyurma]

Laufpass tezkere

jemandem den Laufpass geben *(wörtl: birine tezkeresini vermek) fig* birinin pasaportunu eline vermek *(wörtl: jemandem den Reisepass in die Hand geben) fig* birini sepetlemek *(wörtl: jemandem einen Korb geben)* [**Bedeutung**: jemanden entlassen, jemandem kündigen; **Anlamı**: birini kovmak, işten atmak]

Laus bit

jemandem ist eine Laus über die Leber gelaufen *(wörtl: birinin karaciğerinden bit geçmek) fig* birinin keyfi kaçmak *(wörtl: jemandem ist die Laune weggelaufen)* [**Bedeutung**: jemand ist schlecht gelaunt; **Anlamı**: birinin neşesi kaçmak]

läuten çalmak

etwas läuten hören *(wörtl: bir şeyin çaldığını duymak) fig* kulağına çalınmak *(wörtl: jemandem ins Ohr läuten)* [**Bedeutung**: etwas durch Andeutungen erfahren; etwas erfahren, aber nichts Genaues wissen; **Anlamı**: başkalarının konuştuğunu duymuş olmak]

leben yaşamak

leben wie Gott in Frankreich *(wörtl: Fransa'da ilah gibi yaşamak) fig* krallar gibi yaşamak *(wörtl: leben wie die Könige)* [**Bedeutung**: gut/luxuriös /angenehm leben; das Leben genießen; **Anlamı**: rahat ve lüks içinde yaşamak]

auf dem Mond leben *(wörtl: ayda yaşamak) fig* dünyadan haberi olmamak *(wörtl: keine Ahnung von der Welt haben)* [**Bedeutung**: nichts mitbekommen; uninfrorniert sein; **Anlamı**: çevresinde olup bitenleri bilmemek]

auf großem Fuß leben *(wörtl: büyük ayak üzerinde yaşamak) fig* ayranı yok içmeye, atla gider sıçmaya *(wörtl: zum Trinken hat er keinen Ayran, aber zum Kacken reitet er zu Ross) fig* ayağında donu yok, fesleğen ister başına *(wörtl: keine Hose am Fuß/Bein, aber möchte Basilikum auf seinem Kopf)* [**Bedeutung**: mehr Geld ausgeben als man hat; über seine Verhältnisse leben; **Anlamı**: yoksulluğuna bakmayıp gösteriş düşünmek veya yapmak]

aus dem Vollen leben/wirtschaften *(wörtl: dolu olandan yaşamak/geçinmek) fig* hazırdan yemek *(wörtl: vom Gemachtem essen)* [**Bedeutung**: ohne sich einzuschränken leben; **Anlamı**: çalışıp kazanmaksızın elindekini harcamak;]

hinter dem Mond leben *(wörtl: ayın arkasında oturmak) fig* dünyadan haberi olmamak *(wörtl: keine Ahnung von der Welt haben)* [**Bedeutung**: nichts mitbekommen; uninfrorniert sein; **Anlamı**: çevresinde olup bitenleri bilmemek]

in den Tag hineinleben *(wörtl: günün içine yaşamak)* **fig** gününü gün etmek *(wörtl: seinen Tag zum Tag machen)* [**Bedeutung**: unbekümmert die Tage verbringen; **Anlamı**: hiçbir şeyi dert edinmeyip gününü hoş geçirmek]

ist der Ruf erst ruiniert, lebt es sich ganz ungeniert *(wörtl: bir kez adın çıktı mı hiç çekinmeden yaşanır)* **fig** battı balık yan gider *(wörtl: der untergegangene Fisch läuft seitwärts)* **fig** arı satmış, namusu kiraya vermiş *(wörtl: er hat Bienen verkauft und seine Ehre verpachtet)* **fig** arı yemiş, namusu arkasına atmış *(wörtl: er hat Bienen gegessen und seine Ehre nach hinten geworfen)* [**Bedeutung**: hat man schon ein schlechtes Ansehen, kann man ohne Hemmungen tun, was man will; **Anlamı**: işler kötü gittiğine göre artık istenildiği gibi davranılabilir; utanma, namus duygularından uzaklaşmış ve kötü yola sapma durumuna gelmiş; durum kötü düzelmez de]

über seine Verhältnisse leben *(wörtl: kazancından fazla harcayarak yaşamak)* **fig** ayranı yok içmeye, atla gider sıçmaya *(wörtl: zum Trinken hat er keinen Ayran, aber zum Kacken reitet er zu Ross)* **fig** ayağında donu yok, fesleğen ister başına *(wörtl: keine Hose am Fuß/Bein, aber möchte Basilikum auf seinem Kopf)* [**Bedeutung**: mehr Geld ausgeben als man hat; **Anlamı**: yoksulluğuna bakmayıp gösteriş düşünmek veya yapmak]

von der Hand in den Mund leben **fig** elden ağza yaşamak **fig** akşamdan kavur, sabaha savur *(wörtl: abends rösten, morgens schleudern)* [**Bedeutung**: verdientes Geld direkt wieder ausgeben; seine Einnahmen

sofort für seine Lebensbedürfnisse ausgeben müssen; **Anlamı**: ne kazanırsa onu hemen harcamak; günlük kazancı ancak ihtiyacına yetmek]

wie die Made im Speck leben *(wörtl: kurt gibi yağda yaşamak)* **fig** bir eli yağda bir eli balda olmak *(wörtl: eine Hand im Fett, die andere im Honig haben)* [**Bedeutung**: im Überfluss leben; **Anlamı**: bolluk içinde yaşamak]

Leben hayat, yaşam, can

das Leben durcheinander wirbeln *(wörtl: yaşamı altüst ederek uçurmak)* **fig** hayatını allak bullak etmek *(wörtl: sein Leben durcheinanderbringen)* [**Bedeutung**: die Ordnung im Leben stören; **Anlamı**: yaşamının düzenini bozmak]

das Leben geht weiter *(wörtl: yaşam devam ediyor)* **fig** ölen ile ölünmez *(wörtl: man stirbt nicht mit dem Verstorbenen)* [**Bedeutung**: man sollte abhaken, was war und vorwärts gehen; **Anlamı**: insan, ölen yakını için kendini harap edercesine üzülmemelidir]

das Leben ist kein Ponyhof *(wörtl: yaşam, tay çiftliği değildir)* **fig** dünya her zaman güllük gülistanlık değildir *(wörtl: die Welt ist nicht immer ein Rosengarten, ein Rosenbeet)* **fig** hayat her zaman güllük gülistanlık değildir *(wörtl: das Leben ist nicht immer ein Rosengarten, ein Rosenbeet)* **fig** her zaman gemicinin istediği rüzgâr esmez *(wörtl: nicht immer weht der Wind, den der Schiffer möchte)* [**Bedeutung**: es läuft nicht immer so, wie man es sich wünscht; **Anlamı**:

olaylar herkesin istediği biçimde
meydana gelmez]

das Leben ist kein Rosengarten
(wörtl: yaşam, güllük değil) **fig**
dünya her zaman güllük gülistanlık
değildir *(wörtl: die Welt ist nicht
immer ein Rosengarten, ein
Rosenbeet)* **fig** hayat her zaman
güllük gülistanlık değildir *(wörtl: das
Leben ist nicht immer ein
Rosengarten, ein Rosenbeet)* **fig** her
zaman gemicinin istediği rüzgâr
esmez *(wörtl: nicht immer weht der
Wind, den der Schiffer möchte)*
[**Bedeutung**: es läuft nicht immer so,
wie man es sich wünscht; **Anlamı**:
olaylar herkesin istediği biçimde
meydana gelmez]

das Leben ist kein Wunschkonzert
(wörtl: yaşam, arzu konseri değil) **fig**
dünya her zaman güllük gülistanlık
değildir *(wörtl: die Welt ist nicht
immer ein Rosengarten, ein
Rosenbeet)* **fig** hayat her zaman
güllük gülistanlık değildir *(wörtl: das
Leben ist nicht immer ein
Rosengarten, ein Rosenbeet)* **fig** her
zaman gemicinin istediği rüzgâr
esmez *(wörtl: nicht immer weht der
Wind, den der Schiffer möchte)*
[**Bedeutung**: es läuft nicht immer so,
wie man es sich wünscht; **Anlamı**:
olaylar herkesin istediği biçimde
meydana gelmez]

im Leben nicht *fig* hayatta olmaz
[**Bedeutung**: niemals; **Anlamı**: asla]

jemandem das Leben aushauchen
*(wörtl: nefesiyle canını/hayatını
vermek)* hayatına son vermek *(wörtl:
sein Leben beenden)*
[**Bedeutung**: jemanden töten;
Anlamı: birini öldürmek]

**jemandem das Leben zur Hölle
machen** *(wörtl: hayatını cehennem
yapmak)* **fig** dünyayı zindan etmek

(wörtl: die Welt zum Kerker machen)
fig dünyayı zehir etmek *(wörtl: die
Welt vergiften)* **fig** dünyayı başına dar
etmek *(wörtl: jemandem die Welt am
Kopf verengen)*
[**Bedeutung**: jemandem das Leben
zur Qual machen; **Anlamı**: bir
kimseyi çok sıkıntılı bir duruma
sokmak]

**jemandem den Lebensfaden
abschneiden** *(wörtl: birinin can
ipliğini kesmek)* **fig** birinin canını
almak *(wörtl: jemandem das Leben
nehmen)*
[**Bedeutung**: jemanden töten;
Anlamı: birini öldürmek]

**man muss das Leben nehmen, wie
das Leben ist** *(wörtl: yaşam nasılsa
öyle kabul edilir)* **fig** başa gelen
çekilir *(wörtl: was in den Kopf
kommt, wird angenommen)*
[**Bedeutung**: was getan werden
muss, das muss getan werden, auch
wenn es einem schwer fällt; **Anlamı**:
çaresiz durumlara düşüldüğünde
insanın kendini üzüntüye kaptırmayıp
bu durumlara katlanmasının olağan
ve doğru bulunması]

mit dem Leben davonkommen *fig*
canını kurtarmak
[**Bedeutung**: dem Tod knapp
entgehen; **Anlamı**: kendini ölümden
kurtarmak]

nie im Leben *fig* hayatta olmaz
[**Bedeutung**: niemals; **Anlamı**: asla]

**jemandem das Leben zur Hölle
machen** *fig* birine hayatı cehennem
etmek
[**Bedeutung**: jemandem das Leben
unerträglich machen; jemanden
quälen; **Anlamı**: birine büyük üzüntü
ve sıkıntı vermek]

sein Leben aufs Spiel setzen *(wörtl:
canını oyuna koymak)* **fig** canını

ortaya koymak *(wörtl: sein Leben in die Mitte setzen)* [**Bedeutung**: sein Leben riskieren; **Anlamı**: ölümü göze alıp bir şeyi başarmaya çalışmak]

seinem Leben ein Ende machen *(wörtl: hayatına son vermek) fig* hayatına son vermek *(wörtl: sein Leben beenden)* [**Bedeutung**: sich selbst töten; **Anlamı**: intihar etmek]

seines Lebens nicht mehr froh werden *(wörtl: hayatından memnun olmamak) fig* anasından doğduğuna pişman olmak *(wörtl: bereuen, dass er geboren wurde)* [**Bedeutung**: nicht zur Ruhe kommen; keine Freude mehr haben; **Anlamı**: çok üzülmek]

zeit meines Lebens *(wörtl: hayatımın zamanı boyunca) fig* oldum olası *fig* oldum bittim *(wörtl: ich bin geworden ich bin fertig)* [**Bedeutung**: mein ganzes Leben lang; **Anlamı**: hayatımın başından beri]

Leber ciğer

frei von der Leber weg reden/sprechen *(wörtl: ciğerin dışında serbestçe konuşmak) fig* dobra dobra konuşmak *(wörtl: gut und verständlich reden)* [**Bedeutung**: ohne Scheu reden; offenherzig sprechen; **Anlamı**: sakınmadan, çekinmeden konuşmak]

frisch von der Leber weg reden/sprechen *(wörtl: ciğerden taze taze çıkarak konuşmak) fig* açık açık konuşmak *(wörtl: ganz offen reden) fig* dobra dobra konuşmak *(wörtl: gut und verständlich reden)* [**Bedeutung**: ohne Scheu reden; offenherzig sprechen; **Anlamı**:

sakınmadan, çekinmeden konuşmak; hiç bir şeyi saklamadan konuşmak]

jemandem ist eine Laus über die Leber gelaufen *(wörtl: birinin karaciğerinden bit geçmek) fig* birinin keyfi kaçmak *(wörtl: jemandem ist die Stimmung weggelaufen)* [**Bedeutung**: jemand ist schlecht gelaunt; **Anlamı**: birinin neşesi kaçmak]

Leberwurst karaciğer ezmesi sucuğu

die beleidigte Leberwurst spielen *(wörtl: gücenmiş karaciğer ezmesi sucuğunu oynamak)* surat asmak *(wörtl: das Gesicht hängen)* [**Bedeutung**: sich als der/die Beleidigte aufspielen; **Anlamı**: kaşlarını çatıp yüzüne küskün ve dargın bir anlam vermek]

lecken yalamak

Blut lecken *(wörtl: kan yalamak) fig* şevke gelmek *(wörtl: Lust bekommen)* [**Bedeutung**: auf den Geschmack kommen; zunehmend Lust verspüren; **Anlamı**: isteği, hevesi artmak]

wie geleckt aussehen *(wörtl: yalamış gibi görünmek) fig* bal dök (de) yala *(wörtl: gieß Honig und leck ihn auf)* [**Bedeutung**: sehr sauber **Anlamı**: çok temiz; tertemiz; pırıl pırıl]

leer boş

leer ausgehen *(wörtl: boş çıkmak) fig* eli boş çıkmak *(wörtl: mit leeren Händen ausgehen) fig* avcunu yalamak *(wörtl: die hohle Hand ablecken) fig* hava almak[2] *(wörtl: Luft nehmen)*

[**Bedeutung**: nichts abbekommen; **Anlamı**: umduğunu alamamak]

leeres Stroh dreschen *(wörtl: boş samanı dövmek)* **fig** kafa şişirmek *(wörtl: den Kopf aufblasen)* **fig** abuk sabuk konuşmak **fig** boş laf etmek *(wörtl: leere Wort sagen)* [**Bedeutung**: viel Unnötiges reden; **Anlamı**: ipe sapa gelmez biçimde konuşarak birini tedirgin etmek]

bei jemandem ist der Akku leer *(wörtl: bir kimsede akü boş)* **fig** pili bitmek *(wörtl: jemandem ist die Batterie leer)* [**Bedeutung**: jemand ist entkräftet; jemand ist erschöpft; **Anlamı**: gücü kuvveti kalmamak]

einem hungrigen/leeren Magen ist schlecht predigen *(wörtl: aç karnına kötü vaaz verilir)* **fig** açın imanı olmaz *(wörtl: der Hungrige kennt keinen Glauben)* **fig** aç ayı oynamaz *(wörtl: der hungrige Bär tanz nicht/der hungrige Bär bewegt sich nicht)* **fig** boş çuval dik durmaz *(wörtl: der leere Jutesack steht nicht aufrecht)* [**Bedeutung**: wer Hunger hat, ist nicht zugänglich für Religion und Moral; **Anlamı**: kendisinden iş beklenen kimseden emeğin karşılığı esirgenmemelidir; karnı doymayan kimse çalışmaz]

Hin und Her macht Taschen leer *(wörtl: oraya buraya, cepleri boşaltır)* **fig** yuvarlanan taş yosun tutmaz *(wörtl: der rollende Stein setzt kein Moos an)* [**Bedeutung**: man soll nicht ständig die Geldanlagen wechseln; **Anlamı**: sürekli olarak iş değiştiren bir kimse başarı kazanamaz]

ins Leere gehen/laufen *(wörtl: boşa gitmek)* **fig** boşa gitmek *(wörtl: ins Leere gehen)*

[**Bedeutung**: sein Ziel verfehlen; wirkungslos bleiben; **Anlamı**: işe yarar bir sonuca ulaşmamak; hiçbir işe yaramamak]

jemandes Akku ist leer *(wörtl: aküsü bitmek)* **fig** pili bitmek *(wörtl: jemandem ist die Batterie leer)* [**Bedeutung**: jemand ist entkräftet; jemand ist erschöpft; **Anlamı**: gücü kuvveti kalmamak]

mit leeren Händen[1] *(wörtl: eli boş olarak)* **fig** elini kolunu sallaya sallaya *(wörtl: die Hände und Arme schwingend)* **fig** kollarını sallaya sallaya *(wörtl: die Arme schwingend)* [**Bedeutung**: ohne etwas mitzubringen; ohne Geschenk; **Anlamı**: gelirken hiç bir armağan getirmemek]

mit leeren Händen[2] *(wörtl: eli boş olarak)* **fig** elini kolunu sallaya sallaya[2] *(wörtl: die Hände und Arme schwingend)* [**Bedeutung**: ohne ein Ergebnis; ohne etwas erreicht zu haben; **Anlamı**: sonuç alamadan dönmek]

Leere boşluk

gähnende Leere *(wörtl: esneyen boşluk)* **fig** in cin yok *(wörtl: es gibt weder Mensch noch Dschinn)* [**Bedeutung**: menschenleer; niemand anwesend; **Anlamı**: hiç kimse yok]

legen yatırmak

jemandem in die Wiege gelegt worden sein *(wörtl: birinin beşiğine konulmuş olmak)* **fig** doğuştan olmak *(wörtl: von Geburt an sein)* [**Bedeutung**: jemandem von Geburt an gegeben sein; **Anlamı**: yaradılıştan gelen]

262

jemanden aufs Kreuz legen *(wörtl: birini sırtüstü yatırmak)* ***fig*** birine kazık atmak *(wörtl: jemandem mit dem Pfahl bewerfen/Pfähle bewerfen)* [**Bedeutung**: jemanden hereinlegen; **Anlamı**: birini aldatmak]

sich auf die faule Haut legen *(wörtl: tembel deri üzerine yatmak)* ***fig*** yan gelip yatmak [**Bedeutung**: nichts tun, faulenzen; **Anlamı**: hiç bir iş yapmayarak rahatına bakmak]

sich in die Riemen legen *(wörtl: kemerlere yatmak)* ***fig*** küreklere asılmak *(wörtl: sich an die Ruder hängen)* [**Bedeutung**: sich sehr anstrengen; **Anlamı**: çok çaba göstermek]

sich ins gemachte Bett legen *(wörtl: hazır yatağa yatmak)* ***fig*** hazıra konmak *(wörtl: auf Fertiges landen)* [**Bedeutung**: von der Vorarbeit anderer profitieren; um sich die normalerweise nötigen eigenen Anstrengungen zu ersparen, etwas Vorgefundenes, von anderen Geschaffenes für sich nutzen; **Anlamı**: başkasının emeğiyle ortaya çıkmış bir şeyden yararlanmak]

Lehre ders

lass dir das eine Lehre sein *fig* bu sana ders olsun [**Bedeutung**: Mahnung aus seinem Fehler zu lernen; **Anlamı**: kötü bir olay bir daha yapmamak üzere örnek olmak]

Leib beden, vücut

auf den Leib geschrieben *(wörtl: vücudu üstüne yazılmış)* ***fig*** biçilmiş kaftan *(wörtl: zugeschnittener Kaftan)*

[**Bedeutung**: genau passend; **Anlamı**: bütünü ile uygun]

die Beine in den Leib/Bauch stehen ***fig*** ağaç olmak *(wörtl: zum Baum werden)* ***fig*** bekleye bekleye ağaç olmak *(wörtl: wartend zum Baum werden)* [**Bedeutung**: lange stehen und warten müssen; **Anlamı**: bir yerde ayakta durarak uzun süre beklemek]

Essen und Trinken hält Leib und Seele zusammen *(wörtl: yeme içme beden ve ruhu bir arada tutar)* ***fig*** can boğazdan gelir/geçer *(wörtl: das Leben kommt vom Hals/geht durch den Hals)* [**Bedeutung**: gutes Essen und Trinken ist gut für Körper und Geist; **Anlamı**: insan yiyeceğine önem vererek güçlenebilir]

jemandem (wie) auf den Leib geschneidert/geschnitten /zugeschnitten *(wörtl: vücudu üstüne dikilmiş (gibi))* ***fig*** biçilmiş kaftan *(wörtl: zugeschnittener Kaftan)* [**Bedeutung**: genau passend; **Anlamı**: bütünü ile uygun]

kein Ehrgefühl im Leibe haben *(wörtl: vücudunda onur duygusu olmamak)* ***fig*** yüzüne tükürseler yağmur yağıyor sanır *(wörtl: wenn auf sein Gesicht gespuckt wird, denkt er es wäre Regen)* [**Bedeutung**: keinen Stolz haben; **Anlamı**: çok onursuz olmak]

mit Leib und Seele *(wörtl: bedenle ruhla)* ***fig*** canla başla *(wörtl: mit Leben und mit dem Kopf)* [**Bedeutung**: mit vollem Einsatz; **Anlamı**: var gücüyle]

Leiche ceset

Leichen im Keller haben *(wörtl: bodrumda cesetler olmak)* *fig* yüzü ak olmamak *(wörtl: kein weißes Gesicht haben)* [**Bedeutung**: etwas Unrechtes, Schlimmes getan haben; eine Belastung aus der Vergangenheit haben; **Anlamı**: suçu veya utanılacak bir durumu olmak]

über Leichen gehen *(wörtl: cesetlerin üzerinden yürümek)* *fig* anasının ipini satmak *(wörtl: das Seil seiner Mutter verkaufen)* *fig* Ali kıran baş kesen olmak *fig* ver yansın etmek *(wörtl: gib, „es soll brennen" tun)* *fig* astığı astık, kestiği kestik *(wörtl: das, was er hängt, hängt, das, was er schneidet, ist geschnitten)* [**Bedeutung**: skrupellos, rücksichtslos vorgehen; **Anlamı**: kendisinden her türlü soysuzca iş beklenmek]

wie eine Leiche auf Urlaub *(wörtl: tatil yapan bir ceset gibi)* *fig* mezar kaçkını *(wörtl: vom Grab Entflohener)* [**Bedeutung**: sehr elend, bleich aussehend; **Anlamı**: çok zayıflamış kimse]

---

leicht hafif, kolay

leicht gesagt sein *(wörtl: söylenmesi kolay olmak)* *fig* dile kolay olmak *(wörtl: für die Zunge leicht sein)* [**Bedeutung**: so einfach ist das nicht; schwerer durchzuführen sein, als man annimmt; **Anlamı**: denilmesi kolay ama yapılması zor olmak]

auf die leichte Schulter nehmen *(wörtl: hafif omzuna almak)* *fig* hafife almak *(wörtl: leicht nehmen)* [**Bedeutung**: etwas unterschätzen; als nicht wichtig erachten; **Anlamı**: önem vermemek; önemsiz saymak]

mit leichter Hand *(wörtl: hafif bir el ile)* *fig* tereyağından kıl çeker gibi *(wörtl: wie ein Haar aus der Butter ziehen)* [**Bedeutung**: ohne Mühe; ohne Antrengung; mühelos; **Anlamı**: çok kolay bir biçimde]

sich etwas leicht machen *(wörtl: bir şeyi kolaylaştırmak)* *fig* işin kolayına kaçmak *(wörtl: in die Einfachheit der Sache flüchten)* [**Bedeutung**: es bei etwas an der erforderlichen Sorgfalt, Mühe fehlen lassen; **Anlamı**: sonucu önemsemeksizin, işi emek çekmeden, zahmetsizce yapmayı yeğlemek]

was alle trifft, erträgt man leicht *(wörtl: herkesi ilgilendirene daha kolay katlanılır)* *fig* el ile gelen düğün bayram *(wörtl: wer mit anderen kommt, für ihn ist es ein Fest)* [**Bedeutung**: wenn alle das Problem haben, ist es leichter zu ertragen, als wenn man es alleine hat; **Anlamı**: herkese birden gelen sıkıntıya katlanmak, sadece bir kişiye gelene katlanmaktan daha kolaydır]

Leid dert

das größte Leid ist das, was sich der Mensch selbst antut *(wörtl: en büyük dert, insanın kendine ettiği derttir)* *fig* kişinin kendine ettiğini kimse edemez *(wörtl: keiner kann einer Person mehr antun, als sie selbst)* [**Bedeutung**: es gibt nichts Schlimmeres, als das, was man sich selbst antut; **Anlamı**: bir kimse kimi zaman tedbirsizliği yüzünden öyle yanlış iş yapar, başını öyle derde sokar ki böyle bir kötülüğü başkaları ona yapamaz]

es gibt kein größeres Leid als das, was man sich selbst antut *(wörtl: insanın kendine ettiği dertten daha büyüğü yoktur)* *fig* kişinin kendine ettiğini kimse edemez *(wörtl: keiner kann einer Person mehr antun, als sie selbst)* [**Bedeutung**: es gibt nichts Schlimmeres, als das, was man sich selbst antut; **Anlamı**: bir kimse kimi zaman tedbirsizliği yüzünden öyle yanlış iş yapar, başını öyle derde sokar ki böyle bir kötülüğü başkaları ona yapamaz]

geteiltes Leid ist halbes Leid *(wörtl: bölüşülen dert yarım derttir)* *fig* derdini söylemeyen/anlatmayan derman bulamaz *(wörtl: wer sein Leid nicht sagt, der findet keinen Ausweg)* [**Bedeutung**: negative Erfahrungen, die man mit anderen teilt, werden leichter erträglich; **Anlamı**: insan sıkıntısını başkasına açıklayarak giderebilir]

kein Freud ohne Leid *(wörtl: cefasız mutluluk olmaz)* *fig* cefasız sefa olmaz *(wörtl: es gibt kein Vergnügen ohne Leid)* [**Bedeutung**: ohne Leid würden wir nicht wissen, was Freude ist; **Anlamı**: hiç sıkıntı çekmeden gerçek mutluluğun değeri bilinmez]

Leier dırdır, lir

alte Leier *(wörtl: eski dırdır/lir)* *fig* eski nakarat *(wörtl: alter Refrain/Kehrreim)* *fig* temcit pilavı *(wörtl: Reisgericht, das in den Monaten der Müezzin das Morgengebet immer wieder hält)* [**Bedeutung**: etwas, das sich immer wiederholt; alte, langweilige Geschichten, die immer wieder erzählt werden; **Anlamı**: çok tekrarlanan, bıkkınlık vererek önemini kaybeden söz; bıktırırcasına tekrarlanan söz]

immer dieselbe Leier *(wörtl: hep aynı dırdır)* *fig* ayının kırk türküsü var, kırkı da ahlat üzerine *(wörtl: der Bär hat vierzig Lieder, alle vierzig besingen die Holzbirne)* *fig* hep aynı nakarat *(wörtl: immer wieder derselbe Refrain/Kehrreim)* [**Bedeutung**: etwas Unangenehmes wiederholt sich immer; **Anlamı**: bir kimse hep aynı şeyi anlatır]

Leim ökse

auf den Leim gehen/kriechen *fig* ökseye basmak *(wörtl: auf den Leim treten)* *fig* oyuna gelmek *(wörtl: zum Spiel kommen)* [**Bedeutung**: auf jemandes List hereinfallen; **Anlamı**: dikkatsizlik ederek, bilmeyerek kendi zararına olan bir iş yapmak]

jemanden auf den Leim führen *fig* birini ökseye bastırmak *(wörtl: jemanden auf den Leim treten lassen)* *fig* birini oyuna getirmek *(wörtl: jemanden zum Spiel kommen lassen)* [**Bedeutung**: jemanden überlisten; **Anlamı**: birini düzenle aldatmak]

Leine ip

jemanden an die Leine legen *(wörtl: çek ipi!)* *fig* birine yuları takmak! *(wörtl: jemandem den Halfter anziehen)* [**Bedeutung**: jemanden unter Kontrolle bekommen; **Anlamı**: birini kendisine bağlı kılmak]

zieh Leine! *(wörtl: çek ipi!)* *fig* çek arabanı! *(wörtl: zieh deinen Wagen!)* [**Bedeutung**: verschwinde! **Anlamı**: git buradan!]

Leiten iletmek

Wasser auf jemandes Mühle leiten *(wörtl: bir kimsenin değirmenine su iletmek) fig* ekmeğine yağ sürmek *(wörtl: Butter auf sein Brot streichen)* [**Bedeutung**: jemanden ungewollt unterstützen; **Anlamı**: istemediği hâlde birinin işine yarayacak biçimde davranmak]

Leitung hat

auf der Leitung sitzen ↑ **auf der Leitung stehen**

auf der Leitung stehen *(wörtl: hatta durmak) fig* jeton düşmemek *(wörtl: die Marke fällt nicht) fig* ağır kazan geç kaynar *(wörtl: der schwere Kessel kocht spät)* [**Bedeutung**: etwas nicht sofort verstehen; begriffsstutzig sein; jemand braucht sehr lange, um etwas zu verstehen; **Anlamı**: bir şeyi hemen anlamamak; bir konuyu zor anlamak; kalın kafalı insan bir konuyu zor anlar]

eine lange Leitung haben *(wörtl: uzun bir hattı olmak) fig* ağır kazan geç kaynar *(wörtl: der schwere Kessel kocht spät)* [**Bedeutung**: begriffsstutzig sein; schwer von Begriff sein; jemand braucht sehr lange, um etwas zu verstehen; **Anlamı**: kalın kafalı insan bir konuyu zor anlar]

---

lernen öğrenmek

man lernt nie aus *(wörtl: hiçbir zaman öğrenmek bitmez) fig* öğrenmenin yaşı yoktur *(wörtl: das Lernen hat kein Alter)* [**Bedeutung**: man kann im Alter immer noch etwas dazu lernen, egal wie alt man ist; **Anlamı**: insan her yaşta bir şeyler öğrenebilir]

man wird alt wie (ei)ne Kuh und lernt immer noch dazu *(wörtl: insan inek kadar yaşlanır ve hâlâ bir şeyler öğrenir) fig* öğrenmenin yaşı yoktur *(wörtl: das Lernen hat kein Alter)* [**Bedeutung**: man kann im Alter immer noch etwas dazu lernen; **Anlamı**: insan her yaşta bir şeyler öğrenebilir]

was Hänschen nicht lernt, lernt Hans nimmermehr *(wörtl: Hänschen'in öğrenmediğini Hans artık hiç öğrenmez) fig* ağaç yaşken eğilir *(wörtl: wenn der Baum feucht ist, biegt er sich)* [**Bedeutung**: was man in jungen Jahren nicht lernt, lernt man als Erwachsener erst recht nicht; **Anlamı**: insanlar küçük yaşta kolay eğitilir]

was man in der Wiege lernt, das bleibt (bis zum Grabe) *(wörtl: beşikte öğrenilen, (mezara kadar) kalır) fig* beşikte giren mezarda çıkar *(wörtl: das, was in der Wiege eintritt, geht im Grab heraus) fig* sütle giren huy, canla çıkar *(wörtl: Angewohnheiten, die mit der Milch eintreten, treten mit dem Leben (wieder) heraus)* [**Bedeutung**: was man jung lernt, das bleibt; **Anlamı**: kişinin küçükken edindiği huy, ölünceye değin sürer]

wer sich des Fragens schämt, der schämt sich des Lernens *(wörtl: her kim sormaktan utanırsa öğrenmekten de utanır) fig* bilmemek ayıp değil, sormamak ayıptır *(wörti: etwas nicht zu wissen, ist keine Schande, nicht zu fragen ist eine Schande)* [**Bedeutung**: es ist kein Fehler, nicht alles zu wissen, aber es ist ein Fehler, nicht zu fragen, wenn man etwas nicht weiß; **Anlamı**: insan her şeyi bilmez, bu bir kusur değildir ama

266

bilmediği işi bir bilene sormamak, onu öğrenmemek kusurdur]

zum Lernen ist man nie zu alt *fig* öğrenmenin yaşı yoktur *(wörtl: das Lernen hat kein Alter)* [**Bedeutung**: man kann im Alter immer noch etwas dazu lernen; **Anlamı**: insan her yaşta bir şeyler öğrenebilir]

etwas von der Pike auf gelernt haben *(wörtl: bir şeyi mızraktan öğrenmiş olmak)* *fig* çekirdekten yetişme olmak *(wörtl: aus dem Kern heranwachsen)* [**Bedeutung**: etwas von Grund auf gelernt haben; **Anlamı**: işi ilk kademeden başlayarak öğrenmiş olmak]

Leseratte *(wörtl: okur fare)* *fig* kitap kurdu *(wörtl: Bücherwurm)* [**Bedeutung**: jemand, der viel liest; **Anlamı**: çok kitap okuyan kinse]

---

letzte son

das letzte Hemd hat keine Taschen *(wörtl: son gömleğin cebi yok)* *fig* kefenin cebi yok *(wörtl: das Leichentuch hat keine Taschen)* *fig* dünya malı dünyada kalır *(wörtl: irrdisches Gut bleibt auf der Erde)* [**Bedeutung**: wenn man stirbt, kann man keine irdischen Güter mit in das Jenseits nehmen; **Anlamı**: ölürken mal veya para götürülmez]

der letzte Schrei sein *(wörtl: son feryat olmak)* *fig* son moda olmak *(wörtl: die letzte Mode sein)* [**Bedeutung**: die letzte Mode sein; **Anlamı**: toplum yaşamına giren son değişiklik olmak]

seinen letzten Trumpf ausspielen/ziehen *(wörtl: son kozunu oynamak/çekmek)* *fig* son kozunu kullanmak [**Bedeutung**: die letzte verbliebene Möglichkeit nutzen; **Anlamı**: elinde bulunan son imkânı kullanmak]

aus jemandem das Letzte herausholen *(wörtl: nesi varsa çıkarmak)* *fig* anasından emdiği sütü burnundan getirmek *(wörtl: die Milch, die er bei seiner Mutter gesaugt hat, ihm durch die Nase herausholen)* [**Bedeutung**: jemandem Höchstleistungen abverlangen; **Anlamı**: birine bir iş yaptırırken çok sıkıntı çektirmek]

Leute insanlar

allen Leuten recht getan ist eine Kunst, die niemand kann *(wörtl: herkese hakkını vermek, kimsenin yapabileceği bir sanat değildir)* *fig* herkesi memnun etmek mümkün değil *(wörtl: es ist nicht möglich, allen zufrieden zu stellen)* [**Bedeutung**: man kann nicht alle Menschen gleichzeitig zufriedenstellen; **Anlamı**: herkes aynı anda memnun edilemez]

die Hand in fremder Leute Taschen haben *(wörtl: eli başkasının cebinde olmak)* *fig* ekmek elden, su gölden *(wörtl: das Brot vom Fremden, das Wasser aus dem See)* *fig* el kesesinden sultanım, develer olsun kurbanım *(wörtl: vom fremden Beutel bin ich ein Sultan, Kamele sollen meine Opfergabe sein)* [**Bedeutung**: sich parasitär verhalten; **Anlamı**: başkasının kazancıyla geçinen]

geschiedene Leute sein *(wörtl: boşanmış (insanlar) olmak)* *fig* biriyle alışverişi kesmek *(wörtl: mit jemandem den Einkauf beenden)* *fig* alacağı vereceği kalmamak *(wörtl: jemandem verbleiben keine Forderungen oder Schulden)* [**Bedeutung**: mit jemandem nichts mehr zu tun haben (wollen); **Anlamı**: biriyle ilgisi kalmamak; ilişkisi kesilmek]

Kleider machen Leute *(wörtl: giysi insanı insan yapar) fig* güzellik ondur, dokuzu dondur *(wörtl: die Schönheit ist eine Zehn, die Unterhose eine Neun) fig* ye kürküm ye! *(Nasreddin Hodscha geht in ein Restaurant und wird nicht bedient. Er geht nach Hause, zieht seinen Pelzmantel an, und geht zum Restaurant zurück. Er wird umgehend bedient. Daraufhin sagt er zu seinem Pelzmantel: Iss mein Pelz, iss!)* [**Bedeutung**: gepflegte Kleidung fördert das Ansehen; **Anlamı**: bakımlı ve şık kıyafet itibarı artırır; güzelliğin büyük bir kısmı giyimle sağlanır]

man kann den Leuten nicht den Mund verbieten *(wörtl: insanlara ağızları yasaklanamaz) fig* âlemin ağzı torba değil ki büzesin *(wörtl: der Mund der Leute ist kein Beutel, den du zuziehen kannst)* [**Bedeutung**: man kann jemandem nicht verbieten, seine Meinung zu sagen; **Anlamı**: başkalarının söyleyeceklerine engel olamazsın]

<hr>

Leviten Leviler

jemandem die Lewiten lesen *(wörtl: birine Levileri okumak) fig* birine haddini bildirmek[1] *(wörtl: jemandem seine Grenzen mitteilen) fig* kuyruğunu tava sapına çevirmek *(wörtl: jemandem den Schwanz in einen Pfannengriff verwandeln)* [**Bedeutung**: jemandem gründlich die Meinung sagen; jemanden scharf

zurechtweisen; **Anlamı**: sert bir karşılıkla uslandırmak; yetkili olmadığı işlere karışan kimseye sınırını aşmaması gerektiğini öğretmek]

<hr>

Lexikon ansiklopedi

ein wandelndes Lexikon *(wörtl: gezer ansiklopedi) fig* ayaklı kütüphane *(wörtl: eine Bibliothek auf Füßen) fig* ayaklı ansiklopedi *(wörtl: ein Lexikon auf Füßen)* [**Bedeutung**: jemand, der viel weiß; ein gebildeter Mensch; **Anlamı**: çok şey okumuş ve öğrenmiş olan; sorulan her soruya cevap verebilen kimse]

<hr>

Licht ışık

Licht am Ende des Tunnels sehen *(wörtl: tünelin sonunda ışık görmek) fig* görünen köyün uzağı olmaz *(wörtl: das Dorf, das man sehen kann, ist nicht weit entfernt) fig* görünen dağın uzağı olmaz *(wörtl: der Berg, den man sehen kann, ist nicht weit entfernt) fig* bulut arasında ay doğdu *(wörtl: zwischen den Wolken ging der Mond auf) fig* yüzüp yüzüp kuyruğuna gelmek *(wörtl: schwimmend zum Schwanz gelangen)* [**Bedeutung**: in schwieriger Lage Anzeichen für eine Besserung entdecken; **Anlamı**: bir durumun nasıl sonuçlanacağı belli olduktan sonra bu sonuç çok geçmeden gerçekleşir; bir iş kötü giderken umulmadık anda iyi yönde bir gelişme olmak]

ans Licht kommen *(wörtl: ışığa gelmek) fig* su yüzüne çıkmak *(wörtl: an die Wasseroberfläche treten)* [**Bedeutung**: bekannt, offenbar werden; **Anlamı**: belli olmak, meydana çıkmak]

das Licht der Welt erblicken
(wörtl: dünyanın ışığına bakmak) *fig*
dünyaya gözlerini açmak *(wörtl: der
Welt die Augen öffnen)*
[**Bedeutung**: geboren werden;
Anlamı: doğmak]

dem Tag ein Licht anzünden
(wörtl: güne bir ışık yakmak) *fig*
ırmak kenarına çeşme yapmak
*(wörtl: einen Brunnen in Flussnähe
bauen)*
[**Bedeutung**: etwas Sinnloses tun;
Anlamı: anlamı olmayan iş yapmak]

grünes Licht geben *(wörtl: yeşil ışık
vermek)* *fig* yeşil ışık yakmak *(wörtl:
grünes Licht anmachen)*
[**Bedeutung**: die Erlaubnis geben,
etwas zu beginnen; **Anlamı**: bir işin
yapılmasına izin vermek]

in keinem guten Licht stehen
(wörtl: iyi bir ışıkta bulunmamak) *fig*
gözden düşmek *(wörtl: aus dem Auge
fallen)*
[**Bedeutung**: einen schlechten Ruf
haben; **Anlamı**: bir kişi değerini
yitirmek]

jemandem geht ein Licht auf
(wörtl: birinin ışığı yanmak) *fig*
kafasına dank etmek *(wörtl: es macht
Bang in seinem Kopf)*
[**Bedeutung**: jemand versteht
plötzlich etwas; **Anlamı**: birdenbire
bir şeyi anlamak]

jemanden hinters Licht führen
*(wörtl: birini ışığın arkasına
götürmek)* *fig* birini dalgaya getirmek
*(wörtl: jemanden auf die Welle
bringen)* *fig* birini dalgaya düşürmek
*(wörtl: jemanden auf die Welle
fallenlassen)*
[**Bedeutung**: jemanden täuschen;
Anlamı: birini oyuna getirmek]

**jemanden umschwärmen
/umschwirren wie Motten das**

Licht *(wörtl: güveler nasıl ışığın
etrafında dönüyorlarsa birinin
etrafında öyle dönmek)* *fig* birinin
başında pervane kesilmek *(wörtl: als
Falter um jemendes Kopf schwirren)*
[**Bedeutung**: von jemandem stark
angezogen fühlen und dessen Nähe
suchen; **Anlamı**: devamlı etrafında
dönmek; çevresinde dört dönmek]

**sein Licht unter den Scheffel
stellen** *(wörtl: ışığımı kilenin altına
koymak)* *fig* büyük lokma ye (de)
büyük (söz) söyleme *(wörtl: iss
große Happen, sag keine großen
Sprüche)*
[**Bedeutung**: seine Leistungen,
Verdienste aus Bescheidenheit
verbergen; **Anlamı**: insan,
başkalarını kınamamalı, belli olmaz,
gün olur insanın başına aynı şeyler
gelebilir]

**wo (viel) Licht ist, ist auch (viel)
Schatten** *(wörtl: (çok) ışık olan
yerde (çok) gölge de vardır)* *fig* bal
olan yerde sinek de olur *(wörtl: wo
Honig ist, da sammeln sich auch
Fliegen)*
[**Bedeutung**: wo es (viel) Positives
gibt, gibt es auch (viel) Negatives;
Anlamı: iyi şeylerin yanında kötü
şeyler de vardır]

Lichtlein küçük ışık

**wenn du glaubst, es geht nicht
mehr, kommt irgendwo ein
Lichtlein her** *(wörtl: artık olmaz
sandığında bir yerden küçük bir ışık
gelir)* *fig* çıkmadık canda umut vardır
*(wörtl: bei einem Leben, das nicht
gelöscht ist, gibt es (noch) Hoffnung)*
fig çıkmadık candan umut kesilmez
*(wörtl: bei einem Leben, das nicht
gelöscht ist, gibt man die Hoffnung
nicht auf)* *fig* umudunu kestiği anda
umut ışığı görünmek *(wörtl:in dem
Augenblick, in dem er die Hoffnung*

aufgibt, erscheint ein Hoffnungsschimmer) [**Bedeutung**: egal, wie schlecht die Lage ist, man bleibt bis zum Ende zuversichtlich; **Anlamı**: bir şeyi sonuna kadar götürmek gerekir; artık olmaz demeden iş sürdürülmelidir, hiç belli olmaz, istenen sonuç alınabilir]

Liebe aşk

Liebe geht durch den Magen *(wörtl: aşk mideden geçer) fig* kalbe giden yol mideden geçer *(wörtl: der Weg zum Herz führt durch den Magen) fig* kalbin yolu mideden geçer *(wörtl: der Herzensweg führt durch den Magen)* [**Bedeutung**: Liebe und gutes Essen gehören zusammen; **Anlamı**: kendini birine beğendirmek için ona güzel yemekler yapmalıdır]

Liebe macht blind *(wörtl: aşk (insanı) kör eder) fig* âşığın gözü kördür *(wörtl: das Auge der Liebe ist blind)* [**Bedeutung**: wer sich verliebt, verliert das Auge für die Realität; **Anlamı**: aşık olan, ne sevgilisinin kursurlarını görür ne de çevresinde olanları]

alte Liebe rostet nicht *(wörtl: eski sevda paslanmaz) fig* ilk göz ağrısı unutulmaz *(wörtl: den ersten Augenschmerz vergisst man nicht)* [**Bedeutung**: eine große Zuneigung, die man schon seit Langem empfindet, ist von Bestand; eine frühere Liebe bleibt für immer; **Anlamı**: ilk sevilen, ömür boyu unutulmaz]

die eigene Arbeit ist Liebe *(wörtl: kendi işi sevgi) fig* hamala semeri yük değildir *(wörtl: dem Lastenträger ist der Sattel keine Last)*

[**Bedeutung**: die eigene Arbeit ist keine Belastung; **Anlamı**: insana kendi işi ağır gelmez]

ohne Wein und Brot leidet Liebe Not *(wörtl: aşk, şarap ve ekmek olmadan sıkıntı çeker) fig* yoksulluk kapıdan girince, aşk pencereden kaçar *(wörtl: wenn die Armut durch die Tür kommt, flüchtet die Liebe durchs Fenster)* [**Bedeutung**: Liebe macht nicht satt; **Anlamı**: aşk, karın doyurmaz]

eine Liebe ist der anderen wert *(wörtl: bir aşk ötekine bedeldir) fig* ada bana, adayım sana *(wörtl: gelobe du mir, so gelobe ich dir)* [**Bedeutung**: einem Menschen, der einem einen Gefallen getan hat, hilft man gerne; **Anlamı**: sen bir kimse için fedakârlıkta bulunursan o da senin için fedakârlıkta bulunur]

kommt Armut durch die Tür ins Haus, fliegt Liebe gleich zum Fenster hinaus *(wörtl: yoksulluk, kapıdan içeri girince,aşk hemen pencereden uçar gider) fig* yoksulluk kapıdan girince, aşk pencereden kaçar *(wörtl: wenn die Armut durch die Tür kommt, flüchtet die Liebe durchs Fenster)* [**Bedeutung**: Liebe macht nicht satt; **Anlamı**: aşk, karın doyurmaz]

vergebliche Liebesmüh (sein) *fig* sağdıç emeği (olmak) *(wörtl: Arbeit der Brautführerin (sein))* [**Bedeutung**: Bemühungen, die umsonst sind; **Anlamı**: boşa giden emek olmak]

wo die Liebe hinfällt *(wörtl: aşk nereye düşer) fig* gönül kimi severse güzel odur *(wörtl: schön ist der, den das Herz mag)* [**Bedeutung**: sagt man bei einer ungewöhnlichen Liebesbeziehung; **Anlamı**: güzellik anlayışı kişiden kişiye değişir, onun için herkesin kendi beğendiği kimse ya da şey güzeldir]

lieben sevmek

was sich liebt, das neckt sich *(wörtl: sevenler, cilveleşir/birbirlerine takılırlar)* **fig** kişi sevdiğine naz eder *(wörtl: die Person neckt die, die sie liebt)*
[**Bedeutung**: gegenseitiges Necken ist oft ein Zeichen von Verliebtheit; **Anlamı**: insanlar, sevdiklerini kızdırmaktan hoşlanırlar, zevk alırlar]

Lied türkü, şarkı

ein Lied davon zu singen wissen *(wörtl: bir şeyin şarkısını söyleyebilmek)* **fig** ağır yükün zahmetini katır bilir *(wörtl: das Maultier kennt die Mühe der schweren Last)*
[**Bedeutung**: etwas aus eigener unangenehmer Erfahrung wissen; **Anlamı**: bir işin zorluğunu, verdiği yorgunluğu en iyi o işi devamlı yapanlar bilir]

von etwas ein Liedchen singen können *(wörtl: bir şeyin şarkısını söyleyebilmek)* **fig** ağır yükün zahmetini katır bilir *(wörtl: das Maultier kennt die Mühe der schweren Last)*
[**Bedeutung**: etwas aus eigener Erfahrung wissen; **Anlamı**: bir işin zorluğunu, verdiği yorgunluğu en iyi o işi devamlı yapanlar bilir]

wes Brot ich ess, des Lied ich sing *(wörtl: ekmeğini yediğim kimsenin türküsünü söylerim)* **fig** kimin arabasına binerse onun türküsünü çağırır *(wörtl: er singt sein Lied, in dessen Wagen er steigt)*

[**Bedeutung**: wer mich bezahlt, dessen Interessen vertrete ich auch; **Anlamı**: çıkar sağladığı için onun hoşuna gidecek biçimde davranan dalkavuk kimse]

---

wessen Brot ich ess, dessen Lied ich sing *(wörtl: ekmeğini yediğim kimsenin türküsünü söylerim)* **fig** kimin arabasına binerse onun türküsünü çağırır *(wörtl: er singt sein Lied, in dessen Wagen er steigt)*
[**Bedeutung**: wer mich bezahlt, dessen Interessen vertrete ich auch; **Anlamı**: çıkar sağladığı için onun hoşuna gidecek biçimde davranan dalkavuk kimse]

---

liegen yatmak, olmak

auf der Bärenhaut liegen *(wörtl: ayı postunda yatmak)* **fig** ense yapmak *(wörtl: Nacken machen)*
[**Bedeutung**: faulenzen; **Anlamı**: hiçbir iş yapmadan yan gelip yatmak]

auf der faulen Haut liegen *(wörtl: tembel cildinin üstünde yatmak)* **fig** ense yapmak *(wörtl: Nacken machen)*
[**Bedeutung**: faulenzen, nichts tun; **Anlamı**: hiçbir iş yapmadan yan gelip yatmak]

da liegt der Hase im Pfeffer *(wörtl: tavşan orada biberde yatıyor)* **fig** işin püf noktası **fig** zurnanın zırt dediği yer *(wörtl: dort, wo die Zurna/Kegeloboe ertönt/'zirt' sagt)*
[**Bedeutung**: die Sache, auf die es ankommt; **Anlamı**: bir işin en ince, en önemli yeri]

da liegt der Hund begraben *(wörtl: köpek orada gömülü)* **fig** zurnanın zırt dediği yer *(wörtl: dort, wo die Zurna/Kegeloboe ertönt/'zirt' sagt)*

[**Bedeutung**: das ist das Wesentliche einer Sache; **Anlamı**: bir işin en önemli, en can alıcı yeri]

es liegt (klar) auf der Hand *(wörtl: elde (açıkça) yatıyor) fig* akıl var, izan var *(wörtl: es gibt Verstand, und es gibt Verständnis)*
[**Bedeutung**: es ist offenkundig; **Anlamı**: her şey ortada]

in der Kürze liegt die Würze *(wörtl: çeşnilik, kısalıkta yatar) fig* turpun sıkından seyreği iyidir *(wörtl: besser weniger Radieschen als mehr) fig* az söyler, uz söyler *(wörtl: er sagt wenig, aber schön)*
[**Bedeutung**: eine knappe Darstellung ist oft treffender als eine ausführliche; **Anlamı**: az, ama işe yarar söz söyler; az görüşmek çok görüşmekten iyidir]

in der Luft liegen *(wörtl: havada yatmak) fig* kapıya dayanmak *(wörtl: sich an die Tür lehnen)*
[**Bedeutung**: unmittelbar bevorstehen; schon fast zu spüren sein; **Anlamı**: gelip çatmak]

jemandem auf der Tasche liegen *(wörtl: birimin cebinde yatmak) fig* birinin sırtından geçinmek *(wörtl: über jemandes Rücken auskommen)*
[**Bedeutung**: auf Kosten von jemandem leben; **Anlamı**: geçimini onun kesesinden sağlamak]

noch in den Windeln stecken/liegen *(wörtl: henüz bebek bezinde yatmak) fig* emekleme çağında/döneminde olmak *(wörtl: sich im Krabbelalter befinden)*
[**Bedeutung**: sich im Anfangsstadium befinden; **Anlamı**: henüz olgunluk kazanılmamış dönemde bulunmak]

es liegt ihm auf der Zunge *(wörtl: dilinde olmak) fig* dilinin ucunda olmak *(wörtl: es ist ihm auf der Zungenspitze)*
[**Bedeutung**: jemand möchte etwas sagen, was ihm in diesem Augenblick nicht einfällt; eine kurzfristige Gedächtnislücke haben; **Anlamı**: bir söz hatırlanacak gibi olup hatırlanmamak]

Linie çizgi

eine harte Linie fahren *(wörtl: sert bir çizgi sürmek) fig* çizgisinden sapmamak *(wörtl: nicht von seiner Linie abweichen)* ödün vermemek *(wörtl: keine Zugeständnisse machen)*
[**Bedeutung**: einen eindeutigen Standpunkt einnehmen und sich dazu bekennen; **Anlamı**: görüşlerinden/prensiplerinden vazgeçmemek]

links sol

(jemanden/etwas) links liegen lassen *(wörtl: birini/bir şeyi solda yüzüstü bırakmak) fig* daraya atmak/çıkarmak *(wörtl: auf die Tara werfen/herausnehmen)*
[**Bedeutung**: jemanden oder etwas bewusst übersehen; sich um jemanden oder etwas nicht kümmern; **Anlamı**: değer vermemek]

mit links *(wörtl: solla, sol eliyle) fig* haydi haydi[1] *fig* tereyağından kıl çeker gibi *(wörtl: wie ein Haar aus der Butter ziehen)*
[**Bedeutung**: ohne Mühe; ohne Antrengung; mühelos; **Anlamı**: kolaylıkla; rahatlıkla; çok kolay bir biçimde]

nicht mehr wissen, wo rechts und wo links ist *fig* sağını solunu bilmemek

[**Bedeutung**: völlig verwirrt sein; **Anlamı**: düşüncesiz, dikkatsiz olmak]

Lippe dudak

eine dicke Lippe riskieren *(wörtl: kalın bir dudak riskine girmek)* *fig* üst perdeden konuşmak *(wörtl: am obersten Vorhang stehen und reden)* [**Bedeutung**: auf herausfordernde Weise großsprecherisch reden; sich aufspielen; **Anlamı**: kurulup büyüklük taslamak; üstünlük taslayarak söz söylemek]

nicht über die Lippen bringen *(wörtl: dudaklarından geçirememek)* *fig* dili varmamak *(wörtl: seine Sprache reicht nicht aus)* [**Bedeutung**: etwas nicht zu sagen wagen; **Anlamı**: söylemekten çekinmek; söylemek istememek]

---

loben övmek

das Werk lobt den Meister *(wörtl: eser ustayı över)* *fig* iş insanın aynasıdır *(wörtl: die Arbeit ist der Spiegel des Menschen)* [**Bedeutung**: gelungene Produkte immer auch ein positives Licht auf die dahinterstehenden Menschen werfen; **Anlamı**: bir insanın nasıl bir insan olduğu, bitirdiği işlerden anlaşılır]

in den Himmel loben *fig* göklere çıkarmak [**Bedeutung**: übermäßig loben; **Anlamı**: aşırı derecede övmek]

jeder Krämer lobt seine Ware *(wörtl: her bakkal kendi malını över)* *fig* kimse ayranım ekşi demez *(wörtl: niemand würde sagen, dass sein Ayran sauer ist)* [**Bedeutung**: was zu sehr angepriesen wird, sollte man mit

Vorsicht genießen; **Anlamı**: herkes kendi malını, yaptığı işi över]

man soll den Tag nicht vor den Abend loben *fig* akşam olmadan gün övünmez *(wörtl: man lobt den Tag nicht, bevor es Abend wird)* *fig* ayı görmeden bayram etme *(wörtl: feiere nicht bevor du den Mond siehst)* [**Bedeutung**: man sollte sich nicht zu früh freuen; **Anlamı**: iş bitmeden sevinmemeli]

über den grünen Klee loben *(wörtl: yeşil yoncadan daha çok övmek)* *fig* yağlayıp ballamak *(wörtl: schmieren und mit Honig bestreichen)* [**Bedeutung**: etwas übertrieben loben; **Anlamı**: çok överek anlatmak]

Loch delik

aus dem letzten Loch pfeifen *(wörtl: son delikten ıslık çalmak)* *fig* pestili çıkmak *(wörtl: zum Mus werden)* *fig* hışırı çıkmak *fig* canı çıkmak [**Bedeutung**: sich erschöpft fühlen; am Ende seiner Kraft sein; **Anlamı**: yaptığı işten dolayı çok yorulmak, bitkin bir hâle gelmek]

jemandem Löcher in den Bauch fragen *(wörtl: sora sora birinin karnına delik açmak)* *fig* birine ahret sualleri sormak *(wörtl: jemandem Fragen zum Jenseits stellen)* [**Bedeutung**: jemanden ausfragen, ihm mit der ewigen Fragerei auf die Nerven gehen; **Anlamı**: gereksiz ve usandırıcı sorular sormak]

jemanden ins Loch stecken *fig* birini deliğe tıkmak *(wörtl: jemanden in ein Loch stopfen)* [**Bedeutung**: jemanden einsperren, ins Gefängnis bringen; **Anlamı**: birini hapsetmek]

273

jemanden einlochen *fig* birini deliğe tıkmak *(wörtl: jemanden in ein Loch stopfen)* [**Bedeutung**: jemanden einsperren, ins Gefängnis bringen; **Anlamı**: birini hapsetmek]

---

locker gevşek

bei jemandem ist eine Schraube locker *(wörtl: birinin vidası gevşek olmak) fig* tahtası eksik olmak *(wörtl: jemandem fehlt ein Brett) fig* aklının çivisi eksik olmak *(wörtl: es fehlt seinem Verstand ein Nagel)* [**Bedeutung**: leicht verrückt sein; **Anlamı**: aklı tam olmamak]

ein lockeres/loses Mundwerk haben *fig* gevşek ağızlı olmak [**Bedeutung**: viel reden; vorlaut sein; **Anlamı**: geveze olmak]

Löffel[1] kaşık

den Löffel abgeben *(wörtl: kaşığı teslim etmek) fig* nalları dikmek *(die Hufeisen aufrichten) fig* kuyruğu titremek *(wörtl: ihm zittert der Schwanz) fig* ruhunu teslim etmek *(wörtl: seinen Geist abgeben)* [**Bedeutung**: sterben; **Anlamı**: ölmek]

denn, regnet's Brei, fehlt ihm der Löffel *(wörtl: çünkü lapa yağdığı zaman kaşığı yoktur) fig* at bulunur meydan bulunmaz, meydan bulunur at bulunmaz *(wörtl: es findet sich ein Pferd aber keinen Platz, es findet sich ein Platz aber kein Pferd)* [**Bedeutung**: die notwendigen Bedingungen für eine Arbeit sind nicht immer perfekt; **Anlamı**: bir iş için gerekli koşullar her zaman eksiksiz olarak ele geçmez]

glauben/meinen, die Weisheit mit Löffeln gefressen zu haben *(wörtl:* *bilgeliği kaşıkla yemiş olduğuna inanmak/olduğunu sanmak) fig* kendini fasulye gibi nimetten sanmak *(wörtl: glauben, dass er ein Segen wie eine Bohne ist)* [**Bedeutung**: sich für besonders intelligent halten; rechthaberisch sein; überheblich sein; **Anlamı**: kendini çok önemli biri gibi görmek]

Löffel[2] kulak

die Löffel spitzen *(wörtl: kulaklarını sivriltmek) fig* kulak kabartmak *(wörtl: die Ohren aufplustern) fig* kulaklarını dikmek [**Bedeutung**: die Ohren aufstellen, um zu lauschen; **Anlamı**: belli etmemeye çalışarak dinlemek]

sich etwas hinter die Löffel schreiben *(wörtl: kulak arkasına yazmak) fig* kulağına küpe olmak/etmek *(wörtl: zum Ohrring am Ohr werden/sein)* [**Bedeutung**: sich etwas genau/gut merken; **Anlamı**: başa gelen bir durumdan alınan dersi unutmamak]

Lohn ücret, ödül

in Lohn und Brot stehen/sein *(wörtl: ücret ve ekmeği olmak) fig* ekmek kapısı olmak *(wörtl: eine Tür aus Brot haben)* [**Bedeutung**: eine feste Arbeit haben und damit seinen Lebensunterhalt verdienen; **Anlamı**: geçim sağlayan iş yeri olmak]

Undank ist der Welt Lohn *(wörtl: nankörlük, dünyanın ödülüdür) fig* besle kargayı, oysun gözünü *(wörtl: füttere die Krähe und sie wird dein Auge picken) fig* besledik büyüttük danayı, (şimdi) tanımaz oldu anayı *(wörtl: das Kalb haben wir ernährt und großgezogen, jetzt erkennt es die Mutter nicht)*

[**Bedeutung**: niemand dankt es einem, wenn man Gutes tut; **Anlamı**: iyiliğe karşılık kötülük edenlere söylenen söz]

lohnen değmek

es lohnt sich nicht *fig* değmez
[**Bedeutung**: es ist nicht die Mühe wert; **Anlamı**: işe yaramaz; alınan sonuç karşılığını vermez]

Lorbeere defne

Lorbeeren ernten *(wörtl: defneleri biçmek)* *fig* ektiğini biçmek *(wörtl: ernten, was man gesät hat)* [**Bedeutung**: die Früchte der Arbeit ernten; **Anlamı**: emeğinin ürününü görmek]

Los (piyango) bilet(i)

das große Los ziehen *(wörtl: piyangoda büyük ikramiyelerden birini kazanmak)* *fig* başına devlet kuşu konmak *(wörtl: auf seinem Kopf landet der Vogel des Staates)* *fig* piyango vurmak *(wörtl: die Lotterie schlägt zu)* [**Bedeutung**: viel Glück haben; **Anlamı**: beklemediği büyük bir nimete kavuşmak; hiç umulmadık bir yerden büyük bir kazanç elde etmek]

lose gevşek

ein lockeres/loses Mundwerk haben *fig* gevşek ağızlı olmak [**Bedeutung**: viel reden; vorlaut sein; **Anlamı**: geveze olmak]

Lot ağırlık, çekül

Freunde in der Not gehen tausend auf ein Lot *(wörtl: sıkıntılı günlerde binlerce dost bir ağırlığa biner)* *fig* dost kara günde belli olur *(wörtl: der*

(wahre) Freund zeigt sich am schwarzen Tag) [**Bedeutung**: erst, in einer Notsituation zeigt sich, wer die wahren Freunde sind; **Anlamı**: gerçek dost sıkıntılı günlerde insanı yalnız bırakmaz]

Löwe aslan

an der Klaue/den Klauen erkennt man den Löwen *(wörtl: aslan, pençesinden belli olur)* *fig* aslan yatağından belli olur *(wörtl: den Löwen erkennt man an seinem Liegeplatz)* [**Bedeutung**: vom Teil auf das Ganze schließen; etwas anhand eines typischen Charakteristikums erkennen; Ex ungue leonem; **Anlamı**: bir kimsenin oturduğu yerin durumu, onun kişiliğini belli eder]

schlafende Hunde/Löwen wecken *(wörtl: uyuyan köpekleri/aslanları uyandırmak)* *fig* uyuyan yılanın kuyruğuna basmak *(wörtl: der schlafenden Schlange auf den Schwanz treten)* [**Bedeutung**: die Gefahr selbst herbeiführen; **Anlamı**: kötü bir kimsenin; yeniden kötülük yapmasına fırsat vermek]

sich in die Höhle des Löwen begeben/wagen *(wörtl: aslanın inine girmek/ aslanın inine girmeyi göze almak)* *fig* doğrudan doğruya müdüre çıkmak *(wörtl: direkt zum Direktor gehen)* [**Bedeutung**: jemanden, der gefürchtet wird, aufsuchen; **Anlamı**: kendisinden güçlü ve korktuğu kimsenin yanına gitmek]

Luft hava

aus der Luft gegriffen sein *(wörtl: havadan alınmış olmak)* *fig* aslı astarı olmamak *(wörtl: keine Grundlage/kein Futte/Innenfutterr haben)* [Bedeutung: frei erfunden sein; nicht stichhaltig sein; unbegründet sein; Anlamı: gerçekliği, doğruluğu bulunmamak; yalan, uydurma olmak]

die Luft ist rein/sauber *(wörtl: hava temiz)* *fig* ortada kimse yok *(wörtl: es ist keiner da)* [Bedeutung: es besteht keine Gefahr, jemanden zu begegnen oder bemerkt zu werden; Anlamı: biriyle karşılaşma tehlikesi yok]

in der Luft liegen *(wörtl: havada yatmak)* *fig* kapıya dayanmak *(wörtl: sich an die Tür lehnen)* [Bedeutung: unmittelbar bevorstehen; schon fast zu spüren sein; Anlamı: gelip çatmak]

in die Luft gucken *(wörtl: havaya bakmak)* *fig* avcunu yalamak *(wörtl: die hohle Hand ablecken)* *fig* hava almak[2] *(wörtl: Luft nehmen)* [Bedeutung: leer ausgehen; nichts abbekommen; Anlamı: umduğunu ele geçirememek]

jemandem nicht die Luft (zum Atmen) gönnen *(wörtl: birine, soluk alabilmesi için havayı yadırgamak)* *fig* ördek kaza bakarak çatlar *(wörtl: die Ente schaut sich die Gans an und platzt)* *fig* bir şeyi birine çok görmek *(wörtl: etwas für jemanden als zuviel betrachten)* [Bedeutung: sehr neidisch auf jemanden sein; jemandem gegenüber sehr missgünstig sein; Anlamı: birini yadırgamak; kişi, elde edemediği şeyi istemiyormuş, beğenmiyormuş gibi görünür]

Luftschlösser yedi kubbeli hamamlar

Luftschlösser bauen *(wörtl: yedi kubbeli hamam kurmak; havadan saraylar yapmak)* *fig* çoban kulübesinde padişah rüyası görmek olmak *(wörtl: in einer Schäferhütte den Traum eines Sultans träumen)* *fig* yedi kubbeli hamam kurmak *(wörtl: einen Hammam mit sieben Kuppeln bauen)* [Bedeutung: übermütige Pläne haben; unrealistische Pläne haben; Anlamı: gerçekleşmesi olanaksız hayaller kurmak]

Lug und Trug *fig* yalan dolan [Bedeutung: Betrug; Täuschung; Anlamı: hile; aldatmaca]

Lüge yalan

Lügen haben kurze Beine *(wörtl: yalanların bacakları kısadır)* *fig* yalancının mumu yatsıya kadar yanar *(wörtl: die Kerze des Lügners brennt bis zur Schlafenszeit)* *fig* arife günü yalan söyleyenin bayram günü yüzü kara çıkar *(wörtl: wer am Vortag lügt, dem wird das Gesicht am Feiertag schwarz)* [Bedeutung: mit Lügen kommt man nicht weit; Anlamı: söylenen söz yalansa çok geçmeden anlaşılır]

eine faustdicke Lüge *(wörtl: yumruk kalınlığında bir yalan)* *fig* kuyruklu yalan *(wörtl: Lüge mit Schwanz)* [Bedeutung: eine dreiste Lüge; Anlamı: çok büyük yalan]

lügen yalan söylemek

lügen, dass sich die Balken biegen *(wörtl: mertekler bükülünceye kadar yalan söylemek)* *fig* bir ayak üstünde bin yalan söylemek *(wörtl: auf einem Fuß tausend Lügen erzählen)* *fig* bir ayak üstünde kırk yalanın belini bükmek *(wörtl: auf einem Fuß den Rücken von vierzig Lügen verrenken)*

[Bedeutung: sehr viel lügen; maßlos lügen; **Anlamı**: kısa sürede pek çok yalan söylemek]

wer einmal lügt, dem glaubt man nicht, und wenn er auch die Wahrheit spricht *(wörtl: bir kez yalan söyleyen, gerçeği söylese de artık kimse ona inanmaz)* ***fig*** adam adamı bir kere aldatır *(wörtl: Mann betrügt Mann (nur) einmal)* ***fig*** adı çıkmış dokuza, inmez sekize *(wörtl: sein Ruf ist auf neun gestiegen und steigt nicht mehr auf acht herunter)* ***fig*** bır yalancının evi yanmış, kimse inanmamış *(wörtl: das Haus eines Lügners ist abgebrannt, niemand hat es geglaubt)* [**Bedeutung**: eine Lüge kann die Glaubwürdigkeit dauerhaft zerstören; **Anlamı**: birinin bir kere adı çıktıktan sonra onun hakkındaki yaygın inanç kolay kolay düzelemez; yalan söylemeyi huy edinen kimsenin sözlerine, gerçeği söylediği zaman bile inanılmaz]

Lümmel piç kurusu
[**Bedeutung**: freches, ungezogenes Kind; **Anlamı**: yaramaz çocuk]

Lunte funya, fitil

Lunte riechen[1] *(wörtl: funya/fitil kokusu almak)* ***fig*** kokusunu almak *(wörtl: den Geruch wahrnehmen)* [**Bedeutung**: eine Gefahr rechtzeitig erkennen; Verdacht schöpfen; **Anlamı**: gizli tutulan bir şeyi sezmek]

Lunte riechen[2] *(wörtl: funya/fitil kokusu almak)* ***fig*** tadını almak *(wörtl: den Geschmack nehmen)* [**Bedeutung**: beginnen, sich für etwas zu interessieren; auf den Geschmack kommen; **Anlamı**: yaptığı işten zevk duymaya başlamak]

Lupe büyülteç

mit der Lupe suchen *(wörtl: büyülteçle aramak)* ***fig*** aramakla bulunmaz *(wörtl: wird durch Suchen nicht gefunden)* [**Bedeutung**: jemanden/etwas von dieser Art selten finden; **Anlamı**: çok değerli şey ancak rastlantı ile ele geçer]

unter die Lupe nehmen *(wörtl: büyültecin altına almak)* ***fig*** haddeden çekmek *(wörtl: durch die Walze ziehen)* ***fig*** haddeden geçirmek *(wörtl: durch die Walze ziehen)* [**Bedeutung**: genau betrachten; untersuchen; **Anlamı**: birinin durumunu özenle incelemek; inceden inceye araştırmak]

M

mach aber mal halblang *(wörtl: yarı uzun yap ama!)* ***fig*** yavaş gel! *(wörtl: komm langsam!)* ***fig*** yavaş ol! *(wörtl: sei langsam!)* [**Bedeutung**: übertreibe nicht!; **Anlamı**: o kadar yüksekten atma!; abartarak konuşanlar için kullanılan bir söz]

Made kurt

wie die Made im Speck leben *(wörtl: kurt gibi yağda yaşamak)* ***fig*** bir eli yağda bir eli balda olmak *(wörtl: eine Hand im Fett, die andere im Honig haben)* [**Bedeutung**: im Überfluss leben; **Anlamı**: bolluk içinde yaşamak]

---

madig kurtlu

etwas madig machen *(wörtl: bir şeyi kurtlandırmak)* ***fig*** pişmiş aşa (soğuk) su katmak *(wörtl: dem gar gekochten Essen (kaltes) Wasser zufügen)* [**Bedeutung**: jemandem etwas verderben; jemandes Pläne vereiteln; **Anlamı**: sonuçlanmak üzere bulunan bir işi bozacak davranışta bulunmak]

Magen mide

einem hungrigen/leeren Magen ist schlecht predigen *(wörtl: aç karnına kötü vaaz verilir)* *fig* açın imanı olmaz *(wörtl: der Hungrige kennt keinen Glauben)* *fig* aç ayı oynamaz *(wörtl: der hungrige Bär tanz nicht/der hungrige Bär bewegt sich nicht)* *fig* boş çuval dik durmaz *(wörtl: der leere Jutesack steht nicht aufrecht)* [**Bedeutung**: wer Hunger hat, ist nicht zugänglich für Religion und Moral; **Anlamı**: kendisinden iş beklenen kimseden emeğin karşılığı esirgenmemelidir; karnı doymayan kimse çalışmaz]

da sind die Augen wohl größer als der Magen *(wörtl: gözler mideden daha büyüktür)* *fig* açın karnı doyar, gözü doymaz *(wörtl: dem Hungrigen wird der Magen gesättigt, aber nicht sein Auge)* [**Bedeutung**: jemand kann die Größe des Appetits nicht mit der Aufnahmefähigkeit des Magens in Einklang halten; jemand hat mehr auf den Teller getan, als er essen kann; **Anlamı**: tutkulu olduğu konuda insan doyumsuzdur]

die Augen sind größer als der Magen *(wörtl: gözler mideden büyüktür)* *fig* açın karnı doyar, gözü doymaz *(wörtl: dem Hungrigen wird der Magen gesättigt, aber nicht sein Auge)* [**Bedeutung**: jemand kann die Größe des Appetits nicht mit der Aufnahmefähigkeit des Magens in

Einklang halten; jemand hat mehr auf den Teller getan, als er essen kann; **Anlamı**: tutkulu olduğu konuda insan doyumsuzdur]

etwas dreht/kehrt einem den Magen um *(wörtl: bir şey, bir kimsenin midesini döndürmek)* *fig* mide/midesini bulandırmak *(wörtl: jemandem den Magen trüben)* [**Bedeutung**: etwas verursacht Übelkeit; **Anlamı**: kusacak bir duruma getirmek]

jemandem dreht/kehrt sich der Magen um *(wörtl: birinin midesi dönmek)* *fig* midesi bulanmak *(wörtl: jemandem wird der Magen trüb)* [**Bedeutung**: jemandem wird übel; **Anlamı**: kusacak gibi olmak]

jemandem knurrt der Magen *(wörtl: birinin karnı gurulduyor)* *fig* karnı zil çalmak *(wörtl: jemands Magen läutet)* [**Bedeutung**: jemand hat Hunger; **Anlamı**: çok acıkmış olmak]

Liebe geht durch den Magen *(wörtl: aşk mideden geçer)* *fig* kalbe giden yol mideden geçer *(wörtl: der Weg zum Herz führt durch den Magen)* *fig* kalbin yolu mideden geçer *(wörtl: der Herzensweg führt durch den Magen)* [**Bedeutung**: Liebe und gutes Essen gehören zusammen; **Anlamı**: kendini birine beğendirmek için ona güzel yemekler yapmalıdır]

---

mahlen öğütmek

Gottes Mühlen mahlen langsam, aber stetig *(wörtl: Allah'ın değirmenleri yavaş ama sürekli öğütür)* *fig* Allah imhal eder, ihmal etmez *(wörtl: Gott gewährt eine Frist, er versäumt nicht)*

[**Bedeutung**: irgendwann wird man von Gott für böse Taten bestraft; **Anlamı**: kötülükleri için günün birinde Allah cezasını verir]

wer zuerst kommt, mahlt zuerst *(wörtl: ilk gelen, ilk öğütür)* *fig* ilk vuran okçudur *(wörtl: wer zuerst trifft, ist ein Bogenschütze)* [**Bedeutung**: jemand, der als erster an einen bestimmten Ort angekommen ist, kann auch als erster etwas bekommen oder machen; **Anlamı**: amaca başkalarından önce ulaşan kazançlı çıkar]

Mahlzeit afiyet olsun

prost Mahlzeit! *(wörtl: şerefe, afiyet olsun!)* *fig* öp babanın elini! *(wörtl: küss deinem Vater die Hand!)* [**Bedeutung**: Ausruf des Ärgers, wenn etwas missglückt ist oder etwas Unangenehmes eingetreten ist; **Anlamı**: beklenmedik bir durum karşısında "hadi bakalım, şimdi ne yapacağız?" anlamında söylenen bir söz]

Mal defa, kez, kere

ein für alle Mal *fig* ilk ve son defa *(wörtl: das erste und das letzte Mal)* [**Bedeutung**: für alle zukünftigen Male geltend; endgültig; **Anlamı**: kesinlikle]

malen resim yapmak

den Teufel an die Wand malen *(wörtl: şeytanın resmini duvara çizmek)* *fig* çirkefe taş atmak *(wörtl: dem Luder mit Steinen bewerfen)* *fig* belayı satın almak *(wörtl: das Unheil kaufen)* [**Bedeutung**: Unheil heraufbeschwören; das Schlimmste befürchten; **Anlamı**: sıkıntılı, içinden çıkılması güç durumu kendi

davranışıyla yaratmak; göre göre belayı üstüne çekmek; kötülüğü, edepsizliği bilinen bir kimsenin saldırısına yol açmak]

mal den Teufel nicht an die Wand! *(wörtl: şeytanın resmini duvara çizme!)* *fig* çirkefe taş atma, üstüne sıçrar *(wörtl: bewerfe das Luder nicht mit Steinen, sonst springt es dich an)* *fig* ağzını hayra aç! *(wörtl: mach deinen Mund für eine Wohltat auf!)* [**Bedeutung**: beschwöre nicht das Böse; **Anlamı**: kötü olasılıklar söz konusu olduğunda Tanrı korusun anlamında kullanılan söz]

man insan

man geht besser zum Schmied als zum Schmiedchen *(wörtl: nalburcuka gideceğine nalbura git)* *fig* başını acemi berbere teslim eden, cebinden pamuğu eksik etmez *(wörtl: wer seinen Kopf dem laienhaften Frisuer übergibt, vergisst die Watte in seiner Tasche nicht)* *fig* ekmeği ekmekçiye ver, bir ekmek de üste ver *(wörtl: gib das Brot dem Bäcker, gib ihm ein Brot drauf)* [**Bedeutung**: man sollte sich an Leute wenden, die sich auskennen; **Anlamı**: bir işin yapılmasını deneyimsiz, beceriksiz, usta olmayan kişilere teslim eden, meydana gelebilecek zararlara katlanır]

man kann den Leuten nicht den Mund verbieten *(wörtl: insanlara ağızları yasaklanamaz)* *fig* âlemin ağzı torba değil ki büzesin *(wörtl: der Mund der Leute ist kein Beutel, den du zuziehen kannst)* [**Bedeutung**: man kann jemandem nicht verbieten, seine Meinung zu sagen; **Anlamı**: başkalarının söyleyeceklerine engel olamazsın]

279

man kann/mag es drehen und wenden, wie man will *fig* neresinden bakarsan bak *(wörtl: egal woher du schaust)* [**Bedeutung**: es lässt sich nicht ändern; die Sache ist eindeutig und keine Frage der Auslegung; **Anlamı**: istediğini yap, yapılacak bir şey yok]

man kann nicht auf zwei Hochzeiten tanzen *(wörtl: iki düğünde birden dans edilmez)* *fig* bir koltuğa iki karpuz sığmaz *(wörtl: unter eine Achsel passen keine zwei Wassermelonen)* [**Bedeutung**: man kann nicht mehrere Dinge gleichzeitig erledigen; **Anlamı**: aynı zamanda birden çok işle ilgilenmek başarı için sakıncalıdır]

man kann nie wissen *(wörtl: insan hiç bilemez)* *fig* hiç belli olmaz [**Bedeutung**: man sollte vorbereitet sein; **Anlamı**: hazır olmak gerekir]

man lernt nie aus *(wörtl: hiçbir zaman öğrenmek bitmez)* *fig* öğrenmenin yaşı yoktur *(wörtl: das Lernen hat kein Alter)* [**Bedeutung**: man kann im Alter immer noch etwas dazu lernen; **Anlamı**: insan her yaşta bir şeyler öğrenebilir]

man muss das Leben nehmen, wie das Leben ist *(wörtl: yaşam nasılsa öyle kabul edilir)* *fig* başa gelen çekilir *(wörtl: was in den Kopf kommt, wird angenommen)* [**Bedeutung**: was getan werden muss, das muss getan werden, auch wenn es einem schwer fällt; **Anlamı**: çaresiz durumlara düşüldüğünde insanın kendini üzüntüye kaptırmayıp bu durumlara katlanmasının olağan ve doğru bulunması]

man schätzt Dinge erst wert, wenn man sie nicht mehr da sind *(wörtl:* bir şey yok olduğunda ona değer verilir) *fig* kaybolan koyunun kuyruğu büyük olur *(wörtl: der Schwanz des verlorengegangenen Schafes ist groß)* [**Bedeutung**: man schätzt etwas erst, wenn es nicht mehr da ist oder wenn man es verloren hat; **Anlamı**: insan, elden kaçırdığı küçük bir fırsatı gözünde büyütür]

man soll die Äpfel erst zählen, bevor man sie aufteilt *(wörtl: elmalar, paylaşılmadan önce sayılmalıdır)* *fig* ek tohumun hasını, çekme yiyecek yasını *(wörtl: säe die beste Sorte Saat, leide nicht an der Trauer der Nahrung)* [**Bedeutung**: man sollte nicht voreilig handeln; erst Fakten sammeln; **Anlamı**: bir girişimden iyi sonuç almak isteyen, o işin temelini sağlam kurmalıdır]

man soll gehen, wenn es am schönsten ist *(wörtl: en güzel olduğu zaman gidilmelidir* *fig* tadında bırakmak *(wörtl: in dessen Geschmack belassen)* [**Bedeutung**: wenn es am schönsten ist, soll man aufhören, es kann nur noch schlechter werden; **Anlamı**: güzel giden bir şeyi tatsız bir duruma sokacak ölçüsüzlüğe vardırmamalı]

ehe man die Hand umdreht *(wörtl: eli bükülmeden önce)* *fig* göz açıp kapayıncaya kadar *(wörtl: bis man das Auge öffnet und wieder schließt)* [**Bedeutung**: im Handumdrehen; im Nu; **Anlamı**: çok kısa bir zaman içinde]

was will man mehr? *(wörtl: başka ne istenir ki?)* *fig* bundan iyisi can sağlığı *(wörtl: besser als das ist die Gesundheit)* [**Bedeutung**: das ist genug; damit kann man zufrieden sein; **Anlamı**: bundan daha iyisi olamaz]

Mangel cendere

jemanden durch die Mangel drehen *(wörtl: birini cendereden geçirmek)* *fig* birini cendereye sokmak *(wörtl: jemanden in die Presse stecken)*
[**Bedeutung**: jemanden unter Druck setzen; jemandem heftig zusetzen; **Anlamı**: birini manevi baskı altına almak]

jemanden in die Mangel nehmen *(wörtl: birini cendereye sokmak)* *fig* birini cendereye sokmak *(wörtl: jemanden in die Mangel nehmen)*
[**Bedeutung**: jemanden unter Druck setzen; jemandem heftig zusetzen; **Anlamı**: birini manevi baskı altına almak]

Mann erkek; er; adam

ein Mann, ein Wort *(wörtl: bir adam, bir söz)* *fig* sözünün eri *(wörtl: ein Mann des Wortes)*
[**Bedeutung**: das Wort dieses Mannes gilt, auf ihn ist Verlass, **Anlamı**: verdiği sözü, ne pahasına olursa olsun, yerine getiren (kimse)]

ein Mann von Wort *(wörtl: sözden bir adam)* *fig* söz ağzından çıkar *(wörtl: das Wort verlässt seinen Mund)*
[**Bedeutung**: jemand, auf den man sich verlassen kann, **Anlamı**: mert olan insan, verdiği sözü yerine getirir, sözünden dönmez

Männchen

Männchen machen[1] *fig* susta durmak *fig* sustaya kalkmak
[**Bedeutung**: bei Hunden; sich auf den Hinterbeinen aufrichten; **Anlamı**: köpek, iki arka ayağının üzerine kalkarak ve ön ayaklarını göğsüne doğru bükerek durmak]

Männchen machen[2] *fig* susta durmak
[**Bedeutung**: bei Menschen, strammstehen; Haltung annehmen; **Anlamı**: insan, bir kimsenin önünde korkak ve saygılı durmak]

Mantel palto

seinen Mantel nach dem Wind hängen *(wörtl: paltosunu rüzgâra göre asmak)* *fig* rüzgâra göre yelken açmak *(wörtl: die Segel nach dem Wind setzen)* *fig* kılıktan kılığa girmek *(wörtl: von einer Bekleidung in die andere schlüpfen)*
[**Bedeutung**: seine Meinung so ändern, wie es nützlich ist; **Anlamı**: fikrini duruma göre değiştirmek]

Märchen masal

Märchen erzählen *(wörtl: masal anlatmak)* *fig* maval okumak *(wörtl: Märchen vorlesen)* *fig* kurt masalı okumak *(wörtl: Wolfs-Märchen vorlesen)*
[**Bedeutung**: Unsinn erzählen; **Anlamı**: boş sözler söylemek]

Mark ilik

bis aufs/ins Mark *fig* iliğine/iliklerine kadar
[**Bedeutung**: bis ins Innerste; **Anlamı**: bütün varlığını, bütün benliğini etkileyecek biçimde]

durch Mark und Bein gehen *(wörtl: iliğinden kemiğinden geçmek)* *fig* iliğine işlemek/geçmek *(wörtl: in jemandes Mark eindringen)*
[**Bedeutung**: emotional aufwühlend wirken; **Anlamı**: bütün varlığını kaplamak; çok etkilemek]

ins Mark treffen *(wörtl: iliğine isabet etmek)* *fig* iliğine işlemek/geçmek *(wörtl: in jemandes Mark eindringen)* [**Bedeutung**: emotional aufwühlend wirken; jemanden zu tiefst (seelisch) verletzen; **Anlamı**: bütün varlığını kaplamak; çok etkilemek]

Marsch marş

jemandem den Marsch blasen *(wörtl: birine marşı öttürmek)* *fig* birine haddini bildirmek[1] *(wörtl: jemandem seine Grenzen mitteilen)* *fig* kuyruğunu tava sapına çevirmek *(wörtl: jemandem den Schwanz in einen Pfannengriff verwandeln)* [**Bedeutung**: jemandem gründlich die Meinung sagen; jemanden scharf zurechtweisen; **Anlamı**: sert bir karşılıkla uslandırmak; yetkili olmadığı işlere karışan kimseye sınırını aşmaması gerektiğini öğretmek]

Maß ölçü

mit zweierlei Maß messen *(wörtl: ikili ölçü kullanarak ölçmek)* *fig* çifte standart kullanmak *(wörtl: doppelte Standards benutzen)* [**Bedeutung**: unterschiedliche Maßstäbe anlegen und dadurch ungerecht urteilen; **Anlamı**: kişiye veya duruma göre farklı davranışlarda bulunmak]

Maul ağız

einem geschenkten Gaul schaut man nicht ins Maul *(wörtl: hediye edilen beygirin ağzına bakılmaz)* *fig* beleş atın dişine bakılmaz *(wörtl: einem Pferd, für das man nicht bezalt hat, schaut man nicht auf die Zähne)* *fig* beleş atın yaşına bakılmaz *(wörtl: einem Pferd, für das man nicht*

bezahlt hat, schaut man nicht aufs Alter)* [**Bedeutung**: ein Geschenk sollte man nicht bemängeln; **Anlamı**: parasız elde edilen şeyde kusur aranmaz]

---

jemandem Honig ums Maul schmieren *(wörtl: birinin ağzına bal sürmek)* *fig* birine yağ çekmek *(wörtl: jemanden mit Butter streichen)* [**Bedeutung**: jemanden schmeicheln; **Anlamı**: birini gereksiz biçimde övmek]

---

jemandem nach dem Maul reden ↑
jemandem nach dem Mund reden

---

jemandem über den Mund/das Maul fahren *(wörtl: birinin ağzını ezmek)* *fig* lafı ağzına tıkamak *(wörtl: die Worte in seinen Mund stopfen)* [**Bedeutung**: jemandem das Wort abschneiden; jemandem nicht ausreden lassen; dazwischen reden; **Anlamı**: biri sözünü bitirmeden başkası tepki göstererek verdiği cevapla onu susturmak]

---

sich das Maul verbrennen *(wörtl: ağzını yakmak)* *fig* ağızdan çıkan başa değer *(wörtl: das, was aus dem Mund kommt, berührt den Kopf)* [**Bedeutung**: sich durch unbedachtes Reden schaden; **Anlamı**: kişinin söylediği yanlış ve zararlı şeyler başına türlü bela getirir]

---

wer das Maul verbrannt hat, bläßt die Suppe *(wörtl: ağzı yanan çorbayı üfler)* *fig* sütten ağzı yanan yoğurdu üfleyerek yer *(wörtl: wer seinen Mund durch die Milch verbrennt, isst das Jogurt pustend)* [**Bedeutung**: wer einmal einen Schaden erlitten hat, ist besonders achtsam; **Anlamı**: bir olaydan zarar gören, sonra uyanık davranır]

Maulkorb ağızlık

jemandem einen Maulkorb verpassen *(wörtl: birine ağızlık takmak)* *fig* birinin çanına ot tıkamak *(wörtl: jemandes Glocke mit Unkraut stopfen)* [**Bedeutung**: jemanden zum Schweigen bringen; jemandem ein Redeverbot erteilen; **Anlamı**: birini susturmak]

Maus fare

aus die Maus *(wörtl: fare dışarı)* *fig* harç bitti, yapı paydos *(wörtl: der Mörtel ist alle, es ist Feierabend mit dem Bau)* [**Bedeutung:** die Sache ist erledigt; es ist Schluss; ironische Bemerkung zu einer Beendigung eines Vorgangs; **Anlamı:** bir işin devam edemeyeceğini şaka yollu söyleme]

da beißt die Maus keinen Faden ab *(wörtl: fare, ipliği ısırıp koparmaz)* *fig* ne çare *(wörtl: was für ein Ausweg)* [**Bedeutung**: das ist so; das ist nicht zu ändern; das ist unabänderlich; **Anlamı**: çaresi yok; elden ne gelir?]

der Berg kreißte und gebar eine Maus *(wörtl: dağ, doğumda sancıdan çığlık attı ve bir fare doğurdu)* *fig* dağ doğura doğura bir fare doğurmuş *(wörtl: im Endeffekt gebar der Berg eine Maus)* [**Bedeutung**: trotz großen Aufwandes ist das Ergebnis unbefriedigend; **Anlamı**: büyük şeyler beklenen bir işten önemsiz sonuç alınmak]

ist die Katze aus dem Haus, tanzen die Mäuse auf dem Tisch *(wörtl: kedi evden çıkınca fareler masanın üstünde oynar)* *fig* köpeksiz köye/sürüye kurt iner *(wörtl: in das hundlose Dorf kommt der Wolf)* *fig* köpeksiz sürüye kurt iner *(wörtl: zu der hundlosen Herde kommt der Wolf)* [**Bedeutung**: wenn keine Aufsicht da ist, macht jeder, was er will; sobald der Aufpasser nicht da ist, entsteht Unruhe; **Anlamı**: koruyucusuz kalan yere düşman girer]

mit Speck fängt man Mäuse *(wörtl: yağ ile fare tutulur)* *fig* tatlı dil yılanı deliğinden çıkarır *(wörtl: mit freundlichen Worten lockt man eine Schlange aus ihrem Loch)* [**Bedeutung**: mit dem richtigen Lockmittel erreicht man viel; **Anlamı**: gönül okşayıcı konuşma herkesi etkiler]

wenn die Maus satt ist, schmeckt das Mehl bitter *(wörtl: fare doyunca unun tadı acı olur)* *fig* abdalın karnı doyunca gözü pabucundadır *(wörtl: wenn der Wanderderwisch satt ist, sind seine Augen auf seine Schuhe gerichtet)* *fig* abdalın dostluğu köy görününceye kadardır *(wörtl: die Freundschaft des Wanderderwisches endet, wenn das Dorf zu sehen ist)* [**Bedeutung**: wenn man von einer Sache genug hat, verliert man das Interesse daran; **Anlamı**: çıkarcı kimsenin arkadaşlığı işi bitinceye kadardır]

wie eine gebadete Maus *(wörtl: yıkanmış fare gibi)* *fig* sudan çıkmış sıçan gibi *(wörtl: wie eine Maus, die aus dem Wasser kommt)* [**Bedeutung**: völlig durchnässt; **Anlamı**: sırılsıklam]

Mäuseloch fare deliği

jemand würde sich am liebsten in ein Mäuseloch kriechen *(wörtl: fare deliğine saklanmayı ister olmak)* *fig* yerin dibine geçmek *(wörtl: in den Erdboden versinken)* [**Bedeutung**: jemand schämt sich sehr; sich sehr schämen; **Anlamı**: çok utanıp sıkılmak]

Mausen fare tutma

die Katze lässt das Mausen nicht *(wörtl: kedi fare tutmaktan vazgeçmez) fig* can çıkmadan/çıkmayınca huy çıkmaz *(wörtl: die menschliche Natur verlässt einen erst, wenn das Leben einen verlässt) fig* tilki tüyünü değiştirir, ama huyunu asla *(wörtl: der Fuchs wechselt sein Fell, aber niemals sein Wesen)* [**Bedeutung**: jemand kann von einer Gewohnheit nicht lassen; **Anlamı**: insanı alışkanlıklarından vazgeçirmek mümkün değildir]

Medaille madalya

die Kehrseite der Medaille *fig* madalyanın ters/öteki yüzü [**Bedeutung**: das Nachteilige an einer an sich vorteilhaften Sache; **Anlamı**: olumlu bir durumun, işin ya da olayın düşünülmesi, hesaba katılması gereken olumsuz yüzü]

Meer deniz

alle Flüsse fließen ins Meer *(wörtl: bütün ırmaklar denize akar) fig* ayvaz, kasap hep bir hesap *(wörtl: ob Begleiter oder Metzger, die Rechnung ist dieselbe)* [**Bedeutung**: es gibt nicht nur einen Weg zur Lösung einer Aufgabe; **Anlamı**: hangi yol yeğlenirse yeğlensin, aynı sonuca varıyor; ha öyle ha böyle, ikisi de bir]

er hat Geld wie Sand am Meer *fig* denizde kum, onda para

[**Bedeutung**: sehr reich sein; **Anlamı**: çok zengin; parası çok olan kimse]

Wasser ins Meer tragen *(wörtl: denize su taşımak) fig* ırmak kenarına çeşme yapmak *(wörtl: einen Brunnen in Flussnähe bauen)* [**Bedeutung**: etwas Sinnloses tun; **Anlamı**: anlamı olmayan iş yapmak]

Mehl un

wenn die Maus satt ist, schmeckt das Mehl bitter *(wörtl: fare doyunca unun tadı acı olur) fig* abdalın karnı doyunca gözü pabucundadır *(wörtl: wenn der Wanderderwisch satt ist, sind seine Augen auf seine Schuhe gerichtet) fig* abdalın dostluğu köy görününceye kadardır *(wörtl: die Freundschaft des Wanderderwisches endet, wenn das Dorf zu sehen ist)* [**Bedeutung**: wenn man von einer Sache genug hat, verliert man das Interesse daran; **Anlamı**: çıkarcı kımsenin arkadaşlığı işi bitinceye kadardır]

schlafen wie ein Mehlsack *(wörtl: un çuvalı/torbası gibi uyumak) fig* mışıl mışıl uyumak *(wörtl: tief und fest schlafen)* [**Bedeutung**: sehr tief und fest schlafen; **Anlamı**: rahat, sessiz ve derin soluk alarak uyumak]

mehr daha çok

mehr geht (einfach) nicht *fig* çabalama kaptan ben gidemem *fig* bundan iyisi can sağlığı [**Bedeutung**: mehr gibt es nicht; **Anlamı**: bundan daha iyisi olamaz]

mehr ist nicht drin *(wörtl: içinde daha fazla yok) fig* görüp göreceği rahmet bu *(wörtl: das ist der Segen, den er jemals sehen wird)*

[Bedeutung: mehr gibt es nicht; Anlamı: kendisine sağlanan yararın, iyiliğin hepsi bu kadar, gerisi yok, olmayacak]

mehr ist nicht zu holen *fig* görüp göreceği rahmet bu *(wörtl: das ist der Segen, den er jemals sehen wird)* [Bedeutung: mehr gibt es nicht; Anlamı: kendisine sağlanan yararın, iyiliğin hepsi bu kadar, gerisi yok, olmayacak]

mehr Schein als Sein *(wörtl: olmaktan çok görünüş)* *fig* dışı kalaylı, içi alaylı *(wörtl: das Äußere ist verzinnt, das Innere ist scherzhaft)* *fig* dışı eli yakar, içi beni *(wörtl: das Äußere verbrennt den Fremden, das Innere mich)* [Bedeutung: auf den ersten Blick gut, in Wirklichkeit schlecht; Anlamı: dışı süslü, güzel görünüşlü, ama içi berbat; görünüşe aldanmamalı]

mehr Schulden als Haare auf dem Kopf haben *(wörtl: başındaki saçtan çok borcu olmak)* *fig* borç bini aşmak *(wörtl: die Schulden überschreiten die Tausend)* [Bedeutung: hohe Schulden haben; Anlamı: borç altından kalkılamayacak duruma gelmek]

weniger ist mehr *(wörtl: az çoktan iyidir)* *fig* az olsun, uz olsun *(wörtl: es soll wenig sein, es soll gut sein)* *fig* çok olup çöp olacağına, az olup öz olsun *(wörtl: es soll wenig, aber gut sein, als viel aber Abfall/Müll)* [Bedeutung: lieber etwas weniger mit einer hohen Qualität als viel Minderwertiges; Anlamı: yapılan iş az olabilir, ama iyi olmalıdır]

Meinung fikir

die Meinung wechseln wie das Hemd *fig* gömlek değiştirir gibi fikir değiştirmek [Bedeutung: die Meinun je nach Situation ändern; Anlamı: duruma göre fikrini, düşüncesini değiştirmek]

Meise baştankara

eine Meise haben *(wörtl: baştankarası olmak)* *fig* keçileri kaçırmak *(wörtl: die Ziegen entkommen lassen)* [Bedeutung: verrückt sein; spinnen; Anlamı: delirmek]

Meister usta, üstad

das Werk lobt den Meister *(wörtl: eser ustayı över)* *fig* iş insanın aynasıdır *(wörtl: die Arbeit ist der Spiegel des Menschen)* [Bedeutung: gelungene Produkte immer auch ein positives Licht auf die dahinterstehenden Menschen werfen; Anlamı: bir insanın nasıl bir insan olduğu, bitirdiği işlerden anlaşılır]

einmal findet jeder seinen Meister *(wörtl: herkes üstadını bir kez bulur)* *fig* dağ ne kadar yüce olsa yol üstünden aşar *(wörtl: egal wie groß der Berg ist, geht die Straße über ihn hinweg)* [Bedeutung: es gibt immer einen, der besser ist als man selbst; Anlamı: insan, kendisinden daha üstün bir başkasının da olabileceğini bilmelidir; bir kimsenin aklına gelmeyen çare, başka birinin aklına gelebilir]

es ist noch kein Meister vom Himmel gefallen *(wörtl: şimdiye dek bir usta gökten düşmedi)* *fig* kişi yorulmakla alim/usta olur *(wörtl: durch Anstrengung wird eine Person Wissenschaftler/Meister)*

[**Bedeutung**: man muss erst lernen und üben, bevor man etwas gut kann; **Anlamı**: emek harcamadan, çalışmadan bir işte başarılı olmak, yanlış bir düşüncedir]

jeder findet seinen Meister *(wörtl: herkes üstadını bulur)* ***fig*** akıl akıldan üstündür *(wörtl: ein Verstand ist überlegener als der andere Verstand)* ***fig*** el elden üstündür *(wörtl: eine Hand ist überlegener als die andere Hand)* [**Bedeutung**: es gibt immer einen, der besser ist als man selbst; **Anlamı**: insan, kendisinden daha üstün bir başkasının da olabileceğini bilmelidir; bir kimsenin aklına gelmeyen çare, başka birinin aklına gelebilir]

jedes Handwerk verlangt seinen Meister *(wörtl: her el sanatı ustasını ister)* ***fig*** av avlayanın, kemer bağlayanın *(wörtl: die Beute gehört dem Jäger, der Gürtel dem, der ihn anschnallt)* [**Bedeutung**: in seinem Bereich sachkundig, tüchtig sein; **Anlamı**: bir şey, onu elde etmesini ve kullanmasını bilen kişinin hakkıdır]

Übung macht den Meister *(wörtl: alıştırma insanı usta yapar)* ***fig*** insan yapa yapa ustalaşır *(wörtl: der Mensch wird machend zum Meister)* ***fig*** insan demiri döve döve demirci olur *(wörtl: der Mensch wird durch das Schmieden des Eisens zum Eisenschmied)* ***fig*** meşk kemale erdirir *(wörtl: durch Übung erlangt man Reife)* [**Bedeutung**: nur durch viel Übung kann man sich verbessern; **Anlamı**: insan çalışa çalışa ustalaşır]

Mensch insan

allen Menschen recht getan ist eine Kunst, die niemand kann *(wörtl: bütün insanlara hak vermek, kimsenin yapabileceği bir sanat değildir)* ***fig*** herkesi memnun etmek mümkün değil *(wörtl: es ist nicht möglich, allen zufrieden zu stellen)* [**Bedeutung**: man kann nicht alle Menschen gleichzeitig zufriedenstellen; **Anlamı**: herkes aynı anda memnun edilemez]

der Mensch ist ein Gewohnheitstier *(wörtl: insan, alışkanlık hayvanıdır)* ***fig*** alışmış kursak bulamacını ister *(wörtl: der gewohnte Kropf verlangt nach seinem Mehlbrei)* [**Bedeutung**: das Leben des Menschen wird häufig durch feste Gewohnheiten bestimmt; **Anlamı**: kişi, yararlanmaya alıştığı şeyden yoksun kalmak istemez]

der Mensch wächst mit seinen Aufgaben *(wörtl: insan, görevleriyle büyür)* ***fig*** meşk kemale erdirir *(wörtl: durch Übung erlangt man Reife)* [**Bedeutung**: nur durch viel Übung kann man sich verbessern; *(learning by doing)*; **Anlamı**: insan çalışa çalışa ustalaşır]

des Menschen Wille ist sein Himmelreich *(wörtl: insanın kendi iradesi kendi cennetidir)* ***fig*** arayan Mevla'sını da bulur, belasını da *(wörtl: wer sucht findet seinen Gott, auch sein Unheil)* [**Bedeutung**: jeder Mensch ist für sein Tun verantwortlich; man muss den Menschen ihren Willen lassen; **Anlamı**: insan isterse, iyi ya da kötü, her amacına ulaşır]

Rost frisst Eisen, Sorge den Menschen *(wörtl: pas, demiri yer, üzüntü de insanı)* ***fig*** demir nemden, insan gamdan çürür *(wörtl: das Eisen korrodiert durch Feuchtigkeit, der Mensch durch Kummer)*

[Bedeutung: sowie Rost das Eisen korrodiert, so werden Menschen durch Kummer zerschlissen; **Anlamı:** ıslaklık demiri nasıl paslandırır ve böylece çürütürse kaygı ve tasa da insanı öyle yapar]

Sprache verbindet Menschen *(wörtl: dil, insanları birbirine bağlar)* ***fig*** bir lisan bir insan, iki lisan iki insan *(wörtl: eine Sprache, ein Mensch, zwei Sprachen, zwei Menschen)*

alles Menschenmögliche tun ***fig*** elinden geleni yapmak [**Bedeutung:** alles tun, was möglich ist; alle Kraft aufwenden, um etwas zu erreichen; **Anlamı:** gücünün yettiği kadarını yapmak]

menschlich insancıl

Irren ist menschlich *(wörtl: yanılmak insancıldır)* ***fig*** beşer şaşar *(wörtl: der Mensch irrt sich)* ***fig*** insan beşer, kuldur şaşar *(wörtl: der Mensch ist Mensch, er ist Untertan und irrt sich)* ***fig*** hatasız kul olmaz *(wörtl: fehlerlose Untertanen gibt es nicht)* [**Bedeutung:** jeder kann sich mal irren; **Anlamı:** insan her zaman yanılabilir]

messen ölçmek

mit zweierlei Maß messen *(wörtl: ikili ölçü kullanarak ölçmek)* ***fig*** çifte standart kullanmak *(wörtl: doppelte Standards benutzen)* [**Bedeutung:** unterschiedliche Maßstäbe anlegen und dadurch ungerecht urteilen; **Anlamı:** kişiye veya duruma göre farklı davranışlarda bulunmak]

Messer bıçak

auf Messers Schneide stehen *(wörtl: bıçak yalımı durmak)* ***fig*** bıçaksırtı kalmak *(wörtl: auf Messerrücken bleiben)* ***fig*** kıl payı kalmak [**Bedeutung:** vor ungewisser Entscheidung stehen; unsicher sein; es wird sehr knapp; **Anlamı:** çok az fark olmak]

jemandem sitzt das Messer an der Kehle *(wörtl: bıçak birinin gırtlağında)* ***fig*** bıçak kemiğe dayandı *(wörtl: das Messer drückt auf den Knochen)* [**Bedeutung:** jemand ist in höchster Bedrängnis; **Anlamı:** durum artık katlanılmaz olmak]

jemanden ans Messer liefern *(wörtl: birini bıçağa teslim etmek)* ***fig*** birini ele vermek *(wörtl: jemanden an Fremde abgeben)* [**Bedeutung:** jemanden durch Verrat oder Ähnliches ausliefern; **Anlamı:** herhangi kötü bir şey yapanın yaptığını herkese bildirmek]

unters Messer kommen *(wörtl: bıçak altına gelmek)* ***fig*** bıçak altına yatmak *(wörtl: sich unters Messer legen)* [**Bedeutung:** operiert werden; **Anlamı:** ameliyat olmak]

Messlatte çıta

die Messlatte höher legen/hängen *(wörtl: çıtayı daha yüksek koymak/asmak)* ***fig*** çıtayı yükseltmek [*(wörtl: die Latte erhöhen)* [**Bedeutung:** die Zielvorgabe, den Anspruch erhöhen; **Anlamı:** hedefi yüksek belirlemek]

Miene surat

gute Miene zum bösen Spiel machen[1] *(wörtl: kötü oyuna iyi surat*

yapmak) fig sineye çekmek *(wörtl: zum Herz ziehen)*
[**Bedeutung**: widerwillig mitmachen; **Anlamı**: kötü bir davranış, söz veya olaya ister istemez katlanmak]

gute Miene zum bösen Spiel machen[2] *(wörtl: kötü oyuna iyi surat yapmak) fig* bozuntuya vermemek *(wörtl: der Fassungslosigkeit nicht geben) fig* bile bile lades *(wörtl: wissentlich Vielliebchen)* [**Bedeutung**: sich den Ärger nicht anmerken lassen; **Anlamı**: hoşa gitmeyen bir durumda fark etmemiş gibi davranmak; kötü bir durumu öyle gerektiği için öyle kabullenmiş görünme; bilerek aldanmış görünme]

ohne eine Miene zu verziehen *(wörtl: surat asmadan) fig* kılını (bile) kıpırdatmadan/oynatmadan *(wörtl: ohne ein Haar zu bewegen)* [**Bedeutung**: ohne erkennbaren Gefühlsausdruck; **Anlamı**: en küçük bir tepki göstermeden]

Miete kira

die halbe Miete sein *(wörtl: kiranın yarısı olmak) fig* çoğu gitti azı kaldı *(wörtl: das meiste ist weg, ein wenig ist geblieben) fig* keli gitti, dazı kaldı *(wörtl: die Glatze ist weg, die Kahle ist noch da)* [**Bedeutung**: von großem Vorteil sein; schon fast zum Erfolg führen; **Anlamı**: yapılmakta olan işin en güç, en önemli, en büyük bölümü yapıldı, geriye pek bir şey kalmadı]

Milchmädchenrechnung *(wörtl: süt kızı hesabı) fig* çömlek hesabı *(wörtl: Tontopfrechnung)* [**Bedeutung**: Rechnung, die auf Trugschlüssen aufgebaut ist; **Anlamı**: doğruluğu kuşkulu hesap; güvenilmez hesap]

Millionär milyoner

wenn das Wörtchen 'wenn' nicht wär, wär mein Vater Millionär *(wörtl: 'olsa' kelimeciği olmasaydı, babam milyoner olurdu) fig* olsa ile bulsayı ekmişler, yel ile yuh bitmiş *(wörtl: das wenn und das dann haben sie gesät, dann sind Wind und Buhrufe gewachsen)* [**Bedeutung**: sagt man, um die Unwägbarkeit einer Wenn-dann-Bedingung hervorzuheben; **Anlamı**: 'şu şöyle olsaydı, bu böyle olsaydı' demekle bir sonuca varılamaz]

minus eksi

plus minus null *(wörtl: artı eksi sıfır) fig* ne kâr ne ziyan *(wörtl: weder Gewinn noch Verlust)*

Minute dakika

auf die Minute (genau) *fig* dakikası dakikasına [**Bedeutung**: zeitlich exakt; ganz genau; **Anlamı**: tam zamanında]

Misskredit itibarsızlık

in Misskredit geraten *(wörtl: itibarsızlığa düşmek) fig* altın adını bakır etmek *(wörtl: aus dem Namen Gold Kupfer machen) fig* bir paralık olmak *(wörtl: zu einem Para werden)* [**Bedeutung**: das Ansehen verlieren; den guten Ruf verlieren; **Anlamı**: itibarsız, değersiz, kçtü, işe yaramaz bir duruma düşmek; kötü işler yaparak itibardan düşmek, saygınlığını yitirmek]

Mist gübre

Mist bauen *(wörtl: gübre yapmak) fig* halt yemek *(wörtl: Zeug/Mist essen) fig* yüzüne gözüne bulaştırmak

(wörtl: sich in die Augen und die Haare schmieren)
[Bedeutung: etwas angestellt, verbrochen haben; etwas ausgefressen haben; einen Fehler machen; **Anlamı**: uygunsuz davranmak, uygunsuz bir iş yapmak; yapayım derken bozmak]

auf jemandes Mist gewachsen sein
(wörtl: birinin gübresinde büyümüş olmak) fig birinin başının altından çıkmak *(wörtl: unter jemandes Kopf hervorkommen)*
[Bedeutung: von jemandem stammen, erarbeitet, veranlasst sein; **Anlamı**: gizlice ve kurnazca kendisi hazırlamış olmak]

Kleinvieh macht auch Mist *(wörtl: küçük baş hayvan da gübre yapar) fig* akmasa da damlar *(wörtl: auch wenn es nicht fließt, tropft es) fig* her çok, azdan olur *(wörtl: jedes Viel entsteht aus Wenig)*
[Bedeutung: auch kleine Gewinne sind etwas wert; **Anlamı**: çok denilen şeyler azların birikmesiyle oluşur; yeterince olmasa az çok yarar sağlamak; çoğu elde edebilmek için azları biriktirmek gerekir]

Misthaufen çöplük, çöp yığını

auf seinem Misthaufen ist der Hahn König *(wörtl: kendi çöplüğünde horoz kraldır) fig* her horoz kendi çöplüğünde öter *(wörtl: jeder Hahn kräht auf seinem eigenen Misthaufen)*
[Bedeutung: es handelt sich um ein autokratisches System, in dem eine Person das absolute Sagen hat; **Anlamı**: bir kimsenin sözü kendi çevresinde geçer]

mit ile

mit affenartiger Geschwindigkeit
(wörtl: maymunumsu bir hızla) fig kelle götürür gibi *(wörtl: wie einer, der einen Schädel hinbringt)*
[Bedeutung: sehr schnell; mit hoher Geschwindigkeit **Anlamı**: çok hızlı bir şekilde; acele olarak]

mit allen Hunden gehetzt sein
(wörtl: bütün köpekler tarafından kovalanmış olmak) fig suya götürüp susuz getirmek *(wörtl: zum Wasser hinbringen und ohne Wasser herbringen)*
[Bedeutung: sehr gerissen sein, alle Tricks kennen; **Anlamı**: herhangi bir işte akıl, zekâ, deneyim ve kurnazlıkta bir değerini alt etmek]

mit allen Wassern gewaschen sein[1]
(wörtl: her suyla yıkanmış olmak) fig suya götürüp susuz getirmek *(wörtl: zum Wasser hinbringen und ohne Wasser herbringen)*
[Bedeutung: sehr gerissen sein, alle Tricks kennen; **Anlamı**: herhangi bir işte akıl, zekâ, deneyim ve kurnazlıkta bir değerini alt etmek]

mit allen Wassern gewaschen[2] **sein**
(wörtl: bütün sularla yıkanmış olmak) fig feleğin çemberinden geçmiş olmak *(wörtl: durch das Himmelsgewölbe gegangen sein)*
[Bedeutung: erfahren, raffiniert, schlau sein; **Anlamı**: hayatta acı tatlı günler görmüş olmak, olgunlaşmış, deneyim kazanmış olmak]

mit dem Feuer spielen *fig* ateşle oynamak *fig* barutla oynamak *(wörtl: mit dem Schießpulver spielen)*
[Bedeutung: etwas gefährliches, riskantes unternehmen; **Anlamı**: çok tehlikeli bir işle uğraşmak; çok tehlikeli işlere girişmek]

mit dem Kopf durch die Wand (rennen) wollen *(wörtl: başıyla duvardan geçmek istemek)* **fig**

289

başının dikine/doğrusuna gitmek *(wörtl: dem Kopf nach gehen)* **fig** burnunun dikine/doğrusuna gitmek *(wörtl: der Nase nach gehen)* [**Bedeutung**: sich um jeden Preis durchsetzen wollen; **Anlamı**: öğüt dinlemeyerek kendi bildiğini yapmak]

mit dem Leben davonkommen *fig* canını kurtarmak [**Bedeutung**: dem Tod knapp entgehen; **Anlamı**: kendini ölümden kurtarmak]

mit dem Ofenrohr ins Gebirge schauen *(wörtl: soba borusuyla dağlara bakmak)* **fig** avcunu yalamak *(wörtl: die hohle Hand ablecken)* **fig** hava almak[2] *(wörtl: Luft nehmen)* [**Bedeutung**: leer ausgehen; nichts abbekommen; **Anlamı**: umduğunu ele geçirememek]

mit dem Rücken zur Wand[2] *(wörtl: arkası duvara dayalı)* **fig** arkası mihrapta *(wörtl: sein Rücken ist in der Gebetnische)* [**Bedeutung**: aus sicherer Position; **Anlamı**: güçlü bir kimseye veya sağlam bir şeye dayanmış bulunmak]

mit dem Strom schwimmen *(wörtl: akıntıyla yüzmek)* **fig** suyun akıntısına gitmek *(wörtl: mit dem Strom des Gewässers gehen)* [**Bedeutung**: sich anpassen; sich der Mehrheit anschließen; **Anlamı**: uymak; olayların gelişmesine göre davranmak]

mit dem Tod ringen *(wörtl: ölümle güreşmek)* **fig** can çekişmek *(wörtl: mit dem Leben ringen)* [**Bedeutung**: im Sterben liegen; **Anlamı**: ölmek üzere bulunmak]

mit der Zeit gehen *(wörtl: zamanla gitmek)* **fig** zamana uymak *(wörtl: sich anpassen an die Zeit)*

[**Bedeutung**: fortschrittlich sein; **Anlamı**: davranışlarını, zamanın gereklerine, koşullarına uydurmak]

mit einem Bein/Fuß im Grab stehen *(wörtl: bir bacağı/ayağı ile mezarda olmak)* **fig** bir ayağı çukurda olmak *(wörtl: mit einem Fuß in der Grube sein)* [**Bedeutung**: dem Tode sehr nahe sein; **Anlamı**: yaşayacak çok az zamanı kalmış olmak, çok yaşlanmış olmak]

mit etwas baden gehen *(wörtl: bir şey ile yüzmeye gitmek)* **fig** suya düşmek *(wörtl: ins Wasser fallen)* [**Bedeutung**: nicht zu Stande kommen; scheitern; missglücken; **Anlamı**: bir şeyin gerçekleşme olanağı kalmamak]

mit gleicher Münze (etwas) heimzahlen *(wörtl: aynı para ile (bir şeyi) geri ödemek)* **fig** el elden kalmaz, dil dilden kalmaz *(wörtl: die eine Hand bleibt nicht der anderen fern, die eine Zunge bleibt der anderen nicht fern)* [**Bedeutung**: so schlecht, wie du dich mir gegenüber verhältst, so verhalte ich mich auch dir gegenüber; **Anlamı**: bir kişi başkasına vurursa o da ona vurur, başkasına kötü söz söylerse diğeri de kendisine kötü söz söyler]

mit Händen zu greifen sein *(wörtl: ellerle tutulur olmak)* **fig** elle tutulur, gözle görülür olmak *(wörtl: mit der Hand zu fassen, mit den Augen zu sehen sein)* [**Bedeutung**: offenkundig sein; offensichtlich sein; **Anlamı**: çok açık olmak; çok belirgin olmak; bir şey göz ve akıl yoluyla anlaşılır olmak]

mit jemandem geht es zu Ende *(wörtl: birinin sonu gelmek)* **fig**

günleri sayılı olmak *(wörtl: seine Tage sind gezählt)* [**Bedeutung**: jemand liegt im Sterben; **Anlamı**: ölümü yakın olmak]

mit Leib und Seele *(wörtl: bedenle ruhla)* *fig* canla başla *(wörtl: mit Leben und mit dem Kopf)* [**Bedeutung**: mit vollem Einsatz; **Anlamı**: var gücüyle

mit offenen Karten spielen *(wörtl: açık kâğıtlarla oynamak)* *fig* açık oynamak *(wörtl: offen spielen)* [**Bedeutung**: keine Hintergedanken haben; offen und ehrlich sein; **Anlamı**: gizli niyeti olmamak; art düşüncesiz davranmak]

mit Verlaub *(wörtl: müsaade ile)* *fig* sözüm yabana *(wörtl: mein Wort in die Wildnis)* *fig* sözüm meclisten dışarı *(wörtl: mein Wort außerhalb der Gesellschaft)* *fig* haşa huzurdan [**Bedeutung**: wenn Sie gestatten; wenn es erlaubt ist; **Anlamı**: yanınızda kaba sözler söyleyeceğim, kusura bakmayın]

weißt du, mit wem du es zu tun hast? *(wörtl: kiminle işin olduğunu biliyor musun?)* *fig* kiminle dans ettiğini biliyor musun? *(wörtl: weißt du, mit wem du tanzt?)* [**Bedeutung**: weißt du, wie gut ich bin?; **Anlamı**: bu konuda benim ne kadar üstün olduğumu biliyor musun?]

mitgegangen beraberce giden

mitgegangen, mitgefangen; mitgegangen, mitgehangen *(wörtl: beraberce gittiler, beraberce tutuldular; beraberce gittiler, beraberce asıldılar)* *fig* anca beraber, kanca beraber *(wörtl: so zusammen, blutmäßig zusammen)*

[**Bedeutung**: man muss bei einer Sache, an der man beteiligt ist, im Falle des Scheiterns die Konsequenzen tragen; **Anlamı**: iki ya da daha çok kimsenin giriştiği iş kötü de gitse birbirlerinden ayrılmayacaklarını açıklamaları]

Mohr zenci

einen Mohren weißwaschen wollen *(wörtl: zenciyi yıkamakla beyazlatmak istemek)* *fig* zenci yüzü yıkamakla ağarmaz *(wörtl: das Gesicht eines Mohren wird nicht durch Waschen weißer)* *fig* karaya sabun, deliye öğüt neylesin *(wörtl: Seife für das Schwarze, Ratschlag für den Irren, was bringt das)* *fig* deveye hendek atlatmak *(wörtl: das Kamel über den Graben springen lassen)* [**Bedeutung**: Unmögliches versuchen; **Anlamı**: birine yapamayacağı önceden bilinen bir işi yaptırmaya çalışmak]

Mond ay

auf dem Mond leben *(wörtl: ayda yaşamak)* *fig* dünyadan haberi olmamak *(wörtl: keine Ahnung von der Welt haben)* [**Bedeutung**: nichts mitbekommen; uninfroniert sein; **Anlamı**: çevresinde olup bitenleri bilmemek]

hinter dem Mond leben *(wörtl: ayın arkasında oturmak)* *fig* dünyadan haberi olmamak *(wörtl: keine Ahnung von der Welt haben)* [**Bedeutung**: nichts mitbekommen; uninfroniert sein; **Anlamı**: çevresinde olup bitenleri bilmemek]

in den Mond gucken *(wörtl: aya bakmak)* *fig* avcunu yalamak *(wörtl: die hohle Hand ablecken)* *fig* hava almak[2] *(wörtl: Luft nehmen)*

[**Bedeutung**: leer ausgehen; nichts abbekommen; **Anlamı**: umduğunu ele geçirememek]

vom Mond gefallen sein *(wörtl: aydan düşmüş olmak)* ***fig*** dünyadan haberi olmamak *(wörtl: keine Ahnung von der Welt haben)*
[**Bedeutung**: weltfremd sein; nicht Bescheid wissen; **Anlamı**: çevresinde olup bitenleri bilmemek]

vom Mond kommen *(wörtl: aydan gelmek)* ***fig*** dünyadan haberi olmamak *(wörtl: keine Ahnung von der Welt haben)*
[**Bedeutung**: weltfremd sein; nicht Bescheid wissen; **Anlamı**: çevresinde olup bitenleri bilmemek]

was kümmert es den Mond, wenn der Hund ihn anbellt *(wörtl: köpek aya havladığında havlaması aya vız gelir)* ***fig*** tavşan dağa küsmüşse dağın haberi olmamış *(wörtl: wenn der Hase dem Berg böse war, hat der Berg es nicht gewusst)*
[**Bedeutung**: was kümmert es mich, wenn sich andere Menschen über mich ärgern; **Anlamı**: önemsiz kişi önemli kişiye küsse önemli kişinin umurunda bile olmaz]

Moos yosun

ein rollender Stein setzt kein Moos an *(wörtl: yuvarlanan taş yosun tutmaz)* ***fig*** akan su yosun tutmaz *(wörtl: fließendes Wasser setzt kein Moos an)*
[**Bedeutung**: wer sich nicht bewegt, wird unbeweglich; **Anlamı**: iş yapmaksızın duran kimse hantallaşır]

Moral ahlâki ders

die Moral von der Geschichte *(wörtl: öyküden alınacak ahlâki ders)* ***fig*** kıssadan hisse *(wörtl: der Anteil an der Geschichte)*
[**Bedeutung**: dien Lehre aus der Geschichte; **Anlamı**: anlatılan bir öyküden alınacak ders]

Mord cinayet

Mordshunger haben *(wörtl: korkunç/müthiş aç olmak)* ***fig*** açlıktan imanı gevremek *(wörtl: vor Hunger bröckelt sein Glaube)*
[**Bedeutung**: einen Riesenhunger haben; **Anlamı**: çok acıkmak]

morgen yarın

morgen läuft eine andere Sau durchs Dorf *(wörtl: yarın köyden başka bir domuz geçer)* ***fig*** horoz öttü, dava bitti *(wörtl: der Hahn krähte, der Streit war zu Ende)*
[**Bedeutung**: die Sache ist bald vergessen; **Anlamı**: olay pek yakında unutulur]

morgen, morgen, nur nicht heute, sagen alle faulen Leute *(wörtl: bütün tembel insanlar, yarın, yarın, yalnız bugün değil diyorlar)* ***fig*** bugün git, yarın gel *(wörtl: geh heute und komm morgen)*
[**Bedeutung**: Kommentar, wenn jemand etwas, was eigentlich sofort getan werden müsste, aus Bequemlichkeit aufschiebt; **Anlamı**: bir iş yapılmak istenmediğinde baştan savmak için kullanılan söz]

spar nicht auf morgen, was du heute tun kannst *(wörtl: bugün yapabileceğini yarın için biriktirme)* ***fig*** bugünkü işini yarına bırakma *(wörtl: lass die heutige Arbeit nicht für morgen)*
[**Bedeutung**: was man heute erledigen kann, sollte man nicht auf den nächsten Tag verschieben; **Anlamı**: bugün yapılması gereken bir

işin ertesi güne bırakılması iyi değildir]

von heute auf morgen *fig* bugünden yarına
[**Bedeutung**: in kürzer Zeit; schnell; **Anlamı**: az zaman içinde]

was du heute kannst besorgen, das verschiebe nicht auf morgen *(wörtl: bugün tedarik edebileceğini yarına bırakma)* *fig* bugünkü işini yarına bırakma *(wörtl: lass die heutige Arbeit nicht für morgen)* *fig* akşamın işini sabaha/yarına bırakma *(wörtl: lass die Arbeit von abends nicht auf morgen verschieben)* [**Bedeutung**: man sollte notwendige Arbeiten gleich erledigen und nicht verschieben; **Anlamı**: bugün yapabileceğin işi hemen yap, yarına bırakma]

Morgenluft sabah havası

Morgenluft wittern *(wörtl: sabah havasının kokusunu almak)* *fig* fırsatı ganimet bilmek *(wörtl: die Gelegenheit als Beute sehen)* *fig* fırsat bu fırsat demek *(wörtl: 'das ist die Gelegenheit' sagen)* [**Bedeutung**: die Möglichkeit sehen, einen Vorteil zu erlangen, aus einer ungünstigen Lage herauszukommen; **Anlamı**: çıkan fırsattan en iyi şekilde yararlanmak; yararlanacak en uygun zaman olarak görmek]

Morgenstunde sabah saati

Morgenstund hat Gold im Mund *(wörtl: sabah saatinin ağzında altın vardır)* *fig* erken kalkan yol alır, er evlenen döl alır *(wörtl: wer früh aufsteht, legt was zurück, wer früh heiratet, bekommt Nachkommen)* *fig* sabah ola, hayır ola/gele *(wörtl: wenns morgens wird, wird etwas Gutes)*

[**Bedeutung**: wer frühmorgens mit der Arbeit beginnt, schafft mehr; **Anlamı**: yapacakları işlere erken başlayanlar kazançlı çıkarlar]

Most şıra

wissen, wo der Barthel den Most holt *(wörtl: Barthel'in şırayı nereden alacağını bilmek)* *fig* arı bal alacak çiçeği bilir *(wörtl: die Biene weiß, von welcher Blüte sie den Honig bekommt)* [**Bedeutung**: sich zu helfen wissen; **Anlamı**: işini bilen kimse nereye baş vuracağını bilir]

Motte güve

jemanden umschwärmen /umschwirren wie Motten das Licht *(wörtl: güveler nasıl ışığın etrafında dönüyorlarsa birinin etrafında öyle dönmek)* *fig* birinin başında pervane kesilmek *(wörtl: als Falter um jemendes Kopf schwirren)* [**Bedeutung**: von jemandem stark angezogen fühlen und dessen Nähe suchen; **Anlamı**: devamlı etrafında dönmek; çevresinde dört dönmek]

Mücke sivrisinek

aus einer Mücke einen Elefanten machen *(wörtl: sivrisinekten fil yapmak/sivrisineği fil yapmak)* *fig* pireyi deve yapmak *(wörtl: aus einem Floh ein Kamel machen)* *fig* habbeyi kubbe yapmak *(wörtl: aus einer Blase eine Kuppel errichten)* [**Bedeutung**: wegen einer Kleinigkeit viel Aufregung erzeugen; übertreiben; **Anlamı**: önemsiz bir olayı büyütmek; abartmak]

die/eine Mücke machen *(wörtl: sivrisinek yapmak)* *fig* kirişi kırmak *(wörtl: den Balken brechen)* *fig* tüymek

293

[**Bedeutung**: abhauen; verschwinden; sich davonmachen; **Anlamı**: kaçıp gitmek]

mit Geduld und Spucke fängt man eine Mucke *(wörtl: sabır ve tükürükle sivrisinek yakalanır)* **fig** sabreden derviş muradına ermiş *(wörtl: der geduldige Derwisch hat sein Ziel erreicht)* [**Bedeutung**: Geduld führt zum Erfolg; **Anlamı**: sabreden başarıya ulaşır]

Mucks gık

keinen Mucks machen ↑ **keinen Mucks von sich geben**

keinen Mucks tun ↑ **keinen Mucks von sich geben**

keinen Mucks von sich geben *fig* gık dememek *fig* gıkı çıkmamak [**Bedeutung**: keinen Ton sagen; kein Wort reden; still sein; **Anlamı**: sesini çıkarmamak]

Mühle değirmen

Gottes Mühlen mahlen langsam, aber stetig *(wörtl: Allah'ın değirmenleri yavaş ama sürekli öğütür)* **fig** Allah imhal eder, ihmal etmez *(wörtl: Gott gewährt eine Frist, er versäumt nicht)* [**Bedeutung**: irgendwann wird man von Gott für böse Taten bestraft; **Anlamı**: kötülükleri için günün birinde Allah cezasını verir]

Wasser auf jemandes Mühle gießen *(wörtl: bir kimsenin değirmenine su dökmek)* **fig** ekmeğine yağ sürmek *(wörtl: Butter auf sein Brot streichen)* [**Bedeutung**: jemanden ungewollt unterstützen; **Anlamı**: istemediği hâlde birinin işine yarayacak biçimde davranmak]

Wasser auf jemandes Mühle leiten *(wörtl: bir kimsenin değirmenine su iletmek)* **fig** ekmeğine yağ sürmek *(wörtl: Butter auf sein Brot streichen)* [**Bedeutung**: jemanden ungewollt unterstützen; **Anlamı**: istemediği hâlde birinin işine yarayacak biçimde davranmak]

Wasser auf jemandes Mühle tragen *(wörtl: bir kimsenin değirmenine su taşımak)* **fig** ekmeğine yağ sürmek *(wörtl: Butter auf sein Brot streichen)* [**Bedeutung**: jemanden ungewollt unterstützen; **Anlamı**: istemediği hâlde birinin işine yarayacak biçimde davranmak]

---

mühsam ah ile vah ile

mühsam ernährt/nährt sich das Eichhörnchen *(wörtl: sincap, ah ile vah ile kendini besler)* **fig** kuş, yuvasını yavaş yavaş yapar *(wörtl: langsam, aber stetig baut der Vogel baut sein Nest)* [**Bedeutung**: mit Mühe und in kleinen Schritten kann man etwas erreichen; **Anlamı**: İngilizcesi: little by little the bird builds its nest; küçük şeyler zamanla birike birike büyük şey olur]

Mund ağız

dem Herzen hilf's, wenn der Mund die Not klagt *(wörtl: ağız dert yandığında yürek derman bulur)* **fig** derdini söylemeyen derman bulamaz *(wörtl: wer sein Leid nicht sagt, der findet keinen Ausweg)* [**Bedeutung**: negative Erfahrungen, die man mit anderen teilt, werden leichter erträglich; **Anlamı**: insan

sıkıntısını başkasına açıklayarak
giderebilir]

den Mund nicht halten können
(wörtl: ağzını tutamamak) fig
ağzında bakla ıslanmamak *(wörtl:
jemandem wird die Saubohne im
Mund nicht feucht)*
[**Bedeutung**: ausplaudern; nichts für
sich behalten können; **Anlamı**: sır
saklayamamak]

den Mund zu voll nehmen *(wörtl:
ağzını fazla doldurmak) fig* bol
keseden atmak *(wörtl: aus einem
Beutel werfen)*
[**Bedeutung**: zu große
Versprechungen machen; **Anlamı**:
yerine getirilemeyecek vaatlerde
bulunmak]

**du hast wohl deinen Mund zu
Hause gelassen** *(wörtl:
anlaşılan/galiba ağzını evde unuttun)
fig* dilini kedi/fare mi yedi? *(wörtl:
hat die Katze/die Maus deine Zunge
gefressen?)*
[**Bedeutung**: du bist aber sehr
schweigsam; **Anlamı**: neden
konuşmuyorsun?]

in aller Munde sein *(wörtl: herkesin
ağzında olmak) fig* ağızlara sakız
olmak *(wörtl: Kaugummi in aller
Munde sein) fig* dillere destan olmak
*(wörtl: für die Zungen eine Legende
sein)*
[**Bedeutung**: aktuelles Thema sein;
etwas sein, über das viel geredet
wird; **Anlamı**: herkes tarafından
konuşulur olmak; dedikodu konusu
olmak]

**jemandem Honig um den Mund
schmieren** *(wörtl: birinin ağzına bal
sürmek) fig* birine yağ çekmek
*(wörtl: jemanden mit Butter
streichen)*

[**Bedeutung**: jemanden schmeicheln;
Anlamı: birini gereksiz biçimde
övmek]

**jemandem läuft das Wasser im
Mund(e) zusammen** *fig* ağzının
suyu akmak *(wörtl: ihm läuft das
Wasser im Mund zusammen) fig* ağzı
sulanmak *(wörtl: jemandem wird der
Mund wässerig)*
[**Bedeutung**: jemand bekommt
großen Appetit; **Anlamı**: yeme, içme
isteği artmak; çok beğenip istemek]

jemandem nach dem Mund reden
*(wörtl: birinin ağzına göre
konuşmak) fig* birinin türküsünü
çağırmak *(wörtl: jemandes Lied
rufen)*
[**Bedeutung**: etwas sagen, was der
andere gerne hört; allzu bereitwillige
Anpassung an die Meinung eines
anderen zeigen; **Anlamı**: birinin
hoşuna gidecek biçimde söz
söylemek; onun beğeneceği biçimde
davranışta bulunmak]

**jemandem über den Mund/das
Maul fahren** *(wörtl: birinin ağzını
ezmek) fig* lafı ağzına tıkamak *(wörtl:
die Worte in seinen Mund stopfen)*
[**Bedeutung**: jemandem das Wort
abschneiden; jemandem nicht
ausreden lassen; dazwischen reden;
Anlamı: biri sözünü bitirmeden
başkası tepki göstererek verdiği
cevapla onu susturmak]

kein Blatt vor den Mund nehmen
*(wörtl: ağzını yaprakla örtmemek)
fig* sözünü esirgememek *(wörtl: sein
Wort nicht zurückhalten) fig* sözünü
sakınmamak *(wörtl: sein Wort nicht
scheuen) fig* ağzına geleni söylemek
*(wörtl: sagen, was in den Mund
kommt) fig* ağzının perhizi olmamak
(wörtl: keine Diät des Mundes sein)
[**Bedeutung**: offen reden; auch
Unangenehmes zur Sprache bringen;
Anlamı: düşündüğünü,

karşısındakini kıracak bir söz olsa bile söylemektem çekinmemek; sakıncalarını düşünmeden her şeyi söylemek]

man kann den Leuten nicht den Mund verbieten *(wörtl: insanlara ağızları yasaklanamaz) fig* âlemin ağzı torba değil ki büzesin *(wörtl: der Mund der Leute ist kein Beutel, den du zuziehen kannst)* [**Bedeutung**: man kann jemandem nicht verbieten, seine Meinung zu sagen; **Anlamı**: başkalarının söyleyeceklerine engel olamazsın]

mit offenem Mund dastehen *(wörtl: ağzı açık oracıkta durmak) fig* ağzı açık kalmak *(wörtl: sein Mund bleibt offen)* [**Bedeutung**: verwundert sein; überrascht sein; **Anlamı**: şaşakalmak]

Morgenstund hat Gold im Mund *(wörtl: sabah saatinin ağzında altın vardır) fig* erken kalkan yol alır, er evlenen döl alır *(wörtl: wer früh aufsteht, legt was zurück, wer früh heiratet, bekommt Nachkommen) fig* sabah ola, hayır ola/gele *(wörtl: wenns morgens wird, wird etwas Gutes)* [**Bedeutung**: wer frühmorgens mit der Arbeit beginnt, schafft mehr; **Anlamı**: yapacakları işlere erken başlayanlar kazançlı çıkarlar]

nicht auf den Mund gefallen *(wörtl: ağzının üstüne düşmüş olmamak) fig* laf altında kalmamak *(wörtl: nicht unter dem Wort bleiben)* [**Bedeutung**: redegewandt, schlagfertig sein; **Anlamı**: gereken cevabı verebilmek]

sich den Mund fusselig reden *(wörtl: konuşa konuşa ağzını tarazlandırmak) fig* dilinde tüy bitmek *(wörtl: immer wieder sagen und kein Haar mehr auf der Zunge haben)* [**Bedeutung**: durch ständige Wiederholung versuchen, jemanden zu etwas zu bewegen; **Anlamı**: tekrar tekrar söylemekten usanmak]

sich den Mund verbrennen *(wörtl: ağzını yakmak) fig* ağızdan çıkan başa değer *(wörtl: das, was aus dem Mund kommt, berührt den Kopf)* [**Bedeutung**: sich durch unbedachtes Reden schaden; **Anlamı**: kişinin söylediği yanlış ve zararlı şeyler başına türlü bela getirir]

von der Hand in den Mund leben *fig* elden ağza yaşamak *fig* akşamdan kavur, sabaha savur *(wörtl: abends rösten, morgens schleudern)* [**Bedeutung**: verdientes Geld direkt wieder ausgeben; seine Einnahmen sofort für seine Lebensbedürfnisse ausgeben müssen; **Anlamı**: ne kazanırsa onu hemen harcamak; günlük kazancı ancak ihtiyacına yetmek]

warten, dass einem die gebratenen Tauben in den Mund fliegen *(wörtl: kızartılmış güvercinlerin ağzına uçmasını beklemek) fig* armut piş ağzıma düş *(wörtl: brat, Birne, und fall in meinen Mund hinein)* [**Bedeutung**: unrealistische Träume von einem angenehmen Leben haben; **Anlamı**: bir işe emek harcamadan onun kendiliğinden olmasını beklemek]

wes das Herz voll ist, des geht der Mund über *(wörtl: kimin yüreği dolu ise, ağzına geçer) fig* dert ağlatır, aşk söyletir *(wörtl: das Leid bringt einem zum Weinen, die Liebe zum Erzählen)* [**Bedeutung**: wer ein Anliegen hat, der spricht auch darüber; **Anlamı**: derdi olan acı çeker, aşık olan kimse de içindeki duyguları dışa vurup ferahlamak için durmadan söylenir]

wie aus einem Munde *(wörtl: bir ağızdan gibi)* *fig* hep bir ağızdan *(wörtl: alle aus einem Mund)* [**Bedeutung**: gleichzeitig; alle zugleich sprechend; **Anlamı**: aynı zamanda; aynı anda konuşarak]

ein lockeres/loses Mundwerk haben *fig* gevşek ağızlı olmak [**Bedeutung**: viel reden; vorlaut sein; **Anlamı**: geveze olmak]

Mus ezme

jemanden zu Mus schlagen *fig* birinin pestilini çıkarmak [**Bedeutung**: jemanden heftig verprügeln; **Anlamı**: birini adamakıllı dövmek]

Musik müzik

der Ton macht die Musik *(wörtl: müziği ses yapar)* *fig* önemli olan ne dediğin değil, nasıl söylediğindir *(wörtl: wichtig ist, nicht was du sagst, sondern wie du es sagst)* [**Bedeutung**: es kommt immer darauf an, wie man etwas sagt; **Anlamı**: önemli olan, bir şeyi nasıl söylediğin, söylediğin zaman hangi kelimeleri kullanarak ifade etmemdir]

wer die Musik bezahlt, bestimmt was gespielt wird *(wörtl: müziği ödeyen ne onanacağını belirler)* *fig* parayı veren düdüğü çalar *(wörtl: wer das Geld gibt, spielt die Pfeife)* [**Bedeutung**: wer bezahlt, entscheidet über die Verwendung des Geldes; **Anlamı**: parasını ödeyen kimse, istediği şeyi elde eder]

Müßiggang avarelik

Müßiggang ist aller Laster Anfang *(wörtl: avarelik, tüm kötü alışkanlıkların başlangıcıdır)* *fig* boş durana şeytan iş bulur *(wörtl: der Teufel findet Beschäftigung für den, der müßig herumsteht)* [**Bedeutung**: wer nicht arbeitet, seinen Lebensunterhalt nicht selbst verdient, ist anfällig für schlechte Einflüsse; **Anlamı**: tembelliği seven kimseleri kandırıp kötü işler yaptırmak çok kolay olur]

Mutter anne, ana

Vorsicht ist die Mutter der Porzellankiste *(wörtl: dikkat, porselen kutunun anasıdır)* *fig* ayıyı görmektense çalıyı dolaşmak iyidir *(wörtl: statt dem Bären zu sehen/begegnen, ist es besser, um den Busch zu gehen)* *fig* itle dalaşmaktan çalıyı dolaşmak yeğdir *(wörtl: es ist besser, um den Busch herum zu gehen, als sich mit dem Hund anzulegen)* *fig* her deliğe elini sokma, ya yılan çıkar ya çıyan *(wörtl: steck deine Hand nicht in jedes Loch, es könnte eine Schlange herauskommen oder ein Skolopender)* [**Bedeutung**: man sollte vorsichtig sein; **Anlamı**: dikkatli olmak gerekir]

Vorsicht ist die Mutter der Weisheit *(wörtl: dikkat, bilgeliğin anasıdır)* *fig* ayıyı görmektense çalıyı dolaşmak iyidir *(wörtl: statt dem Bären zu sehen/begegnen, ist es besser, einen Bogen, um den Busch zu machen)* *fig* itle dalaşmaktan çalıyı dolaşmak yeğdir *(wörtl: es ist besser, um den Busch herum zu gehen, als sich mit dem Hund anzulegen)* *fig* her deliğe elini sokma, ya yılan çıkar ya çıyan *(wörtl: steck deine Hand nicht in jedes Loch, es könnte eine Schlange herauskommen oder ein Skolopender)*

[**Bedeutung**: man sollte vorsichtig sein; **Anlamı**: dikkatli olmak gerekir]

Mutterfreuden entgegensehen *(wörtl: ana olmanın sevincini beklemek) fig* ana hâli olmak *(wörtl: im Mutterzustand sein)* [**Bedeutung**: ein Kind erwarten; **Anlamı**: gebe olmak]

Muttersöhnchen *(wörtl: anasının oğlu) fig* muhallebi çocuğu *(wörtl: Reismehlpuddingkind)* [**Bedeutung**: ein verwöhnter, unselbständiger Sohn; **Anlamı**: nazlı büyütülmüş kimse]

N

nach

nach jedem Bergauf kommt auch ein Bergab *(wörtl: her dağa çıkıştan sonra bir dağdan iniş gelir) fig* her yokuşun bir inişi, her inişin bır yokuşu vardır [**Bedeutung**: das Leben ist eine Berg- und Talfahrt, geht es bergab, geht es auch wieder bergauf; **Anlamı**: yaşam boyunca yükselme, düşme gibi durumlar birbirinin ardından gelebilir]

nach jemandem kräht kein Hahn *(wörtl: horoz kimse için ötmemek) fig* arayıp soranı olmamak/bulunmamak *(wörtl: es gibt niemanden, der ihn sucht und nach ihm fragt)* [**Bedeutung**: jemand ist so bedeutungslos, dass niemand sich mit ihm befasst; **Anlamı**: kimse onunla ilgilenmemek]

nach hinten losgehen *(wörtl: geriye gitmek/geri tepmek) fig* (iş veya durum) tersine dönmek *(wörtl: (die Sache) dreht sich verkehrt um)*

[**Bedeutung**: ein Vorhaben bewirkt das Gegenteil von dem, was beabsichtigt ist; **Anlamı**: beklenildiği gibi olmamak, aksi olmak]

nach langem Hin und Her *fig* düşünüp taşınmak [**Bedeutung**: nach reiflicher Überlegung; **Anlamı**: iyice düşünmek; konuyu bütün yönleriyle inceleyip ona göre davranmak]

nach mir die Sintflut *(wörtl: benden sonra tufan) fig* can benim canım, çıksın elin canı *(wörtl: das Leben ıst mein Leben, das Leben anderer soll sich löschen)* [**Bedeutung**: was danach kommt, wie es hinterher aussieht, ist mir ganz gleichgültig; **Anlamı**: ben canımı kutarayım da benden sonrası beni ilgilendirmez]

nach nichts aussehen *(wörtl: yok gibi görünmek) fig* bir şeye benzememek *(wörtl: etwas nicht ähneln)* [**Bedeutung**: optisch nicht ansprechend sein; gar nicht ansprechend, beeindruckend aussehen **Anlamı**: istenildiği gibi olmamak; işe yarar durumda olmamak]

nach seinem eigenen Kopf handeln *(wörtl: kendi kafasına göre davranmak) fig* bildiğini okumak *(wörtl: lesen, was man weiß)* [**Bedeutung**: selber wissen, was gut für einen ist; sich von anderen nicht beinflussen lassen; **Anlamı**: herkes ne derse desin, istediği gibi davranmak]

nach und nach *(wörtl: sonra da sonra) fig* yavaş yavaş *(wörtl: langsam langsam)* [**Bedeutung**: allmählich; schrittweise; langsam fortschreitend;

Anlamı: ağır ağır; adım adım; aheste aheste]

Nachbar komşu

die Kirschen in Nachbars Garten
(wörtl: komşunun bahçesindeki kirazlar) *fig* komşunun tavuğu komşuya kaz görünür *(wörtl: das Huhn des Nachbarn schaut für den Nachbarn wie eine Gans aus)* [**Bedeutung**: etwas, das verlockend ist, gerade weil man es nicht hat; **Anlamı**: başka bir kimsenin malı olduğundan daha değerli görünür]

Nachricht haber

schlechte Nachrichten verbreiten sich schnell *(wörtl: kötü haberler çabuk yayılır)* *fig* kötü haber tez duyulur *(wörtl: eine schlechte Nachricht wird schnell gehört)* *fig* kara haber tez duyulur *(wörtl: eine schwarze Nachricht wird schnell gehört)*

---

nächst en yakın

jeder ist sich selbst der Nächste *(wörtl: her kimsenin kendisi sırada önce gelir)* *fig* can cümleden aziz *(wörtl: das eigene Leben ist heiliger als alle Leute zusammen)* *fig* herkes başından korkar *(wörtl: alle haben Angst um den eigenen Kopf)* [**Bedeutung**: jeder denkt zuerst an sich selbst; **Anlamı**: insanın kendisi herkesten daha değerlidir; **Anlamı**: insanın kendisi herkesten daha değerlidir]

Nacht gece

erst einmal eine Nacht darüber schlafen *(wörtl: ilkönce üstüne bir gece uyumak)* *fig* sabah ola, hayrola *(wörtl: es sei Morgen, es sei gut)*

[**Bedeutung**: sich bis zum nächsten Tag Zeit lassen, um eine Entscheidung zu treffen; **Anlamı**: sabah olsun, o vakte kadar iş belki düzelir]

jemandem wird es Nacht vor den Augen *(wörtl: birinin gözlerinin önünde gece olmak)* *fig* birinin gözleri kararmak *(wörtl: jemandes Augen werden dunkel)* [**Bedeutung**: jemand wird ohnmächtig; **Anlamı**: başı dönerek hafif baygınlık geçirmek]

sich die Nacht um die Ohren schlagen/hauen *(wörtl: geceyi kulaklarına vurmak)* *fig* geceyi gündüze katmak *(wörtl: die Nacht in der Tag zufügen)* [**Bedeutung**: die ganze Nacht wach bleiben, um zu arbeiten; **Anlamı**: gece gündüz çalışmak]

ein Unterschied wie Tag und Nacht *(wörtl: gece gündüz gibi bir fark)* *fig* dağlar kadar fark *(wörtl: ein Unterscheid wie Berge)* [**Bedeutung**: ein sehr großer Unterschied; **Anlamı**: çok büyük bir fark]

wo sich Fuchs und Hase gute Nacht sagen *(wörtl: tilkilerin ve tavşanların birbirlerine iyi geceler dedikleri yer)* *fig* kuş uçmaz, kervan geçmez olmak *(wörtl: es fliegt kein Vogel, es geht keine Karawane vorbei)* [**Bedeutung**: abseits vom allen Verkehr sein; weit abgelegen sein; **Anlamı**: kimsenin uğramadığı ıssız ve sapa olmak]

Nachtigall bülbül

die Nachtigall singen lehren wollen *(wörtl: bülbüle şaklamayı öğretmek istemek)* *fig* tereciye tere satmak

(wörtl: dem Kresseanbauer Kresse verkaufen)
[**Bedeutung**: einen Meister seines Faches belehren wollen; **Anlamı**: bir şeyin uzmanına o şeyi öğretmeye kalkışmak]

was dem einen seine Eule ist, ist dem anderen seine Nachtigall
(wörtl: baykuşu birine ne ise bülbülü de diğerine odur) fig kahpe felek, kimine kavun yedirir, kimine kelek *(wörtl: das gemeine Glück gibt einem die (reife) Honigmelone, dem anderen die unreife Honigmelone)*
[**Bedeutung:** eine Situation, die für einen günstig ist, bringt für den anderen Nachteile; jeder hat seinen eigenen Standpunkt, seine subjektive Wahrnehmung; **Anlamı**: alın yazısının insanlara eşit davranmadığını anlatan söz; birinin yararlanması için hazırlanan bir şeyin o kimseye değil de hiç akla gelmeyen bir başka kimseye kısmet olması]

Nacken ense

jemandem auf dem Nacken sitzen
(wörtl: birinin ensesinde oturmak) fig birinin ensesine binmek *(wörtl: jemandem auf den Nacken steigen) fig* ensesinde boza pişirmek *(wörtl: auf jemandes Nacken Boza kochen)*
[**Bedeutung**: jemanden hart bedrängen; **Anlamı**: bir işi yaptırmak için sürekli baskı altında bulundurmak]

jemandem im Nacken sitzen[1]
(wörtl: birinin ensesinde oturmak) fig birinin ensesine binmek *(wörtl: jemandem auf den Nacken steigen) fig* ensesinde boza pişirmek *(wörtl: auf jemandes Nacken Boza kochen)*
[**Bedeutung**: jemanden hart bedrängen; **Anlamı**: bir işi yaptırmak için birini sürekli baskı altında bulundurmak]

jemandem im Nacken sitzen[2]
(wörtl: birinin ensesinde oturmak) fig birinin peşinde dolaşmak *(wörtl: jemandem auf den Nacken steigen)*
[**Bedeutung**: jemanden verfolgen; dicht hinter jemandem sein; **Anlamı**: bir kimsenin arkasından gitmek; peşine takılmak]

Nadel iğne

die Nadel im Heuhaufen suchen *fig* samanlıkta iğne aramak *fig* saman yığınında iğne aramak
[**Bedeutung**: etwas suchen mit wenig Aussicht; **Anlamı**: çok zor bir işi yapmaya çalışmak]

mit der heißen Nadel genäht/gestrickt ↑ **mit heißer Nadel genäht/gestrickt**

mit heißer Nadel genäht/gestrickt
(wörtl: kızgın iğne ile dikilmiş/örülmüş) fig üstünkörü *(wörtl: oberseitenblind)*
[**Bedeutung**: ohne die nötige Sorgfalt ausgeführt; **Anlamı**: gelişigüzel, baştan savma, özen göstermeden yapılan]

so voll sein, dass keine (Steck)nadel zu Boden/zur Erde fallen kann
(wörtl: öyle dolu ki, iğne yere düşemez) fig iğne atsan yere düşmez *(wörtl: wenn du eine (Steck)nadel wirst, wird sie nicht auf den Boden fallen)*
[**Bedeutung**: sehr voll, überfüllt sein; **Anlamı**: çok kalabalık]

Nadelöhr iğne deliği

eher geht ein Kamel durch das Nadelöhr, als dass ... *(wörtl: -den önce deve iğne deliğinden geçer) fig* balık kavağa çıktığı vakit kösenin de sakalı biter *(wörtl: wenn der Fisch*

auf die Pappel steigt, wird der Bart des Bartlosen wachsen)
[**Bedeutung**: es ist unmöglich; **Anlamı**: başarılması imkansız olan bir işten olumlu bir sonuç beklenmez]

Nagel çivi

Nägel mit Köpfen machen *(wörtl: başlı çivi yapmak)* *fig* işi sağlama almak *(wörtl: die Sache festmachen)*
[**Bedeutung**: etwas richtig anfangen, konsequent durchführen; sich nicht mit Halbheiten begnügen; **Anlamı**: işin gerçekleşmesi için gerekli önlemleri almak]

den Nagel auf den Kopf treffen *(wörtl: çivinin kafasına isabet ettirmek)* *fig* tam üstüne basmak *(wörtl: genau drauf treten)* *fig* taşı gediğine koymak *(wörtl; den Stein in den Spalt stecken)*
[**Bedeutung**: den Kernpunkt von etwas treffen; etwas Richtiges sagen, das zur Situation passt; **Anlamı**: kesin olarak belirlemek; doğru yeri ya da istenileni bulmak; gerekli bir sözü tam zamanında ve yerinde söylemek]

etwas an den Nagel hängen *(wörtl: bir şeyi çiviye asmak)* *fig* bir şeyi rafa kaldırmak *(wörtl: etwas ins Regal stellen)*
[**Bedeutung**: etwas aufgeben; etwas künftig nicht mehr ausüben; **Anlamı**: artık üzerinde durmamak]

jemandem nicht das Schwarze unter dem (Finger) Nagel gönnen *fig* ördek kaza bakarak çatlar *(wörtl: die Ente schaut sich die Gans an und platzt)*
[**Bedeutung**: sehr neidisch auf jemanden sein; jemandem gegenüber sehr missgünstig sein; **Anlamı**: bir şeyi birine çok görmek; haset etmek]

sich etwas unter den Nagel reißen *(wörtl: bir şeyi tırnağının altına almak)* *fig* bir şeyi deve yapmak/etmek *(wörtl: aus etwas ein Kamel machen)* *fig* bir şeyi iç etmek *(wörtl: etwas zum Inneren machen)*
[**Bedeutung**: sich etwas aneignen; etwas in Besitz nehmen; **Anlamı**: başkasının malını kendine mal etmek]

nagen kemirmek

am Hungertuch nagen *(wörtl: açlık bezini kemirmek)* *fig* açlık çekmek *(wörtl: Hunger leiden)*
[**Bedeutung**: arm sein; **Anlamı**: yoksulluk içinde bulunmak]

der Kummer, der nicht spricht, nagt am Herzen, bis es bricht *(wörtl: konuşmayan dert, kırılıncaya kadar kalbi kemirir)* *fig* derdini söylemeyen/anlatmayan derman bulamaz *(wörtl: wer sein Leid nicht sagt, der findet keinen Ausweg)*
[**Bedeutung**: negative Erfahrungen, die man mit anderen teilt, werden leichter erträglich; **Anlamı**: insan sıkıntısını başkasına açıklayarak giderebilir]

nah, nahe yakın

nahe am Wasser gebaut haben *(wörtl: suya yakın inşa etmiş olmak)* *fig* sulu göz(lü) olmak *(wörtl: wässrige Augen haben)*
[**Bedeutung**: jemand fängt schnell an zu weinen; **Anlamı**: çok önemsiz olaylarda bile gözyaşlarını tutamayan, çabuk ağlayan kimse]

warum in die Ferne schweifen, wenn das Gute liegt so nah? *(wörtl: iyi şeyler bukadar yakındayken niçin uzaklara gidilir?)* *fig* Dimyat'a pirince giderken evdeki bulgurdan olmak *(wörtl: die Weizengrütze zu Hause loswerden, während man für Reis nach Damiette fährt)* **[Bedeutung**: man muss nicht unbedıngt ın ferne Länder reisen, wenn es in der Heimat schöne Ecken gibt; sagt man, wenn man das Naheliegende tun will; **Anlamı**: yakında olanı kullanıp uzaklara gitmeye gerek yoktur]

nähen dikmek

auf Kante nähen *(wörtl: kenar dikmek)* **fig** ucu ucuna getirmek *(wörtl: das eine Ende zum anderen bringen)* **[Bedeutung**: alles ist sehr knapp bemessen und kleine Abweichungen führen zum Scheitern des Plans; **Anlamı**: ancak yetişir olmak; hiç fazlası olmamak]

nähren beslemek

eine Natter am Busen nähren *(wörtl: koynunda yılan beslemek)* **fig** koynunda yılan beslemek *(wörtl: eine Schlange am Busen (er)nähren)* **[Bedeutung**: einen Unaufrichtigen als Freund behandeln; **Anlamı**: ihanette bulunacak olanı dost sanmak]

Name ad

das Kind beim Namen nennen *(wörtl: çocuğu adı ile anmak)* **fig** iyiye iyi, kötüye kötü demek *(wörtl: gut zu gut und schlecht zu schlecht sagen)* **[Bedeutung**: seine Meinung unbeschönigt äußern; sagen, wie es ist; **Anlamı**: gerçek neyse onu söylemek; dürüst olmak]

die Dinge beim Namen nennen *(wörtl: eşyayı adı ile anmak)* **fig** iyiye iyi, kötüye kötü demek *(wörtl:*

gut zu gut und schlecht zu schlecht sagen) **[Bedeutung**: seine Meinung unbeschönigt äußern; sagen, wie es ist; **Anlamı**: gerçek neyse onu söylemek; dürüst olmak]

Narr maskara, budala

einen Narren an jemandem gefressen haben *(wörtl: birine maskara gibi bitmek)* **fig** birinin bokunda boncuk bulmak *(wörtl: bei jemandes Stuhl Glasperlen finden)* **[Bedeutung**: jemanden kritiklos schätzen; **Anlamı**: birine hak etmediği hâlde çok değer vermek]

jedem Narren gefällt seine Kappe *(wörtl: her budala kendi takkesini beğenir)* **fig** akılları pazara çıkarmışlar, herkes yine kendi aklını almış *(wörtl: die Verstande wurden auf den Markt gebracht, jeder kaufte seinen Verstand zurück)* **[Bedeutung**: jeder gefällt sich in seinen Eigenheiten; **Anlamı**: her insan, kendi aklına göre yaptığı işi başkasının aklına göre yapılan işten daha üstün görür]

Nase burun

die Nase gestrichen voll haben *(wörtl: burnu tamamen dolu olmak)* **fig** canına tak demek/etmek *(wörtl: jemandes Seele sagt/macht Tak)* **fig** canı burnuna gelmek *(wörtl: jemandes Seele kommt in seine Nase)* **[Bedeutung**: einer Sache überdrüssig sein; jemand wird ungeduldig und ärgerlich; **Anlamı**: sabrı kalmamak; dayanamaz duruma gelmek]

die Nase hochtragen *(wörtl: burnunu yüksekte taşımak)* **fig** burnu Kafdağı'nda olmak *(wörtl: ihm ist die Nase auf dem Berg Kaf)*

[**Bedeutung**: eingebildet, arrogant sein; **Anlamı**: çok kibirli olmak]

für etwas eine Nase/einen Riecher haben *(wörtl: bir şey için burnu olmak)* ***fig*** abdala malum olmak *(wörtl: dem Reisenden Derwisch bekannt werden)* [**Bedeutung**: etwas voraussehen; Gespür für etwas haben; **Anlamı**: bir şeyin olacağını önceden sezmek]

in alles seine Nase stecken *(wörtl: her şeye burnunu sokmak)* ***fig*** her şeye burnunu sokmak ***fig*** her aşın kaşığı olmak *(wörtl: der Löffel in jedem Essen sein)* ***fig*** her köfteye maydanoz olmak *(wörtl: seine Petersilie in jeder Boulette haben)* [**Bedeutung**: sich überall einmischen; **Anlamı**: her şeye burnunu sokmak]

jemandem auf der Nase herumtanzen *(wörtl: birinin burnunda oynamak/dans etmek)* ***fig*** birinin başına çıkmak *(wörtl: jemandem auf den Kopf steigen)* [**Bedeutung**: mit jemandem machen, was man will; jemandes Gutmütigkeit ausnutzen; **Anlamı**: birinden yüz bulup, şımarıklık edip ona istediğini yaptırmaya çalışmak]

jemandem die Faust unter die Nase halten *(wörtl: burnunun dibine yumruk tutmak)* ***fig*** birine gözdağı vermek *(wörtl: jemandem Augenberg geben)* [**Bedeutung**: jemandem drohen; **Anlamı**: sonradan verilecek bir ceza ile korkutmak; tehdit etmek; caydırmaya çalışmak]

jemandem etwas unter die Nase reiben *(wörtl: bir şeyi birinin burnunun altına sürmek)* ***fig*** bir şeyi birinin yüzüne vurmak *(wörtl; jemandem etwas ins Gesicht schlagen)*

[**Bedeutung**: tadelnd auf etwas hinweisen; jemandem etwas Unangenehmes unverblümt sagen; **Anlamı**: ayıplayarak kusurunu yüzüne söylemek]

jemandem die Würmer aus der Nase ziehen *(wörtl: birinin burnundan kurtları çekmek)* ***fig*** ağzından laf almak *(wörtl: jemandem Worte aus dem Mund nehmen)* [**Bedeutung**: jemanden aushorchen; jemanden ausfragen; **Anlamı**: karşısındakileri konuşturarak birtakım şeyleri öğrenmek]

jemandem eine (lange) Nase machen/drehen *(wörtl: birine (uzun) burun yapmak/çevirmek)* ***fig*** birine nanik yapmak *(wörtl: jemandem „Nanick" machen)* [**Bedeutung**: jemanden verspotten, auslachen; **Anlamı**: birini budala yerine koymak; biriyle alay etmek]

jemandem jedes Wort (einzeln) aus der Nase ziehen müssen ***fig*** ağzına kira istemek *(wörtl: Miete für seinen Mund verlangen)* ***fig*** ağzını kiraya vermek *(wörtl: seinen Mund vermieten)* ***fig*** dilini kiraya vermek *(wörtl: seine Zunge vermieten)* [**Bedeutung**: nur mühsam und nach und nach Auskünfte von jemandem erhalten können; **Anlamı**: söylemesi beklenen şeyi söylemekte nazlı davranmak]

seine Nase in alle Töpfe stecken *(wörtl: burnunu her saksıya sokmak)* ***fig*** her şeye burnunu sokmak ***fig*** her aşın kaşığı olmak *(wörtl: der Löffel in jedem Essen sein)* [**Bedeutung**: sich überall einmischen; **Anlamı**: her şeye burnunu sokmak]

sich an die eigene Nase fassen *(wörtl: kendi burnunu tutmak)* ***fig*** kendi işine bakmak *(wörtl: sich um*

seinen eigenen Kram kümmern) **fig**
iğneyi kendine, çuvaldızı başkasına
batır *(wörtl: stich mit der Nadel ins
eigene Fleisch, mit der Sacknadel ins
fremde)*
[**Bedeutung**: selbstkritisch sein; die
eigenen Fehler ablegen (bevor man
andere kritisiert); **Anlamı**: başkasının
işine burnunu sokmayıp kendini
ilgilendiren şeylerle uğraşmak;
başkasına zararı dokunacak bir
davranışta bulunmadan önce iyi
düşün, kendini eleştir]

sich eine goldene Nase verdienen
(wörtl: altından burun kazanmak) **fig**
köşeyi dönmek *(wörtl: um die Ecke
biegen)*
[**Bedeutung**: viel Geld verdienen;
reich werden; **Anlamı**: çaba
göstermeden kısa sürede zengin
olmak]

nass ıslak

nass bis auf die Haut *(wörtl:
derisine kadar ıslak)* **fig** sucuk gibi
ıslanmak *(wörtl: wie eine Wurst
durchnässt sein)*
[**Bedeutung**: völlig durchnässt sein;
Anlamı: ter veya su ile iyice
ıslanmak]

nass bis auf die Knochen ↑ **nass bis
auf die Haut**

**es regnet immer dorthin, wo es
schon nass ist** *(wörtl: yağmur hep
ıslak olan yere yağar)* **fig** aza
sormuşlar: "nereye?", "çoğun
yanına" demiş *(wörtl: sie fragten
dem Wenig „wohin?", er sagte:
„zum Viel")*
[**Bedeutung**: Diejenigen, die viel
besitzen, bekommen immer noch
mehr; **Anlamı**: küçük kazançlar bile
hep varlıklı kimselere düşer]

Natter yılan

eine Natter am Busen nähren
(wörtl: koynunda yılan beslemek) **fig**
koynunda yılan beslemek *(wörtl:
eine Schlange am Busen (er)nähren)*
[**Bedeutung**: einen Unaufrichtigen
als Freund behandeln; **Anlamı**:
ihanette bulunacak olanı dost
sanmak]

nehmen almak

auf den Arm nehmen *(wörtl: koluna
almak)* **fig** dalga geçmek *(wörtl: die
Welle überwinden)*
[**Bedeutung**: jemanden veralbern;
sich über jemanden lustig machen;
Anlamı: biriyle alay etmek]

auf die leichte Schulter nehmen
(wörtl: hafif omzuna almak) **fig**
hafife almak *(wörtl: leicht nehmen)*
[**Bedeutung**: etwas unterschätzen; als
nicht wichtig erachten; **Anlamı**:
önem vermemek; önemsiz saymak]

auf die Schippe nehmen *(wörtl:
küreğe almak)* **fig** matrağa almak
(wörtl: auf den Stock nehmen) **fig**
dalga geçmek *(wörtl: die Welle
überwinden)* **fig** gır gıra almak **fig** gır
gır geçmek **fig** kuyruğuna teneke
bağlamak *(wörtl: eine Blechbüchse
an jemandes Schwanz binden)*
[**Bedeutung**: jemanden veralbern;
sich über jemanden lustig machen;
Anlamı: biriyle alay etmek,
eğlenmek]

**etwas in die Hand/in seine Hände
nehmen** *(wörtl: birşeyi ele/ellerine
almak)* **fig** bir şeyi ele almak *(wörtl:
etwas in die Hand nehmen)*
[**Bedeutung**: sich zielbewusst um
etwas kümmern; **Anlamı**: üzerinde
uğraşmaya, çalışmaya, araştırmaya
başlamak]

etwas persönlich nehmen *(wörtl: bir şeyi şahsen almak)* *fig* üstüne almak *(wörtl: auf sich nehmen)* üzerine almak *(wörtl: auf sich nehmen)*
[**Bedeutung**: etwas als Kritik an der eigenen Person ansehen; beleidigt sein; **Anlamı**: bir davranışın kendisine karşı olduğunu sanarak tedirgin olmak; alınmak]

in Kauf nehmen *(wörtl: satın almak)* *fig* göze almak *(wörtl: aufs/ins Auge nehmen)*
[**Bedeutung**: riskieren; wagen; etwas hinnehmen; **Anlamı**: her türlü zararı önceden kabul etmek]

etwas/jemanden aufs Korn nehmen *fig* bir şeyi/kimseyi hedef almak *(wörtl: etwas/jemandem zum Ziel nehmen)*
[**Bedeutung**: etwas/jemanden scharf kritisieren; **Anlamı**: bir kimseyi, şeyi yıpratmak, eleştirmek amacıyla karşısına almak]

man reicht den kleinen Finger und er nimmt die ganze Hand *(wörtl: küçük parmağını uzattın mı bütün elini alır)* *fig* yüz verince astar ister *(wörtl: hätschelt man ihn, will er das Futter)*
[**Bedeutung**: man bietet Hilfe an, und er will noch viel mehr Hilfe; **Anlamı**: kendisine gösterilen küçük bir ilgiden dolayı şımararak daha çok istemek]

Neid haset, çekemezlik

das ist der Neid der Besitzlosen *(wörtl: bu, sahipsizlerin hasetidir/çekemezliğidir)* *fig* meyve veren ağaç taşlanır *(wörtl: der Baum, der Früchte trägt, wird gesteinigt)*
[**Bedeutung**: neidisch sind nur die, die selbst nichts haben; **Anlamı**:bilgili, hünerli, işinde

---

başarılı olan kimseler kıskanılır, eleştirilir]

Nerv sinir

bei jemandem liegen die Nerven blank *(wörtl: birinin sinirleri korunmamak)* *fig* sinirleri gergin olmak *(wörtl: jemandem sind die Nerven angespannt)*
[**Bedeutung**: jemand reagiert schnell aggressiv; **Anlamı**: sinirlendirici yeni bir olay çıkarsa hemen tepki göstermek]

jemandes Nerv treffen *(wörtl: birinin sinirine isabet etmek)* *fig* birinin bamteline basmak *(wörtl: auf jemandes Bass-Saite treten)*
[**Bedeutung**: bei jemandem einen wunden Punkt ansprechen; **Anlamı**: bir kimseninçok duyarlı olduğu bir konuda onu kızdıracak bir şey söylemek]

Nervensäge *(wörtl: sinir testeresi)* *fig* sinir törpüsü *(wörtl: Nervenfeile)*
[**Bedeutung**: Plagegeist; Quälgeist; jemand, der einem auf die Nerven geht; **Anlamı**: sinirleri zayıflatan, yıpratan şey]

Nessel ısırgan

Nesseln brennen Freund und Feind *(wörtl: ısırganlar hem dost hem de düşmanı yakar)* *fig* kurunun yanında yaş da yanar *(wörtl: Nasses, was neben Trockenem liegt, verbrennt mit)*
[**Bedeutung**: wenn Schuldige bestraft werden, werden Unschuldige in Mitleidenschaft gezogen; **Anlamı**: işledikleri kusurdan cezalandırılanlar yanında kimi zaman suçsuzlar da hırpalanır]

sich in die Nesseln setzen *(wörtl: ısırgan otunun üstüne oturmak)* *fig* şapa oturmak *(wörtl: sich in den Alaun setzen)* [**Bedeutung**: in Schwierigkeiten stecken; Probleme haben; **Anlamı**: içinden çıkılması güç bir duruma düşmek]

Nest yuva

sich ins gemachte Nest setzen/legen *(wörtl: hazır yuvaya konmak) fig* hazıra konmak *(wörtl: auf Fertiges landen)* [**Bedeutung**: von der Vorarbeit anderer profitieren; um sich die normalerweise nötigen eigenen Anstrengungen zu ersparen, etwas Vorgefundenes, von anderen Geschaffenes für sich nutzen; **Anlamı**: başkasının emeğiyle ortaya çıkmış bir şeyden yararlanmak]

Netz ağ

ins Netz gehen *(wörtl: ağa girmek) fig* yakayı ele vermek *(wörtl: den Kragen abgeben)* [**Bedeutung**: erwischt werden; gefasst werden; **Anlamı**: yakalanmak; kaçamayarak ele geçmek]

Neues yenilik

auf ein Neues! *(wörtl: bir yeniliğe) fig* geçti Bor'un pazarı (sür eşeğini Niğde'ye) *(wörtl: der Markt in Bor ist vorbei, (führe deinen Esel nach Niğde))* [**Bedeutung**: noch einmal von vorn!; **Anlamı**: Bu işin üzerinde durma zamanı geçti, fırsatı kaçırdın (yeni bir fırsat kolla)]

neugeboren yeni doğmuş

sich wie neugeboren fühlen *(wörtl: kendini yeni doğmuş gibi hissetmek) fig* anadan doğmuşa dönmek *(wörtl: wieder von der Mutter geboren sein)* *fig* anadan yeni doğmuş gibi olmak *(wörtl: wie von der Mutter neugeboren sein)* [**Bedeutung**: sich prächtig erholt fühlen; **Anlamı**: dertsiz, tasasız bir duruma gelmek]

nicht değil

nicht auf den Kopf gefallen sein *(wörtl: başının üstüne düşmemiş olmak) fig* uyanık olmak *(wörtl: wach sein)* [**Bedeutung**: nicht dumm sein; **Anlamı**: açıkgöz, kurnaz olmak]

nicht aus dem Quark kommen *(wörtl: çökelekten çıkamamak) fig* sallanmak *(wörtl: schaukeln)* [**Bedeutung**: herumtrödeln; nicht fertig werden; nicht vorankommen; **Anlamı**: oyalanmak; savsaklanmak; vaktini boş ve yararsız işlerle uğraşarak geçirmek]

nicht der Rede wert sein *(wörtl: üzerinde konuşulmaya değmez) fig* fındık kabuğunu doldurmaz *(wörtl: es füllt nicht einmal die Haselnussschale aus) fig* bu kadar kusur kadı kızında da bulunur *(wörtl: so viele Fehler gibt es auch bei der Tochter des Kadis/Richters)* [**Bedeutung**: bedeutungslos, unwichtig sein; **Anlamı**: üzerinde konuşulmaya değmez; üzerinde durulmaya değmeyecek kadar küçük bir kusurdur]

nicht (ganz) ohne sein *(wörtl: tam olmamak) fig* az buz olmamak *(wörtl: nicht wenig, kein Eis sein) fig* boru değil *(wörtl: es ist kein Rohr)* [**Bedeutung**: nicht zu unterschätzen sein; ernst zu nehmen sein; **Anlamı**: azımsanacak, küçümsenecek, önem verilmeyecek şey değil]

nicht satt werden, etwas zu tun
(wörtl: der Hungrige kennt keinen Glauben) fig acıkan doymam sanır, susayan kanmam sanır *(wörtl: derjenige, der Hunger kriegt, denkt, er wird nicht satt, der, der Durst bekommt, denkt, er wird nicht es auch nicht)* [**Bedeutung**: nicht müde werden, etwas zu tun; etwas immer wieder tun; immer noch mehr haben wollen, in keine Weise zufriedenzustellen sein; **Anlamı**: uzun süre bir şeyin yokluğunu çeken kimse, o şeyden ne kadar çok elde etse yine kendisine yetmeyeceği kanısında bulunur]

nicht von heute sein *(wörtl: bugünden olmamak) fig* geri kafalı olmak *(wörtl: zurückköpfig sein) fig* örümcek kafalı olmak *(wörtl: spinnenköpfig sein)* [**Bedeutung**: rückständig sein; aus der Vergangenheit stammend; **Anlamı**: yenilikleri istememek; eskiye bağlı olmak]

nicht (mehr) wissen, wo einem der Kopf steht *(wörtl: başının nerede bulunduğunu bilmemek) fig* başını kaşıyacak vakti olmamak *(wörtl: keine Zeit haben, um seinen Kopf zu kratzen)* [**Bedeutung**: durch Arbeit, Sorgen oder Ähnliches überlastet sein; **Anlamı**: arada en ufak, başka bir iş yapamayacak kadar sıkışık durumda bulunmak]

nichts hiç bir şey

nichts dat! *(wörtl: orada bir şey yok) fig* yağma yok! *(wörtl: es gibt keine Plünderung!)* [**Bedeutung**: daraus wird nichts; abgelehnt; **Anlamı**: buna kimse razı olmaz; öyle şey yok]

nichts für ungut! *(wörtl: iyi olmamak için hiç bir şey) fig* adam sen de! *(wörtl: Mensch auch du!) fig* darılmaca yok! [**Bedeutung**: ist nicht böse gemeint; nimm es mir nicht übel; **Anlamı**: aldırma; ne önemi var; bir işin önemsenmediğini anlatan söz]

nichts Halbes und nichts Ganzes *(wörtl: ne yarım ne de tam) fig* yarım yamalak [**Bedeutung**: unvollkommen; unvollständig; **Anlamı**: eksik; tamamlanmamış]

nichts ist schwerer zu ertragen als eine Reihe von guten Tagen *fig* her gün baklava börek yense bıkılır *(wörtl: wenn man jeden Tag Baklava und Pastete essen würde, würde man es überdrüssig sein)* [**Bedeutung**: zu viele Tage des Müßiggangs machen träge, verdrießlich oder übermütig]; **Anlamı**: insan zaman zaman değişiklik ister; çok beğendiğimiz şeylerden bile her gün yararlanmak insana bıkkınlık verir

nichts ist so schlecht, dass es nicht für etwas gut ist *(wörtl: hiçbir şey, bir şey için yaramaz olmayacak kadar kötü olamaz) fig* her işte bir hayır vardır *(wörtl: bei jeder Sache gibt es etwas Gutes)* [**Bedeutung**: in jedem Unglück gibt es etwas Positives; **Anlamı**: kişi, kötümserliğe kapılmamak için olup biten her işi hayra yormalıdır]

nichts mit jemandem zu schaffen haben *fig* biriyle alıp vereceği olmamak [**Bedeutung**: mit jemandem nichts zu tun haben; **Anlamı**: biriyle hiçbir ilişkisi olmamak]

alles oder nichts *fig* ya hep ya hiç *fig* ya devlet başa, ya kuzgun leşe *(wörtl: entweder kommt der Staat an die Macht oder der Kolkrabe zum Kadaver)* [**Bedeutung**: alles wagen; alles riskieren; **Anlamı**: öyle bir iş ki kişi sonunda ya imrenilecek bir duruma yükselir ya da batar]

auf jemanden nichts kommen lassen *(wörtl: birinin üstüne hiçbir şey getirtmemek)* **fig** birine toz kondurmamak *(wörtl: auf jemanden keinen Staub setzen lassen)* [**Bedeutung**: jemandem nichts Schlechtes nachsagen lassen; **Anlamı**: birinde herhangi bir kusurun varlığını kabul etmemek]

außer Spesen nichts gewesen *(wörtl: yolluğun dışında bir şey olmadı)* **fig** sıfıra sıfır, elde var sıfır[2] *(wörtl: Null zu Null, es gibt Null in der Hand)* [**Bedeutung**: der ganze Aufwand hat sich nicht gelohnt, das gewünschte Ergebnis wurde nicht erreicht; **Anlamı**: bütün çalışmalar, çabalar boşa gitti, beklenen sonuç alınmadı]

besser als (gar) nichts *fig* hiç yoktan iyidir [**Bedeutung**: gerade genug; zufriedenstellend; **Anlamı**: elde bulunanla yetinmek gerekir]

da ist nichts zu machen *fig* yapacak bir şey yok [**Bedeutung**: das lässt sich nicht ändern; **Anlamı**: durumu değiştirme olanağı yok]

das bringt nichts *fig* bu, bir şey getirmez [**Bedeutung**: das führt nicht zum Erfolg; **Anlamı**: böylece istenilen sonuca varılamaz]

das tut sich nichts *(wörtl: bu, bir şey yapmaz)* **fig** fark etmez[2] *(wörtl: das/es macht keinen Unterschied)* [**Bedeutung**: das macht keinen Unterschied; **Anlamı**: eskisiyle farkı olmamak]

es gibt nichts, was es nicht gibt *fig* olmaz olmaz *fig* olmaz olmaz deme, olmaz olmaz *(wörtl: sag nicht, dass es nicht geht, es gibt nichts, was es nicht gibt)* [**Bedeutung**: alles ist möglich; **Anlamı**: herşey olabilir]

es hilft alles nichts *(wörtl: hiç bir şey çare olmaz)* **fig** boşa koysan dolmaz, doluya koysan almaz *(wörtl: wenn du ihn auf leer stellst, füllt er sich nicht auf, wenn du ihn auf vollstellst, nimmt er nichts an)* [**Bedeutung**: jede Mühe ist vergeblich; es gibt keinen anderen Weg; **Anlamı**: güç bir işi yoluna koymak için bir çözüm yolu bulamamak]

es kann nichts so schlecht sein, dass es nicht auch für etwas gut ist *(wörtl: hiç bir şey, bir şeye yaramayacak kadar kötü olamaz)* **fig** her işte bir hayır vardır *(wörtl: bei jeder Sache gibt es etwas Gutes)* [**Bedeutung**: in jedem Unglück gibt es etwas Positives; **Anlamı**: kişi, kötümserliğe kapılmamak için olup biten her işi hayra yormalıdır]

für nichts und wieder nichts *(wörtl: hiç bir şey için ve yine hiç bir şey için)* **fig** boşu boşuna *(wörtl: für leer und wieder leer)* **fig** pisi pisine [**Bedeutung**: völlig umsonst; vergeblich; **Anlamı**: boş yere; gereksiz yere]

in null Komma nichts *(wörtl: sıfır virgül hiçte)* **fig** bir çırpıda *(wörtl: in einem Abwasch)* **fig** göz açıp kapayıncaya kadar *(wörtl: bis man gezwinkert hat)* [**Bedeutung**: sehr schnell; sofort; **Anlamı**: çabucak; hemencecik]

mir nichts, dir nichts *(wörtl: bana hiç, sana hiç)* *fig* durup dururken *(wörtl: stehen und während des Stehens)* *fig* hiç yoktan *(wörtl: aus dem Nichts)* *fig* kaşla göz arasında *(wörtl: zwischen Augenbraue und Auge)* [**Bedeutung**: von einem Augenblick auf den anderen; **Anlamı**: birdenbire; ansızın; hiç bir neden yokken]

mit jemandem nichts am Hut haben *(wörtl: biriyle şapkasında bir şeyi olmamak)* *fig* selamı sabahı olmamak *(wörtl: keinen Gruß und keinen Morgen haben)* [**Bedeutung**: mit jemandem nichts zu tun haben; **Anlamı**: biriyle ilişkisi olmamak]

nach nichts aussehen *(wörtl: yok gibi görünmek)* *fig* bir şeye benzememek *(wörtl: etwas nicht ähneln)* [**Bedeutung**: optisch nicht ansprechend sein; **Anlamı**: istenildiği gibi olmamak; işe yarar durumda olmamak]

um nichts in der Welt *(wörtl: dünyada hiç bir şey için)* *fig* dünyada *(wörtl: in der Welt)* [**Bedeutung**: auf gar keinen Fall; **Anlamı**: hiçbir zaman]

um nichts und wieder nichts ↑ **für nichts und wieder nichts**

viel Lärm um nichts *(wörtl: hiç bir şey için çok gürültü)* *fig* kuru gürültü *(wörtl: trockener Lärm)* *fig* yok yere yaygara *(wörtl: Lärm umsonst)* [**Bedeutung**: viel Aufregung wegen einer Kleinigkeit; **Anlamı**: gereksiz, önemsiz söz ya da davranış; boşu boşuna bağırıp çağırma] viel Lärm um nichts *(wörtl: hiç bir şey için çok gürültü)*

von nichts kommt nichts *(wörtl: hiç bir şeyden bir şey gelmez)* *fig* zahmetsiz rahmet olmaz *(wörtl: ohne Mühe gibt es kein Erbarmen)* [**Bedeutung**: nur bei entsprechendem Fleiß stellt sich der Erfolg ein; wer nichts tut, bekommt auch nichts; **Anlamı**: sıkıntı çekmeden iyi ve güzel işler yapılamaz]

wegen nichts und wieder nichts ↑ **für nichts und wieder nichts**

Nichtsnutz işe yaramaz

ein Nichtsnutz sein *(wörtl: işe yaramaz olmak)* *fig* ciğeri beş para etmemek *(wörtl: seine Leber keine fünf Para wert sein)* [**Bedeutung**: jemand, der für nichts zu gebrauchen ist; **Anlamı**: işe yaramaz bir kişi olmak]

Niederknien diz çökme

zum Niederknien *(wörtl: diz çökmek için)* *fig* can feda *(wörtl: sein Leben opfern)* *fig* can kurban *(wörtl: sein Leben opfern)* [**Bedeutung**: anbetungswürdig; **Anlamı**: çok imrenilen güzel şeyler, davranışlar karşısında söylenen söz]

niederlassen yerleşmek

sich häuslich niederlassen *(wörtl: ev içinde yerleşmek)* *fig* demir atmak *(wörtl: den Anker werfen)* *fig* postu sermek *(wörtl: das Fell ausbreiten)* [**Bedeutung**: sich an einem Ort länger aufhalten; **Anlamı**: bir yerde uzun süre kalmak]

niemand kimse

niemand ist gut Anwalt in eigener Sache *(wörtl: hiç kimse kendi davasında iyi davalı olarak iyi bir avukat olamaz)* *fig* terzi kendi söküğünü dikemez *(wörtl: ein Schneider kann seine aufgegangene Naht nicht nähen)* [**Bedeutung**: im emotionalen Stress handeln Menschen nicht rational; **Anlamı**: insanlar başkalarına yaptıkları hizmetleri kendilerine yapamazlar]

niemand ist perfekt *(wörtl: kimse mükemmel değildir)* **fig** her güzelin bir kusuru vardır *(wörtl: jede Schönheit hat einen Fehler)* **fig** hatasız kul olmaz *(wörtl: fehlerlose Untertanen gibt es nicht)* **fig** kul kusursuz olmaz *(wörtl: Untertanen sind nicht ohne Fehler)* [**Bedeutung**: niemand ist vollkommen; nobody is perfect; **Anlamı**: kimse mükemmel değildir; insan yanılmamak için ne kadar dikkat ederse etsin yine yanılır]

über das Können hinaus wird niemand verpflichtet *(wörtl: becerisinin dışında hiç kimse görevlendirilmez)* **fig** cami ne kadar büyük olsa hoca gene bildiğini okur *(wörtl: egal wie groß die Moschee ist, wird der Hodscha predigen, was er weiß)* [**Bedeutung**: eine Verpflichtung zu einer Leistung, die unmöglich ist, kann nicht bestehen; **Anlamı**: durum, olanak ne olursa olsun, insan bildiği kadar iş görür; Latincesi: ultra posse nemo obligatur]

Niere böbrek

etwas auf Herz und Nieren prüfen *(wörtl: kalbini ve böbreklerini muayene etmek)* **fig** ince eleyip sık dokumak *(wörtl: fein sieben, eng weben)* [**Bedeutung**: etwas sehr gründlich prüfen, untersuchen; **Anlamı**: bir şeyi bütün ayrıntılarıyla gözden veya elden geçirmek]

jemandem an die Nieren gehen *(wörtl: birinin böbreklerine işlemek)* **fig** birinin ciğerine işlemek *(wörtl: jemandem an die Leber/Lunge gehen)* [**Bedeutung**: jemanden sehr mitnehmen, aufregen, angreifen; **Anlamı**: kötü söz, kötü davranış çok dokunmak, etkilemek]

Nirgendwo hiç bir yer

mitten im Nirgendwo sein *(wörtl: hiç bir yerin ortasında olmak)* **fig** kuş uçmaz, kervan geçmez olmak *(wörtl: es fliegt kein Vogel, es geht keine Karawane vorbei)* [**Bedeutung**: abseits vom allen Verkehr sein; weit abgelegen sein; ganz weit weg sein; **Anlamı**: kimsenin uğramadığı ıssız ve sapa olmak]

Niveau düzey

auf hohem Niveau jammern /meckern/klagen *(wörtl: yüksek düzeyde yakınmak/söylenmek /sızlanmak)* **fig** rahat kıçına batmak *(wörtl: jemandem sticht die Bequemlichkeit in seinen Hintern)* [**Bedeutung**: sich unzufrieden äußern, obwohl es einem gut geht; sich wegen einer Kleinigkeit beschweren; **Anlamı**: bulunduğu rahat durumun değerini bilmemek]

nix hiç

außen fix, innen nix *(wörtl: dışı hep, içi hiç)* **fig** dışı hoca, içi baca *(wörtl: außen Hodscha, innen Schornstein)* [**Bedeutung**: auf den ersten Blick gut, in Wirklichkeit schlecht; **Anlamı**: kendini temiz gibi gösteriyor ama kirli bir kişi]

nobel soylu, asil

nobel geht die Welt zugrunde
(wörtl: dünya, soylu sona erer) fig
atın ölümü arpadan olsun *(wörtl: der Tod des Pferdes soll von der Gerste sein)*
[**Bedeutung**: ironischer Kommentar zu übermäßigem Luxus; **Anlamı**: sonuç kötü de olsa sevildiği için katlanılan şeyler için söylenen söz]

noch daha

noch ausstehen *fig* dahası var
[**Bedeutung**: noch nicht erfolgt sein; **Anlamı**: bitmedi, arkası da var; bir konuda bilinmesi gereken başka şeyler de var]

Not sıkıntı, dert

Not kennt kein Gebot *(wörtl: sıkıntı buyruk tanımaz) fig* aç aman bilmez, çocuk zaman bilmez *(wörtl: der Hungrige kennt keine Gnade, das Kind kennt keine Zeit) fig* aç elini kora sokar *(wörtl: der Hungrige steckt seine Hand in Weißglut) fig* açın imanı olmaz *(wörtl: der Hungrige hat keinen Glauben)*
[**Bedeutung**: in der Not tut man alles; in einer Notlage tut man Dinge, die einem sonst nicht in den Sinn kämen; **Anlamı**: aç, hiçbir mazeretle susturulamaz. Çocuk da bir şey istedi mi, beklemek bilmez; aç insan, kendisini tehlikeye atmaktan çekinmez]

aus der Not eine Tugend machen
(wörtl: yokluktan fazilet çıkarmak) fig sinekten yağ çıkarmak *(wörtl: aus der Fliege Öl machen) fig* abdala kar yağıyor demişler, titremeye hazırım demiş *(wörtl: dem Wanderderwisch haben sie gesagt: es schneit", er hat erwidert: "ich bin bereit zu zittern") fig* ata nal çakıldığını görmüş, kurbağa ayaklarını uzatmış *(wörtl: der Frosch hat gesehen, dass das*

Pferd Hufeisen bekommt, und hat seine Füße ausgestreckt)
[**Bedeutung**: eine schwierige Lage klug ausnutzen; **Anlamı**: olmayacak şeylerden yararlanmaya çalışmak]

dem Herzen hilf's, wenn der Mund die Not klagt *(wörtl: ağız dert yandığında yürek derman bulur) fig* derdini söylemeyen derman bulamaz *(wörtl: wer sein Leid nicht sagt, der findet keinen Ausweg)*
[**Bedeutung**: negative Erfahrungen, die man mit anderen teilt, werden leichter erträglich; **Anlamı**: insan sıkıntısını başkasına açıklayarak giderebilir]

in der Not frisst der Teufel Fliegen
(wörtl: yoklukta şeytan sinek yer) fig denize düşen yılana/yosuna sarılır *(wörtl: wer ins Meer fällt, klammert sich an die Schlange/ans Moos)*
[**Bedeutung**: in einer Notlage tut man Dinge, die einem sonst nicht in den Sinn kämen; **Anlamı**: güç durumda bulunan, bundan kurtulmak için her yola başvurur]

in der Not isst der König Brot
(wörtl: yoklukta kral ekmek yer) fig denize düşen yılana/yosuna sarılır *(wörtl: wer ins Meer fällt, klammert sich an die Schlange/ans Moos)*
[**Bedeutung**: in einer Notlage tut man Dinge, die einem sonst nicht in den Sinn kämen; **Anlamı**: güç durumda bulunan, bundan kurtulmak için her yola başvurur]

in der Not schmeckt jedes Brot
(wörtl: yoklukta her ekmeğin tadı vardır) fig denize düşen yılana/yosuna sarılır *(wörtl: wer ins Meer fällt, klammert sich an die Schlange/ans Moos)*
[**Bedeutung**: in einer Notlage tut man Dinge, die einem sonst nicht in den Sinn kämen; **Anlamı**: güç

durumda bulunan, bundan kurtulmak
için her yola başvurur]

**Freunde in der Not gehen tausend
auf ein Lot** *(wörtl: sıkıntılı günlerde
binlerce dost bir ağırlığa biner)* **fig**
dost kara günde belli olur *(wörtl: der
(wahre) Freund zeigt sich am
schwarzen Tag)*
[**Bedeutung**: erst, in einer
Notsituation zeigt sich, wer die
wahren Freunde sind; **Anlamı**:
gerçek dost sıkıntılı günlerde insanı
yalnız bırakmaz]

**ohne Wein und Brot leidet Liebe
Not** *(wörtl: aşk, şarap ve ekmek
olmadan sıkıntı çeker)* **fig** yoksulluk
kapıdan girince, aşk pencereden
kaçar *(wörtl: wenn die Armut durch
die Tür kommt, flüchtet die Liebe
durchs Fenster)*
[**Bedeutung**: Liebe macht nicht satt;
Anlamı: aşk, karın doyurmaz]

**spare in der Zeit, so/dann hast du
in der Not** *(wörtl: zamanla tasarruf
et ki sıkıntıda birşeyin olsun)* **fig**
sakla samanı gelir zamanı *(wörtl:
bewahre das Heu auf, seine Zeit wird
kommen)* **fig** ak akçe kara gün içindir
*(wörtl: das Silbergeld ist für
schwarze Tage)*
[**Bedeutung**: solange es einem gut
geht, sollte man etwas für schlechte
Zeiten zurücklegen; **Anlamı**:
gereksiz görülen şey ileride gerekli
olabilir; çalışarak kazandığımız para
dar zamanımızda bizi sıkıntıdan
kurtarır]

**wahre Freunde erkennt man in der
Not** *(wörtl: gerçek dost sıkıntıda belli
olur)* **fig** dost kara günde belli olur
*(wörtl: der (wahre) Freund zeigt sich
am schwarzen Tag)*
[**Bedeutung**: erst, in einer
Notsituation zeigt sich, wer die
wahren Freunde sind; **Anlamı**:
gerçek dost sıkıntılı günlerde insanı
yalnız bırakmaz]

---

null sıfır

nullachtfünfzehn *(wörtl: sıfır sekiz
on beş)* **fig** sıradan *(wörtl: aus der
Reihe)*
[**Bedeutung**: nichts
Außergewöhnliches; bar jeglicher
Originalität; **Anlamı**: hiçbir özelliği
olmayan; bayağı]

null auf null ausgehen *(wörtl: sıfıra
sıfır bitmek)* **fig** sıfıra sıfır, elde var
sıfır *(wörtl: null auf null, in der Hand
ist null)*
[**Bedeutung**: weder Gewinn noch
Verlust machen; **Anlamı**: hiçbir şey
kazanılamamak]

auf etwas null Bock haben **fig** bir
şeye hiç mi hiç hevesi olmamak
[**Bedeutung**: keine Lust auf etwas
haben; **Anlamı**: bir şeyi yapmaya
isteği olmamak]

bei null anfangen **fig** sıfırdan
başlamak
[**Bedeutung**: neu beginnen; **Anlamı**:
yeni baştan başlamak]

die Augen auf Null stellen *(wörtl:
gözlerini sıfıra ayarlamak)* **fig** sıfırı
tüketmek *(wörtl: die Null
verbrauchen)*
[**Bedeutung**: sterben; **Anlamı**:
ölmek]

in null Komma nichts *(wörtl: sıfır
virgül hiçte)* **fig** bir çırpıda *(wörtl: in
einem Abwasch)* **fig** göz açıp
kapayıncaya kadar *(wörtl: bis man
gezwinkert hat)*
[**Bedeutung**: sehr schnell; sofort;
Anlamı: çabucak; hemencecik]

plus minus null *(wörtl: artı eksi sıfır)* *fig* ne kâr ne ziyan *(wörtl: weder Gewinn noch Verlust)*

Nummer numara

auf Nummer sicher gehen *fig* atını sağlam kazığa bağlamak *(wörtl: sein Pferd an einem stabilen Pfahl binden)* *fig* işi sağlama almak *(wörtl: die Angelegenheit stabililisieren)* [**Bedeutung**: sich absichern; kein Risiko eingehen; **Anlamı**: işini güven altına almak]

etwas ist eine Nummer zu groß *(wörtl: bir şey bir numara büyük)* *fig* delik büyük, yama küçük *(wörtl: das Loch ist groß, der Flicken ist klein)* *fig* yırtık büyük, yama küçük *(wörtl: der Riss ist groß, der Flicken ist klein)* [**Bedeutung**: die vorhandenen Mittel reichen nicht aus; das Problem ist größer als jede vorhandene Lösung; **Anlamı**: eldeki olanaklar gerekenden az]

etwas ist ein paar Nummern zu groß *(wörtl: bir şey bir kaç numara büyük)* *fig* delik büyük, yama küçük *(wörtl: das Loch ist groß, der Flicken ist klein)* *fig* yırtık büyük, yama küçük *(wörtl: der Riss ist groß, der Flicken ist klein)* [**Bedeutung**: die vorhandenen Mittel reichen nicht aus; das Problem ist größer als jede vorhandene Lösung; **Anlamı**: eldeki olanaklar gerekenden az]

---

nur sadece

nur Bahnhof verstehen *(wörtl: ancak istasyon anlamak)* *fig* (konuya) Fransız kalmak *(wörtl: Franzose bleiben)*

[**Bedeutung**: etwas nicht verstehen, nicht begreifen; **Anlamı**: anlatılan konuyu anlayamamak]

nur Bares ist Wahres *(wörtl: doğrusu sadece peşin paradır)* *fig* para peşin, kırmızı meşin *(wörtl: Geld in bar ist rotes Leder)* [**Bedeutung**: Bargeld ist das Richtige; Betahlung ist erwünscht; **Anlamı**: her şeyin bedeli hemen ödenmeli]

nur halbe Arbeit machen *(wörtl: sadece yarım iş yapmak)* *fig* kabuksuz yumurtlamak *(wörtl: schalenlose Eier legen)* [**Bedeutung**: etwas nur unvollkommen ausführen; **Anlamı**: bir işi acele yapıp eksik kalmasına neden olmak]

nur zwei Hände haben *(wörtl. sadece iki eli olmak)* *fig* babamın adı Hıdır, elimden gelen budur *(wörtl: der Name meines Vaters ist Hıdır, das ist alles, was ich kann)* [**Bedeutung**: etwas ist nicht möglich, auch wenn man es möchte; nicht noch mehr erledigen können; **Anlamı**: bundan daha iyisi olamaz; gücüm ancak bu kadarını yapmaya yeter]

Nuss ceviz

das Glück gibt einem die Nüsse, dem anderen die Schalen *(wörtl: talih kimine fındık fıstık kimine kabuklarını verir)* *fig* kahpe felek, kimine kavun yedirir, kimine kelek *(wörtl: das gemeine Glück gibt einem die (reife) Honigmelone, dem anderen die unreife Honigmelone)* *fig* kime niyet, kime kısmet *(wörtl: wer wurde bedacht, wer bekommt das Los)* [**Bedeutung**: das Leben ist nicht immer fair; manche haben Glück, manche einfach nur Pech; **Anlamı**:

313

alın yazısının insanlara eşit davranmadığını anlatan söz; birinin yararlanması için hazırlanan bir şeyin o kimseye değil de hiç akla gelmeyen bir başka kimseye kısmet olması]

eine harte Nuss sein *(wörtl: sert bir ceviz olmak)* **fig** çetin ceviz olmak *(wörtl: eine schwierige Walnuss sein)* [**Bedeutung**: eine schwierige Aufgabe sein; ein unnachgiebiger/sturer Mensch sein; **Anlamı**: yapılması zor iş olmak; yola getirilmesi güç olan kimse olmak]

---

nützlich yararlı

das Angenehme mit dem Nützlichen verbinden *(wörtl: hoş olan şeyleri yararlı olanlarla bir araya getirmek)* **fig** hem ziyaret hem ticaret *(wörtl: sowohl Besuch als auch Handel)* [**Bedeutung**: einen Ort so auswählen, dass man gleichzeitig Geschäfte machen kann; **Anlamı**: bir kimseyle görüşmeye gelen kimsenin orada kendisine yararlı başka bir iş de yapması]

O

der Ober sticht den Unter *(wörtl: üst altı kırar)* **fig** büyük balık küçük balığı yutar *(wörtl: der große Fisch schluckt den kleinen Fisch herunter)* [**Bedeutung**: derjenige in der höheren position setzt sich durch; **Anlamı**: güçlüler güçsüzleri ezer]

Oberhand galebe, üstünlük

die Oberhand gewinnen /bekommen *fig* baskın çıkmak *(wörtl: ein Überfall kommt heraus)* *fig* galebe çalmak

[**Bedeutung**: sich als stärker erweisen; sich durchsetzen; **Anlamı**: üstün gelmek]

Oberwasser yüzey suyu

(wieder) Oberwasser bekommen *(wörtl: (tekrar) yüzey suyu almak)* **fig** ayağı düze basmak *(wörtl: sein Fuß tritt auf Ebenerde auf)* **fig** arabasını düze çıkarmak *(wörtl: seinen Wagen auf die Ebene bringen)* [**Bedeutung**: seine Lage verbessern; es schließlich doch noch schaffen; nicht scheitern; **Anlamı**: yeniden durumu düzelmek; karşılaştığı güçlükleri yenip işini kolay yürür duruma getirmek]

(wieder) Oberwasser gewinnen ↑ **(wieder) Oberwasser bekommen**

Ochse öküz

den Ochsen hinter den Pflug spannen *(wörtl: öküzü sabanın arkasına koşmak)* **fig** ata binmeden ayaklarını sallamak *(wörtl: die Füße schwingen, bevor man auf das Pferd steigt)* [**Bedeutung**: etwas verkehrt machen; etwas in der falschen Reihenfolge tun; **Anlamı**: bir işe ters taraftan başlamak]

sich anstellen, wie der Ochs beim Seiltanzen *(wörtl: ip cambazlığındaki öküz gibi tavır takınmak)* kafa göz yar mak *(wörtl: Kopf und Augen aufschlitzen)* [**Bedeutung**: tollpatschig sein; äußerst ungeschickt sein; **Anlamı**: beceriksizlik göstermek]

Ofen soba

der Ofen ist aus *(wörtl: soba söndü)* **fig** iş işten geçti[1] *(wörtl: die Sache ging von der Sache weg)*

[**Bedeutung:** damit ist Schluss; da ist nichts mehr zu machen; **Anlamı:** işi gerçekleştirme olanağı kalmadı]

ein Schuss in den Ofen *(wörtl: sobaya bir atış) fig* gemisi şapa oturmak *(wörtl: sein Schiff setzt sich in den Alaun) fig* fiyasko [**Bedeutung:** ein totaler Fehlschlag; ein Misserfolg; **Anlamı:** bir girişimde başarısız sonuç; iş, düzelemeyecek kadar bozulmak]

nicht hinter dem Ofen hervorkommen *(wörtl: sobanın arkasından çıkmamak) fig* kabuğuna çekilmek *(wörtl: sich in seine Schale/Häuschen zurückziehen)* [**Bedeutung:** sich zurückziehen, nicht das Haus verlassen; **Anlamı:** dışarı ile ilişkisini kesip kimse ile görüşmemek]

Ofenrohr soba borusu

mit dem Ofenrohr ins Gebirge schauen *(wörtl: soba borusuyla dağlara bakmak) fig* avcunu yalamak *(wörtl: die hohle Hand ablecken) fig* hava almak[2] *(wörtl: Luft nehmen)* [**Bedeutung:** leer ausgehen; nichts abbekommen; **Anlamı:** umduğunu ele geçirememek]

offen açık

die Karten offen auf den Tisch legen *(wörtl: kâğıtları açık olarak masanın üstüne koymak) fig* dilinin altındaki baklayı çıkarmak *(wörtl: die Saubohne unter der Zunge herausnehmen)* [**Bedeutung:** seine wahren Absichten, Pläne erkennen lassen; **Anlamı:** açık söylemekten kaçındığı bir sorunu açıklamak]

ein offenes Geheimnis *fig* açık bir sır

[**Bedeutung:** etwas, was allgemein bekannt ist, wörüber man nicht öffentlich spricht; **Anlamı:** harkesçe bilinen, ama üzerinde açıkça konuşulmayan bir konu]

ein offenes Haus führen *(wörtl: açık bir ev yönetmek) fig* kapısı açık olmak *(wörtl: eine offene Tür haben)* [**Bedeutung:** gastfreundlich sein; **Anlamı:** herkesi evine kabul etmek; çok konuksever olmak]

mit offenem Mund dastehen *(wörtl: ağzı açık oracıkta durmak) fig* ağzı açık kalmak *(wörtl: sein Mund bleibt offen)* [**Bedeutung:** verwundert sein; überrascht sein; **Anlamı:** şaşakalmak]

mit offenen Karten spielen *(wörtl: açık kâğıtlarla oynamak) fig* açık oynamak *(wörtl: offen spielen)* [**Bedeutung:** keine Hintergedanken haben; offen und ehrlich sein; **Anlamı:** gizli niyeti olmamak; art düşüncesiz davranmak]

sich eine Hintertür offen halten *(wörtl: arka kapıyı açık bırakmak) fig* açık kapı bırakmak *(wörtl: eine offene Tür lassen)* [**Bedeutung:** sich eine versteckte Möglichkeit des Rückzugs, eine Ausflucht bewahren; **Anlamı:** son ve kesin sözü söyleyerek değişik öneriler sunulmasına olanak tanımak]

öffentlich âlenen

öffentlich Wasser predigen und heimlich Wein trinken *(wörtl: âlenen su telkin edip gizlice şarap içmek) fig* âleme/ele verir talkını/telkini, kendi yutar salkımı *(wörtl: den Leuten hält er ein Grabgebet, selbst verschlingt er die Trauben/Traubendolde)*

[**Bedeutung**: von anderer Enthaltsamkeit fordern, aber selbst verschwenderisch leben; **Anlamı**: kendisinin inanmadığı öğütleri başkalarına kolayca verir]

---

oft sık

unverhofft kommt oft *(wörtl: umulmayan sık gelir)* *fig* al kiraz üstüne kar yağmış *(wörtl: auf rote Kirschen hat es geschneit)* *fig* akla gelmeyen başa gelir *(wörtl: das, was nicht in den Verstand kommt, kommt in den Kopf)* [**Bedeutung**: oft passiert etwas, womit man nicht gerechnet hat; es geschehen oft sehr unerwartete Dinge; **Anlamı**: hiç olmayacak bir şeyin olabileceğini anlatmak için söylenir]

---

ohne

ohne Frage *(wörtl: sorusuz; soru olmadan)* *fig* söz götürmez *(wörtl: es bringt kein Wort)* [**Bedeutung**: unstreitig; klar; zweifellos; **Anlamı**: tartışmaya yer bırakmayan; doğruluğu tartışılamayacak denli açık olan]

ohne mich! *(wörtl: bensiz)* *fig* ben bu işte yokum *(wörtl: ich bin bei dieser Sache nicht dabei)* [**Bedeutung**: daran beteilige ich mich nicht; **Anlamı**: ben bu işe karışmam; bu işe karışmak istemiyorum]

ohne mit der Wimper zu zucken *fig* göz kırpmadan [**Bedeutung**: ungerührt, ohne Bedenken; **Anlamı**: acımadan; çekinmeden]

ohne Rücksicht auf Verluste *(wörtl: kayıp gözetmeksizin)* *fig* gözünün yaşına bakmadan *(wörtl: ohne auf seine Tränen zu schauen)*

[**Bedeutung**: um jeden Preis; **Anlamı**: hiç acımadan; ne pahasına olursa olsun]

ohne Wenn und Aber *fig* lamı cimi yok [**Bedeutung**:es gibt keine Einwände; **Anlamı**: başka yolu yok; her hâlde yapılmalı]

Ohr kulak

bis über beide Ohren in Arbeit stecken *(wörtl: her iki kulağı ile işin içinde olmak)* *fig* işi başından aşkın olmak *(wörtl: jemandem ist die Arbeit über den Kopf gestiegen)* [**Bedeutung**: viel Arbeit haben; viel zu tun haben; **Anlamı**: pek çok işi olmak]

bis über beide Ohren in Schulden stecken *(wörtl: kulaklarına kadar borca batık olmak)* *fig* gırtlağına kadar borç içinde olmak *(wörtl: bis zur Kehle in Schulden stecken)* *fig* uçan kuşa borcu olmak *(wörtl: bei dem fliegenden Vogel Schulden haben)* [**Bedeutung**: hoch verschuldet sein; **Anlamı**: çok fazla borcu olmak]

bis über beide Ohren verliebt *(wörtl: kulaklarına kadar âşık)* *fig* sırılsıklam âşık *(wörtl: klatschnass verliebt)* [**Bedeutung**: leidenschaftlich verliebt; **Anlamı**: delicesine âşık]

die Ohren auf Durchzug stellen/schalten *(wörtl: kulakları cereyana ayarlamak)* *fig* kulak asmamak *(wörtl: die Ohren nicht hängen)* [**Bedeutung**: nicht zuhören, das Gesagte ignorieren; **Anlamı**: önem vermemek; dinlememek]

die Ohren spitzen *(wörtl: kulaklarını sivriltmek) fig* kulak kabartmak *(wörtl: die Ohren aufplustern) fig* kulaklarını dikmek [**Bedeutung**: die Ohren aufstellen, um zu lauschen; **Anlamı**: belli etmemeye çalışarak dinlemek]

die Ohren steifhalten *(wörtl: kulakları sert tutmak) fig* gürültüye pabuç bırakmamak *(wörtl: keinen Schuh dem Lärm überlassen)* [**Bedeutung:** sich keine Angst machen lassen; sich nicht den Mut nehmen lassen; **Anlamı**: telaşsız, korkusuz dilediğince davranmak]

es faustdick hinter den Ohren haben *(wörtl: kulaklarının arkası yumruk kalınlığında olmak) fig* anasının gözü olmak *(wörtl: das Auge seiner Mutter sein)* [**Bedeutung**: schlau, gerissen, raffiniert, gewieft sein; **Anlamı**: çok kurnaz, çok açıkgöz, dalavereci olmak]

ganz Ohr sein *(wörtl: tam kulak olmak) fig* kulak asmak *fig* kulak kesilmek *fig* can kulağıyla dinlemek *(wörtl: mit Seelenohr zuhören)* [**Bedeutung**: sehr aufmerksam zuhören; **Anlamı**: büyük bir dikkatle dinlemek]

grün hinter den Ohren sein *(wörtl: kulaklarının arkası yeşil olmak) fig* bıyıkları yeni terlemiş olmak *(wörtl: einen Schnurrbart haben, der neu geschwitzt ist) fig* çiçeği burnunda olmak *(wörtl: die Knospe an der Nase sein) fig* ağzı süt kokmak *(wörtl: sein Mund riecht nach Milch)* [**Bedeutung**: jung und unerfahren sein; **Anlamı**: genç ve deneyimsiz olmak]

halt die Ohren steif! *fig* cesaretini kırma! *fig* başını dik tut!

[**Bedeutung**: nicht den Mut verlieren; lass es dir gut gehen; **Anlamı**: boyun eğme]

ins Ohr gehen *(wörtl: kulağa girmek) fig* kulağı okşamak *(wörtl: das Ohr streicheln)* [**Bedeutung**: gefällig klingen, sich leicht einprägen; **Anlamı**: kulağa hoş gelmek]

(jemandem) einen Floh ins Ohr setzen *(wörtl: birinin kulağına pire koymak) fig* pirelendirmek *(wörtl: voller Flöhe machen)* [**Bedeutung**: jemandem etwas sagen, dass ihn nicht zur Ruhe kommen lässt; **Anlamı**: huylandırmak]

jemandem etwas in die Ohren blasen *(wörtl: birinin kulaklarına bir şey üflemek) fig* ağzından girip burnundan çıkmak *(wörtl: jemandem in den Mund steigen und aus der Nase herauskommen)* [**Bedeutung**: jemandem etwas einreden; **Anlamı**: ne yapıp edip bir kimseyi bir şeye razı etmek]

(jemandem) klingen die Ohren *(wörtl: birinin kulakları çınlamak) fig* kulağı çınlamak *(wörtl: ihm klingt das Ohr) fig* kulakları çınlamak *(wörtl: ihm klingen die Ohren)* [**Bedeutung**: jemand spürt, dass andere an ihn denken oder über ihn sprechen; **Anlamı**: anıldığını hissetmek]

Knöpfe in den Ohren haben *(wörtl: kulaklarında düğme olmak) fig* kulağının üzerine yatmak *(wörtl: sich auf das Ohr legen)* [**Bedeutung**: etwas nicht hören wollen; **Anlamı**: duymazlıktan gelmek]

317

lange Ohren machen *(wörtl: kulak uzatmak)* *fig* kulak kabartmak *(wörtl: die Ohren aufplustern)* [**Bedeutung**: die Ohren aufstellen, um zu lauschen; **Anlamı**: belli etmemeye çalışarak dinlemek]

noch feucht hinter den Ohren sein *(wörtl: kulaklarının arkası hâlâ nemli olmak)* *fig* bıyıkları yeni terlemiş olmak *(wörtl: einen Schnurrbart haben, der neu geschwitzt ist)* [**Bedeutung**: jung und unerfahren sein; **Anlamı**: genç ve deneyimsiz olmak]

sich aufs Ohr hauen *(wörtl: kulağına vurmak)* *fig* kafayı vurmak *(wörtl: den Kopf schlagen)* [**Bedeutung**: sich schlafen legen; **Anlamı**: uyumak üzere yatmak]

sich die Nacht um die Ohren schlagen/hauen *(wörtl: geceyi kulaklarına vurmak)* *fig* geceyi gündüze katmak *(wörtl: die Nacht in der Tag zufügen)* [**Bedeutung**: die ganze Nacht wach bleiben, um zu arbeiten; **Anlamı**: gece gündüz çalışmak]

sich etwas hinter die Ohren schreiben *(wörtl: kulak arkasına yazmak)* *fig* kulağına küpe olmak/etmek *(wörtl: zum Ohrring am Ohr werden/sein)* [**Bedeutung**: sich etwas genau/gut merken; **Anlamı**: başa gelen bir durumdan alınan dersi unutmamak]

übers Ohr hauen *(wörtl: kulağına vurmak)* *fig* kazık atmak *(wörtl: mit dem Pfahl werfen/Pfähle werfen)* *fig* keçe külah etmek *(wörtl: zu Filz, zur Tüte machen)* [**Bedeutung**: betrügen, hereinlegen; **Anlamı**: aldatmak]

viel um die Ohren haben *(wörtl: kulaklarında işi çok olmak)* *fig* işi başından aşkın olmak *(wörtl: jemandem ist die Arbeit über den Kopf gestiegen)* *fig* başını kaşımaya/kaşıyacak vakti olmamak *(wörtl: keine Zeit haben, um den Kopf zu kratzen)* [**Bedeutung**: viel Arbeit haben; viel zu tun haben; **Anlamı**: pek çok işi olmak]

von einem Ohr zum anderen strahlen *(wörtl: bir kulaktan diğerine parlamak)* *fig* ağzı kulaklarına varmak *(wörtl: sein Mund erreicht seine Ohren)* [**Bedeutung**: besonders auffällig grinsen; vor Freude strahlen]; **Anlamı**: çok sevinmek]

die Wände haben Ohren *(wörtl: duvarların kulakları var)* *fig* yerin kulağı var *(wörtl: der Boden hat ein Ohr)* [**Bedeutung**: man wird belauscht; **Anlamı**: gizli konuşulan bir şey başkalarınca duyulabilir]

zum einen Ohr hineingehen, zum anderen Ohr hinausgehen *fig* bir kulağından girip öbür kulağından çıkmak [**Bedeutung**: nicht zuhören; das Gesagte ignorieren; **Anlamı**: söylenen söze önem vermemek]

Öl yağ, gazyağı

Öl ins Feuer gießen *(wörtl: ateşe gazyağı dökmek)* *fig* yangına körükle gitmek *(wörtl: mit einem Blasebalg zum Brand gehen)* *fig* yangını körüklemek *(wörtl: den Brand schüren)* [**Bedeutung**: die Spannung noch verstärken; **Anlamı**: gerginliği artıracak biçimde davranmak]

ölen yağlamak

sich die Gurgel ölen/schmieren
(wörtl: gırtlağını yağlamak) fig
kafayı çekmek *(wörtl: den Kopf
ziehen)*
[**Bedeutung**: Alkoholisches trinken;
Anlamı: alkol içmek]

Ölgötze put

wie ein Ölgötze *fig* put gibi
[**Bedeutung**: starr und stumm,
unbeweglich, teilnahmslos; **Anlamı**:
sessiz ve hareketsiz]

Oma büyük anne, nine

**das kannst du deiner
Oma/Großmutter erzählen!** *(wörtl:
onu ninene anlat/anlatabilirsin) fig*
külahıma anlat! *(wörtl: erzähl es
meiner Tüte!) fig* onu benim
külahıma anlat! *(wörtl: erzähl es
meiner Tüte!)*
[**Bedeutung**: sagt man, wenn man
eine Sache nicht recht glauben kann;
Anlamı: söylediklerinin hiçbirine
inanmıyorum]

Onkel amca, dayı

**ein Onkel, der Gutes mitbringt, ist
besser als eine Tante, die bloß
Klavier spielt** *(wörtl: iyi bir şey
getiren amca/dayı, sadece piyano
çalan haladan/teyzeden daha iyidir)
fig* lafla karın doymaz *(wörtl: Worte
machen nicht satt) fig* boş laf karın
doyurmaz *(wörtl: leere Worte
machen nicht satt)*
[**Bedeutung**: ein Geschenk ist besser
als wohl gemeinte Worte; **Anlamı**:
şöyle yaparım, böyle yaparım
demekle yapılması gereken işler
yapılmaz]

Ostern Paskalya

**wenn Ostern und Pfingsten auf
einen Tag fallen** *(wörtl: Paskalya ve
Küçük Paskalya aynı günde
olduğunda) fig* balık kavağa çıkınca
*(wörtl: wenn der Fisch auf die
Pappel steigt)*
[**Bedeutung**: nie; niemals; **Anlamı**:
hiç bir zaman]

P

Paar çift

zwei Paar Stiefel sein *(wörtl: iki çift
çizme olmak) fig* cin başka, şeytan
başka olmak *(wörtl: der Kobold ist
anders und der Teufel ist anders; der
Kobold und der Satan sind zweierlei)
fig* taban tabana zıt şeyler olmak
*(wörtl: Dinge, die Sohle gegen die
Sohle sind)*
[**Bedeutung**: zwei ganz
verschiedene, nicht vergleichbare
Dinge sein; **Anlamı**: tamamen
değişik, kıyaslanamaz iki şey olmak]

packen[1] toplamak

seine Siebensachen packen *(wörtl:
yedi şeyini toplamak) fig* tası tarağı
toplamak *(wörtl: Schalen und
Kämme zusammenpacken) fig*
bohçasını koltuğuna almak *(wörtl:
sein Bündel unter den Arm klemmen)*
[**Bedeutung**: seine Habseligkeiten
zusammenpacken; **Anlamı**: gitmek
üzere bütün eşyasını toplamak]

packen[2] tutmak

**das Übel an der Wurzel
fassen/packen** *(wörtl: kötülüğü
kökünden yakalamak/tutmak) fig*
köküne kibrit suyu dökmek *(wörtl:
die Wurzel mit Streichholzwasser
begießen)*

[**Bedeutung**: eine schlechte Sache von ihrer Ursache herangehen; **Anlamı**: bir daha üremeyecek duruma getirmek; kökünü kurutmak]

die Gelegenheit beim Schopf(e) (er)greifen/fassen/packen *(wörtl: fırsatı perçemden tutmak/yakalamak)* *fig* fırsatı ganimet bilmek *(wörtl: die Gelegenheit als Beute sehen)* *fig* her zaman eşek ölmez, on köfte on paraya olmaz *(wörtl: nicht immer stirbt der Esel und zehn Buletten gibt es für zehn Para)* [**Bedeutung**: einen einmaligen, günstigen Augenblick schnell entschlossen ausnutzen; **Anlamı**: çıkan fırsattan en iyi şekilde yararlanmak; istenilen şeyi kolayca elde etme imkanı ortaya çıkınca fırsat kaçırılmamalıdır]

Palme palmiye

auf die Palme bringen/treiben *(wörtl: birini palmiyeye çıkarmak)* *fig* birini çileden çıkarmak *(wörtl: jemanden aus seiner Askese bringen)* *fig* zıvanadan çıkarmak *(wörtl: aus der Hülse herausnehmen)* [**Bedeutung**: sehr wütend machen; ärgern; **Anlamı**: sinirlendirmek; öfkelendirmek]

auf die Palme gehen *(wörtl: palmiyeye gitmek)* *fig* zıvanadan çıkmak *(wörtl: aus der Hülse steigen)* [**Bedeutung**: sehr wütend sein; sehr aufgebracht sein; **Anlamı**: sinirlenmek; öfkelenmek]

Pampa pampa

in der Pampa *(wörtl: pampada)* *fig* dağ başında *(wörtl: auf dem Berg)* [**Bedeutung**: weit außerhalb; in menschenleerer Gegend; **Anlamı**: kent dışında çok ıssız yer]

Panik panik

in Panik geraten *fig* paniğe kapılmak [**Bedeutung**: große Angst bekommen; **Anlamı**: çok korkmak; ne yapacağını bilememek]

Papier kâğıt

Papier ist geduldig *(wörtl: kâğıt sabırlıdır)* *fig* kâğıt üzerinde kalmak *(wörtl: auf dem Papier bleiben)* [**Bedeutung**: schreiben oder drucken kann man alles; dass es auch zutrifft, ist damit noch lange nicht garantiert; **Anlamı**: yapılmak üzere yazılmış olan şey uygulanmamak]

zu Papier bringen *(wörtl: kâğıda getirmek)* *fig* kâğıda dökmek *(wörtl: aufs Papier gießen)* [**Bedeutung**: etwas aufschreiben, schriflich formulieren; **Anlamı**: düşünülen şeyi yazılı metin durumuna getirmek]

zwischen zwei passt kein Blatt Papier *(wörtl: ikisinin arasına bir yaprak kâğıt bile sığmaz)* *fig* içtikleri su ayrı gitmemek *(wörtl: das getrunkene Wasser nicht trennen)* *fig* ayrısı gayrısı olmamak *(wörtl: nichts Getrenntes haben)* [**Bedeutung**: zueinander halten; unzertrennlich sein; **Anlamı**: çok sıkı fıkı olmak; çok yakın dost olmak]

Pappe mukavva

das ist nicht von Pappe *(wörtl: bu, mukavvadan değil)* *fig* boru mu (bu)? *(wörtl: ist das ein Rohr?)* [**Bedeutung**: das ist nicht zu unterschätzen; **Anlamı**: küçümsenecek, önem verilmeyecek şey değil]

nicht von Pappe sein *(wörtl: mukavvadan olmamak)* *fig* az buz olmamak *(wörtl: nicht wenig kein Eis sein)*
[**Bedeutung**: nicht zu unterschätzen sein; **Anlamı**: azımsanacak gibi olmamak]

kein Pappenstiel sein *(wörtl: mukavvadan sap olmamak)* *fig* az buz olmamak *(wörtl: nicht wenig kein Eis sein)* *fig* boru değil *(wörtl: es ist kein Rohr)*
[**Bedeutung**: nicht zu unterschätzen sein; **Anlamı**: azımsanacak gibi olmamak]

keinen Pappenstiel wert sein *(wörtl: mukavvadan sap kadar değeri olmamak)* *fig* beş para etmemek *(wörtl: nicht fünf Para wert sein/keine fünf Para wert sein)*
[**Bedeutung**: nichts wert sein; **Anlamı**: değersiz olmak; değeri olmamak]

Pappenheimer Pappenheimlı

ich kenne meine Pappenheimer *(wörtl: ben Pappenheimlılarımı bilirim)* *fig* ben bilmez miyim güttüğüm domuzun huyunu *(wörtl: ich weiß, wie das Schwein ist, das ich treibe)*
[**Bedeutung**: ich kenne sie mit ihren Schwächen genau und weiß, was ich von ihnen zu erwarten habe; jemanden aufgrund typischer Eigenschaften und langer Erfahrung einschätzen; **Anlamı**: yıllardır tanıdığım bir kimsenin huylarını da bilirim]

papperlapapp *fig* dam üstünde saksağan, vur beline kazmayı *(wörtl: die Elster auf dem Dach, schlag ihr mit der Hacke auf die Taille)*
[**Bedeutung**: Unsinn!; **Anlamı**: saçma!]

Papst Papa

päpstlicher sein als der Papst *(wörtl: Papadan çok Papacı olmak)* *fig* kraldan çok kralcı olmak *(wörtl: mehr Royalist sein als der König; königlicher sein als der König)*
[**Bedeutung**: übertrieben streng urteilen; **Anlamı**: birinin davasını ondan çok savunur olmak]

passen uymak, uygun olmak, sığmak

passen wie der Igel zum Taschentuch/Handtuch *(wörtl: kirpi mendile/havluya nasıl uymuyorsa öyle uymak)* *fig* kel başa şimşir tarak olmak *(wörtl: ein Kamm aus Buchsbaum für den kahlen Kopf sein)*
[**Bedeutung**: überhaupt nicht passen; **Anlamı**: birbirine hiç uymamak]

wie die Faust aufs Auge passen *(wörtl: göze yumruk gibi uymak)* *fig* kel başa şimşir tarak olmak *(wörtl: ein Kamm aus Buchsbaum für den kahlen Kopf sein)* *fig* kör göze çifte gözlük olmak *(wörtl: auf ein blindes Auge eine Doppelbrille sein)*
[**Bedeutung**: nicht zusammenpassen; **Anlamı**: birbirine hiç uymamak]

jemandem in den Kram passen *(wörtl: birinin işine uygun olmak)* *fig* birinin işine gelmek *(wörtl: jemandem gelegen kommen)*
[**Bedeutung**: jemandem sehr gelegen kommen; **Anlamı**: amacına, düşüncesine uygun olmak]

zwischen zwei passt kein Blatt Papier *(wörtl: ikisinin arasına bir yaprak kâğıt bile sığmaz)* *fig* içtikleri su ayrı gitmemek *(wörtl: das getrunkene Wasser nicht trennen)* *fig* ayrısı gayrısı olmamak *(wörtl: nichts Getrenntes haben)*

[**Bedeutung**: zueinander halten; unzertrennlich sein; **Anlamı**: çok sıkı fıkı olmak; çok yakın dost olmak]

Patsche çamur

jemandem aus der Patsche helfen *fig* birini çamurdan çelip çıkarmak *(wörtl: jemanden aus der Patsche ziehen)* [**Bedeutung**: jemanden aus einer unangenehmen Lage befreien; **Anlamı**: birini kötü bir durumdan kurtarmak]

in der Patsche sitzen *(wörtl: çamurda oturmak)* *fig* şapa oturmak *(wörtl: sich in den Alaun setzen)* [**Bedeutung**: in Schwierigkeiten stecken; Probleme haben; **Anlamı**: içinden çıkılması güç bir duruma düşmek]

Pauke kös

auf die Pauke hauen *(wörtl: köse vurmak)* *fig* âlem yapmak [**Bedeutung**: ausgelassen feiern; **Anlamı**: içkili, müzikli eğlenmek]

Pech[1] zift

wie Pech und Schwefel *(wörtl: ziftle kükürt gibi)* *fig* etle tırnak gibi *(wörtl: wie Fleisch und Nagel)* [**Bedeutung**: zueinander haltend; unzertrennlich; **Anlamı**: çok sıkı fıkı; birbirlerine candan bağlı]

wie Pech und Schwefel zusammenhalten *(wörtl: ziftle kükürt gibi birbirini tutmak)* *fig* içtikleri su ayrı gitmemek *(wörtl: das getrunkene Wasser nicht trennen)* [**Bedeutung**: zueinander halten; unzertrennlich sein; **Anlamı**: çok sıkı fıkı olmak; çok yakın dost olmak]

Pech[2] şansızlık, kör şans

Pech haben *fig* şansı yaver gitmemek

ein Pechvogel sein *(wörtl: uğursuz bir kuş olmak)* *fig* bahtı kara olmak *(wörtl: ihm ist das Glück schwarz)*

so ein Pech! *fig* kör şansa bak!

peinigen eziyet etmek

jemanden bis aufs Blut quälen/peinigen/reizen *(wörtl: birinin kanına kadar eziyet etmek)* *fig* birine kan kusturmak *(wörtl:jemandem Blut erbrechen lassen)* [**Bedeutung**: sich bis zum Äußersten anstrengen; große Angst vor einem Misserfolg haben; **Anlamı**: birine çok eziyet çektirmek]

Pelle kabuk

jemandem auf die Pelle rücken[1] *(wörtl: birinin kabuğuna yanaşmak)* *fig* birinin burnuna girmek *(wörtl: jemandem in die Nase steigen)* *fig* burnunun dibine sokulmak [**Bedeutung**: zu dicht an jemanden heranrücken und ihn dadurch einengen; **Anlamı**: birine pek sokulmak]

jemandem auf die Pelle rücken[2] *(wörtl: birinin kabuğuna yanaşmak)* *fig* birinin yakasına yapışmak *(wörtl: jemandem am Kragen kleben)* *fig* başına balta kesilmek/olmak [**Bedeutung**: jemandem mit Forderungen bedrängen; **Anlamı**: usandıracak kadar sürekli ondan bir şey istemek]

jemandem nicht von der Pelle gehen *(wörtl: birinin kabuğundan ayrılmamak)* *fig* yakasını bırakmamak *(wörtl: seinen Kragen*

nicht loslassen) *fig* birinin
başına/tepesine bitmek
*(wörtl:jemandem auf dem Kopf/auf
dem Hügel wachsen) fig* birinin
başına balta kesilmek
*(wörtl:jemandem die Axt auf den
Kopf setzen)* [**Bedeutung**: durch
ständige Anwesenheit Überdruss
erzeugen; **Anlamı**: usandıracak kadar
sürekli olarak ondan bir şey istemek]

pellen soymak

wie aus dem Ei gepellt sein *(wörtl:
yumurtadan soyulmuş gibi olmak) fig*
iki dirhem bir çekirdek olmak *(wörtl:
zwei Silbermünzen, ein Kern sein)*
[**Bedeutung**: sehr ordentlich
angezogen sein; **Anlamı**: çok güzel
ve özenli giyinmiş olmak]

Pelz kürk

jemandem auf den Pelz rücken
(wörtl:birinin postuna yanaşmak) fig
birinin başına/tepesine bitmek
*(wörtl:jemandem auf dem Kopf/auf
dem Hügel wachsen) fig* birinin
başına/tepesine bitmek
*(wörtl:jemandem die Axt auf den
Kopf setzen)*
[**Bedeutung**: jemanden bedrängen;
Anlamı: istenmediği halde, birinin
yanına gelerek ayrılma bilmemek]

perfekt mükemmel

niemand ist perfekt *(wörtl: kimse
mükemmel değildir) fig* her güzelin
bir kusuru vardır *(wörtl: jede
Schönheit hat einen Fehler) fig*
hatasız kul olmaz *(wörtl: fehlerlose
Untertanen gibt es nicht)*
[**Bedeutung**: niemand ist
vollkommen; **Anlamı**: kimse
mükemmel değildir; insan
yanılmamak için ne kadar dikkat
ederse etsin yine yanılır]

Perle inci

Perlen vor die Säue werfen *(wörtl:
dişi domuzların önüne inci atmak) fig*
eşek hoşaftan ne anlar *(wörtl: was
versteht der Esel vom Kompott)*
[**Bedeutung**: wertvolle Dinge denen
anbieten, die unfähig sind, sie zu
schätzen; **Anlamı**: bilgisiz, görgüsüz
kimse ince, güzel şeylerin zevkine
varamaz, değerini ölçemez]

persönlich şahsi

persönlich werden *fig* şahsiyat
yapmak *(wörtl: Persönlichkeit
machen) fig* (işi) şahsiyata dökmek
*(wörtl: (die Sache) in Persönlichkeit
gießen)*
[**Bedeutung**: auf jemandes Person
zielende Anspielungen machen;
unsachlich und anzüglich werden;
Anlamı: bir kimsenin özel yaşamıyla
ilgili sözler etmek; olumsuz
yönleriyle kişiler üzerinde durmak]

etwas persönlich nehmen *(wörtl:
bir şeyi şahsen almak) fig* üstüne
almak *(wörtl: auf sich nehmen)*
üzerine almak *(wörtl: auf sich
nehmen) fig* kendine yedirememek
*(wörtl: etwas seinem Selbst nicht zum
Essen geben können) fig* nefsine
yedirememek *(wörtl: etwas seinem
Selbst nicht zum Essen geben
können)*
[**Bedeutung**: etwas als Kritik an der
eigenen Person ansehen; beleidigt
sein; **Anlamı**: bir davranışın
kendisine karşı olduğunu sanarak
tedirgin olmak; alınmak]

Pest veba

**die Wahl zwischen Pest und
Cholera haben** *(wörtl: veba ile
kolera arasında seçeneği olmak) fig*
aşağı tükürsen sakal yukarı tükürsen
bıyık *(wörtl: spuckst du nach unten,*

*ist es der Bart, spuckst du nach oben,
ist es der Schnurrbart) fig* iki ucu
boklu değnek olmak *(wörtl: ein Stock
mit beiden Enden in Scheiße sein) fig*
koyuversem pekmez dökülür,
koyuvermesem belim bükülür *(wörtl:
lasse ich los, schütte ich den
Traubensirup, lasse ich nicht los,
verrenke ich mich)*
[**Bedeutung**: sich zwischen zwei
großen Übeln entscheiden müssen;
Anlamı: iki karşıt ve aynı derecede
sakıncalı durum karşısında karar
vermek zorunda olmak; nereden
bakılırsa bakılsın çözülmesi çok güç
olmak]

**jemandem die Pest an den Hals
wünschen** *(wörtl: birinin boynuna
veba dilemek) fig* bela okumak
(wörtl: Unheil lesen)
[**Bedeutung**: jemanden
verwünschen; jemanden verdammen;
jemanden verfluchen; **Anlamı**: birine
ilenmek; birine beddua okumak]

wie die Pest stinken *(wörtl: veba
gibi kokmak) fig* leş gibi kokmak
(wörtl: wie Kadaver stinken)
[**Bedeutung**: übel riechen; **Anlamı**:
çok kötü kokmak]

Pfanne tava

die Pfanne heiß haben *(wörtl: tavası
sıcak olmak) fig* kafadan/kafası
çatlak olmak *(wörtl: einen Sprung im
Kopf haben)*
[**Bedeutung**: leicht verrückt sein;
nicht recht bei Verstand sein;
Anlamı: hafif deli olmak]

jemanden in die Pfanne hauen
(wörtl: birini tavaya atmak) fig birini
çekiştirmek
[**Bedeutung**: jemanden vernichtend
kritisieren oder rücksichtslos
behandeln; **Anlamı**: bir kimsenin
kötü taraflarını sayıp dökmek]

Pfeffer biber, karabiber

da liegt der Hase im Pfeffer *(wörtl:
tavşan orada biberde yatıyor) fig* işin
püf noktası
[**Bedeutung**: die Sache, auf die es
ankommt; **Anlamı**: bir işin en ince,
en önemli yeri]

**jemand kann hingehen, wo der
Pfeffer wächst ↑ jemand soll
hingehen, wo der Pfeffer wächst**

**jemand soll bleiben, wo der Pfeffer
wächst** *(wörtl: biberin bittiği yerde
kalsın) fig* benden uzak olsun da
Mısır'a sultan olsun *(wörtl: er soll
mir fern sein, meinetwegen ein Sultan
in Ägypten sein)*
[**Bedeutung**: jemand ist nicht
erwünscht, soll nicht kommen;
Anlamı: istediğini yapsın, beni
ilgilendirmez anlamında söylenen
söz]

**jemand soll hingehen, wo der
Pfeffer wächst** *(wörtl: biberin bittiği
yere gitsin) fig* cehenneme kadar yolu
var *(wörtl: er hat den Weg bis zur
Hölle)*
[**Bedeutung**: jemand ist nicht
erwünscht, soll verschwinden;
Anlamı: defolsun, istediği yere kadar
gitsin]

Pfeife düdük, pipo

nach jemandes Geige/Pfeife tanzen
*(wörtl: birinin kemanına/düdüğüne
göre oynamak) fig* birinin borusunu
çalmak *(wörtl: jemandes Horn
blasen) fig* birinin sözünden
çıkmamak *(wörtl: jemandes Wort
nicht verlassen)*
[**Bedeutung**: jemandem gehorchen;
sich jemandem fügen; **Anlamı**: bütün
davranışlarında onun sözünü

dinlemek; çıkar sağladığı kimsenin
davasını gütmek]

---

pfeifen ötmek, ıslık çalmak

auf etwas/jemanden pfeifen *(wörtl:
bir şeye/kimseye ıslık çalmak)* **fig**
metelik vermemek *(wörtl: keine 10-
Para-Münze geben)*
[**Bedeutung**: auf etwas/jemanden
gern verzichten; **Anlamı**: bir
şeye/kimseye önem vermemek;
umursamamak]

aus dem letzten Loch pfeifen
(wörtl: son delikten ıslık çalmak) **fig**
pestili çıkmak *(wörtl: zum Mus
werden)*
[**Bedeutung**: sich erschöpft fühlen;
am Ende seiner Kraft sein; **Anlamı**:
çok yorulmak]

**das pfeifen die Spatzen von den
Dächern** *(wörtl: bunu serçeler
damlardan ötüyorlar)* **fig** bunu
Mısır'daki sağır sultan bile duydu
*(wörtl: das hat sogar der taube
Sultan in Ägypten gehört)*
[**Bedeutung**: das ist längst kein
Geheimnis mehr; **Anlamı**: bunu
duymayan kalmadı]

ich glaub, mein Schwein pfeift
(wörtl: sanki domuzum ıslık çalıyor)
fig öp babanın elini *(wörtl: küss
deinem Vater die Hand)*
[**Bedeutung**: Reaktion auf ein
unerwartetes Ereignis; **Anlamı**:
beklenmedik bir durum karşısında
tepki]

**Jungfern, die pfeifen, und
Hühnern, die krähen, soll man
beizeiten den Hals umdrehen**
*(wörtl: ıslık çalan kızları ve öten
tavukları vakti gelince gırtlaklamak
gerekir)* **fig** vakitsiz öten horozun
başını keserler *(wörtl: dem Hahn, der
zur Unzeit kräht, hackt man den Kopf
ab)*
[**Bedeutung**: alles muss zur richtigen
Zeit gesagt werden; **Anlamı**: her söz
yerinde ve zamanında söylenmelidir]

Pferd at

**das Pferd hinter den Wagen
spannen** *(wörtl: atı arabanın
arkasına koşmak)* **fig** ata binmeden
ayaklarını sallamak *(wörtl: die Füße
schwingen bevor man auf das Pferd
steigt)*
[**Bedeutung**: etwas verkehrt machen;
etwas in der falschen Reihenfolge
tun; **Anlamı**: bir işe ters taraftan
başlamak]

**das Pferd beim/am Schwanz
aufzäumen** *(wörtl: ata kuyruğundan
başlayarak dizginleri koşmak)* **fig** ata
et, ite ot vermek *(wörtl: dem Pferd
Fleisch, dem Hund Stroh geben)* **fig**
ata binmeden ayaklarını sallamak
*(wörtl: die Füße schwingen bevor
man auf das Pferd steigt)*
[**Bedeutung**: etwas verkehrt machen;
etwas in der falschen Reihenfolge
tun; **Anlamı**: bir işe ters taraftan
başlamak]

die Pferde im Galopp beschlagen
*(wörtl: atları dörtnala giderken
nallamak)* **fig** aceleye getirmek
[**Bedeutung**: etwas zu rasch
vornehmen; **Anlamı**: bir işi
üstünkörü, özenmeden yapmak]

die Pferde scheu machen[1] *(wörtl:
atları ürkütmek)* **fig** milleti telaşa
düşürmek *(wörtl: das Volk in
Aufregung versetzen)*
[**Bedeutung**: Aufregung
verursachen; **Anlamı**:
çevresindekileri heyecana sokmak]

die Pferde scheu machen[2] *(wörtl:
atları ürkütmek)* **fig** fincancı

katırlarını ürkütmek *(wörtl: die Maultiere des Tassenhändlers erschrecken)* [**Bedeutung**: unnötig für Aufregung sorgen; **Anlamı**: kızdırılmaması gereken kişilere dokunacak iş yapmak]

arbeiten/schuften wie ein Pferd *(wörtl: at gibi çalışmak /didinmek)* *fig* it gibi çalışmak *(wörtl: arbeiten wie ein Köter)* *fig* menzil beygiri gibi koşmak *(wörtl: laufen wie ein Kurierpferd)* [**Bedeutung**: intensiv arbeiten; schwere Arbeit leisten; **Anlamı**: çok çalışmak]

aufs falsche Pferd setzen *(wörtl: yanlış ata para koymak)* *fig* yanlış ata oynamak *(wörtl: aufs falsche Pferd spielen)* *fig* kılavuzu karga olanın burnu boktan kalkmaz *(wörtl: derjenige, dessen Führer eine Krähe ist, wird seine Nase nicht aus der Scheiße halten können)* [**Bedeutung**: eine falsche Entscheidung treffen; sich an die falsche Person halten; **Anlamı**: tercihinde yanlış yapmak; kötü kimseye uyan kişinin başı sürekli olarak derde girer]

ein sanftes Wort zieht mehr als vier Pferde *(wörtl: hoş söz, dörtten fazla beygiri çeker)* *fig* tatlı dil yılanı deliğinden çıkarır *(wörtl: mit freundlichen Worten lockt man eine Schlange aus ihrem Loch heraus)* [**Bedeutung:** mit dem richtigen Lockmittel erreicht man viel; **Anlamı:** gönül okşayıcı konuşma herkesi etkiler]

einen vom Pferd erzählen *(wörtl: birşeyi attan anlatmak)* *fig* palavra savurmak *(wörtl: Palaver werfen)* *fig* palavra atmak *(wörtl: Palaver werfen)* *fig* palavra sıkmak *(wörtl: Palaver zusammenpressen)* *fig*

cevher yumurtlamak *(wörtl: Juwelen wie Eier legen)* [**Bedeutung**: etwas Unwahres erzählen; **Anlamı**: uydurma, asılsız bir söz veya haberi gerçekmiş gibi ortaya koymak]

ich denk, mich tritt ein Pferd *(wörtl: sanki beni bir at/beygir tekmeliyor)* *fig* öp babanın elini *(wörtl: küss deinem Vater die Hand)* [**Bedeutung**: Reaktion auf ein unerwartetes Ereignis; **Anlamı**: beklenmedik bir durum karşısında tepki]

man hat schon Pferde kotzen sehen[1] *(wörtl: atların kustuğu görülmüştür)* *fig* ummadığın taş baş yarar *(wörtl: der Stein, von dem du es nicht erwartest, spaltet einen Kopf)* [**Bedeutung**: man hat schon Unglaubliches erlebt, also Vorsicht; **Anlamı**: önemsiz şeyler büyük etkiler yapabilir]

man hat schon Pferde kotzen sehen[2] *(wörtl: atların kustuğu görülmüş)* *fig* neler de neler, maydanozlu köfteler *(wörtl: was noch alles, Frikadellen mit Petersilie)* [**Bedeutung**: es geschehen manchmal die unwahrscheinlichsten Dinge; **Anlamı**: hatıra, hayale gelmeyen değişik, şaşılacak şeyler]

mit jemandem Pferde stehlen können *(wörtl: biriyle at hırsızlığı yapabilmek)* *fig* arkadaşla Bağdat'a gidilir *(wörtl: mit einem Freund kann man nach Bagdat gehen)* [**Bedeutung**: sich auf jemanden absolut verlassen können; mit jemandem alles Mögliche unternehmen können; **Anlamı**: tek başına yapılamayan işe arkadaşla rahatlıkla girişilir]

326

mitten im Fluss/Strom soll man nicht die Pferde wechseln *(wörtl: ırmağın/akıntının ortasında atlar değiştirilmez) fig* ırmağı geçerken at değiştirilmez *(wörtl: beim Überqueren des Flusses wechselt man die Pferde nicht) fig* çayı geçerken at değiştirilmez *(wörtl: beim Überqueren des Baches wechselt man die Pferde nicht)* [**Bedeutung**: es ist riskant ein eingespieltes Team durch ein anderes zu ersetzen, bevor das Ziel erreicht ist; **Anlamı**: hedefe erişmeden bir yöntemden başka bir yönteme geçmek tehlikelidir]

sich aufs hohe Pferd setzen *(wörtl: yüksek ata binmek) fig* kendini beğenmek *(wörtl: sich selbst gefallen)* [**Bedeutung**: eingebildet, blasiert, aufgeblasen, überheblich, arrogant sein; **Anlamı**: başkalarını küçümseyerek kendini üstün görmek]

überlass das Denken den Pferden, die haben die größeren Köpfe *(wörtl: düşünmeyi atlara bırak, onların başları daha büyük) fig* kafanı yorma, büyükler düşünsün *(wörtl: streng dich nicht an, die Erwachsenen sollen denken)* [**Bedeutung**: sie werden hier nicht fürs Denken bezahlt; **Anlamı**: buraya çalışmak için geldin, düşünmek için değil]

vom Pferd auf den Esel kommen *(wörtl: attan inip eşeğe binmek) fig* attan inip eşeğe binmek *(wörtl: vom Pferd absteigen und auf den Esel steigen)* [**Bedeutung**: schlechter als vorher sein; **Anlamı**: bulunduğu aşamadan aşağı bir aşamaya düşmek]

wer die Wahrheit sagt, braucht ein schnelles Pferd *(wörtl: doğru söyleyenin hızlı bir ata ihtiyacı vardır) fig* doğru söyleyeni dokuz köyden kovarlar *(wörtl: wer die Wahrheit sagt, den jagt man aus neun Dörfern)* [**Bedeutung**: auch wenn es wahr ist, will man es nicht hören, weil es unbequem ist; **Anlamı**: doğru olmakla birlikte başkalarının işine gelmeyen söz, sözü söyleyenin sevilmediğini anlatır]

Pferdefuß at ayağı

einen Pferdefuß haben *(wörtl: at ayağı olmak) fig* çapanoğlu olmak *fig* bityeniği olmak *(wörtl: einen Läusebiss haben)* [**Bedeutung**: ein Nachteil sein; eine Unannehmlichkeit sein; **Anlamı**: bir işin gizli kalmış kötü ve aksak yanı olmak; başa dert olacak durum olmak]

Pfifferling horoz mantarı

keinen Pfifferling wert sein *(wörtl: horoz mantarı değerinde bile olmamak) fig* beş para etmemek *(wörtl: nicht fünf Para wert sein/keinen fünf Para wert sein)* [**Bedeutung**: wertlos sein; **Anlamı**: hiçbir değeri olmamak]

Pfingsten Küçük Paskalya

wenn Ostern und Pfingsten auf einen Tag fallen *(wörtl: Paskalya ve Küçük Paskalya aynı günde olduğunda) fig* balık kavağa çıkınca *(wörtl: wenn der Fisch auf die Pappel steigt)* [**Bedeutung**: nie; niemals; **Anlamı**: hiç bir zaman]

Pflug saban

den Ochsen hinter den Pflug spannen *(wörtl: öküzü sabanın arkasına koşmak) fig* ata binmeden ayaklarını sallamak *(wörtl: die Füße*

schwingen, bevor man auf das Pferd steigt)
[**Bedeutung**: etwas verkehrt machen; etwas in der falschen Reihenfolge tun; **Anlamı**: bir işe ters taraftan başlamak]

Pi pi (sayısı)

Pi mal Daumen *(wörtl: pi (sayısı) çarpı başparmak)* *fig* üç aşağı beş yukarı *(wörtl: drei nach unten, fünf nach oben)*
[**Bedeutung**: ungefähr; circa; zirka; **Anlamı**: yaklaşık olarak; özet olarak]

Picknick piknik

das Leben ist kein Picknick *(wörtl: yaşam, piknik değil)* *fig* dünya her zaman güllük gülistanlık değildir *(wörtl: die Welt ist nicht immer ein Rosengarten, ein Rosenbeet)* *fig* hayat her zaman güllük gülistanlık değildir *(wörtl: das Leben ist nicht immer ein Rosengarten, ein Rosenbeet)* *fig* her zaman gemicinin istediği rüzgâr esmez *(wörtl: nicht immer weht der Wind, den der Schiffer möchte)*
[**Bedeutung**: es läuft nicht immer so, wie man es sich wünscht; **Anlamı**: olaylar herkesin istediği biçimde meydana gelmez]

Piep/Piep gık

keinen Piep sagen *fig* gık dememek *fig* gıkı çıkmamak
[**Bedeutung**: kein Wort reden; **Anlamı**: sesini çıkarmamak]

(jemandem) piepe/schnurz sein *(wörtl: bir kimseye hiç fark etmemek)* *fig* (birine) vız gelip tırıs gitmek *(wörtl: jemandem summend kommen und im Trab wegreiten)*

[**Bedeutung**: jemandem völlig gleichgültig sein; **Anlamı**: önemsememek; aldırış etmemek]

(jemandem) piepegal/schnurzegal sein *(wörtl: bir kimseye hiç fark etmemek)* *fig* (birine) vız gelip tırıs gitmek *(wörtl: jemandem summend kommen und im Trab wegreiten)*
[**Bedeutung**: jemandem völlig gleichgültig sein; **Anlamı**: önemsememek; aldırış etmemek]

bei dir piept's/piept es wohl? *fig* tuzlayayım da kokma /kokmayasın *(wörtl: lass mich dich einsalzen, damit du nicht stinkst)*
[**Bedeutung**: du bist wohl nicht recht bei Verstand; **Anlamı**: birine, aldandığını ve aklının bir şeye ermediğini anlatan söz]

Pik maça

einen Pik auf jemanden haben *fig* birine gıcık olmak
[**Bedeutung**: jemanden nicht mögen, nicht leiden können; **Anlamı**: birinden hiç hoşlanmamak]

Pike mızrak

etwas von der Pike auf gelernt haben *(wörtl: bir şeyi mızraktan öğrenmiş olmak)* *fig* çekirdekten yetişme olmak *(wörtl: aus dem Kern heranwachsen)*
[**Bedeutung**: etwas von Grund auf gelernt haben; **Anlamı**: işi ilk kademeden başlayarak öğrenmiş olmak]

Pille hap

die bittere Pille schlucken *(wörtl: acı hapı yutmak)* *fig* musibeti sineye çekmek *(wörtl: das Unheil zum Herz ziehen)*

[Bedeutung: etwas unangenehmes notgedrungen tun; **Anlamı**: sıkıntı veren bir duruma ister istemez katlanmak]

Pilz mantar

wie Pilze aus dem Boden schießen *fig* mantar gibi yerden bitmek [**Bedeutung**: sich rasch vermehren; **Anlamı**: hızlı bir şekilde çoğalmak]

pinkeln işemek

jemandem ans Bein pinkeln/pissen *(wörtl: birinin bacağına işemek) fig* birini çekiştirmek *fig* birini gıcık etmek [**Bedeutung**: jemanden kritisieren/verärgern; etwas tun, was jemandem nicht gefällt; jemandes Interessen verletzen; **Anlamı**: bir kimsenin kötü taraflarını sayıp dökmek, sinirlendirmek, kızdırmak]

pissen ↑ **pinkeln**

platt yassı

(völlig/total) platt sein *(wörtl: yassı olmak) fig* ağzı açık kalmak *(wörtl: sein Mund bleibt offen)* hoşafın yağı kesilmek *(wörtl: die Butter für das Kompott wird ranzig)* [**Bedeutung**: verwundert sein; überrascht sein; **Anlamı**: şaşakalmak]

Platz yer

fehl am Platz(e) sein *(wörtl: yerinde eksik olmak) fig* yama gibi durmak *(wörtl: aussehen wie ein Flicken)* [**Bedeutung**: unangebracht sein, am falschen Ort sein; **Anlamı**: buunduğu yere uymamak]

platzen patlamak

platzen *(wörtl: patlamak) fig* yatmak[2] *(wörtl: sich hinlegen)* [**Bedeutung**: fehlschlagen, missglücken; **Anlamı**: olumsuz ve başarısız bir sonuç almak]

jemandem platzt der Kragen *(wörtl: birinin yakası yırtılmak) fig* birinin tepesi atmak [**Bedeutung**: in Wut, in Zorn geraten; **Anlamı**: öfkelenmek]

die Bombe platzen lassen *(wörtl: bombayı patlatmak) fig* fişek atmak *(wörtl: eine Patrone abschießen)* [**Bedeutung**: eine heikle Nachricht verbreiten; **Anlamı**: ortalığı karıştıracak bir söz söylemek]

die Bombe platzt *(wörtl: bomba patlamak) fig* dananın kuyruğu kopmak *(wörtl: der Schwanz des Kalbes reißt ab)* [**Bedeutung**: das schon länger erwartete Ereignis tritt ein; **Anlamı**: için için süren anlaşmazlık, patlak vermek]

die Sache ist geplatzt *(wörtl: iş patladı) fig* iş yattı *(wörtl: die Gelegenheit hat sich gelegt)* [**Bedeutung**: die Sache ist gescheitert; **Anlamı**: olumsuz bir nedenle başarısızlığa uğramak; istenilen sonuca ulaşamamak]

plus artı

plus minus null *(wörtl: artı eksi sıfır) fig* ne kâr ne ziyan *(wörtl: weder Gewinn noch Verlust)*

Polen Polonya

Polen ist noch nicht verloren *(wörtl: Polonya henüz yenilmedi) fig* gün doğmadan neler doğar *(wörtl: was alles passieren kann bevor der Tag beginnt)*

[**Bedeutung**: die Sache ist noch nicht entschieden; ↑ es ist noch nicht aller Tage Abend; **Anlamı**: beklenmedik bir sırada umut verici durumlarla da karşılaşma imkânı vardır]

jetzt ist Polen offen ↑ **dann ist Polen offen**

polieren parlatmak

die Fresse polieren *(wörtl: çeneyi parlatmak) fig* ağzını burnunu çarşamba pazarına çevirmek *(wörtl: den Mund und die Nase in einen Mittwochsmarkt verwandeln)* [**Bedeutung**: jemanden zusammenschlagen; **Anlamı**: döverek perişan duruma getirmek]

Pontius Pons

von Pontius zu Pilatus laufen *(wörtl: Pons'tan Pilat'a koşmak) fig* kırk kapının ipini çekmek *(wörtl: am Strick von vierzig Türen ziehen)* [**Bedeutung**: ın einer Angelegenheıt vıele Wege machen; **Anlamı**: içinde bulunduğu sorunu çözmek için kapı kapı dolaşmak; birçok yere uğramak]

Post posta

ab die Post! *(wörtl: posta, git!) fig* haydi! *(wörtl: los!)* [**Bedeutung**: schnell fort!; los, vorwärts!; **Anlamı**: isteklendirmek, çabukluk belirtmek için kullanılan söz]

Pranger teşhir

am Pranger stehen *(wörtl: teşhir edilmek) fig* teşhir edilmek *(wörtl: am Pranger stehen) fig* eşeğe ters bindirmek *(wörtl: jemanden auf dem Esel verkehrt herumsetzen)* [**Bedeutung**: öffentlich dem Vorwurf, der Kritik ausgesetzt sein;

Anlamı: herkese duyurmak, dile düşürmek; ceza olarak halka göstermek]

an den Pranger kommen ↑ **am Pranger stehen**

predigen vaaz vermek

den Gelehrten ist gut predigen *(wörtl: bilginlere iyi vaaz vermek) fig* arif olan anlar/anlasın *(wörtl: der Kundige versteht es/der Kundige soll es verstehen)* [**Bedeutung**: nur für denjenigen, der vom Fach ist, ist die Sache zu verstehen; **Anlamı**: herkesin anlayacağı kadar açık söylenmeyen bir sözün gerçek anlamını kavrayanlar için söylenen söz]

einem hungrigen/leeren Magen ist schlecht predigen *(wörtl: aç karnına kötü vaaz verilir) fig* açın imanı olmaz *(wörtl: der Hungrige kennt keinen Glauben) fig* aç ayı oynamaz *(wörtl: der hungrige Bär tanz nicht/der hungrige Bär bewegt sich nicht) fig* boş çuval dik durmaz *(wörtl: der leere Jutesack steht nicht aufrecht)* [**Bedeutung**: wer Hunger hat, ist nicht zugänglich für Religion und Moral; **Anlamı**: kendisinden iş beklenen kimseden emeğin karşılığı esirgenmemelidir; karnı doymayan kimse çalışmaz]

öffentlich Wasser predigen und heimlich Wein trinken *(wörtl: âlenen su telkin edip gizlice şarap içmek) fig* âleme/ele verir talkını/telkini, kendi yutar salkımı *(wörtl: den Leuten hält er ein Grabgebet, selbst verschlingt er die Trauben/Traubendolde)* [**Bedeutung**: von anderer Enthaltsamkeit fordern, aber selbst verschwenderisch leben; **Anlamı**:

kendisinin inanmadığı öğütleri
başkalarına kolayca verir]

tauben Ohren predigen *fig* sağırlara
vaaz vermek
[**Bedeutung**: Menschen etwas
mitteilen, die nicht zuhören wollen;
Anlamı: dinlemeyene dert anlatmak]

Prediger vaaz veren

der beste Prediger ist die Zeit
(wörtl: en iyi vaaz veren zamandır)
fig vakit insana her şeyi öğretir
*(wörtl: die Zeit bringt dem Menschen
alles bei)*
[**Bedeutung**: mit der Zeit sammeln
Menschen Erfahrungen; **Anlamı**:
zamanla insanlar çok deneyim
kazanırlar]

Preis ödül

ohne Fleiß kein Preis *(wörtl:
emeksiz ödül olmaz)* *fig* emek
olmadan yemek olmaz *(wörtl: ohne
Arbeit gibt es nichts zum Essen)* *fig*
alın terlemeyince mal bulunmaz
*(wörtl: wenn die Stirn nicht schwitzt,
findet man keine Ware)* *fig* ekmeden
biçilmez *(wörtl: ohne zu säen, kann
man nicht ernten)* *fig* lokma
çinenmeden yutulmaz *(wörtl: ohne
zu kauen, wird der Bissen nicht
heruntergeschluckt)* *fig* zahmetsiz
rahmet olmaz *(wörtl: ohne Mühe gibt
es kein Erbarmen)* *fig* utananın oğlu
kızı olmamış *(wörtl: der sich
geschämt hat, hat weder Sohn noch
Tochter bekommen)*
[**Bedeutung**: nur bei entsprechendem
Fleiß stellt sich der Erfolg ein;
Anlamı: her iş emekle yapılır;
geçinmek için çalışmak gerekir;
emek vermeden beklenilen sonuca
erişilemez; sıkıntı çekmeden iyi ve
güzel işler yapılamaz; bir şeyi elde
etmek için çalışmalı, tembel tembel
oturmamalı]

um keinen Preis (in der Welt)
(wörtlich: dünyada hiçbir fiyata) *fig*
dünyada *(wörtl: in der Welt)*
[**Bedeutung**: auf gar keinen Fall;
Anlamı: hiçbir zaman]

Probe deneme

die Probe aufs Exempel machen
*(wörtl: örnek olarak deneme
yapmak)* *fig* mihenge vurmak *(wörtl:
auf den Prüfstein schlagen)*
[**Bedeutung**: etwas überprüfen,
ausprobieren; etwas durch
Ausprobieren am praktischen Fall auf
seine Richtigkeit prüfen; **Anlamı**: bir
şeyin doğru olup olmadığını pratikte
denemek]

probieren denemek

Probieren geht über Studieren
*(wörtl: deneme, incelemenin
üstündedir)* *fig* deney, kuru
ezberlemeden üstündür *fig* bir
demeden iki denmez *(wörtl: man
sagt nicht zwei, bevor man eins
gesagt hat)*
[**Bedeutung**: durch Ausprobieren
erfährt man am besten, ob etwas
funktioniert oder nicht; es ist besser,
etwas in der Praxis zu erproben, als
es sich theoretisch abzuleiten;
Anlamı: bir şeyin işleyip
işlemediğini uygulamada görmek,
kuramsal olarak sonuca varmaktan
iyidir]

Prophet peygamber

**wenn der Berg nicht zum
Propheten geht, geht der Prophet
zum Berg** *(wörtl: dağ peygambere
gitmezse, peygamber dağa gider)* *fig*
dağ yürümezse, abdal yürür *(wörtl:
wenn der Berg nicht läuft, läuft der
Wanderderwisch)*

[**Bedeutung**: wenn die Menschen sich nicht an dich wenden, musst du dich an die Menschen wenden; **Anlamı**: büyüklük taslayan birinde görülecek bir işimiz olduğu zaman onun ayağına gideriz]

prost şerefe

prost Mahlzeit! *(wörtl: şerefe, afiyet olsun!)* *fig* öp babanın elini! *(wörtl: küss deinem Vater die Hand!)* [**Bedeutung**: Ausruf des Ärgers, wenn etwas missglückt ist oder etwas Unangenehmes eingetreten ist; **Anlamı**: beklenmedik bir durum karşısında "hadi bakalım, şimdi ne yapacağız?" anlamında söylenen bir söz]

prüfen muayene etmek

etwas auf Herz und Nieren prüfen *(wörtl: kalbini ve böbreklerini muayene etmek)* *fig* ince eleyip sık dokumak *(wörtl: fein sieben, eng weben)* [**Bedeutung**: etwas sehr gründlich prüfen, untersuchen; **Anlamı**: bir şeyi bütün ayrıntılarıyla gözden veya elden geçirmek]

Prügelknabe *fig* şamar oğlanı [**Bedeutung**: derjenige sein, der für alles Schlechte verantwortlich gemacht wird; der Sündenbock sein; **Anlamı**: herkesin kolayca çattığı, hıncını kendisinden aldığı kişi]

Pudel kaniş

des Pudels Kern *(wörtl: kanişin özü)* *fig* işin püf noktası [**Bedeutung**: die Sache, auf die es ankommt; **Anlamı**: bir işin en ince, en önemli yeri]

dastehen wie ein begossener Pudel *(wörtl: ıslatılmış kaniş gibi olmak)* *fig* süt dökmüş kedi gibi olmak *(wörtl: wie eine Katze sein, die die Milch umgekippt hat)* *fig* süt dökmüş kediye dönmek *(wörtl: sich verwandeln in eine Katze, diedie Milch umgekippt hat)* [**Bedeutung**: kleinlaut sein; eingeschüchtert sein; **Anlamı**: suçluların korkaklığı ve çekingenliği içinde bulunmak] *fig* dastehen wie ein begossener Pudel *(wörtl: ıslatılmış kaniş gibi olmak)*

Puls nabız

jemandem auf den Puls fühlen *(wörtl: birinin nabzını yoklamak)* *fig* nabzını yoklamak *(wörtl: den Puls fühlen)* [**Anlamı**: niyetini anlamaya çalışmak; **Bedeutung**: überprüfen, jemanden ausfragen]

Pulver toz, barut

sein letztes Pulver verschießen *(wörtl: son barutuyla ateş etmek)* *fig* sıfırı tüketmek *(wörtl: die Null verbrauchen)* [**Bedeutung**: keine Reserven mehr haben; **Anlamı**: gücü kalmamak]

sein letztes Pulver verschossen haben *(wörtl: son barutunu harcamış olmak)* *fig* sıfırı tüketmek *(wörtl: die Null verbrauchen)* [**Bedeutung**: keine Reserven mehr haben; **Anlamı**: gücü kalmamak]

sein Pulver trocken halten *(wörtl: barutunu kuru tutmak)* *fig* tetikte olmak *(wörtl: am Abzug sein/den Finger am Abzug haben)* [**Bedeutung**: vorsichtig sein; aufpassen; **Anlamı**: her an uyanık ve hazır bulunmak]

Pulverfass barut fıçısı

einem Pulverfass gleichen *(wörtl: barut fıçısına benzemek) fig* barut fıçısı gibi olmak *(wörtl: wie ein Pulverfass sein)* [**Bedeutung**: sehr gefährlich sein; **Anlamı**: çok tehlikeli olmak]

Punkt nokta

auf den Punkt genau *(wörtl: tam noktası üstüne) fig* nokta atışı *(wörtl: Punkteschuss)* [**Bedeutung**: ganz genau, präzise; Treffer mitten ins Ziel; Schuss, Schlag, Wurf, der voll getroffen hat; **Anlamı**: hedefi tam tutturma]

auf den Punkt kommen *(wörtl: noktaya gelmek) fig* sadede gelmek *(wörtl: zum Hauptthema kommen; zur Sache kommen)* [**Bedeutung**: zur Sachlichkeit zurückkehren; **Anlamı**: konuyla ilgisi olmayan sözleri bırakarak asıl konuya dönmek]

der springende Punkt *(wörtl: atlayan nokta) fig* işin püf noktası [**Bedeutung**: die Sache, auf die es ankommt; **Anlamı**: bir işin en ince, en önemli yeri]

der Knackpunkt *fig* işin püf noktası [**Bedeutung**: die Sache, auf die es ankommt; **Anlamı**: bir işin en ince, en önemli yeri]

ein wunder Punkt *(wörtl: yaralı bir nokta) fig* can alacak nokta *(wörtl: der Punkt, der das Leben nimmt) fig* canevi *(wörtl: Seelenhaus)* [**Bedeutung**: ein Bereich, in dem jemand sehr empfindlich, sehr anfällig ist; **Anlamı**: bir şeyin en duyarlı/önemli yeri]

einen wunden Punkt berühren *(wörtl: yaralı bir noktaya dokunmak)* *fig* zülfü yâre dokunmak *(wörtl: die Locke der Geliebten berühren)* [**Bedeutung**: ein schwieriges, ungelöstes Problem ansprechen; **Anlamı**: kişileri gücendiren bir konu açmak]

zum Punkt kommen ↑ **auf den Punkt kommen**

Puppe bebek

die Puppen tanzen lassen *(wörtl: bebekleri oynatmak) fig* âlem yapmak *(wörtl: sich vergnügen/feiern)* [**Bedeutung**: kräftig feiern; **Anlamı**: sazlı sözlü eğlenmek]

Q

Qual eziyet, ızdırap

die Qual der Wahl[1] *(wörtl: seçeneğin eziyeti/ızdırabı) fig* iki cami arasında kalmış beynamaz *(wörtl: derjenige, der zwischen zwei Moscheen sitzt und nicht betet)* [**Bedeutung**: es ist schwer, sich zwischen den Alternativen zu entscheiden; **Anlamı**: bazı konularda seçim yapmak gerektiği zaman zorlanmak]

die Qual der Wahl[2] ↑ **wer die Wahl hat, hat die Qual**

wer die Wahl hat, hat die Qual *(wörtl: seçeneği olan eziyet/ızdırap çeker) fig* yârden mi geçersin serden mi? *(wörtl: gehst du an einem Freund vorbei oder an einer Zitronenplantage?)* [**Bedeutung**: es ist schwer, sich zwischen den Alternativen zu entscheiden; **Anlamı**: eş değerli iki şeyin arasında seçmek zorunda

333

kalındığı zaman söylenen söz;
içinden çıkılması güç bir durum]

---

quälen eziyet etmek

**jemanden bis aufs Blut
quälen/peinigen/reizen** *(wörtl:
birinin kanına kadar eziyet etmek)* *fig*
birine kan kusturmak
*(wörtl:jemandem Blut erbrechen
lassen)*
[**Bedeutung**: sich bis zum Äußersten
anstrengen; große Angst vor einem
Misserfolg haben; **Anlamı**: birine
çok eziyet çektirmek]

Qualität kalite

**billig ist nicht günstig, sondern
teuer, wenn besagte Qualität
versagt** *(wörtl: söz konusu kalite
yerinde olmayınca, ucuz, ucuz değil,
pahalıdır)* *fig* ucuzdur vardır illeti,
pahalıdır vardır hikmeti *(wörtl: es hat
einen Grund, dass es billig ist, und es
hat einen Grund, dass es teuer ist)* *fig*
ucuz etin yahnisi tatsız olur *(wörtl:
das Ragout vom billigen Fleisch
schmeckt nicht)*
[**Bedeutung**: es lohnt sich nicht,
billige Dinge zu kaufen, denn diese
sind meist von schlechter Qualität
und daher nicht von langer Dauer;
Anlamı: bir mal ucuzsa bir kusuru
vardır, kısa sürede yenisine
gereksinim duyurur, pahalıysa
sağlamdır, uzun süre işe yarar; onun
için alışverişte ucuza eğilim yerine,
pahalıyı yeğlemek daha kârlıdır]

---

qualmen tütmek

jemandem qualmen die Socken
(wörtl: birinin çorapları tütmek) *fig*
tabanı yanmış it gibi dolaşmak
*(wörtl: herumlaufen wie ein Köter,
dessen Sohlen verbrannt sind)*
[**Bedeutung**: jemand läuft sehr eilig,
geschäftig hin und her; **Anlamı**: bir

yerde duramayıp sürekli olarak
gezmek]

Quelle kaynak

an der Quelle sitzen *(wörtl:
kaynakta oturmak)* *fig* suyun başında
olmak *(wörtl: am Anfang des
Wassers sein)*
[**Bedeutung**: beste
Bezugsmöglichkeiten haben;
Anlamı: en çok yarar sağlanacak
yerde olmak]

---

quitschen gıcırdamak

**das Rad, das am lautesten quitscht,
bekommt das meiste Fett** *(wörtl: en
çok gıcırdayan tekerleğe, en çok yağ
verilir)* *fig* ağlamayan çocuğa meme
vermezler *(wörtl: das Kind, das nicht
weint, bekommt die Brust nicht/wird
nicht gestillt)*
[**Bedeutung**: wer sich meldet, der
wird bedient; **Anlamı**: hakkını
aramasını bilmeyenin işi görülmez]

---

quitt fit

quitt sein *fig* fit olmak
[**Bedeutung**: keine Verpflichtungen
mehr haben; **Anlamı**: ödeşmek; razı
olmak]

R

Rad tekerlek

**das Rad, das am lautesten quitscht,
bekommt das meiste Fett** *(wörtl: en
çok gıcırdayan tekerleğe, en çok yağ
verilir)* *fig* ağlamayan çocuğa meme
vermezler *(wörtl: das Kind, das nicht
weint, bekommt die Brust nicht/wird
nicht gestillt)*

[Bedeutung: wer sich meldet, der wird bedient; **Anlamı**: hakkını aramasını bilmeyenin işi görülmez]

das fünfte Rad am Wagen sein *(wörtl: arabada beşinci tekerlek olmak) fig* havan dövücünün hınk deyicisi olmak *(wörtl: der Hink-Sager des Mörserdreschers sein)* [**Bedeutung**: in einer Gruppe überflüssig, nur geduldet sein; **Anlamı**: gereksinim olmadığı halde yardakçılık eden kimse]

ein Rad abhaben *(wörtl: bir tekerleği eksik olmak) fig* kafadan kontak olmak *(wörtl: unter Füßen bleiben)* [**Bedeutung**: nicht recht bei Verstand sein; **Anlamı**: aklı yerinde olmamak]

unter die Räder kommen/geraten *(wörtl: tekerlekler altına girmek) fig* iki paralık olmak *fig* ayakaltında kalmak *(wörtl: unter Füßen bleiben)* [**Bedeutung**: völlig herunterkommen, moralisch und wirtschaftlich ruiniert werden; **Anlamı**: değerini, onurunu, saygınlığını yiitirmek]

Radieschen turp

sich die Radieschen von unten ansehen *(wörtl: turplara alttan bakmak) fig* burnuna karıncalar dolmak *(wörtl: jemandem drängen Ameisen in die Nase ein)* [**Bedeutung**: tot und begraben sein; **Anlamı**: ölmek]

Rahm kaymak

den Rahm abschöpfen *fig* kaymağını almak [**Bedeutung**: sich das Beste, den größten Vorteil sichern; **Anlamı**: bir şeyin en büyük payını, kârını ele geçirmek]

Rahmen çerçeve

den Rahmen sprengen *(wörtl: çerçeveyi havaya uçurmak) fig* haddini aşma *(wörtl: seine Grenze überschreiten)* [**Bedeutung**: Grenzen übertreten; **Anlamı**: aşırı gitmek; ölçüsüz davranmak; çok olmak; ölçüyü kaçırmak]

Rand kenar

mit etwas nicht zu Rande kommen *(wörtl: bir şeyle kenara gelmemek) fig* bir şeyle başa çıkamamak *(wörtl: mit etwas nicht bis zum Kopf kommen)* [**Bedeutung**: mit etwas nicht fertig werden; **Anlamı**: bir şeye gücü yetmemek]

Räson kanı

zur Räson bringen *(wörtl: kanıya getirmek) fig* yola getirmek *(wörtl: auf den Weg bringen)* [**Bedeutung**: durch geeignete Maßnahmen erreichen, dass man zur Einsicht, Vernunft kommt; **Anlamı**: ters tutumunu düzeltmesini sağlamak]

zur Räson kommen *(wörtl: kanıya gelmek) fig* yola gelmek *(wörtl: auf den Weg kommen) fig* aklı başına gelmek *(wörtl: sein Verstand kommt auf seinen Kopf)* [**Bedeutung**: einsichtig werden; **Anlamı**: ters tutumunu düzeltmek; yanlış davranışlarından ders alıp doğru yolu görmek]

rasten mola vermek

wer rastet, der rostet *(wörtl: mola veren paslanır) fig* işleyen demir pas tutmaz *(wörtl: das funktionierende Eisen rostet nicht)*

[Bedeutung: wer sich nicht bewegt, wird unbeweglich; **Anlamı**: iş yapmaksızın duran kimse hantallaşır]

Rat öğüt

da ist guter Rat teuer *(wörtl: burada iyi öğüt pahalıdır!) fig* çaresiz derde Lokman neylesin? *(wörtl: was soll Lokman der Weise zum ausweglosen Problem unternehmen?)* [Bedeutung: sagt man, wenn man ratlos ist; in dieser Angelegenheit ist schwer zu raten, da gibt es kaum einen Ausweg; **Anlamı**: çaresi olmayan bir dertten kurtulmak imkânsızdır]

kommt Zeit, kommt Rat *(wörtl: zamanı gelince çaresi bulunur) fig* gün ola harman ola *(wörtl: es wird Tag, es wird Dreschzeit)* [Bedeutung: im Laufe der Zeit wird sich eine Lösung finden; **Anlamı**: bir gün onun da zamanı gelir]

Ratte fare

auf die Ratten spannen *(wörtl: farelere koşmak) fig* kuş uçurmamak *(wörtl: keinen Vogel fliegen lassen)* [Bedeutung: scharf aufpassen; **Anlamı**: kimsenin geçmesine olanak bırakmayan sıkı önlem almak]

die Ratten verlassen das sinkende Schiff *(wörtl: fareler batan gemiyi terkediyor) fig* gemisini kurtaran kaptan *(wörtl: wer sein Schiff rettet, ist Kapitän)* [Bedeutung: die Unzuverlässigen ziehen sich von einem bedrohenden Unglück zurück; **Anlamı**: güç bir duruma düşüldüğünde ne yapıp edip kendisini kurtaranlar için söylenen söz]

Räuber haydut

Räuberpistolen erzählen *(wörtl: haydut tabancalarını anlatmak) fig* kurt masalı okumak *(wörtl: Wolfs-Märchen vorlesen)* [Bedeutung: Unsinn erzählen; **Anlamı**: boş sözler söylemek]

Rauch duman

kein Rauch ohne Feuer *(wörtl: ateşsiz duman olmaz) fig* ateş olmayan yerden duman çıkmaz *(wörtl: dort, wo es kein Feuer gibt, steigt kein Rauch)* [Bedeutung: kein Tun ohne sichtbares Zeichen; **Anlamı**: belirti varsa o şey de var demektir]

sich in Rauch auflösen *fig* duman olmak *(wörtl: Rauch werden) fig* izi tozu kalmamak *(wörtl: es bleibt keine Spur, keinen Staub)* [Bedeutung: spurlos verschwinden; **Anlamı**: ortadan kaybolmak]

viel Rauch um nichts *(wörtl: hiç bir şey için çok duman) fig* kuru gürültü *(wörtl: trockener Lärm) fig* yok yere yaygara *(wörtl: Lärm umsonst)* [Bedeutung: viel Aufregung wegen einer Kleinigkeit; **Anlamı**: gereksiz, önemsiz söz ya da davranış; boşu boşuna bağırıp çağırma]

viel Rauch um nichts machen *(wörtl: hiç bir şey için çok duman yapmak) fig* kuru gürültü yapmak *(wörtl: trockenen Lärm machen) fig* yok yere yaygara yapmak *(wörtl: Lärm machen umsonst)* [Bedeutung: viel Aufregung wegen einer Kleinigkeit machen; **Anlamı**: gereksiz, önemsiz söz söylemek ya da davranışta bulunmak]

reagieren tepkimek, reaksiyon göstermek

reagieren, wenn das Kind bereits in den Brunnen gefallen ist *(wörtl: çocuk kuyuya düştükten sonra reaksiyon göstermek)* **fig** at çalındıktan sonra ahırın kapısını kapamak *(wörtl: das Tor zum Stall schließen, nachdem das Pferd gestohlen wurde)* **fig** eve hırsız girdikten sonra kapıya kilit takmak *(wörtl: an der Tür ein Schloss anbringen, nach dem der Einbrecher im Haus war)* [**Bedeutung**: reagieren, wenn es zu spät ist; **Anlamı**: iş işten geçtikten sonra önlem almaya kalkışmak]

Rechnung hesap

die Rechnung ohne den Wirt machen[1] *(wörtl: hesabı lokantacısız yapmak)* **fig** kendi kendine gelin güvey olmak *(wörtl: Braut und Bräutigam in einer Person sein)* [**Bedeutung**: ohne das Einverständnis einer wichtigen Person handeln; **Anlamı**: başkasıyla birlikte kararlaştırılması gereken işi sadece kendisi tasarlayıp olmuş saymak]

die Rechnung ohne den Wirt machen[2] *(wörtl: hesabı lokantacısız yapmak)* **fig** evdeki hesap çarşıya uymamak *(wörtl: die Rechnung, die zu Hause gemacht wurde, stimmt nicht mit der Rechnung, die auf dem Markt gemacht wird, überein)* [**Bedeutung**: jemanden oder etwas übersehen; **Anlamı**: önceden tasarlanan bir iş umulduğu gibi sonuçlanmamak]

jemandem einen Strich durch die Rechnung machen *(wörtl: birinin hesabına çizgi çekmek)* **fig** birinin planını bozmak *(wörtl: jemandes Plan stören)* [**Bedeutung**: jemandem ein Vorhaben unmöglich machen;

Anlamı: birinin geleceğe dönük tasarısını geçersiz bir duruma getirmek]

Recht hak

recht behalten **fig** haklı çıkmak [**Bedeutung**: (letztlich) die Bestätigung bekommen, dass man das Richtige gesagt/vermutet hat; **Anlamı**: iddiasının, düşüncesinin doğru olduğu anlaşılmak]

recht haben **fig** haklı olmak [**Bedeutung**: das Richtige geäußert/vermutet haben; **Anlamı**: davası, iddiası, düşüncesi doğru olmak, adalete uygun olmak]

das geschiet dir (ganz) recht! **fig** oh olsun! [**Bedeutung**: das hast du verdient! Das ist die gerechte Strafe; daran bist du selbst schuld!; **Anlamı**: söz dinlemeyip yanlıı davranarak kötü duruma düşen birine 'çok iyi olmuş' anlamında kullanılan bir söz]

es soll mir recht sein *(wörtl: benim için hak olsun)* **fig** bana göre hava hoş *(wörtl: für mich ist das Wetter nett)* [**Bedeutung**: ich habe nichts dagegen; **Anlamı**: benim için fark etmez]

jemandem recht geben **fig** birine hak vermek [**Bedeutung**: jemandem zustimmen; **Anlamı**: birinin davasını, iddiasını, düşüncesini doğru bulmak]

jemandem recht sein *(wörtl: biri için haklı olmak)* **fig** birinin işine gelmek *(wörtl: in jemandes Sache kommen)* **fig** birinin hesabına gelmek *(wörtl: in jemandes Rechnung kommen)* [**Bedeutung**: jemandem passen; für jemanden richtig sein;

nichts dagegen haben; **Anlamı**: yararına uygun düşmek; kendisi için elverişli olmak]

mir solls recht sein *(wörtl: benim için hak olsun)* **fig** bana göre hava hoş *(wörtl: für mich ist das Wetter nett)* [**Bedeutung**: ich habe nichts dagegen; **Anlamı**: benim için fark etmez]

wer am lautesten schreit, hat Recht *(wörtl: en fazla bağıran hak kazanır)* **fig** ağlamayan çocuğa meme vermezler *(wörtl: das Kind, das nicht weint, bekommt die Brust nicht/wird nicht gestillt)* [**Bedeutung**: wer sich meldet, der wird bedient; **Anlamı**: hakkını aramasını bilmeyenin işi görülmez]

wo nichts ist, hat der Kaiser sein Recht verloren *(wörtl: bir şey olmayan yerde imparator hakkını kaybetmiş sayılır)* **fig** yanmış harmanın öşrü alınmaz *(wörtl: der Zahntel für das abgebrannte Heu wird nicht eingenommen)* **fig** ölü gözünden yaş ummak *(wörtl: Tränen aus dem Auge eines Toten erwarten)* [**Bedeutung**: von jemandem, der nichts hat, kann man auch nichts fordern; es ist sinnlos von jemandem Geld zu fordern, der keines hat; **Anlamı**: hiç olmayacak yerden, mümkün olmayan durumda yardım veya destek beklemek; olmayan bir şey için para alınmaz]

---

rechts sağ

nicht mehr wissen, wo rechts und wo links ist *fig* sağını solunu bilmemek [**Bedeutung**: völlig verwirrt sein; **Anlamı**: düşüncesiz, dikkatsiz olmak]

Rede konuşma

große Reden schwingen/führen *(wörtl: büyük konuşmalar sallamak/yapmak)* **fig** üst perdeden konuşmak *(wörtl: am obersten Vorhang stehen und reden)* [**Bedeutung**: prahlerisch reden; **Anlamı**: üstünlük taslayarak söz söylemek]

lange Rede kurzer Sinn *(wörtl: uzun konuşma, kısa anlam)* **fig** uzun lafın kısası *(wörtl: die Kürze des langen Wortes)* [**Bedeutung**: kurzum; um es zusammenzufassen; um es kurz zu machen; **Anlamı**: kısacası; özet olarak]

nicht der Rede wert sein *(wörtl: üzerinde konuşulmaya değmez)* **fig** fındık kabuğunu doldurmaz *(wörtl: es füllt nicht einmal die Haselnussschale aus)* **fig** bu kadar kusur kadı kızında da bulunur *(wörtl: so viele Fehler gibt es auch bei der Tochter des Kadis/Richters)* [**Bedeutung**: bedeutungslos, unwichtig sein; **Anlamı**: üzerinde konuşulmaya değmez]

---

reden konuşmak

reden, wie einem der Schnabel gewachsen ist *(wörtl: gagası/çenesi nasıl büyümüşse, öyle konuşmak)* **fig** ağzına geleni söylemek *(wörtl: das sagen, was ın den Mund kommt)* [**Bedeutung**: freiheraus, ungeniert reden; **Anlamı**: nezaket dışına çıkarak ağır ve kırıcı sözler söylemek]

Blech reden *(wörtl: teneke konuşmak)* **fig** hava cıva konuşmak *(wörtl: Luft und Quecksilber reden)* [**Bedeutung**: Unsinn reden; **Anlamı**: boş ve işe yaramaz şeyler söylemek]

Reden ist Silber, Schweigen ist Gold *(wörtl: konuşma gümüş, susma altındır)* *fig* söz gümüşse sükût altındır *(wörtl: wenn das Wort Silber ist, ist das Schweigen Gold)* [**Bedeutung**: Schweigen ist mehr wert als Reden; manchmal ist es besser nichts zu sagen; **Anlamı**: susmak bazen konuşmaktan daha iyi sonuç verir]

frisch von der Leber weg reden/sprechen *(wörtl: ciğerden taze taze çıkarak konuşmak)* *fig* açık açık konuşmak *(wörtl: ganz offen reden)* *fig* dobra dobra konuşmak *(wörtl: gut und verständlich reden)* [**Bedeutung**: ohne Scheu reden; offenherzig sprechen; **Anlamı**: sakınmadan, çekinmeden konuşmak; hiç bir şeyi saklamadan konuşmak]

in den Wind reden *(wörtl: rüzgara karşı konuşmak)* *fig* çene yormak *(wörtl: den Kiefer ermüden)* [**Bedeutung**: reden, ohne Gehör zu finden; **Anlamı**: boşuna söyleyip durmak]

jemandem nach dem Maul reden ↑
jemandem nach dem Mund reden

jemandem nach dem Mund reden *(wörtl: birinin ağzına göre konuşmak)* *fig* birinin türküsünü çağırmak *(wörtl: jemandes Lied rufen)* [**Bedeutung**: etwas sagen, was der andere gerne hört; allzu bereitwillige Anpassung an die Meinung eines anderen zeigen; **Anlamı**: birinin hoşuna gidecek biçimde söz söylemek; onun beğeneceği biçimde davranışta bulunmak]

Klartext reden/sprechen *fig* açık açık konuşmak

[**Bedeutung**: ganz offen sprechen; **Anlamı**: hiç bir şeyi saklamadan konuşmak]

sich den Mund fusselig reden *(wörtl: konuşa konuşa ağzını tarazlandırmak)* *fig* dilinde tüy bitmek *(wörtl: immer wieder sagen und kein Haar mehr auf der Zunge haben)* [**Bedeutung**: durch ständige Wiederholung versuchen, jemanden zu etwas zu bewegen; **Anlamı**: tekrar tekrar söylemekten usanmak]

sich etwas von der Seele reden *(wörtl: bedenle ruhla)* *fig* içini boşaltmak *(wörtl: sein Inneres leeren)* *fig* içini dökmek *(wörtl: sein Inneres auschütten)* [**Bedeutung**: sagen, was einem bedrückt (und sich dadurch Erleichterung verschaffen); **Anlamı**: derdini, sıkıntılarını anlatıp rahatlamak]

tue Gutes und rede nicht darüber *(wörtl: iyilik et de sözünü etme)* *fig* iyilik et ve denize at, balık bilmezse Halik bilir *(wörtl: tue Gutes und werfe es ins Meer, wenn die Fische es nicht anerkennen, wird der Schöpfer es tun)* *fig* sağ elinin verdiğini sol elin görmesin *(wörtl: das, was deine rechte Hand tut, soll deine linke Hand nicht sehen)* *fig* bir elinin verdiğini öbür elin görmesin *(wörtl: das, was deine eine Hand tut, soll die andere Hand nicht sehen)* [**Bedeutung**: tue Gutes und erwarte keine Gegenleistung; **Anlamı**: karşılık beklemeden iyilik yap]

über dieses und jenes reden *fig* şundan bundan konuşmak [**Bedeutung**: sich über alles Mögliche unterhalten; **Anlamı**: belirsiz şeylerden; gelişigüzel olarak her şeyden söz etmek]

über Gott und die Welt reden
(wörtl: Allah ve dünya üzerine konuşmak) **fig** dereden tepeden konuşmak *(wörtl: über Bäche und Hügel reden)*
[**Bedeutung**: sich über alles Mögliche unterhalten; **Anlamı**: gelişigüzel her şeyden söz etmek]

um den heißen Brei herumreden
(wörtl: sıcak lapanın etrafında konuşup durmak) **fig** bin dereden su getirmek *(wörtl: von tausend Bächen Wasser holen)*
[**Bedeutung**: nicht wagen, etwas Bestimmtes im Gespräch zur Sprache zu bringen; **Anlamı**: oyalamak için türlü nedenler ileri sürmek]

Regel kural, kaide

Ausnahmen bestätigen die Regel
(wörtl: istisnalar kuralı doğrular) **fig** istisnalar kaideyi bozmaz *(wörtl: Ausnahmen brechen die Regel nicht)* herkesin arşınına göre bez vermezler *(wörtl: das Tuch wird nicht nach der persönlichen Elle herausgegeben)*
[**Bedeutung**: es gibt Ausnahmen von der Regel; diese Ausnahme unterliegt keiner Gesetzmäßigkeit; **Anlamı**: genel ilkeler, kurallar herkesin isteğine göre değiştirilmez, bozulmaz]

Regen yağmur

auf Regen folgt Sonnenschein
(wörtl: yağmuru güneş ışığı izler; yağmurun ardından güneş ışığı gelir) **fig** kara gün kararıp kalmaz *(wörtl: der schwarze Tag wird schwarz aber bleibt nicht so)* **fig** her inişin bir yokuşu vardır *(wörtl: jeder Abstieg hat einen Aufstieg)*
[**Bedeutung**: nach schwierigen Phasen kommen immer wieder gute Zeiten; **Anlamı**: sıkıntılı

zamanlardan sonra mutluluk dolu zamanlar gelir]

jemanden im Regen stehen lassen
(wörtl: birini yağmurda yüzüstü bırakmak) **fig** birini yüzüstü bırakmak *(wörtl: jemanden in Bauchlage stehenlassen)*
[**Bedeutung**: jemanden in einer Notlage alleinlassen; **Anlamı**: birini yapayalnız, kötü bir durumda bırakmak]

vom Regen in die Traufe kommen
(wörtl: yağmurdan kaçarken yağmur suyu oluğuna tutulmak) **fig** yağmurdan kaçarken doluya tutulmak *(wörtl: vom Regen weglaufend in den Hagel geraten)*
[**Bedeutung**: von einer unangenehmen Lage in eine noch unangenehmere geraten; **Anlamı**: güç bir durumdan kurtulayım derken daha kötüsüyle karşılaşmak]

Regenwetter yağmurlu hava

ein Gesicht machen wie sieben Tage Regenwetter *(wörtl: yedi gün arka arkaya yağmur yağar gibi surat yapmak)* **fig** yüzünden düşen bin parça olmak *(wörtl: das, was aus seinem Gesicht fällt, bricht in tausend Teile)*
[**Bedeutung**: verdrießlich dreinschauen; **Anlamı**: suratı asık olmak]

regieren yönetmek

Geld regiert die Welt *(wörtl: para dünyayı yönetir)* **fig** parayı veren düdüğü çalar *(wörtl: wer das Geld gibt, spielt die Pfeife)* **fig** varlığa darlık olmaz *(wörtl: beim Reichtum gibt es keine Knappheit)*
[**Bedeutung**: wer viel Geld hat, hat auch Macht; **Anlamı**: parasını ödeyen kimse, istediği şeyi elde eder]

Register (orgda) boru takımı

alle Register ziehen *(wörtl: (orgda) her boru takımını çekmek)* **fig** her çareye başvurmak *(wörtl: jede Lösung bestreiten)* [**Bedeutung**: her yolu denemek; elindeki bütün imkânları kullanmak; elinden geleni yapmak; **Anlamı**: alle verfügbaren Mittel einsetzen; alles Mögliche tun; tun, was man kann]

regnen yağmak

denn, regnet's Brei, fehlt ihm der Löffel *(wörtl: çünkü lapa yağdığı zaman kaşığı yoktur)* **fig** at bulunur meydan bulunmaz, meydan bulunur at bulunmaz *(wörtl: es findet sich ein Pferd aber keinen Platz, es findet sich ein Platz aber kein Pferd)* **fig** buldum bilemedim, bildim bulamadım *(wörtl: ich habe es gefunden (aber) nicht wissen können, ich habe es gewusst (aber) nicht finden können)* [**Bedeutung**: die notwendigen Bedingungen für eine Arbeit sind nicht immer perfekt; **Anlamı**: bir iş için gerekli koşullar her zaman eksiksiz olarak ele geçmez]

es regnet Bindfäden *fig* sicim gibi yağıyor [**Bedeutung**: es regnet sehr stark; **Anlamı**: damlaları ince bir sıra olarak birbiri ardınca akmak]

es regnet immer dorthin, wo es schon nass ist *(wörtl: yağmur hep ıslak olan yere yağar)* **fig** aza sormuşlar: "nereye?", "çoğun yanına" demiş *(wörtl: sie fragten dem Wenig „wohin?", er sagte: „zum Viel")* [**Bedeutung**: Diejenigen, die viel besitzen, bekommen immer noch

mehr; **Anlamı**: küçük kazançlar bile hep varlıklı kimselere düşer]

in Strömen regnen *(wörtl: şakır şukur yağmak)* **fig** bardaktan boşanırcasına yağmak *(wörtl: es regnet strömend aus einem Trinkglas)* [**Bedeutung**: sehr stark regnen; **Anlamı**: şiddetli yağmak]

reiben sürmek, sürtmek, sürtünmek, ovalamak

jemandem etwas unter die Nase reiben *(wörtl: bir şeyi birinin burnunun altına sürmek)* **fig** bir şeyi birinin yüzüne vurmak *(wörtl; jemandem etwas ins Gesicht schlagen)* [**Bedeutung**: tadelnd auf etwas hinweisen; jemandem etwas Unangenehmes unverblümt sagen; **Anlamı**: ayıplayarak kusurunu yüzüne söylemek]

Salz in die Wunde reiben/streuen *(wörtl: yaraya tuz sürmek/ekmek)* **fig** yaraya tuz biber ekmek *(wörtl: Salz und Pfeffer in die Wunde streuen)* [**Bedeutung**: durch eine Äußerung die unangenehme Lage eines anderen zusätzlich verschlimmern; **Anlamı**: üzüntüyü, kusuru artıracak durum yaratmak]

sich die Hände reiben *(wörtl: ellerini ovalamak)* **fig** kıçına kına yakmak *(wörtl: sich den Hintern mit Henna verbrennen)* [**Bedeutung**: Schadenfreude empfinden; von heimlicher Schadenfreude, Genugtuung sein; **Anlamı**: karşısındaki uğradığı bir zarara çok sevinmek]

was stört es die Eiche, wenn die Sau/Wildsau sich an ihr reibt

(wörtl: domuz/yaban domuzu meşeye sürtünürse meşe neden rahatsız olsun) **fig** tavşan dağa küsmüşse dağın haberi olmamış *(wörtl: wenn der Hase dem Berg böse war, hat der Berg es nicht gewusst)* [**Bedeutung**: was kümmert es mich, wenn sich andere Menschen über mich ärgern; **Anlamı:** önemsiz kişi önemli kişiye küsse önemli kişinin umurunda bile olmaz]

reich zengin, varlıklı

der Gesunde weiß nicht, wie reich er ist *(wörtl: sağlıklı olan, ne kadar varlıklı olduğunu bilmez, hedeftir)* **fig** sağlık varlıktan yeğdir *(wörtl: Gesundheit ist besser als Vermögen)* **fig** baş sağlığı, dünya varlığı *(wörtl: Kopfgesundheit ist Weltvermögen)* [**Bedeutung:** Gesundheit ist das Wichtigste im Leben; **Anlamı:** insan, sağlıklı olmazsa, istediği kadar zengin olsun, mutlu bir yaşam süremez]

Reich âlem

im Reich der Blinden ist der Einäugige König *(wörtl: körler âleminde tek gözlü kraldır)* **fig** körler memleketinde şaşılar padişah olur *(wörtl: im Land der Blinden werden die Schielenden Sultane)* [**Bedeutung:** unter den Schlechten ist der Mittelmäßige der Beste; **Anlamı:** istenilen nitelikteki şey bulunamadığında onun daha düşük nitelikte olanına da razı olunur]

reichen[1] yetmek

dicke reichen *fig* haydi haydi yetmek [**Bedeutung:** vollkommen ausreichen; mehr als genug sein; **Anlamı:** rahatlıkla yeter olmak]

(nur) für den hohlen Zahn reichen/sein *(wörtl: (ancak) dişinin kovuğuna yetmek/(ancak) dişinin kovuğu için olmak)* **fig** dişinin kovuğuna bile yetmemek *(wörtl: nicht einmal für den hohlen Zahn reichen)* **fig** ağza tat, boğaza feryat *(wörtl: Geschmack für den Mund, ein Aufschrei für den Hals)* [**Bedeutung:** zum Essen allzu wenig sein; **Anlamı:** yiyecek çok az gelmek, doyurmamak]

reichen[2] uzatmak

man reicht den kleinen Finger und er nimmt die ganze Hand *(wörtl: küçük parmağını uzattın mı bütün elini alır)* **fig** yüz verince astar ister *(wörtl: hätschelt man ihn, will er das Futter)* [**Bedeutung:** man bietet Hilfe an, und er will noch viel mehr Hilfe; **Anlamı:** kendisine gösterilen küçük bir ilgiden dolayı şımararak daha çok istemek]

reif olgun, olmuş

reif sein fürs Bett *fig* birini yatak çekmek *(wörtl: jemanden zieht es ins Bett)* [**Bedeutung:** sehr müde sein; **Anlamı:** çok bitkin ve yorgun olmak]

jemandem (wie eine reife Frucht) in den Schoß fallen *(wörtl: (olmuş meyve gibi) birinin kucağına düşmek)* **fig** olmuş armut gibi eline düşmek *(wörtl: wie eine reife Birne in die Hand fallen)* [**Bedeutung:** etwas ohne Mühe erhalten; **Anlamı:** emeksizce ve zahmetsizce eline düşmek]

Reihe sıra

aus der Reihe tanzen *(wörtl: sıradan dans ederek ayrılmak)* **fig**

sürüden ayrılmak *(wörtl: sich von der Herde trennen/entfernen)* [Bedeutung: sich anders verhalten als die Mehrheit; **Anlamı**: herkesin yaptığını yapmamak]

Reim uyak

sich keinen Reim auf etwas machen können *(wörtl: bir şeyden uyak yapamamak)* **fig** bir şeyi aklı almamak *(wörtl: sein Verstand nimmt etwas nicht auf)* **fig** bir şeye anlam verememek *(wörtl: etwas keine Bedeutung geben können)* [Bedeutung: etwas nicht begreifen, nicht verstehen; sich etwas nicht erklären können; **Anlamı**: bir şeyi anlayamamak, kavrayamamak]

---

rein temiz, pak

reinen Tisch machen *(wörtl: temiz masa yapmak)* **fig** işi temizlemek *(wörtl: die Angelegenheit bereinigen)* **fig** işi yoluna koymak *(wörtl: die Angelegenheit auf ihren Weg setzen)* **fig** hesabı kapamak *(wörtl: die Rechnung abschließen)* **fig** fit olmak **fig** deveyi düze çıkarmak *(wörtl: das Kamel auf die Platte bringen)* [Bedeutung: eine Angelegenheit bereinigen; alles in Ordnung bringen; **Anlamı**: sorunu çözüme bağlamak; düzeltmek; güçlükleri ortadan kaldırıp işi yoluna koymak]

reinsten Wassers *(wörtl: tertemiz sudan)* **fig** sapına kadar *(wörtl: bis zum Stiel)* [Bedeutung: ohne Einschräkung; durch und durch; waschecht; **Anlamı**: (iyi bir nitelikte eksiksizlik belirtmek için) her yönden; her bakımdan, tümüyle, bütünüyle, tam olarak]

die Luft ist rein/sauber *(wörtl: hava temiz)* **fig** ortada kimse yok *(wörtl: es ist keiner da)* [Bedeutung: es besteht keine Gefahr, jemanden zu begegnen oder bemerkt zu werden; **Anlamı**: biriyle karşılaşma tehlikesi yok]

eine reine Weste haben *(wörtl. yeleği pak olmak)* **fig** alnı açık, yüzü pak olmak *(wörtl: eine offene Stirn, ein reines Gesicht haben)* **fig** yüzü ak olmak *(wörtl: ein weißes Gesicht haben)* [Bedeutung: nichts getan haben, was rechtlich nicht einwandfrei ist; **Anlamı**: çekinecek hiçbir durumu veya ayıbı olmamak]

ins Reine schreiben *(wörtl: temize yazmak)* **fig** temize çekmek *(wörtl: ins Reine ziehen)* [Bedeutung: etwas sauber abschreiben; **Anlamı**: bir yazının karalamasını temiz olarak yazmak]

von reinstem Wasser *(wörtl: tertemiz sudan)* **fig** sapına kadar *(wörtl: bis zum Stiel)* [Bedeutung: ohne Einschräkung; durcu und durch; waschecht; **Anlamı**: (iyi bir nitelikte eksiksizlik belirtmek için) her yönden; her bakımdan, tümüyle, bütünüyle, tam olarak]

Reise yolculuk

die letzte Reise antreten *fig* son yolculuğa çıkmak [Bedeutung: beerdigt werden; **Anlamı**: ölüp gömülmek]

---

reisen seyahat etmek

Reisen bildet *(wörtl: seyahat eğitir)* **fig** çok gezen çok bilir *(wörtl: wer viel reist, weiß viel)* **fig** çok yaşayan bilmez, çok gezen bilir *(wörtl: nicht*

wer viel lebt weiß mehr, sondern wer viel reist)
[Bedeutung: durch Reisen erweitert man sein Wissen; **Anlamı:** çok gezen insan daha fazla bilgiye sahip olur]

Reisender yolcu

Reisende soll man nicht aufhalten *(wörtl: yolcular alıkoyulmamalıdır)* *fig* yolcu yolunda gerek *(wörtl: der Reisende gehört auf seinen Weg)* [Bedeutung: wer gehen will, soll es tun; **Anlamı:** vakit geçirmeden yola çıkılmalı]

reißen kopmak, yırtılmak

jemandem reißt der Geduldsfaden *(wörtl: birinin sabır ipliği kopmak)* *fig* canına tak demek/etmek *(wörtl: jemandes Seele sagt/macht Tak)* [Bedeutung: einer Sache überdrüssig sein; jemand wird ungeduldig und ärgerlich; **Anlamı:** sabrı kalmamak; dayanamaz duruma gelmek]

jemandem reißt die Geduld *fig* birinin sabrı tükenmek/taşmak [Bedeutung: einer Sache überdrüssig sein; jemand wird ungeduldig und ärgerlich; **Anlamı:** sabrı kalmamak; dayanamaz duruma gelmek]

reiten binmek

(etwas) zu Tode reiten *(wörtl: (bir şeye) ölünceye kadar binmek)* *fig* (bir şeyin) suyu çıkmak *(wörtl: (dessen) Saft kommt heraus)* [**Bedeutung:** etwas (ein Thema oder Ähnliches) bis zum Überdruss bereden, durch dauernde Wiederholung die Wirkung schmälern; überstrapazieren; **Anlamı:** çok söz edildiği veya üzerinde yerli yersiz durulduğu için değerini yitirmek]

jemanden reitet der Teufel *(wörtl: birine şeytan binmek)* *fig* şeytan dürtmek *(wörtl: der Teufel stachelt auf)* [Bedeutung: jemand handelt unüberlegt und böswillig; **Anlamı:** durup dururken kötü bir iş yapıvermek]

Rennpferd yarış atı

man kann aus einem Ackergaul/Esel kein Rennpferd machen *(wörtl: tarla beygirinden/eşekten yarış atı olmaz)* *fig* eşek kulağı kesilmekle küheylan olmaz *(wörtl: wenn man die Ohren schneidet, wird aus einem Esel kein Vollblutaraber)* [Bedeutung: ein Mensch, dem bestimmte Merkmale fehlen, ist nicht geeignet für eine Tätigkeit, bei der diese benötigt werden; **Anlamı:** aslında niteliksiz olan bir şeye ne yapılsa değişmez]

retten kurtarmak

rette sich, wer kann! *(wörtl: kendini krtaran kurtarsın)* *fig* atın yüğrükse bin de kaç *(wörtl: wenn dein Pferd schnell ist, steig auf und lauf weg)* [Bedeutung: Warnung vor etwas Unangenehmem; **Anlamı:** olanakların varsa kendini kurtar]

seine Haut retten *(wörtl: derisini kurtarmak)* *fig* postu kurtarmak *(wörtl: das Fell retten)* [Bedeutung: sich in Sicherheit bringen; **Anlamı:** öldürülme tehlikesini atlatmak]

Reue pişmanlık

späte Reue ist selten treu *(wörtl: geciken pişmanlık nadiren sadıktır)* *fig* son pişmanlık fayda vermez/etmez *(wörtl: die letzte Reue*

erzeugt keinen Nutzen) fig acele bir
ağaçtır, meyvesi pişmanlık *(wörtl:
die Eile ist ein Baum, seine Frucht
die Reue)*
[**Bedeutung**: die Ereignisse kann
man nicht mehr rückgängig machen;
Anlamı: iş işten geçtikten sonra
pişman olmanın yararı yoktur]

Richter hakim

**wo kein Kläger ist, ist auch kein
Richter** *(wörtl: davacı bulunmayan
yerde hakim de bulunmaz) fig*
davasız yargılama olmaz *(wörtl:
ohne Klage kann es keinen Prozess
geben)*
[**Bedeutung**: wenn niemand an
einem Unrecht Anstoß nimmt, wird
es auch nicht verfolgt; **Anlamı**:
mahkeme kendiliğinden olaya el
koyamaz]

riechen koklamak

jemanden nicht riechen können
(wörtl: birini koklayamamak) fig
birinin ağız kokusunu çekememek
*(wörtl: jemandes Mundgeruch nicht
ertragen können)*
[**Bedeutung**: jemanden nicht
ausstehen können; **Anlamı**: bir
kimsenin tutum ve davranışına
katlanamamak]

Lunte riechen[1] *(wörtl: funya/fitil
kokusu almak) fig* kokusunu almak
(wörtl: den Geruch wahrnehmen)
[**Bedeutung**: eine Gefahr rechtzeitig
erkennen; Verdacht schöpfen;
Anlamı: gizli tutulan bir şeyi
sezmek]

Lunte riechen[2] *(wörtl: funya/fitil
kokusu almak) fig* tadını almak
(wörtl: den Geschmack nehmen)
[**Bedeutung**: beginnen, sich für
etwas zu interessieren; auf den
Geschmack kommen; **Anlamı**:

yaptığı işten zevk duymaya
başlamak]

Riegel sürgü

einen Riegel vorschieben *(wörtl:
sürgülemek; sürgüsünü sürerek
kapamak) fig* set çekmek *(wörtl:
eindämmen)*
[**Bedeutung**: etwas unterbinden;
Anlamı: bir şeyin gerçekleşmesine
engel olmak]

Riemen kayış, kemer

den Gürtel/Riemen enger schnallen
fig kemerini sıkmak
[**Bedeutung**: sich einschränken;
kürzertreten; **Anlamı**: sıkı para
politikası anlayışıyla daha az
tüketmek]

sich am Riemen reißen *(wörtl:
kemerini sıkmak) fig* dişini sıkmak
(wörtl: die Zähne zusammenbeißen)
fig kendini tutmak[2] *(wörtl: sich
halten) fig* bağrına taş basmak *(wörtl:
einen Stein auf seine Brust drücken)*
[**Bedeutung**: durchhalten; sich
zusammennehmen; sich nicht gehen
lassen; **Anlamı**: dayanmak;
katlanmak; sesini çıkarmaksızın her
türlü acıya katlanmak]

sich in die Riemen legen *(wörtl:
kemerlere yatmak) fig* küreklere
asılmak *(wörtl: sich an die Ruder
hängen)*
[**Bedeutung**: sich sehr anstrengen;
Anlamı: çok çaba göstermek]

ringen güreşmek; çekişmek

mit dem Tod ringen *(wörtl: ölümle
güreşmek) fig* can çekişmek *(wörtl:
mit dem Leben ringen)*
[**Bedeutung**: im Sterben liegen;
Anlamı: ölmek üzere bulunmak]

Rippe kaburga

aus den Rippen schneiden *(wörtl: kaburgalardan kesmek)* *fig* yoktan var etmek *(wörtl: aus dem Nichts entstehen lassen)*
[**Bedeutung**: aus dem Nichts entstehen lassen; etwas herbeizaubern können; **Anlamı**: yaratmak; ortaya çıkarmak]

Riss yarık, çatlak

einen Riss im Hirn haben ↑ **einen Riss in der Birne haben**
einen Riss im Kopf haben ↑ **einen Riss in der Birne haben**

einen Riss in der Birne haben *(wörtl: armutta bir yarık olmak)* kafadan/kafası çatlak olmak *(wörtl. einen Sprung/Riss im Kopf haben)*
[**Bedeutung**: leicht verrückt sein; nicht recht bei Verstand sein; **Anlamı**: hafif deli olmak]

Rock etek

jemandem ist das Hemd näher als der Rock *(wörtl: birine gömleği eteğinden yakın olmak)* *fig* önce can, sonra canan *(wörtl: erst das eigene Leben, dann die nächsten Lieben)*
[**Bedeutung**: jemandem sind die eigenen Interessen wichtiger; **Anlamı**: insanlar bencildir, önce kendilerini sonra yakınlarını düşünürler]

Röhre boru

in die Röhre gucken *(wörtl: borunun içine bakmak)* *fig* ağzını havaya/poyraza açmak *(wörtl: seinen Mund in die Luft öffnen/seinen Mund nach dem Nordostwind öffnen)* *fig* hava almak *(wörtl: Luft nehmen)*

[**Bedeutung**: leer ausgehen; **Anlamı**: umduğunu elde edememek]

rollen yuvarlanmak

ein rollender Stein setzt kein Moos an *(wörtl: yuvarlanan taş yosun tutmaz)* *fig* akan su yosun tutmaz *(wörtl: fließendes Wasser setzt kein Moos an)*
[**Bedeutung**: wer sich nicht bewegt, wird unbeweglich; **Anlamı**: iş yapmaksızın duran kimse hantallaşır]

ins Rollen kommen *(wörtl: yuvarlanmaya başlamak)* *fig* yoluna girmek *(wörtl: in die Wege gehen)*
[**Bedeutung**: zu funtionieren beginnen; anfangen wirksam zu werden; abzulaufen; **Anlamı**: istenilen biçimi almak]

wer einen Stein hochwälzt, auf den rollt er zurück *(wörtl: bir taşı yokuş yukarı yuvarlayanın başına o taş geri yuvarlanır)* *fig* ava giden avlanır *(wörtl: wer auf die Jagd geht, wird gejagt)*
[**Bedeutung**: etwas Übles, das man einem Dritten zufügen will, wendet sich gegen einen selbst; **Anlamı**: çıkarını başkalarına zarar vermekte arayan kimse, o zarara kendisi uğrar]

Rom Roma

Rom ist (auch) nicht an einem Tag erbaut worden *(wörtl: Roma, bir günde kurulmamıştır)* *fig* bir vurmakla ağaç devrilmez *(wörtl: mit einem Schlag fällt ein Baum nicht um)*
[**Bedeutung**: bedeutende Dinge brauchen ihre Zeit; **Anlamı**: önemli şeyler zaman alır]

alle Wege führen nach Rom *(wörtl: bütün yollar Romaya gider)* *fig* ikisi bir kapıya çıkar *(wörtl: beide führen*

346

zu einer Tür) fig ayvaz, kasap hep bir hesap *(wörtl: ob Begleiter oder Metzger, die Rechnung ist dieselbe)* [**Bedeutung:** es gibt nicht nur einen Weg zur Lösung einer Aufgabe; **Anlamı:** o da bu da aynı şeydir; aynı sonuca varır]

rosa pembe

die Welt durch eine rosarote Brille sehen *(wörtl: dünyayı pembe kırmızı gözlükle görmek) fig* dünyayı toz pembe görmek *(wörtl: die Welt staubig rosa sehen)* [**Bedeutung:** allzu optimistisch sein; **Anlamı:** aşırı iyimser olmak]

Rose gül

Geduld bringt Rosen *(wörtl: sabır gül getirir) fig* sabrın sonu selamettir *(wörtl: das Ende der Geduld ist das Wohl(ergehen/am Ende der Geduld wartet der Segen) fig* sabır acıdır meyvesi tatlıdır *(wörtl: Geduld ist bitter, ihre Frucht ist süß)* [**Bedeutung:** Geduld führt zum Erfolg; Geduld wird belohnt; **Anlamı:** sabır zor iştir, ancak güzel sonuçları vardır]

keine Rose ist ohne Dornen *(wörtl: hiçbir gül dikensiz değildir) fig* dikensiz gül olmaz *(wörtl: Rosen ohne Dornen, gibt es nicht)* [**Bedeutung:** alles hat neben schönen Seiten auch Nachteile; **Anlamı:** iyi ve güzel olan her şeyin az çok sıkıntı veren bir yanı da bulunur]

manchmal muss man durch Dornen gehen, um Rosen zu erreichen *(wörtl: bazen güllere erişmek için dikenlerden geçmek gerekir) fig* gülü seven dikenine katlanır *(wörtl: wer die Rose liebt, erträgt ihre Dornen)* [**Bedeutung:** wer eine Sache anfängt, muss sie

vollenden und auch unangenehme Folgen auf sich nehmen; **Anlamı:** insan, sevdiği iş yüzünden gelecek sıkıntılara dayanır]

Rosine kuru üzüm

Rosinen im Kopf haben *(wörtl: kafasında kuru üzüm olmak) fig* başında kavak yeli/yelleri esmek *(wörtl: Pappelbrisen in seinem Kopf wehen)* [**Bedeutung:** unrealistische Träume haben; **Anlamı:** gerçekleşmeyecek şeyler düşünerek vakit geçirmek]

sich die Rosinen herauspicken *(wörtl: bir şeyden kuru üzümleri toplamak) fig* kaymağını almak *(wörtlden Rahm abschöpfen)* [**Bedeutung:** sich das Beste, den größten Vorteil sichern; sich von etwas das Beste nehmen; **Anlamı:** bir şeyin en büyük payını, kârını ele geçirmek]

Ross at

Ross und Reiter nennen *(wörtl: at ve atlının adını söylemek) fig* iyiye iyi, kötüye kötü demek *(wörtl: Gut zu Gut und schlecht zu schlecht sagen)* [**Bedeutung:** die Namen von Personen öffentlich nennen; offen aussprechen, wer gemeint ist; **Anlamı:** gerçek neyse onu söylemek; dürüst olmak]

auf dem hohen Ross sitzen *(wörtl: yüksek atın üstünde oturmak) fig* burnu Kafdağı'nda olmak *(wörtl: ihm ist die Nase auf dem Berg Kaf)* [**Bedeutung:** eingebildet, arrogant sein; **Anlamı:** çok kibirli olmak]

hoch zu Ross sitzen *(wörtl: yüksek atın üstünde oturmak) fig* burnu Kafdağı'nda olmak *(wörtl: ihm ist die Nase auf dem Berg Kaf)*

[**Bedeutung**: eingebildet, arrogant sein; **Anlamı**: çok kibirli olmak]

sich aufs hohe Ross setzen ↑ **sich aufs hohe Pferd setzen**

vom hohen Ross fallen *(wörtl: yüksek attan düşmek)* *fig* attan inip eşeğe binmek *(wörtl: vom Pferd absteigen und auf den Esel steigen)* *fig* şahken şahbaz olmak *(wörtl: Edelfalke sein, nachdem man der Schah war)* [**Bedeutung**: schlechter als vorher sein; **Anlamı**: bulunduğu aşamadan aşağı bir aşamaya düşmek]

vom hohen Ross herunterkommen *(wörtl: yüksek attan inmek)* *fig* attan inip eşeğe binmek *(wörtl: vom Pferd absteigen und auf den Esel steigen)* *fig* şahken şahbaz olmak *(wörtl: Edelfalke sein, nachdem man der Schah war)* [**Bedeutung**: schlechter als vorher sein; **Anlamı**: bulunduğu aşamadan aşağı bir aşamaya düşmek]

Rost pas

Rost frisst Eisen, Sorge den Menschen *(wörtl: pas, demiri yer, üzüntü de insanı)* *fig* demir nemden, insan gamdan çürür *(wörtl: das Eisen korrodiert durch Feuchtigkeit, der Mensch durch Kummer)* [**Bedeutung**: sowie Rost das Eisen korrodiert, so werden Menschen durch Kummer zerschlissen; **Anlamı**: ıslaklık demiri nasıl paslandırır ve böylece çürütürse kaygı ve tasa da insanı öyle yapar]

rosten paslanmak

alte Liebe rostet nicht *(wörtl: eski sevda paslanmaz)* *fig* ilk göz ağrısı unutulmaz *(wörtl: den ersten Augenschmerz vergisst man nicht)*

[**Bedeutung**: eine große Zuneigung, die man schon seit Langem empfindet, ist von Bestand; eine frühere Liebe bleibt für immer; **Anlamı**: ilk sevilen, ömür boyu unutulmaz]

wer rastet, der rostet *(wörtl: mola veren paslanır)* *fig* işleyen demir pas tutmaz *(wörtl: das funktionierende Eisen rostet nicht)* [**Bedeutung**: wer sich nicht bewegt, wird unbeweglich; **Anlamı**: iş yapmaksızın duran kimse hantallaşır]

rot kırmızı

in den roten Zahlen sein *(wörtl: kırmızı sayılarda olmak)* *fig* ekside olmak *(wörtl: im Minus sein)* [**Bedeutung**: Verluste machen; **Anlamı**: zarar etmek]

rote Zahlen schreiben *(wörtl: kırmızı sayılar yazmak)* *fig* ekside olmak *(wörtl: im Minus sein)* [**Bedeutung**: Verluste machen; **Anlamı**: zarar etmek]

rotsehen *(wörtl: kırmızı görmek)* *fig* gözünü kan bürümek [**Bedeutung**: sehr wütend, sehr zornig werden; **Anlamı**: adam öldürecek kadar öfkelenmek]

Rotz sümük

Rotz und Wasser heulen *(wörtl: sümük ve su ulumak)* *fig* hüngür hüngür ağlamak *(wörtl: laut und schluchzend weinen)* [**Bedeutung**: heftig weinen; **Anlamı**: yüksek sesle ve hıçkıra hıçkıra ağlamak]

Rübe şalgam

348

eins auf die Rübe bekommen *fig*
kafasına bir tane yemek *(wörtl: eins
auf den Kopf bekommen)*
[**Bedeutung**: auf den Kopf
geschlagen werden; **Anlamı**:
kafasına vurulmak]

wie Kraut und Rüben *(wörtl: ot ve
şalgam gibi)* *fig* darmadağınık budak
salmak *(wörtl: sich verzweigen)* *fig*
arapsaçı gibi *(wörtl: wie die Haare
eines Arabers)*
[**Bedeutung**: völlig ungeordnet;
unordentlich; **Anlamı**: çok dağınık]

---

rücken yanaşmak

jemandem auf den Pelz rücken
(wörtl:birinin postuna yanaşmak) *fig*
birinin başına/tepesine bitmek
*(wörtl:jemandem auf dem Kopf/auf
dem Hügel wachsen)* *fig* birinin
başına/tepesine bitmek
*(wörtl:jemandem die Axt auf den
Kopf setzen)*
[**Bedeutung**: jemanden bedrängen;
Anlamı: istenmediği halde, birinin
yanına gelerek ayrılmak bilmemek]

jemandem auf die Pelle rücken
(wörtl:birinin kabuğuna yanaşmak)
fig birinin başına/tepesine bitmek
*(wörtl:jemandem auf dem Kopf/auf
dem Hügel wachsen)* *fig* birinin
başına/tepesine bitmek
*(wörtl:jemandem die Axt auf den
Kopf setzen)*
[**Bedeutung**: jemanden bedrängen;
Anlamı: istenmediği halde, birinin
yanına gelerek ayrılmak bilmemek]

Rücken sırt; arka

**jemandem den Rücken/das Kreuz
stärken/steifen** *(wörtl: birinin
arkasını sağlamlaştırmak)* *fig* birine
arka çıkmak *(wörtl: jemandem als
Rücken(stärkung) auftreten)*

[**Bedeutung**: jemanden unterstützen;
Anlamı: birini başkalarına karşı
korur durum almak]

jemandem in den Rücken fallen
(wörtl: birinin sırtına düşmek) *fig*
birini arkadan vurmak *(wörtl:
jemanden von hinten erschießen)*
[**Bedeutung**: sich gegen jemanden
wenden, der sich auf einen verlassen
hat; **Anlamı**: kendisinden herhangi
bir kötülük gelmeyeceğini sanan
kimseye gizlice büyük kötülük
yapmak]

---

mit dem Rücken zur Wand² *(wörtl:
arkası duvara dayalı)* *fig* arkası
mihrapta *(wörtl: sein Rücken ist in
der Gebetnische)* [**Bedeutung**: aus
sicherer Position; **Anlamı**: güçlü bir
kimseye veya sağlam bir şeye
dayanmış bulunmak]

Rückgrat bel kemiği

jemandem das Rückgrat brechen
(wörtl: birinin bel kemiğini kırmak)
fig belini kırmak *(wörtl: jemandem
das Kreuz brechen)*
[**Bedeutung**: jemandes
Unternehmungen zum Scheitern
bringen; **Anlamı**: birini bir şey
yapamaz duruma getirmek]

Rücksicht gözetme

ohne Rücksicht auf Verluste *(wörtl:
kayıp gözetmeksizin)* *fig* gözünün
yaşına bakmadan *(wörtl: ohne auf
seine Tränen zu schauen)*
[**Bedeutung**: um jeden Preis;
Anlamı: hiç acımadan; ne pahasına
olursa olsun]

Rückzieher cayma

einen Rückzieher machen *(wörtl:
geri çekilmek, caymak)* *fig* yan
çizmek *(wörtl: nebenher streichen)*

fig aklı sonradan gelmek *(wörtl: sein Verstand kommt hinterher)* [**Bedeutung**: etwas ursprünglich Geplantes doch nicht durchführen; sich zurückziehen; **Anlamı**: bir işten kaçmak; verdiği kararın yanlış olduğunu anlayıp geri dönmek]

Ruder dümen

ans Ruder kommen *(wörtl: dümene gelmek)* *fig* direksiyona geçmek *(wörtl: das Steuer übernehmen)* [**Bedeutung**: die Führung/Leitung übernehmen; **Anlamı**: bir işin yönetimini eline almak]

aus dem Ruder laufen *(wörtl: dümenden çıkmak)* *fig* raydan çıkmak *(wörtl: entgleisen)* [**Bedeutung**: außer Kontrolle geraten; **Anlamı**: düzeni bozulmak]

das Ruder herumreißen *(wörtl: dümeni sonuna kadar çevirmek)* *fig* rota değiştirmek *(wörtl: die Route wechseln)* [**Bedeutung**: das Konzept ändern; **Anlamı**: tutumunu değiştirmek; izlediği yoldan ayrılmak]

das Ruder herumwerfen ↑ **das Ruder herumreißen**

Ruf ad, itibar

ist der Ruf erst ruiniert, lebt es sich ganz ungeniert *(wörtl: bir kez adın çıktı mı hiç çekinmeden yaşanır)* *fig* battı balık yan gider *(wörtl: der untergegangene Fisch läuft seitwärts)* *fig* arı satmış, namusu kiraya vermiş *(wörtl: er hat Bienen verkauft und seine Ehre verpachtet)* *fig* arı yemiş, namusu arkasına atmış *(wörtl: er hat Bienen gegessen und seine Ehre nach hinten geworfen)* [**Bedeutung**: hat man schon ein schlechtes Ansehen, kann man ohne Hemmungen tun, was man will; **Anlamı**: işler kötü gittiğine göre artık istenildiği gibi davranılabilir; utanma, namus duygularından uzaklaşmış ve kötü yola sapma durumuna gelmiş]

Ruhe huzur

die Ruhe selbst sein *(wörtl: huzurun kendisi olmak)* *fig* istifini bozmamak *(wörtl: seinen Stapel nicht stören)* [**Bedeutung**: auch in einer schwierigen Lage sich beherrschen; **Anlamı**: bir olay karşısında durumunu değiştirmemek]

die Ruhe vor dem Sturm *(wörtl: fırtınadan önceki sakinlik)* *fig* limanlık fırtınadan sayılır *(wörtl: die Windstille zählt als Sturm)* [**Bedeutung**: die Stille, bevor ein turbulentes Ereignis eintritt; **Anlamı**: fırtınadan önce havada büyük bir sakinlik oluşur]

die Ruhe weghaben *(wörtl: huzuru gitmek)* *fig* istifini bozmamak *(wörtl: seinen Stapel nicht stören)* [**Bedeutung**: sich nicht aus der Fassung bringen lassen; **Anlamı**: aldırış etmeyip durum ve davranışını değiştitmemek]

die ewige Ruhe finden *(wörtl: ebedi huzuru bulmak)* *fig* ruhunu teslim etmek *(wörtl: den Geist aufgeben)* [**Bedeutung**: sterben; **Anlamı**: ölmek]

Runde tur

die Runde machen[1] *(wörtl: turunu yapmak)* *fig* ağızdan ağza yayılmak *(wörtl: sich verbreiten von Mund zu Mund)* *fig* ağızlara sakız olmak *(wörtl: Kaugummi in aller Munde sein)*

[Bedeutung: überall verbreitet werden; **Anlamı**: ağızlara düşmek; herkesin ağzında konuşulur olmak]

die Runde machen[2] *(wörtl: turunu yapmak) fig* elden ele geçmek *(wörtl: von Hand zu Hand gereicht werden)* [Bedeutung: von Hand zu Hand gereicht werden; **Anlamı**: bir kimseden ötekinin eline geçmek]

eine Runde drehen *(wörtl: bir tur döndürmek) fig* tur atmak *(wörtl: eine Runde werfen)* [Bedeutung: einen Rundgang unternehmen; **Anlamı**: şöyle bir dolaşıp gelmek]

etwas in die Runde werfen *(wörtl: bir şeyi topluluğa atmak) fig* ortaya atmak *(wörtl: in die Mitte werfen)* [Bedeutung: etwas ansprechen, zur Diskussion stellen; **Anlamı**: söylemek; ileri sürmek]

über die Runden kommen *fig* geçinip gitmek *fig* yuvarlanıp gitmek [Bedeutung: mit dem Geld auskommen, das man zur Verfügung hat; **Anlamı**: çok iyi değilse de şöyle böyle geçinmek]

---

rutschen kaymak

jemandem rutscht das Herz in die Hose *(wörtl: birinin yüreği pantolonunun içine kaymak) fig* yüreği ağzına gelmek *(wörtl: ihm kommt das Herz in den Mund)* [Bedeutung: jemand bekommt plötzlich große Angst; **Anlamı**: biri birdenbire çok korkmak]

jemandem rutscht die Zunge aus *(wörtl: birinin dili kayarak çıkıyor) fig* ağzından kaçırmak *(wörtl: aus seinem Mund verlieren)* [Bedeutung: sich verplappern, etwas versehentlich sagen; **Anlamı**:

sakladığı, söylemek istemediği bir şeyi boş bulunup söyleyivermek]

S

Saat tohum

wie die Saat, so die Ernte *(wörtl: tohum nasılsa hasat da öyledir) fig* ne ekersen onu biçersin [Bedeutung: so wie du dich verhältst, wird man dich behandeln; **Anlamı**: nasıl davranırsan öyle karşılık görürsün]

Sache şey, iş

die Sache ist gegessen[1] *(wörtl: iş yenildi) fig* oldu olacak, kırıldı nacak *fig* iş işten geçti *(wörtl: die Sache ging von der Sache weg)* [Bedeutung: die Sache ist erledigt; **Anlamı**: her şey olup bitti; bir konuda karşı çıkılacak bir nokta kalmamak]

die Sache ist gegessen[2] *(wörtl: iş yenildi) fig* öküz öldü, ortaklık bozuldu/bitti *(wörtl: der Ochse ist gestorben, die Partnerschaft ist beendet) fig* yorgan gitti, kavga bitti *(wörtl: die Decke ist weg, der Streit ist beendet)* [Bedeutung: eine Sache ist erledigt; etwas ist kein Thema mehr; **Anlamı**: anlaşmazlığın nedeni ortadan kalkınca çekişme kalmadı; aradaki yakınlığın dayanağı yok olduğundan yakınlık da kalmadı]

eine Sache ist gegessen ↑ **die Sache ist gegessen**

nicht (voll) bei der Sache sein *(wörtl: işin içinde (tam) olmamak) fig* işin alayında olmak *(wörtl: Spaß bei der Sache haben)*

351

[**Bedeutung**: die Sache ist erledigt; **Anlamı**: işi hafife almak; işe gereken önemi vermemek]

Sack torba

den Sack schlagen und den Esel meinen ↑ **den Esel meinen, aber den Sack schlagen**

den Esel meinen, aber den Sack schlagen *(wörtl: eşeği demek ama torbaya vurmak)* **fig** eşeğe gücü yetmeyip semerini dövmek *(wörtl: für den Esel reicht seine Kraft nicht aus, also schlägt man auf den Sattel drauf)* [**Bedeutung**: einen Schwächeren angreifen, weil man den Stärkeren nicht anzugreifen wagt; **Anlamı**: güçlü birine kızıp da ondan alamadığı hıncını daha güçsüz birinden almak]

die Katze aus dem Sack lassen *(wörtl: kediyi torbadan çıkarmak)* **fig** ağzından baklayı çıkarmak *(wörtl: die Saubohne aus dem Mund nehmen)* [**Bedeutung**: eine Absicht, einen Plan, den man bisher verschwiegen hat, äußern; **Anlamı**: açık söylemekten kaçındığı bir sorunu açıklamak]

die Katze im Sack kaufen *(wörtl: kediyi torbada satın almak)* **fig** malı görmeden satın almak *(wörtl: die Ware kaufen, ohne sie zu sehen)* [**Bedeutung**: etwas ungeprüft kaufen; sich auf Unbekanntes einlassen; **Anlamı**: bir şeyi kontrol etmeden satın almak; bilmediği bir işe girişmek]

die Katze ist aus dem Sack *(wörtl: kedi torbadan çıktı)* **fig** takke düştü, kel göründü *(wörtl: die Mütze ist heruntergefallen, die Glatze hat sich gezeigt)* **fig** anlaşıldı Vehbi'nin kerrakesi *(wörtl: jetzt ist es klar, was Vehbi für einen Überwurf hat)* [**Bedeutung**: ein Geheimnis ist gelüftet; **Anlamı**: gerçek ortaya çıktı]

in den Sack stecken *(wörtl: torbaya sokmak)* **fig** taş çıkartmak *(wörtl: Steine herausholen lassen)* [**Bedeutung**: besser sein als der andere; **Anlamı**: biri, ötekinden çok üstün olmak]

in Sack und Asche gehen *(wörtl: torba ve külde gitmek)* **fig** başını taştan taşa vurmak *(wörtl: seinen Kopf auf die Steine schlagen)* [**Bedeutung**: bereuen; **Anlamı**: pişman olmak]

jemandem auf den Sack gehen/fallen *(wörtl: birinin torbasına girmek/düşmek)* **fig** birini gıcık etmek *(wörtl: jemandem Hustenreiz machen)* [**Bedeutung**: jemandem lästig sein, auf die Nerven gehen; **Anlamı**: sinirlendirmek]

schlafen wie ein Sack *(wörtl: torba gibi uyumak)* **fig** kıçında pireler uçuşmak *(wörtl: es fliegen Flöhe an seinem Hintern)* [**Bedeutung**: tief und fest schlafen; **Anlamı**: çok derin uyuyor olmak]

---

sacken *(sinken)* batmak, *(sich senken)* çökmek

etwas sacken lassen *fig* bir şeyi düşünüp taşınmak gerekmek [**Bedeutung**: etwas wirken lassen; sich Zeit zum Nachdenken nehmen; **Anlamı**: bir şeyi yapmadan önce her yönüyle iyice düşünmek]

---

säen ekmek

was du säst, wirst du ernten *fig* ne ekersen onu biçersin *fig* ne doğrarsan aşına, o çıkar karşına/kaşığına *(wörtl: was du ins Essen zerstückelst, es begegnet dich/es kommt auf deinen Löffel)* [**Bedeutung**: so wie du dich verhältst, wird man dich behandeln; **Anlamı**: nasıl davranırsan öyle karşılık görürsün]

wer ernten will, muss säen *(wörtl: kim biçmek istiyorsa ekmesi gerekir)* *fig* ekmeden biçilmez *(wörtl: ohne zu säen, kann man nicht ernten)* [**Bedeutung**: nur bei entsprechendem Fleiß stellt sich der Erfolg ein; **Anlamı**: emek vermeden beklenilen sonuca erişilemez]

wer Wind sät, wird Sturm ernten *fig* rüzgâr eken fırtına biçer [**Bedeutung**: wer etwas Schlechtes tut, dem wird man dieses heimzahlen; **Anlamı**: yaptığı kötülüğün çok daha kötüsü ile karşılaşmak]

Saft su

im Saft stehen *(wörtl: suda bulunmak)* *fig* turp gibi olmak *(wörtl: wie ein Radieschen sein)* [**Bedeutung**: fit und leistungsfähig sein; **Anlamı**: sağlığı yerinde olmak]

im eigenen Saft schmoren *(wörtl: kendi suyunda kavrulmak)* *fig* kendi yağıyla kavrulmak *(wörtl: im eigenen Fett schmoren)* [**Bedeutung**: in einer (selbstverschuldeten) Situation bleiben; für sich selbst sorgen können; **Anlamı**: elinde bulunanla geçinip kimseye muhtaç olmamak]

---

sagen demek, söylemek

sag bloß/nur! *fig* deme!

[**Bedeutung**: das ist kaum zu glauben; ist das wirklich wahr?; **Anlamı**: gerçek mi? olamaz]

das Sagen haben *(wörtl: söz söylemeye sahip olamak)* *fig* sözü geçmek *(wörtl: sein Wort gilt)* *fig* borusu ötmek *(wörtl: ihm tönt das Horn)* [**Bedeutung**: Einfluss haben; bestimmen, was geschieht; **Anlamı**: yetkisi olmak; sözü geçmek]

ein paar Worte sagen *(wörtl: bir çift söz söylemek)* *fig* bir çift lakırtı etmek [**Bedeutung**: kurz reden; **Anlamı**: kısa konuşmak]
keinen Piep sagen *fig* gık dememek *fig* gıkı çıkmamak [**Bedeutung**: kein Wort reden; **Anlamı**: sesini çıkarmamak]

etwas durch die Blume sagen *(wörtl: bir şeyi çiçek yoluyla söylemek)* *fig* demeye getirmek *(wörtl: zum Sagen bringen)* *fig* kızım sana söylüyorum, gelinim sen anla *(wörtl: meine Tochter, ich sage es dir, meine Schwieger, du sollst es verstehen)* [**Bedeutung**: etwas andeutungsweise, verhüllt sagen; **Anlamı**: doğrudan doğruya söylenemeyen bir düşünceyi, bir uyarıyı dolaylı olarak söylemek]

lass dir das gesagt sein! *(wörtl: kendine bunu söylet)* *fig* benden söylemesi! *(wörtl: von mir ist es zu sagen)* [**Bedeutung**: merke dir das und richte dich danach; **Anlamı**: uyarmak benden, ötesini kendisi bilir]

leicht gesagt sein *(wörtl: söylenmesi kolay olmak)* *fig* dile kolay olmak *(wörtl: für die Zunge leicht sein)* [**Bedeutung**: so einfach ist das nicht; schwerer durchzuführen sein, als man annimmt; **Anlamı**: denilmesi kolay ama yapılması zor olmak]

sich etwas nicht zweimal sagen lassen *(wörtl: bir şeyi iki kez söyletmemek)* *fig* bir dediğini iki etmemek *(wörtl: das, was er sagt, nicht zweimal sagen lassen)* [**Bedeutung**: man sollte der Bitte sofort Folge leisten; **Anlamı**: her istediğini hemen yapmak]

Taten sagen mehr als Worte *(wörtl: eylemler sözlerden daha öok şey söylerler)* *fig* lafla peynir gemisi yürümez *(wörtl: mit Worten fährt das Käseschiff nicht)* *fig* lakırtı ile iş bitmez *(wörtl: mit Worten wird die Arbeit nicht erledigt)* *fig* boş laf karın doyurmaz *(wörtl: leere Worte machen nicht satt)* [**Bedeutung**: gute Taten sind dann etwas wert, wenn man sie auch tatsächlich tut; **Anlamı**: şöyle yaparım, böyle yaparım demekle yapılması gereken işler yapılmaz]

unter uns (gesagt) *fig* laf aramızda *(wörtl: das Wort unter/zwischen uns)* [**Bedeutung**: im Vertrauen; **Anlamı**: başkaları bilmesin, duymasın]

wer A sagt, muss auch B sagen *(wörtl: A diyen B de demek zorundadır)* *fig* gülü seven dikenine katlanır *(wörtl: wer die Rose liebt, erträgt ihren Dorn)* *fig* hamama giren terler *(wörtl: wer zum Hammam geht, schwitzt)* [**Bedeutung**: wer eine Sache anfängt, muss sie vollenden und auch unangenehme Folgen auf sich nehmen; **Anlamı**: insan, sevdiği iş yüzünden gelecek sıkıntılara dayanır]

zu allem Ja und Amen sagen *fig* herşeye amenna demek *fig* Ahfeş'in keçisi gibi başını sallamak *(wörtl: den Kopf schütteln wie die Ziege von Ahfesch)*

[**Bedeutung**: allem kritiklos zustimmen; sich mit allem abfinden; **Anlamı**: her şeye öyledir, doğru, diyecek yok demek]

Salat salata

da haben wir den Salat! *(wörtl: işte salatamız)* *fig* ayıkla pirincin taşını! *(wörtl: lies im Reis die Steine aus)* [**Anlamı**: bir iş pek karışık ve içinden çıkılmaz durumdadır; **Bedeutung**: man steckt in einem Schlamassel]

Salz tuz

Salz in die Wunde reiben/streuen *(wörtl: yaraya tuz sürmek/ekmek)* *fig* yaraya tuz biber ekmek *(wörtl: Salz und Pfeffer in die Wunde streuen)* [**Bedeutung**: durch eine Äußerung die unangenehme Lage eines anderen zusätzlich verschlimmern; **Anlamı**: üzüntüyü, kusuru artıracak durum yaratmak]

zur Salzsäule erstarren *(wörtl: tuz sütunu halini almak)* *fig* put kesilmek *(wörtl: zum Götzen/Götzenbild werden)* [**Bedeutung**: sich vor Schreck nicht bewegen können; vor Schreck starr werden; **Anlamı**: ne söyleyeceğini, ne yapacağımı bilemez olmak]

Sand kum

auf Sand bauen *(wörtl: kum üstüne yapmak)* *fig* çürük tahtaya basmak *(wörtl: auf morsches Holz treten)* *fig* yaş tahtaya basmak *(wörtl: auf nasses Holz treten)* [**Bedeutung**: auf unsicherer Grundlage fußen; sich auf etwas Unsicheres verlassen; **Anlamı**: önlemsizlik edip sonu iyi olmayacak bir işe girişmek]

auf Sand gebaut sein *(wörtl: kum üstüne yapılmış olmak)* ***fig*** sağlam temeli olmamak *(wörtl: kein solides Fundament haben)* [**Bedeutung:** zum Scheitern verurtelt sein; auf unsicherer Grundlage fußen; sich auf etwas Unsicheres verlassen; **Anlamı:** sonu iyi olmayacak bir iş]

den Kopf in den Sand stecken *(wörtl: başını kuma sokmak)* ***fig*** devekuşu gibi başını kuma sokmak/gömmek *(wörtl: wie ein Strauß den Kopf in den Sand stecken)* ***fig*** devekuşuluk etmek *(wörtl: eine Vogel-Strauß-Strategie betreiben)* [**Bedeutung:** eine Gefahr verdrängen; **Anlamı:** tehlikeyi görmek istememek]

er hat Geld wie Sand am Meer ***fig*** denizde kum, onda para [**Bedeutung:** sehr reich sein; **Anlamı:** çok zengin; parası çok olan kimse]

etwas in den Sand setzen *(wörtl: bir şeyi kuma koymak/sokmak)* ***fig*** yüzüne gözüne bulaştırmak *(wörtl: sich auf das Gesicht und auf das Auge schmieren)* [**Bedeutung:** etwas Scheitern lassen; etwas misslingen; **Anlamı:** bir işi becerememek; bozmak]

im Sande verlaufen *(wörtl: kumda yolunu kaybetmek)* ***fig*** boşa gitmek *(wörtl: ins Leere laufen)* ***fig*** suya düşmek *(wörtl: ins Wasser fallen)* ***fig*** yatmak² *(wörtl: sich hinlegen)* [**Bedeutung:** nicht erfolgreich sein; nach und nach aufhören; wie Wasser nutzlos im Sand versickert, scheitert eine Maßnahme wie sie im Sand verläuft; **Anlamı:** harcanan emek hiçbir işe yaramamak; olumlu bir sonuca ulaşamamak]

jemandem Sand in die Augen streuen *(wörtl: birinin gözlerine kum*

serpmek)* ***fig*** göz boyamak *(wörtl: die Augen färben)* [**Bedeutung:** jemanden täuschen; jemanden in die Irre führen; **Anlamı:** kandırmak, gösterişle aldatmak; kötü şeyi iyi gibi göstererek aldatmak]

Sankt-Nimmerleins-Tag *(wörtl: aziz hiç bir zaman günü)* ***fig*** çıkmaz ayın son çarşambası *(wörtl: der letzte Mittwoch des nicht kommenden Monats)* [**Bedeutung:** nie; niemals; **Anlamı:** hiç bir zaman]

am Sankt-Nimmerleins-Tag *(wörtl: aziz hiç bir zaman gününde)* ***fig*** balık kavağa çıkınca *(wörtl: wenn der Fisch auf die Pappel steigt)* [**Bedeutung:** nie; niemals; **Anlamı:** hiç bir zaman]

Sardine sardalya

wie die Sardinen in der Sardinenbüchse *(wörtl: konserve kutusundaki sardalyalar gibi)* ***fig*** balık istifi [**Bedeutung:** sehr eng; dicht gedrängt; **Anlamı:** üst üste; çok sıkışık bir durumda; sıkış sıkış bir yere dolmuş]

satt tok

der Satte versteht den Hungrigen nicht *(wörtl: tok, açı anlamaz)* ***fig*** tok, açın hâlinden bilmez /anlamaz *(wörtl: der Satte weiß/versteht nicht vom Zustand des Hungrigen)* ***fig*** var ne bilsin yok hâlinden *(wörtl: woher soll das Vorhanden wissen, wie es dem Nichtvorhandenem geht)* [**Bedeutung:** wer nie Hunger erleiden musste, kann nicht verstehen, wie es ist, nichts zum Essen zu haben; **Anlamı:** varlıklı olanlar, yoksulların ne büyük geçim sıkıntısı içinde bulunduklarını bilmezler]

nicht satt werden, etwas zu tun *(wörtl: der Hungrige kennt keinen Glauben) fig* acıkan doymam sanır, susayan kanmam sanır *(wörtl: derjenige, der Hunger kriegt, denkt, er wird nicht satt, der, der Durst bekommt, denkt, er wird nicht es auch nicht)* [**Bedeutung**: nicht müde werden, etwas zu tun; etwas immer wieder tun; immer noch mehr haben wollen, in keine Weise zufriedenzustellen sein; **Anlamı**: uzun süre bir şeyin yokluğunu çeken kimse, o şeyden ne kadar çok elde etse yine kendisine yetmeyeceği kanısında bulunur]

sich sattsehen *(wörtl: görerek doymak) fig* gözü doymak *(wörtl: jemandem wird das Auge satt)* [**Bedeutung**: sich etwas so oft, so lange ansehen, dass es einem reicht; **Anlamı**: çok istenen bir şeyin yeterli miktarı elde edildikten sonra daha çoğunu istememek]

wenn die Maus satt ist, schmeckt das Mehl bitter *(wörtl: fare doyunca unun tadı acı olur) fig* abdalın karnı doyunca gözü pabucundadır *(wörtl: wenn der Wanderderwisch satt ist, sind seine Augen auf seine Schuhe gerichtet) fig* abdalın dostluğu köy görününceye kadardır *(wörtl: die Freundschaft des Wanderdervisches endet, wenn das Dorf zu sehen ist)* [**Bedeutung**: wenn man von einer Sache genug hat, verliert man das Interesse daran; **Anlamı**: çıkarcı kimsenin arkadaşlığı işi bitinceye kadardır]

Sattel eyer, semer

sattelfest sein *(wörtl: eyerde oturabilmek) fig* işini bilmek *(wörtl: seine Arbeit kennen)* [**Bedeutung**: wissen, wie die Sache funktioniert; **Anlamı**: yapacağı iş için gerekli bilgisi bulunmak]

in allen Sätteln gerecht sein *(wörtl: her eyeri hak eder) fig* eyere de gelir semere de *(wörtl: es steht dem Reitsattel als auch dem Packsattel zu)* [**Bedeutung**: sich in vielen Dingen auskennen; vielseitig sein; jede Lage meistern können; **Anlamı**: her işe yarar; her türlü işi görebilir]

Sau domuz

die Sau rauslassen *(wörtl: domuzu serbest bırakmak) fig* âlem yapmak *(wörtl: sich vergnügen/feiern)* [**Bedeutung**: kräftig feiern; **Anlamı**: sazlı sözlü eğlenmek]

eine arme Sau *(wörtl: zavallı bir domuz) fig* zavallının biri *(wörtl: Einer, der bedauernswert ist)* [**Bedeutung**: ein bemitleidenswerter Mensch; **Anlamı**: acınacak kadar kötü durumda olan bir kimse]

morgen läuft eine andere Sau durchs Dorf *(wörtl: yarın köyden başka bir domuz geçer) fig* horoz öttü, dava bitti *(wörtl: der Hahn krähte, der Streit war zu Ende)* [**Bedeutung**: die Sache ist bald vergessen; **Anlamı**: olay pek yakında unutulur]

Perlen vor die Säue werfen *(wörtl: dişi domuzların önüne inci atmak) fig* eşek hoşaftan ne anlar *(wörtl: was versteht der Esel vom Kompott)* [**Bedeutung**: wertvolle Dinge denen anbieten, die unfähig sind, sie zu schätzen; **Anlamı**: bilgisiz, görgüsüz kimse ince, güzel şeylerin zevkine varamaz, değerini ölçemez]

unter aller Sau *(wörtl: her domuzun altında)* *fig* bombok *(wörtl: beschissen)* *fig* bok yemenin Arapçası *(wörtl: Mist bauen auf Arabisch)*
[**Bedeutung**: sehr schlecht; **Anlamı**: çok kötü; yakışıksızlığın büyüğü]

was stört es die Eiche, wenn die Sau/Wildsau sich an ihr reibt *(wörtl: domuz/yaban domuzu meşeye sürtünürse meşe neden rahatsız olsun)* *fig* tavşan dağa küsmüşse dağın haberi olmamış *(wörtl: wenn der Hase dem Berg böse war, hat der Berg es nicht gewusst)*
[**Bedeutung**: was kümmert es mich, wenn sich andere Menschen über mich ärgern; **Anlamı**: önemsiz kişi önemli kişiye küsse önemli kişinin umurunda bile olmaz]

wie eine gesengte Sau *(wörtl: alazlanmış dişi domuz gibi)* *fig* kelle götürür gibi *(wörtl: wie einer, der einen Schädel hinbringt)* *fig* ardından atlı kovarcasına *(wörtl: verfolgt von Reitern)*
[**Bedeutung**: sehr schnell; mit hoher Geschwindigkeit; **Anlamı**: çok hızlı gitmek; acele etmek]

---

sauer ekşi

gib ihm Saures! *(wörtl: ona ekşi bir şey ver!)* *fig* vur abalıya! *(wörtl: schlag auf den Filztäger drauf!)*
[**Bedeutung**: mach ihm das Leben schwer und behandele ihn schlecht; **Anlamı**: sessiz, güçsüz bir kişinin hırpalanmasında söylenen söz]

in den sauren Apfel beißen *(wörtl: ekşi elmayı ısırmak)* *fig* musibeti sineye çekmek *(wörtl: das Unheil zum Herz ziehen)*

[**Bedeutung**: etwas unangenehmes notgedrungen tun; **Anlamı**: sıkıntı veren bir duruma ister istemez katlanmak]

Saulus Talut

sich vom Saulus zu Paulus wandeln *(wörtl: Talut'tan Pol'a dönmek)* *fig* çark etmek *(wörtl: Rädchen machen)* *fig* kafayı değiştirmek *(wörtl: den Kopf wechseln)*
[**Bedeutung**: sich völlig verändern; vom Gegner zum Befürworter werden; sich vom Schlechten abkehren und zum guten Menschen werden; **Anlamı**: yüz geri etmek; savunduğu düşünceden vazgeçmek]

Schädel kafatası

jemandem brummt der Schädel *(wörtl: birinin kafatası uğuldamak)* *fig* başı kazan gibi olmak *(wörtl: jemandem wird der Kopf zum Kessel)*
[**Bedeutung**: jemand ist geistig überlastet; **Anlamı**: başında çok ağrı ve uğultulu bir sersemlik olmak]

sich den Schädel fluten *(wörtl: kafatasını suyla doldurmak)* *fig* kafayı çekmek *(wörtl: den Kopf yıehen)*
[**Bedeutung**: vıel Alkohol trınken; **Anlamı**: çok içki içmek]

Schaden zarar

aus/durch Schaden wird man klug *(wörtl: insan zarar gördükten sonra akıllanır)* *fig* balık ağa girdikten sonra aklı başına gelir *(wörtl: nachdem er ins Netz gegangen ist, kommt der Fisch zur Vernunft)* *fig* bir musibet bin nasihatten yeğdir *(wörtl: ein Unheil ist besser als tausend Ratschläge)* *fig* her düşüş bir öğreniş *(wörtl: jeder Fall ist ein Lernen)* *fig* parmağını kesmeyen acısını bilmez

(wörtl: wer seinen Finger nicht geschnitten hat, kennt dessen Schmerz nicht) **fig** her ziyan bir öğüttür *(wörtl:jeder Schaden ist ein Ratschlag)*
[**Bedeutung**: Fehler geben uns die Möglichkeit nachzudenken, wie wir eine Sache besser machen können; **Anlamı**: insan, tedbirsiz davranıp bir felakete uğradığında neden önce böyle yapmadım diye yakınır; yanlış yoldaki kişiye öğüt versen de işe yaramaz ama tuttuğu yolda başına gelecek bir kötülük aklını başına getirir]

weg mit Schaden *(wörtl: zararla bitirmek)* **fig** zararın neresinden dönersen kârdır *(wörtl: egal, an welcher Stelle des Verlustes du kehrt machst, ist es ein Gewinn)*
[**Bedeutung**: etwas Unerfreuliches schnell zu Ende bringen wollen, anstatt das Unangenehme endlos zu verlängern; **Anlamı**: kişiyi maddi ve manevi olarak zarara uğratan ve zararı devam edeceği bir işten bir an önce vaz geçmek gerekir]

Schaf koyun

ein räudiges Schaf steckt die ganze Herde an *(wörtl: uyuz bir koyun bütün sürüye uyuz geçirir)* **fig** bir uyuz keçi bir sürüyü boklar **fig** bir kötünün yedi mahalleye zararı vardır /dokunur *(wörtl: etwas Böses schadet sieben Gemeinden)*
[**Bedeutung**: jemand mit schlechtem Einfluss verdirbt seine ganze Umgebung; **Anlamı**: kötü huylu kişi çevresine hep kötülük aşılar]

schwarzes Schaf *(wörtl: siyah koyun)* **fig** ak koyunun kara kuzusu *(wörtl: das schwarze Lamm des weißen Schafes)*
[**Bedeutung**: derjenige in einer Gruppe/Familie, der sich nicht einordnet, der unangenehm auffällt; **Anlamı**: iyi bir ailenin utanç verici çocuğu]

Schäfchen koyuncuk, kuzu

seine Schäfchen/Schäflein im Trockenen haben *(wörtl: kuzuları kuru yerde olmak)* **fig** tuzu kuru olmak *(wörtl: trockenes Salz haben)* **fig** tıkırı yolunda olmak
[**Bedeutung**: ausgesorgt haben; genug Geld gespart haben; **Anlamı**: parasal yönden sıkıntısı olmamak]

seine Schäfchen ins Trockene bringen *(wörtl: kuzularını kuru yere çıkarmak)* **fig** küpünü/küplerini doldurmak *(wörtl: sein Tongefäß auffüllen)*
[**Bedeutung**: für den eigenen Profit sorgen; **Anlamı**: çokça para biriktirmek]

schaffen

nichts mit jemandem zu schaffen haben **fig** biriyle alıp vereceği olmamak
[**Bedeutung**: mit jemandem nichts zu tun haben; **Anlamı**: biriyle hiçbir ilişkisi bulunmamak]

Schafspelz koyun postu

ein Wolf im Schafspelz *(wörtl: koyun postunda bir kurt)* **fig** yere bakan yürek yakan *(wörtl: der auf den Boden schaut und das Herz verbrennt)* **fig** gündüz külahlı, gece silâhlı *(wörtl: tagsüber mit Tüte, nachts mit Waffe)*
[**Bedeutung**: ein schlechter Mensch, der sich harmlos und unschuldig gibt; **Anlamı**: uysal ve uslu göründüğü hâlde sinsice kötülük yapan]

Schale kabuk

das Glück gibt einem die Nüsse, dem anderen die Schalen *(wörtl: talih kimine fındık fıstık kimine kabuklarını verir)* *fig* kahpe felek, kimine kavun yedirir, kimine kelek *(wörtl: das gemeine Glück gibt einem die (reife) Honigmelone, dem anderen die unreife Honigmelone)* *fig* kime niyet, kime kısmet *(wörtl: wer wurde bedacht, wer bekommt das Los)* [**Bedeutung**: das Leben ist nicht immer fair; manche haben Glück, manche einfach nur Pech; **Anlamı**: alın yazısının insanlara eşit davranmadığını anlatan söz; birinin yararlanması için hazırlanan bir şeyin o kimseye değil de hiç akla gelmeyen bir başka kimseye kısmet olması]

in einer rauhen Schale steckt oft ein guter Kern *(wörtl: pürüzlü bir kabuğun içinde çoğu zaman iyi bir çekirdek bulunur)* *fig* kepenek/aba altında er yatar *(wörtl: unter einem Schäfergewand/Filzgewand lauert ein Mann/ein Soldat)* [**Bedeutung**: jemand, der abweisend und schroff wirkt, ist in Wahrheit oft sehr gutherzig und hilsbereit; **Anlamı**: kaba saba bir kılık içinde de değerli bir kimse bulunabilir]

sich in Schale werfen *(wörtl: kendini kabuğa atmak)* *fig* giyinip kuşanmak *(wörtl: sich anziehen und umgurten)* [**Bedeutung**: sich besonders fein anziehen; **Anlamı**: özenli bir biçimde giyinmek]

---

schämen utanmak

sich in Grund und Boden schämen *(wörtl: yerin dibinde utanmak)* *fig* yerin dibine geçmek [**Bedeutung**: sich sehr schämen; **Anlamı**: çok utanıp sıkılmak]

wer sich des Fragens schämt, der schämt sich des Lernens *(wörtl: her kim sormaktan utanırsa öğrenmekten de utanır)* *fig* bilmemek ayıp değil, sormamak ayıptır *(wörtl: etwas nicht zu wissen, ist keine Schande, nicht zu fragen ist eine Schande)* [**Bedeutung**: es ist kein Fehler, nicht alles zu wissen, aber es ist ein Fehler, nicht zu fragen, wenn man etwas nicht weiß; **Anlamı**: insan her şeyi bilmez, bu bir kusur değildir ama bilmediği işi bir bilene sormamak, onu öğrenmemek kusurdur]

---

scharf keskin

eine scharfe/spitze Zunge haben *(wörtl: keskin dili olmak)* *fig* dili kılıçtan keskin olmak *(wörtl: eine Zunge haben, die schärfer ist als ein Schwert)* [**Bedeutung**: angriffslustig reden; **Anlamı**: ağır ve kırıcı konuşmak]

ein scharfes Schwert schneidet sehr, eine scharfe Zunge noch viel mehr *(wörtl: keskin kılıç iyi keser, keskin dil daha iyi keser)* *fig* dil kılıçtan keskindir *(wörtl: die Zunge/Sprache ist schärfer als das Schwert)*

Schatten gölge

alles in den Schatten stellen *(wörtl: her şeyi gölgeye koymak)* üstüne yok *(wörtl: es ist nichts drauf)* [**Bedeutung**: jemand oder etwas ist unschlagbar; **Anlamı**: ondan üstünü yok]

ein Schatten fällt auf etwas *fig* bir şeye gölge düşmek [**Bedeutung**: etwas wird durch negative Begleiterscheinungen beeinträchtigt; **Anlamı**: kuşku verecek bir durum olmak]

ein Schatten seiner selbst sein
(wörtl: kendisinin gölgesi olmak) fig
bir deri bir kemik kalmak *(wörtl:
eine Haut und ein Knochen
übrigbleiben) fig* boynu armut sapına
dönmek *(wörtl: jemandem wird der
Hals zum Stiel einer Birne)*
[**Bedeutung**: stark abgemagert sein;
Anlamı: çok zayıflamak]

einen Schatten auf etwas werfen *fig*
bir şeye gölge düşürmek
[**Bedeutung**: etwas beeinträchtigen;
in negativer Weise beeinflussen;
Anlamı: değerini azaltacak işler
yapmak]

in jemandes Schatten stehen *fig*
gölgesinde kalmak
[**Bedeutung**: neben jemandem nicht
zur Geltung kommen, unbeachtet
bleiben; **Anlamı**: adı sanı pek
duyulmamak; ön plana çıkamamak;
daha az ünlü olmak]

jemanden in den Schatten stellen
(wörtl: birini gölgeye koymak) fig
birini gölgede bırakmak *(wörtl:
jemanden im Schatten lassen) fig*
pabucunu dama atmak *(wörtl:
jemandem den Schuh aufs Dach
werfen)*
[**Bedeutung**: jemanden übertreffen;
besser sein; **Anlamı**: kendinden
üstün birini gözden düşürmek]

**kommende Ereignisse werfen ihre
Schatten voraus** *(wörtl: gelecek
olaylar; gölgelerini önceden atarlar)*
fig kutlu gün doğuşundan bellidir
(kutlu yaz yağışından) *(wörtl:der
frohe Tag ist bestimmt durch seinen
Anfang, (der frohe Sommer durch die
Niederschäge))) fig* ay karanlığı,
akşamdan belli olur *(wörtl: die
Dunkelheit des Mondes wird abends
schon klar)*
[**Bedeutung**: Ereignisse können
spürbar sein, bevor sie stattfinden;
Anlamı: bir işe başlarken herhangi

bir terslik çıkmazsa işler yolunda
gidecek demektir]

seine Schatten vorauswerfen
(wörtl: gölgelerini önceden atmak)
fig kendini hissettirmek *(wörtl: sich
spüren lassen)*
[**Bedeutung**: schon im Voraus
Auswirkungen haben; **Anlamı**:
varlığını belli etmek]

**sich vor seinem eigenen Schatten
fürchten** *fig* gölgesinden korkmak
[**Bedeutung**: überängstlich sein;
Anlamı: çok korkak bir kişiliği
olmak]

**um den Schatten eines Esels
streiten** *(wörtl: eşeğin gölgesi
yüzünden kavga etmek) fig* habbeyi
kubbe yapmak *(wörtl: aus einer
Blase eine Kuppel errichten)*
[**Bedeutung**: um etwas Unwichtiges
streiten; wegen einer Kleinigkeit
streiten; **Anlamı**: önemsiz bir olayı
büyütmek; abartmak]

**wo (viel) Licht ist, ist auch (viel)
Schatten** *(wörtl: (çok) ışık olan
yerde (çok) gölge de vardır) fig* bal
olan yerde sinek de olur *(wörtl: wo
Honig ist, da sammeln sich auch
Fliegen)*
[**Bedeutung**: wo es (viel) Positives
gibt, gibt es auch (viel) Negatives;
Anlamı: iyi şeylerin yanında kötü
şeyler de vardır]

---

schauen bakmak

dem Tod ins Auge schauen *(wörtl:
ölümle göz göze gelmek) fig* ölümle
burun buruna gelmek *(wörtl: Nase an
Nase mit dem Tod sein)*
[**Bedeutung**: ın Todesgefahr
schweben; **Anlamı**: ölümle
sonuçlanabilecek çok büyük bir
tehlike ile karşılaşmak]

jemandem immer nur vor den Kopf schauen/gucken können *(wörtl: sürekli birisinin kafasının önüne bakabilmek)* ***fig/derb*** kavun değil ki götünü koklayasın! *(wörtl: es ist keine Honigmelone, dass man deren Arsch riechen kann)* [**Bedeutung**: nicht erfassen können, was andere Menschen denken; **Anlamı**: nasıl bir kişi olduğunu dış görünüşünden anlayamayız ki!]

mit dem Ofenrohr ins Gebirge schauen *(wörtl: soba borusuyla dağlara bakmak)* ***fig*** avcunu yalamak *(wörtl: die hohle Hand ablecken)* ***fig*** hava almak[2] *(wörtl: Luft nehmen)* [**Bedeutung**: leer ausgehen; nichts abbekommen; **Anlamı**: umduğunu ele geçirememek]

wie ein Schwein ins Uhrwerk schauen *(wörtl: domuzun saat mekanizmasına baktığı gibi bakmak)* **fig** öküzün trene baktığı gibi bakmak *(wörtl: wie ein Ochse den Zug anschauen)* [**Bedeutung**: ahnungslos/ratlos dreinschauen; von einer technischen Sache nichts verstehen; **Anlamı**: hiçbir şey anlamadan bakmak]

einem geschenkten Gaul schaut man nicht ins Maul *(wörtl: hediye edilen beygirin ağzına bakılmaz)* ***fig*** beleş atın dişine bakılmaz *(wörtl: einem Pferd, für das man nicht bezahlt hat, schaut man nicht auf die Zähne)* ***fig*** beleş atın yaşına bakılmaz *(wörtl: einem Pferd, für das man nicht bezahlt hat, schaut man nicht aufs Alter)* [**Bedeutung**: ein Geschenk sollte man nicht bemängeln; **Anlamı**: parasız elde edilen şeyde kusur aranmaz]

schaufeln kazmak

sein eigenes Grab schaufeln *(wörtl: kendi mezarını kazmak)* ***fig*** kendi kuyusunu kendi kazmak *(wörtl: die eigene Grube selbst schaufeln)* [**Bedeutung**: sich selbst ruinieren; **Anlamı**: kendine zarar verecek davranışta bulunmak]

schaukeln sallamak

wir werden das Ding schon schaukeln *(wörtl: işi sallayacağız)* ***fig*** meseleyi hallederiz *(wörtl: wir werden die Angelegenheit lösen)* ***fig*** meseleyi halledeceğiz *(wörtl: wir werden die Angelegenheit lösen)* [**Bedeutung**: (mach dir keine Sorgen) es wird schon gelingen; **Anlamı**: (merak etme) bir çözüm yolu buluruz]

wir werden das Kind schon schaukeln *(wörtl: çocuğu sallayacağız)* ***fig*** meseleyi hallederiz *(wörtl: wir werden die Angelegenheit lösen)* ***fig*** meseleyi halledeceğiz *(wörtl: wir werden die Angelegenheit lösen)* [**Bedeutung**: (mach dir keine Sorgen) es wird schon gelingen; **Anlamı**: (merak etme) bir çözüm yolu buluruz]

schäumen köpürmek

vor Wut schäumen *(wörtl: öfkeden köpürmek)* ***fig*** öfke topuklarına çıkmak *(wörtl: der Zorn ist ihm auf die Fersen gestiegen)* ***fig*** öfkesi kabarmak *(wörtl: vor Wut anschwellen)* [**Bedeutung**: äußerst wütend sein; sich sehr stark ärgern; **Anlamı**: çok öfkelenmek]

Scheffel kile

sein Licht unter den Scheffel stellen *(wörtl: ışığımı kilenin altına* koymak) *fig* büyük lokma ye (de) büyük (söz) söyleme *(wörtl: iss große Happen, sag keine großen Sprüche)* [**Bedeutung**: seine Leistungen, Verdienste aus Bescheidenheit verbergen; **Anlamı**: insan, başkalarını kınamamalı, belli olmaz, gün olur insanın başına aynı şeyler gelebilir]

Schein görünüş

den Schein/Anschein wahren *(wörtl: görünüşü korumak) fig* görünüşü/zevahiri kurtarmak *(wörtl: den Schein/Anschein retten)* [**Bedeutung**: vorgeben, dass alles in Ordnung ist; **Anlamı**: bir işi gereğince değil, yapılıyor dedirtmek için üstünkörü bir biçimde yapmak, yapıyor görünmek]

der Schein trügt *(wörtl: görünüş aldatıyor) fig* görünüşe aldanmamalı *(wörtl: man soll sich nicht vom Schein täuschen lassen) fig* kazın ayağı öyle değil *(wörtl: der Fuß der Gans ist nicht so) fig* karaca kuruca gördün de kuzgun yavrusu mu sandın *(wörtl: du hast es bisschen dunkel gesehen und gedacht, dass es ein Kolkrabenjunges ist)* [**Bedeutung**: es ist nicht so, wie es den Anschein hat; **Anlamı**: bir sorun, bir durum sanıldığı gibi değil]

mehr Schein als Sein *(wörtl: olmaktan çok görünüş) fig* dışı kalaylı, içi alaylı *(wörtl: das Äußere ist verzinnt, das Innere ist scherzhaft) fig* dışı eli yakar, içi beni *(wörtl: das Äußere verbrennt den Fremden, das Innere mich)* [**Bedeutung**: auf den ersten Blick gut, in Wirklichkeit schlecht; **Anlamı**: dışı süslü, güzel görünüşlü, ama içi berbat; görünüşe aldanmamalı]

um den Schein zu wahren *(wörtl: görünüşü korumak için) fig* dostlar alışverişte görsünler (diye) *(wörtl: (damit) die Freunde einen beim Einkaufen sehen)* [**Bedeutung**: um den bestehenden falschen Eindruck aufrechtzuerhalten; **Anlamı**: gösteriş olsun, iş görüyor densin (diye)]

Scheiße bok

alles Scheiße, Tante Elli *(wörtl: her şey boktan, Elli teyze) fig* düşün düşün boktur işin *(wörtl: denke dauernd nach, deine Sache ist Kacke)* [**Bedeutung**: die Lage ist schlecht; **Anlamı**: kötü bir durum için bir çözüm yolu bulunamadığını anlatmak için kullanılan söz]

aus Scheiße Geld machen *(wörtl: boktan para çıkarmak) fig* denize düşse götüyle balık tutar *(wörtl: fällt er ins Meer fängt er mit seinem Hintern Fische)* [**Bedeutung**: etwas eigentlich Wertloses finanziell erfolgreich vermarkten; **Anlamı**: en umulmadık işten kazanç sağlamak]

in der Scheiße sitzen *(wörtl: bokun içinde oturmak) fig/derb* boku yemek *(wörtl: die Scheiße fressen)* [**Bedeutung**: in Schwierigkeiten sein; **Anlamı**: güç bir duruma düşmek]

in der Scheiße stecken *(wörtl: boka batmak; boka batmış olmak) fig* boka batmak *(wörtl: in der Scheiße stecken) fig* boku yemek *(wörtl: die Scheiße fressen)* [**Bedeutung**: in Schwierigkeiten sein; **Anlamı**: güç bir duruma düşmek]

jemandem steht die Scheiße bis zum Hals *(wörtl: boğazına kadar bokta olmak) fig* hâli duman olmak

(wörtl: sein Zustand wird zum Rauch)
[Bedeutung: jemand ist in einer äußerst misslichen Lage; **Anlamı:** işi/durumu berbat olmak; kötü durumda olmak]

scheißen sıçmak

der Teufel scheißt immer auf den größten Haufen *(wörtl: şeytan her zaman en büyük yığının üstüne sıçar)* *fig* aza sormuşlar: "nereye?", "çoğun yanına" demiş *(wörtl: sie fragten dem Wenig „wohin?", er sagte: „zum Viel")*
[Bedeutung: Diejenigen, die viel besitzen, bekommen immer noch mehr; **Anlamı:** küçük kazançlar bile hep varlıklı kimselere düşer]

scheißfreundlich sein *(wörtl: bok gibi yakınlık göstermek)* *fig* gülerken ısırmak *(wörtl: beißen, während man lacht)*
[Bedeutung: auf unechte Weise freundlich sein; **Anlamı:** iyilik yapar görünüp kötülük yapmak]

besser als in die hohle Hand geschissen *(wörtl: avucuna sıçmaktan iyidir)* *fig* hiç yoktan iyidir *(wörtl: besser als gar nichts)*
[Bedeutung: besser als gar nichts **Anlamı:** elde bulunanla yetinmek gerekir]

Scheitel saçı ayırma çizgisi

vom Scheitel bis zur Sohle *(wörtl: saçı ayırma çizgisinden tabana kadar)* *fig* tepeden tırnağa *(wörtl: von der Spitze bis zum Nagel)*
[Bedeutung: vollständig; den gesamten Körper betreffend; **Anlamı:** bütünüyle; baştan aşağı]

Scheitern başarısızlığa uğrama

(von vorneherein) an zum **Scheitern verurteilt sein** *fig* baştan kara gitmek *(wörtl: von Anfang an schwarz gehen)*
[Bedeutung: keine Aussicht auf Erfolg haben; **Anlamı:** sonunu düşünmeyerek tehlikeye, felâkete doğru gitmek]

Scherben kırıklar

Scherben bringen Glück *(wörtl: kırıklar uğur getirir)* *fig/öneri* nazar çıkıyordur, inşallah *(wörtl: hoffentlich geht der böse Blick weg)*
[Bedeutung: geht etwas zu Bruch, soll die folgende Zeit besonders glücklich sein; **Anlamı:** bir şey kırıldığı zaman şaka yollu uğur getirir diyerek teselli amaçlı söylenen söz]

Scherflein fülüs

sein Scherflein zu etwas beitragen *(wörtl: fülüsüyle/bakır parasıyla bir şeye katkıda bulunmak)* *fig* çorbada maydanozu olmak *(wörtl: seine Petersilie in der Suppe haben)* *fig* çorbada tuzu olmak *(wörtl: sein Salz in der Suppe haben)*
[Bedeutung: einen Anteil zu etwas beisteuern; mitwirken; **Anlamı:** bir işte az da olsa emeği geçmiş olmak]

scheu ürkek

die Pferde scheu machen *(wörtl: atları ürkütmek)* *fig* milleti telaşa düşürmek *(wörtl: das Volk in Aufregung versetzen)*
[Bedeutung: Aufregung verursachen; **Anlamı:** çevresindekileri heyecana sokmak]

scheuen kaçınmak

gebranntes Kind scheut das Feuer *(wörtl: yanmış çocuk ateşten kaçınır)* *fig* sütten ağzı yanan yoğurdu üfleyerek yer *(wörtl: wer seinen Mund durch die Milch verbrennt, isst das Jogurt pustend)* [**Bedeutung**: wer einmal einen Schaden erlitten hat, ist besonders achtsam; **Anlamı**: bir olaydan zarar gören, sonra uyanık davranır]

Scheuklappen at gözlüğü

Scheuklappen tragen *fig* at gözlüğü takmak *(wörtl: Pferdebrillen tragen)* [**Bedeutung**: die Augen vor der Realität verschließen; nicht differenzieren; stur bei der eigenen Meinung bleiben; **Anlamı**: çevresinde olup bitenleri anlamaktan uzak olmak olup bitenleri değerlendirememek veya değerlendirmekten kaçınmak]

schicken göndermek

jemanden in die Wüste schicken *(wörtl: birini çöle göndermek)* *fig* birini kapı dışarı etmek/atmak *(wörtl: jemanden durch die Tür hinauswerfen)* [**Bedeutung**: jemanden hinauswerfen; **Anlamı**: birini kovmak, dışarı atmak]

Schicksal kader

Ironie des Schicksals *fig* kaderin cilvesi [**Bedeutung**: Kommentar, wenn ein sehr unwahrscheinliches Ereignis eintritt; **Anlamı**: başa gelen bir olayın kabullenmesini destekleyen söz]

sich seinem Schicksal fügen *fig* kadere boyun eğmek *(wörtl: sich dem Schicksal beugen /unterwerfen)* *fig* talihin kucağına atılmak *(wörtl: sich in den Schoss des Glücks werfen)*

[**Bedeutung**: keine Gegenwehr leisten; **Anlamı**: yazgısını kabul etmek; kendi kaderine boyun eğmek]

einen Schicksalsschlag erleiden *(wörtl: kaderin tokadını yemek)* *fig* başına feleğin tokmağı inmek *(wörtl: einen Hammerschlag des Himmels abbekommen)* *fig* feleğin sillesini yemek *(wörtl: einen Schlag des Himmels abbekommen)* [**Bedeutung**: etwas Trauriges, Einschneidendes erleben; **Anlamı**: büyük bir yıkıma uğramak]

schiefgehen ters gitmek

alles, was schiefgehen kann, wird auch schiefgehen *fig* ters gidebilecek her şey ters gidecektir [**Bedeutung**: Murphys Gesetz; **Anlamı**: Murphy'nin yasası]

Schiene ray

etwas auf die Schiene setzen *fig* rayına oturtmak [**Bedeutung**: in Ordnung bringen; dafür sorgen, dass etwas stattfindet; **Anlamı**: bir işi yoluna koymak]

schießen vurmak; kurşun sıkmak

ins Blaue schießen *(wörtl: maviye kurşun sıkmak)* *fig* karanlığa kurşun sıkmak *(wörtl: in die Dunkelheit schießen)* [**Bedeutung**: nur auf Basis von Vermutungen handeln; nicht zielgerichtet handeln; **Anlamı**: ne yapmak gerektiği üzerine kesin bilgi edinmeden rasgele davranışta bulunmak]

ins Kraut schießen *(wörtl: ota kurşun sıkmak)* *fig* dal budak salmak *(wörtl: sich verzweigen)*

[**Bedeutung**: überhandnehmen;
Anlamı: karmaşık bir biçimde
genişleyip yayılmak]

**man soll das Fell des Bären nicht
verkaufen, bevor man ihn
geschossen hat** *(wörtl: ayıyı
vurmadan postunu satmamalı)* *fig*
ayıyı vurmadan postunu satmak
*(wörtl: das Fell verkaufen, bevor
man den Bären erschossen hat)* *fig*
ayıyı yakalamadan derisini soyma
*(wörtl: das Fell des Bären abziehen,
bevor man ihn gefangen hat)*
[**Bedeutung**: man sollte sich nicht zu
früh freuen; **Anlamı**: henüz ele
geçmemiş bir şey üzerinde hesap
yapmak]

**man soll das Fell des Bären nicht
verteilen, bevor er erlegt ist** *(wörtl:
ayıyı vurmadan postunu
paylaşmamalı)* *fig* ayıyı vurmadan
postunu satmak *(wörtl: das Fell
verkaufen, bevor man den Bären
erschossen hat)* *fig* ayıyı
yakalamadan derisini soyma *(wörtl:
das Fell des Bären abziehen, bevor
man ihn gefangen hat)*
[**Bedeutung**: man sollte sich nicht zu
früh freuen; **Anlamı**: henüz ele
geçmemiş bir şey üzerinde hesap
yapmak]

mit Kanonen auf Spatzen schießen
(wörtl: toplarla serçelere ateş etmek)
fig vur deyince öldürmek *(wörtl:
gleich töten, wenn man nur schlag zu
sagt)* *fig* kantarın topunu kaçırmak
*(wörtl: die Kugel der Waage
verpassen)*
[**Bedeutung**: übertreiben; **Anlamı**:
abartmak]

sich (selbst) ins Knie schießen
*(wörtl: dizine kurşun sıkmak/kendi
dizine ateş etmek)* *fig* bindiği dalı
kesmek *fig* den Ast absägen, auf dem
man sitzt

[**Bedeutung**: sich selbst schädigen;
Anlamı: kendisine gerekli ve yararlı
olan şeyleri kendi eliyle yok etmek]

wie Pilze aus dem Boden schießen
fig mantar gibi yerden bitmek
[**Bedeutung**: sich rasch vermehren;
Anlamı: hızlı bir şekilde çoğalmak]

Schiff gemi

**die Ratten verlassen das sinkende
Schiff** *(wörtl: fareler batan gemiyi
terkediyor)* *fig* gemisini kurtaran
kaptan *(wörtl: wer sein Schiff rettet,
ist Kapitän)*
[**Bedeutung**: die Unzuverlässigen
ziehen sich von einem bedrohenden
Unglück zurück; **Anlamı**: güç bir
duruma düşüldüğünde ne yapıp edip
kendisini kurtaranlar için söylenen
söz]

Schiffbruch deniz kazası

Schiffbruch (er)leiden *(wörtl: deniz
kazası geçirmek)* *fig* gemisi şapa
oturmak *(wörtl: sein Schiff setzt sich
in den Alaun)*
[**Bedeutung**: Misserfolg haben;
scheitern; **Anlamı**: işi
düzelemeyecek biçimde bozulmak]

Schild kalkan

etwas im Schilde führen *(wörtl:
kalkanda bir şeyi taşımak)* *fig* başına
çorap örmek *(wörtl: für seinen Kopf
einen Socken stricken)*
[**Bedeutung**: etwas Böses planen;
etwas vorhaben, was der andere nicht
ahnt]; **Anlamı**: birini felakete
sürüklemek için, belli etmeksizin
plan hazırlamak

Schindluder

mit jemandem Schindluder treiben
fig birinin ensesinde boza pişirmek

(wörtl: auf jemandes Nacken ein Getränk aus gegorener Hirse kochen) [**Bedeutung**: jemanden übel behandeln; **Anlamı**: birine çok kötü davranmak]

Schinken jambon

mit der Wurst nach dem Schinken werfen *(wörtl: jambona sucuğu atmak)* **fig** kaz gelen yerden tavuk esirgenmez *(wörtl: man verweigert das Huhn nicht dort, wo die Gänse herkommen)* **fig** ağzına bir zeytin verip altına/ardına tulum tutmak *(wörtl: in den Mund eine Olive geben und danach den Sack hinhalten)* [**Bedeutung**: mit einer kleinen Gabe eine größere einhandeln wollen; **Anlamı**: büyük çıkarlar beklenen durumlarda küçük fedakârlıklar yapılmalıdır; yapılan küçük iyiliklere karşılık büyük çıkar beklemek]

Schippe kürek

dem Tod von der Schippe gesprungen/gehüpft sein *(wörtl: ölümün küreğinden atlamak)* **fig** kefeni yırtmak *(wörtl: das Leichentuch zerreißen)* [**Bedeutung**: eine tödliche Gefahr lebend überstanden haben; **Anlamı**: ölüm tehlikesini atlatmak]

jemanden auf die Schippe nehmen *(wörtl: birini küreğe almak)* **fig** birini matrağa almak *(wörtl: jemanden auf den Stock nehmen)* **fig** biriyle dalga geçmek *(wörtl: mit jemandem die Welle überwinden)* **fig** birini gır gıra almak **fig** biriyle gır gır geçmek [**Bedeutung**: jemanden veralbern; sich über jemanden lustig machen; **Anlamı**: biriyle alay etmek, eğlenmek]

---

schlachten kesmek

das Huhn, das goldene Eier legt, schlachten *(wörtl: altın yumurta yumurtlayan tavuğu kesmek)* **fig** kuzlayıcı koyuna bıçak çekmek *(wörtl: dem Schaf, das lammet, das Messer ziehen)* [**Bedeutung**: eine wichtige Einnahmequelle zum Versiegen bringen; sich selbst einer wichtigen Lebensgrundlage entziehen; **Anlamı**: kayanç getiren nesneyi ortadan kaldırmaya girişmek]

die Gans, die goldene Eier legt, schlachten *(wörtl: altın yumurta yumurtlayan kazı kesmek)* **fig** kuzlayıcı koyuna bıçak çekmek *(wörtl: dem Schaf, das lammet, das Messer ziehen)* [**Bedeutung**: eine wichtige Einnahmequelle zum Versiegen bringen; sich selbst einer wichtigen Lebensgrundlage entziehen; **Anlamı**: kayanç getiren nesneyi ortadan kaldırmaya girişmek]

Schlachter kasap

es nimmt kein Schlachter dem anderen eine Wurst ab *(wörtl: bir kasap diğer kasabın sosisini almaz)* **fig** köpek köpeği ısırmaz *(wörtl: ein Hund beißt einen Hund nicht)* **fig** it iti ısırmaz *(wörtl: ein Köter beißt einen anderen Köter nicht)* [**Bedeutung**: Seinesgleichen schont man; unter Gleichgesinnten hält man zusammen; **Anlamı**: görüş ve anlayışları birbirine uyan kimseler çekişmezler, birbirlerini tutarlar]

Schlaf uyku

den Seinen gibt's der Herr im Schlaf *(wörtl: kendinden olanlara Tanrı uykuda verir)* **fig** talih yürürse el getirir, yel getirir, sel getirir *(wörtl: wenn das Glück läuft, bringt*

es Fremde, Winde, Hochwasser)
[**Bedeutung**: sagt man, wenn jemand
unverdientes Glück hat, ohne eigenes
Zutun etwas erreicht; **Anlamı**: şans
insanın yüzüne gülerse, hiç
umulmadık yerlerden kısmeti çıkar]

etwas im Schlaf (machen) können
(wörtl: bir şeyi uykuda yapabilmek)
fig gözü kapalı yapabilmek *(wörtl:
mit geschlossenem Auge machen
können)*
[**Bedeutung**: etwas ohne Mühe
bewerkstelligen; **Anlamı**: kolaylıkla
yapabilmak]

---

schlafen uyumak

schlafen wie ein Murmeltier *(wörtl:
dağ sıçanı gibi uyumak) fig* mışıl
mışıl uyumak
[**Bedeutung**: sehr fest schlafen;
Anlamı: rahat, sessiz ve derin soluk
alarak uyumak]

schlafen wie ein Sack *(wörtl: torba
gibi uyumak) fig* kıçında pireler
uçuşmak *(wörtl: es fliegen Flöhe an
seinem Hintern)*
[**Bedeutung**: tief und fest schlafen;
Anlamı: çok derin uyuyor olmak]

schlafende Hunde/Löwen wecken
*(wörtl: uyuyan köpekleri/aslanları
uyandırmak) fig* uyuyan yılanın
kuyruğuna basmak *(wörtl: der
schlafenden Schlange auf den
Schwanz treten)*
[**Bedeutung**: die Gefahr selbst
herbeiführen; **Anlamı**: kötü bir
kimsenin; yeniden kötülük
yapmasına fırsat vermek]

**erst einmal eine Nacht darüber
schlafen** *(wörtl: ilkönce üstüne bir
gece uyumak) fig* sabah ola, hayrola
(wörtl: es sei Morgen, es sei gut)

[**Bedeutung**: sich bis zum nächsten
Tag Zeit lassen, um eine
Entscheidung zu treffen; **Anlamı**:
sabah olsun, o vakte kadar iş belki
düzelir]

wie man sich bettet, so schläft man
(wörtl: nasıl yatarsan öyle uyursun)
fig nasıl yaşarsan öyle ölürsün
(wörtl: so wie du lebst so stirbst du)
[**Bedeutung**: bestimmte Folgen
hängen davon ab, welche
Bedingungen sich man vorher
geschaffen hat; **Anlamı**: belli
sonuçlar önceden yaratılan koşullara
bağlıdır]

Schlaffittchen çalyaka

**(jemanden) am/beim Schlaffittchen
nehmen/kriegen/packen** *fig* çalyaka
etmek
[**Bedeutung**: jemanden fassen und
zur Rechenschaft ziehen; **Anlamı**:
yakasına yapışıp sıkıca tutmak olmak
gerekir]

Schlag vuruş; darbe; sille

ein Schlag ins Wasser *(wörtl: suya
bır darbe) fig* gemisi şapa oturmak
*(wörtl: sein Schiff setzt sich in den
Alaun) fig* fiyasko [**Bedeutung**: ein
totaler Fehlschlag; ein Misserfolg;
Anlamı: bir girişimde başarısız
sonuç; iş, düzelemeyecek kadar
bozulmak]

keinen Schlag tun *(wörtl:
vurmamak; sille atmamak) fig*
parmağını bile kıpırdatmamak
/oynatmamak *(wörtl: nicht einmal
den Finger bewegen)*
[**Bedeutung**: untätig bleiben; nichts
tun; **Anlamı**: bir iş için hiçbir
davranışta bulunmamak]

wie vom Schlag getroffen/gerührt
(wörtl: darbe yemiş gibi) fig

beyninden vurulmuşa dönmek *(wörtl: wie am Hirn getroffen sein)* [**Bedeutung**: fassungslos, äußerst entsetzt]; **Anlamı**: beklenmedik bir durum karşısımda olağanüstü şaşkınlığa uğramak]

---

schlagen vurmak

aus dem Kopf schlagen *(wörtl: kafasından atmak)* *fig* kafasından çıkarmak/atmak *(wörtl: aus dem Kopf herausnehmen/werfen)* [**Bedeutung**: ein Vorhaben fallenlassen; einen Plan aufgeben; **Anlamı**: bir şeyden vazgeçmek]

den Esel meinen, aber den Sack schlagen *(wörtl: eşeği demek ama torbaya vurmak)* *fig* eşeğe gücü yetmeyip semerini dövmek *(wörtl: für den Esel reicht seine Kraft nicht aus, also schlägt man auf den Sattel drauf)* [**Bedeutung**: einen Schwächeren angreifen, weil man den Stärkeren nicht zu angreifen wagt; **Anlamı**: güçlü birine kızıp da ondan alamadığı hıncını daha güçsüz birinden almak]

etwas in den Wind schlagen *(wörtl: bir şeyi rüzgâra atmak)* *fig* bir şeye kulak asmamak *(wörtl: nicht die Ohren hängen)* *fig* bir şeyi yabana atmak *(wörtl: in die Wildnis werfen)* [**Bedeutung**: etwas ignorieren; etwas nicht beachten; **Anlamı**: bir şeye önem vermemek; bir şeyi dinlememek]

jemanden mit den eigenen Waffen schlagen *(wörtl: birini kendi sılâhı ile vurmak)* *fig* kısasa kısas uygulamak *(wörtl: Gleiches mit Gleichem vergelten)* [**Bedeutung**: Gleiches mit Gleichem vergelten; **Anlamı**: yapılan kötülüğün karşılığını aynı biçimde vermek]

windelweich schlagen *(wörtl: birine bebek bezi gibi yumuşak duruma gelinceye kadar vurmak)* *fig* birini eşek sudan gelinceye kadar dövmek *(wörtl: jemanden verprügeln bis der Esel aus dem Wasser kommt)* [**Bedeutung**: jemanden gründlich verprügeln; **Anlamı**: birini iyice dövmek]

jemanden zu Brei schlagen *fig* birinin pestilini çıkarmak [**Bedeutung**: jemanden heftig verprügeln; **Anlamı**: birini adamakıllı dövmek]

jetzt schlägt es dreizehn! *(wörtl: şimdi om üçü vuruyor)* *fig* akar sular durur *(wörtl: die fließenden Wasser halten an)* [**Bedeutung**: jetzt ist Schluss; **Anlamı**: bir konuda karşı çıkılacak bir nokta kalmamak]

Nun schlägt's aber dreizehn *(wörtl: ama şimdi om üçü vuruyor)* *fig* akar sular durur *(wörtl: die fließenden Wasser halten an)* [**Bedeutung**: jetzt ist Schluss; **Anlamı**: bir konuda karşı çıkılacak bir nokta kalmamak]

sich an die Brust schlagen *(wörtl: göğüsüne vurmak)* *fig* dizlerini dövmek *(wörtl: seine Knie schlagen)* *fig* başını taştan taşa vurmak *(wörtl: seinen Kopf von einem Stein auf den anderen schlagen)* [**Bedeutung**: etwas bereuen; **Anlamı**: pişmanlık duymak]

sich die Nacht um die Ohren schlagen/hauen *(wörtl: geceyi kulaklarına vurmak)* *fig* geceyi gündüze katmak *(wörtl: die Nacht in der Tag zufügen)* [**Bedeutung**: die ganze Nacht wach bleiben, um zu arbeiten; **Anlamı**: gece gündüz çalışmak]

über die Strenge schlagen *fig*
kantarın topunu kaçırmak *(wörtl: die Kugel der Waage verpassen)* *fig* ölçüyü kaçırmak *(wörtl: das Maß verlieren)* [**Bedeutung**: übertreiben; sich etwas anmaßen; **Anlamı**: abartmak; davranışlarda aşırı gitmek]

Wurzeln schlagen *(wörtl: kök vurmak)* *fig* kök salmak *(wörtl: Wurzeln lassen)* [**Bedeutung**: sich irgendwo einleben; sich einleben, heimisch werden; **Anlamı**: bir yere iyice yerleşmek]

zwei Fliegen mit einer Klappe schlagen *(wörtl: bir sineklikle iki sinek vurmak)* *fig* bir taşla iki kuş vurmak *(wörtl: zwei Vögel mit einem Stein schlagen/treffen)* *fig* hem şamdan paklandı, hem pilav yağlandı *(wörtl: sowohl der Kerzenständer wurde gereinigt als auch der wurde geölt)* [**Bedeutung**: zwei Aufgaben mit einer einzigen Maßnahme erledigen; **Anlamı**: bir davranışla birden çok yararlı sonuca ulaşmak; bir eylemle iki yarar elde edildi]

wie vor den Kopf geschlagen sein *(wörtl: başüstü dursa da; amuda kalksa da)* *fig* beyninden vurulmuşa dönmek *(wörtl; als würde er ins Hirn getroffen)* [**Bedeutung**: vor Überraschung gelähmt sein; **Anlamı**: şaşkınlıktan düşünme yeteneğini yitirir gibi olmak]

---

schlampig pasaklı

schlampig arbeiten *(wörtl: üstünkörü çalışmak)* *fig* çamura basıp çalıya asmak *(wörtl: in den Schlamm treten und auf den Busch hängen)*
[**Bedeutung**: nachlässig arbeiten; **Anlamı**: üsütünkörü iş yapmak]

Schlange yılan; kuyruk

Schlange stehen *(wörtl: yılan gibi durmak)* *fig* kuyruk olmak *(wörtl: zum Schwanz werden)* [**Bedeutung**: hintereinandersteh und darauf warten, dass man an der Reihe ist; **Anlamı**: arka arkaya dizilip sırası gelinceye kadar beklemek]

eine Schlange am Busen nähren *(wörtl: koynunda yılan beslemek)* *fig* koynunda yılan beslemek *(wörtl: eine Schlange am Busen (er)nähren)* [**Bedeutung**: einen Unaufrichtigen als Freund behandeln; **Anlamı**: ihanette bulunacak olanı dost sanmak]

Schlauch hortum

auf dem Schlauch stehen *(wörtl: hortum üzerinde durmak)* *fig* (konuya) Fransız kalmak *(wörtl: Franzose bleiben)* [**Bedeutung**: etwas nicht verstehen, nicht begreifen; **Anlamı**: anlatılan konuyu anlayamamak]

---

schlecht kötü

schlechte Gesellschaft verdirbt nützliche Gewohnheiten *(wörtl: kötü kimselerle görüşme yararlı alışkanlıkları bozar)* *fig* üzüm üzüme baka baka kararır
[**Bedeutung**: der Kontakt zu schlechten Menschen kann einen schlechten Einfluss haben; Umgang formt den Menschen; **Anlamı**: her zaman bir arada bulunan kimseler birbirlerine huy aşılarlar]

schlechte Nachrichten verbreiten sich schnell *(wörtl: kötü haberler çabuk yayılır)* *fig* kötü haber tez duyulur *(wörtl: eine schlechte Nachricht wird schnell gehört)* **fig** kara haber tez duyulur *(wörtl: eine schwarze Nachricht wird schnell gehört)*

schlechter Umgang färbt ab *(wörtl: kötü kimselerle görüşme renk atar)* **fig** üzüm üzüme baka baka kararır *(wörtl: die Traube wird dunkler, indem sie eine andere Traube anschaut)* [**Bedeutung**: der Kontakt zu schlechten Menschen kann einen schlechten Einfluss haben; **Anlamı**: her zaman bir arada bulunan kimseler birbirlerine huy aşılarlar]

schlechter Umgang verdirbt den Charakter *(wörtl: kötü kimselerle görüşme kişiliği bozar)* **fig** üzüm üzüme baka baka kararır *(wörtl: die Traube wird dunkler, indem sie eine andere Traube anschaut)* [**Bedeutung**: der Kontakt zu schlechten Menschen kann einen schlechten Einfluss haben; **Anlamı**: her zaman bir arada bulunan kimseler birbirlerine huy aşılarlar]

alles Schlechte hat auch etwas Gutes *(wörtl: her kötülükte iyilik de vardır)* **fig** her işte bir hayır vardır *(wörtl: bei jeder Sache gibt es etwas Gutes)* [**Bedeutung**: in jedem Unglück gibt es etwas Positives; **Anlamı**: kişi, kötümserliğe kapılmamak için olup biten her işi hayra yormalıdır]

einem hungrigen/leeren Magen ist schlecht predigen *(wörtl: aç karnına kötü vaaz verilir)* **fig** açın imanı olmaz *(wörtl: der Hungrige kennt keinen Glauben)* **fig** aç ayı oynamaz *(wörtl: der hungrige Bär tanz nicht/der hungrige Bär bewegt sich nicht)* **fig** boş çuval dik durmaz *(wörtl: der leere Jutesack steht nicht aufrecht)*

[**Bedeutung**: wer Hunger hat, ist nicht zugänglich für Religion und Moral; **Anlamı**: kendisinden iş beklenen kimseden emeğin karşılığı esirgenmemelidir; karnı doymayan kimse çalışmaz]

es kann nichts so schlecht sein, dass es nicht auch für etwas gut ist *(wörtl: hiç bir şey, bir şeye yaramayacak kadar kötü olamaz)* **fig** her işte bir hayır vardır *(wörtl: bei jeder Sache gibt es etwas Gutes)* [**Bedeutung**: in jedem Unglück gibt es etwas Positives; **Anlamı**: kişi, kötümserliğe kapılmamak için olup biten her işi hayra yormalıdır]

in allem Schlechten steckt etwas Gutes *(wörtl: her kötülükte iyilik de vardır)* **fig** her işte bir hayır vardır *(wörtl: bei jeder Sache gibt es etwas Gutes)* [**Bedeutung**: in jedem Unglück gibt es etwas Positives; **Anlamı**: kişi, kötümserliğe kapılmamak için olup biten her işi hayra yormalıdır]

nichts ist so schlecht, dass es nicht für etwas gut ist *(wörtl: hiçbir şey, bir şey için yaramaz olmayacak kadar kötü olamaz)* **fig** her işte bir hayır vardır *(wörtl: bei jeder Sache gibt es etwas Gutes)* [**Bedeutung**: in jedem Unglück gibt es etwas Positives; **Anlamı**: kişi, kötümserliğe kapılmamak için olup biten her işi hayra yormalıdır]

Schliche gizli oyun

jemandem auf die Schliche kommen *(wörtl: birinin gizli oyununa varmak)* **fig** kokusunu almak *(wörtl: dessen Geruch wahrnehmen)* [**Bedeutung**: jemandes Absichten durchschauen; jemandes heimliches

Tun entdecken; **Anlamı**: gizli tutulan bir şeyi sezmek]

---

schließen kapamak

die Augen schließen *fig* gözlerini yummak *fig* dünyaya gözlerini kapamak
[**Bedeutung**: sterben; **Anlamı**: ölmek]

schlimm kötü

schlimmer geht immer *(wörtl: hep daha kötüsü olur)* *fig* beterin beteri var *(wörtl: es gibt Schlimmeres als schlimmer)*
[**Bedeutung**: bei allem Negativen ist noch eine Steigerung möglich; **Anlamı**: çok kötü bir durumun daha da kötüsü vardır]

Schlinge dolamık

den Kopf/Hals aus der Schlinge ziehen *(wörtl: başını/boynunu dolamıktan kurtarmak)* *fig* paçayı kurtarmak/sıyırmak *(wörtl: das Hosenbein retten)*
[**Bedeutung**: sich aus einer misslichen Lage befreien; **Anlamı**: kendini bir dertten, tehlikeden kurtarmak]

Schlips kravat

jemandem auf den Schlips treten *(wörtl: birinin kravatına basmak)* *fig* kuyruğuna basmak *(wörtl: auf den Schwanz treten)*
[**Bedeutung**: jemanden kränken; ärgern; **Anlamı**: birini tahrik etmek; birini incitip saldırıda bulunmasına yol açmak]

Schlitz yırtmaç

ein Schlitzohr sein *fig* kulağı kesik olmak
[**Bedeutung**: erfahren, gerissen, schlau sein; **Anlamı**: uyanık olmak; deneyimi fazla olmak]

---

schlucken yutmak

die bittere Pille schlucken *(wörtl: acı hapı yutmak)* *fig* musibeti sineye çekmek *(wörtl: das Unheil zum Herz ziehen)*
[**Bedeutung**: etwas unangenehmes notgedrungen tun; **Anlamı**: sıkıntı veren bir duruma ister istemez katlanmak]

---

schlüpfen geçivermek

jemandem durch die Finger schlüpfen *(wörtl: birinin parmaklarının arasından geçivermek)* *fig* elinden kurtulmak *(wörtl: sich von seiner Hand befreien)*
[**Bedeutung**: jemandem entgehen; **Anlamı**: ondan kaçmayı başarmak]

Schluss son

(mit etwas) Schluss machen *(wörtl: (bir şeyi) bitirmek (bir şeye son vermek)* *fig* (bir şeyi) bırakmak *(wörtl: ((etwas) verlassen)* *fig* (bir şeye) paydos demek *(wörtl: (zu etwas) Feierabend sagen)*
[**Bedeutung**: (mit etwas) aufhören; **Anlamı**: (bir şeyden) vaz geçmek]

(mit jemandem) Schluss machen *(wörtl: bitirmek/son vermek)* *fig* selamı sabahı kesmek *(wörtl: die Begrüßung und den Morgen kappen)*
[**Bedeutung**: eine Freundschaft beenden; **Anlamı**: dostluk ilişkisine son vermek]

(jetzt) ist Schluss mit lustig *(wörtl: artık eğlence bitti)* *fig* artık yeter *(wörtl: es reicht nun; nun ist es genug)* **fig** yeter artık *(wörtl: es reicht nun; nun ist es genug)* [**Bedeutung**: nun ist Schluss; nun ist's aber genug; **Anlamı**: daha fazla dayanılmayacağını belirtir]

Schmalhans ist Küchenmeister *(wörtl: Schmalhans aşçı başıdır)* **fig** ne od var ne ocak *(wörtl: weder Feuer noch Herd sind vorhanden)* [**Bedeutung**: die Nahrungsmittel sind knapp; **Anlamı**: mutfakta pişirilecek bir şey yok]

schmecken tadı olmak

in der Not schmeckt jedes Brot *(wörtl: yoklukta her ekmeğin tadı vardır)* **fig** denize düşen yılana/yosuna sarılır *(wörtl: wer ins Meer fällt, klammert sich an die Schlange/ans Moos)* [**Bedeutung**: in einer Notlage tut man Dinge, die einem sonst nicht in den Sinn kämen; **Anlamı**: güç durumda bulunan, bundan kurtulmak için her yola başvurur]

wenn die Maus satt ist, schmeckt das Mehl bitter *(wörtl: fare doyunca unun tadı acı olur)* **fig** abdalın karnı doyunca gözü pabucundadır *(wörtl: wenn der Wanderderwisch satt ist, sind seine Augen auf seine Schuhe gerichtet)* **fig** abdalın dostluğu köy görününceye kadardır *(wörtl: die Freundschaft des Wanderderwisches endet, wenn das Dorf zu sehen ist)* [**Bedeutung**: wenn man von einer Sache genug hat, verliert man das Interesse daran; **Anlamı**: çıkarcı kımsenin arkadaşlığı işi bitinceye kadardır]

Schmerz acı, ağrı

ein Indianer kennt keinen Schmerz *(wörtl: kızılderili acı bilmez)* **fig**

kendi düşen ağlamaz *(wörtl: wer hinfällt, weint nicht)* [**Bedeutung**: das sagt man, wenn man über eine kleine Verletzung übermäßig viel jammert, **Anlamı**: kendi davranışı dolayısıyla zarara uğrayan birinin bundan yakınmaya hakkı olmaz]

Schmidt, Schmidtchen

nicht zu Schmidtchen gehen, sondern zu Schmidt *(wörtl: küçük Schmidt'e değil (büyük) Schmidt'e gitmek)* **fig** doğrudan doğruya müdüre çıkmak *(wörtl: direkt zum Direktor gehen)* [**Bedeutung**: sich nicht an untergeordnete Stellen wenden, sondern gleich an diejenige, die über das Anliegen entscheiden kann; **Anlamı**: kendisinden güçlü ve korktuğu kimsenin yanına gitmek]

Schmied nalbur

jeder ist seines Glückes Schmied *(wörtl: herkes kendi bahtının nalburudur)* **fig** her koyun kendi bacağından asılır *(wörtl: jedes Schaf wird am eigenen Bein aufgehängt)* [**Bedeutung**: jeder Mensch ist für sein Tun verantwortlich; **Anlamı**: herkes kendi davranışlarından sorumludur; herkes hatasının cezasını kendisi çeker]

man geht besser zum Schmied als zum Schmiedchen **fig** başını acemi berbere teslim eden, cebinden pamuğu eksik etmez *(wörtl: wer seinen Kopf dem laienhaften Frisuer übergibt, vergisst die Watte in seiner Tasche nicht)* **fig** ekmeği ekmekçiye ver, bir ekmek de üste ver *(wörtl: gib das Brot dem Bäcker, gib ihm ein Brot drauf)* [**Bedeutung**: man sollte sich an Leute wenden, die sich auskennen;

Anlamı: bir işin yapılmasını deneyimsiz, beceriksiz, usta olmayan kişilere teslim eden, meydana gelebilecek zararlara katlanır]

vor die rechte Schmiede gehen *(wörtl: doğru nalbura gitmek)* *fig* tam adamını bulmak *(wörtl: genau den Mann finden)* [Bedeutung: ein Anliegen an die richtige Person richten; sich an den Besten wenden; Anlamı: bir işe en uygun kişiyi seçmek]

---

schmieden (demir) dövmek

man muss das Eisen schmieden, solange es heiß ist[1] *(wörtl: demiri sıcak olduğunda dövmek gerekir)* *fig* su akarken testiyi doldurmalı *(wörtl: man sollte den Krug füllen, wenn das Wasser fließt)* *fig* buldun bir koyun, ye de doyun *(wörtl: du hast ein Schaf gefunden, iss es und werde satt)* [Bedeutung: man darf unter günstigen Umständen nicht versäumen, seine Chance zu nutzen; Anlamı: kişi fırsattan yararlanmalı]

man muss das Eisen schmieden, solange es heiß ist[2] *(wörtl: demiri sıcak olduğunda dövmek gerekir)* *fig* demir tavında dövülür *(wörtl: das Eisen wird geschmiedet bei der richtigen Temperatur)* [Bedeutung: man muss die Gelegenheit nutzen, solange sie da ist; Anlamı: her iş zamanında ve uygun durumda yapılır]

Ränke schmieden *(wörtl: düzen kurmak)* *fig* saman altından su yürütmek *(wörtl: durch das Heu Wasser mitgehen lassen)* [Bedeutung: intrigieren; Anlamı: belli etmeden iş çevirmek]

---

schmieren yağlamak

jemandem Honig um den Mund schmieren *(wörtl: birinin ağzına bal sürmek)* *fig* birine yağ çekmek *(wörtl: jemanden mit Butter streichen)* [Bedeutung: jemanden schmeicheln; Anlamı: birini gereksiz biçimde övmek]

wer gut schmiert, der fährt gut *(wörtl: iyi yağlayan/yediren iyi gider)* *fig* parayı veren düdüğü çalar *(wörtl: wer das Geld gibt, spielt die Pfeife)* [Bedeutung: wer gut bezahlt, bekommt auch eine gute Leistung; Anlamı: parasını ödeyen kimse, istediği şeyi elde eder]

---

schmoren kavrulmak

im eigenen Saft schmoren *(wörtl: kendi suyunda kavrulmak)* *fig* kendi yağıyla kavrulmak *(wörtl: im eigenen Öl schmoren)* [Bedeutung: in einer (selbstverschuldeten) Situation bleiben; für sich selbst sorgen können; Anlamı: elinde bulunanla geçinip kimseye muhtaç olmamak]

---

schmücken süslemek

sich mit fremden Federn schmücken *(wörtl: yabancı tüylerle süslenmek)* *fig* düğün pilavıyla dost ağırlamak *(wörtl: Freunde bewirten mit dem Hochzeitsreis)* *fig* düğün arpasıyla at beslemek *(wörtl: Pferde füttern mit der Hochzeitsgerste)* *fig* el kazanıyla aş kaynatmak *(wörtl: das Essen mit einem fremden Kessel kochen)* [Bedeutung: Verdienste/ Leistungen anderer als die eigenen ausgeben; Anlamı: başkasının kesesinden ikramda bulunmak; başkasının hazırladığı imkânları kullanarak iş çevirmek]

Schmutz kir

jemanden in den Schmutz ziehen/treten/zerren *(wörtl: birini kire çekmek)* *fig* birine çamur atmak *(wörtl: jemanden mit Schkamm bewerfen)* [**Bedeutung**: jemanden verunglimpfen in üblicher Weise, verleumden; **Anlamı**: yapmadığı, uygunsuz bir işe karışmış göstermek, kara çalmak, lekelemeye çalışmak]

schmutzig kirli

schmutzige Wäsche (vor anderen Leuten) waschen *(wörtl: başkalarının önünde kirli çamaşır yıkamak)* *fig* kirli çamaşırlarını ortaya dökmek *(wörtl: die schmutzige Wäsche auslegen)* [**Bedeutung**: öffentlich über die Missetaten anderer reden; **Anlamı**: kimsenin bilmediği utanılacak şeyleri açığa vurmak]

Schnabel gaga

reden, wie einem der Schnabel gewachsen ist *(wörtl: gagası/çenesi nasıl büyümüşse, öyle konuşmak)* *fig* ağzına geleni söylemek *(wörtl: das sagen, was ın den Mund kommt)* [**Bedeutung**: freiheraus, ungeniert reden; **Anlamı**: nezaket dışına çıkarak ağır ve kırıcı sözler söylemek]

Schnaps rakı

Dienst ist Dienst und Schnaps ist Schnaps *(wörtl: hizmet hizmettir rakı rakıdır)* *fig* dostluk başka, alışveriş başka *(wörtl: Freundschaft ist anders und Handel ist anders)* [**Bedeutung**: Berufsleben und Privatleben sollte man trennen; **Anlamı**: iki dost arasında alışveriş dostluğu bozabilir]

Schnauze çene, ağız

auf die Schnauze fallen *(wörtl: çenesi üzerine düşmek)* *fig* kıçüstü oturmak *(wörtl: sich auf den Hintern setzen)* [**Bedeutung**: eine Niederlage erleiden, scheitern; **Anlamı**: herhangi bir konuda yenilmek; umduğuna ulaşamamak]

die Schnauze gestrichen voll haben *(wörtl: çenesi tamamen dolu olmak)* *fig* canına tak demek/etmek *(wörtl: jemandes Seele sagt/macht Tak)* *fig* canı burnuna gelmek *(wörtl: jemandes Seele kommt in seine Nase)* [**Bedeutung**: einer Sache überdrüssig sein; jemand wird ungeduldig und ärgerlich; **Anlamı**: sabrı kalmamak; dayanamaz duruma gelmek]

die Schnauze halten *fig* çenesini tutmak *(wörtl: sich den Kiefer halten)* [**Bedeutung**: still sein; **Anlamı**: susmak]

frei (nach) Schnauze *(wörtl: çenesine göre serbestçe)* *fig* aklına estiği gibi *(wörtl: so wie es einem in den Verstand weht)* [**Bedeutung**: ohne Überlegung; nach Belieben; **Anlamı**: düşünmeden; istediği gibi]

Schnecke salyangoz

jemanden zur Schnecke machen *(wörtl: birini salyangoz yapmak)* *fig* birinin tepesine binmek *(wörtl: jemandem aufs Haupt steigen)* [**Bedeutung**: jemanden erniedrigen, unterdrücken; scharf rügen; **Anlamı**: kendinden daha güçsüz kimseyi ezmek]

Schneckenhaus salyangoz kabuğu

sich in sein Schneckenhaus zurückziehen/verkriechen *(wörtl: salyangoz kabuğuna çekilmek)* *fig* kabuğuna çekilmek *(wörtl: sich in sein Gehäuse zurückziehen)* [**Bedeutung**: sich von seinen Mitmenschen, von seiner Außenwelt völlig zurückziehen; **Anlamı**: dışarı ile olan ilişkilerini kesmek]

Schnee kar

Schnee von gestern sein *(wörtl: dünün karı olmak)* *fig* geçmişe mazi, yenmişe kuzu derler *(wörtl: die Vergangenheit nennt man Vergangenheit, das, was man gegessen hat, Lamm)* [**Bedeutung**: nicht mehr aktuell sein; **Anlamı**: geçmişte olan iyi veya kötü şeylere takılıp kalmamalı, bugüne ve geleceğe bakılmalı]

Schneid cesaret

jemandem den Schneid abkaufen *(wörtl: birinin cesaretini satın almak)* *fig* birinin cesaretini kırmak *(wörtl: jemandem den Mut brechen)* *fig* birine gözdağı vermek *(wörtl: jemandem Augenberg geben)* [**Bedeutung**: jemanden entmutigen, einschüchtern; **Anlamı**: yürekliliğini gidermek; korkutmak]

schneiden kesmek

aus den Rippen schneiden *(wörtl: kaburgalardan kesmek)* *fig* yoktan var etmek *(wörtl: aus dem Nichts entstehen lassen)* [**Bedeutung**: aus dem Nichts entstehen lassen; etwas herbeizaubern können; **Anlamı**: yaratmak; ortaya çıkarmak]

sich ins eigene Fleisch schneiden *(wörtl: kendi etini kesmek)* *fig* bindiği

dalı kesmek *(wörtl: den Ast absägen, auf dem man hockt)* *fig* gâvura kızıp oruç yemek/bozmak *(wörtl: wegen des Heiden sich ärgern und das Fasten brechen)* [**Bedeutung**: sich selbst schaden; **Anlamı**: başkasına kızıp kendisi için zararlı bir iş yapmak]

ein scharfes Schwert schneidet sehr, eine scharfe Zunge noch viel mehr *(wörtl: keskin kılıç iyi keser, keskin dil daha iyi keser)* *fig* dil kılıçtan keskindir *(wörtl: die Zunge/Sprache ist schärfer als das Schwert)*

Schneider terzi, iskambilde toplam sayının yarısı

aus dem Schneider sein *(wörtl: iskambilde toplam sayının yarısından azı olmak)* *fig* paçayı kurtarmak/sıyırmak *(wörtl: das Hosenbein retten)* [**Bedeutung**: sich aus einer misslichen Lage befreien; aus den Schwierigkeiten heraus sein; eine schwierige Situation überwunden haben; **Anlamı**: kendini bir dertten, tehlikeden kurtarmak]

schnell çabuk

schnell bei der Hand sein *fig* elini çabuk tutmak [**Bedeutung**: etwas schnell tun; **Anlamı**: bir şeyi hemen yapmak]

schnell von Begriff sein *(wörtl: kavramada çabuk olmak)* *fig* leb demeden leblebiyi anlamak *(wörtl: geröstete Kichererbsen verstehen, bevor man die erste Silbe "leb" sagt)* [**Bedeutung**: etwas schnell verstehen, begreifen; in der Lage sein, eine Situation sofort zu erkennen; **Anlamı**: birinin daha söze başlarken ne demek istediğini anlayıvermek]

schlechte Nachrichten verbreiten sich schnell *(wörtl: kötü haberler çabuk yayılır)* *fig* kötü haber tez duyulur *(wörtl: eine schlechte Nachricht wird schnell gehört)* *fig* kara haber tez duyulur *(wörtl: eine schwarze Nachricht wird schnell gehört)*

wenn du schnell ans Ziel willst, gehe langsam *(wörtl: hedefe hızlı varmak istiyorsan, yavaş yürü)* *fig* ağır git ki yol alasın *(wörtl: gehe langsam damit du gut vorankommst)* [**Bedeutung**: handele mit der gebotenen Eile, aber überstürze nichts; **Anlamı**: düşünüp taşınmadan ivedi olarak yapılan işten iyi sonuç alınmaz]

wer die Wahrheit sagt, braucht ein schnelles Pferd *(wörtl: doğru söyleyenin hızlı bir ata ihtiyacı vardır)* *fig* doğru söyleyeni dokuz köyden kovarlar *(wörtl: wer die Wahrheit sagt, den jagt man aus neun Dörfern)* [**Bedeutung**: auch wenn es wahr ist, will man es nicht hören, weil es unbequem ist; **Anlamı**: doğru olmakla birlikte başkalarının işine gelmeyen söz, sözü söyleyenin sevilmediğini anlatır]

Schnürchen sicim; iplik

wie am Schnürchen *(wörtl: sicimdeymiş gibi)* *fig* tıkır tıkır *fig* yağ gibi *(wörtl: wie Öl)* *fig* çorap söküğü gibi *(wörtl: wie eine Laufmasche)* [**Bedeutung**: reibungslos; ohne Probleme; planmäßig; **Anlamı**: sorunsuz; kolayca yapılarak; aksamadan; düzenli bir şekilde]

schön güzel

eine schöne Bescherung *(wörtl: ne güzel bir hediyeleşme)* *fig* al sana bir kaya, nereye dayarsan daya *(wörtl: nimm doch einen Felsen und lehne ihn wohin auch immer an)* *fig* buyurun cenaze namazına *(wörtl: bitte schön zum Trauergebet)* [**Bedeutung**: sagt man, wenn ein unliebsames Ereignis eingetreten ist; **Anlamı**: nasıl çözüleceği bilinmeyen güç bir durum; beklenmedik kötü bir durum karşısında şaka yollu üzüntü anlatan söz]

man soll gehen, wenn es am schönsten ist *(wörtl: en güzel olduğu zaman gidilmelidir* *fig* tadında bırakmak *(wörtl: in dessen Geschmack belassen)* [**Bedeutung**: wenn es am schönsten ist, soll man aufhören, es kann nur noch schlechter werden; **Anlamı**: güzel giden bir şeyi tatsız bir duruma sokacak ölçüsüzlüğe vardırmamalı]

Schönheit güzellik

die Schönheit liegt im Auge des Betrachters *(wörtl: güzellik, bakanın gözünde yatar)* *fig* gönül kimi severse güzel odur *(wörtl: schön ist der, den das Herz mag)* [**Bedeutung**: Schönheit wird verschieden interpretiert, jeder empfindet Schönheit anders; **Anlamı**: güzellik anlayışı, kişiden kişiye değişir]

Schopf perçem

die Gelegenheit beim Schopfe packen *(wörtl: fırsatı perçemden tutmak)* *fig* fırsatı ganimet bilmek *(wörtl: die Gelegenheit als Beute sehen)* *fig* her zaman eşek ölmez, on köfte on paraya olmaz *(wörtl: nicht immer stirbt der Esel und zehn Buletten gibt es für zehn Para)*

[**Bedeutung**: einen einmaligen, günstigen Augenblick schnell entschlossen ausnutzen; **Anlamı**: çıkan fırsattan en iyi şekilde yararlanmak; istenilen şeyi kolayca elde etme imkanı ortaya çıkınca fırsat kaçırılmamalıdır]

Schornstein baca

etwas in den Schornstein schreiben *(wörtl: bacaya bir şey yazmak)* *fig* bir şeyin üstüne/üzerine bir bardak (soğuk) su içmek *(wörtl: auf etwas ein (kaltes) Glas Wasser trinken)* [**Bedeutung**: etwas abschreiben; etwas verloren geben; **Anlamı**: bir işten umudunu kesmek; bir işten vazgeçmek]

Schoß kucak

jemandem in den Schoß fallen *(wörtl: birinin kucağına düşmek)* *fig* ayağına gelmek *(wörtl: jemandem zu Füßen kommen)* [**Bedeutung**: jemandem mühelos zuteilwerden; **Anlamı**: emek çekilmeden elde edilmek]

jemandem (wie eine reife Frucht) in den Schoß fallen *(wörtl: (olmuş meyve gibi) birinin kucağına düşmek)* *fig* olmuş armut gibi eline düşmek *(wörtl: wie eine reife Birne in die Hand fallen)* [**Bedeutung**: etwas ohne Mühe erhalten; **Anlamı**: emeksizce ve zahmetsizce eline düşmek]

Schrank dolap

nicht alle Tassen im Schrank haben[1] *(wörtl: bütün fincanları dolapta olmamak)* *fig* keçileri kaçırmak *(wörtl: die Ziegen entkommen lassen)* [**Bedeutung**: verrückt sein; spinnen; **Anlamı**: delirmek]

nicht alle Tassen im Schrank haben[2] *(wörtl: bütün fincanları dolapta olmamak)* *fig* aklı başında olmamak *(wörtl: sein Verstand sei nicht auf seinem Kopf)* [**Bedeutung**: nicht recht bei Verstand sein; **Anlamı**: iyi düşünebilir durumda olmamak]

Schranke had

jemanden in die/seine Schranken weisen *(wörtl: birini bariyer içine göndermek)* *fig* birine haddini bildirmek *(wörtl: jemandem seine Grenzen mitteilen)* [**Bedeutung**: jemanden zur Mäßigung mahnen; **Anlamı**: sert bir karşılıkla uslandırmak; yetkili olmadığı işlere karışan kimseye sınırını aşmaması gerektiğini öğretmek]

sich in Schranken halten *(wörtl: bariyer içinde durmak)* *fig* haddini bilmek *(wörtl: seine Grenzen kennen)* [**Bedeutung**: das erträgliche Mß nicht überschreiten; **Anlamı**: neler yapabileceğini bilerek onun ötesine geçmemek]

Schraube vida

bei jemandem ist eine Schraube locker *(wörtl: birinin vidası gevşek olmak)* *fig* aklının çivisi eksik olmak *(wörtl: es fehlt seinem Verstand ein Nagel)* *fig* tahtası eksik olmak *(wörtl: jemandem fehlt ein Brett)* [**Bedeutung**: leicht verrückt sein; **Anlamı**: aklı tam olmamak]

Schrecken korku

lieber ein Ende mit Schrecken als ein Schrecken ohne Ende *(wörtl: sonsuz korku yerine korkulu bir son* *tercih edilir)* *fig* zararın neresinden dönersen kârdır *(wörtl: egal, an welcher Stelle des Verlustes du kehrt machst, ist es ein Gewinn)* [**Bedeutung**: etwas Unerfreuliches schnell zu Ende bringen wollen, anstatt das Unangenehme endlos zu verlängern; **Anlamı**: kişiyi maddi ve manevi olarak zarara uğratan ve zararı devam edeceği bir işten bir an önce vaz geçmek gerekir]

Schrei feryat

der letzte Schrei sein *(wörtl: son feryat olmak)* *fig* son moda olmak *(wörtl: die letzte Mode sein)* [**Bedeutung**: die letzte Mode sein; **Anlamı**: toplum yaşamına giren son değişiklik olmak]

schreiben yazmak

etwas in den Schornstein schreiben *(wörtl: bacaya bir şey yazmak)* *fig* bir şeyin üstüne/üzerine bir bardak (soğuk) su içmek *(wörtl: auf etwas ein (kaltes) Glas Wasser trinken)* [**Bedeutung**: etwas abschreiben; etwas verloren geben; **Anlamı**: bir işten umudunu kesmek; bir işten vazgeçmek]

etwas in den Wind schreiben *(wörtl: bir şeyi rüzgâra yazmak)* *fig* bir şeyi gözden çıkarmak *(wörtl: aus den Augen nehmen)* [**Bedeutung**: etwas als verloren ansehen; **Anlamı**: elden gitmesine razı olmak]

etwas steht einem im Gesicht geschrieben *(wörtl: bir şey birinin yüzünde yazılı olmak)* *fig* yüzünden okumak *(wörtl: jemandem im Gesicht abzulesen)* [**Bedeutung**: etwas ist einem anzusehen; **Anlamı**: herhangi bir durumu yüzünden anlamak]

ins Reine schreiben *(wörtl: temize yazmak)* *fig* temize çekmek *(wörtl: ins Reine ziehen)* [**Bedeutung**: etwas sauber abschreiben; **Anlamı**: bir yazının karalamasını temiz olarak yazmak]

rote Zahlen schreiben *(wörtl: kırmızı sayılar yazmak)* *fig* ekside olmak *(wörtl: im Minus sein)* [**Bedeutung**: Verluste machen; **Anlamı**: zarar yapmak]

sich etwas hinter die Ohren schreiben *(wörtl: kulak arkasına yazmak)* *fig* kulağına küpe olmak/etmek *(wörtl: zum Ohrring am Ohr werden/sein)* [**Bedeutung**: etwas genau merken; **Anlamı**: başa gelen bir durumdan alınan dersi unutmamak]

wer schreibt, der bleibt *(wörtl: yazan kalır)* *fig* alim unutmuş, kalem unutmamış *(wörtl: der Gelehrter hat es vergessen, der Stift nicht)* [**Bedeutung**: Gesprochenes ist ohne Dauer, Geschriebenes aber bleibt bestehen; **Anlamı**: insan ne kadar bilgili olursa olsun her şeyi aklında tutamayacağı için unutulmaması istenilen şey mutlaka yazılmalıdır]

schreien bağırmak

wer am lautesten schreit, hat Recht *(wörtl: en fazla bağıran hak kazanır)* *fig* ağlamayan çocuğa meme vermezler *(wörtl: das Kind, das nicht weint, bekommt die Brust nicht/wird nicht gestillt)* [**Bedeutung**: wer sich meldet, der wird bedient; **Anlamı**: hakkını aramasını bilmeyenin işi görülmez]

wer schreit, hat unrecht *(wörtl: kim bağırırsa o haksızdır)* *fig* hem suçlu hem güçlü *(wörtl: sowohl schuldig als auch (laut)stark)* [**Bedeutung**: wer sich besonders lautstark äußert, übertönt damit seine mangelnde Einsicht; **Anlamı**: suçlu kendisi olduğu halde üste çıkmaya çalışan, üstelik karşısındakini suçlamaya yeltenen kimseler için söylenir]

---

schriftlich yazılı

das kann ich dir schriftlich geben *(wörtl: bunu sana yazılı olarak verebilirim) fig* senet veririm *(wörtl: ich stelle einen Wechsel/Schuldschein aus)* [**Bedeutung**: dessen kannst du dir absolut sicher sein; **Anlamı**: bu olduğunu veya olacağını çok iyi biliyorum, seni de buna kesin olarak inandırmak istiyorum]

Schritt adım

mit jemandem Schritt halten *fig* bir kimseye adım/ayak uydurmak [**Bedeutung**: sich von jemandem nicht übertreffen lassen; **Anlamı**: başkalarının yaptıklarını yapabilmek]

Selbsterkenntnis ist der erste Schritt zur Besserung *(wörtl: kendini tanıma, iyileşmek için ilk adımdır) fig* başa gelmeyince bilinmez *(wörtl: wenn es nicht zum Kopf kommt, wird man es nicht wissen)* [**Bedeutung**: wenn man die eigenen Fehler erst einmal erkannt hat, ist man schon auf dem Weg, sich zu bessern; **Anlamı**: başına bir felaket gelmeyen, başkasına gelen felaketin ne denli acı olduğunu gereği gibi anlayamaz]

---

schuften didinmek

arbeiten/schuften wie ein Pferd *(wörtl: at gibi çalışmak/didinmek) fig* it gibi çalışmak *(wörtl: arbeiten wie ein Köter)* [**Bedeutung**: intensiv arbeiten; schwere Arbeit leisten; **Anlamı**: çok çalışmak]

Schuh ayakkabıları

---

anders wird ein Schuh daraus ↑
umgekehrt wird ein Schuh daraus

jemandem in die Schuhe schieben *(wörtl: birinin ayakkabılarına koymak) fig* birinin üstüne atmak *(wörtl: auf jemanden werfen)* [**Bedeutung**: jemandem unberechtigt die Schuld für etwas geben; **Anlamı**: bir suçu birine yüklemek]

umgekehrt wird ein Schuh daraus *(wörtl: tersine döndürürsen ondan ayakkabı olur) fig* taban tabana zıt *(wörtl: die Sohle ist gegen die Sohle)* [**Bedeutung**: das Gegenteil ist richtig; umgekehrt ist es richtig; **Anlamı**: biri ötekinin büsbütün karşıtı]

zwei Paar Schuhe sein *(wörtl: iki çift ayakkabı olmak) fig* cin başka, şeytan başka olmak *(wörtl: der Kobold ist anders und der Teufel ist anders; der Kobold und der Satan sind zweierlei) fig* taban tabana zıt şeyler olmak *(wörtl: Dinge, die Sohle gegen die Sohle sind)* [**Bedeutung**: zwei ganz verschiedene, nicht vergleichbare Dinge sein; **Anlamı**: tamamen değişik, kıyaslanamaz iki şey olmak; bambaşka olmak]

Schuld[1] borç

in jemandes Schuld stehen *fig* birine gönül borcu olmak

[**Bedeutung**: jemandem sehr zu Dank verpflichtet sein; **Anlamı**: birine teşekkür borcu olmak]

Schuld[2] kabahat

Schuld (an etwas) haben *fig* bir şeyde kabahati olmak [**Bedeutung**: für etwas verantwortlich sein; **Anlamı**: birşey için sorumluluk taşımak]

Schulden borç

bis über beide Ohren in Schulden stecken *(wörtl: kulaklarına kadar borca batık olmak)* *fig* gırtlağına kadar borç içinde olmak *(wörtl: bis zur Kehle in Schulden stecken)* *fig* uçan kuşa borcu olmak *(wörtl: bei dem fliegenden Vogel Schulden haben)* [**Bedeutung**: hoch verschuldet sein; **Anlamı**: çok fazla borcu olmak]

bis über den Kopf in Schulden stecken *(wörtl: başından aşkın borca batık olmak)* *fig* boğazına kadar borca batmak *(wörtl: bis zum Hals in Schulden stecken)* [**Bedeutung**: hoch verschuldet sein; **Anlamı**: pek çok borçlanmak]

mehr Schulden als Haare auf dem Kopf haben *(wörtl: başındaki saçtan çok borcu olmak)* *fig* borç bini aşmak *(wörtl: die Schulden überschreiten die Tausend)* [**Bedeutung**: hohe Schulden haben; **Anlamı**: borç altından kalkılamayacak duruma gelmek]

Schule okul

Schule machen *(wörtl: okul yapmak)* *fig* yol olmak *(wörtl: Weg werden)* [**Bedeutung**: sich allgemein durchsetzen; als Vorbild dienen;

Anlamı: bir davranış, başkalarınca da yapılarak görenek durumuna gelmek]

die Schule schmeißen *(wörtl: okulu atmak)* *fig* arka kapıdan çıkmak *(wörtl: durch die Hintertür hinausgehen)* [**Bedeutung**: ohne Abschluss dıe Schule verlassenÖ **Anlamı**: başarısızlık nedeniyle okuldam ayrılmak]

Schulter omuz

Schulter an Schulter[1] *fig* omuz omuza [**Bedeutung**: sehr dicht nebeneinander; so nahe, dass sich die Schultern berühren; **Anlamı**: yan yana; iç içe]

Schulter an Schulter[2] *fig* omuz omuza [**Bedeutung**: gemeinsam; solidarisch; **Anlamı**: birlikte; dayanışarak; dayanışma içinde]

auf die leichte Schulter nehmen *(wörtl: hafif omzuna almak)* *fig* hafife almak *(wörtl: leicht nehmen)* [**Bedeutung**: etwas unterschätzen; als nicht wichtig erachten; **Anlamı**: önem vermemek; önemsiz saymak]

jemandem die kalte Schulter zeigen *(wörtl: birine soğuk omzunu göstermek)* *fig* birine dirsek çevirmek *(wörtl: jemandem den Ellbogen hindrehen)* *fig* birine sırt çevirmek *(wörtl: jemandem den Rücken zuwenden)* *fig* soğuk davranmak *(wörtl: sich kühl verhalten)* [**Bedeutung**: einer Person keine Beachtung (mehr) schenken; jemanden zurückweisen, jemanden abblitzen lassen; **Anlamı**: birlikte iş yaptığı kişiyi uzaklaştıracak davranışlarda bulunmak]

Schuppen kepek

wie Schuppen von den Augen fallen *(wörtl: kepek gibi gözlerinden düşmek)* *fig* ayakları/ayağı suya ermek *(wörtl: seine Füße/sein Fuß das Wasser erreichen)* *fig* kafasına dank etmek *(wörtl: es macht Bang in seinem Kopf)* [**Bedeutung**: plötzlich die Wahrheit erkennen; auf einmal die Zusammenhänge erkennen; **Anlamı**: gerçekleri görür duruma gelmek]

Schuss atış

der Schuss geht nach hinten los *(wörtl: kurşun geri tepti)* *fig* arpa ektim, darı çıktı *(wörtl: ich habe Gerste gesät und Hirse kam heraus)* *fig* (iş veya durum) tersine dönmek *(wörtl: (die Sache) dreht sich verkehrt um)* [**Bedeutung**: ein Vorhaben bewirkt das Gegenteil von dem, was beabsichtigt ist; **Anlamı**: ters sonuç veren işler için kullanılan bir söz]

ein Schuss in den Ofen *(wörtl: sobaya bir atış)* *fig* gemisi şapa oturmak *(wörtl: sein Schiff setzt sich in den Alaun)* *fig* fiyasko [**Bedeutung**: ein totaler Fehlschlag; ein Misserfolg; **Anlamı**: bir girişimde başarısız sonuç; iş, düzelemeyecek kadar bozulmak]

nur noch einen Schuss übrighaben/frei haben *(wörtl: bir atışı/kurşunu kalmak)* *fig* bir atımlık barutu olmak *(wörtl: Schießpulver für einen Schuss haben)* [**Bedeutung**: wenig Chancen haben; nur noch eine Chance haben; **Anlamı**: bir konuda yapabileceği pek az şeyi olmak/kalmak]

Schüssel çanak

einen Sprung in der Schüssel haben *(wörtl: çanağında çatlak olmak)* *fig* kafadan/kafası çatlak olmak *(wörtl: einen Sprung im Kopf haben)* [**Bedeutung**: leicht verrückt sein; nicht recht bei Verstand sein; **Anlamı**: hafif deli olmak]

Schuster kunduracı

Schuster bleib bei deinen Leisten *(wörtl: kunduracı, ayakkabı kalıplarında kal)* *fig* çizmeden yukarı çıkma *(wörtl: steig nicht über den Stiefel hinauf)* [**Bedeutung**: tue das, was du gelernt hast; Rede nicht über Dinge, von denen du nichts verstehst; **Anlamı**: anlamadığın işe burnunu sokma]

auf Schusters Rappen *(wörtl: kunduracı beygirine binerek; kunduracının beygirinin sırtında)* *fig* tabana kuvvet *(wörtl: Kraft der Sohlen)* *fig* tabanvay *(wörtl: Bodenbahn)* [**Bedeutung**: zu Fuß gehen; **Anlamı**: taşıt yok, yürümek gerekiyor; yayan]

schütteln sarsmak

aus dem Ärmel schütteln *(wörtl: kolundan sarsmak)* *fig* yapıvermek *(wörtl; schnell tun)* [**Bedeutung**: etwas ohne Mühe tun; etwas schnell vorlegen; **Anlamı**: çabucak yapmak; kolaylıkla yapmak]

schützen korumak

Alter schützt vor Torheit nicht *(wörtl: yaş, (insanı) budalalıktan korumaz)* *fig* akıl yaşta değil, baştadır *(wörtl: der Verstand liegt nicht im Alter, sondern im Kopf; die Klugheit ist nicht im Alter sondern in der Vernunft begründet)* *fig* eşek kocamakla tavla başı olmaz *(wörtl:*

nur weil er älter wird, wird der Esel nicht zum Haupt einer Backgammon-Partie) [**Bedeutung**: auch ältere Menschen begehen Fehler; **Anlamı**: akıllı olmanın yaşla ilgisi yoktur]

schwach zayıf

Bündnis macht die Schwachen stark *(wörtl: ittifak zayıfları kuvvetlendirir) fig* birlikten kuvvet doğar *(wörtl: aus Einheit entsteht Stärke)* [**Bedeutung**: vereint sind auch die Schwachen mächtig; **Anlamı**: toplu veya beraber davranmak, daha büyük güç sağlar]

Schwalbe kırlangıç

eine Schwalbe macht noch keinen Sommer *(wörtl: bir kırlangıçla yaz olmaz) fig* bir çiçekle yaz olmaz *(wörtl: von einer Blume wird kein Sommer)* [**Bedeutung**: ein erstes Zeichen sollte man nicht überbewerten; **Anlamı**: küçük, güzel bir belirti ile doyurucu sonuca ulaşılmaz]

Schwamm sünger

Schwamm drüber! *(wörtl: üstüne sünger!) fig* boş ver! *(wörtl: gib Leeres!)* [**Bedeutung**: die Sache soll vergessen sein; reden wir nicht mehr darüber; **Anlamı**: dikkate alma; üzerinde durma]

Schwan kuğu

die Gans lehrt den Schwan singen *(wörtl: kaz kuğuya ötmesini öğretmek) fig* tereciye tere satmak *(wörtl: dem Kresseanbauer Kresse verkaufen)* [**Bedeutung**: einen Meister seines Faches belehren

wollen; **Anlamı**: bir şeyin uzmanına o şeyi öğretmeye kalkışmak]

schwanen

jemandem schwant etwas[1] *fig* içine doğmak *(wörtl: ihm fällt ein) fig* malum olmak *(wörtl: gewiss werden)* [**Bedeutung**: jemand ahnt etwas; jemand hat eine Vorahnung; **Anlamı**: olacak şeyi tahmin etmek; sezinlemek]

jemandem schwant etwas[2] *fig* içine kurt düşmek *(wörtl: ihm fallen Würmer hinein)* [**Bedeutung**: jemand ahnt etwas Unangenehmes, jemand hat eine böse Vorahnung; **Anlamı**: kendisine zararı dokunacak bir durum meydana geleceğinden kuşkulanmak]

schwanger hamile

mit etwas schwanger gehen *(wörtl: bir şey ile hamile kalmak) fig* aklından geçirmek *(wörtl: durch den Verstand gehen lassen)* [**Bedeutung**: etwas erwägen; etwas planen; sich gedanklich mit etwas beschäftigen; **Anlamı**: bir şeyi yapmayı içinden geçirmek]

schwanken sallanmak, yalpalamak

schwanken wie ein Rohr im Wind[1] *(wörtl: rüzgârda boru gibi sallanmak) fig* yalpa vurmak *(wörtl: schlingern)* [**Bedeutung**: sehr stark schwanken; **Anlamı**: iki yana eğilerek yürümek]

schwanken wie ein Rohr im Wind[2] *(wörtl: rüzgârda boru gibi sallanmak) fig* maymun iştahlı olmak *(wörtl: einen Affenappetit haben)* [**Bedeutung**: launenhaft, flatterhaft, unstet, flippig sein; **Anlamı**: hevesi çabuk geçmek; bugün bir şeyi, yarın başka bir şeyi beğenmek, kararsız olmak]

Schwanz kuyruk

den Schwanz einziehen /einkneifen
fig kuyruğunu kısmak
[**Bedeutung**: sich zurückziehen; zurückweichen; kapitulieren; **Anlamı**: ürküp pusmak]

der Schwanz wedelt mit dem Hund
(wörtl: kuyruk baş sallıyor) fig
ayaklar baş, başlar ayak olmak
(wörtl: die Füße werden Kopf, die Köpfe zu Fuß)
[**Bedeutung**: die Veerhältnisse kehren sich um; der Kleine beherrscht den Großen, der Schwächere dominiert den Stärkeren; **Anlamı**: değersiz kimseler buyurucu, değersiz kimseler buyruk altında olmak]

jemandem auf den Schwanz treten
(wörtl: birinin kuyruğuna basmak)
fig kuyruğuna basmak *(wörtl: auf den Schwanz treten)*
[**Bedeutung**: jemanden kränken; ärgern; **Anlamı**: birini tahrik etmek; birini incitip saldırıda bulunmasına yol açmak]

das Pferd beim/am Schwanz aufzäumen *(wörtl: ata kuyruğundan başlayarak dizginleri koşmak) fig* ata et, ite ot vermek *(wörtl: dem Pferd Fleisch, dem Hund Stroh geben) fig* ata binmeden ayaklarını sallamak *(wörtl: die Füße schwingen bevor man auf das Pferd steigt)*
[**Bedeutung**: etwas verkehrt machen; etwas in der falschen Reihenfolge tun; **Anlamı**: bir işe ters taraftan başlamak]

kommt man über den Hund, kommt man auch über den Schwanz *(wörtl: köpeğin üstünden geçen kuyruğunu da aşar) fig* çoğu gitti, azı kaldı *(wörtl: das meiste ist weg, das Wenige ist geblieben)*
[**Bedeutung**: hat man erstmal den schwierigsten Teil geschafft, ist der Rest auch noch zu schaffen; **Anlamı**: yapılmakta olan işin en önemli, en güç bölümü bitti, az ve önemsiz bölümü kaldı]

wo die Hunde mit dem Schwanz bellen *(wörtl: köpeklerin kuyrukla havladığı yer) fig* kör itin öldüğü yer *(wörtl: dort, wo der blinde Köter gestorben ist)*
[**Bedeutung**: sehr abgelegen; an einem ganz entlegenen Ort; **Anlamı**: çok uzakta olan yer]

---

schwänzen *fig* gitmemek

den Unterricht schwänzen *(wörtl: derse gitmemek) fig* dersi asmak *(wörtl: den Unterricht hängen) fig* dersi kırmak *(wörtl: den Unterricht brechen)*
[**Bedeutung**: nicht am Unterricht teilnehmen; **Anlamı**: derse katılmamak; derse gitmemek]

---

schwarz siyah, kara

schwarz auf weiß *(wörtL: beyaz üzerine siyah) fig* kâğıt üzerinde
[**Bedeutung**: auf Papier gedruckt; geschrieben; schriftlich; **Anlamı**: yazılı olarak]

schwarze Liste *fig* kara liste
[**Bedeutung**: eine Liste von Personen oder Dingen, die zu benachteiligen sind; **Anlamı**: sakınılacak kişi ve şeylerin listesi]

schwarzes Schaf *(wörtl: siyah koyun) fig* ak koyunun kara kuzusu *(wörtl: das schwarze Lamm des weißen Schafes)*

[**Bedeutung**: derjenige in einer Gruppe/Familie, der sich nicht einordnet, der unangenehm auffällt; **Anlamı**: iyi bir ailenin utanç verici çocuğu]

es wird jemandem vor (lauter) Hunger schwarz vor (den) Augen *(wörtl: birinin açlıktan gözleri kararmak) fig* açlıktan gözleri kararmak *(wörtl: vor Hunger werden die Augen dunkel)* [**Bedeutung**: sehr hungrig sein; **Anlamı**: çok acıkmak]

ins Schwarze treffen *(wörtl: siyaha isabet etmek) fig* turnayı gözünden vurmak *(wörtl: dem Kranich ins Auge schießen/treffen)* [**Bedeutung**: bei etwas Erfolg haben; **Anlamı**: çok değerli bir şeyi kazanmayı başarmak]

jemandem den schwarzen Peter zuschieben/zuspielen *(wörtl: birine kara Peter'i kaydırmak) fig* birine kara çalmak *(wörtl: auf jemanden schwarz spielen) fig* birinin üstüne/üzerine atmak *(wörtl: auf jemanden werfen)* [**Bedeutung**: jemandem unberechtigt die Schuld für etwas geben; die Verantwortung auf jemanden abwälzen; **Anlamı**: birine iftira etmek; birine (işlemediği) bir suçu yüklemek]

jemandem nicht das Schwarze unter dem (Finger) Nagel gönnen *fig* ördek kaza bakarak çatlar *(wörtl: die Ente schaut sich die Gans an und platzt) (wörtl: etwas für jemanden als zuviel sehen)* [**Bedeutung**: sehr neidisch auf jemanden sein; jemandem gegenüber sehr missgünstig sein; **Anlamı**: bir şeyi birine çok görmek; haset etmek]

jemandem wird (es) schwarz vor (den) Augen *(wörtl: birinin gözleri kara kara olmak) fig* birinin gözleri kararmak *(wörtl: jemandes Augen werden dunkel)* [**Bedeutung**: jemand wird ohnmächtig; **Anlamı**: başı dönerek hafif baygınlık geçirmek]

sich schwarzärgern *(wörtl: kara kara kızmak) fig* öfke topuklarına çıkmak *(wörtl: der Zorn ist ihm auf die Fersen gestiegen)* [**Bedeutung**: äußerst wütend sein; sich sehr stark ärgern; **Anlamı**: çok öfkelenmek]

warten bis man schwarz wird *(wörtl: siyahlaşıncaya kadar beklemek) fig* yârin köşesini beklemek *(wörtl: auf die Ecke seiner Geliebten warten)* [**Bedeutung**: vergeblich warten; **Anlamı**: boşuna beklemek]

Schwefel kükürt

wie Pech und Schwefel *(wörtl: ziftle kükürt gibi) fig* etle tırnak gibi *(wörtl: wie Fleisch und Nagel)* [**Bedeutung**: zueinander haltend; unzertrennlich; **Anlamı**: çok sıkı fıkı; birbirlerine candan bağlı]

wie Pech und Schwefel zusammenhalten *(wörtl: ziftle kükürt gibi birbirini tutmak) fig* içtikleri su ayrı gitmemek *(wörtl: das getrunkene Wasser nicht trennen)* [**Bedeutung**: zueinander halten; unzertrennlich sein; **Anlamı**: çok sıkı fıkı olmak; çok yakın dost olmak]

Schweigen sükût, susma

Schweigen gilt als Annahme *fig* sükut ikrardan gelir [**Bedeutung**: nichts sagen oder keine Äußerung wird als Zustimmung gesehen; **Anlamı**: susma kabul addolunur; itiraz edilmedikçe yapılmış olan bir açıklama kabul edilmiş sayılır]

schweigen wie ein Grab *(wörtl: mezar gibi susmak)* **fig** ağzını bıçak açmamak *(wörtl: kein Messer macht seinen Mund auf)* [**Bedeutung**: sich selbst ruinieren; **Anlamı**: kendine zarar verecek davranışta bulunmak]

Reden ist Silber, Schweigen ist Gold *(wörtl: konuşma gümüş, susma altındır)* **fig** söz gümüşse sükût altındır *(wörtl: wenn das Wort Silber ist, ist das Schweigen Gold)* [**Bedeutung**: Schweigen ist mehr wert als Reden; manchmal ist es besser nichts zu sagen; **Anlamı**: susmak bazen konuşmaktan daha iyi sonuç verir]

Schwein domuz

du Dame, ich Dame, wer soll die Schweine hüten? *(wörtl: sen hanımefendi, ben hanımefendi, domuzlara kim bakacak?)* **fig** sen ağa, ben ağa, bu ineği kim sağa? *(wörtl: du bist ein Herr, ich bin ein Herr, wer soll diese Kuh melken?)* [**Bedeutung**: man ziert sich wegen der schmutzigen Arbeit, die unerledigt bleibt; **Anlamı**: bir iş yerinde yapılması gereken işe kimse yanaşmaz: herkes birbirinden beklerse o iş yürümez]

ich glaub, mein Schwein pfeift *(wörtl: sanki domuzum ıslık çalıyor)* **fig** öp babanın elini *(wörtl: küss deinem Vater die Hand)* [**Bedeutung**: Reaktion auf ein unerwartetes Ereignis; **Anlamı**: beklenmedik bir durum karşısında tepki]

ich kenne meine Schweine am Gang *(wörtl: ben domuzlarımı*

gidişlerinden tanırım)* **fig** ben bilmez miyim güttüğüm domuzun huyunu *(wörtl: ich weiß, wie das Schwein ist, das ich treibe)* [**Bedeutung**: ich kenne sie mit ihren Schwächen genau und weiß, was ich von ihnen zu erwarten habe; jemanden aufgrund typischer Eigenschaften und langer Erfahrung einschätzen; **Anlamı**: yıllardır tanıdığım bir kimsenin huylarını da bilirim]

wie ein Schwein ins Uhrwerk schauen *(wörtl: domuzun saat mekanizmasına baktığı gibi bakmak)* **fig** öküzün trene baktığı gibi bakmak *(wörtl: wie ein Ochse den Zug anschauen)* [**Bedeutung**: ahnungslos/ratlos dreinschauen; von einer technischen Sache nichts verstehen; **Anlamı**: hiçbir şey anlamadan bakmak]

Schweinehund

den inneren Schweinehund überwinden/besiegen[1] *(wörtl: içindeki domuz köpeğini yenmek)* **fig** gayrete gelmek *(wörtl: zur Anstrengung/Mühe kommen)* [**Bedeutung**: sich aufraffen; sich einen Ruck geben; **Anlamı**: bir işi yapmaya veya bitirmeye özenmek, canlanmak]

den inneren Schweinehund überwinden/besiegen[2] *(wörtl: içindeki domuz köpeğini yenmek)* **fig** yiğitliğe leke sürmemek *(wörtl: den Mut nicht beflecken)* [**Bedeutung**: eigene Schwächen überwinden; **Anlamı**: mertliğe aykırı davranışta bulunmamak]

Schweinestall domuz ahırı

in einen Schweinestall verwandeln *(wörtl: domuz ahırına çevirmek)* **fig**

ahıra çevirmek *(wörtl: in einen Stall verwandeln)*
[**Bedeutung**: in einen dreckigen, unaufgeräumten, unordentlichen Zustand versetzen; **Anlamı**: bir yeri dağınık, pis, bakımsız bir duruma getirmek]

wie in einem Schweinestall *(wörtl: domuz ahırında gibi)* **fig** ahır gibi *(wörtl: wie ein Stall)*
[**Bedeutung**: dreckig, unaufgeräumt; **Anlamı**: dağınık, pis, bakımsız bir durumda]

Schweiß ter

in Schweiß gebadet *(wörtl: ter banyosu içinde; terle yıkanmış)* **fig** kan ter içinde *(wörtl: in Blut und Schweiß)*
[**Bedeutung**: sehr stark schwitzend; **Anlamı**: çok terli]

im Schweiße meines/seines/ihres Angesichts *(wörtl: benim/onun yüzünün teriyle)* **fig** alın teri ile *(wörtl: mit Stirnschweiß)*
[**Bedeutung**: mit hohem Arbeitseinsatz; mit Mühe; **Anlamı**: emek vererek, çaba göstererek]

---

schwer ağır

schwer geladen haben *(wörtl: ağır yüklü olmak)* **fig** kafası iyi olmak *(wörtl: einen guten Kopf haben)*
[**Bedeutung**: betrunken sein; **Anlamı**: sarhoş olmak]

aller Anfang ist schwer *(wörtl: her şeyin başı zordur)* **fig** ilk attığı taş uzak düşer *(wörtl: der erste Stein, den er wirft, fällt fern ab)*

eine schwere Geburt sein *(wörtl: ağır bir doğum olmak)* **fig** anası ağlamak *(wörtl: jemandem weint die Mutter)* **fig** dokuz doğurmak[2] *(wörtl: neun gebären)*
[**Bedeutung**: eine Arbeit haben, die viel Mühe gekostet hat; nur mit großen Mühen zu erreichen sein; ein hartes Stück Arbeit sein; **Anlamı**: bir işi yaparken çok sıkıntı çekmek; bir işi sıkıntı ve güçlük çekerek sona erdirmek]

ein schwerer Brocken *(wörtl: ağır bir parça)* **fig** demir leblebi *(wörtl: geröstete Kichererbse aus Eisen)*
[**Bedeutung**: ein schwieriger Gegner; eine schwierige Aufgabe; **Anlamı**: başa çıkılması güç kimse; başarılması çok güç iş]

Schwert kılıç

ein scharfes Schwert schneidet sehr, eine scharfe Zunge noch viel mehr *(wörtl: keskin kılıç iyi keser, keskin dil daha iyi keser)* **fig** dil kılıçtan keskindir *(wörtl: die Zunge/Sprache ist schärfer als das Schwert)*

wie ein zweischneidiges Schwert *(wörtl: iki yanı da keskin kılıç gibi)* **fig** Acem kılıcı gibi *(wörtl: wie ein persisches Schwert)*
[**Anlamı**: hem birinden yana hem de ona karşı olabilmek; **Bedeutung**: etwas mit Vor- und Nachteilen]

---

schwimmen yüzmek

gegen den Strom schwimmen[1] *(wörtl: akıntıya karşı yüzmek)* **fig** herkes gider Mersin'e, biz gideriz tersine *(wörtl: alle fahren nach Mersin, wir fahren in die entgegengesetzte Richtung)*
[**Bedeutung**: anders handeln als die Mehrheit; sich der Mehrheit nicht anpassen; **Anlamı**: biz bu işi el âlem gibi akla uygun biçimde yapmıyor, yanlış bir yol izliyoruz]

gegen den Strom schwimmen[2] *(wörtl: akıntıya karşı yüzmek)* **fig** akıntıya kürek çekmek *(wörtl: gegen den Strom rudern)* [Bedeutung: sich anders verhalten als die Mehrheit; **Anlamı**: olağan gidişi tersine çevirmek için boşuna uğraşmak]

im Fett schwimmen *(wörtl: yağda yüzmek)* **fig** bir eli yağda bir eli balda olmak *(wörtl: eine Hand im Fett, die andere im Honig haben)* [Bedeutung: im Überfluss leben; in Saus und Braus leben; **Anlamı**: bolluk içinde yaşamak]

in jemandes Kielwasser fahren/schwimmen *(wörtl: birinin dümen suyunda gitmek/yüzmek)* **fig** dümen suyunda gitmek [**Anlamı**: birine bağımlı olmak; her şeyde ona uyarak davranmak; **Bedeutung**: sich jemandem in seinem Vorgehen anschließen]

in Tränen schwimmen *(wörtl: göz yaşları içinde yüzmek)* **fig** iki gözü iki çeşme *(wörtl: beide Augen ein Trinkbrunnen)* [Bedeutung: anhaltend (und sehr heftig) weinen; **Anlamı**: durmadan ağlamakta olmak]

mit dem Strom schwimmen *(wörtl: akıntıyla yüzmek)* **fig** suyun akıntısına gitmek *(wörtl: mit dem Strom des Gewässers gehen)* [Bedeutung: sich anpassen; sich der Mehrheit anschließen; **Anlamı**: uymak; olayların gelişmesine göre davranmak]

---

schwitzen terlemek

Blut und Wasser schwitzen *(wörtl: kan ve su terlemek)* **fig** anasından emdiği süt burnundan gelmek *(wörtl:*

die Milch, die er bei seiner Mutter gesaugt hat, kommt ihm durch die Nase heraus) [Bedeutung: sich bis zum Äußersten anstrengen; große Angst vor einem Misserfolg haben; **Anlamı**: bir işi yaparken çok sıkıntı çekmek; eziyete katlanmak]

---

schwören yemin etmek

hoch und heilig schwören *(wörtl: yüce ve kutsal yemin etmek)* **fig** yemin billah etmek *(wörtl: bei Gott schwören)* [Bedeutung: etwas demonstrativ schwören; **Anlamı**: tanrının adını anıp ant içmek]

Stein und Bein schwören *(wörtl: taş ve kemik üzerine yemin etmek)* **fig** yemin billah etmek *(wörtl: bei Gott schwören)* [Bedeutung: etwas demonstrativ schwören; **Anlamı**: tanrının adını anıp ant içmek]

Seele ruh, iç

die Seele baumeln lassen *(wörtl: içini sallandırmak)* **fig** yan gelmek *(wörtl: seitlich kommen)* **fig** yan gelip yatmak *(wörtl: seitlich kommen und sich hinlegen)* **fig** keyfine bakmak *(wörtl: auf seine Laune schauen)* [Bedeutung: sich seelisch entspannen; Abstand gewinnen; **Anlamı**: rahatına bakmak; güzel vakit geçirmek]

ein Herz und eine Seele sein *(wörtl: tek yürek ve tek ruh olmak)* **fig** canciğer olmak *(wörtl: ein Leben und eine Leber sein)* **fig** canciğer kuzu sarması olmak *(wörtl: ein Leben und eine Leber, Lammroulade sein)* **fig** içli dışlı olmak *(wörtl: innig und äußerlich sein)* **fig** aralarından su sızmamak *(wörtl: zwischen ihnen leckt kein Wasser)* [Bedeutung: sehr eng befreundet sein; **Anlamı:** birbiriyle çok yakın arkadaş olmak]

Essen und Trinken hält Leib und Seele zusammen *(wörtl: yeme içme beden ve ruhu bir arada tutar)* ***fig*** can boğazdan gelir/geçer *(wörtl: das Leben kommt vom Hals/geht durch den Hals)* [Bedeutung: gutes Essen und Trinken ist gut für Körper und Geist; **Anlamı:** insan yiyeceğine önem vererek güçlenebilir]

mit Leib und Seele *(wörtl: bedenle ruhla)* ***fig*** canla başla *(wörtl: mit Leben und mit dem Kopf)* [Bedeutung: mit vollem Einsatz; **Anlamı:** var gücüyle]

sich etwas von der Seele reden *(wörtl: bedenle ruhla)* ***fig*** içini boşaltmak *(wörtl: sein Inneres leeren)* ***fig*** içini dökmek *(wörtl: sein Inneres auschütten)* [Bedeutung: sagen, was einem bedrückt (und sich dadurch Erleichterung verschaffen); **Anlamı:** derdini, sıkıntılarını anlatıp rahatlamak]

zwei Herzen und eine Seele *(wörtl: iki yürek ve bir gönül)* ***fig*** huyu huyuna suyu suyuna (uygun) *(wörtl: seine/ihre Natur zu seiner/ihrer Natur, sein/ihr Wasser)* [Bedeutung:zwei sind unzerrtrenlich]; **Anlamı:**iki kişinin her yönden birbirine uygun olduğunu anlatmak için kullanılan bir söz

---

Segel yelken

die Segel streichen *(wörtl: yelkenleri indirmek)* ***fig*** yelkenleri suya indirmek *(wörtl: die Segel ins Wasser lassen)* [Bedeutung: aufgeben; sich etwas gefallen lassen; sich nicht wehren; **Anlamı:** direnmekten vazgeçmek]

jemandem den Wind aus den Segeln nehmen *(wörtl: bırının yelkeninden rüzgârı almak)* ***fig*** lafı/lafını ağzına tıkamak *(wörtl: das Wort/sein Wort in seinen Mund stopfen)* [Bedeutung: jemandem den Grund für sein Vorgehen, die Voraussetzungen für seine Argumente nehmen; **Anlamı:** konuşan birinin sözünü bitirmesine olanak vermemek]

wer segeln will, muss auch Wind machen *(wörtl: yelkenliyle gezmek isteyen rüzgâr yapmak zoundadır)* ***fig*** canı kaymak isteyen mandayı yanında taşır *(wörtl: wer Lust auf Sahne hat, schleppt den Büffel mit)* [Bedeutung: wer ein Ziel sicher erreichen will, muss sich auf die eigene Kraft verlassen; **Anlamı:** güzel bir yaşamak isteyen kişi, bu yaşayışın yükünü çekmeyi göze almalı ve gerekli kaynakları elinin altında bulundurmalıdır]

Segen bereket

sich regen bringt Segen *(wörtl: hareket etmek bereket getirir)* ***fig*** nerede hareket, orada bereket *(wörtl: dort wo Bewegung ist, ist auch Segen)* [Bedeutung: viel Bewegung ist gesund; Fleiß führt zum Erfolg; **Anlamı:** hareketin olduğu yerde verim artar, bolluk olur]

---

sehen görmek

seh ich so aus? *(wörtl: ona benziyor muyum?)* ***fig*** bende o göz var mı?

(wörtl: habe ich das (besagte) Auge?)
[**Bedeutung**: glaubst du wirklich, dass ich das tun würde?]; **Anlamı**: ben buna inanacak kadar saf mıyım?

sehen müssen, wo man bleibt *(wörtl: nerede kaldığını görmek zorunda kalmak) fig* iş başa düşmek *(wörtl: die Arbeit fällt auf den Kopf) fig* başının çaresine bakmak *(wörtl: nach einem Ausweg für seinen Kopf Ausschau halten) fig* öksüz oğlan/çocuk göbeğini kendi keser *(wörtl: das Waisenkind nabelt sich selbst ab)* [**Bedeutung**: sich selbst helfen müssen; zusehen, wie man zurechtkommt; **Anlamı**: kendi işini kendi görmek zorunda kalmak; kimseden yardım görmeden kendi işini kendi yapmak; arkalayanı, koruyanı yardımcı olanı bulunmayan kimse, işini kendi başına görmek zorundadır]
sehen und gesehen werden *(wörtl: görüp görülmek) fig* dostlar alışverişte görsünler (diye) *(wörtl: (damit) die Freunde einen beim Einkaufen sehen)* [**Bedeutung**: um den bestehenden falschen Eindruck aufrechtzuerhalten; **Anlamı**: gösteriş olsun, iş görüyor densin (diye)]

doppelt sehen *fig* çift görmek [**Bedeutung**: betrunken sein; **Anlamı**: sarhoş olmak]

sieh(e) da! *fig* bak hele! [**Bedeutung**: Ausruf der Überraschung; **Anlamı**: şaşma bildiren söz]

sieh mal einer an! *fig* bak hele! [**Bedeutung**: Ausruf der Überraschung; **Anlamı**: şaşma bildiren söz]

Blut sehen wollen *(wörtl: kan görmek istemek) fig* kana kan ıstemek *(wörtl: Blut für Blut verlangen)* [**Bedeutung**: grausame Strafmaßnahmen verlangen; **Anlamı**: kan dökmek hırsı içinde olmak]

das sieht doch ein Blinder *(wörtl: bunu kör bile görür) fig* kör kör parmağım gözüne *(wörtl: blindlings mein Finger auf dein Auge)* [**Bedeutung**: das ist offensichtlich; das sieht jeder; **Anlamı**: çok belli; göze batacak kadar ortada]

das sieht doch ein Blinder (mit dem Krückstock) *(wörtl: bunu bastonlu kör bile görür) fig* kör kör parmağım gözüne *(wörtl: blindlings meinen Finger in sein Auge)* [**Bedeutung**: das liegt doch klar zutage; das kann man nicht übersehen; **Anlamı**: çok belli; göze batacak kadar ortada]

den Wald vor lauter Bäumen nicht sehen *(wörtl: ağaçlardan ormanı görmemek) fig* bakar kör olmak *(wörtl: ein schauender Blinder sein)* [**Bedeutung**: etwas eigentlich Offensichtliches übersehen; **Anlamı**: gözleri sağlam göründüğü hâlde görmemek]

die Hand vor Augen nicht sehen können *(wörtl: gözler önünde eli görememek) fig* göz gözü görmemek *(wörtl: das Auge sieht das Auge nicht)* [**Bedeutung**: wegen Dunkelheit oder Ähnlichem nichts sehen (können); **Anlamı**: koyu karanlıktan, sisten, tozdan, dumandan hiçbir şey görülemez olmak]

die Welt durch eine rosarote Brille sehen *(wörtl: dünyayı pembe kırmızı gözlükle görmek) fig* dünyayı toz pembe görmek *(wörtl: die Welt staubig rosa sehen)*

[**Bedeutung**: allzu optimistisch sein;
Anlamı: aşırı iyimser olmak]

**keine Hand vor Augen sehen
(können)** *(wörtl: gözün önünde el
gör(e)memek) fig* göz gözü
görmemek *(wörtl: ein Auge sieht das
andere nicht)*
[**Bedeutung**: wegen Dunkelheit oder
Ähnlichem nichts sehen (können);
Anlamı: koyu karanlıktan, sisten,
tozdan, dumandan hiçbir şey
görülemez olmak]

Seiltanzen ip cambazlığı

**sich anstellen, wie der Ochs beim
Seiltanzen** *(wörtl: ip
cambazlığındaki öküz gibi tavır
takınmak)* kafa göz yar mak *(wörtl:
Kopf und Augen aufschlitzen)*
[**Bedeutung**: tollpatschig sein;
äußerst ungeschickt sein; **Anlamı**:
beceriksizlik göstermek]

sein[1] olmak

kann sein *fig* olabilir
[**Bedeutung**: vielleicht; das ist
möglich; **Anlamı**: gerçekleşme
imkanı bulunan]
mag sein *fig* olabilir
[**Bedeutung**: vielleicht; das ist
möglich; **Anlamı**: gerçekleşme
imkanı bulunan]

mehr Schein als Sein *(wörtl:
olmaktan çok görünüş) fig* dışı
kalaylı, içi alaylı *(wörtl: das Äußere
ist verzinnt, das Innere ist scherzhaft)*
fig dışı eli yakar, içi beni *(wörtl: das
Äußere verbrennt den Fremden, das
Innere mich)*
[**Bedeutung**: auf den ersten Blick
gut, in Wirklichkeit schlecht;
Anlamı: dışı süslü, güzel görünüşlü,
ama içi berbat; görünüşe
aldanmamalı]

sein[2] onun

**den Seinen gibt's der Herr im
Schlaf** *(wörtl: kendinden olanlara
Tanrı uykuda verir) fig* talih yürürse
el getirir, yel getirir, sel getirir
*(wörtl: wenn das Glück läuft, bringt
es Fremde, Winde, Hochwasser)*
[**Bedeutung**: sagt man, wenn jemand
unverdientes Glück hat, ohne eigenes
Zutun etwas erreicht; **Anlamı**: şans
insanın yüzüne gülerse, hiç
umulmadık yerlerden kısmeti çıkar]

jedem das Seine! *(wörtl: herkese
kendine göre) fig* Allah dağına göre
kar verir *(wörtl: Gott gibt jedem Berg
Schnee, nach dessen Beschaffenheit)*
[**Bedeutung**: jeder soll das haben,
was ihm zukommt; **Anlamı**: tanrı
herkese dayanabileceği ölçüde sıkıntı
verir]

Seitenhieb taş atma

einen Seitenhieb austeilen *(wörtl:
yandan abanmak) fig* taş atmak
(wörtl: einen Stein werfen)
[**Bedeutung**: eine spöttische
Bemerkung machen; **Anlamı**: birine
dolaylı olarak iğneleyici, dokunacak
bir söz söylemek]

selbst kendisi

ein Schatten seiner selbst sein
(wörtl: kendisinin gölgesi olmak) fig
bir deri bir kemik kalmak *(wörtl:
eine Haut und ein Knochen bleiben
übrig) fig* boynu armut sapına
dönmek *(wörtl: jemandem wird der
Hals zum Stiel einer Birne)*
[**Bedeutung**: stark abgemagert sein;
Anlamı: çok zayıflamak]

hilf dir selbst, so hilft dir Gott
*(wörtl: kendine yardım et ki Tanrı
sana yardım etsin) fig* kimseden
kimseye hayır gelmez *(wörtl: von*

keinem ist etwas Gutes für jemanden
zu erwarten)
[**Bedeutung**: die Initiative soll man
keinem überlassen, sondern in die
eigene Hand nehmen; **Anlamı**: insan,
yapacağı işte başkasının yardımına
güvenirse hayal kırıklığına uğrar]

hilf dir selbst, sonst hilft dir keiner
*(wörtl: kendine yardım etmezsen
kimse sana etmez)* **fig** kimseden
kimseye hayır gelmez *(wörtl: von
keinem ist etwas Gutes für jemanden
zu erwarten)* **fig** kimseden kimseye
hayır yok *(wörtl: von keinem gibt es
etwas Gutes für jemanden)* **fig**
tırnağın varsa başını kaşı *(wörtl:
wenn du Nägel hast, kratze deinen
Kopf)*
[**Bedeutung**: die Initiative soll man
keinem überlassen, sondern in die
eigene Hand nehmen; **Anlamı**: insan,
yapacağı işte başkasının yardımına
güvenirse hayal kırıklığına uğrar]

jeder ist sich selbst der Nächste
*(wörtl: her kimsenin kendisi sırada
önce gelir)* **fig** can cana, baş başa
(wörtl: Seele an Seele, Kopf an Kopf)
fig can cümleden aziz *(wörtl: das
eigene Leben ist heiliger als alle
Leute zusammen)*
[**Bedeutung**: jeder denkt zuerst an
sich selbst; **Anlamı**: insanın kendisi
herkesten daha değerlidir;]

Selbsterkenntnis kendini tanıma

**Selbsterkenntnis ist der erste
Schritt zur Besserung** *(wörtl:
kendini tanıma, iyileşmek için ilk
adımdır)* **fig** başa gelmeyince
bilinmez *(wörtl: wenn es nicht zum
Kopf kommt, wird man es nicht
wissen)*
[**Bedeutung**: wenn man die eigenen
Fehler erst einmal erkannt hat, ist
man schon auf dem Weg, sich zu
bessern; **Anlamı**: başına bir felaket

gelmeyen, başkasına gelen felaketin
ne denli acı olduğunu gereği gibi
anlayamaz]

Selbstmord intihar

Selbstmordattentäter *(wörtl: intihar
suikastçısı)* **fig** canlı bomba *(wörtl:
eine lebende Bombe)*
[**Bedeutung**: jemand, der bei der
Ausführung des Attentats bewusst
den eigenen Tod in Kauf nimmt;
Anlamı: üzerindeki patlayıcı
maddeleri suikast yapmak amacıyla
patlatarak kullanan kimse]

Selbstmordattentäterin *(wörtl:
intihar suikastçısı)* **fig** canlı bomba
(wörtl: eine lebende Bombe)
[**Bedeutung**: jemand, der bei der
Ausführung des Attentats bewusst
den eigenen Tod in Kauf nimmt;
Anlamı: üzerindeki patlayıcı
maddeleri suikast yapmak amacıyla
patlatarak kullanan kimse]

---

selig bahtiyar

wer's glaubt, wird selig! *(wörtl:
inanan bahtiyar olur)* **fig** atma
Recep, din kardeşiyiz! *(wörtl: spinn
nicht, Recep, wir sind
Glaubensbrüder)*
[**Bedeutung**: das ist unglaubwürdig;
das glaube ich nicht; **Anlamı**:
söylediklerin hep yalan, hep abartma
ancak biz bunun farkındayız]

---

selten nadir

blinde Wut tut selten gut *(wörtl:
gözü kör öfke nadiren iyi gelir)* **fig**
keskin sirke küpüne/kabına zarar
*(wörtl: scharfer Essig schadet dem
Tonkrug)*
[**Bedeutung**: unüberlegte
Wutausbrüche schaden einem selbst;
Anlamı: öfkeli, sert kimsenin zararı
kendisine dokunur]

ein Unglück kommt selten allein
(wörtl: bir bela nadiren tek başına gelir) fig iyi gitmeyince kişinin işi, muhallebi yerken kırılır dişi *(wörtl: wenn es bei einem nicht gut läuft, dann bricht der Zahn ab, wenn er Reismehlpudding isst) fig* ekmeksiz eve misafir gelir(miş) *(wörtl: Gäste kommen in ein Haus ohne Brot)* [**Bedeutung**: unerwünschte Ereignisse treten häufig gleichzeitig ein; **Anlamı**: istenmeyen olaylar, arka arkaya gelirler; bazı şanssızlıklar üst üste gelir]

späte Reue ist selten treu *(wörtl: geciken pişmanlık nadiren sadıktır) fig* son pişmanlık fayda vermez/etmez *(wörtl: die letzte Reue erzeugt keinen Nutzen) fig* acele bir ağaçtır, meyvesi pişmanlık *(wörtl: die Eile ist ein Baum, seine Frucht die Reue)* [**Bedeutung**: die Ereignisse kann man nicht mehr rückgängig machen; **Anlamı**: iş işten geçtikten sonra pişman olmanın yararı yoktur]

Semmel küçük somun ekmek

weggehen wie warme Semmeln
(wörtl: küçük sıcak ekmek gibi gitmek) fig peynir ekmek gibi gitmek *(wörtl: weggehen wie Käse und Brot)* [**Bedeutung**: gut verkauft werden; **Anlamı**: revaçta olup çok satılmak]

Senf hardal

seinen Senf dazugeben *(wörtl: hardalını katıştırmak) fig* hariçten gazel okumak/atmak *(wörtl: von außerhalb Liebesgedichte vortragen)* [**Bedeutung**: sich ungefragt in ein Gespräch einmischen und die Meinung äußern; **Anlamı**: bir konuşmaya yersiz ve zamansız katılmak]

Shitstorm eleştiri fırtınası

Shitstorm ernten *(wörtl: bok fırtınası biçmek) fig* şimşekleri üstüne çekmek *(wörtl: die Blitze an sich ziehen) fig* yıldırımları üstüne çekmek *(wörtl: die Blitze an sich ziehen)* [**Bedeutung**: eine Menge Kritik ernten; **Anlamı**: bazı davranışlarıyla birçok kimseyi kızdırarak saldırılara, eleştirilere yol açmak; sert eleştirilere hedef olmak]

sicher emin

sicher ist sicher *(wörtl: emin emindir) fig* ne olur ne olmaz *(wörtl: was war, was nicht war)* [**Bedeutung**: lieber vorsichtig sein; **Anlamı**: ne olacağı belli değil, her olasılığa karşı]

auf Nummer sicher gehen *fig* atını sağlam kazığa bağlamak *(wörtl: sein Pferd an einem stabilen Pfahl binden) fig* işi sağlama almak *(wörtl: die Angelegenheit stabililisieren)* [**Bedeutung**: sich absichern; kein Risiko eingehen; **Anlamı**: işini güven altına almak]

sich fügen boyun eğmek

sich seinem Schicksal fügen *fig* kadere/kaderine boyun eğmek [**Bedeutung**: sich mit etwas abfinden; keine Gegenwehr leisten; **Anlamı**: yazgısını kabul etmek]

sich setzen oturmak

sich in die Nesseln setzen *(wörtl: ısırgan otunun üstüne oturmak) fig* şapa oturmak *(wörtl: sich in den Alaun setzen)* [**Bedeutung**: in Schwierigkeiten stecken; Probleme haben; **Anlamı**:

içinden çıkılması güç bir duruma
düşmek]

Sieb süzgeç, kalbur

mit einem Sieb Wasser schöpfen
(wörtl: kalburla/süzgeçle su almak)
fig kalburla su taşımak *(wörtl: mit
einem Sieb Wasser tragen)*
[**Bedeutung**: sich vergeblich
abmühen; sich umsonst anstrengen;
Anlamı: verimsiz, sonuçsuz bir işle
uğraşmak; boşuna çaba göstermek]

---

sieben yedi

auf Wolke sieben schweben *(wörtl:
Bulut yedide sallanmak) fig* göklere
uçmak *(wörtl: in den Himmel fliegen)*
[**Bedeutung**: überglücklich sein;
Anlamı: çok sevinmek]

ein Buch mit sieben Siegeln sein
(wörtl: yedi mühürlü bir kitap olmak)
fig kapalı kutu olmak *(wörtl: eine
geschlossene Schachtel sein)*
[**Bedeutung**: etwas Unverständliches
sein; **Anlamı**: niteliği anlaşılmaz,
gizli olmak]

**ein Gesicht machen wie sieben
Tage Regenwetter** *(wörtl: yedi gün
arka arkaya yağmur yağar gibi surat
yapmak) fig* yüzünden düşen bin
parça olmak *(wörtl: das, was aus
seinem Gesicht fällt, bricht in
tausend Teile)*
[**Bedeutung**: verdrießlich
dreinschauen; **Anlamı**: suratı asık
olmak]

seine Siebensachen packen *(wörtl:
yedi şeyini toplamak) fig* tası tarağı
toplamak *(wörtl: Schalen und
Kämme zusammenpacken) fig*
bohçasını koltuğuna almak *(wörtl:
sein Bündel unter den Arm klemmen)*

[**Bedeutung**: seine Habseligkeiten
zusammenpacken; **Anlamı**: gitmek
üzere bütün eşyasını toplamak]

im siebten Himmel sein/schweben
*(wörtl: yedinci gökte
olmak/süzülmek) fig* başı göğe ermek
*(wörtl: sein Kopf reicht bis zum
Himmel) fig* göklere uçmak *(wörtl: in
den Himmel fliegen)*
[**Bedeutung**: sehr glücklich sein;
voller Freude sein; **Anlamı**: bir şeyi
elde ettiği için çok sevinmek]

**um drei/fünf/sieben Ecken
miteinander verwandt sein** *(wörtl:
üç/beş/yedi köşeden birbiriyle akraba
olmak) fig* dış kapının dış mandalı
olmak *(wörtl: der äußere Riegel der
Außentür sein) fig* dızdığının dızdığı
olmak
[**Bedeutung**: entfernt verwandt sein;
Anlamı: pek uzak akraba olmak]

Siegel mühür

Brief und Siegel (auf etwas) geben
*(wörtl: (bir şeye) mektup ve mühür
vermek) fig* (bir şeye) kalıbını
basmak *(wörtl: seine Form (auf
etwas) drücken)*
[**Bedeutung**: etwas eindringlich
garantieren; sich verbürgen: **Anlamı**:
bir şeyi güvenle doğrulamak]

ein Buch mit sieben Siegeln sein
(wörtl: yedi mühürlü bir kitap olmak)
fig kapalı kutu olmak *(wörtl: eine
geschlossene Schachtel sein)*
[**Bedeutung**: etwas Unverständliches
sein; **Anlamı**: niteliği anlaşılmaz,
gizli olmak]

---

siegen kazanmak

Frechheit siegt *(wörtl: küstahlık
(sonunda) kazanır) fig* yavuz hırsız
ev sahibini bastırır *(wörtl: der*

verwegene Dieb schlägt den Hausherrn nieder)
[Bedeutung: mit Dreistigkeit setzt man sich durch; **Anlamı**: suçlu olduğu hâlde haklıymış gibi davranma]

Silber gümüş

Reden ist Silber, Schweigen ist Gold *(wörtl: konuşma gümüş, susma altındır) fig* söz gümüşse sükût altındır *(wörtl: wenn das Wort Silber ist, ist das Schweigen Gold)* [**Bedeutung**: Schweigen ist mehr wert als Reden; manchmal ist es besser nichts zu sagen; **Anlamı**: susmak bazen konuşmaktan daha iyi sonuç verir]

singen şarkı söylemek

den Vogel, der morgens singt, holt abends die Katze *(wörtl: sabah öten kuşu akşam kedi yakalar) fig* vakitsiz öten horozun başını keserler *(wörtl: dem Hahn, der zur Unzeit kräht, hackt man den Kopf ab)* [**Bedeutung**: alles muss zur richtigen Zeit gesagt werden; **Anlamı**: her söz yerinde ve zamanında söylenmelidir]

ein Lied davon zu singen wissen *(wörtl: bir şeyin şarkısını söyleyebilmek) fig* ağır yükün zahmetini katır bilir *(wörtl: das Maultier kennt die Mühe der schweren Last)* [**Bedeutung**: etwas aus eigener unangenehmer Erfahrung wissen; **Anlamı**: bir işin zorluğunu, verdiği yorgunluğu en iyi o işi devamlı yapanlar bilir]

von etwas ein Liedchen singen können *(wörtl: bir şeyin şarkısını söyleyebilmek) fig* ağır yükün zahmetini katır bilir *(wörtl: das*

Maultier kennt die Mühe der schweren Last)
[**Bedeutung**: etwas aus eigener Erfahrung wissen; **Anlamı**: bir işin zorluğunu, verdiği yorgunluğu en iyi o işi devamlı yapanlar bilir]

wes Brot ich ess, des Lied ich sing *(wörtl: ekmeğini yediğim kimsenin türküsünü söylerim) fig* kimin arabasına binerse onun türküsünü çağırır *(wörtl: er singt sein Lied, in dessen Wagen er steigt)* [**Bedeutung**: wer mich bezahlt, dessen Interessen vertrete ich auch; **Anlamı**: çıkar sağladığı için onun hoşuna gidecek biçimde davranan dalkavuk kimse]

wessen Brot ich ess, dessen Lied ich sing *(wörtl: ekmeğini yediğim kimsenin türküsünü söylerim) fig* kimin arabasına binerse onun türküsünü çağırır *(wörtl: er singt sein Lied, in dessen Wagen er steigt)* [**Bedeutung**: wer mich bezahlt, dessen Interessen vertrete ich auch; **Anlamı**: çıkar sağladığı için onun hoşuna gidecek biçimde davranan dalkavuk kimse]

sinken batmak

jemandes Stern sinkt *(wörtl: birinin yıldızı batmak) fig* birinin yıldızı sönmek *(wörtl: jemandes Stern erlöscht) fig* ikbali sönmek *(wörtl: sein Glückstern geht langsam aus)* [**Bedeutung**: jemandes Ruhm/Macht nimmt ab; **Anlamı**: daha önce iyi olan durumu bozulmak]

Sinn[1] anlam

lange Rede kurzer Sinn *(wörtl: uzun konuşma, kısa anlam) fig* uzun lafın kısası *(wörtl: die Kürze des langen Wortes)*

394

[**Bedeutung**: kurzum; um es zusammenzufassen; um es kurz zu machen; **Anlamı**: kısacası; özet olarak]

weder Sinn noch Verstand haben
(wörtl: ne anlamı ne de aklı olmak)
fig saçma sapan olmak
[**Bedeutung**: sinnlos sein; nutzlos sein; unsinnig sein; **Anlamı**: akla çok aykırı olmak; çok tutarsız olmak; çok saçma olmak]

Sinn² duyu, his

aus den Augen, aus dem Sinn
(wörtl: gözden çıkar, akıldan çıkar)
fig gözden ırak olan gönülden de ırak olur *(wörtl: was dem Auge fern ist, ist auch dem Herzen fern)*
[**Bedeutung**: das, was man nicht mehr sieht, vergisst man; wer abwesend ist, wird leicht vergessen; **Anlamı**: birbirinden uzakta olan kimseler arasındaki sevgi zamanla azalır]

jemandem durch den Sinn gehen
(wörtl: birinin duyusundan geçmek)
fig birinin aklından geçmek *(wörtl: durch jemandes Kopf gehen)*
[**Bedeutung**: jemandes Gedanken beschäftigen; **Anlamı**: düşünmek]

jemandem in den Sinn kommen
(wörtl: birinin duyusuna girmek) fig
birinin aklına esmek *(wörtl: jemandem in den Verstand wehen)*
fig birinin aklına gelmek *(wörtl: jemandem in den Verstand kommen)*
[**Bedeutung**: jemandem einfallen; **Anlamı**: daha önce düşünmemiş olduğu şeyi birden yapmaya karar vermek]

jemandem nicht in den Sinn wollen
(wörtl: birinin kafasna girmemek) fig
aklı almamak *(wörtl: sein Verstand nimmt es nicht auf)*

[**Bedeutung**: etwas nicht begreifen, nicht verstehen; **Anlamı**: biri bir şeyi anlamamak, kavrayamamak]

nicht alle Sinne beisammenhaben
(wörtl: her duyusu yerinde olmamak)
fig keçileri kaçırmak *(wörtl: die Ziegen entkommen lassen)*
[**Bedeutung**: verrückt sein; spinnen; **Anlamı**: delirmek]

sechster Sinn *fig* altıncı his/duyu
[**Bedeutung**: Vorahnung; **Anlamı**: sezgi]

Sintflut tufan

nach mir die Sintflut *(wörtl: benden sonra tufan) fig* can benim canım, çıksın elin canı *(wörtl: das Leben ıst mein Leben, das Leben anderer soll sich löschen)*
[**Bedeutung**: was danach kommt, wie es hinterher aussieht, ist mir ganz gleichgültig; **Anlamı**: ben canımı kutarayım da benden sonrası beni ilgilendirmez]

---

eine Sisyphusarbeit verrichten *fig*
pösteki saymak *(wörtl: Tierhäute zählen) fig* iğne ile kuyu kazmak *(wörtl: mit einer Nadel einen Brunnen ausgraben)*
[**Bedeutung**: eine mühevolle, aber ergebnislose Arbeit machen; **Anlamı**: işin içinden çıkılmaz bir iş yülkenip uğraşmak; yetersiz araçlarla, sürekli ve sabırlı çalışmalarla bir işi başarmaya çalışmak]

Sitte gelenek

andere Länder andere Sitten
(wörtl: başka ülkeler, başka gelenekler) fig her evin soğan soyması ayrı olur *(wörtl: in jedem Haushalt schält man Zwiebel anders)*
[**Bedeutung**: in einem anderen Land

muss man mit anderen Lebensgewohnheiten und Anschauungen rechnen; **Anlamı:** yerine göre değişik alışkanlıklar ve görüşler geçerlidir]

andere Zeiten, andere Sitten *(wörtl: başka zamanlari, başka gelenekler)* *fig* eski camlar bardak oldu *(wörtl: die alten Gläser wurden zu Trinkgläsern)* [**Bedeutung:** alles verändert sich; früher war alles anders als heute; Bräuche, Wertvorstellungen ändern sich im Verlauf der Zeit; **Anlamı:** zamanla şartlar çok değişti; eski tutumların değeri kalmadı]

---

sitzen oturmak

sitzen bleiben *(wörtl: oturduğu yerde kalmak)* *fig* topu atmak *(wörtl: den Ball werfen)* [**Bedeutung:** das Schuljahr wiederholen müssen; **Anlamı:** sınıfta kalmak]

an der Quelle sitzen *(wörtl: kaynakta oturmak)* *fig* suyun başında olmak *(wörtl: am Anfang des Wassers sein)* [**Bedeutung:** beste Bezugsmöglichkeiten haben; **Anlamı:** en çok yarar sağlanacak yerde olmak]

auf etwas sitzen bleiben *(wörtl: bir şeyin üzerinde oturakalmak)* *fig* elinde patlamak *(wörtl: (etwas) platzt in seiner Hand)* [**Bedeutung:** etwas nicht loswerden; etwas nicht verkaufen können; **Anlamı:** birşey satılamayıp sahibinde kalmak]

auf glühenden/heißen Kohlen sitzen *(wörtl: akkor/kızgın kömür üstünde oturmak)* *fig* dokuz doğurmak *(wörtl: neun gebären)* *fig* diken üstünde oturmak *(wörtl: auf*

Nadeln sitzen) *fig* iğne üstünde oturmak *(wörtl: auf Nadeln sitzen)* [**Bedeutung:** ungeduldig sein/warten; **Anlamı:** sabırsızlıkla beklemek; bir yerde tedirginlik duymak]

das hat gesessen! *fig* lök gibi oturdu! [**Bedeutung:** diese Bemerkung hat ihn getroffen; **Anlamı:** bütün ağırlığıyla oturdu]

den Ast absägen, auf dem man sitzt *(wörtl: üzerinde oturduğu dalı testereyle kesmek)* *fig* bindiği dalı kesmek [**Bedeutung:** sich selbst schaden; **Anlamı:** kendisine gerekli ve yararlı olan şeyleri kendi eliyle yok etmek]

hoch zu Ross sitzen *(wörtl: atın üstünde oturmak)* *fig* burnu Kafdağı'nda olmak *(wörtl: ihm ist die Nase auf dem Berg Kaf)* [**Bedeutung:** eingebildet, arrogant sein; **Anlamı:** çok kibirli olmak]

im gleichen/selben Boot sitzen *(wörtl: aynı teknede oturmak)* *fig* aynı yolun yolcusu olmak *(wörtl:Weggefährte sein)* [**Bedeutung:** sich zusammen mit allen Beteiligten in derselben Lage befinden; **Anlamı:** kaderleri, düşünceleri, davranışları birbirine benzemek]

in der Scheiße/Kacke sitzen *(wörtl: bokun içinde oturmak)* *fig* boku yemek *(wörtl: die Scheiße fressen)* [**Bedeutung:** in Schwierigkeiten sein; **Anlamı:** güç bir duruma düşmek]

in der Tinte sitzen/stecken *(wörtl: mürekkepte oturmak/bulunmak)* *fig* ayvayı yemek *(wörtl: die Quitte essen)* *fig* şapa oturmak *(wörtl: sich in den Alaun setzen)* [**Bedeutung:** sich in einer schwierigen Lage befinden; in Schwierigkeiten stecken; **Anlamı:**

kötü duruma düşmek; içinden
çıkılması güç bir duruma düşmek]

**jemandem sitzt das Messer an der
Kehle** *(wörtl: bıçak birinin
gırtlağında)* *fig* bıçak kemiğe
dayandı *(wörtl: das Messer drückt
auf den Knochen)*
[**Bedeutung**: jemand ist in höchster
Bedrängnis; **Anlamı**: durum artık
katlanılmaz olmak]

**wer im Glashaus sitzt, soll nicht
mit Steinen werfen** *(wörtl: cam evde
oturan taş atmamalı)* *fig* sırça köşkte
oturan komşusuna taş atmamalı
*(wörtl: der im Glasschlösschen
wohnt, sollte nicht seinem Nachbarn
mit Steinen bewerfen)*
[**Bedeutung**: man sollte keinem
Dinge vorwerfen, die man selber tut;
man soll andren nicht Fehler
vorwerfen, die man selber tut oder
tat; **Anlamı**: insan kendinde herhangi
bir kusur varken başkalarını aynı
kusurla suçlamamalıdır; küçük bir
dokunuşla büyük bir zarara
uğrayacak kimse, üzerine düşmanlık
çekecek davranışlarda
bulunmamalıdır]

wie angegossen sitzen/passen
*(wörtl: kalıba dökülmüş gibi
oturmak/uymak)* *fig* kalıp gibi
oturmak *(wörtl: sitzen wie eine
(gegossene) Form)*
[**Bedeutung**: genau passen; **Anlamı**:
tam uymak]

zwischen zwei Stühlen sitzen
*(wörtl: iki sandalye arasında
oturmak)* *fig* iki cami arasında kalmış
beynamaza dönmek *(wörtl: sich in
einen verwandeln, der zwischen zwei
Moscheen sitzt und nicht betet)*
[**Bedeutung**: sich zwischen zwei
Möglichkeiten entscheiden müssen;
Anlamı: iki yandan hangisini
tutacağını şaşırmak]

so öyle, böyle

so oder so *fig* ha öyle ha böyle *fig* ha
Hoca Ali, ha Ali Hoca *(wörtl: ob
Hodscha Ali oder Ali Hodscha)*
[**Bedeutung**: auf die eine oder andere
Weise; **Anlamı**: öyle yapmak ile
böyle yapmak arasında fark yoktur]

Socke çorap

jemandem qualmen die Socken
(wörtl: birinin çorapları tütmek) *fig*
tabanı yanmış it gibi dolaşmak
*(wörtl: herumlaufen wie ein Köter,
dessen Sohlen verbrannt sind)*
[**Bedeutung**: jemand läuft sehr eilig,
geschäftig hin und her; **Anlamı**: bir
yerde duramayıp sürekli olarak
gezmek]

von den Socken sein *(wörtl:
çoraplardan olmak)* *fig* ağzı açık
kalmak *(wörtl: sein Mund bleibt
offen)*
[**Bedeutung**: verwundert sein;
überrascht sein; erstaunt sein;
Anlamı: şaşakalmak]

sich auf die Socken machen *(wörtl:
çorap üzerine yapmak)* *fig* yola
koyulmak *(wörtl: sich auf den Weg
machen)*
[**Bedeutung**: aufbrechen; **Anlamı**:
yola düzülmek]

Sohle taban

die Sohlen wund laufen *(wörtl:
tabanlarını yürümekten yara etmek)*
fig taban tepmek *(wörtl: die Sohlen
treten)* *fig* taban patlatmak *(wörtl: die
Sohlen platzen lassen)*
[**Bedeutung**: viele Gänge machen,
um etwas zu bekommen; **Anlamı**:
çok gidip gelmek]

sich an jemandes Sohlen heften
(wörtl: birinin tabanlarına takılmak)
fig peşini bırakmamak *fig* peşine
takılmak
[**Bedeutung**: jemanden hartnäckig
folgen; **Anlamı**: bır kimseyi
izlemekten vazgeçmemek]

vom Scheitel bis zur Sohle *(wörtl:
saçı ayırma çizgisinden tabana
kadar) fig* tepeden tırnağa *(wörtl: von
der Spitze bis zum Nagel)*
[**Bedeutung**: vollständig; den
gesamten Körper betreffend;
Anlamı: bütünüyle; baştan aşağı]

Sommer yaz

**eine Schwalbe macht noch keinen
Sommer** *(wörtl: bir kırlangıçla yaz
olmaz) fig* bir çiçekle yaz olmaz
*(wörtl: von einer Blume wird kein
Sommer)*
[**Bedeutung**: ein erstes Zeichen sollte
man nicht überbewerten; **Anlamı**:
küçük, güzel bir belirti ile doyurucu
sonuca ulaşılmaz]

Sonne güneş

die Sonne bringt es an den Tag
(wörtl: güneş onu ortaya çıkarır) fig
güneş balçıkla sıvanmaz *(wörtl: die
Sonne verputzt man nicht mit Lehm)*
[**Bedeutung**: auf die Dauer ist in
unserem Leben nichts zu verbergen
oder zu verheimlichen; **Anlamı**:
herkesin bildiği gerçek inkâr
edilemez]

Sonnenschein güneş ışığı

auf Regen folgt Sonnenschein
*(wörtl: yağmuru güneş ışığı izler;
yağmurun ardından güneş ışığı gelir)
fig* kara gün kararıp kalmaz *(wörtl:
der schwarze Tag wird schwarz aber
bleibt nicht so) fig* her inişin bir

yokuşu vardır *(wörtl: jeder Abstieg
hat einen Aufstieg)*
[**Bedeutung**: nach schwierigen
Phasen kommen immer wieder gute
Zeiten; **Anlamı**: sıkıntılı
zamanlardan sonra mutluluk dolu
zamanlar gelir]

Sonntag pazar

es ist nicht alle Tage Sonntag
*(wörtl: her gün Pazar değildir şeyi
zirveye gütmek) fig* felek adama her
zaman yâr olmaz *(wörtl: das Glück
ist nicht immer einem günstig
gesinnt)* [**Bedeutung**: man kann nicht
immer nur Angenehmes erwarten;
Anlamı: şans insana devamlı yardım
etmez]

Sorge üzüntü

**Rost frisst Eisen, Sorge den
Menschen** *(wörtl: pas, demiri yer,
üzüntü de insanı) fig* demir nemden,
insan gamdan çürür *(wörtl: das Eisen
korrodiert durch Feuchtigkeit, der
Mensch durch Kummer)*
[**Bedeutung**: sowie Rost das Eisen
korrodiert, so werden Menschen
durch Kummer zerschlissen; **Anlamı**:
ıslaklık demiri nasıl paslandırır ve
böylece çürütürse kaygı ve tasa da
insanı öyle yapar]

Soße sos

die Soße ist teuerer als das Fleisch
(wörtl: sos etten pahalı olmak) fig
astarı yüzünden pahalı olmak *(wörtl:
teuer sein wegen des Futters)*
[**Bedeutung**: die Nebenkosten sind
höher als die Sache selbst; **Anlamı**:
bir işin ayrıntılarına harcanan para ya
da emek, elde edilen sonucun
değerini aşmak]

Span talaş

wo gehobelt wird, da fallen Späne
(wörtl: planyalanan yerde talaş dökülür) fig atlar tepişir, arada eşekler ezilir *(wörtl: die Pferde treten sich, die Esel werden zertrampelt)* [**Bedeutung**: bei energisch durchgeführten Maßnahmen kann man nicht viel Rücksicht nehmen; **Anlamı**: büyüklerin çatışmasından küçükler zarar görür]

---

spannen germek

einen Bogen spannen/schlagen
(wörtl: yayı germek/vurmak) fig damdan çardağa atlamak *(wörtl: vom Dach auf die Laube springen)* [**Bedeutung**: von einem Thema zum nächsten kommen; **Anlamı**: bir konudan diğer konuya geçmek]

---

sparen tasarruf etmek, artırmak

spar nicht auf morgen, was du heute tun kannst *(wörtl: bugün yapabileceğini yarın için biriktirme) fig* bugünkü işini yarına bırakma *(wörtl: lass die heutige Arbeit nicht für morgen)* [**Bedeutung**: was man heute erledigen kann, sollte man nicht auf den nächsten Tag verschieben; **Anlamı**: bugün yapılması gereken bir işin ertesi güne bırakılması iyi değildir]

spare in der Zeit, dann hast du in der Not *(wörtl: zamanla tasarruf et ki sıkıntıda birşeyin olsun) fig* sakla samanı gelir zamanı *(wörtl: bewahre das Heu auf, seine Zeit wird kommen) fig* ak akçe kara gün içindir *(wörtl: das Silbergeld ist für schwarze Tage)* [**Bedeutung**: solange es einem gut geht, sollte man etwas für schlechte Zeiten zurücklegen; **Anlamı**: gereksiz görülen şey ileride gerekli olabilir; çalışarak kazandığımız para

dar zamanımızda bizi sıkıntıdan kurtarır]

an allen Ecken und Enden sparen
(wörtl: bütün köşe ve uçlardan artırmak) fig dişinden tırnağından artırmak *(wörtl: an Zähnen und Nageln sparen)* [**Bedeutung**: überall sparen; **Anlamı**: giderleri kısarak para biriktirmek]

auf Sparflamme kochen *(wörtl: tasarruflu alevde yemek pişirmek) fig* tencerede pişirip kapağında yemek *(wörtl: im Topf kochen und auf dem Deckel essen)* [**Bedeutung**: sparsam wirtschaften; **Anlamı**: tutumlu bir yaşam sürmek]

auf Sparflamme schalten ↑ **auf Sparflamme kochen**

Spaß şaka

Spaß beiseite *fig* şaka bir yana [**Bedeutung**: im Ernst; **Anlamı**: ciddi olarak]

aus Spaß wird Ernst *(wörtl: şakayken ciddi olmak) fig* şakayken kaka olmak *(wörtl: aus Spaß wird Kacke)* [**Bedeutung**: aus einer scherzhaften Äußerung oder Handlung kippt die Stimmung um; **Anlamı**: el veya dil ile yapılan şakadan hoş olmayan bir sonuç doğmak]

jemandem den Spaß verderben *fig* ağzının tadını kaçırmak *(wörtl: jemandem den Geschmack im Mund vergehen lassen)* [**Bedeutung**: jemandem die Freude nehmen; **Anlamı**: birinin keyfini, neşesini bozmak]

keinen Spaß verstehen[1] *(wörtl: şaka anlamamak) fig* şaka götürmemek *(wörtl: keinen Spaß hinbringen)*

[**Bedeutung**: humorlos sein; **Anlamı**: şakadan hoşlanmamak]

keinen Spaß verstehen[2] *(wörtl: şaka anlamamak) fig* şaka götürmemek *(wörtl: keinen Spaß hinbringen)*
[**Bedeutung**: etwas sehr ernst nehmen; **Anlamı**: bir durum veya iş hafifsemeye gelmemek]

---

spät geç

spät ist besser als nie ↑ **besser spät als nie**

späte Reue ist selten treu *(wörtl: geciken pişmanlık nadiren sadıktır) fig* son pişmanlık fayda vermez/etmez *(wörtl: die letzte Reue erzeugt keinen Nutzen) fig* acele bir ağaçtır, meyvesi pişmanlık *(wörtl: die Eile ist ein Baum, seine Frucht die Reue)*
[**Bedeutung**: die Ereignisse kann man nicht mehr rückgängig machen; **Anlamı**: iş işten geçtikten sonra pişman olmanın yararı yoktur]

besser spät als gar nicht ↑ **besser spät als nie**

besser spät als nie *(wörtl: hiç olmazdan geç olması daha iyi) fig* geç olsun da güç olmasın *(wörtl: es soll spät sein aber nicht schwierig)*
[**Bedeutung**: lieber mit Verzögerung als überhaupt nicht; **Anlamı**: bir işte sonuç almanın gecikmesinin bir zararı yoktur, yeter ki sonuç alınabilsin]

große Hast kommt oft zu spät *(wörtl: büyük acele çoğu zaman geç kalır) fig* acele ile menzil alınmaz *(wörtl: mit Eile ist eine Reichweite nicht zu schaffen)*
[**Bedeutung**: durch übertriebene Eile, erreicht man das Ziel nicht rechtzeitig; **Anlamı**: yalnızca ivedi

davranmakla istenilen sonuç elde edilmez]

lieber spät als nie ↑ **besser spät als nie**

Spatz serçe

besser ein Spatz in der Hand als eine Taube auf dem Dach *(wörtl: eldeki serçe damdaki güvercinden iyi) fig* bugünkü tavuk yarınki kazdan iyidir *(wörtl: das heutige Huhn ist besser als die morgige Gans) fig* gümüş sağ olsun, altın gidekosun *(wörtl: dem Silber sei Dank, das Gold kann mir gestohlen bleiben)*
[**Bedeutung**: es ist besser, sich mit dem zu begnügen, was man hat, als etwas Unsicheres anzustreben; **Anlamı**: eldeki şey, elde edilmesi zor olan daha değerli şeyden üstün tutulmalıdır; sağlanmış kazanç umulan daha büyük bir kazanca feda edilmez]

mit Kanonen auf Spatzen schießen *(wörtl: toplarla serçelere ateş etmek) fig* vur deyince öldürmek *(wörtl: gleich töten, wenn man nur schlag zu sagt) fig* kantarın topunu kaçırmak *(wörtl: die Kugel der Waage verpassen)*
[**Bedeutung**: übertreiben; **Anlamı**: abartmak]

das pfeifen die Spatzen von den Dächern *(wörtl: bunu serçeler damlardan ötüyorlar) fig* Mısır'daki sağır sultan bile duydu *(wörtl: das hat sogar der taube Sultan in Ägypten gehört)*
[**Bedeutung**: das ist längst kein Geheimnis mehr; **Anlamı**: bunu duymayan kalmadı]

ein Spatzenhirn haben *(wörtl: serçe beyinli olmak) fig* kuş beyinli olmak *(wörtl: ein Vogelhirn haben)*

[**Bedeutung**: dumm sein; **Anlamı**: akılsız, aptal olmak]

Speck yağ

mit Speck fängt man Mäuse *(wörtl: yağ ile fare tutulur)* *fig* tatlı dil yılanı deliğinden çıkarır *(wörtl: mit freundlichen Worten lockt man eine Schlange aus ihrem Loch)* [**Bedeutung**: mit dem richtigen Lockmittel erreicht man viel; **Anlamı**: gönül okşayıcı konuşma herkesi etkiler]

wie die Made im Speck leben *(wörtl: kurt gibi yağda yaşamak)* *fig* bir eli yağda bir eli balda olmak *(wörtl: eine Hand im Fett, die andere im Honig haben)* [**Bedeutung**: im Überfluss leben; **Anlamı**: bolluk içinde yaşamak]

Speichel tükürük

Speichellecker *(wörtl: tükürük yalayıcı)* *fig* çanak yalayıcı *(wörtl: Schüssellecker)* [**Bedeutung**: Schmeichler; Kriecher; **Anlamı**: dalkavuk]

---

speien püskürmek

Gift und Galle spucken/speien/versprühen *(wörtl: zehir ve safra tükürmek/püskürmek)* *fig* ateş püskürmek *(wörtl: Feuer speien)* [**Bedeutung**: sehr wütend sein; cholerisch sein; **Anlamı**: çok öfkeli olmak]

Spesen yolluk

außer Spesen nichts gewesen *(wörtl: yolluğun dışında bir şey olmadı)* *fig* sıfıra sıfır, elde var sıfır[2] *(wörtl: Null zu Null, es gibt Null in der Hand)*

[**Bedeutung**: der ganze Aufwand hat sich nicht gelohnt, das gewünschte Ergebnis wurde nicht erreicht; **Anlamı**: bütün çalışmalar, çabalar boşa gitti, beklenen sonuç alınmadı]

Spiegel ayna

jemandem den Spiegel vorhalten *(wörtl: birinin önüne aynayı tutmak)* *fig* yüzüne vurmak *(wörtl: ins Gesicht schlagen)* [**Bedeutung**: jemanden deutlich auf dessen Fehler hinweisen; **Anlamı**: kabahatini, kusurunu yüzüne karşı söyleyip kendisini ayıplamak]

Spiel oyun

aufs Spiel setzen *(wörtl: oyuna koymak)* *fig* göze almak *(wörtl: aufs/ins Auge nehmen)* *fig* ortaya koymak *(wörtl: sein Leben in die Mitte setzen)* [**Bedeutung**: riskieren; wagen; **Anlamı**: her türlü zararı önceden kabul etmek]

aus dem Spiel bleiben *(wörtl: oyunun dışında kalmak)* *fig* devre dışı kalmak *(wörtl: außerhalb des Schaltkreises bleiben)* *fig* seyirci kalmak *(wörtl: Zuschauer bleiben)* [**Bedeutung**: nicht einbezogen werden; **Anlamı**: konudan uzak düşmek; konuyla ilgilenememek]

das Spiel zu weit treiben *(wörtl: oyunda fazla gitmek)* *fig* fazla gitmek *(wörtl: zuviel gehen)* *fig* fazla olmak *(wörtl: zuviel werden)* [**Bedeutung**: in seinem Tun über das Angemessene, Erträgliche hinausgehen; **Anlamı**: ölçüyü aşmak; ölçüyü kaçırmak]

die Finger im Spiel haben *(wörtl: parmakları oyunda olmak)* *fig* parmağı olmak *(wörtl: Finger haben)*

[**Bedeutung**: mitmachen; mitmischen; sich (heimlich) besteiligen; **Anlamı**: bir işe karışmış olmak]

die Hand im Spiel haben *(wörtl: eli oyunda olmak) fig* bir işte eli olmak *(wörtl: seine Hand bei einer Angelegenheit haben)* [**Bedeutung**: an einer Sache mitwirken; beteiligt sein; **Anlamı**: bir işe karışmış olmak]

ein doppeltes Spiel spielen *fig* ikili oynamak [**Bedeutung**: auch mit der Gegensite zusammenarbeiten; **Anlamı**: karşı olan taraflardan sezdirmemeye çalışarak hem birini hem de ötekini desteklemek]

gute Miene zum bösen Spiel machen[1] *(wörtl: kötü oyuna iyi surat yapmak) fig* iyiye iyi kötüye kötü demek *(wörtl: zu Gut gutsagen, zu Schlecht schlecht sagen) fig* sineye çekmek *(wörtl: zum Herz ziehen)* [**Bedeutung**: widerwillig mitmachen; **Anlamı**: kötü bir davranış, söz veya olaya ister istemez katlanmak]

gute Miene zum bösen Spiel machen[2] *(wörtl: kötü oyuna iyi surat yapmak) fig* bozuntuya vermemek *(wörtl: der Fassungslosigkeit nicht geben) fig* bile bile lades *(wörtl: wissentlich Vielliebchen)* [**Bedeutung**: sich den Ärger nicht anmerken lassen; **Anlamı**: hoşa gitmeyen bir durumda fark etmemiş gibi davranmak; kötü bir durumu öyle gerektiği için öyle kabullenmiş görünme bilerek aldanmış görünme]

ins Spiel bringen *(wörtl: oyuna almak) fig* devreye sokmak *(wörtl: in den Schaltkreis stecken)* [**Bedeutung**: jemanden oder etwas in etwas mit einbeziehen; **Anlamı**: işin içine girdirmek]

Kopf und Kragen aufs Spiel setzen *(wörtl: kafa ve yakayı göze almak) fig* kellesini koltuğuna almak *(wörtl: den Kopf in die Achsel nehmen) fig* kelleyi koltuğun altına almak *(wörtl: den Kopf unter die Achsel nehmen) fig* başıyla oynamak *(wörtl: mit seinem Kopf spielen)* [**Bedeutung**: das Leben aufs Spiel setzen; **Anlamı**: ölümü göze almak; yaşamını tehlikeye sokacak bir işe girişmek]

sein Leben aufs Spiel setzen *(wörtl: canını oyuna koymak) fig* canını ortaya koymak *(wörtl: sein Leben in die Mitte setzen)* [**Bedeutung**: sein Leben riskieren; **Anlamı**: ölümü göze alıp bir şeyi başarmaya çalışmak]

sein Spiel mit jemandem treiben *(wörtl: biriyle oyun oynamak) fig* birini oyuna getirmek *(wörtl: jemanden zum Spiel bringen)* [**Bedeutung**: jemanden ohne sein Wissen lenken, ihn täuschen; **Anlamı**: birini düzenle aldatmak]

zum Spielball werden *(wörtl: (birinin elinde) oyuncak top olmak) fig* sakalı ele vermek *(wörtl: den Bart einem Frenden geben)* [**Bedeutung**: für die Zwecke anderer missbraucht werden; **Anlamı**: başkasının oyuncağı olmak]

---

spielen oynamak

die zweite Geige spielen *(wörtl: ikinci kemanı çalmak) fig* gölgede/gölgesinde kalmak *(wörtl: im Schatten/in seinem Schatten bleiben)* [**Bedeutung**: eine untergeordnete Rolle spielen; **Anlamı**: ön plana çıkamamak, daha az ünlü olmak]

ein doppeltes Spiel spielen *fig* ikili oynamak [**Bedeutung**: auch mit der Gegensite zusammenarbeiten; **Anlamı**: karşı olan taraflardan sezdirmemeye çalışarak hem birini hem de ötekini desteklemek]

ich spiele nicht mit *(wörtl: ben oynamıyorum; ben bu oyunda yokum)* *fig* ben bu işte yokum *(wörtl: ich bin bei dieser Sache nicht dabei)* [**Bedeutung**: daran beteilige ich mich nicht; **Anlamı**: ben bu işe karışmam]

jemandem einen Streich spielen *fig* birine oyun oynamak [**Bedeutung**: jemanden narren; jemanden hereinlegen; **Anlamı**: birini aldatmak]

jemandem in die Karten spielen *(wörtl: birinin kağıtlarına oynamak)* *fig* koz vermek *(wörtl: Trumpf geben)* [**Bedeutung**: unbeabsichtigt für jemandes Vorteil sorgen; jemanden ungewollt begünstigen; **Anlamı**: birine elverişli durum sağlamak]

mit dem Feuer spielen *fig* ateşle oynamak *fig barutla oynamak (wörtl: mit dem Schießpulver spielen)* [**Bedeutung**: etwas gefährliches, riskantes unternehmen; **Anlamı**: çok tehlikeli bir işle uğraşmak; çok tehlikeli işlere girişmek]

mit offenen Karten spielen *(wörtl: açık kâğıtlarla oynamak)* *fig* açık oynamak *(wörtl: offen spielen)* [**Bedeutung**: keine Hintergedanken haben; offen und ehrlich sein; **Anlamı**: gizli niyeti olmamak; art düşüncesiz davranmak]

Theater spielen *(wörtl: tiyatro oynamak)* *fig* numara yapmak *(wörtl: Nummer machen)*

[**Bedeutung**: etwas vortäuschen; sich verstellen; **Anlamı**: yalancıktan durumlar takınmak; olmamış şeyi olmuş gibi göstermek, söyleyerek karşısındakini aldatmak]

wer die Musik bezahlt, bestimmt was gespielt wird *(wörtl: müziği ödeyen ne onanacağını belirler)* *fig* parayı veren düdüğü çalar *(wörtl: wer das Geld gibt, spielt die Pfeife)* [**Bedeutung**: wer bezahlt, entscheidet über die Verwendung des Geldes; **Anlamı**: parasını ödeyen kimse, istediği şeyi elde eder]

Spieß şiş

den Spieß umdrehen *(wörtl: şişi tersine çevirmek)* *fig* acısını çıkarmak *(wörtl: den Schmerz hervorrufen)* *fig* kısas kısas uygulamak *(wörtl: Gleiches mit Gleichem vergelten)* [**Bedeutung**: mit der gleichen Methode, mit der man angegriffen wird, seinerseits angreifen; **Anlamı**: gördüğü maddi veya manevi zararı karşılayacak bir iş yapmak; yapılan kötülüğün karşılığını aynı biçimde vermek]

Spinne örümcek

auch im Traum fängt die Spinne Fliegen *(wörtl: örümcek, düşünde de sinek tutar)* *fig* aç tavuk kendini arpa ambarında sanır *(wörtl: das hungrige Huhn denkt, es ist im Gerstenspeicher)* [**Bedeutung**: das Erwähnte ist nicht Realität, sondern nur Hoffnung; **Anlamı**: insanlar, yokluğunu çektikleri şeyler için olmayacak hayaller, düşler kurar]

Spitze uç, zirve

Spitz(e) auf Knopf stehen *(wörtl: ucu düğmede durmak)* *fig* bıçaksırtı kalmak *(wörtl: auf Messerrücken bleiben)* **fig** kıl payı kalmak [**Bedeutung**: vor ungewisser Entscheidung stehen; unsicher sein; es wird sehr knapp; ↑ auf Messers Schneide stehen; **Anlamı**: çok az fark olmak]

(etwas) auf die Spitze treiben *(wörtl: bir şeyi zirveye gütmek)* **fig** tadını kaçırmak *(wörtl: den Geschmack entwischen lassen)* [**Bedeutung**: bis zum Äußersten gehen; übertreiben; **Anlamı**: güzel bır durumu, aşırılığa kaçarak tatsızlaştırmak]

auf Spitz(e) und Knopf stehen ↑ Spitz(e) auf Knopf stehen

---

spitzen sivriltmek

die Ohren spitzen *(wörtl: kulaklarını sivriltmek)* **fig** kulak kabartmak *(wörtl: die Ohren aufplustern)* **fig** kulaklarını dikmek [**Bedeutung**: die Ohren aufstellen, um zu lauschen; **Anlamı**: belli etmemeye çalışarak dinlemek]

Sprache dil

Sprache verbindet Menschen *(wörtl: dil, insanları birbirine bağlar)* **fig** bir lisan bir insan, iki lisan iki insan *(wörtl: eine Sprache, ein Mensch, zwei Sprachen, zwei Menschen)*

jemandem verschlägt es die Sprache **fig** küçük dilini yutmak *(wörtl: sein Gaumenzäpchen verschlucken)* **fig** dili tutulmak *(wörtl: seine Sprache bleibt gefangen)* **fig** dilini kedi/fare yemek *(wörtl: jemandem frisst die Katze/Maus die Zunge)* **fig** hoşafın yağı kesilmek *(wörtl: die Butter für das Kompott wird ranzig)*

[**Bedeutung**: jemand ist so überrascht, erstaunt, dass er nicht sprechen kann; **Anlamı**: donakalmak; şaşırmak; söz söyleyemez olmak]

mit der Sprache (he)rausrücken *(wörtl: dili çıkarmak)* **fig** baklayı ağzından çıkarmak *(wörtl: die Saubohne aus dem Mund nehmen)* [**Bedeutung**: einen Plan, den man bisher verschwiegen hat, offenlegen; **Anlamı**: açık söylemekten kaçındığı bir sorunu açıklamak]

mit jeder Sprache, die du erlernst, befreist du einen bis daher in dir gebundenen Geist *(wörtl: her öğrendiğin dille o zamana kadar içinde bağlı bulunan ruhu kurtarırsın)* **fig** bir lisan bir insan, iki lisan iki insan *(wörtl: eine Sprache, ein Mensch, zwei Sprachen, zwei Menschen)*

---

sprechen konuşmak

frisch von der Leber weg reden/sprechen *(wörtl: ciğerden taze taze çıkarak konuşmak)* **fig** açık açık konuşmak *(wörtl: ganz offen reden)* **fig** dobra dobra konuşmak *(wörtl: gut und verständlich reden)* [**Bedeutung**: ohne Scheu reden; offenherzig sprechen; **Anlamı**: sakınmadan, çekinmeden konuşmak; hiç bir şeyi saklamadan konuşmak]

Gram, der nicht spricht, presst das beladene Herz, bis dass es bricht *(wörtl: konuşmayan dert, yüklü kalp kırılıncaya kadar baskı yapar)* **fig** derdini söylemeyen/anlatmayan derman bulamaz *(wörtl: wer sein Leid nicht sagt, der findet keinen Ausweg)* [**Bedeutung**: negative Erfahrungen, die man mit anderen teilt, werden leichter erträglich; **Anlamı**: insan

sıkıntısını başkasına açıklayarak
giderebilir]

**der Kummer, der nicht spricht,
nagt am Herzen, bis es bricht**
*(wörtl: konuşmayan dert, kırılıncaya
kadar kalbi kemirir)* **fig** derdini
söylemeyen /anlatmayan derman
bulamaz *(wörtl: wer sein Leid nicht
sagt, der findet keinen Ausweg)*
[**Bedeutung**: negative Erfahrungen,
die man mit anderen teilt, werden
leichter erträglich; **Anlamı**: insan
sıkıntısını başkasına açıklayarak
giderebilir]

Klartext reden/sprechen *fig* açık
açık konuşmak
[**Bedeutung**: ganz offen sprechen;
Anlamı: hiç bir şeyi saklamadan
konuşmak]

**wer einmal lügt, dem glaubt man
nicht, und wenn er auch die
Wahrheit spricht** *(wörtl: bir kez
yalan söyleyen, gerçeği söylese de
artık kimse ona inanmaz)* **fig** adam
adamı bir kere aldatır *(wörtl: Mann
betrügt Mann (nur) einmal)* **fig** adı
çıkmış dokuza, inmez sekize *(wörtl:
sein Ruf ist auf neun gestiegen und
steigt nicht mehr auf acht herunter)*
fig bır yalancının evi yanmış, kimse
inanmamış *(wörtl: das Haus eines
Lügners ist abgebrannt, niemand hat
es geglaubt)*
[**Bedeutung**: eine Lüge kann die
Glaubwürdigkeit dauerhaft zerstören;
Anlamı: birinin bir kere adı çıktıktan
sonra onun hakkındaki yaygın inanç
kolay kolay düzelemez; yalan
söylemeyi huy edinen kimsenin
sözlerine, gerçeği söylediği zaman
bile inanılmaz]

**wie mit Engelszungen sprechen
/reden** *(wörtl: melek diliyle gibi
konuşmak)* **fig** dil/diller dökmek
(wörtl: Zunge/Zungen gießen)

[**Bedeutung**: jemanden zu
überzeugen versuchen; eindringlich
und betörend reden; **Anlamı**:
kandırmak, inandırmak için tatlı
sözler söylemek]

sprengen havaya uçurmak

den Rahmen sprengen *(wörtl:
çerçeveyi havaya uçurmak)* **fig**
haddini aşma *(wörtl: seine Grenze
überschreiten)*
[**Bedeutung**: Grenzen übertreten;
Anlamı: aşırı gitmek; ölçüsüz
davranmak; çok olmak; ölçüyü
kaçırmak]

jede Vorstellungskraft sprengen
*(wörtl: her hayal gücünü havaya
uçurmak)* **fig** akla hayale sığmamak
*(wörtl: nicht in den Verstand, in die
Vorstellung passen)*
[**Bedeutung**: unglaublich sein;
Anlamı: inanılacak gibi olmamak]

Spreu saman çöpleri

die Spreu vom Weizen trennen
*(wörtl: saman çöplerini buğdaydan
ayırmak)* **fig** sapla samanı ayırmak
(wörtl: die Stiele vom Heu trennen)
fig sapla samanı karıştırmamak
*(wörtl: die Stiele und das Heu nicht
verwechseln; die Halme und das
Stroh nicht vermischen)*
[**Bedeutung**: das Wertlose vom
Wertvollem trennen; **Anlamı**: iyi ile
kötüyü ayırmak]

springen atlamak

ins Auge springen *(wörtl: göze
atlamak)* **fig** göze batmak *(wörtl: ins
Auge stechen)*
[**Bedeutung**: auffallen; bemerkt
werden; **Anlamı**: aşırı derecede
görünür olmak]

der springende Punkt *(wörtl: atlayan nokta)* *fig* işin püf noktası
[**Bedeutung**: die Sache, auf die es ankommt; **Anlamı**: bir işin en ince, en önemli yeri]

hier ist Rhodos, hier springe!
(wörtl: burası Rodos, burada atla!) *fig* Halep oradaysa arşın burada *(wörtl: wenn Aleppo dort ist, ist hier die Elle/die Messlatte)*
[**Bedeutung**: Beweise, was du kannst; zeige hier, was du kannst; Latein: Hic Rhodus, hic salta!; **Anlamı**: anlattıkların bir yana, hadi o yaptığını burada yap da görelim]

Sprung çatlak

einen Sprung in der Schüssel haben *(wörtl: çanağında çatlak olmak)* *fig* kafadan/kafası çatlak olmak *(wörtl: einen Sprung/Riss im Kopf haben)*
[**Bedeutung**: leicht verrückt sein; nicht recht bei Verstand sein; **Anlamı**: hafif deli olmak]

Sprungbrett atlama tahtası

als Sprungbrett nutzen *(wörtl: atlama tahtası olarak kullanmak)* *fig* basamak yapmak *(wörtl: zur Stufe machen)*
[**Bedeutung**: als gute Ausgangslage, um auf eine bessere Stellung zu gelangen, nutzen; **Anlamı**: bir kişiyi, bir durumu bulunduğu konumdan daha yükseğine erişmek için araç olarak kullanmak]

Spucke tükürük

jemandem bleibt die Spucke weg *(wörtl: biri tükürüksüz kalmak)* *fig* dilini yutmak *(wörtl: seine Zunge verschlucken)* *fig* küçük dilini yutmak *(wörtl: sein Gaumenzäpchen verschlucken)*

[**Bedeutung**: jemand ist so überrascht, erstaunt, dass er sprachlos ist; **Anlamı**: heyecandan konuşamaz olmak]

mit Geduld und Spucke fängt man eine Mucke *(wörtl: sabır ve tükürükle sivrisinek yakalanır)* *fig* sabreden derviş muradına ermiş *(wörtl: der geduldige Derwisch hat sein Ziel erreicht)*
[**Bedeutung**: Geduld führt zum Erfolg; **Anlamı**: sabreden başarıya ulaşır]

spucken tükürmek

Gift und Galle spucken/speien/versprühen *(wörtl: zehir ve safra tükürmek/püskürmek)* *fig* ateş püskürmek *(wörtl: Feuer speien)*
[**Bedeutung**: sehr wütend sein; cholerisch sein; **Anlamı**: çok öfkeli olmak]

in die Hände spucken *(wörtl: ellerine tükürmek)* *fig* kolları sıvamak *(wörtl: die Ärmel hochkrempeln)* *fig* paçaları sıvamak *(wörtl: die Hosenbeine hochkrempeln /aufkrempeln)*
[**Bedeutung**: mit Schwung an die Arbeit gehen; bei einer Arbeit tüchtig zupacken wollen; **Anlamı**: bir iş yapmaya istekle ve güçlü bir biçimde girişmek]

jemandem in die Suppe spucken *(wörtl: birinin çorbasına tükürmek)* *fig* pişmiş aşa (soğuk) su katmak *(wörtl: dem gar gekochtem Essen (kaltes) Wasser zufügen)*
[**Bedeutung**: jemandem etwas verderben; jemandes Pläne vereiteln; **Anlamı**: sonuçlanmak üzere bulunan bir işi bozacak davranışta bulunmak]

große Töne spucken *fig* üst perdeden konuşmak *(wörtl: am obersten Vorhang stehen und reden)* [**Bedeutung**: angeben; prahlen; **Anlamı**: üstünlük taslayarak söz söylemek]

Stab değnek, sopa

über jemanden den Stab brechen *(wörtl: birinin üzerinde değneği kırmak)* *fig* birini mahkum etmek *(wörtl: jemanden verurteilen)*

Stall ahır

zwei Böcke vertragen sich nicht in einem Stall *(wörtl. iki keçi bir ahırda geçinemez)* *fig* iki cambaz bir ipte oynamaz *(wörtl: zwei Akrobaten können nicht auf einem Seil tanzen)*

Stamm gövde, soy

der Apfel fällt nicht weit vom Stamm *(wörtl: elma gövdeden fazla öteye düşmez)* *fig* armut dalının dibine düşer *(wörtl: die Birne fällt unter ihren Ast)* *fig* meyve, ağacından uzak düşmez *(wörtl: die Frucht fällt nicht weit vom Baum)* *fig* kurdun oğlu akıbet kurt olur *(wörtl: der Sohn des Wolfes wird am Ende zum Wolf)* [**Bedeutung**: Kinder geraten nach den Eltern; **Anlamı**: çocuk soyuna çeker]

vom Stamm(e) Nimm sein *fig* vermez alır soyundan olmak [**Bedeutung**: raffgierig sein; auf den eigenen Vorteil bedacht sein; **Anlamı**: kendi çıkarını düşünmek]

---

ständig sürekli

ständig auf Achse sein *(wörtl: sürekli dingilde olmak)* *fig* leyleği havada görmek *(wörtl: den Storch in der Luft sehen)* [**Bedeutung**: immer unterwegs sein; **Anlamı**: çok gezmek]

---

stark kuvvetli

allein ist man stark, gemeinsam unschlagbar *(wörtl: tek başına güçlüdür, birlikte yenilemezdir)* *fig* bir elin nesi var, iki elin sesi var *(wörtl: eine Hand hat was, zwei Hände haben eine Stimme)* *fig* ağaç, yaprağı ile gürler *(wörtl: der Baum brüllt mit seinen Blättern)* [**Bedeutung**: in der Einheit liegt die Kraft; **Anlamı**: başarıya ulaşmak için birlik olmak gerekir]

Bündnis macht die Schwachen stark *(wörtl: ittifak zayıfları kuvvetlendirir)* *fig* birlikten kuvvet doğar *(wörtl: aus Einheit entsteht Stärke)* [**Bedeutung**: vereint sind auch die Schwachen mächtig; **Anlamı**: toplu veya beraber davranmak, daha büyük güç sağlar]

eine Kette ist nur so stark wie ihr schwächstes Glied *(wörtl: bir zincir, en zayıf halkası/baklası kadar kuvvetlidir)* *fig* ip inceldiği yerden kopar *(wörtl: das Seil reißt an der Stelle, wo er dünner wird)* [**Bedeutung**: eine Gruppe ist nur so stark oder erfolgreich wie ihr schwächstes Mitglied; **Anlamı**: bir durum, en zayıf yerinden patlak verir]

Einigkeit macht stark *(wörtl: birlik güçlü kılar)* *fig* birlikten kuvvet doğar *(wörtl: aus der Einigkeit entsteht Stärke)* *fig* nerde birlik, orda dirlik *(wörtl: dort, wo Einheit ist, ist dort das Leben)* [**Bedeutung**: die Gemeinschaft ist stärker als das Einzelne; **Anlamı**: toplu veya

beraber davranmak daha büyük güç
sağlar]

stärken kuvvetlendirmek

**jemandem den Rücken/das Kreuz
stärken/steifen** *(wörtl: birinin
arkasını sağlamlaştırmak)* *fig* birine
arka çıkmak *(wörtl: jemandem als
Rücken(stärkung) auftreten)*
[**Bedeutung**: jemanden unterstützen;
Anlamı: birini başkalarına karşı
korur durum almak]

Staub toz

Staub aufwirbeln/aufwühlen
(wörtl: toz kaldırmak: tozutmak) *fig*
tozu dumana katmak *(wörtl: den
Staub mit dem Rauch vermischen)*
[**Bedeutung**: Unruhe verursachen;
Anlamı: gürültü patırtı çıkarmak;
ortalığı birbirine katmak]

in den Staub beißen *(wörtl: tozu
ısırmak)* *fig* tahtalı köyü boylamak
(wörtl: im Dorf aus Holz landen)
[**Bedeutung**: sterben; **Anlamı**:
ölmek]

sich aus dem Staub machen *(wörtl:
tozdan çıkmak)* *fig* arazi olmak
(wörtl: zum Gelände werden)
[**Bedeutung**: sich rasch und heimlich
entfernen; **Anlamı**: sıvışmak]

staunen şaşırmak

Bauklötze staunen *(wörtl: yapı
taşlarına şaşırmak)* *fig* gözleri fal taşı
gibi açılmak *(wörtl: die Augen gehen
auf wie ein Stein des Wahrsagers)*
[**Bedeutung**: staunen; sich wundern;
äußerst erstaunt sein; **Anlamı**:
şaşırmak; şaşkınlıktan dolayı gözleri
doğal olamayan bir biçimde açılmak]

stechen sokmak, batırmak

der Ober sticht den Unter *(wörtl:
üst altı kırar)* *fig* büyük balık küçük
balığı yutar *(wörtl: der große Fisch
schluckt den kleinen Fisch herunter)*
[**Bedeutung**: derjenige in der
höheren position setzt sich durch;
Anlamı: güçlüler güçsüzleri ezer]

ins Auge stechen *fig* göze batmak
[**Bedeutung**: auffallen; bemerkt
werden; **Anlamı**: aşırı derecede
görünür olmak]

in ein Wespennest stechen *(wörtl:
yaban arısı yuvasına birşey
batırmak/sokmak)* *fig* arı kovanına
çomak sokmak *(wörtl: einen Knüppel
in einen Bienenstock stecken)* *fig*
arının yuvasına kazık dürtmek
*(wörtl: mit einem Pfahl in das Nest
der Biene stoßen)*
[**Bedeutung**: Unruhe verursachen;
Anlamı: tehlikeli kişiyi kışkırtmak;
belayı üstüne çekmek]

stecken[1] sokmak; koymak

den Kopf in den Sand stecken
(wörtl: başını kuma sokmak) *fig*
devekuşu gibi başını kuma
sokmak/gömmek *(wörtl: wie ein
Strauß den Kopf in den Sand stecken)*
fig devekuşuluk etmek *(wörtl: eine
Vogel-Strauß-Strategie betreiben)*
[**Bedeutung**: eine Gefahr
verdrängen; **Anlamı**: tehlikeyi
görmek istememek]

etwas in die eigene Tasche stecken
(wörtl: bir şeyi kendi cebine koymak)
fig bir şeyi cebine atmak/indirmek
*(wörtl: etwas in die eigene Tasche
werfen/absetzen)*
[**Bedeutung**: sich durch
Unterschlagung bereichern; **Anlamı**:
hakkı olmadığı halde almak]

in alles seine Nase stecken *(wörtl:
her şeye burnunu sokmak)* *fig* her

408

aşın kaşığı olmak *(wörtl: der Löffel in jedem Essen sein)* **fig** her köfteye maydanoz olmak *(wörtl: seine Petersilie in jeder Boulette haben)* [**Bedeutung**: sich überall einmischen; **Anlamı**: her şeye burnunu sokmak]

seine Nase in alle Töpfe stecken *(wörtl: burnunu her saksıya sokmak)* **fig** her aşın kaşığı olmak *(wörtl: der Löffel in jedem Essen sein)* [**Bedeutung**: sich überall einmischen; **Anlamı**: her şeye burnunu sokmak]

in den Sack stecken *(wörtl: torbaya sokmak)* **fig** taş çıkartmak *(wörtl: Steine herausholen lassen)* [**Bedeutung**: besser sein als der andere; **Anlamı**: biri, ötekinden çok üstün olmak]

jemanden in die Tasche stecken *(wörtl: birini cebine sokmak)* **fig** birini cebinden çıkarmak *(wörtl: jemanden aus der Tasche herausnehmen)* [**Bedeutung**: jemandem überlegen sein; **Anlamı**: birinden çok üstün olmak]

jemanden ins Loch stecken *(wörtl: birini deliğe sokmak)* **fig** birini deliğe tıkmak *(wörtl: jemanden in ein Loch stopfen)* [**Bedeutung**: jemanden einsperren, ins Gefängnis bringen; **Anlamı**: birini hapsetmek]

stecken² bulunmak, olmak

bis über beide Ohren in Arbeit stecken *(wörtl: her iki kulağı ile işin içinde olmak)* **fig** işi başından aşkın olmak *(wörtl: jemandem ist die Arbeit über den Kopf gestiegen)*

[**Bedeutung**: viel Arbeit haben; viel zu tun haben; **Anlamı**: pek çok işi olmak]

bis über beide Ohren in Schulden stecken *(wörtl: kulaklarına kadar borca batık olmak)* **fig** gırtlağına kadar borç içinde olmak *(wörtl: bis zur Kehle in Schulden stecken)* **fig** uçan kuşa borcu olmak *(wörtl: bei dem fliegenden Vogel Schulden haben)* [**Bedeutung**: hoch verschuldet sein; **Anlamı**: çok fazla borcu olmak]

in der Klemme stecken *(wörtl: sıkıntıda bulunmak)* **fig** ayvayı yemek *(wörtl: die Quitte essen)* **fig** batağa saplanmak *(wörtl: im Schlamm festsitzen)* [**Bedeutung**: sich in einer schwierigen Lage befinden; **Anlamı**: kötü duruma düşmek; içinden çıkılması güç bir durumda olmak]

in der Scheiße/Kacke stecken *(wörtl: boka batmak; boka batmış olmak)* **fig** boka batmak *(wörtl: in der Scheiße stecken)* **fig** boku yemek *(wörtl: die Scheiße fressen)* [**Bedeutung**: in Schwierigkeiten sein; **Anlamı**: güç bir duruma düşmek]

in der Tinte sitzen/stecken *(wörtl: mürekkepte oturmak/bulunmak)* **fig** ayvayı yemek *(wörtl: die Quitte essen)* [**Bedeutung**: sich in einer schwierigen Lage befinden; in Schwierigkeiten stecken; **Anlamı**: kötü duruma düşmek]

noch in den Kinderschuhen stecken *(wörtl: ayağında çocuk ayakkabısı olmak)* **fig** emekleme çağında/döneminde bulunmak /olmak *(wörtl: im Krabbelalter sein)* [**Bedeutung**: am Anfang der Entwicklung stehen; **Anlamı**: bir işte gelişme, deney kazanma döneminde bulunmak]

noch in den Windeln stecken/liegen *(wörtl: henüz bebek bezinde yatmak)* *fig* emekleme çağında/döneminde olmak *(wörtl: sich im Krabbelalter befinden)* [**Bedeutung**: sich im Anfangsstadium befinden; **Anlamı**: henüz olgunluk kazanılmamış dönemde bulunmak]

Stecknadel toplu iğne

die Stecknadel im Heuhaufen suchen *(wörtl: saman yığınında toplu iğne aramak)* *fig* samanlıkta iğne aramak *fig* saman yığınında iğne aramak [**Bedeutung**: etwas suchen mit wenig Aussicht; **Anlamı**: çok zor bir işi yapmaya çalışmak]

---

stehen durmak

auf der Leitung stehen *(wörtl: hatta durmak)* *fig* jeton düşmemek *(wörtl: die Marke fällt nicht)* [**Bedeutung**: etwas nicht sofort verstehen; begriffsstutzig sein; **Anlamı**: bir şeyi hemen anlamamak; bir konuyu zor anlamak]

auf eigenen Beinen stehen *(wörtl: kendi bacakları üzerinde durmak)* *fig* ayakları üstünde durmak *(wörtl: auf eigenen Füßen stehen)* *fig* kendi kanatlarıyla uçmak *(wörtl: mit eignen Flügeln fliegen)* *fig* kendi yağıyla kavrulmak *(wörtl: im eigenen Öl schmoren)* [**Bedeutung**: für sich selbst sorgen können; **Anlamı**: yaşamını kendi kazanmak; başkasının yardımına ihtiyaç duymadan kendi sorunlarını kendi çözebilmek]

auf eigenen Füßen stehen *(wörtl: kendi azakları üzerinde durmak)* *fig* kendi kanatlarıyla uçmak *(wörtl: mit eignen Flügeln fliegen)* *fig* kendi yağıyla kavrulmak *(wörtl: im eigenen Öl schmoren)* [**Bedeutung**: für sich selbst sorgen können; **Anlamı**: yaşamını kendi kazanmak]

auf wackeligen Füßen stehen *fig* sağlam temeli olmamak *(wörtl: kein solides Fundament haben)* *fig* çürük tahtaya basmak *(wörtl: auf morsches Holz treten)* *fig* yaş tahtaya basmak *(wörtl: auf nasses Holz treten)* [**Bedeutung**: auf unsicherer Grundlage fußen; sich auf etwas Unsicheres verlassen; **Anlamı**: önlemsizlik edip sonu iyi olmayacak bir işe girişmek]

die Beine in den Leib/Bauch stehen *fig* ağaç olmak *(wörtl: zum Baum werden)* *fig* bekleye bekleye ağaç olmak *(wörtl: wartend zum Baum werden)* [**Bedeutung**: lange stehen und warten müssen; **Anlamı**: bir yerde ayakta durarak uzun süre beklemek]

in Lohn und Brot stehen/sein *(wörtl: ücret ve ekmeği olmak)* *fig* ekmek kapısı olmak *(wörtl: eine Tür aus Brot haben)* [**Bedeutung**: eine feste Arbeit haben und damit seinen Lebensunterhalt verdienen; **Anlamı**: geçim sağlayan iş yeri olmak]

jemandem bleibt der Verstand stehen *(wörtl: birinin aklı durmak)* *fig* birinin aklı durmak *(wörtl: jemandes Verstand bleibt stehen)* [**Bedeutung**: es ist für jemanden unbegreiflich; **Anlamı**: pek çok şaşırıp düğünemez olmak]

Schlange stehen *(wörtl: yılan gibi durmak)* *fig* kuyruk olmak *(wörtl: zum Schwanz werden)* [**Bedeutung**: hintereinandersteh und darauf warten, dass man an der Reihe ist; **Anlamı**: arka arkaya dizilip sırası gelinceye kadar beklemek]

vor der Tür stehen *(wörtl: kapının önünde durmak)* *fig* kapıya dayanmak *(wörtl: sich an die Tür lehnen)* [**Bedeutung**: unmittelbar bevorstehen; **Anlamı**: zamanı gelip çatmak]

---

stehenden Füßes ayaküstü, ayaküzeri

etwas stehenden Füßes tun *fig* bir şeyi ayaküstü/ayaküzeri yapmak [**Bedeutung**: etwas auf der Stelle tun; etwas sofort tun; **Anlamı**: bir şeyi kısa sürede yapmak; bir şeyi acele olarak yapmak]

Stein taş

Stein und Bein schwören *(wörtl: taş ve kemik üzerine yemin etmek)* *fig* yemin billah etmek *(wörtl: bei Gott schwören)* [**Bedeutung**: etwas demonstrativ schwören; **Anlamı**: tanrının adını anıp ant içmek]

bei jemandem einen Stein im Brett haben *(wörtl: birisinin tahtasında taşı olmak)* *fig* birine nazı geçmek *(wörtl: seine Ziererei geht einem über)* [**Bedeutung**: bei jemandem Sympathien genießen; **Anlamı**: dilediğini kabul ettirecek kadar hatırı sayılmak]

ein Herz aus Stein haben *(wörtl: yüreği taştan olmak)* *fig* taş yürekli olmak *(wörtl: ein steiniges Herz haben)* *fig* katı yürekli olmak *(wörtl: ein hartes Herz haben)* *fig* yüreği katı olmak *(wörtl: ein hartes Herz haben)* [**Bedeutung**: hartherzig, ohne Gefühl sein; **Anlamı**: acıklı şeylerden üzüntü duymayan; acıması olmayan]

ein rollender Stein setzt kein Moos an *(wörtl: yuvarlanan taş yosun tutmaz)* *fig* akan su yosun tutmaz *(wörtl: fließendes Wasser setzt kein Moos an)* [**Bedeutung**: wer sich nicht bewegt, wird unbeweglich; **Anlamı**: iş yapmaksızın duran kimse hantallaşır]

jemandem fällt ein Stein vom Herzen *(wörtl: birinin yüreğinden taş düşmek)* *fig* yüreğine su serpilmek *(wörtl: auf sein Herz wird Wasser gestreut)* *fig* yüreği yağ bağlamak *(wörtl: das Herz legt Fett an)* *fig* içi rahat etmek [**Bedeutung**: jemand ist erleichtert; **Anlamı**: istenilen bir şeyin olmasından ferahlık duymak]

keinen Stein auf dem anderen lassen *fig* taş taş üstünde bırakmamak [**Bedeutung**: alles zerstören; **Anlamı**: baştan başa yıkıp yerle bir etmek]

schlafen wie ein Stein *(wörtl: taş gibi uyumak)* *fig* mışıl mışıl uyumak *(wörtl: tief und fest schlafen)* [**Bedeutung**: sehr tief und fest schlafen; **Anlamı**:rahat, sessiz ve derin soluk alarak uyumak]

über Stock und Stein gehen *(wörtl: sopa ve taş üzerinden gitmek)* *fig* dere tepe düz gitmek *(wörtl: geradeaus über Bäche und Hügeln gehen)* [**Bedeutung**: über alle Hindernisse des Erdbodens hinweg gehen; **Anlamı**: engelleri aşarak gitmek]

411

wer einen Stein hochwälzt, auf den rollt er zurück *(wörtl: bir taşı yokuş yukarı yuvarlayanın başına o taş geri yuvarlanır)* *fig* ava giden avlanır *(wörtl: wer auf die Jagd geht, wird gejagt)* [**Bedeutung**: etwas Übles, das man einem Dritten zufügen will, wendet sich gegen einen selbst; **Anlamı**: çıkarını başkalarına zarar vermekte arayan kimse, o zarara kendisi uğrar]

wer im Glashaus sitzt, soll nicht mit Steinen werfen *(wörtl: cam evde oturan taş atmamalı)* *fig* sırça köşkte oturan komşusuna taş atmamalı *(wörtl: der im Glasschlösschen wohnt, sollte nicht seinem Nachbarn mit Steinen bewerfen)* [**Bedeutung**: man sollte keinem Dinge vorwerfen, die man selber tut; man soll andren nicht Fehler vorwerfen, die man selber tut oder tat; **Anlamı**: insan kendinde herhangi bir kusur varken başkalarını aynı kusurla suçlamamalıdır; küçük bir dokunuşla büyük bir zarara uğrayacak kimse, üzerine düşmanlık çekecek davranışlarda bulunmamalıdır]

ein Tropfen auf dem heißen Stein *(wörtl: sıcak taşta bir damla)* *fig* devede kulak *(wörtl: das Ohr beim Kamel)* *fig* denizden bir avuç su *(wörtl: eine handvoll Wasser aus dem Meer)* [**Bedeutung**: unzureichend; viel zu wenig; **Anlamı**: yetersiz; çok küçük veya az; çok büyük, tükenmez bir varlıktan pek küçük bir parça]

steter Tropfen höhlt den Stein *(wörtl: devamlı damla taşı yarar)* *fig* damlaya damlaya göl olur *(wörtl: tropfenweise wird es zum See)* [**Bedeutung**: Beständigkeit zahlt sich aus; Ausdauer führt zum Erfolg; **Anlamı**: azar azar olagelen şeyler küçümsenmemelidir, onlar birikerek önemli bir niceliğe ulaşırlar]

zu Stein erstarren *fig* taş kesilmek [**Bedeutung**: vor Schreck starr werden; **Anlamı**: ne söyleyeceğini, ne yapacağımı bilemez olmak]

Stelle yer

auf der Stelle treten *(wörtl: yerinde basmak)* *fig* yerinde saymak *(wörtl: auf der Stelle zählen)* [**Bedeutung**: nicht vorankommen; **Anlamı**: bulunduğu yerden daha ileri gidememek]

---

sterben ölmek

die Hoffnung stirbt zuletzt *(wörtl: umut en son ölür)* *fig* çıkmadık canda umut vardır *(wörtl: bei einem Leben, das nicht gelöscht ist, gibt es (noch) Hoffnung)* *fig* çıkmadık candan umut kesilmez *(wörtl: bei einem Leben, das nicht gelöscht ist, gibt man die Hoffnung nicht auf)* *fig* Allah'tan umut kesilmez *(wörtl: die Hoffnung verliert man bei Gott nicht)* [**Bedeutung**: egal, wie schlecht die Lage ist, man bleibt bis zum Ende zuversichtlich; **Anlamı**: bir şeyi sonuna kadar götürmek gerekir; artık olmaz demeden iş sürdürülmelidir, hiç belli olmaz, istenen sonuç alınabilir]

die Wahrheit stirbt im Krieg zuerst *(wörtl: savaşta ilkönce gerçek ölür)* *fig* savaşta önce gerçekler ölür *(wörtl: im Krieg sterben zuerst die Wahrheiten)* [**Bedeutung**: das erste Opfer des Krieges ist die Wahrheit; **Anlamı**: savaşın ilk kurbanı gerçeklerdir; savaşan taraflar doğruyu söylemezler]

412

friss, Vogel, oder stirb *(wörtl: kuş, ye, ya da öl)* **fig** ya bu deveyi gütmeli ya bu diyardan gitmeli *(wörtl: entweder muss man das Kamel treiben oder dieses Land verlassen)* [**Bedeutung**: du hast keine Wahl; es gibt keine Alternative; **Anlamı**: başka seçeneğin yok]

tausend Tode sterben *(wörtl: bin ölüm ölmek)* **fig** ölüp ölüp dirilmek *(wörtl: immer wieder sterben und wieder auferstehen)* [**Bedeutung**: große Angst haben; **Anlamı**: çok korkmak]

vor Hunger sterben **fig** açlıktan ölmek [**Bedeutung**: sehr hungrig sein; **Anlamı**: çok acıkmak]

zwei Tote kann man nicht sterben *(wörtl: iki ölü ölünemez)* **fig** insan bir kere ölür, adam gibi ölür *(wörtl: der Mensch stirbt einmal, er stirbt wie ein Mann)* **fig** insan iki kez ölemez *(wörtl: der Mensch kann nicht zweimal sterben)* [**Bedeutung**: man kann nur einmal strben; **Anlamı**: her insan bir kere doğar, bir kere ölür]

Stern yıldız

es steht in den Sternen ↑ **in den Sternen (geschrieben) stehen**

in den Sternen (geschrieben) stehen *(wörtl: yıldızlarda (yazılı) olmak)* **fig** kimin ne olduğu belli olsa da, kimsenin ne olacağı belli olmaz *(wörtl: auch wenn man weiß, wer was ist, weiß man nicht was jemand wird)* [**Bedeutung**: etwas ist ungewiss; **Anlamı**: ne olacağı belli değil]

jemandes Stern geht auf *(wörtl: birinin yıldızı doğmak)* **fig** birinin

yıldızı parlamak *(wörtl: jemandes Stern glänzt)* [**Bedeutung**: jemand ist auf dem Wege, bekannt, berühmt zu werden; **Anlamı**: ün kazanmak; başarı yönünden herrkesin dikkatini çekecek bir duruma gelmek]

jemandes Stern sinkt *(wörtl: birinin yıldızı batmak)* **fig** birinin yıldızı sönmek *(wörtl: jemandes Stern erlöscht)* **fig** ikbali sönmek *(wörtl: sein Glückstern geht langsam aus)* [**Bedeutung**: jemandes Ruhm/Macht nimmt ab; **Anlamı**: daha önce iyi olan durumu bozulmak]

sternhagelvoll *(wörtl: yıldız ve doluyla dolu)* **fig** zilzurna *(wörtl: Klingel und Kegeloboe)* [**Bedeutung**: sehr betrunken; **Anlamı**: çok sarhoş]

stet devamlı

steter Tropfen höhlt den Stein *(wörtl: devamlı damla taşı yarar)* **fig** damlaya damlaya göl olur *(wörtl: tropfenweise wird es zum See)* [**Bedeutung**: Beständigkeit zahlt sich aus; Ausdauer führt zum Erfolg; **Anlamı**: azar azar olagelen şeyler küçümsenmemelidir, onlar birikerek önemli bir niceliğe ulaşırlar]

stetig sürekli, devamlı

Gottes Mühlen mahlen langsam, aber stetig *(wörtl: Allah'ın değirmenleri yavaş ama sürekli öğütür)* **fig** Allah imhal eder, ihmal etmez *(wörtl: Gott gewährt eine Frist, er versäumt nicht)* [**Bedeutung**: irgendwann wird man von Gott für böse Taten bestraft; **Anlamı**: kötülükleri için günün birinde Allah cezasını verir]

Gottes Mühlen mahlen langsam, aber trefflich fein ↑ Gottes Mühlen mahlen langsam, aber stetig

---

Steuer direksiyon, dümen

das Steuer ergreifen *(wörtl: dümeni kavramak)* *fig* direksiyona geçmek *(wörtl: das Steuer übernehmen)* [**Bedeutung**: die Führung/Leitung übernehmen; **Anlamı**: bir işin yönetimini eline almak]

das Steuer herumreißen *fig* direksiyon kırmak [**Bedeutung**: als Fahrer eines Fahrzeuges plötzlich stark lenken; **Anlamı**: aracı istenilen yöne çevirebilmek için direksiyona o yöne hızla döndürmek]

das Steuer in der Hand haben/halten *fig* (bir şeyin) dümenini elinde tutmak [**Bedeutung**: die Leitung/Macht haben; **Anlamı**: yönetmek; istediği yöne doğru götürmek]

das Steuer in die Hand nehmen *(wörtl: dümeni ele almak)* *fig* direksiyona geçmek *(wörtl: das Steuer übernehmen)* [**Bedeutung**: die Führung/Leitung übernehmen; **Anlamı**: bir işin yönetimini eline almak]

Stich

jemanden im Stich lassen *(wörtl: birini kılıçtan yaralanmış halde bırakmak)* *fig* birini ortada bırakmak *fig* birini yarı yolda bırakmak *(wörtl: jemanden auf halbem Wege zurücklassen)* *fig* birini yüzüstü bırakmak [**Bedeutung**: jemanden alleinlassen; jemanden seinem Schicksal überlassen; **Anlamı**: birine çok güç durumdayken yardımcı olmamak;

---

birini yapayalnız, kötü bir durumda bırakmak]

keinen Stich machen/bekommen /landen *(wörtl: dıkış yapmamak /almamak/oturtmamak)* *fig* hava almak[2] *(wörtl: Luft nehmen)* [**Bedeutung**: leer ausgehen, nichts abbekommen; **Anlamı**: umduğunu bulamamak hiçbir şey kazanmamak]

Stiefel çizme

zwei Paar Stiefel sein *(wörtl: iki çift çizme olmak)* *fig* cin başka, şeytan başka olmak *(wörtl: der Kobold ist anders und der Teufel ist anders; der Kobold und der Satan sind zweierlei)* [**Bedeutung**: zwei ganz verschiedene, nicht vergleichbare Dinge sein; **Anlamı**: tamamen değişik, kıyaslanamaz iki şey olmak; bambaşka olmak]

Stiel sap

mit Stumpf und Stiel ausrotten *(wörtl: kütük ve sapıyla kökünü kazımak)* *fig* köküne kibrit suyu ekmek *(wörtl: die Wurzel mit Streichholzwasser säen)* [**Bedeutung**: etwas vollständig/radikal ausrotten; **Anlamı**: yok etmek]

Stier boğa

den Stier bei den Hörnern packen/fassen *(wörtl: boğayı boynuzlarından yakalamak)* *fig* elini taşın altına koymak/sokmak *(wörtl: seine Hand unter den Stein stecken)* [**Bedeutung**: in einer schwierigen Lage entschlossen, ohne Zögern handeln; **Anlamı**: bir konuda sorumluluk üstlenmek]

---

still durgun, sakin

stille Wasser sind tief *(wörtl: durgun sular derindir)* *fig* yavaş atın tekmesi yavuz olur *(wörtl: der Tritt des langsamen Pferdes/Gauls ist hart)* *fig* adamın yere bakanından, suyun yavaş akanından kork *(wörtl: hab Angst vor dem Mann, der auf den Boden blickt und vor dem Wasser, das langsam fließt)* *fig* suyun yavaş akanından, insanın yere bakanından kork *(wörtl: hab Angst vor dem Wasser, das langsam fließt und vor dem Menschen, der auf den Boden blickt)* [**Bedeutung**: schüchterne und zurückhaltende Menschen stehen nicht gerne im Mittelpunkt, häufig können sie mehr als man ihnen zutraut; **Anlamı**: yumuşak huylu kimseler öfkelendiklerinde aşırı davranışlarda bulunurlar]

Stimme ses

seiner inneren Stimme folgen *(wörtl: içindeki sesi izlemek)* *fig* içinden gelmek *(wörtl: von seinem Inneren kommen)* [**Bedeutung**: auf seine Gefühle hören; seinem Instinkt folgen; tun, was man selbst möchte und nicht, was andere einem sagen; **Anlamı**: birşeyi yapmak için içten bir istek duymak]

stimmt so! *(wörtl: tamam böyle!)* *fig* üstü kalsın! *(wörtl: das, was über ist, soll bleiben!)* [**Bedeutung**: sagt man, wenn man auf Wechselgeld verzichtet, z.B. beim Trinkgeldgeben; **Anlamı**: hesaptan artakalan az miktardaki paranın alınmaması, bahşiş olarak bırakılması sırasında söylenen söz]

stinken koknak

der Fisch stinkt vom Kopf *fig* her balık baştan kokar

[**Bedeutung**: die Führungskräfte einer Organisation sind verantwortlich, wenn es Probleme gibt; **Anlamı**: bir işte aksaklıktan başta olanlar sorumludur]

wie die Pest stinken *(wörtl: veba gibi kokmak)* *fig* leş gibi kokmak *(wörtl: wie Kadaver stinken)* [**Bedeutung**: übel riechen; **Anlamı**: çok kötü kokmak]

Stirn alın

jemandem die Stirn bieten *(wörtl: bir kimseye alın sunmak)* *fig* birinin alnını karışlamak *(wörtl: jemandem die Stirn mit der Handspanne messen)* [**Bedeutung**: sich jemandem gegenüber behaupten; jemandem furchtlos entgegentreten; **Anlamı**: birini küçümseyerek meydan okumak]

Stock sopa

über Stock und Stein gehen *(wörtl: sopa ve taş üzerinden gitmek)* *fig* dere tepe düz gitmek *(wörtl: geradeaus über Bäche und Hügeln gehen)* [**Bedeutung**: über alle Hindernisse des Erdbodens hinweg gehen; **Anlamı**: engelleri aşarak gitmek]

Storch leylek

wo Frösche sind, da sind auch Störche *(wörtl: kurbağa olan yerde leylek de var)* *fig* bal olan yerde sinek de olur *(wörtl: wo Honig ist, da sammeln sich auch Fliegen)* [**Bedeutung**: wo Opfer sind, da sind auch Täter; **Anlamı**: güzel şeyin çevresinde ondan yararlanmak isteyen asalaklar da dolaşır]

Stöckchen değnek

vom Hölzchen aufs Stöckchen kommen *(wörtl: çöpten değneğe geçmek)* *fig* daldan dala konmak *(wörtl: von einem Ast auf den Nächsten landen)* *fig* damdan çardağa atlamak *(wörtl: vom Dach auf die Laube springen)* *fig* laf lafı açar *(wörtl: ein Wort ergibt das andere)* [**Bedeutung**: von einem Thema zum anderen springen; **Anlamı**: sık sık konu değiştirmek; bir konu üzerinde konuşurken ilgisi dolayısıyla söz başka bir konuya geçer]

---

stolpern tökezlemek

wer kriecht, stolpert nicht *(wörtl: sürünerek giden tökezlemez)* *fig* acele işe şeytan karışır *(wörtl: in hastige Arbeit mischt sich der Teufel ein)* [**Bedeutung**: handele mit der gebotenen Eile, aber überstürze nichts; **Anlamı**: düşünüp taşınmadan ivedi olarak yapılan işten iyi sonuç alınmaz]

Stolperstein *wörtl: tökezleme taşı)* *fig* körün taşı *(wörtl: der Stein des Blinden)* [**Bedeutung**: etwas, das Maßnahmen oder eine Einigung verhindert; **Anlamı**: rastlantı sonucu birine zarar veren, hesapta olmayan iş]

---

stören rahatsız etmek

was stört es die Eiche, wenn die Sau/Wildsau sich an ihr reibt *(wörtl: domuz/yaban domuzu meşeye sürtünürse meşe neden rahatsız olsun)* *fig* tavşan dağa küsmüşse dağın haberi olmamış *(wörtl: wenn der Hase dem Berg böse war, hat der Berg es nicht gewusst)* [**Bedeutung**: was kümmert es mich, wenn sich andere Menschen über mich ärgern; **Anlamı**: önemsiz kişi önemli kişiye küsse önemli kişinin umurunda bile olmaz]

---

strahlen parlamak

über beide Backen grinsen/strahlen *(wörtl: her iki yanak üzerinden sırıtmak/parlamak)* *fig* ağzı kulaklarına varmak *(wörtl: sein Mund erreicht seine Ohren)* [**Bedeutung**: besonders auffällig grinsen; vor Freude strahlen]; **Anlamı**: çok sevinmek]

von einem Ohr zum anderen strahlen *(wörtl: bir kulaktan diğerine parlamak)* *fig* ağzı kulaklarına varmak *(wörtl: sein Mund erreicht seine Ohren)* [**Bedeutung**: besonders auffällig grinsen; vor Freude strahlen]; **Anlamı**: çok sevinmek]

Strang ip

am gleichen Strang ziehen *(wörtl: aynı ipi çekmek)* *fig* aynı yolun yolcusu olmak *(wörtl: Reisende desselben Weges sein)* [**Bedeutung**: das gleiche Ziel verfolgen; **Anlamı**: kaderleri birbirine benzer olmak]

über die Stränge schlagen/hauen *fig* gemi azıya almak *(wörtl: den Zaum ins Gebiss nehmen)* [**Bedeutung**: die Grenze des Erlaubten überschreiten; **Anlamı**: söz dinlemez olmak]

Strauch çalı

der kommt nimmer in den Wald, der jeden Strauch fürchtet *(wörtl: her çalıdan korkan hiç bir zaman ormana girmez)* *fig* korkak bezirgân ne kâr eder ne zarar/ziyan *(wörtl: der ängstliche Händler macht weder Gewinn noch Verlust)* *fig* arının

dikenini görüp balından el çekmek
(wörtl: den Stachel der Biene sehen und auf Honig verzichten)
[Bedeutung: wer nicht wagt, einen Einsatz zu riskieren, der hat keine Aussicht auf einen Gewinn; Anlamı: iş yapmaya korkan tüccar, kendisini zarardan korur ancak kazanç da sağlayamaz]

strecken uzatmak

die Fahnen strecken *(wörtl: bayrakları uzatmak)* *fig* pes etmek *(wörtl: aufgeben)* *fig* teslim bayrağını çekmek *(wörtl: die Fahne der Aufgabe hissen)*
[Bedeutung: kapitulieren; aufgeben; resignieren; Anlamı: yenilgiyi kabul etmek]

die Füße unter jemandes Tisch strecken/stellen *(wörtl: ayaklarını birinin masasının altına uzatmak/koymak)* *fig* birinin sırtından geçinmek *(wörtl: über jemandes Rücken auskommen)*
[Bedeutung: auf Kosten von jemandem leben; Anlamı: geçimini onun kesesinden sağlamak]

die Waffen strecken *(wörtl: silâhları teslim etmek)* *fig* pes etmek *(wörtl: aufgeben)*
[Bedeutung: kapitulieren; aufgeben; resignieren; Anlamı: yenilgiyi kabul etmek]

sich nach der Decke strecken
(wörtl: yorgana göre uzanmak) *fig* ayağını yorganına göre uzatmak *(wörtl: seinen Fuß nach der Decke strecken)*
[Bedeutung: sparsam haushalten; mit wenig Geld auskommen; Anlamı: giderini gelirine uydurmak]

Streich oyun

es fällt keine Eiche auf den ersten Streich *fig* bir vurmakla ağaç devrilmez

jemandem einen Streich spielen *fig* birine oyun oynamak
[Bedeutung: jemanden narren; jemanden hereinlegen; Anlamı: birini aldatmak]

Streit kavga

einen Streit vom Zaun brechen
(wörtl: çitten kavga çıkarmak) *fig* kavga çıkarmak
[Bedeutung: einen Streit beginnen; Anlamı: kavgaya neden olmak]

streiten kavga etmek

um den Schatten eines Esels streiten *(wörtl: eşeğin gölgesi yüzünden kavga etmek)* *fig* habbeyi kubbe yapmak *(wörtl: aus einer Blase eine Kuppel errichten)*
[Bedeutung: um etwas Unwichtiges streiten; wegen einer Kleinigkeit streiten; Anlamı: önemsiz bir olayı büyütmek; abartmak]

um des Kaisers Bart streiten
(wörtl: imparatorun sakalı yüzünden kavga etmek) *fig* habbeyi kubbe yapmak *(wörtl: aus einer Blase eine Kuppel errichten)*
[Bedeutung: um etwas Unwichtiges streiten; wegen einer Kleinigkeit streiten; Anlamı: önemsiz bir olayı büyütmek; abartmak]

wenn zwei sich streiten, freut sich der Dritte[1] *(wörtl: iki kişi kavga ettiğinde üçüncü kişi sevinir)* *fig* it dişi domuz derisi *(wörtl: der Zahn des Köters die Haut des Schweins)*
[Bedeutung: sagt man, wenn jemand aus dem Streit anderer einen Nutzen zieht; Anlamı: iki kişi arasındaki

anlaşmazlıktan duyulan hoşnutluğu anlatan söz]

wenn zwei sich streiten, freut sich der Dritte[2] *(wörtl: iki kişi kavga ettiğinde üçüncü kişi sevinir) fig* kartallar dövüşsün, bir sehim de bize düşsün *(wörtl: die Adler sollen sich bekämpfen, und einen Teil sollen wir abbekommen)* [**Bedeutung**: aus einer Auseinandersetzung zweier Personen zieht man als Dritter Nutzen; **Anlamı**: güçlülerin çatışmasından güçsüzler de yararlanır]

streuen serpmek

Salz in die Wunde reiben/streuen *(wörtl: yaraya tuz sürmek/ekmek) fig* yaraya tuz biber ekmek *(wörtl: Salz und Pfeffer in die Wunde streuen)* [**Bedeutung**: durch eine Äußerung die unangenehme Lage eines anderen zusätzlich verschlimmern; **Anlamı**: üzüntüyü, kusuru artıracak durum yaratmak]

jemandem Sand in die Augen streuen *(wörtl: birinin gözlerine kum serpmek) fig* göz boyamak *(wörtl: die Augen färben)* [**Bedeutung**: jemanden täuschen; jemanden in die Irre führen; **Anlamı**: kandırmak, gösterişle aldatmak]

Strich çizgi

jemandem einen Strich durch die Rechnung machen *(wörtl: birinin hesabına çizgi çekmek) fig* birinin planını bozmak *(wörtl: jemandes Plan stören)* [**Bedeutung**: jemandem ein Vorhaben unmöglich machen; **Anlamı**: birinin geleceğe dönük tasarısını geçersiz bir duruma getirmek]

nach Strich und Faden *(wörtl: çizgi ve ipliğe göre) fig* adamakıllı *(wörtl: mit dem Verstand eines Menschen)* [**Bedeutung**: gründlich; **Anlamı**: iyice; bir güzel]

(nur noch) ein Strich in der Landschaft sein *(wörtl: peyzajda (sadece bir) çizgi olmak) fig* iğne ipliğe dönmek *(wörtl: zu Nadel und Faden werden) fig* iğne yemiş ite dönmek *(wörtl: zum Köter werden, der eine Nadel gefressen hat)* [**Bedeutung**: sehr stark abgemagert sein; **Anlamı**: çok zayıflamış olmak]

unter dem Strich *(wörtl: çizginin altında) fig* hesap kitap *(wörtl: Rechnung Buch)* [**Bedeutung**: nach der Schlussrechnung; nach Abwägen der Vor- und Nachteile; **Anlamı**: hesap sonunda; düşünüp taşındıktan sonra]

Stroh saman

leeres Stroh dreschen *(wörtl: boş samanı dövmek) fig* kafa şişirmek *(wörtl: den Kopf aufblasen) fig* abuk sabuk konuşmak *fig* boş laf etmek *(wörtl: leere Wort sagen)* [**Bedeutung**: viel Unnötiges reden; **Anlamı**: ipe sapa gelmez biçimde konuşarak birini tedirgin etmek]

Strohhalm kamış

nach jedem Strohhalm greifen *(wörtl: her kamışa el atmak) fig* uçan kuştan medet ummak *(wörtl: beim fliegenden Vogel Hilfe erwarten)* [**Bedeutung**: jede kleine bietende Chance nutzen, um sich aus einer schwierigen Lage zu befreien; **Anlamı**: en ufak bir yardımın herhangi bir yerden gelmesini beklemek; sıkıntılı bir durumdan kurtulmak için her türlü çareye başvurmak]

sich an jeden Strohhalm klammern
(wörtl: her kamışa sarılmak) *fig* uçan
kuştan medet ummak *(wörtl: beim
fliegenden Vogel Hilfe erwarten)*
[**Bedeutung**: jede kleine sich
bietende Chance nutzen, um sich aus
einer schwierigen Lage zu befreien;
Anlamı: en ufak bir yardımın
herhangi bir yerden gelmesini
beklemek; sıkıntılı bir durumdan
kurtulmak için her türlü çareye
başvurmak]

Strohmann saman adamı

den Strohmann abgeben/machen
(wörtl: saman adamı olmak) *fig*
maşası olmak *(wörtl: seine
Feuerzange sein)* [**Bedeutung**:
jemand, der von einem anderen
vorgeschickt wird, um in dessen
Auftrag, Geschäfte zu erledigen;
Anlamı: sakıncalı bir işte biri
tarafından araç olarak kullanılmak]

Strohsack saman dolu çuval

(du) heiliger Strohsack! *fig* vay
canına!
[**Bedeutung**: Ausruf der
Überraschung; **Anlamı**: şaşma
bildirir; çok şaşılacak şey]

Strom akıntı

gegen den Strom schwimmen[1]
(wörtl: akıntıya karşı yüzmek) *fig*
herkes gider Mersin'e, biz gideriz
tersine *(wörtl: alle fahren nach
Mersin, wir fahren in die
entgegengesetzte Richtung)*
[**Bedeutung**: anders handeln als die
Mehrheit; sich der Mehrheit nicht
anpassen; **Anlamı**: biz bu işi el âlem
gibi akla uygun biçimde yapmıyor,
yanlış bir yol izliyoruz]

gegen den Strom schwimmen[2]
(wörtl: akıntıya karşı yüzmek) *fig*
akıntıya kürek çekmek *(wörtl: gegen
den Strom rudern)*
[**Bedeutung**: sich anders verhalten
als die Mehrheit; **Anlamı**: olağan
gidişi tersine çevirmek için boşuna
uğraşmak]

mit dem Strom schwimmen *(wörtl:
akıntıyla yüzmek)* *fig* suyun
akıntısına gitmek *(wörtl: mit dem
Strom des Gewässers gehen)*
[**Bedeutung**: sich anpassen; sich der
Mehrheit anschließen; **Anlamı**:
uymak; olayların gelişmesine göre
davranmak]

**mitten im Fluss/Strom soll man
nicht die Pferde wechseln** *(wörtl:
ırmağın/akıntının ortasında atlar
değiştirilmez)* *fig* ırmağı geçerken at
değiştirilmez *(wörtl: beim
Überqueren des Flusses wechselt
man die Pferde nicht)* *fig* çayı
geçerken at değiştirilmez *(wörtl:
beim Überqueren des Baches
wechselt man die Pferde nicht)*
[**Bedeutung**: es ist riskant, ein
eingespieltes Team durch ein anderes
zu ersetzen, bevor das Ziel erreicht
ist; **Anlamı**: hedefe erişmeden bir
yöntemden başka bir yönteme
geçmek tehlikelidir]

in Strömen regnen *(wörtl: şakır
şukur yağmak)* *fig* bardaktan
boşanırcasına yağmak *(wörtl: es
regnet strömend aus einem
Trinkglas)*
[**Bedeutung**: sehr stark regnen;
Anlamı: şiddetli yağmak]

Strumpf çorap

sich auf die Strümpfe machen
(wörtl: çorapla yola koyulmak) *fig*
tabanları yağlamak[2] *(wörtl: die
Sohlen schmieren)*

[Bedeutung: aufbrechen; losgehen; Anlamı: yola çıkmak]

---

stumm dilsiz

stumm wie ein Fisch sein *(wörtl: dilsiz bir balık gibi olmak)* **fig** dut yemiş bülbüle dönmek *(wörtl: sich in eine Nachtigal verwandeln, die Maulbeeren gefressen hat)* [Bedeutung: nicht sprechen; nichts sagen; Anlamı: susmak; konuşkanlığını yitirmek]

Stuhl sandalye

der Frosch springt immer in den Pfuhl und säß er auch auf gold'nem Stuhl *(wörtl: kurbağa, altından sandalyede otursa da hep bataklığa atlar)* **fig** eşeğe altın semer vursalar yine eşektir *(wörtl: auch wenn sie den Esel mit einem goldenen Sattel bestücken, bleibt er ein Esel)* [Bedeutung: Äußerlichkeiten ändern nichts am Wesen eines Menschen; ein schlechter Charakter lässt sich nich hinter teurer Kleidung verbergen; Anlamı: insanlık değerinden yoksun kişi, kılık kıyafetle, makam ve mevkiyle değer kazanmaz]

zwischen zwei Stühlen sitzen *(wörtl: iki sandalye arasında oturmak)* **fig** iki cami arasında kalmış beynamaza dönmek *(wörtl: sich in einen verwandeln, der zwischen zwei Moscheen sitzt und nicht betet)* [Bedeutung: sich zwischen zwei Möglichkeiten entscheiden müssen; Anlamı: iki yandan hangisini tutacağını şaşırmak]

Stumm dilsiz

besser stumm als dumm *(wörtl: dilsiz aptaldan iyi)* **fig** söz gümüşse

sükût altındır *(wörtl: wenn das Wort Silber ist, ist das Schweigen Gold)* [Bedeutung: Schweigen ist mehr wert als Reden; manchmal ist es besser nichts zu sagen; Anlamı: susmak bazen konuşmaktan daha iyi sonuç verir]

Stumpf kütük

mit Stumpf und Stiel ausrotten *(wörtl: kütük ve sapıyla kökünü kazımak)* **fig** köküne kibrit suyu ekmek *(wörtl: die Wurzel mit Streichholzwasser säen)* [Bedeutung: etwas vollständig/radikal ausrotten; Anlamı: yok etmek]

---

stur inatçı

stur wie ein Bock *(wörtl: keçi gibi inatçı)* **fig** keçi gibi inatçı *(wörtl: stur wie ein Bock/eine Ziege)* [Bedeutung: sehr stur; Anlamı: çok inatçı]

stur wie ein Esel *(wörtl: eşek gibi inatçı)* **fig** keçi gibi inatçı *(wörtl: stur wie ein Bock/eine Ziege)* [Bedeutung: sehr stur; Anlamı: çok inatçı]

Sturm fırtına

Sturm im Wasserglas *(wörtl: su bardağında fırtına)* **fig** bir bardak suda fırtına *(wörtl: Sturm in einem Glas)* [Bedeutung: große Aufregung um eine ganz nichtige Sache; Anlamı: önemsiz, küçük bir sorunu büyütme]

die Ruhe vor dem Sturm *(wörtl: fırtınadan önceki sakinlik)* **fig** limanlık fırtınadan sayılır *(wörtl: die Windstille zählt als Sturm)* [Bedeutung: die Stille, bevor ein turbulentes Ereignis eintritt; Anlamı:

fırtınadan önce havada büyük bir sakinlik oluşur]

wer Wind sät, wird Sturm ernten
fig rüzgâr eken fırtına biçer
[**Bedeutung**: wer etwas Schlechtes tut, dem wird man dieses heimzahlen; **Anlamı**: yaptığı kötülüğün çok daha kötüsü ile karşılaşmak]

---

suchen aramak

die Nadel/Stecknadel im Heuhaufen suchen *(wörtl: saman yığınında iğne/toplu iğne aramak)* *fig* samanlıkta iğne aramak *fig* saman yığınında iğne aramak
[**Bedeutung**: etwas suchen mit wenig Aussicht; **Anlamı**: çok zor bir işi yapmaya çalışmak]

ein Haar in der Suppe suchen
(wörtl: çorbada kıl aramak) *fig* öküzün altında buzağı aramak *(wörtl: unter dem Ochsen Kälber suchen)*
[**Bedeutung**: an allem herumnörgeln; eine pessimistische Grundeinstellung haben; **Anlamı**: olmayacak sebeplerle suç ve suçlu bulma çabasında olmak]

etwas händeringend suchen *(wörtl: bir şeyi ellerini ovuşturarak aramak)* *fig* mumla aramak *(wörtl: mit der Kerze suchen)*
[**Bedeutung**: etwas sehr intensiv/verzweifelt suchen; **Anlamı**: çok isteyerek ve özlemle aramak]

mit der Lupe suchen *(wörtl: büyülteçle aramak)* *fig* aramakla bulunmaz *(wörtl: wird durch Suchen nicht gefunden)*
[**Bedeutung**: jemanden/etwas von dieser Art selten finden; **Anlamı**: çok değerli şey ancak rastlantı ile ele geçer]

Sünde günah

Sündenbock *fig* günah keçisi
[**Bedeutung**: jemand, auf den man die Schuld an etwas abwälzt; **Anlamı**: suçsuz olduğu hâlde olumsuzlukların sebebi olarak gösterilen kişi]

Süppchen çorbacık

sein eigenes Süppchen kochen *(wörtl: kendi çorbacığını pişirmek)* *fig* kendi hesabına çalışmak *(wörtl: auf eigene Rechnung arbeiten)*
[**Bedeutung**: nur für sich arbeiten; **Anlamı**: uğraştığı işi sadece kendisi için yapmak]

Suppe çorba

die Suppe auslöffeln, die man sich eingebrockt hat *(wörtl: kırıntılarını içine attığın çorbayı kaşıkla ayıklamak)* *fig* hangi taş pekse /katıysa başını ona vur *(wörtl: schlag deinen Kopf auf den Stein, der hart ist)* *fig* sarımsağı nerede yediysen ağzını orada kokut *(wörtl: lass deinen Mund dort stinken, wo du Knoblauch gegessen hast)*
[**Bedeutung**: ein Problem lösen, das man selbst verursacht hat; **Anlamı**: işini kendin berbat ettin, şimdi çare ara bakalım]

die Suppe wird nicht so heiß gegessen, wie sie gekocht wird *(wörtl: çorba, pişirildiği kadar sıcak içilmez)* *fig* bir şeyi kötüye çekmek *(wörtl: etwas zum Schlechten ziehen)*
[**Bedeutung**: man stellt sich alles viel schlimmer vor, als es dann wirklich wird; **Anlamı**: bir şeye yanlış, beğenilmeyen bir anlam vermek]

ein Haar in der Suppe suchen *(wörtl: çorbada kıl aramak)* *fig* öküzün altında buzağı aramak *(wörtl: unter dem Ochsen Kälber suchen)* [**Bedeutung**: an allem herumnörgeln; eine pessimistische Grundeinstellung haben; **Anlamı**: olmayacak sebeplerle suç ve suçlu bulma çabasında olmak]

in jeder Suppe ein Haar finden *(wörtl: her çorbada bir kıl bulmak)* *fig* üzümün çöpü, armudun sapı var demek *(wörtl: sagen, dass die Traube Kerne und die Birne einen Stiel hat)* [**Bedeutung**: nur das Schlechte sehen; an allem herumnörgeln; **Anlamı**: her şeyde bir eksiklik bulmak; güç beğenir olmak]

jemandem die Suppe versalzen *(wörtl: birinin çorbasının tuzunu fazla kaçırmak)* *fig* pişmiş aşa (soğuk) su katmak *(wörtl: dem gar gekochtem Essen (kaltes) Wasser zufügen)* [**Bedeutung**: jemandem etwas verderben; jemandes Pläne vereiteln; **Anlamı**: sonuçlanmak üzere bulunan bir işi bozacak davranışta bulunmak]

jemandem in die Suppe spucken *(wörtl: birinin çorbasına tükürmek)* *fig* pişmiş aşa (soğuk) su katmak *(wörtl: dem gar gekochtem Essen (kaltes) Wasser zufügen)* [**Bedeutung**: jemandem etwas verderben; jemandes Pläne vereiteln; **Anlamı**: sonuçlanmak üzere bulunan bir işi bozacak davranışta bulunmak]

wer das Maul verbrannt hat, bläßt die Suppe *(wörtl: ağzı yanan çorbayı üfler)* *fig* sütten ağzı yanan yoğurdu üfleyerek yer *(wörtl: wer seinen Mund durch die Milch verbrennt, isst das Jogurt pustend)* [**Bedeutung**: wer einmal einen Schaden erlitten hat, ist besonders achtsam; **Anlamı**: bir olaydan zarar gören, sonra uyanık davranır]

süß tatlı

Geduld ist bitter, aber sie trägt süße Früchte *(wörtl: sabır acıdır, ama tatlı meyve verir)* *fig* sabır acıdır meyvesi tatlıdır *(wörtl: Geduld ist bitter, ihre Frucht ist süß)* [**Bedeutung**: Geduld führt zum Erfolg; Geduld wird belohnt; **Anlamı**: sabreden başarıya ulaşır; sabır zor iştir, ancak güzel sonuçları vardır]

Tacheles (İbranice'de) hedef

Tacheles reden *fig* eğri oturup doğru konuşmak *(wörtl: sich schief hinsetzen und gerade reden)* *fig* sadede gelmek *(wörtl: zum Hauptthema kommen; zur Sache kommen)* [**Bedeutung**: direkt die unverblümte Wahrheit sagen; **Anlamı**: durum ne olusa olsun, gerçeği söylemek]

Tag gün

an den Tag kommen *(wörtl: güne gelmek)* *fig* su yüzüne çıkmak *(wörtl: an die Wasseroberfläche kommen)* [**Bedeutung**: herauskommen; sichtbar werden; zum Vorschein kommen; **Anlamı**: görünür olmak]

dem Tag ein Licht anzünden *(wörtl: güne bir ışık yakmak)* *fig* ırmak kenarına çeşme yapmak *(wörtl: einen Brunnen in Flussnähe bauen)* [**Bedeutung**: etwas Sinnloses tun; **Anlamı**: anlamı olmayan iş yapmak]

die Sonne bringt es an den Tag *(wörtl: güneş onu ortaya çıkarır)* *fig* güneş balçıkla sıvanmaz *(wörtl: die Sonne verputzt man nicht mit Lehm)* [**Bedeutung**: auf die Dauer ist in unserem Leben nichts zu verbergen oder zu verheimlichen; **Anlamı:** herkesin bildiği gerçek inkâr edilemez]

die Tage zählen *(wörtl: günleri saymak)* **fig** dört gözle beklemek *(wörtl: mit vier Augen warten)* [**Bedeutung:** ungeduldig warten; **Anlamı:** sabırsızlıkla beklemek]

ein Gesicht machen wie sieben Tage Regenwetter *(wörtl: yedi gün arka arkaya yağmur yağar gibi surat yapmak)* **fig** yüzünden düşen bin parça olmak *(wörtl: das, was aus seinem Gesicht fällt, bricht in tausend Teile)* [**Bedeutung:** verdrießlich dreinschauen; **Anlamı:** suratı asık olmak]

ein Unterschied wie Tag und Nacht *(wörtl: gece gündüz gibi bir fark)* **fig** dağlar kadar fark *(wörtl: ein Unterschied wie Berge)* [**Bedeutung:** ein sehr großer Unterschied; **Anlamı:** çok büyük bir fark]

es ist noch nicht aller Tage Abend *(wörtl: henüz günler akşam olmadı)* **fig** gün doğmadan neler doğar *(wörtl: was alles passieren kann bevor der Tag beginnt)* [**Bedeutung:** die Sache ist noch nicht entschieden; **Anlamı:** beklenmedik bir sırada umut verici durumlarla da karşılaşma imkânı vardır]

etwas an den Tag legen *(wörtl: güne koymak)* **fig** bir şeyi ortaya koymak *(wörtl: in die Mitte legen)* [**Bedeutung:** etwas zeigen, erkennen lassen; **Anlamı:** bir şeyi göstermek, tanıtmak]

in den Tag hineinleben *(wörtl: günün içine yaşamak)* **fig** gününü gün etmek *(wörtl: seinen Tag zum Tag machen)*

[**Bedeutung:** unbekümmert die Tage verbringen; **Anlamı:** hiçbir şeyi dert edinmeyip gününü hoş geçirmek]

jemandes Tage sind gezählt[1] *(wörtl: birinin günleri sayılı olmak)* **fig** günleri sayılı olmak *(wörtl: seine/ihre Tage sind gezählt)* [**Bedeutung:** jemand wird nicht mehr lange leben; **Anlamı:** ölümü yakın olmak]

jemandes Tage sind gezählt[2] *(wörtl: birinin günleri sayılı olmak)* **fig** günleri sayılı olmak *(wörtl: seine/ihre Tage sind gezählt)* [**Bedeutung:** jemand wird irgendwo nicht mehr lange sein; **Anlamı:** bir yerde kalmak için fazla zamanı olmamak]

man soll den Tag nicht vor den Abend loben **fig** akşam olmadan gün övünmez *(wörtl: man lobt den Tag nicht, bevor es Abend wird)* **fig** ayı görmeden bayram etme *(wörtl: feiere nicht bevor du den Mond siehst)* [**Bedeutung:** man sollte sich nicht zu früh freuen; **Anlamı:** iş bitmeden sevinmemeli]

zu Tage treten **fig** su yüzüne çıkmak *(wörtl: an die Wasseroberfläche kommen)* [**Bedeutung:** herauskommen; sichtbar werden; zum Vorschein kommen; **Anlamı:** görünür olmak]

zutage treten **fig** su yüzüne çıkmak *(wörtl: an die Wasseroberfläche kommen)* [**Bedeutung:** herauskommen; sichtbar werden; zum Vorschein kommen; **Anlamı:** görünür olmak]

Tageslicht gün ışığı

ans Tageslicht kommen *(wörtl: gün ışığına gelmek)* **fig** su yüzüne çıkmak

(wörtl: an die Wasseroberfläche kommen)
[**Bedeutung**: herauskommen; sichtbar werden; zum Vorschein kommen; **Anlamı**: görünür olmak]

---

tanzen dans etmek

aus der Reihe tanzen *(wörtl: sıradan dans ederek ayrılmak)* ***fig*** sürüden ayrılmak *(wörtl: sich von der Herde trennen/entfernen)* [**Bedeutung**: sich anders verhalten als die Mehrheit; **Anlamı**: herkesin yaptığını yapmamak]

die Puppen tanzen lassen *(wörtl: bebekleri oynatmak)* ***fig*** âlem yapmak *(wörtl: sich vergnügen/feiern)* [**Bedeutung**: kräftig feiern; **Anlamı**: sazlı sözlü eğlenmek]

ist die Katze aus dem Haus, tanzen die Mäuse auf dem Tisch *(wörtl: kedi evden çıkınca fareler masanın üstünde oynar)* ***fig*** köpeksiz köye/sürüye kurt iner *(wörtl: in das hundlose Dorf kommt der Wolf)* ***fig*** köpeksiz sürüye kurt iner *(wörtl: zu der hundlosen Herde kommt der Wolf)* [**Bedeutung**: wenn keine Aufsicht da ist, macht jeder, was er will; sobald der Aufpasser nicht da ist, entsteht Unruhe; **Anlamı**: koruyucusuz kalan yere düşman girer]

man kann nicht auf zwei Hochzeiten tanzen *(wörtl: iki düğünde birden dans edilmez)* ***fig*** bir koltuğa iki karpuz sığmaz *(wörtl: unter eine Achsel passen keine zwei Wassermelonen)* [**Bedeutung**: man kann nicht mehrere Dinge gleichzeitig erledigen; **Anlamı**: aynı zamanda birden çok işle ilgilenmek başarı için sakıncalıdır]

nach jemandes Geige/Pfeife tanzen *(wörtl: birinin kemanına/düdüğüne göre oynamak)* ***fig*** birinin borusunu çalmak *(wörtl: jemandes Horn blasen)* ***fig*** birinin sözünden çıkmamak *(wörtl: jemandes Wort nicht verlassen)* [**Bedeutung**: jemandem gehorchen; sich jemandem fügen; **Anlamı**: bütün davranışlarında onun sözünü dinlemek; çıkar sağladığı kimsenin davasını gütmek]

wem das Glück aufspielt, der hat gut Tanzen *(wörtl: şans kime müzik çalarsa, o iyi oynar)* ***fig*** şansı yaver gitmek *(wörtl: sein Glück geht als Helfer/Adjutant)* [**Bedeutung**: ist das Glück auf jemandes Seite. scheint ihm alles zu gelingen **Anlamı**: bahtı açık olmak]

---

tappen basmak

in die Falle tappen *(wörtl: tuzağa düşmek)* ***fig*** faka basmak *(wörtl: in die Schlinge treten)* [**Bedeutung**: betrogen werden; hereinfallen; **Anlamı**: aldatılmak tuzağa düşmek]

jemanden in die Falle laufen/tappen lassen *(wörtl: birini kapana düşürmek)* ***fig*** birini kapana sıkıştırmak *(wörtl: jemanden in die Falle quetschen)* [**Bedeutung**: zulassen, dass jemand in eine gefährliche /unangehme/missliche Situation gerät; **Anlamı**: birini zor durumda bırakmak]

Tasche cep

das letzte Hemd hat keine Taschen *(wörtl: son gömleğin cebi yok)* ***fig*** kefenin cebi yok *(wörtl: das Leichentuch hat keine Taschen)* ***fig***

dünya malı dünyada kalır *(wörtl: irrdisches Gut bleibt auf der Erde)* [**Bedeutung**: wenn man stirbt, kann man keine irdischen Güter mit in das Jenseits nehmen; **Anlamı**: ölürken mal veya para götürülmez]

die Faust in der Tasche ballen *(wörtl: yumruğunu cebinde sıkmak)* *fig* aba altından değnek/sopa göstermek *(wörtl: das Stöckchen/den Stock unter der Aba zeigen)* *fig* aba altından değnek sallamak *(wörtl: unter der Aba den Stock schwingen)* [**Bedeutung**: heimlich drohen; **Anlamı**: birini imalı bir biçimde tehdit etmek]

die Hand in fremder Leute Taschen haben *(wörtl: eli başkasının cebinde olmak)* *fig* ekmek elden, su gölden *(wörtl: das Brot vom Fremden, das Wasser aus dem See)* *fig* el kesesinden sultanım, develer olsun kurbanım *(wörtl: vom fremden Beutel bin ich ein Sultan, Kamele sollen meine Opfergabe sein)* [**Bedeutung**: sich parasitär verhalten; **Anlamı**: başkasının kazancıyla geçinen]

etwas in die eigene Tasche stecken *(wörtl: bir şeyi kendi cebine koymak)* *fig* bir şeyi cebine atmak/indirmek *(wörtl: etwas in die eigene Tasche werfen/absetzen)* [**Bedeutung**: sich durch Unterschlagung bereichern; **Anlamı**: hakkı olmadığı halde almak]

etwas (schon) in der Tasche haben *(wörtl: bir şey (artık) cebinde olmak)* *fig* çantada keklik *(wörtl: das Rebhuhn in der Tasche)* [**Bedeutung**: etwas mit Sicherheit bekommen werden; **Anlamı**: elde edilmesi o kadar kesin ki elde edilmiş sayılır]

Hin und Her macht Taschen leer *(wörtl: oraya buraya, cepleri boşaltır)* *fig* yuvarlanan taş yosun tutmaz *(wörtl: der rollende Stein setzt kein Moos an)* [**Bedeutung**: man soll nicht ständig die Geldanlagen wechseln; **Anlamı**: sürekli olarak iş değiştiren bir kimse başarı kazanamaz]

in die eigene Tasche arbeiten//wirtschaften *(wörtl: kendi cebine çalışmak/işletmek)* *fig* cebine atmak/indirmek *(wörtl: in die eigene Tasche werfen/absetzen)* [**Bedeutung**: sich durch Unterschlagung bereichern; **Anlamı**: hakkı olmadığı halde almak]

in die eigene Tasche stecken *(wörtl: kendi cebine sokmak)* *fig* cebine atmak/indirmek *fig* iç etmek [**Bedeutung**: etwas für sich behalten; unterschlagen; **Anlamı**: hakkı olmadığı halde kendine mal etmek]

jemandem auf der Tasche liegen *(wörtl: birimin cebinde yatmak)* *fig* birinin sırtından geçinmek *(wörtl: über jemandes Rücken auskommen)* [**Bedeutung**: auf Kosten von jemandem leben; **Anlamı**: geçimini onun kesesinden sağlamak]

jemanden in die Tasche stecken *(wörtl: birini cebine sokmak)* *fig* birini cebinden çıkarmak *(wörtl: jemanden aus der Tasche herausnehmen)* [**Bedeutung**: jemandem überlegen sein; **Anlamı**: birinden çok üstün olmak]

Taschentuch mendil

passen wie der Igel zum Taschentuch/Handtuch *(wörtl: kirpi mendile/havluya nasıl uymuyorsa öyle uymak)* *fig* kel başa

425

şimşir tarak olmak *(wörtl: ein Kamm aus Buchsbaum für den kahlen Kopf sein)* [Bedeutung: überhaupt nicht passen; Anlamı: birbirine hiç uymamak]

Tasse fincan

einen Sprung in der Tasse haben → **einen Sprung in der Schüssel haben**

nicht alle Tassen im Schrank haben¹ *(wörtl: bütün fincanları dolapta olmamak) fig* keçileri kaçırmak *(wörtl: die Ziegen entkommen lassen)* [Bedeutung: verrückt sein; spinnen; Anlamı: delirmek]

nicht alle Tassen im Schrank haben² *(wörtl: bütün fincanları dolapta olmamak) fig* aklı başında olmamak *(wörtl: sein Verstand sei nicht auf seinem Kopf)* [Bedeutung: nicht recht bei Verstand sein; Anlamı: iyi düşünebilir durumda olmamak]

Tat eylem

Taten sagen mehr als Worte *(wörtl: eylemler sözlerden daha öok şey söylerler) fig* lafla peynir gemisi yürümez *(wörtl: mit Worten fährt das Käseschiff nicht) fig* lakırtı ile iş bitmez *(wörtl: mit Worten wird die Arbeit nicht erledigt) fig* boş laf karın doyurmaz *(wörtl: leere Worte machen nicht satt)* [Bedeutung: gute Taten sind dann etwas wert, wenn man sie auch tatsächlich tut; Anlamı: şöyle yaparım, böyle yaparım demekle yapılması gereken işler yapılmaz]

etwas in die Tat umsetzen *(wörtl: bir şeyi fiile/eyleme geçirmek) fig* (bir şeyi) kuvveden fiile çıkarmak *(wörtl:*

etwas von der Idee zur Tat bringen) [Bedeutung: etwas verwirklichen, durchführen; Anlamı: düşünülen, tasarlanan şeyi gerçekleştirmek]

jemanden auf frischer Tat ertappen *(wörtl: birini taze eylemde yakalamak) fig* birini suçüstü yakalamak *(wörtl: jemanden während der Straftat erwischen)* [Bedeutung: jemanden bei einer verbotenen Handlung überraschen; Anlamı: suç işleyeni, suçu işlediği sırada yakalamak]

Tatsache olgu, vakıa

vor vollendete Tatsachen stellen *fig* oldubittiye getirmek [Bedeutung: etwas tun, was nicht mehr rückgängig gemacht werden kann; Anlamı: bir işi geri dönülmesi olanaksız bir duruma getirmek]

Tau halat

wo das Tau am dünnsten ist, reißt es gern *(wörtl: halat, en ince yerinden kopmayı sever)* ip inceldiği yerden kopar *(wörtl: das Seil reißt an der Stelle, wo er dünner wird)* [Bedeutung: eine Gruppe ist nur so stark oder erfolgreich wie ihr schwächstes Mitglied; Anlamı: bir durum, en zayıf yerinden patlak verir]

---

taub sağır

sich taub stellen *(wörtl: sağır numarası yapmak) fig* kulağının üzerine yatmak *(wörtl: sich auf das Ohr legen) fig* duymazlığa vurmak *(wörtl: auf Nichthören schlagen) fig* duymazlıktan gelmek *(wörtl: vom Nichthören kommen) fig* işitmezlikten gelmek *(wörtl: vom Nichthören kommen)*

[**Bedeutung**: etwas nicht hören wollen; **Anlamı**: işitmemiş, duymamış gibi davranmak; ilgilenmek istemediği için duymamış gibi davranmak]

tauben Ohren predigen *(wörtl: sağır kulaklara vaaz vermek)* **fig** sağırlara vaaz vermek *(wörtl: Tauben predigen)* [**Bedeutung**: Menschen etwas mitteilen, die nicht zuhören wollen; **Anlamı**: dinlemeyene dert anlatmak]

Taube güvercin

besser ein Spatz in der Hand als eine Taube auf dem Dach *(wörtl: eldeki serçe damdaki güvercinden iyi)* **fig** bugünkü tavuk yarınki kazdan iyidir *(wörtl: das heutige Huhn ist besser als die morgige Gans)* **fig** gümüş sağ olsun, altın gidekosun *(wörtl: dem Silber sei Dank, das Gold kann mir gestohlen bleiben)* [**Bedeutung**: es ist besser, sich mit dem zu begnügen, was man hat, als etwas Unsicheres anzustreben; **Anlamı**: eldeki şey, elde edilmesi zor olan daha değerli şeyden üstün tutulmalıdır; sağlanmış kazanç umulan daha büyük bir kazanca feda edilemez]

die weiße Taube *(wört: beyaz güvercin)* **fig** zeytin dalı *(wörtl: der Olivenzweig)* [**Bedeutung**: Symbol für den Frieden; **Anlamı**: barışın simgesi]

es geht zu und her wie in einem Taubenschlag *(wörtl: bir güvercinlikteki gibi gidiş geliş var)* **fig** arı kovanı gibi işlemek *(wörtl: es wird gearbeitet wie in einem Bienenstock)* [**Bedeutung**: es herrscht ständiges Kommen und Gehen; **Anlamı**: gidip geleni, girip çıkanı çok olmak]

warten, dass einem die gebratenen Tauben in den Mund fliegen *(wörtl: kızartılmış güvercinlerin ağzına uçmasını beklemek)* **fig** armut piş ağzıma düş *(wörtl: brat, Birne, und fall in meinen Mund hinein)* [**Bedeutung**: unrealistische Träume von einem angenehmen Leben haben; **Anlamı**: bir işe emek harcamadan onun kendiliğinden olmasını beklemek]

Taugenichts işe yaramaz

ein Taugenichts sein *(wörtl: işe yaramaz olmak)* **fig** ciğeri beş para etmemek *(wörtl: seine Leber keine fünf Para wert sein)* [**Bedeutung**: jemand, der für nichts zu gebrauchen ist; **Anlamı**: işe yaramaz bir kişi olmak]

---

tausend bin

tausend Tode sterben *(wörtl: bin ölüm ölmek)* **fig** ölüp ölüp dirilmek *(wörtl: immer wieder sterben und wieder auferstehen)* [**Bedeutung**: große Angst haben; **Anlamı**: çok korkmak]

Freunde in der Not gehen tausend auf ein Lot *(wörtl: sıkıntılı günlerde binlerce dost bir ağırlığa biner)* **fig** dost kara günde belli olur *(wörtl: der (wahre) Freund zeigt sich am schwarzen Tag)* [**Bedeutung**: erst, in einer Notsituation zeigt sich, wer die wahren Freunde sind; **Anlamı**: gerçek dost sıkıntılı günlerde insanı yalnız bırakmaz]

ein Tausendsassa sein *fig* on parmağında on hüner/marifet olmak *(wörtl: zehn Kunststücke an seinen zehn Fingern können)*

427

[**Bedeutung**: ein vielseitig begabter Mensch sein; **Anlamı**: elinden her iş gelmek; çok becerikli olmak]

Tee çay

abwarten und Tee trinken *(wörtl: çay içerek beklemek)* *fig* akarına bırakmak *(wörtl: seinem Fluss überlassen)* *fig/Sivas* bekleyelim, görelim, bakalım ne olacak *(wörtl: lasst uns abwarten, mal sehen, was passieren wird)*
[**Bedeutung**: geduldig abwarten; **Anlamı**: işin sonucunu sabırla beklemek]

Teppich halı

auf dem Teppich bleiben *(wörtl: halıda/halı üstünde kalmak)* *fig* haddini bilmek *(wörtl: seine Grenze wissen)* kendini tutmak[1] *(wörtl: sich halten)*
[**Bedeutung**: vernünftig bleiben; Maß halten; sich nicht überschätzen; **Anlamı**: gücünün ve yeteneğinin nelere yetebileceğini bilerek onun ötesine geçmemek; ölçüsünü bilmek]

unter den Teppich kehren *(wörtl: halının altına süpürmek)* *fig* (bir şeyi) hasıraltı etmek *(wörtl: etwas unter die Strohmatte tun)* *fig* örtbas etmek *(wörtl: vertuschen)*
[**Bedeutung**: etwas vertuschen; **Anlamı**: iyi olmayan bir işin duyulmaması için gereken tedbirleri almak]

---

teuer pahalı

da ist guter Rat teuer *(wörtl: burada iyi öğüt pahalıdır!)* *fig* çaresiz derde Lokman neylesin? *(wörtl: was soll Lokman der Weise zum ausweglosen Problem unternehmen?)*

[**Bedeutung**: sagt man, wenn man ratlos ist; in dieser Angelegenheit ist schwer zu raten, da gibt es kaum einen Ausweg; **Anlamı**: çaresi olmayan bir dertten kurtulmak imkânsızdır]

die Brühe ist/kommt teurer als die Brocken *(wörtl: sade suya çorba, parçalardan pahalı)* *fig* astarı yüzünden pahalı olmak *(wörtl: teuer sein wegen des Futters)*
[**Bedeutung**: die Nebenkosten sind höher als die Sache selbst; trotz großem Aufwand ist das Ergebnis unbefriedigend; **Anlamı**: bir işin ayrıntılarına harcanan para ya da emek, elde edilen sonucun değerini aşmak]

die Soße ist teuerer als das Fleisch *(wörtl: sos etten pahalı olmak)* *fig* astarı yüzünden pahalı olmak *(wörtl: teuer sein wegen des Futters)*
[**Bedeutung**: die Nebenkosten sind höher als die Sache selbst; **Anlamı**: bir işin ayrıntılarına harcanan para ya da emek, elde edilen sonucun değerini aşmak]

jemanden/jemandem teuer zu stehen kommen *fig* birine pahalıya patlamak *fig* birine pahalıya mal olmak *fig* birine pahalıya oturmak
[**Bedeutung**: üble Folgen für jemanden haben; **Anlamı**: zarara sıkıntıya yol açmak]

wer billig kauft, kauft teuer *(wörtl: ucuz alan pahalı alır)* *fig* al malın iyisini, çekme kaygısını *(wörtl: kauf gute Ware, erspare dir deren Sorgen)*
[**Anlamı**: wenn an Qualität und Langlebigkeit gespart wird, muss man bald wieder kaufen; **Bedeutung**: iyi mal dayanıklı olacağı için kullanıldığı sürece zorluk çıkarmaz]

Teufel şeytan

auf Teufel komm raus[1] *(wörtl: çık dışarı, şeytan diye)* **fig** ne pahasına olursa olsun [**Bedeutung**: unbedingt; um jeden Preis; **Anlamı**: her türlü sıkıntıyı, tehlikeyi göze alarak]

auf Teufel komm raus[2] *(wörtl: çık dışarı, şeytan diye)* **fig** var gücüyle *(wörtl: mit seiner vorhandenen Kraft)* [**Bedeutung**: mit aller Kraft; energisch; **Anlamı**: olanca gücüyle; var kuvvetyle]

auf Teufel komm raus[3] *(wörtl: çık dışarı, şeytan diye)* **fig** gözünün yaşına bakmadan *(wörtl: ohne auf seine Tränen zu schauen)* **fig** ver yansın etmek *(wörtl: gib, „es soll brennen" tun)* [**Bedeutung**: ohne Rücksicht auf die Folgen; bedenkenlos; **Anlamı**: hiç acımadan]

den Teufel an die Wand malen *(wörtl: şeytanın resmini duvara çizmek)* **fig** çirkefe taş atmak *(wörtl: dem Luder mit Steinen bewerfen)* **fig** belayı satın almak *(wörtl: das Unheil kaufen)* [**Bedeutung**: Unheil heraufbeschwören; das Schlimmste befürchten; **Anlamı**: sıkıntılı, içinden çıkılması güç durumu kendi davranışıyla yaratmak; göre göre belayı üstüne çekmek; kötülüğü, edepsizliği bilinen bir kimsenin saldırısına yol açmak]

den Teufel mit dem Beelzebub austreiben *(wörtl: şeytanı iblisle kovmak)* **fig** dinsizin hakkından imansız gelir *(wörtl: der Ungläubige wird fertig mit dem Atheisten)* **fig** acı acıyı keser/bastırır, su sancıyı *(wörtl: ein Schmerz hebt den anderen auf, das Wasser die Wehe)*

[**Bedeutung**: ein Übel durch ein noch schlimmeres beseitigen; **Anlamı**: acımasız kimseyi kendisinden daha acımasız biri yola getirir]

der Teufel ist ein Eichhörnchen[1] *(wörtl: şeytan bir sincaptır)* **fig** kaza geliyorum demez *(wörtl: der Unfall sagt nicht, dass er kommt)* [**Bedeutung**: man ist vor unangenehmen Überraschungen nie sicher; **Anlamı**: kaza, beklenmedik an da, ansızın olur]

der Teufel ist ein Eichhörnchen[2] *(wörtl: şeytan bir sincaptır)* **fig** ummadığın taş baş yarar *(wörtl: der Stein, den du nicht erwartet hast, kann den Kopf aufschlitzen)* **fig** sinek ufak, ama mide bulandırır *(wörtl: die Fliege ist klein, aber verdirbt einem den Magen)* [**Bedeutung**: auch Kleinigkeiten können etwas Großes auslösen; Probleme treten oft dort auf, wo man sie nicht vermutet hatte; **Anlamı**: küçük ve önemsiz şeyler de çoğu kez büyük etkiler yapabilir]

der Teufel scheißt immer auf den größten Haufen *(wörtl: şeytan her zaman en büyük yığının üstüne sıçar)* **fig** aza sormuşlar: "nereye?", "çoğun yanına" demiş *(wörtl: sie fragten dem Wenig „wohin?", er sagte: „zum Viel")* [**Bedeutung**: Diejenigen, die viel besitzen, bekommen immer noch mehr; **Anlamı**: küçük kazançlar bile hep varlıklı kimselere düşer]

der Teufel steckt im Detail *(wörtl: şeytan, ayrıntıda bulunur)* **fig** küçük taş baş yarar *(wörtl: ein kleiner Stein schlitzt den Kopf auf)* [**Bedeutung**: gerade bei den Einzelheiten, bei Kleinigkeiten kann es große Probleme geben; **Anlamı**: zararsız gibi görünen küçük şeyler büyük zararlara yol açabilir]

in der Not frisst der Teufel Fliegen
(wörtl: yoklukta şeytan sinek yer) *fig*
denize düşen yılana/yosuna sarılır
*(wörtl: wer ins Meer fällt, klammert
sich an die Schlange/ans Moos)*
[**Bedeutung**: in einer Notlage tut
man Dinge, die einem sonst nicht in
den Sinn kämen; **Anlamı**: güç
durumda bulunan, bundan kurtulmak
için her yola başvurur]

in Teufels Küche geraten *(wörtl:
şeytanın mutfağına girmek)* *fig* hapı
yutmak *(wörtl: die Pille schlucken)*
fig başı belaya girmek *(wörtl: sein
Kopf geriet in ein Unheil)*
[**Bedeutung**: in große
Schwierigkeiten geraten; **Anlamı**:
kötü bir duruma düşmek]

jemand wird vom Teufel geritten
*(wörtl: biri şeytan tarafından
biniliyor)* *fig* şeytan dürtmek *(wörtl:
der Teufel stachelt auf)*
[**Bedeutung**: jemand handelt
unüberlegt und böswillig: **Anlamı**:
durup dururken kötü bir iş
yapıvermek]

jemanden reitet der Teufel *(wörtl:
birine şeytan binmek)* *fig* şeytan
dürtmek *(wörtl: der Teufel stachelt
auf)*
[**Bedeutung**: jemand handelt
unüberlegt und böswillig: **Anlamı**:
durup dururken kötü bir iş
yapıvermek]

mal den Teufel nicht an die Wand!
*(wörtl: şeytanın resmini duvara
çizme!)* *fig* çirkefe taş atma, üstüne
sıçrar *(wörtl: bewerfe das Luder
nicht mit Steinen, sonst springt es
dich an)* *fig* ağzını hayra aç! *(wörtl:
mach deinen Mund für eine Wohltat
auf!)*
[**Bedeutung**: beschwöre nicht das
Böse; **Anlamı**: kötü olasılıklar söz

konusu olduğunda Tanrı korusun
anlamında kullanılan söz]

weder Tod noch Teufel fürchten
*(wörtl: ne ölümden ne şeytandan
korkmak)* *fig* gözünü daldan
budaktan sakınmamak *(wörtl: die
Augen vor Äste und Zweige nicht
hüten)*
[**Bedeutung**: keinerlei Angst haben;
Anlamı: hiçbir şeyden korkmamak]

wenn man vom Teufel spricht
(wörtl: şeytanın adı edildiğinde) *fig*
iti an, taşı eline al *(wörtl: erwähne
den Köter und nimm einen Stein auf)*
fig domuzu an, baltayı hazırla *(wörtl:
erwähne das Schwein, halt die Axt
bereit)*
[**Bedeutung**: sagt man, wenn zufällig
eine Person erscheint, über die man
gerade mit jemandem gesprochen
hat; **Anlamı**: sözü edilen birinin çıkıp
gelmesi durumunda söylenen söz]

Teufelskreis *(wörtl: şeytanın
çemberi)* *fig* kısır döngü *(wörtl:
unfruchtbarer Zyklus)*
[**Bedeutung**: ausweglos erscheinende
Lage; **Anlamı**: çözüm getirmeyen
durumların tekrarlanması]

Theater tiyatro

Theater spielen *(wörtl: tiyatro
oynamak)* *fig* numara yapmak *(wörtl:
Nummer machen)*
[**Bedeutung**: etwas vortäuschen; sich
verstellen; **Anlamı**: yalancıktan
durumlar takınmak; olmamış şeyi
olmuş gibi göstermek, söyleyerek
karşısındakini aldatmak]

tief derin

stille Wasser sind tief *(wörtl:
durgun sular derindir)* *fig* yavaş atın
tekmesi yavuz olur *(wörtl: der Tritt
des langsamen Pferdes/Gauls ist

hart) *fig* adamın yere bakanından, suyun yavaş akanından kork *(wörtl: hab Angst vor dem Mann, der auf den Boden blickt und vor dem Wasser, das langsam fließt)* [**Bedeutung**: schüchterne und zurückhaltende Menschen stehen nicht gerne im Mittelpunkt, häufig können sie mehr als man ihnen zutraut; **Anlamı**: yumuşak huylu kimseler öfkelendiklerinde aşırı davranışlarda bulunurlar]

Tier hayvan

jedem Tierchen sein Pläsierchen *(wörtl: her hayvancığa eğlencesi)* *fig* her yiğidin bir yoğurt yiyişi vardır *(wörtl: jeder Held isst den Yogurt auf seine Art)* [**Bedeutung**: jedem sein Vergnügen; jeder hat seine Besonderheiten; jedem, wie er gerne möchte; man sollte jedem Menschen sein Vergnügen lassen; **Anlamı**: herkesin kendine özgü bir çalışma yöntemi, bir iş yapma biçimi vardır]

Tiger kaplan

zahnloser Tiger *(wörtl: dişsiz kaplan)* *fig* yalancı pehlivan *(wörtl: falscher Hüne)* [**Bedeutung**: jemand, der Respekt erheischend auftritt, aber machtlos ist; **Anlamı**: yapamayacağı işi yapabilecekmiş gibi görünen kimse]

Tinte mürekkep

in der Tinte sitzen/stecken *(wörtl: mürekkepte oturmak/bulunmak)* *fig* ayvayı yemek *(wörtl: die Quitte essen)* [**Bedeutung**: sich in einer schwierigen Lage befinden; in Schwierigkeiten stecken; **Anlamı**: kötü duruma düşmek]

Tisch masa

die Füße unter jemandes Tisch strecken/stellen *(wörtl: ayaklarını birinin masasının altına uzatmak/koymak)* *fig* birinin sırtından geçinmek *(wörtl: über jemandes Rücken auskommen)* [**Bedeutung**: auf Kosten von jemandem leben; **Anlamı**: geçimini onun kesesinden sağlamak]

die Karten offen auf den Tisch legen *(wörtl: kâğıtları açık olarak masanın üstüne koymak)* *fig* dilinin altındaki baklayı çıkarmak *(wörtl: die Saubohne unter der Zunge herausnehmen)* [**Bedeutung**: seine wahren Absichten, Pläne erkennen lassen; **Anlamı**: açık söylemekten kaçındığı bir sorunu açıklamak]

ist die Katze aus dem Haus, tanzen die Mäuse auf dem Tisch *(wörtl: kedi evden çıkınca fareler masanın üstünde oynar)* *fig* köpeksiz köye/sürüye kurt iner *(wörtl: in das hundlose Dorf kommt der Wolf)* *fig* köpeksiz sürüye kurt iner *(wörtl: zu der hundlosen Herde kommt der Wolf)* [**Bedeutung**: wenn keine Aufsicht da ist, macht jeder, was er will; sobald der Aufpasser nicht da ist, entsteht Unruhe; **Anlamı**: koruyucusuz kalan yere düşman girer]

etwas unter den Tisch fallen lassen *(wörtl: bir şeyi masanın altına düşürmek)* *fig* es geçmek *(wörtl: die Pause übergehen)* *fig* ıska geçmek *(wörtl: den Fehlschlag übergehen)* *fig* pas geçmek *(wörtl: den Pass übergeben)* [**Bedeutung**: etwas nicht berücksichtigen; **Anlamı**: üzerinde durmamak; boş vermek; önemsememek]

mit der Faust auf den Tisch hauen/schlagen *(wörtl: yumruğuyla masaya vurmak)* ayranı kabarmak[1] *(wörtl: jemands Ayran schwillt an)* [**Bedeutung:** energisch auftreten, vorgehen; äußerst wütend sein; **Anlamı:** öfkelenmek; coşmak]

reinen Tisch machen *(wörtl: temiz masa yapmak) fig* işi temizlemek *(wörtl: die Angelegenheit bereinigen) fig* işi yoluna koymak *(wörtl: die Angelegenheit auf ihren Weg setzen) fig* fit olmak *fig* deveyi düze çıkarmak *(wörtl: das Kamel auf die Platte bringen)* [**Bedeutung:** eine Angelegenheit bereinigen; alles in Ordnung bringen; **Anlamı:** sorunu çözüme bağlamak; düzeltmek; güçlükleri ortadan kaldırıp işi yoluna koymak]

über den Tisch ziehen *(wörtl: masanın üstünden çekmek) fig* kazık atmak *(wörtl: mit dem Pfahl werfen/Pfähle werfen)* [**Bedeutung:** betrügen, hereinlegen; **Anlamı:** aldatmak]

vom Tisch sein *(wörtl: masadan yok olmak) fig* devre dışı kalmak *(wörtl: außerhalb des Schaltkreises bleiben) fig* gündemde olmamak *(wörtl: nicht an der Tagesordnung sein) fig* gündemden çıkarılmak *(wörtl: von der Tagesordnung herausnehmen)* [**Bedeutung:** vorüber sein; erledigt sein; abgeschlosssen sein; nicht mehr im Gespräch sein; **Anlamı:** bitti sayılmak; konudan uzak düşmek; söz konusu olmaktan çıkmak]

Tod ölüm

dem Tod ins Auge schauen *(wörtl: ölümle göz göze gelmek) fig* ölümle burun buruna gelmek *(wörtl: Nase an Nase mit dem Tod sein)*

[**Bedeutung:** ın Todesgefahr schweben; **Anlamı:** ölümle sonuçlanabilecek çok büyük bir tehlike ile karşılaşmak]

dem Tod von der Schippe gesprungen/gehüpft sein *(wörtl: ölümün küreğinden atlamak) fig* kefeni yırtmak *(wörtl: das Leichentuch zerreißen)* [**Bedeutung:** eine tödliche Gefahr lebend überstanden haben; **Anlamı:** ölüm tehlikesini atlatmak]

dem Tode geweiht sein *(wörtl: ölümü kutsanmış olmak) fig* can çekişmek *(wörtl: mit dem Leben ringen)* [**Bedeutung:** im Sterben liegen; **Anlamı:** ölmek üzere bulunmak]

des einen Tod ist des anderen Brot *(wörtl: birinin ölümü ötekinin ekmeği olur) fig* at ölür, itlere bayram olur *(wörtl: das Pferd stirbt, die Hunde feiern) fig* eşeğin ölümü köpeğe düğündür/ziyafettir *(wörtl: der Tod des Esels ist eine Hochzeit/Festmahlzeit für den Hund)* [**Bedeutung:** was dem einen Unglück bringt, bringt dem anderen Glück; **Anlamı:** bir kişinin şanssızlığı başka bir kişi için şans olabilir]

(etwas) zu Tode reiten *(wörtl: (bir şeye) ölünceye kadar binmek) fig* (bir şeyin) suyu çıkmak *(wörtl: (dessen) Saft kommt heraus)* [**Bedeutung:** etwas (ein Thema oder Ähnliches) bis zum Überdruss bereden, durch dauernde Wiederholung die Wirkung schmälern; überstrapazieren; **Anlamı:** çok söz edildiği veya üzerinde yerli yersiz durulduğu için değerini yitirmek]

gegen den Tod ist kein Kraut gewachsen *(wörtl: ölüme karşı hiç bir ot büyümemiş) fig* ecele çare olmaz *(wörtl: es gibt keine Lösung für den Tod)* *fig* olacakla öleceğe çare bulunmaz *(wörtl: gegen das Werden und den Tod gibt es keinen Ausweg)* [**Bedeutung**: vor dem Tod gibt es keine Rettung; **Anlamı**: ölümden kurtuluş yok]

mit dem Tod ringen *(wörtl: ölümle güreşmek)* *fig* can çekişmek *(wörtl: mit dem Leben ringen)* [**Bedeutung**: im Sterben liegen; **Anlamı**: ölmek üzere bulunmak]

tausend Tode sterben *(wörtl: bin ölüm ölmek)* *fig* ölüp ölüp dirilmek *(wörtl: immer wieder sterben und wieder auferstehen)* [**Bedeutung**: große Angst haben; **Anlamı**: çok korkmak]

viele Hunde sind des Hasen Tod *(wörtl: çok köpek tavşanın ölümü demektir)* *fig* çok karınca deveyi öldürür *(wörtl: viele Ameisen können ein Kamel töten)* [**Bedeutung**: gegen eine Übermacht kann der Einzelne nichts mehr ausrichten; **Anlamı**: güç birliği yaparak aşılması güç sorunların üstesinden gelinir]

weder Tod noch Teufel fürchten *(wörtl: ne ölümden ne şeytandan korkmak)* *fig* gözünü daldan budaktan sakınmamak *(wörtl: die Augen vor Äste und Zweige nicht hüten)* [**Bedeutung**: keinerlei Angst haben; **Anlamı**: hiçbir şeyden korkmamak]

toi, toi toi[1] *fig* şeytan kulağına kurşun *(wörtl: Blei in das Ohr des Teufels)* [**Bedeutung**: mit den Worten drückt man aus, dass man jemandem in seinem Vorhaben Glück und Erfolg wünscht; **Anlamı**: aksama olanağı

bulunan işlerde 'nazar değmesin' anlamında kullanılan söz]

toi, toi toi[2] *fig* kırk bir kere maşallah *(wörtl: einundvierzig Mal soll Allah vor dem bösen Blick schützen)* [**Bedeutung**: mit den Worten drückt man aus, dass man bisher unberufen davongekommen ist; **Anlamı**: tanrı nazardan saklasın; pek çok kez nazar değmesin]

Tomate domates

Tomaten auf den Augen haben *(wörtl: gözünde domates olmak)* *fig* bakarkör olmak *(wörtl: sehenden Auges blind sein)* [**Bedeutung**: nichts sehen; etwas nicht bemerken; übersehen; **Anlamı**: çevresindekini kolay ayrımsamayan, çok dikkatsiz (kimse)]

na du treulose Tomate, von dir hat man ja lange nichts gehört *(wörtl: seni gıdı sadakatsiz domates, senden çoktandır haber almadık)* *fig* ayağına sıcak su mu, soğuk su mu dökelim? *(wörtl: sollen wir auf deinen Fuß warmes Wasser oder kaltes Wasser gießen?)* [**Bedeutung**: sagt man zu jemandem, der nicht wie erwartet oder zugesagt, auftaucht; **Anlamı**: seyrek gelen bir konuğa yarı sitem, yarı sevinçle söylenen söz;]

Ton ses, ton

Ton in Ton *fig* asorti [**Bedeutung**: nur in Nuancen voneinander abweichend und harmonisch aufeinander abgestimmt(e Farbtöne); **Anlamı**: birbirine uygun, birbirine tutar renkte olan]

den Ton angeben *fig* sözü geçmek *(wörtl: am obersten Vorhang stehen und reden)*

[**Bedeutung**: bestimmen, was geschiet; **Anlamı**: isteği yerine getirilen bir kimse olmak]

der Ton macht die Musik *(wörtl: müziği ses yapar)* *fig* önemli olan ne dediğin değil, nasıl söylediğindır *(wörtl: wichtig ist, nicht was du sagst, sondern wie du es sagst)* [**Bedeutung**: es kommt immer darauf an, wie man etwas sagt; **Anlamı**: önemli olan, bir şeyi nasıl söylediğin, söylediğin zaman hangi kelimeleri kullanarak ifade etmemdir]

einen Ton anschlagen *(wörtl: ses vurmak)* *fig* hava çalmak *(wörtl: eine Tonlage spielen)* [**Bedeutung**: sich auf bestimmte Weise äußern; **Anlamı**: bir arada bulunan kimselerin her biri ayrı bir düşünce ileri sürmek]

große Töne spucken *fig* üst perdeden konuşmak *(wörtl: am obersten Vorhang stehen und reden)* [**Bedeutung**: angeben; prahlen; **Anlamı**: üstünlük taslayarak söz söylemek]

keinen Ton sagen *fig* ses çıkarmamak *(wörtl: keinen Ton herausbringen)* [**Bedeutung**: schweigen; **Anlamı**: susmak]

Topf saksı; tencere

alle(s) in einen Topf werfen *(wörtl: herkesi/(herşeyi) bır tencereye atmak)* *fig* aynı potada eritmek *(wörtl: im selben Schmelztiegel schmelzen)* *fig* aynı kefeye koymak *(wörtl: auf dieselbe Waagschale setzen)* [**Bedeutung**: alles gleich behandeln und dabei wichtige Unterschiede nicht beachten; **Anlamı**: herkesi veya herşeyi ayırt etmeden birbiriyle karıştırarak bir saymak; önemli fark gözetmeksizin herkese veya herşeye aynı davranmak]

jeder Topf findet seinen Deckel *(wörtl: her tencere kapağını bulur)* *fig* tencere yuvarlanmış kapağını bulmuş *(wörtl: der Kochtopf ist gerollt und hat seinen Deckel gefunden)* [**Bedeutung**: jeder, alles findet das zu ihm passende Gegenstück; **Anlamı**: birbiriyle benzeşen iki insan bir araya gelmiş]

seine Nase in alle Töpfe stecken *(wörtl: burnunu her saksıya sokmak)* *fig* her aşın kaşığı olmak *(wörtl: der Löffel in jedem Essen sein)* [**Bedeutung**: sich einmischen; **Anlamı**: her şeye burnunu sokmak]

---

toppen geçmek

(er, sie, es) ist nicht zu toppen *(wörtl: o geçilemez)* *fig* üstüne yok *(wörtl: es ist nichts drauf)* [**Bedeutung**: jemand oder etwas ist unschlagbar; **Anlamı**: ondan üstünü yok]

Torheit budalalık

Alter schützt vor Torheit nicht *(wörtl: yaş, (insanı) budalalıktan korumaz)* *fig* akıl yaşta değil, baştadır *(wörtl: der Verstand liegt nicht im Alter, sondern im Kopf; die Klugheit ist nicht im Alter sondern in der Vernunft begründet)* *fig* eşek kocamakla tavla başı olmaz *(wörtl: nur weil er älter wird, wird der Esel nicht zum Haupt einer Backgammon-Partie)* [**Bedeutung**: auch ältere Menschen begehen Fehler; **Anlamı**: akıllı olmanın yaşla ilgisi yoktur]

---

tot ölü

(etwas) totreiten *(wörtl: (bir şeye) ölünceye kadar binmek)* *fig* (bir şeyin) suyu çıkmak *(wörtl: (dessen) Saft kommt heraus)* [**Bedeutung:** etwas (ein Thema oder Ähnliches) bis zum Überdruss bereden, durch dauernde Wiederholung die Wirkung schmälern; überstrapazieren; **Anlamı:** çok söz edildiği veya üzerinde yerli yersiz durulduğu için değerini yitirmek]

hier ist absolut tote Hose *(wörtl: burası tamamen ölü pantolon)* *fig* burada hiç hayat yok *(wörtl: hier ist gar kein Leben)* [**Bedeutung:** hier passiert nichts, hier ist nichts los; **Anlamı:** burada canlılığı gösteren bir hareket yok]

wer lange droht, macht dich nicht tot *(wörtl: uzun uzun tehdit eden, seni öldürmez)* *fig* havlayan köpek ısırmaz *(wörtl: der bellende Hund, beißt nicht)* [**Bedeutung:** Leute, die nur laut schimpfen, sind ungefährlich; **Anlamı:** bağırıp çağırarak başkalarını korkutmak isteyen kimseden zarar gelmez]

totschlagen öldürmek

die Zeit totschlagen *fig* vakit öldürmek [**Bedeutung:** etwas zum Zeitvertreib tun; **Anlamı:** zamanı iş yapmadan geçirmek]

tragen taşımak

die Nase hochtragen *(wörtl: burnunu yüksekte taşımak)* *fig* burnu Kafdağı'nda olmak *(wörtl: ihm ist die Nase auf dem Berg Kaf)* [**Bedeutung:** eingebildet, arrogant sein; **Anlamı:** çok kibirli olmak]

Eulen nach Athen tragen *(wörtl: Atina'ya baykuş taşımak)* *fig* körler mahallesinde ayna satmak *(wörtl: im Blindenviertel Spiegel verkaufen)* [**Bedeutung:** etwas vollkommen Überflüssiges tun; einen überflüssigen geistigen Beitrag zu etwas leisten; **Anlamı:** bir şeyi ona ihtiyaç duyulmayan bir çevrede sunmak]

Geduld ist bitter, aber sie trägt süße Früchte *(wörtl: sabır acıdır, ama tatlı meyve verir)* *fig* sabır acıdır meyvesi tatlıdır *(wörtl: Geduld ist bitter, ihre Frucht ist süß)* [**Bedeutung:** Geduld führt zum Erfolg; Geduld wird belohnt; **Anlamı:** sabreden başarıya ulaşır; sabır zor iştir, ancak güzel sonuçları vardır]

Holz in den Wald tragen *(wörtl: ormana odun taşımak)* *fig* ırmak kenarına çeşme yapmak *(wörtl: einen Brunnen in Flussnähe bauen)* [**Bedeutung:** etwas Sinnloses tun; **Anlamı:** anlamı olmayan iş yapmak]

Scheuklappen tragen *fig* at gözlüğü takmak *(wörtl: Pferdebrillen tragen)* [**Bedeutung:** die Augen vor der Realität verschließen; nicht differenzieren; stur bei der eigenen Meinung bleiben; **Anlamı:** çevresinde olup bitenleri anlamaktan uzak olmak olup bitenleri değerlendirememek veya değerlendirmekten kaçınmak]

Wasser auf jemandes Mühle tragen *(wörtl: bir kimsenin değirmenine su taşımak)* *fig* ekmeğine yağ sürmek *(wörtl: Butter auf sein Brot streichen)* [**Bedeutung:** jemanden ungewollt unterstützen; **Anlamı:** istemediği hâlde birinin işine yarayacak biçimde davranmak]

Wasser in den Rhein tragen *(wörtl: Ren nehrine su taşımak)* *fig* ırmak kenarına çeşme yapmak *(wörtl: einen Brunnen in Flussnähe bauen)* [**Bedeutung**: etwas Sinnloses tun; **Anlamı**: anlamı olmayan iş yapmak]

Wasser ins Meer tragen *(wörtl: denize su taşımak)* *fig* ırmak kenarına çeşme yapmak *(wörtl: einen Brunnen in Flussnähe bauen)* [**Bedeutung**: etwas Sinnloses tun; **Anlamı**: anlamı olmayan iş yapmak]

Träne göz yaşı

in Tränen schwimmen *(wörtl: göz yaşları içinde yüzmek)* *fig* iki gözü iki çeşme *(wörtl: beide Augen ein Trinkbrunnen)* [**Bedeutung**: anhaltend (und sehr heftig) weinen; **Anlamı**: durmadan ağlamakta olmak]

in Tränen zerfließen *(wörtl: göz yaşları içinde akmak)* *fig* iki gözü iki çeşme *(wörtl: beide Augen ein Trinkbrunnen)* [**Bedeutung**: anhaltend (und sehr heftig) weinen; **Anlamı**: durmadan ağlamakta olmak]

Traube üzüm

dem Fuchs hängen die Trauben zu hoch *(wörtl: tilki için üzümler erişemeyeceği kadar yüksekte asılıymış)* *fig* kedi yetişemediği ciğere pis dermiş *(wörtl: die Katze, die die Leber nicht erreichen kann, nennt sie schmutzig)* [**Bedeutung**: wir tun so, als ob wir etwas nicht haben wollen, weil wir es nicht haben können; das, was einem verwehrt bleibt, redet man schlecht; **Anlamı**: kişi elde edemediği şeyi beğenmiyormuş gibi görünür]

Traufe yağmur suyu oluğu

vom Regen in die Traufe kommen *(wörtl: yağmurdan kaçarken yağmur suyu oluğuna tutulmak)* *fig* yağmurdan kaçarken doluya tutulmak *(wörtl: vom Regen weglaufend in den Hagel geraten)* [**Bedeutung**: von einer unangenehmen Lage in eine noch unangenehmere geraten; **Anlamı**: güç bir durumdan kurtulayım derken daha kötüsüyle karşılaşmak]

Traum rüya

auch im Traum fängt die Spinne Fliegen *(wörtl: örümcek, düşünde de sinek tutar)* *fig* aç tavuk kendini arpa ambarında sanır *(wörtl: das hungrige Huhn denkt, es ist im Gerstenspeicher)* [**Bedeutung**: das Erwähnte ist nicht Realität, sondern nur Hoffnung; **Anlamı**: insanlar, yokluğunu çektikleri şeyler için olmayacak hayaller, düşler kurar]

jemandem nicht im Traum einfallen *(wörtl: rüyasında bile aklına gelmemek)* *fig* aklının köşesinden geçmemek *(wörtl: nicht um die Ecke seines Verstandes gehen)* *fig* aklının ucundan bile geçmemek *(wörtl: nicht einmal um das Ende seines Verstandes vorbeigehen)* [**Bedeutung**: überhaupt nicht dran denken; **Anlamı**: hiçbir zaman düşünmemek]

träumen düş/rüya görmek

der Fuchs träumt gern von Gänsen *(wörtl: tilki, düşünde kazları görmekten hoşlanır)* *fig* aç tavuk kendini arpa ambarında sanır *(wörtl: das hungrige Huhn denkt, es ist im Gerstenspeicher)* [**Bedeutung**: das Erwähnte ist nicht Realität, sondern nur Hoffnung;

Anlamı: insanlar, yokluğunu çektikleri şeyler için olmayacak hayaller, düşler kurar]

sich etwas nicht träumen lassen *fig* düşte görse hayra yormamak [**Bedeutung**: mit etwas nicht im Entferntesten rechnen; **Anlamı**: hiç beklemediği çok güzel bir duruma kavuşmak]

wenn der Hund träumt, so ist's vom Brot oder Fleisch *(wörtl: köpek, düşünde ya ekmek ya da et görür)* *fig* aç tavuk kendini arpa ambarında sanır *(wörtl: das hungrige Huhn denkt, es ist im Gerstenspeicher)* [**Bedeutung**: das Erwähnte ist nicht Realität, sondern nur Hoffnung; **Anlamı**: insanlar, yokluğunu çektikleri şeyler için olmayacak hayaller, düşler kurar]

---

treffen isabet ettirmek

den Nagel auf den Kopf treffen *(wörtl: çivinin kafasına isabet ettirmek)* *fig* tam üstüne basmak *(wörtl: genau drauf treten)* *fig* taşı gediğine koymak *(wörtl; den Stein in den Spalt stecken)* [**Bedeutung**: den Kernpunkt von etwas treffen; etwas Richtiges sagen, das zur Situation passt; **Anlamı**: kesin olarak belirlemek; doğru yeri ya da istenileni bulmak; gerekli bir sözü tam zamanında ve yerinde söylemek]

ins Schwarze treffen *(wörtl: siyaha isabet etmek)* *fig* turnayı gözünden vurmak *(wörtl: dem Kranich ins Auge schießen/treffen)* [**Bedeutung**: bei etwas Erfolg haben; **Anlamı**: çok değerli bir şeyi kazanmayı başarmak]

jemandes Nerv treffen *(wörtl: birinin sinirine isabet etmek)* *fig* birinin bamteline basmak *(wörtl: auf jemandes Bass-Saite treten)* [**Bedeutung**: bei jemandem einen wunden Punkt ansprechen; **Anlamı**: bir kimseninçok duyarlı olduğu bir konuda onu kızdıracak bir şey söylemek]

was alle trifft, erträgt man leicht *(wörtl: herkesi ilgilendirene daha kolay katlanılır)* *fig* el ile gelen düğün bayram *(wörtl: wer mit anderen kommt, für ihn ist es ein Fest)* [**Bedeutung**: wenn alle das Problem haben, ist es leichter zu ertragen, als wenn man es alleine hat; **Anlamı**: herkese birden gelen sıkıntıya katlanmak, sadece bir kişiye gelene katlanmaktan daha kolaydır]

---

trennen ayırmak

die Spreu vom Weizen trennen *(wörtl: saman çöplerini buğdaydan ayırmak)* *fig* sapla samanı karıştırmamak *(wörtl: die Stiele und das Heu nicht verwechseln; die Halme und das Stroh nicht vermischen)* [**Bedeutung**: das Wertlose vom Wertvollen trennen; **Anlamı**: iyiyi kötüyü ayırmak]

---

treten basmak, tekmelemek, tekme atmak

auf der Stelle treten *(wörtl: yerinde basmak)* *fig* yerinde saymak *(wörtl: auf der Stelle zählen)* [**Bedeutung**: nicht vorankommen; **Anlamı**: bulunduğu yerden daha ileri gidememek]

ich denk, mich tritt ein Pferd *(wörtl: sanki beni bir at/beygir*

tekmeliyor) fig öp babanın elini
(wörtl: küss deinem Vater die Hand)
[**Bedeutung**: Reaktion auf ein
unerwartetes Ereignis; **Anlamı**:
beklenmedik bir durum karşısında
tepki]

in den Hintergrund treten *(wörtl:
arka plana geçmek) fig* pabucu dama
atılmak *(wörtl: jemandem wird der
Schuh aufs Dach geworfen) fig* arka
plana itilmek *(wörtl: in den
Hinterplan geschubst werden) fig*
arka plana kaymak *(wörtl: in den
Hinterplan rutschen)*
[**Bedeutung**: an Bedeutung verlieren;
nicht mehr beachtet werden **Anlamı**:
önemini yitirmek; gözden düşmek]

in jemandes Fußstapfen treten
(wörtl: birinin ayak izine basmak) fig
birinin izinden yürümek *(wörtl:
durch jemandes Spuren gehen)*
[**Bedeutung**: jemandes Vorbild
folgen; **Anlamı**: birinin düşüncelerini
benimseyip işini aynı anlayış ve
düşünceyle yürütmek]

ins Fettnäppchen treten *fig* pot
kırmak *fig* çam devirmek *(wörtl:
einen Kiefer stürzen) fig* baltayı taşa
vurmak *(wörtl: mit der Axt auf Stein
schlagen)*
[**Bedeutung**: jemanden versehentlich
kränken; **Anlamı**: birine dokunacak
veya kötü bir sonuç doğuracak söz
söylemek; gaf yapmak]

jemandem auf den Schwanz treten
*(wörtl: birinin kuyruğuna basmak)
fig* kuyruğuna basmak *(wörtl: auf
den Schwanz treten)*
[**Bedeutung**: jemanden kränken;
ärgern; **Anlamı**: birini tahrik etmek;
birini incitip saldırıda bulunmasına
yol açmak]

jemandem auf die Füße treten
*(wörtl: birinin ayaklarına basmak)
fig* birinin bam teline basmak *(wörtl:*

auf die höchste Lautensaite drücken)
[**Bedeutung**: jemanden verärgern,
beleidigen, kränken; **Anlamı**:
duyarlık gösterdiği konuda bir
kimseyi çok kızdıracak söz söylemek
veya iş yapmak]

**jemandem auf die Hühneraugen
treten** *(wörtl: birinin nasırlarına
basmak) fig* birinin nasırına basmak
*(wörtl: auf jemandes Hühnerauge
treten)*
[**Bedeutung**: jemanden durch sein
Verhalten an einer empfindlichen
Stelle treffen; **Anlamı**: birinin çok
duyarlı olduğu bir konuda onu
kızdıracak bir eylemde bulunmak]

mit Füßen treten *(wörtl: ayaklarla
üstüne basmak) fig* ayaklar altına
almak *(wörtl: unter die Füße
nehmen)*
[**Bedeutung**: gröblich missachten;
Anlamı: önemli, değerli şeyleri hiçe
saymak]

**sich selbst in den Hintern treten
können** *(wörtl: kendi kıçına tekme
atabilmek) fig* dizlerini dövmek
(wörtl: seine Knie schlagen)
[**Bedeutung**: etwas bereuen; **Anlamı**:
pişmanlık duymak]

---

trinken içmek

abwarten und Tee trinken *(wörtl:
çay içerek beklemek) fig* akarına
bırakmak *(wörtl: seinem Fluss
überlassen) fig/Sivas* bekleyelim,
görelim, bakalım ne olacak *(wörtl:
lasst uns abwarten, mal sehen, was
passieren wird)*
[**Bedeutung**: geduldig abwarten;
Anlamı: işin sonucunu sabırla
beklemek]

**Essen und Trinken hält Leib und
Seele zusammen** *(wörtl: yeme içme
beden ve ruhu bir arada tutar) fig*

can boğazdan gelir/geçer *(wörtl: das Leben kommt vom Hals/geht durch den Hals)* [**Bedeutung**: gutes Essen und Trinken ist gut für Körper und Geist; **Anlamı**: insan yiyeceğine önem vererek güçlenebilir]

öffentlich Wasser predigen und heimlich Wein trinken *(wörtl: âlenen su telkin edip gizlice şarap içmek) fig* âleme/ele verir talkını/telkini, kendi yutar salkımı *(wörtl: den Leuten hält er ein Grabgebet, selbst verschlingt er die Trauben/Traubendolde)* [**Bedeutung**: von anderer Enthaltsamkeit fordern, aber selbst verschwenderisch leben; **Anlamı**: kendisinin inanmadığı öğütleri başkalarına kolayca verir]

---

trocken kuru

---

sein Pulver trocken halten *(wörtl: barutunu kuru tutmak) fig* tetikte olmak *(wörtl: am Abzug sein/den Finger am Abzug haben)* [**Bedeutung**: vorsichtig sein; aufpassen; **Anlamı**: her an uyanık ve hazır bulunmak]

Trockene kuru yer

seine Schäfchen/Schäflein im Trockenen haben *(wörtl: kuzuları kuru yerde olmak) fig* tıkırı yolunda olmak [**Bedeutung**: ausgesorgt haben; genug Geld gespart haben; **Anlamı**: parasal yönden sıkıntısı olmamak]

seine Schäfchen ins Trockene bringen *(wörtl: kuzularını kuru yere çıkarmak) fig* küpünü/küplerini doldurmak *(wörtl: sein Tongefäß auffüllen)*

[**Bedeutung**: für den eigenen Profit sorgen; **Anlamı**: çokça para biriktirmek]

wie ein Fisch auf dem Trockenen sein *(wörtl: kuru yerdeki bir balık gibi) fig* sudan çıkmış balığa dönmek *(wörtl: sich verwandeln in einen Fisch, der aus dem Wasser heraus ist)* [**Bedeutung**: nicht wissen, was man machen soll; hilflos sein; **Anlamı**: ne yapacağını bilememek]

---

trödeln *(wörtl: eskilerle uğraşmak) fig* dalga geçmek *(wörtl: die Welle überwinden)* [**Bedeutung**: nicht zügig vorankommen; die Zeit verschwenden; **Anlamı**: acele etmemek; yapılması gereken işle uğraşmayıp başka şeylerle vakit geçirmek]

Tropfen damla

---

der Tropfen, der das Fass zum Überlaufen bringt *(wörtl: fıçıyı taşıran damla) fig* bardağı taşıran damla *(wörtl: der Tropfen, der das Glas zum Überlaufen bringt)* [**Bedeutung**: Ereignis, das eine Situation zum Eskalieren bringt; **Anlamı**: sabır tüketen aşırı davranış ya da durum]

ein Tropfen auf dem heißen Stein *(wörtl: sıcak taşta bir damla) fig* devede kulak *(wörtl: das Ohr beim Kamel) fig* denizden bir avuç su *(wörtl: eine handvoll Wasser aus dem Meer) fig* ok meydanında buhurdan *(wörtl: Weihrauchfass auf dem Bogenschießplatz)* [**Bedeutung**: unzureichend; viel zu wenig; **Anlamı**: yetersiz; çok küçük veya az; çok büyük, tükenmez bir varlıktan pek küçük bir parça]

ein Tropfen Wermut *(wörtl: bir vermut damlası)* *fig* işin acı tarafı *(wörtl: die bittere Seite an der Sache)* [**Bedeutung**: der einzige Nachteil; ; eine eigentlich gute Sache, die einen Mangel hat; **Anlamı**: tek olumsuz yeri]

steter Tropfen höhlt den Stein *(wörtl: devamlı damla taşı yarar)* *fig* damlaya damlaya göl olur *(wörtl: tropfenweise wird es zum See)* [**Bedeutung**: Beständigkeit zahlt sich aus; Ausdauer führt zum Erfolg; **Anlamı**: azar azar olagelen şeyler küçümsenmemelidir, onlar birikerek önemli bir niceliğe ulaşırlar]

Trost teselli

nicht ganz bei Trost sein *(wörtl: tam teselli bulamamak)* *fig* aklı başında olmamak *(wörtl: sein Verstand sei nicht auf seinem Kopf)* [**Anlamı**: iyi düşünebilir durumda olmamak; **Bedeutung**: nicht recht bei Verstand sein]

trüb bulanık

im Trüben fischen *fig* bulanık suda balık avlamak *(wörtl: im trüben Wasser fischen)* [**Bedeutung**: unklare Verhältnisse ausnutzen; in unbekannter Umgebung suchen; **Anlamı**: karışık bir durumdan yararlanarak çıkar sağlamak]

kein Wässerchen trüben können *(wörtl: küçük bir su birikintisi bile bulandıramamak)* *fig* karıncayı bile ezmemek/incitmemek *(wörtl: nicht einmal eine Ameise zerquetschen/verletzen)* [**Bedeutung**: harmlos sein; niemandem etwas zuleide tun können; **Anlamı**: hiç kimseye kötülük etmemek]

Trumpf koz

alle Trümpfe aus der Hand geben ↑ **einen Trumpf aus der Hand geben**

den (höchsten) Trumpf ausspielen *(wörtl: (en yüksek) kozunu oynamak)* *fig* kozunu oynamak *(wörtl: seinen Trumpf ausspielen)* [**Bedeutung**: etwas tun oder sagen, was einen Vorteil bringt; **Anlamı**: elindeki en üstün, en etkin olanağı kullanmak]

einen Trumpf aus der Hand geben *(wörtl: bir kozu elden çıkarmak)* *fig* kozu kaybetmek *(wörtl: den Trumpf verlieren)* [**Bedeutung**: sich eines Vorteils begeben; verlieren; Nachteile haben **Anlamı**: istediğini yapabilme imkânını kaybetmek]

seinen letzten Trumpf ausspielen/ziehen *(wörtl: son kozunu oynamak/çekmek)* *fig* son kozunu kullanmak [**Bedeutung**: die letzte verbliebene Möglichkeit nutzen; **Anlamı**: elinde bulunan son imkânı kullanmak]

Tuch bez

ein rotes Tuch für jemanden sein *(wörtl: biri için kırmızı bez olmak)* *fig* birini ifrit etmek *(wörtl: jemanden zum Dämonen machen)* [**Bedeutung**:jemanden wütend machen; ↑ auf die Palme bringen; **Anlamı**:çok kızmasına yol açmak; öfkelendirmek]

wie ein rotes Tuch auf jemanden wirken ↑ **ein rotes Tuch für jemanden sein**

Tugend fazilet

aus der Not eine Tugend machen
(wörtl: yokluktan fazilet çıkarmak)
fig sinekten yağ çıkarmak *(wörtl: aus
der Fliege Öl machen) fig* abdala kar
yağıyor demişler, titremeye hazırım
demiş *(wörtl: dem Wanderderwisch
haben sie gesagt: es schneit", er hat
erwidert: "ich bin bereit zu zittern")*
fig ata nal çakıldığını görmüş,
kurbağa ayaklarını uzatmış *(wörtl:
der Frosch hat gesehen, dass das
Pferd Hufeisen bekommt, und hat
seine Füße ausgestreckt)*
[**Bedeutung**: eine schwierige Lage
klug ausnutzen; **Anlamı**: olmayacak
şeylerden yararlanmaya çalışmak]

---

tun yapmak

**es nicht über sich bringen, etwas zu
tun** *(wörtl: bir şey yapmak için
çekinmek) fig* bir şey için yüzü
tutmamak *(wörtl: das Gesicht hält
sich nicht für etwas)*
[**Bedeutung**: aus Scheu,
Rücksichtnahme oder Ähnliches, sich
nicht entschließen können, etwas
Bestimmtes zu tun; **Anlamı**: haklı da
olsa, karşısındakini kıracak bir
davranışta bulunmaktan çekinmek]

**spar nicht auf morgen, was du
heute tun kannst** *(wörtl: bugün
yapabileceğini yarın için biriktirme)*
fig bugünkü işini yarına bırakma
*(wörtl: lass die heutige Arbeit nicht
für morgen)*
[**Bedeutung**: was man heute
erledigen kann, sollte man nicht auf
den nächsten Tag verschieben;
Anlamı: bugün yapılması gereken bir
işin ertesi güne bırakılması iyi
değildir]

**was du nicht willst, dass man dir
tu, das füg auch keinem anderen zu**
*(wörtl: sana yapılmak istemeyeni,
başkasına yapma) fig* sırça köşkte
oturan komşusuna taş atmamalı

*(wörtl: der im Glasschlösschen
wohnt, sollte nicht seinem Nachbarn
mit Steinen bewerfen)*
[**Bedeutung**: beachte bei deinem
Handeln, dass du anderen nicht
zumutest, was du selbst als
unangenehm, empfinden würdest;
Anlamı: insan kendinde herhangi bir
kusur varken başkalarını aynı kusurla
suçlamamalıdır]

Tunnel tünel

Licht am Ende des Tunnels sehen
(wörtl: tünelin sonunda ışık görmek)
fig görünen köyün uzağı olmaz
*(wörtl: das Dorf, das man sehen
kann, ist nicht weit entfernt) fig*
görünen dağın uzağı olmaz *(wörtl:
der Berg, den man sehen kann, ist
nicht weit entfernt) fig* bulut arasında
ay doğdu *(wörtl: zwischen den
Wolken ging der Mond auf) fig* yüzüp
yüzüp kuyruğuna gelmek *(wörtl:
schwimmend zum Schwanz gelangen)*
[**Bedeutung**: in schwieriger Lage
Anzeichen für eine Besserung
entdecken; **Anlamı**: bir durumun
nasıl sonuçlanacağı belli olduktan
sonra bu sonuç çok geçmeden
gerçekleşir; bir iş kötü giderken
umulmadık anda iyi yönde bir
gelişme olmak]

Tür kapı

vor der eigenen Tür kehren/fegen
*(wörtl: kendi kapısı önünde
süpürmek) fig* kendi işine bakmak
*(wörtl: sich um seine eigenen
Angelegenheiten kümmern)*
[**Bedeutung**: sich um seine eigenen
Angelegenheiten kümmern; **Anlamı**:
başkaların işine karışmamak]

vor der Tür stehen *(wörtl: kapının
önünde durmak) fig* kapıya
dayanmak *(wörtl: sich an die Tür
lehnen)*

[**Bedeutung**: unmittelbar bevorstehen; **Anlamı**: zamanı gelip çatmak]

vor die Tür setzen *(wörtl: kapının önüne koymak)* ***fig*** kapı dışarı etmek [**Bedeutung**: hinauswerfen; **Anlamı**: dışarı atmak]

zwischen Tür und Angel *(wörtl: kapı ile menteşe arasında)* ***fig*** kaşla göz arasında *(wörtl: zwischen den Augenbrauen und den Augen)* [**Bedeutung**: eilig; nur flüchtig; **Anlamı**: çok çabuk]

Turnschuh jimnastik ayakkabısı

fit wie ein Turnschuh *(wörtl: jimnastik ayakkabısı gibi formda)* ***fig*** turp gibi *(wörtl: wie Radieschen)* [**Bedeutung**: gesund; durchtrainiert; **Anlamı**: sağlığı yerinde; sapasağlam]

Tüte poşet

das kommt (gar) nicht in die Tüte! *(wörtl: poşete giremez)* ***fig*** havada bulut, sen bunu unut! *(wörtl: Wolken im Himmel, vergiss es!)* [**Bedeutung**: das ist ausgeschlossen; das ist außer Frage; **Anlamı**: bu söz konusu olamaz; bunu aklından çıkar]

tuten boru çalmak

von Tuten und Blasen keine Ahnung haben *(wörtl: boru çalmak ve üflemekten anlamamak)* ***fig*** Hanya'yı Konya'yı anlamamak [**Bedeutung**: keine Ahnung von etwas haben; **Anlamı**: işin gerçek yönünü anlamamak]

U

übel kötü

das Übel an der Wurzel fassen/packen *(wörtl: kötülüğü kökünden yakalamak/tutmak)* ***fig*** köküne kibrit suyu dökmek *(wörtl: die Wurzel mit Streichholzwasser begießen)* [**Bedeutung**: eine schlechte Sache von ihrer Ursache her angehen; **Anlamı**: bir daha üremeyecek duruma getirmek; kökünü kurutmak]

das kleinere Übel *(wörtl: daha küçük kötülük)* ***fig*** kötünün iyisi ***fig*** ehven /ehvenişer [**Bedeutung**: die Sache mit dem geringsten Nachteil; **Anlamı**: daha az kötü; birkaç kötüden en az kötü olanı]

von zwei Übeln wählt man dasjenige, das man bereits kennt *(wörtl: iki dertten bilineni seçilir)* ***fig*** gelen gideni aratır *(wörtl: derjenige, der kommt, lässt denjenigen, der geht, vermissen)* [**Bedeutung**: man hat plötzlich mit allerlei Widrigkeiten zu kämpfen; **Anlamı**: beğenmediğimiz bir kişinin yerine öyle birisi gelir ki eskisini aratır]

wohl oder übel *(wörtl: iyi veya kötü)* ***fig*** ister istemez *(wörtl: gewollt ungewollt)* [**Bedeutung**: ob man will oder nicht; **Anlamı**: zorunlu olarak]

über üst

über das Können hinaus wird niemand verpflichtet *(wörtl: becerisinin dışında hiç kimse görevlendirilmez)* ***fig*** cami ne kadar büyük olsa hoca gene bildiğini okur *(wörtl: egal wie groß die Moschee ist, wird der Hodscha predigen, was er weiß)*

[**Bedeutung**: eine Verpflichtung zu einer Leistung, die unmöglich ist, kann nicht bestehen; **Anlamı**: durum, olanak ne olursa olsun, insan bildiği kadar iş görür; Latincesi: ultra posse nemo obligatur]

über das Ziel hinausschießen *(wörtl: hedefin ötesine ateş etmek)* **fig** ölçüyü kaçırmak *(wörtl: das Maß entlaufen lassen)* **fig** haddini aşmak *(wörtl: seine Grenze überschreiten)* **fig** kantarın topunu kaçırmak *(wörtl: die Kugel der Waage verpassen)* **fig** işi azıtmak *(wörtl: die Gelegenheit wild machen)* **fig** pire için yorgan yakmak *(wörtl: wegen eines Flohs die Decke verbrennen)* **fig** ölçüyü kaçırmak *(wörtl: das Maß entlaufen lassen)* **fig** haddini aşmak *(wörtl: seine Grenze überschreiten)* **fig** kantarın topunu kaçırmak *(wörtl: die Kugel der Waage verpassen)* işi azıtmak *(wörtl: die Gelegenheit wild machen)* [**Bedeutung**: zu weit gehen; mehr tun als richtig ist; übertreiben; die Grenze des Vernünftigen überschreiten; übertreiben; **Anlamı**: aşırı gitmek; önemsiz bir şeyi elde etmek için daha büyük bir zararı göze almak]

über den Berg sein *(wörtl: dağı geçmiş olmak)* **fig** atlatmak *(wörtl: springen lassen)* **fig** vartayı atlatmak *(wörtl: die Gefahr überwinden)* [**Bedeutung**: das Schlimmste überstanden haben; **Anlamı**: kötü bir durumu geçiştirmek; tehlikeli bir durumdan zarar görmeden kurtulmak]

über den Jordan gehen *(wörtl: Şeria nehrini geçmek)* **fig** öbür dünyayı boylamak *(wörtl: in der nächsten Welt enden)* [**Bedeutung**: sterben; **Anlamı**: ölmek]

über den Tisch ziehen *(wörtl: masanın üstünden çekmek)* **fig** kazık atmak *(wörtl: mit dem Pfahl werfen/Pfähle werfen)* [**Bedeutung**: betrügen, hereinlegen; **Anlamı**: aldatmak]

über die Runden kommen **fig** geçinip gitmek **fig** yuvarlanıp gitmek [**Bedeutung**: mit dem Geld auskommen, das man zur Verfügung hat; **Anlamı**: çok iyi değilse de şöyle böyle geçinmek]

über die Strenge schlagen **fig** kantarın topunu kaçırmak *(wörtl: die Kugel der Waage verpassen)* **fig** ölçüyü kaçırmak *(wörtl: das Maß verlieren)* [**Bedeutung**: übertreiben; sich etwas anmaßen; **Anlamı**: abartmak; davranışlarda aşırı gitmek]

über die Wupper gehen *(wörtl: Wupper'i geçmek)* **fig** öbür dünyayı boylamak *(wörtl: in der nächsten Welt enden)* [**Bedeutung**: sterben; **Anlamı**: ölmek]

über dieses und jenes **fig** şundan bundan [**Bedeutung**: über manches; **Anlamı**: belirsiz şeylerden; gelişigüzel olarak her şeyden]

über etwas Gras wachsen lassen *(wörtl: bir şeyin üzerinden ot büyümesini beklemek)* **fig** bir şeyin üzerinden sünger çekmek *(wörtl: über etwas einen Schwamm ziehen)* [**Bedeutung**: warten, bis eine unangenehme Sache in Vergessenheit geraten ist; **Anlamı**: birşeyi olmamış sayıp unutmak]

über Gott und die Welt reden *(wörtl: Allah ve dünya üzerine konuşmak)* **fig** dereden tepeden konuşmak *(wörtl: über Bäche und Hügel reden)* [**Bedeutung**: sich über alles Mögliche unterhalten; **Anlamı**: gelişigüzel her şeyden söz etmek]

über jemanden herziehen *fig* birini çekiştirmek [**Bedeutung**: schlecht über jemanden reden; **Anlamı**: bir kimsenin kötü taraflarını sayıp dökmek]

über jemandes Verstand gehen *(wörtl: birinin aklını aşmak) fig* aklı almamak *(wörtl: sein Verstand nimmt nicht auf)* [**Bedeutung**: für jemanden unverständlich, unbegreiflich sein; **Anlamı**: kavrayamamak, anlayamamak]

über Leichen gehen *(wörtl: cesetlerin üzerinden yürümek) fig* anasının ipini satmak *(wörtl: das Seil seiner Mutter verkaufen) fig* Ali kıran baş kesen olmak *fig* ver yansın etmek *(wörtl: gib, „es soll brennen" tun)* [**Bedeutung**: skrupellos, rücksichtslos vorgehen; **Anlamı**: kendisinden her türlü soysuzca iş beklenmek]

über seine Verhältnisse leben *(wörtl: kazancından fazla harcayarak yaşamak) fig* ayranı yok içmeye, atla gider sıçmaya *(wörtl: zum Trinken hat er keinen Ayran, aber zum Kacken reitet er zu Ross) fig* ayağında donu yok, fesleğen ister başına *(wörtl: keine Hose am Fuß/Bein, aber möchte Basilikum auf seinem Kopf)* [**Bedeutung**: mehr Geld ausgeben als man hat; **Anlamı**: yoksulluğuna bakmayıp gösteriş düşünmek veya yapmak]

über Stock und Stein gehen *(wörtl: sopa ve taş üzerinden gitmek) fig* dere tepe düz gitmek *(wörtl:*

geradeaus über Bäche und Hügeln gehen)* [**Bedeutung**: über alle Hindernisse des Erdbodens hinweg gehen; **Anlamı**: engelleri aşarak gitmek]

über ungelegte Eier gackern *(wörtl: yumurtlamadan gıdaklamak) fig* suyu görmeden paçaları sıvamak *(wörtl: die Hosenbeine hochkrempeln, bevor man das Wasser sieht) fig* çayı görmeden paçaları sıvamak *(wörtl: die Hosenbeine hochkrempeln, bevor man den Bach sieht) fig* doğmamış çocuğa don biçmek *(wörtl: dem ungeborenen Kind eine Unterhose nähen) fig* kasaptaki ete soğan doğranmaz *(wörtl: für das Fleisch beim Metzger schneidet man keine Zwiebel) fig* at almadan ahır dikme *(wörtl: einen Stall hochziehen, bevor man die Pferde kauft)* [**Bedeutung**: Gedanken über Dinge machen, bevor dies überhaupt notwendig ist; **Anlamı**: ortada hiçbir şey yokken hazırlanmaya kalkışmak]

übers Ohr hauen *(wörtl: kulağına vurmak) fig* kazık atmak *(wörtl: mit dem Pfahl werfen/Pfähle werfen) fig* keçe külah etmek *(wörtl: zu Filz, zur Tüte machen)* [**Bedeutung**: betrügen, hereinlegen; **Anlamı**: aldatmak, kandırmak]

überall her yer

seine Finger überall drin haben *(wörtl: parmakları her yerde olmak) fig* her tarakta bezi olmak *(wörtl: ein Tuch bei jedem Kamm haben)* [**Bedeutung**: überall involviert sein; **Anlamı**: birçok işi ya da ilişkisi olmak]

überlaufen taşmak

das Fass zum Überlaufen bringen *(wörtl: fıçıyı taşırmak) fig* üzerine tüy dikmek *(wörtl: darauf eine Feder pflanzen)* [**Bedeutung**: eine Situation zum Eskalieren bringen; **Anlamı**: kötü durum almış bir işi büsbütün kötü bir duruma sokmak]

der Tropfen, der das Fass zum Überlaufen bringt *(wörtl: fıçıyı taşıran damla) fig* bardağı taşıran damla *(wörtl: der Tropfen, der das Glas zum Überlaufen bringt)* [**Bedeutung**: Ereignis, das eine Situation zum Eskalieren bringt; **Anlamı**: sabır tüketen aşırı davranış ya da durum]

Übung alıştırma, meşk

Übung macht den Meister *(wörtl: alıştırma insanı usta yapar) fig* insan yapa yapa ustalaşır *(wörtl: der Mensch wird machend zum Meister) fig* insan demiri döve döve demirci olur *(wörtl: der Mensch wird durch das Schmieden des Eisens zum Eisenschmied) fig* meşk kemale erdirir *(wörtl: durch Übung erlangt man Reife) fig* insan yapa yapa ustalaşır *(wörtl: durch wiederholtes Machen wird man zum Meister)* [**Bedeutung**: nur durch viel Übung kann man sich verbessern; **Anlamı**: insan çalışa çalışa ustalaşır]

Uhr saat

dort ticken/gehen die Uhren anders *(wörtl: orada saatler başka tıklıyor/işliyor) fig* her evin soğan soyması ayrı olur *(wörtl: in jedem Haushalt schält man Zwiebel anders)* [**Bedeutung**: dort haben die Menschen eine andere Mentalität; **Anlamı**: yerine göre değişik alışkanlıklar ve görüşler geçerlidir]

Uhrwerk saat mekanizması

wie ein Schwein ins Uhrwerk schauen *(wörtl: domuzun saat mekanizmasına baktığı gibi bakmak) fig* öküzün trene baktığı gibi bakmak *(wörtl: wie ein Ochse den Zug anschauen)* [**Bedeutung**: ahnungslos/ratlos dreinschauen; von einer technischen Sache nichts verstehen; **Anlamı**: hiçbir şey anlamadan bakmak]

umarmen kucaklamak

die ganze Welt umarmen wollen *(wörtl: bütün dünyayı kucaklamak istemek) fig* dünyalar onun olmak *(wörtl: die Welten gehören ihm/ihr)* [**Bedeutung**: von überschwenglicher Freude erfüllt sein; **Anlamı**: çok sevinmek]

umgekehrt ters

umgekehrt wird ein Schuh daraus *(wörtl: tersine döndürürsen ondan ayakkabı olur) fig* taban tabana zıt *(wörtl: die Sohle ist gegen die Sohle)* [**Bedeutung**: das Gegenteil ist richtig; umgekehrt ist es richtig; **Anlamı**: biri ötekinin büsbütün karşıtı]

Umkehr dönüş

geschehene Dinge haben keine Umkehr *(wörtl: olmuş şeylerin dönüşü yoktur) fig* kesilen baş yerine konmaz *(wörtl: der abgeschnittene Kopf kann nicht wieder eingesetzt werden) fig* olan oldu ok yaydan çıktı *(wörtl: was geschehen ist, ist geschehen, der Pfeil hat den Bogen verlassen)* [**Bedeutung:** sie ist nicht mehr rückgängig zu machen; **Anlamı**: geri dönüşü olmamak; kesin olarak yapılıp sonuçlandırılan iş, eski durumuna getirilemez]

Undank nankörlük

Undank ist der Welt Lohn *(wörtl: dünyanın ödülü nankörlüktür)* **fig** besle kargayı, oysun gözünü *(wörtl: füttere die Krähe und sie wird dein Auge picken)* **fig** besledik büyüttük danayı, (şimdi) tanımaz oldu anayı *(wörtl: das Kalb haben wir ernährt und großgezogen, jetzt erkennt es die Mutter nicht)* [**Bedeutung:** niemand dankt es einem, wenn man Gutes tut; **Anlamı:** iyiliğe karşılık kötülük edenlere söylenen söz]

Unding olmaz şey

das ist ein Unding *fig* olur şey değil *(wörtl: es ist kein Ding, das sein kann)* [**Bedeutung:** das ist absolut widersinnig; **Anlamı:** olabileceği düşünülmeyen şeyler karşısında söylenir]

ungesund sağlığa zararlı

allzu viel ist ungesund *(wörtl: fazlası sağlığa zararlı)* **fig** çoğu zarar, azı karar *(wörtl: das Meiste ist schädlich, das Wenige ist maßvoll)* [**Bedeutung:** man soll nichts übertreiben; **Anlamı:** hiçbir zaman aşırıya kaçılmamalıdır]

Unglück talihsizlik, bela

Unglück im Spiel, Glück in der Liebe *fig* kumarda kaybeden aşkta kazanır

das Glück des einen ist das Unglück des anderen *(wörtl: birinin talihi ötekinin talihsizliğidir)* **fig** kimine hay hay, kimine vay vay [**Bedeutung:** manche haben Glück, manche nicht; **Anlamı:** dünyada kimin talihi iyi, kiminin de kötü gider]

ein Unglück kommt selten allein *(wörtl: bir bela nadiren tek başına gelir)* **fig** iyi gitmeyince kişinin işi, muhallebi yerken kırılır dişi *(wörtl: wenn es bei einem nicht gut läuft, dann bricht der Zahn ab, wenn er Reismehlpudding isst)* **fig** ekmeksiz eve misafir gelir(miş) *(wörtl: Gäste kommen in ein Haus ohne Brot)* [**Bedeutung:** unerwünschte Ereignisse treten häufig gleichzeitig ein; **Anlamı:** istenmeyen olaylar, arka arkaya gelirler; bazı şanssızlıklar üst üste gelir]

Glück im Unglück haben *(wörtl: bir belada şansı yaver gitmek)* **fig** ucuz atlatmak /kurtulmak *(wörtl: billig wegkommen)* **fig** hafif atlatmak *(wörtl: leicht davonkommen)* **fig** talihi yâr olanın yâr sarar yarasını *(wörtl: wem das Glück hold ist, verbindet das Glück seine Wunde)* [**Bedeutung:** eine ungünstige Situation mit geringem Schaden überstehen; noch Glück haben, da es noch schlimmer hätte passieren können; **Anlamı:** tehlikeli bir durumdan az bir zararla sıyrılmak]

Unkraut ot

Unkraut vergeht nicht *(wörtl: ot ölmez)* **fig** acı patlıcanı kırağı çalmaz *(wörtl: auf eine bittere Aubergine fällt kein Reif/die bittere Aubergine bekommt keinen Frost ab)* [**Bedeutung:** das Schlechte bleibt bestehen; schlechte Menschen verschwinden nicht; einem Menschen wie mir passiert nichts; **Anlamı:** zorluğa alışık olanı yeni kötü durumlar etkilemez]

Unmöglichkeit olanaksızlık

ein Ding der Unmöglichkeit sein
(wörtl: imkânsız bir şey) fig davul
tozu olmak *(wörtl: Paukenrauch
sein)*
[**Bedeutung**: nicht möglich sein; sich
nicht erledigen, ausführen, einrichten
lassen; **Anlamı**: gerçekleşmesi
olanaksız şey]

---

unrecht haksız

unrecht Gut gedeiht/gedeihet nicht
*(wörtl: haksız elde edilen mal mülk
çoğalmaz) fig* haramın temeli olmaz
*(wörtl: es gibt keine Grundlage fürs
Verbotenes)*
[**Bedeutung**: die unrechtmäßige
Aneignung von Dingen zahlen sich
nicht aus; **Anlamı**: haram kazanç, bir
işe yaramadan telef olur gider]

unrecht Gut hat Adlersfedern
(wörtl: *haksız elde edilen malın
kartal tüyleri vardır) fig* haramın
temeli olmaz *(wörtl: es gibt keine
Grundlage fürs Verbotenes)*
[**Bedeutung**: die unrechtmäßige
Aneignung von Dingen zahlen sich
nicht aus; **Anlamı**: haram kazanç, bir
işe yaramadan telef olur gider]

unrecht Gut tut selten gut (wörtl:
*haksız elde edilen mal mülk nadiren
işe yarar) fig* haramın temeli olmaz
*(wörtl: es gibt keine Grundlage fürs
Verbotenes)*
[**Bedeutung**: die unrechtmäßige
Aneignung von Dingen zahlen sich
nicht aus; **Anlamı**: haram kazanç, bir
işe yaramadan telef olur gider]

---

unschuldig masum

**unschuldig wie ein neugeborenes
Kind sein** *(wörtl: yeni doğumuş bir
çocuk gibi masum olmak) fig* sütten
çıkmış kaşık gibi olmak *(wörtl: wie
ein Löffel aus der Milch sein)*

[**Bedeutung**: völlig unschuldig sein;
Anlamı: temiz, saf olmak]

---

unsicher güvenilmez

ein unsicherer Kantonist sein
*(wörtl: güvenilmez bir kantoncu
olmak) fig* bir dalda durmamak
(wörtl: auf keinem Zweig stehen)
[**Bedeutung**: jemand, auf den kein
Verlass ist, sein; **Anlamı**: sık sık iş,
tutum ya da düşünce değiştirmek]

---

unten aşağı

unten durch sein *(wörtl: aşağıdan
geçmiş olmak) fig* gözden düşmek
(wörtl: von den Augen abfallen) fig
pabucu dama atılmak *(wörtl:
jemandem wird der Schuh aufs Dach
geworfen)*
[**Bedeutung**: die Gunst/das
Wohlwollen verloren haben; **Anlamı**:
değerini yitirmek]

---

unter alt

unter aller Kanone *(wörtl: her
topun altında) fig* bombok *(wörtl:
beschissen) fig* bok yemenin
Arapçası *(wörtl: Mist bauen auf
Arabisch)*
[**Bedeutung**: sehr schlecht; **Anlamı**:
çok kötü; yakışıksızlığın büyüğü]

unter aller Sau *(wörtl: her domuzun
altında) fig* bombok *(wörtl:
beschissen) fig* bok yemenin
Arapçası *(wörtl: Mist bauen auf
Arabisch)*
[**Bedeutung**: sehr schlecht; **Anlamı**:
çok kötü; yakışıksızlığın büyüğü]

unter dem Strich *(wörtl: çizginin
altında) fig* hesap kitap *(wörtl:
Rechnung Buch)*
[**Bedeutung**: nach der
Schlussrechnung; nach Abwägen der

Vor- und Nachteile; **Anlamı**: hesap sonunda; düşünüp taşındıktan sonra]

unter der Erde liegen *(wörtl: toprağın altında yatmak üzerinden gitmek) fig* bir avuç toprak olmak *(wörtl: eine handvoll Erde sein)* [**Bedeutung**: tot und beerdigt sein; **Anlamı**: ölmek]

unter die Lupe nehmen *(wörtl: büyültecin altına almak) fig* haddeden çekmek *(wörtl: durch die Walze ziehen) fig* haddeden geçirmek *(wörtl: durch die Walze ziehen* [**Bedeutung**: genau betrachten; untersuchen; **Anlamı**: birinin durumunu özenle incelemek; inceden inceye araştırmak]

unter die Räder kommen/geraten *(wörtl: tekerlekler altına girmek) fig* iki paralık olmak *fig* ayakaltında kalmak *(wörtl: unter Füßen bleiben)* [**Bedeutung**: völlig herunterkommen, moralisch und wirtschaftlich ruiniert werden; **Anlamı**: değerini, onurunu, saygınlığını yiitirmek]

unter einen Hut bringen[1] *(wörtl: bır şapka altına getirmek) fig* bir araya getirmek *(wörtl: zusammenbringen)* [**Bedeutung**: zusammenbringen; **Anlamı**: toplamak]

unter einen Hut bringen[2] *(wörtl: bır şapka altına getirmek) fig* ahenk kurmak *(wörtl: Harmonie bilden)* [**Bedeutung**: in Übereinstimmung, in Einklang bringen; **Anlamı**: uyuşma sağlamak, anlaşma sağlamak]

unter einer Decke stecken *(wörtl: bir örtü altında bulunmak) fig* danışık dövüşlü olmak *(wörtl: ein abgekartetes Spiel spielen)* [**Bedeutung**: in geheimem Einverständnis stehen; **Anlamı**: gizli işbirliği yapmak]

unter vier Augen *(wörtl: dört göz altında) fig* baş başa *(wörtl: Kopf an Kopf)* [**Bedeutung**: zu zweit; **Anlamı**: biriyle yalnız kalarak]

der Ober sticht den Unter *(wörtl: üst altı kırar) fig* büyük balık küçük balığı yutar *(wörtl: der große Fisch schluckt den kleinen Fisch herunter)* [**Bedeutung**: derjenige in der höheren position setzt sich durch; **Anlamı**: güçlüler güçsüzleri ezer]

etwas unter Dach und Fach bringen[1] *(wörtl: birşeyi çatı ve göz altına almak) fig* ağzındaki kozu kırmak *(wörtl: die Nuss in seinem Mund knacken)* [**Bedeutung**: etwas glücklich zum Abschluss bringen; **Anlamı**: üzerinde çalıştığı işi başarmak]

etwas unter Dach und Fach bringen[2] *(wörtl: birşeyi çatı ve göz altına almak) fig* altı kapıya bağlamak/almak *(wörtl: an sechs Türen verbinden)* [**Bedeutung**: etwas glücklich zum Abschluss bringen; **Anlamı**: işi sağlama almak]

jemandem etwas unter die Nase reiben *(wörtl: bir şeyi birinin burnunun altına sürmek) fig* bir şeyi birinin yüzüne vurmak *(wörtl; jemandem etwas ins Gesicht schlagen)* [**Bedeutung**: tadelnd auf etwas hinweisen; jemandem etwas Unangenehmes unverblümt sagen; **Anlamı**: ayıplayarak kusurunu yüzüne söylemek]

unter den Teppich kehren *(wörtl: halının altına süpürmek) fig* (bir şeyi) hasıraltı etmek *(wörtl: etwas unter die Strohmatte tun) fig* örtbas etmek *(wörtl: vertuschen)*

[**Bedeutung**: etwas vertuschen; **Anlamı**: iyi olmayan bir işin duyulmaması için gereken tedbirleri almak]

unter der Hand *fig* el altından [**Bedeutung**: heimlich; vertraulich; im Stillen; **Anlamı**: kimsenin haberi olmadan; kimseye haber vermeksizin; gizlice]

unter die Arme greifen *(wörtl: kollarının altından tutmak)* *fig* elinden tutmak *(wörtl: ihm an der Hand fassen)* [**Bedeutung**: jemandem helfen; **Anlamı**: yardım etmek; destek olmak]

unter die Haube bringen *(wörtl: bonenin altına götürmek; başına örtü bağlamak)* *fig* baş göz etmek *(wörtl: Kopf und Augen tun)* *fig* başını bağlamak *(wörtl: jemandem den Kopf binden)* [**Bedeutung**: verheiraten; **Anlamı**: evlendirmek]

unter uns (gesagt) *fig* laf aramızda *(wörtl: das Wort unter/zwischen uns)* [**Bedeutung**: im Vertrauen; **Anlamı**: başkaları bilmesin, duymasın]

unters Messer kommen *(wörtl: bıçak altnaı gelmek)* *fig* bıçak altına yatmak *(wörtl: sich unters Messer legen)* [**Bedeutung**: operiert werden; **Anlamı**: ameliyat olmak]

etwas unter den Tisch fallen lassen *(wörtl: bir şeyi masanın altına düşürmek)* *fig* es geçmek *(wörtl: die Pause übergehen)* *fig* ıska geçmek *(wörtl: den Fehlschlag übergehen)* [**Bedeutung**: etwas nicht berücksichtigen; **Anlamı**: üzerinde durmamak; boş vermek; önemsememek]

Unterschied fark

ein himmelweiter Unterschied *(wörtl: gökler kadar uzak bir fark)* *fig* dağlar kadar fark *(wörtl: ein Unterscheid wie Berge)* [**Bedeutung**: ein sehr großer Unterschied; **Anlamı**: çok büyük bir fark]

ein Unterschied wie Tag und Nacht *(wörtl: gece gündüz gibi bir fark)* *fig* dağlar kadar fark *(wörtl: ein Unterscheid wie Berge)* [**Bedeutung**: ein sehr großer Unterschied; **Anlamı**: çok büyük bir fark]

Unterste, unterste en alttaki

das Unterste zuoberst kehren *fig* altını üstüne getirmek [**Bedeutung**: alles gründlich durchsuchen; **Anlamı**: bir şey bulmak için aramadık yer bırakmamak]

---

unverhofft umulmayan

unverhofft kommt oft *(wörtl: umulmayan sık gelir)* *fig* al kiraz üstüne kar yağmış *(wörtl: auf rote Kirschen hat es geschneit)* *fig* akla gelmeyen başa gelir *(wörtl: das, was nicht in den Verstand kommt, kommt in den Kopf)* [**Bedeutung**: oft passiert etwas, womit man nicht gerechnet hat; es geschehen oft sehr unerwartete Dinge; **Anlamı**: hiç olmayacak bir şeyin olabileceğini anlatmak için söylenir]

Unzeit uygun olmayan vakit

den Hähnen, die zur Unzeit krähen, muss man den Kopf abdrehen *(wörtl: vakitsiz öten*

449

horozların başını koparmak gerekir)
fig vakitsiz öten horozun başını
keserler *(wörtl: dem Hahn, der zur
Unzeit kräht, hackt man den Kopf ab)*
[**Bedeutung**: alles muss zur richtigen
Zeit gesagt werden; **Anlamı**: her söz
yerinde ve zamanında söylenmelidir]

Urlaub izin. tatil

wie eine Leiche auf Urlaub *(wörtl:
tatil yapan bir ceset gibi) fig* mezar
kaçkını *(wörtl: vom Grab
Entflohener)*
[**Bedeutung**: sehr elend, bleich
aussehend; **Anlamı**: çok zayıflamış
kimse]

Ursache sebep

kleine Ursache große Wirkung
(wörtl: küçük sebep büyük etki) fig
sinek ufak, ama mide bulandırır
*(wörtl: die Fliege ist klein, aber
verdirbt einem den Magen) fig*
ummadığın taş baş yarar *(wörtl: der
Stein, den du nicht erwartet hast,
kann den Kopf aufschlitzen) fig* şahin
küçüktür ama koca turnayı havadan
indirir *(wörtl: der Falke ist klein aber
er kann den großen Kranich vom
Himmel holen)*
[**Bedeutung**: auch Kleinigkeiten
können etwas Großes auslösen;
Anlamı: küçük ve önemsiz şeyler de
çoğu kez büyük etkiler yapabilir]

Urzeit kalubela

seit Urzeiten *fig* kalubeladan beri
[**Bedeutung**: seit sehr langer Zeit;
Anlamı: çok eski zamandan beri]

usselig

usselig sein[1] *fig* tatsız olmak *(wörtl:
ohne Geschmack sein) fig* tatsız
tuzsuz olmak *(wörtl: geschmacklos,
ungesalzen sein)*

[**Bedeutung**: schmuddelig,
ungemütlich sein; **Anlamı**: yavan
olmak]

usselig sein[2] *fig* keyifsiz olmak *fig*
keyfi yerinde olmamak
[**Bedeutung**: bedrückt sein; schlecht
gelaunt sein, **Anlamı**: neşesiz olmak]
usselig sein[3] *fig* yerden yapma olmak
fig yerden bitme olmak
[**Bedeutung**: klein gewachsen sein;
Anlamı: kısa boylu olmak]

V

Vater baba

**der Wunsch ist der Vater des
Gedankens** *(wörtl: arzu, düşüncenin
babasıdır) fig* aç tavuk kendini arpa
ambarında sanır *(wörtl: das hungrige
Huhn denkt, es ist im
Gerstenspeicher)*
[**Bedeutung**: das Erwähnte ist nicht
Realität, sondern nur Hoffnung;
Anlamı: insanlar, yokluğunu
çektikleri şeyler için olmayacak
hayaller, düşler kurar]

**wenn das Wörtchen 'wenn' nicht
wär, wär mein Vater Millionär**
*(wörtl: 'olsa' kelimeciği olmasaydı,
babam milyoner olurdu) fig* olsa ile
bulsayı ekmişler, yel ile yuh bitmiş
*(wörtl: das wenn und das dann haben
sie gesät, dann sind Wind und
Buhrufe gewachsen)*
[**Bedeutung**: sagt man, um die
Unwägbarkeit einer Wenn-dann-
Bedingung hervorzuheben; **Anlamı**:
'şu şöyle olsaydı, bu böyle olsaydı'
demekle bir sonuca varılamaz]

**was du ererbt hast von deinen
Vätern, erwirb es, um es zu
besitzen** *(wörtl: atalarından miras
kalan malı zilyet olarak edin) fig* ata

450

malı mal olmaz, kendin kazanmak gerekir *(wörtl: das Gut der Ahnen ist kein Gut, du musst es selbst verdienen)* **fig** sade pirinç zerde olmaz, bal gerektirir kazana, baba malı tez tükenir, evlat gerek kazana *(wörtl: aus bloßem Reis wird keine süße Reisspeise, es bedarf Honig, die Hinterlassenschaft des Vaters nimmt schnell ab, es bedarf der Verdienst des Kindes)* [**Bedeutung**: nur der Besitz ist wertvoll, den man auch tatsächlich benutzt; **Anlamı**: babadan kalan mal kalıcı değildir, kişinin kendi malı kendi çalışmasıyla elde ettiği maldır]

Veilchen menekşe

blau sein wie ein Veilchen *(wörtl: menekşe gibi mavi olmak)* **fig** dut gibi olmak *(wörtl: wie eine Maulbeere sein)* [**Bedeutung**: sehr betrunken sein; **Anlamı**: çok sarhoş olmak]

---

verbieten yasaklamak

man kann den Leuten nicht den Mund verbieten *(wörtl: insanlara ağızları yasaklanamaz)* **fig** âlemin ağzı torba değil ki büzesin *(wörtl: der Mund der Leute ist kein Beutel, den du zuziehen kannst)* [**Bedeutung**: man kann jemandem nicht verbieten, seine Meinung zu sagen; **Anlamı**: başkalarının söyleyeceklerine engel olamazsın]

---

verbinden bağlamak

Sprache verbindet Menschen *(wörtl: dil, insanları birbirine bağlar)* **fig** bir lisan bir insan, iki lisan iki insan *(wörtl: eine Sprache, ein Mensch, zwei Sprachen, zwei Menschen)*

das Angenehme mit dem Nützlichen verbinden *(wörtl: hoş olan şeyleri yararlı olanlarla bir araya getirmek)* **fig** hem ziyaret hem ticaret *(wörtl: sowohl Besuch als auch Handel)* [**Bedeutung**: einen Ort so auswählen, dass man gleichzeitig Geschäfte machen kann; **Anlamı**: bir kimseyle görüşmeye gelen kimsenin orada kendisine yararlı başka bir iş de yapması]

---

verbrennen yakmak

sich den Mund verbrennen *(wörtl: ağzını yakmak)* **fig** ağızdan çıkan başa değer *(wörtl: das, was aus dem Mund kommt, berührt den Kopf)* [**Bedeutung**: sich durch unbedachtes Reden schaden; **Anlamı**: kişinin söylediği yanlış ve zararlı şeyler başına türlü bela getirir]

sich die Finger verbrennen *(wörtl: parmaklarını yakmak)* **fig** ağzı yanmak *(wörtl: sein Mund brennt)* [**Bedeutung**: Schaden erleiden; **Anlamı**: zarar görmek]

wer das Maul verbrannt hat, bläßt die Suppe *(wörtl: ağzı yanan çorbayı üfler)* **fig** sütten ağzı yanan yoğurdu üfleyerek yer *(wörtl: wer seinen Mund durch die Milch verbrennt, isst das Jogurt pustend)* [**Bedeutung**: wer einmal einen Schaden erlitten hat, ist besonders achtsam; **Anlamı**: bir olaydan zarar gören, sonra uyanık davranır]

---

verderben bozmak, bozulmak

auf Gedeih und Verderb *(wörtl: yetişme ve bozulma üzerine)* **fig** ya herrü ya merrü *(wörtl: was auch Gutes oder Schlimmes geschehen mag; **Anlamı**: sonuç ne olursa olsun]

451

jemandem den Spaß verderben *fig*
ağzının tadını kaçırmak *(wörtl: jemandem den Geschmack im Mund vergehen lassen)*
[**Bedeutung**: jemandem die Freude nehmen; **Anlamı**: birinin keyfini, neşesini bozmak]

schlechter Umgang verdirbt den Charakter *(wörtl: kötü kimselerle görüşme kişiliği bozar)* *fig* üzüm üzüme baka baka kararır *(wörtl: die Traube wird dunkler, indem sie eine andere Traube anschaut)*
[**Bedeutung**: der Kontakt zu schlechten Menschen kann einen schlechten Einfluss haben; **Anlamı**: her zaman bir arada bulunan kimseler birbirlerine huy aşılarlar]

viele Köche verderben den Brei *(wörtl. birden çok aşçı lapayı bozar)* *fig* nerede çokluk, orada bokluk *(wörtl: dort, wo Vieles ist, ist der Misthaufen)* *fig* horozu çok olan köyde sabah geç olur *(wörtl: im Dorf mit vielen Hähnen verspätet sich der Morgen)* *fig* çatal kazık yere batmaz *(wörtl: der gegabelte Pfahl sticht nicht in die Erde)*
[**Bedeutung**: aus einer Sache, bei der zu viele Leute mitreden, wird nichts Gutes; **Anlamı**: birlikte bir iş yapmak isteyen kişiler çok olursa anlaşmazlık doğar]

verdienen kazanmak

sein Brot verdienen *fig* ekmeğini kazanmak
[**Bedeutung**: seinen Lebensunterhalt bestreiten; **Anlamı**: geçimini sağlamak]

sich eine goldene Nase verdienen *(wörtl: altından burun kazanmak)* *fig* köşeyi dönmek *(wörtl: um die Ecke biegen)*

[**Bedeutung**: viel Geld verdienen; reich werden; **Anlamı**: çaba göstermeden kısa sürede zengin olmak]

sich seine Brötchen verdienen *fig* ekmeğini kazanmak
[**Bedeutung**: seinen Lebensunterhalt bestreiten; **Anlamı**: geçimini sağlamak]

vergangen geçmiş

was vergangen ist, ist vorbei *(wörtl: geçmiş olan geçmiştir)* *fig* geçmişe mazi, yenmişe kuzu derler *(wörtl: Vergangenes nennt man die Vergangenheit, Gegessenes nennt man Lamm)*
[**Bedeutung**: Vergangenes soll man sein lassen; **Anlamı**: geçmişte kalan olayların üzerinde durulmasında bir yarar yoktur; geçmiş geçmiştir artık]

Vergangenheit geçmiş, mazi

die Vergangenheit Vergangenheit sein lassen *(wörtl: geçmişi geçmiş bırakmak)* *fig* geçmişe mazi, yenmişe kuzu derler *(wörtl: Vergangenes nennt man die Vergangenheit, Gegessenes nennt man Lamm)* *fig* ne oldum dememeli, ne olacağım demeli *(wörtl: man soll nicht sagen: „was bin ich geworden", sondern „was werde ich sein")*
[**Bedeutung**: Vergangenes soll man sein lassen; **Anlamı**: geçmişte kalan olayların üzerinde durulmasında bir yarar yoktur; geçmiş geçmiştir artık]

vergeblich boşa, boş yere, boşuna

vergebliche Liebesmüh (sein) *fig* sağdıç emeği (olmak) *(wörtl: Arbeit der Brautführerin (sein))*
[**Bedeutung**: Bemühungen, die umsonst sind; **Anlamı**: boşa giden emek olmak]

452

vergehen geçmek

Unkraut vergeht nicht *(wörtl: ot ölmez)* **fig** acı patlıcanı kırağı çalmaz *(wörtl: auf eine bittere Aubergine fällt kein Reif/die bittere Aubergine bekommt keinen Frost ab)* [**Bedeutung**: das Schlechte bleibt bestehen; schlechte Menschen verschwinden nicht; einem Menschen wie mir passiert nichts; **Anlamı**: zorluğa alışık olanı yeni kötü durumlar etkilemez]

Vergessenheit unutulma

in Vergessenheit geraten *(wörtl: unutulmaya girmek)* **fig** unutulmak [**Bedeutung**: vergessen werden; **Anlamı**: unutulmaya konu olmak]

Vergnügen eğlence

ein teures Vergnügen sein *(wörtl: pahalı bir eğlence olmak)* **fig** tuzluya mal olmak *(wörtl: dem Gesalzenen anheimfallen)* **fig** pahalıya mal olmak [**Bedeutung**: übermäßig hohe Kosten verursachen; **Anlamı**: elde edilmesi için çok para harcanmış olmak]

verhackstücken *fig* kılı kırk yarmak[2] *(wörtl: das Haar vierzig Mal spalten)* *fig* ince eleyip/eğirip sık dokumak [**Bedeutung**: etwas bis ins kleinste Detail untersuchen; **Anlamı**: bir şeyi bütün ayrıntılarıyla araştırmak]

verkaufen satmak

man soll das Fell des Bären nicht verkaufen, bevor man ihn geschossen hat *(wörtl: ayıyı vurmadan postunu satmamalı)* **fig** ayıyı vurmadan postunu satmak *(wörtl: das Fell verkaufen, bevor man den Bären erschossen hat)* **fig** ayıyı yakalamadan derisini soyma *(wörtl: das Fell des Bären abziehen, bevor man ihn gefangen hat)* [**Bedeutung**: man sollte sich nicht zu früh freuen; **Anlamı**: henüz ele geçmemiş bir şey üzerinde hesap yapmak]

verliebt âşık

bis über beide Ohren verliebt *(wörtl: kulaklarına kadar âşık)* **fig** sırılsıklam âşık *(wörtl: klatschnass verliebt)* [**Bedeutung**: leidenschaftlich verliebt; **Anlamı**: delicesine âşık]

verlieren kaybetmek

alles bis aufs Hemd verlieren *(wörtl: son gömleğini kaybetmek)* **fig** Arafat'ta soyulmuş hacıya dönmek *(wörtl: zu einem ausgeraubten Pilger in Arafat werden)* [**Bedeutung**: nur das Nötigste retten können; **Anlamı**: her şeyini kaybedip çırılçıplak veya çaresiz kalmak]

aus den Augen verlieren *fig* gözden kaybetmek [**Bedeutung**: jemanden nicht mehr sehen; **Anlamı**: birini artık göremez olmak; onunla artık görüşmemek]

das Gesicht verlieren *(wörtl: yüzünü kaybetmek)* **fig** gözden düşmek *(wörtl: von Augen fallen)* [**Bedeutung**: Respekt/Ansehen verlieren; **Anlamı**: daha önce kendisine değer verenlerin sevgi ve güvenini yitirmek]

den Faden verlieren *(wörtl: ipliği kaybetmek)* **fig** ipin ucunu kaçırmak *(wörtl: das Ende des Seils verlieren)* [**Bedeutung**: einen Gedankengang nicht mehr verfolgen können; **Anlamı**: işte ya da bir şeyi kullanmada ölçüyü kaçırmak]

453

den Verstand verlieren *(wörtl: aklını kaybetmek)* *fig* aklını kaybetmek *(wörtl: den Verstand verlieren)* *fig* aklını kaçırmak *(wörtl: den Verstand entlaufen lassen)* [**Bedeutung**: verrückt werden; **Anlamı**: delirmek]

die Beherrschung verlieren *fig* kendini kaybetmek *(wörtl: sich verlieren)* [**Bedeutung**: eine Reaktion nicht mehr unterdrücken können; wütend, laut, ausfällig werden; **Anlamı**: öfkesinden ne yaptığını bilememek]

sein Herz verlieren (an) *(wörtl: yüreğini kaybetmek)* *fig* (-e) abayı yakmak *(wörtl: den Filzmantel verbrennen)* [**Anlamı**: âşık olmak; **Bedeutung**: sich verlieben]

wo nichts ist, hat der Kaiser sein Recht verloren *(wörtl: bir şey olmayan yerde imparator hakkını kaybetmiş sayılır)* *fig* yanmış harmanın öşrü alınmaz *(wörtl: der Zahntel für das abgebrannte Heu wird nicht eingenommen)* *fig* ölü gözünden yaş ummak *(wörtl: Tränen aus dem Auge eines Toten erwarten)* [**Bedeutung**: von jemandem, der nichts hat, kann man auch nichts fordern; es ist sinnlos von jemandem Geld zu fordern, der keines hat; **Anlamı**: hiç olmayacak yerden, mümkün olmayan durumda yardım veya destek beklemek; olmayan bir şey için para alınmaz]

verpuffen *fig* güme gitmek *(wörtl: bumsgehen)* [**Bedeutung**: nicht den erwarteten Erfolg haben; **Anlamı**: değeri anlaşılmadan kaybolup gitmek]

Vers dize

sich keinen Vers auf etwas machen können *(wörtl: bir şeyden dize yapamamak)* *fig* bir şeyi aklı almamak *(wörtl: sein Verstand nimmt etwas nicht auf)* *fig* bir şeye anlam verememek *(wörtl: etwas keine Bedeutung geben können)* [**Bedeutung**: etwas nicht begreifen, nicht verstehen; sich etwas nicht erklären können; **Anlamı**: bir şeyi anlayamamak, kavrayamamak]

versalzen tuzunu fazla kaçırmak

jemandem die Suppe versalzen *(wörtl: birinin çorbasının tuzunu fazla kaçırmak)* *fig* pişmiş aşa (soğuk) su katmak *(wörtl: dem gar gekochtem Essen (kaltes) Wasser zufügen)* [**Bedeutung**: jemandem etwas verderben; jemandes Pläne vereiteln; **Anlamı**: sonuçlanmak üzere bulunan bir işi bozacak davranışta bulunmak]

verschieben ertelemek

was du heute kannst besorgen, das verschiebe nicht auf morgen *(wörtl: bugün tedarik edebileceğini yarına bırakma)* *fig* akşamın işini sabaha/yarına bırakma *(wörtl: lass die Arbeit von abends nicht auf morgen verschieben)* *fig* bugünkü işini yarına bırakma *(wörtl: lass die heutige Arbeit nicht für morgen)* [**Bedeutung**: man sollte notwendige Arbeiten gleich erledigen und nicht verschieben; **Anlamı**: bugün yapabileceğin işi hemen yap, yarına bırakma]

verschießen ateş etmek

sein letztes Pulver verschießen *(wörtl: son barutuyla ateş etmek)* *fig* sıfırı tüketmek *(wörtl: die Null verbrauchen)*

[**Bedeutung**: keine Reserven mehr haben; **Anlamı**: gücü kalmamak]

sein letztes Pulver verschossen haben *(wörtl: son barutunu harcamış olmak)* **fig** sıfırı tüketmek *(wörtl: die Null verbrauchen)* [**Bedeutung**: keine Reserven mehr haben; **Anlamı**: gücü kalmamak]

---

verschlagen

jemandem verschlägt es die Sprache *fig* dili tutulmak *(wörtl: seine Sprache bleibt gefangen)* [**Bedeutung**: jemand ist so überrascht, erstaunt, dass er nicht sprechen kann; **Anlamı**: donakalmak; şaşırmak; söz söyleyemez olmak]

---

verschließen kapamak

die Augen (vor etwas) verschließen *(wörtl: bir şeye gözlerini kapamak)* *fig* bir şeyi göz ardı etmek *(wörtl: etwas hinter das Auge tun)* [**Bedeutung**: etwas nicht wahrhaben wollen; **Anlamı**: bir şeye gereken önemi vermemek]

---

verschlimmbessern

etwas verschlimmbessern *fig* eski hayratı da berbat etmek *(wörtl: auch die alte Wohlfahrtseinrichtung kaputt machen)* *fig* kaş yaparken göz çıkarmak *(wörtl: während die Augenbrauen gemacht werden, ein Auge ausstechen)* *fig* doldururken dökmek *(wörtl: während des Füllens vergießen)* [**Bedeutung**: versuchen, etwas zu verbessern, es aber unabsichtlich schlechter machen; **Anlamı**: becermeye çalışırken bozmak; bir işi daha iyi bir duruma sokmaya çalışırken büsbütün bozmak]

---

verschlucken yutmak

wie vom Erdboden verschluckt sein *(wörtl: yer yutmuş gibi)* *fig* yer yarılıp içine girmek/geçmek *(wörtl: der Boden reißt sich auf und man steigt ein)* [**Bedeutung**: verschwunden sein; unauffindbar sein; **Anlamı**: yitirilip bir türlü bulunamamak]

---

verschwiegen ağzı sıkı

verschwiegen sein wie ein Grab *(wörtl: kendi mezarını kazmak)* *fig* ser verip sır vermemek *(wörtl: den Kopf hinhalten aber das Geheimnis nicht preisgeben)* [**Bedeutung**: absolut verschwiegen sein; **Anlamı**: ağzı pek sıkı olmak]

---

verschwinden kaybolmak

in der Versenkung verschwinden *(wörtl: tefekkürde kaybolmak)* *fig* kayıplara karışmak *(wörtl: sich unter die Verschollenen einmischen)* [**Bedeutung**: plötzlich nicht mehr in Erscheinung treten; **Anlamı**: bulunduğu yerden ayrılmak, gittiği yeri bildirmemek, görünmez olmak]

von der Bildfläche verschwinden *fig* ortadan kaybolmak *(wörtl: von der Mitte/Bildfläche verschwinden)* [**Bedeutung**: unauffindbar sein, spurlos verschwinden; **Anlamı**: bulunmaz olmak, nereye gittiği bilinmemek]

---

versinken batmak

im Erdboden versinken *(wörtl: yere batmak)* *fig* yerin dibine geçmek [**Bedeutung**: sich sehr schämen; **Anlamı**: çok utanıp sıkılmak]

---

verspielen kaybetmek

bei jemandem verspielt haben
(wörtl: birinin yanında oyunu kaybetmiş olmak) **fig** birinin gözünden düşmek *(wörtl: von jemandes Auge gefallen sein)* [**Bedeutung**: jemandes Sympathie verloren haben; **Anlamı**: birinin sempatisini yitirmek]

---

verspotten alay yollu yermek

etwas verspottet jeder Beschreibung *(wörtl: bir şey her türlü betimlemeyi alay yollu yerer)* **fig** olur şey değil *(wörtl: keine Sache, die es gibt)* [**Bedeutung**: etwas ist unbeschreiblich; **Anlamı**: olabileceği düşünülemeyen ya da gerçekleşmesi kabul edilemeyen şey]

---

versprechen söz vermek

versprechen ist ehrlich, halten beschwerlich *(wörtl: söz vermek doğru, sözü tutmak zor)* **fig** adamak kolay, ödemek zordur *(wörtl: geloben ist einfach, begleichen ist schwierig)* [**Bedeutung**: es ist leicht, etwas zu versprechen, das Versprochene einzulösen, ist schwierig; **Anlamı**: söz vermek kolaydır ancak o sözü yerine getirmek zordur]

versprich nichts, was du nicht halten kannst *(wörtl: yerine getiremeyeceğin sözü verme)* **fig** boş laf karın doyurmaz *(wörtl: leere Worte machen nicht satt)* [**Bedeutung**: gute Taten sind dann etwas wert, wenn man sie auch tatsächlich tut; **Anlamı**: bir gayret göstermeden, emek vermeden sonuç alınamaz]

das Blaue vom Himmel versprechen *(wörtl: gökten mavisini söz vermek)* **fig** Kafdağı'ndan kar bağışlamak *(wörtl: Schnee vom Berg*

Kaf spenden) **fig** ağız satmak *(wörtl: Münder verkaufen)* [**Bedeutung**: ohne Hemmungen Unmögliches versprechen; **Anlamı**: gerçekleşemeyecek bir vaatte bulunmak; yapamayacağı bir işi yapabilecekmiş gibi konuşmak]

jemandem goldene Berge versprechen *(wörtl: birine altın dağlar vadetmek)* **fig** Kafdağı'ndan kar bağışlamak *(wörtl: Schnee vom Berg Kaf spenden)* **fig** bol keseden atmak *(wörtl: aus dem vollen Beutel werfen)* [**Bedeutung**: jemandem große Versprechen machenn, die man nicht einhalten kann; jemandem etwas vorgaukeln; **Anlamı**: gerçekleşemeyecek bir vaatte bulunmak; yapamayacağı bir işi yapabilecekmiş gibi konuşmak]

nicht versprechen, was du nicht einhalten kannst *(wörtl: tutamayacağın sözü verme)* **fig** almadığın hayvanın kuyruğunu tutma *(wörtl: halte den Schwanz eines Tieres nicht, das du nicht kaufst)* [**Bedeutung**: jeder soll das haben, was ihm zukommt; **Anlamı**: almayacağın bir şeye alacakmışsın gibi yakın ilgi gösterme]

Verstand akıl

den Verstand verlieren *(wörtl: aklını kaybetmek)* **fig** aklını kaybetmek *(wörtl: den Verstand verlieren)* **fig** aklını kaçırmak *(wörtl: den Verstand entlaufen lassen)* [**Bedeutung**: verrückt werden; **Anlamı**: delirmek]

jemandem bleibt der Verstand stehen *(wörtl: birinin aklı durmak)* **fig** birinin aklı durmak *(wörtl: jemandes Verstand bleibt stehen)*

[**Bedeutung**: es ist für jemanden unbegreiflich; **Anlamı**: pek çok şaşırıp düğünemez olmak]

keinen Funken Verstand haben *(wörtl: bir kıvılcım aklı olmamak) fig* bir dirhem aklı olmamak *(wörtl: kein Gramm Verstand haben)* [**Bedeutung**: gar keinen Verstand haben; **Anlamı**: hiç aklı olmamak]

über jemandes Verstand gehen *(wörtl: birinin aklını aşmak) fig* aklı almamak *(wörtl: sein Verstand nimmt nicht auf)* [**Bedeutung**: für jemanden unverständlich, unbegreiflich sein; **Anlamı**: kavrayamamak, anlayamamak]

weder Sinn noch Verstand haben *(wörtl: ne anlamı ne de aklı olmak) fig* saçma sapan olmak [**Bedeutung**: sinnlos sein; nutzlos sein; unsinnig sein; **Anlamı**: akla çok aykırı olmak; çok tutarsız olmak; çok saçma olmak]

(wieder) zu Verstand kommen *(wörtl: (tekrar) akla gelmek) fig* aklı başına gelmek[1] *(wörtl: jemandem kommt der Verstand in den Kopf)* [**Anlamı**: davranışlarının yanlışlığını sezerek doğru yolu bulmak; **Bedeutung**: (wieder) vernünftig werden]

---

verstehen anlamak

der Satte versteht den Hungrigen nicht *(wörtl: tok, açı anlamaz) fig* tok, açın hâlinden bilmez /anlamaz *(wörtl: der Satte weiß/versteht nicht vom Zustand des Hungrigen) fig* var ne bilsin yok hâlinden *(wörtl: woher soll das Vorhanden wissen, wie es dem Nichtvorhandenem geht)* [**Bedeutung**: wer nie Hunger erleiden musste, kann nicht verstehen, wie es ist, nichts zum Essen zu haben; **Anlamı**: varlıklı olanlar, yoksulların ne büyük geçim sıkıntısı içinde bulunduklarını bilmezler]

ich verstehe nur Bahnhof *(wörtl: ancak istasyon anlıyorum) fig* anladımsa Arap olayım *(wörtl: falls ich es verstanden habe, soll ich zum Araber werden)* [**Bedeutung**: ich habe nichts verstanden; **Anlamı**: hiçbir şey anlamadım]

nur Bahnhof verstehen *(wörtl: ancak istasyon anlamak) fig* (konuya) Fransız kalmak *(wörtl: Franzose bleiben)* [**Bedeutung**: etwas nicht verstehen, nicht begreifen; **Anlamı**: anlatılan konuyu anlayamamak]

sein Handwerk verstehen *(wörtl: zanaatından anlamak) fig* işini bilmek *(wörtl: seine Arbeit kennen)* [**Bedeutung**: wissen, wie die Sache funktioniert; **Anlamı**: yapacağı iş için gerekli bilgisi bulunmak]

Versuch deneme, deney

Versuch macht klug *(wörtl: deney/tecrübe (insanı) akıllandırır) fig* adam yanıla yanıla, pehlivan yenile yenile *(wörtl: man wird aus Fehlern, der Ringkämpfer aus Niederlagen)* [**Bedeutung**: aus Fehlern lernt man; **Anlamı**: kişi, yapmış olduğu hatalardan ders alıp onları tekrarlamamalıdır]

einen Versuchsballon starten *fig* balon uçurmak [**Bedeutung**: etwas ausprobieren, um die Reaktion anderer festzustellen; **Anlamı**: ilgililerin ne diyeceklerini ve nasıl davranacaklarını anlamak

amacıyla aslı olmayan bir haber
yaymak]

einen Versuchsballon steigen lassen
fig balon uçurmak
[Bedeutung: etwas ausprobieren, um
die Reaktion anderer festzustellen;
Anlamı: ilgililerin ne diyeceklerini
ve nasıl davranacaklarını anlamak
amacıyla aslı olmayan bir haber
yaymak]

Verteidigung savunma

Angriff ist die beste Verteidigung
(wörtl: saldırı en iyi savunmadır) fig
baskın basanındır *(wörtl: der
unerwartete Angriff gehört dem
Angreifer) fig* en iyi savunma
saldırıdır
[Bedeutung: offensives Verhalten
führt zu erfolgreicher Abwehr als
defensives; Anlamı: düşmanı gafil
avlayıp saldıran, savaşı kazanır]

verteilen paylaşmak

**man soll das Fell des Bären nicht
verteilen, bevor er erlegt ist** *(wörtl:
ayıyı vurmadan postunu
paylaşmamalı) fig* ayıyı vurmadan
postunu satmak *(wörtl: das Fell
verkaufen, bevor man den Bären
erschossen hat) fig* ayıyı
yakalamadan derisini soyma *(wörtl:
das Fell des Bären abziehen, bevor
man ihn gefangen hat)*
[Bedeutung: man sollte sich nicht zu
früh freuen; Anlamı: henüz ele
geçmemiş bir şey üzerinde hesap
yapmak]

Vertrauen güven

**Vertrauen ist gut, Kontrolle ist
besser** *(wörtl: güven iyi, kontrol
daha iyi) fig* güven kontrole mani
değildir *(wörtl: Vertrauen hindert die
Kontrolle nicht) fig* güven ama

doğrula *(wörtl: vertraue aber
bestätige) fig* güvenme dostuna
saman doldurur postuna *(wörtl:
vertraue deinem Freund nicht, er
füllt dein Fell mit Heu)*
[Bedeutung: man sollte sich nur auf
das verlassen, was man nachgeprüft
hat; Anlamı: yapacağı iş için gerekli
bilgisi bulunmak]

Vertun yanılma

da ist kein Vertun *(wörtl: yanılma
yok) fig* sugötürmez *(wörtl: es bringt
kein Wasser weg) fig* sözgötürmez
(wörtl: es bringt kein Wort weg)
[Bedeutung: das ist so, das ist nicht
zu bezweifeln; Anlamı: başka bir
yoruma elverişli olmayan, kesin]

verwandeln çevirmek

in einen Schweinestall verwandeln
(wörtl: domuz ahırına çevirmek) fig
ahıra çevirmek *(wörtl: in einen Stall
verwandeln)*
[Bedeutung: in einen dreckigen,
unaufgeräumten, unordentlichen
Zustand versetzen; Anlamı: bir yeri
dağınık, pis, bakımsız bir duruma
getirmek]

verwandt akraba olmak

**über mehrere Ecken miteinander
verwandt sein** *(wörtl: bir çok
köşeden birbiriyle akraba olmak) fig*
dış kapının dış mandalı olmak *(wörtl:
der äußere Riegel der Außentür sein)*
[Bedeutung: entfernt verwandt sein;
Anlamı: pek uzak akraba olmak]

**um drei/fünf/sieben Ecken
miteinander verwandt sein** *(wörtl:
üç/beş/yedi köşeden birbiriyle akraba
olmak) fig* dış kapının dış mandalı
olmak *(wörtl: der äußere Riegel der
Außentür sein) fig* dızdığının dızdığı
olmak

[**Bedeutung**: entfernt verwandt sein; **Anlamı**: pek uzak akraba olmak]

---

viel çok

viel Geschrei und wenig Wolle *(wörtl: çok bağrışma ve az yün)* *fig* kuru gürültü *(wörtl: trockener Lärm)* *fig* yok yere yaygara *(wörtl: Lärm umsonst)* [**Bedeutung**: viel Aufregung wegen einer Kleinigkeit; ↑ viel Lärm um nichts; **Anlamı**: gereksiz, önemsiz söz ya da davranış; boşu boşuna bağırıp çağırma]

viel Haut zeigen *(wörtl: çok deri göstermek)* *fig* açılıp saçılmak *(wörtl: geöffnet und verstreut werden)* [**Bedeutung**: sich nur spärlich bekleidet präsentieren; **Anlamı**: alışılandan çok açık giyinmeye başlamak]

viel Lärm um nichts *(wörtl: hiç bir şey için çok gürültü)* *fig* kuru gürültü *(wörtl: trockener Lärm)* *fig* yok yere yaygara *(wörtl: Lärm umsonst)* [**Bedeutung**: viel Aufregung wegen einer Kleinigkeit; **Anlamı**: gereksiz, önemsiz söz ya da davranış; boşu boşuna bağırıp çağırma]

viel Rauch um nichts *(wörtl: hiç bir şey için çok duman)* *fig* kuru gürültü *(wörtl: trockener Lärm)* *fig* yok yere yaygara *(wörtl: Lärm umsonst)* [**Bedeutung**: viel Aufregung wegen einer Kleinigkeit; **Anlamı**: gereksiz, önemsiz söz ya da davranış; boşu boşuna bağırıp çağırma]

viel um die Ohren haben *(wörtl: kulaklarında işi çok olmak)* *fig* işi başından aşkın olmak *(wörtl: jemandem ist die Arbeit über den Kopf gestiegen)* *fig* başını kaşımaya/kaşıyacak vakti olmamak *(wörtl: keine Zeit haben, um den Kopf zu kratzen)* [**Bedeutung**: viel Arbeit haben; viel zu tun haben; **Anlamı**: pek çok işi olmak]

viele Hunde sind des Hasen Tod *(wörtl: çok köpek tavşanın ölümü demektir)* *fig* çok karınca deveyi öldürür *(wörtl: viele Ameisen können ein Kamel töten)* [**Bedeutung**: gegen eine Übermacht kann der Einzelne nichts mehr ausrichten; **Anlamı**: güç birliği yaparak aşılması güç sorunların üstesinden gelinir]

viele Köche verderben den Brei *(wörtl. birden çok aşçı lapayı bozar)* *fig* nerede çokluk, orada bokluk *(wörtl: dort, wo Vieles ist, ist der Misthaufen)* *fig* horozu çok olan köyde sabah geç olur *(wörtl: im Dorf mit vielen Hähnen verspätet sich der Morgen)* [**Bedeutung**: aus einer Sache, bei der zu viele Leute mitreden, wird nichts Gutes; **Anlamı**: birlikte bir iş yapmak isteyen kişiler çok olursa anlaşmazlık doğar]

viele Körner machen einen Haufen *(wörtl: çok tane yığın yapar)* *fig* damlaya damlaya göl olur *(wörtl: tropfenweise wird es zum See)* [**Bedeutung**: Beständigkeit zahlt sich aus; Ausdauer führt zum Erfolg; **Anlamı**: azar azar olagelen şeyler küçümsenmemelidir, onlar birikerek önemli bir niceliğe ulaşırlar]

allzu viel ist ungesund *(wörtl: fazlası sağlığa zararlı)* *fig* çoğu zarar, azı karar *(wörtl: das Meiste ist schädlich, das Wenige ist maßvoll)* [**Bedeutung**: man soll nichts übertreiben; **Anlamı**: hiçbir zaman aşırıya kaçılmamalıdır]

du kannst mir viel erzählen! *(wörtl: bana çok şey anlatabilirsin)* *fig* külahıma anlat! *(wörtl: erzähl es meiner Tüte!) fig* onu benim külahıma anlat! *(wörtl: erzähl es meiner Tüte!)* [**Bedeutung:** sagt man, wenn man eine Sache nicht recht glauben kann; **Anlamı:** söylediklerinin hiçbirine inanmıyorum]

so viele Köpfe, so viele Sinne *(wörtl: o kadar kafa, o kadar da duyu) fig* her kafadan bir ses *(wörtl: aus jedem Kopf eine Stimme)* [**Bedeutung:** jeder hat seine eigenen Ansichten und seinen eigenen Geschmack; **Anlamı:** konu üzerinde herkes konuşuyor, her biri ayrı bir düşünce ileri sürüyor]

---

vier dört

in alle vier Himmelsrichtungen *(wörtl: her dört yöne) fig* dört bir yana *(wörtl: zu allen vier Seiten)* [**Bedeutung:** in jede Richtung; **Anlamı:** her tarafa]

unter vier Augen *(wörtl: dört göz altında) fig* baş başa *(wörtl: Kopf an Kopf)* [**Bedeutung:** zu zweit; **Anlamı:** biriyle yalnız kalarak]

Visier siper

ins Visier nehmen *(wörtl: sipere almak) fig* hedef almak[1] *(wörtl: zum Ziel nehmen)* [**Bedeutung:** auf jemanden etwas richten; **Anlamı:** ulaşılmak istenen amaca göre davranmak]

Vogel kuş

Vögel, die morgens singen, frisst abends die Katze *(wörtl: sabahları öten kuşları akşam kedi yer) fig* vakitsiz öten horozun başını keserler *(wörtl: dem Hahn, der zur Unzeit kräht, hackt man den Kopf ab)* [**Bedeutung:** man sollte sich nicht zu früh freuen; man sollte sich einer Sache nicht sicher sein, bevor sie wirklich entschieden ist; **Anlamı:** her söz yerinde ve zamanında söylenmelidir]

den Vogel abschießen[1] *(wörtl: kuşu vurmak) fig* turnayı gözünden vurmak *(wörtl: dem Kranich in das Auge schießen/treffen) fig* rekor kırmak *(wörtl: Rekord brechen)* [**Bedeutung:** erfolgreich sein; bei etwas Erfolg haben; **Anlamı:** çok değerli bir şeyi kazanmayı başarmak]

den Vogel abschießen[2] *(wörtl: kuşu vurmak) fig* çam devirmek *(wörtl: einen Kiefer stürzen/den Kiefer umhauen)* [**Bedeutung:** etwas Peinliches/Unpassendes tun; einen Fehler machen; Anstoß erregen; **Anlamı:** birine dokunacak veya kötü bir sonuç doğuracak söz söylemek]

der frühe Vogel fängt den Wurm *(wörtl: erkenci kuş solucanı yakalar) fig* erken kalkan yol alır, er evlenen döl alır *(wörtl: wer früh aufsteht, legt was zurück, wer früh heiratet bekommt Nachkommen)* [**Bedeutung:** wer frühmorgens mit der Arbeit beginnt, schafft mehr; **Anlamı:** yapacakları işlere erken başlayanlar kazançlı çıkarlar]

den Vogel, der morgens singt, holt abends die Katze *(wörtl: sabah öten kuşu akşam kedi yakalar) fig* vakitsiz öten horozun başını keserler *(wörtl: dem Hahn, der zur Unzeit kräht, hackt man den Kopf ab)* [**Bedeutung:** alles muss zur richtigen Zeit gesagt werden; **Anlamı:** her söz yerinde ve zamanında söylenmelidir]

ein schräger Vogel sein *(wörtl: çarpık kuş olmak) fig* sağlam

ayakkabı/pabuç olmamak *(wörtl:
kein solider Schuh sein)*
[**Bedeutung**: jemand sein, dem man
nicht trauen kann; **Anlamı**:
güvenilmez olmak]

einen Vogel haben *(wörtl: kuşu
olmak)* ***fig*** keçileri kaçırmak *(wörtl:
die Ziegen entkommen lassen)*
[**Bedeutung**: verrückt sein; spinnen;
Anlamı: delirmek]

friss, Vogel, oder stirb *(wörtl: kuş,
ye, ya da öl)* ***fig*** ya bu deveyi gütmeli
ya bu diyardan gitmeli *(wörtl:
entweder muss man das Kamel
treiben oder dieses Land verlassen)*
[**Bedeutung**: du hast keine Wahl; es
gibt keine Alternative; **Anlamı**:
başka seçeneğin yok]

Volk halk

sich unters Volk mischen *(wörtl:
halk arasına karışmak)* ***fig*** adam
içine çıkmak *(wörtl: heraus unter
Menschen gehen)*
[**Bedeutung**: in die Menschenmenge
eintauchen; **Anlamı**: topluluğa
karışmak]

---

voll dolu

voll wie eine Haubitze *(wörtl: obüs
gibi dolu)* ***fig*** kafası bir dünya *(wörtl:
bir bu eksikti) sein Kopf ist eine Welt
für sich)*
[**Bedeutung**: sehr betrunken;
Anlamı: çok sarhoş]

volle Kanne[1] *(wörtl: dolu ibrik)* ***fig***
tam gaz *(wörtl: ganzes Gas)*
[**Bedeutung**: mit voller Kraft,
Geschwindigkeit; **Anlamı**: hızlı
olarak, hızla]

volle Kanne[2] *(wörtl: dolu ibrik)* ***fig***
tam gaz *(wörtl: ganzes Gas)*
[**Bedeutung**: mit voller

Geschwindigkeit; **Anlamı**: hızlı
olarak, hızla]

volles Rohr[1] *(wörtl: dolu boru)* ***fig***
var gücüyle *(wörtl: mit all seiner
Kraft)*
[**Bedeutung**: mit aller Kraft; mit
vollem Einsatz; **Anlamı**: bütün
gücünü toplayarak]

volles Rohr[2] *(wörtl: dolu boru)* ***fig***
tam gaz *(wörtl: ganzes Gas)*
[**Bedeutung**: mit voller Kraft,
Geschwindigkeit; **Anlamı**: hızlı
olarak, hızla]

alle Hände voll zu tun haben
(wörtl: bütün ellerinin işi olmak) ***fig***
işi başından aşkın olmak *(wörtl:
seine Arbeit über seinen Kopf
gestiegen sein)*
[**Bedeutung**: viel Arbeit haben; viel
zu tun haben; **Anlamı**: pek çok işi
olmak]

aus dem Vollen leben/wirtschaften
*(wörtl: dolu olandan
yaşamak/geçinmek)* ***fig*** hazırdan
yemek *(wörtl: vom Gemachtem
essen)*
[**Bedeutung**: ohne sich
einzuschräken leben; **Anlamı**: çalışıp
kazanmaksızın elindekini harcamak;]

den Mund zu voll nehmen *(wörtl:
ağzını fazla doldurmak)* ***fig*** bol
keseden atmak *(wörtl: aus einem
Beutel werfen)*
[**Bedeutung**: zu große
Versprechungen machen; **Anlamı**:
yerine getirilemeyecek vaatlerde
bulunmak]

**so voll sein, dass keine (Steck)nadel
zu Boden/zur Erde fallen kann**
*(wörtl: öyle dolu ki, iğne yere
düşemez)* ***fig*** iğne atsan yere düşmez
*(wörtl: wenn du eine (Steck)nadel
wirst, wird sie nicht auf den Boden
fallen)*

[Bedeutung: sehr voll, überfüllt sein; Anlamı: çok kalabalık]

völlig tamamen

völlig aus dem Häuschen sein *(wörtl: tamamen evden çıkmış olmak)* *fig* etekleri zil çalmak *(wörtl: es klingeln ihm die Röcke)* *fig* kendinde olmamak *(wörtl: nicht bei sich sein)* [Bedeutung: freudig erregt sein; Anlamı: çok sevinmek; heyecan verici bir durum karşısında aklı ve duygu organları işlemez olmak]

Volltreffer tam isabet
Volltreffer *(wörtl: tam isabet)* *fig* nokta atışı *(wörtl: Punkteschuss)* [Bedeutung: ganz genau, präzise; Treffer mitten ins Ziel; Schuss, Schlag, Wurf, der voll getroffen hat; Anlamı: hedefi tam tutturma]

---

vom/von

vom Hölzchen aufs Stöckchen kommen *(wörtl: tahtacıktan sopacığa gelmek)* *fig* laf lafı açmak *(wörtl: das eine Wort öffnet das (nächste) Wort)* [Bedeutung: mehr und mehr vom Thema abschweifen; Anlamı: konuşma uzadıkça sözden söze geçilerek başta konuşulması düşünülmeyen konulara da girmek]

von Adam und Eva stammen *(wörtl: Adem ve Havva'dan kalmak)* *fig* Nuh Nebi'den kalmak *(wörtl: von Noah stammen)* [Bedeutung: sehr alt sein; Anlamı: çok eski olmak]

von heute auf morgen *fig* bugünden yarına [Bedeutung: in kürzer Zeit; schnell; Anlamı: az zaman içinde]

von nichts kommt nichts *(wörtl: hiç bir şeyden bir şey gelmez)* *fig* zahmetsiz rahmet olmaz *(wörtl: ohne Mühe gibt es kein Erbarmen)* [Bedeutung: nur bei entsprechendem Fleiß stellt sich der Erfolg ein; wer nichts tut, bekommt auch nichts; Anlamı: sıkıntı çekmeden iyi ve güzel işler yapılamaz]

von wegen! *fig* ne gezer! *(wörtl: was läuft herum?)* [Bedeutung: das ist keineswegs so!; Anlamı: bulunmaz; yoktur]

---

vor önünde

vor aller Augen *(wörtl: herkesin gözleri önünde)* *fig* göz göre göre *(wörtl: sehenden Auges)* [Bedeutung: in der Öffentlichkeit; so dass es jeder sehen kann; Anlamı: herkesin gözleri önünde]

vor der Tür stehen *(wörtl: kapının önünde durmak)* *fig* kapıya dayanmak *(wörtl: sich an die Tür lehnen)* [Bedeutung: unmittelbar bevorstehen; Anlamı: zamanı gelip çatmak]

vor die Tür setzen *(wörtl: kapının önüne koymak)* *fig* kapı dışarı etmek [Bedeutung: hinauswerfen; Anlamı: dışarı atmak]

vor seiner eigenen Tür kehren/fegen *(wörtl: kendi kapısının önünü süpürmek)* *fig* kendi işine bakmak *(wörtl: sich um seinen eigenen Kram kümmern)* [Bedeutung: die eigenen Fehler ablegen (bevor man andere kritisiert); Anlamı: başkasının işine burnunu sokmayıp kendini ilgilendiren şeylerle uğraşmak]

---

vorbei geçti

vorbei ist vorbei ↑ **was vorbei ist, ist vorbei**

dicht daneben ist auch vorbei ↑ **knapp daneben ist auch vorbei**

knapp daneben ist auch vorbei *(wörtl: hemen yanında da teğet geçti demek) fig* kıl payı kaçırmak *(wörtl: Haaresanteil verfehlt) fig* tam tutmadıysa isabet etmedi demektir *(wörtl: wenn es nicht genau gepasst hat, heißt es, dass es nicht getroffen hat)* [**Bedeutung**: beinahe getroffen, heißt nicht getroffen; beinahe gewonnen, heißt nicht gewonnen; **Anlamı**: az kalsın vuruyordum demek, isabet etti demek anlamına gelmez: neredeyse kazanıyordum, kazanmadım demektir]

was vorbei ist, ist vorbei *(wörtl: geçmiş, geçmiştir) fig* geçmişe mazi, yenmişe kuzu derler *(wörtl: Vergangenes nennt man die Vergangenheit, Gegessenes nennt man Lamm) fig* kesilen baş yerine konmaz *(wörtl: der abgeschnittene Kopf kann nicht wieder eingesetzt werden)* [**Bedeutung**: Vergangenes soll man sein lassen; **Anlamı**: geçmişte kalan olayların üzerinde durulmasında bir yarar yoktur]

vorbeiführen yanından geçmek

da(ran) führt kein Weg vorbei *(wörtl: yanından bir yol geçmiyor) fig* başka çaresi yok *(wörtl: es gibt keine andere Lösung)* [**Bedeutung**: es gibt keine andere Möglichkeit; **Anlamı**: başka bir olanak, seçenek yok]

Vordermann

auf Vordermann bringen *(wörtl: bir önceki adama getirmek) fig* adam etmek *(wörtl: zu einem Menschen machen) fig* hâle yola sokmak *(wörtl: auf den Zustand/Weg bringen) fig* çekidüzen vermek *(wörtl: Ordnung ziehend geben)* [**Bedeutung**: in Ordnung bringen; instandsetzen; **Anlamı**: düzene sokmak; işler duruma getirmek]

vornehm soylu, asil

vornehm geht die Welt zugrunde *(wörtl: dünya, soylu sona erer) fig* atın ölümü arpadan olsun *(wörtl: der Tod des Pferdes soll von der Gerste sein)* [**Bedeutung**: ironischer Kommentar zu übermäßigem Luxus; **Anlamı**: sonuç kötü de olsa sevildiği için katlanılan şeyler için söylenen söz]

Vorsicht dikkat

Vorsicht ist die Mutter der Porzellankiste *(wörtl: dikkat, porselen kutunun anasıdır) fig* ayıyı görmektense çalıyı dolaşmak iyidir *(wörtl: statt dem Bären zu sehen/begegnen, ist es besser, um den Busch zu gehen) fig* korkulu rüya/düş görmektense uyanık yatmak evladır/yeğdir *(wörtl: es ist besser wach zu bleiben als einen Albtraum zu träumen) fig* her deliğe elini sokma, ya yılan çıkar ya çıyan *(wörtl: steck deine Hand nicht in jedes Loch, es könnte eine Schlange herauskommen oder ein Skolopender) fig* itle dalaşmaktan çalıyı dolaşmak yeğdir *(wörtl: es ist besser, um den Busch herum zu gehen, als sich mit dem Hund anzulegen)* [**Bedeutung**: man sollte vorsichtig sein; **Anlamı**: dikkatli olmak gerekir]

Vorsicht ist die Mutter der Weisheit *(wörtl: dikkat, bilgeliğin anasıdır)* *fig* ayıyı görmektense çalıyı dolaşmak iyidir *(wörtl: statt dem Bären zu sehen/begegnen, ist es besser, einen Bogen, um den Busch zu machen)* *fig* korkulu rüya/düş görmektense uyanık yatmak evladır/yeğdir *(wörtl: es ist besser wach zu bleiben als einen Albtraum zu träumen)* *fig* her deliğe elini sokma, ya yılan çıkar ya çıyan *(wörtl: steck deine Hand nicht in jedes Loch, es könnte eine Schlange herauskommen oder ein Skolopender)* *fig* itle dalaşmaktan çalıyı dolaşmak yeğdir *(wörtl: es ist besser, um den Busch herum zu gehen, als sich mit dem Hund anzulegen)* [**Bedeutung**: man sollte vorsichtig sein; **Anlamı**: dikkatli olmak gerekir]

Vorsicht ist besser als Nachsicht *(wörtl: dikkat hoşgörüden iyidir)* *fig* korkulu rüya/düş görmektense uyanık yatmak evladır/yeğdir *(wörtl: es ist besser wach zu bleiben als einen Albtraum zu träumen)* *fig* bir mıh bir nal kurtarır, bir nal bir at kurtarır *(wörtl: ein Hufnagel rettet ein Hufeisen, ein Hufeisen rettet ein Pferd)* *fig* her deliğe elini sokma, ya yılan çıkar ya çıyan *(wörtl: steck deine Hand nicht in jedes Loch, es könnte eine Schlange herauskommen oder ein Skolopender)* [**Bedeutung**: lieber zunächst vorsichtig sein, als später Unangenehmes hinnehmen zu müssen; wer nicht vorsichtig ist, könnte es später bereuen; **Anlamı**: tehlikeli bir işe girişmektense o işten vaygeçmek daha iyidir; herhangi bir olayı küçümsememek, önemle ele almak gerekir]

etwas ist mit Vorsicht zu genießen *(wörtl: bir şey dikkatli kullanılmak)* *fig* altı yaş olmak *(wörtl: dessen untere Seite soll nass sein)* [**Bedeutung**: Vorsicht ist angebracht; Bedenken haben; **Anlamı**: işe bir takım oyunlar karışmak; böyle bir işe girişmekte sakıncalar bulunduğu anlaşılmak]

Vorstellungskraft hayal gücü

jede Vorstellungskraft sprengen *(wörtl: her hayal gücünü havaya uçurmak)* *fig* akla hayale sığmamak *(wörtl: nicht in den Verstand, in die Vorstellung passen)* [**Bedeutung**: unglaublich sein; **Anlamı**: inanılacak gibi olmamak]

W

Waage terazi

das Zünglein an der Waage sein *(wörtl: terazi dili olmak)* *fig* ağır basmak *(wörtl: schwer drücken)* [**Bedeutung**: der entscheidende Faktor sein; **Anlamı**: bir işte gücü ve etkisi üstün gelmek]

Waagschale kefe

jedes Wort auf die Waagschale legen *(wörtl: her sözü kefeye koymak)* *fig* kelimeleri tartarak konuşmak *(wörtl: reden, in dem man die Worte wiegt)*; *fig* her sözü mihenge vurmak *(wörtl: jedes Wort auf den Prüfsteien schlagen)* [**Bedeutung**: jedes Wort ernsthaft abwägen; **Anlamı**: sonucu hesaplayarak konuşmak]

---

wachsen büyümek, bitmek

das Gras wachsen hören *(wörtl: çimenlerin büyüdüğünü duymak)* *fig*

abdala malum olmak *(wörtl: dem Wanderderwisch wird es klar)* [**Bedeutung**: eine Entwicklung frühzeitig erkennen; **Anlamı**: bir şeyin önceden olacağını sezenler için söylenen söz]

der Mensch wächst mit seinen Aufgaben *(wörtl: insan, görevleriyle büyür)* *fig* meşk kemale erdirir *(wörtl: durch Übung erlangt man Reife)* [**Bedeutung**: nur durch viel Übung kann man sich verbessern; *(learning by doing)*; **Anlamı**: insan çalışa çalışa ustalaşır]

sich (wegen etwas) keine grauen Haare wachsen lassen *(wörtl: kır saçları uzatmak)* *fig* kendine (bir şeyi) dert etmemek *(wörtl: sich keine Sorgen machen)* [**Bedeutung**: sich keine Sorgen machen; **Anlamı**: bir şeyi üzüntü konusu yapmamak]

über etwas Gras wachsen lassen *(wörtl: bir şeyin üzerinden ot büyümesini beklemek)* *fig* bir şeyin üzerinden sünger çekmek *(wörtl: über etwas einen Schwamm ziehen)* [**Bedeutung**: warten, bis eine unangenehme Sache in Vergessenheit geraten ist; **Anlamı**: birşeyi olmamış sayıp unutmak]

wo der hintritt, da wächst kein Gras mehr *(wörtl: bastığı yerde ot bitmez)* *fig* ayağının bastığı yerde ot bitmez *(wörtl: dort, wo er hintritt, wächst kein Gras mehr)* [**Bedeutung**: was er tut, ist verheerend/ vernichtend; **Anlamı**: uğradığı yere bereketsizlik getirir]

Waffe silâh

die Waffen strecken *(wörtl: silâhları teslim etmek)* *fig* pes etmek *(wörtl: aufgeben)* [**Bedeutung**: kapitulieren; aufgeben; resignieren; **Anlamı**: yenilgiyi kabul etmek]

jemanden mit den eigenen Waffen schlagen *(wörtl: birini kendi sılâhı ile vurmak)* *fig* kısasa kısas uygulamak *(wörtl: Gleiches mit Gleichem vergelten)* [**Bedeutung**: Gleiches mit Gleichem vergelten; **Anlamı**: yapılan kötülüğün karşılığını aynı biçimde vermek]

Wagen araba

das fünfte Rad am Wagen sein *(wörtl: arabada beşinci tekerlek olmak)* *fig* havan dövücünün hınk deyicisi olmak *(wörtl: der Hink-Sager des Mörserdreschers sein)* [**Bedeutung**: in einer Gruppe überflüssig, nur geduldet sein; **Anlamı**: gereksinim olmadığı halde yardakçılık eden kimse]

das Pferd hinter den Wagen spannen *(wörtl: atı arabanın arkasına koşmak)* *fig* ata binmeden ayaklarını sallamak *(wörtl: die Füße schwingen bevor man auf das Pferd steigt)* [**Bedeutung**: etwas verkehrt machen; etwas in der falschen Reihenfolge tun; **Anlamı**: bir işe ters taraftan başlamak]

wagen göze almak

erst wägen, dann wagen *(wörtl: önce tartmak, sonra göze almak)* *fig* iki ölç, bir biç *(wörtl: miss zweimal, ernte einmal/miss zweimal, näh einmal)* [**Bedeutung**: man soll zuerst überlegen und dann handeln; **Anlamı**: bir işi yapmadan önce iyice düşünmek gerekir]

465

wer nicht wagt, der nicht gewinnt *(wörtl: riski göze almayan kazanamaz)* **fig** korkak bezirgân ne zarar eder ne kâr *(wörtl: der ängstliche Händler macht weder Verlust noch Gewinn)* [**Bedeutung**: wer nicht wagt, einen Einsatz zu riskieren, der hat keine Aussicht auf einen Gewinn; **Anlamı**: iş yapmaya korkan tüccar, kendisini zarardan korur ancak kâr da yapamaz]

wägen tartmak, ölçmek

erst wägen, dann wagen *(wörtl: önce tartmak, sonra göze almak)* **fig** iki ölç, bir biç *(wörtl: miss zweimal, ernte einmal/miss zweimal, näh einmal)* [**Bedeutung**: man soll zuerst überlegen und dann handeln; **Anlamı**: bir işi yapmadan önce iyice düşünmek gerekir]

Wahl seçenek

die Qual der Wahl[1] *(wörtl: seçeneğin eziyeti/ızdırabı)* **fig** iki cami arasında kalmış beynamaz *(wörtl: derjenige, der zwischen zwei Moscheen sitzt und nicht betet)* [**Bedeutung**: es ist schwer, sich zwischen den Alternativen zu entscheiden; **Anlamı**: bazı konularda seçim yapmak gerektiği zaman zorlanmak]

die Qual der Wahl[2] *(wörtl: seçeneğin eziyeti/ ızdırabı)* **fig** boşa koysan dolmaz, doluya koysan almaz *(wörtl: wenn du ihn auf leer stellst, füllt er sich nicht auf, wenn du ihn auf vollstellst, nimmt er nichts an)* [**Bedeutung**: es ist schwer, sich zwischen den Alternativen zu entscheiden; **Anlamı**: içinden çıkılması güç bir durum]

die Wahl zwischen Pest und Cholera haben *(wörtl: veba ile kolera arasında seçeneği olmak)* **fig** aşağı tükürsen sakal yukarı tükürsen bıyık *(wörtl: spuckst du nach unten, ist es der Bart, spuckst du nach oben, ist es der Schnurrbart)* **fig** iki ucu boklu değnek olmak *(wörtl: ein Stock mit beiden Enden in Scheiße sein)* **fig** koyuversem pekmez dökülür, koyuvermesem belim bükülür *(wörtl: lasse ich los, schütte ich den Traubensirup, lasse ich nicht los, verrenke ich mich)* [**Bedeutung**: sich zwischen zwei großen Übeln entscheiden müssen; **Anlamı**: iki karşıt ve aynı derecede sakıncalı durum karşısında karar vermek zorunda olmak; nereden bakılırsa bakılsın çözülmesi çok güç olmak]

wer die Wahl hat, hat die Qual *(wörtl: seçeneği olan eziyet/ızdırap çeker)* **fig** yârden mi geçersin serden mi? *(wörtl: gehst du an einem Freund vorbei oder an einer Zitronenplantage?)* **fig** boşa koysan dolmaz, doluya koysan almaz *(wörtl: wenn du ihn auf leer stellst, füllt er sich nicht auf, wenn du ihn auf vollstellst, nimmt er nichts an)* [**Bedeutung**: es ist schwer, sich zwischen den Alternativen zu entscheiden; **Anlamı**: eş değerli iki şeyin arasında seçmek zorunda kalındığı zaman söylenen söz; içinden çıkılması güç bir durum]

wahr gerçek

wahre Freunde erkennt man in der Not *(wörtl: gerçek dost sıkıntıda belli olur)* **fig** dost kara günde belli olur *(wörtl: der (wahre) Freund zeigt sich am schwarzen Tag)* [**Bedeutung**: erst, in einer Notsituation zeigt sich, wer die wahren Freunde sind; **Anlamı**:

gerçek dost sıkıntılı günlerde insanı yalnız bırakmaz]

nur Bares ist Wahres *(wörtl: doğrusu sadece peşin paradır)* ***fig*** para peşin, kırmızı meşin *(wörtl: Geld in bar ist rotes Leder)* [**Bedeutung**: Bargeld ist das Richtige; Betahlung ist erwünscht; **Anlamı**: her şeyin bedeli hemen ödenmeli]

sein wahres Gesicht zeigen[1] *(wörtl: gerçek yüzünü göstermek)* ***fig*** maskesini atmak *(wörtl: seine Maske wegwerfen)* [**Bedeutung**: seine eigentliche Gesinnung, seinen wirklichen Charakter offenbaren, sich nicht mehr verstellen; **Anlamı**: amaçlarını gizlemesini bilen kimse, bu tutumunu bırakarak gerçek kişiliğini ve amaçlarını açığa vurmak]

sein wahres Gesicht zeigen[2] *(wörtl: gerçek yüzünü göstermek)* ***fig*** maskesini düşürmek *(wörtl: jemanden demaskieren)* ***fig*** maskesi düşmek *(wörtl: jemandem fällt die Maske hin)* [**Bedeutung**: den wahren Charakter von jemadem erkennen lassen; **Anlamı**: gerçek niyetini, gizli amaçlarını, gerçek kişiliğini ortaya çıkarmak]

wahren korumak

den Schein/Anschein wahren *(wörtl: görünüşü korumak)* ***fig*** görünüşü/zevahiri kurtarmak *(wörtl: den Schein/Anschein retten)* [**Bedeutung**: vorgeben, dass alles in Ordnung ist; **Anlamı**: bir işi gereğince değil, yapılıyor dedirtmek için üstünkörü bir biçimde yapmak, yapıyor görünmek]

um den Schein zu wahren *(wörtl: görünüşü korumak için)* ***fig*** dostlar alışverişte görsünler (diye) *(wörtl: (damit) die Freunde einen beim Einkaufen sehen)* [**Bedeutung**: um den bestehenden falschen Eindruck aufrechtzuerhalten; **Anlamı**: gösteriş olsun, iş görüyor densin (diye)]

währen sürmek

was lange währt, wird endlich gut *(wörtl: uzun süren, sonunda iyi olur)* ***fig*** sabrın sonu selamettir *(wörtl: das Ende der Geduld ist das Wohl(ergehen/am Ende der Geduld wartet der Segen)* [**Bedeutung**: Geduld führt zum Erfolg; **Anlamı**: sabreden başarıya ulaşır]

wahr gerçek

das kann/darf (doch) nicht wahr sein! *(wörtl: bu, gerçek olamaz!)* ***fig*** olamaz! *(wörtl: das kann nicht sein!)* [**Bedeutung**: Ausruf der Verwunderung, des Entsetzens, usw.; **Anlamı**: hayret, şaşırma bildiren söz]

Wahrheit gerçek

die Wahrheit stirbt im Krieg zuerst ***fig*** savaşta önce gerçekler ölür [**Bedeutung**: das erste Opfer des Krieges ist die Wahrheit; **Anlamı**: savaşın ilk kurbanı gerçeklerdir; savaşan taraflar doğruyu söylemezler]

Kindermund tut Wahrheit kund *(wörtl: çocuk ağzı gerçeği söyler)* ***fig*** çocuktan al haberi *(wörtl: bekomme die Nachricht vom Kind)* [**Bedeutung**: Kinder äußern sich direkter als Erwachsene; **Anlamı**: çocuk herşeyi olduğu gibi anlatır; haberin doğrusu çocuktan alınır]

467

wer die Wahrheit sagt, braucht ein schnelles Pferd *(wörtl: doğru söyleyenin hızlı bir ata ihtiyacı vardır)* *fig* doğru söyleyeni dokuz köyden kovarlar *(wörtl: wer die Wahrheit sagt, den jagt man aus neun Dörfern)* [Bedeutung: auch wenn es wahr ist, will man es nicht hören, weil es unbequem ist; Anlamı: doğru olmakla birlikte başkalarının işine gelmeyen söz, sözü söyleyenin sevilmediğini anlatır]

wer einmal lügt, dem glaubt man nicht, und wenn er auch die Wahrheit spricht *(wörtl: bir kez yalan söyleyen, gerçeği söylese de artık kimse ona inanmaz)* *fig* adam adamı bir kere aldatır *(wörtl: Mann betrügt Mann (nur) einmal)* *fig* adı çıkmış dokuza, inmez sekize *(wörtl: sein Ruf ist auf neun gestiegen und steigt nicht mehr auf acht herunter)* *fig* bir yalancının evi yanmış, kimse inanmamış *(wörtl: das Haus eines Lügners ist abgebrannt, niemand hat es geglaubt)* [Bedeutung: eine Lüge kann die Glaubwürdigkeit dauerhaft zerstören; Anlamı: birinin bir kere adı çıktıktan sonra onun hakkındaki yaygın inanç kolay kolay düzelemez; yalan söylemeyi huy edinen kimsenin sözlerine, gerçeği söylediği zaman bile inanılmaz]

Wald orman

den Wald vor lauter Bäumen nicht sehen *(wörtl: ağaçlardan ormanı görmemek)* *fig* bakar kör olmak *(wörtl: ein schauender Blinder sein)* [Bedeutung: etwas eigentlich Offensichtliches übersehen; Anlamı: gözleri sağlam göründüğü hâlde görmemek]

der kommt nimmer in den Wald, der jeden Strauch fürchtet *(wörtl: her çalıdan korkan hiç bir zaman ormana girmez)* *fig* korkak bezirgân ne kâr eder ne zarar/ziyan *(wörtl: der ängstliche Händler macht weder Gewinn noch Verlust)* *fig* arının dikenini görüp balından el çekmek *(wörtl: den Stachel der Biene sehen und auf Honig verzichten)* [Bedeutung: wer nicht wagt, einen Einsatz zu riskieren, der hat keine Aussicht auf einen Gewinn; Anlamı: iş yapmaya korkan tüccar, kendisini zarardan korur ancak kazanç da sağlayamaz]

Holz in den Wald tragen *(wörtl: ormana odun taşımak)* *fig* ırmak kenarına çeşme yapmak *(wörtl: einen Brunnen in Flussnähe bauen)* [Bedeutung: etwas Sinnloses tun; Anlamı: anlamı olmayan iş yapmak]

wie man in den Wald hineinruft, so schallt es heraus *(wörtl: ormanın içine nasıl bağırırsan öyle akseder)* *fig* el elden kalmaz, dil dilden kalmaz *(wörtl: die Hand bleibt nicht bei der Hand, die Zunge bleibt nicht bei der Zunge)* [Bedeutung: so wie man sich anderen gegenüber verhält, so verhalten diese sich zu einem; Anlamı: bir kişi başkasına vurursa o da ona vurur, başkasına kötü söz söylerse diğeri de kendisine kötü söz söyler]

Wand duvar

den Teufel an die Wand malen *(wörtl: şeytanın resmini duvara çizmek)* *fig* çirkefe taş atmak *(wörtl: dem Luder mit Steinen bewerfen)* *fig* belayı satın almak *(wörtl: das Unheil kaufen)* [Bedeutung: Unheil heraufbeschwören; das Schlimmste befürchten; Anlamı: sıkıntılı, içinden çıkılması güç durumu kendi davranışıyla yaratmak; göre göre belayı üstüne çekmek; kötülüğü, edepsizliği bilinen bir kimsenin saldırısına yol açmak]

die Wände haben Ohren *(wörtl: duvarların kulakları var)* *fig* yerin kulağı var *(wörtl: der Boden hat ein Ohr)* [**Bedeutung**: man wird belauscht; **Anlamı**: gizli konuşulan bir şey başkalarınca duyulabilir]

die Wände hochgehen *(wörtl: duvarlara çıkmak)* *fig* küplere binmek *(wörtl: auf Tongefäße reiten/auf Tongefäße steigen)* [**Bedeutung**: sehr wütend werden; sehr zornig werden; **Anlamı**: çok öfkelenmek]

gegen eine Wand/Mauer reden *(wörtl: duvara karşı konuşmak)* *fig* laf anlatamamak *fig* sözün ardı boşa çıkmak *(wörtl: nach dem Wort geht es leer aus)* [**Bedeutung**: vergeblich auf jemanden durch Reden einzuwirken suchen; **Anlamı**: söz önemli sonuca ulaşmamak]

mal den Teufel nicht an die Wand! *(wörtl: şeytanın resmini duvara çizme!)* *fig* çirkefe taş atma, üstüne sıçrar *(wörtl: bewerfe das Luder nicht mit Steinen, sonst springt es dich an)* *fig* ağzını hayra aç! *(wörtl: mach deinen Mund für eine Wohltat auf!)* [**Bedeutung**: beschwöre nicht das Böse; **Anlamı**: kötü olasılıklar söz konusu olduğunda Tanrı korusun anlamında kullanılan söz]

mit dem Kopf durch die Wand (rennen) wollen *(wörtl: başıyla duvardan geçmek istemek)* *fig* kafasının dikine gitmek *(wörtl: dem Kopf nach gehen)* *fig* başının

dikine/doğrusuna gitmek *(wörtl: dem Kopf nach gehen)* *fig* burnunun dikine/doğrusuna gitmek *(wörtl: der Nase nach gehen)* [**Bedeutung**: sich um jeden Preis durchsetzen wollen; **Anlamı**: öğüt dinlemeyerek kendi bildiğini yapmak]

mit dem Rücken zur Wand[2] *(wörtl: arkası duvara dayalı)* *fig* arkası mihrapta *(wörtl: sein Rücken ist in der Gebetnische)* [**Bedeutung**: aus sicherer Position; **Anlamı**: güçlü bir kimseye veya sağlam bir şeye dayanmış bulunmak]

Ware mal

jeder Krämer lobt seine Ware *(wörtl: her bakkal kendi malını över)* *fig* kimse ayranım ekşi demez *(wörtl: niemand würde sagen, dass sein Ayran sauer ist)* [**Bedeutung**: was zu sehr angepriesen wird, sollte man mit Vorsicht genießen; **Anlamı**: herkes kendi malını, yaptığı işi över]

warm sıcak

mit jemandem warm werden *(wörtl: biriyle sıcaklaşmak)* *fig* birine kanı kaynamak *(wörtl: sein Blut kocht für jemanden)* [**Bedeutung**: mit jemandem vertraut werden; **Anlamı**: birine yakınlık duyumsamak]

weggehen wie warme Semmeln *(wörtl: küçük sıcak ekmek gibi gitmek)* *fig* peynir ekmek gibi gitmek *(wörtl: weggehen wie Käse und Brot)* [**Bedeutung**: gut verkauft werden; **Anlamı**: revaçta olup çok satılmak]

warten beklemek

warten bis man schwarz wird
(wörtl: siyahlaşıncaya kadar beklemek) **fig** yârin köşesini beklemek *(wörtl: auf die Ecke seiner Geliebten warten)*
[**Bedeutung**: vergeblich warten; **Anlamı**: boşuna beklemek]

warten, dass einem die gebratenen Tauben in den Mund fliegen *(wörtl: kızartılmış güvercinlerin ağzına uçmasını beklemek)* **fig** armut piş ağzıma düş *(wörtl: brat, Birne, und fall in meinen Mund hinein)*
[**Bedeutung**: unrealistische Träume von einem angenehmen Leben haben; **Anlamı**: bir işe emek harcamadan onun kendiliğinden olmasını beklemek]

da kannst du lange warten! *(wörtl: daha çok beklersin!)* **fig** bekle yârin köşesini *(wörtl: warte auf die Ecke deiner Geliebten)* **fig** ölme eşeğim ölme! *(wörtl: stirb nicht, mein Esel, stirb nicht)*
[**Bedeutung**: dein Warten wird vergeblich sein; **Anlamı**: istediğin kadar bekle, beklediğin gerçekleşmeyecektir]

---

warum niçin

warum in die Ferne schweifen, wenn das Gute liegt so nah? *(wörtl: iyi şeyler bukadar yakındayken niçin uzaklara gidilir?)* **fig** Dimyat'a pirince giderken evdeki bulgurdan olmak *(wörtl: die Weizengrütze zu Hause loswerden, während man für Reis nach Damiette fährt)*
[**Bedeutung**: man muss nicht unbedingt ın ferne Länder reisen, wenn es in der Heimat schöne Ecken gibt; sagt man, wenn man das Naheliegende tun will; **Anlamı**: yakında olanı kullanıp uzaklara gitmeye gerek yoktur]

was ne

was alle trifft, erträgt man leicht *(wörtl: herkesi ilgilendirene daha kolay katlanılır)* **fig** el ile gelen düğün bayram *(wörtl: wer mit anderen kommt, für ihn ist es ein Fest)*
[**Bedeutung**: wenn alle das Problem haben, ist es leichter zu ertragen, als wenn man es alleine hat; **Anlamı**: herkese birden gelen sıkıntıya katlanmak, sadece bir kişiye gelene katlanmaktan daha kolaydır]

was dem einen seine Eule ist, ist dem anderen seine Nachtigall *(wörtl: baykuşu birine ne ise bülbülü de diğerine odur)* **fig** kahpe felek, kimine kavun yedirir, kimine kelek *(wörtl: das gemeine Glück gibt einem die (reife) Honigmelone, dem anderen die unreife Honigmelone)*
[**Bedeutung**: eine Situation, die für einen günstig ist, bringt für den anderen Nachteile; jeder hat seinen eigenen Standpunkt, seine subjektive Wahrnehmung; **Anlamı**: alın yazısının insanlara eşit davranmadığını anlatan söz; birinin yararlanması için hazırlanan bir şeyin o kimseye değil de hiç akla gelmeyen bir başka kimseye kısmet olması]

was der Bauer nicht kennt, frisst er nicht *(wörtl: köylü bilmediği şeyi yemez)* kargadan başka kuş tanımam *(wörtl: ich kenne keinen anderen Vogel als die Krähe)*
[**Bedeutung**: jemand ist Neuem gegenüber nicht aufgeschlossen; jemand ist konservativ; **Anlamı**: birinin tutumu yeniliklere karşıdır; biri tutucudur]

was du heute kannst besorgen, das verschiebe nicht auf morgen *(wörtl: bugün tedarik edebileceğini yarına bırakma)* **fig** bugünkü işini yarına bırakma *(wörtl: lass die heutige*

470

Arbeit nicht für morgen) fig akşamın işini sabaha/yarına bırakma *(wörtl: lass die Arbeit von abends nicht auf morgen verschieben)* [**Bedeutung**: man sollte notwendige Arbeiten gleich erledigen und nicht verschieben; **Anlamı**: bugün yapabileceğin işi hemen yap, yarına bırakma]

was du nicht willst, dass man dir tu, das füg auch keinem anderen zu *(wörtl: sana yapılmak istemeyeni, başkasına yapma) fig* sırça köşkte oturan komşusuna taş atmamalı *(wörtl: der im Glasschlösschen wohnt, sollte nicht seinem Nachbarn mit Steinen bewerfen)* [**Bedeutung**: beachte bei deinem Handeln, dass du anderen nicht zumutest, was du selbst als unangenehm, empfinden würdest; **Anlamı**: insan kendinde herhangi bir kusur varken başkalarını aynı kusurla suçlamamalıdır]

was du säst, wirst du ernten *fig* ne ekersen onu biçersin *(wörtl: was du säst, wirst du ernten) fig* ne doğrarsan aşına, o çıkar karşına/kaşığına *(wörtl: was du ins Essen zerstückelst, es begegnet dich/es kommt auf deinen Löffel)* [**Bedeutung**: so wie du dich verhältst, wird man dich behandeln; **Anlamı**: nasıl davranırsan öyle karşılık görürsün]

was geht dich das an? *fig* tasası sana mı düştü? *(wörtl: ist die Sorge dafür auf dich gefallen)* [**Bedeutung**: das geht dich überhaupt nichts an; **Anlamı**: seni ilgilendiren bir iş değil; canını üzme]

was Hänschen nicht lernt, lernt Hans nimmermehr *(wörtl: Hänschen'in öğrenmediğini Hans artık hiç öğrenmez) fig* ağaç yaşken

eğilir *(wörtl: wenn der Baum feucht ist, biegt er sich)* [**Bedeutung**: was man in jungen Jahren nicht lernt, lernt man als Erwachsener erst recht nicht; **Anlamı**: insanlar küçük yaşta kolay eğitilir]

was hast du damit zu schaffen? *(wörtl: senin onunla ne alacağın vereceğin var?) fig* abacı kebeci (ara yerde) sen neci? *(wörtl: Filzer, Gerber, und (dazwischen) was bist du für einer?)* [**Bedeutung**: was hast du mit der Sache zu tun?; **Anlamı**: seni ilgilendirmeyen işe ne karışıyorsun?]

was ich nicht weiß, macht mich nicht heiß *(wörtl: bilmediğim şey beni ırgalamaz) fig* göz görmeyince gönül katlanır *(wörtl: wenn das Auge es nicht sieht, dann hält das Herz es aus)* [**Bedeutung**: was ich nicht weiß, interessiert mich auch nicht; **Anlamı**: yakınımızda bulunmayan özlemine, acısına daha kolay dayanabiliriz]

was kommt, das kommt *(wörtl: gelecek olan gelir) fig* akacak kan damarda durmaz *(wörtl: das fließende Blut hält nicht im Blutgefäß) fig* iş olacağına varır *(wörtl: die Sache erreicht ihr Werden)* [**Bedeutung**: etwas ist unabwendbar; **Anlamı**: kişi alın yazısında olanla kesinlikle karşılaşır; olacak olur]

was kümmert es den Mond, wenn der Hund ihn anbellt *(wörtl: köpek aya havladığında havlaması aya vız gelir) fig* tavşan dağa küsmüşse dağın haberi olmamış *(wörtl: wenn der Hase dem Berg böse war, hat der Berg es nicht gewusst)* [**Bedeutung**: was kümmert es mich, wenn sich andere Menschen über mich ärgern; **Anlamı**: önemsiz kişi önemli kişiye küsse önemli kişinin umurunda bile olmaz]

was lange währt, wird endlich gut *(wörtl: uzun süren, sonunda iyi olur)* *fig* sabrın sonu selamettir *(wörtl: das Ende der Geduld ist das Wohl(ergehen/am Ende der Geduld wartet der Segen)* [**Bedeutung**: Geduld führt zum Erfolg; **Anlamı**: sabreden başarıya ulaşır]

was man in der Wiege lernt, das bleibt (bis zum Grabe) *(wörtl: beşikte öğrenilen, (mezara kadar) kalır)* *fig* beşikte giren mezarda çıkar *(wörtl: das, was in der Wiege eintritt, geht im Grab heraus)* *fig* sütle giren huy, canla çıkar *(wörtl: Angewohnheiten, die mit der Milch eintreten, treten mit dem Leben (wieder) heraus)* [**Bedeutung**: was man jung lernt, das bleibt; **Anlamı**: kişinin küçükken edindiği huy, ölünceye değin sürer]

was man nicht im Kopf hat, hat man in den Beinen *(wörtl: kafasında değilse bacaklarındadır)* *fig* akılsız başın cezasını ayak çeker *(wörtl: die Strafe für den unklugen Kopf verbüßt der Fuß)* *fig* akılsız iti yol kocatır *(wörtl: den unklugen Köter macht der Weg älter)* *fig* akla gelmeyen başa gelir *(wörtl: das, was nicht in den Verstand kommt, kommt in den Kopf)* [**Bedeutung**: wer etwas vergisst, muss zurückgehen, um dasVergessene zu holen; **Anlamı**: bir şeyi unutan kişi unuttuğu şeyi gidip almak için sonuca katılır]

was muss, das muss *(wörtl: ne zorunluysa o zorunlu)* *fig* başa gelen çekilir *(wörtl: was in den Kopf kommt, wird angenommen)* [**Bedeutung**: was getan werden muss, das muss getan werden, auch

wenn es einem schwer fällt; **Anlamı**: çaresiz durumlara düşüldüğünde insanın kendini üzüntüye kaptırmayıp bu durumlara katlanmasının olağan ve doğru bulunması]

was sich liebt, das neckt sich *(wörtl: sevenler, cilveleşir/birbirlerine takılırlar)* *fig* kişi sevdiğine naz eder *(wörtl: die Person neckt die, die sie liebt)* [**Bedeutung**: gegenseitiges Necken ist oft ein Zeichen von Verliebtheit; **Anlamı**: insanlar, sevdiklerini kızdırmaktan hoşlanırlar, zevk alırlar]

was will man mehr? *(wörtl: başka ne istenir ki?)* *fig* bundan iyisi can sağlığı *(wörtl: besser als das ist die Gesundheit)* [**Bedeutung**: das ist genug; damit kann man zufrieden sein; **Anlamı**: bundan daha iyisi olamaz]

was wir gewohnt sind, klebt uns an *(wörtl: alışmış olduğumuz şey, bize yapışır)* *fig* huylu huyundan vazgeçmez *(wörtl: der an etwas Gewöhnte kann auf seine Gewohnheiten nicht verzichten)* [**Bedeutung**: nicht anders handeln können; unbedingt so handeln müssen; **Anlamı**: bir huy edinmiş olan kişiyi bu huyundan vazgeçirmek imkânsızdır]

Wäsche çamaşır

dumm aus der Wäsche gucken *(wörtl: çamaşırın içinden aptal aptal bakmak)* *fig* bön bön bakmak *(wörtl: verblüfft gucken)* *fig* afal afal bakmak *(wörtl: verblüfft gucken)* [**Bedeutung**: verdutzt schauen; verblüfft gucken; **Anlamı**: bir şey anlamaz biçimde bakmak; şaşkın şaşkın bakmak]

schmutzige Wäsche (vor anderen Leuten) waschen *(wörtl: başkalarının önünde kirli çamaşır yıkamak) fig* kirli çamaşırlarını ortaya dökmek *(wörtl: die schmutzige Wäsche auslegen)* [**Bedeutung**: öffentlich über die Missetaten anderer reden; **Anlamı**: kimsenin bilmediği utanılacak şeyleri açığa vurmak]

---

waschen yıkamak

eine Hand wäscht die andere *(wörtl: bir el öteki eli yıkar) fig* bir el bir eli yıkar, iki el bir yüzü yıkar *(wörtl: eine Hand wäscht die eine Hand, zwei Hände waschen das Gesicht) fig* ada bana, adayım sana *(wörtl: gelobst du mir, so gelobe ich dir)* [**Bedeutung**: man hilft sich gegenseitig zum beiderseitigen Vorteil; **Anlamı**: insan, kendisi uğruna özveride bulunan kimseye aynı özveriyi gösterir; bazı durumlarda yardımlaşmasız iş yapılamaz]

einen Mohren weißwaschen wollen *(wörtl: zenciyi yıkamakla beyazlatmak istemek) fig* zenci yüzü yıkamakla ağarmaz *(wörtl: das Gesicht eines Mohren wird nicht durch Waschen weißer) fig* karaya sabun, deliye öğüt neylesin *(wörtl: Seife für das Schwarze, Ratschlag für den Irren, was bringt das) fig* deveye hendek atlatmak *(wörtl: das Kamel über den Graben springen lassen)* [**Bedeutung**: Unmögliches versuchen; **Anlamı**: birine yapamayacağı önceden bilinen bir işi yaptırmaya çalışmak]

jemandem den Kopf/die Kappe waschen *(wörtl: birinin başını/takkesini yıkamak) fig* birine fırça çekmek *(wörtl: jemanden abbürsten) fig* birine zılgıt vermek *(wörtl: Rüffel erteilen) fig* birine haddini bildirmek[1] *(wörtl: jemandem seine Grenzen mitteilen) fig* kuyruğunu tava sapına çevirmek *(wörtl: jemandem den Schwanz in einen Pfannengriff verwandeln)* [**Bedeutung**: jemanden tadeln, rügen, zurechtweisen; jemanden scharf zurechtweisen; **Anlamı**: birine çıkışmak; birini azarlamak, uzun uzun paylamak; sert bir karşılıkla uslandırmak]

sich die Hände in Unschuld waschen *(wörtl: ellerimi masumiyetle yıkıyorum) fig* günah benden gitti demek *(wörtl; die Sünde hat mich verlassen)* [**Bedeutung**: jede Schuld weit von sich weisen; **Anlamı**: bundan sonrası için sorumlu değilim]

schmutzige Wäsche (vor anderen Leuten) waschen *(wörtl: başkalarının önünde kirli çamaşır yıkamak) fig* kirli çamaşırlarını ortaya dökmek *(wörtl: die schmutzige Wäsche auslegen)* [**Bedeutung**: öffentlich über die Missetaten anderer reden; **Anlamı**: kimsenin bilmediği utanılacak şeyleri açığa vurmak]

Wasser su

Wasser auf jemandes Mühle gießen *(wörtl: bir kimsenin değirmenine su dökmek) fig* ekmeğine yağ sürmek *(wörtl: Butter auf sein Brot streichen)* [**Bedeutung**: jemanden ungewollt unterstützen; **Anlamı**: istemediği hâlde birinin işine yarayacak biçimde davranmak]

Wasser auf jemandes Mühle leiten *(wörtl: bir kimsenin değirmenine su iletmek) fig* ekmeğine yağ sürmek *(wörtl: Butter auf sein Brot streichen)* [**Bedeutung**: jemanden ungewollt unterstützen; **Anlamı**: istemediği hâlde birinin işine yarayacak biçimde davranmak]

Wasser auf jemandes Mühle tragen *(wörtl: bir kimsenin değirmenine su taşımak) fig* ekmeğine yağ sürmek *(wörtl: Butter auf sein Brot streichen)* [**Bedeutung**: jemanden ungewollt unterstützen; **Anlamı**: istemediği hâlde birinin işine yarayacak biçimde davranmak]

Wasser hat keine Balken *(wörtl: suyun mertekleri yoktur) fig* suyu bardakta, gemiyi duvarda seyretmeli *(wörtl: das Wasser soll man im Glas, das Schiff an der Wand anschauen)* [**Bedeutung**: Wasser ist gefährlich, man kann ertrinken; **Anlamı**: deniz tehlikelidir, insan boğulabilir]

Wasser in den Rhein tragen *(wörtl: Ren nehrine su taşımak) fig* ırmak kenarına çeşme yapmak *(wörtl: einen Brunnen in Flussnähe bauen)* [**Bedeutung**: etwas Sinnloses tun; **Anlamı**: anlamı olmayan iş yapmak]

Wasser ins Meer tragen *(wörtl: denize su taşımak) fig* ırmak kenarına çeşme yapmak *(wörtl: einen Brunnen in Flussnähe bauen)* [**Bedeutung**: etwas Sinnloses tun; **Anlamı**: anlamı olmayan iş yapmak]

Blut ist dicker als Wasser *(wörtl: kan, sudan kalındır) fig* etle tırnak arasına girilmez *(wörtl: zwischen Fleisch und Nägeln soll man nicht geraten) fig* et tırnaktan ayrılmaz *(wörtl: das Fleisch trennt sich nicht vom Fingernagel)* [**Bedeutung**: verwandschaftliche Verbindungen sind stärker als andere; **Anlamı**: akrabalar arasındaki

bağ, aralarında ne kadar anlaşmazlık çıkarsa çıksın, kolay kolay kopmaz; aile bağları, başka bağ ve ilişkilerden çok daha kuvvetlidir]

Blut und Wasser schwitzen *(wörtl: kan ve su terlemek) fig* anasından emdiği süt burnundan gelmek *(wörtl: die Milch, die er bei seiner Mutter gesaugt hat, kommt ihm durch die Nase heraus)* [**Bedeutung**: sich bis zum Äußersten anstrengen; große Angst vor einem Misserfolg haben; **Anlamı**: bir işi yaparken çok sıkıntı çekmek; eziyete katlanmak]

das Wasser bis zum Hals stehen haben *(wörtl: boynuna kadar su içinde olmak) fig* girtlağına kadar borç içinde olmak *(wörtl: bis zur Kehle in Schulden sein)* [**Bedeutung**: kurz vor dem Ruin sein; **Anlamı**: borca batık olmak]

ein Schlag ins Wasser *(wörtl: suya bir darbe) fig* gemisi şapa oturmak *(wörtl: sein Schiff setzt sich in den Alaun) fig* fiyasko [**Bedeutung**: ein totaler Fehlschlag; ein Misserfolg; **Anlamı**: bir girişimde başarısız sonuç; iş, düzelemeyecek kadar bozulmak]

ins Wasser fallen *fig* suya düşmek [**Bedeutung**: ausfallen, misslingen; nicht stattfinden; **Anlamı**: gerçekleşme olasılığı kalmamak]

hier wird auch nur mit Wasser gekocht *(wörtl: burada da sıcak su ile yemek pişirilir) fig* okka her yerde dört yüz dirhem *(wörtl: die Okka ist überall vierhundert Dirhem)* [**Bedeutung**: hier geht es auch nicht anders zu als überall; **Anlamı**: gerçek her yerde aynıdır]

jemandem das Wasser abgraben *(wörtl: birinin suyunu kazarak* *almak) fig* ciğerini sökmek *(wörtl: jemandem die Leber herausnehmen) fig* canevinden vurmak *(wörtl: am Seelenhaus treffen)* [Bedeutung: jemanden seiner Wirkungsmöglichkeiten berauben; jemandem die Existenzgrundlage nehmen; Anlamı: bir kimseyi çok büyük zararlara uğratmak]

jemandem nicht das Wasser reichen können *(wörtl:birine suyu ikram edememek) fig* birinin ayağının pabucu olamamak *(wörtl: nicht der Schuh zu jemandes Fuß sein können) fig* birinin eline su dökemez olmak *(wörtl: nicht in der Lage sein, jemandem Wasser in die Hand zu gießen)* [Bedeutung: nicht die gleiche Leistung bringen können; nicht an die Qualität heranreichen können; Anlamı: değerce çok aşağı olmak; değerce çok geride olmak]

mit allen Wassern gewaschen sein[1] *(wörtl: her suyla yıkanmış olmak) fig* suya götürüp susuz getirmek *(wörtl: zum Wasser hinbringen und ohne Wasser herbringen)* [Bedeutung: sehr gerissen sein, alle Tricks kennen; Anlamı: herhangi bir işte akıl, zekâ, deneyim ve kurnazlıkta bir değerini alt etmek]

mit allen Wassern gewaschen sein[2] *(wörtl: bütün sularla yıkanmış olmak) fig* feleğin çemberinden geçmiş olmak *(wörtl: durch das Himmelsgewölbe gegangen sein)* [Bedeutung: erfahren, raffiniert, schlau sein; Anlamı: hayatta acı tatlı günler görmüş olmak, olgunlaşmış, deneyim kazanmış olmak]

mit einem Sieb Wasser schöpfen *(wörtl: kalburla/süzgeçle su almak) fig* kalburla su taşımak *(wörtl: mit einem Sieb Wasser tragen)*

[Bedeutung: sich vergeblich abmühen; sich umsonst anstrengen; Anlamı: verimsiz, sonuçsuz bir işle uğraşmak; boşuna çaba göstermek]

nahe am Wasser gebaut haben *(wörtl: suya yakın inşa etmiş olmak) fig* sulu göz(lü) olmak *(wörtl: wässrige Augen haben)* [Bedeutung: jemand fängt schnell an zu weinen; Anlamı: çok önemsiz olaylarda bile gözyaşlarını tutamayan, çabuk ağlayan kimse]

öffentlich Wasser predigen und heimlich Wein trinken *(wörtl: âlenen su telkin edip gizlice şarap içmek) fig* âleme/ele verir talkını/telkini, kendi yutar salkımı *(wörtl: den Leuten hält er ein Grabgebet, selbst verschlingt er die Trauben/Traubendolde)* [Bedeutung: von anderer Enthaltsamkeit fordern, aber selbst verschwenderisch leben; Anlamı: kendisinin inanmadığı öğütleri başkalarına kolayca verir]

Rotz und Wasser heulen *(wörtl: sümük ve su ulumak) fig* hüngür hüngür ağlamak *(wörtl: laut und schluchzend weinen)* [Bedeutung: heftig weinen; Anlamı: yüksek sesle ve hıçkıra hıçkıra ağlamak]

sich über Wasser halten *(wörtl: suyun üstünde durmak) fig* geçinip gitmek *(wörtl: auskommen und laufen)* [Bedeutung: seine eigene Existenz (in wirtschaftlicher Hinsicht) erhalten; Anlamı: orta halli de olsa yaşamını sürdürmek]

stille Wasser sind tief *(wörtl: durgun sular derindir) fig* yavaş atın tekmesi yavuz olur *(wörtl: der Tritt des langsamen Pferdes/Gauls ist hart) fig* adamın yere bakanından, suyun yavaş akanından kork *(wörtl: hab Angst vor dem Mann, der auf den Boden blickt und vor dem Wasser, das langsam fließt)* [**Bedeutung**: schüchterne und zurückhaltende Menschen stehen nicht gerne im Mittelpunkt, häufig können sie mehr als man ihnen zutraut; **Anlamı**: yumuşak huylu kimseler öfkelendiklerinde aşırı davranışlarda bulunurlar]

jemandem läuft das Wasser im Mund(e) zusammen *fig* ağzının suyu akmak *(wörtl: ihm läuft das Wasser im Mund zusammen)* [**Bedeutung**: jemand bekommt großen Appetit; **Anlamı**: çok beğenip istemek]

wie ein Fisch im Wasser *(wörtl: suda balık gibi)* *fig* keyfi yerinde *(wörtl: jemandes Wohlbefinden ist am Ort)* [**Bedeutung**: sich sehr wohl fühlen; **Anlamı**: neşesi, sağlığı yerinde]

wie Feuer und Wasser *(wörtl: ateş ve su gibi)* *fig* ikisini bir kazana koysalar kaynamazlar *(wörtl: wenn man sie zusammen in einen Kessel setzt, kochen sie nicht)* [**Bedeutung**: unvereinbar; nicht zusammenpassend; **Anlamı**: aralarındaki anlaşmazlık o kadar büyük ki onları uzlaştırma çaresi bulunamaz]

Wasserglas su bardağı

Sturm im Wasserglas *(wörtl: su bardağında fırtına)* *fig* bir bardak suda fırtına *(wörtl: Sturm in einem Glas)* [**Bedeutung**: große Aufregung um eine ganz nichtige Sache; **Anlamı**: önemsiz, küçük bir sorunu büyütme]

wechseln değiştirmek

etwas wechseln wie das Hemd *(wörtl: bir şeyi, gömlek değiştirir gibi değiştirmek)* *fig* gömlek değiştirir gibi değiştirmek *(wörtl: wechseln, wie man ein Hemd wechselt)* [**Bedeutung**: etwas sehr häufig wechseln; **Anlamı**: bir şeyi çok sık değiştirmek]

mitten im Fluss/Strom soll man nicht die Pferde wechseln *(wörtl: ırmağın/akıntının ortasında atlar değiştirilmez)* *fig* ırmağı geçerken at değiştirilmez *(wörtl: beim Überqueren des Flusses wechselt man die Pferde nicht)* *fig* çayı geçerken at değiştirilmez *(wörtl: beim Überqueren des Baches wechselt man die Pferde nicht)* [**Bedeutung**: es ist riskant ein eingespieltes Team durch ein anderes zu ersetzen, bevor das Ziel erreicht ist; **Anlamı**: hedefe erişmeden bir yöntemden başka bir yönteme geçmek tehlikelidir]

wecken uyandırmak

schlafende Hunde/Löwen wecken *(wörtl: uyuyan köpekleri/aslanları uyandırmak)* *fig* uyuyan yılanın kuyruğuna basmak *(wörtl: der schlafenden Schlange auf den Schwanz treten)* [**Bedeutung**: die Gefahr selbst herbeiführen; **Anlamı**: kötü bir kimsenin; yeniden kötülük yapmasına fırsat vermek]

Weg yol

auf halbem Weg(e) stecken bleiben *(wörtl: yarı yolda kalmak)* *fig* yarıda kalmak *(wörtl: bei der Hälfte bleiben)* [**Bedeutung**: nicht zum Abschluss kommen; nicht fertig werden; **Anlamı**: tamamlanmamak; bitmemek]

aus dem Weg gehen *(wörtl: yolundan çıkmak)* *fig* selamı sabahı kesmek[2] *(wörtl: den Gruß, den Morgen abschneiden)* [**Bedeutung**: den Kontakt abbrechen; **Anlamı**: her türlü ilişkisine son vermek]

da(ran) führt kein Weg vorbei *(wörtl: yanından başka yol geçmiyor)* *fig* başka çıkar yolu yok *(wörtl: es gibt keinen anderen Ausweg)* *fig* başka çaresi yok *(wörtl: es gibt keine andere Lösung)* [**Bedeutung**: es gibt keine andere Möglichkeit; **Anlamı**: başka bir olanak, seçenek yok]

den Weg allen Fleisches gehen *(wörtl: bütün et yolundan gitmek)* *fig* dünyaya gözlerini kapamak *(wörtl: der Welt die Augen schließen)* [**Bedeutung**: sterben; **Anlamı**: ölmek]

es führt kein Weg daran vorbei *(wörtl: yanından başka yol geçmiyor)* *fig* başka çıkar yolu yok *(wörtl: es gibt keinen anderen Ausweg)* [**Bedeutung**: es gibt keine andere Möglichkeit; **Anlamı**: başka bir olanak yok]

es führt/gibt kein Weg zurück *(wörtl: dönüş yok)* *fig* ölmek var, dönmek yok *(wörtl: man kann sterben, (aber) nicht mehr zurück)* [**Bedeutung**: es lässt sich nicht mehr rückgängig machen; das Begonnene muss fortgesetzt werden; **Anlamı**: neye mal olursa olsun bu iş yapılacak, yapınılmasından kaçınılmayacak]

sich auf den Weg machen *fig* yola koyulmak

[**Bedeutung**: aufbrechen; **Anlamı**: yola düzülmek]

wo ein Wille ist, ist auch ein Weg *(wörtl: iradenin olduğu yerde yol da vardır)* *fig* meramın elinden bir şey kurtulmaz *(wörtl: von der Hand des Wunsches kann sich nichts befreien)* *fig* âşığa Bağdat uzak değil *(wörtl: dem Verliebten ist Bagdad nicht weit)* *fig* çobanın gönlü olursa tekeden süt çıkarır *(wörtl: wenn der Hirte es will, kann er den Ziegenbock melken)* *fig* azimle yüce dağlar devrilir *(wörtl: mit Entschlossenheit kippen hohe Berge um)* [**Bedeutung**: wenn man etwas wirklich will, dann findet sich auch eine Lösung; mit einem starken Willen kann man viel erreichen; **Anlamı**: bir şeyi elde etmek için aşırı istekli olan kimseye, bu uğurda katlanacağı fedakârlıklar güç gelmez; kişi istediğinde olmayacak gibi görünen işlere çözüm yolu bulur]

weggehen gitmek

weggehen wie geschnitten Brot *(wörtl: kesilmiş ekmek gibi gitmek)* *fig* peynir ekmek gibi gitmek *(wörtl: weggehen wie Käse und Brot)* [**Bedeutung**: gut verkauft werden; **Anlamı**: revaçta olup çok satılmak]

weggehen wie warme Semmeln *(wörtl: küçük sıcak ekmek gibi gitmek)* *fig* peynir ekmek gibi gitmek *(wörtl: weggehen wie Käse und Brot)* [**Bedeutung**: gut verkauft werden; **Anlamı**: revaçta olup çık satılmak]

weich yumuşak

weiche Knie bekommen *(wörtl: dizleri gevşemek)* *fig* dizlerinin bağı çözülmek *(wörtl: das Band der Knie löst sich)*

[**Bedeutung**: mit einem Gefühl körperlicher Schwäche verbundene große Angst haben; **Anlamı**: korkudan ayakta duramayacak duruma gelmek]

eine weiche Birne haben *(wörtl: armutu yumuşak olmak) fig* aklı kıt olmak *(wörtl: einen beschränkten Verstand haben)* [**Bedeutung**: etwas beschränkt sein; nicht recht bei Verstand sein; **Anlamı**: budala olmak]

Weiche makas

die Weichen stellen *(wörtl: makasları ayarlamak) fig* yön vermek *(wörtl: die Richtung geben)* [**Bedeutung**: die künftige Richtung von etwas bestimmen; **Anlamı**: yeni bir biçim vermek; yeni bir düzen vermek]

Weihnachtsgans Noel kazı

ausnehmen wie eine Weihnachtsgans *(wörtl: Noel kazı gibi içini temizlemek) fig* soyup soğana çevirmek *(wörtl: schälen und zur Zwiebel umgestalten)* [**Bedeutung**: jemanden schamlos ausbeuten; **Anlamı**: hiçbir şey bırakmamacasına sozmak]

Weile zaman

Eile mit Weile *(wörtl: zamanla acele et) fig* ağır git ki yol alasın *(wörtl: gehe langsam damit du gut vorankommst) fig* acele işe şeytan karışır *(wörtl: in hastige Arbeit mischt sich der Teufel ein) fig* acele yürüyen yolda kalır *(wörtl: wer schnell geht, bleibt unterwegs stecken)* [**Bedeutung**: handele mit der gebotenen Eile, aber überstürze nichts; **Anlamı**: yolunda ilerlemek

istersen acele etmemelisin; düşünüp taşınmadan ivedi olarak yapılan işten iyi sonuç alınmaz]

Wein şarap

jemandem reinen Wein einschenken *(wörtl: birinin kadehine saf şarap doldurmak) fig* eğri oturup doğru konuşmak *(wörtl: sich schief hinsetzen und gerade reden)* [**Bedeutung**: jemandem uneingeschränkt die Wahrheit sagen; jemandem unverhohlen den wahren Sachverhalt mitteilen; **Anlamı**: durum ne olusa olsun, gerçeği söylemek]

öffentlich Wasser predigen und heimlich Wein trinken *(wörtl: âlenen su telkin edip gizlice şarap içmek) fig* âleme/ele verir talkını/telkini, kendi yutar salkımı *(wörtl: den Leuten hält er ein Grabgebet, selbst verschlingt er die Trauben/Traubendolde)* [**Bedeutung**: von anderer Enthaltsamkeit fordern, aber selbst verschwenderisch leben; **Anlamı**: kendisinin inanmadığı öğütleri başkalarına kolayca verir]

ohne Wein und Brot leidet Liebe Not *(wörtl: aşk, şarap ve ekmek olmadan sıkıntı çeker) fig* yoksulluk kapıdan girince, aşk pencereden kaçar *(wörtl: wenn die Armut durch die Tür kommt, flüchtet die Liebe durchs Fenster)* [**Bedeutung**: Liebe macht nicht satt; **Anlamı**: aşk, karın doyurmaz]

weinen ağlamak

mit einem lachenden und einem weinenden Auge *(wörtl: bir gülen ve bir ağlayan gözle) fig* güler misin, ağlar mısın *(wörtl: sollst du lachen oder weinen)*

478

[**Bedeutung**: teils erfreut, teils betrübt; mit gemischten Gefühlen; nicht wissen, ob man sich freuen soll oder traurig sein soll; **Anlamı**: hem gülünecek hem üzülecek nitelikteki şaşırtıcı olaylar karşısında söylenen söz]

nicht wissen, ob man lachen oder weinen soll *(wörtl: güler misin, ağlar mısın)* *fig* güler misin, ağlar mısın! *(wörtl: sollst du lachen oder weinen?)* [**Bedeutung**: teils erfreut, teils betrübt sein; sagt man, wenn man etwas mit gemischten Gefühlen betrachtet; **Anlamı**: hem gülünecek hem üzülecek bir olay karşısında söylenen söz]

soll ich lachen oder weinen? *(wörtl: güleyim mi, yoksa ağlayayım mı?)* *fig* güler misin, ağlar mısın! *(wörtl: sollst du lachen oder weinen?)* [**Bedeutung**: teils erfreut, teils betrübt sein; sagt man, wenn man etwas mit gemischten Gefühlen betrachtet; **Anlamı**: hem gülünecek hem üzülecek bir olay karşısında söylenen söz]

---

weise bilge

hundert Jahre und kein bisschen weiser *(wörtl: yüz yaşında ve birazıcık bilge değil)* *fig* akıl yaşta değil, baştadır *(wörtl: der Verstand liegt nicht im Alter, sondern im Kopf; die Klugheit ist nicht im Alter, sondern in der Vernunft begründet)* [**Bedeutung:** auch ältere Menschen machen Fehler; **Anlamı**: akıllı olmanın yaşla ilgisi yoktur]

je weiser, desto bescheidener *(wörtl: ne kadar bilge o kadar alçakgönüllü)* *fig* başak büyüdükçe boynunu eğer *(wörtl: je mehr die Ähre wächst, desto mehr krümmt sie

sich den Hals)* [**Bedeutung**: je reifer man wird, desto bescheidener wird man; **Anlamı**: insan olgunlaştıkça daha çok alçakgönüllü olur]

Weisheit bilgelik

glauben/meinen, die Weisheit mit Löffeln gefressen zu haben *(wörtl: bilgeliği kaşıkla yemiş olduğuna inanmak/olduğunu sanmak)* *fig* kendini fasulye gibi nimetten sanmak *(wörtl: glauben, dass er ein Segen wie eine Bohne ist)* [**Bedeutung**: sich für besonders intelligent halten; rechthaberisch sein; überheblich sein; **Anlamı**: kendini çok önemli biri gibi görmek]

meinen, die Weisheit für sich gepachtet zu haben *(wörtl: bilgeliği kiralamış olduğuna inanmak)* *fig* kendini fasulye gibi nimetten sanmak *(wörtl: glauben, dass er ein Segen wie eine Bohne ist)* [**Bedeutung**: sich für besonders intelligent halten; rechthaberisch sein; überheblich sein; **Anlamı**: kendini çok önemli biri gibi görmek]

Vorsicht ist die Mutter der Weisheit *(wörtl: dikkat, bilgeliğin anasıdır)* *fig* ayıyı görmektense çalıyı dolaşmak iyidir *(wörtl: statt dem Bären zu sehen/begegnen, ist es besser, einen Bogen, um den Busch zu machen)* *fig* itle dalaşmaktan çalıyı dolaşmak yeğdir *(wörtl: es ist besser, um den Busch herum zu gehen, als sich mit dem Hund anzulegen)* [**Bedeutung**: man sollte vorsichtig sein; **Anlamı**: dikkatli olmak gerekir]

---

weiß beyaz, ak, pak

die weiße Taube *(wört: beyaz güvercin)* *fig* zeytin dalı *(wörtl: der Olivenzweig)*

[Bedeutung: Symbol für den Frieden; **Anlamı**: barışın simgesi]

einen Mohren weißwaschen wollen *(wörtl: zenciyi yıkamakla beyazlatmak istemek) fig* zenci yüzü yıkamakla ağarmaz *(wörtl: das Gesicht eines Mohren wird nicht durch Waschen weißer)fig* karaya sabun, deliye öğüt neylesin *(wörtl: Seife für das Schwarze, Ratschlag für den Irren, was bringt das) fig* deveye hendek atlatmak *(wörtl: das Kamel über den Graben springen lassen)* [Bedeutung: Unmögliches versuchen; **Anlamı**: birine yapamayacağı önceden bilinen bir işi yaptırmaya çalışmak]

eine weiße Weste haben *(wörtl. yeleği pak olmak) fig* alnı açık yüzü pak olmak *(wörtl: eine offene Stirn, ein reines Gesicht haben)* [Bedeutung: nichts getan haben, was rechtlich nicht einwandfrei ist; **Anlamı**: çekinecek hiçbir durumu veya ayıbı olmamak]

Weißglut akkor

zur Weißglut bringen *(wörtl: birini akkora getirmek) fig* birini çileden çıkarmak *(wörtl: jemanden aus seiner Askese herausholen) fig* afyonunu patlatmak *(wörtl: das Opium zum Explodieren bringen) fig* zıvanadan çıkarmak *(wörtl: aus der Hülse herausnehmen)* [Bedeutung: sehr wütend machen; ärgern; **Anlamı**: sinirlendirmek; öfkelendirmek]

weit uzak, ileri

zu weit gehen *(wörtl: fazla ileri gitmek) fig* uzun etmek *(wörtl: lang machen)*

[Bedeutung: über das erträgliche Maß hinausgehen; **Anlamı**: aşırı gitmek]

Weizen buğday

die Spreu vom Weizen trennen *(wörtl: saman çöplerini buğdaydan ayırmak) fig* sapla samanı karıştırmamak *(wörtl: die Stiele und das Heu nicht verwechseln; die Halme und das Stroh nicht vermischen)* [Bedeutung: das Wertlose vom Wertvollem trennen; **Anlamı**: iyile kötüyü ayırmak]

Welle dalga

auf gleicher Welle liegen *(wörtl: aynı dalgada olmak) fig* kafa dengi olmak *(wörtl: Gleichgewicht des Kopfes sein)* [Bedeutung: sich gut verstehen; harmonisch zueinander passen; die gleichen Ansichten haben; **Anlamı**: görüş ve anlayışları birbirine uymak]

die Welle/Riesenwelle machen[1] *(wörtl: dalgayı/dev dalgayı yapmak) fig* dramatize etmek *(wörtl: dramatisieren)* [Bedeutung: etwas dramatisieren; **Anlamı**: bir olayı olduğundan daha acıklı, abartılı bir biçimde ortaya koymak]

die Welle/Riesenwelle machen[2] *(wörtl: dalgayı/dev dalgayı yapmak) fig* çalım satmak *(wörtl: Angeberei verkaufen) fig* üst perdeden konuşmak *(wörtl: am obersten Vorhang stehen und reden)* [Bedeutung: sich aufspielen; **Anlamı**: kurulup büyüklük taslamak; üstünlük taslayarak söz söylemek]

die Welle/Riesenwelle machen[3] *(wörtl: dalgayı/dev dalgayı yapmak)* *fig* gösteriş yapmak *(wörtl: Angeberei machen)* [**Bedeutung**: angeben; **Anlamı**: başkalarını aldatmak, şaşırtmak, korkutmak veya kendini beğendirmek için yapay davranmak]

Wellenlänge dalga boyu

auf gleicher Wellenlänge sein *(wörtl: aynı dalgada olmak) fig* kafa dengi olmak *(wörtl: Gleichgewicht des Kopfes sein) fig* dalga boyu aynı olmak [**Bedeutung**: sich gut verstehen; harmonisch zueinander passen; die gleichen Ansichten haben; **Anlamı**: görüş ve anlayışları birbirine uymak]

die gleiche Wellenlänge haben *(wörtl: aynı dalgada olmak) fig* kafa dengi olmak *(wörtl: Gleichgewicht des Kopfes sein) fig* dalga boyu aynı olmak [**Bedeutung**: sich gut verstehen; harmonisch zueinander passen; die gleichen Ansichten haben; **Anlamı**: görüş ve anlayışları birbirine uymak]

Welt dünya

am Arsch der Welt *(wörtl: dünyanın götünde) fig* cehennemin dibinde/bucağında *(wörtl: tief in der Hölle) fig* kör itin öldüğü yer *(wörtl: dort, wo der blinde Köter gestorben ist)* [**Bedeutung**: sehr abgelegen; **Anlamı**: çok uzak yer]

am Ende der Welt *(wörtl: dünyanın ucunda) fig* dünyanın öbür ucu *(wörtl: das andere Ende der Welt)* [**Bedeutung**: sehr weit entfernt; **Anlamı**: çok uzak bir yer]

auf die Welt kommen *fig* dünyaya gelmek [**Bedeutung**: geboren werden; **Anlamı**: doğmak]

das Licht der Welt erblicken *(wörtl: dünyanın ışığına bakmak) fig* dünyaya gözlerini açmak *(wörtl: der Welt die Augen öffnen)* [**Bedeutung**: geboren werden; **Anlamı**: doğmak]

der Welt entsagen *fig* dünyadan el çekmek [**Bedeutung**: sich ganz aus dem allgemeinen Leben zurückziehen; **Anlamı**: kimse ile görüşmez, toplumla ilgilenmez olmak]

die Welt aus den Angeln heben *fig* dünyayı yerinden oynatmak [**Bedeutung**: entscheidende Änderungen herbeiführen; **Anlamı**: büyük olay yaratmak]

die ganze Welt umarmen wollen *(wörtl: bütün dünyayı kucaklamak istemek) fig* dünyalar onun olmak *(wörtl: die Welten gehören ihm/ihr)* [**Bedeutung**: von überschwenglicher Freude erfüllt sein; **Anlamı**: çok sevinmek]

für jemanden bricht eine Welt zusammen *(wörtl: biri için dünya yıkılmak) fig* dünya başına yıkılmak *(wörtl: die Welt bricht auf seinem Kopf zusammen)* [**Bedeutung**: jemand erlebt eine bittere Enttäuschung; **Anlamı**: çok sıkılmak; umutlarını yitirmek]

Geld regiert die Welt *(wörtl: para dünyayı yönetir) fig* parayı veren düdüğü çalar *(wörtl: wer das Geld gibt, spielt die Pfeife) fig* varlığa darlık olmaz *(wörtl: beim Reichtum gibt es keine Knappheit)* [**Bedeutung**: wer viel Geld hat hat auch Macht; **Anlamı**: parasını ödeyen kimse, istediği şeyi elde eder]

Gott und die Welt *(wörtl: Allah ile dünya) fig* dünya âlem *(wörtl: die Welt und das Reich)* [**Bedeutung**: alle möglichen Leute; **Anlamı**: kim var, kim yoksa; herkes]

nicht von dieser Welt sein *(wörtl: bu dünyadan olmamak) fig* dünyadan haberi olmamak *(wörtl: keine Ahnung von der Welt haben)* [**Bedeutung**: weltfremd sein; **Anlamı**: çevresinde olup bitenleri bilmemek]

nicht um alles in der Welt *(wörtl: dünyada hiçbir şey için) fig* dünyada *(wörtl: in der Welt)* [**Bedeutung**: auf keinen Fall; nie; niemals; **Anlamı**: hiçbir zaman]

nobel geht die Welt zugrunde *(wörtl: dünya, soylu sona erer) fig* atın ölümü arpadan olsun *(wörtl: der Tod des Pferdes soll von der Gerste sein)* [**Bedeutung**: ironischer Kommentar zu übermäßigem Luxus; **Anlamı**: sonuç kötü de olsa sevildiği için katlanılan şeyler için söylenen söz]

die Welt durch eine rosarote Brille sehen *(wörtl: dünyayı pembe kırmızı gözlükle görmek) fig* dünyayı toz pembe görmek *(wörtl: die Welt staubig rosa sehen)* [**Bedeutung**: allzu optimistisch sein; **Anlamı**: aşırı iyimser olmak]

über Gott und die Welt reden *(wörtl: Allah ve dünya üzerine konuşmak) fig* dereden tepeden konuşmak *(wörtl: über Bäche und Hügel reden)* [**Bedeutung**: sich über alles Mögliche unterhalten; **Anlamı**: gelişigüzel her şeyden söz etmek]

um keinen Preis (in der Welt) *(wörtlich: dünyada hiçbir fiyata) fig* dünyada *(wörtl: in der Welt)*

[**Bedeutung**: niemals; auf gar keinen Fall; **Anlamı**: hiçbir zaman; hiçbir biçimde]

um nichts in der Welt *(wörtl: dünyada hiç bir şey için) fig* dünyada *(wörtl: in der Welt)* [**Bedeutung**: niemals; auf gar keinen Fall; **Anlamı**: hiçbir zaman; hiçbir biçimde]

Undank ist der Welt Lohn *(wörtl: nankörlük, dünyanın ödülüdür) fig* besle kargayı, oysun gözünü *(wörtl: füttere die Krähe und sie wird dein Auge picken) fig* besledik büyüttük danayı, (şimdi) tanımaz oldu anayı *(wörtl: das Kalb haben wir ernährt und großgezogen, jetzt erkennt es die Mutter nicht)* [**Bedeutung**: niemand dankt es einem, wenn man Gutes tut; **Anlamı**: iyiliğe karşılık kötülük edenlere söylenen söz]

zur Welt bringen *fig* dünyaya getirmek [**Bedeutung**: gebären; **Anlamı**: doğurmak]

zur Welt kommen *fig* dünyaya gelmek [**Bedeutung**: geboren werden; **Anlamı**: doğmak]

---

wenig az

wenig zu wenig macht zuletzt viel *(wörtl: aza az sonunda çok yapar) fig* damlaya damlaya göl olur *(wörtl: tropfenweise wird es zum See)* [**Bedeutung**: Beständigkeit zahlt sich aus; Ausdauer führt zum Erfolg; **Anlamı**: azar azar olagelen şeyler küçümsenmemelidir, onlar birikerek önemli bir niceliğe ulaşırlar]

weniger ist mehr *(wörtl: az çoktan iyidir) fig* az olsun, uz olsun *(wörtl:*

482

es soll wenig sein, es soll gut sein) **fig**
çok olup çöp olacağına, az olup öz
olsun *(wörtl: es soll wenig, aber gut
sein, als viel aber Abfall/Müll)*
[**Bedeutung**: lieber etwas weniger
mit einer hohen Qualität als viel
Minderwertiges; **Anlamı**: yapılan iş
az olabilir, ama iyi olmalıdır]

---

wenn eğer

**wenn das Wörtchen 'wenn' nicht
wär, wär mein Vater Millionär**
*(wörtl: 'olsa' kelimeciği olmasaydı,
babam milyoner olurdu)* **fig** olsa ile
bulsayı ekmişler, yel ile yuh bitmiş
*(wörtl: das wenn und das dann haben
sie gesät, dann sind Wind und
Buhrufe gewachsen)*
[**Bedeutung**: sagt man, um die
Unwägbarkeit einer Wenn-dann-
Bedingung hervorzuheben; **Anlamı**:
'şu şöyle olsaydı, bu böyle olsaydı'
demekle bir sonuca varılamaz]

**wenn die Maus satt ist, schmeckt
das Mehl bitter** *(wörtl: fare doyunca
unun tadı acı olur)* **fig** abdalın karnı
doyunca gözü pabucundadır *(wörtl:
wenn der Wanderderwisch satt ist,
sind seine Augen auf seine Schuhe
gerichtet)* **fig** abdalın dostluğu köy
görününceye kadardır *(wörtl: die
Freundschaft des Wanderdervisches
endet, wenn das Dorf zu sehen ist)*
[**Bedeutung**: wenn man von einer
Sache genug hat, verliert man das
Interesse daran; **Anlamı**: çıkarcı
kimsenin arkadaşlığı işi bitinceye
kadardır]

**wenn du glaubst, es geht nicht
mehr, kommt irgendwo ein
Lichtlein her** *(wörtl: artık olmaz
sandığında bir yerden küçük bir ışık
gelir)* **fig** çıkmadık canda umut vardır
*(wörtl: bei einem Leben, das nicht
gelöscht ist, gibt es (noch) Hoffnung)*
fig çıkmadık candan umut kesilmez

*(wörtl: bei einem Leben, das nicht
gelöscht ist, gibt man die Hoffnung
nicht auf)* **fig** umudunu kestiği anda
umut ışığı görünmek *(wörtl: in dem
Augenblick, in dem er die Hoffnung
aufgibt, erscheint ein
Hoffnungsschimmer)*
[**Bedeutung**: egal, wie schlecht die
Lage ist, man bleibt bis zum Ende
zuversichtlich; **Anlamı**: bir şeyi
sonuna kadar götürmek gerekir; artık
olmaz demeden iş sürdürülmelidir,
hiç belli olmaz, istenen sonuç
alınabilir]

**wenn du schnell ans Ziel willst,
gehe langsam** *(wörtl: hedefe hızlı
varmak istiyorsan, yavaş yürü)* **fig**
ağır git ki yol alasın *(wörtl: gehe
langsam damit du gut vorankommst)*
[**Bedeutung**: handele mit der
gebotenen Eile, aber überstürze
nichts; **Anlamı**: düşünüp taşınmadan
ivedi olarak yapılan işten iyi sonuç
alınmaz]

wenn er sich auf den Kopf stellt
*(wörtl: başüstü dursa da; amuda
kalksa da)* **fig** ağzıyla kuş tutsa
*(wörtl: selbst, wenn er Vögel mit dem
Mund fängt)*
[**Bedeutung**: egal was er tut, es wird
nichts ändern; **Anlamı**: ne kadar çaba
gösterse de]

**wenn es dem Esel zu wohl ist, geht
er aufs Eis (tanzen)** *(wörtl: eşeğin
rahatı batarsa buzda dans etmeye
gider)* **fig** kuzuya rakı içirmişler;
kurdun adresini sormuş *(wörtl: sie
gaben dem Lamm Raki, es hat nach
der Anschrift des Wolfes gefragt)* **fig**
rahat kıçına batmak *(wörtl: die Ruhe
sticht ihm in den Hintern)*
[**Bedeutung**: wenn es jemandem zu
gut geht, riskiert er mehr und wird
leichtsinnig; **Anlamı**: bulunduğu
rahat durumun değerini bilmeyip
düşüncesiz davranışta bulunmak]

**wenn es den Kaiser juckt, so
müssen die Völker sich kratzen**
*(wörtl: imparatorun bir yeri kaşıntı
yapıyorsa halklar zorunlu olarak
kaşınırlar) fig* imam osurunca cemaat
sıçar *(wörtl: wenn der Imam furzt,
kackt die ganze Gemeinde)*
[**Bedeutung**: Untertanen müssen
ihren Vorgesetzten gehorchen;
Anlamı: yöneticilerin kötü bir iş
yapmaları altlarının daha da kötü
işler yapmalarına yol açar]

**wenn man den Esel nennt, kommt
er gerennt** *(wörtl: eşek anıldığında
koşarak gelir) fig* iti an, taşı eline al
*(wörtl: erwähne den Köter und nimm
einen Stein auf)*
[**Bedeutung**: sagt man, wenn zufällig
eine Person erscheint, über die man
gerade mit jemandem gesprochen
hat; **Anlamı**: sözü edilen birinin çıkıp
gelmesi durumunda söylenen söz]

**wenn man sich auf ihn verlässt, ist
man verlassen** *(wörtl: ona
güvenirsen kimsesiz olursun) fig*
suyuna pirinç haşlanmaz *(wörtl:*
suyuna pirinç haşlanmaz *(wörtl:
man kocht keinen Reis mit seinem
Wasser) fig* ipiyle kuyuya inilmez
*(wörtl: mit seinem Seil steigt man
nicht in den Brunnen ein)*
[**Bedeutung**: sagt man, wenn jemand
unzuverlässig ist; **Anlamı**: ona
güvenerek bir işe girişilmez]

**wenn man vom Esel tratscht,
kommt er gelatscht** *(wörtl: eşeğin
dedikodusu yapılınca azaklarını
sürterek gelir) fig* iti an, taşı eline al
*(wörtl: erwähne den Köter und nimm
einen Stein auf)*
[**Bedeutung**: sagt man, wenn jemand
zufällig gerade dann auftaucht, wenn
man über ihn gesprochen hat;
Anlamı: sözü edilen birinin çıkıp
gelmesi durumunda söylenen söz]

wenn man vom Teufel spricht
(wörtl: şeytanın adı edildiğinde) fig
iti an, taşı eline al *(wörtl: erwähne
den Köter und nimm einen Stein auf)*
fig domuzu an, baltayı hazırla *(wörtl:
erwähne das Schwein, halt die Axt
bereit)*
[**Bedeutung**: sagt man, wenn zufällig
eine Person erscheint, über die man
gerade mit jemandem gesprochen
hat; **Anlamı**: sözü edilen birinin çıkıp
gelmesi durumunda söylenen söz]

**wenn nun ein Blinder einen
anderen Blinden führen will,
werden beide in die Grube fallen**
*(wörtl: bir kör diğer bir köre
kılavuzluk etmek isterse, her ikisi de
çukura düşerler) fig* kılavuzu karga
olanın burnu boktan kalkmaz *(wörtl:
derjenige, dessen Führer eine Krähe
ist, wird seine Nase nicht aus der
Scheiße halten können)* [**Bedeutung**:
sich an die falsche Person halten;
Anlamı: kötü kimseye uyan kişinin
başı sürekli olarak derde girer]

**wenn zwei sich streiten, freut sich
der Dritte**[1] *(wörtl: iki kişi kavga
ettiğinde üçüncü kişi sevinir) fig* it
dişi domuz derisi *(wörtl: der Zahn
des Köters die Haut des Schweins)*
[**Bedeutung**: sagt man, wenn jemand
aus dem Streit anderer einen Nutzen
zieht; **Anlamı**: iki kişi arasındaki
anlaşmazlıktan duyulan hoşnutluğu
anlatan söz]

**wenn zwei sich streiten, freut sich
der Dritte**[2] *(wörtl: iki kişi kavga
ettiğinde üçüncü kişi sevinir) fig*
kartallar dövüşsün, bir sehim de bize
düşsün *(wörtl: die Adler sollen sich
bekämpfen, und einen Teil sollen wir
abbekommen)*
[**Bedeutung**: aus einer
Auseinandersetzung zweier Personen
zieht man als Dritter Nutzen;
Anlamı: güçlülerin çatışmasından
güçsüzler de yararlanır]

wenns hoch kommt *(wörtl: yükselirse)* **fig** haydi haydi [**Bedeutung**: im äußersten Fall; höchstens; **Anlamı**: olsa olsa; en çoğu]

---

wer kim

wer A sagt, muss auch B sagen *(wörtl: A diyen B de demek zorundadır)* **fig** gülü seven dikenine katlanır *(wörtl: wer die Rose liebt, erträgt ihren Dorn)* **fig** hamama giren terler *(wörtl: wer zum Hammam geht, schwitzt)* [**Bedeutung**: wer eine Sache anfängt, muss sie vollenden und auch unangenehme Folgen auf sich nehmen; **Anlamı**: insan, sevdiği iş yüzünden gelecek sıkıntılara dayanır]

wer am lautesten schreit, hat Recht *(wörtl: en fazla bağıran hak kazanır)* **fig** ağlamayan çocuğa meme vermezler *(wörtl: das Kind, das nicht weint, bekommt die Brust nicht/wird nicht gestillt)* [**Bedeutung**: wer sich meldet, der wird bedient; **Anlamı**: hakkını aramasını bilmeyenin işi görülmez]

wer anderen eine Grube gräbt, fällt selbst hinein *(wörtl: el için çukur kazan, kendisi içine düşer)* **fig** el için kuyu kazan, kendisi içine düşer **fig** ava giden avlanır *(wörtl: wer auf die Jagd geht, wird gejagt)* **fig** gülme komşuna gelir başına *(wörtl: lach nicht über deinen Nachbarn, es könnte dir auch geschehen)* [**Bedeutung**: etwas Übles, das man einem Dritten zufügen will, wendet sich gegen einen selbst; wer anderen schaden will, schadet sich oft nur selbst; **Anlamı**: başkasına tuzak hazırlayan kimse, bu tuzağa önce kendisi düşer; çıkarını başkalarına

zarar vermekte arayan kimse, o zarara kendisi uğrar]

wer austeilt, muss auch einstecken können *(wörtl: dağıtan, alabilmesini de bilmelidir)* **fig** istediğini söyleyen istemediğini işitir *(wörtl: wer sagt, was er will, hört auch das, was er nicht will)* [**Bedeutung**: wer gerne kritisiert, muss auch Kritik einstecken können; **Anlamı**: bir insana ağır sözler söylersen, o da sana daha ağır sözler söyleyebilir]

wer billig kauft, kauft teuer *(wörtl: ucuz alan pahalı alır)* **fig** al malın iyisini, çekme kaygısını *(wörtl: kauf gute Ware, erspare dir deren Sorgen)* [**Anlamı**: wenn an Qualität und Langlebigkeit gespart wird, muss man bald wieder kaufen; **Bedeutung**: iyi mal dayanıklı olacağı için kullanıldığı sürece zorluk çıkarmaz]

wer das Eine will, muss das Andre mögen *(wörtl: bir şeyi isteyen ötekisini sevmek zorundadır)* **fig** arpa samanıyla, kömür dumanıyla *(wörtl: die Gerste ist mit Heu, die Kohle mit Rauch)* [**Bedeutung**: wer eine Sache anfängt, muss sie vollenden und auch unangenehme Folgen auf sich nehmen; **Anlamı**: yararlanılan nesneleri eksiklikleriyle birlikte kabullenmek gerekir]

wer das Kleine nicht ehrt, ist des Großen nicht wert *(wörtl: küçüğe değer vermeyen büyüğü hak etmez)* **fig** azı bilmeyen çoğu hiç bilmez *(wörtl: wer das Wenige nicht kennt, kennt das Viele gar nicht)* **fig** aza kanaat etmeyen çoğu hiç bulmaz *(wörtl: wer sich nicht mit Wenigem begnügt, wird Viel nicht finden)* **fig** biri bilmeyen bini hiç bilmez *(wörtl:*

wer die Eins nicht kennt, kennt die Tausend gar nicht
[**Bedeutung**: es lohnt sich auch für einen kleinen Preis Zeit zu investieren; **Anlamı**: büyük şeyleri elde edebilmek için önce küçük şeylerle yetinmek gerekir]

wer das Maul verbrannt hat, bläßt die Suppe *(wörtl: ağzı yanan çorbayı üfler)* **fig** sütten ağzı yanan yoğurdu üfleyerek yer *(wörtl: wer seinen Mund durch die Milch verbrennt, isst das Jogurt pustend)*
[**Bedeutung**: wer einmal einen Schaden erlitten hat, ist besonders achtsam; **Anlamı**: bir olaydan zarar gören, sonra uyanık davranır]

wer den Heller nicht ehrt, ist des Talers nicht wert *(wörtl: hellere değer vermeyen, taleri hak etmez)* **fig** aza kanaat etmeyen çoğu hiç bulmaz *(wörtl: wer sich nicht mit Wenigem begnügt, wird Viel nicht finden)*
[**Bedeutung**: es lohnt sich auch für einen kleinen Preis Zeit zu investieren; **Anlamı**: büyük şeyleri elde edebilmek için önce küçük şeylerle yetinmek gerekir]

wer die Musik bezahlt, bestimmt was gespielt wird *(wörtl: müziği ödeyen ne onanacağını belirler)* **fig** parayı veren düdüğü çalar *(wörtl: wer das Geld gibt, spielt die Pfeife)*
[**Bedeutung**: wer bezahlt, entscheidet über die Verwendung des Geldes; **Anlamı**: parasını ödeyen kimse, istediği şeyi elde eder]

wer die Wahl hat, hat die Qual *(wörtl: seçeneği olan eziyet/ızdırap çeker)* **fig** yârden mi geçersin serden mi? *(wörtl: gehst du an einem Freund vorbei oder an einer Zitronenplantage?)* **fig** boşa koysan dolmaz, doluya koysan almaz *(wörtl: wenn du ihn auf leer stellst, füllt er*

sich nicht auf, wenn du ihn auf vollstellst, nimmt er nichts an)
[**Bedeutung**: es ist schwer, sich zwischen den Alternativen zu entscheiden; **Anlamı**: eş değerli iki şeyin arasında seçmek zorunda kalındığı zaman söylenen söz; içinden çıkılması güç bir durum]

wer die Wahrheit sagt, braucht ein schnelles Pferd *(wörtl: doğru söyleyenin hızlı bir ata ihtiyacı vardır)* **fig** doğru söyleyeni dokuz köyden kovarlar *(wörtl: wer die Wahrheit sagt, den jagt man aus neun Dörfern)* [**Bedeutung**: auch wenn es wahr ist, will man es nicht hören, weil es unbequem ist; **Anlamı**: doğru olmakla birlikte başkalarının işine gelmeyen söz, sözü söyleyenin sevilmediğini anlatır]

wer dir lange droht, macht dich nimmer tot ↑ **wer lange droht, macht dich nicht tot**

wer eine Sache am besten kann, sollte das eine tun, was er kann *(wörtl: her kim bir işi iyi biliyorsa onu yapmalıdır)* **fig** cambaz ipte, balık dipte gerek *(wörtl: der Akrobat gehört zum Seil, der Fisch auf den (Meeres)Boden)*
[**Bedeutung**: jeder macht, was er am besten kann; **Anlamı**: kişi uzmanlığının gereği ne ise onu yapmalıdır]

wer einen Stein hochwälzt, auf den rollt er zurück *(wörtl: bir taşı yokuş yukarı yuvarlayanın başına o taş geri yuvarlanır)* **fig** ava giden avlanır *(wörtl: wer auf die Jagd geht, wird gejagt)*
[**Bedeutung**: etwas Übles, das man einem Dritten zufügen will, wendet sich gegen einen selbst; **Anlamı**: çıkarını başkalarına zarar vermekte arayan kimse, o zarara kendisi uğrar]

wer einmal lügt, dem glaubt man nicht, und wenn er auch die Wahrheit spricht *(wörtl: bir kez yalan söyleyen, gerçeği söylese de artık kimse ona inanmaz)* *fig* adam adamı bir kere aldatır *(wörtl: Mann betrügt Mann (nur) einmal)* *fig* adı çıkmış dokuza, inmez sekize *(wörtl: sein Ruf ist auf neun gestiegen und steigt nicht mehr auf acht herunter)* [**Bedeutung**: eine einzige Lüge kann die Glaubwürdigkeit dauerhaft zerstören; **Anlamı**: birinin bir kere adı çıktıktan sonra onun hakkındaki yaygın inanç kolay kolay düzelemez]

wer ernten will, muss säen *(wörtl: kim biçmek istiyorsa ekmesi gerekir)* *fig* ekmeden biçilmez *(wörtl: ohne zu säen, kann man nicht ernten)* [**Bedeutung**: nur bei entsprechendem Fleiß stellt sich der Erfolg ein; **Anlamı**: emek vermeden beklenilen sonuca erişilemez]

wer's glaubt, wird selig! *(wörtl: inanan bahtiyar olur)* *fig* atma Recep, din kardeşiyiz! *(wörtl: spinn nicht, Recep, wir sind Glaubensbrüder)* [**Bedeutung**: das ist unglaubwürdig; das glaube ich nicht; **Anlamı**: söylediklerin hep yalan, hep abartma ancak biz bunun farkındayız]

wer gut schmiert, der fährt gut *(wörtl: iyi yağlayan/yediren iyi gider)* *fig* parayı veren düdüğü çalar *(wörtl: wer das Geld gibt, spielt die Pfeife)* [**Bedeutung**: wer gut bezahlt, bekommt auch eine gute Leistung; **Anlamı**: parasını ödeyen kimse, istediği şeyi elde eder]

wer hat, dem wird gegeben *(wörtl: kimin varsa, ona verilir)* *fig* aza sormuşlar: "nereye?", "çoğun yanına" demiş *(wörtl: sie fragten*

dem Wenig „wohin? ", er sagte: „zum Viel")* [**Bedeutung**: Diejenigen, die viel besitzen, bekommen immer noch mehr; **Anlamı**: küçük kazançlar bile hep varlıklı kimselere düşer]

wer im Glashaus sitzt, soll nicht mit Steinen werfen *(wörtl: cam evde oturan taş atmamalı)* *fig* sırça köşkte oturan komşusuna taş atmamalı *(wörtl: der im Glasschlösschen wohnt, sollte nicht seinem Nachbarn mit Steinen bewerfen)* [**Bedeutung**: man sollte keinem Dinge vorwerfen, die man selber tut; man soll andren nicht Fehler vorwerfen, die man selber tut oder tat; **Anlamı**: insan kendinde herhangi bir kusur varken başkalarını aynı kusurla suçlamamalıdır; küçük bir dokunuşla büyük bir zarara uğrayacak kimse, üzerine düşmanlık çekecek davranışlarda bulunmamalıdır]

wer kriecht, stolpert nicht *(wörtl: sürünerek giden tökezlemez)* *fig* acele işe şeytan karışır *(wörtl: in hastige Arbeit mischt sich der Teufel ein)* [**Bedeutung**: handele mit der gebotenen Eile, aber überstürze nichts; **Anlamı**: düşünüp taşınmadan ivedi olarak yapılan işten iyi sonuç alınmaz]

wer lange droht, macht dich nicht tot *(wörtl: uzun uzun tehdit eden, seni öldürmez)* *fig* havlayan köpek ısırmaz *(wörtl: der bellende Hund, beißt nicht)* [**Bedeutung**: Leute, die nur laut schimpfen, sind ungefährlich; **Anlamı**: bağırıp çağırarak başkalarını korkutmak isteyen kimseden zarar gelmez]

wer mit den Hunden zu Bett geht, steht mit Flöhen auf *(wörtl: köpeklerle yatan pirelerle kalkar)* *fig* köpekle yatan pireyle kalkar *(wörtl:*

wer mit einem Hund zu Bett geht, steht mit Flöhen auf) fig körle yatan şaşı kalkar *(wörtl: wer mit einem Blinden zu Bett geht, steht schielend auf)* [**Bedeutung**: wer sich in Gefahr begibt, muss damit rechnen, dass dies Spuren hinterlässt; **Anlamı**: değersiz kötü kimselerle düşüp kalkan kötü huylar edinir]

wer mit den Wölfen essen will, muss mit den Wölfen heulen *(wörtl: kurtlarla yemek yemek isteyen, kurtlarla ulumak zorundadır) fig* köprüyü geçinceye kadar ayıya dayı derler *(wörtl: man sagt Onkel zu dem Bären, bis man die Brücke überquert hat) fig* aksayanla aksak, suya gidenle susak *(wörtl: mit den Hinkenden hinkend, mit denen, die zum Wasser gehen, durstig)* [**Bedeutung**: sich nach der Mehrheit richten; sich anpassen; **Anlamı**: kişi işini gördürünceye kadar yardım beklediği kimseyle iyi geçinir]

wer morgens pfeift, den holt abends die Katze *(wörtl: sabahları öteni akşamları kedi alır) fig* vakitsiz öten horozun başını keserler *(wörtl: dem Hahn, der zur Unzeit kräht, hackt man den Kopf ab)* [**Bedeutung:** alles muss zur richtigen Zeit gesagt werden; **Anlamı**: her söz yerinde ve zamanında söylenmelidir]

wer nicht hören will, muss fühlen *(wörtl: işitmek istemeyen hissetmek zorunda kalır) fig* laftan anlamayanın hakkı kötektir *(wörtl: wer das Wort nicht versteht, verdient Prügel) fig* gem almayan atın ölümü yakındır *(wörtl: das Pferd, das nicht brav im Geschirr geht, wird nicht mehr lange leben) fig* serkeş öküz son soluğu kasap dükkânında alır *(wörtl: der renitente Ochse tut den letzten Atemzug beim Metzger)*

[**Bedeutung**: wer nicht gehorcht, wird die unangenehmen Folgen zu spüren bekommen; **Anlamı**: söz dinlemeyen bir olayın olumsuz sonuçlarını görür]

wer nicht mit der Zeit geht, geht mit der Zeit *(wörtl: kim zamanla gitmezse, o zamanla gider) fig* zaman sana uymazsa sen zamana uy *(wörtl: passt sich die Zeit dir nicht an, so passe du dich der Zeit an)* [**Bedeutung**: wer sich nicht anpasst, verschwindet früher oder später; **Anlamı**: yaşadığın zamanın koşulları anlayışına uygun değilse, sen onlara uymalısın]

wer nicht mit der Zeit geht, muss mit der Zeit gehen *(wörtl: kim zamanla gitmezse, zamanla gitmek zorundadır) fig* zaman sana uymazsa sen zamana uy *(wörtl: passt sich die Zeit dir nicht an, so passe du dich der Zeit an)* [**Bedeutung**: wer sich nicht anpasst, verschwindet früher oder später; **Anlamı**: yaşadığın zamanın koşulları anlayışına uygun değilse, sen onlara uymalısın]

wer nicht wagt, der nicht gewinnt *(wörtl: riski göze almayan kazanamaz) fig* korkak bezirgân ne zarar eder ne kâr *(wörtl: der ängstliche Händler macht weder Verlust noch Gewinn)* [**Bedeutung**: wer nicht wagt, einen Einsatz zu riskieren, der hat keine Aussicht auf einen Gewinn; **Anlamı**: iş yapmaya korkan tüccar, kendisini zarardan korur ancak kâr da yapamaz]

wer nie sein Brot im Bette aß, weiß nicht wie Krümel piken *(wörtl: yatakta ekmek yememiş olan, kırıntıların nasıl battığını bilmez) fig* ağır yükün zahmetini katır bilir

488

(wörtl: das Maultier kennt die Mühe der schweren Last)
[**Bedeutung**: wer diese Erfahrung nicht gemacht hat, kann nicht nachvollziehen, was sie bedeutet; **Anlamı**: bir işin zorluğunu, verdiği yorgunluğu en iyi o işi devamlı yapanlar bilir]

wer rastet, der rostet *(wörtl: mola veren paslanır)* ***fig*** işleyen demir pas tutmaz *(wörtl: das funktionierende Eisen rostet nicht)*
[**Bedeutung**: wer sich nicht bewegt, wird unbeweglich; **Anlamı**: iş yapmaksızın duran kimse hantallaşır]

wer schreibt, der bleibt *(wörtl: yazan kalır)* ***fig*** alim unutmuş, kalem unutmamış *(wörtl: der Gelehrter hat es vergessen, der Stift nicht)*
[**Bedeutung**: Gesprochenes ist ohne Dauer, Geschriebenes aber bleibt bestehen; **Anlamı**: insan ne kadar bilgili olursa olsun her şeyi aklında tutamayacağı için unutulmaması istenilen şey mutlaka yazılmalıdır]

wer schreit, hat unrecht *(wörtl: kim bağırırsa o haksızdır)* ***fig*** hem suçlu hem güçlü *(wörtl: sowohl schuldig als auch (laut)stark)*
[**Bedeutung**: wer sich besonders lautstark äußert, übertönt damit seine mangelnde Einsicht; **Anlamı**: suçlu kendisi olduğu halde üste çıkmaya çalışan, üstelik karşısındakini suçlamaya yeltenen kimseler için söylenir]

wer segeln will, , muss auch Wind machen *(wörtl: yelkenliyle gezmek isteyen rüzgâr yapmak zoundadır)* ***fig*** canı kaymak isteyen mandayı yanında taşır *(wörtl: wer Lust auf Sahne hat, schleppt den Büffel mit)*
[**Bedeutung**: wer ein Ziel sicher erreichen will, muss sich auf die eigene Kraft verlassen; **Anlamı**: güzel bir yaşamak isteyen kişi, bu

yaşayışın yükünü çekmeyi göze almalı ve gerekli kaynakları elinin altında bulundurmalıdır]

wer sich des Fragens schämt, der schämt sich des Lernens *(wörtl: her kim sormaktan utanırsa öğrenmekten de utanır)* ***fig*** bilmemek ayıp değil, sormamak ayıptır *(wörtl: etwas nicht zu wissen, ist keine Schande, nicht zu fragen ist eine Schande)*
[**Bedeutung**: es ist kein Fehler, nicht alles zu wissen, aber es ist ein Fehler, nicht zu fragen, wenn man etwas nicht weiß; **Anlamı**: insan her şeyi bilmez, bu bir kusur değildir ama bilmediği işi bir bilene sormamak, onu öğrenmemek kusurdur]

wer solche Freunde hat, braucht keine Feinde (mehr) *(wörtl: böyle arkadaşı olanın düşmana ihtiyacı olmaz)* ***fig*** arkadaş değil, arka taşı *(wörtl: kein Freund, sondern ein Rückenstein(Stein auf dem Rücken)*
[**Bedeutung**: manche Freunde schaden mehr als sie helfen; **Anlamı**: sözüm ona arkadaş ama çok zarar veriyor]

wer sucht, der findet *(wörtl: arayan bulur; kim ararsa, o bulur)* ***fig*** arayan derviş muradına ermiş *(wörtl: der suchende Derwisch hat sein Ziel erreicht)*
[**Bedeutung**: wer sich intensiv um etwas bemüht, wird Erfolg haben; **Anlamı**: insan çok çaba gösterirse amacına ulaşır]

wer Wind sät, wird Sturm ernten ***fig*** rüzgâr eken fırtına biçer
[**Bedeutung**: wer etwas Schlechtes tut, dem wird man dieses heimzahlen; **Anlamı**: yaptığı kötülüğün çok daha kötüsü ile karşılaşmak]

wer zahlt, schafft an *(wörtl: parayı ödeyen (malı) alır)* ***fig*** parayı veren düdüğü çalar *(wörtl: wer das Geld gibt, spielt die Pfeife)* [Bedeutung: wer bezahlt, bestimmt; **Anlamı**: parasını ödeyen kimse, istediği şeyi elde eder]

wer zuerst kommt, mahlt zuerst *(wörtl: ilk gelen, ilk öğütür) fig* ilk vuran okçudur *(wörtl: wer zuerst trifft, ist ein Bogenschütze)* [Bedeutung: jemand, der als erster an einen bestimmten Ort angekommen ist, kann auch als erster etwas bekommen oder machen; **Anlamı**: amaca başkalarından önce ulaşan kazançlı çıkar]

wer zuletzt lacht, lacht am besten *(wörtl: son gülen en iyi güler) fig* son gülen iyi güler *(wörtl: wer zuletzt lacht, lacht gut)* [Bedeutung: die Freude ist dann am größten, wenn man über jemanden lachen kann, der einen zuvor selbst ausgelacht hat; **Anlamı**: bir konunun sevinilecek ve üzülecek evreleri sona erdiği zaman sevinilecek durum ağır basarsa dertler unutulup sevinilir]

wer zwei Hasen jagt, fängt keinen *(wörtl: iki tavşan avlayan hiç birini tutamaz) fig* boynuz isterken kulaktan olmak *(wörtl: während man sich Hörner wünscht, verliert er seine Ohren) fig* deve boynuz ararken kulaktan olmuş *(wörtl: während das Kamel Hörner suchte, verlor es seine Ohren)* [Bedeutung: man sollte sich auf das Wesentliche konzentrieren; **Anlamı**: elindekiyle yetinmeyip daha çoğunu arayan, elindekinden de olur]

zeig mir deine Freunde und ich sage dir, wer du bist *(wörtl: bana arkadaşlarını göster, ben de sana kim olduğunu söyleyeyim) fig* arkadaşını söyle, kim olduğunu söyleyeyim *(wörtl: sag mir, wer dein Freund ist, ich sage dir, wer du bist)*

[Bedeutung: man kann am selbstgewählten Umgang erkennen, mit wem man es zu tun hat; **Anlamı**: kişi kendisine uygun kimselerle arkadaşlık kuracağı için arkadaşımı tanıdığımızda o kişinin de kimliğini öğrenmiş oluruz]

---

werfen atmak

alle(s) in einen Topf werfen *(wörtl: herkesi/(herşeyi) bır tencereye atmak) fig* aynı potada eritmek *(wörtl: im selben Schmelztiegel schmelzen) fig* aynı kefeye koymak *(wörtl: auf dieselbe Waagschale setzen)* [Bedeutung: alles gleich behandeln und dabei wichtige Unterschiede nicht beachten; **Anlamı**: herkesi veya herşeyi ayırt etmeden birbiriyle karıştırarak bir saymak; önemli fark gözetmeksizin herkese veya herşeye aynı davranmak]

das Geld aus dem Fenster werfen *(wörtl: parayı pencereden dışarı atmak) fig* parayı denize/sokağa atmak *(wörtl: das Geld ins Meer werfen)* [Bedeutung: Geld für sinnlose Dinge ausgeben; **Anlamı**: parayı boşuna harcamak]

das Geld zum Fenster hinauswerfen *(wörtl: parayı pencereden dışarı atmak) fig* parayı denize/sokağa atmak *(wörtl: das Geld ins Meer werfen)* [Bedeutung: Geld für sinnlose Dinge ausgeben; **Anlamı**: parayı boşuna harcamak]

das Handtuch werfen *(wörtl: havluyu atmak) fig* pes etmek *(wörtl: aufgeben) fig* teslim bayrağı çekmek *(wörtl: die weiße Fahne hissen)*

[**Bedeutung**: kapitulieren; aufgeben; resignieren; **Anlamı**: yenilgiyi kabul etmek]

die Flinte ins Korn werfen *(filintayı tahıla atmak) fig* gözü korkup vazgeçmek *(wörtl: sein Auge fürchtet sich und er gibt auf) fig* yelkenleri suya indirmek *(wörtl: die Segel ins Wasser lassen) fig* pes etmek *(wörtl: aufgeben)*
[**Bedeutung**: den Mut verlieren; resignieren; aufgeben; **Anlamı**: direnmekten vazgeçmek; yılmak]

einen Blick werfen *(wörtl: bir bakış atmak) fig* göz atmak *(wörtl: ein Auge werfen)*
[**Bedeutung**: kurz ansehen; **Anlamı**: kısa bir süre bakıvermek]

einen Knüppel zwischen die Beine werfen *(wörtl: bacakların arasına çomak atmak) fig* tekere çomak sokmak *(wörtl: einen Knüppel in das Rad stecken) fig* kılçık atmak *(wörtl: eine Gräte werfen)*
[**Bedeutung**: jemanden absichtlich behindern; **Anlamı**: birinin yolda giden işini aksatan, engelleyen davranışta bulunmak]

etwas über Bord werfen *(wörtl: birşeyi güverteden denize atmak) fig* kafasından çıkarmak/atmak *(wörtl: aus dem Kopf herausnehmen/werfen) fig* gemileri yakmak[1] *(wörtl: die Schiffe verbrennen)*
[**Bedeutung**: etwas aufgeben; **Anlamı**: geri dönüşü olmayan kararlar vermek]

kommende Ereignisse werfen ihre Schatten voraus *(wörtl: gelecek olaylar; gölgelerini önceden atarlar) fig* kutlu gün doğuşundan bellidir (kutlu yaz yağışından) *(wörtl:der frohe Tag ist bestimmt durch seinen Anfang, (der frohe Sommer durch die Niederschäge))) fig* ay karanlığı,

akşamdan belli olur *(wörtl: die Dunkelheit des Mondes wird abends schon klar)*
[**Bedeutung**: Ereignisse können spürbar sein, bevor sie stattfinden; **Anlamı**: bir işe başlarken herhangi bir terslik çıkmazsa işler yolunda gidecek demektir]

mit der Wurst nach dem Schinken werfen *(wörtl: jambona sucuğu atmak) fig* kaz gelen yerden tavuk esirgenmez *(wörtl: man verweigert das Huhn nicht dort, wo die Gänse herkommen) fig* ağzına bir zeytin verip altına/ardına tulum tutmak *(wörtl: in den Mund eine Olive geben und danach den Sack hinhalten)*
[**Bedeutung**: mit einer kleinen Gabe eine größere einhandeln wollen; **Anlamı**: büyük çıkarlar beklenen durumlarda küçük fedakârlıklar yapılmalıdır; yapılan küçük iyiliklere karşılık büyük çıkar beklemek]

Perlen vor die Säue werfen *(wörtl: dişi domuzların önüne inci atmak) fig* eşek hoşaftan ne anlar *(wörtl: was versteht der Esel vom Kompott)*
[**Bedeutung**: wertvolle Dinge denen anbieten, die unfähig sind, sie zu schätzen; **Anlamı**: bilgisiz, görgüsüz kimse ince, güzel şeylerin zevkine varamaz, değerini ölçemez]

sich in die Brust werfen *(wörtl: göğüsüne atılmak) fig* mangalda kül bırakmamak *(wörtl: keine Asche im Grill lassen)* [**Bedeutung:** sich brüsten, prahlen; **Anlamı:** yapamayacağı işleri yapabilirmiş gibi söylemek]

sich in Schale werfen *(wörtl: kendini kabuğa atmak) fig* giyinip kuşanmak *(wörtl: sich anziehen und umgurten)*
[**Bedeutung**: sich besonders fein anziehen; **Anlamı**: özenli bir biçimde giyinmek]

491

wer im Glashaus sitzt, soll nicht mit Steinen werfen *(wörtl: cam evde oturan taş atmamalı)* *fig* sırça köşkte oturan komşusuna taş atmamalı *(wörtl: der im Glasschlösschen wohnt, sollte nicht seinem Nachbarn mit Steinen bewerfen)* [**Bedeutung**: man sollte keinem Dinge vorwerfen, die man selber tut; man soll andren nicht Fehler vorwerfen, die man selber tut oder tat; **Anlamı**: insan kendinde herhangi bir kusur varken başkalarını aynı kusurla suçlamamalıdır; küçük bir dokunuşla büyük bir zarara uğrayacak kimse, üzerine düşmanlık çekecek davranışlarda bulunmamalıdır]

Werk eser

das Werk lobt den Meister *(wörtl: eser ustayı över)* *fig* iş insanın aynasıdır *(wörtl: die Arbeit ist der Spiegel des Menschen)* [**Bedeutung**: gelungene Produkte immer auch ein positives Licht auf die dahinterstehenden Menschen werfen; **Anlamı**: bir insanın nasıl bir insan olduğu, bitirdiği işlerden anlaşılır]

Wermut vermut

ein Wermutstropfen *(wörtl: bir vermut damlası)* *fig* işin acı tarafı *(wörtl: die bittere Seite an der Sache)* [**Bedeutung**: der einzige Nachteil; : eine eigentlich gute Sache, die einen Mangel hat; **Anlamı**: tek olumsuz yeri]

ein Tropfen Wermut *(wörtl: bir vermut damlası)* *fig* işin acı tarafı *(wörtl: die bittere Seite an der Sache)* [**Bedeutung**: der einzige Nachteil; : eine eigentlich gute Sache, die einen Mangel hat; **Anlamı**: tek olumsuz yeri]

wert

eine Liebe ist der anderen wert *(wörtl: bir aşk ötekine bedeldir)* *fig* ada bana, adayım sana *(wörtl: gelobe du mir, so gelobe ich dir)* [**Bedeutung**: einem Menschen, der einem einen Gefallen getan hat, hilft man gerne; **Anlamı**: sen bir kimse için fedakârlıkta bulunursan o da senin için fedakârlıkta bulunur]

keinen Cent wert sein *(wörtl: sent değerinde bile olmamak)* *fig* beş para etmemek *(wörtl: nicht fünf Para wert sein/keinen fünf Para wert sein)* [**Bedeutung**: wertlos sein; **Anlamı**: hiçbir değeri olmamak]

keinen Pfifferling wert sein *(wörtl: horoz mantarı değerinde bile olmamak)* *fig* beş para etmemek *(wörtl: nicht fünf Para wert sein/keinen fünf Para wert sein)* [**Bedeutung**: wertlos sein; **Anlamı**: hiçbir değeri olmamak]

nicht der Rede wert sein *(wörtl: üzerinde konuşulmaya değmez)* *fig* fındık kabuğunu doldurmaz *(wörtl: es füllt nicht einmal die Haselnussschale aus)* [**Bedeutung**: bedeutungslos, unwichtig sein; **Anlamı**: üzerinde konuşulmaya değmez]

wer den Heller nicht ehrt, ist des Talers nicht wert *(wörtl: hellere değer vermeyen, taleri hak etmez)* *fig* aza kanaat etmeyen çoğu hiç bulmaz *(wörtl: wer sich nicht mit Wenigem begnügt, wird Viel nicht finden)* [**Bedeutung**: es lohnt sich auch für einen kleinen Preis Zeit zu investieren; **Anlamı**: büyük şeyleri

elde edebilmek için önce küçük
şeylerle yetinmek gerekir]

**wer das Kleine nicht ehrt, ist des
Großen nicht wert** *(wörtl: küçüğe
değer vermeyen büyüğü hak etmez)*
fig azı bilmeyen çoğu hiç bilmez
*(wörtl: wer das Wenige nicht kennt,
kennt das Viele gar nicht) fig* aza
kanaat etmeyen çoğu hiç bulmaz
*(wörtl: wer sich nicht mit Wenigem
begnügt, wird Viel nicht finden) fig*
biri bilmeyen bini hiç bilmez *(wörtl:
wer die Eins nicht kennt, kennt die
Tausend gar nicht*
[**Bedeutung**: es lohnt sich auch für
einen kleinen Preis Zeit zu
investieren; **Anlamı**: büyük şeyleri
elde edebilmek için önce küçük
şeylerle yetinmek gerekir]

Wespennest yaban arısı yuvası

in ein Wespennest stechen *(wörtl:
yaban arısı yuvasına birşey
batırmak/sokmak) fig* arı kovanına
çomak sokmak *(wörtl: einen Knüppel
in einen Bienenstock stecken) fig*
arının yuvasına kazık dürtmek
*(wörtl: mit einem Pfahl in das Nest
der Biene stoßen)*
[**Bedeutung**: Unruhe verursachen;
Anlamı: tehlikeli kişiyi kışkırtmak;
belayı üstüne çekmek]

Weste yelek

eine reine Weste haben *(wörtl.
temiz bir yeleği olmak/ yeleği pak
olmak) fig* alnı açık yüzü pak olmak
*(wörtl: eine offene Stirn, ein reines
Gesicht haben) fig* yüzü ak olmak
(wörtl: ein weißes Gesicht haben)
[**Bedeutung**: nichts getan haben, was
rechtlich nicht einwandfrei ist;
Anlamı: çekinecek hiçbir durumu
veya ayıbı olmamak]

eine weiße Weste haben *(wörtl.
yeleği pak olmak) fig* alnı açık yüzü
pak olmak *(wörtl: eine offene Stirn,
ein reines Gesicht haben) fig* yüzü ak
olmak *(wörtl: ein weißes Gesicht
haben)*
[**Bedeutung**: nichts getan haben, was
rechtlich nicht einwandfrei ist;
Anlamı: çekinecek hiçbir durumu
veya ayıbı olmamak]

wie seine Westentasche kennen
(wörtl: yeleğinin cebi gibi bilmek) fig
avcunun içi gibi bilmek *(wörtl: wie
seine Handfläche kennen)*
[**Bedeutung**: sehr genau kennen;
Anlamı: çok iyi ve ayrıntılı bilmek]

Wetterfahne yelkovan

sich drehen wie eine Wetterfahne
(wörtl: yelkovan gibi dönmek) fig
rüzgâra göre yelken açmak *(wörtl:
die Segel nach dem Wind setzen)*
[**Bedeutung**: seine Meinung so
ändern, wie es nützlich ist; **Anlamı**:
fikrini duruma göre değiştirmek]

Wickel sargı

jemanden am Wickel haben *(wörtl:
birini sargıya dolamış olmak) fig*
birine kancayı takmak *(wörtl:
jemanden an den Haken nehmen)*
[**Bedeutung**: jemanden fassen und
festhalten; **Anlamı**: birini rahat
bırakmamak]

wickeln dolamak

**jemanden um den (kleinen) Finger
wickeln** *(wörtl: birini (küçük)
parmağına dolamak) fig* birini
parmağında oynatmak *(wörtl:
jemanden auf seinem Finger tanzen
lassen)*
[**Bedeutung**: jemanden gefügig
machen; jemanden beeinflussen;

Anlamı: birini kukla gibi kullanmak; birine her istediğini yaptırmak]

---

wie gibi

wie am Schnürchen *(wörtl: sicimdeymiş gibi)* ***fig*** tıkır tıkır ***fig*** yağ gibi *(wörtl: wie Öl)* ***fig*** çorap söküğü gibi *(wörtl: wie eine Laufmasche)* [**Bedeutung:** reibungslos; ohne Probleme; planmäßig; **Anlamı:** sorunsuz; kolayca yapılarak; aksamadan; düzenli bir şekilde]

wie angegossen sitzen/passen *(wörtl: kalıba dökülmüş gibi oturmak/uymak)* ***fig*** kalıp gibi oturmak *(wörtl: sitzen wie eine (gegossene) Form)* [**Bedeutung:** genau passen; **Anlamı:** tam uymak]

wie aus dem Ei gepellt sein *(wörtl: yumurtadan soyulmuş gibi olmak)* ***fig*** iki dirhem bir çekirdek olmak *(wörtl: zwei Silbermünzen, ein Kern sein)* [**Anlamı:** çok güzel ve özenli giyinmiş olmak; **Bedeutung:** sehr ordentlich angezogen sein]

wie aus Eimern gießen *(wörtl: kovadan boşanırcasına yağmak)* ***fig*** bardaktan boşanırcasına yağmak *(wörtl: es regnet strömend aus einem Trinkglas)* [**Bedeutung:** sehr stark regnen; **Anlamı:** şiddetli yağmak]

wie aus einem Munde *(wörtl: bir ağızdan gibi)* ***fig*** hep bir ağızdan *(wörtl: alle aus einem Mund)* [**Bedeutung:** gleichzeitig; alle zugleich sprechend; **Anlamı:** aynı zamanda; aynı anda konuşarak]

wie aus Kannen gießen *(wörtl: testiden/ibrikten /güğümden boşanırcasına yağmak)* ***fig*** bardaktan boşanırcasına yağmak *(wörtl: es regnet strömend aus einem Trinkglas)* [**Bedeutung:** sehr stark regnen; **Anlamı:** şiddetli yağmak]

wie ausgestorben *(wörtl: soyu tükenmiş gibi)* ***fig*** in cin yok *(wörtl: es gibt weder Mensch noch Dschinn)* [**Bedeutung:** menschenleer; **Anlamı:** hiç kimse yok]

wie der Herr, so's Gescherr *(wörtl: bey nasılsa, koşum da öyledir)* ***fig*** at binicisine göre eşinir/kişner *(wörtl: das Pferd scharrt/wiehert seinem Reiter zufolge)* [**Bedeutung:** wie der Chef, so die Untergebenen; **Anlamı:** insanlar, başlarında bulunan kimsenin yeteneğine, tutum ve davranışına göre iş çıkarır]

wie die Faust aufs Auge passen *(wörtl: göze yumruk gibi uymak)* ***fig*** kel başa şimşir tarak olmak *(wörtl: ein Kamm aus Buchsbaum für den kahlen Kopf sein)* ***fig*** kör göze çifte gözlük olmak *(wörtl: auf ein blindes Auge eine Doppelbrille sein)* [**Bedeutung:** nicht zusammenpassen; **Anlamı:** birbirine hiç uymamak]

wie die Pest stinken *(wörtl: veba gibi kokmak)* ***fig*** leş gibi kokmak *(wörtl: wie Kadaver stinken)* [**Bedeutung:** übel riechen; **Anlamı:** çok kötü kokmak]

wie die Sardinen in der Sardinenbüchse *(wörtl: konserve kutusundaki sardalyalar gibi)* ***fig*** balık istifi [**Bedeutung:** sehr eng; dicht gedrängt; **Anlamı:** üst üste; çok sıkışık bir durumda; sıkış sıkış bir yere dolmuş]

wie du mir, so ich dir[1] *(wörtl: bana neysen, sana oyum)* ***fig*** say beni, sayayım seni *(wörtl: respektiere mich und ich respektiere dich)* **fig** ne ekersen onu biçersin *(wörtl: was du säst, wirst du ernten)* [**Bedeutung**: so wie du dich verhältst, wird man dich behandeln; **Anlamı**: nasıl davranırsan öyle karşılık görürsün]

wie du mir, so ich dir[2] *(wörtl: sen bana nasılsan ben de sana öyleyim)* **fig** el elden kalmaz, dil dilden kalmaz *(wörtl: die eine Hand bleibt nicht der anderen fern, die eine Zunge bleibt der anderen nicht fern)* [**Bedeutung**: so schlecht, wie du dich mir gegenüber verhältst, so verhalte ich mich auch dir gegenüber; **Anlamı**: bir kişi başkasına vurursa o da ona vurur, başkasına kötü söz söylerse diğeri de kendisine kötü söz söyler]

wie ein Blitz *fig* şimşek gibi [**Bedeutung**: sehr schnell; **Anlamı**: çok hızlı]

wie (ein Blitz) aus heiterem Himmel *(wörtl: açık bir gökyüzünde çakan bir şimşek gibi)* **fig** damdan düşer gibi *(wörtl: wie von Dach fallen)* **fig** tepeden inme *(wörtl: vom Hügel absteigend)* **fig** tepeden inme *(wörtl: vom Hügel absteigend)* **fig** gökten zembille inercesine *(wörtl: wie vom Himmel in einem Korb absteigend)* [**Bedeutung**: plötzlich, grundlos, unerwartet; **Anlamı**: birden bire ve yersiz olarak]

wie ein Fisch auf dem Trockenen sein *(wörtl: kuru yerdeki bir balık gibi)* **fig** sudan çıkmış balığa dönmek *(wörtl: sich verwandeln in einen Fisch, der aus dem Wasser heraus ist)* [**Bedeutung**: nicht wissen, was man machen soll; hilflos sein; **Anlamı**: ne yapacağını bilememek]

wie ein Ei dem anderen gleichen *(wörtl: bir yumurta diğerine benzer gibi benzemek)* **fig** bir elmanın yarısı o, yarısı bu olmak *(wörtl: der ist die Hälfte des Apfels, dieser ist die andere)* [**Bedeutung**: sehr ähnlich sein; **Anlamı**: birbirlerine çok benzemek]

wie ein Elefant im Porzellanladen *(wörtl: çini dükkânında fil gibi olmak)* **fig** eteğiyle mum söndürmek *(wörtl: Kerzen mit seinem Rock ausmachen)* [**Bedeutung**: tollpatschig sein; äußerst ungeschickt sein; **Anlamı**: sakar olmak]

wie ein Henker *(wörtl: cellat gibi)* **fig** kelle götürür gibi *(wörtl: wie einer, der einen Schädel hinbringt)* [**Bedeutung**: sehr schnell; mit hoher Geschwindigkeit; **Anlamı**: çok hızlı gitmek; acele etmek]

wie ein junger Gott *(wörtl: genç bir tanrı gibi)* **fig** ilah gibi *(wörtl: wie Gott)* [**Bedeutung**: bei männlichen Personen: vollendet, dass er Bewunderung hervorruft; **Anlamı**: erkek için: çok yakışıklı]

wie ein Schwein ins Uhrwerk schauen *(wörtl: domuzun saat mekanizmasına baktığı gibi bakmak)* **fig** öküzün trene baktığı gibi bakmak *(wörtl: wie ein Ochse den Zug anschauen)* [**Bedeutung**: ahnungslos/ratlos dreinschauen; von einer technischen Sache nichts verstehen; **Anlamı**: hiçbir şey anlamadan bakmak]

wie eine Eins *(wörtl: bir gibi)* **fig** bire bir *(wörtl: Eins zu Eins)* **fig** dört dörtlük *(wörtl: Vierviertel)* **fig** dört dörtlük *(wörtl: Vierviertel)*

[**Bedeutung**: untadelig; wie es sein soll; perfekt; **Anlamı**: kusursuz; mükemmel]

wie eine gesengte Sau *(wörtl: alazlanmış dişi domuz gibi)* *fig* kelle götürür gibi *(wörtl: wie einer, der einen Schädel hinbringt)* [**Bedeutung**: sehr schnell; mit hoher Geschwindigkeit; **Anlamı**: çok hızlı gitmek; acele etmek]

wie eine kalte Dusche wirken *(wörtl: soğuk duş etkisi yapmak)* *fig* tepesinden kaynar su dökülmek *(wörtl: kochendes Wasser von seinem Kopf gegossen werden)* [**Bedeutung**: eine Enttäuschung; Ernüchterung für jemanden sein; **Anlamı**: üzücü bir durumun sıkıntısından ter içinde kalmak]

wie eine Leiche auf Urlaub *(wörtl: tatil yapan bir ceset gibi)* *fig* mezar kaçkını *(wörtl: vom Grab Entflohener)* [**Bedeutung**: sehr elend, bleich aussehend; **Anlamı**: çok zayıflamış kimse]

wie es im Buche steht *(wörtl: kitapta yazılı olduğu gibi)* *fig* sapına kadar *(wörtl: bis zum Stiel)* [**Bedeutung**: wie es als Musterbeispiel gelten kann; waschecht; **Anlamı**: (iyi bir nitelikte eksiksizlik belirtmek için) her yönden; her bakımdan, tümüyle, bütünüyle, tam olarak]

wie geht's, wie steht's? *(wörtl: nasıl gidiyor? nasıl duruyor?)* *fig* ne var, ne yok? *(wörtl: was gibt es, was gibt es nicht?)* [**Bedeutung**: Frage nach dem Befinden; **Anlamı**: işler nasıl gidiyor? Ne haberler var?]

wie geleckt aussehen *(wörtl: yalanmış gibi görünmek)* *fig* bal dök (de) yala *(wörtl: gieß Honig und leck ihn auf)* [**Bedeutung**: sehr sauber **Anlamı**: çok temiz; tertemiz; pırıl pırıl]

wie gewonnen, so zerronnen *(wörtl: kazanıldığı gibi yok olmak)* *fig* sel ile gelen yel ile gider *(wörtl: was mit Flut kommt, geht mit dem Wind)* *fig* haydan gelen huya gider [**Bedeutung**: kaum hat man sich etwas verdient, so ist es auch schon wieder ausgegeben; **Anlamı**: emek çekilmeden ele geçen para gereksiz yerlere harcanır, çarçur olur gider]

wie Hund und Katze *(wörtl: köpek ile kedi gibi)* *fig* kedi ile köpek gibi *(wörtl: wie Katze und Hund)* [**Bedeutung**: sich oft streiten; sich nicht verstehen; **Anlamı**: birbiriyle geçinememek, anlaşamamak, devamlı didişmek]

wie in einem Schweinestall *(wörtl: domuz ahırında gibi)* *fig* ahır gibi *(wörtl: wie ein Stall)* [**Bedeutung**: dreckig, unaufgeräumt; **Anlamı**: dağınık, pis, bakımsız bir durumda]

wie man in den Wald hineinruft, so schallt es heraus *(wörtl: ormanın içine nasıl bağırırsan öyle akseder)* *fig* el elden kalmaz, dil dilden kalmaz *(wörtl: die Hand bleibt nicht bei der Hand, die Zunge bleibt nicht bei der Zunge)* [**Bedeutung**: so wie man sich anderen gegenüber verhält, so verhalten diese sich zu einem; **Anlamı**: bir kişi başkasına vurursa o da ona vurur, başkasına kötü söz söylerse diğeri de kendisine kötü söz söyler]

wie man sich bettet, so schläft man *(wörtl: nasıl yatarsan öyle uyursun)* *fig* nasıl yaşarsan öyle ölürsün *(wörtl: so wie du lebst so stirbst du)*

[**Bedeutung**: bestimmte Folgen hängen davon ab, welche Bedingungen sich man vorher geschaffen hat; **Anlamı**: belli sonuçlar önceden yaratılan koşullara bağlıdır]

wie mit Engelszungen sprechen /reden *(wörtl: melek diliyle gibi konuşmak)* **fig** dil/diller dökmek *(wörtl: Zunge/Zungen gießen)* [**Bedeutung**: jemanden zu überzeugen versuchen; eindringlich und betörend reden; **Anlamı**: kandırmak, inandırmak için tatlı sözler söylemek]

wie Pilze aus dem Boden schießen **fig** mantar gibi yerden bitmek [**Bedeutung**: sich rasch vermehren; **Anlamı**: hızlı bir şekilde çoğalmak]

wie reimt sich das zusammen? *(wörtl: bunlar nasıl uyaklı oluyor?)* **fig** bu ne perhiz bu ne lahana turşusu! *(wörtl: was ist das für eine Diät, was ist das für eingelegter Kohl?)* [**Anlamı**: sözleri ve davranışları birbirini tutmuyor, çelişiyor; **Bedeutung**: wie passt das zusammen? wie ist das zu verstehen?]

wie Schuppen von den Augen fallen *(wörtl: kepek gibi gözlerinden düşmek)* **fig** ayakları/ayağı suya ermek *(wörtl: seine Füße/sein Fuß das Wasser erreichen)* **fig** kafasına dank etmek *(wörtl: es macht Bang in seinem Kopf)* [**Bedeutung**: plötzlich die Wahrheit erkennen; auf einmal die Zusammenhänge erkennen; **Anlamı**: gerçekleri görür duruma gelmek]

wie vom Blitz getroffen sein *(wörtl: şimşek çarpmış gibi)* **fig** beyninden vurulmuşa dönmek *(wörtl; als würde er ins Hirn getroffen)*

[**Bedeutung**: unangenehm überrascht werden; **Anlamı**: beklenmedik bir durum karşısında şaşkınlığa uğramak]

wie vom Erdboden verschluckt sein *(wörtl: yer yutmuş gibi)* **fig** yer yarılıp içine girmek/geçmek *(wörtl: der Boden reißt sich auf und man steigt ein)* [**Bedeutung**: verschwunden sein; unauffindbar sein; **Anlamı**: yitirilip bir türlü bulunamamak]

wie vom Schlag getroffen/gerührt *(wörtl: darbe yemiş gibi)* **fig** beyninden vurulmuşa dönmek *(wörtl: wie am Hirn getroffen sein)* [**Bedeutung**: fassungslos, äußerst entsetzt]; **Anlamı**: beklenmedik bir durum karşısımda olağanüstü şaşkınlığa uğramak]

wie vor den Kopf geschlagen sein *(wörtl: başüstü dursa da; amuda kalksa da)* **fig** beyninden vurulmuşa dönmek *(wörtl; als würde er ins Hirn getroffen)* [**Bedeutung**: vor Überraschung gelähmt sein; **Anlamı**: şaşkınlıktan düşünme yeteneğini yitirir gibi olmak]

---

wieder tekrar

wieder auf dem Damm sein *(wörtl: tekrar sette olmak)* **fig** ayağa kalkmak *(wörtl: aufstehen)* [**Bedeutung**: nach einer Krankheit wieder gesund sein; **Anlamı**: tekrar sağlığa kavuşmak]

wieder auf die Beine kommen[1] *(wörtl: tekrar bacakları üzerine gelmek)* **fig** ayağa kalkmak *(wörtl; aufstehen)* [**Bedeutung**: wieder gesund werden; **Anlamı**: tekrar sağlığa kavuşmak]

497

wieder auf die Beine kommen[2]
(wörtl: tekrar bacakları üzerine gelmek) **fig** belini doğrultmak *(wörtl; seinen Rücken begradigen/sein Kreuz aufrichten)* **fig** keçeyi sudan çıkarmak *(wörtl: den Filz aus dem Wasser holen)* **fig** ayağı düze basmak *(wörtl: sein Fuß tritt auf Ebenerde auf)*
[**Bedeutung**: sich wirtschaftlich wieder erholen; **Anlamı**: bozulmuş olan işini yoluna koyarak paraca güçlenmek; sıkıntıyı atlatmak]

wieder Land sehen *(wörtl: tekrar kara görmek)* **fig** belini doğrultmak[1] *(wörtl: sein Kreuz aufrichten)*
[**Bedeutung**: das Schlimmste überstanden haben; **Anlamı**: yeniden durumu düzelmek]

wieder zu Verstand kommen
(wörtl: tekrar aklına gelmek) **fig** aklını başına almak *(wörtl: den Verstand in seinen Kopf nehmen)* **fig** aklını başına toplamak *(wörtl: den Verstand in seinem Kopf sammeln)*
[**Bedeutung**: vernünftig werden; **Anlamı**: akılsızca davranışlardan kendini kurtarmak]

Wiege beşik

jemandem in die Wiege gelegt worden sein *(wörtl: birinin beşiğine konulmuş olmak)* **fig** doğuştan olmak *(wörtl: von Geburt an sein)*
[**Bedeutung**: jemandem von Geburt an gegeben sein; **Anlamı**: yaradılıştan gelen]

was man in der Wiege lernt, das bleibt (bis zum Grabe) *(wörtl: beşikte öğrenilen, (mezara kadar) kalır)* **fig** beşikte giren mezarda çıkar *(wörtl: das, was in der Wiege eintritt, geht im Grab heraus)* **fig** sütle giren huy, canla çıkar *(wörtl: Angewohnheiten, die mit der Milch*

eintreten, treten mit dem Leben (wieder) heraus)
[**Bedeutung**: was man jung lernt, das bleibt; **Anlamı**: kişinin küçükken edindiği huy, ölünceye değin sürer]

Wildsau yaban domuzu

was stört es die Eiche, wenn die Sau/Wildsau sich an ihr reibt
(wörtl: domuz/yaban domuzu meşeye sürtünürse meşe neden rahatsız olsun) **fig** tavşan dağa küsmüşse dağın haberi olmamış *(wörtl: wenn der Hase dem Berg böse war, hat der Berg es nicht gewusst)*
[**Bedeutung**: was kümmert es mich, wenn sich andere Menschen über mich ärgern; **Anlamı**: önemsiz kişi önemli kişiye küsse önemli kişinin umurunda bile olmaz]

Wille irade

beim besten Willen nicht *(wörtl: bütün iyi niyetime karşın olmaz)* **fig** bundan iyisi can sağlığı *(wörtl: noch besser als das ist die Gesundheit)* **fig** babamın adı Hıdır, elimden gelen budur *(wörtl: der Name meines Vaters ist Hıdır, das ist alles, was ich kann)* **fig** ayranım budur, yarısı sudur *(wörtl: das ist mein Ayran, die Hälfte ist Wasser)*
[**Bedeutung**: nicht möglich, auch wenn man es noch so sehr möchte; **Anlamı**: bundan daha iyisi olamaz; gücüm ancak bu kadarını yapmaya yeter]

der Wille und nicht die Gabe macht den Geber *(wörtl: vereni, bağışı değil, iradesi meydana getirir)* **fig** az veren candan, çok veren maldan *(wörtl: der wenig gibt, gibt vom Herzen, der viel gibt, gibt aus seinem Hab und Gut)*
[**Bedeutung**: wahre Großzügigkeit entsteht nicht aus dem Akt des

Gebens selbst, sondern aus der Absicht dahinter; **Anlamı**: varlıklı olmayan kimsenin yardım olarak az şey vermesi büyük fedakârlıktır;]

des Menschen Wille ist sein Himmelreich *(wörtl: insanın kendi iradesi kendi cennetidir)* *fig* arayan Mevla'sını da bulur, belasını da *(wörtl: wer sucht findet seinen Gott, auch sein Unheil)* [**Bedeutung**: jeder Mensch ist für sein Tun verantwortlich; man muss den Menschen ihren Willen lassen; **Anlamı**: insan isterse, iyi ya da kötü, her amacına ulaşır]

wo ein Wille ist, ist auch ein Weg *(wörtl: iradenin olduğu yerde yol da vardır)* *fig* meramın elinden bir şey kurtulmaz *(wörtl: von der Hand des Wunsches kann sich nichts befreien)* *fig* âşığa Bağdat uzak değil *(wörtl: dem Verliebten ist Bagdad nicht weit)* *fig* çobanın gönlü olursa tekeden süt çıkarır *(wörtl: wenn der Hirte es will, kann er den Ziegenbock melken)* *fig* azimle yüce dağlar devrilir *(wörtl: mit Entschlossenheit kippen hohe Berge um)* [**Bedeutung**: wenn man etwas wirklich will, dann findet sich auch eine Lösung; mit einem starken Willen kann man viel erreichen; **Anlamı**: bir şeyi elde etmek için aşırı istekli olan kimseye, bu uğurda katlanacağı fedakârlıklar güç gelmez; kişi istediğinde olmayacak gibi görünen işlere çözüm yolu bulur]

Wimper kirpik

ohne mit der Wimper zu zucken *fig* göz kırpmadan [**Bedeutung**: ungerührt, ohne Bedenken; **Anlamı**: acımadan; çekinmeden]

Wind rüzgâr

durch den Wind sein *(wörtl: rüzgârdan olmak)* *fig* serseme dönmek *(wörtl: verwirrt sein)* [**Bedeutung**: etwas ignorieren; etwas nicht beachten; **Anlamı**: şaşkın bir duruma gelmek]

etwas in den Wind schreiben *(wörtl: bir şeyi rüzgâra yazmak)* *fig* bir şeyi gözden çıkarmak *(wörtl: aus den Augen nehmen)* [**Bedeutung**: etwas als verloren ansehen; **Anlamı**: elden gitmesine razı olmak]

etwas in den Wind schlagen *(wörtl: bir şeyi rüzgâra atmak)* *fig* bir şeye kulak asmamak *(wörtl: nicht die Ohren hängen)* *fig* bir şeyi yabana atmak *(wörtl: in die Wildnis werfen)* [**Bedeutung**: etwas ignorieren; etwas nicht beachten; **Anlamı**: bir şeye önem vermemek; bir şeyi dinlememek]

in den Wind reden *(wörtl: rüzgara karşı konuşmak)* *fig* çene yormak *(wörtl: den Kiefer ermüden)* [**Bedeutung**: reden, ohne Gehör zu finden; **Anlamı**: boşuna söyleyip durmak]

jemandem den Wind aus den Segeln nehmen *(wörtl: birinin yelkeninden rüzgârı almak)* *fig* lafı/lafını ağzına tıkamak *(wörtl: das Wort/sein Wort in seinen Mund stopfen)* [**Bedeutung**: jemandem den Grund für sein Vorgehen, die Voraussetzungen für seine Argumente nehmen; **Anlamı**: konuşan birinin sözünü bitirmesine olanak vermemek]

seinen Mantel nach dem Wind hängen *(wörtl: paltosunu rüzgâra göre asmak)* *fig* rüzgâra göre yelken açmak *(wörtl: die Segel nach dem Wind setzen)* [**Bedeutung**: seine Meinung so ändern, wie es nützlich ist; **Anlamı**: fikrini duruma göre değiştirmek]

wer segeln will, , muss auch Wind machen *(wörtl: yelkenliyle gezmek isteyen rüzgâr yapmak zoundadır)* *fig* canı kaymak isteyen mandayı yanında taşır *(wörtl: wer Lust auf Sahne hat, schleppt den Büffel mit)* [**Bedeutung**: wer ein Ziel sicher erreichen will, muss sich auf die eigene Kraft verlassen; **Anlamı**: güzel bir yaşamak isteyen kişi, bu yaşayışın yükünü çekmeyi göze almalı ve gerekli kaynakları elinin altında bulundurmalıdır]

wer Wind sät, wird Sturm ernten *fig* rüzgâr eken fırtına biçer [**Bedeutung**: wer etwas Schlechtes tut, dem wird man dieses heimzahlen; **Anlamı**: yaptığı kötülüğün çok daha kötüsü ile karşılaşmak]

wie der Wind *fig* rüzgâr gibi [**Bedeutung**: sehr schnell; **Anlamı**: çabucak]

in Windeseile *fig* rüzgâr gibi [**Bedeutung**: sehr schnell; **Anlamı**: çabucak]

Windel bebek bezi

noch in den Windeln stecken/liegen *(wörtl: henüz bebek bezinde yatmak)* *fig* emekleme çağında/döneminde olmak *(wörtl: sich im Krabbelalter befinden)* [**Bedeutung**: sich im Anfangsstadium befinden; **Anlamı**: henüz olgunluk kazanılmamış dönemde bulunmak]

windelweich bebek bezi gibi yumuşak

jemanden windelweich schlagen *(wörtl: birine bebek bezi gibi* yumuşak *duruma gelinceye kadar vurmak)* *fig* birini eşek sudan gelinceye kadar dövmek *(wörtl: jemanden verprügeln bis der Esel aus dem Wasser kommt)* [**Bedeutung**: jemanden gründlich verprügeln; **Anlamı**: birini iyice dövmek]

Windmühle yel değirmeni

mit/gegen Windmühlen kämpfen *(wörtl: yel değirmenleriyle dövüşmek)* *fig* havanda su dövmek *(wörtl: im Mörser Wasser schlagen)* *fig* haybeye kürek çekmek *(wörtl: sinnlos rudern)* *fig* havaya pala sallamak *(wörtl: in der Luft den Säbel schwingen)* [**Bedeutung**: einen sinnlosen Kampf führen; keine Aussicht auf Erfolg haben; **Anlamı**: boşuna uğraşmak]

winken (el) sallamak

mit dem Zaunpfahl winken *(wörtl: çit kazığını sallmak)* *fig* taş atmak *(wörtl: einen Stein werfen)* [**Bedeutung**: einen indirekten, aber deutlichen Hinweis auf einen Sachverhalt machen; **Anlamı**: birine dolaylı olarak iğneleyici söz söylemek]

Wirkung etki

kleine Ursache große Wirkung *(wörtl: küçük sebep büyük etki)* *fig* sinek ufak, ama mide bulandırır *(wörtl: die Fliege ist klein, aber verdirbt einem den Magen)* *fig* ummadığın taş baş yarar *(wörtl: der Stein, den du nicht erwartet hast, kann den Kopf aufschlitzen)* *fig* şahin küçüktür ama koca turnayı havadan indirir *(wörtl: der Falke ist klein aber er kann den großen Kranich vom Himmel holen)* [**Bedeutung**: auch Kleinigkeiten können etwas Großes auslösen; **Anlamı**: küçük ve önemsiz şeyler de çoğu kez büyük etkiler yapabilir]

Wirt lokantacı

die Rechnung ohne den Wirt machen[1] *(wörtl: hesabı lokantacısız yapmak)* **fig** kendi kendine gelin güvey olmak *(wörtl: Braut und Bräutigam in einer Person sein)* [**Bedeutung**: ohne das Einverständnis einer wichtigen Person handeln; **Anlamı**: başkasıyla birlikte kararlaştırılması gereken işi sadece kendisi tasarlayıp olmuş saymak]

die Rechnung ohne den Wirt machen[2] *(wörtl: hesabı lokantacısız yapmak)* **fig** evdeki hesap çarşıya uymamak *(wörtl: die Rechnung, die zu Hause gemacht wurde, stimmt nicht mit der Rechnung, die auf dem Markt gemacht wird, überein)* [**Bedeutung**: jemanden oder etwas übersehen; **Anlamı**: önceden tasarlanan bir iş umulduğu gibi sonuçlanmamak]

---

wissen bilmek

wissen, wie der Hase läuft *(wörtl: tavşanın nasıl koştuğunu bilmek)* **fig** işini bilmek *(wörtl: seine Arbeit kennen)* [**Bedeutung**: wissen, wie die Sache funktioniert; **Anlamı**: yapacağı iş için gerekli bilgisi bulunmak]

wissen, wo der Barthel den Most holt *(wörtl: Barthel'in şırayı nereden alacağını bilmek)* **fig** arı bal alacak çiçeği bilir *(wörtl: die Biene weiß, von welcher Blüte sie den Honig bekommt)* [**Bedeutung**: sich zu helfen wissen; **Anlamı**: işini bilen kimse nereye baş vuracağını bilir]

weiß der Geier! *(wörtl: akbaba bilir)* **fig** kim bilir *(wörtl: wer weiß)* [**Bedeutung**: was weiß ich! Ich weiß es nicht; ich habe keine Ahnung; **Anlamı**: belirsizlik, bilinmezlik bildiren bir söz]

weißt du, mit wem du es zu tun hast? *(wörtl: kiminle işin olduğunu biliyor musun?)* **fig** kiminle dans ettiğini biliyor musun? *(wörtl: weißt du, mit wem du tanzt?)* [**Bedeutung**: weißt du, wie gut ich bin?; **Anlamı**: bu konuda benim ne kadar üstün olduğumu biliyor musun?]

die eine Hand weiß nicht, was die andere tut *(wörtl: bir elin ne yaptığını öbürü bilmiyor)* **fig** baş kıç belli değil *(wörtl: der Kopf und das Hintern sind nicht eindeutig)* **fig** baştan kıça haber yok *(wörtl: vom Kopf zum Hintern gibt es keine Nachricht)* **fig** hancı sarhoş yolcu sarhoş *(wörtl: der Herbergenwirt ist betrunken, der Reisende ist betrunken)* [**Bedeutung**: innerhalb einer Organisation findet kein Informationsaustausch statt; **Anlamı**: sözü edilen toplulukta kimlerin yönetici, kimlerin yönetilen olduğu anlaşılmayacak kadar düzensizlik var; kimin ne yaptığı, ne ettiği belli değil; kimsenin ne yaptığından haberi yok]

Gott weiß **fig** Allah bilir [**Bedeutung**: es ist ungewiss; niemand weiß; **Anlamı**: belli değil, belli olmaz; kimse bilmez]

nicht (mehr) wissen, wo einem der Kopf steht *(wörtl: başının nerede bulunduğunu bilmemek)* *fig* başını kaşıyacak vakti olmamak *(wörtl: keine Zeit haben, um seinen Kopf zu kratzen)* [Bedeutung: durch Arbeit, Sorgen oder Ähnliches überlastet sein; Anlamı: arada en ufak, başka bir iş yapamayacak kadar sıkışık durumda bulunmak]

nicht mehr wissen, wo rechts und wo links ist *fig* sağını solunu bilmemek *fig* pusulayı şaşırmak *(wörtl: den Kompass falsch verstehen)* [Bedeutung: völlig verwirrt sein; Anlamı: güç bir duruma düşüp ne yapacağını bilmemek; düşüncesiz, dikkatsiz olmak]

---

wo nerede

wo das Tau am dünnsten ist, reißt es gern *(wörtl: halat, en ince yerinden kopmayı sever)* ip inceldiği yerden kopar *(wörtl: das Seil reißt an der Stelle, wo er dünner wird)* [Bedeutung: eine Gruppe ist nur so stark oder erfolgreich wie ihr schwächstes Mitglied; Anlamı: bir durum, en zayıf yerinden patlak verir]

wo der hintritt, da wächst kein Gras mehr *(wörtl: bastığı yerde ot bitmez)* *fig* ayağının bastığı yerde ot bitmez *(wörtl: dort, wo er hintritt, wächst kein Gras mehr)* [Bedeutung: was er tut, ist verheerend/ vernichtend; Anlamı: uğradığı yere bereketsizlik getirir]

wo die Hunde mit dem Schwanz bellen *(wörtl: köpeklerin kuyrukla havladığı yer)* *fig* kör itin öldüğü yer *(wörtl: dort, wo der blinde Köter gestorben ist)*

[Bedeutung: sehr abgelegen; an einem ganz entlegenen Ort; Anlamı: çok uzakta olan yer]

wo die Liebe hinfällt *(wörtl: aşk nereye düşer)* *fig* gönül kimi severse güzel odur *(wörtl: schön ist der, den das Herz mag)* [Bedeutung: sagt man bei einer ungewöhnlichen Liebesbeziehung; Anlamı: güzellik anlayışı kişiden kişiye değişir, onun için herkesin kendi beğendiği kimse ya da şey güzeldir]

wo ein Wille ist, ist auch ein Weg *(wörtl: iradenin olduğu yerde yol da vardır)* *fig* meramın elinden bir şey kurtulmaz *(wörtl: von der Hand des Wunsches kann sich nichts befreien)* *fig* âşığa Bağdat uzak değil *(wörtl: dem Verliebten ist Bagdad nicht weit)* *fig* çobanın gönlü olursa tekeden süt çıkarır *(wörtl: wenn der Hirte es will, kann er den Ziegenbock melken)* *fig* çobanın gönlü olursa tekeden yağ çıkarır *(wörtl: wenn der Hirte es will, kann er Butter aus dem Ziegenbock holen)* *fig* azimle yüce dağlar devrilir *(wörtl: mit Entschlossenheit kippen hohe Berge um)* [Bedeutung: wenn man etwas wirklich will, dann findet sich auch eine Lösung; mit einem starken Willen kann man viel erreichen; Anlamı: bir şeyi elde etmek için aşırı istekli olan kimseye, bu uğurda katlanacağı fedakârlıklar güç gelmez; kişi istediğinde olmayacak gibi görünen işlere çözüm yolu bulur]

wo es mir gut geht, da ist meine Heimat *fig* nere iyi, ora vatan [Bedeutung: *(lat: Ubi bene, ibi patria)*; Anlamı: insan doğduğu yerde değil, doyduğu yerde yaşar]

wo gehobelt wird, da fallen Späne *(wörtl: planyalanan yerde talaş dökülür)* *fig* atlar tepişir, arada eşekler ezilir *(wörtl: die Pferde treten sich, die Esel werden zertrampelt)* [**Bedeutung**: bei energisch durchgeführten Maßnahmen kann man nicht viel Rücksicht nehmen; **Anlamı**: büyüklerin çatışmasından küçükler zarar görür]

wo kein Kläger ist, ist auch kein Richter *(wörtl: davacı bulunmayan yerde hakim de bulunmaz)* **fig** davasız yargılama olmaz *(wörtl: ohne Klage kann es keinen Prozess geben)* [**Bedeutung**: wenn niemand an einem Unrecht Anstoß nimmt, wird es auch nicht verfolgt; **Anlamı**: mahkeme kendiliğinden olaya el koyamaz]

wo sich Fuchs und Hase gute Nacht sagen *(wörtl: tilkilerin ve tavşanların birbirlerine iyi geceler dedikleri yer)* **fig** kuş uçmaz, kervan geçmez olmak *(wörtl: es fliegt kein Vogel, es geht keine Karawane vorbei)* [**Bedeutung**: abseits vom allen Verkehr sein; weit abgelegen sein; **Anlamı**: kimsenin uğramadığı ıssız ve sapa olmak]

wo nichts ist, hat der Kaiser sein Recht verloren *(wörtl: bir şey olmayan yerde imparator hakkını kaybetmiş sayılır)* **fig** yanmış harmanın öşrü alınmaz *(wörtl: der Zahntel für das abgebrannte Heu wird nicht eingenommen)* **fig** ölü gözünden yaş ummak *(wörtl: Tränen aus dem Auge eines Toten erwarten)* von jemandem, der nichts hat, kann man auch nichts fordern; [**Bedeutung**: von jemandem, der nichts hat, kann man auch nichts fordern; es ist sinnlos von jemandem Geld zu fordern, der keines hat; **Anlamı**: hiç olmayacak yerden, mümkün olmayan durumda yardım veya destek beklemek; olmayan bir şey için para alınmaz]

wo (viel) Licht ist, ist auch (viel) Schatten *(wörtl: (çok) ışık olan yerde (çok) gölge de vardır)* **fig** bal olan yerde sinek de olur *(wörtl: wo Honig ist, da sammeln sich auch Fliegen)* [**Bedeutung**: wo es (viel) Positives gibt, gibt es auch (viel) Negatives; **Anlamı**: iyi şeylerin yanında kötü şeyler de vardır]

da, wo ich schon hingeschissen habe, musst du erstmal hinriechen *(wörtl: benim çoktan sıçmış olduğum yeri ilkönce koklaman gerek)* sen giderken ben geliyordum *(wörtl: als du weggingst, war ich auf dem Rückweg)* [**Bedeutung**: ich habe mehr Erfahrung als du; **Anlamı**: bu oyunları senden iyi biliyorum]

woanders başka yer

seinen Kopf woanders haben *(wörtl: başı başka yerde olmak)* **fig** aklı başka yerde olmak *(wörtl: seinen Verstand woanders haben)* **fig** eli işte gözü oynaşta *(wörtl: seine Hand ist bei der Arbeit, sein Auge beim Spiel)* [**Bedeutung**: an etwas anders denken; nicht bei der Sache sein; geistesabwesend sein; **Anlamı**: bir şey yaparken o sırada başka şeyler düşünmek]

Woge dalga

die Wogen glätten *(wörtl: dalgaları düzletmek)* **fig** küllemek *(wörtl: das Feuer mit Asche ersticken)* **fig** ortalığı yatıştırmak [**Bedeutung**: beruhigend wirken; **Anlamı**: bir acıyı, bir sıkıntıyı unutturmak]

die Wogen glätten sich *(wörtl: dalgaları düzleşiyor)* **fig** küllenmek

503

(wörtl: das Feuer wird mit Asche erstickt) fig ortalık yatışmak
[**Bedeutung**: man beruhigt sich; die Erregung klingt ab; **Anlamı**: bir acı, bir sıkıntı unutulur gibi olmak]

---

wohl oder übel *(wörtl: iyi veya kötü) fig* ister istemez *(wörtl: gewollt ungewollt)*
[**Bedeutung**: ob man will oder nicht; **Anlamı**: zorunlu olarak]

Wolf¹ kurt

ein Wolf im Schafspelz *(wörtl: koyun postunda bir kurt) fig* yere bakan yürek yakan *(wörtl: der auf den Boden schaut und das Herz verbrennt) fig* gündüz külahlı, gece silâhlı *(wörtl: tagsüber mit Tüte, nachts mit Waffe)*
[**Bedeutung**: ein schlechter Mensch, der sich harmlos und unschuldig gibt; **Anlamı**: uysal ve uslu göründüğü hâlde sinsice kötülük yapan]

es beißt kein Wolf den anderen *(wörtl: hiçbir kurt diğerini ısırmaz) fig* köpek köpeği ısırmaz *(wörtl: ein Hund beißt einen Hund nicht)*
[**Bedeutung**: Seinesgleichen schont man; unter Gleichgesinnten hält man zusammen; **Anlamı**: görüş ve anlayışları birbirine uyan kimseler çekişmezler, birbirlerini tutarlar]

wer mit den Wölfen essen will, muss mit den Wölfen heulen *(wörtl: kurtlarla yemek yemek isteyen, kurtlarla ulumak zorundadır) fig* köprüyü geçinceye kadar ayıya dayı derler *(wörtl: man sagt Onkel zu dem Bären, bis man die Brücke überquert hat) fig* aksayanla aksak, suya gidenle susak *(wörtl: mit den Hinkenden hinkend, mit denen, die zum Wasser gehen, durstig)*
[**Bedeutung**: sich nach der Mehrheit richten; sich anpassen; **Anlamı**: kişi

işini gördürünceye kadar yardım beklediği kimseyle iyi geçinir]

Wolf² kıyma makinesi

jemanden durch den Wolf drehen *(wörtl: birini kıyma makinesinden geçirmek) fig* birini pestile çevirmek *(wörtl: jemanden zum Mus verarbeiten)*
[**Bedeutung**: jemanden zermürben; **Anlamı**: çok yormak]

sich fühlen wie durch den Wolf gedreht *(wörtl: kendini kıyma makinesinden geçmiş gibi hissetmek) fig* pestili çıkmak *(wörtl: zum Mus werden)*
[**Bedeutung**: sich erschöpft fühlen; **Anlamı**: çok yorulmak]

Wolke bulut

auf Wolke sieben schweben *(wörtl: Bulut yedide sallanmak) fig* göklere uçmak *(wörtl: in den Himmel fliegen)*
[**Bedeutung**: überglücklich sein; **Anlamı**: çok sevinmek]

aus allen Wolken fallen *(wörtl: tüm bulutlardan düşmek) fig* neye uğradığını bilmemek *(wörtl: nicht wissen, was er begegnet ist) fig* eşekten düşmüş karpuza dönmek *(wörtl: sich in eine Wassermelone verwandeln, die vom Esel gefallen ist)*
[**Bedeutung**: völlig überrascht sein; **Anlamı**: çok şaşırmak]

Wolle yün

mit jemandem in die Wolle geraten *fig* birbirine girmek
[**Bedeutung**: einen Streit (mit jemandem) beginnen; **Anlamı**: aralarında kavga çıkıp birbirlerine şiddetle saldırmak; kavga etmek]

wollen istemek

einen Mohren weißwaschen wollen
*(wörtl: zenciyi yıkamakla
beyazlatmak istemek) fig* zenci yüzü
yıkamakla ağarmaz *(wörtl: das
Gesicht eines Mohren wird nicht
durch Waschen weißer) fig* deveye
hendek atlatmak *(wörtl: das Kamel
über den Graben springen lassen)*
[**Bedeutung**: Unmögliches
versuchen; **Anlamı**: birine
yapamayacağı önceden bilinen bir işi
yaptırmaya çalışmak]

nicht aus dem Kopf wollen *(wörtl:
başından çıkmak istememek) fig*
aklından çıkaramamak *(wörtl: nicht
aus dem Verstand herausnehmen
können)*
[**Bedeutung**: nicht vergessen können;
Anlamı: unutamamak]

Wort söz

Wort halten *(wörtl: söz tutmak) fig*
sözünü tutmak *(wörtl: sein/ihr Wort
halten) fig* sözünde durmak *(wörtl:
sein Wort halten)*
[**Bedeutung**: sein Versprechen
einhalten, **Anlamı**: verdiği sözünü
yerine getirmek]

das Wort haben *(wörtl: söz
(birinde) olmak) fig* söz sırası olmak
(wörtl: an der Reihe des Wortes sein)
[**Bedeutung**: in einer Versammlung
oder Besprechung sprechen dürfen,
Anlamı: bir toplantıda konuşma
sırası ve zamanı olmak]

ein Mann, ein Wort *(wörtl: bir
adam, bir söz) fig* sözünün eri *(wörtl:
ein Mann des Wortes)*
[**Bedeutung**: das Wort dieses
Mannes gilt, auf ihn ist Verlass,
Anlamı: verdiği sözü, ne pahasına
olursa olsun, yerine getiren (kimse)]

ein Mann von Wort *(wörtl: sözden
bir adam) fig* söz ağzından çıkar
*(wörtl: das Wort verlässt seinen
Mund)*
[**Bedeutung**: jemand, auf den man
sich verlassen kann, **Anlamı**: mert
olan insan, verdiği sözü yerine
getirir, sözünden dönmez]

ein paar Worte sagen *(wörtl: bir çift
söz söylemek) fig* bir çift lakırtı
etmek
[**Bedeutung**: kurz reden; **Anlamı**:
kısa konuşmak]

ein sanftes Wort stillt großen Zorn
*(wörtl: yumuşak bir söz büyük öfkeyi
susturur) fig* tatlı dil yılanı deliğinden
çıkarır *(wörtl: mit freundlichen
Worten lockt man eine Schlange aus
ihrem Loch heraus)*
[**Bedeutung**: eine linde Antwort stillt
den Zorn, aber ein hartes Wort richtet
Grimm an; **Anlamı**: gönül alıcı,
okşayıcı sözlerkarşımızdakinin
inadı yenilebilir]

**ein sanftes Wort zieht mehr als
vier Pferde** *(wörtl: hoş söz, dörtten
fazla beygiri çeker) fig* tatlı dil yılanı
deliğinden çıkarır *(wörtl: mit
freundlichen Worten lockt man eine
Schlange aus ihrem Loch heraus)*
[**Bedeutung**: mit dem richtigen
Lockmittel erreicht man viel;
Anlamı: gönül okşayıcı konuşma
herkesi etkiler]

ein Wort gibt das andere *(wörtl:
bir söz öteki sözü verir) fig* al
takke ver külâh *(wörtl: nimm Kappe,
gib Tüte)*
[**Bedeutung**: ein Wechsel von
Rede und Gegenrede entsteht;
ein Streit beginnt; es kommt zum
Streit duch immer heftigere
Erwiderungen; **Anlamı**: uzun bir
çekişmeden sonra; çekişe çekişe]

große Worte machen *fig* büyük laf etmek
[**Bedeutung**: prahlen; **Anlamı**: büyük söylemek]

jedes Wort auf die Goldwaage legen[1] *(wörtl: her kelimeyi altın teraziye koymak) fig* kılı kırk yarmak[2] *(wörtl: das Haar vierzig Mal spalten)*
[**Bedeutung**: alles übergenau nehmen; **Anlamı**: çok dikkatle, en küçük ayrıntılarına kadar titizce incelemek]

jedes Wort auf die Goldwaage legen[2] *(wörtl: her kelimeyi altın teraziye koymak) fig* kelimeleri tartarak konuşmak *(wörtl: die Worte wiegen und dann sprechen)*
[**Bedeutung**: in seinen Äußerungen sehr vorsichtig sein; **Anlamı**: sonucu hesaplayarak konuşmak]

jedes Wort auf die Waagschale legen *(wörtl: her sözü kefeye koymak) fig* kelimeleri tartarak konuşmak *(wörtl: reden, in dem man die Worte wiegt)*; *fig* her sözü mihenge vurmak *(wörtl: jedes Wort auf den Prüfsteien schlagen)*
[**Bedeutung**: jedes Wort ernsthaft abwägen; **Anlamı**: sonucu hesaplayarak konuşmak]

jemandem das Wort abschneiden *fig* sözünü kesmek
[**Bedeutung**: jemanden in seinen Ausführungen unterbrechen; **Anlamı**: biri konuşurken söze karışıp onun konuşmasına fırsat vermemek]

jemandem ins Wort fallen *(wörtl: birinin sözüne düşmek) fig* birinin sözünü kesmek *(wörtl: jemandes Wort schneiden)*
[**Bedeutung**: jemanden in seiner Rede unterbrechen; **Anlamı**: birikonuşurken söze karışıp konuşmasına olanak vermemek]

jemandem jedes Wort (einzeln) aus der Nase ziehen müssen *fig* ağzına kira istemek *(wörtl: Miete für seinen Mund verlangen) fig* ağzını kiraya vermek *(wörtl: seinen Mund vermieten)*
[**Bedeutung**: nur mühsam und nach und nach Auskünfte von jemandem erhalten können; **Anlamı**: söylemesi beklenen şeyi söylemekte nazlı davranmak]

sein Wort halten *fig* sözünü tutmak
[**Bedeutung**: sein Versprechen einhalten; **Anlamı**: verdiği sözü yerine getirmek]

sich jedes Wort abkaufen lassen *(wörtl: her sözünü satın aldırmak) fig* söz ağzından dirhemle çıkmak *(wörtl: das Wort verlässt seinen Mund gegen eine Silbermünze)*
[**Bedeutung**: schweigsam, wortkarg sein; **Anlamı**: çok az konuşmak]

Taten sagen mehr als Worte *(wörtl: eylemler sözlerden daha öok şey söylerler) fig* lafla peynir gemisi yürümez *(wörtl: mit Worten fährt das Käseschiff nicht) fig* lakırtı ile iş bitmez *(wörtl: mit Worten wird die Arbeit nicht erledigt) fig* boş laf karın doyurmaz *(wörtl: leere Worte machen nicht satt)*
[**Bedeutung**: gute Taten sind dann etwas wert, wenn man sie auch tatsächlich tut; **Anlamı**: şöyle yaparım, böyle yaparım demekle yapılması gereken işler yapılmaz]

wäre sein Wort eine Brücke, ich ginge nicht darüber *(wörtl: sözü köprü olsa üstünden geçmem) fig* ipiyle kuyuya inilmez *(wörtl: mit seinem Seil steigt man nicht in den Brunnen ein) fig* çürük iple kuyuya inilmez *(wörtl: mit einem morschen Seil steigt man nicht in einen Brunnen ein)*

[**Bedeutung**: sagt man, wenn jemand unzuverlässig ist; **Anlamı**: kendisine güvenilmez; kendisine güvenilerek bir iş yapıldığında kişiyi yarı yolda bırakabilecek kimse]

Wörtchen kelimecik

wenn das Wörtchen 'wenn' nicht wär, wär mein Vater Millionär *(wörtl: 'olsa' kelimeciği olmasaydı, babam milyoner olurdu)* **fig** olsa ile bulsayı ekmişler, yel ile yuh bitmiş *(wörtl: das wenn und das dann haben sie gesät, dann sind Wind und Buhrufe gewachsen)* [**Bedeutung**: sagt man, um die Unwägbarkeit einer Wenn-dann-Bedingung hervorzuheben; **Anlamı**: 'şu şöyle olsaydı, bu böyle olsaydı' demekle bir sonuca varılamaz]

---

wund yaralı

ein wunder Punkt *(wörtl: yaralı bir nokta)* **fig** can alacak nokta *(wörtl: der Punkt, der das Leben nimmt)* [**Bedeutung**: ein Bereich, in dem jemand sehr empfindlich, sehr anfällig ist; **Anlamı**: bir şeyin en önemli yeri]

Wunde yara

alte Wunden (wieder) aufreißen *(wörtl: eski yaraları (tekrar) deşmek)* **fig** yarasını deşmek **fig** yarasını/ yarayı tazelemek *(wörtl: jemandem die Wunde auffrischen)* [**Bedeutung**: jemanden an ein leidvolles Ereignis erinnern und damit wehtun; von weit zurückliegenden und vergessenen, sehr unangenehmen oder schmerzhaften Angelegenheiten wieder sprechen und damit erneut Schmerz verursachenn; **Anlamı**: acısını anımsatarak yeniden

üzülmesine yol açmak; acıyı, üzüntüyü hatırlatmak, tazelemek]

---

den Finger auf die Wunde legen *(wörtl: parmağını yaranın üzerine koymak)* **fig** parmağını yaranın üzerine basmak *(wörtl: den Finger auf die Wunde drucken)* [**Bedeutung**: auf ein Übel hinweisen; das Schlechte an einer Sache betonen; **Anlamı**: bir derdin gerçek nedenini göstermek]

die Sohlen wund laufen *(wörtl: tabanlarını yürümekten yara etmek)* **fig** taban tepmek *(wörtl: die Sohlen treten)* **fig** taban patlatmak *(wörtl: die Sohlen platzen lassen)* [**Bedeutung**: viele Gänge machen, um etwas zu bekommen; **Anlamı**: çok gidip gelmek]

die Zeit heilt alle Wunden *(wörtl: zaman bütün yaraları iyileştirir)* **fig** zaman her yarayı tedavi eder *(wörtl: die Zeit behandelt jede Wunde)* **fig** yanık yerin otu tez biter *(wörtl: das Gras am verbrannten Ort vergeht schnell)* [**Bedeutung**: schmerzhafte Gefühle oder Erinnerungen an ein negatives Erlebnis lassen mit der Zeit nach; **Anlamı**: kişinin yüreğini yakan acı az zaman sonra küllenir ve unutulur]

Salz in die Wunde reiben/streuen *(wörtl: yaraya tuz sürmek/ekmek)* **fig** yaraya tuz biber ekmek *(wörtl: Salz und Pfeffer in die Wunde streuen)* [**Bedeutung**: durch eine Äußerung die unangenehme Lage eines anderen zusätzlich verschlimmern; **Anlamı**: üzüntüyü, kusuru artıracak durum yaratmak]

sich die Füße wund laufen *(wörtl: ayaklarını yürümekten yara etmek)* **fig** taban tepmek *(wörtl: die Sohlen treten)* **fig** taban patlatmak *(wörtl: die Sohlen platzen lassen)*

[**Bedeutung**: viele Gänge machen, um etwas zu bekommen; **Anlamı**: çok gidip gelmek]

Wunder mucize

es geschehen noch Zeichen und Wunder *(wörtl: emare ve harika da oluyor)* *fig* neler de neler, maydanozlu köfteler *(wörtl: was und noch was, Hackbällchen mit Petersilie)*
[**Bedeutung:** Ausruf des Erstaunens, der Überraschung; **Anlamı**: hatıra, hayale gelmeyen değişik, şaşılacak şeyler]

sein blaues Wunder erleben *(wörtl: başından mavi bir mucize geçmek)* *fig* dünyanın kaç bucak olduğunu anlamak *(wörtl: seine Welt verwechseln)*
[**Bedeutung**: eine große, unangenehme Überraschung erleben; **Anlamı**: dünyada ne gibi güçlükler olduğunu, ne düzenler döndüğünü, insanın başına neler gelebileceğini görüp öğrenmek]

Wunsch arzu

der Wunsch ist der Vater des Gedankens *(wörtl: arzu, düşüncenin babasıdır)* *fig* aç tavuk kendini arpa ambarında sanır *(wörtl: das hungrige Huhn denkt, es ist im Gerstenspeicher)*
[**Bedeutung**: das Erwähnte ist nicht Realität, sondern nur Hoffnung; **Anlamı**: insanlar, yokluğunu çektikleri şeyler için olmayacak hayaller, düşler kurar]

einen frommen Wunsch haben *(wörtl: sofuca bir arzusu olmak)* *fig* olmayacak duaya âmin demek *(wörtl: Amen zu einem Gebet sagen, das nicht in Erfüllung gehen kann)*

[**Bedeutung**: eine Idee haben, die nicht realisierbar ist; **Anlamı**: gerçekleşmeyecek işlerle uğraşmak]

Würde haysiyet

Würde bringt Bürde *(wörtl: haysiyet yük getirir)* *fig* büyük başın derdi büyük olur *(wörtl: das Leid des großen Kopfes ist groß)*
[**Bedeutung**: leitende Köpfe haben entsprechende Sorgen; **Anlamı**: büyük işlerin başında bulunanların derdi de büyük olur]

Würfel zar

der Würfel ist gefallen *(wörtl: zar atıldı)* *fig* ok yaydan çıktı *(wörtl: der Pfeil hat den Bogen verlassen)* *fig* kesilen baş yerine konmaz *(wörtl: der abgeschnittene Kopf kann nicht wieder eingesetzt werden)*
[**Bedeutung**: die Entscheidung ist gefallen, sie ist nicht mehr rückgängig zu machen; **Lat**: alea iacta est; **Anlamı**: kesin olarak yapılıp sonuçlandırılan iş, eski durumuna getirilemez; geri dönüşü olmayan bir davranışta bulunmak]

die Würfel sind gefallen *(wörtl: zarlar atıldı)* *fig* ok yaydan çıktı *(wörtl: der Pfeil hat den Bogen verlassen)*
[**Bedeutung**: die Entscheidung ist gefallen, sie ist nicht mehr rückgängig zu machen; **Anlamı**: geri dönüşü olmayan bir davranışta bulunmak]

Wurm solucan, kurt

da ist/steckt der Wurm drin *(wörtl: bunun içinde kurt var)* *fig* bu işte bityeniği var *(wörtl: in dieser Sache ist Läusefraß drin)*
[**Bedeutung**: etwas stimmt nicht; etwas geht aus unbekanntem Grund

immer wieder schief; es gibt Probleme; **Anlamı**: bu işin gizli kalmış kötü ve aksak bir noktası var]

den Wurm baden *(wörtl: solucanı ytkamak)* *fig* balığa çıkmak [**Bedeutung**: angeln; **Anlamı**: balık avlamaya gitmek]

der frühe Vogel fängt den Wurm *(wörtl: erkenci kuş solucanı yakalar)* *fig* erken kalkan yol alır, er evlenen döl alır *(wörtl: wer früh aufsteht, legt was zurück, wer früh heiratet bekommt Nachkommen)* [**Bedeutung**: wer frühmorgens mit der Arbeit beginnt, schafft mehr; **Anlamı**: yapacakları işlere erken başlayanlar kazançlı çıkarlar]

jemandem die Würmer aus der Nase ziehen *(wörtl: birinin burnundan kurtları çekmek)* *fig* ağzından laf almak *(wörtl: jemandem Worte aus dem Mund nehmen)* [**Bedeutung**: jemanden aushorchen; jemanden ausfragen; **Anlamı**: karşısındakileri konuşturarak birtakım şeyleri öğrenmek]

Wurst sucuk, sosis

(jemandem) Wurst sein *(wörtl: biri için sucuk olmak)* *fig* (birine) vız gelmek *(wörtl: jemandem summend kommen)* [**Bedeutung**: jemanden gleichgültig sein; **Anlamı**: birine bir şey pek önemsiz görünmek]

Wurst wider Wurst *(wörtl: sucuğa karşı sucuk)* *fig* kısasa kısas [**Bedeutung**: Gleiches mit Gleichem vergelten; **Anlamı**: yapılan kötülüğün karşılığını aynı biçimde verme]

es geht um die Wurst *(wörtl: söz konusu sucuk)* *fig* ya devlet başa, ya kuzgun leşe *(wörtl: entweder der Staat an die Macht oder der Kolkrabe zum Kadaver)* [**Bedeutung**: es geht ums Ganze; **Anlamı**: ya batarız, ya çıkarız]

es nimmt kein Schlachter dem anderen eine Wurst ab *(wörtl: bir kasap diğer kasabın sosisini almaz)* *fig* köpek köpeği ısırmaz *(wörtl: ein Hund beißt einen Hund nicht)* *fig* it iti ısırmaz *(wörtl: ein Köter beißt einen anderen Köter nicht)* [**Bedeutung**: Seinesgleichen schont man; unter Gleichgesinnten hält man zusammen; **Anlamı**: görüş ve anlayışları birbirine uyan kimseler çekişmezler, birbirlerini tutarlar]

jemandem die Wurst auf dem Brot nicht gönnen *(wörtl: ekmeğin üzerindeki sucuğu birine yadırgamak)* *fig* kedi uzanamadığı/yetişemediği ciğere pis/murdar der *(wörtl: die Katze, die an die Leber nicht herankommt, sagt, sie ist schmutzig)* [**Bedeutung**: sehr neidisch auf jemanden sein; jemandem gegenüber sehr missgünstig sein; **Anlamı**: kişi, elde edemediği şeyi istemiyormuş, beğenmiyormuş gibi görünür]

mit der Wurst nach dem Schinken werfen *(wörtl: jambona sucuğu atmak)* *fig* kaz gelen yerden tavuk esirgenmez *(wörtl: man verweigert das Huhn nicht dort, wo die Gänse herkommen)* *fig* ağzına bir zeytin verip altına/ardına tulum tutmak *(wörtl: in den Mund eine Olive geben und danach den Sack hinhalten)* [**Bedeutung**: mit einer kleinen Gabe eine größere einhandeln wollen; **Anlamı**: büyük çıkarlar beklenen durumlarda küçük fedakârlıklar yapılmalıdır; yapılan küçük iyiliklere karşılık büyük çıkar beklemek]

Würze çeşnilik

in der Kürze liegt die Würze
(wörtl: çeşnilik, kısalıkta yatar) **fig**
turpun sıkından seyreği iyidir *(wörtl:*
besser weniger Radieschen als mehr)
fig az söyler, uz söyler *(wörtl: er sagt*
wenig, aber schön)
[**Bedeutung**: eine knappe
Darstellung ist oft treffender als eine
ausführliche; **Anlamı**: az, ama işe
yarar söz söyler; az görüşmek çok
görüşmekten iyidir]

Wurzel kök

Wurzeln schlagen *(wörtl: kök*
vurmak) **fig** kök salmak *(wörtl:*
Wurzeln lassen)
[**Bedeutung**: sich irgendwo einleben;
sich einleben, heimisch werden;
Anlamı: bir yere iyice yerleşmek]

das Übel an der Wurzel
fassen/packen *(wörtl: kötülüğü*
kökünden yakalamak/tutmak) **fig**
köküne kibrit suyu dökmek *(wörtl:*
die Wurzel mit Streichholzwasser
begießen)
[**Bedeutung**: eine schlechte Sache
von ihrer Ursache herangehen;
Anlamı: bir daha üremeyecek
duruma getirmek; kökünü kurutmak]

die Axt an die Wurzel legen *(wörtl:*
baltayı köke koymak) **fig** kökünü
kazımak *(wörtl: die Wurzel*
auskratzen)
[**Bedeutung**: etwas gründlich
beseitigen; **Anlamı**: yok etmek; bir
daha üreyemez duruma getirmek]

Wüste çöl

jemanden in die Wüste schicken
(wörtl: birini çöle göndermek) **fig**
birini kapı dışarı etmek/atmak *(wörtl:*
jemanden durch die Tür
hinauswerfen)

[**Bedeutung**: jemanden
hinauswerfen; **Anlamı**: birini
kovmak, dışarı atmak]

Wut öfke

blinde Wut tut selten gut *(wörtl:*
gözü kör öfke nadiren iyi gelir) **fig**
keskin sirke küpüne/kabına zarar
(wörtl: scharfer Essig schadet dem
Tonkrug)
[**Bedeutung**: unüberlegte
Wutausbrüche schaden einem selbst;
Anlamı: öfkeli, sert kimsenin zararı
kendisine dokunur]

in der Wut tut niemand gut *(wörtl:*
öfke içinde olma kimseye yaramaz)
fig öfke ile kalkan ziyanla/zararla
oturur *(wörtl: wer mit Wut aufsteht,*
setzt sich mit Verlust hin)
[**Bedeutung**: der Zorn beherrscht nur
schwache Leute; **Anlamı**: öfkesine
kapılarak iş gören sonunda güç
duruma düşer]

vor Wut kochen *(wörtl: öfkeden*
kaynamak) **fig** öfke topuklarına
çıkmak *(wörtl: der Zorn ist ihm auf*
die Fersen gestiegen) **fig** öfkesi
kabarmak *(wörtl: vor Wut*
anschwellen)
[**Bedeutung**: äußerst wütend sein;
sich sehr stark ärgern; **Anlamı**: çok
öfkelenmek]

vor Wut schäumen *(wörtl: öfkeden*
köpürmek) **fig** öfke topuklarına
çıkmak *(wörtl: der Zorn ist ihm auf*
die Fersen gestiegen) **fig** öfkesi
kabarmak *(wörtl: vor Wut*
anschwellen)
[**Bedeutung**: äußerst wütend sein;
sich sehr stark ärgern; **Anlamı**: çok
öfkelenmek]

Z

Zack

auf Zack sein[1] *(wörtl: haydin olmak)* *fig* leb demeden leblebiyi anlamak *(wörtl: geröstete Kichererbsen verstehen, bevor man die erste Silbe "leb" sagt)* [**Bedeutung**: etwas schnell verstehen, begreifen; in der Lage sein, eine Situation sofort zu erkennen; **Anlamı**: birinin daha söze başlarken ne demek istediğini anlayıvermek]

auf Zack sein[2] *(wörtl: haydin olmak)* *fig* uyanık olmak *(wörtl: wach sein)* [**Bedeutung**: seine Sache gut machen, reaktionsschnell, energisch sein; **Anlamı**: yapacağı işi iyi bilen, dikkatli ve tetikte olan]

Zahl sayı

in den roten Zahlen sein *(wörtl: kırmızı sayılarda olmak)* *fig* ekside olmak *(wörtl: im Minus sein)* [**Bedeutung**: Verluste machen; **Anlamı**: zarar etmek]

rote Zahlen schreiben *(wörtl: kırmızı sayılar yazmak)* *fig* ekside olmak *(wörtl: im Minus sein)* [**Bedeutung**: Verluste machen; **Anlamı**: zarar etmek]

zahlen ödemek

wer zahlt, schafft an *(wörtl: parayı ödeyen (malı) alır)* *fig* parayı veren düdüğü çalar *(wörtl: wer das Geld gibt, spielt die Pfeife)* [**Bedeutung**: wer bezahlt, bestimmt; **Anlamı**: parasını ödeyen kimse, istediği şeyi elde eder]

zählen saymak

die Tage zählen *(wörtl: günleri saymak)* *fig* dört gözle beklemek *(wörtl: mit vier Augen warten)* [**Bedeutung**: ungeduldig warten; **Anlamı**: sabırsızlıkla beklemek]

jemandes Tage sind gezählt[1] *(wörtl: birinin günleri sayılı olmak)* *fig* günleri sayılı olmak *(wörtl: seine/ihre Tage sind gezählt)* [**Bedeutung**: jemand wird nicht mehr lange leben; **Anlamı**: ölümü yakın olmak]

jemandes Tage sind gezählt[2] *(wörtl: birinin günleri sayılı olmak)* *fig* günleri sayılı olmak *(wörtl: seine/ihre Tage sind gezählt)* [**Bedeutung**: jemand wird irgendwo nicht mehr lange sein; **Anlamı**: bir yerde kalmak için fazla zamanı olmamak]

Zahn diş

an etwas die Zähne ausbeißen *fig* bir şeyle baş edememek *fig* bir şeyle başa çıkamamak [**Bedeutung**: etwas trotz großer Anstrengung nicht bewältigen können; **Anlamı**: bir şeye gücü yetmemek]

auf den Zahn fühlen *(wörtl: dişini yoklamak)* *fig* birinin ağzını aramak *(wörtl: jemandem den Mund durchsuchen)* *fig* birinin nabzını yoklamak *(wörtl: jemandem den Puls fühlen)* [**Bedeutung**: jemanden ausfragen; versuchen jemandes Fähigkeiten oder Gesinnung zu ergründen; **Anlamı**: konuşturarak düşüncesini öğrenmeye çalışmak; eğilimini, düşüncesini, niyetini anlamaya çalışmak]

die Zähne zusammenbeißen *(wörtl: dişlerini sıkmak)* *fig* dişini sıkmak *(wörtl: die Zähne zusammenbeißen)* *fig* bağrına taş basmak *(wörtl: einen Stein auf seine Brust drücken)* [**Bedeutung**: durchhalten; sich zusammennehmen; sich nicht gehen lassen; negative Emotionen wie Ärger oder Kummer schweigend hinnehmen; **Anlamı**: dayanmak; katlanmak; sesini çıkarmaksızın her türlü acıya katlanmak]

(nur) für den hohlen Zahn reichen/sein *(wörtl: (ancak) dişinin kovuğuna yetmek/(ancak) dişinin kovuğu için olmak)* *fig* dişinin kovuğuna bile yetmemek *(wörtl: nicht einmal für den hohlen Zahn reichen)* *fig* ağza tat, boğaza feryat *(wörtl: Geschmack für den Mund, ein Aufschrei für den Hals)* [**Bedeutung**: zum Essen allzu wenig sein; **Anlamı**: yiyecek çok az gelmek]

Haare auf den Zähnen haben *(wörtl: dişlerinde tüyler olmak)* *fig* eli maşalı olmak *(wörtl: eine Feuerzange in der Hand haben)* [**Bedeutung**: streitsüchtig, cholerisch sein; **Anlamı**: kavgacı, şirret bir kimse]

jemandem dıe Zähne zeigen *fig* birine diş/dişlerini göstermek [**Bedeutung**: jemandem heftig Widerstand leisten; **Anlamı**: gücüne güvendiğini, her an saldırabileceğini davranışıyla açığa vurmak]

Zank kavga; uyuşmazlık

Zankapfel *(wörtl: uyuşmazlık elması)* *fig* uyuşmazlık konusu *(wörtl: Streitgegenstand)*

Zäpfchen fitil
abgehen wie ein Zäpfchen[1] *(wörtl: fitil gibi kalkmak)* *fig* gücü olmak *(wörtl: Stärke haben)*

[**Bedeutung**: leistungsstark sein; voller Energie sein; **Anlamı**: bir şeyi yapabilecek kuvvette olmak]

abgehen wie ein Zäpfchen[2] *(wörtl: fitil gibi kalkmak)* *fig* kapış kapış gitmek *fig* gırla gitmek [**Bedeutung**: erfolgreich, mitreißend sein; auf Begeisterung stoßen; **Anlamı**: bol bol ortaya dökülüp harcanmak]

abgehen wie ein Zäpfchen[3] *(wörtl: fitil gibi kalkmak)* *fig* tepesi atmak *(wörtl: sein Haupt wirft)* [**Bedeutung**: sich aufregen; wütend werden; **Anlamı**: birdenbire öfkeye kapılmak]

Zaum gem

seine Zunge im Zaum haltem *(wörtl: dilini gemin içinde tutmak)* *fig* dilini tutmak *(wörtl: seine Zunge halten)* [**Bedeutung**: schweigen, nichts Unbedachtes sagen; **Anlamı**: susmak, sonunu düşünmeden konuşmaktan kaçınmak]

Zaun çit

einen Streit vom Zaun brechen *(wörtl: çitten kavga çıkarmak)* *fig* kavga çıkarmak [**Bedeutung**: einen Streit beginnen; **Anlamı**: kavgaya neden olmak]

etwas vom Zaun brechen *(wörtl: parmaklıktan/çitten bir şey kırmak)* *fig* cami duvarına işemek *(wörtl: an die Mauer einer Moschee pinkeln)* [**Bedeutung**: Ärger suchen, Streit suchen; eine Auseinandersetzung beginnen, provozieren; **Anlamı**: bela aramak]

Zaunpfahl çit kazığı

mit dem Zaunpfahl winken *(wörtl: çit kazığını sallmak)* *fig* taş atmak *(wörtl: einen Stein werfen)* [**Bedeutung**: einen indirekten, aber deutlichen Hinweis auf einen Sachverhalt machen; **Anlamı**: birine dolaylı olarak iğneleyici söz söylemek]

---

zeigen göstermek

zeig mir deine Freunde und ich sage dir, wer du bist *(wörtl: bana arkadaşlarını göster, ben de sana kim olduğunu söyleyeyim)* *fig* arkadaşını söyle, kim olduğunu söyleyeyim *(wörtl: sag mir, wer dein Freund ist, ich sage dir, wer du bist)* [**Bedeutung**: man kann am selbstgewählten Umgang erkennen, mit wem man es zu tun hat; **Anlamı**: kişi kendisine uygun kimselerle arkadaşlık kuracağı için arkadaşımı tanıdığımızda o kişinin de kimliğini öğrenmiş oluruz]

jemandem die Zähne zeigen *fig* birine diş/dişlerini göstermek [**Bedeutung**: jemandem heftig Widerstand leisten; **Anlamı**: gücüne güvendiğini, her an saldırabileceğini davranışıyla açığa vurmak]

jemandem die kalte Schulter zeigen *(wörtl: birine soğuk omzunu göstermek)* *fig* birine dirsek çevirmek *(wörtl: jemandem den Ellbogen hindrehen)* *fig* birine sırt çevirmek *(wörtl: jemandem den Rücken zuwenden)* *fig* soğuk davranmak *(wörtl: sich kühl verhalten)* [**Bedeutung**: jemanden zurückweisen, jemanden abblitzen lassen; **Anlamı**: birlikte iş yaptığı kişiyi uzaklaştıracak davranışlarda bulunmak]

sein wahres Gesicht zeigen[1] *(wörtl: gerçek yüzünü göstermek)* *fig*

maskesini atmak *(wörtl: seine Maske wegwerfen)* [**Bedeutung**: seine eigentliche Gesinnung, seinen wirklichen Charakter offenbaren, sich nicht mehr verstellen; **Anlamı**: amaçlarını gizlemesini bilen kimse, bu tutumunu bırakarak gerçek kişiliğini ve amaçlarını açığa vurmak]

Zeiger gösterge

jemandem (gewaltig) auf den Zeiger gehen *(wörtl: birinin (şiddetle) göstergesine çıkmak)* *fig* (birini) uyuz etmek *(wörtl: jemandem mit Krätze anstecken)* [**Bedeutung**: jemandem auf die Nerven gehen; **Anlamı**: birini sinirlendirmek]

Zeit zaman

Zeit ist Geld *fig* vakit nakittir [**Bedeutung**: was Zeit in Anspruch nimmt, kostet Geld; **Anlamı**: zaman çok değerlidir]

zeit meines Lebens *(wörtl: hayatımın zamanı boyunca)* *fig* oldum olası *fig* oldum bittim *(wörtl: ich bin geworden ich bin fertig)* [**Bedeutung**: mein ganzes Leben lang; **Anlamı**: hayatımın başından beri]

ach, du liebe Zeit! *(wörtl: vay, canım vaktim/zamanım)* *fig* ay, inanmıyorum! *(wörtl: ich glaubs' nicht!)* *fig* ay, olamaz! *(wörtl: es kann nicht sein!)* [**Bedeutung**: Ausruf der Überraschung; **Anlamı**: hayret, şaşırma bildiren söz]

andere Zeiten, andere Sitten *fig* eski çamlar bardak oldu *(wörtl: die alten Gläser wurden zu Trinkgläsern)* [**Bedeutung**: alles verändert sich; früher war alles anders als heute;

Bräuche, Wertvorstellungen ändern sich im Verlauf der Zeit; **Anlamı:** zamanla şartlar çok değişti; eski tutumların değeri kalmadı]

die Zeit heilt alle Wunden *(wörtl: zaman bütün yaraları iyileştirir)* *fig* zaman her yarayı tedavi eder *(wörtl: die Zeit behandelt jede Wunde)* *fig* yanık yerin otu tez biter *(wörtl: das Gras am verbrannten Ort vergeht schnell)* [**Bedeutung:** schmerzhafte Gefühle oder Erinnerungen an ein negatives Erlebnis lassen mit der Zeit nach; **Anlamı:** kişinin yüreğini yakan acı az zaman sonra küllenir ve unutulur]

die Zeit totschlagen *fig* vakit öldürmek *fig* zaman öldürmek [**Bedeutung:** etwas zum Zeitvertreib tun; **Anlamı:** zamanı iş yapmadan geçirmek]

alle heiligen Zeiten einmal *(wörtl: her kutsal zamanda bir kez)* *fig* kırk yılda bir *(wörtl: alle vierzig Jahre einmal)* [**Bedeutung:** sehr selten; **Anlamı:** çok seyrek olarak]

alles zu seiner Zeit *(wörtl: her şeyin vakti var)* *fig* al gününde al; ver gününde ver *(wörtl: Nimm am Nimmtag; gib am Gibtag)* *fig* her şeyin vakti var, horoz bile vaktinde öter *(wörtl: alles zu seiner Zeit, sogar der Hahn kräht zu seiner Zeit)* *fig* gün ola harman ola *(wörtl: es wird Tag, es wird Dreschzeit)* *fig* aba vakti yaba, yaba vakti aba *(wörtl: zur Aba-Zeit wird geworfelt, geworfelt wird zur Aba-Zeit)* *fig* akşama doğru gitme, tana karşı yatma *(wörtl: geh nicht gegen abends, leg dich nicht hin gegen morgens)* *fig* karpuz kabuğunu görmeden denize girme *(wörtl: geh nicht ins Meer solange du keine Wassermelonenschale siehst)*

[**Bedeutung:** das wird gemacht, wenn die Gelegenheit da ist; **Anlamı:** her şey zamanında yapılmalıdır; bir gün onun da zamanı gelir]

der beste Prediger ist die Zeit *(wörtl: en iyi vaaz veren zamandır)* *fig* vakit insana her şeyi öğretir *(wörtl: die Zeit bringt dem Menschen alles bei)* [**Bedeutung:** mit der Zeit sammeln Menschen Erfahrungen; **Anlamı:** zamanla insanlar çok deneyim kazanırlar]

die Zeiten ändern sich *(wörtl: zamanlar değişiyor)* *fig* köprünün altından çok su aktı *(wörtl: unter der Brücke ist viel Wasser geflossen)* *fig* eski cam bir bardak oldu *(wörtl: das alte Glas wurde zu einem Trinkglas)* *fig* eski camlar bardak oldu *(wörtl: die alten Gläser wurden zu Trinkgläsern)* [**Bedeutung:** alles verändert sich; früher war alles anders als heute; **Anlamı:** zamanla şartlar çok değişti; eski tutumların değeri kalmadı]

die Zeiten haben sich geändert *(wörtl: zamanlar değişti)* *fig* köprünün altından çok su aktı *(wörtl: unter der Brücke ist viel Wasser geflossen)* *fig* eski cam bir bardak oldu *(wörtl: das alte Glas wurde zu einem Trinkglas)* *fig* eski camlar bardak oldu *(wörtl: die alten Gläser wurden zu Trinkgläsern)* [**Bedeutung:** alles verändert sich; früher war alles anders als heute; **Anlamı:** zamanla şartlar çok değişti; eski tutumların değeri kalmadı]

jemandes Zeit ist gekommen *(wörtl: birinin vakti gelmek)* *fig* vakti gelmek *(wörtl: seine Zeit kommt)* [**Bedeutung:** jemand liegt im Sterben; jemandes Tage sind gezählt; **Anlamı:** ölmek üzere olmak; ölümü yaklaşmak]

kommt Zeit, kommt Rat *(wörtl: zamanı gelince çaresi bulunur)* ***fig*** gün ola harman ola *(wörtl: es wird Tag, es wird Dreschzeit)* [**Bedeutung**: im Laufe der Zeit wird sich eine Lösung finden; **Anlamı**: bir gün onun da zamanı gelir]

mit der Zeit ***fig*** zamanla [**Bedeutung**: allmählich; **Anlamı**: aradan bir süre geçince]

mit der Zeit gehen *(wörtl: zamanla gitmek)* ***fig*** zamana uymak *(wörtl: sich anpassen an die Zeit)* [**Bedeutung**: fortschrittlich sein; **Anlamı**: davranışlarını, zamanın gereklerine, koşullarına uydurmak]

spare in der Zeit, dann hast du in der Not *(wörtl: zamanla tasarruf et ki sıkıntıda birşeyin olsun)* ***fig*** sakla samanı gelir zamanı *(wörtl: bewahre das Heu auf, seine Zeit wird kommen)* ***fig*** ak akçe kara gün içindir *(wörtl: das Silbergeld ist für schwarze Tage)* [**Bedeutung**: solange es einem gut geht, sollte man etwas für schlechte Zeiten zurücklegen; **Anlamı**: gereksiz görülen şey ileride gerekli olabilir; çalışarak kazandığımız para dar zamanımızda bizi sıkıntıdan kurtarır]

wer nicht mit der Zeit geht, geht mit der Zeit *(wörtl: kim zamanla gitmezse, o zamanla gider)* ***fig*** zaman sana uymazsa sen zamana uy *(wörtl: passt sich die Zeit dir nicht an, so passe du dich der Zeit an)* [**Bedeutung**: wer sich nicht anpasst, verschwindet früher oder später; **Anlamı**: yaşadığın zamanın koşulları anlayışına uygun değilse, sen onlara uymalısın]

wer nicht mit der Zeit geht, muss mit der Zeit gehen *(wörtl: kim*

zamanla gitmezse, zamanla gitmek zorundadır) ***fig*** zaman sana uymazsa sen zamana uy *(wörtl: passt sich die Zeit dir nicht an, so passe du dich der Zeit an)* [**Bedeutung**: wer sich nicht anpasst, verschwindet früher oder später; **Anlamı**: yaşadığın zamanın koşulları anlayışına uygun değilse, sen onlara uymalısın]

zerbrechen kırmak

den Kopf zerbrechen *(wörtl: kafa kırmak)* ***fig*** kafa yormak *(wörtl: den Kopf anstrengen)* ***fig*** kafa patlatmak *(wörtl: den Kopf platzen lassen)* [**Bedeutung**: angestrengt nachdenken; **Anlamı**: bir konu üzerinde pek çok düşünmek]

zerreißen yırtmak

es zerreißt jemandem das Herz ***fig*** kalbi yırtılmak [**Bedeutung**: jemand ist traurig; **Anlamı**: acı duymak]

Zeug

das Zeug dazu haben *(wörtl: onun için aracı olmak)* ***fig*** elinden gelmek *(wörtl: von jemands Hand kommen)* [**Bedeutung**: das Talent, die Befähigung haben für etwas; **Anlamı**: bir şeyi yapabilmek]

das Zeug zu etwas haben ↑ **das Zeug dazu haben**

sich für jemanden ins Zeug legen *(wörtl: biri için bir şeye yatmak)* ***fig*** birinden yana çıkmak *(wörtl: sich auf jemandes Seite stellen)* [**Bedeutung**: sich für jemanden nachdrücklich einsetzen; **Anlamı**: birinin yanlısı olmak; birini tutmak]

ziehen çekmek

zieh Leine! *(wörtl: çek ipi!)* *fig* çek arabanı! *(wörtl: zieh deinen Wagen!)* [**Bedeutung**: verschwinde! **Anlamı**: git buradan!]

jemandem die Giftzähne ziehen *(wörtl: birinin zehir dişlerini çekmek)* *fig* birinin dişini sökmek *(wörtl: jemandem den Zahn herausreißen)* [**Bedeutung**: jemanden an seiner Schädlichkeit hindern; **Anlamı**: birini kötülük edemeyecek bir duruma getirmek]

das große Los ziehen *(wörtl: piyangoda büyük ikramiyelerden birini kazanmak)* *fig* başına devlet kuşu konmak *(wörtl: auf seinem Kopf landet der Vogel des Staates)* *fig* piyango vurmak *(wörtl: die Lotterie schlägt zu)* [**Bedeutung**: viel Glück haben; **Anlamı**: beklemediği büyük bir nimete kavuşmak; hiç umulmadık bir yerden büyük bir kazanç elde etmek]

den Kopf/Hals aus der Schlinge ziehen *(wörtl: başını/boynunu dolamıktan kurtarmak)* *fig* paçayı kurtarmak/sıyırmak *(wörtl: das Hosenbein retten)* [**Bedeutung**: sich aus einer misslichen Lage befreien; **Anlamı**: kendini bir dertten, tehlikeden kurtarmak]

den Kürzeren ziehen *(wörtl: daha kısasını çekmek)* *fig* kozu kaybetmek *(wörtl: den Trumpf verlieren)* [**Bedeutung**: verlieren; Nachteile haben **Anlamı**: istediğini yapabilme imkânını kaybetmek]

die Arschkarte ziehen *(wörtl: göt resimli oyun kâğıdını çekmek)* *fig* kabak başına patlamak *(wörtl: der Kürbis platzt auf seinem Kopf auf)* [**Bedeutung**: der Benachteiligte sein; für ein unangenehmes Ereignis die Folgen tragen müssen; **Anlamı**: birçok kimsenin ilgili olduğu bir olaydan, yalnızca bir kimse zarar görmek]

durch den Kakao ziehen *(wörtl: kakaodan geçirmek)* *fig* dalga geçmek *(wörtl: die Welle überwinden)* *fig* gır gıra almak *fig* gır gır geçmek [**Bedeutung**: jemanden veralbern; sich über jemanden lustig machen; **Anlamı**: biriyle alay etmek]

ein sanftes Wort zieht mehr als vier Pferde *(wörtl: hoş söz, dörtten fazla beygiri çeker)* *fig* tatlı dil yılanı deliğinden çıkarır *(wörtl: mit freundlichen Worten lockt man eine Schlange aus ihrem Loch heraus)* [**Bedeutung**: mit dem richtigen Lockmittel erreicht man viel; **Anlamı**: gönül okşayıcı konuşma herkesi etkiler]

seinen letzten Trumpf ausspielen/ziehen *(wörtl: son kozunu oynamak/çekmek)* *fig* son kozunu kullanmak [**Bedeutung**: die letzte verbliebene Möglichkeit nutzen; **Anlamı**: elinde bulunan son imkânı kullanmak]

über den Tisch ziehen *(wörtl: masanın üstünden çekmek)* *fig* kazık atmak *(wörtl: mit dem Pfahl werfen/Pfähle werfen)* [**Bedeutung**: betrügen, hereinlegen; **Anlamı**: aldatmak]

jemandem die Würmer aus der Nase ziehen *(wörtl: birinin burnundan kurtları çekmek)* *fig* ağzından laf almak *(wörtl: jemandem Worte aus dem Mund nehmen)* [**Bedeutung**: jemanden aushorchen; jemanden ausfragen; **Anlamı**: karşısındakileri konuşturarak birtakım şeyleri öğrenmek]

Ziel hedef

über das Ziel hinausschießen
(wörtl: hedefin ötesine ateş etmek)
fig ölçüyü kaçırmak *(wörtl: das Maß
entlaufen lassen) fig* haddini aşmak
(wörtl: seine Grenze überschreiten)
fig kantarın topunu kaçırmak *(wörtl:
die Kugel der Waage verpassen) fig*
işi azıtmak *(wörtl: die Gelegenheit
wild machen) fig* pire için yorgan
yakmak *(wörtl: wegen eines Flohs
die Decke verbrennen)*
[**Bedeutung**: zu weit gehen; mehr tun
als richtig ist; übertreiben; die Grenze
des Vernünftigen überschreiten;
übertreiben; **Anlamı**: aşırı gitmek;
önemsiz bir şeyi elde etmek için daha
büyük bir zararı göze almak]

**wenn du schnell ans Ziel willst,
gehe langsam** *(wörtl: hedefe hızlı
varmak istiyorsan, yavaş yürü) fig*
ağır git ki yol alasın *(wörtl: gehe
langsam damit du gut vorankommst)*
[**Bedeutung**: handele mit der
gebotenen Eile, aber überstürze
nichts; **Anlamı**: düşünüp taşınmadan
ivedi olarak yapılan işten iyi sonuç
alınmaz]

Zimmer oda

**ein Engel geht/fliegt durchs
Zimmer** *(wörtl: bir melek odanın
içinden geçiyor/uçuyor) fig* saat başı
galiba *(wörtl: es sieht so aus, als ob
es Anfang der Stunde ist)*
[**Bedeutung**: plötzlich hören alle auf
zu reden; es herrscht plötzlich Stille;
Anlamı: toplantıda herkes
konuşurken hep birden susmak]

Zopf saç örgüsü

alte Zöpfe abschneiden *(wörtl: eski
saç örgülerini kesmek) fig* gemileri
yakmak[2] *(wörtl: die Schiffe*

verbrennen) fig köprüleri atmak
(wörtl: die Brücken werfen)
[**Bedeutung**: veraltete Einrichtungen,
Ideen aufgeben; **Anlamı**: geri dönüşü
olmayan kararlar vermek]

Zorn öfke

ein sanftes Wort stillt großen Zorn
*(wörtl: yumuşak bir söz büyük öfkeyi
susturur) fig* tatlı dil yılanı deliğinden
çıkarır *(wörtl: mit freundlichen
Worten lockt man eine Schlange aus
ihrem Loch heraus)*
[**Bedeutung**: eine linde Antwort stillt
den Zorn, aber ein hartes Wort richtet
Grimm an; **Anlamı**: gönül alıcı,
okşayıcı sözlerlekarşımızdakinin
inadı yenilebilir]

zu

zu weit gehen *(wörtl: fazla ileri
gitmek) fig* fazla olmak *(wörtl: zu
viel sein)* çok olmak *fig* fazla olmak
(wörtl: viel sein) fig uzun etmek
(wörtl: lang machen)
[**Bedeutung**: so weit gehen, dass es
nicht mehr akzeptabel ist; **Anlamı**:
ölçüyü kaçırmak; tutumuyla
karşısındakini usandırmak; aşırı
gitmek]

zudecken üstünü örtmek

**den Brunnen zudecken, wenn das
Kind hineingefallen ist** *(wörtl:
çocuk içine düştükten sonra kuyunun
üstünü örtmek) fig* geçmiş yağmura
şemsiye açmak *(wörtl: nach dem
Regen den Schirm aufmachen)*
[**Bedeutung**: etwas Notwendiges erst
dann tun, wenn es zu spät ist;
Anlamı: iş işten geçtikten sonra
harekete geçmek]

zuerst ilkönce, ilk

wer zuerst kommt, mahlt zuerst
(wörtl: ilk gelen, ilk öğütür) fig ilk
vuran okçudur *(wörtl: wer zuerst
trifft, ist ein Bogenschütze)*
[**Bedeutung**: jemand, der als erster
an einen bestimmten Ort
angekommen ist, kann auch als erster
etwas bekommen oder machen;
Anlamı: amaca başkalarından önce
ulaşan kazançlı çıkar]

Zufallsopfer werden fig kim
vurduya gitmek *(wörtl: zum "wer hat
geschlagen /geschossen" gehen)*
[**Bedeutung**: Person, die
unbeabsichtigt Opfer eines
Verbrechens wird; **Anlamı**: bir
kalabalık arasında vurulan veya
öldürülen kimseyi kimin vurduğu
belli olmamak]

Zug¹ tren

der Zug ist abgefahren *(wörtl: tren
kalktı) fig* iş işten geçti *fig* atı alan
Üsküdar'ı geçti *(wörtl: wer sich ein
Pferd geschnappt hat, hat Üsküdar
hinter sich) fig* av avlanmış, tav
tavlanmış *(wörtl: die Beute wurde
gejagt, der Sache wurde auf die
nötige Temperatur gesetzt) fig* aş
pişti bayram geçti *(wörtl: das Essen
hat gekocht, der Festtag ist vorbei)*
[**Bedeutung**: es ist zu spät; die
Gelegenheit wurde verpasst; man
kann nichts mehr ändern; **Anlamı**:
olan olmuş; iş işten geçmiş; işi
gerçekleştirme olanağı kalmadı; artık
yapılacak bir şey kalmadı]

Zug² hamle

etwas in vollen Zügen genießen fig
bir şeyin doya doya tadını çıkarmak
[**Bedeutung**: etwas ausgiebig
genießen; **Anlamı**: bir şeyin bol bol
zevkini çıkarmak]

in einem Zug(e) fig bir hamlede

[**Bedeutung**: ohne Unterbrechung;
sehr schnell; **Anlamı**: bir atılışta;
çabucak]

zum Zug(e) kommen fig sırası
gelmek
[**Bedeutung**: an die Reihe kommen;
Anlamı: uygun zamanı gelmek]

zügeln dizginlemek, hâkim olmak

seine Zunge nicht zügeln können
(wörtl: diline hâkim olamamak) fig
ağzına geleni söylemek *(wörtl:
sagen, was in den Mund kommt)*
[**Bedeutung**: ungehemmt reden;
Anlamı: düşünmeden konuşmak]

zugrundegehen sona ermek

nobel geht die Welt zugrunde
(wörtl: dünya, soylu sona erer) fig
atın ölümü arpadan olsun *(wörtl: der
Tod des Pferdes soll von der Gerste
sein)*
[**Bedeutung**: ironischer Kommentar
zu übermäßigem Luxus; **Anlamı**:
sonuç kötü de olsa sevildiği için
katlanılan şeyler için söylenen söz]

zuletzt son, en son

die Hoffnung stirbt zuletzt *(wörtl:
umut en son ölür) fig* çıkmadık
candan umut kesilmez *(wörtl: bei
einem Leben, das nicht gelöscht ist,
gibt man die Hoffnung nicht auf) fig*
Allah'tan umut kesilmez *(wörtl: die
Hoffnung verliert man bei Gott nicht)*
[**Bedeutung**: egal, wie schlecht die
Lage ist, man bleibt bis zum Ende
zuversichtlich; **Anlamı**: bir şeyi
sonuna kadar götürmek gerekir; artık
olmaz demeden iş sürdürülmelidir,
hiç belli olmaz, istenen sonuç
alınabilir]

wenig zu wenig macht zuletzt viel
(wörtl: aza az sonunda çok yapar) fig

damlaya damlaya göl olur *(wörtl: tropfenweise wird es zum See)* [**Bedeutung**: Beständigkeit zahlt sich aus; Ausdauer führt zum Erfolg; **Anlamı**: azar azar olagelen şeyler küçümsenmemelidir, onlar birikerek önemli bir niceliğe ulaşırlar]

wer zuletzt lacht, lacht am besten *(wörtl: son gülen en iyi güler)* **fig** son gülen iyi güler *(wörtl: wer zuletzt lacht, lacht gut)* [**Bedeutung**: die Freude ist dann am größten, wenn man über jemanden lachen kann, der einen zuvor selbst ausgelacht hat; **Anlamı**: bir konunun sevinilecek ve üzülecek evreleri sona erdiği zaman sevinilecek durum ağır basarsa dertler unutulup sevinilir]

Zunge dil

ein scharfes Schwert schneidet sehr, eine scharfe Zunge noch viel mehr *(wörtl: keskin kılıç iyi keser, keskin dil daha iyi keser)* **fig** dil kılıçtan keskindir *(wörtl: die Zunge/Sprache ist schärfer als das Schwert)*

eine scharfe/spitze Zunge haben *(wörtl: keskin dili olmak)* **fig** dili kılıçtan keskin olmak *(wörtl: eine Zunge haben, die schärfer ist als ein Schwert)* [**Bedeutung**: angriffslustig reden; **Anlamı**: ağır ve kırıcı konuşmak]

es liegt ihm auf der Zunge *(wörtl: dilinde olmak)* **fig** dilinin ucunda olmak *(wörtl: es ist ihm auf der Zungenspitze)* [**Bedeutung**: jemand möchte etwas sagen, was ihm in diesem Augenblick nicht einfällt; eine kurzfristige Gedächtnislücke haben; **Anlamı**: bir söz hatırlanacak gibi olup hatırlanmamak]

etwas auf der Zunge haben *(wörtl: bir şey dilinde olmak)* **fig** bir şey dilinin ucuna gelmek *(wörtl: etwas ist auf seiner Zungenspitze)* [**Bedeutung**: nahe daran sein, etwas auszusprechen; **Anlamı**: bir şeyi söylemek üzere olmak]

etwas auf der Zunge zergehen lassen *(wörtl: bir şeyi dilinde eritmek)* **fig** bir şeyi ballandıra ballandıra anlatmak *(wörtl: etwas versüßend erzählen)* [**Bedeutung**: etwas mit großem Genuss, schwärmerisch sagen; **Anlamı**: bir şeyi imrendirecek biçimde, öve öve anlatmak]

jemandem hängt die Zunge zum Hals(e) heraus[1] *(wörtl: birinin dili boğazından dışarı çıkıyor)* **fig** dili bir karış dışarı çıkmak *(wörtl: jemandem ragt die Zunge eine Handspanne heraus)* [**Bedeutung**: jemand ist durstig; jemand hat das Bedürfnis zu trinken; **Anlamı**: çok susamak]

jemandem hängt die Zunge zum Hals(e) heraus[2] *(wörtl: birinin dili boğazından dışarı çıkıyor)* **fig** dili bir karış dışarı çıkmak *(wörtl: jemandem ragt die Zunge eine Handspanne heraus)* [**Bedeutung**: jemand ist körperlich sehr erschöpft; **Anlamı**: çok yorulmak]

jemandem rutscht die Zunge aus *(wörtl: birinin dili kayarak çıkıyor)* **fig** ağzından kaçırmak *(wörtl: aus seinem Mund verlieren)* [**Bedeutung**: sich verplappern, etwas versehentlich sagen; **Anlamı**: sakladığı, söylemek istemediği bir şeyi boş bulunup söyleyivermek]

seine Zunge hüten *(wörtl: dilini korumak)* **fig** dilini tutmak *(wörtl: seine Zunge halten)*

[**Bedeutung**: schweigen, nichts
Unbedachtes sagen; **Anlamı**:
susmak, sonunu düşünmeden
konuşmaktan kaçınmak]

seine Zunge im Zaum halten
(wörtl: dilini gemin içinde tutmak)
fig dilini tutmak *(wörtl: seine Zunge
halten)*
[**Bedeutung**: schweigen; nichts
Unbedachtes sagen; **Anlamı**:
susmak, sonunu düşünmeden
konuşmaktan kaçınmak]

seine Zunge nicht zügeln können
(wörtl: diline hâkim olamamak) fig
ağzına geleni söylemek *(wörtl:
sagen, was in den Mund kommt)*
[**Bedeutung**: ungehemmt reden;
Anlamı: düşünmeden konuşmak]

seiner Zunge freien Lauf lassen
(wörtl: dilini serbest bırakmak) fig
ağzına geleni söylemek *(wörtl:
sagen, was in den Mund kommt)*
[**Bedeutung**: ungehemmt reden;
Anlamı: düşünmeden konuşmak]

---

zurückziehen çekilmek

**sich in sein Schneckenhaus
zurückziehen/verkriechen** *(wörtl:
salyangoz kabuğuna çekilmek) fig*
kabuğuna çekilmek *(wörtl: sich in
sein Gehäuse zurückziehen) fig*
kozasına çekilmek *(wörtl: sich in
seinen Kokon zurückziehen)*
[**Bedeutung**: sich von seinen
Mitmenschen, von seiner Außenwelt
völlig zurückziehen; **Anlamı**: dışarı
ile olan ilişkilerini kesmek]

---

zusammenbrechen yıkılmak

**für jemanden bricht eine Welt
zusammen** *(wörtl: biri için dünya
yıkılmak) fig* dünya başına yıkılmak
*(wörtl: die Welt bricht auf seinem
Kopf zusammen)*

[**Bedeutung**: jemand erlebt eine
bittere Enttäuschung; **Anlamı**: çok
sıkılmak; umutlarını yitirmek]

---

zusammenhalten birbirini tutmak

**wie Pech und Schwefel
zusammenhalten** *(wörtl: ziftle
kükürt gibi birbirini tutmak) fig*
içtikleri su ayrı gitmemek *(wörtl: das
getrunkene Wasser nicht trennen)*
[**Bedeutung**: zueinander halten;
unzertrennlich sein; **Anlamı**: çok sıkı
fıkı olmak; çok yakın dost olmak]

---

zusammenreimen uyaklı olmak

wie reimt sich das zusammen?
(wörtl: bunlar nasıl uyaklı oluyor?)
fig bu ne perhiz bu ne lahana turşusu!
*(wörtl: was ist das für eine Diät, was
ist das für eingelegter Kohl?)*
[**Anlamı**: sözleri ve davranışları
birbirini tutmuyor, çelişiyor;
Bedeutung: wie passt das
zusammen? wie ist das zu
verstehen?]

---

zutun kapamak

kein Auge zutun *(wörtl: göz
kapamamak) fig* gözüne uyku
girmemek
[**Bedeutung**: nicht schlafen können;
Anlamı: uyuyamamak]

Zweck amaç

der Zweck heiligt die Mittel *(wörtl:
amaç araçları kutsallaştırır /mübah
kılar) fig* amaç, aracı meşru kılar *fig*
amaç, araçları meşru kılar *fig* gaye
vasıtayı meşru kılar *(wörtl: der
Zweck legitimiert die Mittel) fig*
amaca/hedefe giden her yol mübahtır
*(wörtl: jeder Weg zum Ziel ist
unbedenklich)*
[**Bedeutung**: auf das Ergebnis
kommt es an, und nicht auf welchem

Wege man es erreicht hat; Spruch Machiavellis; **Anlamı:** önemli olan sonuç olup nasıl elde edilmiş olduğu önemli değildir; amaca varmak için her yol geçerlidir]

---

zwei iki

zwei Böcke vertragen sich nicht in einem Stall *(wörtl. iki keçi bir ahırda geçinemez)* **fig** iki cambaz bir ipte oynamaz *(wörtl: zwei Akrobaten können nicht auf einem Seil tanzen)*

zwei Fliegen mit einer Klappe schlagen *(wörtl: bir sineklikle iki sinek vurmak)* **fig** bir taşla iki kuş vurmak *(wörtl: zwei Vögel mit einem Stein schlagen/treffen)* **fig** hem şamdan paklandı, hem pilav yağlandı *(wörtl: sowohl der Kerzenständer wurde gereinigt als auch der wurde geölt)* [**Bedeutung:** zwei Aufgaben mit einer einzigen Maßnahme erledigen; **Anlamı:** bir davranışla birden çok yararlı sonuca ulaşmak; bir eylemle iki yarar elde edildi]

zwei Herren dienen *(wörtl: iki beye birden hizmet etmek)* **fig** hem İsa'yı hem de Musa'yı memnun etmek *(wörtl: sowohl Jesus als auch Moses zufrieden stellen)* **fig** hem nalına hem mıhına *(wörtl: sowohl dem Hufeisen als auch dem Hufnagel)* **fig** iki iple dikmek *(wörtl: mit zwei Fäden nähen)* [**Bedeutung:** für zwei verschiedene Leute gleichzeitig arbeiten; zwei schwierige Aufgaben gleihzeitig erledigen; **Anlamı:** istekleri birbirine karşıt olan iki kişiyi birden hoşnut edecek bir davranışta bulunmak]

zwei Herzen und eine Seele *(wörtl: iki yürek ve bir gönül)* **fig** huyu huyuna suyu suyuna (uygun) *(wörtl: seine/ihre Natur zu seiner/ihrer*

Natur, sein/ihr Wasser) [**Bedeutung:** zwei sind unzerrtrenlich]; **Anlamı:** iki kişinin her yönden birbirine uygun olduğunu anlatmak için kullanılan bir söz

zwei linke Hände haben *(wörtl: iki sol eli olmak)* **fig** eteğiyle mum söndürmek *(wörtl: Kerzen mit seinem Rock ausmachen)* [**Bedeutung:** tollpatschig sein; **Anlamı:** sakar olmak]

zwei Paar Schuhe sein *(wörtl: iki çift ayakkabı olmak)* **fig** cin başka, şeytan başka olmak *(wörtl: der Kobold ist anders und der Teufel ist anders; der Kobold und der Satan sind zweierlei)* **fig** taban tabana zıt şeyler olmak *(wörtl: Dinge, die Sohle gegen die Sohle sind)* [**Bedeutung:** zwei ganz verschiedene, nicht vergleichbare Dinge sein; **Anlamı:** tamamen değişik, kıyaslanamaz iki şey olmak; bambaşka olmak]

zwei Paar Stiefel sein *(wörtl: iki çift çizme olmak)* **fig** cin başka, şeytan başka olmak *(wörtl: der Kobold ist anders und der Teufel ist anders; der Kobold und der Satan sind zweierlei)* **fig** taban tabana zıt şeyler olmak *(wörtl: Dinge, die Sohle gegen die Sohle sind)* [**Bedeutung:** zwei ganz verschiedene, nicht vergleichbare Dinge sein; **Anlamı:** tamamen değişik, kıyaslanamaz iki şey olmak; bambaşka olmak]

zwei Tote kann man nicht sterben *(wörtl: iki ölü ölünemez)* **fig** insan bir kere ölür, adam gibi ölür *(wörtl: der Mensch stirbt einmal, er stirbt wie ein Mann)* **fig** insan iki kez ölemez *(wörtl: der Mensch kann nicht zweimal sterben)*

[**Bedeutung**: man kann nur einmal strben; **Anlamı**: her insan bir kere doğar, bir kere ölür]

da haben sich zwei gesucht und gefunden *(wörtl: ikisi birbirini aramış ve bulmuş)* *fig* tencere yuvarlanmış kapağını bulmuş *(wörtl: der Kochtopf ist gerollt und hat seinen Deckel gefunden)* [**Bedeutung**: jeder findet das zu ihm passende Gegenstück; die beiden passen gut zueinander; **Anlamı**: birbiriyle benzeşen iki insan bir araya gelmiş]

die zweite Geige spielen *(wörtl: ikinci kemanı çalmak)* *fig* gölgede/gölgesinde kalmak *(wörtl: im Schatten/in seinem Schatten bleiben)* [**Bedeutung**: eine untergeordnete Rolle spielen; **Anlamı**: ön plana çıkamamak, daha az ünlü olmak]

man kann nicht auf zwei Hochzeiten tanzen *(wörtl: iki düğünde birden dans edilmez)* *fig* bir koltuğa iki karpuz sığmaz *(wörtl: unter eine Achsel passen keine zwei Wassermelonen)* [**Bedeutung**: man kann nicht mehrere Dinge gleichzeitig erledigen; **Anlamı**: aynı zamanda birden çok işle ilgilenmek başarı için sakıncalıdır]

nur zwei Hände haben *(wörtl. sadece iki eli olmak)* *fig* babamın adı Hıdır, elimden gelen budur *(wörtl: der Name meines Vaters ist Hıdır, das ist alles, was ich kann)* [**Bedeutung**: etwas ist nicht möglich, auch wenn man es möchte; nicht noch mehr erledigen können; **Anlamı**: bundan daha iyisi olamaz; gücüm ancak bu kadarını yapmaya yeter]

von zwei Übeln wählt man dasjenige, das man bereits kennt *(wörtl: iki dertten bilineni seçilir)* *fig* gelen gideni aratır *(wörtl: derjenige, der kommt, lässt denjenigen, der geht, vermissen)* [**Bedeutung**: man hat plötzlich mit allerlei Widrigkeiten zu kämpfen; **Anlamı**: beğenmediğimiz bir kişinin yerine öyle birisi gelir ki eskisini aratır]

wenn zwei sich streiten, freut sich der Dritte[1] *(wörtl: iki kişi kavga ettiğinde üçüncü kişi sevinir)* *fig* it dişi domuz derisi *(wörtl: der Zahn des Köters die Haut des Schweins)* [**Bedeutung**: sagt man, wenn jemand aus dem Streit anderer einen Nutzen zieht; **Anlamı**: iki kişi arasındaki anlaşmazlıktan duyulan hoşnutluğu anlatan söz]

wenn zwei sich streiten, freut sich der Dritte[2] *(wörtl: iki kişi kavga ettiğinde üçüncü kişi sevinir)* *fig* kartallar dövüşsün, bir sehim de bize düşsün *(wörtl: die Adler sollen sich bekämpfen, und einen Teil sollen wir abbekommen)* [**Bedeutung**: aus einer Auseinandersetzung zweier Personen zieht man als Dritter Nutzen; **Anlamı**: güçlülerin çatışmasından güçsüzler de yararlanır]

wer zwei Hasen jagt, fängt keinen *(wörtl: iki tavşan avlayan hiç birini tutamaz)* *fig* boynuz isterken kulaktan olmak *(wörtl: während man sich Hörner wünscht, verliert er seine Ohren)* *fig* deve boynuz ararken kulaktan olmuş *(wörtl: während das Kamel Hörner suchte, verlor es seine Ohren)* [**Bedeutung**: man sollte sich auf das Wesentliche konzentrieren; **Anlamı**: elindekiyle yetinmeyip daha çoğunu arayan, elindekinden de olur]

wie ein zweischneidiges Schwert
(wörtl: iki yanı da keskin kılıç gibi)
fig Acem kılıcı gibi *(wörtl: wie ein persisches Schwert)*
[**Bedeutung**: etwas mit Vor- und Nachteilen; **Anlamı**: hem birinden yana hem de ona karşı olabilmek]

zwischen zwei passt kein Blatt Papier *(wörtl: ikisinin arasına bir yaprak kâğıt bile sığmaz) fig* içtikleri su ayrı gitmemek *(wörtl: das getrunkene Wasser nicht trennen) fig* ayrısı gayrısı olmamak *(wörtl: nichts Getrenntes haben)*
[**Bedeutung**: zueinander halten; unzertrennlich sein; **Anlamı**: çok sıkı fıkı olmak; çok yakın dost olmak]

Zweig dal

auf einen grünen Zweig kommen
(wörtl: yeşil bir dala gelmek) fig belini doğrultmak *(wörtl: sein Kreuz begradigen)*
[**Bedeutung**: wirtschaftlichen, finanziellen Erfolg haben; **Anlamı**: yeniden durumunu düzeltmek]

auf keinen grünen Zweig kommen
(wörtl: hiç yeşil bir dala gelmemek) fig belini doğrultamamak *(wörtl: sein Kreuz nicht begradigen können)*
[**Bedeutung**: keinen wirtschaftlichen, finanziellen Erfolg haben; **Anlamı**: durumunu düzeltememek]

---

zweimal iki kez

sich etwas nicht zweimal sagen lassen *(wörtl: bir şeyi iki kez söyletmemek) fig* bir dediğini iki etmemek *(wörtl: das, was er sagt, nicht zweimal sagen lassen) fig* bir sözünü iki etmemek *(wörtl: seine Worte nicht zweimal sagen lassen)*
[**Bedeutung**: eine Aufforderung gerne sofort nachkommen; man sollte der Bitte sofort Folge leisten;

Anlamı: her istediğini hemen yapmak]

wer billig kauft, kauft zweimal
(wörtl: ucuz alan iki kez alır)
fig al malın iyisini, çekme kaygısını *(wörtl: kauf gute Ware, erspare dir deren Sorgen)*
[**Anlamı**: wenn an Qualität und Langlebigkeit gespart wird, muss man bald wieder kaufen; **Bedeutung**: iyi mal dayanıklı olacağı için kullanıldığı sürece zorluk çıkarmaz]

---

zweit ikinci

der zweite Frühling *fig* ikinci bahar
[**Bedeutung**: Periode im reifen Alter, in der man sich noch einmal verliebt; **Anlamı**: insanın orta yaşlılıkta yaşamdan zevk alma dönemi]

Zwickmühle çıkmaz

in einer Zwickmühle stecken
(wörtl: açmazda/çıkmazda kalmak)
fig iki arada bir derede kalmak *(wörtl: zwischen zwei Sachen in einem Bach steckenbleiben) fig* açmaza düşmek *(wörtl: in eine Zwickmühle geraten)*
[**Bedeutung**: sich in einer schwierigen Lage befinden; **Anlamı**: sıkışık, zor şartlar altında kalmak; içinden çıkılması zor bir durumla karşılaşmak]

sich in einer Zwickmühle befinden
(wörtl: açmazda/çıkmazda bulunmak) fig iki arada bir derede kalmak *(wörtl: zwischen zwei Sachen in einem Bach steckenbleiben) fig* açmaza düşmek *(wörtl: in eine Zwickmühle geraten)*
[**Bedeutung**: sich in einer schwierigen Lage befinden; **Anlamı**: sıkışık, zor şartlar altında kalmak; içinden çıkılması zor bir durumla karşılaşmak]

zwingen zorlamak

in die Knie zwingen *(wörtl: diz çökmeye zorlamak)* **fig** dize getirmek [**Bedeutung**: jemanden unterwerfen; **Anlamı**: yenerek buyruğuna uyacak duruma getirmek]

zwischen arasında

zwischen Tür und Angel *(wörtl: kapı ile menteşe arasında)* **fig** kaşla göz arasında *(wörtl: zwischen den Augenbrauen und den Augen)* [**Bedeutung**: eilig; nur flüchtig; **Anlamı**: çok çabuk]

zwischen zwei passt kein Blatt Papier *(wörtl: ikisinin arasına bir yaprak kâğıt bile sığmaz)* **fig** içtikleri su ayrı gitmemek *(wörtl: das getrunkene Wasser nicht trennen)* **fig** ayrısı gayrısı olmamak *(wörtl: nichts Getrenntes haben)* [**Bedeutung**: zueinander halten; unzertrennlich sein; **Anlamı**: çok sıkı fıkı olmak; çok yakın dost olmak]

zwischen zwei Stühlen sitzen[1] *(wörtl: iki sandalye arasında oturmak)* **fig** iki cami arasında kalmış beynamaza dönmek *(wörtl: sich in einen verwandeln, der zwischen zwei Moscheen sitzt und nicht betet)* [**Bedeutung**: sich zwischen zwei Möglichkeiten entscheiden müssen; **Anlamı**: iki yandan hangisini tutacağını şaşırmak]

zwischen zwei Stühlen sitzen[2] *(wörtl: iki sandalye arasında oturmak)* **fig** iki arada, bir derede kalmak [**Bedeutung:** in der unangenehmen Lage sein, sich zwei Möglichkeiten oder Ähnliches zu verscherzen; **Anlamı:** sıkışık ve zor şartlar altında kalmak]

die Wahl zwischen Pest und Cholera haben *(wörtl: veba ile kolera arasında seçeneği olmak)* **fig** aşağı tükürsen sakal yukarı tükürsen bıyık *(wörtl: spuckst du nach unten, ist es der Bart, spuckst du nach oben, ist es der Schnurrbart)* **fig** iki ucu boklu değnek olmak *(wörtl: ein Stock mit beiden Enden in Scheiße sein)* **fig** koyuversem pekmez dökülür, koyuvermesem belim bükülür *(wörtl: lasse ich los, schütte ich den Traubensirup, lasse ich nicht los, verrenke ich mich)* [**Bedeutung**: sich zwischen zwei großen Übeln entscheiden müssen; **Anlamı**: iki karşıt ve aynı derecede sakıncalı durum karşısında karar vermek zorunda olmak; nereden bakılırsa bakılsın çözülmesi çok güç olmak]

einen Keil zwischen jemanden und jemanden treiben[1] *(wörtl: bir kimse ile diğer bir kimse arasına kama sokmak)* **fig** arasını/aralarını açmak/bozmak *(wörtl: ihnen den Zwischenraum eröffnen/stören)* [**Bedeutung**: das freundschaftliche Verhältnis stören; **Anlamı**: iki kişi arasındaki dostluğu, ilişkiyi bozmak]

einen Keil zwischen jemanden und jemanden treiben[2] *(wörtl: bir kimse ile diğer bir kimse arasına kama sokmak)* **fig** tavşana kaç, tazıya tut demek *(wörtl: dem Hasen sagen, dass er weglufen soll, dem Windhund sagen, dass er fangen soll)* [**Bedeutung**: Unruhe stiften; zwei Parteien gegeneinander ausspielen; zwei Menschen oder Parteieen mit widersprüchlichen Ansichten miteinender in einen Konflikt bringen, um dann diese Situation zum eigenen Vorteil zu nutzen; **Anlamı**: iki yanı birbirine karşı kışkırtmak]

einen Knüppel zwischen die Beine werfen *(wörtl: bacakların arasına çomak atmak)* **fig** tekere çomak sokmak *(wörtl: einen Knüppel in das Rad stecken)* **fig** kılçık atmak *(wörtl: eine Gräte werfen)* [**Bedeutung**: jemanden absichtlich behindern; **Anlamı**: birinin yolda giden işini aksatan, engelleyen davranışta bulunmak]

---

zwölf on iki

es ist fünf vor zwölf *(wörtl: saat on ikiye beş var)* **fig** yumurta kapıya dayandı/geldi *(wörtl: das Ei hat sich an die Tür gelehnt/das Ei ist an die Tür gekommen)*

Werke des Autors Kıygı in chronologischer Reihenfolge

Türkei – selbst erleben
SYRO Verlag, Göttingen 1983,
ISBN 3-921 885-50-7

Übungen zum Türkischen
Übungen mit Lösungen und Wörterverzeichnis
Zum Türkischlernen für Anfänger, Bd. I
Kaynar Verlag, Duisburg 1986,
ISBN 3-88689-232-8

Wirtschaftswörterbuch
Bd. I: Türkisch-Deutsch
Verlag Vahlen, München 1995,
ISBN 3 8006 1877-X

Wirtschaftswörterbuch
Bd. II: Deutsch-Türkisch
Verlag Vahlen, München 1995,
ISBN 3 8006 18737

İktisat ve Ticaret Terimleri Sözlüğü
Almanca-Türkçe
(Wörterbuch der Wirtschafts- und Handelsterminologie),
ABC Kitabevi, Istanbul 1997,
ISBN 975-09-0359-5

Wörterbuch der Rechts- und Wirtschaftssprache
Türkisch-Deutsch
Verlag C.H.Beck, München 1997,
ISBN 3-406-41365-X

İktisat ve Ticaret Terimleri Sözlüğü
Türkçe - Almanca
(Wörterbuch der Wirtschafts- und Handelsterminologie),
ABC Kitabevi, Istanbul 1998,
ISBN 975-09-0358-7

Wörterbuch der Rechts- und Wirtschaftssprache
Deutsch-Türkisch
Verlag C.H.Beck, München 1999,
ISBN 3-406-41375-7

Esmeralda
Roman
Scheffler-Verlag, Herdecke 2000,
ISBN 3897041405

Zeynep, eine Tragikomödie in 3 Akten
Deutscher Theaterverlag, Weinheim 2002
(Uraufführung in Crailsheim 2004)

PONS - Kompaktwörterbuch für alle Fälle
Türkisch-Deutsch/Deutsch-Türkisch
Verlag Ernst Klett Sprachen, Stuttgart 2003,
ISBN 3-12-517139-3

PONS – Kompaktwörterbuch Türkisch
Verlag Ernst Klett Sprachen, Stuttgart 2005,
ISBN 3-12-517147-4

Kompaktwörterbuch Türkisch
Verlag PONS GmbH, Stuttgart 2009,
ISBN 978-3-12-517466-5

Wörterbuch Recht
Türkisch-Deutsch, Deutsch-Türkisch;
Verlag C.H.Beck, München 2010,
ISBN 978 3 406 56673 8
Wörterbuch der Rechts- und Wirtschaftssprache
Deutsch-Türkisch; Bd.2, 2.Auflage
Verlag C.H.Beck, München 2013,
ISBN 978 3 406 64003 2

Kompaktwörterbuch Türkisch
Verlag PONS GmbH, Stuttgart 2015,
ISBN 978-3-12-517974-5

Der (un)aufhaltsame Assimilationsprozess
des Alibert von Stein;
(ein Theaterstück in 4 Akten)
Twenty Six Verlag, Norderstedt 2016,
ISBN 978-3-7407-2475-7

Siebenundsiebzig Übungen zum türkischen Wortschatz Twenty Six
Verlag, Norderstedt 2017,

ISBN 978-3-7407-3196-0

Hüsrettin geht Salz kaufen
Eine türkische Volkserzählung
Twenty Six Verlag, Norderstedt 2017,
ISBN 978-3-7407-3206-6

Subsumtionswörterbuch
Deutsch-Englisch
Twenty Six Verlag, Norderstedt 2017,
ISBN 978-3-7407-3256-1

Siebzig Übungen zum Türkischlernen
Sprachstand A1
Twenty Six Verlag, Norderstedt 2017,
ISBN 978-3-7407-3303-2

ORXAN, DER HEXENMEISTER
Roman
Twenty Six Verlag, Norderstedt 2017,
ISBN 978-3-7407-4304-8

Achtzig Übungen zum Türkischlernen
Sprachstand A2
Twenty Six Verlag, Norderstedt 2017,
ISBN 978-3-74-0767013

Die verlorene Ehre der Familie Aslan
Kurzroman
Twenty Six Verlag, Norderstedt 2017,
ISBN 978-374-0765323

Die drei Pomeranzen
Ein türkisches Märchen
Twenty Six Verlag, Norderstedt 2019,
ISBN 978-3740712556

Neunundneunzig Übungen zum Türkischen
Sprachstand B2
Twenty Six Verlag, Norderstedt 2020,
ISBN 978-3-7407-63169

KISMET
drei Geschichten

Twenty Six Verlag, Norderstedt 2021,
ISBN 978374-078-6830

**Subsumtionswörterbuch
Deutsch-Türkisch
Band 2**
Twenty Six Verlag, Norderstedt 2021,
ISBN 978-3740786434

Kompaktwörterbuch Türkisch
Verlag PONS GmbH, Stuttgart 2022,
ISBN 978-3-12-516295-2

**Kulturschock, Integration, Diskriminierung, Ehrensache und andere
Geschichten**
Twenty Six Verlag, Norderstedt 2023,
ISBN 9783740731755

Alis Scheinwelt
Twenty Six Verlag, Norderstedt 2023,
ISBN 978-3740730932

Wörterbuch der Medizin
Deutsch – Türkisch
Band 2
BoD Verlag, Norderstedt 2025
ISBN 978-3-7693-3885-0